Xpert.press

Die Reihe **Xpert.press** vermittelt Professionals
in den Bereichen Softwareentwicklung,
Internettechnologie und IT-Management aktuell
und kompetent relevantes Fachwissen über
Technologien und Produkte zur Entwicklung
und Anwendung moderner Informationstechnologien.

Weitere Bände in dieser Reihe
http://www.springer.com/series/4393

Claudia Linnhoff-Popien · Michael Zaddach
Andreas Grahl
(Hrsg.)

Marktplätze im Umbruch

Digitale Strategien für Services
im Mobilen Internet

 Springer Vieweg

Herausgeber
Claudia Linnhoff-Popien
LMU München
München
Deutschland

Michael Zaddach
Flughafen München
München
Deutschland

Andreas Grahl
Allianz – AMOS
München
Deutschland

ISSN 1439-5428
Xpert.press
ISBN 978-3-662-43781-0   ISBN 978-3-662-43782-7 (eBook)
DOI 10.1007/978-3-662-43782-7

Die Deutsche Nationalbibliothek verzeichnet diese Publikation in der Deutschen Nationalbibliografie; detaillierte bibliografische Daten sind im Internet über http://dnb.d-nb.de abrufbar.

Springer Vieweg
© Springer-Verlag Berlin Heidelberg 2015

Gedruckt auf säurefreiem und chlorfrei gebleichtem Papier

Springer-Verlag Berlin Heidelberg ist Teil der Fachverlagsgruppe Springer Science+Business Media
(www.springer.com)

Vorwort

Der technologische Wandel des 21. Jahrhunderts ist maßgeblich von einem digitalen Umbruch geprägt. Wer nicht digitalisiert, hat keine Zukunft.

Der Verkauf von Produkten und Dienstleistungen hat den klassischen Point of Sale verlassen und findet auf unterschiedlichsten Kanälen statt. Ob in der Automobil-Industrie, bei Reisen und Verkehr, in Städten oder der Finanzwirtschaft, überall entstehen neuartige Ökosysteme. Digitale Plattformen werden eingesetzt, Daten werden generiert und in Echtzeit analysiert. Mobile Zugangsmöglichkeiten zum Kunden entstehen, und bewährte Geschäftsprozesse müssen völlig neu überdacht werden. Dies betrifft sowohl den Erstkontakt als auch Kaufimpulse und Produktauswahl sowie Kaufprozess und After Sales Service.

Im Wettbewerb um den mobilen Kunden ermöglichen digitale Plattformen neue Formate der Kundenansprache und Customer Experience. Transaktionsbezogene Erlöse basierend auf erfolgsorientierten Abrechnungsmethoden werden zu einer wichtigen Umsatzquelle. Der Kunde hat die Möglichkeit, Meinung, Erfahrung und Wissen als User Generated Content zu publizieren. Er selbst entfaltet eine Wirkung auf den Markt, kann Vertrauen bilden oder zerstören. Er wird zum Markenbotschafter im Netz. Umgekehrt ist das Vertrauen des Kunden zum Händler und der Schutz der sensiblen Kundendaten höchstes Gut.

Möglich wird diese Entwicklung durch den schnellen Zugang zum Mobilen Internet und auf die Daten in der Cloud. Mobile Endgeräte wie Laptop, Tablet oder Smartphones sind hochleistungsfähig und Social Media hat sich etabliert. Big Data Anwendungen entstehen, und eine Vielzahl von Objekten ist über das Internet der Dinge verknüpft. Dies ist die Basis künftiger innovativer Geschäftsmodelle und -prozesse.

Mit derartigen Aspekten beschäftigt sich die Arbeitsgruppe „Marktplätze im Umbruch". Sie entstammt dem Projekt „Das Mobile Internet der Zukunft", das vom Bayerischen Staatsministerium für Wirtschaft und Medien, Energie und Technologie gefördert wird.

Schnell zeigte sich, dass dieses Thema über die LMU und acht beteiligte Industriepartner hinaus – u. a. Flughafen München und Allianz – eine immense branchenübergreifende Aufmerksamkeit erfährt.

Für das vorliegende Buch „Marktplätze im Umbruch" haben wir mehr als 130 Interessensbekundungen für Buchbeiträge erhalten.

Die Herausgeber haben zusammen mit einem engagierten Redaktionsteam und einem Wissenschaftlichen Beirat einen zweistufigen Review-Prozess durchgeführt. Mit gut 4500 E-Mails, zahlreichen Telefonaten und diversen Treffen entstand so das vorliegende Buch mit seinen 78 Beiträgen:

Vier namhafte Manager aus der Industrie konnten wir gewinnen, ihre Sicht auf den aktuellen Umbruch mit uns zu teilen, 12 Themenpaten führen jeweils in eine spezielle Thematik ein, und 62 Fachbeiträge von Experten widmen sich detailliert einzelnen Aspekten.

Daraus ist das vorliegende Buch entstanden mit folgender Struktur:

Teil I: Zum Geleit
Teil II: Einführung
Teil III: Dem Kundenverhalten angepasste Verkaufswege
Teil IV: Mobilisierung der Customer Journey
Teil V: Kunden und Mitarbeiter als Markenbotschafter im Netz
Teil VI: Situative Kaufanreize, Marketing und Monitoring
Teil VII: Shopping Experience mit dem Smartphone
Teil VIII: Zukunft des Bezahlens – Mobile Technologien im Handel
Teil IX: Content trifft Commerce
Teil X: Smart Cities – vernetzt denken, vernetzt handeln
Teil XI: Mobile Services – Car Sharing, Parken und Intermodalität
Teil XII: Flexible Mobilität
Teil XIII: Software-Eco-Systeme
Teil XIV: Datability und Digitalisierung

Freuen Sie sich auf eine umfangreiche Betrachtung des digitalen Umbruchs aus unterschiedlichsten Perspektiven!

Claudia Linnhoff-Popien
Michael Zaddach
Andreas Grahl

Danksagung

Wissenschaftlicher Beirat

Wir möchten uns sehr herzlich für die Begutachtung der Beiträge bei folgenden Professoren bedanken:

- Hans-Bernd Brosius, Ludwig-Maximilians-Universität München
- Fritz Busch, Technische Universität München
- Stefan Fischer, Universität zu Lübeck
- Robert Grebner, Hochschule für angewandte Wissenschaften Würzburg-Schweinfurt
- Jörg Hähner, Universität Augsburg
- Heinz-Gerd Hegering, Leibniz-Rechenzentrum, München
- Bernd Heinrich, Universität Regensburg
- Thomas Hess, Ludwig-Maximilians-Universität München
- Dieter Hogrefe, Georg-August-Universität Göttingen
- Tobias Kretschmer, Ludwig-Maximilians-Universität München
- Michael Meyen, Ludwig-Maximilians-Universität München
- Christoph Neuberger, Ludwig-Maximilians-Universität München
- Peter Reichl, Universität Wien
- Alexander Schill, Technische Universität Dresden
- Johann Schlichter, Technische Universität München
- Martin Spann, Ludwig-Maximilians-Universität München
- Burkhard Stiller, Universität Zürich
- Thomas Strang, Deutsches Zentrum für Luft- und Raumfahrt (DLR)
- Lars Wolf, Technische Universität Braunschweig
- Michael Zapf, Technische Hochschule Nürnberg Georg Simon Ohm

Redaktionsteam

Für die tatkräftige Unterstützung bei der Organisation möchten wir uns sehr herzlich bei dem Redaktionsteam bedanken:

- Sebastian Feld, Ludwig-Maximilians-Universität München
- Kerstin Fischer, Ludwig-Maximilians-Universität München
- Katja Grenner, Ludwig-Maximilians-Universität München
- Philipp Marcus, Ludwig-Maximilians-Universität München

Inhaltsverzeichnis

Die Mitwirkenden

Herausgeber

Claudia Linnhoff-Popien | LMU München
Prof. Dr. Claudia Linnhoff-Popien ist Inhaberin des Lehrstuhls „Mobile und Verteilte Systeme" an der Ludwig-Maximilians-Universität München. Nach ihrer Promotion an der RWTH Aachen war sie an der Washington University of St. Louis, Missouri, USA, bevor sie 1998 an die LMU berufen wurde. Sie ist Vorstandsmitglied des Instituts für Informatik, Mitglied des Forschungsausschusses des Münchner Kreises und Mitgründerin der ALOQA GmbH, die 2010 mit einer Million Nutzern an Motorola Mobility verkauft wurde – einer der größten Exits in der Start-Up-Geschichte Deutscher Hochschulen. Ferner ist sie Projektleiterin des Leitprojekts „Das Mobile Internet der Zukunft" des Freistaates Bayern mit 8 Firmen sowie 3 Lehrstühlen und übt die wissenschaftliche Beratung der VIRALITY GmbH aus.

Michael Zaddach | Flughafen München
Michael Zaddach ist Senior Vice President und Leiter des Servicebereichs IT bei der Flughafen München GmbH, die mehrfach als bester Flughafen Europas ausgezeichnet wurde, zuletzt im Jahr 2014. In seinen Verantwortungsbereich fallen die Bereiche Systementwicklung, Systembetrieb sowie die gesamte IT-Infrastruktur des Flughafens München. Nach dem Abschluss des Studiums der Nachrichtentechnik war er bei Siemens, AEG und debis Systemhaus in verschiedenen Funktionen wie z. B. Systementwicklung, Product-Line-Management und Consulting tätig. Bei debis Systemhaus leitete er von 1997–2000 eine Business Unit für IT-Consulting-Services. In dieser Funktion begleitete er auch viele Outsourcing-Vorhaben von debis Systemhaus, bevor er als CIO zum Flughafen München wechselte.

Andreas Grahl | Alllianz
Dr. Andreas Grahl verantwortet als Digitalisierungs-Experte strategische Konzernprojekte zur Entwicklung innovativer digitaler Versicherungsservices im Rahmen des Digital Programms der Allianz. Zuvor hatte er den Bereich Projektmanagement und -controlling im Ressort Bankbetrieb der Allianz Deutschland AG geleitet und war verantwortlich für das Online-Banking Projektportfolio und die Entwicklung mobiler Finanzapplikationen. Seit 2004 ist er in der Allianz Gruppe u. a. auch in der Dresdner Bank AG in verschiedenen Managementfunktionen tätig und verfügt über mehrjährige Erfahrung in der internationalen Management Beratung bei Roland Berger Strategy Consulting und Cap Gemini, nachdem er bei der Commerzbank AG im internationalen Privat- und Firmenkundengeschäft aktiv war.

Autoren der Geleitworte

Markus Heyn | BOSCH

Dr. Markus Heyn ist Mitglied der Geschäftsführung der Robert Bosch GmbH. Er ist zuständig für den Verkauf Kraftfahrzeugerstausrüstung sowie die Zentralfunktion Marketing und Verkauf. Heyn verantwortet zudem den Geschäftsbereich Automotive Aftermarket und die Tochtergesellschaften ETAS GmbH und Bosch Engineering GmbH. Nach seiner Promotion an der RWTH Aachen in der Fachrichtung Maschinenbau trat er 1999 in die Robert Bosch GmbH ein und war dort in Führungspositionen im In- und Ausland tätig. Zuletzt war er für den umsatzstärksten Geschäftsbereich von Bosch, Diesel Systems, verantwortlich.

Michael Kerkloh | Flughafen München

Dr. Michael Kerkloh steht seit September 2002 an der Spitze der Flughafen München GmbH (FMG). Er ist Vorsitzender der Geschäftsführung und bekleidet zugleich das Amt des Arbeitsdirektors. Michael Kerkloh studierte nach Abitur und Wehrdienst in Göttingen, London und Frankfurt. 1979 schloss er sein Studium als Diplom-Volkswirt ab und promovierte an der Universität Frankfurt als Dr. rer. pol. Bevor er zum Flughafen München wechselte, war er in leitender Funktion an den Flughäfen in Frankfurt und Hamburg tätig. Am Flughafen München zeichnet er unter anderem für den Geschäftsbereich Aviation sowie die Konzernbereiche Personal und Unternehmenskommunikation verantwortlich. Seit 1. Januar 2013 ist er Präsident der Arbeitsgemeinschaft der Deutschen Verkehrsflughäfen (ADV).

Ralf Schneider | Allianz

Dr. Ralf Schneider ist seit Oktober 2010 Group CIO der Allianz Gruppe und Mitglied des Vorstands der Allianz Managed Operations & Services SE. Als in Informatik promovierter Diplom-Mathematiker ist er seit 1995 in der Allianz Gruppe in verschiedenen Managementfunktionen tätig und verfügt über breit gefächerte Erfahrung. So war er Leiter des Fachbereichs für e-Business und Projektcontrolling Deutschland, Leiter des Fachbereichs Informationssysteme Allianz Vertrieb und leitete vor seiner aktuellen Position den Ressortbereich Informationstechnologie als CIO der Allianz Deutschland AG. Zu alldem ist Dr. Ralf Schneider privat ein begeisterter Sportler.

Karl-Heinz Streibich | Software AG

Karl-Heinz Streibich ist seit Oktober 2003 Vorstandsvorsitzender der Software AG. Zudem ist er zuständig für folgende Konzernfunktionen: Corporate Communications, Global Legal, Global Audit, Processes & Quality, Corporate Office, Global Information Services, Corporate University und Top-Management-Entwicklung. Im Laufe seiner Karriere hatte Karl-Heinz Streibich diverse Führungspositionen in der Informations- und Kommunikationstechnologiebranche inne. Unter anderem war er Leiter Marketing Operations der ITT Europe in Großbritannien, Vorsitzender der Geschäftsführung der debis Systemhaus GmbH sowie stellvertretender Vorsitzender der Geschäftsführung der T-Systems GmbH, wo er die Fusion der debis Systemhaus GmbH und der Deutschen Telekom IT verantwortete.

Themenpaten

Heinrich Arnold | Deutsche Telekom

Dr. Heinrich Arnold ist Senior Vice President und Leiter Konzernforschung und Innovation der Deutschen Telekom AG. Er leitet die Telekom Innovation Laboratories (T-Labs) in Israel, Silicon Valley und Berlin. Das sogenannte „10*10 Programm" zur Gründung neuer Geschäfte wurde unter seiner Führung ins Leben gerufen und brachte neue Unternehmen wie MotionLogic, SoundCall und Benocs hervor. Nach seinem Ingenieurstudium in Stanford und der Promotion in Technologiemanagement in München arbeitete er für die internationale Unternehmensberatung Mercer Management Consulting und als Mitglied der Geschäftsleitung des deutsch-chinesischen Forschungsunternehmens Bicoll Group. Er ist Vorstandsmitglied des Münchner Kreises und gehört zu den Young Global Leadern der Quandt Foundation.

Rahoul Bhasin | Intel

Rahoul Bhasin ist Market Development Manager im Bereich „Retail Solutions" bei Intel und zuständig für Lösungen für die Handelsbranche in Europa. Davor leitete er den Beratungsbereich für Handel, Gesundheitswesen und IT Consulting bei Intel Deutschland. Vor seinem Wechsel zu Intel war Rahoul Bhasin als Senior Manager bei Accenture, Dell Perot Systems und Softlab verantwortlich für die Beratung von Banken und Versicherungen, Automobilherstellern sowie Behörden bei Themen wie IT-Strategie, Business Process Outsourcing und IT-Betrieb. Rahoul Bhasin schloss sein Studium mit einem MSc Computation an der Universität Oxford in England ab.

Lothar Borrmann | Siemens

Dr. Lothar Borrmann ist Leiter des Technologiefeldes Software Architecture Development innerhalb des Research and Technology Center der Siemens AG. Im Rahmen dieser Aufgabe ist er weltweit für Forschung und Technologietransfer auf dem Gebiet des Software Engineering verantwortlich mit den Schwerpunkten Software-Architektur und Software-Ökosysteme, sowie Methodik der Software-Entwicklung und Qualität. Er ist nach seiner Promotion als Forscher bei Siemens eingestiegen, hat dort Plattformen für parallele Software entwickelt, Forschungsgruppen geleitet sowie Technologieprojekte zu den Themen Mobile und Pervasive Computing, Cloud Computing, Cyber-physical Systems sowie Open Source Software initiiert und begleitet.

Ina Bourmer | Microsoft

Ina Bourmer verantwortet bei Microsoft das Recruiting und Personalmarketing für Microsoft in Deutschland. In dieser Funktion rekrutiert sie zusammen mit ihrem Team alle Mitarbeiter von der Jungen Generation bis zu den Executives. Ihr Steckenpferd sind dabei sowohl die Aktive Herangehensweise als auch das Innovative Recruting. Nach ihrem Studium der Informatik in Bonn war sie über 12 Jahre in der IT unterwegs bevor sie ebenso viele Jahre als Personalberaterin für internationale IT-Konzerne tätig war. In den vergangenen Jahren war sie u. a. als Interim Recruiting Managerin bei Dell für den Bereich Europe IT-Solutions zuständig und leitete anschließend 4 Jahre lang das Recruiting der Deutschen Telekom in den Bereichen Corporate und IT.

Grit Enkelmann | Otto Group

Grit Enkelmann ist seit 2010 Bereichsleiterin Konzernstrategie und Development in der Otto Group und verantwortlich für die Entwicklung zukunftsrelevanter Geschäftsansätze sowie der Mobile First Transformation der Händler in der Otto Gruppe. In dieser Funktion verantwortet sie außerdem die Beratung aller Konzernfirmen zu Innovationsmethodik/-Mindset und agiert als Design Thinking Coach für Führungskräfte. Das Fundament ihrer Fähigkeiten bilden dabei sowohl ein Maschinenbau- als auch ein Wirtschaftsstudium. Danach stieg sie bei dem amerikanischen Hightech Unternehmen Motorola ein, wo sie kundenspezifische Service Solutions entwickelte. Es folgte eine Karriere bei der Beiersdorf AG, wo sie zuletzt Produktinnovationen weltweit zur Marktreife brachte.

Dirk Guß | Allianz Global Assistance

Dirk Guß ist Prokurist und Leiter Bereich Finance & Special Lines bei der Allianz Global Assistance. Nach seiner Ausbildung zum Versicherungskaufmann bei der heutigen AXA in Düsseldorf war er in leitenden Funktionen als Bezirksdirektor, Vorstandsassistent und Prokurist in Unternehmen der deutschen Versicherungswirtschaft tätig. Ferner war er bei einem mittelständigen Versicherer als Leiter für Vertrieb und Bevollmächtigter für Makler- und Sondergeschäft verantwortlich für den Ausbau des Nischengeschäfts. Er wurde dort zum Vorstand für das Resort Vertrieb, Marketing, Produktentwicklung und Reiseversicherungen berufen, bis er 2010 zur Allianz Global Assistance – dem weltweiten Spezialisten für Reise- und Spezialversicherungen sowie Assistance innerhalb des Allianz-Konzerns – wechselte.

Andreas Kottmann | BMW Group

Andreas Kottmann ist bei der BMW Group im Bereich Mobilitätsdienste tätig und verantwortet das Geschäftsfeld Parken für Europa. Innerhalb dieses Geschäftsfeldes werden innovative Parking Services, die das Finden, Reservieren und Bezahlen von Parkplätzen signifikant vereinfachen entwickelt. Zuvor war er am Aufbau von DriveNow, einem innovativen One-Way Carshing Angebot der BMW Group sowie der SIXT AG beteiligt. Hier leitete er das Joint Venture als Geschäftsführer bis 2012. Der ausgebildete Bankkaufmann studierte Betriebswirtschaftslehre in Nürnberg und Erlangen und arbeitete mehrere Jahre bei KPMG im Bereich Wirtschaftsprüfung. Nach seinem Eintritt in die BMW AG im Jahre 2000 durchlief er mehrere Stationen des Konzerns.

Stephan Schneider | Vodafone

Stephan Schneider ist im Enterprisesegment der Vodafone GmbH tätig und ist verantwortlich für die Geschäftsentwicklung. Der Fokus liegt hier auf den Branchen des gesamten öffentlichen Sektors, des Gesundheitswesens, der Energiewirtschaft, des ÖPNV, der Bahn, der Flughäfen und der Medien. Nach seinem Studium zum Diplom Ingenieur an der FH Düsseldorf war er Consultant bei Hewlett Packard, anschließend verantwortete er bei der ISIS MultimediaNet GmbH den Bereich TOC und das Lösungsgeschäft, bevor er zu Vodafone wechselte. Darüber hinaus ist er Vorstandsvorsitzender der Digitalen Stadt Düsseldorf, dem führenden Businessnetzwerk im Bereich IT und Medien mit über 260 Mitgliedsunternehmen und verantwortet verschiedene Projekte im Bereich „Smart City".

Carsten Schürg | SportScheck

Carsten Schürg leitet seit 2009 den Bereich Marketing und PR bei SportScheck. Mit 18 Filialen, über 70.000 m² Verkaufsfläche, einem E-Commerce Shop mit 30.000 Artikeln und 1.600 Mitarbeitern ist SportScheck einer der größten Sportfachhändler in Deutschland, Österreich und der Schweiz. Innerhalb der OTTO Group ist SportScheck Innovationstreiber für den Bereich Mobile und bietet unter anderem 6 Kundenapps und einen eigenen Mobileshop an. Der diplomierte Betriebswirt und Politologe hat davor als Experte für ganzheitliche Markenführung und Kommunikation eine Serviceplan Werbeagentur geleitet und erfolgreich für Kunden wie AOK, BMW, Expedia, Teléfonica und ZDF gearbeitet. Er ist außerdem zertifizierter Business Coach.

Alexander Sixt | Sixt

Alexander Sixt wurde im Februar 2015 in den Vorstand berufen und ist für die Bereiche Konzernstrategie, M&A, zentraler Einkauf, Prozessmanagement sowie die neuen Mobilitätsangebote verantwortlich. Zudem ist er für das globale Personalwesen sowie die Leitung aller Shared Services- und Verwaltungsfunktionen zuständig. Er erwarb einen Master in Corporate Finance an der City University London sowie den Titel Diplom-Kaufmann an der ESCP Europe in Paris, bevor er der M&A-Abteilung der Deutschen Bank in London angehörte und dann als Senior Consultant zu Roland Berger ging. 2009 wechselte er in die Sixt-Gruppe und verantwortet aktuell auch die Online-Beteiligungen von Sixt wie autohaus24.de, DriveNow, MyDriver und ecabo.

Susanne Steidl | Wirecard

Susanne Steidl leitet seit 2006 den Bereich Issuing bei Wirecard, einem weltweit führenden Anbieter für Zahlungslösungen. Hier betreut sie alle Themen im Bereich Mobile Payment und begleitet die technische Markteinführung der mobilen Bezahllösungen. Weiterhin ist sie für den Aufbau, die Produktentwicklung und den Betrieb aller Kartenangebote und -dienstleistungen verantwortlich. Nach ihrem BWL- und Psychologie-Studium arbeitete sie bei der Axxom Software AG (heute: PSI Logistics), einem führenden Anbieter für Optimierungssoftware in Produktion und Logistik. Als Geschäftsführerin wirkte sie wesentlich am Aufbau der rumänischen Niederlassung mit. Außerdem war sie Lehrbeauftragte auf der Technischen Hochschule Deggendorf.

Mathias Wahrenberger | Hubert Burda Media

Dr. Mathias Wahrenberger leitet die Unternehmensentwicklung von Burda Digital. Der Vorstandsbereich Digital von Hubert Burda Media umfasst Mehrheitsbeteiligungen an der Tomorrow Focus AG und Xing AG, sowie diverse direkte Beteiligungen an Internet-Unternehmen wie Cyberport und CHIP. Er verantwortet die Bereiche Strategie und M&A. Zudem beobachtet er mit seinem Team neue technologische Entwicklungen und Markttrends, um Handlungsempfehlungen abzuleiten. Nach einem BWL-Studium an der Friedrich-Alexander-Universität Erlangen-Nürnberg und der Teilnahme am MBA Programm des Babson College, arbeitete er bei The Boston Consulting Group. Danach wechselte er zu Axel Springer, wo er den internationalen Ausbau des Online-Rubrikengeschäfts mit verantwortete.

Autorenverzeichnis

Jörg Abrolat vicp visioning consulting & production, Berlin, Deutschland
E-Mail: joerg.abrolat@vicp.de

Siegfried Adam NTT DATA Deutschland GmbH, München, Deutschland
E-Mail: siegfried.adam@nttdata.com

Josef Adersberger QAware GmbH, München, Deutschland
E-Mail: josef.adersberger@qaware.de

Sigmund Akselsen Telenor, Tromsø, Norway
E-Mail: sigmund.akselsen@telenor.com

Saim Alkan aexea GmbH, Stuttgart, Deutschland
E-Mail: saim.alkan@aexea.de

Thomas Altenhain ALTENHAIN Unternehmensberatung GbR, Starnberg, Deutschland
E-Mail: altenhain@gmx.net

Anders Andersen UiT The Arctic University of Norway, Tromsø, Norway
E-Mail: Anders.Andersen@uit.no

Heinrich M. Arnold Deutsche Telekom AG, Berlin, Deutschland
E-Mail: Heinrich.Arnold@telekom.de

Irene Baur HypoVereinsbank, UniCredit Bank AG, München, Deutschland
E-Mail: irene.baur@unicredit.de

Michael Till Beck Institut für Informatik, Ludwig-Maximilians-Universität München, München, Deutschland
E-Mail: michael.beck@ifi.lmu.de

Benedikt Berger Institut für Wirtschaftsinformatik und Neue Medien, Ludwig-Maximilians-Universität München, München, Deutschland
E-Mail: benedikt.berger@bwl.lmu.de

Rahoul Bhasin Intel GmbH, Feldkirchen b. München, Deutschland
E-Mail: rahoul.bhasin@intel.com

Mirko Bleyh M-Way Consulting GmbH, Stuttgart, Deutschland
E-Mail: m.bleyh@mwayconsulting.com

Roland Böhme ilogs information logistics GmbH, Klagenfurt, Österreich
E-Mail: Roland.Boehme@ilogs.com

Alexander Boone Sixt SE, Pullach, Deutschland
E-Mail: alexander.boone@sixt.com

Oliver Böpple YOUSE GmbH, Stuttgart, Deutschland
E-Mail: oliver.boepple@youse.de

Lothar Borrmann Siemens AG, München, Deutschland
E-Mail: lothar.borrmann@siemens.com

Ina Bourmer Microsoft Deutschland GmbH, Unterschleißheim, Deutschland
E-Mail: Ina.Bourmer@microsoft.com

Ulrich Bretschneider Universität Kassel, Wirtschaftsinformatik, Kassel, Deutschland
E-Mail: bretschneider@uni-kassel.de

Wolfgang Bscheid Mediascale GmbH & Co. KG, München, Deutschland
E-Mail: W.Bscheid@mediascale.de

Michael Cebulsky KPMG AG Wirtschaftsprüfungsgesellschaft, Düsseldorf, Deutschland
E-Mail: mcebulsky@kpmg.com

Andre Ebert Virality GmbH, München, Deutschland
E-Mail: ebert@virality.de

Alexis Eisenhofer financial.com AG, München, Deutschland
E-Mail: alexis.eisenhofer@financial.com

Christoph Elsner Siemens AG, Corporate Technology, Erlangen, Deutschland
E-Mail: christoph.elsner@siemens.com

Grit Enkelmann Otto Group, Hamburg, Deutschland
E-Mail: Grit.Enkelmann@ottogroup.com

Konrad Ess Portfima AG, Schwindegg, Deutschland
E-Mail: k.ess@portfima.de

Stefan Feit BMW Group, München, Deutschland
E-Mail: stefan.feit@bmw.de

Sebastian Feld Institut für Informatik, Ludwig-Maximilians-Universität München, München, Deutschland
E-Mail: sebastian.feld@ifi.lmu.de

Christian Feser M-Way Consulting GmbH, Stuttgart, Deutschland
E-Mail: c.feser@mwayconsulting.com

Michael Marcin Gierczak Universität Kassel, Wirtschaftsinformatik, Kassel, Deutschland
E-Mail: michael.gierczak@uni-kassel.de

Sebastian Glende YOUSE GmbH, Stuttgart, Deutschland
E-Mail: sebastian.glende@youse.de

Richard Göbel Hochschule Hof, Institut für Informationssysteme, Hof, Deutschland
E-Mail: Richard.Goebel@iisys.de

Toni Goeller MINcom Smart Solutions GmbH, Rosenheim, Deutschland
E-Mail: toni.goeller@mincom-smart-solutions.com

Klaus Goffart BMW Forschung und Technik GmbH, München, Deutschland
E-Mail: klaus.goffart@bmw.de

Andreas Grahl Allianz AMOS SE, München, Deutschland
E-Mail: andreas.grahl@allianz.de

Timo Greifenberg Software Engineering, RWTH Aachen, Aachen, Deutschland
E-Mail: greifenberg@se-rwth.de

Jörg Günther KPMG AG Wirtschaftsprüfungsgesellschaft, Frankfurt a.M., Deutschland
E-Mail: joergguenther@kpmg.com

Dirk Guß AGA International S.A., Aschheim b. München, Deutschland
E-Mail: dirk.guss@allianz-assistance.de

Andreas Gutjahr Agentur Frau Wenk, Hamburg, Deutschland
E-Mail: andreas.gutjahr@frauwenk.de

Georg Hansbauer Testbirds GmbH, München, Deutschland
E-Mail: g.hansbauer@testbirds.de

Alexander Hars Inventivio GmbH, Nürnberg, Deutschland
E-Mail: ahars@inventivio.com

Doris Hausen virtual solution AG, München, Deutschland
E-Mail: doris.hausen@virtual-solution.com

Bernd Heinrich Lehrstuhl für Wirtschaftsinformatik II, Universität Regensburg, Regensburg, Deutschland
E-Mail: Bernd.Heinrich@wiwi.uni-regensburg.de

Jörg Heinze Institut für Psychologie, Universität Regensburg, Regensburg, Deutschland
E-Mail: jheinze.ur@gmx.de

Raoul-Thomas Herborg virtual solution AG, München, Deutschland
E-Mail: raoul.herborg@virtual-solution.com

Thomas Hess Institut für Wirtschaftsinformatik und Neue Medien, Ludwig-Maximilians-Universität München, München, Deutschland
E-Mail: thess@bwl.lmu.de

Markus Heyn Bosch, Gerlingen, Deutschland
E-Mail: Markus.Heyn@bosch.com

Michael Hochenrieder HvS-Consulting AG, Garching b. München, Deutschland
E-Mail: hochenrieder@hvs-consulting.de

Oliver Höft Sixt SE, Pullach, Deutschland
E-Mail: oliver.hoeft@sixt.com

Thomas Hohenacker Livepoint GmbH, München, Deutschland
E-Mail: hohenacker@me.com

Christiane Jonietz ibi research an der Universität Regensburg GmbH, Regensburg, Deutschland
E-Mail: christiane.jonietz@ibi.de

Randi Karlsen UiT The Arctic University of Norway, Tromsø, Norway
E-Mail: Randi.Karlsen@uit.no

Michael Kerkloh Flughafen München GmbH, München, Deutschland
E-Mail: michael.kerkloh@munich-airport.de

Joachim Kistner SONUS GmbH, Ettlingen, Deutschland
E-Mail: kistner@sonus.de

Imre Endre Koncsik Systematische Theologie, Ludwig-Maximilians-Universität München, München, Deutschland
E-Mail: ikoncsik@hotmail.de

Andreas Kottmann BMW Group, München, Deutschland
E-Mail: Andreas.Kottmann@bmw.de

Jürgen Krämer Software AG, Marburg, Deutschland
E-Mail: juergen.kraemer@softwareag.com

Helmut Krcmar Lehrstuhl für Wirtschaftsinformatik, Technische Universität München, Garching, Deutschland
E-Mail: krcmar@in.tum.de

Robert Lasowski Sixt SE, Pullach, Deutschland
E-Mail: robert.lasowski@sixt.com

Jan Marco Leimeister Universität Kassel, Wirtschaftsinformatik, Kassel, Deutschland
E-Mail: leimeister@uni-kassel.de
Universität St. Gallen, Institut für Wirtschaftsinformatik, St. Gallen, Schweiz
E-Mail: janmarco.leimeister@unisg.ch

Lars Lewerenz Lehrstuhl für Wirtschaftsinformatik II, Universität Regensburg, Regensburg, Deutschland
E-Mail: Lars.Lewerenz@wiwi.uni-regensburg.de

Axel Liebetrau Wiesloch, Deutschland
E-Mail: axel@axel-liebetrau.de

Claudia Linnhoff-Popien LMU München, München, Deutschland
E-Mail: linnhoff@ifi.lmu.de

Markus Look Software Engineering, RWTH Aachen, Aachen, Deutschland
E-Mail: look@se-rwth.de

Sabrina Lucke Technische Universität München, München, Deutschland
E-Mail: sabrina.lucke@tum.de

Julia Manner Lehrstuhl für Wirtschaftsinformatik, Technische Universität München, Garching, Deutschland
E-Mail: julia.manner@in.tum.de

Chadly Marouane Virality GmbH, München, Deutschland
E-Mail: marouane@virality.de

Stephan Martin Westdeutsches Diabetes- und Gesundheitszentrum (WDGZ), Verbund Katholischer Kliniken Düsseldorf (VKKD), Düsseldorf, Deutschland
E-Mail: Stephan.Martin@vkkd-kliniken.de

Annette März AffiliPRINT GmbH, Oldenburg, Deutschland
E-Mail: a.maerz@affiliprint.de

Matthias Mehrtens Alfred Kärcher GmbH & Co. KG, Winnenden, Deutschland
E-Mail: Matthias.Mehrtens@de.kaercher.com

Matthias Meyer TNS Live GmbH, München, Deutschland
E-Mail: matthias.meyer@tns-live.com

Patrick Möbert Fakultät für Informatik und Mathematik, Hochschule für angewandte Wissenschaften München, München, Deutschland
E-Mail: moebert@hm.edu

Arne Munch-Ellingsen Telenor, Tromsø, Norway
E-Mail: arne.munch-ellingsen@telenor.com

Rahild Neuburger Ludwig-Maximilians-Universität München und MÜNCHNER KREIS, München, Deutschland
E-Mail: neuburger@lmu.de

Gregor Ottmann blu Portals & Applications GmbH, Oberhaching, Deutschland
E-Mail: gregor.ottmann@blu-pa.com

Hans-Gert Penzel ibi research an der Universität Regensburg GmbH, Regensburg, Deutschland
E-Mail: hans-gert.penzel@ibi.de

Anja Peters ibi research an der Universität Regensburg GmbH, Regensburg, Deutschland
E-Mail: anja.peters@ibi.de

Arnold Picot Ludwig-Maximilians-Universität München und MÜNCHNER KREIS, München, Deutschland
E-Mail: picot@lmu.de

Claas Pinkernell Software Engineering, RWTH Aachen, Aachen, Deutschland
E-Mail: pinkernell@se-rwth.de

Valentin Protschky BMW Group, München, Deutschland
E-Mail: valentin.protschky@bmw.de

Peter Reichl Cooperative System Research Group (COSY), Faculty of Computer Science, University of Vienna, Vienna, Austria
E-Mail: peter.reichl@univie.ac.at

Christian Reichmayr HypoVereinsbank, UniCredit Bank AG, München, Deutschland
E-Mail: christian.reichmayr@unicredit.de

Ralf Rieken Uniscon GmbH, München, Deutschland
E-Mail: ralf.rieken@uniscon.de

Alexander Rossmann Fakultät Informatik, Hochschule Reutlingen, Reutlingen, Deutschland
E-Mail: Alexander.Rossmann@Reutlingen-University.de

Benno Rott Virality GmbH, München, Deutschland
E-Mail: rott@virality.de

Bernhard Rumpe Software Engineering, RWTH Aachen, Aachen, Deutschland
E-Mail: rumpe@se-rwth.de

Eric-Alexander Schäfer Sixt SE, Pullach, Deutschland
E-Mail: eric-alexander.schaefer@sixt.com

Cornelia Schauber YOUSE GmbH, Stuttgart, Deutschland
E-Mail: cornelia.schauber@youse.de

Lorenz Schauer Institut für Informatik, Ludwig-Maximilians-Universität München, München, Deutschland
E-Mail: lorenz.schauer@ifi.lmu.de

Michael Schermann Lehrstuhl für Wirtschaftsinformatik, Technische Universität München, Garching, Deutschland
E-Mail: michael.schermann@in.tum.de

Helmut Scherzer Giesecke & Devrient, München, Deutschland
E-Mail: helmut.scherzer@gi-de.com

Thomas Schimper Nokia Networks, München, Deutschland
E-Mail: thomas.schimper@nsn.com

Peter Schindecker Formware GmbH, Nußdorf am Inn, Deutschland
E-Mail: peter.schindecker@formware.de

Julian Schmidl Flughafen München GmbH, München, Deutschland
E-Mail: julian.schmidl@munich-airport.de

Lars Schmitz Esri Deutschland, Kranzberg bei München, Deutschland
E-Mail: l.schmitz@esri.de

Ralf Schneider Allianz Group, München, Deutschland
E-Mail: ralf.schneider@allianz.de

Stephan Schneider Vodafone GmbH, Düsseldorf, Deutschland
E-Mail: s.schneider@vodafone.com

Andreas Schönberger Siemens AG, Corporate Technology, Erlangen, Deutschland
E-Mail: andreas.schoenberger@siemens.com

Mirco Schönfeld Institut für Informatik, Ludwig-Maximilians-Universität München, München, Deutschland
E-Mail: mirco.schoenfeld@ifi.lmu.de

Carsten Schürg Sport Scheck GmbH, München, Deutschland
E-Mail: carsten.schuerg@sportscheck.com

Claudia Schwarz Schwarz & Baldus – Patentanwälte, München, Deutschland
E-Mail: schwarz@sb-ip.de

Carsten Schwecke AffiliPRINT GmbH, Oldenburg, Deutschland
E-Mail: c.schwecke@affiliprint.de

Attul Sehgal Red Zebra Analytics Ltd., London, UK
E-Mail: attul@redzebra-analytics.com

Alexander Sixt Sixt SE, Pullach, Deutschland
E-Mail: alexander.sixt@sixt.com

Anna Sonnick Universität Kassel, Wirtschaftsinformatik, Kassel, Deutschland
E-Mail: anna.sonnick@wi-kassel.de

Christine Spietz PASS Consulting Group, Aschaffenburg, Deutschland
E-Mail: christine.spietz@pass-consulting.com

Ernst Stahl ibi research an der Universität Regensburg GmbH, Regensburg,
Deutschland
E-Mail: ernst.stahl@ibi.de

Andreas Steffen Nationales E-Government Kompetenzzentrum (NEGZ), Berlin,
Deutschland
E-Mail: andreas.steffen@negz.org

Susanne Steidl Wirecard AG, Aschheim, Deutschland
E-Mail: susanne.steidl@wirecard.com

Markus Strassberger BMW Forschung und Technik GmbH, München, Deutschland
E-Mail: markus.strassberger@bmw.de

Karl-Heinz Streibich Software AG, Darmstadt, Deutschland
E-Mail: Karl-Heinz.Streibich@softwareag.com

Maike Strudthoff MSIC Insights & Consulting for Mobile Innovation, Frankfurt a. M.,
Deutschland
E-Mail: maike@strudthoff.com

Michael Tangemann Fakultät Informatik, Hochschule Reutlingen, Reutlingen,
Deutschland
E-Mail: Michael.Tangemann@Reutlingen-University.de

Alexander Tegeder Esri Deutschland, Kranzberg bei München, Deutschland
E-Mail: a.tegeder@esri.de

Matthias Thomann European School of Business Reutlingen, Reutlingen, Deutschland
E-Mail: matthias.thomann@student.reutlingen-university.de

Ines Varela Stadtwerke Düsseldorf AG, Düsseldorf, Deutschland
E-Mail: ines.varela@freenet.de

Mathias Wahrenberger Hubert Burda Media, München, Deutschland
E-Mail: mathias.wahrenberger@burda.com

Veronika Wasza Testbirds GmbH, München, Deutschland
E-Mail: v.wasza@testbirds.de

Stefan Weinfurtner ibi research an der Universität Regensburg GmbH, Regensburg,
Deutschland
E-Mail: stefan.weinfurtner@ibi.de

Martin Werner Institut für Informatik, Ludwig-Maximilians-Universität München,
München, Deutschland
E-Mail: martin.werner@ifi.lmu.de

Kerstin Wessig Humanwissenschaftliches Zentrum, Ludwig-Maximilians-Universität
München, München, Deutschland
E-Mail: wessig@hwz.uni-muenchen.de

Andrea Wiedemer HvS-Consulting AG, Garching b. München, Deutschland
E-Mail: wiedemer@hvs-consulting.de

Nils Winkler Yapital Financial AG, Luxemburg, Luxemburg
E-Mail: info@yapital.com

Georg Wittmann ibi research an der Universität Regensburg GmbH, Regensburg,
Deutschland
E-Mail: georg.wittmann@ibi.de

Tet Yeap School of Electrical Engineering and Computer Science, University of Ottawa,
Ottawa, Ontario, Canada
E-Mail: tet@site.uottawa.ca

Michael Zaddach Flughafen München, München, Deutschland
E-Mail: michael.zaddach@munich-airport.de

Martin Zander Yapital Financial AG, Luxemburg, Luxemburg
E-Mail: martin.zander@yapital.com

Jürgen Zetzsche Flughafen Düsseldorf GmbH, Düsseldorf, Deutschland
E-Mail: juergen.zetzsche@dus.com

Patrick Zwickl Cooperative System Research Group (COSY), Faculty of Computer
Science, University of Vienna, Vienna, Austria
E-Mail: patrick.zwickl@univie.ac.at

Teil I
Zum Geleit

Servicelandschaften im Umbruch: Neue Mobility Services revolutionieren den Automobil-Servicemarkt

Markus Heyn

Ein Auto steht am Straßenrand, die Motorhaube steht offen. Vorbei die Reise in den Urlaub. Nichts geht mehr.

Das Auto, das nicht mehr wegen eines technischen Defekts am Straßenrand liegenbleibt – noch ist es eine Vision. In den kommenden Jahren jedoch wird diese Vision Stück für Stück Realität. Der Schlüssel dazu ist zum einen, dass moderne Fahrzeuge zunehmend mit dem Internet vernetzt sind. Das ermöglicht, dass Fahrzeugdaten über den Zustand der Systeme – also die „Gesundheit" des Fahrzeugs – und den exakten Ort permanent und in Echtzeit verfügbar sind. Zum anderen ist mit der bereits heute verfügbaren Rechenleistung und Speicherkapazität von cloud-basierten Systemen eine Voraussetzung für neue unterstützende, datenbasierte Services geschaffen. Der Wandel im automobilen Servicemarkt hat begonnen.

Ein Beispiel dafür ist die rasante Entwicklung und Nutzung der automobilen Werkstattservices. Während noch vor einigen Jahren nur erfahrene Automechaniker ein Problem am Fahrzeug sicher erkennen und eingrenzen konnten, so unterstützen heute Algorithmus- und Fehlercode-basierte Diagnosen die Service-Mitarbeiter in den Werkstätten. Damit lassen sich Fahrzeugdefekte schneller und effizienter identifizieren. Dennoch ist die zuverlässige Bestimmung der Fehlerquelle weiterhin schwierig, da die relevanten Fahrzeugdaten zum Zeitpunkt des Werkstattaufenthalts meist nicht mehr verfügbar sind. Wenn die Reparatur wegen einer nicht genau bekannten Ursache nicht zur Zufriedenheit des Kunden durchgeführt werden kann, drohen Reputationsverlust von Werkstatt, Hersteller und Marke.

Durch die Vernetzung der Fahrzeuge mit dem Internet werden nun erstmalig orts- und zeitunabhängig Diagnosedaten erfasst und außerhalb des Fahrzeugs analysiert, aufberei-

M. Heyn (✉)
Bosch, Gerlingen, Deutschland
E-Mail: Markus.Heyn@bosch.com

© Springer-Verlag Berlin Heidelberg 2015
C. Linnhoff-Popien et al. (Hrsg.), *Marktplätze im Umbruch,* Xpert.press,
DOI 10.1007/978-3-662-43782-7_1

tet, gespeichert und bedarfsgerecht verfügbar gemacht. Somit ist eine Echtzeitanalyse des Fahrzeugzustandes möglich, die es beispielsweise der Werkstatt ermöglicht, im Defektfall direkt und online auf Fahrzeugdaten zuzugreifen und sie auszuwerten. Anhand der Ergebnisse kann entschieden werden, ob sich das Problem vor Ort durch einen Techniker mit dem passenden Ersatzteil beheben lässt oder ein Abschlepp-Dienst erforderlich ist. Im Einzelfall wird eine „Reparatur" gegebenenfalls sogar online über die Luftschnittstelle durchgeführt. Auch Software Updates zur Nutzung neuer, bis dahin nicht im Fahrzeug verfügbarer, Features werden auf diese Weise möglich. Serviceleistungen können situationsgerecht eingesetzt werden, das Fahrzeug ist schneller wieder einsatzbereit oder fällt im Idealfall gar nicht erst aus, was die Reparaturkosten für den Kunden reduziert.

Die heutige automobile Servicelandschaft ist sehr umfangreich, besonders wenn die Verfügbarkeit der Fahrzeuge höchste Priorität hat. Neben reaktiven Serviceangeboten, wie Rund-um-die-Uhr-Reparatur- oder Ersatzteildienste, werden Wartungsverträge von Herstellern oder Werkstätten zur Defektprävention angeboten. Diese Art der „Mobilitätsgarantie" auf Basis von definierten, verpflichtenden Wartungsintervallen soll die Verfügbarkeit und den reibungslosen Betrieb des Fahrzeugs sicherstellen. Verschleißbedingte Ausfälle werden dabei durch den rechtzeitigen Austausch von Komponenten vermieden. Die Austauschzeitpunkte sind durch den Hersteller festgelegt. Neue internetbasierte Services unterstützen auch in diesen Anwendungsfällen sowohl Fahrer als auch die Betreiber von Fuhrparks und Flotten. So werden beispielsweise der Kilometerstand und die Nutzungsdauer (vor allem von Off-Highway-Fahrzeugen) automatisch erfasst, um Wartungsaufenthalte besser zu planen. Oft haben auch die individuelle Art, wie ein Fahrzeug genutzt wird, oder verschiedene umgebungsbedingte Alterungseinflüsse, beispielsweise das Klima oder der Kraftstoff, Rückwirkungen auf den Zustand der Systeme. Werden diese online beobachtet, ergeben sich ebenfalls Möglichkeiten für neuartige, datenbasierte Auswertungen. Mit diesen wollen Automobilhersteller und Zulieferer Probleme erkennen, bevor sie auftauchen. Ein technischer Ansatz dazu, der auch durch die Robert Bosch GmbH verfolgt wird, beinhaltet die dynamische Analyse des tatsächlichen Fahrzeugzustands sowie spezifischer Komponentendaten zur Laufzeit. Diese werden in Bezug zu historischen Fahrzeugdaten gesetzt, um den potenziellen Defektzeitpunkt zu prognostizieren. Somit wird individuell für jedes Fahrzeug eine Vorhersage erstellt, die das Fahrverhalten, den tatsächlichen Nutzungsgrad sowie Umgebungsvariablen berücksichtigt. Dieser Ansatz erlaubt es, das Fahrzeug komplett zu betrachten, und ermöglicht somit grundlegend neue automobile Werkstattservices. Im Falle eines sich ankündigenden Problems kann nun der Fahrzeugbesitzer rechtzeitig informiert werden oder das Fahrzeug wird automatisch in einen „System-schonenden" Fahrzustand versetzt, z. B. durch Vermeidung bestimmter Drehzahlbereiche über eine optimierte Schaltautomatik.

Einen Bedarf an automatisierten Prognosediensten gibt es vor allem in professionellen Fuhrpark- und Flottenanwendungen. Hier sind Lösungen gefragt, die einheitlich und einfach mit Fahrzeugen verschiedener Hersteller und Ausstattungsvarianten funktionieren. Neben Unternehmen im Logistik-, Transport- und Baugewerbe rücken auch neue Carsharing-Anbieter sowie Betreiber von Leasing- und Miet-Fuhrparks stärker in den Fokus. Haupttreiber sind hier die Maximierung der Verfügbarkeit durch optimale Nutzung und Auslastung der Fahrzeuge sowie die Reduktion der Betriebs- und Verwaltungskosten. Ein weiterer wichtiger Aspekt ist die Vermeidung von hohen Folgekosten durch ungeplante Stillstände. Aber auch im privaten Pkw-Markt suchen Hersteller nach innovativen Lösungen, um Kunden durch verbesserte Servicequalität und damit eine erhöhte Zufriedenheit stärker an die eigene Marke zu binden. Durch internetbasierte Services können Werkstattaufenthalte individueller geplant werden. Die Qualität der Servicearbeit erhöht sich, weil Probleme anhand der nun verfügbaren und zugänglichen Daten treffsicherer identifizierbar sind. Zudem verringert sich die Zeit des Werkstattaufenthalts, da sich das Problem bereits online analysieren lässt und die erforderlichen, das heißt vor allem die richtigen, Ersatzteile vorab bestellt und vorbereitet werden können. Zusätzlich spart der Kunde bei normalen Betriebsbedingungen (Fahrweise, Pflege etc.) Kosten durch längere Nutzungsintervalle, da sich die Verschleißgrenzen von Fahrzeugkomponenten oftmals an Extrembedingungen orientieren. Typische Verschleißkomponenten wie Filter und Zahnriemen können somit abhängig von der tatsächlichen Abnutzung getauscht werden. Der Einsatz neuer Technologien ermöglicht es den Herstellern zudem, ihre Nutzungs- oder Leistungsversprechen auf ihre Kunden anzupassen. Sie können beispielsweise Gewährleistungszeiträume individueller auslegen oder nutzungsorientiere Geschäftsmodelle, zum Beispiel den Kauf einer garantierten Laufleistung und nicht des Fahrzeugs, anbieten. Die geschilderten Entwicklungen und Dienstleitungen werden auch insbesondere mit Blick auf das automatisierte Fahren von höchster Bedeutung sein.

Gegenüber dem Nutzfahrzeugsegment, in dem die neuen Mehrwertfunktionen wie Fern- oder vorbeugende Diagnose in Form von Connectivity-Paketen zusätzlich zu Wartungsverträgen vom Kunden gekauft werden, zeigt sich im Pkw-Segment ein anderes Bild. Die Zahlungsbereitschaft von Privatpersonen für zusätzliche internetbasierte Services ist eher gering. Daher sind hier die Hersteller gefragt. Sie können durch das Angebot dieser Dienste die Kundenbindung und Attraktivität ihrer Marke erhöhen. Zudem lassen sich für die Hersteller zusammen mit ihren Zulieferern durch die verfügbaren Fahrzeugdaten wichtige Erkenntnisse für die Weiterentwicklung der Fahrzeuge ableiten.

Die Ansätze der vorangegangenen Beispiele sind ebenfalls auf neue Geschäftsmodelle in angrenzenden Marktsegmenten übertragbar. So bieten zum Beispiel Versicherungen neue „Pay as you drive"-Tarife an, bei denen abhängig vom Fahrverhalten und damit vom individuellen Risikoprofil entsprechende Versicherungsraten angesetzt werden. Auch für Leasing- oder Mietfahrzeuge ergeben sich auf Basis der tatsächlichen Nutzung und Belastung eines Systems neue Abrechnungsmodelle. Ebenso können durch Online-Analysen Missbrauch oder falsche Nutzung nachgewiesen werden. Ferner ist über den Online-Zugriff grundsätzlich auch das Ab- oder Zuschalten von Fahrzeugfunktionen abhängig vom gebuchten Paketumfang möglich.

Neben den Chancen durch den Einzug der neuen internetbasierten Services ergeben sich auch Herausforderungen für etablierte Dienstleitungen, wie Rund-um-die Uhr-Services, Abschleppdienste und Pannenhilfen. Sie sind zwar weiterhin erforderlich und bieten dem Kunden einen Mehrwert, ihre Nachfrage wird jedoch zurückgehen. Noch spürbarer

ist der Wandel voraussichtlich für zahlreiche unabhängige Werkstätten und den Ersatzteil-
handel. Durch die Vernetzung der Fahrzeuge und Online-Dienstleistungen entstehen neue
Ökosysteme, die im Wesentlichen durch größere Betreiber sowie die Fahrzeughersteller
beherrscht werden. Hier werden Anbieter von Mobilitäts-Services oder Call-Center zunehmend die Kundeninteraktion übernehmen, Fahrzeughalter gezielt ansprechen und zur
Werkstatt ihres Vertrauens leiten. Diese übernimmt anschließend die Wartungsarbeit. Für
kleine und unabhängige Unternehmen, denen ein teilweiser Verlust der Kundschaft drohen
kann, ist es daher von strategischer Bedeutung, entsprechende Partnerschaften einzugehen
oder sich in Nischenanwendungen zu etablieren.

Eine weitere große Herausforderung für die Marktfähigkeit und eine nachhaltige internationale Etablierung von cloud-basierten Mobility Services ist die Datensicherheit. Es
muss gewährleistet werden, dass die Fahrzeugdaten sicher vor der unbefugten Nutzung
Dritter sind und kein Missbrauch ermöglicht wird. Auf internationaler Ebene wird aktuell intensiv diskutiert, wie Eigentums- und Nutzungsrechte der Fahrzeugdaten geregelt
werden können. Der sensible und zu jedem Zeitpunkt sichere Umgang mit dem Fahrzeug
sowie im und vom Fahrzeug erzeugten Daten stellt damit eine notwendige Voraussetzung
für die Einführung von neuen Mobilitätsservices dar.

Um für den Wandel im Servicemarkt gerüstet zu sein und wettbewerbsfähig zu bleiben,
sind Fahrzeughersteller, Zulieferer und Werkstätten gefordert, sich grundlegend anzupassen. Neben dem technologischen Wandel durch Nutzung von Online-Daten und daten-
verarbeitenden Systemen ist in den meisten Fällen auch ein kultureller Wandel innerhalb
der Unternehmen erforderlich. Wo in klassischen Unternehmen Entwicklung, Informationstechnologie, Werkstätten und Kundenbereiche strikt getrennt waren, ist heute eine
enge Verzahnung und flexible Zusammenarbeit gefordert. Neue Wege müssen gefunden
werden, um internetbasierte Technologien und Geschäftsmodelle einführen zu können
und kundenorientiert anzubieten. Dabei ist die eigene Aufstellung ebenso wichtig, wie ein
funktionierendes Netzwerk von Partnern. In den meisten Fällen fehlt es Unternehmen an
Kompetenz oder Kraft, essenzielles Wissen und die notwendige Infrastruktur kurzfristig
aufzubauen. Vor allem die Automobilhersteller und Zulieferer stehen hier vor der Herausforderung, Mitarbeiter und Kompetenzen in den verschiedenen Bereichen immer wieder
aufs Neue effizient zu vernetzen und agile Organisations- und Prozessansätze (oder –lösungen) zu ermöglichen. Im Hinblick auf die Geschwindigkeit des Marktwandels wird ein
Schlüssel des Erfolgs darin liegen, über intelligente Vernetzung und strategische Partnerschaften stetig das Portfolio zu optimieren und zu erweitern.

Zusammenfassend zeigt sich, dass durch die Vernetzung von Fahrzeugen und den Einzug neuer Internet- und datenbasierter Technologien dem automobilen Servicemarkt ein
großer Wandel bevorsteht. Die gesamte Wertschöpfungskette erfährt einen grundlegenden
Umbruch. Sind die technischen, gesetzlichen und kulturellen Hürden überwunden, ist die
Entwicklung nicht mehr aufzuhalten. Bestehende Dienstleistungen werden zunehmend
durch Online-Dienste ergänzt oder erfahren eine Virtualisierung der Kundenbeziehung. In
Summe profitieren Kunden durch erhöhte Mobilität zu niedrigeren Kosten.

Flughafenlandschaft im Umbruch: Reisen mit individualisiertem Travel-Assistant

Michael Kerkloh

Seit den frühen Tagen der Menschheitsgeschichte sind Kommunikation und Mobilität zwei wesentliche Taktgeber des zivilisatorischen Fortschritts. Treibende Kraft ist dabei der beiden Phänomenen immanente Wesenszweck, Reichweiten kontinuierlich zu vergrößern, um Menschen und Märkte miteinander zu vernetzen. In der rasanten Veränderung, die die internationalen Verkehrsflughäfen in den vergangenen Jahrzehnten erfahren haben, spiegelt sich die enorme Geschwindigkeit, mit der sich die Kommunikations- wie auch die Mobilitätsangebote in der jüngeren Vergangenheit entwickelten.

Als der heutige Flughafen München in den siebziger Jahren des vergangenen Jahrhunderts geplant wurde, gab es weder globale Airline-Netzwerke noch sogenannte Billigfluglinien. Genauso wenig existierten seinerzeit Mobiltelefone oder gar ein weltweites Internet. Man reiste und man kommunizierte vor vierzig Jahren in einer anderen Weise und entsprechend anders waren auch die Erwartungen, die die Reisenden an einen Flughafen stellten. Als eine Art Haltestelle der Lüfte sollte der Flughafen alle für einen möglichst reibungslosen Start bzw. eine möglichst reibungslose Ankunft erforderlichen Einrichtungen vereinen – mehr aber auch nicht.

Der im Mai 1992 eröffnete Münchner Flughafen war – auch wenn es hier zum Zeitpunkt der Betriebsaufnahme schon mehr kommerzielle Angebote als in Riem gab – in seiner „Erstausstattung" zweifellos noch ein Kind dieser frühen Flughafenära. Eine erste Möglichkeit, konzeptionell neue Akzente zu setzen, ergab sich mit der Planung für das München Airport Center (MAC), das bereits sieben Jahre nach der Flughafeneröffnung als multifunktionales Dienstleistungszentrum in Betrieb genommen wurde. Mit dem MAC hat der Marktplatz am Flughafen München erstmals auch physisch eine konkrete Ge-

M. Kerkloh (✉)
Flughafen München GmbH, München, Deutschland
E-Mail: michael.kerkloh@munich-airport.de

© Springer-Verlag Berlin Heidelberg 2015
C. Linnhoff-Popien et al. (Hrsg.), *Marktplätze im Umbruch,* Xpert.press,
DOI 10.1007/978-3-662-43782-7_2

stalt angenommen. Das von dem international renommierten Architekten Helmut Jahn
konzipierte Gebäude besticht durch Größe und Eleganz: Zwei symmetrisch angeordnete
L-förmige sechsgeschossige Gebäudeflügel über denen sich in 41 m Höhe ein gewölbtes
Glas-Membrandach erhebt, umrahmen eine 10.000 m^2 große Forumsfläche, die sich als
Event-Location für eine Vielzahl sportlicher, kultureller oder kommerzieller Veranstaltun-
gen nutzen lässt.

Zum räumlichen Mittelpunkt des Geschehens avancierte das MAC dann vier Jahre
später mit der Inbetriebnahme des Terminals 2. Das neue Abfertigungsgebäude schließt
das eindrucksvolle Ensemble auf der östlichen Seite ab und lässt das MAC dadurch ins
Zentrum des Airports rücken. Seine im Juni 2003 vollzogene Eröffnung markierte gleichzeitig den Beginn einer neuen Entwicklungsphase am Münchner Airport. War der neue
Flughafen anfangs noch fast ausschließlich als Ausgangspunkt oder Ziel einer Flugreise
genutzt worden, so hatte die Lufthansa Mitte der neunziger Jahre damit begonnen, den
Airport schrittweise zu einem internationalen Drehkreuz auszubauen. Das von der Flug-
hafen München GmbH und der Deutschen Lufthansa AG in einem innovativen Jointven-
ture gebaute, finanzierte und betriebene Passagiergebäude trägt dem Funktionswandel des
Münchner Flughafens Rechnung. Dabei liegt das Augenmerk zum einen auf der Effizienz
der Umsteigeverbindungen, die sich unter anderem in der konkurrenzlos kurzen Minimum
Connecting Time von lediglich 30 min manifestiert. Zum anderen geht es hier um die
Aufenthaltsqualität und den Passagierkomfort, insbesondere für jene Fluggäste, die als
Umsteiger den Sicherheitsbereich des Terminals in der Regel nicht verlassen. Ihnen steht
im Terminal 2 des Münchner Flughafens ein ebenso so facettenreiches wie attraktives An-
gebot an Geschäften, Restaurants oder Bars, aber eben auch an Arbeitsmöglichleiten oder
Ruhezonen zur Verfügung.

Dass die Neupositionierung des Münchner Flughafens zu einem europäischen Luftver-
kehrsdrehkreuz erfolgreich war, wird nicht nur durch die überproportionalen Verkehrszu-
wächse des Airports belegt. Auch die Tatsache, dass München bei den weltweiten Passa-
gierbefragungen des Londoner Skytrax-Institutes innerhalb der letzten zehn Jahre sieben
Mal zum besten Airport Europas gewählt wurde, ist ein Indiz für die internationale Wertschätzung dieses Flughafens. Angesichts des kontinuierlich steigenden Passagieraufkommens stößt das Terminal 2 allerdings bereits jetzt an seine Kapazitätsgrenzen. FMG und
Lufthansa bauen deshalb derzeit gemeinsam einen Terminalsatelliten, der einen Kapazi-
tätsgewinn von weiteren 11 Mio. Fluggästen verspricht und darüber hinaus 27 gebäudena-
he Flugzeugabstellpositionen bieten wird. Auch die Planungen für einen Aus- und Umbau
des Terminals 1 sind bereits angelaufen. Bei beiden Ausbauvorhaben geht es nicht nur ein
quantitatives Wachstum, sondern zugleich auch um einen Qualitätsgewinn.

Der Flughafen München von morgen soll, so der strategische Anspruch, die unterschiedlichen Wünsche und Bedürfnisse seiner Kunden noch besser befriedigen können.
Das impliziert eine weitere Diversifizierung des Angebotes im Non-Aviation-Sektor und
eine noch stärkere Fokussierung auf das Endkundengeschäft. Die neue Vielfalt an den großen Verkehrsflughäfen, die der Münchner Airport geradezu idealtypisch repräsentiert, ist
zugleich ein Hinweis auf eine scheinbar paradoxe Entwicklung. Zwar hat sich die Teilnah-

me am Luftverkehr längst von einem illustren Privileg weniger Wohlhabender zu einem Massenphänomen entwickelt, aber gleichwohl wird der einzelne Reisende wieder mehr und mehr als individueller Kunde mit entsprechend spezifischen Wünschen und Bedürfnissen wahrgenommen. Die fortschreitende Digitalisierung aller Lebensbereiche spielt in diesem Zusammenhang natürlich eine entscheidende Rolle.

Ein Großteil der abfliegenden Passagiere hat sich schon heute vor der Abfahrt zum Airport online eingecheckt und immer mehr Reisende zücken beim Boarding anstelle eines Tickets ihr Smartphone. Gerade der Siegeszug der mobilen Endgeräte macht deutlich, dass die Grenzen zwischen Mobilität und Kommunikation immer mehr verschwinden. Fast alle Reisende nutzen heute ein Smartphone und sind damit permanent online und erreichbar. Für Airlines, Flughafenbetreiber und andere Dienstleister, die innerhalb der Reisekette agieren, ergeben sich damit vollkommen neue Möglichkeiten. Der Flughafen München hat diese Zukunftsoptionen in seinem strategischen Leitbild unter dem Oberbegriff „Seamless Travel" zusammengefasst. Die Zielvorstellung besteht darin, dass der künftige Passagier die gesamte Reise von der Anfahrt zum Flughafen bis zum Shuttle zum Hotel auf einem gleichbleibend hohen Qualitätsniveau erlebt. Dabei wird er kontinuierlich über sein Smartphone mit allen für ihn relevanten Informationen versorgt. Schon heute erfährt der Passagier beispielsweise bereits bei der Anreise zum Flughafen, dass bei seinem Flug ein Gatewechsel vorgenommen wurde. Neben solchen Fluginformationen können auf diesem Kommunikationsweg künftig aber auch Hinweise auf kommerzielle Angebote – vom günstigen Parkplatz über reduzierte Preise in den Läden bis zur Tageskarte eines Flughafenrestaurants – übermittelt werden. Je besser der Flughafenbetreiber und andere Reisedienstleister ihre Kunden und deren aktuelle Situation kennen, desto eher werden sie in der Lage sein, den unterschiedlichen Zielgruppen passende Angebote im richtigen Moment zu unterbreiten. Kontextsensitivität ist hier das Stichwort. Der übergreifenden Nutzung von Daten des Flughafens und der Airlines aus den Bereichen Aviation und Non-Aviation kommt dabei besondere Bedeutung zu. Indem der Flughafen München den Reisenden am Airport seit dem Sommer 2014 einen zeitlich unbefristeten W-LAN-Zugang gewährt, hat er nicht nur die Servicequalität für Internetnutzer verbessert, sondern auch eine erste Möglichkeit gefunden, über eine Registrierung der Nutzer mehr Informationen über die Passagiere zu gewinnen.

Auch wenn „Big Data", die Analyse und Nutzung der Passagierinformationen, immer stärker an Bedeutung gewinnt, ist die Wahrung des Datenschutzes und die Selbstbestimmung des Passagiers von sehr hoher Bedeutung und muss entsprechende Beachtung finden.

Keine Frage, der Marktplatz Flughafen steht im Zeichen der neuen Kommunikationstechnologien vor einem abermaligen fundamentalen Umbruch. Neue digitale Vertriebskanäle, neue Serviceleistungen, neue Geschäftsfelder und neue Partnerschaften werden den Airport von morgen prägen. Die Münchner Flughafengesellschaft ist derzeit dabei, eine umfassende Digitalstrategie zu entwickeln, um die vielfältigen Chancen zu nutzen. Auch wenn sich die Handlungsfelder verändern, bleibt der Anspruch des Münchner Flughafens, als Premium-Airport Standards zu setzen, erhalten.

Finanzindustrie im Umbruch: Digitalisierte Services für Versicherungskunden

Ralf Schneider

Zusammenfassung

Ob Smartphone, Wearable oder Smartwatch: Versicherungskunden nutzen eine Vielzahl mobiler Devices und das „Internet der Dinge" vernetzt Geräte und Sensoren miteinander. Mit den Erfahrungen, die Kunden in der digitalen Welt machen, sind ihre Erwartungen gestiegen: Services müssen einfach und intuitiv anzuwenden, Produkt- und Serviceangebote sollten auf die individuellen Kundenbedürfnisse zugeschnitten und personalisiert, ein Kundenservice sollte rund um die Uhr ansprechbar sein. Die sich gerade entwickelnden Digitalen Ökosysteme stellen neue Anforderungen an Unternehmen und deren IT-Systeme, schaffen aber auch die Voraussetzungen für die Entwicklung innovativer Kundenservices. Digitalisierte Versicherungsservices werden künftig die bewährte finanzielle Risikoabsicherung einer Versicherung auf den speziellen Kundenbedarf zuschneiden und um attraktive Assistenz- und Serviceleistungen ergänzen.

Die Versicherungskunden sind schon längst in der digitalen Welt angekommen: jeder Zweite nutzt mit seinem Smartphone das mobile Internet, um zu chatten, für die Social Media Interaktion, M-commerce Käufe und Mobile Payment [1]. Jeder und alles kommuniziert miteinander über das mobile Internet, Bluetooth oder Near Field Communication Technologien.

Bis 2022 werden Schätzungen zufolge im „Internet der Dinge" weltweit rund 14 Mrd. Geräte wie Sensoren, Sicherheitskameras, Fahrzeuge und Produktionsmaschinen miteinander vernetzt [2]. Im PKW sind Telematik Anwendungen bereits selbstverständlich ge-

R. Schneider (✉)
Allianz Group, München, Deutschland
E-Mail: ralf.schneider@allianz.de

© Springer-Verlag Berlin Heidelberg 2015
C. Linnhoff-Popien et al. (Hrsg.), *Marktplätze im Umbruch,* Xpert.press,
DOI 10.1007/978-3-662-43782-7_3

worden; Google arbeitet seit Jahren an Technologien für selbstfahrende Autos, wie alle großen Automobilhersteller. In Deutschland weiß jeder Zweite, was mit Smart Home oder Heimvernetzung gemeint ist [3]. Bis 2020 werden voraussichtlich eine Million Haushalte in Deutschland Smart Home Anwendungen nutzen, um etwa Steckdosen über eine Smartphone App zu steuern, die Heizungstemperatur automatisch zu regeln oder die Alarmanlage zu kontrollieren [4].

Mit den Möglichkeiten der digitalen Welt steigen die Erwartungen der Kunden. Sie orientieren sich an den von den führenden Online-Unternehmen wie Google, Amazon, Facebook oder Apple angebotenen Service-Erlebnissen: So verspricht Amazon Prime den kostenlosen Premiumversand für Millionen von Artikeln und weitere Leistungen wie kostenlose E-books oder unbegrenztes Streaming von Filmen [5]. Apple bietet nicht nur ansprechende mobile Geräte, sondern auch individuellen Kundenservice: Welcher Kunde schätzt es nicht bei dem online vereinbarten Service Termin in einem Apple Store auf einem Bildschirm persönlich mit seinem Namen begrüßt zu werden [6]?

Die digitale Revolution stellt hohe Anforderungen an die IT-Systeme und Geschäftsprozesse der Anbieter: die Vielzahl der smarten Sensoren und Devices will korrekt integriert und verwaltet werden, die traditionellen Kommunikationskanäle sind um die neuen Social Media Kanäle zu erweitern, die stetig steigende Datenmenge ist sicher zu transportieren, zu speichern und zu analysieren. Die Integration moderner Technologien wie Cloud Services, In-Memory-Datenbanken und Big Data Applikationen in die bestehenden IT-Infrastrukturen schafft die Voraussetzungen für die Entwicklung solch innovativer digitaler Kundenservices.

Die Versicherungsindustrie kann von den entstehenden Digitalen Ökosystemen profitieren und neue innovative Services entwickeln. Einerseits können die Versicherungen ihre bewährten Angebote in die digitale Welt migrieren, beispielsweise ihre Versicherungen vermehrt online anbieten und mit Kundenportalen einen digitalen Versicherungsordner bereitstellen.

Andererseits können Versicherungen die Chance nutzen, um ihre bewährten Geschäftsmodelle weiterzuentwickeln und sich neu ergebenden Nischen zu besetzen. So basiert beispielsweise die traditionelle KFZ Versicherung auf dem Fahrzeugtyp, dem Fahrer und seiner Jahresfahrleistung. Telematik-Systeme ermöglichen neue pay-per-use oder pay-how-you-drive Tarifmodelle basierend auf dem individuellen Fahrprofil. Mobilitätsversicherungen könnten künftig dem Kunden neben der Versicherung des eigenen PKWs auch Car-Sharing oder Assistence-Leistungen wie Chauffeur-Services anbieten, die der Kunde jederzeit per Smartphone App auf Knopfdruck buchen kann. Immobilienversicherungen könnten um eine Smart Home Lösung ergänzt werden, die es zum Beispiel ermöglicht, einen von der Versicherung zertifizierten Handwerker über die Smartphone App zu bestellen.

Die künftigen digitalisierten Services für Versicherungskunden ermöglichen neue bedarfsorientierte Versicherungsangebote und erfordern eine moderne, flexible IT, die eine Vielzahl von Sensoren, Devices und Servicepartnern integrieren kann. Hierfür bedarf es einer harmonisierten Netzwerkinfrastruktur, eine konsolidiert nutzbare Rechen- und Speicherkapazität sowie die Virtualisierung von Anwendungen. Übergreifend muss dabei die IT Sicherheit stets berücksichtigt werden. Hier muss die Branche der Versicherer eine Vorreiterposition einnehmen, um das Vertrauen der Kunden im Umgang mit ihren Daten in jeglicher Hinsicht zu erhalten.

Literatur

1. http://www.bitkom.org/de/markt_statistik/64046_79598.aspx. Zugegriffen: 12. Feb. 2015.
2. https://www.bosch-si.com/de/internet-der-dinge/iot/iot.html?ref=ga-inst-2014h1-sl-whitepaper-de. Zugegriffen: 12. Feb. 2015.
3. http://www.bitkom.org/de/presse/81149_81077.aspx. Zugegriffen: 12. Feb. 2015.
4. http://www.bitkom.org/de/presse/81149_80552.aspx. Zugegriffen: 12. Feb. 2015.
5. https://www.amazon.de/gp/prime/pipeline/landing?ie=UTF8&ref_=nav_joinprmlogo. Zugegriffen: 12. Feb. 2015.
6. https://www.apple.com/de/retail/geniusbar/. Zugegriffen: 12. Feb. 2015.

Softwareindustrie im Umbruch: Das digitale Unternehmen der Zukunft

4

Karl-Heinz Streibich

Wir leben in spannenden Zeiten. Mehr als 4,5 Mrd. Menschen sind miteinander über soziale Netzwerke weltweit verbunden, und heute kommunizieren nicht nur Menschen miteinander über das Internet, sondern auch Maschinen und Produkte. Das Marktforschungsinstitut Forrester prognostiziert für dieses Jahr bereits eine Zahl von 3,5 Mrd. Produkten, die miteinander „reden" werden. Das „Internet der Dinge" ist also Realität geworden. Die Welt vernetzt sich zunehmend, und Daten strömen in immer größeren Mengen zwischen den verschiedenen Teilnehmern hin und her – ob Mensch oder Maschine. In dieser vernetzten Welt ist die Digitalisierung von Unternehmen ein Muss. „Wer nicht digitalisiert, hat keine Zukunft" – das ist der Tenor, der sich im Markt breit macht, und er trifft den Nagel auf den Kopf.

Die Digitalisierung ist heute mehr als ein weltweiter Megatrend. Die Digitalisierung treibt disruptive Veränderungen in jeder Branche, zu jeder Zeit, überall auf der Welt. Deshalb ist sie kein technologisches Konzept, sondern eine umwälzende Veränderung unserer Gesellschaft, die alle Lebensbereiche der Menschen erfasst. Doch warum ist die Digitalisierung so einflussreich? Sie verändert unser Leben jeden Tag, indem sie die Welt informierter, transparenter, effizienter, objektiver und damit besser macht – und das nicht nur im Konsumenten-Bereich, sondern gerade auch bei Themen wie Innovationskraft, Chancengleichheit und Umweltschonung. Insgesamt treibt die Digitalisierung Wachstum und Wohlstand wie keine andere Veränderung unserer Zeit.

K.-H. Streibich (✉)
Software AG, Darmstadt, Deutschland
E-Mail: Karl-Heinz.Streibich@softwareag.com

© Springer-Verlag Berlin Heidelberg 2015
C. Linnhoff-Popien et al. (Hrsg.), *Marktplätze im Umbruch,* Xpert.press,
DOI 10.1007/978-3-662-43782-7_4

4.1   Worauf basiert der Drang zur Digitalisierung?

Basis all dieser Entwicklungen ist das Internet. In der Geschichte der globalen Software-
industrie haben wir es heute mit einer bisher einmaligen Konstellation zu tun, da vier
technologische Megatrends gleichzeitig aufeinander treffen, nämlich:

1. Mobile – die zunehmende mobile Kommunikation und die mobile Nutzung des Internet
2. Cloud – die Verlagerung von Daten und Anwendungen ins Internet
3. Social Collaboration – die verstärkte Nutzung sozialer Netzwerke
4. Big Data – die Bearbeitung und Analyse steigender, gewaltiger Datenmengen

Diese Phänomene sind keine Internetblase, wie wir sie vor 15 Jahren erlebt haben, denn im
Unterschied zu damals ist heute die technologische Basis vorhanden. Dazu einige Zahlen:

- Netzbandbreiten sind heute um den Faktor 1000 größer und trotzdem kostengünstiger
- Computer CPUs sind 1000 mal schneller
- Speicherplatz ist 1 Mio. mal größer und verursacht nur ein Zehntel der früheren Kosten
- In-Memory Datenspeicher sind 1 Mio. mal schneller als Festplatten

All diese Faktoren führen dazu, dass riesige Datenberge, die heute in Sekundenschnelle
entstehen, in Echtzeit verarbeitet werden können. Echtzeit bedeutet: In dem Moment, in
dem die Daten generiert werden, können sie analysiert und mit Entscheidungsvorschlä-
gen versehen unmittelbar zur Verfügung stehen. Somit werden digitale Daten und digitale
Informationen zum wichtigsten Rohstoff für Konsumenten, für Unternehmen und für die
öffentliche Hand. Die intelligente und legale Nutzung dieses neuen Rohstoffs hat eine
derart wichtige Bedeutung für Wirtschaft und Gesellschaft erlangt, dass bereits vom „Öl
des 21. Jahrhunderts" gesprochen wird. Dabei gibt es einen großen, bedeutungsvollen
Unterschied: Im Gegensatz zu den natürlichen Ölvorkommen nehmen „digitale" Rohstoffe permanent zu und nicht ab. Daten sind unerschöpflich. Das erklärt auch, warum die
fünf größten digitalen Firmen weltweit schon jetzt einen höheren Marktwert als die fünf
größten Ölfirmen erlangt haben.

4.2   Der Anfang einer großen Zeit

Mit diesen Entwicklungen ist ein neues Zeitalter angebrochen, dessen Anfang wir heute erleben. Die kontinuierliche Digitalisierung sämtlicher Arbeits- und Lebensbereiche
sorgt verlässlich für Daten-Nachschub und eröffnet Unternehmen neue Wachstumsfelder.
Heute sind digital vernetzte Prozesse über die gesamte Wertschöpfungskette hinweg möglich, was einer End-to-End-Digitalisierung entspricht, die es bisher so nicht gab. Digitale
Technologien liefern Unternehmen, was sie für ihre Zukunftsfähigkeit benötigen: eine
skalierbare, flexible Infrastruktur, die agil gestaltet werden kann und die relevanten Unter-

nehmens-, Kunden- und Marktdaten in Echtzeit analysiert, einschließlich automatisierter Entscheidungshilfen. Hochdigitalisierte Unternehmen wie Google und Amazon leben uns diesen notwendigen digitalen Wandel täglich vor.

Für jedes Unternehmen ist Schnelligkeit, Flexibilität und das Wissen darüber, was der Geschäftsnutzen für die relevante Zielgruppe bedeutet, der entscheidende Erfolgsfaktor. Dabei ist die eingesetzte Software der fundamentale Werkstoff, ohne den innovative Produkte und Dienstleistungen in Zukunft nicht mehr denkbar sind. „Software eats the world", heißt es bereits heute im Silicon Valley, und das allgegenwärtige Motto beschreibt, was wir in den nächsten Jahren und Jahrzehnten in der ganzen Welt erleben werden: Den radikalen Umbruch, der Unternehmen, die nicht Schritt halten können, von der wirtschaftlichen Landkarte fegen wird. In der deutschen Energiebranche sehen wir das bereits: Die Energiewende verändert Traditionsfirmen wie E.ON, RWE und andere Energiekonzerne von Grund auf und erschüttert den Energiemarkt radikal. Dabei steht sie sinnbildlich für den digitalen Wandel.

Jede Branche erlebt ihre eigene „digitale Energiewende", mit großen Chancen für digitalisierte Unternehmen und existenziellen Risiken für digitale Nachzügler, also klassische Geschäftsmodelle. So stehen im Einzelhandel zum Beispiel den traditionellen Handelsketten neue digitale Konsumplattformen wie Amazon, Zalando oder eBay gegenüber. Aktuellen Schätzungen zufolge werden sich 70 % aller traditionellen Händler völlig neu erfinden müssen. Experten gehen davon aus, dass mehr als 78.000 Läden im Einzelhandel allein in Deutschland bis 2020 verschwinden werden. Die Medienbranche erlebt ebenfalls einen Umbruch durch Youtube, Twitter, Facebook und andere soziale Netzwerke. Firmen wie der US-Konzern Tesla leiten auch für den Automobilsektor das digitale Zeitalter ein. Über Nacht werden Fahrzeugarmaturen per Fernwartung aktualisiert, wie wir es bei einem Update vom Smartphone her kennen. So kann per Software-App die Luftfederung neu eingestellt oder die Leistungskurve eines Elektromotors optimiert werden. All diese Entwicklungen bedeuten einen großen Effizienzsprung für digitalisierte Unternehmen, allein durch softwarebasierte, vernetzte Services. Auch dem Bankensektor eröffnen sich neue digitale Wertschöpfungspotentiale wie etwa „Mobile Payment", „Mobile Banking", „Mobile Sign-On" oder „Mobile Collaboration".

4.3 Wie die Transformation gelingt

Die Frage, die sich also stellt ist: Werden digitale Unternehmen wie Google, Wirecard oder PayPal diese Marktpotenziale abschöpfen, oder schaffen traditionelle Firmen die rechtzeitige Transformation? Entscheidend ist, wie stark die traditionellen Marktführer am bestehenden Geschäftsmodell festhalten, anstatt sich selbst infrage zu stellen und die Herausforderung durch die Digitalisierung und die bahnbrechenden Softwaretechnologien anzunehmen. Auf Basis neuer digitaler Technologien werden laufend neue Geschäftsmodelle entwickelt, die noch vor kurzem undenkbar gewesen wären und die ökonomische Logik auf den Kopf stellen. Wertschöpfende Innovationen entstehen dabei längst nicht mehr nur durch technologische Basiserfindungen. Vielmehr geht es um die Kombination digitaler Technologien mit bekannten Komponenten und das Wissen darüber, was Kunden wirklich wollen. Apple hat diesen Trend der „kundenzentrierten Innovation" perfektioniert und digitale Lösungen geliefert: iTunes zum iPod, Apps zum iPad.

Um im zukünftigen Wettbewerb zu bestehen, wird eine digitale Vision für die Kundenbindung durch digitale Produkte, durch intelligente Lieferketten und Services benötigt. Unternehmen brauchen eine digitale Strategie für die Art und Weise, wie sie mit dem wichtigen Rohstoff „Daten" umgehen und wie diese Daten zu entscheidungsrelevanten Information werden. In Zukunft werden nur noch solche Unternehmen erfolgreich sein, die digital denken und sich dazu entschließen, verfügbare, zukunftsträchtige digitale Plattformen einzusetzen, die ihre Geschäftsmodelle digitalisieren und damit agile, neue Geschäftsfelder erschließen sowie vorhandene schnell anpassen.

Es ist unerlässlich, die Auswirkungen der Digitalisierung auf bestehende Geschäftsmodelle zu verstehen und die erforderlichen Veränderungen voranzutreiben. Nur so gelingt der digitale Aufbruch. Ein Buch wie das vorliegende zeigt diesen technologischen Wandel maßgeblich – es zeigt, wie es gelingt, nicht zu den Verlierern des digitalen Umbruchs zu gehören. Das Kokettieren mit der digitalen Abstinenz ist ein Kokettieren mit dem Tod der Unternehmen.

Auf der Sonnenseite steht dagegen die erfolgreiche Digitalisierung unserer Unternehmen und Produkte und des öffentlichen Bereiches. Sie ist die Voraussetzung dafür, dass Deutschland seine führende Stellung als High-Tech- und Exportnationen auch in Zukunft erhalten und weiter ausbauen kann. Nur so werden wir den Lebensstandard in Deutschland und Europa für unsere Nachkommen erhalten können.

Packen wir es an.

Marktplätze im Umbruch: Entwicklungen im Zeitalter des mobilen Internets

Claudia Linnhoff-Popien, Michael Zaddach und Andreas Grahl

Zusammenfassung

Während stationärer Handel durch eine bewusste, direkte Kommunikation des Käufers mit dem Verkäufer gekennzeichnet ist, stellt das mobile Internet den Handel vor völlig neue Herausforderungen. Smartphones und deren Sensorik ermöglichen es, den Kontext eines Nutzers zu bestimmen. Die Situation, in der er sich befindet, hat Einfluss auf seinen Bedarf und die Dringlichkeit des Einkaufs, die im Zusammenwirken mit der Attraktivität eines Kaufangebots zu einer Kaufentscheidung führen kann. Auf diese Zusammenhänge können Handelsunternehmen kundenindividuell reagieren und durch Auswertung vorliegender Daten Angebote unterbreiten, die kontextabhängig möglichst passgenau auf individuelle Bedürfnisse ihrer Kunden ausgerichtet sind.

C. Linnhoff-Popien (✉)
LMU München, München, Deutschland
E-Mail: linnhoff@ifi.lmu.de

M. Zaddach
Flughafen München, München, Deutschland
E-Mail: michael.zaddach@munich-airport.de

A. Grahl
Allianz AMOS SE, München, Deutschland
E-Mail: andreas.grahl@allianz.de

© Springer-Verlag Berlin Heidelberg 2015
C. Linnhoff-Popien et al. (Hrsg.), *Marktplätze im Umbruch*, Xpert.press,
DOI 10.1007/978-3-662-43782-7_5

5.1   Vom Marktplatz im Mittelalter zu Online-Marktplätzen

Marktplätze sind im Mittelalter der Mittelpunkt des städtischen Lebens [1], also Plätze innerhalb einer Ortschaft, auf denen Waren ver- und gekauft werden [2]. So treffen sich Verkäufer, die Waren oder eine Dienstleistung anbieten, mit Käufern, die im Idealfall nach genau dieser Ware oder Dienstleistung suchen, an einem Ort, an dem Angebot und Nachfrage explizit zusammen geführt werden.

Marktplätze sind von jeher stetigem Wandel unterworfen. So begann beispielsweise mit der Einführung des ersten Versandkatalogs mit 163 Artikeln durch Aaron Montgomery Ward im Jahr 1872 [3] der Siegeszug des Distanzhandels, dem später Unternehmen wie Otto, Neckermann oder Quelle in Deutschland folgten. Ein Aufstieg in der Zeit des „Wirtschaftswunders" in den 1950er und 1960er Jahren des vergangenen Jahrhunderts folgte.

Die Internettechnologie schaffte die Voraussetzungen für eine weitere disruptive Veränderung. Heute ist es alltäglich, Bücher und Waren aller Art beim 1994 gegründeten Amazon [4] zu bestellen oder auf dem Online-Flohmarkt ebay [5] anzubieten, der sich seit 1995 zum weltweit größten elektronischen Marktplatz entwickelt hat. Auch haben viele klassische Händler einen Online-Shop, so dass sie ihre Produkte auf mehr als einem Kanal verkaufen, siehe Abb. 5.1.

Bis zur Entwicklung des iPhones durch Steve Jobs im Jahre 2007 [6] wäre es fast nicht vorstellbar gewesen – heute werden in den App Stores von Apple und Google mehr als 21 Mrd. $ jährlich umgesetzt [7].

Im Business-to-Consumer (B2C)-Retailmarkt in Deutschland haben sich ebay und Amazon zu den mit Abstand größten Anbietern entwickelt [8], siehe Abb. 5.2.

Online Konsumenten bevorzugen dabei besondere Produktgruppen. Dazu gehören insbesondere Bücher, CD/DVD, Kleidung und Elektrogeräte, die von mehr als 50 % der Konsumenten online gekauft werden. Andere Produktgruppen sind noch Nischen wie beispielsweise Auto-Teile oder Wein & Spirituosen, die nur jeder fünfte oder gar zehnte Kunde online bestellt, siehe Abb. 5.3 [9].

Klassischer Marktplatz   Handel im Zeitalter des E-Commerce

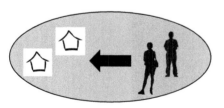
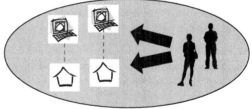

Abb. 5.1 Klassischer Marktplatz (Kunden kommen physisch zum Verkäufer) und Handel im Zeitalter des E-Commerce (Kunden gehen zum Verkäufer – physisch oder ins Internet)

Abb. 5.2 Die umsatzstärksten Marktplätze in Deutschland (Umsatz 2013 – in Millionen Euro; Provisionsumsätze, Angaben beruhen mit Ausnahme von hood.de auf Statista-Hochrechnungen. Quelle: Statista/EHI – E-Commerce Markt Deutschland 2014)

Abb. 5.3 Online Käufe nach Branchen (in %)

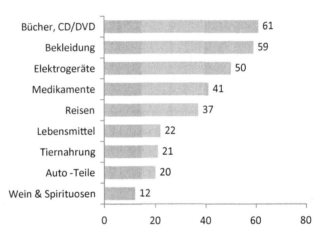

5.2 Das Ökosystem digitaler Marktplätze

Das Ökosystem von digitalen Marktplätzen besteht neben Käufern und Verkäufern sowie Logistikpartnern, die den physischen Warentransport oder die Dienstleistungen vor Ort erbringen, auch aus einer Kommunikations- und Interaktionsplattform sowie einem Trustcenter, siehe Abb. 5.4.

Dieser Digitale Marktplatz setzt sich aus zwei Komponenten zusammen:

1. Die Kommunikations- und Interaktionsplattform umfasst alle Anwendungen und Systeme zur Kommunikation zwischen Anbieter und Nachfrager. Dieses sind beispielsweise Online Internetportale oder mobile Applikationen für Smartphones sowie alle Anwendungen für die mündliche Kommunikation per Telefon oder Videokonferenz und die digitale schriftliche Kommunikation beispielsweise per e-mail.

Abb. 5.4 Ökosystem digitaler Markplätze

2. Das Trustcenter bildet die Schnittstelle ab, der Anbieter und Nachfrager vertrauen, um einander eindeutig zu identifizieren und das sichere Bezahlen der bezogenen Waren und Dienstleistungen sicherzustellen. Das Trustcenter dient insbesondere der Vermeidung von Unsicherheiten in der Interaktion zwischen Anbieter und Nachfrager und der Unterstützung des Eskalations- und Mediationsprozesses, für den Fall von nicht vereinbarungsgemäßer Erbringung der Leistung oder der Zahlung.

Bei den etablierten Online Marktplätzen ist zu beobachten, dass Anbieter die Aufgaben beider Komponenten wahrnehmen oder dass verschiedene Anbieter Ihre Leistungen für den digitalen Marktplatz ergänzen. So sind die Online Marktplätze ebay oder Amazon nicht nur Kommunikations- und Interaktionsplattform, sondern durch die erforderliche Registrierung von Anbieter und Nachfrager auf der Plattform übernehmen sie auch Trustcenter-Aufgaben.

Ebay hat mit seiner Tochtergesellschaft PayPal auch die Rolle des Bezahldienstleisters übernommen. Amazon verkauft als Internethändler Waren nicht nur auf eigene Rechnung, sondern stellt seine Infrastruktur wie beispielsweise die Abwicklung von e-commerce Bezahlungen im Rahmen einer B2B2C (Business to Business to Consumer)-Geschäftsbeziehung anderen Händlern zur Verfügung.

Typischerweise übernehmen mehrere Anbieter entsprechende Trustcenter-Rollen: bei den meisten Online Marktplätzen ist bei der Registrierung die Angabe einer e-mail-Adresse oder Mobiltelefonnummer erforderlich. Diese dienen dann nicht nur dem Kommunikationsaustausch sondern auch durch ihre Eindeutigkeit der Authentifizierung des Nutzers. Ähnliches gilt für die Kreditkartenunternehmen, die als Bezahlanbieter agieren.

5.3   Kontext als Basis einer Kaufentscheidung

Ein Kauf kommt nur zustande, wenn der Bedarf des Nutzers und die Attraktivität eines Kaufangebots zusammenwirken. Je Größer der Bedarf des Kunden, desto geringer kann die objektiv betrachtete Attraktivität des Produktes sein, und umgekehrt: hat ein potentieller Käufer keinen Bedarf an einem Angebot, so wird er auch bei größter Attraktivität das Produkt nicht kaufen. Daher sollen Bedarf und Attraktivität im Folgenden genauer betrachtet werden.

5.3.1   Der Nutzerkontext

Mehr als jedes zweite Mobiltelefon ist derzeit ein Smartphone [10], das den mobilen Zugriff auf das Internet ermöglicht. 79 % der Deutschen sind online, dabei sind mobile Endgeräte wie Laptop (69 %) und Smartphone (60 %) die beliebtesten Zugangswege vor dem stationären PC (59 %) [11]. Über diese Endgeräte ist es möglich, die Situation des Nutzers zu charakterisieren – Ort, Umgebung, Geschwindigkeit, Beschleunigung, Helligkeit u. a. –, zukünftige Orte, Ziele oder Tasks können berechnet werden.

Diese Einflussfaktoren werden durch die Sensorik von Endgeräten und die Umgebung bestimmt, und haben Einfluss auf sein Kaufverhalten. Man spricht vom Kontext. Kontext wird in der Literatur auf vielfältigste Weise definiert. Im Folgenden soll vom Kontextbegriff der Informatik nach [12] ausgegangen werden. Auf eine Kaufentscheidung bezogen bedeutet dies:

Kontext ist jede Information, die dazu benutzt werden kann, die Situation eines Käufers bezüglich eines beabsichtigten Kaufes zu charakterisieren.

Dabei spielen vier Faktoren eine Rolle, siehe Abb. 5.5.

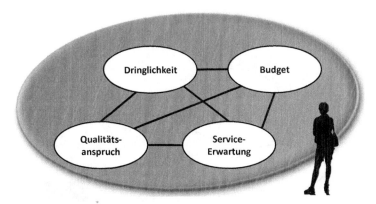

Abb. 5.5 Nutzerkontext beim Kauf einer Ware

Dringlichkeit Dringlichkeit bedeutet das Bestehen einer unterschiedlich stark ausgeprägten Kaufabsicht oder Kaufbereitschaft. Sie ist in der Regel durch Ort und Zeit bestimmt.

In der zur Verfügung stehenden Zeit muss ferner der gesamte Kaufprozess erledigt sein,
von der Recherche zur Produktauswahl über den Bezahlprozess bis hin zur Lieferung und
Bereitstellung der Ware.

Das Budget Für einen Kauf hat der Kunde Geld in seinem Besitz, bzw. ein Budget oder
Vorstellungen, was er für eine Ware oder einen Service bereit ist auszugeben.

Qualitätsansprüche Jeder Kunde hat einen bestimmten Anspruch an die Qualität eines
Produkts, an Geschmack, Optik, Akustik, Haptik und Geruch, jedoch auch die Haltbarkeit.

Service-Erwartungen Zum Erwartungswert eines Einkaufes gehört auch die Beratung,
der in Aussicht gestellte Service, wie beispielsweise die Warenlieferung oder die Montage
technischer Geräte. Auch Regelungen hinsichtlich eines eventuellen Umtausches oder
Rückgabe, Gewährleistung und Garantie spielen eine Rolle.

5.3.2   Die Attraktivität eines Angebots

Der Situation eines potentiellen Käufers steht die Attraktivität eines Kaufangebots gegenüber, siehe Abb. 5.6.

Verfügbarkeit Nach der Auswahl einer Ware ist es von großer Bedeutung, diese auch
physisch zu erhalten. Insbesondere beim Online-Kauf kommt die Lieferzeit hinzu. Für die
Lieferung am selben Tag, der Same-day Delivery wäre mehr als ein Drittel der Online-
Käufer bereit, einen Preisaufschlag zu zahlen [13].

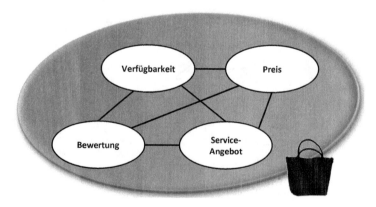

Abb. 5.6 Attraktivität eines Angebots

Preis Der Preis ist eine objektiv messbare Größe beim Kauf eines Produkts. Er kann über einen längeren Zeitraum fest vorgegeben sein, oder er ist variabel – abhängig von saisonalem Angebot und Nachfrage kann sich eine dynamische Preisgestaltung ergeben. Ein prozentualer oder absoluter Rabatt kann den Preis besonders attraktiv erscheinen lassen.

Bewertung Bei einem Kauf vor Ort geben Optik, Akustik, Haptik, Geruch oder Geschmack einen Eindruck über die angebotene Ware. Auch selbst gemachte Erfahrungswerte aus vergangenen Käufen können von Bedeutung sein, um auf die Qualität von Ware oder Services zu schließen.

Liegen selbst keine Erfahrungswerte vor, so sind Bewertungen anderer Kunden sehr hilfreich. Wie haben andere Kunden den Kauf der Ware oder den Service empfunden?

So ziehen 69 % aller Konsumenten beim Kauf von Produkten Kundenbewertungen heran: 70 % von diesen Kunden informieren sich online, 40 % lesen die Rezensionen direkt am Point of Sale auf dem Smartphone [14].

Service-Angebot Produktpräsentation und Fachkompetenz des Verkäufers sowie Service-Angebote runden den Eindruck eines Angebots ab. Auch in der Online-Welt möchte der Käufer persönlichen Kontakt und Verbindlichkeit bei einer erteilten Auskunft. Er möchte die Option, haptisch mit der Ware in Kontakt zu kommen.

So sind 86 % der Einkäufer bereit, mehr Geld für ein besseres Kundenerlebnis zu zahlen und 70 % der Kaufentscheidung hängt davon ab, ob sich der Kunde gut behandelt fühlt [15].

Die Gesamtheit dieser Punkte ergibt das Preis/Leistungs-Verhältnis, das der Kunde optimiert. Hat er das Gefühl, der Preis ist niedrig und die Leistung hoch, so handelt es sich um ein gutes Angebot, im Extremfall um ein „Schnäppchen".

5.3.3 Zusammenspiel von Nutzerkontext und Attraktivität eines Angebots

Je nachdem, in welcher persönlichen Situation ein Kunde sich befindet und wie groß sein Bedarf ist, wird er bereit sein, ein mehr oder weniger attraktives Angebot beim Kauf einer Ware oder Erwerb eines Services zu akzeptieren.

Nutzerkontext und Attraktivität werden quasi in die Waagschale geworfen und benötigen zusammen ein bestimmtes „Gewicht", nur dann kommt ein Kauf zustande, siehe Abb. 5.7. Gegebenenfalls kann ein „Super-Schnäppchen" sogar dazu führen, dass der Kunde eine Ware kauft, obwohl gar kein Bedarf bestand.

Abb. 5.7 Sind Attraktivität einer Ware und Bedarf des Kunden gewichtig genug, kommt eine Kaufentscheidung zustande

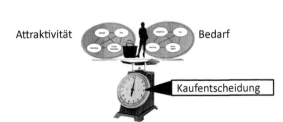

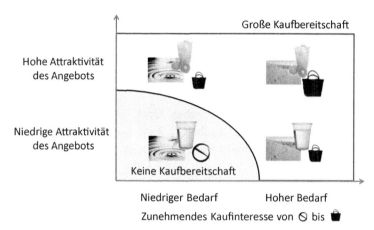

Abb. 5.8 Je attraktiver eine Ware und je höher kontextabhängig der Bedarf, desto größer das Kaufinteresse

Dieser Zusammenhang soll an einem Beispiel verdeutlicht werden. Umgeben von frischem Quellwasser wird ein Kauf eines Plastikbechers Trinkwasser kaum von Interesse sein. Ein eisgekühlter frischer Orangensaft stellt jedoch einen Mehrwert dar und kann in dieser Umgebung eher zu einer Kaufentscheidung führen. In der Wüste dagegen besteht kontextabhängiger Bedarf – jedes Getränk ist von Interesse, je kälter desto lieber, siehe Abb. 5.8.

Dies gilt für den Retailmarkt gleichermaßen wie für Serviceleistungen, z. B. bei Mobilität, Finanz- und Versicherungswesen. Angebote müssen einen Mehrwert bieten und dem Kunden situativ dort unterbreitet werden, wo Nachfrage besteht.

Auf diese Erkenntnis reagieren die Unternehmen. Sie werten die vorliegenden Daten ihrer Kunden aus, um diesen möglichst passgenau auf individuelle Bedürfnisse ausgerichtete Angebote zu unterbreiten. Neun von zehn Unternehmen werten Daten für Entscheidungsprozesse IT-gestützt aus [16]. Online Shop Anbieter setzen Big Data Technologien ein, um das Einkaufserlebnis ihrer Kunden zu verbessern [17] mit folgenden Zielen:

1. Optimiertes Produktportfolio und Anpassung der Angebote an die kontextabhängige Nachfrage
2. Regionalisierung und Personalisierung, Ausgestaltung personalisierter dynamischer Angebote für unterschiedliche Zielgruppen
3. Verbesserter Kundenservice, beispielsweise durch die Zusammenführung aller Kundeninformationen am jeweiligen Point of Contact, z. B. für Service Mitarbeiter beim telefonischen Rückruf
4. Preisanpassungen, dynamische Anpassung der Preisgestaltung je nach Nachfrage, Tageszeit oder der Preispolitik der Wettbewerbers

Diese Priorisierung der Aspekte für eine Kaufentscheidung spielen im Zeitalter des mobilen Internets eine große Rolle.

5.4 Marktplätze der Zukunft

Unternehmen bedienen ihre Kunden oft über konventionelle Kanäle, obwohl viel mehr Kenntnis und Erreichbarkeit vorhanden sind. Kunden sind längst im Internet angekommen: jeder zweite Kunde recherchiert zunächst online bevor er gegebenenfalls im Ladengeschäft kauft (RoPo-Research Online Purchase Offline [18]), jeder vierte Käufer (24 %) sucht im Geschäft auf seinem Mobiltelefon nach weiteren Informationen. Jeder zweite Käufer gibt monatlich genauso viel Geld für Käufe im Ladengeschäft aus wie auch für online Käufe [19]. Und 40 % der Smartphone Benutzer kaufen direkt mit dem mobilen Gerät [20].

Marktplätze der Zukunft sind dadurch gekennzeichnet, dass der Ort des Kunden bestimmt werden kann, die Situation, in der er sich befindet. Mit diesem Wissen können Anbieter reagieren – den verfügbaren Kontext eines potentiellen Käufers auswerten und ihm auch proaktiv und personalisiert Leistung anbieten, die zu seinen Bedürfnissen passt, siehe Abb. 5.9.

Daraus ergeben sich völlig neue Geschäftsmodelle. Vertriebskanäle werden bei Partnern etabliert, um deren Kundenwissen mit zu nutzen. Gebündelte Produkte bedienen ganzheitlich die Bedürfnisse des Konsumenten, und Online- und Offline-Welt vermischen sich.

5.4.1 Kundenansprache durch Multi- und Omnichannel-Angebote

Neben Desktop-PC und Laptop, welche die klassischen Zugangsgeräte zu Online-Angeboten darstellen, gibt es eine wachsende Anzahl von mobilen Endgeräten wie Smartphone, Tablet und Phablet. Für alle diese Geräteklassen müssen optimierte Oberflächen und Darstellungsformen sowie spezifisch zusammengestellte Inhalte produziert werden.

Während man ursprünglich bestrebt war, Einkäufe ohne Medienbruch zu ermöglichen, nutzt der moderne Kunde alle vorhandenen Kanäle ergänzend. Es ist derselbe Kunde, der sich das Angebot sowohl am PC oder Tablet als auch direkt in der Filiale ansieht, um dort persönliche Beratung zu erfahren. Insbesondere in beratungsintensiven Branchen muss es dem Kunden möglich sein, nahtlos seinen Kanal zu wechseln. Es gilt, den Begriff der Session auf die Offline-Welt zu übertragen: Wenn der Kunde die Online-Beratung an einer

Abb. 5.9 Der Marktplatz der Zukunft: Der Kunde kommt zum Marktplatz und der Marktplatz zum Kunden

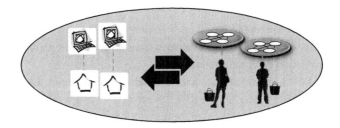

bestimmten Stelle abbricht und im persönlichen Beratungsgespräch an eben dieser Stelle fortführen möchte, so muss dies ohne große Umstände und ohne die erneute Angabe von beratungsrelevanten Daten möglich sein.

Die Bereitstellung von Selbstberatungsangeboten im Onlineangebot skaliert problemlos für Tausende von Kunden, während persönliche Beratungsgespräche für Unternehmen verhältnismäßig teuer sind. Doch Selbstberatung kann nur funktionieren, wenn der Kunde sich nicht überfordert fühlt.

5.4.2 Der Marktplatz im Zeitalter des mobilen Internets und seine Wirkung auf den Kunden

Für den Marktplatz der Zukunft ergeben sich interessante Beobachtungen in ihrer Wirkung auf den Kunden.

Der Digitale Markplatz wird mobil Das Mobiltelefon wird zum wichtigsten Kanal für die Kundenansprache. Es wird in Zukunft als intelligenter Shopping-Assistent dienen, der die Kunden jederzeit mit ihren Lieblingsprodukten und -marken in Verbindung bringt und Angebote in der Verkaufsfiliale ergänzt und erweitert [21].

Der Zugang zum Marktplatz wird durch einen persönlichen Assistenten ersetzt Kaufen wird kein integraler Bestandteil der Zeitplanung mehr, sondern geschieht nebenher. Bis Ende 2016 werden laut Gartner mobil-digitale Assistenten über $ 2 Mrd. selbstständig beim Online Shopping ausgeben. Zunächst werden die Helferlein eigenständig in der Lage sein, Abläufe wie Namen, Adressen oder Kreditkartendaten für einen Shop zur Verfügung zu stellen. Dann werden sich wiederholende Tätigkeiten wie der Alltagseinkauf im Supermarkt hinzukommen. Der Konsument wird sukzessive mehr Vertrauen in die Assistenz fassen und sie dann auch kompliziertere Vorgänge managen lassen, z. B. die Buchung eines Restaurants oder Bestellung eines passenden Taxis.

Schätzungsweise werden 2016 ca. 2,5 % der mobil-digitalen Nutzer dabei sein und rund $ 50 pro Jahr durch ihre Assistenten ausgeben lassen. Diese Helferlein werden auf unterschiedlichen Plattformen agieren können, doch Mobile wird die treibende Kraft dabei sein [22].

Der Shop kommt zum Kunden Die klassische Idee des Staubsaugervertreters hält in unseren Alltag Einzug – Angebote werden gebracht, nicht geholt. So hat nahezu jeder Retailer einen Online-Shop. Personalisierte Anzeigen auf deren Homepage reagieren darauf, welche Bedürfnisse der Besucher einer Web-Seite hat und offerieren ihm die für seine Situation besten Angebote.

Auch digitale Güter halten zunehmend Einzug in den Alltag – Filme und Musik sind direkt als Videos und mp3-Files erwerbbar und werden online abgerufen bzw. zugestellt. Neben Produkten werden immer mehr Services digital angeboten.

Auswahl, Kauf und Bezahlung erfolgen situativ Ein Bestellvorgang kann im Alltag „nebenbei" erfolgen. Ein grundlegender Wandel erfolgt auch beim Bezahlvorgang. Mit hinterlegten Kundendaten und Nutzerkonten wird ein Einkauf mühelos durchgeführt. Geld rinnt nur so durch die Finger, denn mit 4–5 Clicks ist der Einkauf getätigt.

Sharing-Community Es findet ein Wertewandel vom Besitz zum Zugang für die Nutzung statt. Wichtig ist es nicht mehr, ständig über ein Gut im Sinne persönlichen Eigentums zu verfügen, sondern die Möglichkeit zu haben, darauf zuzugreifen.

So beginnt die Autoindustrie mit Programmen wie DriveNow, Fahrräder können in Großstädten geliehen werden, Wohnungen und Schlafkabinen werden geteilt, wie Videos, Texte und Bilder.

Verschmelzung von Online- und Offline-Welt Um den Kontext einer Kaufentscheidung global zu optimieren zeichnet sich ein Trend dahingehend ab, dass Käufer sich aus beiderlei Welten bedienen.

Während der Preis in der Online-Welt oft unschlagbar ist, wird der Service aus der Offline-Welt geschätzt. Online wird recherchiert und verglichen, Kundenmeinungen werden abgefragt, doch Verfügbarkeit ohne Wartezeit eher Offline gewünscht. Doch echtes Vertrauen in einen Einkauf gibt oft nur die Verbindlichkeit eines Menschen, der zumindest telefonisch mein Gegenüber ist.

Reputation der Old Economy Die Anzahl der Player im Markt nimmt stetig zu, und damit auch Unübersichtlichkeit und Wettbewerb. Kleine Shops und Dienstanbieter entstehen, die sich in jedem nur denkbaren Kriterium differenzieren. Preismonitore und Bewertungsplattformen reagieren und wollen Orientierung geben. Der Preisdruck wird immer größer und die Qualität gerät in Gefahr. So wird Kundenverbundenheit zu bekannten Marken wieder ein sicherer Anker.

Back to the Roots: Je schlanker desto besser Im zunehmenden Maße von Komplexität und Differenzierung geht der Kunde in der Online-Welt immer mehr verloren. Millionen von Apps in den großen Stores von Android und Apple führen zu immer mehr Verunsicherung. Dies bedingt den Siegeszug der Rückkehr zur Einfachheit und Schlichtheit. Nur wenige Apps, Plattformen und Player werden sich langfristig durchsetzen.

Personalisierung und Big Data Kunden erwarten einen immer größeren Service und personalisierte Ansprache. Dies bedingt eine große Komplexität beim Einstieg in einen neuen Markt. Marketing und Vertrieb müssen mit Wettbewerbern mithalten, und Kundendaten verfügbar sein. Aus Unternehmenssicht sollen Streuverluste minimiert und passende Angebote ausgespielt werden. Dies bedarf der Orchestrierung und Kollaboration, sowie einer Pflege des Social Business.

5.5   Ausblick

Im Versicherungsgeschäft hat sich der Online-Abschluss von Kraftfahrzeugversicherungen schon lange im Markt etabliert und Reisen bucht man digital, bevor man via App den Reiseverlauf kontrolliert. So sind wir mittendrin in einem Umbruch, der immensen Einfluss auf alle Branchen und Geschäftsbereiche hat.

Nach den Geleitworten und dieser Einführung wird in den 12 folgenden Teilen des Buches diese Entwicklung aus unterschiedlichsten Perspektiven beleuchtet.

Ausgangspunkt ist der Kunde: Er steht im Mittelpunkt, wenn es um Verkaufswege geht. Die Customer Journey wird betrachtet und er selbst mit seinem Einfluss als Markenbotschafter im Netz (Teil III–V).

Unternehmen können sich diese Entwicklung zunutze machen, indem sie situativ Kaufanreize liefern und die Shopping Experience mit Smart Phones auswerten (Teil VI–VII). Im Verkaufsprozess spielt das mobile Bezahlen dann eine besondere Rolle (Teil VIII).

Digitale Geschäftsfelder gehen weit über Ebay und Amazon hinaus: Verlage entdecken digitalen Content (Teil IX), Services rund um Städte und Verkehr werden digitalisiert (Teil X–XII).

All dies ist nur möglich, wenn neuartige Ökosysteme entstehen und die Digitalisierung in unseren Alltag Einzug hält (Teil XIII–XIV).

Literatur

1. Götzinger, E. (1885). Reallexicon der Deutschen Altertümer. Leipzig, S. 637–640. http://www.zeno.org/Goetzinger-1885/A/Markt+und+Marktplatz?hl=marktplatz. Zugegriffen: 24. Juli 2014.
2. Wikipedia Autoren. (2014). Marktplätze in Deutschland. http://de.wikipedia.org/wiki/Marktpl%C3%A4tze_in_Deutschland. Zugegriffen: 24. Juli 2014.
3. Montgomery Ward. (2014). Welcome to Montgomery Ward. http://www.wards.com/custserv/custserv.jsp?pageName=About_Us. Zugegriffen: 24. Juli 2014.
4. Amazon Timeline and History. http://phx.corporate-ir.net/phoenix.zhtml?c=176060&p=irol-corporateTimeline. Zugegriffen: 24. Juli 2014.
5. ebay inc. (2014). http://www.ebayinc.com/who_we_are/one_company. Zugegriffen: 24. Juli 2014.
6. Apple. (2007). Apple erfindet mit dem iPhone das Mobiltelefon neu. http://www.apple.com/de/pr/library/2007/01/09Apple-Reinvents-the-Phone-with-iPhone.html. Zugegriffen: 24. Juli 2014.
7. heise.de. (2014). iOS und Android: 21 Milliarden Dollar Jahresumsatz mit Apps. http://www.heise.de/newsticker/meldung/iOS-und-Android-21-Milliarden-Dollar-Jahresumsatz-mit-Apps-2265993.html?wt_mc=nl.ho. Zugegriffen: 24. Juli 2014.
8. statista. (2014). eBay ist stärkster Marktplatz in Deutschland. http://de.statista.com/infografik/2849/umsatzstaerkste-online-marktplaetze-in-deutschland/. Zugegriffen: 23. Okt. 2014.
9. „Die Zukunft des Online-Handels liegt in den Nischen", FAZ 10. (November 2014). auf Basis einer Marktstudie von Konzept & Markt GmbH.
10. BITKOM. (2014). Smartphones stärker verbreitet als normale Handys. http://www.bitkom.org/de/markt_statistik/64046_79598.aspx. Zugegriffen: 23. Okt. 2014.
11. ard-zdf-onlinestudie.de. (2014). http://www.ard-zdf-onlinestudie.de/. Zugegriffen: 23. Okt. 2014.

12. Dey, A. K., & Abowd, G. D. (1999). Towards a better understanding of context and context-awareness. Graphics, Visualization and Usability Center and College of Computing, Georgia Institute of Technology, Atlanta/Georgia.
13. McKinsey & Company. Warenzustellung am selben Tag vor dem Durchbruch. http://www.mckinsey.de/warenzustellung-am-selben-tag-vor-dem-durchbruch. Zugegriffen: 23. Okt. 2014.
14. BIG. (2014). Die Macht der Kundenbewertungen. http://www.big-social-media.de/news_publikationen/meldungen/2014_04_23_die_macht_der_kundenbewertungen.php. Zugegriffen: 23. Okt. 2014.
15. http://onlinemarketing.de/news/70-prozent-der-kaufentscheidung-haengt-davon-ab-ob-sich-der-kunde-gut-behandelt-fuehlt. Zugegriffen: 23. Okt. 2014.
16. Bitkom. „Potenziale und Einsatz von Big Data", Berlin, 5. Mai 2014.
17. Sellin, H. (2014). 70% der Kaufentscheidung hängt davon ab, ob sich der Kunde gut behandelt fühlt. http://onlinemarketing.de/news/mit-big-data-entscheidende-wettbewerbsvorteile-im-e-commerce-sichern. Zugegriffen: 23. Okt. 2014.
18. Google/ GfK. Research Online Purchase Offline. http://full-value-of-search.de/pdf/Metaanalyse%20ROPO%20-%20Research%20Online%20Purchase%20Offline%20im%20Branchenvergleich_komplett.pdf?1301054190. Zugegriffen: 23. Okt. 2014.
19. LivePerson. Bericht zur Studie „Connecting with Customers" - Der Weg zum Kontakt mit dem Kunden Eine globale, umfassende Studie zur Online-Kundenerfahrung.
20. ecommerce Magazin. (2013). Neue Studie: M-Commerce in Deutschland. http://www.e-commerce-magazin.de/ecm/news/neue-studie-m-commerce-deutschland. Zugegriffen: 23. Okt. 2014.
21. 2b ahead Trendstudie DIE ZUKUNFT DES STATIONÄREN HANDELS
22. Strudthoff, M. (2014). Mobil-digitale Assistenten kaufen bald selbstständig ein. http://www.mobile-zeitgeist.com/2014/10/16/mobil-digitale-assistenten-kaufen-bald-selbstaendig-ein/. Zugegriffen: 23. Okt. 2014.

Zum Geleit: Dem Kundenverhalten angepasste Verkaufswege

Dirk Guß

Zusammenfassung

Der Verkauf von Produkten hat bereits seit Beginn dieses Jahrtausends den klassischen Point of Sale (PoS) in vielen Wirtschaftszweigen verlassen und findet in breiter Front auf unterschiedlichen Kanälen statt. Neben den immer noch klassischen PoS gibt es natürlich Onlineshops, Auktionen oder auch neue Kanäle/Strategien, wie z. B. Reiseangebote beim Lebensmittel-Discounter, Schuhe ohne Anprobe einfach im Internet bestellen oder Versicherungen im Elektrofachgeschäft. Es ist fraglich, ob der Kunde von allein darauf gekommen wäre, im Supermarkt seine Urlaubsreise zu suchen oder im Elektrofachhandel nach Versicherungen zu fragen, wenn die Vertriebs- und Marketingstrategen vieler Unternehmen sie nicht mit dem Angebot konfrontiert hätten. Somit sind Multi-Channel-/Multidistributions-Strategien geschaffen worden, um die Umsätze zu erhöhen und in keiner Abhängigkeit von einzelnen Vertriebswegen zu sein. Aber sicher ist auch, ohne das Internet würde es viele Unternehmen heute (noch) nicht geben.

6.1 Vertriebswege angepasst

Aus Sicht eines Produktanbieters haben sich die Verkaufswege nicht dem Kunden angepasst, sondern der Industrie, da diese dem Kunden die erweiterten Produktangebote anpreisen oder die nötige Technologie für die mobile Onlinewelt verkaufen möchte, unabhängig ob dies vom Kunden so benötigt wird, da es nur noch diese Technik gibt.

D. Guß (✉)
AGA International S.A., Aschheim b. München, Deutschland
E-Mail: dirk.guss@allianz-assistance.de

© Springer-Verlag Berlin Heidelberg 2015
C. Linnhoff-Popien et al. (Hrsg.), *Marktplätze im Umbruch,* Xpert.press,
DOI 10.1007/978-3-662-43782-7_6

Somit haben sich die Vertriebsansätze dem Produktangebot der Industrie angepasst, aber auch sind Produkte und Preise aus Sicht des Verbrauchers transparenter geworden.

Auch die Versicherungswirtschaft ist von dem Wandel nicht verschont geblieben. So war der Vertreter oder Makler noch in den 1990-iger Jahren der unumstrittene Vertriebsweg Nummer 1 der Branche, hat sich mit dem Zeitalter des Internets ein erster spürbarer Wandel zum Versicherungsabschluss vollzogen, gefolgt von Angeboten in Supermarkt- und Elektrofachmärten und mit Markteinführung der Smartphones ab 2007 wurde der Endkunde von der Industrie dazu gezwungen, sich mit der neuen mobilen Technik zu befassen. Heute sind Smartphones der ständige Begleiter und die mobile Informations- und Kommunikationsquelle Nummer 1 von mittlerweile über 40 Mio. Menschen, zumindest gemessen an den Verkaufszahlen der Geräte, allein in Deutschland, deren Verhalten und Einstellung sich hieraus auch verändert hat.

Die Vision, das Shopping-Center jederzeit in der Tasche zu haben, ist schon sehr nah.

Das Angebot der Applikationen, im Volksmund nur App genannt, und bei vielen sicher gar nicht bewusst, dass es sich um eine Abkürzung handelt, ist unbeschreiblich hoch. Insgesamt gibt es unzählige App-Angebote zum Spielen, nützliche Tipps und Hilfen, aber auch Apps mit Angeboten zum Kauf von Produkten. Allein von Flurry Inc. wurden 2013 immerhin täglich 4,7 Mrd. App-Sitzungen erfasst [1] und das Angebot an Apps soll sich auf weit über 1 Mio. verdoppelt haben (Abb. 6.1).

Auch in der Versicherungswirtschaft haben erste Produkt-Apps den Weg aufs Smartphone gefunden, meist jedoch als reine Service-App der Versicherungskunden im Bestand.

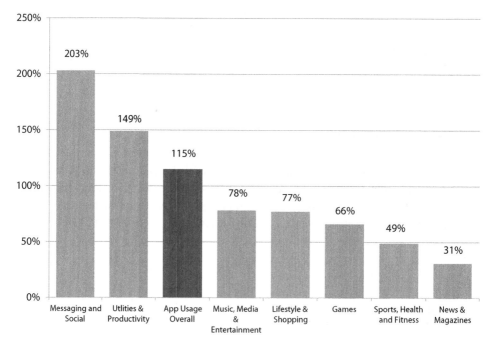

Abb. 6.1 Wachstum der App-Nutzung nach Anwendungsfeldern [1]

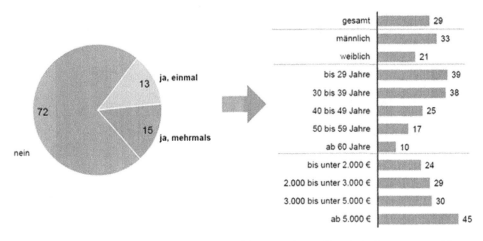

Abb. 6.2 Bekanntheit und Nutzung von Versicherungs-Apps (Kundenbefragung zum Thema: „Haben Sie auch schon mal nach Informationen zu Versicherungen über Smartphone gesucht?")

Nur wenige Angebote sind als temporärer Abschuss einer Micro-Versicherung ausgelegt, so dass der Kunde einen situationsbedingten Versicherungsabschluss tätigt und dieser dann einen zeitlich begrenzten Versicherungsschutz erhält.

Dies entspricht der Tatsache, dass sich in den jungen Generationen das Kaufverhalten für viele Versicherungen verändert hat. Die spontane Absicherung eines neu erworbenen Smartphones und der schnelle Abschluss einer Krankenversicherung für den spontanen Wochenend- oder Ski-Trip via App sind nur einige Beispiele, die den Bedarf und die Chancen für die Zukunft erkennen lassen.

Knapp 30 % haben mindestens schon einmal Informationen zu Versicherungen über das Smartphone gesucht [2] (Abb. 6.2).

6.2   Beispiel

Am Beispiel des Reiseverhaltens des Kunden wird es wahrscheinlich am deutlichsten. So wurde ein Urlaub bis vor wenigen Jahren noch lang im Voraus geplant und auch gebucht, damit der Urlaub auch frühzeitig beim Arbeitgeber eingereicht und genehmigt werden konnte, so hat sich dies in den letzten Jahren deutlich verändert.

Flexible Arbeitszeitmodelle in den Unternehmen, viel mehr Flugangebote von deutlich mehr Flughäfen, sowie die daraus gewonnene Spontanität, prägen natürlich auch das Reiseverhalten.

Mal eben einen Blick auf die Wetter-App, mit der Vorhersage am Gardasee oder an der Nordsee, der Blick in die App mit den aktuellen Schneelagen in den Skigebieten und morgen wird gestartet. Da wird unterwegs vom Smartphone noch ein Hotel gebucht, der Skipass gekauft und möglichst auch die Reiseversicherung o der Skibruch-Versicherung abgeschlossen.

All dies war vor nicht allzu langer Zeit eher Zukunftsvision, aber mittlerweile real im Jahre 2014 angekommen.

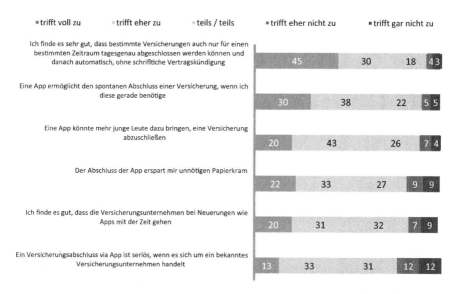

Abb. 6.3 Generelle Bewertung von Versicherungsabschluss-Apps – positive Aspekte (Kundenbefragung zum Thema: „Nachdem Sie nun verschiedene Versicherungsangebote mit Abschluss über eine App kennengelernt haben, wie stehen Sie persönlich zu folgenden Aussagen?")

6.3   Akzeptanz beim Kunden

Insgesamt findet die Idee eines Versicherungsabschlusses via Smartphone durchaus eine beachtliche Interessentengröße – vor allem wenn es sich dabei um tagesgenau abschließbare und bedarfsgerechte Versicherungen ohne großen Beratungsaufwand handelt. Nach einer Studie[2] sind über 40 % der Smartphone-Nutzer bereit, Versicherungsschutz für die Reise bzw. den Urlaub via App abzuschließen und finden diesen einen positiven Aspekt. Aber auch bei Bedarfsversicherungen für Smartphones, Laptops oder Fahrräder ist die Bereitschaft mit > 30 % der Smartphone-Nutzer vorhanden (Abb. 6.3).

Dies ist für die Versicherungswirtschaft eine große Herausforderung, den Spagat zwischen dem beratungsintensiven Versicherungsabschluss durch Vertreter oder Makler und der unbegrenzten mobilen Verfügbarkeit des mobilen Produktangebotes für die Kunden. Darüber hinaus sucht die Branche dringend neue Märkte und Zielgruppen, da im klassischen Geschäft das Wachstum begrenzt ist.

Natürlich gibt es bei dem mobilen Produktangebot noch viele Themen, die langfristig geklärt werden müssen, wie z. B. Zahlungssysteme und Rechtsicherheit, aber auch ist heute noch nicht abzusehen, welches Geschäftsvolumen in der Zukunft hier wirklich umzusetzen ist, da heute alle Angebote noch eher in der Pilotphase zu scheinen sein.

Aber auch die Produkte sind hier noch nicht fokussiert, sondern sind sicherlich viel schneller wandelbar, als es bisher über klassische Vertriebswege erforderlich war, was natürlich für jeden Produktentwickler und auch Aktuar eine Herausforderung ist, da es immer schwieriger wird, verlässliche Daten zu Schadenerfahrungen zu bekommen.

Aber mit den mobilen Technologien wird es auch immer schwieriger eine Kundenbindung zu schaffen, da der Kunde sehr schnell zu einem anderen Anbieter wechseln kann, da er keine langfristige Vertragsbindung zu dem Produktanbieter hat. Die ist sicher im Rahmen der modernen Verkaufswege die größte Herausforderung für Unternehmen und deren Zukunftsplanungen.

6.4   Fazit

Der Kunde wird durch die neuen Technologien in die Lage versetzt, sein Leben neu zu gestalten und auch Einkäufe jeglicher Art via moderne Verkaufskanäle zu gestalten. Derzeit wird in den digitalen Medien sehr viel Verkaufspotential vermutet, aber ob der Kunde dieses Potential wirklich ausnutzt oder nur für punktuelle und spontane Aktionen ist reine Vermutung.

Es ist eher davon auszugehen, dass sich die mobilen Strategien ein zusätzliches Angebot zu allen bestehenden Verkaufskanälen etablieren wird. Aber sicher werden klassische Verkaufskanäle auch in Zukunft ihre Bedeutung nicht verlieren, sondern werden diese durch mobilen Applikationen unterstützen.

Literatur

1. Khalaf, S. (2014). Mobile Use Grows 115% in 2013, Propelled by Messaging Apps. http://www.flurry.com/bid/103601/Mobile-Use-Grows-115-in-2013-Propelled-by-Messaging-Apps. Zugegriffen: 17. Nov. 2014.
2. HEUTE UND MORGEN GmbH. (2013). Versicherungsabschluss via App – ein neuer Vertriebsweg und -trend?!. http://heuteundmorgen.de/fmt7/. Zugegriffen: 17. Nov. 2014.

Auf der Jagd nach dem günstigsten Preis: Was beeinflusst die Kaufabsicht von Nutzern von Produkt- und Preisvergleichsseiten?

Ulrich Bretschneider, Michael Marcin Gierczak, Anna Sonnick und Jan Marco Leimeister

Zusammenfassung

Produkt- und Preisvergleichsseiten erfreuen sich immer größerer Beliebtheit. Nach einer Untersuchung des IfD Allensbach nutzen 54 % aller deutschen Internetnutzer Produkt- und Preisvergleichsseiten (PPS), um sich online über Produkte und deren Preise zu informieren. Aufgrund des relativen Neuheitsgrades dieses Phänomens, gibt es bislang wenige wissenschaftliche Untersuchungen zu PPS. Deshalb stellen diese den zentralen Untersuchungsgegenstand des vorliegenden Beitrages dar. Es soll empirisch überprüft werden, welche Faktoren im Rahmen der Nutzung solcher Seiten einen signifikanten Einfluss auf die Kaufabsicht haben. Dafür wird ein entsprechendes Hypothesenmodell aus der Theorie abgeleitet und anschließend empirisch überprüft.

U. Bretschneider (✉) · M. M. Gierczak · A. Sonnick · J. M. Leimeister
Universität Kassel, Wirtschaftsinformatik, Kassel, Deutschland
E-Mail: bretschneider@uni-kassel.de

M. M. Gierczak
E-Mail: michael.gierczak@uni-kassel.de

A. Sonnick
E-Mail: anna.sonnick@wi-kassel.de

J. M. Leimeister
Universität St. Gallen, Institut für Wirtschaftsinformatik, St. Gallen, Schweiz
E-Mail: leimeister@uni-kassel.de, E-Mail: janmarco.leimeister@unisg.ch

© Springer-Verlag Berlin Heidelberg 2015
C. Linnhoff-Popien et al. (Hrsg.), *Marktplätze im Umbruch,* Xpert.press,
DOI 10.1007/978-3-662-43782-7_7

7.1   Einleitung

Das Internet wird im Allgemeinen als verbraucherfreundlich beschrieben, da es Konsumenten beim Kauf eine immense Produktauswahl sowie eine erhebliche Menge an Produktinformationen bietet. Mit Hilfe des Internets sind Konsumenten in der Lage, Preise zu vergleichen, nach Coupons und Rabatten zu suchen, bestimmte Marken zu recherchieren und Produktbewertungen von anderen Verbrauchern zu lesen. Des Weiteren sind diese Informationen unabhängig von Zeit und Ort und lediglich mit einem Mausklick verfügbar [3, S. 259, 20, S. 286].

Nach einer Computer- und Technik-Analyse des IfD Allensbach nutzen 54 % aller deutschen Internetnutzer Produkt- und Preisvergleichsseiten (PPS), um sich online über Produkte und deren Preise zu informieren. Damit sind PPS die beliebteste Informationsquelle, noch vor Online-Shops und Hersteller-Webseiten [10]. Die zunehmende Relevanz von PPS zeigte sich bereits 2005 durch den Kauf von Shopping.com, einer Preisvergleichsseite mit hochentwickelter Technologie, durch Ebay für 620 Mio. $ [6, S. 11]. Andere E-Business Marktführer wie Amazon und Yahoo haben ebenfalls Produktempfehlungen auf ihren Webseiten integriert und dem Nutzer zugänglich gemacht [4].

Aufgrund des relativen Neuheitsgrades dieses Phänomens gibt es bislang wenige wissenschaftliche Untersuchungen zu PPS. Aus diesem Grund stellen diese den zentralen Untersuchungsgegenstand des vorliegenden Beitrages dar. Es soll empirisch gemessen werden, welche Einflussfaktoren, die aus der Nutzung solcher Seiten resultieren, einen signifikanten Einfluss auf die Kaufabsicht der Nutzer haben. Dafür wird ein entsprechendes Hypothesenmodell aus der Theorie abgeleitet und anschließend empirisch überprüft. Basierend auf den Ergebnissen erfolgt sodann die Ableitung von Handlungsempfehlungen und Implikationen für Forschung und Praxis.

7.2   Theoretisches Untersuchungsmodell

Dem Aufbau des Forschungsmodells der vorliegenden Studie wurde ein modifiziertes Technology Acceptance Modell (TAM) zugrunde gelegt. Dieses Modell nach [5] erlaubt Aussagen darüber, warum Individuen Technologien nutzen oder nicht nutzen. Ergänzend zu den „instrumental beliefs" (wahrgenommener Nutzen und wahrgenommene einfache Bedienbarkeit), welche die Hauptdeterminanten des TAM in seiner ursprünglichen Form sind, integriert das Modell der vorliegenden Studie zusätzlich „affective beliefs" und „trusting beliefs", um zu erklären, wie die individuelle Kaufabsicht zustande kommt. Der Aufbau des Strukturmodells orientiert sich dabei an [1], die in ihrer Arbeit den Einfluss von Online-Produktempfehlungen auf die Kaufabsicht und die Wiederbenutzungsabsicht von Nutzern von Internet-basierten Recommendations Agents (RA), die vergleichbar mit PPS sind, untersuchten. Da PPS ebenfalls den RAs im weiteren Sinne zuzuordnen sind, wurde das von [1] entwickelte Modell als geeignet bewertet, um in abgeänderter Form die Beeinflussung der Kaufabsicht durch PPS zu untersuchen. Die Beeinflussung soll in der vorliegenden Arbeit in Anlehnung an [1] ebenfalls anhand der Konsumentenwahrnehmungen (consumer beliefs) gemessen werden, die im Wesentlichen eine individuelle Bewertung von Produkt- und Preisvergleichsseiten abbilden. Die Einteilung der Konsumentenwahrnehmungen in instrumental, trusting und affective beliefs basiert auf der von [22, S. 140 f.] vorgenommenen Klassifikation von Konsumenteneinstellungen hinsichtlich Recommendation Agents.

Neben den zwei dominanten Messgrößen zur Untersuchung der Konsumentenwahrnehmung im Hinblick auf Informationssysteme, der Nutzerzufriedenheit und der Technologieakzeptanz, wird in der Literatur auch das Vertrauen als maßgeblicher Einflussfaktor benannt [21, S. 85, 7, S. 52 f.]. Eine entsprechende Grundstruktur des Forschungsmodells unter Einbezug dieser drei Dimensionen findet eine Parallele in der Arbeit von [23]. Sein Konzept der „motivational affordance" besagt, dass bei der Entwicklung neuer Informationssysteme (IS) die unterschiedlichen Motivationsquellen berücksichtigt werden sollten. Durch die Nutzung und Wiederbenutzung der IS befriedigt der Nutzer diverse psychologische, kognitive, soziale und emotionale Bedürfnisse. Demnach bestimmen die Eigenschaften, die diese Bedürfnisse (in der Summe bilden sie die „motivational affordance") befriedigen, ob, wie und wie oft ein System genutzt wird, und den Gedankengang fortsetzend, potentiell auch, ob eine Kaufentscheidung gefällt wird.

Im Folgenden werden die Konstrukte, welche die drei Konsumentenwahrnehmungen (instrumental, trusting und affective beliefs) abbilden, näher erläutert.

Das „**Vertrauen**" wird als erste Determinante, bei der ein positiver Einfluss auf die Kaufabsicht vermutet wird, in das dieser Arbeit zugrunde liegende Modell mit aufgenommen. In Anlehnung an [22] und [12] ist das „Vertrauen" definiert als „an individual's beliefs in a recomendation agent's competence, benevolence, and integrity" [19, S. 76]. Diese drei Dimensionen wurden ebenfalls in einer großen Zahl weiterer Studien zur Messung des Vertrauens herangezogen (siehe hierzu [12] und werden auch der vorliegenden Arbeit zugrunde gelegt. In dem wachsenden Bereich der IS Forschung hat sich das „Vertrauen" bereits als ein wichtiger Antezedent der Technologieakzeptanz etabliert. Ebenso zeigen empirische Studien aus den Bereichen des E-Commerce und der RAs, dass das Vertrauen die Nutzungsabsicht des Konsumenten entweder direkt oder indirekt (über den wahrgenommenen Nutzen oder die wahrgenommene einfache Bedienbarkeit) beeinflusst (siehe hierzu [14, 15]). Gemäß [19] ist das Vertrauen in RAs eine Erweiterung des interpersonellen Vertrauens, d. h. des Vertrauens in eine Person. Die „theory of social responses to computers" [16] besagt, dass Nutzer IT-Systeme wie soziale Interakteure behandeln, Vertrauen bilden und im übertragenen Sinn Beziehungen zu ihnen aufbauen [1, S. 246, 19, S. 222]. Vor diesem Hintergrund begründet sich eine erste Relevanz zur Integration der Dimensionen des interpersonellen Vertrauens (Kompetenz, Wohlwollen, Integrität) im folgenden Strukturmodell. Gleichzeitig belegen verschiedene Studien zu RAs, dass ebenso von einem direkten Einfluss des Vertrauens auf die Kaufabsicht ausgegangen werden kann [4, 11]. In der vorliegenden Arbeit soll deshalb insbesondere untersucht werden, ob in vergleichbarer Weise eine positive Wirkbeziehung zwischen dem Vertrauen in PPS und der Kaufabsicht besteht.

Hypothese H1: Das Vertrauen in PPS hat einen positiven Einfluss auf die Kaufabsicht.

Als weitere Determinante ist der **„wahrgenommene Nutzen"** ein Faktor, dem ein positiver Einfluss auf die Kaufabsicht unterstellt wird. Laut [5, S. 320] versteht man unter dem wahrgenommenen Nutzen (perceived usefulness) „the degree to which a person believes that using a particular system would enhance his or her [.] performance". Im Sinne dieser Definition untersucht das Konstrukt „wahrgenommener Nutzen" in der vorliegenden Arbeit den pragmatischen Aspekt, inwieweit die Nutzer davon überzeugt sind, dass PPS ihre Informationssuche hinsichtlich des gewünschten Produkts verbessern. Die Relevanz des wahrgenommenen Nutzens für die Verhaltensabsicht ergibt sich ferner aus theoretischer Sicht auch aus dem in der IS Forschung stark etablierten Technologieakzeptanzmodell [5]. Auch die Ergebnisse empirischer Studien zu verschiedenen anderen RAs legen nahe, dass eine Wirkbeziehung zwischen dem wahrgenommenen Nutzen und der Kaufabsicht besteht. So belegen beispielsweise Arbeiten zu Mobile Shopping [11] und RAs [1, 4] einen signifikant positiven Einfluss des wahrgenommenen Nutzens von RA-Technologien auf die Kaufabsicht. Dementsprechend wird für PPS in Hypothese 2 ebenfalls ein positiver Einfluss des wahrgenommenen Nutzens auf die Kaufabsicht angenommen.

Hypothese H2: Der wahrgenommene Nutzen von PPS hat einen positiven Einfluss auf die Kaufabsicht.

Die **affektive Qualität** wird, wie weiter oben bereits dargestellt, als weiterer wichtiger Faktor, der die Kaufabsicht beeinflusst, gehandelt. Um die Bedeutung dieses Konstrukts zu umreißen, müssen zunächst der sogenannte „core affect" und die affektive Qualität definiert werden. „Core affect is a neurophysiological state that is consciously accessible as a simple nonreflective feeling that is an integral blend of hedonic/valence (pleasure/displeasure) value and arousal/activation value (sleepy/activated)" [17, S. 147]. Das bedeutet, der core affect untersucht inwieweit die Nutzer emotional auf PPS reagieren, ob man sich generell gut oder schlecht während der PPS-Nutzung fühlt und inwieweit PPS den Nutzer aktivieren und fesseln können [24, S. 106]. Darauf aufbauend wird die affektive Qualität nach [17, S. 147] als „the ability to cause a change in core affect" definiert. Während der core affect seinen Ursprung im Innern einer Person hat, ist die affektive Qualität auf einen äußeren Stimulus zurückzuführen. Die wahrgenommene affektive Qualität (perceived affective quality) ist demnach „an individual's perception of the ability of a stimulus to change his or her core affect" [24, S. 106, 17, S. 157]. Die wahrgenommene affektive Qualität wird in der Regel anhand der Dimensionen des core affect gemessen: der Wertigkeit (hedonic/valence) (gut/schlecht) und der Aktivierung (arousal/activation) (ermüdend/aktivierend) [24, S. 106].

Im Zusammenhang mit der Untersuchung von Einflussfaktoren des Nutzungsverhaltens in Bezug auf Webseiten entwickelte Zhang et al. [23] ein neues Konstrukt: die wahrgenommene visuelle Attraktivität. Dieses Konstrukt konzentriert sich lediglich auf die Wertigkeit (valence). Trotzdem ist von einer engen Verbundenheit der beiden Konstrukte auszugehen, da die Dimension „Wertigkeit" der affektiven Qualität ebenfalls stark auf die

Bewertung struktureller und visueller Aspekte abzielt [23, S. 286]. Darüber hinaus wurde in einer Studie von [13] belegt, dass die hedonische Qualität (hedonic quality) von bild-schirmbasierten Informationssystemen (screen-based information systems), die sich z. B. in Farben, Abbildungen oder Musik ausdrückt, einen signifikant positiven Einfluss auf das wahrgenommene Vergnügen sowie die Akzeptanz hat. Einen vergleichbaren Zusammen-hang beschreiben [9] die einen direkten Einfluss der wahrgenommenen Ästhetik auf die Verhaltensabsicht aufzeigen konnten. Jüngste Forschungsergebnisse hinsichtlich Recom-mendation Agents belegen ebenso, dass sich die wahrgenommene affektive Qualität als Bewertungsvariable eignet und ein positiver Einfluss auf die Kaufabsicht nachgewiesen werden kann [1, 4, 11, 18]. Vor diesem Hintergrund wird von einem direkten Einfluss der wahrgenommenen affektiven Qualität von PPS auf die Kaufabsicht ausgegangen.

Hypothese H3: Die wahrgenommene affektive Qualität von PPS hat einen positiven Ein-fluss auf die Kaufabsicht.

Neben den Forschungshypothesen werden darüber hinaus zwei weitere, aus der For-schung bekannte Wirkbeziehungen als zu replizierende Hypothesen in das Modell mit aufgenommen (siehe hierzu [1, 15, 19]). Im Einzelnen ist es sowohl der positive Einfluss des Vertrauens in PPS als auch der positive Einfluss der wahrgenommenen affektiven Qualität auf den wahrgenommenen Nutzen von PPS.

7.3 Datenerhebung

Im Rahmen der vorliegenden Arbeit wurden alle Konstrukte mit Hilfe von reflektiven Messmodellen operationalisiert. Alle Konstrukte des für diese Arbeit relevanten Struktur-modells wurden im Sinne der Multi-Item-Messung mit mindestens 3 Items oder mehr ge-messen. Lediglich das Konstrukt „Kaufabsicht" wurde mit Hilfe einer Single-Item-Mes-sung umgesetzt. Alle in dieser Arbeit verwendeten Indikatoren wurden aus der Literatur zu einschlägigen Forschungsansätzen übernommen und bezüglich der Formulierung an das Themengebiet von PPS angepasst.

Im Fall der vorliegenden Untersuchung wurde die Form einer schriftlichen compu-tergestützen Befragung gewählt. Mithilfe eines vollstandardisierten Online-Fragebogens konnte die Beantwortung einzeln und anhand festgelegter Antwortmöglichkeiten vorge-nommen werden. Mit der Online-Befragung wurde im Hinblick auf den Forschungsge-genstandes eine Fokussierung besonders internetaffiner Zielgruppen angestrebt.

Die Umfrage endete nach fünf Wochen mit einem vorläufigen Datenbestand von 325 komplett abgeschlossenen Teilnahmen. Danach wurde jeder einzelne Datensatz auf Kon-sistenz bzw. die Anzahl fehlender Daten (Missing Values) überprüft. Ursprung der vorhan-denen Missing Values war die Antwortmöglichkeit „Keine Angabe". Daher musste den Empfehlungen von [8, S. 51] folgend ein Teil der Datensätze wegen fehlender Datenquali-tät ausgeschlossen werden. Dies betraf Datensätze, die a) mehr als 10 % Missing Values aufwiesen (94) und bei denen b) mehr als 50 % Missing Values innerhalb eines Konstrukts auftraten (5). Nach der Eliminierung verblieben insgesamt 226 Datensätze.

7.4 Datenauswertung

Die Datenauswertung erfolgte mittels PLS. Auf Messmodellebene wurden die Faktor- bzw. Konstruktreliabilität und die durchschnittlich erfasste Varianz (DEV) der reflektiv operationalisierten Konstrukte mit Hilfe des PLS-Algorithmus in SmartPLS berechnet. Es weisen fast alle Items eine Faktorladung größer 0,7 auf, d. h. jeder einzelne Indikator teilt mehr als 50 % seiner Varianz mit dem ihm zugeordnete Konstrukt. Lediglich fünf Indikatoren erreichten den Grenzwert von 0,7 nicht. Ihre entsprechenden Faktorladungen liegen alle zwischen 0,6 und 0,7. Im vorliegenden Fall haben jedoch all diese Indikatoren eine entscheidende Bedeutung für das jeweilige Konstrukt und wurden deshalb nicht eli- miniert. Zudem konnte durch ihre Eliminierung kein oder nur ein unwesentlicher Anstieg der Konstruktreliabilität erreicht werden. Ergänzend zu der Indikatorreliabilität wurde anhand der Konstrukt- bzw. Faktorreliabilität untersucht, wie gut das jeweilige reflek- tive Konstrukt durch die ihm zugeordneten Indikatoren gemessen wird. Alle Konstrukte wiesen einen Wert deutlich über dem geforderten Grenzwert von 0,6 auf. Die Ergebnis- se der durchschnittlich erfassten Varianz (DEV) liegen ebenfalls über dem festgelegten Mindestwert von 0,5, sodass auch hier keine Eliminierung von Indikatoren notwendig ist. Mit den präsentierten Ergebnissen wurden die Mindestanforderungen an die Konstrukt- reliabilität und die DEV deutlich überschritten, womit zusammengefasst von einer mehr als ausreichend dokumentierten Konvergenzreliabilität als Ergebnis dieser Auswertungen ausgegangen werden darf.

Abschließend erfolgte zur Beurteilung der Messmodelle die Überprüfung der Diskri- minanzvalidität. Ein geeignetes Verfahren hierfür ist, das Fornell-Larcker Kriterium. Alle nach dem Fornell-Larcker-Kriterium errechneten Werte erreichten das Mindestmaß, so dass von ausreichender Diskriminanzvalidität im vorliegenden Fall ausgegangen werden kann. Da das Fornell-Larcker-Kriterium die Diskriminanzvalidität lediglich auf Konstruk- tebene untersucht, wird zusätzlich die Diskriminanzvalidität auf Indikatorebene anhand der Kreuzladungen beurteilt [2, S. 321, 8, S. 423]. Auch diesbezüglich wurden alle Min- destwerte erfüllt.

Auf Strukturmodellebene wurden im Rahmen der Gütebeurteilung die Pfadkoeffizi- enten, die Effektstärke f^2, das Bestimmtheitsmaß R^2 und die Prognoserelevanz Q^2 heran- gezogen. Hier konnten bzgl. aller genannten Gütekriterien gute bis mittel-gute Werte er- zielt werden, so dass dem Strukturmodell ebenfalls eine gewisse Güte bescheinigt werden konnte. Die wichtigsten Werte sind in Abb. 7.1 des Forschungsmodells abgetragen, aus der auch die Ergebnisse der Hypothesenprüfung hervorgeht.

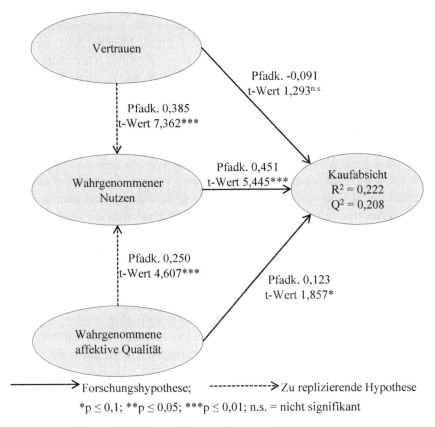

Abb. 7.1 Modell zum Einfluss von PPS auf die Kaufabsicht

7.5   Diskussion

In Bezug auf diese Kernfrage identifizieren die Ergebnisse des inneren Strukturmodells den „wahrgenommenen Nutzen" als elementare Einflussgröße mit unmittelbarem Zusammenhang zur Kaufabsicht. Die Konsumentenwahrnehmungen „Vertrauen" sowie „wahrgenommene affektive Qualität", basierend auf der Arbeit von [1], beeinflussen interessanterweise die unter Einbezug von PPS entstandene Kaufabsicht nicht als direkte Antezedenten. Dies steht im Kontrast zu den Studien von [1, 4, 11], in denen bezüglich anderer RAs ein direkter Einfluss der affektiven Qualität (bzw. Zufriedenheit) von RAs und des Vertrauens in RAs auf die Kaufabsicht nachgewiesen wurde. Hinsichtlich des wahrgenommenen Nutzens ergibt sich deutliche Kongruenz mit den Ergebnissen von [1], die sich mit der Auswirkung von Providerempfehlungen auf die Kaufabsicht befassten. Dieser übte dort ähnlich wie bei den hier untersuchten PPS einen stark signifikanten Einfluss auf die Kaufabsicht aus. Dies lässt als eines der zentralen Ergebnisse dieser Arbeit die Erkenntnis zu, dass bei der Nutzung von Produkt- und Preisvergleichsseiten vor allem die rational-instrumentellen Aspekte (im Sinne von „Nützlichkeit bei der Entscheidung") für die Bildung einer Kaufabsicht vom Konsumenten als potentiell relevant erlebt werden. Diesen Zusammenhang bestätigen auch die Ergebnisse von [11], deren Arbeit ebenfalls darauf hinwies, dass nur die kognitive Ebene des Mobile Shoppings einen signifikanten Einfluss auf die Kaufabsicht aufweist.

Obwohl die Hypothese 3 aufgrund der Ergebnisse in Bezug auf die einzelnen zugehörigen Grenzwerte abgelehnt werden musste, soll an dieser Stelle doch noch einmal auf die schwach erkennbare Wirkbeziehung zwischen der wahrgenommenen affektiven Qualität und der Kaufabsicht eingegangen werden. In einem Versuch, diesen sich abzeichnenden Zusammenhang in einer erweiterten Sichtweise zu betrachten, kann man ihn in seiner inhaltlichen Aussage so verstehen, dass er darauf hindeutet, dass der affektive Reiz von PPS ein unspezifisches (Erregungs −) Potential im Sinne von „arousal" zur Aktivierung einer Kaufhandlung mobilisiert und damit die erlebte Kaufabsicht stärkt. Für die in dieser Arbeit erhobene Stichprobe konnte nur ein schwacher, signifikant grenzwertiger (10 %) Einfluss der affektiven Qualität belegt werden. Dennoch ist die „wahrgenommene affektive Qualität" als potentiell beeinflussbare und damit zukünftig möglicherweise wachsende Einflussgröße zu betrachten. Wird dieser Aspekt in Zukunft z. B. von den Betreibern von PPS berücksichtigt und optimiert, könnte dies zu einer zunehmenden Bedeutung der Wirkbeziehung und einem erhöhten Einfluss der affektiven Qualität auf die Kaufabsicht führen.

Obwohl kein direkter Einfluss des Vertrauens und nur ein geringer und schwach signifikanter Einfluss der affektiven Qualität auf die Kaufabsicht besteht, konnte für beide zu replizierende Hypothesen ein signifikanter positiver Einfluss auf den wahrgenommenen Nutzen nachgewiesen werden, sodass zumindest von einem indirekten Einfluss des Vertrauens und der affektiven Qualität auf die Kaufabsicht ausgegangen werden kann, bei dem der über diese Konstrukte gesteigerte wahrgenommene Nutzen als Mediator agiert. Das bedeutet, Vertrauen und affektive Qualität tragen nicht direkt zur Bildung der Kaufabsicht bei, allerdings beeinflussen sie den wahrgenommenen Nutzen wesentlich. Je größer das Vertrauen der Nutzer in PPS ist, desto größer wird der Nutzen der von PPS ausgehenden Dienstleistungen erlebt. Von anderer Seite erhöht die affektive Qualität, also das emotionale Erlebnis mit bzw. die Attraktivität von PPS ebenfalls den erlebten Nutzen von PPS und somit auch die Kaufabsicht. Demnach können die beiden angesprochenen Wirkzusammenhänge für diese Studie als repliziert eingestuft werden.

7.6 Implikationen

Basierend auf den Ergebnissen und der Diskussion können praktische Implikationen für die Betreiber bzw. Designer von PPS abgeleitet werden.

Als zentrale Einflussgröße der aus der Nutzung von PPS resultierenden Kaufabsicht wurde der wahrgenommene Nutzen identifiziert. Demnach sollten für die Betreiber von

PPS vor allem die Effektivität und Effizienz ihrer Seite im Mittelpunkt stehen. Hierzu können beispielsweise die Funktionalität, die Zuverlässigkeit bzw. Erreichbarkeit aber auch die Qualität der Informationen zählen. Betreiber sollten daher auf eine technische Stabilität der Seite achten (keine Ausfälle), den Informationsgehalt einer Produktempfehlung bzw. -anzeige möglichst gehaltvoll gestalten und Funktionalitäten von PPS weiter ausbauen bzw. neue Dienstleistungen integrieren. Durch die Optimierung dieser Punkte kann der wahrgenommene Nutzen und darüber auch die Kaufabsicht positiv beeinflusst werden.

Hinsichtlich des „Vertrauens" in PPS ist vor allem die ihnen zugeschriebene Kompetenz als wichtiger Einflussfaktor zu betrachten. Dieser Aspekt beinhaltet unter anderem die Qualität der Produktinformation bzw. -empfehlung. Betreibern ist zu empfehlen, ihre Sachkunde hinsichtlich der zur Verfügung gestellten Inhalte in besonderer Weise erkennbar werden zu lassen. Welche Attribute hier besonders praxisrelevant werden, ist weiteren Untersuchungen vorbehalten. Neben der Kompetenz haben sowohl das „Wohlwollen" als auch die „Integrität" von PPS wesentlichen Einfluss auf das Vertrauen und somit den wahrgenommenen Nutzen. Daher sollte bei der Image-Pflege von PPS diesen Aspekten besonders behutsame Berücksichtigung zukommen. Das bedeutet, Betreibern von PPS ist zu raten, eine neutrale, am Nutzer orientierte Stellung als intermediäres Medium zu wahren und z. B. keine Bevorzugung bestimmter Händler bzw. Produkte in ihre Empfehlungen zu integrieren. Sollte beim Nutzer der Verdacht entstehen, dass PPS keine objektiven Informationen anbieten, sondern neben Preis und Produktattributen noch andere, nicht im Interesse des Nutzers liegende Faktoren die PPS-Empfehlungen beeinflussen, könnte dies zu einer Senkung des wahrgenommenen Nutzens und somit zu einem negativen Einfluss auf die Kaufabsicht führen.

Auch von Seiten der „affektiven Qualität" als grenzwertig signifikanter Einflussgröße der Kaufabsicht und direkter Einflussgröße des wahrgenommenen Nutzens lassen sich Implikationen ableiten. Um die affektive Qualität zu erhöhen und somit sowohl den wahrgenommen Nutzen als auch indirekt (und zu einem geringen Teil direkt) die Kaufabsicht positiv zu beeinflussen, ist den PPS-Betreibern zu empfehlen, neben der oben bereits besprochenen Konzentration auf die rational-instrumentelle Funktionalität auch das äußere Erscheinungsbild/Design der Seite möglichst ansprechend zu gestalten. PPS können aufgrund der Vielfalt an Dienstleistungen und Funktionen oft als unübersichtlich oder überladen empfunden werden. Daher erscheint es für PPS-Betreiber empfehlenswert, eine möglichst gut durchdachte visuelle Strukturiertheit der Seite zu gewährleisten. Zum Beispiel könnte man bei der Gestaltung von PPS Farben und Gliederung so einsetzen, dass sie ein möglichst langes Verweilen auf der Seite zulassen, ohne die Augen des Nutzers zu belasten.

Literatur

1. Benlian, A., Titah, R., & Hess, T. (2012). Differential effects of provider recommendations and consumer reviews in e-commerce transactions: An experimental study. *Journal of Management Information Systems, 29*(1), 237–272.
2. Chin, W. W. (1998b). The partial least squares approach for structural equation modeling. In G. A. Marcoulides (Hrsg.), *Modern methods for business research* (S. 295–336). Quantitative methodology series, Lawrence Erlbaum, Mahwah, New Jersey.
3. Dabholkar, P. A. (2006). Factors influencing consumer choice of a „rating web site": An experimental investigation of an online interactive decision aid. *Journal of Marketing Theory and Practice, 14*(4), 259–273.
4. Dabhokar, P. A., & Sheng, X. (2012). Consumer participation in using online recommendation agents: effects on satisfaction, trust, and purchase intentions. *The Service Industries Journal, 32*(9), 1433–1449.
5. Davis, F. D. (1989). Perceived usefulness, perceived ease of use, and user acceptance of information technology. *MIS Quaterly, 13*(3), 319–340.
6. Economist. (2005). Meg and the Power of Many- the world's biggest online auctioneer is trading on a new sort of future. *Economist, 375*(8429), 11.
7. Gefen, D., Karahanna, E., & Straub, D. W. (2003). Trust and TAM in online shopping: An integrated model. *MIS Quaterly, 27*(1), 51–90.
8. Hair, J. F., Sarstedt, M., Ringle, C. M., & Mena, J. A. (2012). An assessment of the use of partial least squares structural equation modeling in marketing research. *Journal of the Academy of Marketing Science, 40*, 414–433.
9. Hall, R. H., & Hanna, P. (2004). The impact of web page text-background color combinations on readability, retention, aesthetics, and behavioral intention. *Behavior & Information Technology, 23*(3), 183–195.
10. IfD Allensbach. (2011). Allensbacher Computer- und Technik-Analyse 2011. In: Statista, auf: http://de.statista.com/statistik/daten/studie/202544/umfrage/nutzung-von-recherchequellen-fuer-die-produktsuche-im-mobilen-internet/. Zugegriffen 1. Sept. 2014.
11. Kumar, A., & Mukherjee, A. (2013). Shop while you talk: Determinants of purchase intentions through a mobile device. *International Journal of Mobile Marketing, 8*(1), 23–86.
12. McKnight, D.H., Choudhury, V., & Kacmar, C. (2002). Developing and validating trust measures for e-commerce: An integrative typology. *Information Systems Research, 13*(3), 334–359.
13. Mundorf, N., Westin, S., & Dholakia, N. (1993). Effects of hedonic components and user's gender on the acceptance of screen-based information services. *Behaviour & Information Technology, 12*(5), 293–303.
14. Pavlou, P. A. (2003). Consumer acceptance of electronic commerce: Integrating trust and risk with the technology acceptance model. *International Journal of Electronic Commerce, 7*(3), 69–103.
15. Qiu, L., & Benbasat, I. (2009). Evaluating anthropomorphic product recommendation agents: A social relationship perspective to designing information systems. *Journal of Management Infomation Systems, 25*(4), 145–181.
16. Reeves, B., & Nass, C. (1996). *The media equation: How people treat computers, television, and new media like real people and places.* New York: Cambridge University Press.
17. Russell, J. A. (2003). Core affect and the psychological construction of emotion. *Psychological Review, 110*(1), 145–172.
18. Sanchez-Franco, M. J. (2010). WebCT – The quasimoderating effect of perceived affective quality on an extending technology acceptance model. *Computers & Education, 54*, 37–46.

19. Wang, W., & Benbasat, I. (2005). Trust in and adoption of online recommendation agents. *Journal of the Association for Information Systems, 6*(3), 72–101.
20. West, P. M., Ariely, D., Bellman, S., Bradlow, E., Huber, J., Johnson, E., Kahn, B., Little, J., & Schkade, D. (1999). Agents to the rescue? *Marketing Letters, 10*(3), 285–300.
21. Wixom, B. H., & Todd, P. A. (2005). A theoretical integration of user satisfaction and technology acceptance. *Information Systems Research, 16*(1), 85–102.
22. Xiao, B., & Benbasat, I. (2007). E-commerce product recommendation agents: Use, characteristics, and impact. *MIS Quaterly, 31*(1), 137–209.
23. Zhang, P., & Li, N. (2004). Love at first sight or sustained effect? The role of perceived affective quality on users' cognitive reactions to IT. Proceedings of the International Conference on Information Systems (ICIS'04), Washington D.C.
24. Zhang P., & Li, N. (2005). The importance of affective quality. *Communications of the ACM, 48*(9), 105–108.

Dem Kundenverhalten angepasste Verkaufswege bei Sonnenschutz-Produkten

8

Imre Endre Koncsik

Zusammenfassung

Es wird aus einer systemtheoretischen und psychologischen Perspektive heraus für ein interaktives Web-Marketing optiert, das sowohl den Grenzen virtueller Kommunikation gerecht wird als auch in der Lage ist, dem menschlichen Bedürfnis nach gegenseitigem Austausch angemessene, i.e. hinreichend umfassende Interaktionen zu schaffen. Ein konkretes Beispiel dient Illustrationszwecken. Marketing konzentriert sich einerseits auf die Setzung situativer, individueller und spezifischer Kaufanreize und verfährt somit aktiv durch die Weckung von Kundenwünschen. Andererseits wird passiv auf das vorliegende Kundenverhalten reagiert, um eine optimale Bedürfnisbefriedigung und eine längerfristige Kundenbindung zu gewährleisten. Spezifische Kundenkreise benutzen spezifische Informationskanäle, die aneinander angepasst werden müssen. Am konkreten Beispiel des Sonnenschutzmarktes wird eine ad hoc Anpassung demonstriert. Hier ist der Vertrieb über Web-Portale, Internet-Plattformen inkl. Bewertungsfunktionen sowie über Apps ebenso wichtig wie die maßgeschneiderte Anpassung an den spezifischen Adressaten. Es zeigt sich: eine Software kann nur bedingt komplexe Anfragen antizipieren. Wie weit generalisierbare Verhaltens-Regeln sowie standardisierbare Frage-Antwort-Schemata reichen, ist ebenso Gegenstand künftiger Software-Entwicklung wie die Entwicklung intelligenter, adaptiver und maßgeschneiderter Software. Das stellt ebenso Anforderungen an die Programmierer wie an die verfügbaren Programme des Kunden: der Mittelweg zwischen Übersichtlichkeit und überbordender Vielfalt, verfügbarer Zeit und Aussagewert des konkreten Angebots sollte gewahrt werden. Daher wird die Zukunft des Web-Marketings zumindest in beratungsintensiven

I. E. Koncsik (✉)
Systematische Theologie, Ludwig-Maximilians-Universität München,
München, Deutschland
E-Mail: ikoncsik@hotmail.de

© Springer-Verlag Berlin Heidelberg 2015
C. Linnhoff-Popien et al. (Hrsg.), *Marktplätze im Umbruch,* Xpert.press,
DOI 10.1007/978-3-662-43782-7_8

Geschäften – genannt sei das Beispiel der Sicht- und Sonnenschutzprodukte – *Hybrid-Lösungen* gehören: der Kunde arbeitet sich bis zu einem gewissen Grad im Web an einem Konfigurator vor; dann setzt er sich mit dem Fachberater virtuell zusammen und gestaltet das End-Angebot interaktiv und live. Der Programmierer steht hier vor der Aufgabe, interaktive Software unkompliziert und einfach zu gestalten.

8.1 Das Web-Marketing als soziale Interaktion

Von Mensch- zu Mensch-Interaktionen erfolgen im 21. Jahrhundert verstärkt in der virtuellen Realität des Cyberspace des Internets. Dabei geht innerhalb des Web-Marketings der Trend in Richtung einer Virtualisierung des Interaktionspartners (sog. „Bots"): Serviceleistungen durch reale menschliche Berater, die telefonisch in Hotlines oder sogar vor Ort physisch präsent sind, nehmen aus Kostengründen ab. Kalkuliert ein Unternehmen die Serviceleistung, so werden v. a. Personalkosten hinterfragt. Es ist sogar nach wie vor ein Vorbehalt gegenüber dem Online-Marketing zu verzeichnen, das oft erst als Verzweiflungstat in Angriff genommen wird, wenn Stagnation oder gar Umsatzrückgang zu verzeichnen sind.

Das ist konkret in der Sonnenschutz-Branche zu beobachten: Unternehmen leben von der Weiterempfehlung; sie halten sowohl das Online-Marketing aufgrund fehlender Etiketten als auch Web-Konfiguratoren für begrenzt geeignet, um komplexe und maßgeschneiderte Produktlösungen virtuell darzustellen.

Die Anforderungen an ein Web-Marketing wachsen parallel zur Zunahme der Vernetzung: bedenkt man etwa die evolutionsbiologische Wurzel menschlichen Sozialverhaltens, so stellt sich die Frage, inwiefern über Jahrtausende eingeübte Strategien des Verhaltens und der Interaktion virtuell abbildbar sind [1]. In der virtuellen Realität werden einige evolutionäre Interaktionsformen ausgeblendet: das faziale Interaktionssystem durch mimische und gestische Artikulation sowie das taktile soziale Signal gegenseitiger Berührungen können virtuell *nicht* adäquat simuliert werden. Interaktion über geschriebene Sprache wiederum reduziert sich auf das passive Aufnehmen von Information, aus der erst einmal die gesuchte Information selektiert werden muss. Das zeigt die Grenzen des Web-Marketings deutlich auf.

Auch eine ökonomische Interaktion basiert auf evolutionären Wurzeln: ein gegenseitiges Vertrauensverhältnis, das durch die Vielfalt evolutionsbiologischer Kommunikationsebenen vermittelt ist, wird konstitutiv vorausgesetzt. Fehlen nun o. g. *spezifische* Interaktionsebenen, so müssen sie durch Alternativen in der virtuellen Realität kompensiert werden, um Vertrauen zu schaffen – eine wichtige Herausforderung an das Web-Marketing: wie kann in einem anonymisierten virtuellen Umfeld ein evolutionär bedingter Vertrauensrahmen für eine ökonomisch gelingende Interaktion kreiert werden? Warum sollte ein User dem Web-Anbieter vertrauen?

Ferner wird das individuelle Verhalten des Users psychologisch durch vielschichtige Intentionen gesteuert; ihre evolutionsbiologische Heimat wiederum liegt in einer Positionsbestimmung des Individuums in seiner Herde bzw. Sozietät. Bei unseren nächsten Verwandten, den höheren Primaten, herrscht eine hierarchische Rangordnung, wobei der Rang u. a. durch erfolgreiche Konsumption, durch Besitz und Reviergröße angezeigt wird. Erneut spielen evolutionär verfestigte soziale Interaktionsformen einher, insofern das erworbene Produkt im Vergleich zum Produkt etwa des Nachbarn bewertet wird, um dadurch die eigene Rangordnung zu unterstreichen.

Die Vergleichskriterien in diesem Hierarchie-Denken beziehen sich auf das *Prestige* eines Produkts, das man sich leisten kann, sowie auf dessen *Rationalität* i.S. einer „klugen Kaufentscheidung", auf seine Effizienz und Zweckdienlichkeit, je nach der vom Konsumenten als wichtig bewerteten Rangordnungsklasse. Ein Web-Marketing sollte darauf Rücksicht nehmen und das Produkt in verschiedene Rangordnungsklassen einordnen können, um eine Vision erfolgreicher Bedürfnisbefriedigung vermitteln [2].

Die virtuelle Interaktion sollte anfangend bei einer Aktion des Web-Anbieters auf die Aktion des Users *flexibel* eingehen, um ihn durch erfolgreiches Eingehen auf seine – gleichfalls evolutionär basierten – Emotionen und Intentionen zur näheren Anfrage zu bewegen. Folglich sind rationalisierte, starre und „kühle" Web-Marketing-Strategien *kein* Erfolgsrezept, da sie nicht auf die emotionalen Motive des Users eingehen und die evolutionsbiologischen Wurzeln seines Verhaltens berücksichtigen. Es ist keine Kognition ohne eine um- und unterfassende *Emotion* gegeben [3, 4]! Und keine Emotion ohne eine evolutionsbiologische Verankerung in der *Sozietät* des Individuums!

Hier wäre der Ort, um die bekannte Unterscheidung von Max Weber zwischen *Wert- und Zweckrationalität* einzubringen: die „Wertrationalität" entspricht der emotionalen Komponente menschlichen Verhaltens, insofern der Verhaltens-Frame – die Sozietät – bewusst ins Spiel gebracht wird. Die „Zweckrationalität" wiederum spiegelt das beidseitige ökonomische Interesse wieder.

8.1.1 Systemische Logik der Interaktion

Emotionen sind das Resultat flexibler und sich selbst immer wieder neu organisierender Bewertungen von Handlungen. Die emotional basierte Verhaltensstrategie des Individuums ist eine *Variable*. Sie kann in der Sprache der Systemtheorie als *flexible* und autopoetische Ausgestaltung systemischer Wechselwirkungen gefasst werden [5].

Die konkrete Wechselwirkung ist *nicht* prognostizierbar; sie ist das Ergebnis individueller Adaptation und kreativer Selbstbestimmung. Daher gibt es für den kasuistischen Einzelfall einer ökonomisch induzierten virtuellen Interaktion *keine* generalisierbaren Regeln oder Meta-Tags. Die Interaktion sowie ihr Resultat bleiben stets *emergent* gegenüber dem ursprünglichen Einzelverhalten des Users sowie des virtuellen Gegenübers: es entstehen nicht vorhersagbare emotionale Interaktionen. So resultiert ausgerechnet aus ihnen eine Kaufentscheidung. Der Verlauf der Wechselwirkung wird durch unerwartete Gesprächsverläufe dokumentiert, insofern das Verhalten des Kunden nicht vollständig antizipierbar ist.

Generalisierbare Verhaltensmuster einbeziehen auch bei nur binären Ja-Nein-Entschei-dungen lediglich die *rational*-systematische Ebene; im best case wird intuitives Verhalten antizipiert, nicht nur i.S. einer intuitiven Benutzerführung, sondern i.S. der Anpassung an intuitiv auftauchende konkrete Anfragen des Users an den virtuellen Interaktionspartner, so dass die Selektionsarbeit unter einer überbordender Anzahl von Information reduziert wird.

8.1.2 Grenzen der Prognose

Für eine Software, die das Kundenverhalten antizipieren soll, was wiederum generalisier-bare und letztlich deterministische Verhaltensregeln voraussetzt – die es jedoch prinzipiell nicht gibt –, ist die *Prognosekraft* des Kundenverhaltens entscheidend. Hier sollte sich ein Programmierer grundsätzlicher Grenzen bewusst sein.

Grenze der Statistik: der zentrale Grenzwertsatz oder das Gesetz der großen Zahl er-fassen nur beschränkt komplexe systemische Interaktionen, bes. wenn es um evolutionär generierte vielschichtige Interaktionen geht. Die Mehrdeutigkeit menschlichen Verhaltens verunmöglicht ethologisch eine empirisch hinreichend exakte und damit generalisierbare wissenschaftliche Analyse. Es verbleibt eine Ambivalenz, die sich u. a. in der Mehrdeu-tigkeit der Sprache sowie von Handlungsakten niederschlägt [6]. Nicht mal binäre Ent-scheidungsalternativen, deren Resultat emergent ist, können in einem komplexen System prognostiziert werden.

Grenze der Psychologie: vielschichtige Entscheidungsebenen und Intentionen können zwar benannt, jedoch die konkreten Interaktionen nicht aus ihnen abgeleitet werden – ebenso wenig determinieren die Regeln des Fußballspiels den konkreten Spielverlauf. Auch in einem einfachen Verhalten – wie beim Fußballspiel – bilden sich weitere Ent-scheidungsebenen ab. Eine Intention ist komplex, weil sie diversen kognitiven und emo-tionalen Einflussfaktoren unterliegt. Sie selber ist nicht vorgegeben und kann auch nicht vom Programmierer deterministisch antizipiert werden, sondern ist das Resultat eines kreativen Selbstorganisationprozesses: das System „Mensch" passt seine Entscheidungs- und Ordnungsparameter permanent neu an. Der Mensch re-definiert seine Intentionen ebenso wie die Mittel zur ihrer Erreichung.

Die Kunst, den User zu „lenken" bzw. die Emergenz von Resultaten zu „steuern", kann nur bedingt von einer orthogonal determinativen Software geleistet werden. Vielleicht bringt die Entwicklung einer *adaptiven* Künstlichen Intelligenz, welche die Selektions-arbeit unter Informationen erleichtert und die Intention des Users vorweg nimmt bzw. adäquat bedienen kann, das Software-Engeneering an den entscheidenden Punkt der vir-tuell *vollständigeren* Simulation evolutionär ererbter Verhaltensmuster und Interaktions-strategien. Inwiefern überhaupt durch eine orthogonale Kontrolle adaptive und kreative Verhaltensleistungen abbildbar sind, obliegt der künftigen Entwicklung einer intelligenten und relativ autonomen, i.e. einer sich selbst gestaltenden, sich selbst neu schreibenden und sich dadurch real anpassenden Software.

Eine solche intelligente Software wäre in der Lage, auch auf dem virtuellen ökonomischen Interaktionsfeld – dem Markt – das Dienstleistungsangebot als imaginärer Partner entscheidend zu erweitern. Der Markt kann als systemische, d. h. insbesondere als kreative und adaptive Interaktion im Rahmen eines ökonomischen Systems definiert werden. Er bildet soziale und evolutionär entstandene Systeme ab. Ein komplexes Interaktionssystem verlangt daher nach einer komplexen künstlichen Intelligenz als virtuellen Akteur.

8.2 Der spezifische Sonnenschutz-Markt

Flankiert durch die genannten theoretischen Grundsatzüberlegungen wird nun der aktuelle Stand des Web-Marketings (10/2014) auf dem spezifischen Sonnenschutz-Markt skizziert. Der Erkenntnisgewinn besteht in der Bewusstwerdung der Chancen und Grenzen eines intelligenten Web-Marketings anhand dieses paradigmatischen Beispiels.

8.2.1 Besonderheiten

Der Sicht- und Sonnenschutzmarkt ist ein segmentierter Markt mit einem attraktiven Zukunftspotential, das sowohl risikomindernde Stabilität als auch steigende Erträge verspricht. Besonders gewinn- und expansionsträchtig gestaltet sich dabei der Nischenmarkt der Premium-Produkte und innovativen Sonderlösungen für systematisch vorgehende Kunden, d. h. für Architekten, Bauherren, öffentliche Institutionen und Unternehmen.

Der Sicht- und Sonnenschutz tritt auch als Alternative zur Klimaanlage auf (natürliche Kühlung durch geschickte Beschattung), so dass eine gesetzlich eingeschlagene Direktive unmittelbar der Erhöhung der Nachfrage dient. Der *natürliche* Sonnenschutz fungiert als vom Gesetzgeber favorisierte umweltgerechte Standard-Lösung. Ferner reagieren Kunden eigeninitiativ auf die faktische Erderwärmung (milde Winter, ausgedehntere Wärmeperioden im Jahreszyklus), indem sie sich verstärkt mit Sonnenschutzprodukten befassen, um ihr Domizil hinreichend zu kühlen.

Nicht zuletzt erhöht sich auch die Nachfrage nach *Sichtschutz* aufgrund eines verstärkten Bedürfnisses von Menschen nach Intimität und Schutz vor den Blicken Dritter. Die Abstände der Fensterflächen werden aufgrund ansteigender Grundstücks- und Immobilienpreise immer enger.

Die genannten Punkte können dezidiert gegenüber dem User in Form von *audiovisuellen* Impressionen sowie kurzen Erklärungen verdeutlicht werden, um Optionen zu veranschaulichen und Ideen zu generieren. Sie bilden den im theoretischen Teil postulierten *emotionalen* Input ab. So wird eine grundsätzliche emotionale Offenheit gegenüber Sonnenschutzprodukten erzeugt.

Die Produkte, auf denen v. a. zurück gegriffen wird, sind u. a. Rollläden, die den Sonnenschutz-Markt dominieren (ca. 64 % Marktanteil in Deutschland). Sie müssen passend zu den > 5000 Fensterformaten umgesetzt werden. Die restlichen Produkte verteilen sich

auf innen und außen liegenden Sonnenschutz, Innen- und Außenjalousien, textilen Sonnenschutz (Markisen und Rollos), auf Plissees, auf Vertikal-Jalousien und den Bereich der
Freisitzgestaltung sowie Aluminiumpergolen – jeweils automatisiert bzw. motorisiert oder
manuell betrieben.

Durch diese Produktpalette werden die Segmente:

- Sichtschutz
- Blendschutz für Bildschirmarbeitsplätze (Büro, Kassenbereiche, CNC- Maschinen usw.)
- Schallschutz (Absorbergewebe für Großraumbüros, Schulen, Kitas etc.)
- Insektenschutz (komplizierte Fliegengitterlösungen für zu Hause und Hygienebereiche)
- Einbruchsschutz (Rollläden, Rolltore und Rollgitter)
- Wetterschutz (Regenmarkisen, Pergolasysteme, Windfanglamellen)
- Verdunkelungsanlagen und Filmleinwände

zum großen Teil abgedeckt.

Der Vertrieb der Produkte funktioniert direkt (online) oder indirekt über Fachhändler.
Allein in Deutschland sind ca. 100.000 Wiederverkäufer aktiv (Fensterbauer, Jalousien-
händler, Raumausstatter, Tischler, Versandhäuser, Baumärkte und Einzelhandel)[1,2,3,4]

8.2.2   Chancen und Grenzen des Web-Marketings

Das Web-Marketing kann keine reale intelligente Beratung ersetzen, sondern dient als
Informationstool unter dem einzigartigen und nicht substituierbaren Etikett des Gewerks
„Sonnenschutz". Direkt über das Internet vertrieben werden können nur standardisierte
Blockbuster-Lösungen. *Premium- und Sonderlösungen*, die jedoch das attraktivste Marktpotential ausmachen, erfordern einen *intelligenten* Beratungsaufwand, der aus o. g. Gründen durch eine Software *nicht* antizipiert werden kann. Der Erfolg ist dokumentierbar
anhand der Zahl der Aufrufe von Key-Domains (etwa www.sonnenschutz.de) sowie der
eingegangenen Anfragen, was in einer Umsatzsteigerung des betreffenden Unternehmens
von >20% im ersten Halbjahr 2014 resultierte.

Das Internet als Informations-, Marketing- und Akquisitionstool wird weiter entwickelt: dem Kunden wird die Möglichkeit eröffnet, zwischen verschiedenen Visualisierungen zu selektieren. Sowohl Aktion, d. h. das Schalten von Anzeigen und Pressemitteilun-

---

[1] http://www.interconnectionconsulting.com/index.php?lang=de&presse=26 (zuletzt abgerufen am
12.11.2014).

[2] http://www.presseanzeiger.de/pa/Positive-Marktzahlen-fuer-den-Sicht-und-Sonnenschutz-515879
(zuletzt abgerufen am 12.11.2014).

[3] www.marktdaten24.com – man beachte: die dort genannten Umsatzzahlen beinhalten teilweise nur
verwandte Bereiche (zuletzt abgerufen am 12.11.2014).

[4] Siehe auch den Industrieverband: www.itrs-ev.com (zuletzt abgerufen am 12.11.2014).

gen sowie Bewertung und Weiterempfehlung der Web-Domain, als auch adaptive Reaktion auf den Kunden werden umgesetzt. Für den Web-Konfigurator werden generalisierbare Frage-Antwort-Schemata eruiert sowie Meta-Tags zu ihrer Ausgestaltung definiert. Das setzt durch das Unternehmen Investitionen in Google-Anzeigen, in die flankierende Beratungshotline, in Web-Designer und Entwickler intelligenter Software voraus. Das Ergebnis ist eine interdisziplinäre Zusammenarbeit zwischen Informatikern und Architekten sowie Produktentwicklern (Ingenieuren).

8.2.3 Hybrid-Lösungen für Premium-Produkte und Sonderlösungen

Premium-Produkte und Sonderlösungen gehören zum wachstumsträchtigen Nischenmarkt: Anfragen durch systematische und professionelle Kunden markieren ein grundsätzlich differentes Kundenverhalten. Sie sind sich spezifischer Vorschriften und Erfordernisse bewusst und arbeiten den Punkt „Sonnenschutz" als einen Punkt unter mehreren relevanten Punkten – etwa „Fensterformat" – ab. Solche Kunden sind jedoch auch keine Sonnenschutzmarkt-Insider, sondern suchen nach *gängigen Etiketten* bzw. den Namen des Gewerks: i.e. nach Sonnenschutz, Sichtschutz, Rollos.

Daraus ergeben sich besondere Anforderungen an die Web-Software, insbesondere weil eine persönliche Beratung aufgrund der Komplexität des Produktes sowie der dadurch bedingten Interaktion nur bedingt substituierbar ist. Die Frage lautet: wie weit reicht eine adäquate virtuelle Interaktion mit einem professionellen Kunden?

Software ist bis zu einem gewissen Grad eine Hilfe für den User, doch wird ihm Such-Zeit zugemutet sowie manchmal zu komplizierte, fehlgeleitete, d. h. nicht der Suchanfrage korrespondierende oder rekursive Links und Schemata.

Hier können sog. Hybrid-Lösungen weiter helfen: nachdem der Kunde durch das Web-Portal auf Produkte aufmerksam gemacht wurde, wird er für sein konkretes Sonder-Anliegen eine spezifische Lösung suchen. Der Kunde assoziiert die ihm im Web präsentierten Visualisierungen mit seinem konkreten Problem, etwa einen Sonnenschutz für ein denkmalgeschütztes Objekt passgenau und energieeffizient zu installieren.

Diese Assoziation gilt es nun in einem zweiten Schritt fachmännisch zu begleiten. Der Kunde wählt zu diesem Zweck sich in einen virtuellen Raum ein und legt als Basis der nun folgenden interaktiven Fachberatung einige Visionen, die ihm präsentiert worden, ab. Ebenso kann er eigene architektonische Skizzen uploaden, so dass der Fachberater die Möglichkeit hat, seine experten Assoziationen zu bilden.

Der Fachberater interagiert dann mit dem Kunden online und live – wie in einem Chat oder auch telefonisch. Dabei schlägt er nun seine eigenen Assoziationen dem Kunden vor – und der Kunde reagiert darauf, indem er wiederum seine Assoziationen modifiziert und sie dem Experten benennt. Diese Interaktion des Abgleichs von Assoziationen wird durch die emotionale Komponente begleitet: ein realer Interaktionspartner reagiert so flexibel, adaptiv und kreativ, dass sich der Kunde in seiner evolutionär ererbten sozialen Verhaltensstrategie aufgehoben fühlt. Er wird zugleich emotional gebunden und kognitiv befriedigt, indem er nach einer gelungenen interaktiven Beratung, die in einer optimalen Sonnenschutz-Lösung konvergiert, das Produkt entweder direkt online ordert oder sich vom Fachhändler vor Ort installieren lässt.

8.3   Fazit

Der Entscheidungsfindungsprozess eines Kunden kann gezielt beeinflusst werden. Dann ist er das Resultat einer gelungenen Interaktion zwischen Anbieter und Nachfrager. Sie ist nicht Gegenstand einer rationalisierbaren, generalisierbaren und schulmäßig vermittelbaren Regel, sondern eher das Resultat einer jahrelangen Anpassung der individualisierten Strategie des Anbieters als „Berater" des Nachfragers. Es gilt, die Beratungskompetenz in Software-Lösungen intelligent und möglichst weitreichend zu implementieren. Das Web-Marketing fungiert also als Ergänzung der personalisierten Beratung.

Literatur

1. Kappeler, P. M. (2012). *Verhaltensbiologie* (3. Aufl.). Berlin: Springer.
2. Raab, G., & Unger, F. (2005). *Marktpsychologie. Grundlagen und Anwendung*. Wiesbaden: Gabler.
3. Schwarz, F. (2007). *Der Griff nach dem Gehirn. Wie Neurowissenschaftler unser Leben verändern*. Reinbek: Rowolth.
4. Emrich, H., & Schneider, U. (2005). *Geist, Psyche und Gehirn. Aktuelle Aspekte der Kognitionsforschung, Philosophie und Psychopathologie*. Frankfurt a. M.: Peter Lang.
5. Koncsik, I. (2011). *Synergetische Systemtheorie. Ein hermeneutischer Schlüssel zum Verständnis der Wirklichkeit*. Berlin: LIT.
6. Heisenberg, M. (1997). Das Gehirn des Menschen aus biologischer Sicht. In H. Meier & D. Ploog (Hrsg.), *Der Mensch und sein Gehirn. Die Folgen der Evolution* (S. 157–186). München: Piper.

‚It's the digital, stupid' – Herausforderungen für Banken

9

Christian Reichmayr und Irene Baur

Zusammenfassung

Banken stehen im digitalen Wettbewerb miteinander und zunehmend mit neuen Marktteilnehmern außerhalb der Finanzindustrie. Diese agieren äußerst flexibel, lösungs-
und vor allem kundenorientiert. Ein Anspruch der auch in Zukunft verstärkt für Banken, insbesondere im Internet gelten muss. Kundenbedürfnisse müssen im Vordergrund
stehen und weniger das nackte Produkt. Dazu braucht es Innovationen im digitalen
Umfeld und damit ein kontinuierliches Investment. Es benötigt Lösungen, wie digitale
Service-Anbieter in die Geschäftsprozesse integriert werden können. Der Artikel beschreibt die Herausforderungen, die sich daraus ergeben und zeigt die konkreten Um-
setzungslösungen der HypoVereinsbank (HVB).

9.1 Einleitung

„It's the digital, stupid" – in Anlehnung an den großartigen Slogan[1] von James Carville für
den Präsidentschaftswahlkampf Bill Clintons in 1992 – bringt es ziemlich genau auf den
Punkt. Die Wirtschaft, insbesondere auch die Finanzindustrie, ist im Wandel. Haben wir
in unserem Artikel Reichmayr und Schlumprecht [11] noch von Wettbewerbs- und Verän-
derungsdruck vor allem aus der Bankenbranche heraus geschrieben, so sind mittlerweile

---

[1] „The economy, stupid", Carville [3]

C. Reichmayr (✉) · I. Baur
HypoVereinsbank, UniCredit Bank AG, München, Deutschland
E-Mail: christian.reichmayr@unicredit.de

I. Baur
E-Mail: irene.baur@unicredit.de

© Springer-Verlag Berlin Heidelberg 2015
C. Linnhoff-Popien et al. (Hrsg.), *Marktplätze im Umbruch,* Xpert.press,
DOI 10.1007/978-3-662-43782-7_9

nicht mehr nur die Banken untereinander im Wettbewerb. Der Druck kommt heute viel stärker aus einer Vielzahl von Startups (Fintech) und von globalen Unternehmen (PayPal, Amazon oder Apple). Zudem gibt es deutlich mehr fordernde und aufgeklärtere Kunden. Daraus ergibt sich eine Aufforderung an die Bankenwelt sich substantiell in Richtung Digitalisierung zu entwickeln. Nur wie? Wir sehen die folgenden Handlungsfelder:

- Kunden erwarten heute keine Produkt- sondern Bedürfnisorientierung. Der Bankbetreuer bleibt zwar weiterhin der wichtigste Ankerpunkt, das Nachfrageverhalten wird aber vermehrt durch die Fähigkeit des Unternehmens zur Digitalisierung bestimmt.
- Digitalisierung erfordert Innovationen – und damit kontinuierliche Investitionen in neue Funktionen, Websites und Kanäle.
- Nicht-Banken treten in den Markt ein und greifen etablierte Geschäftsmodelle traditioneller Banken an. Kollaborationen mit spezialisierten Webservice-Anbietern werden zum Wettbewerbs- und Zeitfaktor.
- Digital wird zum ‚normal-way-of-banking‘ – und greift damit in alle Themen der Kunde-Bank-Beziehung ein.
- Alle Thesen werden schwerpunktmäßig anhand aktueller Umsetzungen der HypoVereinsbank untermauert – aber auch kritisch gewürdigt.

9.2   Kundenverhalten ändert sich

Das Kundenverhalten in der Finanzbranche hat sich in den letzten Jahren deutlich verändert – am Beispiel Vertrieb s. Abb. 9.1.

Abb. 9.1 Kanalverhalten der Kunden beim Kauf in Europa, EFMA/McKinsey [5]

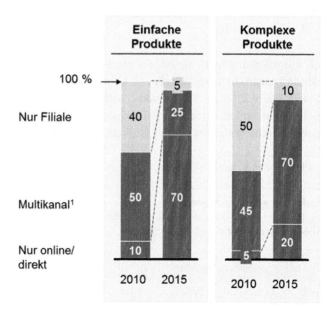

- Kunden kaufen auch bei Banken vermehrt online ein.
- Kunden kaufen online nicht mehr nur ‚einfache' Produkte, sondern zunehmend auch komplexe; z. B. Baufinanzierungen.
- Kunden wollen aber auch weiterhin den Kanal selbst wählen – echtes Multikanal-Angebot. Die einzelnen Kanäle müssen daher noch viel mehr aufeinander abgestimmt sein.

Doch wie reagieren Unternehmen darauf? Kundenorientierung, -bedürfnisse etc. sind Schlagworte, die jedes Unternehmen verwendet, gerne auch inflationär. Betrachtet man allerdings die Internetauftritte von Unternehmen allgemein, so findet sich sehr wenig davon real wieder. Unternehmens-Websites sind nach wie vor sehr stark produkt-, zunehmend abschluss- und im besten Fall noch serviceorientiert. Aber eine echte Kundenorientierung (d. h. an den Bedürfnissen ausgerichtet) online umgesetzt haben bisher die Wenigsten[2].

Modelle für den täglichen Gebrauch, wie mit Kundenbedürfnissen umzugehen ist, sind rar bzw. die Ableitungen für eine operative Produkt- oder Servicegestaltung bei weitem nicht trivial. Die Modelle von Maslow [7], zum Grenznutzen von Böhm-Bawerk [2] oder die Konsequenzen aus individuellen Indifferenzkurven sind in der Verwendung im Tagesgeschäft kompliziert. Ein interessantes und einfach nachvollziehbares Modell ist jenes von McQuivey [8]. Grundsätzlich gilt:

- Personen haben i.d.R ähnliche Bedürfnisse, sie stehen aber im permanenten Wettbewerb miteinander. „Soll ich einen neuen Flat-TV (Entspannung) oder doch die Nespresso Kaffeemaschine (Genuss) kaufen?"
- Je mehr Bedürfnisse gleichzeitig erfüllt werden desto besser, vgl. Reichmayr [10, 29] – iPhone = Telefon, Musikplayer, Notizbuch, Spielzeug etc.
- Je einfacher, bequemer sich die Bedürfnisbefriedigung gestaltet, desto besser.

Wie lässt sich denn aber ‚Kundenorientierung' in der Finanzbranche online umsetzen? Vielfach wird verkannt oder ignoriert, dass es sehr oft kein echtes Kundenbedürfnis nach einem konkreten Produkt gibt – und das oftmals auch noch austauschbar ist, wie beispielsweise eine ec-Karte oder ein Sparbuch. Denn Kunden kaufen keine:

- Kreditkarte, sondern möchten reisen oder
- Investmentfonds, sondern benötigen eine Altersvorsorge.

Aus diesem Grund muss eine Bedürfnislogik endlich auch in Websites Einzug halten. Dabei sind die Kunden entlang ihrer Bedürfnisse zu beraten, um Handlungsoptionen aufzuzeigen. Das Modell der Lebenszyklen eignet sich dabei zur Identifikation von Trigger-Punkten, an denen sich Kunden weiterentwickeln. Viel entscheidender aber ist die Orien-

---

[2] Erste, gelungene Ansätze einer neuen Inhalte-Architektur finden sich beispielsweise bei www.AXA.de oder www.Schwarzkopf.de.

tierung an den sehr homogenen Bedürfnisgattungen ähnlicher Menschen – und erst dann die Zuordnung von Triggern.

Beispiel: Familienväter haben grundsätzlich sehr ähnliche Bedürfnisse, wie Kinderausbildung, Altersvorsorge, Leben (Haus), Reisen etc. Deshalb lassen sich dazu sehr gut Beratungsansätze – auch online – konzipieren und Vergleiche mit ähnlichen Personengruppen herstellen: *„Lege ich gleich viel für die Kinderausbildung zurück, wie Andere in meiner Situation?"*

Beratung darf dabei nicht nur in einem Kanal abrufbar sein – der Filiale –, sondern muss in unterschiedlicher Ausprägung auch in allen anderen Kanälen funktionieren. Das gesammelte Wissen muss daher an allen Kundeninteraktionspunkten zur Verfügung stehen.

Da das Konzept der Bedürfnisorientierung für Websites ‚neu' und somit auch ungewohnt für den Kunden ist, wird sich zeigen, wie schnell und intensiv der Kunde das Angebot wahrnimmt und es so zu einer stärkeren Verzahnung von Online- und Offline-Kanälen kommt.

9.3   Digitalisierung der Filiale

Die Anzahl der Kunden, die mit Bankfilialen vor Ort Kontakt haben ist seit Jahren deutlich rückläufig. Außerdem hat die Finanzmarktkrise das Vertrauen der Kunden generell zur Branche nachhaltig verändert. Der durchschnittliche Retail-Kunde ist in den letzten Jahren noch mehr in (einfache) Einzelprodukte ausgewichen, wie Tages- oder Festgeld, und hat sich dadurch noch weiter aus einem umfassenden Betreuungsansatz verabschiedet. Trotzdem bleiben Themen wie Altersvorsorge, Vermögensaufbau und Immobilien nach wie vor wichtig.

Die HVB hat sich im Frühjahr 2014 zu einem radikalen Umbau des Retailbankings entschieden, vgl. Weimer [13], und gleichzeitig die Stärkung ihres Multikanal- bzw. Digitalisierungsansatzes beschlossen. Neben einem klaren Bekenntnis zur klassischen Filiale und ihrer konsequenten Modernisierung ist eine der Antworten auf die sinkende Filialnutzung, die steigende Beratungs- und Produktkomplexität und der zunehmenden Online-Durchdringung der Gesellschaft die ‚Digitalisierung der Filiale'. Jede Filiale muss digital erlebbar und nutzbar sein, weniger im Sinne eines online Spiels oder mittels ‚Avataren', sondern als konkretes und täglich nutzbares Instrument. Dem zugrunde liegt die Philosophie der maximalen Unterstützung des Kundenprozesses von Österle [9, 26]: „Der Kundenprozess ist die Zusammenfassung aller Aufgaben, die der Kunde durchläuft, um ein bestimmtes Bedürfnis zu befriedigen."

Eine Filiale hat vereinfacht drei Grundfunktionen (s. Abb. 9.2), den Schalter für Kundenfragen, die Selbstbedienungszone zur einfachen Erledigung von Basisgeschäften sowie den direkten Zugang zum individuellen Kundenbetreuer.

Der digitale Schalter Die Funktion des Schalters ist eigentlich die Übersetzung des Kundenbedürfnisses in eine echte Leistung. Jede Frage des Kunden erhält immer eine Antwort

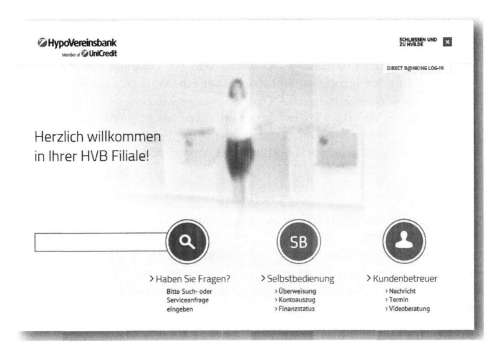

Abb. 9.2 Digitalisierung der Filiale – das Beispiel der HVB

– wie am ‚echten' Schalter auch. Dazu wird die interne Google-Suchmaschine semantisch so angepasst, dass der Kunde sofort ein befriedigendes Ergebnis erhält, welches er entweder weiter auf den HVB-Websites oder in einem anderen Kanal vertiefen kann. Die Anpassung erfolgt über bestehende und neu zu konzipierende Inhalte, intelligente Akronym- und Synonym-Listen sowie selbstlernende Suchmechanismen auf Basis realer Suchanfragen der Kunden.

Die digitale Selbstbedienung Die Funktion der Selbstbedienung in der Filiale ist allen Bankkunden seit Jahren bekannt, vertraut und von fast allen akzeptiert. Wichtig ist dabei die Schaffung einer einfach strukturierten, einfachen Kundenschnittstelle, die auch für Wenig-Nutzer die Hemmschwelle zur Nutzung senkt. Diese lässt sich ins Direct Banking, auf Mobile Apps oder sogar auf Selbstbedienungs-Terminals in der Filiale übertragen.

Der digitale Betreuer Viele Kunden nutzen heute wie selbstverständlich digitale Wege, um mit ihren Freunden oder Familien zu kommunizieren. Mailen, simsen, tweeten, chatten oder liken etc. sind mittlerweile in unterschiedlicher Ausprägung in unseren Alltag integriert. Aber mit dem Bankbetreuer skypen? Genutzt werden heute Telefon oder eMail. Gerade Letzteres eignet sich aber aus rechtlicher Sicht nicht für eine Auftragsvergabe des Kunden an den Betreuer. Nicht alles, was einfach aus Kundensicht aussieht, lässt sich als Bank auch (einfach) umsetzen. Ziel muss es sein, dem Kunden eine sichere, rechtlich eindeutige und gleichzeitig möglichst einfache Lösung zur Interaktion mit der Bank anzubieten. Zusätzlich zum Telefon kann der Kunde z. B. im HVB Direct B@nking oder zukünftig in der HVB Mobile B@nking App mit dem Betreuer digital kommunizieren – per Betreuernachricht (ähnlich wie WhatsApp) oder per Video (ähnlich wie Skype). Dokumente oder Verträge werden über das elektronische Postfach des Kunden ausgetauscht und können mittels mobiler TAN unterschrieben werden.

Da auch dieses Modell der Digitalisierung der Filiale neu ist[3], wird sich zeigen, wie schnell es für „Wenig-online-Affine" eine Brücke in die digitale Bankwelt schlägt und wie es gleichzeitig für „Hoch-online-Affine" eine Vereinfachung bzw. einen Mehrwert darstellt.

9.4 Digitalisierung erfordert Innovationen

Echter Mehrwert für den Kunden entsteht, wenn es an der Kernleistung des Unternehmens zu Innovationen kommt. Dabei ist das Wesen der Innovation nicht die Suche nach der ‚einen Killer-App oder -Funktion', sondern ein schrittweiser Optimierungsprozess, vgl. Johnson [6]. Das gilt insbesondere in gesättigten Branchen wie den Banken. Trotz aller schrittweisen Entwicklungen bleiben Innovationen in der Regel ein flüchtiges Gut, vgl. Crocoll [4]. Digitale Innovationen scheinen sogar noch flüchtiger zu sein – ein Hinweis darauf sind die Zuwächse bzw. die Downloads in den App-Stores[4]. Damit bleibt der Druck für Unternehmen hoch, Geld in Entwicklung zu investieren.

Was heute ein Leuchtturm ist, ist morgen bereits Grundfunktionalität (s. Abb. 9.3). War eine Online Überweisung vor 15 Jahren ein absolutes Novum, so wird deshalb heute niemand mehr seine Bankverbindung wechseln. Damals eher schon. Die Attraktivität eines Unternehmens hängt zunehmend von seiner Fähigkeit Geschäftsprozesse zu digitalisieren ab. Kunden werden und können heute sehr einfach zu jenen Anbietern wechseln, die konsequent und nachhaltig in Multikanal bzw. Digitalisierung investieren. Deshalb müssen digitale Innovationen bestimmte messbare Eigenschaften aufweisen – die sog. ‚Bauprinzipien' (s. Abb. 9.4).

9.4.1 Innovation am Beispiel der HVB Online Filiale

Die Online Filiale (OF) wurde offiziell Anfang 2013 gegründet. Die Grundidee ist so einfach, wie revolutionär: Die konsequente Digitalisierung des Kernprodukts des HVB

---

[3] Ein gänzlich anderer Ansatz findet sich z. B. bei der ASB Bank: http://apps.facebook.com/asbvirtualbranch/

[4] Bis Anfang Oktober 2013 wurden ca. 60 Mrd Apps aus dem iTunes-Store heruntergeladen. Anfang April 2014 waren es bereits 70 Mrd, vgl. Statista [12].

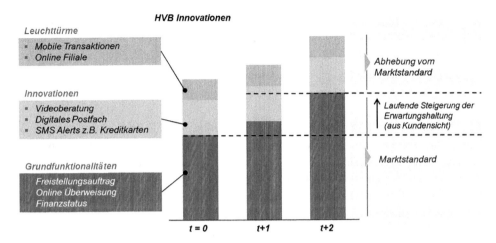

Abb. 9.3 Wahrnehmung von Innovationen im Zeitverlauf

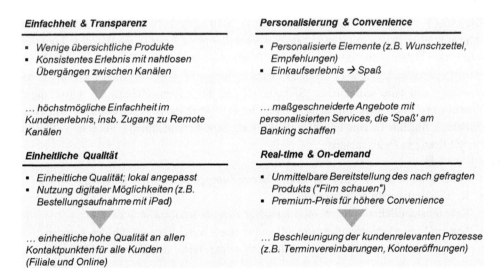

Abb. 9.4 Bauprinzipien für digitale Innovationen

Retailgeschäfts – die persönliche Kundenbetreuung/ -beratung. Die OF bietet online- bzw. remote-affinen Kunden[5]:

- Freie Kanalwahl für Interaktion: eMail, Telefon, Video und zukünftig Messaging.
- Verlängerte Öffnungszeiten: Werktags 08:00–22:00 und Sa/So 08:00–18:00 Uhr.

---

[5] Diese erledigen ihre Bankgeschäfte überwiegend über Distanz – via Direct Banking, Telefon oder Videoberatung. Es steht aber allen Kunden die Möglichkeit offen, sich auch vor Ort beraten zu lassen.

- Persönlicher Betreuer und Stellvertreter sowie vollständiges Filialproduktportfolio.
- Hohe Beratungsqualität durch ausgebildete Bankfachleute.
- On-demand als Anspruchshaltung – möglichst sofortige Erledigung des Anliegens.
- Nutzung des digitalen Postfachs zum Austausch elektronischer Dokumente und Vertrags-
  abschluss per mobiler TAN.

Die OF schließt damit die Lücke zwischen rein stationären Filialbanken und ausschließ-
lichen Direktbanken. Die echte Verknüpfung von modernem Banking und traditionellen
Werten. Dabei zeigt sich immer mehr, dass der Einsatz von Videotechnologie für die Interaktion und das Zeigen von Dokumenten die gefühlte räumliche Distanz fast gänzlich auf-
löst und durch Videokonferenzen mit Spezialisten, z. B. für Baufinanzierung oder Vorsor-
ge, sogar fast eine stationäre Filialatmosphäre entstehen kann.

9.4.2 Innovation am Beispiel des HVB Mobile B@nkings

Die erste HVB Mobile B@nking App wurde 2010 veröffentlicht. Die Nutzungszahlen
steigen kontinuierlich mit 2-stelligen Zuwachsraten pro Jahr an. Eine wichtige Funktion
fehlte aber bisher – die Möglichkeit eine Transaktion, z. B. eine Überweisung, direkt im
Handy auszulösen. Diese Funktionen bieten mittlerweile durchaus mehrere Banken an,
allerdings mit unterschiedlichen Sicherheits- und Freigabemechanismen, notwendigen
Zusatz-Apps oder sogar Zusatzhardware. Der HVB-Ansatz ist, entsprechend dem Bau-
prinzip ‚Einfachheit‘, eine Freigabe direkt in der App vorzunehmen – als erste vollinteg-
rierte Lösung in Deutschland:

- Transaktionsfreigabe direkt im z. B. Überweisungsprozess.
- Keine Zusatzhardware notwendig.
- Kein umständlicher Wechsel mit manueller Datenübernahme in andere Apps.
- Nur ein Freigabemechanismus mobil und online – Vereinfachung für den Kunden.
- Gleich hoher Sicherheitslevel, wie das bisher eingesetzte mobile TAN-Verfahren.

Der Kunde hat zudem die Wahlfreiheit, die HVB Mobile B@nking App weiterhin nur
lesend zu verwenden, ohne Freischaltung der Transaktionsmöglichkeit. Somit wählt der
Kunde auf Basis seiner Bedürfnisse auch in diesem Beispiel die Nutzungstiefe.

9.5 Disruption benötigt Kollaboration

Disruption ist möglicherweise das nächste große ‚Buzzword‘, das im Anrollen ist. Unbe-
stritten ist, dass eine Vielzahl von Finanz-Startups neue, vor allem digitale Leistungen anbieten und so den Wettbewerb deutlich erhöhen. Ein guter erster Überblick über die The-

men und auch mögliche Anbieter findet sich bei Berdak und Doyle [1]. Es zeigt sich, dass sowohl Prozesse aus dem klassischen Endkundenbereich, als auch aus dem Geschäftskundenbereich betroffen sind. Welche Themen und/oder Lösungen sich schlussendlich durchsetzen, wird sich in den kommenden Jahren zeigen, aber dass es zu Veränderungen kommen wird, ist offensichtlich – Apple Pay, Amazons Fire-Phone oder Google-Wallet sind dabei nur die bekanntesten Vorreiter.

Was können klassische Großbanken tun, die per se nicht vergleichbar flexibel wie kleine, agile Startups sind, die auf Legacy-Systemlandschaften basieren und die eine große und zum Teil inhomogene Kundschaft haben? Entscheidend ist es, sich rechtzeitig auf die Verfügbarkeit von vielen kleinen Lösungen vorzubereiten, die von extern, also nicht aus dem eigenen Unternehmen selbst, stammen. Die Fähigkeit, Einzelaufgaben von Geschäftsprozessen auszulagern, erfordert ein Umdenken auf strategischer, prozessualer und IT-Ebene. Banken benötigen dafür eine ‚Business Collaboration Infrastructure', um flexibel und schnell digitale Services zu finden, auszuwählen, zu bewerten, auszuprobieren und technisch zu integrieren. Sie wird ein Maß sein, wie gut Unternehmen auf verändertes Kundenverhalten und Wettbewerb reagieren können vgl. Reichmayr [11, 73 ff.].

9.6   Fazit – Digital wird zum ‚normal-way-of-banking'

Banken müssen sich verändern, ausgelöst durch ein anderes Anspruchsverhalten der Kunden. Neue, agile Wettbewerber drängen in den Markt, die Themen und Lösungen aus einem ganz anderen Blickwinkel betrachten und angehen. Neue Technologien ermöglichen völlig neue Geschäftsansätze – zunehmend direkt an der Kundenschnittstelle, dem Smartphone. Kundenorientierung ist ein uraltes Schlagwort – jetzt muss es aber endlich auch in digitalen Kanälen umgesetzt werden, vor allem auf Websites. Diese müssen den Kunden und seine Bedürfnisse in den Vordergrund stellen und weniger das nackte Produkt. Die Digitalisierung der Filiale und der Umbau der Website sind zwei der Antworten der HVB darauf.

Innovationen im digitalen Umfeld erfordern ein kontinuierliches Investment. Es braucht Lösungen, wie digitale Service-Anbieter in die Geschäftsprozesse integriert werden können. Eine Antwort der HVB darauf ist die Online Filiale, ausgerichtet am remoteaffinen Kunden.

Für die anstehenden Herausforderungen müssen Banken umdenken, um die Chancen des Wettbewerbs und der Technologien zu nutzen und eine Business Collaboration Infrastructure auf Strategie-, Prozess- und System-Ebene umzusetzen. Ein Weg, den die HVB aktiv eingeschlagen hat, mit der Idee, dass digital zum ‚normal-way-of-banking' wird.

Literatur

1. Berdak, O., & Doyle, B. (2014). *Digital disruption hits retail financial services*, Forrester Research Inc., Studie, 2014.
2. Böhm-Bawerk, E.v. (1921): *Positive Theorie des Kapitals* (Bd. I, 4. Aufl.). Anton Hain, Meisenheim/Glan, 1921.
3. Carville, J. (1992). *It's the economy, stupid*. In Wikipedia, http://en.wikipedia.org/wiki/It's_the_economy,_stupid. Zugegriffen 12. Sept 2014.
4. Crocoll, S. (2014). *Nicht neu, aber besser*. In DIE ZEIT, http://www.zeit.de/2012/31/Unternehmen-Nachahmung-Innovation. Zugegriffen 02. Oct 2014.
5. EFMA., & McKinsey. (2014). *Research on future of face2face*; McKinsey Retail Distribution, Studie, 2014.
6. Johnson, S. (2011). *Where good ideas come from*: The natural history of innovation, Riverhead Trade, 2011.
7. Maslow, A. H. (1987). *Motivation and personality* (3. Aufl.). New York: Harper and Row.
8. McQuivey, J. L. (2010). *What people really need*, Forrester Research Inc., Studie, 2010
9. Österle, H. (2001). Geschäftsmodell des Informationszeitalters. In H. Österle, E. Fleisch, & R. Alt (Hrsg.), *Business Networking in der Praxis: Beispiele und Strategien zur Vernetzung mit Kunden und Lieferanten* (S. 17–37). Berlin: Springer.
10. Reichmayr, C. (2002). *Collaboration und WebServices: Architekturen, Portale, Techniken und Beispiele*. Berlin: Springer.
11. Reichmayr C., & Schlumprecht F. (2011). Multi-Channel-Management in der UniCredit Bank AG: Herausforderungen, Potenziale und kritische Erfolgsfaktoren. In A. Grahl (Hrsg.), *Web 2.0 und soziale Netzwerke – Risiko oder strategische Chance?: Handlungsoptionen für die Zukunftsperspektive von Kreditinstituten* (S. 225–247). Köln: Bankverlag.
12. Statista. (2014). Kumulierte Anzahl der weltweit heruntergeladenen Apps aus dem Apple App Store bis April 2014 (in Milliarden). In Statista, das Statistik Portal; http://de.statista.com/statistik/daten/studie/20149/umfrage/anzahl-der-getaetigten-downloads-aus-dem-apple-app-store/. Zugegriffen 02. Oct 2014.
13. Weimer, T. (2014). Dams J., Kunz A., *Das ist ein Sterben auf Raten*, Interview mit Theodor Weimer. In Welt am Sonntag, Nr. 4, 26.

Kunden-Monitoring im stationären Handel 10

Lorenz Schauer und Martin Werner

Zusammenfassung

Online-Shops verfügen über etablierte Techniken zur systematischen Erfassung von Kundendaten sowie dem Surf- und Kaufverhalten. Neue Ansätze zur Kundenerfassung und personalisierter Kundenansprache werden infolgedessen auch im stationären Handel gesucht, um Kunden und Betreibern einen Mehrwert zu bieten, der in der digitalen Welt bereits Standard ist. Smartphones und Tablets dienen dabei nicht nur als möglicher Kommunikationskanal, sondern schaffen auch gleichzeitig neue Möglichkeiten, Informationen aus einer anonymen Masse zu erfassen und für den stationären Handel nutzbar zu machen. Der vorliegende Beitrag beschäftigt sich mit Möglichkeiten zur Erfassung solcher Kundeninformationen auf Basis von WLAN und diskutiert die perspektivische Nutzung der gewonnenen Daten für Betreiber und Kunden. Dabei werden auch technische Grenzen und soziale Risiken aufgezeigt, die eine digitale Erfassung von Kundendaten im stationären Handel mit sich bringt.

L. Schauer (✉) · M. Werner
Institut für Informatik, Ludwig-Maximilians-Universität München,
München, Deutschland
E-Mail: lorenz.schauer@ifi.lmu.de

M. Werner
E-Mail: martin.werner@ifi.lmu.de

© Springer-Verlag Berlin Heidelberg 2015
C. Linnhoff-Popien et al. (Hrsg.), *Marktplätze im Umbruch*, Xpert.press,
DOI 10.1007/978-3-662-43782-7_10

10.1   Einleitung

Online-Shops haben aus Marketing-Sicht einen entscheidenden Vorteil gegenüber dem stationären Handel: Sie verfügen über etablierte Techniken zur systematischen Erfassung von Kundendaten sowie dem Surf- und Kaufverhalten. So kann ein Online-Shop genau analysieren, wann, wie oft und wie lange sich ein Kunde für ein Produkt interessiert und welche Waren noch angesehen werden, bevor eine Kaufentscheidung getroffen wird. Zusätzlich können in Online-Shops automatisierte Empfehlungssysteme integriert sein, die dem Kunden auf Grundlage ähnlicher Interessen von anderen Besuchern potentiell interessante Artikel präsentieren. Außerdem können ergänzende Produkte zu früheren Einkäufen beworben werden. So zeigt Amazon[1] beispielsweiße bei Druckerpatronen an, ob sie zu einem bestimmten Modell passen, das man selbst gekauft hat. Auf Basis dieser Daten kann nicht nur der einzelne Kunde persönlich und mit individuell interessantem Inhalt angesprochen werden, sondern auch der Online-Shop erhält wichtige Informationen über seine Klientel, die in klassischen Geschäften nur schwer zu erfassen sind. Neue Ansätze zur Kundenerfassung und personalisierter Kundenansprache, die in der digitalen Welt bereits etabliert sind, werden daher auch für den stationären Handel gesucht.

Großes Potential bietet dabei die stetig wachsende Verbreitung und Nutzung moderner mobiler Geräte, wie Tablets oder Smartphones, wie sie in Abb. 10.1 dargestellt ist. Da die meisten Dienste auf diesen mobilen Geräten einen Zugang zum Internet benötigen, steigt mit der Entwicklung auch die Nutzung etablierter drahtloser Kommunikationstechniken, wie beispielsweise WLAN, dessen Infrastruktur bereits in vielen öffentlichen Gebäuden vorhanden ist.

Innerhalb eines *Wireless Local Area Networks* (WLAN) werden für den Aufbau und Erhalt von Verbindungen Management-Pakete zwischen den Kommunikationspartnern im Klartext ausgetauscht. Zusätzlich suchen mobile Geräte mit aktiviertem WLAN-Modul in regelmäßigen Abständen aktiv nach Zugangspunkten (sog. Access Points) in ihrer Umgebung, um einen effizienten Verbindungsaufbau zu gewährleisten. Die dabei versendeten Daten können von jeder dritten Person, die sich in Kommunikationsreichweite befindet, mit geringem Aufwand und technischem Wissen mitgelesen werden. Dies stellt zum einen ein Risiko für die Privatsphäre dar, bietet aber wauch neue Möglichkeiten, Informationen von Passanten zu erfassen und diese Daten für Händler und Kunden nutzbar zu machen.

Der vorliegende Beitrag diskutiert diese Möglichkeiten und zeigt das hohe Potential von WLAN als Monitoring-Kanal im stationären Handel. Zunächst werden in Abschn. 10.2 einige wissenschaftliche Arbeiten und Firmen vorgestellt, die sich mit der Thematik auseinandersetzen. Anschließend beschreibt Abschn. 10.3 die technischen Hintergründe von WLAN-Tracking, die perspektivische Nutzung der gewonnenen Daten und auch die Grenzen und Risiken, die damit einhergehen. Abschnitt 10.4 fasst schließlich den Beitrag zusammen.

---

[1] http://www.amazon.de.

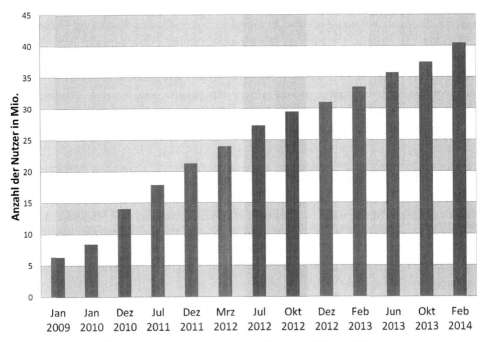

Abb. 10.1 Anzahl der Smartphone-Nutzer in Deutschland in Millionen [1]

10.2   Verwandte Arbeiten

Zahlreiche wissenschaftliche Arbeiten untersuchen unterschiedliche Fragestellungen auf Basis von mitgeschnittenen WLAN-Daten und präsentieren dabei Lösungen für verschiedene Anwendungen.

Musa et al. stellen beispielsweise ein System zum passiven Aufspüren von Smartphones vor und errechnen damit die zurückgelegten Wege von Nutzern, die mit einer durchschnittlichen Genauigkeit von ca. 70 m wiedergegeben werden können [2]. Barbera et al. untersuchen soziale Verbindungen und Gruppenzugehörigkeiten auf Grundlage von aktiven WLAN-Scans [3]. Wang et al. nutzen einen WLAN Monitor an einem Informationsschalter, um Service- und Wartezeiten von Personen zu messen [4]. Xu et al. kombinieren WLAN-Tracks mit einer Lokalisierungsmethode, um die Bewegung von Passanten zu analysieren [5]. Handte et al. installieren ein WLAN-Trackingsystem in öffentlichen Bussen und errechnen die Auslastung des jeweiligen Fahrzeug [6]. Diese Information wird dann Reisenden für ihre Planung zur Verfügung gestellt. Schauer et al. erfassen mittels WLAN die Passagierströme am Flughafen und untersuchen die Genauigkeit des Verfahrens anhand von Bordkarten-Scans [7].

Neben dem wissenschaftlichen Interesse für WLAN basiertes Tracking, haben sich auch verschiedene Unternehmen diesem Thema angenommen. Beispielsweise bietet *Ci-*

sco mit der *Cisco Wireless Location Appliance*[2] ein umfassendes System zur Ortung und Erfassung von mobilen Geräten an. Die Firma 42reports[3] präsentiert auf ihrer Webseite eine WLAN basierte Lösung für den stationären Handel, wodurch eine professionelle Kundenanalyse für offline Retailer ermöglicht werden soll. Erfasste Metriken sind unter anderem die Aufenthaltsdauer und die Abschöpfungsquote, aber auch das Erkennen von Passanten und Kunden. Auch bei der Firma infsoft[4] wird auf Basis von WLAN neben Indoor-Positionierungsverfahren das Tracken und Analysieren von Personen angeboten.

10.3   WLAN als Monitoring-Kanal nutzen

Die vorgestellten Arbeiten machen deutlich, dass WLAN eine einfache Möglichkeit bietet, Nutzerdaten auf passive Weise zu sammeln, ohne dass Smartphonenutzer aktiv an dem Prozess teilnehmen müssen. Um dieses Potential für den stationären Handel diskutieren zu können, werden nun zunächst die wesentlichen technischen Grundlagen von WLAN erläutert.

10.3.1   Technischer Hintergrund

WLAN (**W**ireless **L**ocal **A**rea **N**etwork) bezeichnet einen Funkstandard für drahtlose lokale Netze, der in IEEE 802.11 festgeschrieben ist [8]. Der Kommunikationsradius reicht von ca. 35 m in Gebäuden bis zu über 100 m im Außenbereich, je nach Übertragungsparameter. Innerhalb des Standards werden drei verschiedene Typen an übertragbaren Paketen definiert, die Frames genannt werden:

- Daten-Frames, um Nutzdaten zu transportieren
- Kontroll-Frames, um die Auslieferung der Daten-Frames zu unterstützen
- Management-Frames, für den Austausch von Managementinformationen

Für das Kunden-Monitoring im stationären Handel sind die Management-Frames entscheidend, da diese für das Suchen, Finden und Verbinden von Netzwerkteilnehmern unverschlüsselt übertragen werden. Deshalb können sie von anderen Geräten in Kommunikationsreichweite sehr leicht mitgelesen werden. Ein typischer Verlauf der versendeten Management-Frames während einer Netzwerksuche (Network-Discovery) ist in Abb. 10.2 dargestellt. Aus Sicht eines mobilen Geräts kann diese Suche nach nahegelegenen Access Points entweder passiv oder aktiv erfolgen. Bei ersterem hört die WLAN-Schnittstelle auf

---

[2] Siehe http://www.cisco.com.

[3] Siehe https://www.42reports.com.

[4] Siehe http://www.infsoft.com/.

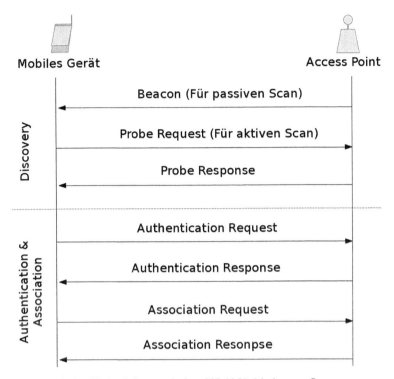

Abb. 10.2 Schematischer Verlauf eines typischen 802.11 Verbindungsaufbaus

so genannte Beacon-Frames, die periodisch (i. d. R. alle 100 ms) von einem Access Point auf allen zur Verfügung stehenden Kanälen versendet werden. Um ein solches Beacon empfangen zu können, muss also die Netzwerkschnittstelle eines Teilnehmers zum Empfangszeitpunkt auf demjenigen Kanal hören, auf dem das Beacon versendet wurde. Das hat zur Folge, dass sich der Discovery-Prozess verzögern kann und somit mehr Strom und Zeit benötigt.

Durch einen aktiven Scan wird dieser Umstand vermieden, weshalb mobile Geräte in bestimmten Abständen aktiv nach bekannten Access Points in der Umgebung suchen [9]. Das Scan-Intervall hängt vom verwendeten Treiber ab, wobei auch ein bereits verbundenes Gerät aktiv nach Netzwerkteilnehmern sucht. Empirische Tests zeigen, dass in der Regel mindestens ein aktiver Scan innerhalb von zwei Minuten durchgeführt wird [10]. Bei einem aktiven Scan sendet das mobile Gerät auf einem Kanal so genannte *Probe Requests* und hört eine bestimmte Zeit auf mögliche Antworten ehe zum nächsten Kanal gewechselt wird. Ein solcher Request kann an einen bestimmten Access Point gerichtet sein, indem der Netzwerkname (SSID) im Frame angegeben wird. In einem solchen Fall antworten nur jene Access Points, die ein Netzwerk mit dieser SSID anbieten, was vor allem bei versteckten Netzwerken genutzt wird.

Falls kein Netzwerkname angegeben ist, können alle Access Points, die sich in Funkreichweite befinden, darauf antworten. Jeder Probe Request beinhaltet zusätzlich die eindeutige Hardwareadresse (MAC) des Senders und andere Managementinformationen, die auch in Beacon-Frames vorhanden sind. In der ersten Hälfte der MAC-Adresse ist gleichzeitig der *Organizationally Unique Identifier* (OUI) kodiert, welcher Aufschluss über den Gerätehersteller der Netzwerkschnittstelle gibt. All diese Informationen werden laufend unverschlüsselt übertragen und können daher für ein adäquates Kunden-Monitoring im stationären Handel genutzt werden.

10.3.2   Perspektivische Nutzung

Wie aus dem vorhergehenden Abschn. 10.3.1 ersichtlich wird, können mobile Geräte durch ihre aktive Suche nach Access Points erfasst werden, wodurch folgende nützliche Informationen beobachtet werden können:

- MAC-Adresse des Senders, zur Identifizierung und Wiedererkennung des Geräts und zur Identifizierung des Geräteherstellers
- Empfangssignalstärke (RSSI), zur Schätzung der ungefähren Entfernung bzw. Aufenthaltsortes des Nutzers
- Zeitpunkt der Aufzeichnung
- Ort des WLAN-Monitors
- Ggf. gesuchter Netzwerkname (SSID)

Darauf aufbauend lassen sich für eine perspektivische Nutzung im stationären Handel interessante Informationen ableiten, die sich auch Online-Shops zu Nutze machen:

Erkennung und Wiedererkennung der Anwesenheit eines Kunden Anhand der aufgezeichneten MAC-Adresse, die i. d. R. eindeutig einem Gerät zugeordnet ist, lassen sich einzelne Personen (Kunden) im Bereich des WLAN-Monitors erkennen und bei einem späteren Erscheinen auch wiedererkennen. Wird der WLAN-Monitor an einer strategisch günstigen Stelle installiert, wie bspw. in der Mitte eines Ladens, so kann der Geschäftsbetreiber, ähnlich wie der Online-Händler sehen, zu welchem Zeitpunkt wie viele Leute ungefähr im Laden waren bzw. sind und wie viele Personen wiederkehren bzw. Stammkunden sind. Im Gegensatz zur Situation eines Online-Shops erhält er aber keine Möglichkeit, die Kunden direkt und gezielt anzusprechen.

Bemessung der Aufenthaltsdauer Da mobile Geräte sehr häufig (ca. alle zwei Minuten) nach Access Points suchen, kann die Aufenthaltsdauer eines Kunden in einem Geschäft approximiert werden, in dem der Zeitpunkt des letzten Scans einer MAC-Adresse mit dem ersten Eintrag dieser MAC-Adresse subtrahiert wird. Dadurch lässt sich auch die durchschnittliche Aufenthaltsdauer aller Kunden für eine bestimmte Zeitspanne berechnen.

Bestimmung der Herkunft, Interessen und Gruppenzugehörigkeit Anhand der aufgezeichneten Netzwerknamen können Rückschlüsse auf die Herkunft und Interessen eines
Kunden gemacht werden. Beispielsweise werden zu einer MAC-Adresse die Netzwerke
„Eduroam" und „Universitätsbibliothek München" gespeichert. Daraus lässt sich schließen, dass der entsprechende Kunde aus dem universitären Umfeld in München stammt.
Gibt es eine gewisse Schnittmenge an gleichen Netzwerknamen bei unterschiedlichen
aufgezeichneten MAC-Adressen, können auch mit gewisser Wahrscheinlichkeit Annahmen über eine Gruppenzugehörigkeit einzelner Personen getroffen werden, wie die Arbeit
von Barbera et al. zeigt [3].

Positionierung von Kunden Mit Hilfe der empfangenen Signalstärke (RSSI) und einer
geeigneten Anzahl an WLAN-Monitoren können mobile Geräte auch genauer lokalisiert
werden. Hierzu gibt es unterschiedliche Verfahren, die in ihrer Komplexität und Genauigkeit variieren. Ein vielversprechender Ansatz ist das sogenannte WLAN-Fingerprinting,
bei dem zunächst eigene Referenzmessungen durchgeführt werden, die dann später mit
den wirklichen WLAN-Mitschnitten verglichen werden, um die Position eines mobilen
Geräts zu ermitteln. Eine bekannte wissenschaftliche Arbeit hierzu ist RADAR, bei dem
ein durchschnittlicher Positionierungsfehler von 3,5 m erreicht wird [11].

Bestimmung von Kundenströmen Sind mindesten zwei WLAN-Monitore an unterschiedlichen Orten vorhanden, können auf Basis der MAC-Adresse und der dazu gespeicherten
Orts- und Zeitinformation die Bewegung einer Person ermittelt werden, indem die Einträge der verschiedenen WLAN-Monitore bzgl. der gleichen MAC-Adresse verglichen
werden und somit ein Bewegungs-Pfad entsteht. Liegt eine solche Information von mehreren Kunden vor, so kann ein kompletter Kundenstrom extrahiert werden, der Aufschluss
darüber geben kann, wann und in welchem Zeitrahmen sich eine Masse wohin bewegt und
welche Bereiche eines Shops frequentiert werden.

Bestimmung der aktuellen Personendichte innerhalb eines Bereiches Die Personendichte, also die Anzahl an Personen pro Fläche, kann in diesem Kontext auch als Auslastung des Geschäfts betrachtet werden und ist mittels eines WLAN-Monitors sehr leicht
zu erfassen. Für eine bestimmte Zeitspanne wird die Anzahl der erfassten unterschiedlichen MAC-Adressen durch die Fläche geteilt, die der WLAN-Monitor abdeckt. Durch
die unterschiedliche Ausbreitung der WLAN-Funkwellen ist diese Fläche zwar schwer
zu bestimmen, kann aber auf einen Bereich begrenzt werden, indem nur MAC-Adressen betrachtet werden, die eine höhere Signalstärke aufweisen als ein zuvor festgelegter
Schwellenwert.

Von diesen technisch erfassbaren Kundeninformationen können und müssen letztendlich auch die Kunden selbst profitieren, um die gesellschaftliche Akzeptanz des Verfahrens zu steigern. Die Möglichkeiten sind dabei zahlreich:

Digitale Interaktion mit dem Kunden Ein Händler kann auf verschiedene Weise mit dem Kunden in digitale Interaktion treten, wie bspw. über eine mobile Applikation (App), die der Kunde installiert. Zusammen mit den Informationen aus den WLAN-Aufzeichnungen, könnte nun der Kunde persönlich begrüßt werden, sobald er den Laden betritt. Auf Basis der ermittelten Position im Laden können dem Kunden dann interessante Informationen über bestimmte Produkte, die sich in der Nähe befinden, angezeigt werden. Neben einer persönlichen App, die sich der Kunde erst aktiv beschaffen muss, sind auch digitale Anzeigen im Laden denkbar, welche die Daten aus den WLAN-Aufzeichnungen aufbereiten. Beispielsweise können hier aktuelle Auslastungen an den Kassen, besonders gefragte Produkte oder Aktionen angezeigt werden.

Personalisierte Angebote Auf Grundlage der Wiedererkennung eines Kunden anhand seiner MAC-Adresse können Angebote auch personalisiert werden. Beispielsweise sollen nur Stammkunden, von bestimmten Rabatten profitieren oder ein Kunde der zum ersten Mal erscheint erhält ein Willkommensangebot. Weiter können auf Basis der Position und der Aufenthaltsdauer im Laden Kaufinteressen abgeleitet und passende oder ähnliche Angebote individuell beworben werden, was den Empfehlungssystemen in Online-Shops entspricht.

10.3.3 Grenzen und Risiken

Auch wenn WLAN als Monitoring-Kanal für den stationären Handel enormes Potential verspricht, so gibt es doch einige technische Grenzen und soziale Risiken, die es zu beachten gilt, um die gewonnenen Daten besser analysieren zu können und zugleich die Kunden nicht zu verunsichern.

Nicht-Erfassbarkeit von Kunden Anders als im Online-Shop kann im stationären Handel nicht jeder Kunde durch WLAN-Tracking erfasst werden. Lediglich die Kunden, die ein WLAN-Gerät mit aktivierter Schnittstelle mit sich tragen, sind erfassbar. Außerdem suchen solche Geräte in unbestimmten Zeitintervallen und mit unterschiedlicher Häufigkeit nach Access Points, wodurch es vorkommt, dass ein Gerät gerade keinen Scan durchführt, während es sich in Reichweite eines WLAN-Monitors befindet. Somit wird stets nur eine Teilmenge der tatsächlichen Kunden erfasst, wobei dieser Effekt auf makroskopische Ergebnisse wie Dichte, Auslastung und Statistiken nur untergeordneten Einfluss hat, was auch die Ergebnisse von Schauer et al. zeigen [7].

Örtliche und zeitliche Unschärfe Da die genaue Reichweite eines WLAN-Monitors und das Zeitintervall von aktiven Scans nur schwer zu bestimmen sind, entsteht eine gewisse Unsicherheit bezüglich des Aufenthaltsorts und der Verweildauer eines mobilen Geräts innerhalb des Abdeckungsbereichs eines WLAN-Monitors. Eine genauere Positionierung kann mit Hilfe mehrere WLAN-Monitore und/oder der Empfangssignalstärke erreicht werden. Die Bestimmung der Verweildauer bleibt aber unsicher, da diese unmittelbar von der Häufigkeit der empfangenen Probe Requests abhängt. In diesem Punkt sind Online-Shops klar im Vorteil, da sie genaue Daten erheben können, wie oft und wie lange sich Kunden ein Produkt ansehen.

Technische Veränderungen Durch technische Veränderungen bei der WLAN-Umsetzung kann es vorkommen, dass manche Informationen aus Abschn. 10.3.2 nicht mehr erfasst werden können und neue Lösungen gefunden werden müssen. So ist bspw. in Apples neuem mobilem Betriebssystem iOS 8 ein Mechanismus integriert, der die MAC-Adresse des mobilen Geräts dynamisch verschleiert. Dadurch kann es nicht mehr so leicht identifiziert werden, wodurch das Erkennen und Wiedererkennen eines Kunden schwierig wird. Es gibt allerdings bereits Arbeiten, die zeigen, wie Geräte ohne eindeutige MAC-Adresse identifiziert werden können [12]. Hinzu kommt, dass Apples neuer Mechanismus erst ab dem iPhone 5s und nur unter ganz bestimmten Voraussetzungen angewandt wird, die in der Praxis selten vorkommen [13].

Soziale Risiken Gerade in Deutschland werden datenschutzrechtlichen Bedenken sehr ernstgenommen, was auch der öffentliche Umgang mit dieser Thematik im Falle von 42reports zeigt [14]. Viele Händler fürchten negative Reaktionen ihrer Kunden, wenn bekannt wird, dass diese ohne ihr Wissen (wenn auch anonym) beobachtet werden. Dieses Problem haben Online-Shops in der Regel nicht, da hier das Sammeln von Nutzerdaten allgemein bekannt ist und auch offen kommuniziert wird, wie bspw. durch eine persönliche Begrüßung. In der digitalen Welt sieht sich also der Kunde in einer eins-zu-eins Beziehung mit dem Online-Händler, während der stationäre Handel aktuell eine 1-zu-n Beziehung zu seiner Klientel aufweist. Ein Kunde, der einen Laden betritt geht nicht davon aus beobachtet zu werden, mit Ausnahme zum Zwecke der Diebstahlverfolgung. Hier wäre eine persönliche Begrüßung also nur schwer vermittelbar, wenn sie nicht aktiv vom Kunden, bspw. durch das Installieren einer entsprechenden App, erlaubt wird. Ähnlich wie in der digitalen Welt, muss also dem Kunden durch das Aufzeichnen anonymer WLAN-Daten ein Mehrwert entstehen (vgl. Abschn. 10.3.2) und das Tracking-Verfahren muss offen kommuniziert werden. Ein geheimes Mitschneiden von WLAN-Aktivitäten im stationären Handel kann dagegen bei Bekanntwerden negative Folgen haben.

10.4 Zusammenfassung

Im vorliegenden Beitrag wurde gezeigt, wie WLAN als Monitoring-Kanal genutzt werden kann, um die Vorteile der digitalen Welt auch für den stationären Handel nutzbar zu machen. Die technischen Grundlagen wurden dabei ebenso erläutert, wie die perspektivische Nutzung der gewonnen Daten für Kunden und Betreiber. Obwohl WLAN eine günstige und vielversprechende Möglichkeit für ein anonymes Kunden-Monitoring bietet, sind mit diesem Vorgehen sowohl technische Grenzen als auch soziale Risiken verbunden. Diese gilt es in naher Zukunft abzubauen bzw. zu lösen, da bei der fortschreitenden Digitalisierung des täglichen Lebens der stationäre Handel mit dieser Entwicklung mitziehen muss, um konkurrenzfähig zu bleiben. Wie der Beitrag gezeigt hat, bietet die stetig wachsende Anzahl an mobilen Geräten dazu die Möglichkeit.

Literatur

1. Statista. (April 2014). Anzahl der Smartphone-Nutzer in Deutschland in den Jahren 2009 bis 2014. *Statista.* http://de.statista.com/statistik/daten/studie/198959/umfrage/anzahl-der-smartphonenutzer-in-deutschland-seit-2010/. Zugegriffen: 30. Sept. 2014.
2. Musa, A., & Eriksson, J. (2012). *Tracking unmodified smartphones using wi-fi monitors.* Proceedings of the 10th ACM conference on embedded network sensor systems.
3. Barbera, M. V., Epasto, A., Mei, A., Perta, V. C., & Stefa, J. (2013) *Signals from the crowd: Uncovering social relationships through smartphone probes.* Proceedings of Internet measurement conference.
4. Wang, Y., Yang, J., Liu, H., Chen, Y., Gruteser, M., & Martin, R. P. (2013). *Measuring human queues using WiFi signals.* Proceedings of the 19th international conference on mobile computing & networking.
5. Xu, Z., Sandrasegaran, K., Kong, X., Zhu, X., Zhao, J., Hu, B., & Lin, C.-C. (2013). Pedestrain monitoring system using wi-fi technology and RSSI based localization. *Journal of Wireless & Mobile Networks.*
6. Handte, M., Iqbal, M. U., Wagner, S., Apolinarski, W., Marrón, P. J., Navarro, E. M. M., Martinez, S., Barthelemy, S. I., & Fernández, M. G. (2014). Crowd density estimation for public transport vehicles. *EDBT/ICDT workshops.*
7. Schauer L., Werner M., & Marcus P. (2014). *Estimating crowd densities and pedestrian flows using wi-fi and bluetooth.* 11th international conference on mobile and ubiquitous systems: Computing, networking and services, London, UK.
8. I. C. Society. (2005). IEEE Std 802.15.1-2005: Wireless medium access control (MAC) and physical layer (PHY) specifications for wireless personal area networks (WPANs), New York, USA.
9. Lee, S., Kim, M., Kang, S., Lee, K., & Jung, I. (2012). *„Smart scanning for mobile devices in WLANs. Communications (ICC), 2012 IEEE International Conference on.*
10. Bonné B., Barzan A., QUax P., & Lamotte W. (2013). WiFiPi: involuntary tracking of wisitors at mass events. World of Wireless, Mobile and Multimedia Networks (WoWMoM).
11. Bahl, P., & Padmanabhan, V. N. (2000). *RADAR: An in-building RF-based user location and tracking system.* INFOCOM 2000. Proceedings of nineteenth annual joint conference of the IEEE computer and communications societies. IEEE.
12. Pang, J., Greenstein, B., Gummadi, R., Seshan, S., & Wetherall, D. (2007). *802.11 user fingerprinting.* Proceedings of the 13th annual ACM international conference on mobile computing and networking.
13. Misra, B. (25 September 2014). iOS 8 MAC address randomization update. *AirTight Networks Blog.* http://blog.airtightnetworks.com/ios8-mac-randomgate/. Zugegriffen: 20. Sept. 2014.
14. 42reports „42reports Datenschutzüberblick " 42reports. https://www.42reports.com/security. Zugegriffen: 9. Sept. 2014.

Christine Spietz

Zusammenfassung

Der Online-Handel boomt: Ein Umsatzwachstum von 42 % im Jahr 2013 belegt dies deutlich. Dennoch endet längst nicht jeder Besuch einer B2C-Webseite mit einem Produktkauf. Noch immer steht die Informationsbeschaffung im Vordergrund – nur 17 % der Handelsumsätze werden online getätigt. Auch bei Dienstleistern wie Banken und Versicherern werden die Webseiten heute vornehmlich zur Informationsbeschaffung sowie für die Abwicklung von Transaktionen besucht. Die meisten Finanzdienstleister bieten den Produktabschluss nicht für ihr komplettes Angebot an. Die Nutzer hingegen wären hierzu bereit und sind neuen Technologien gegenüber aufgeschlossen. Kunden erwarten Everywhere-Angebote – sie lassen sich nicht mehr auf isolierte Vertriebswege festnageln und verlangen den Omnikanalvertrieb. Eine Analyse im Bankenumfeld zeigt, wie sich das auf die Kundenzufriedenheit auswirkt: Diese ist auf den ersten Blick recht hoch, weist aber in der Detailbetrachtung deutliche Tendenzen nach unten auf. Das lückenhafte Leistungsangebot sowie organisatorische Barrieren stehen dem Omnikanalvertrieb entschieden im Weg. Zukünftig müssen Online-Märkte aber noch deutlich mehr bieten, um den Kundenanforderungen Stand zu halten. Individuelle Angebote und Services sowie neue Konzepte für den stationären Vertrieb sind Herausforderungen, die zu bewältigen sind.

C. Spietz (✉)
PASS Consulting Group, Aschaffenburg, Deutschland
E-Mail: christine.spietz@pass-consulting.com

© Springer-Verlag Berlin Heidelberg 2015
C. Linnhoff-Popien et al. (Hrsg.), *Marktplätze im Umbruch*, Xpert.press,
DOI 10.1007/978-3-662-43782-7_11

11.1   Einführung

Zu Beginn des Online-Booms war es einfach: Ein schickes Internetportal mit einem or-
dentlichen Sales-Prozess, gepaart mit einer guten Auffindbarkeit verhalf so manchem
Unternehmen zu Markterfolg. Inzwischen hat sich die Nutzung des Internets – genauso
wie dessen Verfügbarkeit – verändert und wir surfen zunehmend mit Smartphone oder
Tablet. Zusätzlich teilen wir in sozialen Netzwerken Inhalte mit Communities; Kundenbewertungen zu Produkten/Services können von jedem online eingesehen werden und beeinflussen Kaufentscheidungen. Wir sind stets „connected" und werden in allen Lebenssituationen assistiert. Persönliche Daten werden permanent evaluiert – mit dem Ziel, ein
passgenaues Angebot zu erstellen. Der technologische Fortschritt eröffnet ständig neue
Optionen für Kunden und Anbieter. Doch was bedeutet dies für das Kaufverhalten? Beeinflussen uns neue Technologien und maßgeschneiderte Angebote tatsächlich? Welche Vertriebswege werden heute und morgen erwartet? Entsprechen Branchen diesen Wünschen
bereits bzw. welche Herausforderungen sind noch zu bewältigen?

11.2   Der Online-Kunde im Jahr 2014

Aus welchem Grund besuchen Konsumenten die Webseiten von Händlern oder Dienstleistern? Informieren sie sich nur oder möchten sie auch den Kauf direkt online tätigen?
Fragen, die nur die Nutzer beantworten können.

11.2.1   Nutzungsverhalten – gewünschte Funktionen und Informationen

Eine Umfrage [11] unter rd. 65.000 Webseitenbesuchern von Banken in DACH ermittelt
die Besuchsgründe im Finanzdienstleistungsbereich. Hauptsächlich wird Online-Banking
genutzt (89 %). Des Weiteren suchen die Befragten nach Information zu Konten oder De-
pots (2,3 %) oder sind beim Surfen auf der Webseite gelandet (2,2 %). Die wenigsten haben vor, ein Produkt online abzuschließen (0,5 %). Die Informationsbeschaffung steht an
zweiter Stelle der Besuchsgründe. Konditionen und Preise sowie Detailinformationen zu
Leistungen rangieren auf der Wichtigkeitsskala dabei ganz weit oben (s. Abb. 11.1).

11.2.1.1   Beratung online – Aufgeschlossenheit und Zufriedenheit mit ausgewählten virtuellen Beratungsformen

Produkte, die nicht gewohnheitsmäßig erworben werden und zudem eine gewisse Komplexität aufweisen, können eine hohe Beratungsintensität erfordern. Bankprodukte können zweifelsfrei dieser Kategorie zugeordnet werden. Aber auch im Handel, z. B. beim
Erwerb einer Stereoanlage oder einer Spielekonsole, gibt es beratungsintensive Produkte.
Eine qualitativ hochwertige Beratung über das Internet abzubilden – das ist die Heraus-

Wichtigkeit von Informationen zu Bankkunden (Mittelwerte)

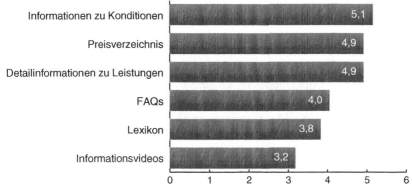

n=58.109-59.836 Befragte auf Bankwebseiten
(ohne "Kann ich nicht beurteilen"; Skala 1 "absolut unwichtig" bis 6 "absolut wichtig")   © PASS Consulting Group

Abb. 11.1 Wichtigkeit Informationen [11]

forderung der Online-Märkte. Doch sind Kunden überhaupt bereit, sich online beraten zu lassen?

Immerhin 44 % der befragten Bankkunden können sich dies zumindest gut vorstellen. Im gesamten Retailbereich wird sich schon häufig über das Internet informiert: Für 18,5 % aller Kaufentscheidungen sind Online-Informationen kaufrelevant, so eine Analyse von 3.800 realen Produktkäufen aus 19 Branchen [5]. Überdurchschnittlich hoch ist dieser Wert mit 28,7 % für Unterhaltungselektronik und mit 28,1 % für die Reisebranche. Die hohe Aufgeschlossenheit der Bankkunden kann allerdings nicht an positiven Erfahrungen liegen. Eine Analyse von 50 Bankwebseiten im DACH-Raum [11] zeigt den aktuellen Leistungsstand: Nur neun von 50 Banken beraten online per Chat und die Möglichkeit per Co-Browsing durch das Angebot geführt zu werden, ist lediglich bei zwei Banken realisiert. Verglichen mit anderen Branchen ein überraschendes Ergebnis. Bei den größ-ten Telekommunikationsanbietern, z. B. Telekom, Vodafone und O2, existiert kaum noch ein Portal ohne Chat. Auch Bankkunden würden gerne per Chat kommunizieren: 25 % erachten den Chat als mindestens wichtig. Entsprochen wird diesem Nutzungswunsch allerdings nur bei 18 % der analysierten Banken.

Kann das quantitativ schwache Angebot die Online-Kunden wenigstens in qualitativer Hinsicht zufriedenstellen? Hier antworten die Befragten mit einem klaren „Ja". Die kaum vorhandene Online-Beratung der Banken wird durch die tatsächlich gewählten Vertriebs-wege bestätigt [5]: Nur 31,5 % der Abschlüsse finden im Internet statt. Mit 34,4 % liegt die Filiale bei Neukunden noch immer auf Platz eins. Produkte der Unterhaltungselektronik werden schon überwiegend im Internet bestellt, nur 37,3 % der Erstkäufe finden im Laden statt. Auch die Reisebranche übertrumpft die Banken bei Weitem: Lediglich 16,7 % der Erstbuchungen erfolgen stationär [5]. Kunden mit Beratungsbedarf werden den Kauf nur dann im Internet abschließen, wenn sie die Online-Beratung als qualifiziert empfinden. Die Online-Verkaufsquoten können daher als Indikator für die Zufriedenheit mit der digitalen Beratungsqualität herangezogen werden und sprechen eine deutliche Sprache.

11.2.1.2   Always on – Nutzungswunsch und -möglichkeiten mobiler Endgeräte bei Finanzdienstleistern und Reiseanbietern

Das Internet ist mobil – Smartphones haben längst Zutritt in fast jede Hosentasche gefunden. Nach Angaben des Bundesverbandes Informationswirtschaft, Telekommunikation und neue Medien e. V. (BITKOM) [1] verwenden 55 % der Bundesbürger zumindest gelegentlich ein Smartphone und zwei Drittel erachten es als unverzichtbar. Wie wirkt sich dieser Trend auf den Online-Vertrieb in verschiedenen Branchen aus? Bankkunden, die ein Smartphone nutzen, haben ganz unterschiedliche Nutzungswünsche (s. Abb. 11.2).

Trotz der Nachteile, welche die Small Screens der Smartphones mit sich bringen, gibt die Hälfte der Befragten an [11], sich mithilfe des Smartphones über Bankprodukte informieren zu wollen. Immerhin 18 % möchten auch Produkte abschließen. Die Stärke der Smartphones zeigt sich bei standortbasierten Diensten wie der Suche nach einem Geldautomaten. Der Einblick in den aktuellen Kontostand erreicht in der Gunst der Nutzer den zweiten Platz. Zahlungstransaktionen sind hingegen weniger gefragt. Der Nutzungswunsch der Webinhalte via Tablet unterscheidet sich nur für wenige Szenarien: Informationen werden wesentlich häufiger gewünscht (79 %) und der Abschluss eines Produktes ist für 50 % eine zentrale Funktion. Auch Transaktionen, wie z. B. eine Überweisung mit dem Tablet möchten 79 % der Befragten gerne nutzen.

Bei Online-Versicherungskunden stehen standortbasierte Dienste, wie z. B. eine Notfall-Hilfe (s. Abb. 11.3), ganz oben auf der Wunschliste [9]. Per Smartphone informieren

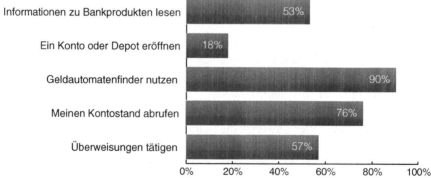

n=23.326-36.553 Befragte auf Bankwebseiten
(Smartphone-Nutzer, die Funktionen grundsätzlich nutzen, ohne "Kann ich nicht beurteilen")   © PASS Consulting Group

Abb. 11.2 Smartphone: Gewünschte Nutzung von Funktionen Bankkunden [11]

Smartphone: Gewünschte Nutzung Funktionen Versicherungskunden

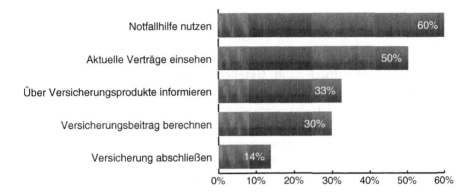

n=775 Befragte auf Versichererwebseiten, Mehrfachantworten
Basis: Befragte mit (geplanter) Nutzung Smartphone   © PASS Consulting Group

Abb. 11.3 Smartphone: Gewünschte Nutzung von Funktionen Versicherungskunden [9]

wollen sich mit 33 % der Befragten weniger Online-Versicherungskunden als Online-Bankkunden. Der Produktkauf erzielt mit 14 % fast identische Werte. Wenn es um die Tablet-Nutzung geht, existieren ebenfalls keine großen Unterschiede zu Bankkunden: Die Einsicht in Verträge ist für 75 %, die Produktinformation für 58 % und der Abschluss eines Produktes für 34 % wünschenswert. Für das Tablet zeigt sich gleichfalls ein höherer Nutzungswunsch für Information, Verwaltung und Abschluss (s. Abb. 11.3). Insgesamt lässt sich sagen, dass Kunden mit ihren mobilen Endgeräten auf die Funktionen der Webseiten im Banken- und im Versicherungssektor zugreifen wollen.

Die Kunden der Finanzdienstleister zeigen, bezogen auf das mobile Internet, ein recht einheitliches Nutzungsprofil. Auch in der Reisebranche [10] rangieren Funktionen und Services, die unterwegs einen Mehrwert bieten, wie z. B. das Aufrufen von Reisetipps, an oberster Stelle der Wunschliste. Hoch ist die Nennung für das Buchen einer Reise mit 33 %. Bank- und Versicherungskunden sind beim Produktkauf deutlich zurückhaltender. Zu erklären ist dies durch das stark unterschiedliche Nutzungsszenario. Reisebuchungen werden generell wesentlich häufiger von unterwegs durchgeführt. Reisepläne weisen zudem eine deutlich höhere Dynamik auf und machen des Öfteren eine spontane Anpassung erforderlich, wie z. B. bei Verspätungen. Die Buchungsintensität differiert auch innerhalb der Reisebranche je nach Komplexität des jeweiligen Produktes stark. Tatsächlich gebucht wird mit dem Smartphone meist ein Hotel (19 %) und am seltensten mit 7 % eine Pauschalreise. Beim Tablet fallen auch hier die Werte deutlich höher aus: 20 % geben an, hierüber schon einmal eine Pauschalreise gebucht zu haben und eine Hotelbuchung tätigten bereits 25 % der Befragten.

11.2.2   Zufriedenheit des Online-Kunden 2014

Die Webseite ist häufig der erste Eindruck, den zukünftige Kunden wahrnehmen. Wie gut gefallen den Kunden die Webseiten der Anbieter?

11.2.2.1   Der erste Eindruck zählt: Gefallen die Webseiten von Finanzdienstleistern und Reiseanbietern den Besuchern?

Banken und Versicherungen schneiden hier passabel ab [11, 9]: 80 % der Bank- und 81 % der Versicherungskunden geben an, dass ihnen die Webseite sehr gut bis gut gefällt. Die jeweils restlichen ca. 20 % sind hingegen deutlich weniger zufrieden. Vor allem bei der Navigation und der Übersichtlichkeit stellen sie Defizite fest. So sind bei Banken 27 % der Befragten mit der Navigation nicht voll und ganz zufrieden oder sogar sehr unzufrieden. Versicherungskunden bemängeln am häufigsten eine schlechte Übersichtlichkeit und, damit verbunden, die erschwerte Auffindbarkeit der gesuchten Inhalte. Besucher von Reisewebseiten sind deutlich zufriedener: nur 6 % stellen Defizite fest. Ganz oben auf der Mängelliste rangieren hier Such- und Filterfunktionen, die eine individuelle Auswahl der Angebote nicht hinreichend ermöglichen.

11.2.2.2   Weiterempfehlung oder Warnung – Banken, Versicherungen, Reisen – welche Branche hat die meisten Promotoren?

Neben subjektiven Eindrücken, wie z. B. dem Gefallen oder Nichtgefallen einer Webseite, wird die Kundenzufriedenheit häufig mit dem Net Promoter Score (NPS) ermittelt. Hierbei werden Kunden befragt, wie wahrscheinlich es ist, dass sie ein Unternehmen weiterempfehlen [7]. Auch hier ist ein Branchenvergleich spannend. Besucher von Reise-Webseiten sind recht zufrieden [10]: Sie bestätigen dies mit einem NPS von 19,2 %. Die Weiterempfehlungsrate der Bankkunden führt zu einem Wert von 23 % [11] und Besucher von Versicherer-Webseiten sind in dieser Analyse mit 38 % am zufriedensten [9]. Diese positiven Ergebnisse sind jedoch Mittelwerte von Einzelbewertungen zahlreicher Reiseanbieter, Banken und Versicherer. In jeder der drei Branchen gibt es Unternehmen, die deutlich mehr Kritiker als Fürsprecher aufweisen und damit einen negativen NPS erzielen. Bei Banken liegt der schlechteste Wert bei -13 %. Von einer durchweg hohen Kundenzufriedenheit kann also in keiner der Branchen ausgegangen werden.

11.3   Die Marktplätze von Banken und Versicherern im Jahr 2014

Wie weit sind Finanzdienstleister heute mit der Virtualisierung ihres Produktvertriebes?

11.3.1   Status Quo des Internets als vollwertiger Vertriebskanal in ausgewählten Branchen

Die Virtualisierung des Vertriebs von Finanzdienstleistungsprodukten, also die medien-bruchfreie Verlagerung des kompletten Sales-Prozesses auf das Internet, ist bis auf we-nige rechtliche Restriktionen schon heute technisch möglich. Für Information und Be-ratung kommen neben der rein textlichen Information auch multimediale Elemente wie Produktvideos, Avatare oder Beratungschats in Frage. Der eigentliche Produktkauf ist ebenfalls über das Internet realisierbar. Einzig bei der notwendigen Legitimation müssen die Online-Prozesse in der Regel unterbrochen werden. Digitale Signaturen, wie etwa mit dem neuen Personalausweis geplant, haben sich noch nicht durchgesetzt und gänzlich neue Legitimationsmöglichkeiten, wie das kürzlich zertifizierte Videoident-Verfahren [8], werden nur zögerlich eingesetzt. Die hohe Bereitschaft der Nutzerseite und technologi-sche Machbarkeit sollten Grund genug für Anbieter sein, alle Vertriebswege zu erobern. Wie weit sind hier Banken und Versicherer?

Die Anforderungen an die gelungene Informations- und Beratungsphase im Sales-Pro-zess sind vielfältig. Beginnend mit der einfachen Auffindbarkeit und einer logisch nach-vollziehbaren Menüführung kommt es im weiteren Verlauf auf vollständige und über-sichtliche Produktinformationen an. Unterstützungsfunktionen bei der Auswahl mehrerer Produktvarianten sind ebenso wichtig, wie die Kontaktaufnahme bzw. der Wechsel auf einen anderen Kommunikationskanal, ohne dabei den begonnenen Sales-Prozess zu un-terbrechen. Die geschickte Einbindung von Zusatzinformationen wie Preisverzeichnisse oder Glossare runden eine gelungene Informations- und Beratungsphase ab. Diese Anfor-derungen können im Detail durch eine Webseitenanalyse mit mehreren 100 Kriterien für jedes Produkt bei jedem Anbieter auf tatsächliche Erfüllung hin überprüft werden. Eine Analyse von 50 Bank- [11] und 54 Webseiten von Versicherern [9] in der DACH-Region zeigt, dass die Informations- und Beratungsphase über den klassischen Big Screen vom Idealtypus noch deutlich entfernt ist – die Leistungsanforderungen werden bei Banken erst zu 59 % und bei Versicherern sogar nur zu 38 % erfüllt.

Die Webseitenanalyse offenbart deutliche Schwachstellen im Online-Sales-Prozess von Standardprodukten der Banken und Versicherer. Konkrete Produktinformationen zu Leistungen und Preisen sind z. B. beim Girokonto meist nur unvollständig vorhanden. Nachschlagewerke in Form von FAQs oder Lexika stellt nur rund ein Drittel der Anbieter bereit. Smartphones erfordern optimierte Webseiten oder Apps, um die Inhalte praktikabel nutzen zu können. Allein an dieser Tatsache scheitern nicht wenige Anbieter. Nur 40 % der Banken informieren zu ihren Produkten auf ihren optimierten Webseiten oder in den angebotenen Apps. Versicherer sind hier noch zurückhaltender. Hier zeigen die Studien-ergebnisse [9] eine Quote von 30 %. Tablets stellen deutlich geringere Ansprüche an die Optimierung von Webseiten: Die Desktop-Variante ist in den allermeisten Fällen auch auf dem Tablet les- und benutzbar, sodass die Informations- und Beratungsphase per Tablet

von allen Banken und Versicherern leicht abgedeckt werden kann. Die Königsdisziplin im
Sales-Prozess ist der Produktabschluss. Neben zahlreichen Sicherheitsaspekten sind ein
guter Einstieg, eine verständliche Erklärung der Prozessschritte sowie eine begleitende
Unterstützung erfolgsentscheidend. Ziel muss es sein, alle Störungen abzufangen und den
Kunden reibungslos durch den Abschlussprozess zu führen, der mit dem Produktkauf ge-
krönt wird. Banken sind im Abschlussprozess schwächer aufgestellt als in der Informati-
ons- und Beratungsphase. Die Analyse von 252 Bankprodukten zeigt [11], dass nur rund
die Hälfte online abgeschlossen werden kann. Auch hier liegen die Versicherer hinten: Von
258 Produkten können nur 42 % online abgeschlossen bzw. beantragt werden [9]. Interessenten, die über ihr Smartphone zu Kunden werden möchten, müssen lange suchen: Nur
neun der 50 Banken bzw. eine von 52 Versicherungen unterstützen den Online-Produkt-
abschluss über ein Smartphone.

11.3.2   Vernetzung der Welten: online, mobil, stationär –
Omnikanalvertrieb in der Praxis

Das Internet ist im B2C-Umfeld fester Bestandteil des sog. Omnikanalvertriebs geworden. Die stetige technische Weiterentwicklung bringt für den Vertrieb dabei immer wieder
neue Beratungsformen hervor. Interaktive Tools, Produktvideos, Tutorials, Webinare und
Avatare können zum Einsatz kommen. Zudem sind weitere Kontakt- und Beratungsopti-
onen wie Chats oder Video-Telefonie hinzugekommen. Mobile Endgeräte erweitern den
Reigen nochmals. Nach wie vor existieren zudem die Klassiker, wie der direkte Kontakt
zu einem Berater per Telefon oder in einer Filiale bzw. Agentur oder die Kontaktaufnahme
per E-Mail. So könnte ein Sales-Prozess z. B. auf dem Smartphone begonnen, auf dem
PC fortgesetzt und mit einem Berater zum Abschluss gebracht werden. All das, ohne den
Prozess jedes Mal von vorne beginnen zu müssen.
    Die Vorzüge des Omnikanalvertriebs liegen also nicht nur in der Vielfältigkeit, son-
dern vielmehr in den Wechselmöglichkeiten zwischen den Vertriebswegen. Der Kunde bestimmt den Kanal und die Anbieter müssen mit größtmöglicher Flexibilität dem Wunsch
entsprechen. Dieser hochflexible Wechsel der Zugangskanäle verlangt jedoch technologische und organisatorische Unterstützung. Ein Beispiel hierzu findet sich auf Bankwebseiten. So ist die Zuschaltung eines Beraters durch das sogenannte Co-Browsing möglich.
Ihm wird Zugriff auf den Rechner des Kunden gewährt und so haben beide Gesprächspart-
ner die gleiche Sicht auf einen Beratungsvorschlag. Aber auch die Kontaktaufnahme, sei
es per Telefon, E-Mail oder Chat, ermöglicht einen flexiblen Kanalwechsel. Die Herausforderung liegt hier in der Einbindung der Kontaktmöglichkeit in den jeweiligen Prozess.
Kontaktangaben, die bei Klick zum Verlassen einer Webseite oder eines Sales-Prozesses
führen, stellen ein hohes Risiko auf dem Weg zum erfolgreichen Produktabschluss dar und
behindern den Omnikanalvertrieb erheblich.

Im Praxistest [11] zeigt sich, inwieweit der Omnikanalvertrieb bereits gelebt wird. Banken sind hier etwas weiter als Versicherer. So setzen 18 % auf einen Chat, – bei Versicherern sind es nur 8 % [9]. Auch beim Co-Browsing sind Banken eine Nasenlänge voraus: 4 % ermöglichen diese Beratungsform. Bei Versicherern sind es erst 2 %. Der Status der organisatorischen Unterstützung zeigt sich im Praxistest (Mystery-Analysen) von Beratungsanfragen. Interessenten, die eine Anfrage per E-Mail, Telefon oder Chat stellen, wählen diesen Kanal ganz bewusst und erwarten, auch die Antwort auf genau diesem Kanal zu erhalten. Die Studienergebnisse zeigen deutliche Defizite auf. Danach werden E-Mail-Anfragen von Banken zu 30 % gar nicht beantwortet bzw. sie verweisen Interessenten auf andere Kanäle. Ähnliches erfahren Anfragende am Telefon – hier sehen gerade Institute mit Filialvertrieb teilweise keinerlei Auskunft über Servicerufnummern vor, die auf den Webseiten als Anlaufstelle kommuniziert werden. Anbieter versuchen hier noch immer, den Kanal bzw. Vertriebsweg zu bestimmen, anstatt den flexiblen Wechsel zu unterstützen. In diesen Fällen steht die Organisationsform dem dringend notwendigen Omnikanalvertrieb diametral entgegen.

11.4 Ausblick

Nach den Einblicken in den Online-Markt diverser Branchen im Jahr 2014 und der Typisierung der Online-Kunden stellt sich nun die Frage, wohin sich Märkte und Kunden zukünftig entwickeln werden. Die Anbieter auf den Online-Märkten können sich über äußerst positive Umsatzentwicklungen freuen: Der Online-Handel wuchs 2013 um 42 % auf ein Gesamtvolumen von 39,1 Mrd. € [2]. Der gesamte Einzelhandel inkl. Online-Handel konnte hingegen nur ein Umsatzplus von 1,1 % [6] verzeichnen. Auch im Dienstleistungsbereich, z. B. bei den Banken, gewinnt der Online-Kanal stetig an Bedeutung: Über die Hälfte der Girokonten in Deutschland wird mittlerweile online geführt [3]. Dennoch haben Online-Anbieter mit zahlreichen strategischen Herausforderungen zu kämpfen. Das Kaufverhalten der Kunden zeigt immer noch die starke Bedeutung des stationären Handels bzw. Vertriebs. Kunden informieren sich online und kaufen offline – der RoPo-Effekt („Research Online Purchase Offline") betrifft Handel und Dienstleistung gleichermaßen. Hinzu kommt ein starker Wettbewerb mit teilweise niedrigen Markteintrittsbarrieren – vor allem im Handel.

Auf der technologischen Seite erzeugen Weiterentwicklungen deutlichen Handlungsdruck. Aus Online wird Everywhere – Kunden verlangen in allen Lebenslagen auf die Online-Angebote zugreifen zu können. Das mobile Internet ist aber längst noch nicht bei allen Anbietern angekommen (s. Kap. 11.1).Vor allem im Hinblick auf den starken Wettbewerbsdruck müssen Anbieter ihre Services und Angebote überdenken, um für ihre Kunden weiterhin attraktiv zu bleiben. Individualisierung lautet hier das Zauberwort. Produkte, die nach Kundenwunsch konfiguriert und umgehend bereitgestellt werden können. Einige Branchen zeigen schon heute, dass dies ein Erfolg versprechender Ansatz ist. In der Reisebranche ist das z. B. die individuelle Zusammenstellung einer Urlaubsreise aus Einzelkomponenten wie Flug, Hotel oder Zusatzleistung, das sog. Dynamic Packaging. Letztendlich handelt es sich hierbei um eine Weiterentwicklung der guten alten Pauschalreise – mit dem großen Unterschied, dass nicht ein fest geschnürtes Gesamtpaket, sondern Flug und Hotel ganz nach persönlichen Vorlieben ausgewählt werden können. Im Finanzdienstleistungsbereich ist eine ähnliche Entwicklung in Ansätzen zu beobachten – Individual Banking bzw. Individual Insurance. Versicherungsprodukte können zusammengeklickt und so z. B. an die gewünschte Prämienhöhe angepasst werden. Im Bankenumfeld sind individuelle Anlageprodukte denkbar, die z. B. nach Anlagehorizont, Risikoneigung, ethischen Anforderungen, Branchen oder Ländern erstellt werden können. Voraussetzung hierfür sind neben sehr guten Beratungsangeboten Product-Factories, die diese Produkte auf Knopfdruck generieren. Erste Anbieter setzen diese Technologien bereits ein, jedoch ist die breite Masse von dieser Form des Bankings noch weit entfernt. Individual Banking bedeutet aber auch die flexible Wahl der jeweiligen Zugangskanäle, wobei es Filialen in der heutigen Form bereits in absehbarer Zeit nicht mehr geben wird. Sie haben dann als Anlaufpunkt für die Kunden ausgedient und werden durch spezialisierte Kompetenzzentren ersetzt, da die Angebote der virtuellen Beratung von Kunden geschätzt und akzeptiert werden.

Und wie soll der Handel diese Anforderung umsetzen? Hier setzt die Individualisierung bei passgenauen Angeboten an, Kundenkenntnis wird zum erfolgsentscheidenden Faktor [4]. Praktisch bedingt das eine große Datensammlung nebst intelligenter Verknüpfung. Wenn die daraus ermittelten Angebote den Kunden überzeugen, sind Abo-Modelle denkbar, die Kunden stets mit passgenauen Angeboten versorgen. Zusätzlich müssen hier die stetige Verfügbarkeit der Produkte sowie individuelle Zustellmöglichkeiten, z. B. zu jeder Zeit und an jeden Ort, mit hochentwickelten Tracking-Funktionen, die z. B. über den exakten Zustellzeitpunkt informieren, gewährleistet werden.

Kurz- und mittelfristig kann an dieser Stelle nur empfohlen werden, sich den Online-Vertriebswegen vollständig zu öffnen. Kunden sind neuen Technologien und maßgeschneiderten Angeboten gegenüber aufgeschlossen und erwarten diese zunehmend in allen Lebensbereichen, sei es im Banking, Handel oder beim Abschluss einer Versicherung. Dies belegen die Analysen der Online-Kunden (s. Kap. 11.3) eindeutig. Auf organisatorischer Seite sind hierfür nicht unerhebliche Barrieren zu überwinden. Angezeigt ist eine Loslösung von eingefahrenen Vertriebsstrukturen, wie z. B. die strikte Trennung der Vertriebswege. Beratung und Verkauf müssen uneingeschränkt auf allen Kanälen möglich sein – die Aufhebung bisher häufig gelebter Konkurrenz und strikter Trennung von online und offline ist Grundvoraussetzung, um den Kundenansprüchen von morgen gerecht zu werden.

Literatur

1. Bundesverband Informationswirtschaft, Telekommunikation und neue Medien e. V. Nicht ohne mein Smartphone http://www.bitkom.org/de/presse/30739_79922.aspx. Zugegriffen: 8. Sept. 2014.
2. Bundesverband E-Commerce und Versandhandel Deutschland e. V. (bevh), bvh-Studie. (2013). http://www.bevh.org/markt-statistik/zahlen-fakten/. Zugegriffen: 9. Sept. 2014.
3. Deutsche Bundesbank, Bankstellenbericht. (2012). Entwicklung des Bankstellennetzes im Jahr 2012, http://www.bundesbank.de/Redaktion/DE/Downloads/Veroeffentlichungen/Bericht_Studie/bankstellenbericht_2012.pdf?__blob=publicationFile. Zugegriffen: 26. Juni 2014.
4. Deutsche Post DHL Global E-Tailing 2025, http://www.dpdhl.com/content/dam/global_etailing_2025/pdf/dpdhl-studie-global-e-tailing-2025.pdf. Zugegriffen: 9. Sept. 2014.
5. Digitalization Think Lab Marketing Center Münster & Roland Berger Strategy Consultants, German Digitalization Consumer Report. (2014). http://www.rolandberger.de/media/pdf/Roland_Berger_German_Digitalization_Consumer_Report_20140718.pdf. Zugegriffen: 10. Sept. 2014.
6. Handelsverband Deutschland (HDE), HDE erwartet 2014 Umsatzwachstum von 1,5 Prozent. http://www.einzelhandel.de/index.php/presse/aktuellemeldungen/item/123630-hde-erwartet-2014-umsatzwachstum-von-1,5-prozent. Zugegriffen: 9. Sept. 2014.
7. Paulus, M. „Net Promoter Score", http://www.net-promoter.de/methode-des-nps.html. Zugegriffen: 5. Aug. 2014.
8. Springer für Professionals, Kreditgeschäfte per Video abschließen. http://www.springerprofessional.de/kreditgeschaefte-ohne-postbesuch/5094678.html. Zugegriffen: 11. Sept. 2014.
9. Rienecker, J., Schlössel, N., Spietz, C., & Wietheger, L. (2013). „PASS Studie Online-Insurance 2013". Aschaffenburg: PASS.
10. Rienecker, J., Schlössel, N., Spietz, C., Wietheger, L. (2013). „PASS Studie Online-Travel 2013". Aschaffenburg: PASS.
11. Rienecker, J., Schlössel, N., Spietz, C., & Wietheger, L. (2014). „PASS Studie Online-Banking 2014". Aschaffenburg: PASS.

Die Zukunft der Anlageberatung: Der Bankkunde im Omnikanal zwischen Beratung und Selbstbedienung

12

Christiane Jonietz, Hans-Gert Penzel und Anja Peters

Zusammenfassung

„Omnikanal" ist in Vertrieb und Beratung von Banken und Sparkassen in aller Munde: Kunden wollen und sollen zwischen den Vertriebswegen nach eigenen Wünschen wechseln, auf allen Kanälen ein einheitliches „Look and Feel" vorfinden und vor allem mit einer stets aktuellen Datenlage einmal angestoßene Informations- und Kaufprozesse durchführen können. Dies scheint bereits Herausforderung genug. Doch eine neue, zweite Dimension kommt hinzu, die bisher wenig beachtet wird: Eine zunehmende Zahl von – gerade auch attraktiven – Kunden erwartet eine qualifizierte Beratung im Selbstbedienungs-Modus. Sie wünschen sich also insbesondere eine Anreicherung der Direktvertriebskanäle um eigenständig zu durchlaufende Beratungselemente. Dies hat wiederum unmittelbaren Einfluss auf eine dritte Dimension, die dann auch Umgestaltung erfordert: die Produktgestaltung und Preissetzung. Der vorliegende Beitrag analysiert, wie die genannten drei Anforderungsdimensionen das heutige „Marktmodell Anlageberatung" in Frage stellen und nachhaltig verändern werden. Dies geschieht in vier Kapiteln: In der Ausgangslage werden heutige Situation und insbesondere unerfüllte Anforderungen analysiert. Im Kapitel zur Entwicklung der Anlageberatung aus Expertensicht werden für jede der Dimensionen Gestaltungsmöglichkeiten beschrieben

C. Jonietz (✉) · H.-G. Penzel · A. Peters
ibi research an der Universität Regensburg GmbH, Regensburg, Deutschland
E-Mail: christiane.jonietz@ibi.de

H.-G. Penzel
E-Mail: hans-gert.penzel@ibi.de

A. Peters
E-Mail: anja.peters@ibi.de

© Springer-Verlag Berlin Heidelberg 2015
C. Linnhoff-Popien et al. (Hrsg.), *Marktplätze im Umbruch*, Xpert.press,
DOI 10.1007/978-3-662-43782-7_12

und mit Expertenmeinungen hinterlegt. Das dritte Kapitel präsentiert neue Geschäfts-modelle als Lösung und Chance und zeigt Positionierungsmöglichkeiten für wichtige Marktakteure auf. Im Fazit werden schließlich die Konsequenzen für die Akteure zu-sammengefasst.

12.1 Ausgangslage

Anlageberatung findet bei Banken und Sparkassen bislang überwiegend im Rahmen per-sönlicher Beratungsgespräche statt. Diese traditionelle Bankberatung in der Filiale ist von der Grundausrichtung her mit hohen Kosten verbunden. Bei Kunden mit geringen Anla-gevolumina ist dies aufgrund der gestiegenen gesetzlichen Anforderungen und dem damit verbundenen Aufwand für die Durchführung der Beratung kaum mehr profitabel möglich. Das gilt selbst dann, wenn dem Kunden komplexe Produkte mit höherer Bank-Marge vermittelt werden. Ein von ibi research entwickeltes Kalkulationsmodell, die sogenann-te „Modellbank", verdeutlicht die Stellhebel der Anlageberatung. Im Ergebnis kann eine qualifizierte, individuelle Beratung in der Filiale erst ab einem Anlagevolumen von etwa 100.000 € nachhaltig profitabel durchgeführt werden [4, S. 18]. Auch die auf Honorarbe-ratung spezialisierte quirin bank bietet beispielsweise ihre Beratungsleistungen ab einem Einstiegsvermögen von 100.000 € an [6].

Andererseits wendet sich ein Teil der Kunden von sich aus von der klassischen Be-ratung in der Filiale ab – und zwar viele aus einem aus Banksicht durchaus attraktiven Segment. Der Nutzen der persönlichen Beratung wird von diesen Kunden infrage gestellt; insbesondere das geschwundene Vertrauen in die Beratungsleistung und in die Objektivi-tät der Bank sind Gründe dafür.

Hinzu kommt die Unzufriedenheit der ROPO-Kunden (Research Online Purchase Off-line) [3] mit dem Durchlaufen der Bankprozesse. Sie erwarten eine durchgängige Ge-staltung der Beratungsprozesse über alle Kanäle hinweg, wollen z. B. eine Anlage zu Hause im Online-Banking simulieren und diese am nächsten Tag in der Filiale am Bera-ter-Bildschirm durchsprechen können. Gleiches gilt für den inversen ROPO-Kunden, der mit ähnlichen Anforderungen die angebotenen Kanäle nachfragt, wenn auch in anderer Reihenfolge. Beiden Kundentypen ist gemeinsam, dass sie den Beratungsprozess an be-liebigen Stellen verlassen und zeitversetzt über selbst gewählte Kanäle fortsetzen wollen. Natürlich erwarten sie dabei, dass die erfassten Daten in Echtzeit auf anderen Kanälen aufrufbar und damit verfügbar werden.

ROPO-Kunden und Direktbankkunden haben aber noch darüber hinausgehende An-forderungen. Eine zunehmende Zahl erwartet, dass auch die „vorderen" und komplexeren Teile des Anlageprozesses, also die tatsächlichen Beratungsschritte, vom System unter-stützt werden: Die Prüfung von Angemessenheit und Geeignetheit bis hin zur Simulation von Portfolien mit Ertrags- und Risikowerten soll über Selbstbedienung erschließbar sein.

Im Hintergrund schwingt eine weitere Anforderung mit: Produkte müssen verständlich und transparent sein. Dabei geht es nicht um die bestmögliche Erklärung komplexer Sachverhalte mithilfe der Selbstbedienung, sondern im Gegenteil um eine Komplexitätsreduzierung. Denn ein einfach erklärbarer ETF kann in vielen Fällen das gleiche Ziel erfüllen wie ein aktiv gemanagter Fond.

Kunden erwarten, dass all diese Anforderungen von Finanzdienstleistern erfüllt werden. Doch was muss in der Praxis getan werden, um diesen Ansprüchen tatsächlich gerecht zu werden?

12.2 Entwicklung der Anlageberatung aus Expertensicht

Die Anforderungen an die zukünftige Anlageberatung wurden im letzten Abschnitt aufgezeigt. Im folgenden Kapitel sollen deckungsgleich drei Lösungsfelder dargestellt werden:

- Zusammenspiel der Kanäle – mit Ziel Omnikanal
- Verständliche Beratungsangebote – auch in Selbstbedienung
- Transparente Produktgestaltung – als Notwendigkeit

Alle Lösungsfelder werden nicht nur im Grundkonzept beschrieben, sondern über die Ergebnisse einer umfangreichen Delphi-Expertenbefragung abgesichert, die von ibi research und plenum Management Consulting durchgeführt wurde.[1] An der Delphi-Expertenbefragung „Digitalisierung in der Finanzdienstleistungsbranche" haben in der ersten Runde 92 Experten und in der zweiten Runde 56 Experten teilgenommen.

12.2.1 Zusammenspiel der Kanäle – mit Ziel Omnikanal

Das nahtlose Zusammenspiel der Kanäle war schon in den vergangenen Jahren eine wichtige Anforderung. In Zukunft wird sie mit der zunehmenden Bedeutung mobiler Lösungen nochmals wichtiger. Eine konsistente Datenverfügbarkeit über alle Vertriebswege ist dabei Grundvoraussetzung für die Realisierung dieser Anforderung. Auch bleibt zukünftig die persönliche Beratung durchaus erhalten. Allerdings zum einen unterstützt durch vorhandene technische Möglichkeiten wie zum Beispiel Tablet-Anwendungen oder Videoberatung. Zum anderen wird sich die persönliche Beratung vermehrt an der Margenstärke der Produkte orientieren müssen.

Im Ergebnis werden nicht mehr alle Produkte gleichermaßen für eine ausführliche Beratung in Frage kommen. So denken 61 % der befragten Experten, dass Banken und Sparkassen für Produkte mit geringen Margen zukünftig eine Beratung verstärkt per Video oder Telefon anbieten werden – also persönlich und doch über die Technik (vgl. Abb. 12.1). Nur für margenstarke Produkte wird es weiterhin eine intensive persönliche Beratung in der heutigen Form geben.

---

[1] Eine Zusammenfassung der Studienergebnisse ist als Download unter www.ibi.de/FDLdigital verfügbar.

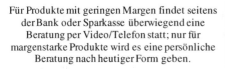
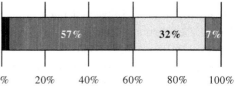

Für Produkte mit geringen Margen findet seitens der Bank oder Sparkasse überwiegend eine Beratung per Video/Telefon statt; nur für margenstarke Produkte wird es eine persönliche Beratung nach heutiger Form geben.

■ Stimme voll zu ■ Stimme eher zu □ Stimme eher nicht zu ■ Stimme gar nicht zu □ Keine Angabe

Abb. 12.1 Zukunft der Beratung

12.2.2 Verständliche Beratungsangebote – auch in Selbstbedienung

In Bezug auf anspruchsvolle Anlageprodukte ist es nicht jedem Kunden möglich, sich die notwendigen Kenntnisse zu den Produktdetails anzueignen. Hier können und sollen Selbstberatungslösungen im Anlagebereich eine wesentliche Hilfestellung bieten. Der Informationsprozess für diese Lösungen, die in der Regel über das Internet bereitgestellt werden, wird dabei vom Kunden eigenständig durchlaufen. Der Prozess bietet toolgestützt alle notwendigen Informationen und Abfragen, um eine ausreichende Entscheidungsgrundlage für den Kunden einschließlich eines auf seine Bedürfnisse zugeschnittenen Anlagevorschlags zu erstellen.

In der genannten Delphi-Expertenbefragung wird die Notwendigkeit derartiger Beratungsleistungen bestätigt (vgl. Abb. 12.2). Die Hälfte der Befragten ist der Meinung, dass in den nächsten fünf bis zehn Jahren Selbstberatungslösungen im Anlagebereich von einer Nischen- zu einer Breitenanwendung werden. Dabei werden zukünftig sowohl Banken und Sparkassen (79 %) als auch unabhängige Dienstleister (93 %) derartige Selbstberatungslösungen anbieten.

Trennung hier sehr unglücklich. Vorschlag: Kürzen des Absatzes, um diesen noch komplett auf Seite 98 zu bringen:

Während das Angebot der Lösungen vor allem unabhängigen Anbietern zugerechnet wird, sehen die Experten die Nutzung von Beratung in Selbstbedienung verstärkt bei den etablierten Kreditinstituten, insbesondere bei Direktbanken. 62 % stimmen der Aussage zu, dass Kunden Selbstberatungs-Lösungen primär bei unabhängigen Dienstleistern nutzen, 59 % räumen Potenziale auch für Filialbanken ein (vgl. Abb. 12.3).

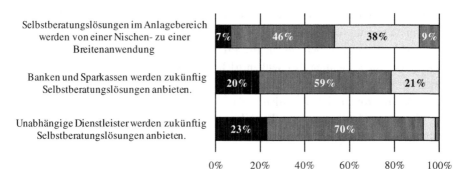

Selbstberatungslösungen im Anlagebereich werden von einer Nischen- zu einer Breitenanwendung

Banken und Sparkassen werden zukünftig Selbstberatungslösungen anbieten.

Unabhängige Dienstleister werden zukünftig Selbstberatungslösungen anbieten.

■ Stimme voll zu ■ Stimme eher zu □ Stimme eher nicht zu ■ Stimme gar nicht zu □ Keine Angabe

Abb. 12.2 Angebot von Selbstberatungslösungen

Kunden werden eine solche Selbstberatungs-Lösung primär...

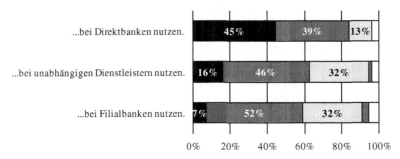

Abb. 12.3 Nutzung von Selbstberatungslösungen durch den Kunden

12.2.3 Transparente Produktgestaltung – als Notwendigkeit

Die dritte Dimension bezieht sich auf die Gestaltung der Produkte. Angebote in Selbstbedienung werden deutlich erfolgversprechender, wenn die resultierenden Produkte transparent gestaltet und in ihrer Komplexität begrenzt sind. Die Verringerung der Komplexität
geht auch mit einer Reduzierung der Produktvarianten und mit der Standardisierung der
Anlagemöglichkeiten für den Durchschnittskunden einher. Indem dem Kunden weniger
komplexe und in ihrer Anzahl überschaubare Produkte im Detail aufgezeigt und erläutert
werden, wird eine bedeutende Ausgangslage für eine selbstständige Entscheidung durch
den Kunden geschaffen.

Die Entscheider in Banken und Sparkassen haben diese Notwendigkeiten erkannt.
77 % der befragten Experten sind der Meinung, dass die bestehenden Anlagemöglichkeiten radikal standardisiert und reduziert werden, so dass z. B. nur noch eine Anlage in
Fonds statt in Einzelwerten möglich ist (vgl. Abb. 12.4).

Tatsächlich lässt sich durch eine Anlage in nur fünf bis zehn ETFs ein breit diversi-
fiziertes Portfolio erstellen, das die durchschnittliche Marktperformance gut abbildet. Ergänzend ist eine standardisierte Vermögensverwaltung denkbar, die zwar in sich komplex,
aber nicht kundenindividuell konfigurierbar ist, diese Komplexität also in einer „Black
Box" gegenüber dem Kunden abpuffert.

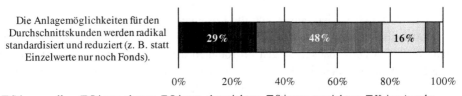

Abb. 12.4 Entwicklung der Anlageprodukte

Zwiespältig erscheint das Thema der Produktausgestaltung dann, wenn man Umfragen betrachtet, die den Kundenwunsch nach individuellen Produkten ableiten lassen. Mehr als die Hälfte der befragten Kunden empfindet die Angebote der Bank als nicht an die eigenen Bedürfnisse angepasst. Auch wenn ein Großteil der Kunden bereit ist, zur Unterstützung der Beratungsleistung detaillierte Informationen preiszugeben [1, S. 20], ist das Ergebnis zweifelhaft. Eine interessante Analogie wurde in der Studie „Closing the Gap. What the Banking Industry Can Learn from Automotive" aufgezeigt [4]: Ein individuelles Anlagedepot mit Einzelwerten, die über die Zeit umgeschichtet werden, entspricht in der Automobilindustrie dem Produktansatz, einen PKW nach Erstauslieferung immer einmal wieder ins Werk zurückzurufen, um einmal den Motor, später die Heckachse, dann vielleicht das Getriebe gegen ein moderneres auszutauschen. Die resultierenden Effekte sind für Fahrzeughersteller nicht kontrollierbar!

12.3   Neue Geschäftsmodelle als Lösung und Chance

Kunden verlangen eine umfangreiche und unkomplizierte Betreuung über alle Kanäle hinweg, mit stark abnehmendem Anteil der Filialen. Dies kann so weit führen, dass sie Beratungsleistungen via Selbstbedienung abrufen wollen. Dazu wiederum sind verständliche, transparente Produkte erforderlich.

In Konsequenz müssen Banken ihre Geschäftsmodelle überdenken. Was hier geschieht, ist generell aus zunehmend kompetitiven Märkten bekannt: Durchschnitts-Strategien „alles für alle" sind nicht mehr erfolgreich, eine differenzierte Positionierung ist erforderlich. Welche Konsequenzen dies für einige der Marktakteure hat, wird im Folgenden diskutiert.

12.3.1   Positionierung von Direktbanken

Direktbanken werden persönlicher. Sie treten zukünftig nicht mehr ausschließlich als Produktanbieter auf. Vielmehr bieten sie ihren Kunden auch umfassende Beratungsleistungen passend zum Produktspektrum an. So haben erste Häuser bereits Selbstberatungslösungen etabliert. Diese Lösungen zeigen die Grundlagen der Geldanlage auf und wecken das Bewusstsein für die Thematik des Sparens. Eine Aufklärung über den Zusammenhang zwischen Rendite und Risiko ist in Ansätzen ebenfalls vorhanden, allerdings besteht an dieser Stelle meist noch Nachholbedarf für die Vermittlung eines tiefergehenden Verständnisses.

In ihrer rechtlichen Einordnung sind die Lösungen zur Selbstbedienung in der Regel im beratungsfreien Geschäft oder in der standardisierten Vermögensverwaltung zu verorten. Vor allem Direktbanken zeigen im Rahmen des beratungsfreien Geschäfts einen Anlagevorschlag auf, den der Kunde unverändert oder mit Anpassungen übernehmen kann. Häufig dient der Selbstberatungsprozess auch der Überleitung in eine standardisierte Vermögensverwaltung. Die Selbstberatungslösung unterstützt den Kunden dann bei der Festlegung der individuellen Anlagestrategie. Eine konkrete Portfoliozusammensetzung wird an dieser Stelle nicht aufgezeigt, sondern zunächst nur ein Vertrag zur Vermögens-verwaltung geschlossen.

Ergänzt werden diese Formen der Beratung zunehmend durch die Bereitstellung eines persönlichen Ansprechpartners. Dieser nimmt nach Wunsch des Kunden über Chat, Tele-fon oder Video Kontakt auf und steht bei individuellen Fragen zur Seite. Die zentrale Bedienung des Kunden über semi-persönliche Kanäle ermöglicht somit auch dem Direkt-banken-Kunden die Inanspruchnahme einer persönlichen Kundenbetreuung, und das trotz des Fehlens von Filial-Standorten.

Filialangebote von Direktbanken wird es auch in Zukunft nicht geben. Sie sind teuer und immer weniger erforderlich: Die „Bank zum Anfassen" ist heute auch im Internet abbildbar.

12.3.2   Positionierung von Filialbanken

Klassische Filialbanken werden direkter. Sie verfügen heute noch über ein dichtes Filial-netz, sind jedoch durch die damit verbundenen hohen Kosten zu Schließungen bzw. Zu-sammenlegungen von Standorten gezwungen. Eine Halbierung der Zahl der Standorte in Deutschland in den nächsten acht bis zehn Jahren erscheint realistisch wobei dann immer noch mehr Standorte übrig bleiben, als es z. B. Tankstellen gibt.

Um den persönlichen Kundenkontakt zu halten und auch wieder zu fördern, denken Filialbanken über alternative Möglichkeiten der Beratung nach. Mit der Einführung der Videoberatung, wie zum Beispiel in der HypoVereinsbank oder auch ersten Sparkassen, bleiben sie auch über die Entfernung persönlicher Ansprechpartner des Kunden. Der Kun-de hat nun die Wahl zwischen einer Beratung in Eigenregie, einem Kontakt mit einem persönlichen Ansprechpartner über elektronische Kanäle oder einem traditionellen Bank-beratungs-Gespräch in der Filiale.

Diese beschriebene Vielfalt der Angebote für den Kunden, Beratungsleistung in An-spruch zu nehmen, steht allerdings nicht für sich allein. Nicht die stringente Nutzung EINES Kanals ist Realität in der Beratung, sondern der Wunsch des Kunden, Zugangs-wege zur Bank flexibel wechseln zu können. Beginnt er einen Informationsvorgang in Selbstberatung, so möchte er diesen vielleicht in der Filiale oder per Video fortsetzen. Die dort erfassten Erkenntnisse führen ggf. noch nicht zur Entscheidung, vielmehr möchte der Kunde den Status seines Entscheidungsprozesses erneut an anderer Stelle aufnehmen und z. B. elektronisch fortsetzen.

Unbedingte Voraussetzung für dieses Zusammenspiel der Kanäle ist also die Anfor-derung, dass beim Kontakt des Kunden mit der Bank der Stand des bisher durchlaufenen Kaufentscheidungsprozesses vermerkt ist und dieser stets nahtlos – und kanalunabhängig – weitergeführt werden kann. Ebenso bedeutsam für dieses Zusammenspiel der Kanäle ist eine einheitliche Gestaltung der Produkte. Einfachheit und Transparenz stehen an oberster Stelle, damit die Angebote für Kunden auch im Online-Kanal verständlich sind. Klassi-sche Filialkunden erhalten je nach Bedarf einfache, schnell abschließbare Produkte ohne

Beratungsleistung oder – nach ausführlicher Beratung – auch komplexe Produkte. Und dies flexibel und unabhängig von Ort und Zeit, aber auch flexibel und unabhängig vom gewählten Touchpoint.

Deutlich wird, dass sich zukünftig Banken „nach vorne", also in Richtung des Kunden, über Omnikanal-Beratung und -Vertrieb breiter aufstellen werden, durchgängige Beratungsumgebungen sind notwendig. In die dahinter liegenden Prozesse der Wertschöpfung hingegen wird die Tiefe deutlich abnehmen. Hier werden Outsorcing, Fremdbezug und standardisierte Schnittstellen Thema bleiben.

12.3.3   Einstieg der „Fintecs" als Herausforderer am Markt

Die sogenannten Fintechs treten neu in den Markt ein. Sie besetzen zunächst Marktnischen und zeichnen sich durch eine Reihe von innovativen Lösungen aus. Von diesen werden spezielle Kundenbedarfe unkompliziert durch finanzielle Dienstleistungen befriedigt.

Fintechs fokussieren sich in der Regel auf einzelne Bereiche der Wertschöpfungskette in Banken, so finden sich Anbieter im Payment, im Personal Finance Management, in der Peer-to-Peer-Kreditvergabe und auch im Anlagebereich. Sie bedienen einen bestimmten, häufig zunächst isolierten, Kundenbedarf einfach und schnell, große Bürokratie bleibt dem Kunden dabei erspart.

Herkömmliche Kreditinstitute treten dabei in den Hintergrund, in vielen Fällen finden nur noch die Abwicklung und die Depotführung bei einer traditionellen Bank oder Sparkasse statt. So lange die Nische eng bleibt, mag dies als eine valide Strategie erscheinen. Aber wenn sie sich ausweitet, kann es für einen Kurswechsel unter Umständen zu spät sein.

12.3.4   Besser werden oder seinen Platz verlieren

Offen bleibt die Frage nach der langfristigen Positionierung der Banken, wenn sich Nichtbanken einen Platz in der ersten Reihe des Kundenkontakts sichern können. Zu erwarten ist, dass sich der Bankenmarkt, ähnlich wie andere Branchen vor ihm, in der strategischen Ausrichtung schärfen muss. Dies kann so weit gehen, dass sich der Markt gänzlich in kosteneffiziente Banken für Mengenkunden und in High-End-Banken für den einkommensstarken Kunden aufteilt. Dabei würden sich Sparkassen und Genossenschaftsbanken heutigen Formats zu standardisierten Systembanken weiterentwickeln, hingegen Direktbanken mittels Beratung in Selbstbedienung ihr Geschäftsmodell ergänzen müssen. Wer dies nicht tut, wird keinen Platz am Markt mehr haben.

12.4   Fazit

Die Anlageberatung in Banken und Sparkassen steht vor enormen Herausforderungen, die es JETZT zu bewältigen gilt. Einerseits wenden sich Kunden von der Beratung in der Filiale ab, da sie aufgrund der Finanzkrise deutlich an Vertrauen in Banken und Sparkassen verloren haben. Andererseits stellen Kunden neue Anforderungen hinsichtlich der Verfügbarkeit von Informationen und Prozessen im Internet sowie mit dem Wunsch nach flexiblen Möglichkeiten des Kanalwechsels.

Drei Gruppen von Lösungen sind erforderlich: Omnikanal-Lösungen zur nahtlosen Verbindung der Vertriebskanäle, SB-Lösungen zur Abdeckung auch der „vorderen", das heißt der Beratungs-Phasen des Anlageprozesses; und schließlich die dafür erforderlichen verständlichen und transparenten Produkte.

Alle Bankgruppen müssen sich strategisch klar positionieren, um differenziert ihre Vorteile zur Geltung zu bringen. Filialbanken sind besonders gefordert. Sie müssen echte Omnikanal-Prozesse und -Systeme etablieren, während sie die Filialzahlen massiv reduzieren. Sie sollten sich in der Pflicht sehen, Selbstberatungslösungen anzubieten. Und sie müssen die Produktpalette vereinfachen. Nur so können sie ihre Position an der Kundenschnittstelle sichern. Andernfalls werden andere Wettbewerber sich diesen Platz sichern und Kreditinstitute als reine Abwickler in den Hintergrund drängen.

Literatur

1. Ernst & Young. (2012). Global Consumer Banking Survey 2012 – Pressegespräch. Frankfurt a. M. http://www.ey.com/Publication/vwLUAssets/Global_Consumer_Banking_Survey_2012/$FILE/Praesentation-Bankkunden-Befragung%20EY.pdf. Zugegriffen: 25. Juni 2012.
2. Früchtl, C., Penzel, H-G., Weber, S., & Zellner, G. (2013). Anlageberatungsprozess der Zukunft – was Finanzdienstleister noch lernen müssen. BIT Banking and Information Technology 14 (Sonderheft) 2013, S. 7–19. http://ibi.de/BIT-Sonderheft-Anlageberatung.html.
3. Meyer, T. (2010). Mehrheit der Bankkunden recherchiert online – Ergebnisse einer Clickstream-Analyse. Frankfurt a. M.
4. Penzel, H-G., Risse, S., & Zellner, G. (Dezember 2013). Closing the Gap. What the banking industry can learn from automotive. *360 -The Business Transformation Magazine, Issue 9*, 16–28.
5. Peters, A., & Früchtl, C. (2013). Digitalisierung in der Finanzdienstleistungsbranche – Ausgewählte Ergebnisse einer gemeinsamen Delphi-Studie der plenum Management Consulting GmbH und der ibi research GmbH. Regensburg/Frankfurt 2013. www.ibi.de/FDLdigital.
6. quirin bank. (2014). Nur ein unabhängiger Rat ist ein guter Rat. http://www.quirinbank.de/beratungsmodelle. Zugegriffen: 30. Sept. 2014.

Teil IV
Mobilisierung der Customer Journey

Zum Geleit: Mobilisierung der Customer Journey

13

Carsten Schürg

Neulich bei einer Konferenz von Google – Der Moderator bittet jeden Zuhörer sein Mobiltelefon aus der Tasche zu holen, es zu entsperren und an den rechten Sitznachbarn weiterzureichen. Dann forderte er die neuen Eigentümer auf, doch mal nach Herzenslust in den Email-Konten und Kontakten des neu erworbenen Gadgets zu surfen. Ich glaube, so viele unentspannte dot.com Manager habe ich letztmalig nach dem Platzen der Blase 2007 gesehen. Besser kann man die Bedeutung des Smartphones als allwissender Geheimnisträger seines Besitzers nicht demonstrieren.

Für mich persönlich beginnt mein Tag mit dem Griff zum Smartphone, denn hier finde ich meine Meditations-App, im Bad höre ich Nachrichten über die Radio-App und checke meine Mails. Verlasse ich heute das Haus, so denke ich nach dem Schlüssel als erstes an mein Smartphone und dann erst an das Portemonnaie. Letzteres wird mit den vielfältigen mobilen Payment Lösungen bald komplett überflüssig sein. Ohne Smartphone kann ich das Flugzeug nicht besteigen, weil meine Bordkarte mobil gespeichert ist. Alleine mit diesen und weiteren Use-Cases über Smartphones ließe sich das vorliegende Buch locker füllen. Das Smartphone ist heute zum zentralen Lebensbegleiter aufgestiegen. Es weiß, wo sein Nutzer sich gerade befindet, mit wem er sich trifft, über welche Inhalte er kommuniziert und kennt besser die Vorlieben seines Besitzers als die eigene Ehefrau. In Kombination mit einer Smartwatch erkennt das Smartphone auch den aktuellen Gemütszustand und Gesundheitszustand seines Besitzers.

2013 war ein Wendejahr im Smartphone-Markt. Laut Gartner wurden weltweit 968 Mio. Geräte verkauft, was einem Plus von 42,3 % entspricht. Bei einem Gesamtabsatz von 1,8 Mrd. Mobiltelefonen verkauften die Hersteller erstmals mehr Smartphones

C. Schürg (✉)
Sport Scheck GmbH, München, Deutschland
E-Mail: carsten.schuerg@sportscheck.com

© Springer-Verlag Berlin Heidelberg 2015
C. Linnhoff-Popien et al. (Hrsg.), *Marktplätze im Umbruch*, Xpert.press,
DOI 10.1007/978-3-662-43782-7_13

als einfache Handys. In Deutschland liegt der Anteil der Smartphonenutzer bei über 50 %
gemessen an allen Mobiltelefonnutzern. Damit ist das Smartphone das omnipräsente und
persönliche Zugangsinstrument zu seinem Nutzer. Wenn dem so ist und daran besteht aus
meiner Sicht kein Zweifel, so stellt sich die Frage, in wieweit dieser Entwicklung in den
Geschäfts- und Marketingstrategien der Industrie, der Dienstleister und des Handels schon
Rechnung getragen wird. Aus Sicht des Handels kann man sagen, dass sich die Diskussionen der vergangen Jahre auf die Themen Online-Handel und Omni-Channel-Retailing
fokussiert haben. Dies liegt sicher auch daran, dass der tatsächliche Anteil des Mobile-
Commerce in 2013 noch bei 8 % lag, allerdings mit stark steigender Tendenz in 2014 und
Wachstumsraten im 2-stelligen Bereich. Zeigt sich die Entwicklung vielleicht nicht auf
den ersten Blick im Kaufverhalten, so doch in einer Veränderungen des Informationsver-
haltens. So liegt der Traffic auf den Onlineshops bei der Suche über Mobile kommend im
2-stelligen Bereich. Dieser konvertiert allerdings mit schlechteren Umwandlungsquoten
als der sonstige Traffic auf den traditionellen, stationären E-Commerce Shops.

Damit stellen sich aus der Perspektive des Handels, aber auch aller anderen Player in
den mobilen Märkten, neue Herausforderungen; denn die bestehenden Geschäftsprozesse müssen aufgrund der mobilen Zugangsmöglichkeiten zum Kunden überdacht werden.
Und somit kommen wir zum zentralen Thema dieses Themenbereichs: Wie gestalte ich
eine zukünftig Smartphone-geprägte Customer Journey? Dabei ist es leider nicht damit
getan Use-Cases zu definieren und in bestehende Prozesse und Organisationen einzu-
gliedern. Denn diese unterscheiden sich von den bisherigen Use-Cases des stationären
Internets aufgrund der Art des Zugangs und der Nutzung der Devices. Wie einleitend beschrieben ist das Smartphone die persönliche und intimste Art und Weise mit dem Konsumenten in Kontakt zu treten. Das heißt, er wird nicht jedem diesen Zugang gewähren, sondern nur denjenigen, denen er auch vertraut. Dadurch, dass das Smartphone auch zu jeder
Zeit einen Kontakt ermöglicht, ist sein Nutzer auch hoch sensibilisiert für die Inhalte, mit
denen er angesprochen wird. Sie müssen für ihn relevant und zu einem höchst möglichen
Grad auf seine persönlichen Bedürfnisse ausgerichtet sein. Damit sind wir bei dem Thema
Big Data und der Device-übergreifenden Synchronisierung von Kundendaten und deren
intelligenter Einsatz innerhalb der Customer Journey.

Bezogen auf die kundengerichteten Aktivitäten, scheint bei den Marketiers in Deutschland die Dringlichkeit zu agieren angekommen zu sein. So stiegen 2012 in Deutschland
die Werbeausgaben im Kanal Mobile um gut 60 % und 2013 um über 100 %. Neben den
vielfältigen Herausforderungen einer mobilen Custormer Journey, ergeben sich auf der
anderen Seite auch in gleichem Maße Chancen für den Zugang zum Kunden. Bisher dominiert Google diesen Zugang. Über 40 % der getätigten Ausgaben in Online-Marketing sind
2013 weltweit an den Internetgiganten geflossen. Damit ist Google mit weitem Abstand
der wichtigste „Gatekeeper" zum Kunden. Und natürlich hat sich Google auch in der Welt
der mobilen Devices die besten Ausgangspositionen geschaffen und vereinnahmt jeden
zweiten mobilen Werbedollar. Dennoch, der permanente und sehr persönliche Zugang zum
Kunden bietet die Möglichkeit der direkten und unmittelbaren Kontaktaufnahme und die
Chance die Rollenverteilung im Business neu zu definieren. Dies gelingt allerdings nur,

wenn die Prioritäten auf Mobile gelegt werden und Use Cases definiert werden, die den Kunden ganzheitlich in der mobilen Customer Journey begleiten und den großen Playern eine geringe bis gar keine Chance bieten, sich in die Wertschöpfungskette einzuklinken.

Die Mobilisierung der Customer Journey führt zwangsläufig zu einer höheren Komplexität im Kauf- bzw. Geschäftsprozess und erfordert zusätzliche Investitionen, bei gleichzeitig hohem Margendruck in einzelnen Geschäftsfeldern wie zum Beispiel dem Retail. Zerlegt man den mobilen Kaufprozess des Kunden in seine Einzelteile beginnend mit dem Erstkontakt, weitergehend über den Kaufimpuls, die Produktauswahl, den eigentlichen Kaufprozess, den After Sales Service und die weitergehende Kommunikation mit dem Kunden, so stehen 4 Handlungsfelder im Fokus. Dies sind die Prozesse aller kundengerichteten Aktivitäten insbesondere das Marketing und CRM; sämtliche Use Cases um das Produktangebot und den Zugang zum Produkt; eine auf Smartphones ausgerichtet Usability, die dem Kunden den nahtlosen und einfachen Übergang zwischen unterschiedlichen Devices ermöglicht; und zuletzt die Ausrichtung der Gesamtorganisation auf die Anforderungen einer mobilen Customer Journey.

Mit den unterschiedlichen Handlungsfeldern wollen wir uns nun in dem folgenden Kapitel beschäftigen und Beispiele aufzeigen, wie die mobile Customer Journey zu gestalten ist, um über die gesamte Wertschöpfungskette den Kunden optimal zu begleiten. Im ersten Beitrag zeigen Veronika Wasza et al., wie durch Einbeziehung des Kunden über Crowdtesting die Benutzerfreundlichkeiten und Funktionalitäten der unterschiedlichen Devices in ihrer Qualität deutlich gesteigert werden können. Im nächsten Beitrag beschäftigen sich Michael Beck et al. mit Mobile Edge Computing Plattformen und den Möglichkeiten über angeschlossene Dienste ortsbezogene Werbung ausspielen zu können. Anschließend daran stellen Lars Schmitz et al. die grundlegenden Wirkmechanismen von ortsbezogener Werbung vor, wie diese sich in das Marketing eines Unternehmens integrieren lassen und welchen Nutzen ein Unternehmen daraus ziehen kann. In den nächsten zwei Beiträgen tauchen wir in die Customer Journey der Versicherungswirtschaft ein. Michael Cebulsky et al. geben anhand aktueller Studien von KPMG einen vertieften Einblick in die veränderte Form der Kommunikation und Interaktion mit bestehenden und potenziellen Versicherungskunden und die sich daraus ergebenden Anforderungen an Versicherungsunternehmen. Jörg Heinze et al. verschieben die Perspektive vom Kunden zum Produkt und zeigen auf, wie sich für einen erfolgreichen Verkauf über mobile Endgeräte die Produkteigenschaft und Charakteristika von Versicherungsprodukten ändern müssen, um die Barrieren des digitalen Handels zu überwinden. Im Folgenden beschäftigen sich Michael Tangemann et al. mit der Notwendigkeit, Kundenservices auf die Veränderungen im Kundenverhalten anzupassen und die Bedeutung der Services innerhalb der moblien Customer Journey neu zu bewerten.

Kampf der Aufmerksamkeit im M-Commerce: Auf die Benutzerfreundlichkeit kommt es an

Veronika Wasza und Georg Hansbauer

Zusammenfassung

Das Einkaufen über Smartphone und Tablet erfreut sich in Deutschland zunehmender Beliebtheit. Immer mehr Anbieter tummeln sich auf dem digitalen Marktplatz und versuchen sich ein Stück vom Kuchen zu sichern. Trotz der großen Konkurrenz wird den besonderen Anforderungen des M-Commerce derzeit noch zu wenig Aufmerksamkeit geschenkt. Usability-Studien können hier wertvolle Erkenntnisse liefern, denn am Ende des Tages wird der Kampf um die Kunden vor allem über Qualität und Benutzerfreundlichkeit entschieden. Crowdtesting ist eine relativ junge Methode, mit der sich herausfinden lässt, wie die potentielle Zielgruppe über die Angebote denkt und an welchen Stellen noch Handlungsbedarf besteht. Mithilfe verschiedener Fallbeispiele wird gezeigt, welche Fallstricke es bei der Entwicklung von mobilen Webseiten und Shopping-Apps zu meistern gilt und welche Regeln hinsichtlich der Benutzerfreundlichkeit zu beachten sind.

V. Wasza (✉) · G. Hansbauer
Testbirds GmbH, München, Deutschland
E-Mail: v.wasza@testbirds.de

G. Hansbauer
E-Mail: g.hansbauer@testbirds.de

© Springer-Verlag Berlin Heidelberg 2015
C. Linnhoff-Popien et al. (Hrsg.), *Marktplätze im Umbruch,* Xpert.press,
DOI 10.1007/978-3-662-43782-7_14

14.1   Online-Handel in Deutschland – eine Bestandsaufnahme

Der Versandhandel blickt in Deutschland auf eine lange Tradition zurück. Während früher durch dicke Kataloge geblättert und die Ware per Telefon oder bei dem lokalen Quelle-Händler um die Ecke bestellt wurde, wird heute das Internet durchforstet und bequem per Klick geordert. Der Online-Handel, zumeist auch als *E-Commerce* bezeichnet, gewinnt zunehmend an Bedeutung: Lagen die Umsätze in Deutschland 1999 noch bei 1,25 Mrd. €, so waren es 2013 bereits 33,1 Mrd. – Tendenz steigend [9].

Doch nicht nur für die vormals klassischen Versandhändler werden die digitalen Kanäle immer wichtiger. Gerade die neuen Internet-Unternehmen wie Amazon oder Zalando haben sich längst als feste Größen etabliert. Daneben gibt es zahlreiche kleine Online-Shops, mit denen sich Einzelhändler als Ergänzung zum stationären Verkauf ein zweites Standbein aufbauen wollen. Multi-Channel lautet die Devise und so ist in Deutschland mittlerweile von 25.000 bis hin zu 100.000 Online-Shops die Rede. Wie viele es tatsächlich sind, ist insbesondere aufgrund der ständigen Veränderungen im Markt nur schwer zu sagen. Neben den Shops einzelner Anbieter gibt es zudem Plattformen bzw. Marktplätze wie ebay oder Dawanda, auf denen Kleinunternehmer ohne eigenen Online-Auftritt verkaufen.

14.1.1   Deutschland kauft und informiert sich online

Einer Studie des Branchenverbands BITKOM zufolge, kaufen mittlerweile neun von zehn Internetnutzern online ein. Das entspricht etwa 71 % der deutschen Gesamtbevölkerung ab 14 Jahren und damit rund 50 Mio. deutschen Bundesbürgern. Zu den beliebtesten Produkten und Dienstleistungen zählen dabei Bücher, Kleidung, Schuhe und Accessoires, gefolgt von Eintrittskarten, Musik, Übernachtungen sowie Software, Filmen und elektronischen Haushaltsgeräten. Bei den letztgenannten Kategorien zeigen sich deutlich höhere Werte bei den Männern als bei den Frauen [1, S. 7–9]. Aber das Internet spielt nicht nur für den Kaufabschluss eine Rolle. Auch bei der kaufvorbereitenden Informationssuche setzen viele auf das World Wide Web. Fast neun von zehn Verbrauchern informieren sich online und kaufen dann im stationären Handel. Gleichzeitig informieren sich 71 % im Geschäft und bestellen dann im Internet [1, S. 35].

14.1.2   M-Commerce auf dem Vormarsch

Mit der Entwicklung von internetfähigen Mobiltelefonen und Tablets hat sich innerhalb des Online-Shoppings ein neuer Zweig herausgebildet, der dem elektronischen Warenverkehr nochmals eine besondere Dynamik verleiht: der sogenannte *M-Commerce*.

Laut BITKOM Befragung haben bereits 62 % der Tablet-Besitzer mit ihrem Gerät online eingekauft. In der Gruppe der Smartphone-Nutzer waren es gut die Hälfte [1, S. 28].

Angesichts der zunehmenden Verbreitung internetfähiger Telefone und Tablets verspricht
M-Commerce somit großes Potential. Bereits heute besitzt rund die Hälfte der Deutschen
ein Smartphone und knapp 30 % verfügen über ein Tablet [9, S. 6, S. 35]. Einer internationalen Studie des Centre for Retail Research zufolge, stammte 2013 rund jeder zehnte Euro
des deutschen Online-Shoppings von einem mobilen Endgerät. Die Experten erwarten,
dass sich der Umsatz in 2014 mehr als verdoppelt und auf 6,6 Mrd. € ansteigt [3]. Selbst
wenn sich die Zahlen weniger positiv entwickeln als von den Marktforschern durchaus
optimistisch progonosziert, so verdeutlicht die Analyse doch, welch großes Potential im
Verkauf über mobile Endgeräte steckt.

14.2 Erfolgsfaktoren im M-Commerce

Angesichts der großen Konkurrenz stellt sich natürlich die Frage, welche Faktoren für den
Erfolg eines Anbieters entscheidend sind. Um dies für den mobilen Handel im Speziellen
zu untersuchen ist es hilfreich, zunächst ein Blick auf den Online-Handel als solches zu
werfen.

14.2.1 Das macht Online-Shops erfolgreich

Eine Vielzahl von Untersuchungen beschäftigt sich mit der Frage, was Online-Shops
erfolgreich macht und welche Anforderungen die Nutzer an diese stellen. Dabei gibt
es unterschiedliche Herangehensweisen, was in die Analyse einbezogen wird. Während
die einen auch das Auffinden des Shops und SEO-Fragen thematisieren, konzentrieren
sich andere wiederum stärker auf die Frage, was zu Kaufabbrüchen führt. Eine der bekanntesten Studien über die Erfolgsfaktoren im E-Commerce stammt vom ECC Handel
(E-Commerce-Center Handel), die in Zusammenarbeit mit Hermes entstanden ist. Auf
Basis der Befragung von mehr als 10.000 Konsumenten und Kunden von über 100 Online-Shops wurden sieben Erfolgsfaktoren identifiziert: Webseite-Gestaltung, Benutzerfreundlichkeit, Sortiment, Preis-Leistung, Service, Bezahlung sowie Versand & Lieferung [4, S. 2].

14.2.2 Anforderungen an mobile Apps und Webseiten

Die Erfolgsfaktoren im M-Commerce sind ähnlich denen im E-Commerce, wie der ECC
in seiner Studie „Mobile Commerce in Deutschland – die Rolle des Smartphone im Kaufprozess" konstatiert [5, S. 42]. Allerdings weist der Bereich M-Commerce auch einige
Besonderheiten auf:
    Die Besitzer mobiler Endgeräte wollen sich mit ihrem Smartphone oder Tablet über
Produkte und Anbieter informieren, über ihr Gerät einkaufen und ggf. auch bezahlen.

Hierfür fordern sie speziell für die mobile Nutzung optimierte Seiten [5, S. 39]. Was zunächst vielleicht selbstverständlich klingen mag, erweist sich in der Praxis oft als große Hürde. Zunächst müssen Unternehmen entscheiden, ob sie eine App entwickeln und/oder die Webseite für die mobile Nutzung optimieren wollen. Beides hat Vor- und Nachteile. Für die Nutzer sind Apps laut ECC etwas weniger relevant als mobil optimierte Webseiten. Die Experten schlussfolgern, dass die Konsumenten die Möglichkeit präferieren, Informationen zu erlangen und Produkte zu kaufen, ohne zuvor eine App herunterladen zu müssen [5, S. 39]. Damit Online-Shops gerne besucht werden, müssen sie fehlerfrei funktionieren. Häufig gibt es jedoch Kompatibilitätsprobleme. Eine große Herausforderung stellt dabei die enorme Fragmentierung insbesondere im Android-Bereich dar. Wenn eine Webseite auf dem Samsung Galaxy funktioniert, muss sie nicht auch auf einem HTC One fehlerfrei laufen oder mit dem neuesten iPhone kompatibel sein. Dies erfordert umfassendes funktionales Testing – also dem Überprüfen der geforderten Funktionalitäten [12] – auf einer Vielzahl an Geräten.

Werden die Erfolgsfaktoren im Einzelnen betrachtet, so zeigt sich, dass den Konsumenten im M-Commerce vor allem die Sicherheit der Datenverbindung, die Offenlegung aller Kosten sowie die Übersichtlichkeit und eine leicht verständliche Menüführung wichtig sind. Auch schnelle Ladezeiten sind für die Verbraucher von großer Bedeutung [5, S. 43]. Diese sind aber nicht nur von der Verbindungsgeschwindigkeit abhängig, sondern stehen in engem Zusammenhang mit der Usability von Webseiten und Apps. Denn je mehr Informationen diese enthalten, umso länger sind die Ladezeiten. Natürlich lässt sich darüber diskutieren, wie trennscharf eine Abgrenzung zwischen dem Erfolgsfaktor Benutzerfreundlichkeit sowie den Faktoren Webseiten-Gestaltung, Services und Bezahlung möglich ist, die seitens ECC definiert wurden. Ausführliche und informative Produktbeschreibungen können beispielsweise durchaus als Teil der Benutzerfreundlichkeit betrachtet werden, ebenso wie umständliche Registrierungsvorgänge ein Problem der Usability darstellt.

Was genau in diesem Beitrag unter Usability zu verstehen ist und über welche Kriterien diese im Rahmen crowdbasierter Testingmethoden untersucht werden kann, wird unter Punkt 3.1 Kapitel erläutert.

14.3 Usability-Studien für den mobilen Handel

Viele Unternehmen setzen auf sog. Usability-Studien um herauszufinden, ob der eigene Online-Shop den Anforderungen der Kunden entspricht und wie sich dieser noch weiter optimieren lässt. Bevor im Folgenden auf die Möglichkeiten von Usability-Studien für den mobilen Handel eingegangen wird, gilt es nochmals genauer zu spezifizieren, was unter Usability im M-Commerce zu verstehen ist.

14.3.1 Was bedeutet Usability im M-Commerce?

Der Begriff Usability beschreibt die Nutzungsqualität bei der Interaktion mit einem technischen System und ist eng verbunden mit dem der Ergonomie. In der Softwareentwicklung wird damit die Anpassung an die kognitiven und physischen Fähigkeiten des Menschen bezeichnet [10]. Beim Onlineshopping bedeutet dies u. a., dass sich die Nutzer problemlos auf einer Seite zurechtfinden, der Bestellvorgang unkompliziert funktioniert und die Besucher aufgrund des Designs und der Gestaltung Spaß beim Einkaufen haben. Im Fall von Tablets und Smartphones müssen jedoch einige Besonderheiten hinsichtlich der Usability beachtet werden. Zum einen aufgrund der technischen Gegebenheiten, zum anderen aufgrund der speziellen Nutzungssituation. Die Bildschirme von Smartphones und Tablets sind deutlich kleiner und die Auflösung fällt niedriger aus als bei normalen Monitoren. Auch wenn der Trend hin zu immer größeren Bildschirmen mit sehr hoher Auflösung geht, so sind diese nicht vergleichbar mit den Screens, die man vom Arbeitsplatz oder dem heimischen PC gewöhnt ist. Inhalte und Funktionen müssen somit auf deutlich weniger Fläche platziert werden und die Schrift ausreichend groß und leserlich sein, um ständiges Zoomen zu vermeiden. Hinzu kommt die Bedienung mittels Touchscreen. Hier ist mit einer geringeren „Treffsicherheit" zu rechnen, als beim Mausklick. Außerdem sind die Nutzer an Besonderheiten wie z. B. das *Swipen* gewöhnt – dem horizontalen Wischen zum Wechseln zwischen Elementen.

   Auch die Nutzungssituationen von Tablet und Smartphone sind zu beachten. Smartphones sind Alleskönner im hektischen Alltag und das mobile Internet mittlerweile weit verbreitet. Auch das Tablet ist mobil einsetzbar, wird jedoch meistens zu Hause genutzt, um entspannt auf dem Sofa zu stöbern. Daher auch die Bezeichnung „Couch-Commerce" für das Einkaufen mit Tablet.

   Versucht man diese Besonderheiten sowie die aus der Studie des ECC Handel [5] bekannten Anforderungen und Wünsche der Kunden zu kategorisieren, so kann die Usability eines (mobilen) Online-Shops anhand folgender zentraler Dimensionen untersucht werden:

- Design/Gestaltung
- Bedienung
- Übersichtlichkeit
- Performance

Sicherlich lassen sich auch anderen Einteilungen vornehmen. Für die unter Punkt 4 vorgestellte Methode des crowdbasierten Softwaretestings hat sich die Untersuchung der genannten Dimensionen jedoch in der Praxis des Anbieters Testbirds bewährt und soll daher dem vorliegenden Beitrag zu Grunde liegen.

14.3.2 Wie funktionieren Usability-Tests?

Usability-Tests sind eine Technik der empirischen Softwareevaluation. Dabei wird die Gebrauchstauglichkeit eines Produkts durch die potentiellen Nutzer überprüft, die allgemeine Wirkung evaluiert sowie spezifische Problemstellen identifiziert. Die Versuchspersonen müssen dabei typische Aufgaben mit dem Testobjekt lösen, die sie später in einer ähnlichen Form mit diesem durchführen würden. Ein Usability-Test kann in allen Entwicklungsphasen durchgeführt werden – von der Protypen-Evaluation über Beta-Tests bis hin zum Testen bereits gelaunchter Webseiten [11]. Um die Usability einer Webseite bzw. eines Online-Shops zu untersuchen gibt es verschiedene Testvarianten – von der expertenbasierten Usability-Evaluation und Laboranalysen über On-Site-Befragungen zu Pfad- und Klickanalysen. Eine relativ neue Methode ist das sogenannte Crowdtesting, welches im folgenden Kapital genauer vorgestellt wird.

14.4 Crowdbasiertes Softwaretesting

Beim Crowdtesting wird die Schwarmintelligenz der weltweiten Internetgemeinde genutzt, um Apps, Webseiten und sonstige Software unter realen Bedingungen hinsichtlich Benutzerfreundlichkeit und Funktionalität zu prüfen. Der Begriff entstand in Anlehnung an den des „Crowdsourcing", der 2006 erstmals vom Journalisten Jeff Howe in einem Artikel für die Wired genutzt wurde, um die Auslagerung von Teilaufgaben aus Unternehmen auf eine Gruppe Freiwilliger zu bezeichnen [8].

Auch wenn es sich beim Crowdtesting um einen noch recht jungen Ansatz handelt, der erst seit wenigen Jahren in der Softwareentwicklung Einzug gehalten hat, so konnte sich die Methode doch bereits fest etablieren. Laut dem aktuellen World Quality Report 2014–2015 setzen 54 % der befragten IT-Verantwortlichen auf Crowdtesting bzw. haben vor, dies in 2014 zu tun [2, S. 23].

Im deutschsprachigen Raum gibt es bislang nur wenige Anbieter, die Plattformen aufgebaut haben, um crowdbasierte Testprojekte abzuwickeln. Einer von ihnen ist das Münchner Unternehmen Testbirds, auf dessen Erfahrungen dieser Beitrag basiert.

14.4.1 So funktioniert Crowdtesting

Crowdtesting ermöglicht sowohl funktionales Testing als auch Usability-Testing. Die Vorteile der Methode: Die Probanden arbeiten mit ihren eigenen Geräten und ohne künstliche Laborsituation. Aus einem Pool an Testern können genau diejenigen Personen ausgewählt werden, die den Merkmalen der potentiellen Kunden entsprechen. Unternehmen können so noch vor Release in Erfahrung bringen, wie ihre Zielgruppe denkt und wo es noch Schwierigkeiten gibt. Zudem verfügt die Crowd über nahezu alle Geräte und Betriebssysteme – vom Desktop PC mit unterschiedlichen Browsern über Tablets bis hin zu Smartphones mit den verschiedensten Betriebssystemen. Von Unternehmen ist diese Vielfalt mit einer eigenen Testabteilung kaum abzubilden. Die Crowd spiegelt dabei einen Querschnitt der gesamten Gesellschaft wider: Neben Studenten, Senioren oder Hausfrauen stehen auch Experten und zertifizierte Tester bereit, die je nach Bedarf zu einer spezifischen Testgruppe zusammengestellt werden können. Die Tester sind sehr flexibel einsetzbar und über das Internet jederzeit verfügbar. Weil sich die Probanden in ihrer natürlichen Umgebung befinden, sind die Tests im Gegensatz zu klassischen Laborbefragungen sehr realitätsnah und auch kostengünstiger [7, S. 30–32]. Da jedoch die Kontrolle bzw. die Dokumentation durch einen Labor- bzw. Testleiter vor Ort entfällt, muss die Qualität der Ergebnisse durch den Crowdtesting-Dienstleister anderweitig sichergestellt werden. Im Sinne der Nachvollziehbarkeit der einzelnen Testschritte erfolgt die Dokumentation nicht nur schriftlich, sondern auch mittels Screenshots oder Screencasts. Ein Projektmanager wertet die Berichte der Tester anschließend aus und spielt sie bei Unvollständigkeit oder mangelnder Qualität an die Probanden zurück. Neben der Qualitätssicherung muss der Anbieter auch zu jeder Zeit garantieren, dass die über das Internet übermittelten Daten stets vertraulich behandelt werden – insbesondere bei noch unveröffentlichter Software [7, S. 30–32].

Generell ist Crowdtesting jedoch keine Alternative zu automatisierten Tests oder interner Qualitätssicherung. Vielmehr ist die Methode als eine Ergänzung traditioneller Softwaretestingmethoden anzusehen, welchen die Sichtweise der Nutzer nochmals stärker in den Fokus nimmt.

14.4.2 Anwendungsfälle im M-Commerce

Insbesondere im M-Commerce kann Crowdtesting wertvolle Erkenntnisse liefern, da der Shop durch die potentiellen Kunden unter die Lupe genommen werden kann. Um die Benutzerfreundlichkeit und die Funktionalität einer Shopping-App oder einer mobilen Webseite zu evaluieren, müssen zunächst die Testgruppe, Geräte sowie das Testdesign festgelegt werden. Bietet ein Online-Shop bspw. Bekleidung für Kleinkinder an, so würde die Gruppe aus Eltern bestehen – ergänzt um einige erfahrenen Tester, die bei der funktionalen Fehlersuche unterstützen. Da Kinderbekleidung zumeist von Frauen gekauft wird, würden sich vor allem Mütter bzw. Großmütter unter den Probanden befinden. Je nachdem, ob es sich im Test um eine iOS- oder eine Android-App handelt, werden Geräte mit den entsprechenden Betriebssystemen ausgewählt. Bei Android werden darüber hinaus verschiedene Hersteller berücksichtigt. Für mobile Webseiten kämen sowohl Smartphones als auch Tablets zum Einsatz, jeweils mit verschiedenen Versionen der gängigen Betriebssysteme. Mithilfe verschiedener Anwendungsfälle durchforsten die Tester dann den Online-Shop. Ein typisches Szenario könnte dabei wie folgt aussehen:

- Schaue dich im Online-Shop um und klicke dich durch die Kategorien
- Wähle ein Produkt aus und sieh dir die Bilder und Beschreibungen an
- Nutze die Suchfunktion, um ein bestimmtes Produkt zu finden
- Wähle das Produkt in einer anderen Größe oder einer anderen Farbe

- Suche nach ähnlichen Produkten sowie in anderen Kategorien
- Lege verschiedene Produkte in den Warenkorb und setze den Einkauf fort
- Stöbere im Schnäppchenmarkt, lies dir die AGBs durch
- Nutze die angebotenen Filterfunktionen wie z. B. die Farbe
- Lösche Produkte aus dem Warenkorb und ändere die Farbe eines Produktes, das sich bereits im Warenkorb befindet
- Wähle eine Zahlungsart und gib deine Kontaktdaten ein
- Brich den Bestellvorgang ab, gehe anschließend erneut auf die Seite
- Schließe den Bestellvorgang mit drei Produkten im Warenkorb ab

Stoßen die Tester auf funktionale Fehler, so werden diese detailliert in einem Report festgehalten. Außerdem geben sie Feedback zur Benutzerfreundlichkeit bzw. zu den unter Punkt 3.1 definierten Dimensionen wie Design/Gestaltung, Bedienung, Übersichtlichkeit und Performance. Dabei kann u. a. abgefragt werden, wie die Tester Aufbau und Navigation einschätzen und ob die Ladezeiten angemessen und alle Funktionen leicht zu bedienen waren. Eine Bewertung der Kriterien erfolgt mittels Punktesystem oder Schulnoten. Darüber hinaus besteht die Möglichkeit, qualitatives Feedback zu den einzelnen Schritten zu geben. Gibt es Probleme beim Bestellvorgang? Sind weitere Zahlungsmethoden gewünscht? Waren die Produktbilder groß genug und die Bestellbuttons gut klickbar? Die Antworten werden im Anschluss ausgewertet und aus den Ergebnissen konkrete Handlungsempfehlungen abgeleitet.

14.5 Online-Shops auf dem Testbirds-Prüfstand

Der Crowdtesting Anbieter Testbirds wurde 2011 gegründet. Seitdem hat das Unternehmen zahlreiche Online-Shops und spezielle Shopping Apps hinsichtlich ihrer Benutzerfreundlichkeit und Funktionalität unter die Lupe genommen – beispielsweise die mobile Webseite von HSE24 oder den Beauty-Online Shop von Ludwig Beck. Im Rahmen eines Vergleichstests ohne Kundenauftrag wurden im Frühjahr 2014 zudem die Apps von Amazon, Brands4Friends, Ebay, Media Markt, Tchibo und Zalando hinsichtlich ihrer Benutzerfreundlichkeit untersucht. Die unterschiedlichen Dimensionen von Usability wurden dabei anhand der unter Punkt 3.1 definierten Kriterien – Design/Gestaltung, Bedienung, Übersichtlichkeit und Performance – abgefragt. Die Tester mussten diese anhand einer Skala von 1–6 Sternen (1 = sehr schlecht bis 6 = sehr gut) bewerten. Um zu ermitteln, wie gut die App die generellen Anforderungen der Nutzer erfüllte, wurden die Tester außerdem gefragt, wie wahrscheinlich es wäre, dass sie die App Freunden oder Familie empfehlen würden und wie ihr Gesamteindruck war. In einer offenen Frage konnten die Probanden zudem ausführliches Feedback zur jeweiligen Anwendung geben und ihre Bewertung nochmals begründen. Insgesamt wurde jede mobile Anwendung von zehn Testern unter die Lupe genommen. Die Probanden spiegelten einen Querschnitt der Bevölkerung wider und hielten sich überdurchschnittlich oft im Internet auf. Alle besaßen Erfahrung mit Shopping-Apps und bestellten regelmäßig online.

Die Antworten der Tester wurden von einem Projektmanager ausgewertet und Probleme der Apps sowie hilfreiche Features identifiziert. Diese Analyse soll zusammen mit den Erfahrungen aus den weiteren durch Testbirds durchgeführten Kundenprojekten als Basis dienen, um häufige Fehler im M-Commerce aufzuzeigen und Unternehmen zehn Tipps für die Usability von mobilen Online-Shops an die Hand zu geben.

14.6 Usability-Fallstricke im M-Commerce

Der häufigste Fehler bei der mobilen Usability dreht sich stets um dieselbe Problematik. Er besteht darin, die Besonderheiten der mobilen Endgeräte zu verkennen. Eine Version für alles funktioniert nicht. Wer davon überzeugt ist, dass die normale Desktop-Version auch für Smartphones oder Tablets ausreichend ist, der wird im M-Commerce auf Dauer keinen Erfolg haben.

Ein weiteres Problem liegt häufig darin, die Wünsche der Zielgruppe zu vernachlässigen. Dabei geht es aber nicht nur um das Geschlecht der Nutzer, sondern auch um das Alter oder die allgemeine Erfahrung mit mobilen Angeboten. Zieht man erneut das Beispiel des Online-Shops für Baby- und Kinderbekleidung heran, so lässt sich die Problematik sehr gut veranschaulichen. Eltern haben bereits Erfahrung mit Kleidung für den Nachwuchs gesammelt und achten daher auf andere Faktoren wie es vielleicht Studenten tun würden. Gibt es bspw. bei den Produktbeschreibungen detaillierte Informationen zu den verwendeten Materialien oder Pflegehinweise? Werden hilfreiche Filter verwendet, wie nach Alter des Kindes für das ein Produkte geeignet ist oder hinsichtlich des Geschlechts? Je nach Erfahrungshintergrund werden unterschiedliche Dinge beachtet. Usability bedeutet freundlich *zum* Benutzer [11], weshalb auch dessen Wünsche im Mittelpunkt stehen sollten und nicht technische Funktionen oder Designtrends.

Ein weiterer Fallstrick bei der Entwicklung von mobilen Angeboten liegt in den Funktionalitäten. Natürlich müssen Apps und mobile Webseiten problemlos laufen, damit sie von den Kunden gerne genutzt werden. Rechtschreibfehler, Probleme bei der graphischen Darstellung oder nicht funktionierende Elemente führen schnell zu Kaufabbrüchen. Insbesondere aufgrund der enormen Fragmentierung im Android-Bereich sollten mobile Angebote daher vorab auf einer Vielzahl an Geräten einem funktionalen Test unterzogen werden. Denn nur benutzerfreundliche *und* wirklich fehlerfreie Angebote können auf Dauer überzeugen.

14.7 Usability im M-Commerce: Zehn Tipps

1. *Online-Shop mobil machen*

Egal ob Shopping-App oder responsive bzw. mobile Webseite: Der Online-Shop muss für die Nutzung auf mobilen Endgeräten optimiert werden. Bei der Entscheidung kann es durchaus hilfreich sein, die Kunden nach ihrer Meinung zu befragen und das bisherige

Nutzungsverhalten zu analysieren. Mobile Browser sollten generell automatisch erkannt werden. Auf vorhandene Apps sollte unbedingt verwiesen werden und ein direkter Link zum App-Store integriert sein.

2. *Anwendungsfälle definieren*

Nicht alle Funktionalitäten, die auf der normalen Seite vorhanden sind, müssen auch in der mobilen Version angeboten werden. Was sind die Kernfunktionen? Welche werden im normalen Online-Shop am häufigsten genutzt? So wird nicht nur die Aufmerksamkeit auf das Wesentliche gelenkt, auch die Ladezeiten können verkürzt werden, wenn nicht zu viele Funktionen gleichzeitig laufen.

3. *Struktur und Übersichtlichkeit sind entscheidend*

Die Bildschirme von Tablets und Smartphones bieten nur wenig Platz. Die kleine Fläche sollte daher möglichst nur für die primären Inhalte genutzt werden. Weiterführende Infos oder Funktionalitäten gehören in die zweite Reihe und sollten nur bei Bedarf geladen werden, wie etwa vergrößerte Produktbilder. Als Best-Practice Beispiel kann hier die App von Amazon angeführt werden. Die Anwendung enthält alle wichtigen Funktionalitäten, welche die Nutzer auch von der normalen Seite her kennen, und ist dennoch nicht überladen.

4. *Die Optik ist (auch) wichtig*

Für den Spaß beim Einkaufen ist die Optik mit ausschlaggebend. Das Design sollte funktional sein und die Botschaft des Shops unterstreichen. Beim Shop von Ludwig Beck lobten die Testerinnen bspw., dass das schlichte und edle Design ideal zum gehobenen Sortiment passen würde. Unabhängig von persönlichen Geschmacksfragen ist auf hohe Kontrastverhältnisse zu achten. Klar und nicht zu verspielt sollte das Design sein. Der *Skeumorphismus* von Apple kann hier als Vorbild dienen. Dabei werden Objekte auf dem Bildschirm den Eigenschaften materieller Objekte angeglichen, z. B. ein Bief als Symbol für Nachrichten.

5. *Finger sind keine Mauszeiger*

Die Bedienung mittels Touch-Screen geht mit einigen Besonderheiten einher, denn Fingerspitzen sind nie so treffsicher wie der Mauszeiger. Nur weil eine Schaltfläche gut sichtbar ist, muss sie nicht auch gut bedienbar sein. Links sind generell nur schwer anzuklicken, ebenso sehr kleine Schaltflächen. Daher ist darauf zu achten, dass Symbole ausreichend groß sind, um sie nicht zu verfehlen.

6. *Dem Nutzer helfen*

Die Nutzung sollte so einfach wie möglich sein. Kein Kunde möchte lange suchen, sich durch unzählige Kategorien klicken oder lange Formulare ausfüllen. Intelligente Filter und Suchfunktionen machen den Unterschied in der Benutzerfreundlichkeit. Autovervollständigungen oder „Click to Call Buttons", um bspw. mit dem Kundenservice verbunden zu werden, können als hilfreiche Komponenten zum Einsatz kommen.

7. *Gerätespezifische Besonderheiten sinnvoll einsetzen*

Smarthones und Tablets sind nicht nur klein und mobil, sondern weisen auch gerätespezifische Besonderheiten auf, die sich Online-Shops zu Nutze machen können. Ist der Shop beispielsweise auch im stationären Handel präsent, so empfiehlt sich eine automatische Standorterkennung via GPS, die den Weg zur nächsten Filiale anzeigt. Dieses Feature wird u. a. in der Tchibo-App eingesetzt. Der Filialfinder weist den Weg zum nächsten Ladengeschäft inkl. Öffnungszeiten.

8. *Den Warenkorb optimieren*

Ein zentrales Element jeden Online-Shops ist der Warenkorb. Diesen sollte der Nutzer stets im Blick behalten können und ihm über mehrere Tage erhalten bleiben. Es empfiehlt sich ebenso, den Warenkorb auch mit dem Desktop zu synchronisieren. So kann der Kunde seinen unterwegs begonnenen Einkauf problemlos auch zu Hause fortsetzen. Und zu guter Letzt sollten bereits gewählte Produkte jederzeit aus dem Warenkorb gelöscht oder getauscht werden können.

9. *Bezahlfunktionen und einfache Registrierung*

Die Bezahlfunktion ist das Herzstück eines Online-Shops. Die Kunden müssen enstprechend ihrer Präferenzen zwischen verschiedenen Arten der Bezahlung wählen können. Richtet sich ein Online-Shop an Kunden mit eher niedriger Kauftkraft bzw. Kreditwürdigkeit, so könnte sich auch die Variante des Barzahlens positiv auf die Kaufabschluss-Rate auswirken. Der Kaufprozess sollte sich dabei möglichst einfach gestalten. Lange Registrierungsprozesse oder umfangreiche Formulare führen schnell zu Abbrüchen.

10. *Lieferstatus bzw. Order nachverfolgen*

Ist das Produkt schon auf dem Weg? Wartet der Postbote bereits vor der Tür? Wer mobil einkauft, möchte gerne mit Smartphone oder Tablet verfolgen, wo sich die Lieferung gerade befindet. Eine Trackingfunktion kann daher ein sinnvolle Ergänzung darstellen.

14.8   Fazit und Ausblick

Mobile-Commerce ist für viele Nutzer mittlerweile gelebte Realität. Angesichts der zunehmenden Verbreitung von Smartphones und Tablets wird der mobile Handel in Zukunft noch weiter an Fahrt aufnehmen. Rückenwind bekommt er dabei durch den Ausbau des mobilen Internets und den immer schnelleren Verbindungen – sei es nun bei stationären Anschlüssen oder in mobilen Netzen.

Viele Händler haben bereits erkannt, welche Möglichkeiten sich durch das (mobile) Internet bieten und entsprechend groß ist auch die Konkurrenz. Doch wer sich von seinen Wettbewerbern absetzen will, der muss die Wünsche der Kunden stets im Blick behalten und Wert auf Qualität legen. Im M-Commerce wird den Besonderheiten hinsichtlich der geringeren Bildschirmgrößen und der Nutzungssituation allerdings noch zu wenig Aufmerksamkeit geschenkt. Die Kunden nach ihrer Meinung zu fragen, kann dabei durchaus einen großen Mehrwert liefern. Die Zukunft gehört jenen Apps und Webseiten, die sich durch eine hohe Benutzerfreundlichkeit auszeichnen.

Literatur

1. BITKOM Bundesverband Informationswirtschaft Telekommunikation und neue Medien e. V. (2013). Trends im E-Commerce – Konsumverhalten beim Online-Shopping. Berlin.
2. Buenen, M., & Teje, M. (2014). World Quality Report 2014–2015, Capgemini, Sogeti und HP.
3. deals.com in Zusammenarbeit mit dem Centre for Retail Research. (2014). Online-Handel in Europa und den USA 2014–2015, Februar 2014. http://www.deals.com/umfragen/internationale-e-commerce-studie-2014. Zugegriffen: 15. Sept. 2014.
4. ECC, E-Commerce Center an der IFH Köln. (2014). Erfolgsfaktoren im E-Commerce – Deutschlands Top Online-Shops Vol. 3. Eine Zusammenfassung der Studie des ECC in Zusammenarbeit mit Hermes. Köln.
5. Eckstein, A. H. J. (2012). Mobile Commerce in Deutschland – die Rolle des Smartphones im Kaufprozess, Band 31 der Reihe „Ausgewählte Studien des ECC Handel". Köln: Institut für Handelsforschung GmbH (IfH).
6. HDE, Handelsverband Deutschland. (2014). E-Commerce Umsätze, Januar 2014. http://www.einzelhandel.de/index.php/presse/zahlenfaktengrafiken/internetunde-commerce/item/110185-e-commerce-umsaetze. Zugegriffen: 24. Sept. 2014.
7. Müller, A.-L., & Steinhauser, M. (2013). Crowdtesting – eine Ergänzung des traditionellen Softwaretestings. *Testing Experience DE*, S. 30–32, April 2013.
8. Pelzer, C. (2014). Crowdsourcing Terminologie, 12 Februar 2011. http://www.crowdsourcing-blog.de/blog/2011/02/12/terminologie/. Zugegriffen: 4. Nov. 2014.
9. Tomorrow Focus Media. (2014). Mobile Effects 2014-I. München.
10. Wikipedia-Autoren. (2014). Benutzerfreundlichkeit. 13 Oktober 2014. http://de.wikipedia.org/w/index.php?title=Benutzerfreundlichkeit&oldid=134867062. Zugegriffen: 3. Nov. 2014.
11. Wikipedia-Autoren. (2014). Usability-Test, November 28 2013. http://de.wikipedia.org/w/index.php?title=Usability-Test&oldid=124949889. Zugegriffen: 3. Nov. 2014.
12. Wikipedia-Autoren. (2014). Funktionstest, 7 März 2014. http://de.wikipedia.org/w/index.php?title=Funktionstest&oldid=128277678. Zugegriffen: 3. Nov. 2014.

Vom Zugangs- zum Dienstanbieter: Wie Mobilfunkprovider das Internet der Zukunft mitgestalten können

15

Michael Till Beck, Sebastian Feld und Thomas Schimper

Zusammenfassung

Dieser Beitrag beleuchtet, inwieweit sich Mobilfunkprovider in den letzten Jahren zu Infrastrukturprovidern gewandelt haben, die primär Datenvolumen an externe Dienste weiterleiten, an denen sie selbst finanziell nicht beteiligt sind. Am Beispiel der Mobile Edge Computing Technologie wird erörtert, wie diesem Trend entgegengewirkt werden kann und der Wandel vom Infrastrukturprovider hin zum Dienstanbieter gelingen kann.

15.1 Einleitung

Eine der größten Herausforderungen, denen sich heutige Mobilfunkprovider stellen müssen, ist der Ausbau der Kerninfrastruktur. An die heutigen Netze werden ganz andere Anforderungen gestellt als dies noch vor einigen Jahre zuvor der Fall war: In den frühen Jahren der Mobilkommunikation war das Kerngeschäft der Provider die Vermittlung von Sprach- und Kurznachrichtendiensten die sie auch selbst mit der ihr zur Verfügung stehenden Infrastruktur erbringen konnten. Der Zugriff auf externe Webdienste war zwar tech-

M. T. Beck (✉) · S. Feld
Institut für Informatik, Ludwig-Maximilians-Universität München,
München, Deutschland
E-Mail: michael.beck@ifi.lmu.de

S. Feld
E-Mail: sebastian.feld@ifi.lmu.de

T. Schimper
Nokia Networks, München, Deutschland
E-Mail: thomas.schimper@nsn.com

© Springer-Verlag Berlin Heidelberg 2015
C. Linnhoff-Popien et al. (Hrsg.), *Marktplätze im Umbruch,* Xpert.press,
DOI 10.1007/978-3-662-43782-7_15

nisch gesehen möglich, wurde aber aufgrund der geringen Datenraten sowie der beschränkten Kapazitäten der mobilen Endgeräte nur wenig angenommen. Mit dem Aufkommen schneller Übertragungsstandards wie UMTS und LTE sowie der zunehmenden Verbreitung rechenstarker Endgeräte änderte sich dies. Internetbasierte Dienste gewannen mehr und mehr an Bedeutung. In heutigen Netzen übersteigt das Datenvolumen, welches durch Internetdienste generiert wird, um ein Vielfaches das Datenvolumen, welches durch die traditionellen Dienste Sprach- und Kurznachrichtenkommunikation. Laut einer von Ericcson publizierten Studie wird sich das Datenvolumen weiterhin jedes Jahr verdoppeln [1].

Im Folgenden wird näher auf diesen Wandel sowie die Bedeutung für den Mobilfunkprovider eingegangen. Wie in Abb. 15.1 gezeigt, überwogen in traditionellen Mobilfunknetzen die leitungsvermittelten Dienste. Dies sind in erster Linie Telefonie und Kurznachrichten. Paketbasierte Dienste, zu denen auch Internetdienste zählen, spielten dagegen kaum eine Rolle. Die leitungsvermittelten Dienste wurden direkt vom Mobilfunkprovider erbracht und abgerechnet. Weiterhin war der Mobilfunkprovider in der komfortablen Rolle über ein Angebotsmonopol seine Dienstleistungen anbieten zu können. Wenn also ein Kunde eine Vertragsbeziehung zu einem Mobilfunkprovider abgeschlossen hat, konnte er nur von diesem Mobilfunkprovider die Dienste in Anspruch nehmen.

In heutigen Netzen hat sich dieses Bild jedoch zu Gunsten der paketbasierten Dienste verschoben. Dieses neue Verhältnis ist in Abb. 15.2 dargestellt. Statt vereinzelter Aufru-

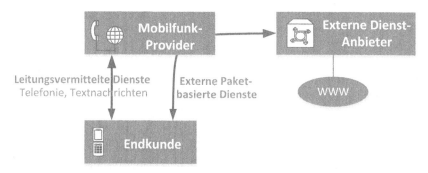

Abb. 15.1 Dienste in traditionellen Mobilfunknetzen

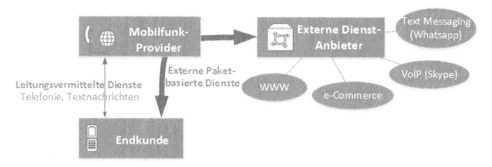

Abb. 15.2 Dienste in heutigen Mobilfunknetzen

fe einfacher Webdienste müssen heutige Mobilfunkprovider zu einer Vielzahl von unterschiedlichen Internetdiensten vermitteln. Dieses Dienstangebot umfasst auch die Dienste die traditionell vom Mobilfunkprovider zur Verfügung gestellt wurden, wie Sprachvermittlung und Kurznachrichtendienste. Der Kunde hat mit dieser Änderung freie Auswahl von Dienstanbietern, das Angebotsmonopol ist damit aufgehoben. Dies führt zum einen dazu, dass das Datenvolumen, welches vom Mobilfunkprovider durch die Kerninfrastruktur befördert werden muss, dramatisch steigt. Zum anderen verschiebt sich auch der Ort, an dem Geschäfte gemacht werden: In der Tat ist dies für den Mobilfunkprovider die wesentlich gefährlichere Entwicklung. Neue, externe Internetdienste werden plötzlich attraktiver als die traditionellen, eigenen Dienste, an denen der Mobilfunkprovider Geld verdient. Der Mobilfunkprovider ist mehr oder weniger zu einem Zugangsanbieter geworden, der seinen Kunden den mobilen Internetzugriff auf externe Dienste und Inhalte ermöglicht. Ebenso ist ein Wandel von Verbindungs- zu Paketorientierung auch in der Kerninfrastruktur zu erkennen: Im Zuge dieser Entwicklung wandelte sich die ausschließlich auf verbindungsorientierte Dienste (2G/GSM) ausgerichtet Kerninfrastruktur zu einer Mischform (3G/UMTS), die mit der neuesten Mobilfunkgeneration (4G/LTE) schließlich vollständig zu paketorientierter Datenvermittlung übergeht. In der jüngsten Vergangenheit hat das mobile Datenvolumen drastisch zugenommen. Es stellen sich erste Probleme ein, nämlich Engpässe der Datenkapazität.

Die Mobilfunkprovider müssen einerseits massiv investieren (Peering/Transit/etc., aber auch Netzausbau), andererseits lassen sich mit den Mobilfunkdiensten für den Mobilfunkprovider selbst immer weniger Geld verdienen. Kostenpflichtige Mobilfunkdienste werden ersetzt durch populäre, oft wesentlich günstigere bis sogar kostenlose Internetdienste, an denen der Mobilfunkanbieter nicht mitverdient. Als Beispiel sei hier die SMS aufgeführt, welche mehr und mehr durch Dienste wie WhatsApp ersetzt wird; ferner die klassische Telefonie, die zu VoIP-Diensten wie Skype in Konkurrenz steht. Dazu kommt, dass die neuen Dienste viele Zusatzfunktionen bieten, die der Mobilfunkprovider in dieser Form nicht anbietet, beispielsweise das Mitsenden von hochauflösenden Fotos und Musik in Textnachrichten, oder Videokonferenzen anstatt nur sprachgestützter Telefonie. In der Tat werden inzwischen mehr Nachrichten über WhatsApp verschickt als per SMS [2], und WhatsApp ist heute unter Jugendlichen populärer [3].

Es ist offensichtlich, dass diese Entwicklung aus Sicht der Mobilfunkprovider nicht zukunftsträchtig ist. Um in Zukunft konkurrenzfähig bleiben zu können, müssen Mobilfunkprovider selber „mitspielen" und nicht nur den Zugang zu externen Internetdiensten bieten, an denen sie selbst finanziell nicht beteiligt sind. Sie müssen eigene Dienste im Mobilfunknetz anbieten bzw. zusammen mit den Dienstanbietern bereitstellen, anstatt nur Zugangsanbieter zu sein. Mobilfunkprovider müssen neue, innovative, zukunftsfähige Dienste anbieten, die gegenüber bisherigen Diensten einen Mehrwert bieten. Wie dieser Wandel vom Infrastrukturprovider zum Dienstanbieter (dargestellt in Abb. 15.3) gelingen kann, wird im Folgenden am Beispiel der Mobile Edge Computing Technologie erläutert.

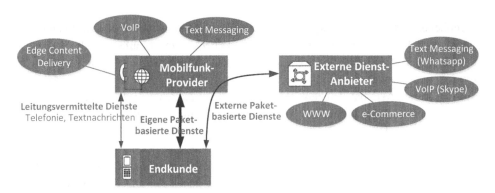

Abb. 15.3 Mobilfunkanbieter im Wandel zum Dienstanbieter

15.2 Mobile Edge Computing – Vom Infrastrukturprovider zum Dienstanbieter

Mobile Edge Computing ist eine neue Technologie, die die Integration zusätzlicher Recheneinheiten am „Rand" (*edge*, engl. für Rand) des Mobilfunknetzes vorsieht. Eine erste konkrete Umsetzung des Mobile Edge Computing Ansatzes wurde 2014 von Nokia Networks vorgestellt [4]. In bisherigen Netzen sind Basisstationen lediglich dazu vorgesehen, den mobilen Endgeräten Zugang zum Mobilfunknetz zu gewähren. Mobile Edge Computing erweitert nun diese Basisstationen um eine Serverkomponente, auf der sich neue Dienste integrieren lassen (vgl. Abb. 15.4). Diese Dienste stehen dann in unmittelbarer Nähe zum Endkunden zur Verfügung.

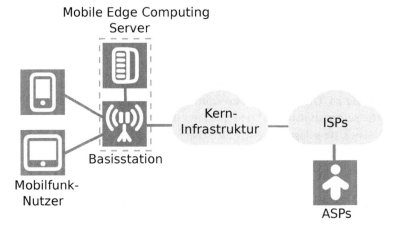

Abb. 15.4 Die Mobile Edge Computing Infrastruktur

Diese Anwendungen können einerseits vom Mobilfunkbetreiber allein verwaltet und angeboten werden, oder in Kooperation mit externen Dienstanbietern. Grundsätzlich sind die folgenden Klassen von Anwendungen denkbar (vgl. [5]):

Edge Content Delivery und Edge Caching Content wird für gewöhnlich dort vorgehalten, wo diese erstellt oder gesammelt werden. Ein Beispiel dafür sind die zahlreichen Rechenzentren von Google, dem Besitzer der beliebten Videoplattform YouTube. Die Idee von Edge Content Delivery ist nun, die Internetinhalte viel näher vom Produzenten an den Konsumenten zu bringen, als dies in klassischen Content Delivery Networks möglich ist. Das bedeutet also im vorliegenden Kontext an die Mobile Edge und somit in die Nähe des Mobilfunknutzers. Die Mobile Edge Computing Server dienen also als spezielle Caching-Systeme. In einer Studie von Ericcson [1] wurde prognostiziert, dass bis 2019 der mobile Traffic nur noch zu 10 % durch Webbrowsing erzeugt wird und über 50 % durch Videodaten. Da Videos für gewöhnlich einmalig erstellt werden und sich dann nicht mehr verändern, sind diese Daten hervorragend zum Vorhalten, also Caching geeignet. Die Daten liegen da, wo sie gebraucht werden, nämlich beim Anwender, und sind mit extrem geringer Latenz abrufbar. Ferner kann die Last im Kernnetzwerk reduziert werden, da angeforderte Daten nicht durch das Kernnetz befördert werden müssen.

Offloading Bereits heute schon lagern viele mobile Anwendungen Ressourcen- und Stromintensive Aufgaben an entfernte Recheneinheiten aus. Mobile Edge Computing bietet nun eine Möglichkeit, diese ausgelagerten Aufgaben direkt am Rande des Mobilfunknetzes, also am Mobile Edge, zu erledigen. Die Idee dahinter ist es die eingeschränkte Rechenpower, Speicherplatz, Bandbreite oder Batteriekapazität der mobilen Endgeräte zu verbessern, indem auf externe, ressourcen-starke Systeme zurückgegriffen wird. Komplizierte Rechenaufgaben können zum einen ausgelagert werden, weil ein Smartphone zu lange brauchen würde und zum anderen weil die notwendige Strommenge die Laufzeit des Gerätes zu stark beeinträchtigen würde.

Augmentation An Mobilfunkstationen sind Informationen verfügbar, die ein Dienstanbieter ohne weiteres nicht besitzt. Aus diesem Grunde können die Informationen direkt an der Mobile Edge mit Dienstanbietern ausgetauscht werden, um einen bestimmten bestehenden Dienst zu verbessern. So kann ein Mobilfunkanbieter Anfragen eines Anwenders an das Internet mit Informationen erweitern, wie beispielsweise Daten über die momentane Auslastung der Basisstation. Ebenso kann der Mobile Edge Computing Server Vorhersagen zur zukünftigen Verwendung der Bandbreite geben, was einem Dienstanbieter eine Echtzeitanpassung von Parametern ermöglicht. Durch die Verbindung von Diensten mit der Mobilfunkproviderinfrastruktur können diese Dienste für den Endanwender attraktiver gestaltet werden als auch das Angebotsmonopol für exklusive Dienste die aus der Mobile Edge Computing Plattform erbracht werden wieder hergestellt werden.

15.3 Anwendungsfälle von Mobile Edge Computing

Im folgenden Abschnitt werden exemplarisch drei Anwendungsfälle für die Mobile Edge Computing Technologie beschrieben.

Rural Internet – Aus der Steinzeit in die Gegenwart Laut der Breitbandstrategie der Bundesregierung sollte bis spätestens Ende 2010 flächendeckend leistungsfähige Breitbandanschlüsse verfügbar sein [6]. Als Breitbandanschluss zählte jedoch bereits eine Internetverbindung von mindestens 1 MBit pro Sekunde. Dieses Ziel wurde im Großen und Ganzen erreicht. Ferner besagte die Breitbandstrategie jedoch auch, dass bis 2014 bereits 75 % der Haushalte in Deutschland mit Übertragungsraten von mindestens 50 MBit pro Sekunde zur Verfügung stehen sollen. In der Digitalen Agenda verkündet die Bundesregierung eine finanzielle Unterstützung des Breitbandausbaus. So soll laut Koalitionsvertrag bis Ende 2018 eine flächendeckende Versorgung mit 50 MBit pro Sekunde erreicht sein. Während der Breitbandausbau in städtischen Regionen schnell durchgeführt wurde, so sind viele Ortschaften, gerade in gering besiedelten Gebieten, digital noch nicht erschlossen. Kleine Ortschaften teilen sich eine physikalische Internetverbindung zur nächst größeren Stadt mit einer Geschwindigkeit, der ein durchschnittlicher Haushalt bspw. in Berlin alleine zur Verfügung steht.

An dieser Stelle setzt nun Mobile Edge Computing an und versucht, die geringe Internetkapazität möglichst effizient zu nutzen. Positiv verhält sich hier die Tatsache, dass das Internet nicht „gleichverteilt" verwendet wird. Es ist nicht so, dass jede Webseite, jedes Bild und jedes Video etwa gleichmäßig oft aufgerufen wird. Vielmehr ist es so, dass es besonders beliebte Webseiten wie etwa bild.de oder spiegel.de gibt, auch gewisse Videos, die sich viral durch das Internet verbreiten, werden öfter aufgerufen als andere. Ein Teil des Internetverkehrs ist somit vorherzusehen. Nun ist die Idee genau diese beliebten Inhalte an einer zentralen Stelle einmalig herunterzuladen und vorzuhalten. Der Mobile Edge Computing Server dient somit als zwischengelagerte Festplatte. Nach dem einmaligen Herunterladen von Inhalt können Dorfbewohner, die denselben Inhalt aufrufen, auf den Cache zugreifen. Das geschieht ohne Wissen des Anwenders, für ihn ist der Inhalt „frisch". Auf diese Weise bleibt die Bandbreite für Internetinhalte übrig, die nicht zwischengespeichert werden können, wie bspw. Live-Videos und Online-Auktionen.

Ein sehr ähnlicher Anwendungsfall in diesem Kontext sind Ortschaften, die saisonbedingt an einem Bandbreitenengpass leiden. Beispiele hierfür sind Erholungs- und Urlaubsorte in Regionen, die zu bestimmten Jahreszeiten besucht werden. Für einen Mobilfunkanbieter lohnt sich ein umfassender Ausbau der Infrastruktur nicht, da in den anderen Jahreszeiten neu verlegte Internetkabel brach lägen. Erneut macht eine intelligente Verwendung der zur Verfügung stehenden Bandbreite, hier also das Caching, Sinn. Es wird eine Skalierbarkeit hinsichtlich der zur Verfügung stehenden Infrastruktur zur effizienteren Nutzung erreicht.

Latenzsensitive Dienste – Beschleunigung bestehender Dienste Soeben wurde beschrieben, wie Breitbandinternet zur Verfügung gestellt werden kann. Nun liegt der Fokus darauf, etwas bereits Bestehendes zu verbessern. Vielleicht erinnert sich der Leser noch an die Anfänge der Word Wide Web zurück. In Zeiten eines 56k-Modems hat ein Anwender geduldig gewartet, bis sich eine aufgerufene Webseite vollständig aufgebaut hat. Heutzutage schließen viele Nutzer genervt ein Fenster, wenn sich die Webseite nicht schnell genug lädt. Und genau dieses Verhalten merken unter anderem Onlineshops. Studien belegen, dass Verzögerungen direkten Einfluss auf die Anzahl der Seitenbesuche, die Kundenzufriedenheit sowie die Erfolgsraten bei Einkäufen haben[1]. Verzögerungen im Internet können jedoch ihren Ursprung an unterschiedlichen Stellen haben. Die Anbieter von E-Commerce-Diensten versuchen jeden Engpass innerhalb ihrer Zuständigkeit zu vermeiden, wie zum Beispiel durch das Verwenden der modernsten Serverfarmen. Auch die Bandbreite der mobilen Internetnutzer ist rasant gestiegen, so ist ein durchschnittlicher Smartphonenutzer mit mehreren MBit pro Sekunde angebunden. Nichtsdestotrotz müssen die angeforderten und geantworteten Internetpakete vom Anwender in Oer-Erkenschwick zu den Rechenzentren in Kalifornien und zurück finden, wenn der Dienstanbieter ebendort ansässig ist. Die digitalen Informationen müssen allein die geografische Distanz überwinden, auch müssen sie zahlreiche Internetrouter passieren. Deren Auslastung ist im Vorfeld nicht zu bestimmen ist. Aus diesem Grunde entsteht die Idee, dass gewisse Teile einer E-Commerce-Anwendung an den Rand des mobilen Internets, also möglichst nah zum Anwender gebracht werden. Sicherlich können nicht sämtliche Inhalte ausgelagert werden, aber sicherlich ein Teil der statischen Informationen wie Hintergrundbilder, statische Produktinformationen und weiteres schon. Die hybride Verwendung, also das Anzeigen sowohl von gecachten als auch von Live-Daten erhöht die Reaktionsschnelligkeit von Diensten.

Bevor ein mobiler Anwender einen Kauf tätigt steht in vielen Fällen das Betrachten von Werbung, was auch mittels Mobile Edge Computing verbessert werden kann. So ist es möglich am Mobilfunkmast Werbung zu hinterlegen, die auf den Anwender oder auf den Ort angepasst ist. Am Mobilfunkmast ist sowohl die Identität des Anwenders bekannt und auch den Ort desjenigen (nämlich in einem gewissen Umkreis vom Mobilfunkmast). Es sind interessante Anwendungsfälle wie dynamische, sehr lokale Werbung möglich wie beispielsweise zeitlich eingeschränkte Gutscheine für ein in der Nähe gelegenes Geschäft.

Neue Dienste – Von der Gegenwart in die Zukunft Neben den bereits genannten Themen können mittels Mobile Edge Computing auch Ideen verwirklicht werden, die derzeit – meist aus technischen Gründen – noch nicht realisierbar sind. Ein Beispiel hierfür ist das geografische Hinterlegen von hochauflösenden Medien wie HD-Videos oder das

---

[1] „According to the Aberdeen Group, a 1 s delay in page-load time equals 11 % fewer page views, a 16 % decrease in customer satisfaction, and 7 % loss in conversions.", http://www.tagman.com/mdp-blog/2012/03/just-one-second-delay-in-page-load-can-cause-7-loss-in-customer-conversions/ [letzter Abruf: 6.10.2014].

Ermöglichen von Augmented Reality auf mobilen Endgeräten. Stellen Sie sich eine Stadt mit vielen touristischen Sehenswürdigkeiten vor, an denen QR-Codes angebracht werden. Diese können vom Smartphones der Touristen gelesen werden, wonach auf dem Bildschirm bspw. ein Video erscheint, dass das Glockenspiel der Kapelle zeigt, welches man um nur fünf Minuten verpasst hat. Diese hochauflösenden Videos würden von zahlreichen Touristen aufgerufen, was sicherlich in einer immensen Datenmenge resultieren würde. Da jedoch die Videos direkt an der Mobilfunkstation hinterlegt werden, müssen diese nicht durch das gesamte Internet geroutet werden, sie lägen lokal und sind schnell aufrufbar. Die Lokalität ist somit keine Einschränkung, sondern wird positiv ausgenutzt: Die QR-Codes sind lokal, die Inhalte dürfen es somit auch sein. Bei Augmented Reality (AR) ist die Kernidee, dass ein Tourist mit dem Smartphone die Umgebung filmt. Die AR-Anwendung erkennt automatisch, wo der Tourist sich aktuell befindet und in welche Richtung er schaut, und blendet passende Informationen ein. Diese Vision ist aktuell noch nicht möglich. Eine komplett automatische Erkennung funktioniert nicht, da die Anzahl der möglichen Orte unbegrenzt ist. Ein Anwender muss zuvor eingrenzen, in welcher Stadt er sich befindet. An dieser Stelle kommt erneut der Mobile Edge Computing Server ins Spiel. Dem Server ist jeweils bekannt, an welcher Mobilfunkstation er gekoppelt ist, dessen Standort wiederum ebenfalls bekannt ist. Somit wird das Erkennen der Szenerie auf einen Umkreis von mehreren Quadratkilometern eingeschränkt, und bezieht sich nicht mehr auf den gesamten Globus.

15.4 Bewertung

Die Installation zusätzlicher Server am Rande der Mobilfunknetze eröffnet dem Mobilfunkanbieter viel mehr als nur die Möglichkeit, die Zugriffszeit für existierende Dienste zu minimieren. Mobile Edge Computing ist ein Ansatz, der es ermöglicht, neuartige datenbasierte Dienste in die Mobilfunkinfrastruktur zu integrieren. Dazu können die auf den Mobile Edge Computing Servern zur Verfügung stehenden Kapazitäten zum einen an externe Dienstanbieter vermietet werden. Der Mobilfunkanbieter profitiert davon in der Hinsicht, als dass sich der Datentraffic, der durch seine Netzwerkinfrastruktur geroutet werden muss, reduziert. Dienstanbieter hingegen sind in der Lage, die Geschwindigkeit ihrer Dienste drastisch zu steigern. Zum anderen aber erlaubt der Ansatz den Mobilfunkanbieter selbst, Teil der datenzentrierten Infrastruktur zu werden: anstatt als „passiver" Infrastrukturanbieter lediglich Daten zwischen Endnutzern und externen Dienstanbietern weiterzuleiten, können sie als „aktive" Dienstanbieter selbst derartige Dienste anbieten.

Literatur

1. Ericcson. (2013). Ericcson Mobility Report, June 2013. http://www.ericsson.com/mobility-report. Zugegriffen: 6. Okt. 2014.
2. Statista. WhatsApp und Co. überholen SMS. http://de.statista.com/infografik/1085/weltweit-pro-tag-mit-mobiltelefonen-verschickte-nachrichten/. Zugegriffen: 6. Okt. 2014.
3. Statista. WhatsApp bei den Jungen populärer als SMS. http://de.statista.com/infografik/1800/sms-versus-whatsapp/. Zugegriffen: 6. Okt. 2014.
4. Intel and Nokia Siemens Networks. (2013). Increasing mobile operators value proposition with edge computing. http://nsn.com/system/files/document/edgecomputingtechbrief_328909_002_0.pdf. Zugegriffen: 6. Okt. 2014.
5. Beck, M.T., Werner, M., Feld, S., Schimper, S. (2014). Mobile Edge Computing: A Taxonomy. Proc. of the Sixth International Conference on Advances in Future Internet.
6. Bundesministerium für Wirtschaft und Technologie. (2014). Breitbandstrategie der Bundesregierung. http://www.bmwi.de/Dateien/BBA/PDF/breitbandstrategie-der-bundesregierung. Zugegriffen: 6. Okt. 2014.

Mobile Kunden mit ortsbezogenen Nachrichten bewerben

Lars Schmitz und Alexander Tegeder

Zusammenfassung

Unsere Welt ist mobil. Wir nutzen Smartphones und Tablets, um jederzeit und überall informiert und erreichbar zu sein. Ortsbezogene Informationen und Ereignisse spielen daher zwangsläufig eine wichtige Rolle in unserem Leben. Ein Tourist will beispielsweise über Sehenswürdigkeiten in seiner Nähe informiert werden. Verkehrsteilnehmer wollen benachrichtigt werden, sobald sie sich einem Stau nähern. Vor allem Kunden möchten maßgeschneiderte Angebote erhalten, sobald sie sich einem Geschäft nähern oder eines betreten. Insbesondere der letzte Anwendungsfall ist noch recht neu und durch die aktuellen technologischen Entwicklungen überhaupt erst realisierbar geworden. Dieser Beitrag soll darstellen, wie ortsbezogene Werbung funktioniert, wie sie sich in das Marketing eines Unternehmens integrieren lässt, wie man in die Kampagnenplanung weitere Parameter wie beispielsweise die regionale Verteilung von Kaufkraft einbeziehen kann und welchen Nutzen das Unternehmen hieraus ziehen kann. Insbesondere die Chancen, die diese Technologie bietet, um die Konsumentenwieder mehr in den stationären Handel zurück zu bringen, werden nachfolgend beleuchtet.

L. Schmitz (✉) · A. Tegeder
Esri Deutschland, Kranzberg bei München, Deutschland
E-Mail: l.schmitz@esri.de

A. Tegeder
E-Mail: a.tegeder@esri.de

© Springer-Verlag Berlin Heidelberg 2015
C. Linnhoff-Popien et al. (Hrsg.), *Marktplätze im Umbruch,* Xpert.press,
DOI 10.1007/978-3-662-43782-7_16

16.1 Kontext

Unternehmen betreiben heute einen großen Werbeaufwand, um potentielle Kunden auf ihr Angebot aufmerksam zu machen und sie für sich zu gewinnen. Dies beginnt mit klassischer Wurfsendung und endet bei Online-Kampagnen. Bei all diesen Werbemaßnahmen spielt der Raumbezug oft jedoch noch keine oder nur eine untergeordnete Rolle. Die Frage nach dem Wo, Woher oder Wohin wird oft schlicht ignoriert. Dies steht jedoch im Gegensatz zu der Tatsache, dass Konsumenten einen Großteil ihrer Einkäufe weiterhin beim klassischen Einkaufsbummel in der Innenstadt tätigen. Und dort spielt es für den Konsumenten natürlich sehr wohl eine große Rolle, ob er das Gesuchte oder etwas Interessantes in seiner Umgebung findet oder eben nicht.

Raumbezug sollte also tatsächlich eine wichtige Rolle in moderner Werbung spielen. Heutige *Geoinformationssysteme* (GIS) sind technologisch ausgereift und können hier wertvolle Dienste leisten. Geoinformationen sind immer und überall verfügbar, die Kunden dank des „Google-Effekts" längst daran gewöhnt. Es liegt also nahe, die technologischen Möglichkeiten von Geoinformationssystemen auch für ortsbezogene Werbung zu nutzen.

16.2 Anwendungsfälle für „Geo"

Doch welche Anwendungsfälle können mit solchen Geoinformationssystemen in der Werbung überhaupt realisiert werden? Zunächst einmal geht es natürlich um die Frage: „Wo bin ich überhaupt?". Die Bestimmung des eigenen Standorts ist dank moderner, mit GPS ausgestatteter Mobile Devices kein Problem mehr. Tatsächlich eröffnen sich hierdurch überhaupt erst eine Reihe von weiteren Anwendungsfällen mit Raumbezug. Wo finde ich ein bestimmtes Geschäft? Wie komme ich dort hin und wie lange dauert das? Wo finde ich in einem Geschäft das Produkt, das mich interessiert? Wo finde ich den besten Preis für das Produkt, das ich suche? Welche weiteren spannenden Geschäfte sind in der Nähe? All diese Fragestellungen lassen sich mit etablierten Technologien recht einfach beantworten. Sie setzen jedoch alle voraus, dass der Anwender aktiv nach den benötigten Informationen sucht. Und genau hier setzt nun ein weiterer Anwendungsfall an, der dank neuer mobiler Technologien überhaupt erst realisierbar geworden ist: Was gibt es in meiner Nähe? Gibt es in meiner Nähe ein interessantes Geschäft, ein interessantes Angebot?

Genau um diesen Anwendungsfall soll es im Folgenden gehen. Es geht letztlich darum, den Kunden in Abhängigkeit seiner aktuellen Position aktiv über ortsbezogene Nachrichten (siehe Abb. 16.1) zu bewerben. Es kann sich hierbei bspw. um ein Sonderangebot, einen Lagerverkauf, eine lokale Veranstaltung oder ähnliches handeln.

Dieser Ansatz funktioniert im Gegensatz zu den zuvor genannten Anwendungsfällen nach dem *Push-Prinzip*. Das heißt, der Kunde begibt sich nicht mehr selbst auf die Suche nach etwas. Vielmehr erhält er in Abhängigkeit seines Standorts eine Nachricht auf sein mobiles Gerät, die ihm die Antworten sozusagen vorweg nimmt. Damit wird der Ort als

Abb. 16.1 Ortsbezogene Benachrichtigungen

neue Dimension in die personalisierte Werbung eingeführt. Hierdurch kann der Personalisierungsgrad der Werbung gesteigert und so die Kundenbindung erhöht werden.

16.3 Die Geofencing Technologie

Wie funktionieren nun solche Ortsbezogenen Nachrichten? Zunächst einmal basieren sie auf sogenannten *Geofences*, also Bereiche von besonderem Interesse. So ist beispielsweise die unmittelbare Umgebung eines Geschäfts ein geeigneter Geofence für ortsbezogene Werbung. Diese Geofences können frei definiert werden. Üblich ist es, einen Kreis um den Flächenschwerpunkt eines Geschäftes zu ziehen. Alternativ – und ein wenig fortgeschrittener – können auch Drive-Time-Polygone genutzt werden, also Flächen, die beschreiben, wie lange jemand auf einem realen Straßennetz benötigt, um das Geschäft zu erreichen.

Für diese Geofences können wiederum sogenannte *Geotrigger* definiert werden. Dies sind Aktionen, die ausgelöst werden, wenn der Anwender den Geofence betritt (siehe Abb. 16.2). Konkret kann also beispielsweise eine Aktion ausgelöst werden, sobald ein Kunde nur noch 5 min Gehzeit von einem Geschäft entfernt ist. Alternativ kann eine Aktion auch ausgelöst werden, wenn sich der Kunde für eine bestimmte Zeit innerhalb des Geofence aufhält oder diese wieder verlässt.

Esri hat für die Realisierung von Geofencing-Apps den *ArcGIS Geotrigger Serivce* [3] entwickelt. Hierbei handelt es sich um einen Cloud-basierten Dienst, mit dessen Hilfe Geofences und Geotrigger verwaltet werden können. Der Dienst verfügt über ein REST-

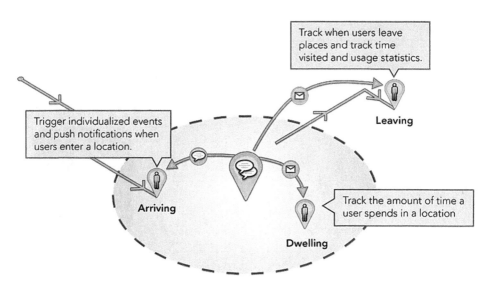

Abb. 16.2 Geofences und Geotrigger

basiertes Interface, so dass er von beliebigen Klienten aus genutzt werden kann. Für die
Entwicklung von Geofencing Apps stehen dem Entwickler *Software Development Kits für
iOS und Android* [2] zur Verfügung. Darüber hinaus stehen auf *GitHub* [3] auch APIs für
JavaScript und Python sowie diverse Tools beispielsweise für das Testen von Geofencing
Apps bereit.

Allen SDK ist gemein, dass sie den Standort des Betriebssystems nutzen. Es hängt
primär von der zur Verfügung stehenden Infrastruktur (GPS, WLAN, iBeacon, Funkzelle,
etc.) ab, den Anwender zu verorten. Mit der jeweils verwendeten Technologie geht auch
die Genauigkeit der Lokalisierung einher. Welche Aktionen können nun von Geofences
getriggert werden? Zunächst einmal können native Benachrichtigungsdienste wie *Google
Cloud Messaging for Android* [7] oder *Apple Push Notification Service* [1] eingebunden
werden, um Nachrichten an den Klienten zu verschicken. Diese erscheint dann im Be-
nachrichtigungscenter des Geräts und wird – je nach Einstellungen – von einem Klingelton oder einem Vibrieren begleitet. In jedem Fall aber erreicht man so die Aufmerksamkeit
des Kunden und macht ihn auf ein Angebot aufmerksam.

Neben Benachrichtigungen können noch zwei weitere Aktionen ausgeführt werden.
Zum einen kann eine Aktion an einen Server geschickt werden. Dies ist beispielsweise
sinnvoll, um das Ereignis auch zu protokollieren, um anschließend den Erfolg einer Kampagne auswerten zu können. Und schließlich kann das Verhalten der Anwendung, aus der
heraus der Geotrigger ausgelöst wurde, angepasst werden. So lässt sich beispielsweise
aus der App heraus auch gleich eine Wegbeschreibung zum Geschäft darstellen (siehe
Abb. 16.3).

Nachricht an Gerät
senden

Aktion an Server
senden

Aktion an App
senden

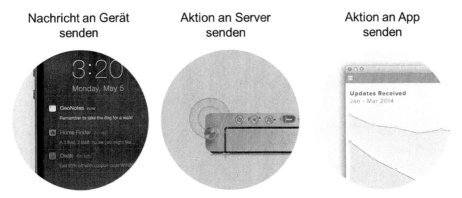

Abb. 16.3 Mögliche Aktionen, die ein Geotrigger ausführen kann

16.4   Integration von Geofencing in das Marketing

Starbucks [5] ist bezogen auf Marketing-Aktivitäten ein sehr innovatives Unternehmen und evaluiert diese Technologie zur gezielten Planung von Marketing-Kampagnen. Zu diesem Zweck wurde von Esri ein Werkzeug entwickelt, mit dessen Hilfe die Kampagne geplant, durchgeführt und ausgewertet werden kann. Schauen wir uns diese drei Schritte an einem konkreten Beispiel kurz an.

Konkret sollen im Rahmen einer Kampagne in San Francisco mit einem Preisnachlass von 20 % zu einem Besuch einer Starbucks Niederlassung in Downtown motiviert werden. Zunächst werden die relevanten Niederlassungen identifiziert. Die Kampagne soll sich auf solche Stadtviertel beschränken, die eine durchschnittliche Kaufkraft von 50 T$ oder mehr verfügen. Mit Hilfe des *Esri GeoEnrichment Service* [4], der die erforderlichen sozio-ökonomischen Daten liefert, identifizieren wir 61 der insgesamt 75 Starbucks Niederlassungen. Nun gilt es, die Geofences und Geotrigger festzulegen. Wir entscheiden uns, Kunden zu bewerben, die sich einer Niederlassung auf weniger als 100 m nähern. Die dann zu versendende Nachricht lautet schlicht „20 % off all beverages". Damit haben wir alle Einstellungen für unsere Kampagne vorgenommen (siehe Abb. 16.4) und können sie starten.

Im Laufe der Kampagne können wir ihren Fortschritt beobachten. Wir können nachvollziehen, wie viele Coupons bereits per ortbezogener Nachricht versandt und wie viele davon tatsächlich eingelöst wurden. Die Karte hilft uns dabei festzustellen, in welchen Vierteln und Niederlassungen die Kampagne besonders erfolgreich ist (siehe Abb. 16.5).

Nach Abschluss der Kampagne kann der Erfolg der Kampagne untersucht werden. So lässt sich beispielsweise die erfolgreichste Niederlassung identifizieren (siehe Abb. 16.6) und analysieren, welche Standortfaktoren zum Erfolg beigetragen haben.

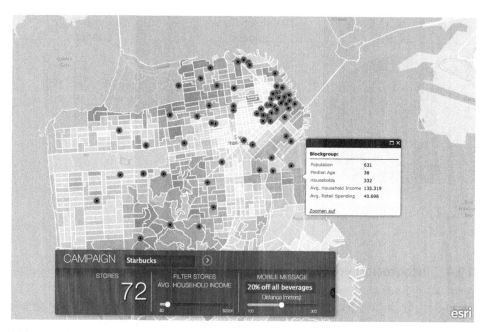

Abb. 16.4 Planung der Kampagne

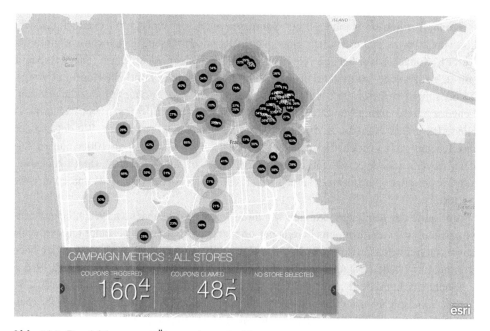

Abb. 16.5 Durchführung und Überwachung der Kampagne

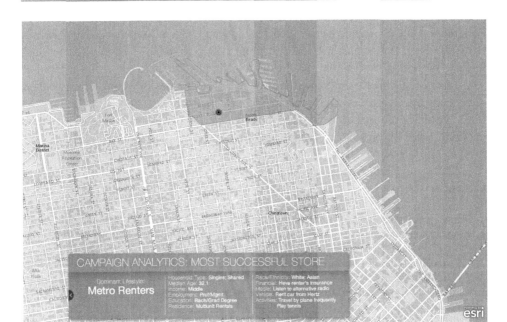

Abb. 16.6 Analyse der Kampagne („Most Successful Store")

16.5 Zusammenfassung und Ausblick

Zusammenfassend ist festzustellen, dass sich Kaufverhalten durch den Einsatz ortsbezogener Nachrichten lenken und positiv beeinflussen lässt – der Einsatz neuer Technologien auf den mobilen Devices der möglichen Kunden kann den durch Online-Konsum verlorengegangenen Zugang zu den Kunden wieder zurückbringen.

Marktplätze verändern sich dahingehend, dass Sie um weitere Dimension bereichert werden.

Mit ortsbezogenen Nachrichten können Bestandskunden, aber auch kaufwillige Interessenten gezielt vor Ort erreicht werden und zu Neukunden entwickelt werden. Die hierfür erforderliche Technologie ist ausgereift. Kampagnen, die auf Geofencing basieren, können (ebenfalls) Orts-bezogen ausgewertet werden. Hat ein Kunde eine Nachricht erhalten? Hat er daraufhin das Geschäft betreten? Hat er das Angebot wahrgenommen? All diese Fragen lassen sich sehr komfortabel im Laufe der Kampagne und anschließend auswerten. Hierbei können natürlich relevante Standortfaktoren wie Kaufkraft, Anbindung an öffentlichen Nahverkehr etc. gut in die Analyse einbezogen werden. Letztlich hilft dies, den Erfolg einer Kampagne zu bewerten und künftige Kampagnen besser zu planen.

Erste Projekte mit Geofencing sind bereits realisiert worden, insbesondere in den USA. In Deutschland sind Unternehmen noch zögerlich, aber durchaus sehr interessiert. Hierzu sei gesagt, dass der erfolgreiche Einsatz dieser Technologie maßgeblich von 2 Faktoren abhängt: Zum einen wendet sich Geofencing naturgemäß eher an junge, technikaffine

Zielgruppen. Diese nutzen die erforderlichen mobilen Endgeräte und haben auch weniger Bedenken bzgl. Datensicherheit. Zum anderen muss eine solche Technologie aber auch maßvoll eingesetzt werden, um den Benutzer nicht über zu strapazieren. In jedem Fall sollte eine Möglichkeit vorgesehen werden, das Tracking des Standortes abzuschalten. Auch sollte mit Geofences selbst sparsam umgegangen werden.

Der Ausblick für ortsbezogene Benachrichtigungen ist insgesamt positiv, der Trend zu personalisierter Werbung wird immer wichtiger.

Literatur

1. Apple Inc. (2014). Apple Push Notification Service. Von https://developer.apple.com/library/IOs/documentation/NetworkingInternet/Conceptual/RemoteNotificationsPG/Chapters/Apple-PushService.html. Zugegriffen: 12. Nov. 2014.
2. Esri, Inc. (2014). Software Development Kits für iOS und Android. Von https://developers.arcgis.com/geotrigger-service/. Zugegriffen: 12. Nov. 2014.
3. Esri, Inc. (2014). ArcGIS Geotrigger Serivce. Von https://developers.arcgis.com/en/features/geotrigger-service/. Zugegriffen: 12. Nov. 2014.
4. Esri, Inc. (2014). Esri GeoEnrichment Service. Von https://developers.arcgis.com/en/features/geo-enrichment/. Zugegriffen: 12. Nov. 2014.
5. Esri, Inc. (2014). Starbucks Campaign. Von http://coolmaps.esri.com/Starbucks/. Zugegriffen: 12. Nov. 2014.
6. GitHub, Inc. (2014). GitHub. Von http://esri.github.io/#Geotrigger. Zugegriffen: 12. Nov. 2014.
7. Google, Inc. (2014). Google Cloud Messaging for Android. Von https://developer.android.com/google/gcm/index.html. Zugegriffen: 12. Nov. 2014.

Michael Cebulsky und Jörg Günther

Zusammenfassung

Die Zukunft passiert jetzt. Wir sind mittendrin. Die technologischen Änderungsprozesse sind radikal. Neues entsteht in einem atemberaubenden Tempo. Im Zeichen digitaler Transformationsprozesse verändern sich auch die Bedürfnisse von Versicherungskunden. Dabei geht es um mehr als bloß die Nutzung neuer Kommunikationswege. Der technologische Wandel beschleunigt alle Prozesse von der Produktentwicklung über den Vertrieb bis hin zur Schadenregulierung. Die Digitalisierung stellt zudem ganze Geschäftsmodelle infrage und setzt Versicherungsunternehmen unter hohen Innovationsdruck.

Der digital-vernetzte Kunde ist bereits Realität – und äußerst anspruchsvoll: Er erwartet Fairness und Wertschätzung, hohe Servicequalität und ein angemessenes Preis-Leistungs-Verhältnis. Er möchte personalisierte, maßgeschneiderte Angebote und erwartet in der Kommunikation kurze Reaktionszeiten – und dies alles unabhängig von Zeit, Raum, Kanälen und Endgeräten. Für Unternehmen wird es zunehmend überlebenswichtig, aus auf den ersten Blick wenig zusammenhängenden Kundendaten wertvolle Informationen zu generieren. Dazu benötigen sie nicht nur das Vertrauen der Kunden und klare digitale Geschäftsmodelle, sondern auch eine angepasste Infrastruktur und digitale Managementkompetenz.

Auf Basis der Ergebnisse der aktuellen KPMG-Studien „Survival of the Smartest 2.0" und „Customer Experience Barometer" bietet der Artikel einen vertieften Einblick

M. Cebulsky (✉) · J. Günther
KPMG AG Wirtschaftsprüfungsgesellschaft, Frankfurt a.M., Deutschland
E-Mail: mcebulsky@kpmg.com

J. Günther
E-Mail: joergguenther@kpmg.com

© Springer-Verlag Berlin Heidelberg 2015
C. Linnhoff-Popien et al. (Hrsg.), *Marktplätze im Umbruch*, Xpert.press,
DOI 10.1007/978-3-662-43782-7_17

in die veränderte Form der Kommunikation und Interaktion mit bestehenden und potenziellen Kunden in allen Phasen der Customer Journey. Gleichzeitig beleuchtet er die neuen Anforderungen an Versicherungsunternehmen, die von zunehmend kundenbedürfnisgetriebenen Märkten geprägt sind, und gibt Antworten auf die Frage: Wie reagieren Unternehmen auf die Herausforderungen der digitalen Transformation und welchen Unternehmen gehört die Zukunft?

17.1 Geschäftsmodell im Umbruch

„Drive like a girl" – das Versicherungsangebot mit dem provokanten Namen ist unter britischen Führerscheinneulingen zwischen 17 und 25 Jahren ein durchschlagender Erfolg. Seit Verkaufsstart im Januar 2013 hat der Telematik-Versicherer Insure The Box rund 65.000 Policen verkauft. In die Autos wird eine Box eingebaut, die Fahrdaten an den Versicherer übermittelt, zum Beispiel Geschwindigkeit, Beschleunigungsvorgänge, Bremsmanöver. Lassen die Informationen über drei Monaten hinweg auf eine defensive Fahrweise schließen, erhält die Kundin (oder der Kunde) eine entsprechende Rückzahlung [5].

Das Angebot ist ein Paradebeispiel dafür, wie Versicherungsunternehmen aus Daten Werte schaffen. Die intelligente Verwendung von Informationen ermöglicht es, schneller Bedürfnisse von Kunden zu erkennen, passgenaue Produkte zu entwickeln und zielgruppengerecht zu vermarkten. Im Prinzip ein simpler Prozess, der jedoch auf komplexen technischen Analysen beruht – und eine individuelle Kundenansprache erfordert.

Die Konsumenten sind in der digitalen Welt längst angekommen. Laut dem Statistik-Portal Statista besitzen 80 % der Haushalte hierzulande einen Internetanschluss, 92 % ein Mobiltelefon. 27 Mio. Deutsche sind bei Facebook angemeldet [11]. Soziale Netzwerke verdrängen klassische Medien als Informationsquelle. Meinungen Einzelner verstärken sich dort schnell zu Trends, was die Nachfrage nach Produkten und Dienstleistungen stark beeinflusst.

Der Kunde will die Möglichkeiten der digitalen Welt nutzen, aber nicht ausschließlich. Während seiner *Customer Journey* – also vom Erstkontakt mit einem Unternehmen bis hin zur Kaufentscheidung und darüber hinaus – legt er großen Wert auf Schnelligkeit und Bequemlichkeit. Gerne wechselt er zwischen elektronischen Kanälen und der Offline-Welt: Er vergleicht online Preise, ruft im Callcenter Produktdaten ab, tauscht sich in Internetforen mit Anderen aus – und kauft schließlich in der Filiale um die Ecke.

Welche Herausforderung für die Wirtschaft – und welche Chance! Die Versicherungsbranche hat sich auf die zunehmende Internetnutzung leider erst unzureichend eingestellt. Eine Umfrage von KPMG unter 500 Unternehmen, darunter 50 Versicherungen, zeigt: Die Kundenbeziehung ist oftmals noch nicht interaktiv genug gestaltet (s. Abb. 17.1; [8]).

Social Media Tools, Online-Foren oder webbasierte Produktkonfiguratoren werden erst von wenigen Gesellschaften eingesetzt. Der Verkauf von Policen über digitale Kanäle hat nur bei jedem dritten Anbieter Priorität, die Vertriebskooperation mit Telekommunikationsanbietern oder Internetdienstleistern nicht einmal bei jedem vierten. Es ist also noch jede Menge Luft nach oben, um die Ansprache des Kunden zu verbessern [8].

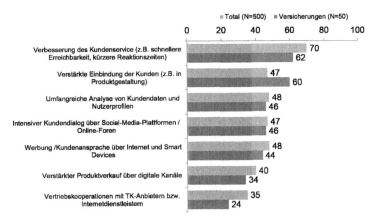

Abb. 17.1 Wie hat sich Ihr Unternehmen auf die zunehmende – auch mobile – Internet-Nutzung der Konsumenten eingestellt, Top-2-Werte (angestoßen) in % der Befragten [8].

17.2 Customer Journey im digitalen Zeitalter

Durch die zunehmende Digitalisierung steigt die Anzahl an Kanälen, Produkten und Anbietern. Versicherer müssen nicht alle Kanäle bedienen, jedoch muss zu jedem Zeitpunkt ein passender Kanal für jeden Kunden innerhalb jeder Stufe der Wertschöpfungskette bereitgestellt werden, um keine Kunden zu verlieren. Im Rahmen der Customer Journey müssen Versicherer heute flexiblere Zugangsmöglichkeiten schaffen. Wenn ein Versicherer alles richtig macht, nimmt er seine Kunden mit auf eine lange Reise mit vielen Begegnungen: Gelingt es ihm, Menschen zum richtigen Zeitpunkt mit dem richtigen Produkt auf dem richtigen Kanal mit der richtigen Botschaft anzusprechen, hat er beste Chancen auf einen Vertragsabschluss – und lukratives Folgegeschäft.

Wie gelingt das?
Blickt man in die analoge Welt, scheint die Antwort gar nicht so kompliziert: Ein guter Versicherungsvertreter hat schon immer Informationen genutzt, um seinen Kunden die passenden Angebote zu unterbreiten: Entdeckte er dessen Namen in einer Geburtsanzeige, unterbreitete er ihm beispielsweise zeitnah eine Familienversicherung. Kam das Gespräch auf den nächsten Sommerurlaub, erwähnte er die günstige Reisepolice. Und vor dem Umzug ins Eigenheim lag rechtzeitig ein Angebot für eine Gebäudeversicherung im Briefkasten des Kunden.

Diesen Mechanismus gilt es – zentral und in Echtzeit – ins Internet zu übertragen: Postings in sozialen Netzwerken, Online-Käufe, die Nutzung von Apps und Gadgets müssen als Trigger genutzt werden, um passende Aktivitäten auszulösen. Digitale Analysemethoden eröffnen dabei erstaunliche Möglichkeiten: Postet eine Kundin etwa ihre Pläne für eine Weltreise, könnte ihr die Versicherung eine Reise-Krankenversicherung anbieten (s. Abb. 17.2). Zeigen Geodaten eines Smartphones an, dass sich der Besitzer in einem

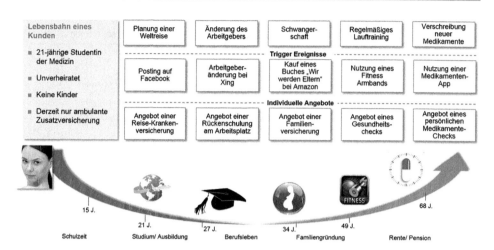

Abb. 17.2 Trigger-Ereignisse und individuelle Angebote am Beispiel einer Krankenversicherung [9]

Skigebiet aufhält, kann er auf eine Unfallversicherung hingewiesen werden, die sich per App gleich an der Piste abschließen lässt.

Im Idealfall gelingt es, dem Kunden immer die passenden Angebote zu unterbreiten. Je genauer das Unternehmen die Gewohnheiten und Interessen eines Kunden kennt, desto gezielter kann es für die Kontaktaufnahme einen Vertreter auswählen, der „die gleiche Sprache" spricht – und so die Aussichten auf einen Vertragsabschluss und eine andauernde Kundenbeziehung verbessern. So funktionieren künftig Geschäftsmodelle.

Bislang tut sich die Versicherungswirtschaft hierzulande schwer damit, Daten zu analysieren und zu nutzen. Viele Gesellschaften sind skeptisch, ob ihre Kunden damit einverstanden sind; nur wenige versuchen, deren Zustimmung zu erhalten.

Ein großer Fehler. Denn wer den rechtlichen Rahmen einhält, hat nichts zu befürchten: Beispiele wie „Drive like a girl" zeigen, dass Kunden – zumal jüngere – sehr wohl bereit sind, personenbezogene Informationen zu teilen, wenn dies einen Preisvorteil mit sich bringt oder einen einzigartigen Nutzen. In beiden Fällen ist der Versicherer gefragt, sich durch attraktive Angebote zu positionieren [5].

Viel wäre schon gewonnen, wenn interne Daten konsequenter ausgewertet und zusammengeführt würden. Theoretisch wissen Versicherer sehr viel über ihre Kunden – allein, die Informationen sind häufig nicht an einer Stelle gebündelt. Laut der KPMG-Studie „Going Beyond the Data" werden 85 % der Bestandsdaten auf den Servern der Versicherungsunternehmen nicht genutzt. Die Informationen sind zumeist separat nach Sparten oder Regionen gespeichert. Hinzu kommt oftmals noch eine Aufspaltung nach Kanälen [7].

Diese Datensilos müssen aufgebrochen und die Inhalte miteinander verknüpft werden. Die wichtigste Leitfrage dabei lautet: Was ist gut für meinen Kunden? Heute kennt der Versicherer zumeist nur den Namen, die Adresse und die Kontonummer. Moderne Analysemethoden erlauben es, sogenannte digitale Zwillinge zu identifizieren. Sie stimmen in wesentlichen Eigenschaften überein und haben mutmaßlich auch sonst ähnliche Interessen und Bedürfnisse. Der Online-Händler Amazon hat diese Datenverknüpfung perfektioniert, um Käufern weitere Produkte schmackhaft zu machen: „Kunden, die diesen Artikel gekauft haben, kauften auch…" [1].

Um diese Herausforderung zu bewältigen, sind Investitionen in Technik und Knowhow erforderlich. Die IT der meisten Gesellschaften stammt aus den 80er- und 90er-Jahren und ist für eine ganzheitliche Digitalstrategie ungeeignet. Eine Kompletterneuerung kommt in der Regel aus Kosten- und Prozessgründen nicht infrage. Die bestehenden Systeme lassen sich jedoch um Komponenten ergänzen, die eine Anknüpfung an die Web-/Social-/Mobile-Welt zulassen. Sie ermöglichen es, den Datenschatz zu heben und daraus echte Werte zu schaffen.

17.3 Den Kunden verstehen lernen

Durch Vergleichsportale werden Versicherungsprodukte immer transparenter und leichter austauschbar. Um diesen Trend zu stoppen, müssen sich Versicherer ein Alleinstellungsmerkmal verschaffen. Das setzt voraus, dass sie die Bedürfnisse des Kunden sehr genau kennen und Produkte entwickeln, die ihm einen spürbaren Nutzen bringen.

Die Anbieter von „Drive like a girl" versprechen bei vorsichtiger Fahrweise vor allem eine niedrige Prämie. Darüber hinaus verdeutlichen sie jedoch den Zusatznutzen der Telematikbox: Bei einem Diebstahl kann ein Auto über die Satellitensignale, die das Gerät aussendet, leichter wiedergefunden werden. Und bei einem Unfall löst die Box eine Warnung im Service-Center aus. Ein Mitarbeiter nimmt Kontakt mit der Fahrerin oder dem Fahrer auf und ruft notfalls einen Rettungswagen. Dieses Extra wird auf der Website vor allem in der Rubrik „Für Eltern" herausgestellt. Im nächsten Schritt kann die Versicherung eine Werkstatt in der Nähe empfehlen, die den Schaden am Fahrzeug repariert. Ein idealer Ansatzpunkt, um die Wertschöpfungskette zu verlängern und ein branchenübergreifendes Ökosystem zu schaffen [5].

Bei allen Entscheidungen der Produktgestaltung muss die Devise lauten: Keep it simple! Der Kunde entscheidet sich umso eher für einen Kauf, je leichter es ihm gemacht wird. Bei Produkten, die keinen großen Beratungsbedarf erfordern (zum Beispiel Kfz-Versicherungen oder Zusatzpolicen in der Krankenversicherung) steigt der Anteil der Online-Verkäufe rasant [3]. Wer keine mehrseitigen Formulare ausfüllen, sondern nur einen „Kauf"-Button auf seiner App drücken muss, entscheidet sich womöglich auch spontan, seine Gartenparty gegen Regenwetter zu versichern.

Dennoch sollte man nicht den Trugschluss ziehen, das Versicherungsgeschäft würde künftig komplett im Internet abgewickelt. Die Kommunikation mit dem Kunden wird sich weiterhin über alle möglichen Kanäle erstrecken (s. Abb. 17.3).

Hierfür müssen sich die Unternehmen rüsten. Wenn der Kunde mit dem Versicherer über das Call-Center Kontakt aufnimmt, am nächsten Tag einen Brief schreibt und dann noch eine E-Mail hinterherschickt, erwartet er, dass sein Gegenüber sofort alle relevanten

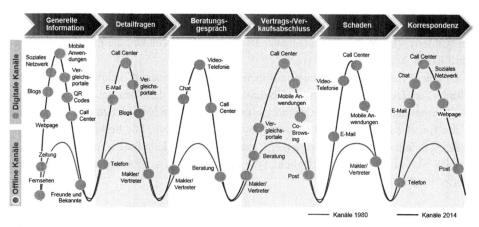

Abb. 17.3 Kommunikationskanäle in der Versicherungswirtschaft 1980 und heute [6]

Daten verfügbar hat. Das bedeutet: Digitale und analoge Kanäle müssen zum „Omnikanal" verschmelzen.

Wie das geht, zeigen uns seit einigen Jahren Unternehmen wie Amazon, Google oder Apple. Daten-getriebene Firmen haben in der Versicherungswirtschaft bereits wichtige Positionen eingenommen: So aggregieren die Vergleichsportale Check 24, Verivox oder Google Compare Angebote von Versicherern und generieren Leads, indem sie abschlusswillige Kunden an die Gesellschaften vermitteln [2, 4, 12].

Neue Angreifer rücken nach: So können Versicherte mithilfe der App des Heidelberger Start-ups Safe ihre Policen auf dem Smartphone verwalten. Das Angebot ist für Nutzer kostenlos, die Gründer kassieren von den Versicherern eine Verwaltungspauschale [10]. Die Unternehmen sammeln dabei jede Menge Kundendaten, die früher nur Versicherer kannten. Für Player wie Google wäre es ein logischer Schritt, gemeinsam mit einem strategischen Partner selbst in den Assekuranzmarkt vorzudringen.

Das Szenario ist bedrohlich, zumal die Zufriedenheit von Versicherungskunden im Branchenvergleich zu wünschen übrig lässt. Laut „KPMG Customer Experience Barometer", für das in Deutschland 1000 Endkunden befragt wurden, bewerten nur 40 % der Besitzer von Sach- und Krankenversicherungspolicen ihr Kundenerlebnis als „sehr positiv". Bei Lebensversicherungskunden liegt der Anteil mit 36 % noch niedriger. Unternehmen aus dem E-Commerce-Sektor hingegen schneiden mit einer Quote von 48 % deutlich besser ab [6].

Noch erscheint der Schritt für Daten-getriebene Unternehmen in die Versicherungswirtschaft groß. Der Wissensvorsprung etablierter Anbieter und regulatorische Anforderungen stehen einem raschen Markteintritt entgegen. Versicherer sollten sich jedoch nicht in Sicherheit wiegen, sondern vielmehr alle Kraft darauf verwenden, von diesen Unternehmen zu lernen, wie Dienstleistungen rund um den Kunden gestaltet werden – und gegebenenfalls frühzeitig Allianzen eingehen.

17.4 Die Konsequenzen für die Branche

Der Versicherungskunde erwartet Fairness und Wertschätzung, hohe Servicequalität und ein gutes Preis-Leistungs-Verhältnis. Er will individuell bedient werden – und das über alle möglichen Kanäle hinweg. Für Unternehmen heißt dies, dynamische und komplexe Wertschöpfungsketten aufzubauen, Produkte und Geschäftsprozesse umfassend zu digitalisieren sowie sich mit angrenzenden Branchen vertikal zu vernetzen. Für die Versicherer ergeben sich daraus folgende Handlungsempfehlungen:

- Ökosysteme schaffen
  Die Wertschöpfungskette ist in der Versicherungsbranche bislang zu kurz. Unternehmen sollten versuchen, mithilfe der aus Daten gewonnenen Erkenntnisse in angrenzende Bereiche vorzustoßen, um eine umfassendere Bindung der Konsumenten zu erzeugen. Dies erfordert mehr und mehr Kooperationen und Kooperationsfähigkeit auch mit branchenfremden Anbietern, um Kunden einen erlebbaren Mehrwert bieten zu können.
- Digitale Geschäftsmodelle entwickeln
  Ziel muss es sein, ein klares Alleinstellungsmerkmal als Basis für die künftige Unternehmensstrategie herauszuarbeiten. Es geht darum, den Bedarf des Kunden zu identifizieren, entsprechende Produkte zu entwickeln und die Ansprache über alle Kanäle zu optimieren. Ebenso wichtig ist die Bereitschaft, strategische Partnerschaften mit Technologie-Unternehmen einzugehen, um frühzeitig neue Trends zu identifizieren und gegebenenfalls gemeinsam neue Geschäftsfelder zu entwickeln.
- Mit Daten Werte schaffen
  Versicherer verfügen über Informationstechnologien zur Speicherung und Verarbeitung von Daten. Diese müssen ergänzt werden um Komponenten, die es ermöglichen, Daten zu aggregieren und darin Muster zu erkennen, die Anhaltspunkte für neue, lukrative Produkte liefern. *Business Intelligence* und *Predictive Analytics* sind zur Unterstützung des Geschäftsmodells unabdingbar.
- Vertrauen aufbauen und sicherstellen
  Für Versicherungsunternehmen ist das Vertrauen der Kunden die wichtigste Währung. Wer große Datenmengen auswertet, muss dies verantwortungsvoll tun. Digitale Geschäftsmodelle funktionieren nur in geschützten und zuverlässigen Systemen, die Sicherheit und Integrität von Daten gewährleisten sowie Schutz vor Missbrauch und unberechtigtem Zugriff bieten.
- Digitale Managementkompetenz entwickeln
  Die neuen Geschäftsmodelle verlangen eine besondere Steuerungskompetenz. Die Organisation muss sich von klassischen Ordnungskriterien (Sparten) lösen und stärker funktional (am Kunden und dem Produkt) ausgerichtet werden.

Für all diese Schritte gilt: Es ist wichtig, sie zügig umzusetzen. Oft bietet es sich an, ohne gewaltigen Aufwand Pilotprojekte aufsetzen und daraus rasch Schlüsse für das weitere

Vorgehen zu ziehen. Wer nichts ausprobiert, hat schon verloren. Wer mutig ist, dem eröffnen sich gewaltige Chancen.

Literatur

 1. Amazon Europe Core S.à.r.l. (2014). Luxemburg. http://www.amazon.de. Zugegriffen: 12. Nov. 2014.
 2. CHECK24 Vergleichsportal GmbH. (2014). München. http://www.check24.de. Zugegriffen: 12. Nov. 2014.
 3. GfK SE. (2013). Finanzmarktpanel 2008–2012, Nürnberg 2013.
 4. Google Inc. (2014). Mountain View. https://www.google.de. Zugegriffen: 12. Nov. 2014.
 5. Insure the Box Limited. (2014). drive like a girl, Gibraltar. http://www.drivelikeagirl.com. Zugegriffen: 12. Nov. 2014.
 6. KPMG AG Wirtschaftsprüfungsgesellschaft. (2014). Customer Experience Barometer: It's time to talk, Berlin. http://www.kpmg.com/DE/de/Documents/customer-experience-barometer-2014-KPMG.pdf. Zugegriffen: 12. Nov. 2014.
 7. KPMG AG Wirtschaftsprüfungsgesellschaft. (2014). Going beyond the data: Achieving actionable insights with data and analytics, Berlin. http://www.kpmg.com/Global/en/IssuesAndInsights/ArticlesPublications/Documents/going-beyond-data-and-analytics-v4.pdf. Zugegriffen: 12. Nov. 2014.
 8. KPMG AG Wirtschaftsprüfungsgesellschaft. (2014). Survival of the Smartest 2.0, Wer zögert, verliert. Verschlafen deutsche Unternehmen die digitale Revolution? Berlin.
 9. KPMG Wirtschaftsprüfungsgesellschaft AG. (2014). Trigger-Ereignisse und individuelle Angebote am Beispiel einer Krankenversicherung, Berlin.
10. safe.me GmbH. (2014). Hamburg. https://safe.me. Zugegriffen: 12. Nov. 2014.
11. Statista GmbH. (2014). Hamburg. http://dc.statista.com. Zugegriffen: 12. Nov. 2014.
12. Verivox GmbH. (2014). Heidelberg. http://www.verivox.de. Zugegriffen: 12. Nov. 2014.

Wenn der Versicherer mitreist – Die Barrieren des digitalen Handels über mobile Endgeräte und Wege zur Steigerung der Konsumentenakzeptanz

18

Jörg Heinze und Matthias Thomann

Zusammenfassung

So vielversprechend und mannigfaltig die Möglichkeiten des Mobile Commerce (im Folgenden auch: M-Commerce) auch sein mögen, so komplex stellt sich der Transfer der traditionellen Verkaufsgewohnheiten auf den neuen Kanal dar. Für die Anbieter von Dienstleistungen gilt es daher zunächst die noch existierenden Barrieren abzubauen und so die Akzeptanz des mobilen Vertriebskanals zu fördern. Jüngste Bemühungen der Versicherungsbranche zeigen, dass auch hier Verbesserungspotenzial besteht, um mobile Applikationen gewinnbringend in das Absatzgeschäft zu integrieren [18]. Dazu ist es notwendig, die Produkteigenschaften anzupassen und mit den Charakteristika des mobilen Kanals in Einklang zu bringen. Wissenschaftliche Erkenntnisse aus der gegenwärtigen Technologie Akzeptanz Forschung liefern hierzu hilfreiche Implikationen. Im nachfolgenden Kapitel geben wir auf Basis dessen einen Überblick über existierende Ansätze zur Erklärung von Akzeptanz und Resistenz gegenüber „mobilen" Versicherungen und erarbeiten geeignete Maßnahmen zur erfolgreichen Konzeption neuer mobiler Versicherungsprodukte. Die genannten Handlungsimplikationen werden anschließend anhand konkreter Praxisbeispiele diskutiert.

J. Heinze (✉) · M. Thomann
Universität Regensburg, Regensburg, Deutschland
E-Mail: jheinze.ur@gmx.de

M. Thomann
European School of Business Reutlingen, Reutlingen, Deutschland
E-Mail: matthias.thomann@student.reutlingen-university.de

© Springer-Verlag Berlin Heidelberg 2015
C. Linnhoff-Popien et al. (Hrsg.), *Marktplätze im Umbruch,* Xpert.press,
DOI 10.1007/978-3-662-43782-7_18

18.1   Einleitung

Einhergehend mit der Ausweitung der Verkaufswege hin zu digitalen Vertriebskanälen
E-Commerce und M-Commerce innerhalb der letzten Jahre, ergeben sich mannigfaltige
Ansprüche an den kommerziellen Handel, die es gilt zu bewältigen. Laut einer Studie
des Centre for Retail Research [3] wird der Online-Umsatz über mobile Endgeräte 2014
im Vergleich zum Vorjahr um 112 % wachsen, über Desktop Computer um 13 %. Entsprechend sehen sich Unternehmen zunehmend mit der Herausforderung konfrontiert,
konventionelle Produkte auf die neuen Absatzwege, insbesondere das Smartphone und
Tablet, abzustimmen. Die Anforderungen steigen dabei weiter, betrachtet man etwa Produkte wie beispielsweise Versicherungen, deren Verkauf maßgeblich durch soziale Interaktion und Betreuung gekennzeichnet ist. Diese service-basierten Produkte zeichnen sich
dadurch aus, dass sie aus Konsumentensicht eine hohe persönliche Relevanz [1] gepaart
mit immanenter Komplexität [15] mit sich bringen und ihre Qualität nicht unmittelbar erkennbar ist. Die Bewertung erfolgt entsprechend erst nach dem Kauf bzw. bei Eintreten
eines bestimmten Szenarios (z. B. Eintreten eines Versicherungsfalls). Da somit die Güte
der Kaufentscheidung nur schwer vom Kunden eingeschätzt werden kann, spricht man
auch von „Credence Goods" [2] bzw. von „Experience Goods" [13] für den Fall, dass ein
gegebenes Versicherungsszenario eintritt und die Bewertung der Produktgüte so möglich
wird. Charakteristisch für diese Kategorie von Produkten ist die Informationsasymmetrie,
bei der der Anbieter eine recht genaue Einschätzung der Produktqualität vornehmen kann,
der Kunde jedoch seine Entscheidung auf das Vertrauen zum Verkäufer stützt und so einen
unverhältnismäßigen Zeitaufwand zur Erreichung hoher Entscheidungsqualität vermeidet.
Exemplarisch dafür stehen Finanzdienstleistungen wie Versicherungen, Kredite- oder An-
lagegeschäfte. Im Folgenden konzentrieren wir uns auf den Vertrieb von Versicherungen
über mobile Endgeräte wie Tablets und Smartphones, wenngleich Implikationen für ähnlich geartete Dienstleistungen anzunehmen sind. Hierzu werden zunächst die grundlegenden Theorien der Technologieakzeptanz und -resistenz kurz vorgestellt und anschließend
in einem praxisorientierten Phasenmodell zusammengefasst. Die einzelnen Phasen werden im Anschluss anhand von aktuellen Praxisbeispielen aus der Versicherungsbranche
erläutert.

18.2   Technologieakzeptanz

Das rege Interesse an den Faktoren, die zur Akzeptanz neuer Technologien durch den
Nutzer beitragen, hat in den letzten drei Jahrzehnten geradezu zu einem explosionsartigen
Anstieg an Studien geführt, die sich diesem Thema widmen. Im gleichen Atemzug ent-
standen zahlreiche Annahmen, die das Phänomen der Akzeptanz zu erklären versuchen.
Allen voran steht das Technology Acceptance Model (TAM) von Davis [3], anhand des-
sen prognostiziert werden kann, ob neue Technologien unter den potentiellen Kunden auf
Akzeptanz stoßen werden. Obwohl das Modell die Literatur bis heute stark geprägt hat,

wie unter anderem 20.491 Zitationen auf Google Scholar (03.09.2014) belegen und vielfach ergänzt und erweitert wurde [19–21], bietet es Raum für Optimierung: Zu Recht wird kritisiert, dass weder das TAM selbst [14], noch seine Erweiterungen der enormen Komplexität von Technologieakzeptanz gerecht werden. Es bedarf folglich der Integration weiterer Ansätze, um den Adoptionsprozess vollumfassend zu erklären und valide Vorhersagen treffen zu können. Neben dem TAM3, sind hierzu insb. die Innovation Resistance Theory [17], das Information System Success Model [5–7] sowie die Task-Technology Fit Theory [8] zu nennen. Ein Defizit jener Theorien liegt in der Vernachlässigung des zeitlichen Prozesses, der der Technologieakzeptanz zugrunde. Im Folgenden soll daher ein grundlegendes Modell konstruiert werden, dass die zeitliche Abfolge berücksichtigt und wesentliche Bestandteile der vorgenannten Theorien aufgreift.

18.2.1   Die Phasen der Technologieakzeptanz

Im Allgemeinen kann der Prozess der Technologieakzeptanz in eine Prä-Adoptions-, Adoptions- und Post-Adoptionsphase unterteilt werden. Diesen Phasen können wiederum verschiedene Faktoren wie demographische Merkmale, sozialer Einfluss oder auch Benutzerfreundlichkeit zugeordnet und so präzisere Implikationen für die Markteinführung neuer Technologien abgeleitet werden. Eine Darstellung des Modells[1] erfolgt in Abb. 18.1[2].

Um die praktische Anwendung des Modells darzustellen, werden im Anschluss an die Erläuterung jeder Phase und deren Parametern positive Anregungen von Apps aus der Versicherungsbranche genannt. Ein Beispiel ist die ReiseApp der Allianz Global Assistance, die bereits seit Oktober 2012 in den gängigen App Stores verfügbar ist. Neben dieser existieren noch zahlreiche weitere Apps, wie die App AppSichern, die G24 BergWinter App der Garanta Versicherungs AG und die Be Relaxed Versicherungs-App des DeTeAssekuranz Versicherungsservice, die uns als praktische Referenz in unserem Beitrag dienen sollen[3] (Abb. 18.2).

---

[1] Die im Modell genannten Einflussfaktoren wurden in verschiedenen Studien mit unterschiedlichen Testobjekten evaluiert. Es kann daher angenommen werden, dass das nachfolgende Modell für verschiedene Apps gleichermaßen valide ist, auch wenn die Relevanz der Faktoren in Abhängigkeit des jeweiligen Produktes variieren kann.

[2] Es bleibt anzumerken, dass die Phasen eher einem interaktiven Kontinuum, als wie distinkten Kategorien gleichen. Einzelne Determinanten treten daher in verschiedenen Phasen wiederholt auf oder bedingen sich gegenseitig. Ein starres Modell würde der Komplexität nicht Rechnung tragen. Um die Übersichtlichkeit der Darstellung zu wahren, beschränken wir uns in der Abhandlung auf eine Auswahl der wesentlichen Kriterien, die die jeweilige Phase dominieren, obgleich damit keine vollständige Darstellung der Komplexität gegeben ist.

[3] Die praktischen Beispiele aus den Apps entsprechen dem Stand vom 12. Februar 2015.

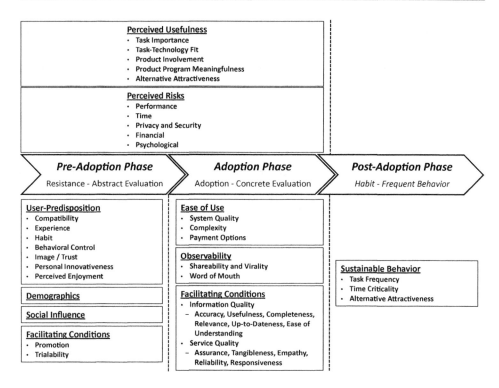

Abb. 18.1 Die Phasen der Technologieakzeptanz. (eigene Darstellung)

18.2.1.1 Die Prä-Adoptionsphase

Die Prä-Adoptionsphase ist in erster Linie durch das Ausmaß an Resistenz gegenüber dem Wandel gekennzeichnet und findet häufig ohne Kenntnis des konkreten Technologiegegenstandes statt. Am Beispiel der Versicherungsbranche kann etwa der Kauf von Versicherungen via Smartphone (mobile Versicherung) als abwegig empfunden werden, auch wenn bisher kein Produkt getestet wurde oder gar bekannt ist. Die Prä-Adoption resultiert daher in einer abstrakten Bewertung des Verhaltens. Dabei werden Merkmale des bisher bekannten Abschlussverfahrens mit den Eigenschaften des mobilen Kanals verglichen. Je größer die Diskrepanz und damit je geringer der erwartete Aufgaben-Technologie-Fit, desto unwahrscheinlicher die Adoption. Die Prä-Adoption ist folglich geprägt durch bisherige Gewohnheiten (Traditionsbarriere), dem Image der Technologie z. B. in Hinsicht auf Datensicherheit (Imagebarriere) sowie durch die Risiken, die mit der Nutzung der App in Zusammenhang gebracht werden. Im Versicherungskontext zählen hierzu insb. das Risiko des finanziellen Verlustes, des zeitlichen Aufwandes, der Gefährdung von Privatsphäre und Datenschutz sowie das Risiko Fehlentscheidungen hinsichtlich des Leistungsumfanges des Produktes zu treffen [9]. In Abhängigkeit von ihrer Ausprägung können diese letztlich zu einem resistenten Verhalten gegenüber der App-Nutzung (psychologische Barriere) führen. Die Prä-Adoption ist zudem stark abhängig von den Prä-Dispositionen der Nutzer (Gewohnheiten, Vertrauen, Innovativität, Erfahrungen, Zugang zu nötigen

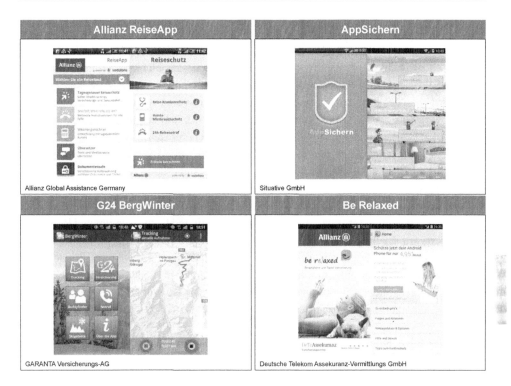

Abb. 18.2 Abbildung ausgewählter Versicherungs-Apps

Ressourcen, Kompatibilität mit sonst. Verhalten etc.) sowie demographischen Merkmalen (insb. Einkommen, Bildung und Alter). Das Angebot einer mobilen Versicherung wird daher von Kundengruppe zu Kundengruppe unterschiedlich bewertet. Welche Zielgruppe angesprochen wird, sollte daher gut durchdacht werden.

Den in Bezug auf Versicherungsapplikationen besonders relevanten Resistenzfaktoren Risiko-, Traditions- sowie Imagebarriere kann durch gezielte Kommunikationsmaßnahmen, wie zum Beispiel Aufklärung und werbegetriebene Verbreitung der Technologie (im Modell: Promotion), effektiv entgegengewirkt werden.

18.2.1.2 Das Modell in der Praxis

Aufgaben-Technologie-Fit Versicherungs-Apps eignen sich besonders gut zur Bereicherung von Aktivitäten die in Zusammenhang mit Mobilität stehen, z. B. dem Reisen. Darüber hinaus kann ein konkreter Bezug zur Versicherungsbranche hergestellt werden, da Mobilität oft in Verbindung mit neuen Situationen und somit unbekannten Risiken stehen. Positive Beispiele sind hier der Dienstreiseschutz und Mietwagenschutz der über AppSichern angeboten wird oder der Wintersportschutz der G24 BergWinter App sowie der Reise-Krankenschutz der Allianz Reise App.

Traditions- und Imagebarriere Aufgrund der Wechselwirkung zwischen Adoption und Prä-Adoption, steht es in der Verantwortung jedes Unternehmens, das mobile Produktangebot so zu gestalten, dass es dem Kunden einen Mehrwert bietet und zugleich vertrauensbildend wirkt. Das heißt insbesondere, dass die Informationsasymmetrie über Stärken und Schwächen des Produktes nicht ausgenutzt, sondern verantwortungsvoll damit umgegangen wird, somit also Produktfairness geschaffen wird. Um der Imagebarriere und den befürchteten Risiken entgegenzuwirken, sollten Versicherer daher bemüht sein, vollwertige und lückenlose Produkte zu verkaufen, die mit bisherigen konventionellen Angeboten mithalten können. Zu beachten sind zudem die Datensicherheit, zeitliche Effizienz und Preisfairness.

Einen guten Ansatz, der Fairness und Transparenz signalisiert, zeigt die ReiseApp der Allianz, die nur wenige Informationen, wie Name, Email und Geburtsdatum und Reisedauer erfordert, um die taggenaue und damit im Vergleich zu Versicherungen auf Jahrebasis günstige Reiseversicherung abzuschließen. Zusätzlich können ein weiterer Erwachsener und mitreisende Kinder aufgenommen werden, während der Preis unverändert bestehen bleibt. Vertrauensbildend wirkt auch, dass die App beim Download nur Berechtigungen einfordert, die auch benötigt werden. Ähnliche Eigenschaften zeigt die G24 BergWinter App.

Um der Imagebarriere sowie den befürchteten Risiken weiterhin entgegenzuwirken, sollten stets die für Datensicherheit ergriffenen Maßnahmen genannt werden und leicht zu finden sein. Gut umgesetzt wird dies in der App AppSichern sowie der Be Relaxed Versicheruns-App. Generell sollte der Datenschutz als eine der ersten Informationen innerhalb von Service-Apps angepriesen werden. Die Einführung eines einheitlichen Siegels wäre hierbei sinnvoll.

Weiterhin sollte vorab eine vollständige, aber dennoch übersichtliche Zusammenfassung der Versicherungsdetails für die Kunden Transparenz signalisieren sowie präventiv etwaigem Misstrauen entgegenwirken. So informiert AppSichern den Nutzer gleichermaßen über Details die abgesichert sowie nicht abgesichert sind. Die damit verbundene Informationsqualität wird später im Abschnitt der Adoptionsphase noch genauer beleuchtet.

Marketing Insbesondere in der Prä-Adoptionsphase ist eine extensive Kommunikation erforderlich. Dies gilt vor allem, je unbekannter das Produkt in Verbindung mit dem Kanal (Versicherungen via App) und je höher die Traditions- und Imagebarriere. Ein gutes Orientierungsbeispiel stellt aktuell der Onlineverkauf von Lebensmitteln dar, der in den letzten Monaten aufgrund von hohem Werbeaufwand die Etablierung von Onlinelieferservicen ermöglicht.

18.2.2 Die Adoptionsphase

Wird die Resistenz in der Prä-Adoption überwunden, kommt es zur Bewertung des Angebotes im Detail. Hier findet die Adoption bzw. Ablehnung aufgrund konkreter Produktmerkmale statt. Das entscheidendste Kriterium für die Adoption ist, dass der Nutzen der App erkannt wird. Dieser wird durch viele Determinanten bestimmt. Zu nennen sind die Relevanz und Wichtigkeit der Aufgabe sowie ihre Passung mit dem Kanal. Darauf Einfluss haben weiterhin die Benutzerfreundlichkeit (System Qualität, Komplexität, Bezahlmöglichkeiten) sowie das wahrgenommene Vergnügen bei der Benutzung. Von Bedeutung sind zudem unterstützende Maßnahmen wie eine hohe Qualität der gebotenen Informationen (z. B. Akkuratesse, Vollständigkeit, Verständlichkeit etc.) und des Services. Ihr Einfluss steigt mit zunehmender Komplexität. Bei Letzterem muss daher einerseits auf die Zugänglichkeit zu systembasierten (Suchfunktionen, Widerrufsrecht, FAQs, Test-, Prüf- und Zertifizierungssiegel etc.) wie personellen Service (Chatfunktion, Hotline, Ansprechpartner vor Ort) geachtet werden, andererseits aber auch die Qualität (z. B. Schnelligkeit, Fachkenntnis etc.) des Services Berücksichtigung finden. Dessen positive Wirkung zeigt sich vor allem in der Kompensation von empfundenen Risiken und erhöht so die Kaufintention der Nutzer [10].

Um dem Trend der Zeit gerecht zu werden, sollte zudem auf „Shareability", „Virality" und „Scoring" geachtet werden. Das Teilen der Nutzung und die Aufforderung „Likes" und Sternchen zu vergeben, könnte schließlich den entscheidenden Vorteil vor den Konkurrenten erbringen.

18.2.2.1 Das Modell in der Praxis

Nutzen der App Die BergWinter App bietet zahlreiche Funktionen, die beim Skifahren einen großen Nutzen erweisen. So liefert sie neben allgemeinen Informationen zum Skigebiet einen Buddyfinder, um Freunde im Skigebiet zu lokalisieren oder Skirouten aufzuzeichnen und mit anderen zu teilen. Die Allianz ReiseApp bietet hingegen einen Dokumentensafe, der es ermöglicht Sicherheitskopien reiserelevanter Dokumente in der App zu speichern. Auch die weiteren Funktionen, wie der Währungsrechner, Übersetzer und die Reisehinweise unterstützen den Nutzen der App und sind zudem für den mobilen Kanal aufgrund der Mobilität beim Reisen bestens geeignet. Beide Apps erweisen somit einen offensichtlichen Nutzen, der nach Belieben durch das Hinzufügen von weiteren Funktionen, wie etwa einer Checkliste für die Reisevorbereitung oder Reisetipps gesteigert werden kann. Es muss dabei eine gute Mischung zwischen Anzahl der Funktionen und Nutzen gefunden werden, da zu viel die Benutzerfreundlichkeit einschränkt. Der Produktverkauf kann zudem an eine dynamische Preisbildung gebunden werden, z. B. durch die Verwendung eines Teils der geleisteten Zahlungen für wohltätige Projekte im Reiseland, falls der Versicherungsfall nicht eintritt [16]. So wird ein höherer Nutzen und damit eine höhere Zahlungsbereitschaft erreicht, die in einer Win-Win-Win-Situation für Verkäufer, Käufer und Empfänger der wohltätigen Zahlung resultiert.

Benutzerfreundlichkeit Eine hohe Benutzerfreundlichkeit wird im Allgemeinen durch ein ansprechendes Design, eine intuitive Navigation und makelloser Bedienung erreicht.

Als positives Beispiel können hier die BergWinter App und AppSichern genannt werden: Beide sind intuitiv bedienbar. Der gesuchte Bereich ist schnell gewählt, die wichtigsten Funktionen sind leicht zu finden und verständlich. Weiterhin werden viele grafische und wenige textbasierte Elemente verwendet. Detaillierte Erläuterungen können schnell über die stets vorhandene Buttons, z. B. zu „Details" oder „Infos" erreicht werden.

Auch die Möglichkeit zur Bezahlung bei AppSichern via PayPal, Wirecard oder Sofort Überweisung innerhalb der App entspricht dem gegenwärtigen Standard bei Onlinetransaktionen und ist einfach anzuwenden.

Vergnügen Hierunter fallen alle Features, die zu „Enjoyment" des Kunden bei der Nutzung des Services führen.

Wie bereits erwähnt liefert die BergWinter App hierzu einen guten Ansatz, mit dem Tracking und der Buddyfunktion. Weitere Möglichkeiten zur Steigerung der Anwendungsfreude würden hierbei z. B. die Messung von Geschwindigkeiten und zurückgelegter Distanz oder das Anzeigen von News sowie geschichtlicher Informationen rund um den aktuellen Reiseort darstellen.

Informationsqualität Wie bereits erwähnt, sind der Umfang und die Qualität der bereitgestellten Information für das Vertrauen zur Versicherung unerlässlich. So sollte neben dem Leistungsumfang, ganz im Sinne eines vertrauenswürdigen, elektronischen Assistenten, auch leicht auffindbar angegeben werden, welche Leistungen nicht involviert sind. Spätestens an dieser Stelle wird die Herausforderung zwischen dem Task-Technology Fit aus einer Versicherung und dem mobilen Kanal ersichtlich. Weiterhin übersteigt die Komplexität der Informationen die Geduld der Kunden am Smartphone schneller als bei anderen Kanälen, was zur Ablehnung führen kann. Gründe sind häufig die mangelnde Akkuratesse, Vollständigkeit, Relevanz und Verständlichkeit der Informationen.

Generell zeigen die meisten Versicherungs-Apps zwar umfassende Informationen an, jedoch sind diese mitunter nicht unmittelbar auffindbar. Erst durch sehr genaues Lesen findet man Detailklauseln. Diese Informationen sind zudem sehr textlastig aufbereitet. Bei der Informationsvermittlung besteht folglich weiteres Potenzial zur Entwicklung.

Eine Lösung darf selbstverständlich nicht zu Lasten der Übersichtlichkeit gehen. Abhilfe könnte hier geschaffen werden, indem dem interessierten Kunden mehrere Ebenen in Bezug auf die Detailliertheit der Informationen zugänglich sind. So könnten in einer geordneten und kurzen Version alle Vor- und Nachteile aufgelistet und durch eine Darbietung der Empfehlungen des BdV (Bund der Versicherten) ergänzt werden. In einer tieferen Ebene können weiterhin detailliertere Informationen angeboten werden. Gute Ansätze zeigt hier AppSichern, die klare Gliederungen und hervorgehobene Fragen verwendet. Dokumente werden zudem nur verlinkt, aber nicht unmittelbar als langer Text angezeigt. Weitere Infografiken, Siegel und Bilder oder ein erklärendes Video können überdies eine bessere Eignung für den mobilen Kanal ergeben.

Servicequalität Hierunter fallen alle Service-Angebote rund um das eigentliche Produkt, welche dem Kunden den Abschlussprozess erleichtern.

Hinsichtlich des Service-Angebotes setzt die Be Relaxed App beispielhaft auf konventionelle Kontaktmöglichkeiten wie Kundenhotline, E-Mail und Link zur Website sowie das Anbieten von FAQs. Positiv ist zudem, dass man sich Details per Email zukommen lassen kann.

Weiteren Service könnten systembasierte und persönliche Dienste wie Suchfunktion für Schlagwörter, Chatfunktion, Widerrufsrecht und eine Umkreissuche nach Vertretern in näherer Umgebung bieten. Auch die Darstellung von Siegeln, z. B. zur SSL-Verschlüsselung sowie zu Testergebnissen und Informationen rund um die Kaufpräferenzen anderer Kunden unterstützen eine positive Entscheidung des Nutzers. Hilfreich sind überdies Features, die dem Konsumenten die App selbst näher bringen. Als Beispiel kann hier die App des Online-Preisvergleichsportals Idealo genannt werden. Videotutorials und anfängliche Einblendungen zur Nutzung verbessern entsprechend das Nutzerverständnis.

Beobachtbarkeit Virale Elemente, die die Verwendung der App für andere sichtbar machen (Weiterempfehlungen, Produktrezensionen etc.), können die Entscheidung für die Nutzung positiv beeinflussen.

Durch die Buddyfunktion ermöglicht beispielsweise die App G24 BergWinter das einladen weiterer Freunde. Eine besonders gute Anwendung des Prinzips findet man bei Betrachtung aktueller Fitness-Apps, wie der App Runtastic oder Freeletics, bei denen man seine sportlichen Ergebnisse direkt mit der Community teilen kann. Der Einsatz viraler Elemente ist daher als wirksame Werbemaßnahme anzuraten.

18.2.3 Die Post-Adoptionsphase

Die Post-Adoption umfasst letztlich die Nachhaltigkeit der Anwendung, inwiefern also eine dauerhafte Nutzung der Technologie sichergestellt werden kann. Das Verhalten könnte sich etwa in der regelmäßigen Buchung von Versicherungen über den mobilen Kanal äußern und in Gewohnheit übergehen. Als relevante Einflussfaktoren sind hier die Häufigkeit und wie zeitkritisch eine Aufgabe ist, zu nennen. Auch die Attraktivität alternativer Angebote am Markt spielt eine wesentliche Rolle. Gerade im Versicherungswesen dienen Apps bisher vor allem als Informationsmedium. Außer Acht gelassen wird dabei häufig, dass heutzutage unabhängige Informationen anhand von Suchmaschinen in wenigen Sekunden abgerufen werden können. Der Mehrwert einer neuen Informations-App, die einem je nach Anbieter einseitige oder unvollständige Informationen liefern könnte, ist daher häufig fraglich. Die alternative Attraktivität ist entsprechend zu hoch, was vor allem auch auf Gewohnheit (z. B. bzgl. der Google-Suche) zurückgeführt werden kann. Weiterhin ist im Versicherungswesen das Service-Verhalten im Schadenfall von immenser Bedeutung und spielt daher ebenso eine wichtige Rolle für die Post-Adoption.

18.2.3.1   Das Modell in der Praxis

Häufigkeit und Notwendigkeit der Nutzung Da Apps einer Selbstselektion unterliegen, werden etwa in Bezug auf die Allianz ReiseApp insb. Personen, die häufiger Reisen von der App profitieren. Dennoch ist das Reisen eine seltene Aktivität, vergleicht man es mit Tätigkeiten, wie der Kommunikation mit dem sozialen Netzwerk oder dem Lesen von Tagesnews. Es ist demnach von Bedeutung, eine regelmäßige Anwendung der App hervorzurufen, damit diese nicht in Vergessenheit gerät. Versicherungs-Apps sollten daher stets mit Funktionen bestückt sein, die regelmäßig oder in bestimmten Situationen, z. B. dem Skiurlaub benötigt werden. Gute Ansätze zeigen hier z. B. der Dokumentensafe der Allianz ReiseApp oder die Trackingfunktion der G24 BergWinter App. Eine tägliche Nutzung ist damit jedoch nicht zu erwarten. Eine Möglichkeit die Nutzungshäufigkeit und damit den Aufbau von neuer Gewohnheiten bei den Nutzern zu fördern könnte beispielhaft darin bestehen, Versicherungs-Apps als täglichen Assistenten zu etablieren, z. B. bei der Pflege von Familienangehörigen oder der Übermittlung von Informationen über Risiken in relevanten Situationen. Auf das Beispiel einer Reise-App bezogen bietet sich beispielsweise die Zusendung regelmäßiger Meldungen aus dem Urlaubsgebiet oder Empfehlungen anderer Reisender zur regelmäßigeren Aktivierung der App an. Überdies könnte eine Direktmeldefunktion für Schäden sinnvoll sein, da die Meldung zeitkritisch ist und via App ebenso schnell wie unkompliziert erledigt werden kann.

Alternative Attraktivität Dieses Bewertungskriterium umfasst zweierlei Aspekte: Einerseits den Vergleich mit Angeboten der Konkurrenz, andererseits die Attraktivität des Kanals im Vergleich zu alternativen Abschlusswegen.

Im Marktvergleich schneidet beispielsweise die Allianz ReiseApp als eine der besten Apps am Markt ab [12]. Andererseits stehen die Apps im Vergleich zu allen anderen Vertriebskanälen wie dem E-Commerce und den Versicherungsvertretern, die nach wie vor das Geschäft dominieren [11].

Als Schlussfolgerung ist festzuhalten, dass Versicherungsprodukte speziell für den mobilen Markt, die Stärken von mobilen Geräten nutzen und damit eine „unique selling proposition" erzeugen sollten, um erfolgreich zu sein und nicht mit dem Produkten der konventionellen Vertriebswege in Konkurrenz zu stehen. Einige Möglichkeiten hierzu wurden bereits genannt.

18.3   Schlussbemerkungen

Die Versicherungsbranche hat erkannt, dass auch Versicherungen für neue Vertriebskanäle geeignet sind. In Zukunft werden diese weiter an Bedeutung gewinnen, da Kunden ein wachsendes Bedürfnis haben, auf verschiedenen Kanälen angesprochen zu werden [22]. Um diesen Übergang erfolgreich zu realisieren, sollte man sich an den Phasen und Kriterien der Technologieakzeptanz orientieren, die wir Ihnen in diesem Beitrag vorgestellt haben. Verschiedene Applikationen, wie die Allianz ReiseApp, die App AppSichern, die G24 BergWinter App oder die Be Relaxed App bieten eine gute Grundlage für den Versicherungskauf per Smartphone und werden bei kontinuierlicher Verfeinerung einen wichtigen Beitrag leisten, um eine noch angenehmere Reise für Kunden und Versicherer gemeinsam zu ermöglichen.

Literatur

1. Bienstock, C. C., & Stafford, M. R. (2006). Measuring involvement with the service: a further investigation of scale validity and dimensionality. *Journal of Marketing Theory & Practice, 14*(3), 209–221.
2. Brown, J., & Minor, D. B. (2012). *Misconduct in credence good markets.* NBER Working Paper No. 18608, Cambridge.
3. Centre for Retail Research/Deals.com. (Hrsg.). (2014). Studie Online-Handel in Europa und den USA. http://hosted-de.deals.com/p/dealscom-e-commerce-studie-2014. Veröffentlicht Februar 2014. Zugegriffen: 26. Mai. 2014.
4. Davis, F. D. (1989). Perceived usefulness, perceived ease of use, and user acceptance of information technology. *MIS Quarterly, 13*(3), 319–340.
5. DeLone, W. H., & McLean, E. R. (1992). Information systems success: the quest for dependent variable. *Information Systems Research, 3*(1), 60–95.
6. DeLone, W. H., & McLean, E. R. (2002). *Information systems success revisited.* In Proceedings of the 35th Hawaii International Conference on System Sciences, 238–249.
7. DeLone, W. H., & McLean, E. R. (2003). The DeLone and McLean model of information system success. *Journal of Management Information Systems, 19*(4), 9–30.
8. Goodhue, D. L., & Thompson, R. L. (1995). Task-technology fit and individual performance. *MIS Quarterly, 19*(2), 213–236.
9. Grahl, A., & Heinze, J. (2014). Versicherungen (nicht für, sondern) mit dem Smartphone. In A. Eckstein, A Liebertrau, & M. Seidel (Hrsg.), *Insurance & Innovation: Ideen und Erfolgskonzepte von Experten aus der Praxis* (S. 41–55). Karlsruhe: Verlag Versicherungswirtschaft GmbH.
10. Heinze, J., & Lederle, P. (2014). *New channels for old businesses: The reduction of risk perception for high involvement products in mobile commerce by service and information enrichment.* AMOS SE Working Paper, München.
11. Heinze, J., & Niederkleine, N. (2014). *The impact of product complexity on channel choice behavior for service-based products.* AMOS SE Working Paper, München.
12. Heute und Morgen GmbH. (Hrsg.). (2013). Versicherungsabschluss via App – ein neuer Vertriebsweg und – trend?! Köln.
13. Israel, M. (2005). Services as experience goods: An empirical examination of consumer learning in automobile insurance. *American Economic Review, 95*(5), 1444–1463.
14. Lee, Y., Kozar, K. A., & Larsen, K. R. T. (2003). The Technology Acceptance Model: Past, present, and future. *Communications of the Association for Information Systems, 12*(50), 752–780.
15. Loewenstein, G. (1999). Is more choice always better? *Social Security Brief, 7,* 1–7.
16. Lucke, S., & Heinze, J. (2014). *The role of personal choice in cause-related marketing: derivation of a concept for the mobile insurance industry.* AMOS SE Working Paper, München.
17. Ram, S., & Sheth, J. N. (1989). Consumer resistance to innovations: The marketing problem and its solutions. *Journal of Consumer Marketing, 6*(2), 5–14.
18. Steria Mummert Consulting. (Hrsg.). (2014). *Studie Potenzialanalyse Mobility.* Hamburg.

19. Venkatesh, V., & Bala, H. (2008). Technology Acceptance Model 3 and a research agenda on interventions. *Decision Sciences, 39*(2), 273–315.
20. Venkatesh, V., & Davis, F. D. (2000). A theoretical extension of the Technology Acceptance Model: four longitudinal field studies. *Management Science, 46*(2), 186–204.
21. Venkatesh, V., Morris, M. G., Davis, G. B., & Davis, F. D. (2003). User acceptance of information technology: Toward a unified view. *MIS Quarterly, 27*(3), 425–478.
22. Wenig, M. (2014). Versicherungskunden erwarten Ansprache über mehrere Kanäle. http://www.versicherungsbote.de/id/4803703/Versicherung-Kundenbindung-Service-Ansprache-Betreuer. Veröffentlicht September 2014. Zugegriffen: 26. Sept. 2014.

Kundenservice 2.0: Kundenverhalten und Serviceleistungen in der digitalen Transformation

19

Alexander Rossmann und Michael Tangemann

Zusammenfassung

Die digitale Transformation bezieht sich auf die zunehmende Digitalisierung von Inhalten und Prozessen und die steigende Bedeutung digitaler Medien in Wirtschaft und Gesellschaft. Dabei wird der Wandel u. a. durch die Evolution in der Nutzung des Internets getrieben. Während in der Phase des so genannten Web 1.0 die Publikation und Verbreitung statischer Inhalte im Fokus stand, werden durch das Web 2.0 überwiegend Prozesse der dezentralen Erzeugung und einfachen Verbreitung von User Generated Content stimuliert. Unternehmen müssen auf diese Veränderungen reagieren, um die eigene Wettbewerbsfähigkeit nachhaltig abzusichern. Der vorliegende Beitrag konzentriert sich auf die Weiterentwicklung des Kundenservice. Dieser wurde in den zurückliegenden Jahren von vielen Unternehmen überwiegend als Kostenfaktor mit geringer strategischer Bedeutung eingestuft. Diese Sichtweise hat sich in der digitalen Transformation grundlegend geändert. Kunden können heute Mängel an Produkten und Dienstleistungen durch Foren und Social Media Kanäle sofort und mit hoher Reichweite adressieren. Unternehmen müssen auf den gleichen Kanälen reagieren, um die Multiplikation negativer Sichtweisen einzudämmen und Übertragungseffekte auf traditionelle Medien zu vermeiden. Gleichzeitig entstehen durch digitale Kanäle völlig neue Serviceangebote, die sich nachhaltig auf die unternehmerische Wettbewerbsfähigkeit auswirken. Der vorliegende Beitrag gibt zunächst einen Überblick zu wesentlichen Entwicklungslinien der digitalen Transformation. Auf dieser Grund-

A. Rossmann (✉) · M. Tangemann
Fakultät Informatik, Hochschule Reutlingen, Reutlingen, Deutschland
E-Mail: Alexander.Rossmann@Reutlingen-University.de

M. Tangemann
E-Mail: Michael.Tangemann@Reutlingen-University.de

© Springer-Verlag Berlin Heidelberg 2015
C. Linnhoff-Popien et al. (Hrsg.), *Marktplätze im Umbruch*, Xpert.press,
DOI 10.1007/978-3-662-43782-7_19

lage werden die Perspektiven für Unternehmen zur Integration digitaler Medien in die eigene Wertschöpfungskette skizziert. Darüber hinaus steht v. a. die Veränderung des Kundenservice im so genannten Web 2.0 zur Diskussion. Ein Ausblick auf zukünftige Entwicklungen der Digitalisierung rundet den Beitrag entsprechend ab.

19.1   Digitale Transformation

Die digitale Transformation ist ein Sammelbegriff für viele Entwicklungen, die sich allgemein auf die zunehmende Digitalisierung von Inhalten und Prozessen beziehen. Dabei lässt sich der Ursprung der digitalen Wende bis hin zu den Anfängen der EDV und der Einführung von PCs in Unternehmen und privaten Haushalten zurückführen. Für die Transformation sind darüber hinaus die Entwicklung des Internets sowie die stark steigende Produktion von digitalen Inhalten wesentlich [11]. Durch das Internet lassen sich digitale Inhalte einfach erzeugen und weltweit verbreiten. Auf der Grundlage der Menge digitaler Inhalte sind Suchmaschinen heute besonders relevant. Google dominiert den Markt für digitale Suchanfragen mit einem Marktanteil in Deutschland von fast 95 %[1]. Besonders wesentlich ist darüber hinaus die Entwicklung von Social Media Plattformen wie Facebook, Twitter, LinkedIn und YouTube. Digitale Inhalte lassen sich heute in unterschiedlichen Formaten (Bild, Text, Video, Audio) sehr einfach erzeugen und verteilen. Die Entstehung von User Generated Content stellt das Meinungsmonopol traditioneller (Offline-)Medien in Frage. Durch Social Media werden heute Inhalte in einer Menge und Vielfalt erzeugt, die sich kaum noch greifen lässt. Facebook User erzeugen jeden Tag über 3 Mrd. „likes" und „comments". Täglich werden 250 Mio. Fotos auf die Plattform geladen. Die Kernstatistiken von YouTube verweisen auf ein vergleichbares User Engagement. Über eine Milliarde User besuchen YouTube jeden Monat. Über sechs Milliarden Videos werden auf der Plattform jeden Tag konsumiert und innerhalb eines Monats werden auf YouTube mehr digitale Videos gepostet als das gesamte US-Fernsehen in über 60 Jahren Geschichte erzeugen konnte[2]. Auf dem Kurznachrichtendienst Twitter sind offiziell mehr als 100 Mio. User registriert. Diese erzeugen täglich mehr als 200 Mio. Tweets weltweit. Die digitale Ökonomie des User Generated Content hat die Offlinewelt in Punkto Inhaltserzeugung und Medienkonsum längst überholt [9].

Das Wachstum der Internetökonomie hat Auswirkungen für Unternehmen und Gesellschaft. Zunächst erzeugt der digitale Wandel ein hohes Maß an Transparenz. Schlechte Qualität oder überhöhte Preise lassen sich nicht mehr so einfach in der breiten Masse verstecken. Grundsätzlich kann jeder Kunde die eigene Meinung über Social Media Platt-

---

[1] Statista: Suchmaschinenverteilung in Deutschland im September 2014, abgerufen am 27.10.2014, http://de.statista.com/statistik/daten/studie/167841/umfrage/marktanteile-ausgewaehlter-suchmaschinen-in-deutschland/

[2] YouTube, abgerufen am 27.10.2014, http://www.youtube.com/yt/press/de/statistics.html

formen kommunizieren sowie schnell und einfach verbreiten. Unternehmen müssen sich ernsthaft mit diesen Meinungen beschäftigen und auf den Präferenzkanälen der Kunden reagieren. Bei ausbleibenden oder unpassenden Reaktionen droht ein Anschwellen der Negativmeinungen bis hin zum so genannten Shitstorm [12]. Entsprechend haben Unternehmen in den letzten Jahren umfassende Monitoringsysteme zur Erfassung und Analyse digitaler Inhalte etabliert. Diese haben auch Einfluss auf interne Prozesse und die Geschwindigkeit, mit der heute auf Entwicklungen in der digitalen Welt reagiert werden muss. Neben der passiven Reaktion auf Beiträge der User bieten sich aus Unternehmenssicht durch das Web 2.0 ganz neue Möglichkeiten zur Interaktionen mit relevanten Stakeholdergruppen. Diese lassen sich in unterschiedliche Geschäftsprozesse einbinden, z. B. in die Entwicklung neuer Produkte und Dienstleistungen, das Marketing, Employer Branding oder eben in den Kundenservice.

Neben den skizzierten Entwicklungen tauchen unter Überschriften wie Industrie 4.0 und durch das Internet der Dinge bereits neue Themen am Horizont auf, die für eine weitere Beschleunigung der Veränderungsdynamik sorgen [1]. In Summe ist die digitale Transformation damit bei Weitem nicht abgeschlossen. Die Innovationsdynamik ist ungebrochen und neue Themen und Trends zeigen sich bereits am Horizont. Dabei sind die meisten Unternehmen noch mit Fragen der Digitalisierung aus Web 1.0 und Web 2.0 beschäftigt. Daraus resultiert eine Asymmetrie zwischen der Geschwindigkeit technologischer und gesellschaftlicher Veränderung und dem unternehmensinternen Wandel – eine Situation die bereits von Charles Darwin als Ursache für das Sterben etablierter Arten und die Entwicklung neuer Variationen identifiziert wurde [11]. Entsprechende Überlegungen lassen sich analog auf den Erfolg und Misserfolg von Unternehmen anwenden.

19.2 Digitale Medien in Wertschöpfungsprozessen

Die skizzierten Veränderungen sind für Unternehmen in verschiedenen Phasen der eigenen Wertschöpfung relevant. Die digitale Transformation ist daher ein funktionsübergreifendes und interdisziplinäres Phänomen [15]. Für den vorliegenden Beitrag werden ausschließlich Themen adressiert, die für die Kundenbeziehung und den Kundenservice wichtig sind. Die zweifelsohne vorhandenen Fragestellungen für weitere Stakeholder und die unternehmensinterne Zusammenarbeit und Kommunikation bleiben damit ausgeblendet.

In Bezug auf die Beziehungen zwischen Unternehmen und Kunden lässt sich zunächst feststellen, dass für Kunden heute wesentlich erweiterte Informations- und Kommunikationsangebote vorliegen. Unternehmen und Marken werden heute in vielen Branchen und von sehr vielen Kunden vorwiegend digital erlebt. Dies bezieht sich auf die Corporate Webpage, Social Media Plattformen, Foren, Google, digitale Medienangebote und etliche weitere Faktoren. Daher sind Unternehmen zunehmend an ihrer digitalen Relevanz interessiert. Für Unternehmen ist es komplex und äußerst schwierig, die gewünschte Markenwirkung bei Kunden digital zu erzeugen bzw. die Wirkung der eigenen Maßnahmen zu prüfen. Dies hat auch damit zu tun, dass sich für Kunden heute eine Vielzahl digitaler und physischer Kontaktpunkte bieten. Diese lassen sich entlang ihrer Wirkung in der Customer Journey anordnen und mit Hinblick auf ihren Wertbeitrag analysieren. Dabei gelten TV und Print nach wie vor als relevante Offline-Medien für die Erzeugung von Aufmerksamkeit. Jedoch lässt sich die Aufmerksamkeit der Kunden in der Internetökonomie nur noch durch ausgefeilte Digitalstrategien erhalten. Dabei reicht die Bandbreite digitaler Ansatzpunkte von Online Ads über eMail-Direktmarketing bis hin zu Search Engine Marketing und Customer Co-Creation Strategien in Social Media [3]. Ganz allgemein ist der Word-of-Mouth-Effekt bzw. die (digitale) Mundpropaganda für die Gewinnung von Aufmerksamkeit nicht zu unterschätzen. Gleiches gilt für die Bewertung von Unternehmen, Produkten und Dienstleistungen nach dem ersten Kontakt, der erstmaligen Nutzung von Produkten und Dienstleistungen oder der Kommunikation mit relevanten Serviceangeboten. Der Erfolg der Beratung im physischen Shop verfügt in vielen Branchen nach wie vor über ein hohes Gewicht, teilweise wurde dieser Faktor jedoch bereits durch die digitale Meinungsbildung abgelöst. Neuere Entwicklung in den Bereichen Virtual- und Augmented Reality werden diesen Trends weiter stimulieren [8].

Der Kundenservice ist in dieser Hinsicht als After-Sales Angebot nach dem Kauf von Produkten und Dienstleistungen zu verstehen. Diese Einordnung ist zumindest in Zeiten der digitalen Transformation nicht mehr ganz zutreffend. Häufig wird der Kundenservice im Sinne einer Kundeninformation noch vor dem Kaufvorgang genutzt. Darüber hinaus haben viele Unternehmen bereits auf ein pro-aktives Servicemanagement umgestellt, bei dem sich Online Service Agents bereits vor dem Kaufprozess aktiv in den Userdialog rund um Produkte und Dienstleistungen einbinden [4]. Dennoch ist durchaus korrekt, dass der Kundenservice auch in der Onlinewelt Fragen, Probleme und Reklamationen der Kunden bearbeiten muss. Wenn dies erfolgreich gelingt, dann hat der Kundenservice einen Einfluss auf die Kundenzufriedenheit und die Kundenbindung. Dies ist mit Hinblick auf die Customer Journey von besonderer Bedeutung, denn die Zufriedenheit der aktiven Kunden ist in transparenten Märkten auch für die Neukundengewinnung relevant [10]. Ein deutlicher Bedeutungszuwachs der Kundenbindung ist die Folge. Auch der Kundenservice gewinnt als Wertschöpfungsfaktor mehr Gewicht. Daher lassen sich die folgenden Ausführungen zum Kundenservice 2.0 auch als Ausdruck einer gewandelten Management- und Marketingperspektive verstehen.

19.3 Kundenservice 2.0

Wenn von Kundenservice 2.0 die Rede ist, sollte zunächst definiert werden, was genau unter diesem Schlagwort zu verstehen ist. Allgemein geht es dabei um die Entwicklung und Umsetzung des Kundenservice durch digitale Medien, insbesondere durch das Internet. Dabei ist spezifisch die Entwicklung des Internet im Sinne des Web 2.0 zu berücksichtigen, die einen Kundenservice 2.0 mit vergleichbaren Merkmalsausprägungen nach sich zieht. Kundenservice 2.0 bezieht sich daher auf die Entwicklung und Umsetzung des Kundenservice durch die Perspektive des Web 2.0 [4].

19.3.1 Vergleich zwischen digitalen und physischen Serviceangeboten

Auf dieser Grundlage bietet sich ein Vergleich zwischen digitalen und physischen Serviceangeboten an. Digitale Serviceangebot werden heute nicht mehr nur per eMail, sondern v. a. über das Internet und interaktive Social Media Plattformen wie Facebook oder Twitter umgesetzt. Hier haben die User die Möglichkeit, Fragen, Meinungen, Probleme und Beschwerden aktiv auf einer Corporate Social Media Site zu posten. In der Regel wird die Seite durch ein Social Media Team des Unternehmens betreut. Das Posting der User und die Reaktion des Unternehmens sind dabei auch für andere User sichtbar. Das dokumentierte Servicewissen lässt sich entsprechend in einer Service Community speichern sowie für die positive Word-of-Mouth Kommunikation nutzen. Im Vergleich zu klassischen Serviceangeboten, wie beispielsweise einer Telefonhotline, zeigen sich bei digitalen Serviceangeboten die folgenden Unterschiede [5]:

- Die Interaktion zwischen Unternehmen und User ist für die Öffentlichkeit transparent. Daher wird das individuelle Serviceerlebnis kollektiviert. Der Servicevorgang erhält eine öffentliche Aufmerksamkeit.
- Die Servicereaktion des Unternehmens lässt sich entsprechend auch als Marketingkommunikation verstehen, da mit einer Wahrnehmung durch andere User und mit der Weiterleitung der Serviceinteraktion (likes, shares) gerechnet werden muss.
- Das Servicewissen aus einzelnen Serviceprozessen kann online und für alle User transparent in einer Datenbank gespeichert werden. Dies ermöglicht neue Selbstservicesenzarien und in weiterer Konsequenz die Einsparung von Serviceinteraktionen.
- Die Service Agents sind als solche ebenfalls sichtbar. Daher unterscheidet sich das Rollen- und Berufsbild im Kundenservice online versus offline fundamental. Der Service Agent hat einen sichtbaren und nachvollziehbaren Einfluss auf die Kundenzufriedenheit und erhält öffentlich Feedback.
- Die internen Anreizmodelle verändern sich. Im klassischen Kundenservice stehen v. a. Kosten und Effizienz im Vordergrund. Dies drückt sich beispielsweise durch klare Anforderungen in Bezug auf die „call handling time" bei den Service Agents aus. Im transparenten Online-Service gilt v. a. die Kundenzufriedenheit und die Lösung des Kundenproblems.

Die skizzierten Effekte führen theoretisch zu Vorteilen für Unternehmen und Kunden. Kunden erhalten auf Grund der Öffentlichkeit der Serviceinteraktion einen besseren Kundenservice. Dieser wird durch erweiterte Anforderungen bei der Auswahl von Service Agents, der starken Zuweisung von Ressourcen für einen einzelnen Servicevorgang und durch den besseren Durchgriff auf relevante Servicesysteme erzeugt [4]. Für Unternehmen entstehen oberflächlich höhere Kosten. Diese lassen sich jedoch durch Kosteneinsparungen mit Kundenselbstserviceprozessen ausgleichen. Darüber hinaus führt der Kundenservice zu marktorientierten Effekten, z. B. in Bezug auf die Kundenbindung und Word-of-Mouth Kommunikation. Wesentlich für derartige Resultate sind jedoch eine ganzheitliche

Veränderung der Servicestrategie und eine konsequente Umsetzung im Onlinebereich. Durch eine reine Übertragung der bestehenden Philosophie auf Onlinekanäle lassen sich die gewünschte Effekte nicht realisieren.

19.3.2 Fallbeispiel „Telekom hilft"

Die gelungene Umsetzung einer Servicestrategie im Sinne des Kundenservice 2.0 zeigt sich bei der Telekom Deutschland GmbH. Das entsprechende Programm wird hier als „Telekom hilft" bezeichnet. Dies ist nicht nur ein singulärer Kanal, sondern das Social Media-Programm des Bereichs Internet Vertrieb & Service der Telekom Deutschland GmbH. Der Ansatz wurde mit dem Fokus initiiert, die Potenziale des Social Web zu erkunden, iterativ eine Roadmap für die folgenden Jahre zu definieren und deren Umsetzung zu steuern. Das Ziel der Initiative bezog sich daher von Beginn an nicht nur auf die Entwicklung und Umsetzung von Serviceinnovationen. Der Kundenservice wurde stets in Zusammenhang mit relevanten Implikationen für Marketing und Vertrieb bewertet [5].

Die Erweiterung der Konzeption im Kundenservice im Sinne des Web 2.0 hat konkrete Auswirkungen für die Kundenschnittstelle. Dies umfasst die redaktionellen und kommunikativen Richtlinien für die Servicemitarbeiter/innen sowie die Details der persönlichen Ansprache im Kundendialog. Dabei werden die Kundenberater von „Telekom hilft" online als Team und als Gruppe im Bild präsentiert (siehe Abb. 19.1). Für die Darstellung der Servicemitarbeiter werden keine Models, sondern Fotos der echten Berater mit den eigenen Vornamen genutzt. Empathie und Zuhören sind die wichtigsten Vorgaben für den

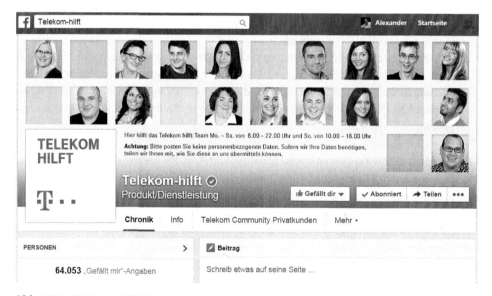

Abb. 19.1 „Telekom hilft" Seite auf Facebook

Dialog mit Kunden. Es darf auch geduzt werden, wenn die Kunden selbst duzen. Die Kundenberater können auf die Tonalität und den Stil der Kunden eingehen und sich selbst mit ihrer persönlichen Note zum Ausdruck bringen. Dabei haben die Servicemitarbeiter die klare Aufgabe, proaktiv oder reaktiv die Anliegen von Kunden zu deren vollsten Zufriedenheit zu lösen.

Die Auswahl geeigneter Social Media Plattformen folgte im Wesentlichen zwei Grundsätzen: "Wir gehen dahin, wo unsere Kunden sind". Und damit dies effizient geschieht: "Folge der Masse und dem Wachstum". Bereits Ende 2009 zeigten sich Facebook und Twitter als Wachstumskandidaten, während bei anderen Netzwerken bereits eine starke Stagnation erkennbar war. Darüber hinaus wurde ein Corporate Blog als mögliche Verlängerung der Kommunikation in Twitter und Facebook umgesetzt, um sowohl mehr Raum für umfassendere Informationen zu öffnen als auch die zusätzlichen Mechanismen zur Distribution von Inhalten zu nutzen [7].

Die wesentlichen Meilensteine der Umsetzung von „Telekom hilft" lassen sich in wie folgt zusammenfassen. Im ersten Schritt fokussierte die Telekom Deutschland GmbH darauf, schnell und möglichst vielfältig Erfahrungen zu sammeln, um das Potenzial eines Kundenservice 2.0 zu erkunden und durch harte Fakten mess-, plan- und kontrollierbar zu machen. Die wichtigste Voraussetzung bezog sich deshalb zunächst auf die Identifikation von internen Ressourcen mit hoher Servicekompetenz. Um den Wandel im Unternehmen voran zu treiben, verzichtete das Unternehmen auf eine externe Agentur oder einen Call-Center-Dienstleister. Vielmehr wurden durch ein internes Team die erforderlichen Prozesse definiert, um eine bestmögliche Integration in die vorhandenen Abläufe und Systeme zu ermöglichen.

Da für die Administration des Servicedialogs zwischen Mitarbeiter/innen und Kunden nach Prüfung durch den Datenschutz vorhandene Software-as-a-Service-Lösungen verwendbar waren, ließen sich sehr kurze Laufzeiten der Pilotprojekte und ein agiles Vorgehen ermöglichen [5]. Als erster Standort für die Servicemitarbeiter/innen wurde das Kompetenz Center Kiel ausgewählt, weil hier hochqualifiziertes Personal mit umfassenden Erfahrungen und vielfältigen Kompetenzen verfügbar war. Das Team wurde durch eine interne Ausschreibung in Abstimmung mit der Personalabteilung und dem lokalen Betriebsrat rekrutiert. Vier FTE (full time equivalent) waren für den Start von Twitter verfügbar, für Facebook wurden weitere acht FTE geschaffen, in 2011 wurde die Zahl auf insgesamt 13 FTE erhöht. Durch die personelle Zusammenlegung mit Servicemitarbeiter/innen von Chat und Foren sowie die weitere Ausweitung von Ressourcen arbeiten aktuell 85 FTE an drei Standorten in Deutschland an „Telekom hilft".

Aus Sicht der Servicequalität ist es erforderlich, interne Ressourcen für den Servicedialog aufzubauen. Darüber hinaus ist es wesentlich, Social Media aktiv in die vorhandenen Kundenserviceprozesse zu integrieren. Das Telekom-Team konnte somit von Anfang an und ohne weitere Trainings auf alle vorhandenen Abläufe und Kontakte zurückgreifen. Dies gilt sowohl für Standardprozesse, als auch für die Nutzung informeller Wege durch die eigenen Netzwerke im Unternehmen [4]. Völlig neue oder stark modifizierte Prozesse waren jedoch insbesondere für den Dialog mit Kunden erforderlich. Beispielsweise wurden diverse Feedbackschleifen für unerwartete Situationen geschaffen, um Lösungsansätze in einem größeren Kreis zu diskutieren. In Krisensituationen und bei Angriffen in Form eines sogenannten Shitstorms wird eine gemeinsame Konferenz einberufen. In solche Situationen ist die Unternehmenskommunikation als Ratgeber oder Entscheider aktiv einbezogen. Die wesentlichen Richtlinien, Rollen, Abläufe, Qualitätssicherungs-, Risikomanagement- und Kommunikationsprozesse sind in Form eines Prozesshandbuchs dokumentiert und werden laufend aktualisiert.

Nach einigen Jahren und ersten Umsetzungserfahrungen lässt sich inzwischen auch die Wirtschaftlichkeit von „Telekom hilft" bewerten. Zunächst weisen Kundenbefragungen deutlich auf eine im Kanalvergleich hohe Kundenzufriedenheit der User von „Telekom hilft" hin [5]. Dies hat u. a. signifikante Auswirkungen auf die Kundenbindung, einen wesentlichen Erfolgsparameter in der Telekommunikationsbranche. Darüber hinaus erzeugen positive Serviceerlebnisse auf „Telekom hilft" eine positive Word-of-Mouth Kommunikation. Diese ist besonders für ein Unternehmen wie die Telekom Deutschland wesentlich, da viele Kundenerfahrungen und das vorhandene Image des Unternehmens keinen Status als Premium Serviceanbieter nahe legen. Dennoch befindet sich die Telekom im Preis-Premium Segment. Eine nachhaltige Differenzierung durch einen guten Kundenservice ist daher absolut erfolgskritisch. Mit dem Beispiel „Telekom hilft" konnte diese Strategie erfolgreich und über Jahre hinweg nachhaltig umgesetzt werden.

19.4   Ausblick: Kundenservice 3.0

Nachdem sich erste Erfolge einstellen und sich ein Kundenservice 2.0 im Sinne der skizzierten Serviceinnovationen in der Praxis immer deutlicher etabliert, stellt sich die Frage, wie sich dieses rasch anwachsende Segment in Zukunft entwickeln wird.

19.4.1   Pro-aktiver Kundenservice

Die bereits beschriebene Entwicklung in Richtung Internet der Dinge, Industrie 4.0 und weiterer technischer Neuerungen führt dazu, dass in zunehmendem Maß Geräte und Applikationen im Umfeld des Kunden vernetzt werden. Dadurch entstehen vielfältige Möglichkeiten, die Kundenzufriedenheit zu erfassen und ggf. proaktiv auf entstehende Schwierigkeiten einzuwirken.

So ist es beispielsweise möglich, auf dem Endgerät des Benutzers Problemfälle zu erfassen, die sich in wiederholten Anfragen oder abgebrochenen Serviceprozessen äußern. Macht der Kunde seiner Unzufriedenheit Luft, z. B. durch Verbreitung seines Problems über soziale Netzwerke, kann der oben beschriebene Kundenservice 2.0 Abhilfe schaffen.

Es dürfte jedoch eine erhebliche Dunkelziffer von Kunden geben, die sich mit einer Notlösung behelfen oder frustriert aufgeben, ohne ihr Problem zu eskalieren und eine zufriedenstellende Lösung zu erhalten. So entsteht eine latente Unzufriedenheit, die sich im Lauf der Zeit akkumuliert und dadurch die Wahrscheinlichkeit erhöht, dass bei nächster Gelegenheit ein Anbieterwechsel vorgenommen wird. Die traditionelle Erfassung des Kundenfeedbacks über Fragebögen erfolgt mit großer Zeitverzögerung, ist lückenhaft und kann zwar im Nachhinein eine Erklärung liefern, aber den Kunden nicht mehr umstimmen.

In dieser Situation ist es vorteilhaft, den Zustand der laufenden Serviceprozesse und der dabei eingesetzten Hard- und Software laufend zu analysieren und auftretende Problemsituationen möglichst zeitnah zu lösen. Wer würde sich nicht über folgenden Anruf freuen: „Uns ist aufgefallen, dass Sie bei der Nutzung unseres Service-Portals ein Problem mit der Eingabe Ihrer Daten hatten. Kann ich Ihnen vielleicht dabei helfen?"

19.4.2   Vertraulichkeit und Sicherheit

So angenehm das eben geschilderte Szenario auf der einen Seite sein mag, so befremdlich erscheint es vermutlich denjenigen, die sich heute schon durch die digitalen Medien beobachtet fühlen und um ihre Privatsphäre fürchten. Deshalb ist das Thema Vertraulichkeit sehr ernst zu nehmen und schon vorab zu thematisieren. Der Kunde sollte die Möglichkeit haben, Services dieser Art bewusst zu wählen, wenn er zum Anbieter genügend Vertrauen aufgebaut hat und von den Vorteilen überzeugt ist. Solange das nicht der Fall ist, ist von der Nutzung dieser technischen Möglichkeiten abzuraten. Auf keinen Fall sollten sie per „opt-out" angeboten, d. h. per default vorgesehen werden, und der Kunde muss sie bewusst abwählen. Hier sind im Sinne der Kundenbindung technische Möglichkeiten und Vertrauensbildung sorgfältig abzuwägen.

Das Thema Vertraulichkeit stellt aber auch ein Risiko für die Unternehmen dar, die Kundenservice 2.0 und darüber hinausgehende Formen anbieten. So ist darauf zu achten, dass vertrauliche Unternehmensinformationen auf dem Weg über den Kundenservice in die Öffentlichkeit gelangen können. Dies ist insofern kritisch, da man im Kundenservice in der Regel versucht, sehr schnell zu reagieren, um möglichen Schaden abzuwenden. Es dürfen aber nicht gleichzeitig neue Risiken entstehen. Das kann beispielsweise der Fall sein, wenn Informationen über zukünftige Entwicklungen genannt werden, um den Kunden zufrieden zu stellen, die jedoch Rückschlüsse auf die Produktstrategie zulassen.

Es wird nicht ganz zu vermeiden sein, dass dies gelegentlich passiert, und man könnte argumentieren, dass die Folgen vernachlässigbar sind. Es ist jedoch denkbar, dass beispielsweise ein Konkurrent allein durch sorgfältige Analyse transparent im Internet vorliegender Servicevorgänge oder sogar durch gezielte fingierte Kundenanfragen Zugang zu vertraulichen Informationen erlangt. Konsequent fortgedacht entsteht durch letzteres eine neue Angriffsmöglichkeit neben traditionell bekannten Angriffen mit Schadsoftware oder Denial-of-Service-Attacken [16]. Diese neue Angriffsform kann einem Unternehmen empfindlichen Schaden zufügen, und es gilt daher, sie mit entsprechend ausgefeilten Methoden zu verhindern, ohne dass das ursprünglich angestrebte Ziel der erhöhten Kundenzufriedenheit in Mitleidenschaft gezogen wird.

19.4.3 Skalierbarkeit

Die absehbare Verlagerung von Service-Aktivitäten vom traditionellen Kundenservice hin zum Kundenservice 2.0 macht es erforderlich, die Effizienz der eingesetzten Maßnahmen laufend zu prüfen und zu optimieren. Dabei ist darauf zu achten, ob der Ressourceneinsatz mit wachsendem Volumen noch skaliert, oder ob Anpassungen notwendig sind, damit Aufwand und Nutzen weiterhin im gewünschten Verhältnis zueinander stehen. Es ist zu erwarten, dass der Trend von einer anfangs großen Präsenz persönlicher Ansprechpartner (siehe das Beispiel „Telekom hilft") hin zu einer mehr und mehr automatisierten Umgebung führt.

Dies wiederum darf aber nicht dazu führen, dass der Kunde sich durch automatisierte Antworten „abgespeist" fühlt, d. h. es sind Prozesse zu konstruieren, die sowohl maschinell unterstützt ablaufen können, als auch im Bedarfsfall schnell auf einen menschlichen Ansprechpartner umgelenkt werden können. Dabei wird es vorteilhaft sein, aus dem Kommunikationsverlauf Rückschlüsse über Dringlichkeit und emotionalen Zustand des Kunden zu gewinnen und diese in die Entscheidungsfindung einfließen zu lassen, denn von deren Berücksichtigung hängt die erfolgreiche Durchführung der Kundeninteraktion ganz entscheidend ab. Erste technische Ansätze dazu sind verfügbar, müssen aber noch den Weg in die Anwendung in kommerziellen Systemen finden.

19.4.4 Rückwirkungen auf das Unternehmen

Während Kunden vermutlich recht schnell und erfreut auf die neuen Möglichkeiten des Kundenservice reagieren und auch die Mitarbeiter im Kundenservice diese gleichzeitig als Bereicherung und Erleichterung bewerten dürften, ist dennoch zu erwarten, dass vor allem in größeren und traditionell agierenden Unternehmen mit Schwierigkeiten und Reibungsverlusten zu rechnen ist. Die Sichtweise, dass Kundenservice 2.0 eine Innovation am äußeren Rand des Unternehmens ist, die sich auf das Innere des Unternehmens nicht auswirkt, wird sich über kurz oder lang als folgenschwerer Irrtum erweisen.

Heute begreift man Unternehmen immer mehr als „Lernende Organisationen" [14], die sich fortlaufend weiterentwickeln und sich den Herausforderungen ihrer Umgebung anpassen, um auf dem Markt überlebensfähig zu bleiben. Dabei ist Wissen eine zentrale Unternehmensressource geworden, und Wissensmanagement stellt einen unverzichtbaren Bestandteil der Unternehmensführung dar [13]. Das von der Gesellschaft für Wissensmanagement veröffentlichte Modell des Wissensmanagements [6] bezieht explizit den Kunden mit ein. In einer an den Standard ISO 9000 angelehnten Darstellung wird der Kunde als Mitgestalter der Produktanforderungen berücksichtigt, damit durch die internen Prozesse Produkte entstehen, die den Anforderungen der Kunden gerecht werden.

In [6] wurde dieses Modell um eine interne Rückkopplungsschleife erweitert (in Abb. 19.2 durch (1) gekennzeichnet), die eine kontinuierliche Verbesserung der internen

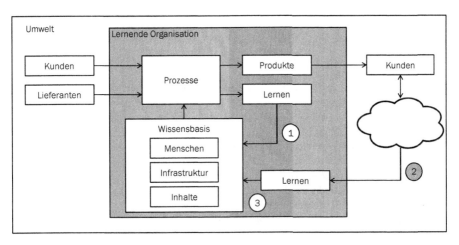

Abb. 19.2 Erweiterung des GfWM-Wissensmanagement-Modells nach [6]

Prozesse bewirkt, indem durch organisationales Lernen die Wissensbasis der Organisation fortlaufend erweitert wird.

Wir schlagen vor, dieses Modell um eine weitere Rückkopplungsschleife zu ergänzen. Die konsequente Nutzung der Möglichkeiten von Kundenservice 2.0 und der hier skizzierten zukünftigen Entwicklungen in Richtung Kundenservice 3.0 führt zu einem intensiven Austausch mit dem Kunden und seiner Umgebung über das Internet und soziale Netzwerke (s. Punkt (2) in Abb. 18.2), aus dem wertvolle Informationen über die Produktnutzung und Kundenreaktionen auf Produkte und Dienstleistungen gewonnen werden. Dieses im Kundenservice gewonnene Erfahrungswissen sollte genutzt werden, indem es intern in die Wissensbasis des Unternehmens einfließt (s. Punkt (3) in Abb. 18.2). Auf diese Weise werden neue Erkenntnisse gewonnen, die die internen Steuerungs- und Entwicklungsmechanismen beeinflussen, d. h. der Kunde hat nun indirekt Einfluss auf die zukünftige Entwicklung der internen Prozesse und damit die zukünftige Entwicklung des Unternehmens selbst.

Richtig verstanden und genutzt, kann diese neue Wissensquelle zur beschleunigten Lernfähigkeit des Unternehmens beitragen und wertvolle Wettbewerbsvorteile erzeugen. Wird diese Chance jedoch nicht genutzt, ist zu befürchten, dass das Unternehmen mit dem erhöhten Entwicklungstempo nicht mehr Schritt halten kann und Marktanteile an die lernfähigere Konkurrenz verlieren wird. Daher ist es von wesentlicher Bedeutung, die skizzierten Entwicklungen frühzeitig aufzugreifen und innerhalb des Unternehmens wertschaffend zu nutzen. Dies wird die betroffenen Unternehmen vor neue Herausforderungen stellen, die sie nur dann bewältigen können, wenn sie Lernfähigkeit im Sinne einer dynamischen Anpassungsfähigkeit in ihrer Kultur verankert haben.

Literatur

1. Anderson, C., & Schmid, S. (2013). *Das Internet der Dinge: Die nächste industrielle Revolution*. Carl Hanser Verlag.
2. Back, A., Gronau, N., & Tochtermann, K. (2012). *Web 2.0 und Social Media in der Unternehmenspraxis*. Oldenbourg.
3. Belz, C., Schögel, M., Arndt, O., & Walter, V. (2008). *Interaktives Marketing: Neue Wege zum Dialog mit Kunden*. Gabler.
4. Bock, A. (2012). *Kundenservice im Social Web*. O'Reilly.
5. Bock, A., Ebner, W., & Rossmann, A. (2013). Telekom hilf – Kundenservice via Social Media. *Marketing Review St.Gallen*, (3), 74–86.
6. Dückert, S. (2008). Grundlagen des GfWM-Wissensmanagement-Modells. http://archiv.gfwm. de/files/GfWM-Artikel_-_Grundlagen-des-GfWM-WM-Modells.pdf.
7. Eck, K. (2007). *Corporate Blogging. Unternehmen im Online-Dialog zum Kunden*. Orell Fuessli.
8. Hemmerling, M. (2011). *Augmented Reality. Mensch, Raum und Virtualität*. Wilhelm Fink.
9. Hoffman, D. L., & Novak, T. P. (2012). Toward a deeper understanding of social media. *Journal of Interactive Marketing, 26*, 69–70.
10. Hsieh, T. (2011). *Delivering happiness: A path to profits, passion, and purpose*. Business Plus.
11. Kreutzer, R., & Land, K. H. (2013). *Digitaler Darwinismus: Der stille Angriff auf Ihr Geschäftsmodelle und Ihre Marke*. Springer Gabler.
12. Meckel, M., & Stanoevska-Slabeva, K. (2008). *Web 2.0: Die nächste Generation Internet*. Nomos.
13. Probst, G., Raub, S., & Romhardt, K. (1999). *Wissen Managen: Wie Unternehmen ihre wertvollste Ressource optimal nutzen* (3. Aufl.). Gabler.
14. Senge, P. (2008). *Die fünfte Disziplin*. Klett-Cotta.
15. Solis, B. (2012). *The end of business as usual: Rewire the way you work to succeed in the consumer revolution*. Gildan Media, LLC.
16. Stallings, W., & Brown, L. (2012). *Computer security* (2. Aufl.). Pearson.

Zum Geleit: Kunden und Mitarbeiter als Markenbotschafter im Netz

Ina Bourmer

„Kunden und Mitarbeiter als Markenbotschafter im Netz" – diese Aussage schafft Assoziationen und Fragen: Segen oder Fluch? Ungewollt oder forciert? Und brauchen wir das überhaupt? Durch den raschen Fortschritt der Digitalisierung, die rasante Entwicklung des Web 2.0 und folgende sowie Internet of things, die enorme Nutzung von Business- und sozialen Netzwerken stellen sich die oben angeführten Fragen jedoch gar nicht. Es passiert ganz selbstständig.

Die fortschreitende Nutzung der Technologien sorgt für eine Durchlässigkeit, ja verhindert fast eine Trennung zwischen Privat und Beruf, zwischen Nutzer und Anbietendem, zwischen Kunden und Industrie. Bewertungs-Plattformen und Bewertungen bei großen Versand-Anbietern oder Auktions-Plattformen schaffen Transparenz und – je persönlicher die Profile der Bewertenden sind – sogar eine Verknüpfung zwischen dem Käufer bzw. Bewertendem und dem Produkt bzw. dem Anbieter. Der mittlerweile akzeptierte Like-Button und Fanseiten forcieren diese Entwicklung in jeder Hinsicht und dies sogar in den meisten Fällen ohne direktes Zutun der Anbieter bzw. Firmen. Womit die Eingangsfrage beantwortet ist. Denn die Firmen können sich das tatsächlich nicht mehr aussuchen – Kunden tun es einfach – im Positiven wie im Negativen.

Heutige Kunden, speziell jene, die eine große Online-Affinität haben, lassen sich nicht vorschreiben, was oder insbesondere was sie nicht tun sollen. Identifizieren sie sich mit dem Produkt und sind sie sogar stolz darauf, es zu besitzen, stellen sie dies auch online zur Schau. Ganz automatisch sind sie damit offensichtlich Markenbotschafter im Netz. Die Frage die sich nun jedoch tatsächlich stellt, ist, ob die Firmen eine steuernde Rolle

I. Bourmer (✉)
Microsoft Deutschland GmbH, Unterschleißheim, Deutschland
E-Mail: Ina.Bourmer@microsoft.com

© Springer-Verlag Berlin Heidelberg 2015
C. Linnhoff-Popien et al. (Hrsg.), *Marktplätze im Umbruch,* Xpert.press,
DOI 10.1007/978-3-662-43782-7_20

wahrnehmen können und möchten oder ob sie die Zielgruppe der Markenbotschafter und deren Botschaften dem Zufall überlassen möchten.

Wer bereits einmal einen sogenannten „shitstorm" hat über sich ergehen lassen müssen, weiß, wie wichtig es ist, nicht alles dem Zufall zu überlassen. Eine Strategie für den Umgang mit solchen Phänomenen des Online-Alltags, Offenheit, Wertschätzung und Ernstnehmen des Kunden ist dabei elementar.

Analog zu den Kunden und Anbietern eröffnet sich das große Spielfeld rund um das Verhältnis zwischen aktuellen und zukünftigen Mitarbeitern und deren Arbeitgebern. Employer Branding – also die sowohl nach innen wie außen wirksame Positionierung eines Arbeitgebers – spielt dabei eine große Rolle und stützt sich neben Branding-Aktivitäten vor allem auf die Identifikation der Mitarbeiter mit Ihrem Unternehmen. Wie stark (oder auch nicht) identifiziert sich der Mitarbeiter mit seinem Unternehmen? Wie loyal redet (und postet) er insbesondere in schlechten Zeiten oder bei negativer Publicity über seinen Arbeitgeber? Firmen tun gut daran, nicht nur für neue Kandidaten zu werben, sondern sich insbesondere um die wertvollen existierenden Mitarbeiter zu kümmern, diese ernst zu nehmen und deren Verbleib zu sichern. Die Königsdisziplin ist allerdings, unter denen der Firma wohlgesonnenen Mitarbeitern jene zu identifizieren, die sich als Markenbotschafter besonders eignen. Jene also, welche nicht nur nicht negativ über eine Firma sprechen, sondern sogar bereit sind, als Botschafter – auch sogenannte Ambassadors oder Brand Evangelisten – zu agieren und im Netz aktiv zu sein. Und dies sogar im Sinne der Firma tun, also nicht nur mit eigenen Ideen oder Aussagen sondern ganz im Sinne der Corporate Identity handeln.

Als Beispiel möchte ich an dieser Stelle unsere „Microsoft Evangelist"-Initiative nennen. Gesteuert durch die deutsche Recruiting- und Personalmarketing-Abteilung wurde analysiert, auf welcher Online-Plattform die meisten deutschen Microsoft Mitarbeiter schon heute aktiv sind. Es stellte sich heraus, dass rund 70 % aller deutschen Microsoft-Mitarbeiter (Fach- und Führungskräfte) bereits Mitglied im Business-Netzwerk Xing sind und damit dort ein privates Profil besitzen. Die im letzten Jahr neu geschaffene Portfolio-Ansicht von Xing ist durch den Kachellook im Windows-Design geradezu prädestiniert für eine Präsentation von Microsoft-Inhalten auf den Profilseiten der Mitglieder, in diesem Fall unserer Mitarbeiter. Im ersten Schritt als Employer Branding Maßnahme gedacht, erstellten wir für die Mitarbeiter einen Film, der die Strategie veranschaulichte und das Prinzip erklärte: wir stellen den Mitarbeitern eine Sandbox mit ständig aktualisierten Kacheln und Inhalten zur Verfügung, aus denen die Mitarbeiter auswählen und diese in Ihr persönliches Xing-Netzwerk Profil integrieren können, sodass sich deren Profil ganz im Microsoft-Look präsentiert. Ziel war und ist es, dass die Microsoft Mitarbeiter a) direkt als solche im Netz alleine durch die grafische Darstellung und das Branding zu erkennen sind und b) auf eigene für Sie und Ihre Abteilung relevanten Inhalte verlinken können. So finden sich heute in den Profilen der Microsoft-Mitarbeiter Produktbilder, Links zu relevanten Produkten, Videos oder Inhalte wieder. Dadurch entsteht eine Einheit aus Mitarbeiter und dem Arbeitgeber Microsoft. Aus Recruiting-Sicht werden dort sehr erfolgreich Links zu offenen Positionen und sogar Videos zu Jobs gepostet. Ursprünglich für

Employer Branding- und Recruiting-Zwecke initiiert, hat sich diese Initiative schnell zu einem „One Microsoft"-Projekt entwickelt, denn inzwischen stellt neben HR auch die zentrale Marketingabteilung Inhalte zur Verfügung, aus denen die Mitarbeiter schnell und einheitlich Informationen beziehen und in ihr Xing-Profil einfügen können. Weiterhin führen wir workshops durch, um den Mitarbeitern zu zeigen, wie sie ihr Business-Profil im Microsoft-Look gestalten können. Dieses Beispiel zeigt, dass Markenbotschafter im Netz für vielfältige Ziele interessant und relevant sein können.

Aus Recruiting-Sicht ist jedoch noch ein weiterer Aspekt hoch interessant: zusätzlich zu der positiven Repräsentanz der Mitarbeiter als Markenbotschafter im Netz können wir trotz begrenzter Ressourcen dennoch qualitativ hochwertige sowie innovative Recruiting-Maßnahmen durchführen – mit geringer oder sogar ohne Budgetbelastung. Denn was liegt näher, als die Microsoft-Botschafter in Business-Netzwerk zu sogenannten „Cloud-Recruitern" zu machen, die potentiellen Kandidaten als Anlaufstation dienen, Fragen beantworten und damit unsere eigene Mannschaft zu verstärken? Längst sind die Zeiten der Anonymität vorbei, hinter denen sich Konzerne oder Unternehmen verstecken können. Wir sind uns bewusst, dass neue Mitarbeiter am ehesten und nachhaltigsten durch Freunde, Bekannte oder Business-Kontakte aus Netzwerken vermittelt werden. Bereits heute besetzen wir 25 % aller offenen Vakanzen durch Empfehlungen aus eigenen Reihen. Potentielle neue Mitarbeiter schätzen insbesondere den direkten Kontakt zu Fachabteilungen. So können Informationen fachlicher und persönlicher Art direkt und ohne Umweg ausgetauscht werden – vertrauensvoll und unabhängig von Geschäftszeiten. In diesem Sinne arbeiten die „Cloud-Recruiter" daher im positiven Fall ganz im Sinne ihrer Arbeitgeber und ergänzen die Ressourcen unserer Recruiting-Abteilung passgenau und zielgruppenorientiert nach Bedarf.

Um die Verbreitung negativer oder oft auch unwissentlich irreführender oder sogar vertraulicher Informationen zu unterbinden, bedarf es zum einen einer Kommunikationsstrategie, zum anderen einer Steuerung und Heranführung der Mitarbeiter an die Regeln für Social Media. Dazu hat Microsoft schon vor einigen Jahren ein Social Media Council eingeführt, welches innerhalb von Microsoft eine Transparenz der diversen Online-Kanäle schafft sowie die Mitarbeiter informiert und bei Bedarf dahingehend trainiert, wie sie sich in sozialen Netzwerken bewegen können, um die Interessen beider Seiten also die der Mitarbeiter und der Firmen zu schützen.

Zusammenfassend zeigt die Praxis, dass sich die Existenz von Markenbotschaftern und deren Botschaften im digitalen Zeitalter ganz automatisch und vollkommen selbstständig ergeben und wir dies nicht verhindern können und sollten. Bestenfalls unterstützen die Unternehmen dies jedoch gezielt und untermauert durch eine Strategie. Denn eines steht fest: Kunden und Mitarbeiter eignen sich hervorragend als Markenbotschafter und Vertrauensbildner. Offen bleibt also die Kunst, den Kunden und Mitarbeiter so für die Produkte oder den Arbeitgeber zu begeistern, dass er freiwillig ein Markenbotschafter wird. Packen Sie es an.

Intelligent Business Operations: Was steckt dahinter?

Jürgen Krämer

Zusammenfassung

Das Unternehmen der Zukunft ist digital, denn nur digitalisierte Unternehmen können ihren Kunden die exakt richtigen Informationen und Services bereitstellen, die sie benötigen, um im Wettbewerb zu überleben. Voraussetzung für ein Überleben in der sich zunehmend digitalisierenden und schnell verändernden Wirtschaftswelt sind die richtigen Werkzeuge: Software, die Daten aus verschiedenen Quellen verknüpft, sie in Echtzeit verarbeitet, Geschäftsentscheidungen daraus ableitet und die passenden Maßnahmen anstößt. Die Zukunft gehört den „Intelligent Business Operations".

21.1 Der Blick nach vorn

Die moderne Wirtschaftswelt ist hochkomplex. Das hat zur Folge, dass die meisten Unternehmen und Organisationen heutzutage unter einem Mangel an Transparenz in ihren Geschäftsabläufen leiden. Sie wissen zumeist nicht, was sich zum gegenwärtigen Zeitpunkt an einer Stelle in ihrer Organisation abspielt. Verstärkt wird dieser Effekt noch dadurch, dass sich Geschäftsprozesse im Allgemeinen über mehrere Systeme und Applikationen erstrecken. Während eine isolierte Überwachung einzelner Systeme oder Anwendungen häufig noch umgesetzt werden kann, findet man nur selten eine einheitliche „Ende-zu-Ende-Sicht" auf einen Geschäftsprozess. Übergreifende Analysen werden – wenn überhaupt – nur nachgelagert durchgeführt, also leider zu einem Zeitpunkt, an dem sie für das operative Geschehen bereits irrelevant geworden sind. Ein unmittelbares Eingreifen in geschäftskritische Situationen ist nicht mehr möglich.

J. Krämer (✉)
Software AG, Marburg, Deutschland
E-Mail: juergen.kraemer@softwareag.com

© Springer-Verlag Berlin Heidelberg 2015
C. Linnhoff-Popien et al. (Hrsg.), *Marktplätze im Umbruch*, Xpert.press,
DOI 10.1007/978-3-662-43782-7_21

Technologietrends wie die globale Vernetzung mit zunehmend höheren Bandbreiten und mobilen Endgeräten sowie Fortschritte im Bereich der Sensorik beflügeln den Einfluss externer Faktoren auf viele Geschäftsmodelle zusätzlich und führen einerseits zu noch mehr Komplexität, andererseits bieten sie ein hohes Geschäftspotenzial. So stellen zum Beispiel mobile Anwendungen häufig ortsbezogene Informationen bereit, die geschickt genutzt werden können, um Kunden verbesserte Dienstleistungen zum richtigen Zeitpunkt am richtigen Ort anzubieten. Aus digital verfügbaren Nachrichtenkanälen oder sozialen Medien können mittels Sentiment-analysen Tendenzen abgeleitet und für Entscheidungen verfügbar gemacht werden. Die zugrunde liegenden Daten dieser externen Faktoren treffen oft als Datenströme ein, d. h. als eine kontinuierliche Folge digitalisierter Ereignisse.

Diese umfangreichen externen Datenströme gewinnen für viele Unternehmen und Organisationen zunehmend an Bedeutung. Wer sie nicht nutzt, verpasst möglicherweise Geschäftschancen oder setzt sich einem unnötig erhöhten Risiko aus. Unser Umfeld verändert sich permanent, und die Veränderungen finden immer schneller statt. Der Markt, in dem wir uns bewegen, unsere Kunden und Partner verlangen, dass wir uns ebenso immer schneller anpassen und schneller agieren als je zuvor. Wer sich dabei nur auf seine intern verfügbaren Daten verlässt, wird nicht länger wettbewerbsfähig sein, denn wichtige Indikatoren für eine intelligente Entscheidungsfindung fehlen.

Neben der reinen Verfügbarkeit der internen und externen Daten spielen zudem deren Volumina und die benötigte Zeit für die Datenanalyse eine wesentliche Rolle. Im Zeitalter von Big Data fallen immer mehr Daten in immer kürzeren Abständen an und müssen verarbeitet werden, um relevantes Wissen für Entscheidungen abzuleiten. Je größer allerdings die Verzögerung zwischen der Datenerfassung und dem Einleiten einer Handlungsmaßnahme auf Basis extrahierter Informationen ist, desto geringer ist der daraus resultierende Nutzen. Kurzum: das Zeitfenster, in dem die eintreffenden Datenmassen analysiert werden müssen und eine Reaktion erfolgen muss, wird immer kleiner.

Es ist für Unternehmen nicht länger ausreichend, nur in den Rückspiegel, also in die Vergangenheit, zu blicken. Genauso wichtig ist der Blick nach vorn: Einflüsse aus dem aktuellen operativen Geschehen müssen in die Prozesssteuerung dynamisch einbezogen werden. Ein Beispiel: Einen Betrugsversuch wird man nicht anhand historischer Daten stoppen können. Diese liefern jedoch das Muster. Das wiederum kann anschließend schon während der Betrugsversuch stattfindet im laufenden Betrieb sofort wiedererkannt werden, und es ist möglich einzuschreiten, noch bevor es zu einem wirklichen Betrug kommt. Dieses Beispiel illustriert, dass nachgelagerte Analysen und Echtzeitanalysen Hand in Hand gehen müssen und beide ihre Daseinsberechtigung haben. Idealerweise sollten sogar zusätzlich Prognosen über wahrscheinliche Entwicklungen in der nahen Zukunft hinzugezogen werden, um von einem reaktiven hin zu einem proaktiven Handeln zu gelangen.

21.2 Was ist IBO?

Intelligent Business Operations, kurz IBO, ist eine vom Marktforschungsunternehmen Gartner im Jahr 2011 definierte Vorgehensweise, in der Technologien zur Echtzeitanalyse und dem Entscheidungsmanagement in die transaktionalen und operativen Aktivitäten eines Unternehmens integriert werden [1, 2]. IBO fokussiert sich somit im Gegensatz zur klassischen Business Intelligence (BI) auf das operative Geschäft, während die klassische BI sich wegen der nachgelagerten und zeitverzögerten Auswertung vorwiegend für taktische und strategische Analysen eignet. Doch bei IBO geht es um mehr als reine Analysen. IBO verbindet Echtzeiteinblicke in operative Abläufe mit gezielten Handlungsmaßnahmen. So kann für jede Situation die richtige Aktion angestoßen werden.

Erste Softwareunternehmen bieten bereits eine Software-Plattform oder sogar darauf basierende branchenspezifische Lösungen für IBO an und kombinieren somit die Vorgehensweise von IBO mit passenden Werkzeugen. Die Architektur stellt sich dar, wie in Abb. 21.1 abgebildet.

Je nach Strategie und Reifegrad einer Organisation legt sich IBO schematisch als eine Schicht über die Integrationsebene der IT-Landschaft eines Unternehmens bzw. zusätzlich über die Prozessebene:

- Die Integrationsebene (Integration Backbone) stellt die verschiedenen Funktionen einer Organisation als Dienste bereit und ermöglicht den system- und applikationsübergreifenden Datenaustausch.

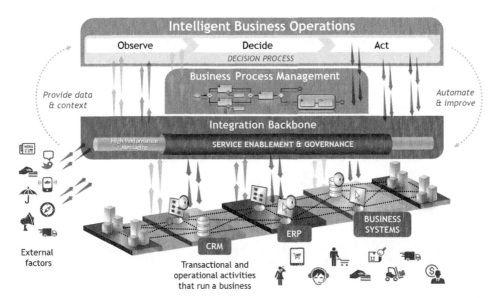

Abb. 21.1 IBO ermöglicht eine dynamische und intelligente Geschäftsprozesssteuerung. (Quelle: Software AG)

- Die Geschäftsprozessmanagement (BPM)-Ebene verknüpft die bereitgestellten Funktionen der Integrationsebene zu einem Prozess und erlaubt somit deren Orchestrierung und Automatisierung.

Mittels IBO können sowohl die von der Integrations- als auch Prozessebene zur Verfügung gestellten Daten analysiert werden, also Geschäfts- und Prozessdaten. Da sich Unternehmen vor der Prozessautomatisierung zunächst der Datenintegration widmen müssen, starten IBO-Ansätze häufig bereits auf dieser Grundlage. Im operativen Geschäft werden die angebundenen Systeme und deren Datenaustausch parallel mitanalysiert, um frühzeitig Muster zu erkennen und fortlaufend geschäftskritische Kennzahlen zur Verfügung zu stellen. Wenn zusätzlich Prozesse mit Hilfe von Softwareanwendungen modelliert wurden und automatisiert ausgeführt werden, können weitere prozessbezogene Kennzahlen wie etwa Prozessdurchlaufzeiten, die Anzahl offener und abgeschlossener Prozesse und deren Verhältnis zueinander, sowie Trends solcher Kennzahlen mittels IBO bestimmt werden. So kann beispielsweise erkannt werden, ob ein gewisser Prozessschritt außergewöhnlich lange dauert und deswegen gegebenenfalls eine bestimmte Maßnahme eingeleitet werden muss. Zudem sollte IBO eine flexible und schnelle Berücksichtigung neuer Datenquellen erlauben, um dem wachsenden Einfluss externer Faktoren Rechnung zu tragen.

21.3 Technologische Komponenten

Aus der technologischen Perspektive benötigt eine Softwareplattform zur Implementierung von IBO-Lösungen Komponenten aus den folgenden Bereichen: 1) Konnektivität und In-Memory Datenmanagement, 2) Echtzeitanalysen (Real-time Analytics) und 3) Visualisierung & Entscheidungsmanagement (siehe Abb. 21.2).

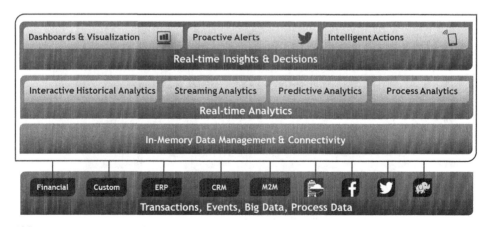

Abb. 21.2 Komponenten einer IBO-Plattform. (Quelle: Software AG)

21.3.1   Konnektivität und In-Memory Datenmanagement

Konnektivität Die schnelle Verfügbarkeit von relevanten Daten ist eine Grundvoraussetzung für jede IBO-Plattform. Zudem sollen die extrahierten Informationen möglichst zeitnah den zuständigen Zielapplikationen vorliegen oder an die verantwortlichen Benutzer weitergeleitet werden. Daher ist eine effiziente und gleichzeitig flexible Anbindung an interne und externe Datenquellen und Datensenken essentiell.

In-Memory Datenmanagement Damit die Analysekomponenten schnell genug auf die relevanten Daten zugreifen können, werden diese im Allgemeinen im Hauptspeicher vorgehalten. Hierzu nutzen IBO-Plattformen oft In-Memory-Technologien wie Distributed Caches oder In-Memory Datenbanken. Diese Technologien ermöglichen sowohl eine vertikale als auch horizontale Skalierung des allokierten Speichers. Bei der vertikalen Skalierung wird der verfügbare Hauptspeicher eines einzelnen Rechners ausgereizt, während bei der horizontalen Skalierung ein Speicherbereich über mehrere Rechner hinweg bereitstellt wird.

21.3.2   Echtzeitanalysen (Real-time Analytics)

IBO-Plattformen bieten verschiedene Arten von zeitnahen Analysen. Je nach Anwendungsfall können diese in unterschiedlicher Ausprägung zum Einsatz kommen:

Interaktive historische Analysen Diese retrospektiven Analysen dienen dazu, ad-hoc Recherchen in archivierten Datenbeständen vorzunehmen. Nach Bedarf werden die Daten auf verschiedenen Aggregationsstufen analysiert, angereichert und neue Sichten darauf erstellt. Diese Funktionalität findet häufig von Business Analysten oder Data Scientists Verwendung, um die Ursache gewisser Beobachtungen zu erkunden oder deren Kontext besser zu verstehen. Interaktive historische Analysen gehen fließend in klassische BI oder neuere Hadoop-basierte Ansätze über. Allerdings handelt es sich hierbei nicht um komplexe nachgelagerte Analysen, sondern vielmehr um Anfragen, die unmittelbar bei Bedarf, zum Beispiel bei einer vorangehenden Warnung (Alarm) oder dem Erkennen eines Musters angestoßen werden und eine kurze Antwortzeit voraussetzen, um den Nutzer in der Entscheidungsfindung zu unterstützen. Voraussetzung für diese Art von Analysen ist, die hierfür notwendigen Daten im Hauptspeicher vorzuhalten (In-Memory).

Analyse von Datenströmen (Streaming Analytics) Datenströme erfordern aufgrund ihrer Charakteristika andere Analysemethoden als die zuvor beschriebenen persistenten Daten. Man kann darauf ohne Zwischenspeicherung nicht wahlfrei zugreifen, sondern muss sie sequentiell verarbeiten. Ein Datenstrom ist potentiell unbegrenzt und lässt sich daher nicht vollständig abspeichern. Deswegen müssen die Datenstrom-Analysen kontinuierlich auf endlichen Ausschnitten wie etwa gleitenden Zeitfenstern über diesen Datenströmen stattfinden. Bei den Daten handelt es sich typischerweise um Ereignisse (Events), die sich durch einen Zeitstempel von klassischen Datensätzen unterscheiden. Der Zeitstempel gibt an, zu welchem Zeitpunkt das Ereignis in der realen Welt stattgefunden hat. Manche dieser Ereignis-Datenströme (Event Streams) verfügen zudem über Attribute mit Ortsbezug, d. h. Positionsdaten in den einzelnen Ereignissen. Die Analysemethoden sollten daher effiziente Algorithmen für temporale und räumliche Anfragen einsetzen.

Für die Verarbeitung und Analyse von Datenströmen stehen am Markt spezielle Produkte bereit. Je nach Funktionsumfang bieten sie einfaches Event Processing, Complex Event Processing oder Big Data Streaming Analytics an. Darüber hinaus spielt die Integration mit angrenzenden Technologien eine wichtige Rolle. Als Beispiele seien hier die Integration mit BPM-Systemen oder verteilten Caches genannt. Durch eine Integration mit BPM-Systemen können Prozesse ereignisgesteuert angestoßen werden. Wird beispielsweise ein Muster wie etwa ein Sensor-ausfall erkannt, kann sofort ein Prozess zur Reparatur des Sensors initiiert werden.

Vorausschauende Analysen (Predictive Analytics) Neben der Kenntnis der aktuellen Lage ist es in vielen Situationen zur Entscheidungsfindung hilfreich, zu wissen, mit welcher Wahrscheinlichkeit mögliche zukünftige Ereignisse eintreten werden. Folglich sollte sich IBO auch mit der Operationalisierung von Vorhersagemodellen befassen. Anstatt exakte Analyse-ergebnisse zu liefern, genügen in vielen Anwendungen oftmals bereits approximative Antworten. Zum Beispiel ist es völlig ausreichend zu wissen, dass ein Maschinenbauteil mit einer Wahrscheinlichkeit von 90 % innerhalb der nächsten 48 Stunden ausfallen wird. Anhand von fortlaufenden Trendanalysen über die Maschinendaten und historischen Beobachtungen kann man eine solche Vorhersage treffen. Somit können Entscheidungsträger nicht nur zu reagieren, d. h. einschreiten, wenn das Bauteil defekt ist, sondern sogar proaktiv tätig werden und ein entsprechendes Ersatzteil im Voraus bestellen. Auf diese Weise sind teure Maschinenausfälle vermeidbar.

Prozessanalysen (Process Analytics) Mit IBO lassen sich nicht nur Geschäftsdaten, sondern auch Prozessdaten auswerten [3]. Die kontinuierliche Prozessanalyse, das sogenannte *Prozess-Monitoring*, bietet eine fortlaufende Überwachung vordefinierter Prozessphasen und -schritte mit aktuellen Prozesskennzahlen. Die nachgelagerte Prozessanalyse umfasst Funktionen wie *Process Mining*, *Process Benchmarking* und *Process Discovery*.

Auf Basis aufgezeichneter Prozessinstanzdaten ermöglicht das *Process Mining* umfassende Einblicke in den Prozesskontext sowie rückwirkende Einsichten in die Prozessabläufe, wodurch beispielsweise Rückschlüsse zu Prozessengpässen gezogenen werden können. Beim *Process Benchmarking* vergleicht man die Performanz von Geschäftsprozessen miteinander, zum Beispiel wie ein Prozess in verschiedenen Regionen ausgeführt wurde. Hierdurch lassen sich Empfehlungen und Richtlinien zur Verbesserung der Prozessmodellierung ableiten. Bei der *Process Discovery* geht es schließlich darum, aus den archivierten Prozessinstanzinformationen automatisiert ein Prozessmodel zu erstellen. Dieses Modell entspricht dem Ist-Prozess und kann, falls vorhanden, mit dem modellierten Soll-Prozess verglichen werden. Diskrepanzen können so aufgedeckt und im Sinne der Prozessoptimierung behoben werden.

21.3.3 Visualisierung und Entscheidungsmanagement

IBO befasst sich vorrangig mit Echtzeitanalysen und deren Verknüpfung mit Aktionen im Kontext des operativen Entscheidungsmanagements. Die Analyseebene stellt sicher, dass die verfügbaren Geschäfts- und Prozessdaten effizient analysiert und entscheidungsrelevante Informationen extrahiert werden können. Doch dies ist nur der erste Schritt. Im Weiteren gilt es, diese Informationen nun benutzergruppenspezifisch aufzubereiten. Doch gibt es nur wenige Nutzer, die permanent einen Bildschirm beobachten möchten. Daher ist es notwendig, Alarmierungsmechanismen einzusetzen, um die jeweiligen Entscheider über eine kritische Situation oder einen Handlungsbedarf zu informieren und ihnen schließlich die Möglichkeit zu geben, die für ihre Entscheidung benötigten Informationen einzusehen und im richtigen Moment die richtige Maßnahme einzuleiten.

Dashboards und visuelle Analysen (Visual Analytics) Eine Visualisierung von Informationen trägt maßgeblich zum Verständnis der Daten bei. Heutige Mashup-Technologien ermöglichen die flexible und intuitive Kombination verschiedenster Daten. Dies können Rohdaten aber natürlich auch veredelte Daten, also Analyseergebnisse, sein. Wesentlich für IBO ist die Fähigkeit, dynamische Daten darzustellen, damit Änderungen möglichst schnell sichtbar werden. Des Weiteren sollten mobile Endgeräte durch die eingesetzten Technologien und Produkte unterstützt werden, denn Entscheidungsträger setzen heute Mobilität voraus und werden sich nicht mehrfach am Tag in Web-Portale einloggen, um den Status eines Geschäftsprozesses zu überprüfen. Darüber hinaus sollten Werkzeuge die Möglichkeit zu weiterführenden Analysen bieten. Diese unter dem Begriff *Visual Analytics* bekannte Funktionalität geht über das Dashboarding, also die reine Darstellung von Kennzahlen und Informationen, hinaus und erlaubt dem Endanwender, die jeweilige Situation ohne spezifische Programmierkenntnisse selbstständig weiter zu erkunden und so sein Situationsbewusstsein mit zusätzlichen Kontextinformationen zu verbessern.

Proaktive Warnungen Die zunehmende Mobilität im beruflichen Alltag impliziert, dass wesentliche Nachrichten und Informationen jederzeit und überall verfügbar sein sollten. Folglich sollten IBO-Lösungen frühzeitig warnen, sobald beunruhigende Muster oder kritische Entwicklungen zu erkennen sind. Diese Warnungen können über verschiedenste Medien erfolgen, wie etwa Email, Kurznachrichten oder spezielle Applikationen, die idealerweise als Enterprise-, Web- und mobile Varianten bereitgestellt werden. Wenn möglich, sollte die Businesslogik mit Hilfe von Prognosen bereits proaktiv Alarmmeldungen auslösen. Jedoch ist es wichtig, dass deren Zuverlässigkeit sichergestellt ist und Fehlalarme ausgeschlossen werden, da diese zu einer Desensibilisierung der Nutzer führen würden.

Intelligente Aktionen Im Gegensatz zu vielen klassischen Analyseformen geht es bei IBO nicht nur um einen besseren Überblick und ein besseres Verständnis der Geschäftsprozesse. Sicherlich sind stets aktuelle Kennzahlen und Transparenz in operative Abläufe wertvoll. Doch der wahre Nutzen von IBO liegt in der Verzahnung dieser Live-Einblicke mit gezielten Maßnahmen. Transparenz allein bewirkt nichts. Nur eine Aktion mit Einfluss auf den operativen Betrieb führt zu messbaren Effekten. Aufgrund des verbesserten Situationsbewusstseins kann im jeweiligen Kontext die nächst beste Aktion angestoßen werden. Daraus resultiert eine dynamische Geschäftsprozesssteuerung. Vor allem in einem sich schnell ändernden Umfeld trägt IBO dadurch zu verbesserten und somit intelligenteren Geschäftsabläufen bei. Je nach Anwendungsfall kann IBO zunächst nur eine Entscheidungsvorlage bereitstellen, die Entscheidung selbst und anschließende Aktionen aber durch eine menschliche Interaktion abgesichert sein. Alternativ gibt es Szenarien, in denen IBO vollautomatisch anhand erkannter Muster und vordefinierter Aktionspläne Maßnahmen einleitet.

21.4   Anwendungsfälle und Nutzen

Die Anwendungsfälle für IBO lassen sich anhand der resultierenden Vorteile in vier Bereiche untergliedern: 1) Live-Einblicke für schnellere und bessere Entscheidungen, 2) kontinuierliche Optimierungen, 3) Erschließung neuer Umsatzpotentiale und 4) Betrugsprävention und Risikovermeidung. Die folgenden Abschnitte skizzieren für jeden Bereich einen Anwendungsfall aus der Praxis (siehe auch [2, 4]).

21.4.1   Live-Einblicke für schnellere und bessere Entscheidungen

Ein führender Hersteller von Küchengeräten sah sich vor die Herausforderung gestellt, seine hochprofessionelle und -wertige Produktpalette schneller zum Kunden zu bringen. In erster Linie ging es darum, die Lieferkette zu optimieren, um ohne großen Zeitverlust auf Kundenwünsche und Bestellungen reagieren zu können und die hochwertigen Endprodukte wie Kühlschränke, Waschmaschinen, Küchengeräte und Staubsauger auch an Tagen mit Lieferspitzen rechtzeitig ausliefern zu können.

Um diese Herausforderung zu meistern, tat sich das Unternehmen mit einem großen Einzelhändler zusammen, änderte und optimierte mithilfe von IBO die Geschäftsprozesse entlang der Wertschöpfungskette und ist heute in der Lage, direkt nach dem digitalen Auftragseingang an den Kunden zu liefern. Zwischenhändler konnten so eliminiert werden, was zu einer erheblichen Verbesserung der Auslieferungszeiten führte. Möglich wurde diese Geschäftsprozessoptimierung durch Einsatz einer Integrationsplattform zusammen mit einer IBO-Lösung, die dem Unternehmen komplette Transparenz auf die Lieferkette in Echtzeit ermöglicht. Geschäftsprozesse, Bestellungen und Inventar sind jederzeit einsehbar. Das neue Geschäftsmodell konnte innerhalb weniger Wochen umgesetzt werden und führte zu wesentlich verkürzten Order-to-Cash-Zyklen. Das wiederum führte zu einer erheblichen Umsatzsteigerung.

21.4.2   Kontinuierliche Optimierungen

Ein Beispiel für die kontinuierliche Optimierung des Geschäftsbetriebs ist ein IT-Dienstleister für Logistikunternehmen, der Services für Schifffahrtslinien anbietet. Das Unternehmen verarbeitet Daten, zum Beispiel zu Schiffsbewegungen (Satellitenortung), sonstige Schiffsdaten, Hafeninformationen wie Verfügbarkeit von Liegeplätzen und Hafeneinrichtungen. Die echtzeitbasierte Nutzung dieser Daten optimiert Faktoren wie den Kurs oder die Geschwindigkeit von Schiffen, um bei möglichst geringem Treibstoffverbrauch die vereinbarten Service Level Agreements (SLAs) einzuhalten. Container-Schiffe verbrauchen bei voller Fahrt bis zu 350 t Treibstoff pro Tag, bei halber Fahrt sind es rund 150 t.

Mittels IBO konnten aufgrund verbesserter Schiffsbewegungen signifikante Treibstoffeinsparungen realisiert werden. Zusätzlich wurde das Be- und Entladen optimiert. Wenn ein Schiff in den Hafen einläuft, sind bereits alle Vorbereitungen getroffen. Die Ankunftszeit unter Berücksichtigung von Wetterdaten, Seegang, Hafeninformationen, Schiffsdaten etc. kann genauer vorausberechnet und somit der Ressourceneinsatz über die gesamte Wertschöpfungskette optimiert werden.

21.4.3   Erschließung neuer Umsatzpotentiale

Ein führender Telekommunikationsanbieter mit einem Marktanteil von mehr als 50 % und knapp 35 Mio Abonnenten setzt IBO ein, um neue Umsatzpotenziale auszunutzen. In einem wettbewerbsintensiven Umfeld sieht sich das Unternehmen mit der Herausforderung konfrontiert, die Marktführerschaft zu erhalten bzw. weiter auszubauen und die Kundenbindung zu verstärken. So wurde für die Kunden eine so genannte Loyalty-App entwickelt. Über die Applikation sammelt das Unternehmen Informationen über den Aufenthaltsort des Kunden – natürlich nur, wenn dieser in die Preisgabe seiner Daten eingewilligt hat. Abhängig von seiner jeweiligen Position erhält der Kunde dann für ihn passende Angebote, z. B. Rabatte für die Shops, in deren Nähe sich der Smartphone-Nutzer gerade befindet – bereitgestellt von den Partnerunternehmen des Mobilfunkanbieters.

Die IBO-Lösung setzt zentral Streaming Analytics ein, um die Daten und Präferenzen von durchschnittlich mehr als einer halben Million Mobilfunknutzern pro Stunde nach mehr als 200 Kriterien kontinuierlich auszuwerten und zu korrelieren. Damit ist das Unternehmen nun in der Lage, seine Kunden besser und zielgenauer zu erreichen, die Effektivität von Marketingkampagnen zu steigern und die Kundenbindung zu erhöhen. Das Ergebnis sind neue Prozesse und neue Geschäftsmodelle, die sich weiter erschließen lassen und im Kampf um Marktanteile den richtigen Weg weisen.

Das Unternehmen erzielte mit den beschriebenen Aktionen Antwortraten, die zehn Mal höher waren als bei traditionellen Marketingkampagnen. Der Kampagnenzyklus konnte von mehreren Tagen auf wenige Minuten reduziert werden. Auch die Kunden sind höchst zufrieden mit den neuen, personalisierten Angeboten. Somit konnte sich das Unternehmen einen großen Vorsprung vor der Konkurrenz sichern.

21.4.4 Betrugsprävention und Risikovermeidung

Sich abzeichnende Betrugsmuster im elektronischen Handel frühzeitig zu erkennen, Missbrauch schnellstmöglich zu stoppen oder gar zu vermeiden, ist für Banken wichtiger denn je, um bei steigenden regulatorischen Vorgaben ihr Bild in der Öffentlichkeit sowie das Vertrauen ihrer Kunden zu wahren.

Eine der weltgrößten Banken nutzt eine IBO-Lösung für die Markt- und Handelsüberwachung zur Unterstützung ihrer Compliance- und Risikomanagementsysteme. Diese Systeme hinken den Handelssystemen oftmals hinsichtlich der Entwicklung hinterher. Mit der IBO-Lösung gibt die Bank nun den Compliance-Verantwortlichen ein mächtiges Werkzeug an die Hand, um verdächtige Handelsmuster frühzeitig zu erkennen und dadurch proaktiv einzuschreiten.

In Echtzeit laufen unterschiedlichste Daten in großen Mengen in den Compliance-Systemen zusammen. Zum Beispiel, Daten zu Trades, Quotes, Live-Informationen aus Nachrichtenkanälen und Social Media, sowie Informationen über das Verhalten der Trader. Dank kontinuierlicher Analysen können Muster, die auf Rogue Trading, Marktmissbrauch oder Marktmanipulation hindeuten, ausgedrückt und detektiert werden. Beispielsweise kann festgestellt werden, dass ein Trader gerade einen verdächtigen Trade platziert hat. Das Verdachtsmoment kann etwa darauf beruhen, dass ein Trade diesmal viel größer als üblich ausfällt, diesmal ein Finanzinstrument außerhalb des normalen Handelsspektrums dieses Traders gewählt wurde, oder der Zeitpunkt außerhalb der gewöhnlichen Aktivitätsphasen dieses Traders liegen.

Dank IBO werden Compliance-Verantwortliche in einem solchen Fall frühzeitig gewarnt und können noch eingreifen, bevor Fakten geschaffen werden und den Markt in die vom Trader beabsichtigte Richtung bewegen oder gar zu negativen Schlagzeilen zum Thema Insider-Handel für die Bank führen. Die IBO-Lösung erlaubt, Ereignismuster mitzuprotokollieren, Fälle nachträglich zu öffnen und Nachforschungen anzustellen. Darüber hinaus können Vergleiche zu früheren Fällen hergestellt und somit gegebenenfalls neue Muster und Trends abgeleitet werden.

Literatur

1. Roy Schulte, W. (2012). *Apply three disciplines to make business operations more intelligent.* Gartner Inc.
2. Sinur, J., & Roy Schulte, W. (2013). *Use intelligent business opera-tions to create business advantage.* Gartner Inc.
3. Blickle, T., Heß, H., & von den Driesch, M. (2009). *Process Intelligence: Analysieren, überwachen und steuern.* BI-Spektrum.
4. Streibich, K.-H. (2014). *The digital enterprise.* Software AG.

Chancen und Grenzen des „Social Business" 22

Patrick Möbert

Zusammenfassung

Die vorliegende Arbeit beleuchtet die unterschiedlichen Interessen, Absichten und Ziele, die Unternehmen, Nutzer und Anbieter sozialer Medien im Web 2.0 haben. Dazu werden die Zusammenhänge der Kommunikation auf Basis nutzergenerierter Inhalte und der Kollaboration des „Social (Media) Business" aufgezeigt. Obwohl zahlreiche Gründe für einen Ausstieg von Nutzern aus den sozialen Medien angeführt werden, gibt es zu den Plattformen sozialer Medien in ihrer heutigen Form und als wesentliche Bestandteile des Web 2.0 noch keine Alternativen. Sehr wohl aber wird es zukünftig häufiger zu Plattformwechseln von Nutzern kommen, insbesondere wenn es den Anbietern sozialer Medien nicht gelingen wird, plausible Antworten auf Fragen der Nutzer zur Privatsphäre und zum Datenschutz zu geben. Gleiches gilt im Prinzip auch für Unternehmen, bei denen Social Media Marketing bis auf weiteres ein fester Bestandteil ihrer Marketingstrategien bleiben wird.

22.1 Einleitung

Seit Beginn der 90er Jahre hat das Internet unser aller Leben im Hinblick auf die Informationsbeschaffung und das Kommunikationsverhalten maßgeblich verändert. Dabei ging die Entwicklung und Adaption so rasant von statten, dass sich die meisten unter uns heute ein Leben ohne E-Mail und Textnachrichten, die man an fast jedem beliebigen Ort

P. Möbert (✉)
Fakultät für Informatik und Mathematik, Hochschule für angewandte
Wissenschaften München, München, Deutschland
E-Mail: moebert@hm.edu

© Springer-Verlag Berlin Heidelberg 2015
C. Linnhoff-Popien et al. (Hrsg.), *Marktplätze im Umbruch,* Xpert.press,
DOI 10.1007/978-3-662-43782-7_22

und zu jeder beliebigen Zeit senden und empfangen kann, kaum noch vorstellen können. Ab etwa Mitte des letzten Jahrzehnts wurde dazu mit Aufkommen des Web 2.0 [1] insbesondere das World Wide Web insofern kollaborativer, als Nutzer sich immer mehr in die Lage versetzt sahen, Inhalte zu verfassen und diese selbst ins Netz stellen zu können. Damit entstanden und entwickelten sich unzählige von Communities, Foren, Blogs und Netzwerken (in den Bereichen Kommunikation/Kollaboration, Information/Wissensmanagement und Unterhaltung/Multimedia), die wir heute unter dem Namen soziale Medien zusammenfassen und die es den Nutzern erlauben, Inhalte nicht nur untereinander auszutauschen sondern darüber hinaus auch einer breiten Masse oder Gemeinschaft von Nutzern zugänglich zu machen und gleichzeitig mit diesen in Dialog zu treten. Dabei ging der Wandel der linearen Kommunikation (in Form von Monologen) der klassischen Medien wie Zeitung, Radio und Fernsehen hin zu interaktiven und kollaborativen Dialogen einher mit einer nahezu Echtzeit-Veröffentlichung und einer breiten Verfügbarkeit im Hinblick auf Zugänglichkeit und Reichweite der möglichen multimedialen Inhalte in Form von Text, Ton und bewegten Bildern [2]. Genau wegen dieser Möglichkeiten und der breiten Nutzung spielen die sozialen Medien auch eine zunehmende Rolle für Unternehmen, und zwar nicht nur im Bereich von „Social CRM" und als Kommunikations- und Marketinginstrument, sondern auch im Hinblick auf Service und Support, Innovationsmanagement und Personalwesen für das Anwerben neuer Mitarbeiter. Vor diesem Hintergrund scheint es daher nicht weiter verwunderlich, dass eine Vielzahl von Werkzeugen und Diensten zur Analyse, Überwachung und Auswertung (sog. „Social Media Intelligence") der Daten aus sozialen Medien entstehen, wobei zeitgleich das Ausspähen und Sammeln persönlicher und personenbezogener Daten – nicht zuletzt auch von ausländischen Nachrichtendiensten – von Nutzern immer kritischer gesehen wird. Das wiederum aber könnte bedeuten, dass eine zukünftige Selbstbeschränkung der Nutzer bei der Veröffentlichung persönlicher Daten (und auch Meinungen) dazu führen würde, dass die sozialen Medien, insbesondere die sozialen Netzwerke, längerfristig nicht nur für die Anbieter selbst sondern auch für die Unternehmen, die sich auf den entsprechenden Plattformen präsentieren, an Bedeutung verlieren werden. Die Untersuchungen dieser Arbeit zeigen jedoch, dass sich ein solcher Trend heute noch nicht beobachten lässt, auch wenn die Nutzerzahlen mancher sozialer Medien zukünftig langsamer wachsen werden und es häufiger zu Plattformwechseln von Nutzern kommen wird.

22.2 Unternehmen und das „Social Business"

Der Begriff „*Social (Media) Business*" beschreibt die Kommunikation von Unternehmen mit den Nutzern der Plattformen sozialer Medien zum Zwecke der Kollaboration und Informationsgewinnung (siehe auch Abb. 22.1), was den Einsatz spezieller Software und die direkte elektronische Anbindung an die Systeme der sozialen Medien über das Internet bedeutet, um darüber Daten auszutauschen und diese unmittelbar analysieren und auswerten zu können.

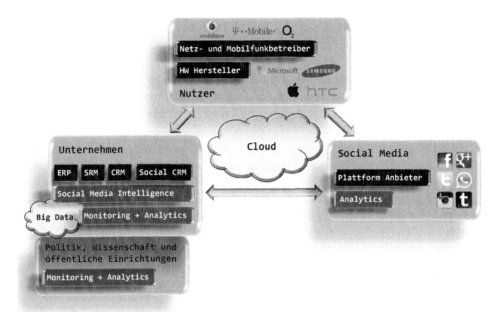

Abb. 22.1 Schematische Darstellung zur Veranschaulichung der Beziehungen zwischen den am *Social (Media) Business* beteiligten Hauptakteuren. Neben den Unternehmen und den sozialen Medien haben auch Hardware Hersteller, Netz- und Mobilfunkbetreiber sowie politische, wissenschaftliche und öffentliche Einrichtungen ein Interesse an den Nutzern und ihren Daten

Einer repräsentativen Studie des Branchenverbandes Bitkom zur Folge gaben 62 % der deutschen Unternehmen Anfang 2012 an, soziale Medien bereits zu nutzen oder aber deren zukünftigen Einsatz zu beabsichtigen [3], und einer Studie des Bundesverbands Digitale Wirtschaft (BVDW) nach verwendeten Ende 2012 bereits 85 % der werbungtreibenden Unternehmen in Deutschland soziale Medien [4]. Als Einsatzgebiete standen für die Unternehmen dabei Profile in den sozialen Netzwerken (z. B. Facebook), Blogs (z. B. Twitter) und Videoportalen (z. B. YouTube) zur Steigerung der Markenbekanntheit, Imageverbesserung, Kundenbindung und -gewinnung im Vordergrund [4]. Neben der externen Unternehmenskommunikation im Rahmen von Marketingmaßnahmen und der Öffentlichkeitsarbeit werden soziale Medien von Unternehmen zudem vermehrt zum Service- und Innovationsmanagement sowie zur Rekrutierung neuer Mitarbeiter eingesetzt. Ein Engagement auf den verschiedenen Plattformen der sozialen Medien steht damit nicht im Widerspruch zur klassischen Webseite eines Unternehmens, sondern kann im Gegenteil zu einer Erhöhung der Besucherzahlen auf der Unternehmensseite führen [5].

Hinter diesen Engagements steht die Absicht der Unternehmen, sich selbst und die eigenen Marken, Produkte und Dienstleistungen umfassend darzustellen und schnell, kostengünstig und direkt mit Interessenten und Kunden in Kontakt zu treten. Aktuelle Informationen können zeitnah weitergegeben werden, und das Unternehmen kann gezielt auf Feedback und Kritik der Kunden eingehen, um gegebenenfalls die Eskalation einer negativen Rückmeldung und deren blitzartige Verbreitung im Netz (viraler Effekt) zu verhindern und damit einen Imageschaden für das Unternehmen abzuwenden. Im Zentrum der Aktivitäten mit den sozialen Medien steht die Kommunikation, deren Öffentlichkeit und Transparenz einen Wandel in der Unternehmenskommunikation voraussetzt [6]. Dafür müssen Unternehmen eigene Richtlinien für ihre Mitarbeiter für den Umgang mit den sozialen Medien entwickeln, insbesondere im Hinblick auf die Informationsweitergabe und die Verhaltensregeln für eine angemessene und respektvolle Kommunikation mit den Nutzern der sozialen Medien [7].

Zusätzlich zur reinen Verwendung der sozialen Medien zur Kommunikation und Kollaboration sind auch die Daten und eigentlichen Inhalte der sozialen Medien für Unternehmen von Interesse: Neben z. B. Stimmungsbildern der Gesamtheit der Nutzer [8] sind auch die Metadaten einzelner Nutzer insofern aufschlussreich, als dass sie mehr Informationen über das Verhalten der Nutzer selbst liefern (bspw. durch Klickpfadanalysen) und die Verknüpfung verschiedener Daten die Erstellung noch spezifischerer (Werbe-) Angebote zulässt. Darüber hinaus können die Daten aus den sozialen Netzwerken zur Trend- und Marktanalyse, zur Wettbewerbsbeobachtung sowie zur Ermittlung von Meinungsführern genutzt werden, die dabei helfen können, das Ansehen eines Unternehmens oder die Bekanntheit eines Produktes zu steigern.

Eine grundsätzliche Schwierigkeit, die sich für die Unternehmen ergibt, ist die eigentliche Erfolgsmessung der Maßnahmen (z. B. über die Anzahl der Fans, „Likes" oder Follower) sowie die Ermittlung des tatsächlichen Return on Investment (ROI), der für die Auswahl der Maßnahmen und deren Ziele sowie die Festsetzung der entsprechenden Budgets eine entscheidende Rolle spielt [2].

Zusammenfassend kann gesagt werden, dass die sozialen Medien den Unternehmen Chancen bieten, einen spezifischen, ggf. neuen Zugang zu potentiellen Zielgruppen zu schaffen, sich unter geringerem Kostenaufwand als bei herkömmlichen Marketingmaßnahmen zu präsentieren und schnell und direkt mit Interessenten und Kunden kommunizieren zu können, um letztendlich die Kundenzufriedenheit zu erhöhen und neue Kunden zu gewinnen. Allerdings bergen der generelle Umgang mit Kundenfeedback und -kritik und die Reaktion darauf auch Risiken in sich, denen man aktiv z. B. über professionell geschulte Mitarbeiter oder einer speziellen Beschwerdeplattform begegnen kann [5].

22.3 Die Sicht der Nutzer

Die Nutzer verwenden die sozialen Medien, um sich zu informieren, zu kommunizieren und Meinungen abzugeben. Im Web 2.0 ist der Nutzer nicht mehr nur passiver Teilnehmer und Konsument, sondern vielmehr auch aktiver Produzent von Inhalten. Er kann jederzeit und von jedem Ort Informationen über das Internet abrufen oder selbst Inhalte auf Augenhöhe mit Spezialisten und Unternehmen erstellen. Die Nutzer sozialer Medien halten die Meinungen und Empfehlungen gleichgesinnter Nutzer mehrheitlich für aussagekräftiger als die Empfehlungen von Unternehmen [5], und die in den sozialen Medien präsentierten Inhalte werden von den Nutzern tendenziell glaubwürdiger als traditionelle Werbung wahrgenommen [6].

Die sozialen Medien ermöglichen es den Nutzern, ohne überdurchschnittliche technische Kenntnisse oder Anwendungserfahrung Informationen und mediale Inhalte in Form von Text, Bild und Ton (oder als Video) zu erstellen, ins World Wide Web hochzuladen und mit der Gemeinschaft auszutauschen. Dabei stehen für den Nutzer der bequeme (und gegebenenfalls auch mobile) Zugang über das Internet, die in der Regel kostenfreie Nutzung sowie die Benutzerfreundlichkeit der Plattform im Vordergrund.

Der wesentliche Aspekt des Austauschs relevanter Informationen mit seinem sozialen Umfeld tritt hierbei aber immer häufiger in den Hintergrund, da die eigentliche Nachricht oftmals durch Werbung und irrelevante Informationen auf einer Plattform verwässert wird, wodurch Relevanz und Nutzen sinken und die wesentlichen Inhalte immer weniger wahrgenommen werden.

Darüber hinaus gewinnen Privatheit und der Datenschutz für eine immer größer werdende Anzahl Nutzer an Bedeutung, zumal das Vertrauen mancher Nutzer in ihren Anbieter z. B. durch die Manipulation von Daten für Studien zusätzlich erschüttert wurde [9]. Die Nutzer erwarten mehr Transparenz von ihrem Anbieter in Bezug auf die Sammlung und Verwendung ihrer Daten und Inhalte und insofern auch einen faireren Umgang mit ihnen.

22.4 Soziale Medien

Soziale Medien dienen der Vernetzung von Nutzern und deren Kommunikation und Kooperation über das Internet im Sinne einer sozialen Interaktion [10]. Den sozialen Medien liegen digitale Medien und Technologien zugrunde, die es den Nutzern erlauben, Informationen und mediale Inhalte zu erstellen und mit einer Gemeinschaft auszutauschen [11]. Dabei steht der Begriff auch für den Austausch von persönlichen Erfahrungen und Ansichten wie sie z. B. in Form von Bewertungen bei Kundenrezensionen bei Amazon möglich sind.

Zu den sozialen Medien zählt man soziale Netzwerke (z. B. Xing, LinkedIn, Facebook und Google+), Web-Tagebücher in Form von Blogs, Microblogs (z. B. Twitter und Tumblr), Nachschlagewerke wie Wikipedia, Bild- und Videoplattformen (z. B. SlideShare, Flickr, Pinterest, Instagram und YouTube), Chats und Diskussionsforen, Podcasts und Videoblogs, standortbezogene soziale Netzwerke (z. B. Foursquare), Empfehlungs- und Bewertungsplattformen (z. B. Yelp), virtuelle Kontakt- und Tauschbörsen, soziale Bookmarking-Dienste (z. B. Delicious) sowie virtuelle Welten (z. B. Second Life).

Aus ökonomischer Sicht bietet das Web 2.0 die Besonderheit, dass die Erzeugung der Inhalte in der Hand von vielen Nutzern der sozialen Medien liegt, die eigentliche Wertschöpfung hingegen aber bei den wenigen Anbietern stattfindet, die die Plattformen mit den sozialen Medien betreiben [12]. Das Geschäftsmodell der Anbieter basiert im Wesentlichen auf Einnahmen aus der Werbung: Private Nutzer können die Dienste einer Social

Media Plattform meist kostenfrei nutzen, und die Anbieter erzielen ihre Einnahmen durch das Platzieren von Werbung auf der jeweiligen Plattform bzw. auf den entsprechenden Webseiten. Um die Werbung für einen einzelnen Nutzer möglichst spezifisch schalten zu können, werden die Profile und Daten der Nutzer nach charakteristischen Merkmalen wie z. B. Alter, Geschlecht, Wohnort, Bildungsstand, Interessen analysiert und ausgewertet. Diese Daten werden dann kommerziellen Nutzern wie Werbeagenturen und Unternehmen zur Verfügung gestellt, die danach ihre Werbung oder Marketinginitiativen gezielt bei bestimmten Nutzergruppen zur Anzeige bringen lassen können. Die Zielgruppen-gerichtete (personalisierte) Werbung erscheint dann z. B. in der Seitenleiste der Webseite der Plattform bei der zuvor spezifizierten Nutzergruppe, und die Bezahlung erfolgt auf Basis der Anzahl der Anzeigen oder Klicks.

Zusätzlich zur Verwendung der Nutzerprofile zu Werbezwecken werden die Daten auch für statistische Auswertungen und Erhebungen genutzt. Neben den eigenen Eingaben der Nutzer wird von bestimmten sozialen Medien wie z. B. Facebook aber auch aufgezeichnet, auf welchen anderen Internetseiten und wie lange sich der jeweilige Nutzer dort aufgehalten hat. Diese Metadaten werden dann i. d. R ohne das Wissen ihrer Nutzer gespeichert und ohne Kenntnis des Datenverursachers weiterverwendet oder weitergegeben. Ob, wann und wozu dies geschieht, bleibt offen und wird den Nutzern nicht mitgeteilt.

Darüber hinaus sind viele der Anbieter der sozialen Medien amerikanische Unternehmen, die ihre Daten auf Servern in den USA speichern und verarbeiten und nach amerikanischen Datenschutzrichtlinien handeln. Da es amerikanischen Behörden erlaubt ist, auf alle Daten aller amerikanischen Unternehmen zuzugreifen, ohne dass die Betroffenen darüber informiert werden müssen, entzieht sich eine etwaige Weiterverwendung und Analyse der Daten durch diese Behörden vollständig der Kenntnis der Nutzer [13].

Abschließend kann gesagt werden, dass die Profildaten, die nutzergenerierten Inhalte und die Metadaten den Fokus der Anbieter sozialer Medien darstellen, die sich über Werbung finanzieren. Primäres Ziel der Geschäftätigkeit ist es, die Anzahl der (aktiven) Nutzer ihrer Gemeinschaft möglichst hochzuhalten bzw. weiter zu erhöhen und die Aktivitäten der Nutzer und deren online Zeiten (durchschnittliche tägliche Verweildauer) auf den Webseiten auszudehnen, um sich als Werbeplattform für kommerzielle Nutzer – sprich Unternehmen – weiter attraktiv zu halten. Dies ging in der Vergangenheit häufig einher mit Kritik an der Einhaltung der Datenschutzbestimmungen der Anbieter.

22.5   Die Zukunft sozialer Medien

Die Nutzerzahlen vieler, zumeist US-amerikanischer Plattformen sozialer Medien sind in den letzten Jahren teils rasant angestiegen. Das beliebteste weltweite soziale Netzwerk Facebook nutzten nach Unternehmensangaben Ende Juni 2014 1,32 Mrd. Menschen aktiv, von denen 1,07 Mrd. mit mobilen Endgeräten wie Smartphones und Tablet-Computern auf das Netzwerk zugriffen [14]. Auch andere große soziale Medien wie Google+, WhatsApp und Twitter berichten über Nutzerzahlen in mittlerer dreistelliger Millionenhöhe (die Schwierigkeiten bei der eigentlichen Bestimmung der „realen" (monatlich) ak-tiven Nutzer (-profile), der Messung ihrer Anzahl und der Vergleichbarkeit werden z. B. in [15] erläutert).

Nichtsdestotrotz verschiebt sich – nach ersten Meldungen der Verlangsamung des Facebook-Nutzerzahlen-Wachstums 2011 [16] – die Facebook-Nutzer-Struktur zu älte-ren Nutzern hin [17], und die Anzahl der jüngeren Facebook-Nutzer ist in den USA und anderen Ländern rückläufig [18, 19]. Eine Forrester Umfrage unter 12- bis 17-Jährigen US-amerikanischen Jugendlichen vom Juni 2014 ergab allerdings, dass Facebook auch weiterhin unter jungen Nutzern das bevorzugte soziale Netzwerk ist [20]. Aber auch bei einigen anderen sozialen Netzwerken wie Xing, Wer-kennt-wen (mittlerweile eingestellt), LinkedIn und Stayfriends wurde bereits 2013 festgestellt, dass das Durchschnittsalter der Nutzer z. T. deutlich ansteigt [21].

Darüber hinaus wurde Facebook von der Princeton University bereits das nahende Ende vorhergesagt: Auf Grundlage mathematischer Modelle zur Beschreibung der Aus-breitung ansteckender Krankheiten auf Basis der Daten von Google-Suchanfragen und der Berücksichtigung des Nutzerzahlenverlaufs des sozialen Netzwerks Myspace prognosti-zierten die Forscher, dass Facebook 80 % seiner aktiven Nutzer in den Jahren zwischen 2015 und 2017 verlieren wird [22]. Auch andere, ehemals populäre soziale Medien wie Friendster, Lokalisten, Myspace, Second Life, studi-, schüler- und meinVZ haben in der Vergangenheit schon stark an (aktiven) Nutzern und damit an Bedeutung verloren [23]. Beispielsweise sank die Anzahl der Nutzer bei Myspace von 268 Mio. im September 2009 auf 63 Mio. im März 2011 [24], und auch durch ein Neudesign der Webseite und eine erneute Marketingkampagne im Juli 2013 konnte keine anhaltende Verbesserung erzielt werden.

In der Anfangsphase wird für den Erfolg einer Plattform der sozialen Medien eine kritische Masse an Nutzern benötigt, ab der die Gemeinschaft aufgrund der Kommunika-tionsbeziehungen zwischen den Nutzern stark weiterwächst. Voraussetzung dafür ist, dass der Nutzen bei steigender Nutzerzahl weiter ansteigt [25]. Auf der anderen Seite kommt das Wachstum zum Erliegen, wenn alle potentiellen Nutzer ein Profil auf einer Plattform haben (Sättigung), oder das Wachstum ist rückläufig, wenn die Plattform an Popularität einbüßt und damit Nutzer verliert.

Folgende Gründe können für einen Nutzer zum Verlassen einer Plattform der sozialen Medien führen:

- „Hype": Es gibt alternative (neuere) Plattformen mit neuen Funktionen und einer kom-fortableren Bedienbarkeit, deren Existenz sich genauso viral und schnell verbreitet wie andere Nachrichten im Web 2.0. Beispiele dafür sind neue Formate wie Instagram, Path und Pinterest.
- Langeweile: Nicht zuletzt aufgrund der Gewöhnung an das Existierende und aus einer gewissen Langeweile heraus scheinen einige Nutzer immer auf der Suche nach etwas Neuem bzw. dem Neuesten zu sein.

- Verwässerung: Die nutzergenerierten Inhalte verwässern immer mehr durch Werbung, wodurch die relevanten Informationen zunehmend in den Hintergrund treten und sich der Kern der Nachricht und eigentliche Nutzen der Plattform für die Nutzer immer schwieriger erschließt.
- Exklusivität: Man ist nicht mehr nur unter sich, da u. a. auch die Eltern in demselben Netzwerk verkehren. Das kann für Jugendliche Grund genug sein, die entsprechende Social Media Plattform zu verlassen [17].
- Privatheit: Die persönlichen Daten werden nicht vertraulich behandelt sondern gespeichert, analysiert und möglicherweise an Dritte weitergegeben, ohne das der Nutzer über die weitere Verwendung in Kenntnis gesetzt wird.
- Privatsphäre: In einer Studie von 2013 zur Untersuchung der Unterschiede zwischen Facebook Nutzern und ehemaligen Nutzern, die Facebook verlassen hatten, gaben 48 % der Aussteiger an, Facebook aufgrund von Sorgen um Ihre Privatsphäre verlassen zu haben [26].
- Datenschutz: Private Informationen werden aufgrund von Sicherheitslücken preisgegeben und können zu persönlichen Nachteilen des Nutzers führen.
- Datenspionage: Aufgrund globaler Überwachungs- und Spionageaffären haben Nutzer allgemeine datenschutzrechtliche Bedenken hinsichtlich des Ausspähens und der Weiterverwendung ihrer Daten [27].
- Transparenz und Fairness: Nutzer verlieren das Vertrauen in den Anbieter und fühlen sich als Versuchsobjekt, wenn Daten für Studien manipuliert werden und der Anbieter einen offenen und fairen Umgang vermissen lässt.
- Mobilität: Um das soziale Medium auch mit einem Smartphone oder Tablet-Computer verwenden zu können, muss der mobile Zugang zu allen Funktionen der Plattform gewährleistet sein. Falls eine Plattform das nicht bieten kann, wird auf eine andere ausgewichen.

Da die sozialen Medien als Kommunikations- und Werbeplattformen und zur Ermittlungen von Meinungen, Stimmungen und Trends für Unternehmen interessant sind, ist die Zahl an (aktiven) Nutzern ein Indikator dafür, wie attraktiv ein Anbieter der sozialen Medien für ein Unternehmen ist. Daher werden sich Unternehmen immer diejenigen Plattformen zur Umsetzung ihrer Ziele auswählen, die zum jeweiligen Zeitpunkt am populärsten sind. Da sich die sozialen Medien auf der anderen Seite im Wesentlichen über Werbung dieser Unternehmen finanzieren, setzt sich mit dem Verlust an aktiven Nutzern eine Spirale in Gang, die mit dem Verlust an Bedeutung und einem Umsatzrückgang einhergehen kann und gegebenenfalls erst mit dem Abschalten der Plattform beendet ist, wie es z. B. dem sozialen Netzwerk schülerVZ Ende April 2013 ergangen ist [28].

Gleichzeitig kann gesagt werden, dass trotz einer größer werdenden Sensibilisierung der Nutzer für den Umgang mit den eigenen Daten noch keine spürbare Einschränkung bei der allgemeinen Verwendung der sozialen Medien festgestellt werden kann, obgleich es wegen der genannten Gründe immer wieder zu Plattformwechseln von Nutzern kommt, wodurch manche soziale Medien in der Vergangenheit deutlich an Bedeutung verloren haben.

Auch bei Unternehmen ist, mit wenigen Ausnahmen wie z. B. General Motors, die 2012 sämtliche Marketingkampagnen auf Facebook eingestellt haben [29], noch keine Abkehr von den sozialen Medien erkennbar. Die gegenwärtige Praxis und Erfahrung zeigt im Gegenteil, dass der Einsatz von Social Media Marketing auf den sozialen Medien, auf denen Millionen von Nutzern täglich z. T. mehrere Stunden verbringen, als wesentlicher Bestandteil heutiger Marketingstrategien von Unternehmen unerlässlich ist, auch wenn sich die Messbarkeit der Wirksamkeit von Social Media Marketing Maßnahmen nicht immer einfach darstellt. Bei aller Euphorie ist hinsichtlich der Unternehmenskommunikation mit den Nutzern der sozialen Medien aufgrund der Reichweit und Sichtbarkeit im World Wide Web dennoch Vorsicht geboten, damit sich die positiven Effekte nicht ins Gegenteil umkehren.

22.6 Zusammenfassung

In dieser Arbeit wurden die verschiedenen Interessen, Absichten und Ziele im Spannungs-feld zwischen Unternehmen, Nutzern und den Anbietern sozialer Medien dargestellt, und die Verfahren zur Auswertung und Analyse nutzergenerierter Inhalte und Metadaten, die bei der Kommunikation und Kollaboration im Web 2.0 anfallen, erläutert. Darüber hinaus wurde Social Media Marketing als wichtiges Instrument heutiger Marketingstrategien von Unternehmen genannt. Ziel war es zu klären, ob schon heute ein Trend zum Nutzungs-rückgang sozialer Medien bei Nutzern und Unternehmen erkennbar ist.

Weder das aktuelle Nutzerverhalten noch die heutige Unternehmenspraxis geben ei-nen Hinweis darauf, dass die Verwendung von sozialen Medien rückläufig ist. Unterstützt wird diese Aussage durch jüngste Untersuchungen, die belegen, dass soziale Netzwerke wie Facebook in der Altersgruppe der über 25-Jährigen – trotz einer höheren Sensibilität dieser Gruppe gegenüber dem Datenschutz und der Datenspionage – sogar weiter an Nut-zern gewinnen [19]. Aber auch andere soziale Medien verzeichnen noch hohe Zuwachs-raten an Nutzern (bei aller Vorsicht gegenüber den Auswerteverfahren zur Ermittlung der Anzahl aktiver Nutzer).

Neben dem verstärkten mobilen Zugriff auf soziale Netzwerke und einem verstärkten Einsatz von Chat-Tools wie WhatsApp zur Kommunikation zeichnet sich bisher aber noch kein neuer Trend ab, der unser Kommunikations- und Kollaborationsverhalten ähnlich grundlegend verändern und bestimmen wird wie die sozialen Medien, die ursächlich mit dem Entstehen des Web 2.0 verbunden sind. Sehr wohl wird es zukünftig aber wie in der Vergangenheit auch Bewegung in der Landschaft der sozialen Medien geben, wobei die Herausforderung heutiger und zukünftiger Anbieter sein wird, die „sozialen" Bedürfnis-se der Nutzer und ihr Kollaborationsverhalten zu antizipieren (d. h. zukünftige Trends vorherzusagen). Darüber hinaus sind die Anbieter gefragt, das Vertrauen der Nutzer zu-rückzugewinnen, indem sie eine mögliche Weiterverwendung der Nutzerdaten offen kommunizieren und die Privatsphäre der Nutzer und die diesbezüglichen Datenschutzbestimmungen länderübergreifend respektieren.

Für Unternehmen stellt sich im Prinzip dieselbe Aufgabe: Sie sollten ihre Marketingstrategie bezüglich der sozialen Medien nicht nur auf eine Plattform (und auf eine Art) beschränken, und sie müssen versuchen, über Social Media Monitoring Anzeichen für neue Trends und neue Medien zu ermitteln. Darüber hinaus sollten Unternehmen auch bestrebt sein, andere Medien des Internets nutzbringend für sich einzusetzen, wie z. B. die Erweiterung der eigenen Unternehmens-Webseite um einen Bereich für Neuigkeiten, ein Diskussionsforum und einen direkten Supportkanal für Kunden. Auch hiervon kann ein Nutzer des World Wide Web profitieren und den Weg auf die Unternehmens-Webseite über eine Suchmaschine finden, wenn aktuelle Inhalte interessant gestaltet und bestimmte Regeln zur Suchmaschinenoptimierung eingehalten werden.

Für die Nutzer geht es in erster Linie um Funktionalität, Bedienerfreundlichkeit und einen bequemen Zugang zu ihrer Community, um dort Inhalte zu posten und sich mit anderen Nutzern ihres sozialen Netzwerks auszutauschen. Viele nehmen dafür eine wie auch immer geartete Weiterverwendung ihrer Daten – über die sie ihr Anbieter in der Regel im Unklaren lässt – in Kauf, sehen diesen Mangel an Transparenz aber immer kritischer. Falls dadurch jedoch immer mehr Nutzern persönliche Nachteile in ihrem „realen" Leben entstehen sollten und dies öffentlich wird, wird auch hier allmählich ein Umdenken einsetzen und die Leichtfertigkeit bei der Veröffentlichung persönlicher Inhalte und Daten im Internet zurückgehen. Falls die Anbieter sozialer Medien aber auch dann noch nicht reagieren sollten, bleibt dem einzelnen, mündigen Nutzer nur noch die Datensparsamkeit oder die Datenvermeidung übrig, um mögliche persönliche Nachteile für sich selbst ausschließen zu können.

Literatur

1. O'Reilly, T. (2005). What is Web 2.0? 30. 9. 2005. http://www.oreilly.de/artikel/web20. html#mememap. Zugegriffen: 4. Aug. 2014.
2. Stieglitz, S., Dang-Xuan, L., Bruns, A., & Neuberger, C. (2014). Social media analytics: Ein interdisziplinärer Ansatz und seine Implikationen für die Wirtschaftsinformatik. *Wirtschaftsinformatik, 6*(2), 101–110.
3. Bitkom. (2012). Social Media in deutschen Unternehmen. http://www.bitkom.org/de/publikationen/38338_72124.aspx. Zugegriffen: 28. Juli 2014.
4. Bundesverband Digitale Wirtschaft (BVDW). (2012). BVDW: Deutsche Unternehmen setzen immer stärker auf Social Media, 31. 10. 2012. http://www.bvdw.org/presse/news/article/bvdw-deutsche-unternehmen-setzen-immer-staerker-auf-social-media.html. Zugegriffen: 29. Juli 2014.
5. Kreutzer, R. T., & Hinz, J. (2010). Möglichkeiten und Grenzen von Social Media Marketing. Working Papers of the Institute of Management Berlin at the Berlin School of Economics and Law (HWR Berlin), Bd. 58.
6. Weinberg, T. (2014). Social media marketing: Strategien für Twitter, Facebook & Co, Köln: O'Reilly, 4., komplett aktualisierte Auflage.

7. Frauenhofer-Institut für sichere Informationstechnologie. (2013). https://www.sit.fraunhofer.
de/fileadmin/dokumente/studien_und_technical_reports/Soziale-Netzwerke-2013.pdf.
Zugegriffen: 28. Juli 2014.
8. Zeng, D., Chen H., Lusch R., & Li, S.-H. (2010). Social media analytics and intelligence. *IEEE Intelligent Systems, 25*(6), 13–16.
9. Der Tagesspiegel. (2014). Nutzer sind sauer über geheimen Psycho-Test, 30. 6. 2014. http://
www.tagesspiegel.de/medien/was-darf-facebook-nutzer-sind-sauer-ueber-geheimen-psycho-
test/10128826.html. Zugegriffen: 26. Juli 2014.
10. Gabler Wirtschaftslexikon. (2014). Soziale Medien. http://wirtschaftslexikon.gabler.de/
Archiv/569839/soziale-medien-v4.html. Zugegriffen: 29. Juli 2014.
11. Wikipedia. (2014). Social media, 24. 7. 2014. https://de.wikipedia.org/wiki/Social_Media. Zugegriffen: 29. Juli 2014.
12. Simone, S. (2011). Copyblogger, Digital sharecropping: The most dangerous threat to your online marketing. http://www.copyblogger.com/digital-sharecropping/. Zugegriffen: 29. Juli 2014.
13. Wikipedia (2014). USA PATRIOT Act, 1. 7. 2014. http://de.wikipedia.org/wiki/USA_PAT-
RIOT_Act. Zugegriffen: 5. Aug. 2014.
14. Spiegel online. (2014). Quartalsbilanz: Werbung auf dem Handy füllt Facebook die Kassen,
23. 7. 2014. http://www.spiegel.de/wirtschaft/unternehmen/facebook-umsatz-steigt-um-61-pro-
zent-a-982621.html. Zugegriffen: 24. Juli 2014.
15. LinkedInsider Deutschland, & Koß, S. (2013). Social Media und die Last mit den Zahlen, 15.
1. 2013. http://linkedinsiders.wordpress.com/2013/01/15/social-media-und-die-last-mit-den-
zahlen/. Zugegriffen: 30. Okt. 2014.
16. Spiegel online. (2011). Netzwerke: Facebook-Nutzung in den USA geht zurück, 13.6.2011.
http://www.spiegel.de/netzwelt/web/netzwerke-facebook-nutzung-in-den-usa-geht-zuru-
eck-a-768213.html. Zugegriffen: 14. Juli 2014.
17. Der Tagesspiegel. (2014). Facebook gehen die jungen User aus, 16. 1. 2014. http://www.tages-
spiegel.de/weltspiegel/soziale-netzwerke-facebook-gehen-die-jungen-user-aus/9341890.html.
Zugegriffen: 14. Juli 2014.
18. Spiegel online. (2013). Soziales Netzwerk: Facebook verliert junge Nutzer in Deutschland und
USA, 3. 4. 2013. http://www.spiegel.de/netzwelt/web/nutzerzahlen-von-socialbakers-jugend-
wendet-sich-von-facebook-ab-a-892266.html. Zugegriffen: 14. Juli 2014.
19. iStrategyLabs. (2014). 3 Million teens leave facebook in 3 years: The 2014 facebook demogra-
phic report, 15. 1. 2014. http://istrategylabs.com/2014/01/3-million-teens-leave-facebook-in-
3-years-the-2014-facebook-demographic-report/. Zugegriffen: 14. Juli 2014.
20. Forrester. (2014). Facebook still dominates teens' social usage, 24. 6. 2014. http://blogs-forres-
ter.com/nate_elliott/14–06-24-facebook_still_dominates_teens_social_usage. Zugegriffen: 07.
Aug. 2014.
21. heise online. (2013). Erhebung: Soziale Netzwerke vergreisen, 23. 3. 2013. http://www.heise.
de/newsticker/meldung/Erhebung-Soziale-Netzwerke-vergreisen-1828958.html. Zugegriffen:
24. Juli 2014.
22. Cannarella, J. S. J. (2014). „Epidemiological modeling of online social network dynamics,".
Department of Mechanical and Aerospace Engineering, Princeton University, Princeton, NJ,
USA.
23. Der Tagesspiegel. (2013). Das Leben danach: Myspace, studiVZ, second life, 13. 12. 2013.
http://www.tagesspiegel.de/medien/myspace-studivz-second-life-das-leben-danach/9216896.
html. Zugegriffen: 14. Juli 2014.
24. Wikipedia. (2014). Myspace, 22. 8. 2014. http://de.wikipedia.org/wiki/Myspace. Zugegriffen:
30. Okt. 2014.
25. Wikipedia. (2013). Netzwerkeffekt, 19. 8. 2013. http://de.wikipedia.org/wiki/Netzwerkeffekt.
Zugegriffen: 7. Aug. 2014.

26. Stieger, S., Burger, C., Bohn, M., & Voracek, M. (2013). Who commits virtual identity suicide? Differences in privacy concerns, internet addiction, and personality between facebook users and quitters. *Cyberpsychology, Behavior, and Social Networking, 16*(9), 629–634.
27. Wikipedia. (2014). Globale Überwachungs- und Spionageaffäre, 7. 8. 2014. http://de.wikipedia.org/wiki/Globale_Überwachungs-_und_Spionageaffäre. Zugegriffen: 8. Aug. 2014.
28. Wikipedia. (2014). schülerVZ, 13. 10. 2014. http://de.wikipedia.org/wiki/SchülerVZ. Zugegriffen: 30. Okt. 2014.
29. Wikipedia. (2014). Facebook, 26. 7. 2014. http://de.wikipedia.org/wiki/Facebook. Zugegriffen: 7. Aug. 2014.

HbbRadio oder der personalisierte Rundfunk

23

Mirco Schönfeld

Zusammenfassung

Die Herausforderungen der Digitalisierung zu überwinden und neue Absatzmärkte zu schaffen, ist ein Abenteuer, dem sich die Musikbranche lange Zeit verschlossen hat. In der Konsequenz ist ihr Umsatz zwischen 2001 und 2011 um die Hälfte zurückgegangen. Junge, agile Unternehmen wie spotify und branchenfremde Riesen wie Amazon haben diese Chance erkannt und einen neun Markt für digitale Musikangebote etabliert, von dem traditionelle Radiosender verdrängt werden. Um das zu verhindern, wird in dem Forschungsprojekt HbbRadio ein personalisierbares Live-Radio entwickelt. Dieser Hybrid aus herkömmlichem digitalen Rundfunk und Internetverbindung ermöglicht es Hörern, Musikstücke aus dem normalen Radiosignal durch „bessere" Stücke zu ersetzen. Gleichzeitig dient eine (mobile) Internetverbindung als Rückkanal zum Sender. Die Hörerschaft und deren musikalische Vorlieben können darüber in Echtzeit analysiert werden. Das bedeutet nicht nur einen enormen Umbruch für den traditionellen Markt. Damit treten Radiosender plötzlich in Konkurrenz zu weltweit agierenden Streaming-Anbietern wie spotify und last.fm, deren Dienste zuweilen auch kostenlos genutzt werden können. Warum das verlockende Chancen bietet und warum Radiosender sich auf dieses Abenteuer einlassen sollten, beleuchtet dieser Artikel.

M. Schönfeld (✉)
Institut für Informatik, Ludwig-Maximilians-Universität München, München, Deutschland
E-Mail: mirco.schoenfeld@ifi.lmu.de

© Springer-Verlag Berlin Heidelberg 2015   203
C. Linnhoff-Popien et al. (Hrsg.), *Marktplätze im Umbruch,* Xpert.press,
DOI 10.1007/978-3-662-43782-7_23

23.1 Einleitung

Die Endzeitstimmung im deutschen Musikmarkt ist endlich überwunden. Nach Jahren der Stagnation und Regression verzeichnete die Branche 2013 erstmals wieder Umsatzgewinne [1]. Unter den Playern der herkömmlichen Wertschöpfungskette ist die Euphorie jedoch verhalten: Die Umsatzsteigerung liegt zum großen Teil am wachsenden Marktanteil von digitalen Angeboten.

Dem traditionellen Geschäftsmodell der Radiosender droht indes zunehmend, der Markt wegzubrechen. Bisher dienten sie den Plattenfirmen als erweiterter Arm, die Veröffentlichung von CDs optimal zu terminieren. Große Abteilungen der Radiosender sind deshalb noch immer mit der Erforschung des Marktes beschäftigt. Mit kostspieligen Telefonumfragen werden zu aktuellen Songs aufwendige Hochrechnungen ihrer Beliebtheit erstellt. Es gilt, den Zenit der Popularität eines Künstlers oder seines Werks zu ermitteln, um die Verfügbarmachung seines Werks darauf abzustimmen [2].

HbbRadio schlägt die Brücke zwischen digitalem Musikmarkt und traditionellen Radiosendern. Es bietet Tools und Techniken, um das Live-Radioprogramm für einen Hörer zu individualisieren und mit personalisierten Inhalten zu verbessern. HbbRadio bietet darüber hinaus einen Rückkanal vom Hörer zum Sender. Der macht nicht nur die ressourcenintensiven Telefonumfragen endlich überflüssig. Vielmehr bietet er auch Möglichkeiten, das aktuelle Programm mit Interaktivität noch spannender zu gestalten.

Thema dieses Artikels sind deshalb die aktuell günstigen Bedingungen und bahnbrechenden Möglichkeiten, die HbbRadio für Radiosender zum Geschäftsmodell der Zukunft machen.

23.2 Personalisierter Content schafft Vorsprung

Der Bundesverband der Musikindustrie berichtet, die Umsätze in digitalen Geschäftsfeldern seien alleine in 2012 um 24.4 % Prozent „auf etwa eine viertel Milliarde Euro angewachsen" [3]. In 2013 konnten die digitalen Geschäftsfelder ein zusätzliches Umsatzwachstum von 11,7 % auf 328 Mio. € verzeichnen. Damit wurden erstmals 22,6 % aller in Deutschland generierten Musikumsätze digital erwirtschaftet. Anbieter von digitalen Diensten haben sich zu einer ernstzunehmenden Größe im Musikgeschäft entwickelt.

Gleichzeitig sehen die Prognosen für physikalische Tonträger zunehmend düster aus. Seit Jahren steht den Wachstumsraten des CD-, MC- oder Singles-Geschäft ein dickes Minus voran. Einzig die Schallplatte konnte in den letzten Jahren erstaunliche Wachstumsraten erzielen – für eine entscheidende Position im milliardenschweren Musikgeschäft ist dieser Nischenmarkt jedoch absolut irrelevant.

Lohnenswert ist eine genauere Betrachtung des digitalen Vertriebs von Musik. Die Entwicklung der Vertriebslandschaft drängt nämlich förmlich Rückschlüsse auf die Vorlieben und Wünsche der Musikhörer auf. Mit digitalem Vertrieb von Musik wird häufig der Verkauf von mp3-Dateien assoziiert. Einer der Vorreiter dieses Geschäfts in Deutschland war Apple, die im Juni 2004 den „iTunes Store" hierzulande zugänglich gemacht haben. Während der Anfänge dieses Online-Geschäfts wurden vor allem Songs von Künstlern gehandelt, die bei großen Labels unter Vertrag standen. Inzwischen ist die Anzahl der verfügbaren Künstler und Songs auf mehrere Millionen verfügbare Titel gestiegen. Über den iTunes Store werden aktuell etwa 3 Mio. Lieder pro Tag gehandelt [4].

Auf diesem Markt haben sich unterdessen immer mehr Händler etabliert. Als ein namhafter Vertreter ist Amazon zu nennen. Das Unternehmen startete 2009 in Deutschland mit seinem Dienst Amazon Music. Die Diversifizierung und Spezialisierung der Händler ist aber bereits so weit fortgeschritten, dass Download-Anbieter für spezielle Musik-Genres ebenso selbstverständlich geworden sind, wie Anbieter für verlustfrei komprimierte, qualitativ hochwertige „Hi-Fi"-Formate.

In den letzten Jahren verzeichneten weltumspannende Branchenvertreter wie die „International Federation of the Phonographic Industry" (IFPI) ebenso wie nationale Beobachter des Marktes für die angesprochenen Download-Käufe leichte Rückgänge. Die Download-Umsätze blieben insgesamt allerdings stabil. Als Profiteure identifiziert der Digital Music Report sogenannte „Subscription Services" [5]. Das sind Anbieter von Streaming-Portalen, in denen ein Nutzer jederzeit aus der kompletten Musikdatenbank des Anbieters auswählen kann, was er aktuell hören möchte. Im Gegensatz zum Download-Kauf wird das gewünschte Stück aber nicht heruntergeladen und beim Nutzer persistent gespeichert, sondern ihm nur für die Dauer des Abspielens temporär zur Verfügung gestellt. Deshalb ist die Nutzung solcher Streaming-Dienste entweder kostenlos und werbefinanziert oder basiert auf Abo-Modellen, in denen der Nutzer einen monatlichen Pauschalbetrag entrichtet. Der bekannteste Anbieter für kostenloses Streaming ist zurzeit last.fm, der aktuelle Branchenprimus auf Seiten der abonnementbasierten Dienste heißt spotify.

Diese beiden Anbieter sind nicht nur international höchst erfolgreich, sie drängen auch zunehmend auf den deutschen Markt. Ihr Einfluss auf die Vertriebslandschaft ist nicht zu übersehen. Erste Anbieter wie Napster sind hierzulande zwar 2005 gestartet. Sie bedienten aber lange Zeit einen Nischenmarkt. Erst in den vergangenen zwei Jahren startete das Streaming-Modell in Deutschland erst so richtig durch. Alleine in 2013 konnten die Umsätze aus bezahlten Streaming-Abonnements und werbefinanzierten Streaming-Services um 91,2 % gesteigert werden. Damit haben sie sich auf 68 Mio. € innerhalb eines Jahres fast verdoppelt. Ihren Anteil am Gesamtumsatz der Musikindustrie konnten sie auf fast fünf Prozent steigern [1].

Das enorme Potenzial dieses Verkaufsmodells zeichnet sich beispielsweise in Schweden ab. Der Marktanteil der Streaming-Anbieter beläuft sich dort auf 66 %.

Die Prognosen des innerdeutschen Bundesverbandes der Musikindustrie bescheinigen den Abonnement-Anbietern ähnlich rosige Zeiten – wenn auch etwas vorsichtiger, wie Abb. 23.1 zeigt. In den nächsten vier Jahren werden sie ihren Anteil am gesamten Musikmarkt auf etwa 35 % steigern können. Die Download-Käufe werden sie bereits nächstes Jahr umsatztechnisch überholt haben. Am meisten werden allerdings die Verkäufe physischer Tonträger darunter zu leiden haben.

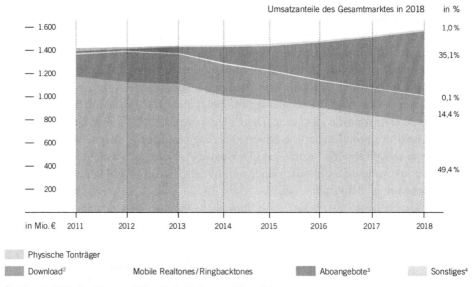

Abb. 23.1 GfK Musikmarktprognose aus dem aktuellen Jahrbuch des Bundesverbandes deutscher Musikindustrie (bezieht sich auf 2013) [5]

Was ist es also, was der digitale Verbreitungsweg im Allgemeinen und die aufkommenden Streaming-Modelle im Speziellen dem traditionellen Handel mit herkömmlichen physischen Medien voraus hat? Diese Frage lässt sich in einem Wort beantworten: Personalisierung.

Für den stationären Handel ist Personalisierung zunächst einmal ein Fremdwort. Wenn das Angebot überhaupt „personalisiert" wurde, hing das weitgehend von der Kompetenz eines Verkäufers ab, einem Kunden eine vermeintlich passende CD zu empfehlen.

Der Online-Handel mit Musikdateien hat diese Form der Personalisierung dann etwas weitergedacht – die Worte „Anderen Kunden gefällt auch…" sind mittlerweile jedem geläufig, der schon einmal online bestellt hat.

Die Anbieter von Streaming-Diensten haben diesen Personalisierungsgedanken dann radikal zu Ende gedacht. Für sie ist Personalisierung des verkauften Contents der Kern ihres Geschäftsmodells. Die Personalisierung ist Commerce. HbbRadio macht diese Idee für Radiosender zugänglich.

23.3 HbbRadio katapultiert Radio in die neue Welt

HbbRadio ist ein Dienst, der das Radioprogramm personalisiert. Ein Hörer gibt eine Bewertung des aktuellen Programms ab. HbbRadio entfernt dementsprechend proaktiv und nur für diesen Hörer einzelne Elemente aus dem Live-Programm und ersetzt sie durch solche mit besserer Bewertung. Für die Granularität dieser Programmelemente macht HbbRadio keine Vorgaben. Es kann sich dabei theoretisch um einzelne Musikstücke oder mehrstündige Sendungsblöcke handeln.

Das „Hbb" in HbbRadio steht für *Hybrid Broadcast Broadband* – also einem Hybriden aus herkömmlichem digitalen (Radio-)Broadcast und einer Breitband-Internetverbindung. Diese Konvergenz der Technologien ist auf vielfache Art und Weise dienlich. Zum einen wird über die Internetverbindung alternativer Content abgerufen: Das Endgerät des Hörers spielt anstelle des aktuellen Programms einen referenzierten Stream aus dem Internet ab. Darüber hinaus kann das laufende Programm auch mit zusätzlichen, maßgeschneiderten multimedialen Inhalten des Content-Anbieters angereichert werden.

Zuletzt dient die Breitbandverbindung des Abspielgeräts als Rückkanal vom Hörer zum Anbieter. Denkbar wäre zum einen, den Hörer damit interaktiv in das laufende Programm einzubinden. HbbRadio stellt über den Rückkanal aber vor allem eine Schnittstelle zur Datenerfassung bereit: Radiosender können beispielsweise ermitteln, welche Programmelemente von welcher Altersgruppe wie oft abgewählt oder favorisiert wurden. Im Gegensatz zu den in Telefonumfragen erhobenen Informationen kann HbbRadio diese Daten zeitnah und hochpräzise liefern.

Um HbbRadio nutzen zu können, müssen Radiohörer ein Endgerät verwenden, das Radio über DAB (Digitalradio) empfangen kann und das über eine Internetanbindung verfügt. Moderne Smartphones sind ständig mit dem Internet verbunden und der DAB-Empfang lässt sich problemlos per USB-Dongle „nachrüsten". Indem sich die Entwicklung aber auf wenige standardisierte Technologien stützt, wäre auch eine HbbRadio-Nutzung im Fahrzeug problemlos möglich. Schließlich verfügen auch Fahrzeuge zunehmend über eine Internetverbindung. Und Digitalradio ist bei der überwiegenden Zahl aktueller Modelle bereits integriert.

Während der Entwicklung wurde sich zunächst auf Smartphones und Tablets konzentriert. Abb. 23.2 zeigt den Bildschirm der HbbRadio-Smartphone-App. Ein besonderes Feature dieser allgemeinen HbbRadio-App ist, dass die multimedialen Inhalte, die das Interface bestimmen, komplett von einem Radiosender ausgeliefert werden können. In diesem Fall ist der Sender „Antenne Bayern" eingestellt und das Interface dazu wird dementsprechend von Antenne Bayern abgerufen. Über definierte Schnittstellen kann das Interface auf wichtige Informationen und Funktionen des Gerätes zugreifen.

Aktuelle, etablierte Web-Technologien ermöglichen eine barrierefreie Entwicklung dieses bestimmenden Teils der Benutzeroberfläche. Dies lässt dem Radiosender jegliche Gestaltungsfreiheit. Denkbar wäre zum Beispiel, das Interface mit interaktiven Elementen, wie Abstimmungen über das nächste Lied oder kleinen Gewinnspielen, anzureichern. Der Hörer könnte so in das laufende Programm direkt mit eingebunden werden. Den Gestaltungsmöglichkeiten werden keine Grenzen gesetzt – ob der Sender Werbung (für seine Spartenkanäle oder von externen Anbietern) schalten oder auch komplett darauf verzichten will, wird nicht reglementiert. Verzichtet der Sender komplett auf ein eigenes Interface, greift die App natürlich auf ein Standard-Design zurück.

Ein weiterer Use-Case für die Nutzung von HbbRadio ist in Abb. 23.3 zu erkennen. Dieser orientiert sich am aktuellen Trend für TV-Geräte, die vermehrt auf *Second Screens*

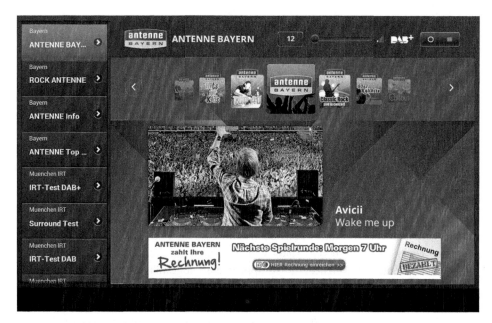

Abb. 23.2 Das HbbRadio-Interface zeigt Content, der zum laufenden Programm passt. Dabei kann der relevante Teil der Oberfläche von einem Radiosender ausgeliefert werden. Standard-Technologien und definierte Schnittstellen ermöglichen eine barrierefreie Umsetzung

setzen – also eigenständige zusätzlich Geräte, die als „zweiter Bildschirm" zur Anzeige von Zusatzinformationen, zum Abrufen von weiterführendem Content oder zur Interaktion mit dem laufenden Programm fungieren. So hat das ZDF kürzlich den Second-Screen-Thriller „App" ausgestrahlt, der die Fernsehzuschauer über eine eigene Smartphone-App live in die Filmhandlung eingebunden hat.

Abbildung 23.3 zeigt, wie dieses Second-Screen-Paradigma auf HbbRadio übertragen wurde. Das Foto zeigt ein stationäres Empfangsgerät, das über einen WLAN-Anschluss verfügt und das Radioprogramm abspielt. Das ist in diesem Fall der *DABerry*, eine Entwicklung des IRT. Über das ebenfalls abgebildete Tablet können der *DABerry* ferngesteuert, Zusatzinformationen bereitgestellt und Profilinformationen zur Personalisierung abgerufen werden.

HbbRadio existiert bisher als Prototyp, der im Rahmen eines vom Freistaat Bayern geförderten Forschungsprojekts entwickelt wird. Das Konsortium steht unter der Leitung des Instituts für Rundfunktechnik (IRT) und besteht neben dem IRT aus Antenne Bayern, DAVID Systems, elgato und dem Lehrstuhl für Mobile und Verteilte Systeme der Ludwig-Maximilians-Universität München. Mit Antenne Bayern, DAVID Systems und elgato sind damit alle wichtigen Glieder einer Ausspielkette für Radio vertreten: Antenne Bayern ist der größte bayerische Radiosender und steht damit am Anfang dieser Kette. DAVID Systems ist ein weltweit geschätzter Software-Anbieter, der mit seinen Produkten Broadcast-Organisationen bei der Planung, Produktion und Auslieferung von Inhalten unterstützt. Auf Empfängerseite steht schließlich elgato mit einem Empfangsgerät für digitales Radio. Das IRT verfügt über einen großen Erfahrungsschatz im Bereich des digitalen Rundfunks

Abb. 23.3 Der DABerry ist
ein stationäres Empfangsgerät
mit WLAN-Schnittstelle. Das
Gerät kann z.B. über ein Tablet
ferngesteuert werden und mit
den dort hinterlegten Profilinformationen einen perso-
nalisiertes Radioprogramm
erzeugen

und ist für die Verknüpfung von existierenden Rundfunkangeboten mit multimedialen
Zusatzangeboten zuständig. Der Lehrstuhl für Mobile und Verteilte Systeme forscht in
diesem Projekt an kontextsensitiven Personalisierungsmethoden auf mobilen Endgeräten.

Zusammenfassend lässt sich die einzige Voraussetzung für HbbRadio auf Konsumen-
tenseite festhalten: ein persönliches internetfähiges Device, wie zum Beispiel ein Smartphone oder Tablet. In Zeiten zunehmender Verbreitung dieser Geräte ist eine solche Voraussetzung also keine Hürde mehr. Zudem wird auch das Digitalradio (DAB) den heutigen Standard UKW zunehmend verdrängen.

Über dieses persönliche internetfähige Device findet in Zukunft die Personalisierung
des Radios statt. Der folgende Abschnitt behandelt nun die Möglichkeiten und Chancen,
die sich einem Radiosender eröffnen, wenn er den HbbRadio-Dienst implementiert.

23.4 Chancen für Radiosender

HbbRadio etabliert Radiosender in der neuen Welt der personalisierbaren Musikdienste.
Diese neue Welt muss einfach sein. HbbRadio verlangt deshalb keine radikal neuen Work-
flows und bricht auch nicht mit etablierten Standards. Vielmehr können Hörer und Sender

gleichermaßen von einer „pragmatischen Bequemlichkeit" profitieren: Der HbbRadio-
Hörer lädt sich einfach eine App auf sein Smartphone oder Tablet – ganz so, wie er es von
den Konkurrenz-Anbietern gewohnt ist. Ein Radiosender muss seinen bisherigen Work-
flow nur an wenigen Stellen etwas erweitern. Daher ist HbbRadio als eine Sammlung von
Tools entwickelt worden, die durch kleine Kniffe große Synergien schaffen.

Ein solcher kleiner Kniff bezieht sich auf die Auswahl der Alternativstücke, die der
Personalisierungs-Engine zur Verfügung stehen. Diese Engine soll nur aus einer begrenzten Menge von Elementen die beste Alternative auswählen können – wenn ansonsten
plötzlich Metallica auf einem Klassikkanal angespielt würde, wäre der Hörer mindestens
irritiert. Zudem würden das Profil und die Marke des Senders so verwässert oder gar
verfälscht, dass einem Sender der eigene Nutzen von HbbRadio nur schwer vermittelbar
wäre. Alle potenziellen Alternativtitel müssen also zum Gesamtprofil eines Senders passen. Bei der Sendeplanung müssen also zusätzlich zu den Elementen des DAB-Streams
mögliche Alternativen angegeben werden, die ein HbbRadio-Hörer stattdessen hören können soll. Damit wird sichergestellt, dass sich auch die Alternativen nahtlos in das Musik-
profil eines Senders fügen. Bei der Entwicklung von HbbRadio wurde darauf geachtet,
dass diese Planung der Alternativen mit den bei Radiosendern etablierten Tools und Technologien erfolgen kann.

Die zahlreichen weiteren Features des HbbRadio-Dienstes sind auf ähnliche Art und
Weise realisiert worden. Bestehende Standards wurden um wenige Informationen erweitert; die prototypische Umsetzung stützt sich auf etablierte Technologien; die Kombination entfaltet ungeahnte Synergie-Effekte.

Aus der Perspektive der Hörer bietet ein Radiosender aber noch einen weiteren Vorteil:
die Wortbeiträge. Denn das darf schließlich nicht vergessen werden: viele Leute hören
Radio auch wegen der Nachrichten, des Verkehrsfunks, wegen Interviews oder interessanter Wissenssendungen. Sie wechseln häufig nur den Sender, weil das aktuelle Lied nicht
gefällt oder der Wortbeitrag kein persönliches Interessengebiet berührt. Die Personalisierung konzentriert sich schließlich nicht nur auf Musik. Genauso wäre die Auslieferung
personalisierter Wissensbeiträge denkbar, die sich auf bestimmte Fachbereiche beziehen.
Die Personalisierung dieser Sendungselemente bindet einen Hörer in jedem Fall wesentlich stärker an die Marke eines Senders. Dessen Angebot wird für die Wahrnehmung des
Hörers plötzlich erheblich verbessert.

HbbRadio verändert aber vor allem die Marktforschung innerhalb eines Senders. Über
die Internetanbindung der Empfangsgeräte können Informationen über die Hörerschaft
jederzeit genau ermittelt werden. Die Analysemöglichkeiten sind zahlreich. So lässt sich
quasi in Echtzeit ermitteln, wie viele Hörer überhaupt über HbbRadio zugeschaltet sind
und welches Sendungselement sie gerade hören. Damit wird jedes Sendungselement beinahe live analysierbar. Trends und Popularität eines Musikstücks können damit so genau
angegeben werden, wie noch nie. Und es wurde im Rahmen des Projekts sogar ein Vorschlag erarbeitet, wie diese Informationen so eingeholt werden können, dass ein einzelner
Hörer gegenüber einem Radiosender weiterhin anonym bleibt, der Datenschutz also gewährleistet wird. Die grundsätzliche Idee bei diesem Verfahren ist, dass ein Radiosender

eine Umfrage initiiert, deren Ergebnis die Endgeräte der Hörer zunächst untereinander ermitteln und dem Sender das aggregierte Ergebnis mitteilen [6]. Dadurch bleibt der einzelne in der Masse versteckt. Profilinformationen können auf dem Endgerät des Hörers gespeichert bleiben, während ein Radiosender dennoch alle wichtigen Informationen über die Gesamtheit seiner Hörer erhalten kann.

Radiosender sollten die Chancen, die HbbRadio ihnen bietet, nutzen! Bisher hören die Deutschen noch fast die Hälfte ihrer Zeit, die sie überhaupt Musik hören, Radio [1, 2]. Gleichzeitig verlangen sie aber nach mehr Portabilität und personalisierter Musikauswahl. Diese Wünsche können mit HbbRadio jetzt von Radiosendern bedient werden. Damit haben Radiosender ein Werkzeug an der Hand, mit dem sie etablierten Streaming-Anbietern die Stirn bieten können. Und im Gegensatz zu diesen Branchenneulingen können sie auf eine bestehende Vernetzung mit der Musikindustrie zugreifen, die ihre Stellung auf lange Zeit festigen und ausbauen wird.

23.5 Zukunftsvision

HbbRadio kann auch aus Hörersicht die Vielfältigkeit der Radiolandschaft beflügeln. Denkbar wäre, HbbRadio als offene Plattform zu etablieren, zu der auch kleinste, ausschließlich lokal relevante Spartensender Zugang bekommen. Über eine solche Plattform könnten sie ihren Hörerkreis erheblich erweitern. Mit dem Mix aus lokalen Informationen und personalisierter Musikauswahl wäre eine starke Bindung ihrer Hörer leicht vorstellbar.

HbbRadio hat das Potenzial, den Umbruch umzugestalten, in dem sich der Musikmarkt zweifelsohne befindet. Mussten traditionelle Player bisher eher bangen, nicht unterzugehen, hilft ihnen HbbRadio jetzt, den höchst erfolgreichen Emporkömmlingen im Kampf um einen Platz in der digitalen Vermarktungskette etwas entgegenzusetzen: Eine bekannte Marke, zu der die Stammhörerschaft eine starke Bindung empfindet und die durch HbbRadio portabel und personalisierbar wird.

Literatur

1. Bundesverband Musikindustrie e. V. (2013). „Musikindustrie in Zahlen," IFPI.DE, Berlin.
2. Renner, T. (2014). „Schafft den Kopierschutz ab!," *ZEIT*, Nr. 19.
3. Bundesverband Musikindustrie e. V. (2012). „Musikindustrie in Zahlen," IFPI.DE, Berlin.
4. „Wikipedia – iTunes Store," http://de.wikipedia.org/iTunes_Store. Zugegriffen: 19. Sept. 2014.
5. International Federation of the Phonographic Industry (IFPI). (2014). „Digital Music Report," IFPI, London.
6. Schönfeld, M., & Werner, M. (2014). „Distributed Privacy-Preserving Mean Estimation," The 2nd International Conference on Privacy and Security in Mobile Systems (PRISMS2014).

Rahoul Bhasin

24.1 Die digitale Wirtschaft im Wandel

Die vom Internet geprägte digitale Wirtschaft verändert unser Leben. Dies wird als dritte „industrielle Revolution" bezeichnet: intelligente Software, neue Prozesse und neuartige Dienstleistungen [1] erlauben es neuen Unternehmen mit verhältnismäßig niedrigen Einstiegskosten, Marktanteile bestehender Unternehmen abzuwerben. Beispiele für etablierte digitale Unternehmen sind Amazon, Google, eBay sowie Facebook. Im Vergleich zu Unternehmen mit einem höheren Investitionsbedarf und höheren Fixkostensind digitalen Unternehmen in der Lage, ihre Geschäftsmodelle und Wertschöpfungen schneller zu erweitern. Google hat sich vom reinen Suchanbieter zum Werbeplatz mit den höchsten Online-Werbeeinnahmen gewandelt. eBay hat das Marktplatzangebot um die Vereinnahmung von Transaktionen durch die Übernahme von PayPal erweitert. Diese digitalen Unternehmen stehen in Konkurrenz zueinander und nehmen bestehenden Unternehmen Marktanteile ab, deren Geschäftsmodelle digitale Kanäle bisher nur peripher miteinbezogen haben.

Gegenwärtig wird der Handel am stärksten von der digitalen Wirtschaft beeinflusst. Die im Nachfolgenden geschilderten Änderungen im Handel haben jedoch eine ähnliche Wirkung auf alle beteiligten Branchen. Es handelt sich um eine grundliegende Veränderung der Beziehung zwischen Unternehmen, die Produkte bzw. Dienstleistungen anbieten und deren Kunden.

In Zukunft müssen Unternehmen zusätzliche Fähigkeiten entwickeln, um erfolgreich in der digitalen Wirtschaft zu bestehen:

R. Bhasin (✉)
Intel GmbH, Feldkirchen b. München, Deutschland
E-Mail: rahoul.bhasin@intel.com

© Springer-Verlag Berlin Heidelberg 2015
C. Linnhoff-Popien et al. (Hrsg.), *Marktplätze im Umbruch*, Xpert.press,
DOI 10.1007/978-3-662-43782-7_24

1. Kunden über mehrere Vertriebskanäle – online, mobile, stationär –anlocken und einheitlich bedienen.
2. Verbesserte Analyse von Daten, um Kunden gezielte Angebote und Dienstleistungen anzubieten sowie das eigene Produktportfolio und die eigene Lieferkette zu optimieren.
3. Erweiterung bestehender Wertschöpfungsketten und Ergänzung bestehender Geschäftsmodelle, um die Vorteile der digitalen Wirtschaft für das eigene Unternehmen in Anspruch zu nehmen.

24.2 Kaufanreize in der digitalen Wirtschaft

Insbesondere der stationäre Handel hat den Einfluss des omnipräsenten Internets zu spüren bekommen. Mit dem Einstieg von Amazon und anderen Internet-Händlern ist es nun möglich, Konsumenten ein aufgewertetes Kauferlebnis anzubieten. Waren früher Auswahl, Verfügbarkeit, Lieferbarkeit und Preis in den aufgesuchten Filialen eingeschränkt, bietet heute das Internet weitreichendere Möglichkeiten. Amazon beispielsweise verfügt in den USA über ca. 500.000 Produkte („Stockeinheiten"), die den Konsumenten eine größere Auswahl auf einem Marktplatz bietet als die meisten stationären Einzelhandelsunternehmen. Auch hinsichtlich Verfügbarkeit, Lieferbarkeit und Preis ist der Online-Handel i. d. R. mehr als konkurrenzfähig und ist zudem für den Konsumenten sehr bequem. Demzufolge beginnt das Kauferlebnis für viele Konsumenten in ca. 50 % der Fälle im Internet.

Beispielsweise sucht ein Konsument nach einem neuen Kaffeeautomaten und er informiert sich zunächst im Internet über unterschiedliche Produkte, Produktbewertungen und Preise. Nachdem der Konsument eine engere Auswahl von Kaffeeautomaten bestimmt hat, entscheidet er sich dafür, das jeweilige Produkt vor Ort in der Filiale anzusehen. Dabei nutzt er sein Smartphone, um weitere Informationen über einen Kaffeeautomaten zu erfragen und Preise zu vergleichen. Nach der Begutachtung der jeweiligen Kaffeeautomaten im Laden, kann sich der Konsument für einen Kaffeeautomaten entscheiden und diesen kaufen. Er kann die Entscheidung auch vertagen und den gewünschten Kaffeeautomaten später im Internet bestellen.

Das Beispiel soll verdeutlichen, dass das Konsumentenerlebnis keinen linearen Weg wie in der Vergangenheit darstellt. Heute wechseln Konsumenten während des Kaufprozesses die Vertriebskanäle z. B. Internet zu Hause, mobil unterwegs und stationär in der Filiale.

Dabei spielt der stationäre Betrieb immer noch eine wichtige Rolle: ca. 94 % der Kauftransaktionen finden noch im stationären Handel statt [2]. Dies liegt daran, dass Einkaufen als Erlebnis vom Konsumenten wahrgenommen wird. Insbesondere die Möglichkeit, Waren vor dem Einkauf unter die Lupe zu nehmen und anzutasten, spielt eine wichtige Rolle. Bei frischen Waren ist dies sehr wichtig, bei anderen Produktkategorien ist diese Möglichkeit nicht unbedeutend. Konsumenten wollen sich zunehmend auch darüber informieren, woher die Produkte stammen bzw. welche Bestandteile sie enthalten, sei es aus gesundheitlichen oder ethischen Gründen.

Haben früher Handelsunternehmen online und stationäre Kanäle getrennt voneinander betrieben, erkennen gegenwärtig sowohl Einzelhandelsunternehmen als auch Konsumgüterhersteller den Nutzen eines ganzheitlichen Ansatzes über alle Vertriebskanäle hinaus. Insbesondere die Verzahnung der stationären mit den online Kanälen ermöglicht es, Konsumenten während des Kaufprozesses besser zu bedienen und so die eigene Wettbewerbsposition zu stärken. Für diesen Ansatz werden Begriffe wie „Cross-Channel" oder „Omnichannel" angewandt. Konsequent umgesetzt bedeutet dieser Ansatz die Bereitstellung einheitlicher Angebote, Kaufmöglichkeiten und Lieferung über alle Kanäle hinaus und bietet die Möglichkeit für den Konsumenten, Kanäle während des Kaufprozesses zu wechseln. Bezogen auf das vorangegangene Beispiel will der Konsument seine Liste vorausgewählter Kaffeeautomaten, die er mit Hilfe des Internets zu Hause erstellt hat, auch im Laden vorrätig haben, damit er den Kaufprozess fortsetzen kann und nicht neu beginnen muss. Ein Beispiel für die Verwirklichung eines solchen Omnichannel-Ansatzes wurde bereits in einem Konzeptladen für Verbraucherelektronik von der Firma Intel realisiert [3].

An dieser Stelle sei angemerkt, dass andere Begriffe wie „Multichannel" als Synonym für „Omnichannel" verwendet werden. Streng betrachtet bedeutet „Multichannel" lediglich das gleichzeitige Betreiben mehrerer Vertriebskanäle, jedoch ohne Integration. Ein Wechsel von einem Kanal zum anderen ist während des Kaufprozesses nicht möglich [4].

Die Umsetzung des Omnichannel-Ansatzes erfordert für bestehende Handelsunternehmen, insbesondere für diejenigen deren Geschäftsmodelle bislang stark auf den stationären Betrieb ausgelegt waren, tiefgreifende Änderungen in bestehenden Geschäftsprozessen, Organisationen und der IT-Landschaft. Solche Änderungen sind zwar nicht von heute auf morgen vollständig zu bewältigen, jedoch gibt es viele Handelsunternehmen, die bereits erste Schritte in diese Richtung umgesetzt haben.

Carrefour, das weltweit viertgrößte Handelsunternehmen nach Umsatz [5], hat in Frankreich bereits eine digitale Lösung im stationären Betrieb eingeführt, um Kunden zu helfen, weiße Ware, wie Kühlschränke, Waschmaschinen und Geschirrspüler, auszuwählen und zu bestellen [6]. Das Beispiel einer solchen virtuellen Verkaufsfläche ist in Abb. 24.1 dargestellt.

Aus der Virtualisierung ergeben sich folgende Vorteile:

- Der Kunde kann sich bequem in einer Filiale in seiner Nähe – einem sogenannte „Proximity Store" – über weiße Ware aus dem gesamten Katalog bzw. Bestand informieren und diese auswählen bzw. bestellen. Damit haben die Kunden einen weiteren Grund in die Filiale zu kommen, auch diejenigen, die mit dem Internet nicht vertraut sind.
- Aufgrund der lebensgroßen Darstellung der Produkte kann der Kunde visuell besser einschätzen, ob z. B. der Kühlschrank in seine Küche hineinpassen würde.
- Der Kunde kann jederzeit über einen Schalter auf dem Bildschirm einen Verkaufsassistenten ausrufen lassen. Der Verkaufsassistent ist mit einem Tablet-Gerät ausgestattet, das den Stand des bisherigen Auswahlprozesses des Kunden zeigt. Somit kann der Verkaufsassistent den Kunden abholen und den Kaufprozess nahtlos fortführen, ohne Zeit des Kunden zu verschwenden

Abb. 24.1 Virtuelle Verkaufsfläche für weiße Ware bei Carrefour

- Das Handelsunternehmen kann weiße Ware in Filialen anbieten, in denen es aufgrund eingeschränkter Verkaufsfläche ansonsten nicht möglich wäre. Des weiteren können Lagerbestände reduziert, Lieferketten optimiert und Flächenproduktivität erhöht werden.

Eine weitere Möglichkeit sind „Kiosksysteme" wie das in Abb. 24.2, die in Filialen von M&S (Marks&Spencer) eingesetzt werden, einem führenden Einzelhandelsunternehmen in Großbritannien [7]:

- Kunden können auf Angebote von Waren, z. B. Bekleidung, mit vollständiger Artikelbeschreibung aus dem gesamten Sortiment – sowohl in der Filiale vorrätig als auch online bestellbar – zugreifen. Also kann bestellt werden, auch wenn die gewünschte Farbe oder Größe gerade in der Filiale nicht vorrätig ist.
- Der Kunde spart Wartezeit. Er muss nicht unbedingt durch einen großen Laden gehen – die größte Filiale umfasst etwa 16.000 m^{2-} und auf den Verkaufsassistenten warten. Hat der Kunden bereits am Kiosk bezahlt, entfällt die Wartezeit an der Kasse.
- Das Handelsunternehmen kann dadurch die Kundenzufriedenheit erhöhen und gezielte Kampagnen, z. B. nach Wettervorhersagen bzw. aktuellen Promotionen, schneller an den Kunden bringen.

Das Modell „Click&Collect" (Auswählen und Abholen) erfreut sich in Deutschland einer immer größeren Beliebtheit: Fast jeder zweite Deutsche (46 %) wünscht sich „Click&Col-

Abb. 24.2 Interaktives Kiosksystem bei M&S [8]

lect"-Angebote, bei denen Waren online ausgewählt und im Kaufhaus abgeholt werden können [9]. Eine solche Dienstleistung wird in der Zwischenzeit von einigen Einzelhändlern angeboten u. a. Media-Saturn. Die Erfahrung bei Media-Saturn zeigt: „rund 40 % der Bestellungen von Verbraucherelektronikartikeln in den Online-Shops von Media-Markt und Saturn in Deutschland werden von Kunden in den Filialen abgeholt" [10].

Von solchen Entwicklungen kann der stationäre Handel profitieren. Recherchen zeigen: bei der Abholung einer Bestellung im Ladengeschäft haben gut die Hälfte der Verbraucher (53 %) bereits mindestens einmal zusätzliche Produkte gekauft, davon rund jeder Fünfte (21 %) schon häufiger. Bei diesen Zusatzkäufen handelt es sich mehrheitlich um Spielzeug, Werkzeug, Bücher, sowie Kosmetik und Arzneimittel[11]. Gegenwärtig wird zusätzlich auch eine schnellere Verfügbarkeit angeboten. Beispielweise bei der Würth AG wird die Bestellung im Internet innerhalb von 60 s und die Abholung in einer vom Kunden ausgewählten Niederlassung innerhalb von 60 min in Aussicht gestellt [12].

Der Mehrwert einer konsequenten Umsetzung des Omnichannel-Ansatzes wird eindrucksvoll von der britischen Warenhauskette „John Lewis" belegt [13]: Onlineverkäufe auf Kiosksystemen in den Filialen sind um etwa 40 % innerhalb von 12 Monaten angestiegen. Durch den Einsatz der Kiosksysteme konnten ca. 25 % neue Onlinekunden gewonnen werden, also Kunden, die nicht nur in der Filiale einkaufen, sondern auch von zu Hause oder unterwegs. Solche „Omnichannel"-Kunden sind etwa 3,3 mal so viel wert, wie Kunden die lediglich stationär einkaufen.

Die Begleitung des Kunden durch das Handelsunternehmen kann auch beim Fernsehen stattfinden. Eine wachsende Anzahl an Konsumenten widmet sich beim Fernsehen nicht nur dem „Tatort", sondern sind mittels eines„zweiten Schirms" z. B. Tablet-Rechners, Smartphones oder Notebooks auch im Internet unterwegs. „ACTIV8.me" ermöglicht es, eine Verbindung zwischen bestimmten Inhalten im Fernsehen und dem zweiten Schirm herzustellen. Trägt in einer Sendung eine Person einen roten Mantel, bekommt der Konsument über „ACTIV8.me"den roten Mantel als Angebot auf dem zweiten Schirm präsentiert. Weiterhin ist es möglich, dem Konsumenten einen Rabattgutschein für den Kauf zu unterbreiten. An dieser Stelle ist eine Differenzierung möglich. Der sofortige Onlinekauf wird mit einer geringeren Rabattstufe als der Kauf in der Filiale honoriert. Damit können Konsumenten dazu motiviert werden, eine bestimmte Filiale aufzusuchen.

24.3   Das Marketing wird effektiver

Die vielfältigen Möglichkeiten mittels digitaler Kanäle stets den Kontakt zu Kunden aufrechtzuerhalten, ermöglichen es beim Marketing effektiver zu sein, verlangen aber auch eine zukünftige Anpassung der Marketingfunktion im Hinblick auf die erweiterten digitalen Möglichkeiten u. a.

- Umschichten der Werbebudgets auf digitale Medien
- Erstellen vorhersagender Analysen aufgrund von Daten, die über digitale Kanäle gesammelt werden
- Engere Verzahnung mit anderen Geschäftsprozessen

Ein Hinweis darauf, warum digitale Medien für das Marketing zunehmend wichtiger werden, liefern folgende Erhebungen:79,1 % der Erwachsenen in Deutschland (2013: 77,2 %) sind online. Dies entspricht 55,6 Mio. Personen ab 14 Jahren. Durchschnittlich ist ein Internetnutzer in Deutschland an 5,9 Tagen wöchentlich online. Dabei sind Personen, die mobile Endgeräte wie Smartphone oder Tablets nutzen, mit 6,3 Tagen wöchentlich deutlich häufiger im Netz [14].

Um diesen Veränderungen Rechnung zu tragen, schichten Unternehmen Ihre Werbebudgets von klassischen Medien, wie Druck und TV, auf digitale Kanäle um. Dazu zählen Internetmarktplätze, soziale Netzwerke, digitale Promotionen in Läden oder anderweitigen Werbeplätze z. B. am Flughafen. In den USA werden von den Gesamtwerbeausgaben von ca. $ 50 Mrd. bereits 28 % – entspricht etwa $ 14 Mrd. – für digitale Medien ausgegeben.

Ähnlich verhält es sich bei P&G, einer der größten Konsumgüterhersteller weltweit. In der Zwischenzeit werden ca. 30 % des gesamten Werbeetats digitalen Kanälen gewidmet [15].

Gründe für die Umschichtung von Werbebudgets auf digitale Medien liegen nicht nur in ihrer größeren Reichweite, sondern auch in der Möglichkeit, gezielte Angebote den Konsumenten näherzubringen und die Effektivität von Promotionen und Werbung im Vergleich zu herkömmlichen Medien, wie Druck und TV, besser messen zu können.

Die Effektivität von digitaler Werbung auf einer Webseite zu messen, ist verhältnismäßig einfach. So können Statistiken über die Anzahl der Besucher und Verweildauer bei bestimmten Produkten bzw. Promotionen erstellt werden. Hat der Kunde sich angemeldet, können spezifische Daten über individuelle Kundenpräferenzen und die Konversionsrate erhoben werden. Dies beinhaltet den Anteil getätigter Käufe im Bezug auf die Anzahl der Besucher, die sich ein bestimmtes Produkt angesehen haben.

Im stationären Betrieb können ähnliche Statistiken basierend auf Daten aus Kiosksystemen und Kassensystemen erstellt werden. Auch für digitale Werbung bzw. Promotionen gibt es die Möglichkeit, über eine Web-Kamera, die am Anzeigesystem angebracht wird, aussagekräftige Statistiken zu erstellen. Wie in Abb. 24.3 zu sehen ist, kann z. B. die Anzahl der Zuschauer und deren Verweildauer für unterschiedliche Produktpromotionen wie Getränke und Schokolade veranschaulicht werden. Auch die Analyse von Daten über demografischen Eigenschaften wie Geschlecht und Altersgruppe ist möglich [16]. Für das Marketing ist es in diesem Fall wertvoll zu wissen, dass die Promotionen für Schokolade eine höhere Frequenzzahl und Verweildauer als die für Getränke aufweist. Solche Daten können zusammen mit Transaktionsdaten aus den Kassensystemen analysiert werden, um eine Konversionsrate zu errechnen. Darüber hinaus können solche Lösungen benutzt werden, um die „heißen" und „kalten", also die stark und weniger stark frequentierten Bereiche zu identifizieren, welche Anhaltspunkte für die optimale Platzierung von Produktangeboten in einer Filiale liefern.

Werden digitale Kanäle genutzt, um mit Konsumenten in Berührung zu kommen, um möglichst den gesamten Kaufprozess zu begleiten, sind vorhersagende Analysen möglich. Diese sind aufgrund der Nutzung reiner Internetmarktplätze bereits bekannt: Personalisierte Angebotsvorschläge aufgrund des Such- und Rechercheverhaltens eines Konsumenten im Internet bzw. seiner Produktaffinitäten. Wird beispielsweise der gewünschte Kaffeeautomat auf dem Marktplatz ausgewählt, werden dem Konsumenten Angebotsvorschläge für das passende Zubehör z. B. Kaffeebohnen, Reinigungsmittel, Wasserpatrone usw. schon vor dem Kauf des Kaffeeautomaten unterbreitet.

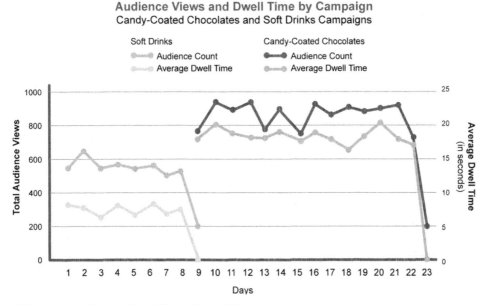

Abb. 24.3 Zuschauerzahl und Verweildauer [16]

Unternehmen, die dem Konsumenten ähnliche Promotionen und Angebote nicht nur online bzw. mobil sondern auch in der Filiale unterbreiten, können auch auf Daten digitaler Systeme wie Kiosksysteme, Anzeigesysteme, elektronische Etiketten und Kassensysteme zugreifen. Damit können Promotionen und Angebote auch in der Filiale personalisiert sein und einen Aktualitätsgrad wie im Internet erreichen. Damit Promotionen bzw. Angebote im Einklang mit der Warenverfügbarkeit sind, müssen Informationen nicht nur über Konsumentenpräferenzen sondern auch über Warenverfügbarkeit bzw. Lieferbarkeit aktuell vorliegen. Etwa 71 % der Konsumenten erwarten, dass sie die Produktverfügbarkeit in einer Filiale online abfragen können [17].

Um ein Negativbeispiel zu nennen: eine Modekette verbreitete eine Promotion für eine Bluse und einen Rock. Jedoch war die abgebildete Kombination von Bluse und Rock in vielen Filialen nicht verfügbar, was sich negativ auf die Kundenzufriedenheit und den Umsatz auswirkte.

24.4   Monitoring wird einfacher

Die zunehmende Digitalisierung im Handel hat eine engere Verzahnung von Marketing, Vertrieb und Logistik zur Folge und stellt höhere Anforderungen an Aktualität und Umfang der Daten, damit der Konsument möglichst die für ihn richtigen Produkte am richtigen Ort und zum richtigen Zeitpunkt vorfindet.

Werden personalisiert Angebote bzw. Promotionen dem Kunden mittels des Omnichannel-Ansatzes unterbreitet, können sowohl die Konversionsrate als auch die durchschnittliche Warenkorbgröße erhöht werden. Erhebungen zeigen, dass Konsumenten die mehrere Kanäle nutzen, um eine bestimmte Marke zu kaufen, vier- bis achtmal so viel kaufen, wie Konsumenten, die nur einen Kanal nutzen [18].

Bislang liegen den meisten Analysen Daten über Kunden, Produkte und Artikel und Transaktionen zugrunde, die in Datenbanken bei Handelsunternehmen abgelegt sind. Aufgrund der Verbreitung des Internets finden jedoch gegenwärtig ca. 80 % des Datenwachstums außerhalb von herkömmlichen Datenbanken statt z. B. in sozialen Netzwerken, Wetterprognosen und Suchmaschinen.

Werden Daten aus herkömmlichen Quellenwie Datenbanken mit Daten aus neuartigen Quellenwie dem Internetzusammen analysiert, sind genauere und spezifischere Prognosen über Konsumentenpräferenzen und Produktnachfragen möglich. Die nachfolgende Abb. 24.4 veranschaulicht das Teilergebnis einer Analyse von sozialen Netzwerken, die dazu diente festzustellen, welche Bio-Produkte am meisten erwähnt wurden. Jeder Kreis stellt ein Produkt dar. Die Größe eines Kreises steht im Verhältnis zur Anzahl der Erwähnungen eines Produkts. Die Anordnung der Kreise drückt deren Produktaffinität aus. Schwarzer Tee wurde hier am häufigsten und sehr oft im Zusammenhang mit grünem Tee und griechischem Joghurt erwähnt. Die Wahrscheinlichkeit dafür, dass diese Produkte im Bio-Laden nachgefragt werden, ist verhältnismäßig groß. Diese Ergebnisse werden auch mit Daten über getätigte Käufe von Produkten, Kundendaten und Daten aus den

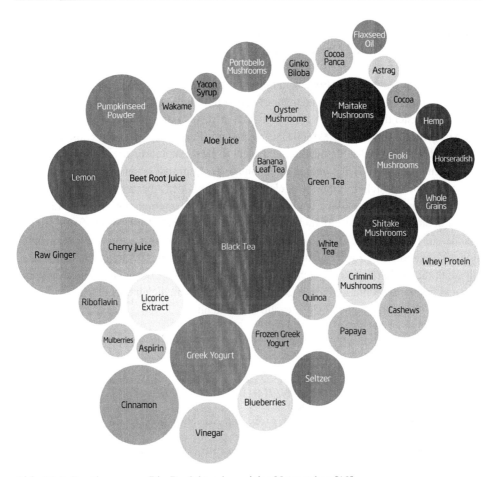

Abb. 24.4 Erwähnung von Bio-Produkten in sozialen Netzwerken [19]

Warenwirtschafts- und Logistiksystemen verglichen, um eine Prognose für jede Filiale zu erstellen. Man kann daraus ableiten, welche Produkte, in welcher Anzahl und zu welchem Zeitpunkt bestellt werden müssen, um das Verhältnis zwischen Kundennachfrage und Warenverfügbarkeit zu optimieren [19]. Mit solchen Lösungen wird eine der drängendsten Herausforderungen des Einzelhandels adressiert: die Nichtverfügbarkeit von Waren, die der Kunden gerne kaufen würde sowie das Überangebot, das die Margen des Einzelhandels negativ beeinflusst.

Der Wert vorhersagender Analysen kann durch Einbeziehung weiterer Datenquellen wie Wetterprognosen erhöht werden. So kann Produktbestellung und -platzierung im Laden optimiert werden. Mittels solcher Analysen hat der weltweit größte Einzelhändler Walmart festgestellt dass Blaubeeren, Brombeeren und Himbeeren mit einer Wahrscheinlichkeit von 80 % an sonnigen Tagen, Temperaturen von weniger als 27 Grad Celsius und leichten Windverhältnissen gekauft werden. Eine entsprechende Anpassung der Promotion und Werbekampagnen an Standorten mit den vorhin beschriebenen Wetterbedingungen verhalf Walmart, den Absatz von Beerenprodukten zu verdreifachen [20].

Die Möglichkeit Daten aus vielfältigen Quellen in Echtzeit zu analysieren und darauf basierend Empfehlungen für Entscheidungen zu erstellen, kommt auch der Erfolgskontrolle des Marketings zu gute. So kann zum Beispiel für eine Marketing-Kampagne weltweit unter Berücksichtigung der aktuellen Transaktionen, Werbeausgaben und der Reichweite in sozialen Netzwerken eine aktuelle Auswertung des Kampagnenerfolges aus ROI-Sicht abgeleitet werden. Falls für bestimmte Produkte bzw. Standorte der Kampagnenerfolg hinter den gesteckten Zielen liegt, können ohne Verzögerung Gegenmaßnahmen wie eine Anpassung des aktuellen Preises eingeleitet werden, um den Absatz zu erhöhen [21].

Die zunehmende Digitalisierung ermöglicht es einem Unternehmen seine Kunden besser zu bedienen, den Geschäftsnutzen zu erhöhen und nachhaltige Geschäftsmodelle zu etablieren. Da dies gleichzeitig Veränderungen der Geschäftsprozesse, der Organisation und der Technologien zur Folge hat, ist es wichtig, dies strategisch anzugehen. Gleichzeitig spielt die Technologie eine wichtige Rolle, weshalb neue Lösungen auf eine einheitliche und fundierte Technologiebasis gestellt werden müssen, die eine Durchgängigkeit und Sicherheit über alle Kanäle hinaus gewährleisten kann.

Literatur

1. The third industrial revolution. (21.04.2012). *The Economist*.
2. *The New Digital Divide* (2014). Deloitte .
3. http://www.derhandel.de/news/technik/pages/Multichannel-Der-Laden-der-Zukunft-9957.html. Zugegriffen: 6. Nov. 2014.
4. http://www.kanal-egal.de/multichannel-omnichannel-cross-channel-und-co-versuch-einer-begriffserklaerung/. Zugegriffen: 6. Nov. 2014.
5. Global powers of retailing 2014. (2014). Deloitte LLP.
6. http://www.retail-square.com/shops/carrefour-proximit%C3%A9. Zugegriffen: 6. Nov. 2014.
7. http://polytouch.ru/files/Case%20study%20INTEL-%20Marks%20&%20Spencer%20-%20 Multichannel.pdf. Zugegriffen: 6. Nov. 2014.
8. http://cargocollective.com/saras/M-S-Interactive-Kiosk. Zugegriffen: 6. Nov. 2014.
9. http://www.presseportal.de/pm/112773/2823551/trbo/mail. Zugegriffen: 6. Nov. 2014.
10. http://neuhandeln.de/click-collect-media-markt-eroeffnet-erste-drive-in-station/. Zugegriffen: 6. Nov. 2014.
11. Zukunft des Handels. http://presse.ebay.de/pressrelease/4305. Zugegriffen: Juli 2013.
12. http://www.wuerth.de/web/de/awkg/unternehmen/aktuelles/wuerth_app/wuerth_app_cc.php. Zugegriffen: 6. Nov. 2014.
13. Online sales made in-store on the rise at John Lewis. Essential retail. http://www.essentialretail. com/news/article/53f6fef0ef0a5-online-sales-made-in-store-on-the-rise-at-john-lewis&utm_ source=ER-Campaign-199&utm_medium=email&utm_campaign=essential-retail-news-john-lewis-says-online-sales-made-in-store-are-on-the-rise-new-promotional-platform-for-high-street-retailers-news-from-watches-of-switzerland-barclaycard-royal-mail&campaign_ id=199&article_id=934. Zugegriffen: 6. Nov. 2014.
14. http://www.ard-zdf-onlinestudie.de/. Zugegriffen: 6. Nov. 2014.

15. http://www.adexchanger.com/advertiser/pg-shifts-more-ad-spend-to-addressable-digital-chan-nels/. Zugegriffen: 6. Nov. 2014.
16. „Taking advantage of powerful new features in Intel® RCM". (2014). Intel Corporation.
17. „Customer desires vs. retailer capabilities", Accenture, hybris, Forrester Research. (2014).
18. http://www.maginus.com/interactiveshoppingmands/. Zugegriffen: 6. Nov. 2014.
19. Transforming the end-to-end customer experience. Intel Corporation. (2014).
20. Cloudy with a chance of meatballs: How weather forecast predicts walmart's sales outlook. http://adage.com/article/dataworks/weather-forecast-predicts-sales-outlook-walmart/295544/. Zugegriffen: 6. Nov. 2014.
21. http://www.accenture.com/us-en/Pages/service-marketing-performance-solution-sap-video.aspx. Zugegriffen: 6. Nov. 2014.

Neue Technologien in der mobilen Kundenansprache am Flughafen München

Julian Schmidl

Zusammenfassung

Ortsbezogene Dienste feiern derzeit bedingt durch die immer stärkere Verbreitung mobiler Endgeräte wie Smartphones und Tablets ihre Rückkehr. Wurden in den 90er Jahren noch SMS zur Kundenansprache genutzt, so bieten modernere Methoden und Techniken heutzutage ganz neue Möglichkeiten. Das Smartphone rückt in den Fokus für mobile Werbung und die situative Kundenansprache wird zum entscheidenden Kommunikationskanal für Unternehmen. Während mobile Applikationen zur Informationsbeschaffung bereits zum festen Bestandteil im Marketing-Mix vieler Unternehmen geworden sind, fehlen bislang die Möglichkeiten zur individuellen und zielgerichteten Ansprache des Benutzers. Neue Technologien wie iBeacons sollen diese Lücke schließen und die Kundenansprache durch ortsbezogene Informationen intensivieren.

25.1 Einleitung

Der Flughafen München hat bereits heute diverse Möglichkeiten, mit seinen Passagieren und Besuchern in Kontakt zu treten. Zur Auswahl stehen unter anderem die telefonische Flugauskunft, Informationsschalter im Terminal, die monatlich erscheinende Flughafenzeitung, ein Internetauftritt und die im Terminal angebrachte Werbung. Auch eine mobile App für die Betriebssysteme Android und iOS steht seit 2012 zur Verfügung. Während über diese Wege eine Vielzahl an Personen ungefiltert angesprochen werden können, bleiben persönliche Wünsche und Präferenzen einzelner Passagiere unberücksichtigt.

J. Schmidl (✉)
Flughafen München GmbH, München, Deutschland
E-Mail: julian.schmidl@munich-airport.de

© Springer-Verlag Berlin Heidelberg 2015
C. Linnhoff-Popien et al. (Hrsg.), *Marktplätze im Umbruch*, Xpert.press,
DOI 10.1007/978-3-662-43782-7_25

Neue Technologien setzen das mobile Endgerät in den Fokus und ermöglichen eine neue Art der mobilen Kundenansprache. Unter Bezugnahme des Ortes können Benutzer zielgerichtet angesprochen werden. Sie erhalten genau dann eine Information, wenn es die aktuelle Situation verlangt und zulässt.

Diese sogenannten ortsbezogenen Dienste befinden sich derzeit durch die immer weitere Verbreitung von Smartphones und anderen mobilen Endgeräten im Aufschwung. Der Aufenthaltsort des Benutzers ist eine entscheidende Information, die von vielen mobilen Applikationen genutzt wird. Eines der wohl bekanntesten Beispiele dafür ist die Onlineplattform *Foursquare*, auf der sich Anwender an bestimmten Orten einchecken können und damit Ihren Aufenthaltsort mit Freunden und Bekannten teilen. Ortsbezogene Dienste eignen sich für eine Vielzahl von Anwendungen: interessante Orte in der Umgebung finden und anzeigen, Zielführung und Routenplanung, sowie ortsbezogene Werbung.

Das US-amerikanische Unternehmen Apple hat Ende des Jahres 2013 eine Technik namens iBeacon vorgestellt. Sie soll bei der Umsetzung vieler ortsbasierter Anwendungsfälle helfen. iBeacons erlauben eine direkte und individuelle Ansprache des Benutzers im Vorbeigehen. Flughäfen, Museen und Einzelhandelsketten erproben derzeit den Einsatz dieser Technik und erforschen mögliche Anwendungsfälle. Eine entscheidende Frage ist dabei, wie die Themen Privatsphäre, Datenschutz und die Angst vor Überwachung mit iBeacons und ortsbasierten Diensten generell in Einklang gebracht werden können. Akzeptieren die Benutzer diese neue Technik oder überwiegen noch Zweifel?

25.1.1 Mobile ortsbezogene Dienste

Die tägliche Mediennutzung hat sich in den vergangenen Jahren stark gewandelt. Heute dominieren Smartphones und andere mobile Endgeräte den Markt, die eine sehr hohe Benutzerinteraktion aufweisen [8]. Mobile Anwendungen zeichnen sich durch folgende Faktoren aus: Mobilität, Erreichbarkeit, Lokalisierung und Identifikation. Bedingt durch den Formfaktor eines Smartphones und die mobile Datenverbindung können mobile Anwendungen an nahezu jedem Ort der Welt genutzt werden. Sensoren und Schnittstellen in den Endgeräten erlauben zudem eine sehr exakte Ortung des Benutzers. Heutzutage sind Smartphones meist einem Benutzer direkt zugeordnet, was einen hohen Grad an Personalisierung und Identifikation verspricht [6]. All diese Faktoren bewirken, dass sich heutige mobile Endgeräte gut zur individuellen und situativen Ansprache eines eindeutig identifizierbaren Benutzers eignen.

Ortsbasierte Dienste (eng. Location Based Services) sollen den Kunden am richtigen Ort und der richtigen Situation mit relevanten Informationen versorgen. Sie besitzen eine hohe Reichweite bei gleichzeitig geringen Kosten für die Kommunikation [7]. Ortsbezogene Dienste bieten diverse Vorteile für Unternehmen. Sie können Impulskäufe erhöhen, erlauben ein kosteneffizientes Marketing durch den Einsatz elektronischer Werbemittel und haben einen psychologischen Effekt, da sich der Verbraucher persönlich angesprochen fühlt [4].

Ortsbezogene Dienste lassen sich in reaktive und proaktive Dienste aufteilen. Reaktive Dienste werden durch den Benutzer aufgerufen und konsumiert (Pull-Prinzip). Proaktive Dienste hingegen aktivieren sich automatisch, beispielsweise wenn der Benutzer einen zuvor definierten Bereich betritt (Push-Prinzip) [5].

Sucht der Benutzer aktiv nach günstigen Hotels in seiner Umgebung, so handelt es sich um einen reaktiven Dienst. Erhält der Benutzer automatisch günstige Angebote oder Werbenachrichten, dann ist dies ein Push-Prinzip.

25.1.2 iBeacons

Der Begriff iBeacon wurde von dem US-amerikanischen Unternehmen Apple im Jahr 2013 geprägt. Ins Deutsche übersetzt bedeutet Beacon so viel wie Leuchtturm. Die Ähnlichkeit wird bei der Betrachtung der Funktionsweise klarer: Ähnlich wie Leuchttürme senden iBeacons in regelmäßigen Abständen Informationspakete aus, die von Smartphones und anderen mobilen Endgeräten in der Umgebung empfangen werden.

iBeacons basieren auf dem 2010 eingeführten Bluetooth Low Energy Standard, der mittlerweile von nahezu allen modernen Smartphones unterstützt wird. Sie lassen sich in unterschiedlichsten Formen erwerben und können ohne große bauliche Veränderungen genutzt werden. Die Stromversorgung erfolgt bei den gängigsten Geräten auf dem Markt mittels Batterien, die eine Laufzeit von durchschnittlich zwei Jahren versprechen. Apple hat Anfang 2014 mit der Zertifizierung von iBeacons Hardware begonnen [3]. Diverse Hersteller tragen mittlerweile dieses Siegel und dürfen ihre Produkte mit der offiziellen Auszeichnung „Made for iPhone" vermarkten.

Die ausgesendeten Informationspakete der Bluetooth Sender bestehen im Großen und Ganzen aus einer eindeutigen ID, sowie einer Major- und Minor-ID. Diese drei Schlüssel kennzeichnen einen iBeacon und erlauben dem mobilen Endgerät individuell beim Vorbeigehen darauf zu reagieren. Der Abstand zwischen Endgerät und iBeacon wird in insgesamt drei Bereiche mit unterschiedlichen Radien aufgeteilt. Diese lauten *Immediate, Near* und *Far* und verlaufen wie in Abb. 25.1 gezeigt in konzentrischen Kreisen um den Beacon als Mittelpunkt herum. Das Endgerät kann selbständig ermitteln, in welcher Zone es sich gerade befindet, das heißt, wie weit der Beacon entfernt ist. Zudem kann eine darauf installierte Applikation beim Betreten oder Verlassen der einzelnen Zonen aktiv werden. Die maximale Reichweite liegt bei optimalen Bedingungen und einem ausgewogenen Stromverbrauch bei etwa 70 m [1].

Die Funktion der Zonen ist sinnvoll, wenn sich in einem Gebäude wie einem Flughafen mehrere Beacons befinden. Der Benutzer erhält nur dann eine Nachricht, wenn er sich in unmittelbarer Nähe zu einem Beacon aufhält. Damit kann verhindert werden, dass er mehrere Nachrichten von unterschiedlichen Geschäften erhält, die sehr nah beieinander mit Hilfe von iBeacons auf ihre Produkte aufmerksam machen.

Softwareseitig bietet das mobile Betriebssystem iOS von Apple ab Version 7 eine Unterstützung für iBeacons. Apple stellt seinen Entwicklern alle benötigen Frameworks

Abb. 25.1 Entfernung zum
iBeacon in Zonen aufgeteilt

und Entwicklerschnittstellen bereit. Android von Google unterstützt ab Version 4.3 den Bluetooth Low Energy Standard und kann daher ab dieser Version mit iBeacons kommunizieren. Microsofts Windows Phone bietet dafür in der aktuellen Version 8.1 keine Möglichkeit. Bestehende und bereits in den AppStores verfügbare mobile Applikationen müssen angepasst werden, damit sie mit iBeacons zusammenarbeiten.

iBeacons eignen sich nicht nur zur ortsbezogenen Werbung und Benachrichtigung sondern sie werden auch immer häufiger im Bereich der Indoor Navigation und Ortung genutzt. Sie unterstützen bekannte Verfahren im Bereich der Indoor Ortung, die eine Lokalisierung auf Basis der WLAN Infrastruktur vornehmen. Zu den vielversprechendsten Verfahren zählt das Fingerprinting, die Lokalisierung mit Hilfe der Trilateration (die Abstandsmessung zu mindestens drei bekannten Punkten) und die sensorgestützte Lokalisierung, bei der das mobile Endgerät auf diverse gesammelte Daten wie Schrittzähler und Kompass zurückgreift, um daraus den Standort zu ermitteln.

Während bereits mehrere Anbieter auf diese Technik setzen und die Lokalisierungsergebnisse durch den Einsatz von iBeacons verbessern, sind die wissenschaftlichen Erkenntnisse auf diesem Gebiet noch sehr gering. Technische Einschränkungen wie die Sendeleistung des iBeacons, die Empfangsleistung von Smartphones und auch physikalische Gesetzmäßigkeiten im Bezug auf Funktechniken und Interferenzen in geschlossenen Räumen spielen bei der Lokalisierung eine entscheidende Rolle.

25.2   Flughafen München

Der Flughafen München ist, mit über 38 Mio. Passagieren im Jahr, der zweitgrößte Flughafen in Deutschland. Die Fluggesellschaften verteilen sich auf die Terminals 1 und 2, die durch das Munich Airport Center miteinander verbunden sind. Während das Terminal 1 in Module aufgeteilt ist, auf die sich die verschiedenen Fluggesellschaften verteilen, bietet das Terminal 2 einen gemeinsamen Wartebereich für alle Passagiere. 152 Shops und Serviceeinrichtungen, sowie 49 gastronomische Angebote verteilen sich auf einer Gesamtfläche von 37.000 m². Ein Großteil der Läden wird durch Tochterunternehmen der Flughafen München GmbH betrieben.

Täglich bewegen sich tausende Besucher, Passagiere und Mitarbeiter durch die Gebäude des Flughafens. Sie kommen mit dem Auto, dem Taxi oder der S-Bahn. Sie nutzen die Wartezeit in den vielfältigen Geschäften oder verbringen die Zeit im Wartebereich in unmittelbarer Nähe zum Abfluggate. Sie alle durchlaufen unterschiedliche Stationen auf dem Weg durch die Terminals: die Einfahrt in das Parkhaus, der Check-In Schalter und die Sicherheitskontrolle beim Zutritt in den nicht öffentlichen Bereich sind nur einige wenige davon. Diese Orte und Berührungspunkte mit dem Passagier haben alle eine Gemeinsamkeit: Sie geben nur wenig Informationen über den Passagier preis. Die Einfahrt in das Parkhaus geschieht durch das Lösen eines Parktickets. Der Check-In passiert heutzutage immer häufiger online und die Daten liegen ausschließlich bei der Fluggesellschaft. Übrig bleibt die im Terminal angebrachte Werbung. Sie ist relativ starr und bietet nur wenig Spielraum zur persönlichen Ansprache einzelner Besucher und Passagiere.

25.2.1   Erlebniswelt Flughafen

Moderne und internationale Flughäfen bieten ihren Besuchern heutzutage vielfältige Möglichkeiten die Wartezeit zu verkürzen. Der Flughafen ist eine Erlebniswelt und versucht diese „Faszination Flughafen" nach außen zu vermitteln. Besucherrundfahrten, öffentliche Veranstaltungen im Munich Airport Center und selbstverständlich ein umfangreiches Shoppingangebot lassen den Besucher in die Welt des Flughafens eintauchen. Das sogenannte Non-Aviation Geschäft nimmt mittlerweile gut 50 % des gesamten Umsatzes eines Flughafens ein und trägt maßgeblich zum Geschäftsergebnis bei. Jeder Flughafenbetreiber verfolgt das Ziel, Passagiere durch ein gutes Angebot für längere Aufenthalte am Flughafen zu begeistern und nutzt die vorhandenen Flächen bestmöglich für kommerzielle Zwecke [11]. Viele Faktoren sprechen für den Einkauf am Flughafen: die Geschäfte sind ganzjährig geöffnet, haben längere Öffnungszeiten und bieten eine umfangreiche Angebotsvielfalt. Dennoch lebt ein Flughafen hauptsächlich von Impuls- bzw. Spontankäufen, beispielsweise durch den Kauf von Reisesouvenirs oder vergessenen Reiseutensilien [11].

Flughafenbetreiber sind bestrebt, ihre Passagiere durch ein vielfältiges und reichhaltiges Angebot an Shops und Restaurants zu mehr Umsatz zu verleiten. Damit stehen sie im Konflikt mit den Fluggesellschaften, denen ein reibungsloser Abfertigungsprozess und damit die Pünktlichkeit ihrer Flüge wichtiger ist. Es ist daher sehr entscheidend, den Benutzer im richtigen Moment mit den relevanten Informationen zu versorgen. Hat er noch Zeit bis zu seinem Abflug, so eignen sich Werbenachrichten, damit er die Zeit in den Geschäften des Flughafens nutzt. Wird die Zeit bereits knapp, so sollte er eher auf seinen baldigen Abflug hingewiesen werden, damit er das Gate pünktlich erreicht und keine unnötige Wartezeit verursacht. Ein rein auf den Konsum ausgerichtetes System verursacht Konflikte zwischen Flughafenbetreiber und Fluggesellschaften und sollte daher möglichst vermieden werden.

25.2.2 iBeacons am Flughafen München

Der Flughafen München bietet mit den vorhandenen mobilen Applikationen bereits gute Voraussetzungen für den Einsatz von iBeacons. Eine große Nutzerbasis erlaubt die Durchführung und Auswertung unterschiedlicher Testszenarien. Der Flughafen gewinnt dadurch wertvolle Informationen darüber, wie diese neue Technik zukünftig und dauerhaft genutzt werden kann.

Mit dem Smartphone wird ein neuer Berührungspunkt geschaffen, über den der Benutzer ganz individuell erreicht wird. Bereits heute kann er sich innerhalb der mobilen Applikation für Flüge registrieren und wird über das Smartphone benachrichtigt, wenn sich Änderungen ergeben. Zukünftig kann diese Information mit dem Standort des Benutzers verknüpft werden und hilft dabei, die flugbezogenen Prozesse zu verbessern und zu optimieren. Unter Berücksichtigung der voraussichtlichen Wegezeit bis zum Gate, kann der Benutzer rechtzeitig informiert werden, wenn er sich in Richtung Sicherheitskontrolle und Gate bewegen sollte.

Zu Beginn lassen sich diese Szenarien bereits mit sehr wenig iBeacons umsetzen, da sie nur an einigen zentralen Orten im Terminal installiert werden müssen. Dazu zählen all jene Orte, die ein Passagier üblicherweise von der Ankunft am Flughafen bis zum Betreten des Flugzeuges besucht. Die wichtigsten Eingänge der Terminals, die Check-In Bereiche, die Sicherheitskontrollen und einige wenige Shops und Restaurants sind Bereiche, die im ersten Schritt mit iBeacons ausgestattet werden sollten. Bei den derzeitigen Preisen für einen iBeacon in Höhe von 30 € sind die reinen Hardwarekosten überschaubar.

Die Installation der Hardware gestaltet sich einfach, müssen sie doch lediglich an den gewünschten Orten im Terminal angebracht werden. Durch die Stromversorgung mittels Batterien benötigen sie keinen externen Stromanschluss. Prozesse zum Austausch und Wartung der Geräte müssen allerdings frühzeitig berücksichtigt werden. Die Inbetriebnahme und Wartung ist mit der aktuell auf dem Markt verfügbaren Hardware durch viele manuelle Arbeitsschritte geprägt. Der Flughafen München sucht nach alternativer Hardware, die die offenen Fragen zur langfristigen Wartung der Geräte beantwortet. So werden derzeit Geräte vorgestellt, die über eine externe Stromversorgung verfügen und noch dazu zentral über eine Anwendung konfiguriert werden können.

Die Lokalisierung mit Hilfe von iBeacons ist ein viel diskutiertes Thema, kollidiert aber oftmals mit der bereits bestehenden WLAN Infrastruktur, über die ebenfalls eine Ortung möglich ist. iBeacons werden an jenen Orten verbaut, an denen die Ortung rein über WLAN ungenügend genaue Ergebnisse liefert. Da in einem ersten Schritt das Hauptaugenmerk allerdings bevorzugt auf der ortsbasierten Ansprache des Benutzers beim Erreichen vordefinierter Bereiche besteht, wird von Seiten des Flughafens eine Genauigkeit gefordert, die mit der WLAN Ortung und dem Einsatz weniger iBeacons an zentralen Orten (z. B. S-Bahnhof im Zentralbereich, Eingänge und Ausgänge der Terminals) erreicht werden kann.

Beispiel Mobile Werbung

Auf der Startseite der offiziellen Flughafen München App wird regelmäßig Werbung für neue Retail Angebote, gastronomische Einrichtungen und zeitlich begrenzte Aktionen eingeblendet (siehe Bildschirmausschnitt Abb. 25.2).

Diese Werbung ist nur dann sichtbar, wenn der Benutzer die Applikation aktiv öffnet. Mit Hilfe von iBeacons kann diese Werbung prominenter platziert werden und landet direkt als Nachricht auf dem Endgerät, sobald sich der Benutzer in unmittelbarer Nähe zu dem beworbenen Geschäft oder Ort befindet.

Der Standort des Benutzers ist eine wertvolle Information, da die zu sendenden Nachrichten darüber gefiltert werden können. Ein Benutzer im nicht öffentlichen Bereich wird keine Werbung für Geschäfte erhalten, die er zum aktuellen Zeitpunkt nicht erreichen kann. Genauso verhält es sich bei Besuchern des Flughafens, die gar keine Flugreise unternehmen und damit keinen Zugang in den nicht öffentlichen Bereich erhalten.

Es bleibt zu beachten, dass auch durch den Standort nur eine sehr grobe Filterung vorgenommen wird und diese Form der Kundenansprache noch immer sehr ungenau bleibt,

Abb. 25.2 Bildschirmaus-schnitt der offiziellen Flugha-fen München App

da alle Passagiere ohne Berücksichtigung des Geschlechts, des Alters oder persönlicher Präferenzen benachrichtigt werden. Werden diese Informationen zusätzlich berücksichtigt, dann lassen sich die Nachrichten in unterschiedliche Gruppen aufteilen und bewegen sich damit in einem Bereich zwischen Werbung und relevanten, hilfreichen Informationen für die aktuelle Reise. Ein Passagier, der noch genügend Zeit bis zu seinem Abflug hat, wird eher einen Gutschein für ein nahegelegenes Restaurant oder Café erhalten.

25.3 Datenschutz und Akzeptanz

Ortsbasierte Dienste erlauben durch die Ortung des Benutzers eine sehr genaue Analyse des Nutzerverhaltens, was besonders in der heutigen Zeit durch den immer höheren Wunsch nach Privatsphäre problematisch ist. Laut der Studie *Location-based Services 2013 in Deutschland* von Goldmedia, die im Auftrag der Bayerischen Landeszentrale für neue Medien erstellt wurde, haben 40 % der Nutzer Bedenken, ihren Standort anzugeben. Über die Hälfte der Nutzer achten darauf, welche Apps ihren Standort nutzen und abrufen [2].

Eine Studie des US-amerikanischen Unternehmens Retale kommt zu einem ähnlichen Ergebnis. Die Studie wurde im April 2014 unter 3000 Benutzern der gleichnamigen App durchgeführt. *Retale* ist vergleichbar mit dem deutschen Pendant *KaufDa* und informiert den Benutzer über Angebote von Einkaufsläden und Supermärkten in der Umgebung. Laut der Studie werden iBeacons von den Nutzern kaum wahrgenommen. Unter Anwendern des Betriebssystems iOS liegt der Anteil derer, die noch nie von dieser Technik gehört haben, bei 70 %. Bei Android sogar bei 80 %. Die Möglichkeit, während des Einkaufs Benachrichtigungen auf dem Smartphone zu erhalten, erachten etwa 50 % der iOS und nur etwa 38 % der Android Anwender als gut [10].

Erfahrungen aus dem Einzelhandel haben gezeigt, dass die Kunden eher bereit sind Werbenachrichten zu empfangen, wenn sie dafür eine Gegenleistung in Form von Rabattaktionen und Gutscheinen erhalten [9]. Der Nutzer muss dieser Form der Werbung allerdings bewusst zustimmen, damit es nicht als unerwünschte Werbung ähnlich wie im Bereich des E-Mail-Spams aufgefasst wird.

Das Betriebssystem iOS setzt zur Nutzung von iBeacons innerhalb der eigenen Applikation bereits heute eine Zustimmung des Nutzers voraus, die meist beim ersten Start der Anwendung abgefragt wird. Die Zustimmung kann nachträglich widerrufen werden.

Das Unternehmen ResearchNow kommt in einer im November 2013 durchgeführten Studie zu dem Ergebnis, dass ein Großteil der Kunden Werbung und Produktinformationen lieber auf dem Smartphone als durch einen Verkäufer im Geschäft erhalten möchten. 67 % der Befragten hätten in den vergangenen Monaten bereits Benachrichtigungen auf dem Smartphone erhalten und 79 % davon haben dadurch mindestens einen Kauf getätigt. Hinweise und Benachrichtigungen wurden immer dann ignoriert, wenn sie für den Kunden keinen Mehrwert hatten oder zu stark von seinen Interessen und/oder seinem aktuellen Aufenthaltsort abwichen [12].

25.4   Fazit

Die Beispiele haben gezeigt, dass neue Kommunikationswege wie iBeacons neue Möglichkeiten für die persönliche Kundenansprache schaffen. Das mobile Endgerät spielt dabei eine entscheidende Rolle und wird zu einem wichtigen Berührungspunkt zwischen dem Unternehmen und seinem Kunden. Die hohe Mobilität von Smartphones erlaubt die Ansprache des Benutzers an nahezu jedem Ort und die hohe Individualisierung führt zu einer sehr persönlichen Korrespondenz.

Erste Studien zum Thema mobiler Werbung zeigen, dass Benutzer sehr wohl bereit sind, Nachrichten auf dem mobilen Endgerät zu empfangen, solange die Nachrichten eine gewisse Relevanz aufweisen und dem Kunden einen Mehrwert bieten. Gerade in Kombination mit Sonderangeboten werden solche Nachrichten akzeptiert. Es werden genau die Benutzer angesprochen, für die die Nachricht in dem Moment relevant ist, beispielsweise weil sich in ihrer unmittelbaren Umgebung ein durch den Benutzer favorisiertes Geschäft befindet oder Sonderangebote erhältlich sind.

Trotz der ersten Erfolgsmeldungen befinden sich iBeacons noch immer in der Entwicklungs- und Testphase. Nicht nur die Benutzer müssen sich an diese neue Technik gewöhnen, auch interne Prozesse im Unternehmen müssen daran angepasst werden. Wer übernimmt die Installation und die Wartung im Terminal? Ab wie vielen verbauten iBeacons gibt es Interferenzen mit der bestehenden WLAN-Infrastruktur und wie kann der unkontrollierte Einsatz von iBeacons, beispielsweise von Partnerunternehmen am Flughafen verhindert werden.

Literatur

1. Estimote. (2014). Beacons' signal characteristics. https://community.estimote.com/hc/en-us/articles/201029223-RSSI-Range-Zones-and-Distance-Accuracy. Zugegriffen: 12. Nov. 2014.
2. Goldhammer, K., Link, C., Tietz, J., & Hochhaus, M. (2013). Location-based services monitor 2013. Goldmedia GmbH Strategy Consulting.
3. Kahn, J. (2014). Apple releases iBeacon specification through its Made-For-iPhone program. http://9to5mac.com/2014/02/25/apple-releases-ibeacon-specification-through-its-made-for-iphone-program/. Zugegriffen: 12. Nov. 2014.
4. Krum, C. (2012). *Mobile Marketing: Erreichen Sie Ihre Zielgruppen (fast) überall.* München: Addison-Wesley Verlag.
5. Küpper, A. (2005). *Location-Based Services: Fundamentals and Operation.* Chichester: Wiley.
6. Lehner, F., Meier, A., & Stomer, H. (2005). *Mobile Anwendungen der Wirtschaftsinformatik.* Heidelberg: Dpunkt.Verlag GmbH
7. Mehl, R., Dmoch, T., & Tschödrich, S. (2011). *Customer Management – Kundenerwartungen und Chancen für Unternehmen in der Welt von morgen.* Berlin: Logos Verlag Berlin GmbH.
8. Mobile Marketing Association. (2013). Mobile: The Great Connector. Technical report, Mobile Marketing Association.
9. PunchTab. (2014). Mobile Tracking: Are Consumers Ready? http://engagement.punchtab.com/research_brief_mobile_tracking_consumers. Zugegriffen: 12. Nov. 2014.

10. Retale. (2014). 5 Insights about Mobile Shopping Technologies & Consumer Adoption. http://www.retale.com/info/shopping-technologies. Zugegriffen: 12. Nov. 2014.
11. Schulz, A., Susanne, B., & Wiedenmann, S. (2010). *Flughafen Management*. München: Oldenbourg Wissenschaftsverlag GmbH.
12. swirl.com. (2013). iBeacon's first retail holiday: Consumer insights. https://www.swirl.com/pr-12-13-13.html. Zugegriffen: 12. Nov. 2014.

Die letzte Hürde zum Kunden bleibt analog

Joachim Kistner

Zusammenfassung

Die Sinnesorgane des Menschen bleiben, trotz der allgegenwärtigen Zunahme digitaler Netzwerke in allen Lebensbereichen (bis auf weiteres) analoge Empfänger. Die Gestalter und Betreiber der Marktplätze der Zukunft setzen aus diesem Grund verstärkt auf multisensuelle Kundenansprache am Point of Sale (POS). Das Gehör spielt dabei neben dem Auge eine entscheidende Rolle bei der Aufnahme von Informationen. Dabei wird die Wirkung von Klang in diesem Kontext häufig unterschätzt. Klang kann für die emotionale Aufladung von Marken, Produkten und Dienstleistungen als Element der Kommunikation eingesetzt werden und die Aufenthaltsqualität von Verkaufsräumen verbessern.

26.1 Die Ausgangssituation

Die Verfügbarkeit von Netzwerken mit hohen Datenvolumen und die zunehmende Nutzung von smarten Geräten zur persönlichen Information und Kommunikation bieten neue Möglichkeiten der Kundenansprache. Mittels personalisierter Hardware (Handy, Tablet) oder öffentlicher, digitaler Endgeräte (Digital Signage Displays) können Kunden mit direkter Ansprache erreicht werden. Einzelne oder bestimmte Gruppen von Menschen können so zu ausgewählten Themen direkt und selektiv im öffentlichen Raum angesprochen werden. Es handelt sich bisher jedoch zumeist um reine Bildinhalte. Persönliche Botschaften lassen sich im öffentlichen Raum nicht akustisch wiedergeben, ohne die Privatsphäre

J. Kistner (✉)
SONUS GmbH, Ettlingen, Deutschland
E-Mail: kistner@sonus.de

© Springer-Verlag Berlin Heidelberg 2015
C. Linnhoff-Popien et al. (Hrsg.), *Marktplätze im Umbruch*, Xpert.press,
DOI 10.1007/978-3-662-43782-7_26

zu verletzen. Damit entfällt bisher die Möglichkeit, Menschen unter Wahrung Ihrer Diskretionserwartung akustisch anzusprechen

Der bewusst gesteuerte Einsatz von Klang und akustischer Kommunikation ist eine wünschenswerte Ergänzung im Dialog mit Marken- und Produktwelten, auf die im öffentlichen Raum mangels fehlender Expertise verzichtet wird. Vereinzelt wird inzwischen mit erheblichem Aufwand versucht, diese Situation zu verändern. Markenräume von Automobilherstellern (AUDI) und Trendmode (Abercrombie und Fitch) nutzen Klang bereits konsequent und aktiv auch am Point of Sale (POS) zur emotionalen Aufladung [1] Ihrer Inszenierungen und zur Verbesserung der Aufenthaltsqualität. Die Kontrolle und Nutzung solcher Anwendungen ist derzeit noch auf lokale Systeme beschränkt.

Die zunehmende Verfügbarkeit von Netzwerken mit hohen Datenvolumen lassen jedoch neue Anwendungen wie „ambient-sensitive" Anwendungen in greifbare Nähe rücken. Das Internet der Dinge schafft hier die Voraussetzungen für die Gewinnung von Daten durch Sensoren, die lokale Zustände wie Klima, Temperatur und Umgebungslautstärke erfassen und als BIGDATA Informationen über das Internet sammeln und analysieren. Auf diese Weise können diese Daten bei Bedarf in Echtzeit zur dynamischen Steuerung von ambienten Zuständen von Räumen, also auch zum Beispiel einer akustischen Bespielung von Beratungs-, Kommunikations- und Retailflächen verwendet werden.

Die Umsetzung solcher Szenarien erfordert neben Netzwerk und Datenverarbeitungsknowhow sowohl ein spezifisches Wissen über akustische Gestaltung von Räumen als auch über die Wirkungsprinzipien von Klang auf den Menschen.

26.2   Wie hören wir

„Das Ohr schläft nie" und ist allzeit bereit, die angebotenen Inhalte zu analysieren, in Reaktionen abzuleiten und weiterzuverarbeiten. Der Mensch nimmt Schallereignisse über zwei Sinnesorgane wahr, über das Gehör und über den Körper selbst. Unser Gehör arbeitet hier als Sensor. Im Wesentlichen werden die Luftdruckschwankungen im Bereich tiefer bis hoher Frequenzen aufgenommen. Die größte Empfindlichkeit entwickelt das Ohr evolutionsbedingt im Bereich der Sprachfrequenzen da der Mensch überwiegend mittels Sprache kommuniziert. Aber auch der menschliche Körper selbst kann Schallereignisse mit sehr tiefen Frequenzen ab einer höheren Intensität als Schwingungen fühlen. Er hört sozusagen über sensorische und taktile Wahrnehmung.

26.3   Wie bewerten wir akustische Ereignisse

Die aufgenommenen Informationen werden zunächst wertfrei an zwei unterschiedliche Hirnareale übermittelt. Differenziert verarbeitet wird zum einen über die absolute Lautstärke zwischen Wahrnehmbarkeitsschwelle und Schmerzgrenze und zum andere nach der Dynamik: Der Unterschied der Lautstärke der wahrgenommenen Geräusche, im direkten Vergleich zum Umgebungsgeräuschpegel.

Das Stammhirn, zuständig für die essentiellen Lebensfunktionen und für die Instinkte, bewertet akustische Eindrücke sofort und unverzüglich nur nach der Dynamik (Lautstärkeunterschied). Diese (archaische) Komponente ist zuständig für die direkte, unreflektierte, nicht analysierte Reaktion und veranlasst die Ausschüttung von Hormonen wie zum Beispiel Noradrenalin und Endorphin. Der Prozess erfolgt unmittelbar und ist durch den Menschen nicht beeinflussbar. Somit ist unser Körper der Reaktion auf dynamische Schallereignissen quasi „ausgeliefert". Wir können die damit verbundene hormonelle Reaktion nicht ausschalten oder präventiv beeinflussen. Über das limbische System erhält gleichzeitig unser Großhirn die Information über das Schallereignis. Es erkennt, analysiert und verarbeitet die Struktur, sowie den Inhalt des akustischen Signals.

Es entstehen Wiedererkennungseffekte, Assoziationen und Eindrücke, die wiederum unterschiedliche Gefühlszustände auslösen. Dieser Prozess dauert jedoch einige Millisekunden. Erst nach erfolgter Analyse und daraus gewonnener Erkenntnis kann dann eine „kontrollierte" Reaktion unseres Organismus erfolgen.

Welche Auswirkungen diese beiden unterschiedlichen Prozesse im Alltag bedeuten wird anhand folgender Beispiele deutlich:

Der tropfende Wasserhahn in der Nacht oder das Platzen eines Luftballons.

Diese Geräusche haben, was deren Wahrnehmung betrifft, eines gemeinsam: eine plötzliche, impulshafte und intensive Lautstärkeveränderung. Sie verursachen trotz völlig unterschiedlicher Lautstärke einen nicht kontrollierbaren Schreckmoment, aufgrund der spontan erfolgten Hormonausschüttung als archaisches Relikt unseres Gehirns. In diesem Falle ein Warn-Parameter zum plötzlichen Aufbruch (Flucht, Schutz)…

Ganz anders verhält es sich mit der wahrgenommenen Lautstärke gleichförmiger oder sich nur langsam verändernder Schallereignisse. Das menschliche Hörvermögen reagiert darauf mit langsam abnehmender Empfindlichkeit. Dies bedeutet eine Schutzfunktion vor Überlastung durch einen allmählichen Gewöhnungsprozess.

Ganz anders reagieren wir auf Sprachinhalte. Selbst Fragmente fremder oder nicht für uns bestimmter Sprachinhalte wiederum versucht unser Großhirn zu einem sinnvollen Kontext zusammenzubauen, ohne dass wir dies bewusst steuern, oder über einen längeren Zeitraum ausblenden können. Im Gegensatz zum Wegschauen ist ein Weghören nicht möglich. Auch der Versuch, die Geräuschkulisse zu ignorieren, erfordert einen erheblichen Konzentrationsaufwand. Somit werden sogenannte irrelevante Sprachinformationen im Umfeld aller Kommunikationsflächen (Arbeitswelten, Verkaufsräume, Beratungsräume) als erheblicher Störfaktor empfunden. Weiterhin können unangenehme Geräusche und unerwünschte Sprachinhalten durch andere als angenehm empfundene Hörereignisse monotoner Art überdeckt werden. Durch solche „Marker" wird nicht nur Diskretion, sondern auch eine Verbesserung der Aufenthaltsqualität geschaffen.

Aus diesen Erkenntnissen, lassen sich Grundregeln für die akustische Gestaltung von Räumen ableiten, in denen Kommunikations- und Verkaufsprozesse unter guten Voraussetzungen stattfinden sollen.

26.4 Raumakustik

Unzureichende akustische Verhältnisse in Beratungs- und Verkaufssituationen im Umfeld hochwertiger Produkte und Dienstleistungen werden sowohl von Mitarbeitern als auch von Kunden als große Beeinträchtigung empfunden. Untersuchungen von Dr. Meis, Hörzentrum Oldenburg, und Dr. Schlittmeier [4, 5] aus dem Jahr 2010 zeigen Zusammenhänge von empfundener Störintensität durch unterschiedliche Störquellen und ungeeigneter raumakustischer Auslegung der Räume.

Ein für alle Menschen angenehmes akustisches Umfeld bedeutet nicht, dass hierbei der optimale Wert für die Hintergrundgeräusche gleich Null sein sollte. Dies gilt analog auch für die Verhältnisse von Licht, Temperatur und Luftfeuchtigkeit.

Für Kommunikations-, Verkaufs- und Beratungsräume sollten folgende qualitative Raumeigenschaften angestrebt werden:

*   Sicherstellung einer angepassten Raumakustik durch anwendungsgerechte Auslegung von Raumgröße, Geometrie, Gliederung und Belegung mit akustisch geeigneten Materialien der raumbegrenzenden Flächen.
*   Sicherstellung von ausreichender akustischer Diskretion zwischen einzelnen relevanten Funktionsbereichen
*   Vermeidung des „Wartezimmereffekts"

26.5 Beschallung

Für die weitergehende Verbesserung der Aufenthaltsqualität hat sich in vielen Anwendungen bisher der Einsatz von Hintergrundbeschallung etabliert. Es werden in der Regel zielgruppenaffine Musikprogramme in die gesamte Fläche übertragen.

Was für junge Zielgruppen im Bereich Point of Sale (POS) bei Einhaltung qualitativer Mindeststandards effektiv sein kann, ist in den Segmenten hochwertiger Dienstleistungen und Beratungssituationen häufig umstritten oder gar kontraproduktiv.

Die Assoziationsfähigkeit von Menschen, gehörtes Musikprogramm (neben geschmacklicher Vorlieben) mit Erfahrungen aus dem eigenen Leben zu verknüpfen, führt bei Berater und Kunden häufig zu einer völlig unterschiedlich emotionalen Bewertung des Gehörten. Der Eine wippt mit dem Takt, der Andere assoziiert unter Umständen unerfreuliche Ereignisse mit dem Gehörten! Diese Tatsache eröffnet sicherlich keine gute Ausgangssituation für ein konzentriertes, intensives Beratungsgespräch auf gleicher Augenhöhe. Aus diesem Grund ist die Verwendung erkennbarer Musiktitel und Interpreten in diesem Umfeld mit Vorsicht zu betrachten.

Eine Alternative, um die akustische Qualität von Räumen dennoch positiv zu beeinflussen ist bereits seit den 1950er Jahren durch die sogenannte „funktionelle Musik" bekannt. Der Tageszeit angepasste Rhythmen einzusetzen, die durch nicht eindeutig erkennbare Melodien in spektral unauffälliger Zusammensetzung einen gleichförmigen Klangteppich schaffen, ist eine Maßnahmen, die heute noch in Kaufhäusern und Aufzügen angewendet wird. Viele Anbieter und Nutzer arbeiten bedauerlicherweise bis heute noch mit einfachster Systemtechnik und qualitativ minderwertigen Inhalten, was die subjektive Bewertung dieser Maßnahme durch Mitarbeiter und Kunden in den letzten Jahren häufig ins Negative verkehrt hat [2]. „Kaufhausradio" und „Aufzugsmusik" sind die umgangssprachlichen Begriffe, die eine schlechte Aufenthaltsqualität beschreiben.

Mit den verfügbaren Produkten für Raum- und Elektroakustik und dem Wissen über deren Einsatzmöglichkeit und Relevanz lassen sich heute Beschallungsanwendungen in einer hohen Qualität ausführen und werden zunehmend zu einer festen Größe bei der Gestaltung hochwertiger Räume für Information und Verkauf.

26.6   Was wollen wir hören, was sollen wir hören?

Um Räume akustisch aktiv zu gestalten, haben sich neben dem Einsatz aktueller Technik für die Wiedergabe auch im Bereich der Klanginhalte neue Vorgehensweisen etabliert.

„Sound Design" ist für führende Unternehmen längst ein fester Bestandteil der Markenkommunikation. Klang wird zunehmend als Element multisensueller Markenkommunikation eingesetzt. Die Gestaltung der Inhalte ist zu einem wesentlichen Bestandteil des Prozesses geworden, die Aufenthaltsqualität in den Markenräumen nicht nur durch profane Einspielung von Musik zu verbessern, sondern auch weitere Funktionen in den wiedergegebenen Inhalt zu integrieren. Die Verbesserung des Raumeindrucks, Schaffung akustischer Diskretion, Vermittlung von Markenwerten [1, 3], und die Lenkung von Besuchern sind die Mehrwerte, die eine qualitativ hochwertige Klanginstallation zu leisten vermag.

Seit vielen Jahren bereits gestalten Audiodesigner und Komponisten gemeinsam Klänge für unterschiedliche Anwendungen und untersuchen die Wirksamkeit dieser Maßnahmen für Ihre Kunden. Diese komponierten Inhalte können über heute verfügbare Lautsprechertechniken nahezu unsichtbar in Räume integriert werden.

Leistungsfähige Lautsprechertechnologie kann heute in Decken und Wände integriert werden und dort optisch und akustisch unauffällig Ihren Dienst verrichten. Sie kann Schall breit und gleichmäßig oder auch extrem fokussiert wiedergeben. Damit können selbst auf engstem Raum mehrere akustische Informationen zur gleichen Zeit ohne gegenseitige Störung wiedergegeben werden.

Das Internet der Dinge schafft neue Möglichkeiten zur Verteilung und Steuerung von akustischen Inhalten für Verkaufs-und Beratungsraum. Die Vernetzung von IT und Content-Distribution ermöglicht den Einsatz sogenannter „ambient-sensitiver" Raumgestaltung durch die Koppelung von lokaler Sensorik und die Nutzung von Big Data Informationen zur dynamischen Veränderung der Inhalte vor Ort in nahezu Echtzeit.

Die folgenden Case-Studies beschreiben aus akustischer Sicht drei unterschiedliche Lösungsansätze:

Für unterschiedliche Raumgrößen und Kundenvorstellungen wurden in zwei der ausgeführten Beispiele durch ganzheitliche Lösungsansätze widersprüchliche Aufgabenstellungen gelöst und folgende Raumqualitäten erreicht:

• Verbesserung der Aufenthaltsqualität durch abgestimmte Raumakustik und Nutzung aktiver Hintergrundbeschallung
• Schaffung situativer Anreize durch passiven Medienkonsum oder interaktive Beeinflussung von verfügbaren digitalen Inhalten
• Aktive Unterstützung von Marketing Aktivitäten durch dynamische Anpassung der erlebbaren Raumsituation

Case Study 1 (Medium Size Room mit interaktiver Bespielung) Kunden-Informationszentrum eines internationalen Unternehmens für Spezialchemie in Frankfurt-Höchst (s. Abb. 26.1). Die erste Anwendung einer interaktiven Installation dieser Art wurde im Jahr 2013 realisiert

Das Nutzungsszenario verlangte die Umsetzung folgender Funktionen bei einer Raumgröße von ca. 30 m^2.

Abb. 26.1 Customer Information Center, Frankfurt-Höchst

Abb. 26.2 www.soundbuoy.
com – Anwendung als Sounddusche im Museum

Bis zu vier Einzelpersonen oder Kleingruppen sollten interaktiv digitale Inhalte an einer Touchwall abrufen und konsumieren können, während Bilder, Grafiken und Videos gleichzeitig mit der zugehörigen Tonwiedergabe ohne gegenseitige Störung wiedergege-ben werden. Die erforderliche Beschallungstechnik wurde unsichtbar in den gestalteri-schen Raumkontext integriert, der gleichzeitig die Aufgabe der raumakustischen Kon-ditionierung übernimmt. Durch die Kombination von raumakustischer geeigneter Aus-legung der Raumhülle, Integration geeigneter Beschallungstechnik und aktiv gesteuerter Regeltechnik wurde das gewünschte Nutzungsszenario erreicht: die gleichzeitige inter-aktive Nutzung digitaler Inhalte auf kleinstem Raum ohne gegenseitige Beeinträchtigung.

Case Study 2: Personal Media Solution Der Wunsch nach persönlichem, individuellem Medienkonsum im öffentlichen Raum ist heute durch die Verfügbarkeit mobiler Kommu-nikationsgeräte und digitaler Dienste jederzeit möglich. Der „akustische Mehrwert" von digitalen Informationen erfordert jedoch die Nutzung von Kopfhörern, um persönliche Information diskret und ohne Störung Anderer nutzen zu können. Mit deren Verwendung verliert der Konsument jedoch mehr oder weniger den akustischen Kontakt zur Außen-welt, da eine Ansprache im Raum oder die Wahrnehmbarkeit übriger akustischer Signale im Raum nicht möglich ist. Die Anforderung nach personalisierter Information, diskreter Kommunikation oder Unterhaltung kann nachfolgende Lösung entsprechen:

Ein Kommunikationsmöbel, das via fest installiertem oder BYOD Endgerät (Tablet oder Smartphone) interaktiv visuelle Inhalte anbietet und die dazugehörige akustische Komponente über eine „Sounddusche" diskret realisiert (s. Abb. 26.2).

Der Bezug des Nutzers zum Umfeld bleibt erhalten. Markenbotschaften oder Informa-tionen können auf diese Weise individuell fokussiert kommuniziert werden, ohne angren-zende Bereiche zu stören.

26.7   Ein Zukunftsszenario

Der Verkaufsraum eines Anbieters von Telekommunikationsprodukten betreibt in attraktiven Innenstadtlagen Premium Stores. Neben Dienstleistungen werden auch Produkte ausgestellt und verkauft. Das Ladengeschäft ist an Wänden und Decken mit multifunktionalen Ladenbauelementen ausgestattet. Diese Elemente sind für das Auge nicht sichtbar mit mehreren Technologien ausgestattet: Sensoren erfassen Raumdaten wie Helligkeit, Temperatur, Umgebungsgeräuschlautstärke, Personenzahl, usw. und senden diese über einen intelligenten Netzwerkknoten über das Internet zur Analyse an die Zentrale eines Dienstleisters. Akustik und Soundtechnik, aber auch ambientes Licht sind ebenfalls in diese Elemente integriert und erhalten über denselben Netzwerkknoten sowohl ihre Audiosignale für die Beschallung des Raumes als auch die Steuerungsimpulse zur Regelung der ambienten Zustände wie der Lichtstimmung.

Neben den lokalen Sensordaten werden zentral oder lokal wirkende Einflüsse wie Wetterlage, Außentemperatur, Uhrzeit, etc. als weitere Parameter berücksichtigt, um die ambiente Situation des Verkaufsraums vor Ort dynamisch in nahezu Echtzeit zu beeinflussen.

Der Kunde betritt den Raum und wird im Eingangsbereich mit einer akustischen Visitenkarte (Soundlogo) des Unternehmens begrüßt. Dieses Soundlogo ist nur im Eingangsbereich hörbar und stellt keine Störung für die anderen Personen im Raum dar. Eine in mehrere Funktionsbereiche gegliederte Raumarchitektur wird durch die gleichmäßige und angenehme Einspielung markenaffiner Klanglandschaften (Brandsound) unterstützt, die sich zonal in Inhalt und Lautstärke unterscheiden. Diese Klanglandschaften wurden von Sounddesignern für die Kommunikation der Markenwerte komponiert und sorgen bei Mitarbeitern und Kunden für Assoziationen die den Zielvorgaben der Markenkommunikation entsprechen sowie für einen akustischen Wiedererkennungseffekt der Marke im Raum. Eine angepasste Raumakustik sorgt in Verbindung mit dieser angenehmen Beschallung für eine hohe Aufenthaltsqualität des Raumes und erhöht die Verweildauer.

Zusätzliche in das laufende Programm integrierte, sprachmaskierende Inhalte sorgen für eine Diskretionsverbesserung der Beratungs- und Verkaufssituationen zwischen Mitarbeitern und Kunden und ermöglichen damit eine intensivere Kommunikation.

Produktdisplays informieren und unterhalten Kunden gezielt am Produkt über Features oder Aktionen des Herstellers mit Hilfe fokussierender Schalltechnik (Sundduschen/Audiofocus), ohne umliegende Bereiche akustisch zu stören.

Dieses Szenario kann durch lokale Steuerungssysteme automatisch an die aktuelle Umgebungssituation angepasst werden. Gleichzeitig kann auch durch zentrale Steuerung der Unternehmenszentrale der Inhalt vor Ort insgesamt oder in einzelnen Bereichen dynamisch angepasst werden. Veränderungen der lokalen oder zentralen Umgebungssituation werden für die Veränderung der Raumbespielung nutzbar.

Zum Beispiel sorgt eine Wetteränderung lokal für Regen. Die ambiente Systemtechnik des Verkaufsraums wird durch diese Wetteränderung bestimmte Raumfunktionen an diese Situation anpassen und stellt automatisch Ihre „Highlightpräsentation" auf ein für Regenwetter geeignetes Zubehörprodukt um anstelle die „Sunshine" Tarife des Unternehmens weiter aktiv bewerben. Die ambiente Musikeinspielung wechselt von der Playlist mit dem Motto „Sunshine" auf das Motto „Rainy Days".

Mitarbeiter und Kunden erleben durch diesen dynamischen Wechsel eine harmonische Anpassung der Raumsituation des Ladengeschäfts an die Außenwelt. Die Qualität des Raumes lässt beim Betreten eine schnelle Konzentration auf die Produkte zu, beim Verlassen bleibt der Raumeindruck länger erhalten und damit das Unternehmen länger in Erinnerung.

Es entsteht so die Möglichkeit einer automatisierbaren Anwendungsvielfalt, welche den Raum über digitale Netzwerke aber die Sinne der Menschen doch auf analogem Wege erreicht.

26.8   Fazit

Die letzte Hürde zum Kunden bleibt analog. Trotz der allgegenwärtigen Zunahme digitaler Netzwerke in allen Lebensbereichen bleiben die Sinnesorgane des Menschen (bis auf weiteres) analoge Empfänger und spielen damit die entscheidende Rolle bei der Kundenansprache im Raum. Die sorgfältige Auslegung von Raumakustik und der Einsatz von geeigneten akustischen Stimuli öffnet einen weiteren Kanal in der Kommunikation mit dem Kunden. Die damit erzielbare Verbesserung der Aufenthaltsqualität sorgt für nachhaltig bessere Verkaufsergebnisse vor Ort und fördert eine positive Wahrnehmung der Marke.

Literatur

1. Bronner, K., & Hirt, R. (Hrsg.). (2007). *Audio-Branding. Entwicklung, Anwendung, Wirkung akustischer Identitäten in Werbung, Medien und Gesellschaft.* Reinhard Fischer.
2. Davis, D., & Davis, C. (2004). *If bad sound were fatal, audio would be a leading cause of death.* AuthorHouse.
3. Häusel, H. G. (2009). *Emotional Boosting – Die hohe Kunst der Kaufverführung.* Haufe-Lexware.
4. Klatte, M., Lachmann T., Schlittmeier, S., & Hellbrück, J. (2010). The irrelevant sound effect in short-term memory: Is there developmental change? *European Journal of Cognitive Psychology, 22*(8), 1168–1191. doi:10.1080/09541440903378250.
5. Schlittmeier, S. J., & Hellbrück, J. (2009). Background music as noise abatement in open-plan offices: A laboratory study on performance effects and subjective preferences. *Applied Cognitive Psychology, 23*(5), 684–697. doi:10.1002/acp.1498.

Kaufanreize durch Nachhaltigkeit schaffen – Potentialanalyse von Cause-Related Marketing für Versicherungs-Apps

27

Sabrina Lucke und Jörg Heinze

Zusammenfassung

Im Gegensatz zu Friedmans Annahme, dass die einzige soziale Verantwortung von Unternehmen darin besteht, den eigenen Gewinn zu maximieren, setzen Unternehmen dieser Tage vermehrt auf soziale und ökologische Themen in ihrer Kommunikationsstrategie. Dabei zählt Cause-Related Marketing – definiert als die Verknüpfung von Produktkauf und einer karitativen Spende des Unternehmens – längst zu den etablierten Marketing-Tools vieler Unternehmen. Einhergehend mit der fortschreitenden Digitalisierung der Märkte fehlt jedoch der Wissenstransfer zum aufstrebenden mobilen Vertriebskanal. Am Beispiel der Versicherungsbranche wird erörtert, ob Spendenkampagnen im mobilen Umfeld als situative Anreize positive Auswirkungen auf die Kaufintention erzielen können und so bestehende Risiken und Hindernisse gegenüber dem mobilen Versicherungsabschluss überwunden werden können.

27.1 Einleitung

Die zunehmende Globalisierung, steigende Digitalisierungsraten und die rasche Entwicklung von neuen Technologien stellen eine ernstzunehmende Herausforderung für Verbraucher und Unternehmen dar. Die sich verändernden Marktbedingungen (vom stationären

S. Lucke (✉)
Technische Universität München, München, Deutschland
E-Mail: sabrina.lucke@tum.de

J. Heinze
Universität Regensburg, Regensburg, Deutschland
E-Mail: jheinze.ur@gmx.de

© Springer-Verlag Berlin Heidelberg 2015
C. Linnhoff-Popien et al. (Hrsg.), *Marktplätze im Umbruch,* Xpert.press,
DOI 10.1007/978-3-662-43782-7_27

Handel zum E- und M-Commerce) machen auch vor der Versicherungsindustrie, die bisher eher als „Innovationsmuffel" gilt, keinen Halt [1]. Verbraucher suchen Informationen, diskutieren, vergleichen und kaufen Produkte und Services vermehrt online. Dabei gewinnen mobile Endgeräte wie Smartphones und Tablets zunehmend an Bedeutung: Aktuell besitzen bereits 40,4 Mio. Deutsche ein Smartphone [2]. Das damit verbundene „mobile" Marktpotential ist von der Versicherungsbranche bisher weitestgehend ungenutzt. Zwar gibt es bereits Versicherungs-Apps auf dem Markt (z. B. von der Allianz, Ergo oder Zurich Versicherung), die Download- und vor allem die Vertragsabschlusszahlen haben jedoch im Verhältnis zu anderen Distributionskanälen noch Aufholbedarf. Die Verbraucherakzeptanz des mobilen Versicherungsabschlusses ist noch gering ausgeprägt. Besonders die hohen wahrgenommenen Risiken [3] sowie das damit verbundene mangelnde Vertrauen zum mobilen Kanal konstituieren die Resistenz der Verbraucher, Versicherungen mittels Smartphone oder Tablet abzuschließen [4].

Parallel zu dieser Entwicklung macht sich eine steigende Relevanz von ökologischen und sozialen Aspekten im Geschäftsumfeld bemerkbar. Nachhaltigkeit hat sich zum globalen „Buzzword" der letzten Jahre entwickelt. Spätestens seit dem Umweltgipfel von Rio de Janeiro 1992 haben die globalen Akteure aus Politik, Wirtschaft sowie Nichtregierungsorganisationen offiziell anerkannt, dass die drei Dimensionen Ökonomie, Ökologie und Gesellschaft untrennbar miteinander verbunden sind. Probleme in einer der Dimensionen können nur über einen ganzheitlichen Ansatz unter Betrachtung aller drei Dimensionen gelöst werden [5]. So steigt z. B. die Zahl der Unternehmen, die ihre umweltrelevanten und sozialen Aktivitäten in Nachhaltigkeitsberichten präsentieren, stetig an [6]. Ferner sind Zertifizierungen und Labels, die besonders nachhaltige Geschäfts-, Produktions- und Handelspraktiken auszeichnen, zunehmend am Markt zu finden. Dabei entdeckt auch das Marketing die wachsende Relevanz von Nachhaltigkeit als Kommunikationsinstrument nach und nach für sich.

Zentrale Treiber für nachhaltige Unternehmenspraktiken sind dabei einerseits die Kunden, die nach „guten" Produkten verlangen, welche sie ohne schlechtes Gewissen kaufen, konsumieren und nutzen können. Anderseits zwingen EU-Richtlinien sowie nationale Gesetze die Unternehmen vermehrt, ihre soziale und ökologische Verantwortung ernst zu nehmen und dementsprechend zu handeln. Einige global agierende Firmen wie z. B. LG Electronics oder Unilever haben erfolgreich bewiesen, dass Nachhaltigkeit und finanzieller Geschäftserfolg sich nicht kannibalisieren müssen, sondern sehr wohl miteinander harmonieren können [7]. Darüber hinaus können nachhaltige Produkte und Geschäftspraktiken auf dem Markt erfolgreich als Differenzierungsfaktor funktionieren – sei es dank eines besser wahrgenommenen Unternehmensimages oder dank verbesserter Qualität.

Die Herausforderung der modernen Zeit wird es nun sein, diese positiven Verbrauchereinstellungen und -reaktionen auf den mobilen Vertriebskanal zu transferieren. Am Beispiel der Versicherungsbranche soll erörtert werden, wie Nachhaltigkeit auf den mobilen Kanal übertragen werden kann, um existierende Barrieren in den Köpfen der Verbraucher zu überwinden.

27.2 Verhaltenstheoretische Grundlagen

Mit der zunehmenden Verbreitung von Smartphones steigen auch die Nutzerzahlen und die Akzeptanz des M-Commerce als neuen Vertriebskanal. So beträgt der Anteil von M-Commerce am Onlinehandel 9,1 % im Jahr 2013 und wird für 2014 bereits auf 17 % geschätzt [8].

Eine verhaltenstheoretische Erklärung für die Akzeptanz von bzw. Resistenz gegenüber neuen Technologien oder Innovationen steht seit vielen Jahren weit oben auf der Forschungsagenda. Das Technology Acceptance Model (TAM) sieht den wahrgenommenen Nutzen sowie die wahrgenommene Benutzerfreundlichkeit als Haupteinflussfaktoren in Bezug auf die Akzeptanz einer neuen Technologie [9]. Dieses Modell wurde später u. a. um die Variable der wahrgenommenen Risiken erweitert – insbesondere um dem Online-Shopping Kontext gerecht zu werden [10]. Dabei werden die Facetten des leistungsbezogenen Risikos, finanziellen Risikos, Zeit-Risikos, psychologischen Risikos und des Privatsphäre-Risikos unterschieden [11].

Darüber hinaus existieren zahlreiche Modelle zur Erklärung und Vorhersage von Verbraucherverhalten in Bezug auf nachhaltige Handlungsweisen. Ein weitverbreitetes sowie mehrfach validiertes Modell ist die Theorie des geplanten Verhaltens nach Ajzen [12]. Die Haupteinflussfaktoren sind hier die Einstellung gegenüber dem Verhalten, die subjektive Norm und die wahrgenommene Verhaltenskontrolle. Ein vereinfachtes Vorhersagemodell zur Technologieakzeptanz (z. B. Versicherungsabschluss via App) in Kombination mit nachhaltigen Verhaltensweisen (z. B. Spenden) kann daher aus dem Zusammenschluss des Technology Acceptance Models und der Theorie des geplanten Verhaltens abgeleitet werden (siehe Abb. 27.1).

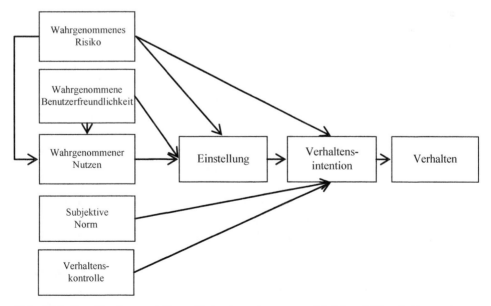

Abb. 27.1 Kombinationsmodell aus Technology Acceptance Model und Theorie des geplanten Verhaltens. Eigene Darstellung in Anlehnung an Ajzen (1991) und Davis (1989)

Nachhaltige Ansätze wirken in diesem Modell insbesondere auf die Variable des „wahrgenommenen Nutzens". Dabei kann davon ausgegangen werden, dass nachhaltige Produkte und Services einen Zusatznutzen für den Verbraucher im Vergleich zu konventionellen Produkten bieten. Folglich ist der wahrgenommene Nutzen von nachhaltigen Produkten (bei vergleichbaren sonstigen Attributen) höher.

27.3 Cause-Related Marketing: Eine Verbindung von Nachhaltigen und Ökonomischen Zielen

Will sich ein Unternehmen dieser Tage nachhaltig aufstellen, gibt es eine Vielzahl von Möglichkeiten. Ein effektiver Weg ökologische, soziale und ökonomische Interessen eines Unternehmens in Einklang zu bringen, ist Cause-Related Marketing. Die Idee dahinter ist die Verknüpfung vom Kauf eines Produktes oder Services an eine karitative Spende des verkaufenden Unternehmens, d. h. dass mit jedem getätigten Kauf eine Spende für einen sozialen oder ökologischen Zweck ausgelöst wird [13]. Einerseits stellt es eine Form von Corporate Social Responsibility (CSR) dar, definiert als ein freiwilliger Beitrag zu einer nachhaltigen Entwicklung unter Berücksichtigung der Bedürfnisse aller Stakeholder [14]. Anderseits ist es ganz klar als Marketingmaßnahme mit dem Ziel der Wettbewerbsdifferenzierung und der Absatzmaximierung zu verstehen [15].

Seit der ersten Cause-Related Marketing Kampagne 1983 in den USA stieg das aufgewendete Spendenvolumen kontinuierlich: von 120 Mio. USD im Jahr 1990 auf 1,78 Mrd. USD im Jahr 2013 [16]. Dieser starke Anstieg macht Cause-Related Marketing zu einem der am schnellsten wachsenden Formen von Marketingkommunikation – auch über die geografischen Grenzen der USA hinaus. Studien zeigen, dass infolge von Cause-Related Marketing Kampagnen die Bekanntheit des Unternehmens sowie der Marke, das Image sowie die Einstellung gegenüber der Marke verbessert werden konnten [13, 17, 18]. Auch Verbraucher reagieren positiv auf diese neue Art von Unternehmen Verantwortung zu demonstrieren: Beim Kauf eines Cause-Related Marketing Produkts erhalten sie automatisch einen sozialen Zusatznutzen verglichen mit einem nicht-spendenbezogenen Produkt [19, 20]. Käufer erleben mittels der Spende, die das Unternehmen im Anschluss an den Kauf tätigt, das positive Gefühl etwas Gutes zu tun (sog. „Warm Glow" Gefühl) während sie gleichermaßen ihr individuelles Bedürfnis ein bestimmtes Produkt zu kaufen, befriedigen. Die Abwicklung über den mobilen Kanal ermöglicht es dem Kunden gleichermaßen, dieses gute Gefühl mit seinen Peers zu teilen und die eigene wohltätige Tat über soziale Kanäle zu kommunizieren. Somit wird gleichermaßen eine individuelle wie auch eine gemeinschaftliche Komponente abgedeckt. Die Wahrnehmung und Beurteilung dieses Zusatznutzens ist in der Praxis stark vom Kulturkreis und den damit verbundenen Wertevorstellungen abhängig.

Für die erfolgreiche Durchführung einer Cause-Related Marketing Kampagne haben sich sowohl kampagnen- als auch gesellschaftsorientierte Faktoren als besonders relevant erwiesen. Kampagnenorientierte Faktoren beinhalten alle Faktoren, die die Gestaltung der

Kampagne direkt betreffen und die vom Unternehmen modelliert werden können. Hierbei gelten die Höhe des gespendeten Betrags, die Art der Spende (absoluter oder prozentualer Betrag), der zeitliche Horizont der Kampagne (kurzfristig, mittelfristig oder langfristig) und der Fit zwischen Marke/Unternehmen und Spendenzweck als besonders relevant [19, 21]. Darüber hinaus spielen aber auch die Einstellungen und Werte der Zielgesellschaft eine Rolle. Als spezifische Faktoren wurden hier unter anderem Hilfsbereitschaft [21], etablierte soziale Normen [22, 23] und bisheriges Spendenverhalten [24] der Gesellschaft identifiziert.

Der Erfolg von Cause-Related Marketing für stationäre („offline") Produkte und Services wurde mehrfach bestätigt. Jedoch konnte das erlangte Wissen bis dato noch nicht auf den mobilen Vertriebskanal angewendet werden. Dieser Transfer soll im Folgenden am Beispiel der Versicherungsbranche exemplarisch diskutiert werden.

27.4 Von der Theorie zur Praxis: Transfer zur Mobilen Versicherungswirtschaft

Obgleich sie keine physischen Güter produzieren, haben auch Serviceanbieter und Finanzdienstleister wie z. B. Versicherer eine umfassende soziale und ökologische Verantwortung gegenüber ihrem Umfeld. Zusätzlich zu der Reduktion ihres CO_2-Fußabdrucks durch Optimierung von Geschäftsprozessen können Versicherer vorhandenes Anlagevermögen (Eigenkapital sowie Kundengelder und Deckungsstock) in die Entwicklung und Förderung von nachhaltigen Projekten (z. B. regenerative Energien; Infrastrukturprojekte) investieren. Gleichzeitig können sie durch monetäre Anreize für besonders sozial- und umweltverträgliches Verhalten ihre Kunden ein Stück weit lenken. So können Versicherungen ihren Kunden spezielle Versicherungsangebote für einen nachhaltigen Lebensstil anbieten, z. B. mittels Kfz-Versicherungen für Elektro- oder Hybridfahrzeuge oder mittels Sachversicherungen für regenerative Energiequellen wie Solar- oder Windenergieanlagen. Zudem können die Versicherungen nicht nur ihre internen Geschäftsprozesse, sondern auch die Prozesse an der Kundenschnittstelle an ökologischen Aspekten ausrichten. So werden Allianz-Kunden Versicherungsprodukte vermehrt digital z. B. in einem Kundenportal im Rahmen sog. „paperless policies" angeboten. Dabei wird die nachhaltige Lösung (in diesem Fall die papierlose Vertragsabwicklung) zum Standard erklärt. Neue Versicherungsangebote werden von vornherein mit einem digitalen Self-Service Paket verknüpft und Bestandskunden wird die Verwaltung ihrer Versicherungsverträge in einem online Versicherungsordner empfohlen. Kunden der Allianz Krankenversicherung ist es beispielsweise bereits jetzt schon möglich, Arztrechnungen mit dem Smartphone oder Tablet abzufotografieren und sie in der Allianz Rechnungs-App hochzuladen, um die Rechnungen bequem und schnell zur Bearbeitung und Erstattung einzureichen.

Einerseits ist der direkte Versicherungsabschluss prinzipiell gut für den mobilen Kanal geeignet, da eine Versicherung oft mit einem speziellen Anlass verbunden ist (z. B. Urlaub, Umzug) und eine mobile Applikation mit ihrer zeitlichen und räumlichen Flexibilität diesem situationsbedingten Bedarf gerecht werden kann. Andererseits ergeben sich beim digitalen Abschluss einer Versicherung auch Probleme: Da Versicherungen als relativ komplexe Produkte wahrgenommen werden, besteht ein eher hoher Informations- und Beratungsbedarf seitens der Verbraucher bevor es zum Vertragsabschluss kommt. Aus diesem Grund ist das wahrgenommene Risiko beim Abschluss einer Versicherung im Vergleich zu anderen Produkten hoch [25]. Auch der verhältnismäßig kleine Bildschirm von Smartphones und folglich die mangelnde Übersichtlichkeit erschweren die oft umfassende Informationsübermittlung von relevanten Kundendaten und somit den Versicherungsabschluss.

Folglich ist der Vertragsabschluss per App (noch) nicht für jedes Versicherungssegment sinnvoll: Situative Kleinversicherungen wie z. B. eine Auslandsreisekrankenversicherung oder eine Handyversicherung, die nicht besonders komplex sind und deren Kauf sich in einem finanziell überschaubaren Rahmen für den Verbraucher bewegt, haben grundsätzlich ein erhöhtes Potential auf dem mobilen Kanal erfolgreich zu sein. Der relativ geringe Preis für diese Art von Versicherungen resultiert in einem verminderten wahrgenommen finanziellen Risiko der Verbraucher.

Erste Nischenanbieter wie z. B. AppSichern (http://www.appsichern.de) bieten unter dem rechtlichen Rahmen einer Versicherungsmaklerlizenz auf einem Online Portal, aber vor allem mit mobilen Apps ein Portfolio von Kurzzeitversicherungen verschiedener Versicherungsunternehmen an. Diese Kurzzeitversicherungen umfassen neben Reiseversicherungen unter anderem spezielle Angebote wie z. B. StadionSchutz – eine Unfallversicherung für den Besuch eines Fußballspiels – oder Probefahrtschutz – eine Versicherung, die beim Autokauf im Falle eines Unfalles während der Probefahrt die Selbstbeteiligung abdeckt.

Zusätzlich könnte die Bereitstellung eines Zusatznutzens für den Kunden die Akzeptanz und Kaufbereitschaft für mobile Versicherungen im Vergleich zum Versicherungskauf über einen Vertreter erhöhen. Ein solcher Zusatznutzen könnte zum Beispiel das oben beschriebene Konzept von Cause-Related Marketing bieten. Die Verknüpfung eines Versicherungsabschlusses per App mit einer wohltätigen Spende des Versicherungsunternehmens könnte dazu beitragen den mobilen Kanal für Versicherungsprodukte zugänglicher zu machen und insbesondere auch attraktiver im Vergleich zum Vertrieb über einen Vertreter. Eine aktuelle Studie in diesem Bereich hat die Kompatibilität von M-Commerce und Cause-Related Marketing untersucht. Dabei konnte der positive Einfluss von Cause-Related Marketing auf die Kaufintention auch für den mobilen Kanal bestätigt werden [26]. Den Studienteilnehmern wurde ein Werbeplakat für eine mobile Auslandsreisekrankenversicherung präsentiert, zum Teil ohne eine Knüpfung an eine wohltätige Spende des Versicherungsunternehmens, zum Teil mit einer Spende an eine wohltätige Organisation, deren Höhe sich in Abhängigkeit des Versicherungspreises berechnet. Jene Teilnehmer, denen eine Versicherung in Verbindung mit einer Spende angeboten worden war, waren im Anschluss eher bereit die beworbene Versicherung per App zu kaufen als solche, die eine rein produktbezogene Werbung ohne Spende gesehen hatten [26]. Dieser neuartige Aspekt der integrierten Spende stellt folglich eine vielversprechende Möglichkeit dar, sich von der Konkurrenz abzuheben, ein engeres Verhältnis zu den Kunden aufzubauen und dementsprechend den Vertrieb von Versicherung über den mobilen Kanal auszuweiten. Es ist daher zu empfehlen, diese vielversprechenden Studienergebnisse, anhand einer Pilot-anwendung im Markt mit potentiellen zukünftigen Nutzern zu testen.

27.5 Schlussbemerkungen

Nachhaltigkeit und Digitalisierung – die Schlagwörter unserer Zeit – ergänzen sich gut und sie können auch direkt als situative Kaufanreize im Kontakt mit dem Endkunden eingesetzt werden. Cause-Related Marketing stellt dabei einen vielversprechenden Ansatz dar, um Offline-Praktiken in die mobile Online-Welt von Versicherungen zu übertragen.

Literatur

1. Beenken, M. (2013). Innovation und Versicherung – Symbiose oder Widerspruch?: Hg. v. Versicherungsmagazin (2014 Sept. 3). http://www.versicherungsmagazin.de/Aktuell/Nachrich-ten/195/20310/Innovation-und-Versicherung-Symbiose-oder-Widerspruch-.html.
2. Statista. (2014). Anzahl der Smartphone-Nutzer in Deutschland in den Jahren 2009 bis 2014 (in Millionen) (2014 Sept. 3). http://de.statista.com/statistik/daten/studie/198959/umfrage/anzahl-der-smartphonenutzer-in-deutschland-seit-2010/.
3. Grahl A, & Heinze J. (2014). Versicherungen (nicht für sondern) mit dem Smartphone. In A. Eckstein, A. Liebertrau, & M. Seidel (Hrsg.), *Insurance & Innovation: Ideen und Erfolgskon-zepte von Experten aus der Praxis: Jahrbuchprojekt Insurance & Innovation 2014* (S. 41–55). Karlsruhe: Verlag Versicherungswirtschaft GmbH.
4. Luo, X., Li, H., Zhang, J., & Shim, J. P. (2010). Examining multi-dimensional trust and multi-fa-ceted risk in initial acceptance of emerging technologies: An empirical study of mobile banking services. *Decision Support Systems, 49*, 222–234.
5. Keating, M. (1993). *A plain language version of agenda 21 and the other Rio agreements.* Win-nipeg: International Institute of Sustainable Development; [distributor] TBS The Book Service Ltd.
6. Global Reporting Initiative. Annual report 2011/2012; 2013 (2014 May 30). https://www.glo-balreporting.org/resourcelibrary/GRI-Annual-Report-2011-2012.pdf.
7. S & P Dow Jones Indices. Results announced for 2014 Dow Jones sustainability indices review; DJSI Celebrates 15 Year Anniversary (2014 Nov 5). http://www.sustainability-indices.com/ima-ges/140911-djsi-review-2014-en-vdef.pdf.
8. Centre for Retail Research. Online-Handel in Europa und den USA 2014–2015 (2014 Nov 5). http://static-de.deals.com/v10/docs/deals.com-e-commerce-studie-2014_20140415121058.pdf.
9. Davis, F. D. (1989). Perceived usefulness, perceived ease of use, and user acceptance of infor-mation technology. *MIS Quarterly, 13*, 319–340.
10. Pavlou, P. A. (2003). Consumer acceptance of electronic commerce: Integrating trust and risk with the technology acceptance model. *International Journal of Electronic Commerce, 7*, 101–134.
11. Crespo, Á. H., Rodríguez del Bosque, I., & García de los Salmones Sánchez, M. M. (2009) The influence of perceived risk on Internet shopping behavior: a multidimensional perspective. *Journal of Risk Research, 12*, 259–277.

12. Ajzen I. (1991). The theory of planned behavior. *Organizational Behavior and Human Decision Processes, 50,* 179–211.
13. Varadarajan, R., & Menon, A. (1988). Cause-related marketing: A coalignment of marketing strategy and corporate philanthropy. *Journal of Marketing, 52,* 58–74.
14. Lafferty, B. A., Goldsmith, R. E., & Hult, G. T. M. (2004). The impact of the alliance on the partners: A look at cause-brand alliances. *Psychology & Marketing, 21,* 509–531.
15. Arora, N., & Henderson, T. (2007). Embedded premium promotion: Why it works and how to make it more effective. *Marketing Science, 26,* 514–531, 584–585.
16. IEG. IEG sponsorship report: Sponsorship spending growth slows in North America as marketers eye newer media and marketing options: EG, LLC (2014 Jun 2). http://www.sponsorship.com/iegsr/2014/01/07/Sponsorship-Spending-Growth-Slows-In-North-America.aspx.
17. Polonsky, M. J., & Speed, R. (2001). Linking sponsorship and cause related marketing: Complementarities and conflicts. *European Journal of Marketing, 35,* 1361–1385.
18. Barone, M. J., Norman, A. T., & Miyazaki, A. D. (2007). Consumer response to retailer use of cause-related marketing: Is more fit better? *Journal of Retailing, 83,* 437–445.
19. Drumwright, M. E. (1996). Company advertising with a social dimension: The role of noneconomic criteria. *Journal of Marketing, 60,* 71–87.
20. Elfenbein, D. W., & McManus, B. (2010). A greater price for a greater good? Evidence that consumers pay more for charity-linked products. *American Economic Journal: Economic Policy, 2,* 28–60.
21. Koschate-Fischer, N., Stefan, I. V., & Hoyer, W. D. (2012). Willingness to pay for cause-related marketing: The impact of donation amount and moderating effects. *Journal of Marketing Research, 49,* 910–927.
22. Cialdini, R. B. (2009). *Influence: The psychology of persuasion* (16th ed.). New York: Collins.
23. Wang, Y. (2014). Individualism/collectivism, charitable giving, and cause-related marketing: A comparison of Chinese and Americans. *International Journal of Nonprofit and Voluntary Sector Marketing, 19,* 40–51.
24. Lindahl, W. E., & Winship, C. (1992). Predictive models for annual fundraising and major gift fundraising. *Nonprofit Management Leadership, 3,* 43–64.
25. Loewenstein, G. (1999). Is more choice always better? *Social Security Brief, 7,* 1–7.
26. Lucke, S. (2014). *The role of personal choice in cause-related marketing: Derivation of a concept for the mobile insurance industry.* München: Technische Universität München.

Future Sales – ein exploratives und visionäres Zukunftsbild des Vertrieb von morgen

Axel Liebetrau

Zusammenfassung

Zukünftige Verkaufspunkte und Verkaufsprozesse sind dort wo der Kunde seinen Alltag verbringt. Im Wechselspiel zwischen physischer und virtueller Welt. Zum einen im Büro oder Zuhause und zum anderen im Web oder in den Social Communities. Diese Vielzahl an möglichen Touchpoints, Points of Sale (POS) und Prozesse fein zwischen on- und offline zu verknüpfen, sowie in Balance von Kundennutzen, Wirtschaftlichkeit und Regularien zu bringen, ist das Ziel des zukünftigen Vertriebs. In der Vergangenheit lag der POS mit wenigen Ausnahmen im stationären Vertrieb. Ein Käufer beispielsweise informierte sich zuerst beim Händler und vielleicht zusätzlich in der Fachpresse bevor, der Verkauf beim Händler vollzogen wurde. Der heutige Kunde informiert sich umfassend in verschiedenen Medien, bevor er im Handel oder zunehmend auch im Internet kauft. Er lasst sich nicht mehr einem Vertriebskanal, stationär oder virtuell, klar zuordnen. Künftig verändert sich der Informations- und Verkaufsprozess noch deutlicher. Der Kontext aus Ort, Situation und Mensch dominiert den Vertrieb von morgen. Der Aufenthaltsort (= POS) und die aktuelle Situation des Kunden nehmen künftig zentrale Rollen neben seinen Bedürfnissen und Wünschen ein. Entscheidend werden das Zusammenspiel und der Zusammenhang zwischen den einzelnen Faktoren sein.

A. Liebetrau (✉)
Wiesloch, Deutschland
E-Mail: axel@axel-liebetrau.de

© Springer-Verlag Berlin Heidelberg 2015
C. Linnhoff-Popien et al. (Hrsg.), *Marktplätze im Umbruch,* Xpert.press,
DOI 10.1007/978-3-662-43782-7_28

28.1 „Geschäfte sind Mittelalter" und Cross-Channel ist State of the art

„Geschäfte sind Mittelalter. Sie wurden nur gebaut, weil es kein Internet gab" mit diesen deutlichen Worten macht Oliver Samwer, der Gründer von Zalando, seinen Standpunkt klar. *„Wer heute mit dem Handel neu anfange, brauche keine Läden"* legt er nach. Der Serial Entrepreneur und „Schreckgespenst" des stationären Handels ist gemeinsam mit seinen beiden Brüdern ein erfolgreicher Online-Händler. Sein Mode-Versandhandel Zalando hat zuletzt 1,8 Mrd Euro Umsatz erzielt, der weitere Umsatz seiner Unternehmens-Holding Rocket Internet wird auf ca. 700 Mio Euro beziffert und er beschäftigt über 15.000 Mitarbeiter in 100 Ländern [6].

Betrachtet man den stationären Handel, so erkennt man, dass immer weniger Musikgeschäfte, Buchhändler und Elektronikgeschäfte das Stadtbild prägen. Die Glanzzeiten der großen Waren- und Kaufhäuser als „Konsumtempel" und als regionaler Treffpunkt der Menschen sind vorüber. Auch die Filialen von Banken, Versicherungen, Post, Ämter, etc. dünnen immer mehr aus, nachdem meist keine Notwendigkeit vorliegt, diese physisch zu besuchen. Schnell kommt man zu der Ansicht, dass die Zukunft des Verkaufs im Internet liegt [2] *„Wer die Zukunft kennenlernen wolle, müsse 15-Jährige fragen, die alles per Smartphone erledigten"*, postuliert Samwer [6]. Trotz klarer Umsatzzuwächse im eCommerce und Firmenpleiten bei Warenhäusern gibt es auch erfolgreiche Vertriebsbeispiele mit traditionellen Filialen. Im Textilhandel beispielsweise gibt es erfolgreiche Filialkonzepte von dem irischen Discounter Primark über die sogenannten „Pseudo-Discounter" wie H&M bis hin zum hochpreisigen Filialisten mit Türsteher wie Ambercrombie & Fitch.

Betrachtet man die Konzepte der erfolgreichen Händler von heute genauer, so erkennt man, dass eine klare und eindeutige Zuordnung des Kaufprozesses zu Internet oder Filiale nicht mehr möglich ist. Sie sind weder reine Filial- oder Internet-Händler. Dieser Ansatz wird Cross-Channel (deutsch Kreuzkanalität) genannt, wenn mindestens zwei unterschiedliche Kanäle bei der Leistungserstellung oder Vermarktung genutzt werden. Die Kunden bedienen sich situativ und immer wieder wechselnd sowohl der Filiale als auch des Online-Shops des Händlers.

Moderne Technologien eröffnen den Kunden nicht nur mehr Möglichkeiten verschiedene Informations- und Vertriebskanäle, sondern vor allem Touchpoints, gleichzeitig oder nachgelagert in einem Kaufprozess zu nutzen. Als Touchpoints (deutsch Kundenkontaktpunkte) bezeichnet man alle Situationen und Schnittstellen, in denen ein Kunde vor und nach einem Kauf mit einem Unternehmen, einer Marke oder einer Leistung in Berührung kommt. Die neuen Medien und Informationstechnologien haben zu einer deutlichen Zunahme an Touchpoints gesorgt. Touchpoints wie Blogs, Vergleichsportale oder Twitter sind erst in den letzten Jahren entstanden und haben in kurzer Zeit eine enorme Bedeutung bei der Kaufentscheidung gewonnen. Mit zunehmender Anzahl und Relevanz an Digital Natives werden die Herausforderungen an das Steuern der Touchpoints für Unternehmen und Marken zunehmen. Die Vielzahl an Touchpoints, on- und offline, zu verknüpfen, sowie in Balance zwischen Kunden- und Unternehmensnutzen zu bringen, ist das angestrebte Ziel eines modernen Touchpoint-Managements [8].

28.2 Triangulation und Kontext sind die Zukunft

Die Informations- und Verkaufsprozesse von morgen werden sich deutlich weiterentwickeln und verändern. Der Kontext aus den Faktoren Ort, Situation und Mensch dominiert den künftigen Vertrieb. Nicht ein einzelner Faktor ist entscheidend, sondern das Zusammenspiel und der Zusammenhang der Faktoren sind relevant.

Der Aufenthaltsort des Kunden nimmt künftig eine zentrale Rolle ein. Ein Kunde, welcher sich eine gewisse Zeit in einem Autohaus aufhält, kann über sein Handy als potentieller Autokäufer identifiziert werden (Faktor Ort). Informationen wie beispielsweise vom Kunden besuchte Websites von Automarken oder Daten von Finanzdienstleistern über auslaufende Leasingverträge, offenbaren die aktuelle Situation des Kunden (Faktor Situation) können ergänzt werden. Abgerundet mit Kenntnissen oder Einschätzungen über das Verhalten, die Einstellungen und die Vorlieben des Kunden (Faktor Bedürfnis) ergibt sich daraus ein bisher nicht bekanntes Gesamtbild des Kunden (Triangulation).

Das aufgezeigte Beispiel beschreibt, welchen Weg der künftige Vertrieb gehen könnte. Die relevanten Fragen; „wie Kunden und Unternehmen kommunizieren werden" oder „welche Rolle Touchpoint-Management spielen wird"; werden nachfolgend untersucht und mögliche Antworten formuliert. Die Faktoren Ort, Situation und Bedürfnisse werden analysiert, die Triangulation der Faktoren betrachtet und die zentrale Rolle des Kontexts erläutert.

28.2.1 Faktor Ort

Die Agora war in der Antike der Marktplatz und zugleich zentrale Versammlungsplatz in der Stadt. Die Agora vereinte Kaufen und Verkaufen, Ausübung der Religion, politische Zusammenkunft und Unterhaltung für die Massen an einem Ort. Der Basar (persisch für Markt) war bereits eine Weiterentwicklung. Ein Merkmal ist die Aneinanderreihung von Geschäften, welche die gleichen Produkte verkaufen (Branchensortierung). Zwischen Groß- und Einzelhandel wurde nicht unterschieden. Teilweise ist der Basar auch Werkstatt und Produktionsort [7]. Bis zur Erfindung moderner Kommunikationsmedien war ein physisches Treffen zur gleichen Zeit und gleichen Ort notwendig. Der Markt wurde als Ort definiert, wo Angebot und Nachfrage zusammenkommen. Telefon und Internet haben diese klare Ordnung durcheinander gebracht. Der Ort muss nun kein physischer Ort mehr sein, sondern es kann auch ein virtueller Ort sein.

Schnell kann man zu dem Trugschluss kommen, dass der Ort, ob physisch oder virtuell, in Zeiten der Digitalisierung keine Relevanz mehr hat. Dies ist nicht so. Der Ort ist weiterhin ein wichtiger Faktor im Gesamtzusammenhang des Vertriebs. Nicht nur bei Produkten

wie Kleidung, welche vom Kunden gerne „in Augenschein" genommen werden oder Produkte, wie zu kühlende Lebensmittel, welche aus logistischen Gründen einfacher persönlich gekauft werden, spielt der Ort weiterhin eine wichtige Rolle. Spannend ist das Projekt
„ebay now", welches aktuell in ausgewählten Städten in den USA getestet wird [3]. Die
bei ebay gekauften Artikel werden nicht an die „Lieferadresse" gesendet, sondern an den
aktuellen Aufenthaltsort des Käufers. Durch das Mobiltelefon wird der Käufer geortet und
per Kurznachricht ebenfalls auf sein Mobiltelefon über eine anstehende Lieferung zum
aktuellen Standort oder einem vereinbarten Ort informiert. Das Prinzip ist vergleichbar
mit einer Taxibestellung per App. Der Standort wird ermittelt und freie Taxis (bei ebay die
Händler mit entsprechend verfügbarer Ware) in der Nähe werden angezeigt. Das Taxi (die
Ware) macht sich direkt auf den Weg zum Kunden.

Einige Versandhändler wie Amazon wollen in naher Zukunft bestellte Ware mit kleinen
Drohnen ausliefern und dadurch die Kosten für Paketzustelldienste einsparen. Erste Tests
mit der Auslieferung durch unbemannte Fluggeräte laufen. Kleinere Pakete, welche die
Masse der Pakete ausmachen, können an die Lieferadresse oder an den Aufenthaltsort
geflogen werden. Mit einem Einsatz der Drohnen wird es allerdings noch einige Jahre
dauern. Denkt man diese Zukunftsvision konsequent weiter, so könnten zukünftig Bestellungen und Lieferung voll automatisiert von Maschinen ausgeführt werden. Wenn auf
einer Baustelle beispielsweise eine Baumaschine aufgrund eines defekten Teils ausfällt, so
bestellt das Produktionssystem das notwendige Ersatzteil, welches umgehend per Drohne
direkt zur Baustelle geflogen wird.

Während für Drohnen der Ort nur eine GPS-Koordinate ist, so nimmt der Ort bei Menschen in der Dramaturgie des Verkaufens eine zentrale Rolle ein. Deutlich erkennt man dies
mustergültig bei Nespresso. Der „Kaffeehändler" setzt mit über 200 Filialen (Nespresso
Boutiquen genannt) auf außergewöhnliche „Marken-Inszenierung" und auf einen vorde-
finierten Ablauf des Kaufs. Der Kunde wird in der Filiale klar gelenkt und an das Produkt
gesteuert. Ähnlich wie in einem Theaterstück oder einem Film wird der Protagonist zum
Finale, dem Kaufabschluss, hingeführt. Nespresso hat in den vergangenen Jahren in den
stationären Vertriebsweg intensiv investiert und den (wahrscheinlich) deutlich teureren
Vertriebsweg, im Vergleich zum Internetverkauf, ausgebaut. Die Investition ist gut durchdacht. Die Standorte sind wohl gewählt und das Filialkonzept ausnahmslos hochwertig.
Klasse statt Masse ist die Devise. Denn die Filiale dient dazu den Kunden zu gewinnen
und langfristig zu binden. Begeisterung für Marken und Produkte kann in der physischen
einfacher wie in der virtuellen Welt entwickelt werden. Kunden lassen sich leichter „verführen" und suchen teilweise selbst die „Verführung". Test- und Spontankäufe entstehen
und bauen schrittweise die Kundenbindung auf. Bei gefestigter Kundenbeziehung wird
der Kunde langsam und schrittweise an einen (Wieder)Kauf nun im Internet herange-
führt. Das Prinzip kann vereinfacht als „investiere in Filialen, um im Internet Geschäfte
zu machen" bezeichnet werden. Selbst Zalando, welche Filialen als „mittelalterlich" bezeichnen, haben einige ausgewählte „Outlets" eröffnet, um ebenfalls den Kunden an den
Internetkauf heranzuführen und die bestehende Kundenbeziehung durch filialbasierende
„Kauferlebnisse" weiter zu binden.

28.2.2   Faktor Situation

Die aktuelle Situation eines Kunden ist ebenfalls ein wichtiger Faktor in der Kaufentscheidung. Altbekannt ist das Beispiel der Cola, für welche im Supermarkt ein Discountpreis,
während auf der Reise im Zug oder auf der Autobahnraststätte ein Vielfaches bezahlt
wird. Sicherlich könnte man den erhöhten Preis mit dem Faktor Ort erklären, allerdings
nur teilweise. Der gleiche Kunde kann im Supermarkt preisorientiert und auf der Reise
zeitreduziert eingestellt sein. Im Urlaub, in Begleitung von Freunden, an sonnigen Tagen,
etc. zeigt der gleiche Kunde teilweise unterschiedliches Verhalten und andere Kaufentscheidungen im Vergleich zu alltäglichen (Normal)Situationen.

Der Ökonom George Taylor stellte bereits in den 1920er Jahren einen Zusammenhang
zwischen der Konjunktur und der Länge von Damenröcken her. Je besser die Konjunktur verläuft, desto kürzer werden die Röcke. Das Phänomen des „Lipstick Faktor" zeigt,
dass Frauen in wirtschaftlich schwierigen Zeiten sparen und bestimmte Güter nicht oder
weniger konsumieren. Als Ausgleich werden kleine „Investitionen" wie Lippenstifte, als
kleine Freude und Belohnung für das Sparen, gekauft. Gerade der „Lipstick Faktor" zeigt
deutlich das Zusammenspiel von der volkswirtschaftlichen (durch Marketing nicht beeinflussbare) und der persönlichen (durch Marketing beeinflussbare) Situation. Der Autor
versteht unter Situation recht kurzfristig andauernde (Tages)Situationen wie „unterwegs
auf der Reise" wie auch längerfristige (Lebens)Situationen.

Situative Faktoren (Lebensphasen) können heute die Art, wie wir leben, wie wir arbeiten, und folglich auch unsere Kaufentscheidungen verändern. Der Berufseinstieg nach
dem Studium, die Geburt eines Kindes, Trennungen ebenso wie neue Bekanntschaften,
chronischer Zeitmangel oder umgekehrt neu gewonnene Zeitautonomie in der „Empty-
Nest-Phase", hohe geistige und körperliche Fitness auch im fortgeschrittenen Alter usw.
All das sind Beispiele für mehr oder weniger zufällige Situationen, die Menschen zu Veränderungen in ihrer Lebensführung veranlassen können [5].

28.2.3   Faktor Bedürfnisse

Die grundsätzlichen Bedürfnisse eines Kunden haben sich durch neue Medien nur gering
gewandelt. Einige wenige Bedürfnisse wie Statussymbole haben sich verändert. Während
vor einigen Jahren ein Firmenwagen für Mitarbeiter ein wichtiges Statussymbol und für
Bewerber ein wichtiges Entscheidungskriterium bei der Arbeitgeberwahl war, so spielen
heute Gadgets wie Smartphones und Notebooks eine wichtige Rolle. Die Art und Weise
wie ein Kunde seine Bedürfnisse befriedigen möchte, wie er Produkte nachfragt und nutzt,
haben sich allerdings deutlich verändert. Verständlich wird dies an dem simplen Beispiel
„Bargeldversorgung". Heutige Kunden nutzen den Bargeldservice vieler Einzelhändler
wie Rewe. Direkt an der Ladenkasse beim Einkauf wird Bargeld bezogen. In vergangenen
Zeiten hat die Bargeldversorgung über Geldautomaten ausgereicht, heute möchte ich als
Kunde keine Zeit oder zusätzliche Wege investieren.

Neben der Entwicklung weg von reinen Produkten hin zur Problemlösung (Kunde will kein Auto, sondern individuelle Mobilität) ist als weiterer Faktor auch die individuelle Bedürfnisstruktur der Kunden relevant. Nicht jeder Kunde, aber doch eine steigende Masse – vor allem der Digital Natives – will mehr als nur einfache Bedürfnisbefriedigung. Das kann über das Empowerment – dem Erlernen von Know-how rund um das Produkt und dessen Nutzung (z. B. vom Weintrinker zum Sommelier) – bis hin zur Frage nach dem Impact, der gesellschaftlichen oder ökologischen Effekte des Produkts (z. B. ökologischer Fußabdruck), gehen. Solche Entwicklungen könnte man in den Industrieländern beispielsweise bei Lebensmitteln beobachten, wo es erst um die Befriedigung von Grundbedürfnissen (Hunger) ging und dann zumindest für einen großen Teil der Kunden weitere Aspekte wie Nachhaltigkeit relevant geworden sind [2].

28.3   Kaufprozess im Umbruch – Praxisbeispiel Audi City Berlin

Betrachten wir die Veränderungen und den Umbruch im Kaufprozess aufgrund neuer Medien und Informationstechnologien anhand des Beispiels des Autokaufs. Hier zeigen sich die prekäre Situation für Käufer und Verkäufer, die Treiber und die Notwendigkeit der Veränderung sowie mögliche Entwicklungstendenzen.

Heute informiert sich der Kunde meist im Internet und in der Fachpresse, bevor er ein Autohaus zur Beratung besucht. Autohäuser findet man meist nacheinander gereiht wie eine Perlenkette an den Ausfallstraßen von Städten. Die Branchensortierung erinnert an das Prinzip des Basars. Im Autohaus fällt auf, dass die breite Produktpalette an Fahrzeugen fast komplett gezeigt wird, dass ein großer Grundbestand an Verkaufspersonal jederzeit anwesend sein muss und dass das Ambiente meist hochwertig ist. Insgesamt ist dies für einen Autohändler ein aufwendiger und kostspieliger Kaufprozess. Es ist offensichtlich, dass im Kaufpreis ein wesentlicher Anteil an Vertriebsaufwand steckt. Den Kaufprozess komplett im Internet abzubilden kann eine Lösung für bestimmt Kundengruppen, aber (noch) nicht für die Masse der Kunden sein. Gerade beim Kauf eines Autos, welches meist das zweitgrößte Investment nach einem Immobilienkauf für einen Kunden darstellt, möchte der Kunde das Produkt persönlich „erfahren", spüren und begutachten.

Verschiedene Automarken versuchen dieses Dilemma mit neuen Vertriebskonzepten zu lösen. Einen völlig neuen Weg geht beispielsweise Audi mit dem Ansatz von Audi City Berlin [1]. Audi selbst bezeichnet das Konzept als „Schauraum der Zukunft" und als „Automobil-Cyber-Store im Herzen der pulsierenden Stadt". Audi verlässt hier die Branchensortierung der Ausfallstraße und geht mitten in die Stadt, sogar teilweise in autofreie Fußgängerzonen. Die Verkaufsfläche ist deutlich reduziert, nur wenige Modelle werden physisch gezeigt. Der Fokus liegt in der virtuellen Darstellung der Modelle an großflächigen Displays (Power Walls), welche durch Gestik und Schritte ähnlich einer Spielkonsole gesteuert werden können. Erstmals kann der Besucher die virtuellen Modelle auch in 3-D und im Maßstab 1:1 erleben. Der Kunde kann im Vorfeld seines Besuchs bereits eine Konfiguration seines Wunschautos auf seinem mobilen Gerät erstellen und im Schau-

Faktoren		stationärer POS	virtueller POS
Ort	alt	großflächiges Autohaus	Website
	neu	interaktiver Schauraum	App
Situation	alt	werde beraten	mühsame Selbstberatung
	neu	berate selbst	spielerische Selbstberatung
Bedürfnis	alt	Fokus auf Mobilität	ausschließlich Mobilität
	neu	erweitert um Gamification	erweiterte Selbstberatungskompetenz

Abb. 28.1 Die Faktoren beim stationären und virtuellen POS [4]

raum einfach auf die „Power Wall" übertragen. Zu Besuchende kann die nun vielleicht weiterentwickelte Modellkonfiguration wieder zurück auf das kundeneigene Mobilgerät gespielt werden (www.audi-city.com).

Ein persönlicher Besuch von Audi City Berlin oder zumindest das Betrachten verschiedener Videos auf der Website von Audi oder in YouTube ist sehr zu empfehlen. Die gesamte Vielfalt des Konzepts wird durch eigenes Erleben erst verständlich. Es zeigt sich klar, hier wird der Autoverkauf der Zukunft erprobt. Audi City ist somit nicht nur moderner Schauraum, sondern auch Versuchslabor und Test Center. Erste positiv getestete Elemente des Konzepts haben bereist Einzug in ausgewählte traditionelle Autohäuser gefunden und weitere Auto City Konzepte in London, Moskau und Beijing sind am Start.

Betrachtet man das Konzept analytisch aus einer gewissen Distanz, so wird die Neuordnung der Faktoren Ort, Situation und Bedürfnis deutlich. Der Ort entwickelt sich von großflächigem Autohaus und vorher besuchter Website hin zum interaktiven Schauraum und integrierter Mobilanwendung. Die Situation verändert sich von nacheinander gereihten Besuchen von Autohändlern mit passiver Beratung hin zum gut vorbereiteten Schauraumbesuch mit einem hohen Anteil an aktiver Selbstberatung. Das Bedürfnis Mobilität wird um spielerische Elemente (Gamification) erweitert. Die Veränderungen werden verdeutlicht in Abb. 28.1.

Zudem wird deutlich, dass es sich nicht nur um eine Neuprägung der Faktoren aufgrund neuer Medien und Technologien handelt, sondern dass das abgestimmte Zusammenspiel (Kontext) der Faktoren das wesentliche neue Element ist.

28.4 Fazit: Der Kontext ist entscheidend

Die Fähigkeit neue Technologien und die damit verbundenen Innovationen frühzeitig zu erkennen, den Kontext zu begreifen und schnell umzusetzen, wird das Erkennungszeichen von erfolgreichen Vertrieben sein. Verantwortliche im Vertrieb müssen daher aufzeigen können wohin sich der Vertrieb entwickeln könnte. Sie müssen aufzeigen, dass neue Medien und Technologien nicht nur Teilbereiche des Vertriebs verändern, sondern dass sich der gesamte Vertrieb und die zugrundeliegenden Spielregeln verändern.

Viele neue Spielregeln, Technologien, Rahmenbedingungen, etc. des zukünftigen Vertriebs kennen oder erkennen wir heute noch nicht. Wir müssen daher aufhören, den künftigen Vertrieb ausschließlich anhand unserer bisherigen Erfahrungen und Erkenntnisse zu entwickeln.

Kaufentscheidungen werden künftig getroffen, lange bevor klassisches Marketing überhaupt eine Chance hat, Einfluss auszuüben [9]. Vertrieb, wie wir ihn kennen, ist am Ende. Neue Technologie und marginale Anpassungen verzögern nur das Sterben. Lassen Sie uns Vertrieb neu denken!

Literatur

1. Audi City. (2014). www.audi-city.com/berlin. Zugegriffen: 14. Nov. 2014.
2. Auge, S., Koye, B., & Liebetrau, A. (2014). *Client value generation – das Zürcher Modell der kundenzentrierten Bankarchitektur*, Heidelberg.
3. Banking Innovation Group. www.bankinginnovationgroup.de. Zugegriffen: 14. Nov. 2014.
4. Dziemba, A., Pock, B., & Steinle, A. (2012). *Lebensstile 2020 – Eine Typologie für Gesellschaft.* Kelkheim: Konsum und Marketing.
5. Ebay now. (2014). www.ebaynow.com. Zugegriffen: 14. Nov. 2014.
6. Handelsblatt vom. (2014). http://www.handelsblatt.com/unternehmen/handel-dienstleister/oliver-samwer-sie-sind-zu-alt-um-das-zu-verstehen/10069902.html. Zugegriffen: 14. Nov. 2014.
7. Scharabi, M. (1985). *Der Basar. Das traditionelle Stadtzentrum im Nahen Osten und seine Handelseinrichtungen.* Tübingen.
8. Schüller, A. (2012). *Touchpoints: Auf Tuchfühlung mit dem Kunden von heute.* Offenbach: Managementstrategien für unsere neue Businesswelt
9. Winters, P. (2014). *Customer strategy – Aus Kundensicht denken und handeln.* Freiburg.

Der digitale Gutschein – Neue Möglichkeiten für Vertrieb und Kundenbindung

Annette März, Andreas Gutjahr und Carsten Schwecke

Zusammenfassung

Der Gutschein ist schon 127 Jahre alt und schafft es dennoch, nach wie vor eine wichtige Rolle im Marketing-Mix zu spielen. Verbraucher lieben Rabatte und Schnäppchen und so konnte sich das Gutscheinmarketing über die Jahre etablieren und durch neueste technologische Möglichkeiten weiterentwickeln. Unternehmen setzen nach wie vor auf klassische Print-Gutscheine. In den letzten Jahren kommen aber besonders vermehrt digitale Rabattgutscheine zum Einsatz, um den Umsatz anzukurbeln, die Kundenbindung zu stärken oder Erkenntnisse über das Kundenverhalten zu gewinnen. Der Erfolg solcher Gutscheinkampagnen hängt aber stark davon ab, wie geschickt man die Stellschrauben dieses Tools justiert und wie gut man versteht, was Konsumenten von einem Gutschein erwarten. In diesem Kapitel wollen wir beides unter die Lupe nehmen. Soweit nicht anders ausgewiesen, beziehen sich alle Zahlen auf das AffiliPRINT GutscheinBarometer 2014, für das im Januar 2014 1.063 deutsche Verbraucher befragt wurden.

A. März (✉) · C. Schwecke
AffiliPRINT GmbH, Oldenburg, Deutschland
E-Mail: a.maerz@affiliprint.de

C. Schwecke
E-Mail: c.schwecke@affiliprint.de

A. Gutjahr
Agentur Frau Wenk, Hamburg, Deutschland
E-Mail: andreas.gutjahr@frauwenk.de

© Springer-Verlag Berlin Heidelberg 2015
C. Linnhoff-Popien et al. (Hrsg.), *Marktplätze im Umbruch,* Xpert.press,
DOI 10.1007/978-3-662-43782-7_29

29.1   Gutscheinmarketing – 127 Jahre alt und kein alter Hut

Der Gutschein oder Coupon wurde 1887 erstmals von Coca Cola eingesetzt, um den Vertrieb zu unterstützen und ist seit dem aus dem klassischen Marketing-Mix nicht mehr wegzudenken [1]. Kein Wunder, denn in Deutschland sehen neun von zehn Konsumenten in einem Gutschein einen echten Mehrwert [2].

Definiert wird das Gutscheinmarketing meist als „[…] eine Maßnahme, bei der ein *Herausgeber* einer ausgewählten *Personengruppe* durch ein *Medium* einen *Berechtigungsnachweis* (entspricht dem Coupon) zur Verfügung stellt, bei dessen Einsatz in einer ausgelobten *Akzeptanzstelle* während eines definierten Zeitraums ein spezifischer *Vorteil* versprochen wird, wenn die Zielperson ein bestimmtes Verhalten zeigt [3]." Dabei werden Gutschein-Kampagnen meist eingesetzt, um

- den Verkauf zu fördern,
- die Frequenz des Kaufs zu erhöhen,
- die Kundenbindung zu unterstützen,
- den Umsatz zu steigern,
- Erkenntnisse über Kunden und deren Verhalten zu gewinnen.

Der Konsument kann einen Gutschein im Handel auf vielen Wegen bekommen, beispielsweise direkt vom Verkaufspersonal, aus einem Coupon-Automaten, auf dem Kassenbeleg oder der Produktverpackung, als Handzettel oder am Regal. Auch Gutscheine als Teil von Postwurfsendungen sowie Paketbeilagen oder Anzeigen in Printmedien sind nach wie vor beliebt. Der technologische Wandel hat auch dem Rabattgutschein eine kontinuierliche Weiterentwicklung beschert und führt dazu, dass der Gutschein zunehmend digitaler wird. Inzwischen gibt es über 600 Gutscheinportale allein in Deutschland [4], auf denen Verbraucher gezielt nach Rabatten suchen können. Firmen verschicken zudem E-Mails mit Gutscheinen an (potenzielle) Kunden; Transaktionsseiten im E-Commerce werden zunehmend mit Gutscheinen für ähnliche oder passende Produkte versehen (sogenannte Check-out-Gutscheine) und auch Gutschein-Apps auf Smartphones verbreiten sich immer mehr.

Spätestens seit der Auflösung des Rabattgesetzes 2001 gewinnen Gutscheine im Marketing von Unternehmen schnell an Bedeutung: 2008 wendete bereits jeder zweite Marketing-Manager Rabattgutscheine im Marketing-Mix an [5].

29.2   Die Deutschen lieben Gutscheine

Gutscheine kommen gut an. Für 90 Prozent der über 1000 für das *GutscheinBarometer 2014* befragten deutschen Verbraucher stellen sie einen Mehrwert dar (siehe Abb. 29.1). Diese positive Wahrnehmung zeigt sich in der Bevölkerung unabhängig von Alter und Geschlecht.

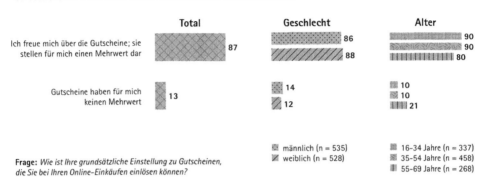

Abb. 29.1 Akzeptant von Gutscheinen bei deutschen Konsumenten

Eine Ersparnis ist für die Verbraucher schnell zu erkennen und dieser Mehrwert motiviert sie, Gutscheine auch tatsächlich einzulösen. Bewegte sich die Nutzungshäufigkeit schon in den vergangenen Jahren auf hohem Niveau, ist sie in 2014 nochmals leicht angestiegen. Auf die Frage, ob die Konsumenten Gutscheine jetzt häufiger oder seltener einlösen als im Vorjahr, gab die Hälfte an, dies inzwischen noch öfter zu tun (51 Prozent). 43 % der Befragten nutzen Gutscheine genauso häufig.

Eine beeindruckende Entwicklung zeigt sich auch im Umgang mit den Rabatt-Gutscheinen. 62 % der Verbraucher lösen sie sofort ein. Das sind fast 40 % mehr als im Vorjahr. Damit festigt der Gutschein seine Rolle als wirksames Instrument zur Stärkung des Abverkaufs. Wenn der Gutschein nicht sofort eingelöst wird, so heben ihn 58 % der Verbraucher für später auf. Dies unterstreicht den wahrgenommenen Mehrwert und die positiven Auswirkungen auf die Markenerinnerung.

29.2.1   Bewertung der Gutscheinträgermedien

Gutscheine können grundsätzlich in nahezu jedem Kommunikationskanal und an jedem Customer Touchpoint eingesetzt werden. Fragt man die Verbraucher nach ihrer persönlichen Präferenz im Hinblick auf Online-, Mobile- oder Print-Gutscheine (siehe Abb. 29.2), bevorzugen vier von zehn Online-Gutscheine. Knapp jeder Dritte bekommt am liebsten Print-Gutscheine. Lediglich vier Prozent würden mobile Gutscheine den anderen vorziehen. Ein Viertel der Verbraucher steht allen drei Kanälen gleichermaßen offen gegenüber.

Die Geschlechterverteilung zeigt, dass Print-Gutscheine bei den weiblichen Konsumenten beliebter sind. Männer sind für Online-Gutscheine überdurchschnittlich affin.

Betrachtet man nicht nur die Kanäle, sondern konkret verschiedene Gutscheinträgermedien zeichnet sich ein ähnliches Bild. Die Beliebtheit des Paketbeilagen-Gutscheins ist ungebrochen, denn auch 2014 geben 85 % der Befragten an, dass sie Gutscheine als Paketbeilage nützlich finden. Jedoch holt der E-Mail-Gutschein in der Gunst der Verbrau-

Präferierter Gutschein nach Kanal

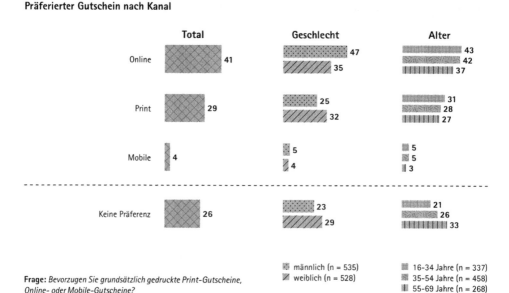

Abb. 29.2 Präferenz der Gutscheinkanäle bei deutschen Konsumenten

cher auf und schiebt sich im Ranking knapp vor die Paketbeilage. 87 % schreiben dem E-Mail-Gutschein einen hohen Nutzen zu. Das sind sechs Prozentpunkte mehr als noch 2013 Platz drei im Ranking der nützlichsten Gutscheinträger sind wie im Vorjahr Gutscheine als Belohnung nach einem Kauf. Mehr als drei Viertel der Befragten sagen, dass diese sogenannten Check-out-Gutscheine nützlich für sie sind.

Mobile Gutscheine folgen erst mit Abstand und einem Nutzwert von 53 %. Mobile Gutscheine in Form von QR-Codes weisen wie im Vorjahr mit 36 % eine verhältnismäßig geringe Nutzenwahrnehmung auf.

Werbevideos sind bislang als Trägermedium für Gutscheine noch wenig verbreitet. Ihr Nutzwert wurde im *GutscheinBarometer 2014* ersmals erhoben und erzielten aus dem Stand von 22 Prozent.

29.2.2 Vertriebs- und Werbewirkung von Gutscheinen

Gutscheine sind auch wichtige Impulsgeber für die Konsumenten. 64 % der Befragten haben sich durch einen Rabattgutschein schon einmal zum Kauf eines Produktes verführen lassen, das sie sonst nicht gekauft hätten. Das sind 14 % mehr als noch 2013. In der Zielgruppe der 16- bis 34-Jährigen ist diese Anreizwirkung mit 73 % überdurchschnittlich ausgeprägt.

Gutscheine wirken sich nicht nur auf den Abverkauf von Online-Shops positiv aus, die dem Verbraucher bereits bekannt sind. Vielmehr wurden auch 63 % der Befragten durch kostenlose Rabatt-Gutscheine schon einmal auf einen neuen, ihnen bislang nicht bekannten Online-Shop aufmerksam. Zudem lassen sich mit Rabatt-Gutscheinen signifikante Cross- und Upselling-Potenziale erschließen. Zwei von drei Befragten geben an, dass sie nicht nur das durch den Gutschein rabattierte Produkt erwerben, sondern im Shop auch nach weiteren Produkten stöbern. Dabei animiert der Gutschein eher Frauen (68 Prozent) als Männer (60 Prozent) zu einem (virtuellen) Rundgang im Shop. Betrachtet man das Alter der Konsumenten, ist das „Stöber-Gen" bei den Konsumenten ab 35 Jahren ausgeprägter als bei den jüngeren Verbrauchern.

29.3   Der digitale Gutschein

Wenngleich der gedruckte Gutschein nach wie vor hoch im Kurs der Konsumenten steht, gewinnt der digitale Gutschein an Bedeutung, wie oben beschrieben. Der Grund: Laut ARD/ZDF-Onlinestudie 2014 sind 79 % der Deutschen online, wobei das mobile Internet als deutlicher Wachstumstreiber fungiert. Smartphones und Tablets ermöglichen den Konsumenten, inzwischen „always on" zu sein. Diese ständige Verbindung zum Internet, im Zusammenhang mit Apps, die den Ort des Handys kennen und den Einlöseprozess von Gutscheinen wesentlich vereinfachen, werden dazu führen, dass mobile Gutscheine in der Gunst der Verbraucher stark gewinnen. Bislang ist die mobile Gutschein-Technologie aber noch nicht sehr verbreitet. Die klassischen digitalen Gutscheintypen werden von den Verbrauchern daher eher als nützlich bewertet:

Welche Gutscheintypen sind für Sie besonders nützlich?

1. Gutscheine per E-Mail (87 Prozent)
2. Digitale Gutscheine als Kaufbelohnung (77 Prozent)
3. Gutscheine auf Gutscheinwebsites (68 Prozent)
4. Mobile Gutscheine (53 Prozent)
5. Deal-Gutscheine, die mit Vorkasse bezahlt werden (49 Prozent)
6. Gutscheine als QR-Code (36 Prozent)
7. Gutscheine in Werbevideos (22 Prozent)

Gutscheinwebsites kommt eine Sonderrolle zu, denn Konsumenten nutzen sie aktiv, um nach Gutscheinen zu suchen. Zum einen kann man hier durch die Platzierung von Gutscheinen unter Umständen den Abverkauf ankurbeln. Jedoch besteht die Gefahr, dass Kunden, die auch den vollen Preis bezahlt hätten, einen Gutschein verwenden. Es ist bezeichnend, dass bei der Google-Suche nach den führenden Online-Shops von der Suchmaschine sofort die Kombination mit dem Wort „Gutschein" vorgeschlagen wird. Es ist für Verbraucher also extrem einfach geworden, passende Gutscheine zu suchen, wenn sie bereits kurz vor dem Kaufabschluss sind und wahrscheinlich auch den vollen Preis bezahlt hätten. Um dies zu vermeiden, sollten Werbungtreibende von vornherein auf unique Gutscheincodes setzen, die jeweils nur einmal eingelöst werden können. Besonders bei dem Versand von Gutscheinen als E-Mail, bei Check-out-Gutscheinen oder mobilen Gutscheinen ist dies inzwischen ohne Weiteres möglich und verhindert, dass die Codes ungewollt auf Gutscheinwebsites landen.

Gutschein-Apps auf Smartphones haben das Potenzial, dem digitalen Gutschein zu wachsender Beliebtheit zu verhelfen. Zwar gibt es hierzulande weniger eine Tradition des Coupon-Sammelns, wie beispielsweise in den USA, aber der Wunsch ein Schnäppchen zu machen ist mindestens genauso groß in Deutschland. Neue Apps von Drittanbietern, wie Coupies, Vouchercloud, 12Stamps, Gettings oder Voucheroo versprechen einen einfachen Weg für Konsumenten, Gutscheine zu sammeln und damit zu sparen. Apple hat mit Passbook sogar direkt im Betriebssystem ideale Voraussetzungen für mobile Gutscheine gelegt. Doch werden Konsumenten diese Angebote nur annehmen, wenn sie extrem einfach zu nutzen sind.

29.4 Erfolgsfaktoren im digitalen Gutscheinmarketing

Wer Gutscheine einsetzt, sollte sich der Details und Bestandteile bewusst sein. Denn nicht jeder Gutschein kommt bei den Verbrauchern an. Selbst wenn ein Gutschein wahrgenommen und als nützlich empfunden wird, sinkt die Einlösequote dramatisch, wenn der Verbraucher sich nicht angesprochen fühlt:

Top-10-Gründe, warum Rabattgutscheine nicht eingelöst werden

1. Der Mindestbestellwert ist zu hoch (85 Prozent)
2. Gutschein ist nur für Neukunden oder bestimmte Produkte gültig (73 Prozent)
3. Die Ersparnis über den Gutschein ist zu niedrig (57 Prozent)
4. Der Gutscheinanbieter/Shop ist mir nicht bekannt oder nicht vertrauenswürdig (56 Prozent)
5. Der Gutschein ist schon abgelaufen (47 Prozent)
6. Die Bezahloptionen im Online-Shop sind die falschen, z. B. nur Vorkasse oder Paypal (33 Prozent)
7. Ich vergesse meistens, die Gutscheine einzulösen (33 Prozent)
8. Zu kompliziert (18 Prozent)
9. Einlösung funktioniert meistens irgendwie nicht (17 Prozent)
10. Der Gutschein-Code ist nicht lesbar (13 Prozent)

Um diese Hürden abzubauen, sollten sich Unternehmen ganz bewusst mit den **Top-5-Kriterien für erfolgreiche Gutscheinkampagnen** auseinandersetzen:

1. Die Gutschein-Bedingungen
2. Die Wahl des Gutschein-Werts

3. Die Markenbekanntheit des Gutschein-Absenders
4. Die Gutschein-Gültigkeit
5. Die Gutschein-Gestaltung

Die Gutschein-Bedingungen müssen klar benannt werden. Der Empfänger muss auf den ersten Blick das Angebot und den Mehrwert erkennen können. Der Kunde muss also sofort erfassen, wie viel er tatsächlich mit dem Gutschein spart. Nur dann wird er auch davon Gebrauch machen. Auch die Gestaltung des Gutscheins ist von zentraler Bedeutung.

Image und Glaubwürdigkeit des Gutschein-Absenders sind für viele Konsumenten wichtig. Diese können Werbungtreibende beispielsweise unterstreichen, indem sie Zertifikate und Auszeichnungen auf dem Gutschein platzieren.

Wie gut einzelne Details eines Gutscheins beim Empfänger in Erinnerung bleiben und wie wichtig demnach das Augenmerk bei der Festlegung und Gestaltung dieser Parameter ist, zeigt auch das Ergebnis der nachfolgenden Frage:

Denken Sie bitte an die letzten Rabatt-Gutscheine, die Sie erhalten haben. An welche der folgenden Details können Sie sich erinnern?

1. An das Produkt, das ich billiger bekommen konnte (49 Prozent)
2. An die Höhe des Rabatts, der gewährt wurde (43 Prozent)
3. An den Absender, also die Firma, bei der ich damit Geld sparen konnte (38 Prozent)
4. Ich kann mich an nichts erinnern (15 Prozent)

Ein Gutschein, der alle relevanten Details deutlich darstellt, zur Zielgruppe und zum Trägermedium passt, hat sehr gute Chancen von den Konsumenten aktiv wahrgenommen zu werden und die gewünschten Conversions zu erzielen.

Beim Einsatz digitaler Gutscheine sollten besondere technische Möglichkeiten bewusst genutzt werden. Beispielsweise wünscht sich Hälfte der befragten Verbraucher automatisch erinnert zu werden, bevor der Gutschein abläuft. Vier von zehn Konsumenten wünschen sich eine Ausdruckfunktion, 24 % möchten den Gutschein weiterempfehlen können.

Ist es gelungen, den Verbraucher mit dem Gutschein zu aktivieren, kann die Auswahl der verfügbaren Bezahloptionen eine neue Hürde darstellen. Findet der Käufer keine passende Zahlungsmethode, kann dies den schon gewonnenen Kunden dazu veranlassen, den Kauf abzubrechen. Immerhin 83 % der Befragten geben an, dass sie einen Online-Kauf schon einmal abgebrochen haben, weil keine passende Zahlungsoption angeboten wurde.

Bei der Vergabe von Gutscheincodes müssen Unternehmen übrigens besonders aufpassen. Gratiswertgutscheine ohne clevere technische Steuerung führen dazu, dass die entsprechenden Gutscheincodes schneller ungewollt auf Gutscheinportalen im Internet landen, als Konsumenten „Discount" sagen können. Wer heute bei Google den Namen eines Top-Online-Shops eingibt, erhält als nächsten Wortvorschlag meistens „Gutschein" oder „Rabattcode" vorgeschlagen. Bei diesem sogenannten „Inverse-Redemption-Effekt" entscheidet sich der Konsument zuerst für das Produkt und sucht dann den passenden

Gutschein. Das Resultat: Käufer, die auch den vollen Preis für ein Produkt bezahlt hätten, nehmen den Gutschein gern an und vermindern somit die Marge. Eine Lösung kann der Einsatz von unique Gutscheincodes sein. Dabei erhält jeder Gutschein einen einzigartigen Code, der nur einmal einlösbar ist.

29.5 Herausforderungen und Ausblick

Das digitale Gutscheinmarketing hat gerade erst begonnen. Aktuelle Entwicklungen im Kontext des neuen iPhone 6 mit vereinfachten Bezahlmöglichkeiten in Form von „Apple Pay" werden ganz neue Dimensionen des digitalen Gutscheinmarketings ermöglichen. In Kombination mit der mittlerweile steigenden Verbreitung der Beacon-Technologie, einem unter anderem von Apple entwickelten Standard für Navigation in geschlossenen Räumen, wird der digitale Gutschein zunehmend intelligenter werden. Basierend auf der Einkaufshistorie werden interessante Gutscheine dem Nutzer auf das Smartphone geschickt. Durch eine ausreichende Anzahl an Beacon-Sendern kann die UUID (Universally Unique Identifier) ausgelesen werden und der passende Gutschein somit dem einzelnen Nutzer zugeordnet werden.

Eine andere Option zur Ausspielung eines digitalen Gutscheins, die erst am Anfang ihrer Entwicklung steht, ist die Integration des digitalen Gutscheins in Social-Media-Umfeldern, insbesondere im Kontext von Facebook und Twitter. Derzeitige einfache Textlink-Kombinationen werden durch smartere Integrationen ersetzt werden. Die erstmalige Integration des „Twitter Buy Buttons" im September 2014 mag ein erster Hinweis sein, in welche Richtung sich der digitale Gutschein weiter entwickeln wird. Die stark steigende mobile Nutzung im Zusammenhang mit einem unverändert starken Reichweitenwachstum der Social-Media-Plattformen erlaubt dem Gutscheinmarketing ganz neuartige Einsatzmöglichkeiten.

Allerdings besteht auch hier noch großer Aufklärungs- und Nachholbedarf insbesondere auf Seiten der Werbungtreibenden. Zu selten wird derzeit mit plattformübergreifenden Responsive-Webdesign-Ansätzen gearbeitet. Die Folge sind beispielsweise Gutscheinabläufe, bei denen die Landing-Pages mit Einlösebutton außerhalb des sichtbaren Bereiches liegen oder ganz grundsätzlich die Einlösung des Gutscheins innerhalb der Conversion-Strecke zu kompliziert ist. Gutscheinmarketing bietet viel Potenzial für die Zukunft. Aber nur wer die Stellschrauben für die Optimierung kennt, kann es auch erschließen.

Literatur

1. März, A. (2014). Geschichte des Gutscheins. http://www.affiliprint.com/docs/presse/Affili-PRINT_127_Jahre_Gutscheinmarketing_RGB.jpg am November 2014, Oldenburg: Affili-PRINT GmbH.
2. März, A. (2014). AffiliPRINT GutscheinBarometer 2014, Oldenburg: AffiliPRINT GmbH.

3. Hartmann, Kreuzer und Kuhfuss. (2003). Handbuch Couponing, 1. Auflage, S. 6, Wiesbaden, Gabler Verlag.
4. Red Door Consulting. (2012). Marktübersicht Gutscheinportale Deutschl and, Düsseldorf.
5. Bub, H. J.(2008). Trendbarometer Juni 2008: Gutscheine, Wiesbaden, Quasar Communications GmbH.

Zum Geleit: Shopping Experience mit dem Smartphone

30

Grit Enkelmann

30.1 Jeder will sie, jeder sucht sie, aber was genau ist sie eigentlich?

Kennen Sie das? Ihr Tischnachbar im Restaurant trägt ein tolles Outfit, genau das hätten Sie auch gern. Und zwar am besten noch heute für die Party am Abend. Wäre es nicht toll, das Outfit über die Fotosuchfunktion des Smartphones mobil zu „orten" und sofort zu wissen in welchen Online und Offline Shops dieses oder ähnliche Outfits verfügbar sind – inklusive Informationen zu Preisen, Marke und Material. Das begehrte Objekt kann dann bequem unterwegs in den Warenkorb gelegt werden und zu Hause am Laptop/Tablet fortgesetzt werden. Falls man unterwegs ist, kann man noch schnell die schon voreingestellte „Same Hour Delivery"-Option am Handy auswählen, und das Outfit wird genau dorthin geliefert, wo man sich gerade mit seinem Smartphone befindet. Wäre das nicht das perfekte Shopping Erlebnis?

30.2 Das Smartphone – Bindeglied zwischen On- und Offline Welt

Dies alles ermöglicht das Smartphone, das persönlichste Device, nie weiter als eine Armlänge von uns entfernt. Es ersetzt heute schon den Terminkalender, die Kamera, Notizbücher oder Spiegel und spielt bei ca. 60 % aller Einkaufsaktivitäten eine entscheidende Rolle. Sei es zur Inspiration, als Merkliste, Nachschlagewerk, zum Preisvergleich oder einfachem Kaufabschluß, die Nutzung des Smartphones im Kaufprozeß ist vielfältig und erweitert sich wöchentlich. Für den Händler mit stationärer Herkunft bietet das Smart-

G. Enkelmann (✉)
Otto Group, Hamburg, Deutschland
E-Mail: Grit.Enkelmann@ottogroup.com

© Springer-Verlag Berlin Heidelberg 2015
C. Linnhoff-Popien et al. (Hrsg.), *Marktplätze im Umbruch,* Xpert.press,
DOI 10.1007/978-3-662-43782-7_30

phone die Möglichkeit, bisher anonyme Kunden im Shop zu identifizieren, Verweildauern im Store zu verfolgen, Kaufhistorien anzulegen und sowohl online als auch im Shop auf ein Omni-Channel-Shopping Nutzerprofil zurück zu greifen. Das Smartphone nimmt ebenfalls die Funktion des Barcodescanners zur Produkterkennung im Store ein und kann sowohl visuelle als auch sprachgesteuerte Produktsuchen durchführen. Auch Möglichkeiten, wie die Bezahlfunktion via „mobile wallet" oder die Möglichkeit der Sendungsverfolgung zeigen deutlich, dass das Smartphone inzwischen weit mehr als nur ein weiterer Verkaufskanal ist.

Es ist das Bindeglied zwischen allen Verkaufskanälen und Devices und ermöglicht dem Nutzer ein natürliches Omni-Channel-Shopping, bei dem er nahtlos zwischen on- und offline Welten wechseln kann, ohne dass er dies bewusst wahr nimmt. Willkommen in der mobilen Shopping Welt!

30.3   Die Kundin – so unterschiedlich wie der Modegeschmack

So unterschiedlich wie der Modegeschmack der Kundinnen sind auch die Anforderungen an die neue mobile Omni-Channel-Shopping Welt.

Die Eine wünscht sich Inspiration, die Andere eine praktische, übersichtliche und möglichst einfache Kaufabwicklung. Praktisch oder doch verspielt? Einige Kundinnen verändern ihren Modegeschmack saisonal, andere bleiben ihrem Style über Jahrzehnte treu. Was für eine Kundin heute perfekt ist, kann für sie morgen störend oder nicht mehr ausreichend sein. Doch jede dieser Kundinnen will bei Laune gehalten werden, sie wünschen sich Neuheiten, Mehrwerte und Aktivität im Shop und dazu gehören immer mehr auch die neusten Features auf dem Smartphone.

Doch auch bei der Smartphone Nutzung scheiden sich die Geister, für die Eine sind zum Beispiel Apps überflüssig, weil sie Speicherkapazität verbrauchen und nicht die gleichen Funktionen wie die gewohnte Web-Seite bieten, für die Andere sind Apps der schnellste und perfekte Einstieg zu den gewünschten Services.

30.4   Personalisierte Mobile Anwendungen sind der Schlüssel zum Erfolg

Dadurch gewinnt die Personalisierung im E- und Omni-Channel-Commerce insgesamt massiv an Bedeutung und das Smartphone kann guten Gewissens als Katalysator für diese Entwicklung bezeichnet werden. Mit keinem anderen Device durchlebt der Kunde so viele unterschiedliche Nutzung-Szenarien wie mit diesem digitalen Äquivalent des Schweizer Taschenmessers: Checken von Emails und Messages direkt nach dem Aufstehen, Nachrichten lesen in der U-Bahn, Second Screen Surfing zuhause auf der Couch sowie all diese unzähligen Situationen, in denen kurzfristig Informationsbedarf besteht. Hierzu kommen die individuellen Eigenschaften und Nutzungspräferenzen des Konsumenten sowie einer kleinerer Screen, der nur Platz für wirklich wichtige Inhalte bietet.

Aus Händlersicht erlaubt und fordert das Smartphone also, das Angebot und User Experience maximal auf den individuellen Kunden und seinen aktuellen Nutzungskontext zugeschnitten sind. So gilt es zum Beispiel genauestens zu analysieren, wann Rabattcodes als nervige Störer und wann als angenehme Überraschung empfunden werden. Zukünftig werden wir demnach zunehmend auf intelligente bzw. vorausschauende Mobile Anwendungen treffen, die genau dies ermöglichen. Ein Kunde, der lieber stöbert, wird also ein anderes Interface sehen, als einer der regelmäßig gezielt nach ausgewählten Produkten sucht. Eine Kundin die ihren primären Modegeschmack in geraden Formen und braunen Naturtönen gefunden hat, wird auf der Startseite nicht mit der neongrellen Rüschenbluse begrüßt, nur weil diese der Verkaufsschlager der Woche ist. Vergleichbar mit einer guten Verkäuferin im stationären Handel, ermöglichen im mobilen Umfeld Personalisierungsalgorithmen, dass sich die Kundin verstanden und als einzigartig behandelt fühlt.

Handelsunternehmen müssen demnach ein breites Spektrum neuer Kompetenzen aufbauen und dabei den verantwortungsbewussten Umgang mit den Daten der Kunden sicherstellen.

30.5   Omni-Channel Händler werden Technologieunternehmen

Für stationäre Händler bedeutet Mobile bereits heute eine einschneidende Veränderung des Status Quo, die sich in den kommenden Jahren rasant fortsetzen wird. Das Mobile Device, als permanentes Bindeglied zwischen analoger und digitaler Welt, steht quasi im Zentrum der gesamten Customer Journey. Dies bedeutet Risiko und Chance zugleich – so besteht zwar die Gefahr, dass Online-Wettbewerber ihren mobilen Kundenzugang nutzen, um bisherige Filialkunden in ihr Angebot zu schleusen (z. B. über die Integration eines Barcode-Scanners in die eigene Mobile App), aber auch die Möglichkeit dem Kunden ein überlegenes Omni-Channel Erlebnis zu bieten und dadurch die Kundenbindung zu steigern.

Auch für reine Online Händler macht der zunehmende Traffic über Mobile Devices eine perfekte Omni-Channel Experience zu einem absoluten Muss. Kunden sind nicht gewillt sich mit mobilen B-Lösungen und eingeschränktem Funktionsumfang zufrieden zu geben und erwarten, dass alle am PC gängigen Services auch auf mobilen Devices vorhanden sind und das darüber hinaus auch auf den jeweiligen mobilen Nutzungskontext eingegangen wird. Einheitliche Sortimente auf Mobile und Desktop Shop, gerätegrößen-optimierte Web-Pages, deviceübergreifende Warenkörbe und Merklisten sowie schnelle Ladezeiten bilden dabei die Basis der Dinge, welche gewährleistet sein müssen. Mobilekampagnen, welche die intelligente Nutzung von orts-, zeit- oder umweltabhängigen Daten integrieren, bieten aufgrund ihrer hohen Relevanz für den Nutzer ein enormes Potential für das gesamthafte Omni- Channel-Erlebnis.

Händler müssen zukünftig die gesamte Customer Journey mit allen relevanten Kunden-kontaktpunkten als Geflecht von sich gegenseitig beeinflußbaren Kundenzugängen be-trachten. Dies erfordert komplett neue Marketingstrategien in Handelsunternehmen.

Technologisch besteht die Herausforderung für Händler darin, ihre Systemlandschaft so zu strukturieren, dass jederzeit neue Software/Hardware schnell getestet und integriert werden kann, denn was die jährlichen Technologiesprünge in der PC Landschaft waren, sind beim Mobile Device Quartals-Sprünge.

Heute möchte der Kunde im Store gesehene Produkte unterwegs per Smartphone in den Warenkorb legen und gegebenenfalls zu Hause den Kauf auf dem Tablet beenden können. Morgen möchte er den eigenen Kleiderschrank-Inhalt auf sein Smartphone laden, so dass beim Einkauf eines neuen Kleidungsstücks sofort eine Kombinierbarkeit zur bestehenden Kleidung hergestellt werden kann. Es ist davon auszugehen, dass der Kunde von morgen sich daran gewöhnt hat, dass jeder Händler beim Betreten des Geschäfts oder des online Shops seine Kaufhistorie, seine Maße, seine Marken-Vorlieben kennt und somit individu-ell beraten kann. Dabei bewegt sich der Kunde mit seinem Smartphone nahtlos zwischen on- und offline und erwartet dies auch von seinem Händler. Dies zwingt Handelsunter-nehmen sich mit den vielfältigen und ständig neuen Möglichkeiten der Datenauswertung/Datennutzung und dem rasanten Tempo der Technologieentwicklung, wie z. B. den Be-acons, auf mobilen Devices vermehrt auseinander zu setzen und langfristig in Forschung und Entwicklung zu investieren. Denn eine Neuerung auf dem Smartphone, die heute als begeisterndes Shoppingerlebnis empfunden wird, ist morgen schon Standard!

Das Everywhere-Phänomen: Warum Mobile Payment nur funktioniert, wenn es überall funktioniert. Und was das für den Handel bedeutet

31

Nils Winkler und Martin Zander

Zusammenfassung

Noch ist das Bezahlen mit dem Smartphone nicht Alltag in Deutschland. Aber Mobile Payment wird Alltag werden. Die deutschen Einzelhändler müssen entscheiden, auf welche der rund dreißig zur Auswahl stehenden Lösungen sie setzen wollen. Umfragen zeigen, dass sie sich dabei an den Kundenwünschen orientieren. Die Konsumenten ihrerseits wollen Bezahlmethoden, die schneller und einfacher funktionieren als herkömmliche Zahlarten, Methoden, die ihnen Mehrwerte bieten – wie zum Beispiel einen Echtzeit-Überblick über die getätigten Transaktionen – und die überall funktionieren, quer über alle Kanäle und in allen Lebenssituationen: Das ist das Everywhere-Phänomen.

31.1 Mobile Payment kommt

Es müssen einige Voraussetzungen erfüllt sein, damit sich mobiles Bezahlen auf breiter Front durchsetzen kann. Die erste Voraussetzung: Internetfähige Mobiltelefone müssen von der Ausnahme zur Regel geworden sein. Diese Voraussetzung ist heute bereits gegeben. Es gibt noch nicht so viele Smartphone-Nutzer wie Führerschein-Inhaber in Deutschland – aber fast: Zählten die Statistiker 2009 erst 6,3 Mio. Smartphone-Nutzer, waren es

N. Winkler (✉) · M. Zander
Yapital Financial AG, Luxemburg, Luxemburg
E-Mail: info@yapital.com

M. Zander
E-Mail: martin.zander@yapital.com

© Springer-Verlag Berlin Heidelberg 2015   279
C. Linnhoff-Popien et al. (Hrsg.), *Marktplätze im Umbruch,* Xpert.press,
DOI 10.1007/978-3-662-43782-7_31

2014, nur fünf Jahre später, bereits 40,2 Mio. [2]. Damit verfügt jeder zweite Deutsche über die grundlegende technische Ausrüstung für mobiles Bezahlen. Der Trend ist ungebrochen, die Zahl der Smartphone-Nutzer nimmt weiter zu: Nach Schätzungen des IT-Branchenverbandes Bitkom werden Smartphones im Jahr 2014 auf einen Anteil von 80 % an den verkauften Mobiltelefonen in Deutschland kommen [1].

Die nächste Voraussetzung: Es muss ein Bedarf für mobiles Bezahlen bestehen. Auch diese Voraussetzung ist erfüllt. Das zeigt eine repräsentative Umfrage von TNS Infratest, die das Meinungsforschungsinstitut 2014 im Auftrag von Yapital vorgenommen hat [9]. Sie belegt nicht nur, dass es unter den deutschen Verbraucher einen klaren Bedarf an Mobile Payment gibt, sondern schlüsselt ihn auch nach Orten beziehungsweise Lebenssituationen auf. Am größten ist der Bedarf an Tankstellen: 33 % aller Konsumenten und 43 % der Smartphone-Nutzer würden dort gern mobil bezahlen. Interessanterweise trifft das auch auf fast ein Viertel (24 %) der Verbraucher zu, die noch kein Smartphone benutzen (s. Abb. 31.1).

Ähnlich groß ist das Interesse an Mobile Payment im Öffentlichen Personennahverkehr – und bei den täglichen Einkäufen: 30 % der Konsumenten und 41 % der Smartphone-Nutzer würden eine mobile Bezahlmöglichkeit in Supermärkten und Drogerien zu schätzen wissen. Auch hier zeigen Verbraucher ohne Smartphone großes Interesse: Ein Fünftel von ihnen würde an diesen Orten gern mobil bezahlen. Ein wichtiger Vorteil von Mobile

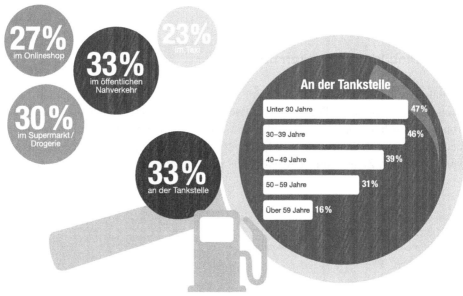

"Wunsch und Wirklichkeit": Umfrage von Yapital, durchgeführt in Zusammenarbeit mit TNS Infratest. 2014.

Abb. 31.1 Wo würden Sie gern mit dem Smartphone bezahlen? (Repräsentative Umfrage von TNS Infratest im Auftrag von Yapital 2014)

Payment wäre für die Befragten, dass sie weniger Gegenstände bei sich tragen müssten: nur das Smartphone – statt Smartphone plus Portemonnaie. 31 % der Verbraucher würden darin einen überzeugenden Mehrwert sehen, von den Smartphone-Nutzern würden sogar 41 % gern ihren Geldbeutel zu Hause lassen.

Der Bedarf an mobilem Bezahlen wird dadurch unterstrichen, dass die Befragten verschiedene Nachteile herkömmlicher Bezahlmethoden kritisieren. Besonders unzufrieden sind jüngere Menschen: Warteschlangen am POS stören 83 % der 14- bis 29-Jährigen, im Vergleich zu 42 % der Über-60-Jährigen. 44 % der 14- bis 29-Jährigen geben zudem an, sich schon einmal geärgert zu haben, weil sie nach Münzen suchen mussten, und 37 %, weil sie nicht genug Bargeld dabei hatten (s. Abb. 31.2).

Bargeld gerade dann nicht zur Hand zu haben, wenn man es braucht, ist allerdings ein noch größeres Problem für die 30- bis 39-Jährigen (43 % stimmt der Aussage zu). Diese Altersgruppe empfindet auch den Umweg zum Bankautomaten als besonders lästig (35 % Zustimmung zur Frage), und stört sich am meisten an der Preisgabe persönlicher

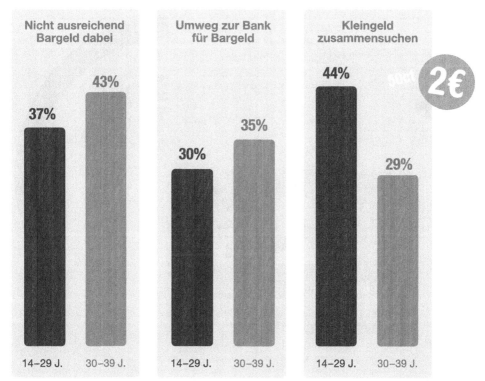

WARUM BARGELD MANCHMAL NERVT

Nicht ausreichend Bargeld dabei	Umweg zur Bank für Bargeld	Kleingeld zusammensuchen
37 % / 43 %	30 % / 35 %	44 % / 29 %
14–29 J. 30–39 J.	14–29 J. 30–39 J.	14–29 J. 30–39 J.

"Wunsch und Wirklichkeit": Umfrage von Yapital, durchgeführt in Zusammenarbeit mit TNS Infratest. 2014.

Abb. 31.2 Warum Bargeld manchmal nervt. (Repräsentative Umfrage von TNS Infratest im Auftrag von Yapital 2014)

Daten wie ihrer PIN an der Kasse (24 % Zustimmung). Auch beim Online-Shopping und beim Rechnungskauf sehen die 30- bis 39-Jährigen die traditionellen Zahlmethoden besonders kritisch: 22 % der Befragten dieser Altersgruppe gaben an, sich schon einmal über die Bezahlprozesse beim Online-Shopping, beim Rechnungskauf oder bei einer Sofort-Überweisung geärgert zu haben. Besonders die umständliche Ausfüllprozedur der Überweisungsformulare stört viele Konsumenten: 30 % aller Smartphone-Nutzer und 43 % der Befragten zwischen 30 und 39 Jahren haben den Vorgang mindestens einmal als lästig empfunden. Auch in der Gesamtheit der Befragten ist die Unzufriedenheit signifikant: 32 % aller Befragten finden die Eingabe ihrer Daten beim Online-Bezahlen umständlich (s. Abb. 31.3).

Nun stellt sich bei Umfrageergebnissen dieser Art stets die Frage der Bewertung. Ist etwa ein Bedarf, der bei einem Drittel der Konsumenten festgestellt wurde, als „groß" zu bezeichnen? Jedenfalls ist davon auszugehen, dass er weitaus größer ist als noch vor einigen Jahren. Zugleich ist der Bedarf derzeit wohl noch deutlich kleiner, als er in einigen Jahren sein wird: In dem Maße, in dem es den Anbietern gelingt, attraktive Mobile-Payment-Lösungen bereitzustellen, in dem Maße, in dem die Logos der Provider am POS

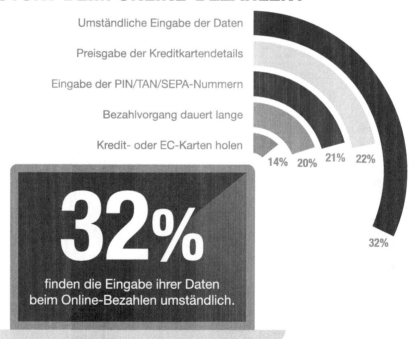

Abb. 31.3 Was stört beim Online-Bezahlen? (Repräsentative Umfrage von TNS Infratest im Auftrag von Yapital 2014)

und im Online-Checkout auftauchen, und in dem Maße, in dem Werbekampagnen Mobile-Payment-Methoden noch bekannter machen, wird auch das Interesse der Verbraucher weiter zunehmen.

Noch eine dritte Voraussetzung muss jedoch für den Durchbruch von Mobile Payment erfüllt sein: Es muss ein passendes Angebot geben. Im Herbst 2014 waren allein auf dem deutschen Markt rund dreißig Anbieter mobiler Bezahlverfahren vertreten – ob nun aus dem Handel, von Telekommunikations-Anbietern, Kreditkartenunternehmen oder Banken – und daneben eine Reihe von Start-Ups unterschiedlichster Provenienz. Zu den prominentesten Mobile-Payment-Anbietern zählten PayPal, Yapital und MyWallet. Großes Aufsehen erregte zudem die Ankündigung, dass das neue iPhone 6 von Apple sowie die Apple Watch eine mobile Bezahlmöglichkeit bieten sollen, die langfristig möglicherweise auch auf dem deutschen Markt zum Einsatz kommen wird. Dies wurde von vielen Experten als Anzeichen interpretiert, dass die Nutzung von Mobile Payment sehr bald deutlich selbstverständlicher werden wird [8].

31.2   Händler stehen unter Entscheidungsdruck

Im stationären Handel geht der Bargeldanteil rasant zurück. Laut einer Studie des EHI Retail Institutes vom Mai 2014 [4] wurden 1997 noch fast 79 % aller Einkäufe bar bezahlt. 2013 lag dieser Anteil bei nur noch 54 %. Die Experten des EHI gehen davon aus, dass der Bargeldanteil an den Umsätzen bis 2018 auf 50 % sinken wird. Die spannende Frage ist: In welchem Ausmaß werden die Bargeldumsätze durch Kartenzahlung ersetzt – und in welchem Ausmaß durch Mobile Payment? Über das genaue Verhältnis der Bezahlmethoden im Jahr 2018 lässt sich aus heutiger Sicht noch nicht Genaues aussagen, klar ist jedoch: Mobile Payment wird eine wichtige Rolle spielen.

Das belegt auch eine weiteres Papier des EHI Retail Instituts, veröffentlicht im September 2014, in dem verschiedene Umfrageergebnisse zum Thema Mobile Payment vorgestellt werden. Trotz des Titels „NFC-Dossier" [5] ergeben die darin versammelten Umfragen unter anderem, dass zwar derzeit rund 80 % der Händler NFC, gleichzeitig aber über 50 % eine QR-Code basierte Lösung und knapp 27 % Bluetooth Low Energy (BLE) als aussichtsreichste mobile Bezahltechnik betrachten (dies sind die wichtigsten beziehungsweise am häufigsten diskutierten Technologien zur Ermöglichung des mobilen Bezahlvorgangs).

Trotz der etwas problematischen Definition des Dossiers von Mobile Payment als Überbegriff sämtlicher kontaktloser Bezahlarten (einschließlich NCF-fähiger Kreditkarten), wird in den einzelnen Umfragen des „NFC-Dossiers" zwischen berührungslosem Bezahlen via Karte und Mobile Payment unterschieden. In unserem Zusammenhang ist vor allem interessant, dass über 80 % von 55 befragten Handelsunternehmen mit 58.300

Filialen in Deutschland und einem Umsatz von 151 Mrd. € planen, ihre Kassensysteme (weiter) für Mobile Payment aufzurüsten.

Handelsunternehmen prüfen aktuell nicht nur verschiedene Mobile-Payment-Angebote, sondern etablieren ihre eigenen – wie die Otto Group mit ihrer Tochter Yapital Financial AG, die 2011 gegründet wurde und im Sommer 2013 das erste europäische Cross-Channel-Payment Yapital auf dem deutschen Markt eingeführt hat. Umfragen wie die genannte TNS-Studie werden mit großem Interesse verfolgt und in der Fachpresse diskutiert. Um nur zwei Beispiele zu nennen: Das Fachmedium Der Handel berichtet über Umfrageergebnisse [3] zum Thema, und auch die Lebensmittelzeitung [7] behandelt regelmäßig das Thema Mobile Payment und stellt die verschiedenen Lösungen vor. Auf Fachmessen herrscht hoher Andrang an den Ständen der Mobile-Payment-Anbieter.

Viele Händler sind schon einen Schritt weiter und haben bereits ein Mobile Payment etabliert. Um beim Beispiel von Yapital zu bleiben: Die Bezahllösung war schon in der ersten Jahreshälfte 2014 an der überwiegenden Mehrzahl der REWE-Kassen im Einsatz, auch der Multichannel-Händler SportScheck und die Parfümeriekette Douglas nutzen Yapital, ebenso wie verschiedene Online-Händler wie Baur, Lascana und Rakuten. Während die Integration in die verschiedenen Handelsunternehmen der Otto Group noch in vollem Gange war, konnten Kunden 2014 schon Hotelzimmer mit Yapital buchen, Taxifahrten und Restaurantrechnungen bezahlen, bei Online-Games Credits erstehen und vieles mehr. Insgesamt hatte Yapital Ende 2014 rund 40 Partnerunternehmen und mehrere zehntausend aktive Nutzer (Stand Herbst 2014 *vor* dem Start der Marketing-Kampagne).

Die Herausforderung, vor der die übrigen Händler nun stehen: Sie müssen entscheiden, wann für sie der Zeitpunkt gekommen ist, ihren Kunden eine mobile Bezahlmöglichkeit anzubieten – und welches Mobile Payment es sein soll. Im Rahmen einer EHI-Studie von 2014 [4] gefragt, wer „das Sagen" haben wird beim Thema Mobile Payment: der Handel, die Mobilfunk-Unternehmen, die Kreditkarten-Anbieter, „Apple, Google & Co.", die Banken oder der Kunde, nannten die meisten Händler den Kunden. Das EHI Retail Institut interpretiert die Umfrage in der Überschrift kurz und bündig: „Bei Mobile Payment orientieren sich die Händler an den Kundenwünschen".

31.3 Kundenwünsche an Mobile Payment

Was wollen die Kunden? Die TNS-Umfrage im Auftrag von Yapital hat ergeben, dass 35 % aller Befragten, 49 % der Smartphone-Nutzer und 59 % der 14-bis 29-Jährigen es als überzeugenden Mehrwert empfinden würden, wenn das Bezahlen mit dem Smartphone *einfacher* wäre als andere Bezahlmethoden. Einfachheit bedeutet zum einen weniger Aufwand in der Handhabung. Die Anbieter setzen unterschiedliche Technologien für den Bezahlvorgang ein: QR-Code und NFC sind die häufigsten. Im Falle von Yapital müssen die Nutzer lediglich einen QR-Code mit der Yapital-App auf ihrem Smartphone scannen und mit einem Klick den Kaufbetrag bestätigen.

Einfachheit bedeutet aber auch möglichst wenige Entscheidungsprozesse. Münzen und Scheine, EC- und Kreditkarten, Überweisungen in verschiedenen Varianten von Direkt- über Online bis hin zum Bankautomaten und dem guten alten Überweisungsträger aus Papier – und jetzt auch noch Bezahlen mit dem Smartphone: Derzeit müssen die Verbraucher noch ständig entscheiden, welche Bezahlmethode einsetzen wollen. Vor Mobile Payment gab es keine, die auf allen Kanälen einsetzbar war. Genau das aber würde eine echte Vereinfachung bedeuten – wie von den Verbrauchern gewünscht. Darum ist es so wichtig, dass ein neues Payment möglichst überall funktioniert.

Dazu braucht es zweierlei: Eine Lösung, die auf allen Kanälen einsetzbar ist – und viele Händler, die sie einsetzen. Deswegen werden es Insellösungen schwerhaben, die auf einzelne Unternehmen oder Gruppen von Unternehmen ausgerichtet sind, auch wenn die beteiligten Handels-Konzerne bedeutend sein mögen. Deswegen stehen auch Wallet-Lösungen, obwohl sie 2014 noch von der Mehrheit der Händler favorisiert wurden [4], vor großen Hürden, da sie die Qual der Zahlmethoden-Wahl nur vom Portemonnaie aufs Smartphone verlagern. Und deswegen werden es alle Anbieter schwerhaben, die sich auf einen Vertriebskanal konzentrieren – auch wenn das solange gut funktioniert hat, wie es keine Alternative gab, die auf allen Kanälen einsetzbar war.

Dem entspricht auch ein weiteres Ergebnis der bereits erwähnten Umfrage von TNS Infratest von 2014: Gefragt, welche Mehrwerte ein Mobile Payment bieten müsste, um sie zu überzeugen, antworteten 28 % der Befragten, dass die Lösung das mobile Bezahlen überall ermöglichen müsste (im Geschäft, online und auf Rechnung) – mit anderen Worten: cross-channel. Von den Smartphone-Nutzern stimmten sogar 39 % dieser Aussage zu.

Genau hier liegt der Vorteil eines echten Cross-Channel-Payments, wie es Yapital als erster Anbieter in Europa auf den Markt gebracht hat: Es funktioniert einfach und unkompliziert quer über alle Bezahlkanäle – an der Ladenkasse (beziehungsweise im Taxi oder im Restaurant, theoretisch auch bei einem Bauchladen), im Online-Checkout (mit mobilen und stationären Endgeräten), beim Rechnungskauf und sogar beim Direktverkauf von der Werbefläche, etwa aus dem Schaufenster, vom Plakat oder von der Anzeige.

Ergänzend zum Bezahlvorgang per QR-Code-Scan können die Nutzer mit Benutzernamen und Passwort bezahlen oder (an 35 Mio. Akzeptanzstellen weltweit) ihre Yapital MasterCard einsetzen. Dank BLE funktioniert Yapital sogar in Geschäften ohne Mobilfunkverbindung (etwa im Untergeschoss), und durch die Yapital-Business-App können auch kleine Händler und Dienstleister ohne Kassensystem ihren Kunden Mobile Payment anbieten, indem sie mit wenigen Klicks ihr eigenes Smartphone oder ihr Tablet zur Kasse umfunktionieren.

In der TNS-Umfrage von 2014 haben sich neben der Einfachheit und breiten Einsetzbarkeit noch weitere Mehrwerte als für die Verbraucher überzeugend erwiesen:

Schneller als herkömmliche Bezahlmethoden sollte ein Mobile Payment sein: 28 % der Befragten und 37 % der Smartphone-Nutzer wünschen sich einen schnelleren Bezahlvorgang. Und Transparenz im Sinne von Überblick über die getätigten Transaktionen wurde von 29 % der Befragten und 42 % der Smartphone-Nutzer gewünscht. Auch integrierte Bonusprogramme und Informationen zu Sonderangeboten stoßen auf Interesse: 22 % der

Befragten und 26 % der Smartphone-Nutzer würden diese als überzeugenden Mehrwert überfinden. Zusatzleistungen wie die Möglichkeit, Freunden Geld zu senden, werden von 22 % der Smartphone-Nutzer gewünscht.

31.4 Idealer Partner des Multi-Channel-Handels

Aus breiter Einsetzbarkeit, Einfachheit, Schnelligkeit und weiteren Mehrwerten entsteht echte Benutzerfreundlichkeit: ein Mobile Payment, das den Wünschen der Konsumenten entspricht und das damit alle Voraussetzungen für eine hohe Akzeptanz, für ein echtes Everywhere-Payment bietet. Zugleich kommt der Ansatz, ein Mobile Payment von vornherein für alle Vertriebswege zu konzipieren, den Bedürfnissen des Handels entgegen: Schnelle Bezahlprozesse verkürzen die Schlange an der Kasse, der unkomplizierte QR-Code-Scan beim Rechnungskauf erhöht die Wahrscheinlichkeit, dass der Händler sein Geld rasch bekommt, die Möglichkeit, direkt von der Werbefläche weg zu verkaufen, eröffnet einen neuen Vertriebsweg und damit neue Umsatzchancen.

Für den Handel sind selbstverständlich noch weitere Faktoren entscheidend, vor allem marktgerechte Gebühren und einfache Integration [4] in die bestehende Zahlungsinfrastruktur, aber unabhängig davon gilt: Je mehr Vertriebswege ein Händler nutzt, desto stärker profitiert er von einem Payment, das auf allen Sales-Channels einzusetzen ist: Das Everywhere-Payment ist der natürliche Verbündete des Multi-Channel-Händlers. Zumal es zu dem einheitlichen Einkaufserlebnis beiträgt, das ein wichtiger Erfolgsfaktor im Multi-Channel-Handel ist [6]. Anders herum bedeutet das: Das rasante Wachstum des Multi-Channel-Handels unterstützt die Verbreitung von Mobile Payment – besonders, wenn es sich dabei um auf allen Kanälen einsetzbare Bezahlmethoden handelt.

Literatur

1. Briegleb, V. (2014). Smartphones prägen den deutschen Mobilfunk-Markt. http://www.heise. de/newsticker/meldung/Smartphones-praegen-den-deutschen-Mobilfunk-Markt-2117455.html. Zugegriffen: 30. Sept. 2014.
2. ComScore lt. Statista. (2014). Anzahl der Smartphone-Nutzer in Deutschland in den Jahren 2009 bis 2014 (in Millionen). http://de.statista.com/statistik/daten/studie/198959/umfrage/anzahl-der-smartphonenutzer-in-deutschland-seit-2010/. Zugegriffen: 30. Sept. 2014.
3. Der Handel. (2014). Jeder dritte Deutsche mag kein Bargeld mehr. http://www.derhandel.de/ news/finanzen/pages/Zahlung-Jeder-dritte-Deutsche-mag-kein-Bargeld-mehr-10644.html?i_searchword=mobiles%20bezahlen. Zugegriffen: 30. Sept. 2014.
4. EHI Retail Institute. (2014). Aktuelle EHI Studie Kartengestützte Zahlungssysteme im Einzelhandel 2014. http://www.ehi.org/presse/pressemitteilungen/detailanzeige/article/aktuelle-ehi-studie-kartengestuetzte-zahlungssysteme-im-einzelhandel-2014.html. Zugegriffen: 30. Sept. 2014.
5. EHI Retail Institute. (2014) „NFC-Dossier." 9. September 2014. http://www.ehi.org/fileadmin/ assets/Presse/PM/NFC-Dossier/NFC_Daten_Handel.pdf.pdf. Zugegriffen: 30. Sept. 2014.

6. IFH Köln. (2014). Erlebnis Einkauf – Kanalübergreifende Erlebnisvermittlung als Herausforderung für den Handel der Zukunft. http://www.ifhkoeln.de/News-Presse/Erlebnis-Einkauf-Kanaluebergreifende-Erlebnisvermittlung-als. Zugegriffen: 30. Sept. 2014.
7. LebensmittelZeitung. (2014). Archiv: Trefferliste. http://www.lebensmittelzeitung.net/archiv/?OK=1&i_searchtext=mobile+payment&OK=Suchen. Zugegriffen: 30. Sept. 2014.
8. The Hypertimes. (2014). Apple Pay: Apple setzt wieder einmal Maßstäbe. https://ecommerce-news-magazin.de/ecommerce-dienstleistungen/ecommerce-payment/apple-pay-apple-setzt-wieder-einmal-massstaebe/. Zugegriffen: 30. Sept. 2014.
9. Yapital FInancial AG. (2014). Payment-Umfrage 2014: Wunsch und Wirklichkei. http://yapital.info/2014/06/payment-umfrage-2014/. Zugegriffen: 30. Sept. 2014.

Trends und Chancen beim mobilen Einkaufen

32

Chadly Marouane, Andre Ebert und Benno Rott

Zusammenfassung

Im Bereich des mobilen Einkaufens gab es in den letzten Jahren viele Innovationen, welche insbesondere durch große Technologiekonzerne wie Google oder Apple vorangetrieben worden sind. Near-Field-Communication (NFC), Bluetooth-Low-Energy (BLE) sowie der darauf aufbauende iBeacon-Standard, QR-Codes, Geofencing, Indoor-Navigation und Proximity-Marketing sind nur einige konkrete Beispiele für Technologien, die bereits heute zum mobilen Einkauf genutzt werden. Trotz dieser Möglichkeiten steckt der Siegeszug mobiler Einkaufskonzepte in Deutschland noch immer in Kinderschuhen. Hierfür mögliche Gründe und Erfolgsfaktoren sind unterschiedlichster Art und sollen in diesem Beitrag genauer untersucht werden. Dabei werden einzelne Technologien und Dienste sowie deren Einsatzmöglichkeiten im Bereich des mobilen Einkaufens näher vorgestellt und evaluiert.

C. Marouane (✉)
Virality GmbH, München, Deutschland
E-Mail: marouane@virality.de

A. Ebert
E-Mail: ebert@virality.de

B. Rott
E-Mail: rott@virality.de

© Springer-Verlag Berlin Heidelberg 2015
C. Linnhoff-Popien et al. (Hrsg.), *Marktplätze im Umbruch*, Xpert.press,
DOI 10.1007/978-3-662-43782-7_32

32.1   Einleitung

Die rasante Entwicklung auf dem Mobilfunkmarkt sowie die große Nachfrage nach immer leistungsfähigeren Endgeräten und Netzen führten in den letzten Jahren zu einer gravierenden Veränderung in unserer Gesellschaft. Dies betrifft neben geänderten sozialen Verhaltensweisen auch das Konsumverhalten der Anwender, welches durch die Möglichkeiten mobiler Zahlungs- und Einkaufstechnologien nachhaltig beeinflusst und verändert wird.

Neben konkreten Anwendungen rund um den Abschluss einer Transaktion wird auch die Kommunikation über Instant Messages oder soziale Netzwerke zum wichtigen Faktor bei der alltäglichen Kaufentscheidung. Dies führt dazu, dass Anbieter neben preislichen und qualitativen Faktoren ihrer Produkte auch auf die richtige Vermarktung und Bereitstellung im mobilen Kontext achten müssen. Der Kauf eines Produktes ist längst ein heterogener Vorgang und kann nur unter Beachtung der im Nutzerkontext bestgeeigneten Technologie erfolgreich vollzogen werden. Im mobilen Bereich mag das die mobil optimierte Webseite oder die eigene App sein, im Desktopbereich eine übersichtliche und komfortabel zu nutzende Verkaufsplattform mit geschickt platzierter, kontextsensibler Werbung und vor Ort die Beratung durch kompetentes Fachpersonal.

Trotz ausgereifter technologischer Möglichkeiten und starker Wachstumszahlen im asiatischen und amerikanischen Raum sind mobiles Einkaufen und kontaktloses Bezahlen in Deutschland noch nicht allgegenwärtig angekommen. Mögliche Gründe hierfür können verschiedenster Art sein (z. B. kulturell, finanziell, bildungsbedingt, Bedienbarkeit) und sollen im Folgenden, zusammen mit möglichen Erfolgsfaktoren genauer untersucht werden. Dabei wird auch auf einzelne Technologien und Dienste sowie deren Einsatzmöglichkeiten eingegangen. Abschließend wird ein Ausblick auf eine mögliche Zukunft des mobilen Einkaufens hierzulande gegeben.

32.2   Das mobile Einkaufserlebnis

Mobiles Einkaufen hat sich über die letzten Jahre durch die rasante Entwicklung des Smartphone- und Tablet-Marktes sowie dem flächendeckenden Ausbau der Übertragungsnetze zu einem wichtigen Faktor für den Einzelhandel entwickelt. Das Einkaufsverhalten und Shoppingerlebnis des Konsumenten wurden durch die mobile Komponente revolutioniert. Käufe werden vermeintlich bewusster und gezielter getätigt, Konsumenten können sich selbstständig informieren und haben die Möglichkeit während des Einkaufs auf Empfehlungen oder Rezensionen anderer Käufer zuzugreifen. Bereitgestellt werden diese Funktionalitäten von einer Vielzahl von mobilen Diensten und Portalen, welche als mobil optimierte Webseiten oder Apps nicht nur Produkte zum Kauf, sondern auch zugehörige Bewertungs- und Kommentarsysteme bereitstellen. Zusätzlich werden neben der reinen Informationsbeschaffung auch intuitive Bedien- und Interaktionskonzepte genutzt, welche unter Zuhilfenahme von im Smartphone integrierten Sensoren (z. B. Kamera,

Beschleunigungssensor, Kompass, etc.) die Handhabung von Applikationen effizienter und angenehmer gestalten. Preisvergleichsportale wie *idealo.de* bieten in ihren Apps beispielsweise einen Barcode-Scanner an, um Artikel und deren Preis über die Analyse ihres Barcodes schneller vergleichen zu können [1]. *Amazon.com Inc.* geht dabei einen Schritt weiter und bietet mit seiner mobilen App *Flow* ein Verfahren an, dass auf Basis einer robusten Bilderkennung Artikel mit der Smartphone-Kamera identifiziert und parallel auf der Amazon-Plattform heraussucht, um ihn dann auf einer Wunschliste zu vermerken oder direkt zum Kauf anzubieten [2].

Das klassische Einkaufserlebnis, welches sich vor Ort im Geschäft oder vor dem heimischen Computer abspielt, wurde somit längst durch das mobile Einkaufen ergänzt und durch dieses intensiver, umfassender und interaktiver gemacht. Das Interesse am Kauf eines Artikels kann bereits bei einem Gespräch mit Freunden im Café, im Bus auf dem Heimweg, am Arbeitsplatz oder in der Freizeit in Echtzeit geweckt und Produkte direkt über mobile Endgeräte recherchiert werden. Diese ermöglichen einem potenziellen Käufer ein einfaches und schnelles Informieren und können direkt zum Kauf bewegen. Wichtig ist hierbei, dass während des gesamten Entscheidungsprozesses neben einer zufriedenstellenden Auskunft über einen Artikel gleichzeitig das Gefühl der freien Selbstentscheidung erhalten bleibt und der Nutzer nicht gedrängt wird. Anders als bei der klassischen Vermarktung durch Werbeanzeigen in Print- oder Online-Medien, welche durch aufdringliche Aufmachung zuweilen auch als belästigend empfunden werden, sollen potentielle Käufer auf subtile Art und Weise über für sie interessante Produkte informiert werden. Hierbei spielt das Smartphone eine entscheidende Rolle, welches sich durch seine vielfältigen Kommunikationskanäle und Sensoren (*Global System for Mobile Communications* (GSM), *Universal Mobile Telecommunications System* (UMTS), *Long Term Evolution* (LTE), *Wireless Local Area Network* (WLAN), *Bluetooth* und NFC) und durch den stetigen Nachrichtenaustausch mit anderen Nutzern zu einer wertvollen Datenquelle entwickelt hat. Durch geschickte Erschließung von Kontext auf Basis von Sensoren und Nutzerdaten lassen sich Interessen ermitteln und Produkte maßgeschneidert bewerben. Damit ergibt sich die Möglichkeit, potentielle Käufer weit über einfache Kaufempfehlungen hinaus zu erreichen. Deren Bedürfnisse werden unter Zuhilfenahme von erschlossenem Kontext oder Interessen durch individuell bereitgestellte Informationen und Produkte befriedigt. Zur Ausschöpfung der Möglichkeiten moderner Smartphones lassen sich beispielsweise verschiedene, adaptive Advertisement-/Marketing-Konzepte für den In- und Outdoor-Bereich umsetzen. *In-Store-Konzepte* bieten geeignete Interaktionsmöglichkeiten im stationären Handel an, wobei die mobile Welt des Kunden mit Artikeln vor Ort verknüpft und mit Inhalten, welche über das Smartphone verfügbar sind, erweitert werden. Durch das sogenannte *Proximity Marketing* werden potentielle Kunden erst bei näherer Betrachtung eines Artikels, einer Werbetafel oder eines Verkaufstandes beworben. Damit können aufdringliche Werbeaktionen subtiler gestaltet und nur potentielle Kunden angesprochen werden, da diese bereits durch ihr bewusstes Annähern ein bestimmtes Interesse bekunden. Anders verhält es sich beim *Mobile-Tagging*. Hier sollen potentielle Kunden bei gesteigertem Interesse selber aktiv werden und sogenannte Tags verwenden, um an ihre Informationen zu gelangen. Die Information wird erst zugänglich gemacht, wenn ein aktives Interesse von Seiten des Kunden besteht. Indirekt kann dies ein mögliches Interesse beim Kunden wecken, da die Information ähnlich wie bei einer Schnitzeljagd versteckt ist.

In jüngster Zeit sind auch kontextbasierte Dienste im Umfeld des mobilen Einkaufens immer häufiger anzutreffen. Diese Dienste sollen mit Hilfe von aggregierten Daten aus sozialen Netzwerken, Ortsinformationen, Sensordaten des Smartphones sowie bereits gespeicherten Verlaufsdaten zielgerichtete Angebote gestalten, welche einerseits für den Kunden hilfreich sind, andererseits eine höhere Verkaufsquote garantieren sollen. Wie sich kontextbasierte Dienste in Zukunft positionieren werden, lässt sich noch nicht abschätzen. Der aktuelle Smartphone-Markt zeigt aber, dass bereits heute leistungsfähige Sensoren verbaut werden welche Kontextinformationen effizient und energetisch kostengünstig ermitteln und verarbeiten können.

32.3 Dienste und Technologien beim mobilen Einkaufen

Zur Verwirklichung der zuvor beschriebenen Ideen werden geeignete Technologien benötigt. Im Folgenden stellen wir einige technische Grundlagen und relevante Konzepte vor.

32.3.1 Near-Field-Communication

Near-Field-Communication (NFC) ist eine Technologie zur kontaktlosen Kommunikation zwischen NFC-fähigen Entitäten. Der Standard beruht auf der Radio-Frequency-Identification-Technologie (RFID) und unterstützt eine Übertragungsrate von 424 Kilobits pro Sekunde bei einem Abstand von bis zu 0,2 m zwischen Sender und Empfänger [3]. Der NFC-Standard wurde durch die beiden Großkonzerne Sony und Philips im Jahre 2002 entwickelt und bietet einen aktiven sowie einen passiven Modus innerhalb der Kommunikation zwischen zwei oder mehreren Geräten an. Bei der passiven Kommunikation erzeugt nur der Sender das elektromagnetische Feld zur Kommunikation; bei der aktiven Kommunikation hingegen wird dieses Feld von allen beteiligten Akteuren gemeinsam erzeugt [4]. Jeder Kommunikationspartner kann in beiden Modi Daten empfangen, jedoch muss mindestens einer im aktiven Modus sein, um initial Daten zu senden (Initiator). Sobald ein passiver Kommunikationspartner erstmals ein Signal von einem Initiator empfangen hat, kann von nun an bidirektional kommuniziert werden. Ein weiterer Vorteil von NFC ist, dass es zusammen mit einem *Secure Element* verwendet werden kann. Dabei handelt es sich um ein vertrauenswürdiges und sicheres Modul, das sicherheitskritische Daten speichern und verschiedene Operationen sicher durchführen kann [5]. Es kann bereits im Smartphone verbaut oder via SIM- oder SD-Karte nachgerüstet werden und ermöglicht es, sensible Daten wie beispielsweise Zahlungsinformationen sicher auf einem Gerät zu hinterlegen und vor unbefugtem Zugriff zu schützen.

Der NFC-Standard hat sich vor allem beim kontaktlosen Bezahlen durchgesetzt. Hier werden seine Vorteile besonders deutlich, da sich durch die kontaktlose und automatisierte Kommunikation eine bargeldlose Transaktion deutlich beschleunigen lässt. Hinzu kommt, dass durch die eingeschränkte Distanz eine eindeutige Transaktionsbekundung sowie eine gewisse Sicherheit vor Betrugsfällen ermöglicht wird. Beispiele für den Einsatz des NFC-Standards gibt es in Parkhäusern zum Öffnen von Schranken, bei Großveranstaltungen als digitale Eintrittskarte und an Bushaltestellen zum Download von Fahrplänen oder als Ticketing-Systemen. Aber auch in Museen oder anderen Points-of-Interest (POI) werden Terminals, welche Informationen und Erläuterungen zu den jeweiligen Ausstellungsstücken oder Sehenswürdigkeiten bereitstellen, eingesetzt. Das Smartphone wird durch die kontaktlose Kommunikation gewissermaßen zu einem „Zauberstab", welcher Prozessketten am Point-of-Sale (POS) oder einem Authentifizierungspunkt in Gang setzt. Da der NFC-Standard bis vor kurzem hauptsächlich von Android- und teils Windows Phone-Geräten, jedoch nicht von dem vergleichsweise viel genutzten Apple iPhone unterstützt wurde, war dessen Verbreitung dadurch bisher etwas ausgebremst. Erfreulicherweise hat sich während der Entstehung dieses Buches ergeben, dass das im September 2014 vorgestellte iPhone 6 mit einem NFC-Chip ausgerüstet wird. Zwar ist die Technologie vorerst nur mit einer proprietären Anwendung von Apple nutzbar, trotz allem ist damit ein weiterer Schritt für den Erfolg von NFC getan und die Grundlage für weitere NFC-basierte Anwendungen auch auf dem Apple iPhone gelegt.

32.3.2 Mobile-Tagging und QR-Codes

Unter dem Begriff Mobile-Tagging versteht man die Verschlüsselung von Informationen mittels optischer Codierungssysteme zu einem visuellen Symbol, welches mit Hilfe der Kamera eines mobilen Endgerätes ausgelesen und entschlüsselt werden kann [6]. Die wohl bekanntesten visuellen Symbole stellen die herkömmlichen, eindimensionalen EAN-Barcodes dar, welche auf einer Vielzahl von Produkten zu deren Identifikation aufgedruckt sind. Inzwischen werden für das Mobile-Tagging vermehrt QR-Codes verwendet, da sie robuster sind und eine höhere Speicherkapazität besitzen. Die häufigsten kodierten Informationen beim Mobile-Tagging sind konventionelle Hyperlinks in Form eines Uniform-Resource-Locators (URL). Diese werden als Zeichenkette codiert und können dann beispielsweise über einen QR-Code ohne umständliches Eintippen direkt durch Scannen des Codes weitergegeben werden. Die URL wird, obwohl sie prinzipiell nur eine einfache Zeichenkette darstellt, über entsprechende Apps vom Smartphone als Link erkannt. So bietet sich zusätzlich die Möglichkeit Angebote in App-Stores, Lokalitäten in Google-Maps oder Profile in sozialen Netzwerken zu verlinken. Mobile-Tagging erweitert somit das durch Smartphones bereitgestellte Spektrum von mobilen Anwendungen und schlägt eine weitere Brücke zwischen analoger Welt und digitalen Inhalten.

32.3.3 Bluetooth-Low-Energy und der iBeacon-Standard

Im Juni 2013 stellte Apple auf der Worldwide-Developers-Conference den iBeacon-Standard zum ersten Mal der Öffentlichkeit vor. Dieser basiert auf der Bluetooth-Low-Energy-Technologie (vgl. Bluetooth 4.0), welcher bereits von zahlreichen mobilen Endgeräten unterstützt wird (iPhone 4s, Google Nexus 4, etc.). Ein iBeacon verhält sich ähnlich wie ein Leuchtturm, welcher in einem Radius von ca. 40–60 m eine eindeutige ID per Luftschnittstelle periodisch über ein Funksignal ausstrahlt, um sich damit für andere BLE-fähige Geräte bemerkbar zu machen. Dabei wird ein iBeacon von einer einfachen Knopfzelle betrieben und besitzt je nach Fabrikat eine Laufzeit von bis zu 2 Jahren. Der iBeacon-Standard wird sowohl von iOS- als auch Android-Endgeräten unterstützt und kann damit für eigene App-Lösungen zur Indoor-Navigation, zur einfachen Identitätsprüfung, zum Proximity-Marketing oder als Ersatz bzw. zur Erweiterung von herkömmlichen Geolocation-Technologien eingesetzt werden.

Durch den Einsatz von BLE ist der Energieverbrauch bei eingeschaltetem Bluetooth am Smartphone extrem gering, zudem kann das mobile Endgerät auch im Ruhemodus geweckt werden um auf in der Umgebung befindliche iBeacons zu reagieren. Da der Standard relativ neu ist und hauptsächlich von Apple aktiv beworben und vorangetrieben wird, haben sich bis heute noch keine wirklichen kommerziellen Anwendungen etabliert oder durchgesetzt. Insbesondere die Tatsache, dass Android nur mit Hilfe externer Bibliotheken den Standard unterstützt, stellt die langfristige Entwicklung von Anwendungen auf Basis des iBeacon-Standards in Frage, da in zukünftigen Versionen von Android keine Unterstützung garantiert wird. Deshalb bleibt abzuwarten, wie sich der iBeacon-Standard langfristig im mobilen Kontext weiter entwickelt und ob aus dem Alleingang von Apple nachträglich doch ein gemeinsamer Standard entwickelt wird.

32.3.4 Die Mobile Wallet

Hinter dem Schlagwort *Mobile Wallet* verbirgt sich ein Konzept, auf welches in der Finanz- und Handelsbrache große Hoffnungen gesetzt werden. Die Grundidee der *Mobile Wallet* ist die Transformation des Smartphones in eine mobile, elektronische Brieftasche, inklusive aller enthaltenen Chipkarten und der Möglichkeit des kontaktlosen, mobilen Bezahlens. Dazu muss der Nutzer sein Smartphone nur in Reichweite eines mobilen POS bringen und kann dann kontaktlos via NFC, QR-Code oder BLE eine Transaktion durchführen. Auch wenn der Hauptfokus der *Mobile Wallet* aktuell noch auf kontaktlosem Bezahlen liegt, so bietet sie neben der Emulation von optischer Datenübertragung, von Ticket- und Eintrittskarten, der Autorisierungs- und Zugangskontrolle oder der Legitimation zur Nutzung verschiedener Produkte auch eine ganze Menge pragmatischer Vorteile. So ist die Anzahl von Ablageflächen einer Brieftasche für die *Mobile Wallet* irrelevant. Zudem müssen keine physischen Datenträger oder Chip-/Scheckkarten hergestellt bzw. versandt werden und es fallen keine Wartezeiten bei der Beantragung derselben an. Dieser vielfältige Anwendungsbereich zeigt: die *Mobile Wallet* soll das herkömmliche Portemonnaie nicht ergänzen, sondern ersetzen.

Eine der Vorläufer-Technologien des *Mobile Wallet*-Konzepts ist das rein auf Bezahlung beschränkte *PayPass*-Verfahren [7] von *MasterCard*, bei welchem Kreditkarten direkt via NFC ausgelesen werden. Diese sind aufgrund des Fehlens einer eigenen Energieversorgung allerdings nicht fähig, einen Bezahlvorgang proaktiv einzuleiten, des Weiteren ist die Eingabe einer PIN hier nur über ein zusätzliches PIN-Eingabefeld möglich. Bei Beträgen welche über den Betrag eines *Micro-Payments*, in den Vereinigten Staaten beträgt dieser bspw. maximal $ 25, hinausgehen, ist die Eingabe einer PIN verpflichtend. Solche Limitierungen können mit der Implementierung einer *Mobile Wallet* überwunden werden, da ein Smartphone auch aktiv NFC-Verbindungen initiieren und über das vorhandene Soft-Keyboard die PIN-Eingabe realisieren kann. Ein bekanntes Beispiel für eine Mobile-Wallet Implementierung ist die *Google Wallet*, eine Anwendung welche auf NFC-Technologie in Verbindung mit einem Secure Element basiert und seit 2011 verfügbar ist [8]. Besonders durch das Secure Element kann hierbei sichergestellt werden, dass Daten des Nutzers sicher auf dem Gerät verwahrt und auch bei dessen Verlust nicht oder nur schwer für Unbefugte verfügbar sind. Eine vor allem zur Verwaltung von digitalen Tickets, bspw. Theaterkarten oder dem Boarding Pass gedachte Applikation ist die iOS-Anwendung *Passbook* von Apple. Zusätzlich startet ab Oktober 2014 der neue Service *Apple Pay,* welcher Transaktionen über Kreditkarteninformationen sowohl online und mobil als auch vor Ort im Geschäft via NFC ermöglichen soll. Eine auf QR-Codes basierende Lösung bietet der Otto-Konzern mit dem Produkt *Yapital*. Über die optische Datenübertragung in Verbindung mit einer gesicherten Onlineverbindung zeigt der Bezahldienstleister, wie ohne spezielle Hardwareanforderungen mobile Payment über verschiedenste Kanäle umsetzbar ist.

Trotz dieser Vorteile zögern Nutzer, Behörden und Finanzinstitute in Deutschland und setzen ihr Vertrauen nicht rückhaltlos in *Mobile Wallet*-Konzepte. Die *Pricewaterhouse-Coopers Aktiengesellschaft Wirtschaftsprüfungsgesellschaft* (pwc) hat im zweiten Quartal 2013 eine Studie zur Akzeptanz des Mobile-Wallet-Konzepts veröffentlicht [9]. Diese zeigt, dass grundsätzlich eine große Bereitschaft besteht ein digitales Portemonnaie einzusetzen und finanzielle Transaktionen damit zu tätigen (45 % der Befragten), 43 % der Befragten würden es auch als Kreditkartenersatz verwenden, 66 % würden die Mobile-Wallet auch als Ticket für den Öffentlichen Verkehr einsetzen, 58 % würden zugunsten der Mobile-Wallet auf die physische Version von Versicherungskarten oder den Führerschein verzichten. Bedenken gab es vor allem für den Verlustfall der Mobile-Wallet, aber auch datenschutzrelevante Bedenken: 1) Sind meine Informationen auf dem Gerät wirklich sicher? (85 %), 2) Kann ich noch etwas kaufen, wenn mein Gerät abhanden gekommen ist? (84 %), 3) Meine Daten könnten bei einer kontaktlosen Transaktion mitgehört werden (79 %), 4) Beteiligte Konzerne, beispielsweise der Telefonhersteller, könnte Einblick in meine finanziellen Transaktionen bekommen (58 %), 5) Die Technik könnte unzuverlässig sein und nicht funktionieren wenn ich sie brauche (55 %), u. a. Das zeigt, dass auch wenn die *Mobile Wallet* technisch gesehen schon einen gewissen Reifegrad erlangt hat, Hemmschwellen bei Anwendern und Herstellern oder Händlern abgebaut werden müssen, um dem Konzept zu einem breiten Erfolg zu verhelfen.

32.3.5 Mobile Kontextdienste

Nicht nur unter Zuhilfenahme der umfangreichen Sensorik, mit welcher moderne Smartphones der letzten Generationen ausgestattet sind, lassen sich sowohl der aktuelle Kontext des Nutzers als auch dessen Interessen erschließen. Zusammen mit Zusatzinformationen über Termine, Nachrichten, genutzte Medien, wiederkehrende Ereignisse oder Statistiken über verwendete Applikationen können genaue Vorhersagen zur aktuellen Stimmung oder gegenwärtigen Bedürfnissen des Nutzers und potentiellen Kunden getroffen werden. So zeigen Trestian et al., das die Nutzung von Applikationen im mobilen Umfeld stark mit Nutzungsgewohnheiten und Nutzerstandort korrelieren [10]. Auch Shepard et al. können nachweisen, dass bei der Nutzung mobiler Applikationen der aktuelle Nutzerstandort ausschlaggebend ist [11]. Mobile Kontextdienste umfassen dabei mittlerweile mehr als nur das Anzeigen des nächsten POI in Abhängigkeit der eigenen Position sowie dessen Visualisierung auf einer Kartenansicht des Smartphones. So kann die eintägige Unfallschutzversicherung direkt am Skilift angeboten und auch abgeschlossen werden, das Fahrrad zum Ausleihen steht am Straßenrand bereit wenn der Bus verpasst wurde und auf das neue Hörbuch vom Lieblingsautor wird automatisch auf der langen Bahnfahrt am Abend aufmerksam gemacht.

Das Spektrum an Nutzungsmöglichkeiten mobiler Kontextdienste ist also multimedial sowie multidimensional als auch universell und eröffnet neben individueller Informationsdistribution völlig neue Möglichkeiten zur zielgerichteten Platzierung von maßgeschneiderten Produkten in Echtzeit. Zusammen mit mobilen Bezahldiensten auf Basis von Technologien wie den mobilen Netzwerken, NFC oder optischen Datenübertragungsquellen lassen sich Transaktionen fernab von Schreibtisch oder Ladentheke abschließen und eröffnen Chancen zur Erschließung von bislang noch unerschlossenen Geschäftsgebieten.

32.4 Ausblick

Die eben vorgestellten Technologien sind aus technischer Sicht bereits als ausgereift zu bezeichnen und eröffnen neue Chancen beim mobilen Einkaufen. Allerdings fehlt es vor allem auf Seiten der Verbraucher, aber auch auf Seiten der Unternehmen in Deutschland noch immer am notwendigen Vertrauen und Mut, um auf neue, mobile Verkaufsstrategien zu setzen. Grund hierfür sind sowohl verschiedene Vorbedingungen als auch noch ungeklärte Fragen. Gartner Inc. bezeichnete den Anstieg des weltweiten Volumens mobiler Transaktionen im Jahr 2013 verglichen mit dem Vorjahr mit 44 % und erwartet bis 2017 jährlich ein durchschnittliches Wachstum von 35 % [12]. Von $ 235,4 Mrd. Gesamtvolumen entfielen dabei allerdings gerade einmal $ 29 Mrd. auf Westeuropa, was die aktuell vergleichsweise geringe Verbreitung mobiler Zahlungssysteme hierzulande noch unterstreicht. Zusätzlich macht Gartner auch die in 2013 geringe bzw. nicht vorhandene Unterstützung der NFC-Technologie durch Hersteller wie Microsoft oder Apple für das Ausbleiben höherer Wachstumsraten verantwortlich. Nachdem Microsoft nun in der aktuellen Windows Phone Version NFC unterstützt und Apple mit der im September 2014 vorgestellten neuen Generation des Apple iPhone 6 sowie dem NFC-gestützten kontaktlosen Bezahlsystem *Apple Pay* ebenfalls auf NFC setzt, dürften mobile Einkaufs- und Bezahlsysteme gewaltig Rückenwind erhalten.

Aber noch weitere Fragen in Bezug auf mobiles Einkaufen und Bezahlen sind nicht oder nur teilweise geklärt und könnten sich als kritische Erfolgsfaktoren für deren Siegeszug erweisen. Ein wichtiger Punkt ist hier vor allem das Schaffen von Vertrauen bei potentiellen Anwendern. Es muss zum einen über die Leistungsfähigkeit und Risiken der verwendeten Technologien aufgeklärt werden, zum anderen müssen Speicherung und Gebrauch der Daten sowie durchgeführte Transaktionen für den Nutzer transparent und nachvollziehbar sein. Die Funktionalitäten der Geräte und zusätzliche Maßnahmen zum Schutz persönlicher Daten müssen einfach, zugänglich und verständlich dokumentiert sein, um Zahlungsinformationen auch bei Geräteverlust oder Diebstahl verlässlich zu schützen.

Ob weniger technikaffiner Senior oder Technik-Nerd: essentiell für den Erfolg des mobilen Einkaufs ist auch die allumfassende Verfügbarkeit einfach bedienbarer mobiler Zahlpunkte für jedermann, unabhängig von etwaigen Fähigkeiten oder Handicaps. Des Weiteren beinhalten aktuelle Dienste und Standards wie *Apple Pay* die Problematik, dass sie von Netzbetreibern, Technologiekonzernen und Geräteherstellern wie Apple oder Google entwickelt und betrieben werden. In der Vergangenheit wurden europäische Datenschutzrichtlinien dabei immer wieder bewusst oder unbewusst missachtet. Da oft nicht klar überprüfbar ist, für welche Zwecke welche Daten gesammelt und genutzt werden, sorgt dies für Misstrauen auf Seiten der Verbraucher. Hier könnte die Entwicklung eines transparenten und offenen kontaktlosen Bezahlstandards hilfreich sein.

Hervorzuheben ist auch die notwendige Robustheit der Systeme. Wenn ein Anwender wirklich nur noch seine Mobile-Wallet mit sich führt, muss sichergestellt werden, dass diese auch funktioniert. Zusätzlich muss genau definiert werden, wie Vorzugehen ist falls tatsächlich ein Fehler auftreten sollte. Kunden dürfen nicht ohne Ausweis oder Geld dastehen, weil die Technik zeitweise versagt.

Abschließend ist zu vermerken, dass die Vision mobiles Einkaufen schon längst Teil unseres Kaufverhaltens ist, aber für ihren absoluten Siegeszug noch viele Fragen zu klären und Startschwierigkeiten zu beheben sind. Es bieten sich große Chancen durch individuelles und kontextabhängiges Marketing für Anbieter und Verbraucher, bargeld- und kontaktloses Bezahlen machen das Suchen nach Wechselgeld sowie die Anzahl der Fächer im Portemonnaie überflüssig und das Beantragen von Plastikkarten wird bald der Vergangenheit angehören. Dass es so kommt steht außer Frage. Warum sollte man sich also nicht jetzt darauf vorbereiten und den Übergang von klassischen zu mobilen Konzepten aktiv mitgestalten?

Literatur

1. Lux, W. (2012). *Innovationen im Handel – Megatrend 3: Lifestyle und Convenience*. Berlin: Springer.
2. McCracken, H., & Time Inc. http://techland.time.com/2014/02/05/amazons-iphone-app-uses-image-recognition-to-see-real-world-products-you-want-to-buy/. Zugegriffen: 2. Aug. 2014.
3. Saleh, Z., & Alsmadi, I. (2010). Using RFID to enhance mobile banking security. *International Journal of Computer Science and Information Security (IJCSIS), 8*(9), 176–182.
4. Haselsteiner, E., & Breitfuss, K. (2006). Security in Near Field Communication (NFC). In Workshop on RFID Security – RFIDSec'06, Graz, Austria, July 2006. Ecrypt.
5. Reveilhac, M., & Pasquet, M. (2009). Promising secure element alternatives for NFC technology. *Near Field Communication, 2009. NFC'09. First International Workshop on* IEEE.
6. Hegen, M. (2010). *Mobile Tagging: Potenziale von QR-Codes im Mobile Busines*. Diplomica Verlag.
7. Pasquet, M., Reynaud, J., & Rosenberger, C. (2008). Secure payment with NFC mobile phone in the SmartTouch project. *Collaborative Technologies and Systems, 2008. CTS 2008. International Symposium on* IEEE.
8. Mobile Wallet. Online, offizielle Google Webseite. http://www.google.com/wallet/. Zugegriffen: 22. Sept. 2014.
9. PricewaterhouseCoopers Aktiengesellschaft Wirtschaftsprüfungsgesellschaft pwc. *Mobile Wallet: Erfolgsfaktoren für das digitale Portmonnaie*. www.pwc.de/de/technologie-medien-und-telekommunikation/mobile-wallet-erfolgsfaktoren-fuer-das-digitale-portemonnaie.jhtml. Zugegriffen: 23. Sept. 2014.
10. Willkomm, D., Machiraju, S., Bolot, J., & Wolisz, A. (2009). Primary user behavior in cellular networks and implications for dynamic spectrum access. *Communications Magazine, IEEE, 47*(3), 88–95.
11. Clayton, S., Rahmati, A., Tossell, C., Zhong, L., & Kortum, P. (2011). LiveLab: Measuring wireless networks and smartphone users in the field. ACM SIGMETRICS Performance. *Evaluation Review, 38*(3), 15–20.
12. Rivera, J., van der Meulen, R., & Gartner Inc. Gartner says worldwide mobile payment transaction value to surpass $ 235 Billion in 2013. http://www.gartner.com/resId=2484915. Zugegriffen: 23. Sept. 2014.

Innovative Einkaufserlebnisse mit Beacon-Technologie gestalten

Oliver Böpple, Sebastian Glende und Cornelia Schauber

Zusammenfassung

Um die Brücke zwischen Online- und Offlineerlebnissen für Kunden bestmöglich zu schlagen, setzt der stationäre Einzelhandel neue Technologien ein, um Kunden erlebnisstarke und einzigartige Einkaufsmöglichkeiten zu bieten. Der Artikel beschreibt eine Reihe von Gestaltungskriterien für kontextbasierte Einkaufserlebnisse, bei denen mithilfe von Beacon-Technologie eine Positionsbestimmung der Kunden (bzw. des Empfangsgeräts) durchgeführt wird. Es werden übersichtlich Leitfragen für die Gestaltung solcher Systeme unter anderem hinsichtlich Verständlichkeit, Interaktionsinitiierung, Nutzungskontext, Rezeptionsrelevanz, Glaubwürdigkeit, Distanz und Häufigkeit aufgeführt. Des Weiteren werden Anwendungsszenarien für den Einsatz im Einzelhandel aufgeführt. Der Artikel liefert folglich konkrete Hilfestellungen während des Entwicklungsprozess für Designer, Programmierer und Projektleiter, um wichtige Aspekte für eine hohe Nutzungsakzeptanz von Beacon-Lösungen frühzeitig zu berücksichtigen.

O. Böpple (✉) · S. Glende · C. Schauber
YOUSE GmbH, Stuttgart, Deutschland
E-Mail: oliver.boepple@youse.de

S. Glende
E-Mail: sebastian.glende@youse.de

C. Schauber
E-Mail: cornelia.schauber@youse.de

© Springer-Verlag Berlin Heidelberg 2015
C. Linnhoff-Popien et al. (Hrsg.), *Marktplätze im Umbruch*, Xpert.press,
DOI 10.1007/978-3-662-43782-7_33

33.1 Einleitung

Das Kaufverhalten von Konsumenten hat sich in den letzten Jahren verändert. Sie tauschen Informationen schneller und einfacher über digitale Medien untereinander aus, bewerten Produkte im Internet, vergleichen Preise und suchen nach möglichen Alternativen unmittelbar am Ort des Verkaufsgeschehens [1]. Über internetfähige Mobilfunkgeräte und QR-Code-Scanner greifen Kunden beispielsweise immer häufiger unterwegs auf zusätzliche Produktinformationen zurück [2]. In diesem Zusammenhang bieten Webshops und mobile Anwendungen ihren Nutzern sehr benutzerfreundliche und erlebnisstarke Interaktionsmöglichkeiten an: Personalisierte, auf den Kunden zugeschnittene Einkaufsangebote, kurze Lieferzeiten oder eine hohe Servicequalität. Dies hat zur Folge, dass die dabei von Kunden gesammelten Erfahrungen auch die Erwartungen gegenüber herkömmlichen Kundenkontaktpunkten wie dem stationären Einzelhandel beeinflussen (so genannter Spill-over-Effekt). Sehr erfolgreich agierende Unternehmen wie Google, Zappos oder Amazon sind führend in der Ausgestaltung von spezifischen Kundenerlebnissen an unterschiedlichen Kundenberührungspunkten, wodurch andere Unternehmen unter Druck geraten [3]. Die Gestaltung von positiven Kundenerlebnissen ist in Folge dessen zu einem zentralen Erfolgsfaktor für Unternehmen geworden und wird auch im Einzelhandel zunehmend zu einem wichtigen Unterscheidungsmerkmal, das über Kundenzufriedenheit mitentscheidet.

33.2 Einzelhandel und neue Kundenerlebnisse

Der stationäre Einzelhandel konkurriert stark mit Angeboten des elektronischen Handels. Internetwarenhäuser bieten ein große Produktvielfalt an, liefern Kundenbestellungen innerhalb von 24 h aus und ermöglichen personalisierte Einkaufsangebote. Durch die Aufzeichnung und Auswertung des Kundenverhaltens im Internet werden Rückschlüsse über Präferenzen einzelner Kunden gezogen und darauf basierend entsprechend zugeschnittene Angebote unterbreitet. Der klassische Einzelhandel verfügt aktuell noch nicht über diese Vielzahl an Kundenverhaltensdaten. Er nutzt allerdings vermehrt digitale Technologien, um Kunden einzigartige Erlebnisse zu bieten. Beispielsweise schauen Kunden im Laden an Touchscreens Bekleidung an, vergleichen Kaufpreise miteinander, lassen sich Produkte mit Hilfe von Videos von einem Model vorführen (Marks & Spencer) oder bezahlen in Kaffeehäusern mit mobilen Endgeräten (Starbucks Mobile Payment). Dabei sind Einzelhändler auf der Suche nach einem begehbaren Weg, ihre klassischen Geschäfte sinnvoll und erfolgreich mit der Onlinewelt zu verbinden, um akzeptierte und innovative Kundenerlebnisse zu gestalten, damit Kunden letztlich häufiger Einkäufe tätigen und enger an Marken gebunden werden.

33.2.1   Beacon-Technologie für Einkaufserlebnisse mit hohem Erfolgspotential

Für die Ausgestaltung von Kundenerlebnissen bieten Technologien neuartige Formen der Kundeninteraktion. Seit dem Jahr 2013 ist unter dem Markennamen „iBeacon" ein von der Firma „Apple" proprietär entwickelter Protokoll-Standard basierend auf Bluetooth Low Energy (BLE) in entsprechenden Smartphones verfügbar. Mit Hilfe so genannter Beacons (Minisender), die an einem bestimmten Ort angebracht werden, kann der Aufenthaltsort eines Kunden über eine Smartphone-Applikation nicht nur bis auf wenige Zentimeter genau bestimmt, sondern auch Kommunikation über größere Entfernungen von bis zu 40 m initiiert werden. Darüber hinaus ist es möglich, Objekte im Umfeld von Kunden miteinander zu vernetzen und im Konsumentenalltag erlebbar zu machen. Diese Art der Kommunikation weist eine sehr lange Haltbarkeit (Akkulaufzeit) auf, die am Verkaufsgeschehen zu platzierenden Sender sind sehr klein, können im geschlossenen Raum angebracht werden und sind einfach in der Handhabung. Konsumenten können nicht nur sehr genau in geschlossenen Räumen angesprochen werden, sondern größere Kommunikationsradien (bis 40 m) sind möglich. Im Vergleich zu anderen Verfahrensweisen (z. B. Near Field Communication) können Nutzer automatisiert in Interaktion mit der Beacon-Technologie treten, sobald sie sich im entsprechenden Sendebereich befinden (Bluetooth am mobilen Endgerät muss aktiviert sein). Im Folgenden werden denkbare Mehrwerte für Kunden aufgeführt.

33.2.2   Einsatzmöglichkeiten im stationären Einzelhandel

Die Einsatzszenarien sind vielfältig. Ähnlich wie beim elektronischen Warenverkehr können bereits vorhandene Kundendaten mit dem Kaufverhalten vor Ort (Verweildauer, Orte, Einkaufsreise der Kunden im Warenhaus aufzeichnen) verknüpft werden, um die Interaktion mit dem Kunden zu optimieren. Folgende Anwendungen zeigen beispielhaft das Einsatzpotenzial auf:

- Durch die Aufzeichnung des Kundenverhaltens vor Ort und der möglichen Verbindung zur Kundeneinkaufshistorie aus dem Webshop werden Rückschlüsse über Vorlieben und Produktpräferenzen gezogen, und durch die Kennung des Kunden individuelle Angebote unterbreitet. So können z. B. persönliche Begrüßungen oder Verabschiedungen im Einkaufsladen versendet oder an der Kasse auf spezifische Sonderaktionen hingewiesen werden.
- Ein personalisierter Einkaufsassistent erkennt automatisiert Stammkunden um z. B. Rabatte vor Ort zu gewährleisten, oder er sendet eine Nachricht an den Verkäufer des Vertrauens, sobald der Kunde den Laden betritt. An Regalen kann über Licht- und Audiosysteme auf personalisierte Produktvorschläge aufmerksam gemacht oder sogar das Warensortiment entsprechend individuell ausgetauscht werden (beispielsweise Lieb-

lingsweine). Durch die beinahe zentimetergenaue Ortung ist es über ein Lotsensystem
möglich, Kunden direkt zu einem bestimmten Produkt zu navigieren.

- Die Nutzung von Kundenbindungsprogrammen kann Vorteile im Vergleich zu bisherigen technischen Lösungen für Kunden bieten, indem z. B. automatisiert Bonuspunkte
  pro Ladenbesuch gesammelt werden.
- Die Räumlichkeiten können entsprechend der Präferenzen des Kunden oder ganzer
  Kundengruppen abgestimmt werden (Dekorationen, Licht, Musik).
- Die Unterbreitung von Zusatzinformationen unmittelbar bei Produktbetrachtungen ermöglicht dem Kunden weitere relevante Kriterien zur Kaufentscheidung heranzuziehen.
- Die Übermittelung von Gutscheinen oder personalisierten Anschreiben kann außerhalb
  eines Warenhauses (z. B. auf der Straße) erfolgen. Individuelle Informationen können
  an interaktiven Schaufenstern dargeboten oder gezielt auf Aktionen hingewiesen werden.

Aus Kundenperspektive liegt einer der Hauptvorteile der Beacon-Technologie darin, dass
bei akzeptiertem Einsatz Kommunikation ohne große eigene Anstrengung quasi im Hintergrund automatisiert initiiert wird und entsprechend einfach ein Mehrwert entsteht. Bei
Konsumenten ist vermehrt zu erkennen, dass sie sich vom Einzelhandel neue Einkaufserlebnisse wünschen. In einer Studie unter Konsumenten aus vierzehn Ländern wünschten
sich 55 % von ihren Einzelhändlern, dass diese Erkenntnisse über ihre zuletzt getätigten
Einkäufe nutzen, um auf sie zugeschnittene Angebote zu unterbreiten [4].

Im Einzelhandel sind die Verbreitungsraten solcher Interaktionsformen unter Konsumenten allerdings noch gering [5]. Weil Lösungen primär technischen Möglichkeiten
entspringen, besteht die Gefahr, Bedürfnisse von Kunden falsch einzuschätzen und nicht
ausreichend zu befriedigen [6]. Erdachter Kundenmehrwert, Nutzungsszenarien und reale
Nutzung sind eben häufig nicht deckungsgleich. Die hier skizzierten Kundeninteraktionen
greifen mehr oder weniger stark in den Alltag und in gewohnte Handlungsroutinen von
Konsumenten ein, wodurch sich besonders hohe Anforderungen an die Ausgestaltung von
Interaktionsformen ergeben – gerade wenn es darum geht, Angebote situationsgerecht zu
unterbreiten. Das bedeutet, dass die Art und Weise der Kommunikation zu unterschiedlichen Nutzungskontexten der Konsumenten passen muss. Denn: Was Nutzer als aufdringliche Nachrichten empfinden oder bestehende Alltagsgewohnheiten stört, wird unmittelbar
mit Nichtbeachtung abgestraft. Die Nutzerakzeptanz ist dabei im unmittelbaren Zusammenhang mit auftretenden Konflikten der Nutzererwartungen und dem aktuellen Umfeld
zu sehen [7]. So besteht bei vielen Anwendungsszenarien eine Wechselwirkung zwischen
den Erwartungen und der Wahrnehmung des Kunden, seinem aktuellen Nutzungskontext,
darin enthaltenen Objekten und persönlichen Handlungszielen. Dabei soll aber eine größt-
mögliche Übereinstimmung des Verständnisses von Nutzer und System über Kontexte,
Interaktionen und Handlungsziele gelingen: Vereinfacht gesagt, muss das System Kontexte entsprechend Bedürfnissen und Anforderungen des Nutzers richtig interpretieren.
Genau darin liegt eine große Herausforderung. Denn gerade die Wahrnehmung und das

Verständnis über spezifische Situationen können bei unterschiedlichen Nutzern sehr unterschiedlich ausfallen. Dies erschwert es, die richtige Botschaft zum richtigen Zeitpunkt im richtigen Kontext an Kunden zu senden.

Für die Erzielung einer hohen Nutzerakzeptanz werden im weiteren Verlauf Kriterien für die Gestaltung von Kundeninteraktionen mit Beacon-Technologie aufgeführt [8, 9, 10]. Der Fokus liegt dabei auf Kriterien, die den Nutzungskontext und den Nutzer betreffen, weniger auf der Ausgestaltung einer Applikation (z. B. Navigation) und deren Benutzerfreundlichkeit.

33.3 Gestaltungsanforderungen an Kundeninteraktion durch Beacon-Technologie

Um das Potenzial der Beacon-Technologie auszuschöpfen, ist es notwendig, wichtige Anforderungen aus Nutzerperspektive für die konkrete Ausgestaltung zu berücksichtigen. Der Nutzer mit seinen Bedürfnissen sollte grundsätzlich immer im Mittelpunkt der Lösungsentwicklung stehen. Je früher solche erkannt werden, desto leichter können Anforderungen integriert werden. Die im weiteren Verlauf skizzierten Kriterien und Fragestellungen geben Hinweise für Entwickler und Designer. Während des Entwicklungsprozesses sind diese als eine Art Checkliste heranzuziehen. Folgende Kriterien bilden eine Art Ordnungsrahmen, um Lösungen zu gestalten.

Verständlichkeit über Zielstellung Macht eine Beacon-Lösung die Installation einer Applikation (App) auf einem mobilen Endgerät erforderlich, ist auf eine hohe Verständlichkeit von Beschreibungen in App Stores zu achten. Nutzer müssen sich im Klaren darüber sein, für welchen Zweck die Applikation installiert wird, welche Daten genutzt werden und auf welche Art und Weise die Applikation mit ihnen kommuniziert. Leitfragen für die Gestaltung sind:

• Ist die Beschreibung einer Anwendung verständlich?
• Weiß der Nutzer, welche Art von Interaktion genutzt wird?

Initiierung von Kundeninteraktionen Aus Nutzerperspektive macht es einen Unterschied, ob er eine Interaktion selbst auslösen kann oder ob diese automatisiert erfolgt. Bei letzterer sind Aspekte impliziter Interaktion zu bedenken. Darunter wird eine Handlung eines Nutzers verstanden, die nicht primär darauf abzielt, mit einem System oder einer Person zu interagieren, in diesem Moment aber trotzdem von einem System als Auslöser für die Initiierung einer Interaktionen Verwendung findet [11]. Folgende unterschiedliche Formen der Interaktion sind bei der Gestaltung zu unterscheiden:

• Die Initiierung einer Interaktion wird vom Nutzer selbst aktiv ausgelöst (beispielsweise durch die Positionierung seines Smartphone an einer bestimmten Stelle).

- Die Initiierung von Interaktionen wird vom System ergriffen. Indem ein Empfangsgerät eine vordefinierte räumliche Position einnimmt oder ein Signal sendet. Zum Beispiel erhält ein Nutzer beim Betreten eines Verkaufsraumes eine Textnachricht.
- Die Initiierung einer Interaktion findet durch das System "versteckt" im Hintergrund statt. Der Nutzer erwartet keine direkte Benachrichtigung und ihm ist das Auslösen nicht unmittelbar bewusst (passive Botschaften). Zum Beispiel werden beim Betrachten eines Verkaufsbildschirms personalisierte Informationen angezeigt (spezifische Produktvorlieben).
- Die Initiierung läuft automatisiert im Hintergrund ab. Das System weiß, was es tun soll und eine Interaktion wird einfach ausgelöst. Zum Beispiel wird die Lichtgestaltung angepasst, bevor ein Nutzer einen Raum betritt.

Leitfragen für die Gestaltung sind:

- Ist die jeweilige unterschiedliche Interaktion für den Nutzer nachvollziehbar und entspricht diese seiner Erwartungshaltung?
- Sind Interaktionen logisch und verständlich?
- Werden Handlungen im Hintergrund des Systems vom Nutzer erwartet und haben diese eine Bedeutung für ihn?

Signalübermittlung bei Auslösung einer Interaktion Kundeninteraktionen können auf verschiedene Art und Weise initiiert werden: Beim Smartphone kann eine taktile, visuelle und/oder auditive Benachrichtigung erfolgen. Abzuwägen ist, wie unterschiedliche Formen vom Empfänger empfunden werden und inwieweit diese zum aktuellen Kontext passen. Visuelle Benachrichtigung sind beispielsweise oftmals weniger ablenkend im Vergleich zu akustischen Signalen (ein Klingelton kann unmittelbar die Aufmerksamkeit des Nutzers erregen und zum Beispiel beim Autofahren störend wirken). Leitfragen für die Gestaltung sind:

- Welche Auswirkung hat die Art der Signalübermittlung auf den aktuellen Kontext und die Handlungen des Nutzers?
- Können Rückschlüsse aus dem aktuellen Kontext auf die Art der Signalübermittlung gezogen und genutzt werden?

Charakterisierung von Kontext, Rezeptionsrelevanz und Inhalten Der Kontext beeinflusst den Mehrwert einer Interaktion wesentlich. Es ist davon auszugehen, dass Botschaften, die den Nutzer zum richtigen Zeitpunkt mit relevantem Inhalt im geeigneten Kontext ansprechen, von einem geringen kognitiven Verarbeitungsaufwand und von positiven, emotional-kognitiven Effekten seitens der Nutzer profitieren [12]. Ausgangslage für die Gestaltung ist daher zunächst die Charakterisierung von Kontexten und die Bewertung der Wechselwirkung zwischen Nutzungskontext, Rezeptionsrelevanz und Inhalten.

Leitfragen für die Gestaltung sind:

- Wie gut passen kommunizierte Angebote zum Bedürfnis des Kunden in seiner konkreten Handlungssituation? (Möchte er einen Kaffee spät am Abend trinken oder einen Friseurgutschein auf dem Weg zur Arbeit nutzen?) Passt sie zu aktuellen Handlungen des Nutzers (Nutzer fährt Fahrrad etc.)?
- Ergibt sich ein greifbarer Mehrwert für den Kunden in seinem aktuellen Rezeptionskontext? Wird ein Problem gelöst oder ein emotionales Gefühl befriedigt?
- Treffen Botschaften Tonalität und Ausdruck des Empfängers und ist die Botschaft verständlich?
- Werden Inhalte vom Empfänger als glaubwürdig eingestuft?

Glaubwürdigkeit und Personalisierung Wird eine Interaktion ausgelöst, kann die Bekanntheit des Senders eine Bedeutung haben – insbesondere bei Botschaften, die eine persönliche Ansprache wählen. Personalisierung wirkt dann eher vertrauensfördernd, wenn der Sender bekannt ist. Leitfragen für die Gestaltung sind:

- Hat der Empfänger eine persönliche Beziehung zum Sender?
- Wird der Sender vom Nutzer als glaubwürdig eingestuft?

Distanz/Empfängerradius Das Einzugsgebiet kann sehr klein (Ankleide im Warenhaus) oder sehr weitläufig ausfallen (gesamte Warenhausfläche). Wenn Nutzer eine Aktion bewusst ausführen (z. B. durch Berührung), dann wird der Sender (Beacon) eher mit dem unmittelbaren Umfeld assoziiert. Ist die Distanz sehr groß, sollte dem Nutzer bewusst sein, woher das Signal kommt. Leitfragen für die Gestaltung sind:

- In welcher Distanz erwartet der Kunde eine Interaktion?
- Wie exakt muss eine definierte Position eingenommen werden?
- Wie reagiert der Nutzer, wenn der Radius zu groß/klein ist? Erhält der Nutzer immer dieselbe Botschaft? Wie reagiert eine Applikation auf lokale Veränderungen?
- Interpretiert der Empfänger die Bewegungen und die Distanz zum Sender richtig?

Häufigkeit Die Häufigkeit der Nachrichten ist ein weiterer Aspekt, der Einfluss auf das Nutzererlebnis nimmt. Leitfragen für die Gestaltung sind:

- Erhält jeder Nutzer im Empfangsradius immer nur eine Botschaft?
- Was passiert, wenn Nutzer mehrmals einen definierten Radius betreten?
- Erwartet der Nutzer die Interaktion mehrmals?

Die hier aufgeführten Kriterien sollten in der frühen Phase der Entwicklung von Beacon-Lösungen Verwendung finden. Es empfiehlt sich, in kleinen Schleifen Tests mit echten

Nutzern durchzuführen, um wertvolles Feedback einzuholen, damit die Nutzerakzeptanz steigt. Dabei können erste einfache Prototypen (z. B. aus Papier) helfen, erste Lösungsansätze zu evaluieren, bevor ein System vollständig entwickelt wird. Dies spart nicht nur Ressourcen, sondern ermöglicht ein frühzeitig Lernen über konkretes Nutzerverhalten und Anforderungen.

33.4   Ausblick

In Zukunft werden Alltagsgegenstände immer stärker miteinander vernetzt und Informationen untereinander ausgetauscht. Aktuell fehlt es im Umgang mit solch neuen Interaktionsformen an Erfahrungswerten und Handlungsroutinen seitens der Konsumenten. Die Beacon-Technologie wird in diesem Zusammenhang zur Kommunikation mit anderen Objekten und Ansätzen wie beispielsweise der „Wearable Technology" Verwendung finden, worunter technische Geräte fallen, die entweder direkt in die Kleidung integriert sind oder als Accessoire am Körper getragen werden. Dies führt zu einer erhöhten Komplexität und stellt hohe Anforderungen an die Benutzerfreundlichkeit und die hier skizzierten Gestaltungskriterien. Grundsätzlich ist in Folge dessen eine bedachte und sinnvolle Verwendung zu empfehlen, damit bei erstmaliger Nutzung keine negativen Kundenerlebnisse auftreten – denn dies könnte eine wiederholte Nutzung verhindern und Nutzer zu anderen Lösungen abwandern lassen. Darüber hinaus werden Kundenerwartungshaltungen gegenüber dem stationären Einkauf immer stärker von Einkaufserlebnissen aus dem Internet beeinflusst. In der einfachen Handhabung und dem Zugang zu mobilen Endgeräten von Kunden liegt für den stationären Einzelhandel eine große Chance. Dabei lässt sich die Beacon-Technologie für neue Formen der Kundeninteraktionen nutzen, um eine Brücke zwischen digitalen Verkaufserlebnissen und der realen Welt herzustellen. Die für den Erfolg benötigte Kundenakzeptanz wird umso höher ausfallen, je frühzeitiger und besser Bedürfnisse und Anforderungen integriert sind.

Literatur

1. Burgold, F., Sonnenburg, S., Voß, M. (2009). Masse macht Marke: Die Bedeutung von Web 2.0 für die Markenführung, In S. Sonnenburg (Hrsg.), Swarm Branding (S. 9–18). Wiesbaden: VS Verlag für Sozialwissenschaften.
2. Nordlight Research GmbH (2014). Studie Mobile Internetnutzung 2014 (S. 6 f.). Hilden.
3. Burns, M., et al. (2014). The customer experience index 2014 (S. 5).Forrester Research Inc.
4. IBM Global business services – Institute for Business Value. (2013). From transactions to relationships, Executive Summary, IBM Corporation 2013 (S. 3).
5. Kharif, O. (2014). Why Apples iBeacon hasn't taken of – yet. http://www.businessweek.com/articles/2014-08-28/apples-ibeacon-retail-stores-make-little-use-of-it-so-far. Zugegriffen: 13. Nov. 2014.
6. Reichwald, R., Meyer, A., Engelmann, M., Walcher, D. (2007). Der Kunde als Innovationspartner: Konsumenten integrieren, Flop-Raten reduzieren, Angebote verbessern (S. 16). Wiesbaden: Betriebswirtschaftlicher Verlag Dr. Th. Gabler.

7. Schmidt, A. (2014). Context-aware computing: Context-awareness, context-aware user interfaces and implicit interaction. https://www.interaction-design.org/encyclopedia/context-aware_computing.html. Zugegriffen: 13. Nov. 2014.
8. Unter anderem Kriterien aus Ergonomie/Usability in ISO 9241.
9. McWilliams, A. (2014). A glossary of beacon interaction design. http://www.thoughtworks.com/insights/blog/beacon-interaction-design-a-glossary. Zugegriffen: 13. Nov.2014.
10. Shalom, B. (2014). iBeacons: What it will take to drive mass adoption. http://venturebeat.com/2014/08/21/ibeacons-what-it-will-take-to-drive-mass-adoption/. Zugegriffen: 13. Nov.2014.
11. Wendy Ju, J., Leifer, L. (2005). The design of implicit interactions (S. 7). Center for Design Research, Stanford University.
12. Baetzgen, A. (2007). Kontextbasierte Markenkommunikation. Ein handlungstheoretischer Planungsansatz (S. 161 f.). Bern: Haupt.

Mehr Kontext, mehr Nutzen – warum iBeacons alleine noch nicht genug sind

34

Gregor Ottmann

Zusammenfassung

Mit iBeacon steht dem Einzelhandel ein Werkzeug zur Bereicherung des Einkaufserlebnisses mit Mobiltelefonen und Tablets zur Verfügung. Die von iBeacon gelieferten Informationen erzeugen dabei einen räumlich-semantischen Kontext, der im Grunde nur eine Erweiterung des Konzepts positionsbezogener Dienste darstellt. Durch die Erweiterung dieser Kontexte um zusätzliche Sensorinformationen können die Informationsbereitstellung und Kundeninteraktion besser auf die Situation des Kunden angepasst werden. Für den stationären Einzelhandel bietet sich so die Chance, Umweltfaktoren wie Wetter, Lichtverhältnisse oder Geräuschkulisse in den Einkaufsvorgang miteinzubeziehen, die beim Online-Einkauf nicht existieren und somit ein Alleinstellungsmerkmal des traditionellen Offline-Einkaufs darstellen.

34.1 Einleitung

Mit der vierten Version des Bluetooth-Standards wandelt sich diese Technologie von einem Standard zur Verbindung von Peripheriegeräten zu einer vielseitigen Möglichkeit zur Kommunikation im Nahbereich. Die Firma Apple hat mit den „iBeacons" eine Anwendung von Bluetooth 4 zur ortsbezogenen Dienstnutzung etabliert, bei der der Fokus nicht mehr auf der Geoposition selbst, sondern auf der ortsbezogenen Bedeutung einer Position liegt. Gerade für das mobile Marketing ist es schließlich viel interessanter, den

G. Ottmann (✉)
blu Portals & Applications GmbH, Oberhaching, Deutschland
E-Mail: gregor.ottmann@blu-pa.com

© Springer-Verlag Berlin Heidelberg 2015
C. Linnhoff-Popien et al. (Hrsg.), *Marktplätze im Umbruch,* Xpert.press,
DOI 10.1007/978-3-662-43782-7_34

potenziellen Kunden in der Nähe einer Filiale zu wissen, als seine Koordinaten im Raum zu kennen.

Es ist offensichtlich, dass diese Verwendung der Technologie viele Möglichkeiten bietet. Es wäre jedoch kurzsichtig, das aktuelle iBeacon-Konzept als final hinzunehmen. Ein normales iBeacon liefert nur eine räumlich-semantische Kontextinformation, die unter Nutzung weiterer Aspekte von Bluetooth 4 drastisch erweitert werden könnte. Um das Potenzial der hinter den iBeacons stehenden Philosophie auszuschöpfen, müssen intelligentere Beacons mehr Kontext liefern und diesen den mobilen Anwendungen zur Verfügung stellen. Die Erweiterung der Beacons um Sensoren und die Nutzung von Bluetooth nicht nur zur Positionsbestimmung, sondern auch zum Aufbau von Datenverbindungen ohne Belastung des Datenvolumens der angesprochenen Kunden, sind einfache Möglichkeiten, um den Umfang des Kontexts zu erweitern und seinen Wert für das situative Marketing drastisch zu steigern.

34.2   Was ist eine iBeacon, technologisch gesehen?

Zunächst ist zu erwähnen, dass es sich bei „iBeacon" eigentlich um einen Standard aus dem Umfeld von Bluetooth 4.0 handelt. Da es sich aber eingebürgert hat, die entsprechenden Geräte ebenfalls als iBeacons zu bezeichnen, wird der Begriff im Folgenden auch für die Hardware benutzt.

Geräte wie die iBeacons, die auf einer modernen Technologiebasis aufsetzen und in irgendeiner Form im Marketingbereich einsetzbar sind, sind oft von einem großen Maß an „Hype" umgeben, ohne tatsächlich im Detail verstanden zu werden. Das bringt das Risiko mit sich, dass die Erwartungen an die Technologie nur noch lose mit ihren tatsächlichen Fähigkeiten in Verbindung stehen. Bevor über die Möglichkeiten, Risiken und Entwicklungspotenziale der iBeacons geredet werden kann, ist es also sinnvoll, diese Produktbezeichnung zunächst in unaufgeregter Weise technologisch einzuordnen.

Die Wikipedia definiert iBeacons wie folgt:

> Der Markenname iBeacon ist ein 2013 von Apple Inc. eingeführter, proprietärer Standard für Navigation in geschlossenen Räumen, basierend auf Bluetooth Low Energy (BLE). [1]

Das ist im Grunde nicht falsch, aber zumindest teilweise irreführend. Tatsächlich ist nicht sehr viel proprietäres an diesem Standard zu finden – und die Navigation in geschlossenen Räumen ist keineswegs die einzige oder auch nur die interessanteste Anwendung.

Die Grundlage für die iBeacons ist eine Neuerung in Version 4 des Bluetooth-Standards, die Möglichkeit des „Broadcastings". Während in früheren Bluetooth-Versionen die bidirektionale Verbindung zweier Geräte im Vordergrund stand, kann ein Bluetooth-4-Gerät eine Information in den Raum strahlen, ohne zu wissen, ob sie von einer Gegenstelle aufgefangen wird. Das Gerät funktioniert damit wie ein Leuchtfeuer (engl. „Beacon"), was auch den passend gewählten Namen des Apple-Produkts erklärt. Diese Funktion wird dabei sehr energieeffizient umgesetzt, was eine Voraussetzung für den Langzeitbetrieb mit Batterien ist.

Die Beacon-Funktionalität ist damit im Grunde eine Eigenschaft des Bluetooth-Standards und keineswegs proprietär. Apple-spezifisch ist nur der Inhalt der von den Geräten ausgestrahlten Datenpakete. Diese Pakete sind, auch das ist durch Bluetooth vorgegeben, sehr klein. Nach Abzug aller Header und Verwaltungsinformationen bleiben nur 31 Byte Nettonutzlast für die Nachrichten der Beacon an die Umwelt übrig. Die ersten 9 Byte werden hier für einen festgelegten Header verwendet, der das Gerät als iBeacon kennzeichnet. Darauf folgt eine 16 Byte lange Kennung, die im Regelfall den Aufsteller bzw. Eigentümer der Beacon identifiziert. Auf diese UUID folgen zwei 16-Bit-Zahlen, die als „Major ID" und „Minor ID" der Beacon bezeichnet werden. Abgeschlossen wird das Paket noch von 16 Bit, die für die Kalibrierung der Entfernungsmessung gedacht sind, so dass der Empfänger der Nachricht die Entfernung zur Beacon genauer bestimmen kann, als das nur mit den Bluetooth-eigenen Funktionen möglich wäre.

Letztendlich sind es also lediglich die 16-Byte-UUID und zwei Zahlen im Bereich von 0 bis 65.535, die von einer Beacon ausgestrahlt werden, nicht mehr und nicht weniger. Damit ein Mobiltelefon auf diese Sendung überhaupt reagieren kann, muss zudem eine App auf dem Gerät installiert sein, die auf eine feste UUID lauscht und in irgendeiner Form auf die von einer Beacon mit dieser UUID übermittelten Major- und Minor-Kennungen reagiert. Rein aus dieser technischen Betrachtung ergeben sich einige Beschränkungen für die Verwendung von iBeacons, die man stets berücksichtigen muss, wenn man über eine Anwendung für diese Technologie nachdenkt:

• Die „Nutzlast" einer Beacon besteht effektiv nur aus einer 32-Bit-Zahl.
• Damit der Anwender eine Beacon überhaupt bemerkt, muss er *vorher* eine geeignete App installiert haben.
• Um die Signale einer Beacon empfangen zu können, muss das Mobiltelefon mit einem Bluetooth-4-Empfänger ausgestattet sein und eine geeignete, aktuelle Betriebssystemversion nutzen.

Technisch unmöglich ist somit insbesondere jedes Konzept, bei dem beliebige Passanten ohne vorherige Zustimmung über eine iBeacon mit Werbung versorgt werden sollen – auch wenn es gerade solche Anwendungsfälle wären, die sich Marketingexperten am meisten wünschen. Auch ist es nicht vorgesehen, dass die iBeacon Daten empfängt – der Empfänger in der Kommunikation ist hier immer das Mobilgerät bzw. die auf diesem Gerät installierte App, so dass es beispielsweise nicht möglich ist, mit einer iBeacon zu protokollieren, wer sich in der Nähe der iBeacon aufhält. Diese Aufgabe müsste von einer geeigneten App auf dem Mobilgerät übernommen werden, die die Nähe des Geräts zu der iBeacon erkennt und aufzeichnet.

34.3   Semantischer Ortskontext statt Geoposition

Eine Eigenschaft der Beacons, die im Abschnitt über die technischen Grundlagen beschrieben wurde, klingt zunächst nach einem gravierenden Nachteil: Auch wenn iBeacons
meist im Kontext ortsabhängiger Dienste genannt werden, übertragen sie gar keine Positionsdaten. Aus dem Signal einer Beacon kann die App auf dem Mobilgerät zwar entnehmen, welche Beacon gerade sendet und wie weit sie vom Mobilgerät entfernt ist – eine
Positionsbestimmung ist nur daraus aber nicht möglich.

Dieser vermeintliche Nachteil ist tatsächlich die wichtigste Neuerung der Beacons gegenüber den klassischen ortsbezogenen Diensten. Statt einer für sich genommen bedeu-
tungslosen Position im Raum wird dem Gerät hier ein ortbezogener semantischer Kontext
geliefert. Sofern die Mobilapplikation dazu in der Lage ist, die Bedeutung einer bestimmten Beacon-ID nachzuschlagen, sei es über einen Webservice oder eine feste Tabelle, kann
die Applikation diesen Kontext auswerten und entsprechend reagieren.

Ein im Zusammenhang mit iBeacons etwas überstrapaziertes, aber nichtsdestotrotz
sehr anschauliches und im Rahmen der vorliegenden Publikation ausgesprochen relevantes Beispiel ist der Einzelhandel. Angenommen, ein Supermarktbetreiber hat in jeder Abteilung eines Marktes eine Beacon mit einer eindeutigen Kennung installiert. Nun kann
eine Mobilapplikation anhand der Kennung der räumlich nächsten Beacon feststellen, in
welcher Abteilung sich das Mobilgerät gerade befindet. Um die Analogie zur Geopositio-
nierung zu vervollständigen: Das Mobilgerät weiß nicht nur, dass der Kunde sich in Reihe
4 vor Regal 8 befindet, sondern in erster Linie, dass er gerade bei den Spirituosen steht.
Falls es in dieser Abteilung spezielle Angebote oder Produktinformationen gibt, kann die
Applikation diese nun anzeigen.

In einer statischen Welt, in der die Regale des Supermarkts nie umgestellt werden, gäbe
es keinen Unterschied zwischen Geoposition und semantischem Ortsbezug. Wenn die Spi-
rituosenabteilung aber in Reihe 12 umzieht, muss nur die zugehörige Beacon mit umge-
zogen werden, damit die Funktionalität erhalten bleibt – dazu ist keine Aktualisierung der
App-Datenbank nötig, da sich die Beacon-Kennung ja nicht ändert. Im extremsten Fall
könnten die Spirituosen auf einer kleinen Eisenbahn rund um den Supermarkt fahren –
sofern die Beacon sich mit in der Eisenbahn befindet, ist die semantische Lokalisierung
sogar bei ständig wechselnder Position im Raum möglich.

Der offensichtliche Nachteil des Verfahrens ist, dass Beacons an allen relevanten Orten
angebracht werden müssen, da die Beacon als für die Ortung maßgebliches Gerät ein Bestandteil des Orts ist, nicht einer des Mobilgeräts. Zudem muss der Betreiber stets wissen,
wo sich die verschiedenen Beacons befinden, um die Zuordnung semantischer Kontexte
zu den Beacons an die Mobilgeräte übermitteln zu können. Daraus folgt, dass Applikationen, die vom Beacon-Einsatz profitieren können, meist einen Bezug zu einer sehr überschaubaren Anzahl spezifischer Orte haben. Das unterscheidet diese Applikationsklasse
von „klassischen" ortsbezogenen Diensten, die im Prinzip überall sinnvoll nutzbar sind.

34.4   Kontexterweiterung durch Sensorik

Der Kontext, den eine iBeacon liefert, ist sehr beschränkt. In menschlicher Sprache ausgedrückt lautet die Nachricht, die das Gerät in die Welt ruft „Hallo, ich bin die iBeacon mit der Nummer X vom Betreiber Y, ich bin in Deiner Nähe und habe diese Nachricht mit der Sendeleistung Z abgestrahlt", was keine sehr profunde Mitteilung ist. Besonders dann, wenn sich die Bedeutung des Beacon-Aufstellungsorts in Abhängigkeit von Umgebungsfaktoren ändern kann, ist die Identifikation der Beacon nur ein sehr kleiner Teil des interessanten Kontexts.

Für die Nutzung im Einzelhandelsbeispiel könnte beispielsweise das Wetter am Aufstellungsort eine große Rolle spielen. Je nach aktueller Temperatur, Luftfeuchtigkeit oder Lichtstärke könnten sich die relevanten Angebote, deren Darstellung von einer Beacon in einer Mobilanwendung veranlasst werden soll, drastisch unterscheiden. Da entsprechende Sensoren in den Mobilgeräten nicht vorausgesetzt werden können, bietet es sich an, die Beacons selbst entsprechend zu erweitern. Die Frage, wie die Sensorinformationen an die Mobilgeräte zu übertragen sind, ist dabei völlig legitim und wird im nächsten Abschnitt erörtert. Zunächst sollen aber noch einige Beispiele für erweiterte Kontextinformationen betrachtet werden, die weniger offensichtlich als die Erfassung der Temperatur am Aufstellungsort eines Beacons sind.

Beispielsweise wäre es denkbar, Beacons in den Gondeln eines Skilifts anzubringen. Eine Info-App des Betreibers oder des Skigebiets könnte dann beim Betreten der Gondel Angebote wie den Onlinekauf eines Skipasses oder den Abschluss einer speziellen Unfallversicherung unterbreiten. Dieser Anwendungsfall wäre bereits mit normalen iBeacons realisierbar, durch die Verwendung einer erweiterten Beacon mit einem Accelerometer könnte aber darüber hinaus unterschieden werden, ob die Gondel gerade nach oben oder nach unten fährt – offensichtlich sind die genannten Angebote nur bei der Anreise relevant, bei der Abreise könnte aber beispielsweise der Kauf einer Autobahnvignette angeboten werden.

Auch im industriellen Bereich wäre die Verwendung intelligenter Beacons sinnvoll vorstellbar. Eine konventionelle iBeacon kann lediglich eine einfache Ortssemantik vermitteln, z. B. „in der Nähe der Abfüllanlage". Intelligente Beacons können Sensormesswerte auswerten und dann dynamisch die ausgestrahlte Kennung verändern, um beispielsweise folgende Ortsinformationen anzuzeigen:

• Mikrofon: Orte mit hohem Schalldruck, an denen Gehörschutz erforderlich ist.
• Strahlungsmessgerät: Orte mit Gefahr durch Radioaktivität.
• Gassensoren: Orte, an denen Atemschutz erforderlich ist.

Insbesondere im Zusammenspiel mit geeigneten Mobilgeräten, beispielsweise mit Datenbrillen wie Google Glass, können so sicherheitsrelevante Informationen gezielt dann vermittelt werden, wenn diese tatsächlich gerade nützlich sind. Durch die Ausnutzung der iBeacon-Technologie kann dabei insbesondere bei den Mobilgeräten Standardhardware eingesetzt werden, was die Kosten eines solchen Systems sehr überschaubar macht.

So lange keine oder nur funktional sehr eingeschränkte „off the shelf"-Beacons mit den hier dargestellten Zusatzfunktionen verfügbar sind, ist es für den Aufbau eines solchen Systems erforderlich, geeignete Beacon-Hardware speziell anzufertigen. Dies ist allerdings kein so gravierendes Problem, wie es oberflächlich betrachtet zu sein scheint. Kostengünstige Komponenten, die sich für das Prototyping und die Kleinserienfertigung intelligenter Beacons eignen, sind heutzutage problemlos verfügbar. Ein Beispiel hierfür sind die nRF51822-Entwicklerkits der Firma Nordic [2], die einen ARM-Mikrocontroller, RAM, Flash, ein Bluetooth-4-Modul und alle benötigten Anschlüsse enthalten. Die Erweiterung solcher Boards um die benötigte Sensorik und die Implementierung der zugehörigen Software sind sehr einfach, so dass es mit vertretbarem Aufwand möglich ist, Prototypen intelligenter Beacons zu entwickeln, wobei die Materialkosten im Regelfall im zweistelligen Eurobereich pro Beacon liegen. Für viele Anwendungsfälle sind solche Kleinserien dann auch bereits ausreichend, da es wie oben beschrieben ja gerade eine Eigenschaft der meisten iBeacon-Anwendungen ist, dass die Anzahl der installierten Geräte vergleichsweise überschaubar ist.

34.5 Kommunikationsmodelle und Auswirkungen auf die Hardware

Bei der Betrachtung der Datenkommunikation intelligenter Beacons sind zwei ganz unterschiedliche Aspekte zu betrachten: Die Kommunikation von Beacon und Mobilgerät sowie der Abruf der kontextspezifischen Informationen durch die Mobilapplikation. In beiden Dimensionen gibt es teils sehr unterschiedliche Varianten, die spezifische Anforderungen an die für ein Vorhaben benötigten Hard- und Softwarekomponenten haben.

Zunächst ist das einfachste Modell zu betrachten, bei der sich die intelligente Beacon im Grunde genau wie eine konventionelle iBeacon verhält, d. h. neben der UUID nur die beiden 16-Bit-Werte für Major- und Minor-ID ausstrahlt. Der Transport erweiterter Kontextinformation findet in diesem Szenario statt, indem die Beacon die Werte der ausgestrahlten 16-Bit-IDs dynamisch an den Kontext anpasst. Je nach Codierungsschema kann so eine Fülle von Informationen an die Mobilgeräte verteilt werden. Die Warnung vor Gefahrenzonen, die bei den Beispielen für erweiterten Kontext als Industrieanwendung beschrieben wurde, könnte beispielsweise die 16 Bit der „Major ID" als Kennung des eigentlichen Beacons verwenden. Die 16 Bit der „Minor-ID" könnten dann beispielsweise wie in Tab. 34.1 dargestellt codiert werden.

Tab. 34.1 Bitcodierung von Kontextinformationen

	Elec		Water		Light		Cold		Heat		Gas		Noise		Radio	
Bit	15	14	13	12	11	10	09	08	07	06	05	04	03	02	01	00

In diesem Schema kann für 8 Gefahrenwerte jeweils ein Wert von null bis drei codiert werden, um anzuzeigen, dass in der Nähe der aktuellen Position Gefahren bestehen. Hiermit lassen sich beliebige Kombinationen von Gefährdungstypen mehrstufig klassifizieren.

Diese Form der Kommunikation sieht zunächst wie ein Missbrauch des iBeacon-Protokolls aus, aber ist das wirklich so? Nein, denn es handelt sich bei dieser geschlüsselten ID um nichts anderes als die Beschreibung einer ortsbezogenen Semantik in codierter Form – und genau das ist es, was mit den ID-Werten im iBeacon-Protokoll ausgedrückt werden soll. Es wurde lediglich neben der reinen Position bzw. der Nähe zu einem bestimmten Beacon noch weiterer Kontext hinzugefügt, der die ortsbezogene Semantik um dynamische Aspekte erweitert.

Während eine derart geschlüsselte Kontextbeschreibung für viele Anwendungen ausreichend ist, benötigen andere Anwendungstypen ein größeres Datenvolumen, um die relevanten Kontextinformationen zu übertragen. Sollen beispielsweise Temperatur, Luftdruck und Lichtstärke am Aufstellungsort mit sinnvoller Genauigkeit übertragen werden, sind die 32 Bit Nutzlast eines iBeacons etwas knapp. Wenn der Mobilapplikation sogar komplette Websites oder Informationsbroschüren übermittelt werden sollen, wird definitiv ein anderes Übertragungsverfahren benötigt. Solche Anforderungen können sich leicht ergeben, wenn keine Breitbandanbindung des Mobilgeräts vorausgesetzt werden kann – die Zielgruppe bei der bereits erwähnten Touristikanwendung im Skigebiet sind beispielsweise Reisende, die mit hoher Wahrscheinlichkeit das Datenroaming ihrer Geräte aus Kostengründen deaktiviert haben, so dass die Übermittlung von Informationen direkt von Beacon zu Mobilgerät erfolgen muss. Auch in Situationen, in denen eine Datenverbindung tendenziell vorausgesetzt werden kann, ist es zumindest Kundenfreundlich, einen Übertragungsweg anzubieten, der nicht das Datenvolumen des Mobilfunkvertrags belastet.

In solchen Fällen bietet es sich an, zusätzlich zur Beacon-Funktionalität auch den Aufbau einer Datenverbindung vom Mobiltelefon zur Beacon zu erlauben, was mit Bluetooth 4 problemlos möglich ist. Anders als in früheren Versionen des Standards ist es hier auch möglich, mehrere Mobiltelefone gleichzeitig mit derselben Beacon zu verbinden, was für das Anwendungsszenario offensichtlich sehr vorteilhaft ist. Es ist jedoch zu beachten, dass die zusätzliche Datenübertragungsfunktionalität der Beacons einen Preis hat. Durch die Nutzung von Bluetooth-Datenverbindungen steigt der Strombedarf des Geräts, so dass der Betrieb mit einer Batterie kaum noch sinnvoll ist. Zudem bedingt die Übertragung größerer Nutzdatenmengen, dass diese auch auf der Beacon gespeichert werden müssen – es ist also zumindest eine gewisse Menge internen Speichers und eine Möglichkeit zur Übertragung von Daten in diesen Speicher vorzusehen, eventuell auch ein Wechseldatenträger oder eine Netzwerkverbindung.

Bei der Planung eines auf intelligenten Beacons basierenden Systems sind folglich immer zumindest die folgenden Aspekt zu beleuchten, bevor eine Entscheidung über die Kommunikationsarchitektur des Systems getroffen wird:

- Welche Zielgruppe soll angesprochen werden?
- Welche zusätzlichen Informationen benötigt die Mobilapplikation zur Auswertung des von der Beacon übermittelten Kontexts?
- Können die zusätzlichen Informationen komplett in der App oder der Beacon abgelegt werden?
- Steht der Zielgruppe am Aufstellungsort der Beacon eine Internetanbindung zur Verfügung?
- Kann die Beacon selbst an das Internet angebunden werden?
- Kann die Beacon extern mit Strom versorgt werden oder ist Batteriebetrieb zwingend erforderlich?

Bei der Entscheidungsfindung ist abzuwägen, welche Zusatzkosten in bestimmten Szenarien für den Betreiber oder den Anwender anfallen und ob diese akzeptabel sind. Noch mehr als bei reinen Softwarelösungen kann die Einführung zusätzlicher Hardwarekomplexität zu enormen Kostensteigerungen führen, die es zu vermeiden gilt.

34.6 Fazit

Bereits in der heute gebräuchlichen Grundform, wie man sie beispielsweise in Form der verbreiteten „Estimotes" [3] käuflich erwerben kann, sind iBeacons ein vielfältig einsetzbares Produkt, das neue Möglichkeiten für den Offline-Handel bietet. Ein besonderer Reiz der Technologie besteht darüber hinaus aber darin, dass sie hinreichend offen und flexibel ist, um die Weiterentwicklung des Gedankens semantischer Ortskontexte zu unterstützen.

Durch die Integration von Sensorik in die Beacons ist es möglich, den Ortskontext um Informationen zum aktuellen Zustand der Umgebung anzureichern. Die Anwendungen der Technologie können so noch präziser auf die Situation des Anwenders ausgerichtet werden. Solche Erweiterungen erfordern keine Anpassung der zugrundeliegenden Technologie auf der Seite des Anwenders, es sind lediglich auf der Seite des Anbieters spezielle Geräte erforderlich, die jedoch nur in geringer Stückzahl benötigt werden und zu vertretbaren Kosten angefertigt werden können. Erste Ansätze in dieser Richtung sind bereits zu beobachten, so enthalten die Estimote-Beacons ein über Bluetooth ansprechbares Accelerometer und bieten eine Cloud-API, über die Client-Apps auf erweiterte Kontextinformationen zugreifen können. Diese Funktionen sind derzeit aber sowohl in der Vermarktung als auch in der konkreten Nutzung eher Bonusfunktionen als Kernbestandteil des Beacon-Konzepts.

Die Nutzung von technischen Hilfsmitteln wie Mobiltelefonen und iBeacons ermöglicht es dem stationären Einzelhandel, typische Funktionen des Onlinehandels zur Verbesserung des Einkauferlebnisses anzubieten. Zu diesen Angeboten gehören insbesondere Empfehlungsmechanismen, die den Kunden anhand seiner Vorlieben und seiner vom System antizipierten Bedürfnisse auf bestimmte Produkte oder Dienstleistungen hinweisen. Die von mit Sensorik erweiterten iBeacons gelieferten Informationen fügen dem für solche Empfehlungen genutzten Kontext eine zusätzliche Dimension hinzu, die nicht nur die im Onlinehandel üblichen Kontexte wie Einkaufshistorie und Klickpfad umfasst, sondern die spezifischen Eigenheiten des Einkaufs in einem realen Geschäft berücksichtigt.

Der stationäre Handel kann mit dem Onlinehandel offensichtlich nicht konkurrieren, was Faktoren wie den bequemen Einkauf vom Sofa aus angeht. Um Vorteile gegenüber dem Einkauf im Internet zu schaffen, müssen die Eigenheiten des Vor-Ort-Einkaufs erkannt und genutzt werden. Das gilt sowohl für Faktoren wie die Beratung durch Fachpersonal und die unmittelbare Begutachtung der angebotenen Waren, die von technischen Gerätschaften völlig unabhängig sind, als auch für Erweiterungen des Einkaufserlebnisse durch die Einbindung mobiler Datenverarbeitungsgeräte in den Verkaufsprozess. Die semantische Auswertung des Aufenthaltsortes eines Kunden ist ein erster Schritt zur Verknüpfung technikunterstützter und konventioneller Aspekte des ortsgebundenen Einkaufs. Die Einordnung des Aufenthaltsortes in einen erweiterten Ortskontext auf Grundlage von Sensordaten ist die konsequente Weiterentwicklung dieses Ansatzes.

Grundsätzlich ist zu beachten, dass die hier beschriebenen Ansätze eine zusätzliche Erosion der Privatsphäre darstellen, da die Gesamtmenge der zu einem Kunden gesammelten Informationen sowie deren Sensitivität notgedrungen zunehmen müssen, um die beschriebenen Nutzwirkungen zu erzielen. Anbieter von Diensten, die erweiterte Beaconkonzepte umsetzen, müssen somit besonders sensibel sein, was Sicherheits- und Datenschutzaspekte angeht. Zudem ist bei der Konzeption der Dienstleistungen stets zu beachten, dass umfassende Akzeptanz auf Kundenseite nur dann zu erwarten ist, wenn der Preisgabe persönlicher Daten durch den Kunden auch ein entsprechender Mehrwert gegenübersteht.

Literatur

1. Wikipedia. „iBeacon," 22 Juli 2014. https://de.wikipedia.org/wiki/IBeacon. Zugegriffen: 28. Juli 2014.
2. Nordic Semiconductor. Produktseite des nRF51822-mKIT. http://www.nordicsemi.com/eng/Products/Bluetooth-Smart-Bluetooth-low-energy/nRF51822-mKIT. Zugegriffen: 28. Juli 2014.
3. Estimote. Estimote-Firmenhomepage. http://estimote.com/. Zugegriffen: 28. Juli 2014.

A Novel Concept for the Usage of Mobile Information Services

Bernd Heinrich and Lars Lewerenz

Abstract

Marketplaces for mobile apps have shown a tremendous growth in recent years leading to a variety of mobile apps/services. One type of widely applied mobile service are mobile information services, which when being enriched with context information (e.g., GPS Position) can be used to facilitate a user with information mostly tailored to his/her current activities (e.g., planning a day tour in a city unkonwn to the user). In an evolving information service market, more and more information (e.g., restaurants listed in the information service *Yelp*)—which we denote as information or service objects—is provided to the user. As a result, situations repeatedly occur where the user needs assistance in selecting various service objects for the activities envisaged, as being confronted with an information overload problem. This is even more relevant when considering larger sequences of activities. Here, context interdependencies which are dependencies that exist between different activities with respect to the usefulness and feasibility of the service objects, need to be considered. Hence, in this paper, we present a novel concept for the usage of mobile information services that takes context interdependencies into account. In that way, we aim to support the decision making of the user. To show the practical benefits of this concept we developed a prototypical implementation.

B. Heinrich (✉) · L. Lewerenz
Lehrstuhl für Wirtschaftsinformatik II, Universität Regensburg, Regensburg, Deutschland
e-mail: Bernd.Heinrich@wiwi.uni-regensburg.de

L. Lewerenz
e-mail: Lars.Lewerenz@wiwi.uni-regensburg.de

© Springer-Verlag Berlin Heidelberg 2015   319
C. Linnhoff-Popien et al. (Hrsg.), *Marktplätze im Umbruch,* Xpert.press,
DOI 10.1007/978-3-662-43782-7_35

35.1 Introduction

Since the introduction of the iPhone in 2007 and the iPad in 2010, the spread and further development of smartphones and tablets took a great extent. Such mobile devices changed not only the way of individuals communicating with each other and accomplishing their everyday activities ("Digital Life") but also how products and services are offered and sold by firms. In the course of the fast advancing development of mobile devices, market places (so called mobile application stores) for mobile applications also began to evolve. Although, according to a recent survey [14] the number of downloaded mobile applications has declined in June 2014 for one month, it is expected that the total number of downloaded mobile applications will have doubled by 2017 to more than 268 billion [4]. Moreover, the worldwide revenues of mobile application stores are expected to grow at an annual average rate of 30% in the next years [15]. In these fast growing market places, different types of mobile applications or mobile services[1] can be found that support the user in various needs, tasks or activities. There are mobile services for transactions (e.g., *PayPal*), for navigation (e.g., *google maps*), for communication (e.g., *WhatsApp*) or for providing information (e.g., *Yelp*, *TripAdvisor*, etc.). Especially the latter is often enriched with context information that is utilized to provide the user with information that is mostly tailored to his/her current needs, situations or activities. In this respect, the most frequently applied context information is by far the location (by means of the user's GPS position). But also other context information such as the daytime, weather, user preferences or requirements have proven their practical relevance. The mobile information service (*abbr.* MIS) *Yelp*, for instance, provides the user with information about nearby and open restaurants based upon his/her current location and daytime. Mobile information services can offer support to the user in many different domains (e.g., news, weather, etc.). The tourism domain in particular has proven to support the willingness to use MISs [5] and to provide decision support for various activities by means of MISs. Hence, to illustrate our concept we will focus on MISs in the tourism domain.

In this respect, in the next section we discuss our problem definition in detail, and also the current status quo of the scientific literature and the MISs in regard of their capabilities to provide decision support for the user. Based upon this, we then introduce our novel concept. Further, we present a specific MIS that takes advantage of the proposed concept and discuss opportunities of opening up new fields of business as a result of applying the concept. We conclude the paper with a discussion of practical challenges and future work.

35.2 Problem Definition and Background on Current Mobile Information Services

In various domains (cf. [11, 13]), a number of (commercial) MISs exist that support the user in accomplishing a specific activity (e.g., payment) by providing him or her with the needed information (e.g., ATMs). As MISs are mostly used in the tourism domain (cf. [6, 16]), we focus on this domain when analyzing and illustrating our problem definition.

---

[1] Due to simplicity reasons we use the term mobile service in the following.

Fig. 35.1 Service Object

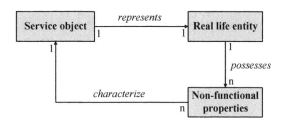

In the tourism domain, a user usually wants to accomplish not just a single but rather several successive activities (i.e., a process), for instance, a tour of a city unkown to the user (e.g., in the World Heritage City of Regensburg). Such a tour comprises typical activities of a touristic tour such as *"Sight"*, *"Museum"*, *"Lunch"*, *"Transport"*, *"Café"*, *"Dinner"*, *"ActiveLife"*, or *"Bar"*. The provided information of a MIS (e.g., *sight a ≙ Dom St. Peter, sight b ≙ Steinerne Brücke, sight c ≙ Walhalla*) for each of the activities can be understood as an information or service object [2, 8] representing a real life entity. In addition to the information about the provided piece of service, a service object can be further characterized by a variety of so called non-functional properties of the real life entity (e.g., a GPS position, business hours, price level, etc.) (cf. Fig. 35.1).

For a single activity, and based upon the non-functional properties, the user can be provided with those service objects that fit best into his or her current context information (e.g., the current location and daytime). For the support of a tourism tour (i.e., a process) this approach could be applied as well. After each accomplishment of an activity (e.g., *"Lunch"*, *"Transport"* and *"Museum"*) the user is provided with service objects for the next activity, fitting again best into his or her current context information. As a result, a user may select consecutively *restaurant a* (e.g., *Bischofshof Braustube*), *transportation b* (e.g., *walk*), and finally *museum c* (e.g., *Domschatzmuseum*) as these three objects are the most beneficial ones when selected separately. This approach, however, neglects the following challenges that can cause considerable disadvantages for the user:

1. One well known characteristic of context information is its dynamic nature [1, 17, 21]. As a result, the context information varies due to every considered service object or the user him- or herself. The user's location is a different one after visiting, for instance, *restaurant a,* compared to visiting *restaurant b*. This means that different context information can emerge in regard to the considered service object.
2. As stated above, the service objects are evaluated taking into account the current context information (e.g., location, daytime, etc.). Thus when considering several combinations of service objects, situations occur where the same service object can be evaluated differently. For instance, *museum c* is significantly more beneficial for the user in a situation where the preceding restaurant (e.g., *restaurant a*) is closer compared to a situation where this restaurant (e.g., *restaurant b*) is further away.
3. When a user selects a service object and accomplishes the corresponding activity it is necessary to consider how this selection influences the feasibility of service objects in

succeeding activities. The selection of the service objects combination of *restaurant a, transportation b,* and *museum c* may result in the fact that the distance that needs to be walked in order to accomplish the three activities may be unacceptable (e.g., as the overall distance of the process should be less than 2 km) or the combination of these specific service objects may be not feasible with respect to their business hours.

Hereafter we denote 1)–3) as context interdependencies. For a comprehensive decision support of the user, it is obvious that context interdependencies between service objects and their non-functional properties should be taken into account.

The current scientific literature on context-aware service selection offers advanced decision support for the user by considering only a single activity (e.g., [3, 9]). However, no consideration of context interdependencies takes place. The only exception is the approach proposed by [19] where context interdependencies between two successive activities, are considered, though not for the whole process. This means that in the literature no approach can be found that considers the challenges 1)–3) for several successive activities.

In practice, the accomplishment of the illustrated tourism tour could be supported by using various MISs each of which is used to provide service objects for one single activity. Using the *Yelp* service, for instance, 426 service objects can be determined for Regensburg for the activity "*Lunch*". The user can further refine these results on the basis of his or her personal preferences (by means of favorites) or exclude certain service objects due to their price level (by means of filters). The decision making as to which the 426 service objects (e.g., *Regensburger Ratskeller, Historische Wurstkuchl,* etc.) to use in order to accomplish an activity (e.g., "*Lunch*"), however, is then performed by the user him- or herself. For instance, the user may select a restaurant which may not be the nearest, but due to its category (e.g., Italian food) and the price level the most beneficial one in relation to the user's individual evaluation (e.g., utility). This kind of decision support can be found in other MISs as well. The accomplishment of the remaining activities of the process can be similarly supported activity by activity by using, for example, the MISs *TripAdvisor, Gelbe Seiten,* etc. Various service objects are recommended for every single activity. As a result, the recommendation of service objects for an activity is carried out by taking only this particular activity into account.Thus context interdependencies between service objects and their non-functional properties are entirely disregarded.

To conclude, the decision support in today's MISs is usually limited to the use of filters and favorites. This may be insufficient, especially in the light of a developing information service market. Here, providers have shown a significant growth over the recent years. The number of service objects provided by *Yelp*, for instance, has increased in exponentially fashion. For the city of Berlin, for example, over 9000 service objects for the activity "*Lunch*" are listed today. In addition to this huge number of available service objects, the technical capabilities of modern smartphones with respect to capturing context information has been evolving. As a result of those developments, situations occur where the user needs further assistance when selecting a service object for an activity, as s/he is confronted with an information overload problem [21]. The latter is caused by a large number of available service objects and their non-functional properties in combination with a variety of context information that needs to be considered. For a whole process, the need for assistance becomes even more relevant, as current MISs are only able to satisfy specific user information needs regarding a single activity, but fail to consider context interdependencies (e.g., a whole process). Moreover, the number of possible service objects combinations for such a process can be very large. Regarding Regensburg, a total of 9,372 possible service objects combinations already exist only for the activities "*Lunch*", "*Transport*" and "*Museum*". Selecting the best service objects combination out of this set by means of the provided decision support of today's MISs may overwhelm the user. In such situations an advanced user's decision support is essential.

Hence, we present hereafter a concept for the usage of MISs where the challenges 1)–3) are already considered at planning time (i.e., before starting to accomplish a selected service objects combination). This has the advantage that a user can make preparations for the future accomplishment of the service objects combination (e.g., for a tourism tour: how much money is needed, which shoes and clothes should be taken along for the overall distance and the expected weather). In that way, we aim to improve the user's decision making for the accomplishment of several succeeding activities considering context interdependencies.

35.3 Novel Concept

The main idea of our concept is to take context interdependencies into account when providing service objects for several successive activities. This is done by considering i) how context information is affected by the various service objects offered to accomplish the different activities. Based upon this, ii) each service object can be evaluated in regard to the current context information. In that way, it is also possible to evaluate the utility of a whole service objects combination as well as iii) check their feasibility regarding the user's requirements. In the following, we describe in greater detail how i)–iii) are realized within the concept.

Starting with i): In order to determine the different context information that can exist throughout the process, it is necessary to define first, for instance, on which day, at what time and from where the process should start. The latter is denoted as the initial state (cf. Fig. 35.2). The initial state can be determined either by sensors of the mobile device (e.g., the GPS sensor), information provided by the user or historical information (e.g., a process is accomplished several times on the same day, at the same time and location). Taking this as a starting point the context information for the next planned activity are determined. This is realized by means of the non-functional properties of the service objects (cf. Fig. 35.1) as well as the context information (cf. Fig. 35.2) that is available prior to an activity. In this respect, the accomplishment of an activity is planned in the consideration of the available service objects of this particular activity. For instance, for each service object of the activity "*Sight*" in Fig. 35.2, it is taken into account which context information

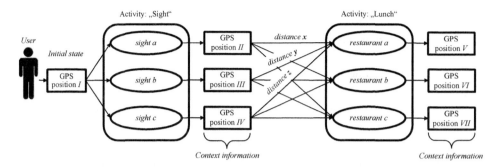

Fig. 35.2 Determination of feasible context information

is available prior and how this context information is changed due to a considered service object. Here, three different GPS positions are determined when planning the accomplishment of the activity "*Sight*" by means of the different service objects. This procedure has to be carried out for each activity of the process considered. As a result, a number of different feasible context information are determined for each activity. In that way, the proposed concept contributes to take the challenge 1) into account. For an increasing number of considered activities the number of feasible context information grows as well. This growth, however, is not disproportionate if *a*) only the location is considered or *b*) if for further context information (e.g., the daytime) the codomain of the corresponding service object's non-functional property (e.g., duration) is discretize in an appropriate way.

At this point, it is known which feasible context information can emerge due to the considered service objects of the process. For the running example this means two things. First, it is determined at which locations (by means of the GPS positions) the user will stay during the accomplishment of the process. Second, it is known which service objects can be accounted for these locations. This knowledge is of great importance to opening up new fields of business. An in-depth discussion will be presented in Sect. 35.5.

Concerning ii): With the different feasible context information at hand every service object can now be evaluated and thus the optimal combination of service objects can be determined. This is exemplified with the help of the service object *restaurant a* (cf. Fig. 35.2). As it can be seen from the Figure above, depending on the visited sight, the user is at one of three different locations (e.g., GPS position I, GPS position II and GPS position III) prior to the activity "Lunch". Based upon these locations and the location (non-functional properties) of the *restaurant a* three different distances (cf. *x, y* and *z* in Fig. 35.2) are calculated (cf. [20]). It is obvious that *restaurant a* is more beneficial in a situation where the user's location is nearby, compared to a situation in which the user's location is far away. Likewise, other context information like daytime, weather, price level, user preferences (e.g., a preference for Italian food), etc. have to be considered as well. Such context information, for instance, can be evaluated by means of utility functions [10]. In this respect, it is also possible to consider that a repeated recommendation of similar real-life entities (e.g., the recommendation of Italian food restaurants for lunch and dinner) is usually not preferred by many users.

By evaluating every single service object in the consideration of the available context information, the challenge 2) is taken into account. In that way, it is even possible to evaluate whole service objects combinations. Additionally, it can also be validated if the overall distances that emerge due to certain combinations of service objects meet the requirements of the user. In this way, the challenge 3) is taken into account. Consequently, the service objects combination that is the most beneficial one with respect to the user's evaluation, and which is feasible regarding the user's requirements, is recommended to accomplish the process.

35.4 CityGuide—A Mobile Information Service for the Tourism Domain

As a use case of the proposed concept we present the MIS *CityGuide* that was prototypically implemented by means of an Android app. The main objective of the MIS is to support the user in planning a tourism tour in a city unknown to him or her. For this purpose, we chose the World Heritage City of Regensburg and used the process described above (cf. Sect. 35.2). To gather available service objects for the different activities, the MISs *Yelp, TripAdvisor* and *google Maps* were used. In total, 682 service objects were found and stored in a service repository. The main features of the MIS are described in the following.

First of all, the user can individualize his or her tour by setting up requirements (i.e., overall distances) (cf. Fig. 35.3a) and provide information about the starting point (e.g., by means of a location) and the starting time (e.g., by means of a date and daytime). The MIS offers the possibility to plan several tours simultaneously. Thus it is possible to offer similar tours for instance, with different settings for the requirements or the place to start the tour. Consequently, the screen in Fig. 35.3b provides an overview of tours that have already been planned or that are in planning at the moment. Further information about the tours is provided with respect to the overall price, distance and time.

By tapping on a tour, the selected service objects combination is displayed by means of a list or a map (cf. Fig. 35.3c and d). Here our concept is distinct from current MISs (*Yelp, TripAdvisor,* etc.) with respect to two fundamental facts. First, the user is provided with service objects for several succeeding activities rather than just for a single one. Second, and most importantly only the service objects combination that is the most beneficial one regarding the user's evaluation and requirements is provided taking also the challenges 1)-3) into account. By considering the overall context, our concept contributes to support the user's decision making, while at the same time preventing the user from being confronted with an information overload problem.

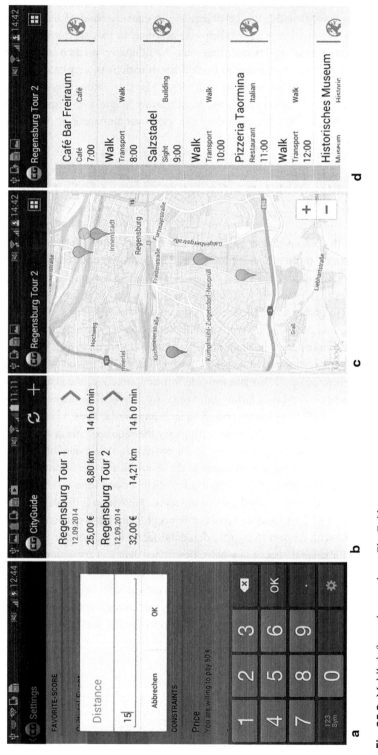

Fig. 35.3 Mobile information service—CityGuide

35.5   The role of the Service Integrator in Marketplaces

As discussed earlier, our concept fully exploits its potential for complex and highly individualized customer processes (e.g., detailed planning for a day tour in a city), where the
user needs support for the accomplishment of a large number of different interdependent
activities. To provide such support in various domains may not be economically wor-
thwhile for a single service provider, due to high transaction costs (e.g., search costs)
arising from the collection of suitable service objects for many different activities. In such
scenarios cooperating with partners in business networks is essential. In this context, [7]
provide a conceptual foundation: In business networks, one central role is taken by the so
called Service Integrator who integrates and individualizes service objects of cooperating
Service Providers in order to serve a variety of customers' needs. In general, its offered
individualized and composed solutions can even refer to different walks of life or personal
experiences when customers first of all need support in structuring their specific problem,
and secondly, in bundling the suitable information and products. For instance, in the tourism domain the role of the Service Integrator could be taken by a major travel merchant
(e.g., *Expedia, TUI*, etc.) and supported by its smart mobile app. For every major city,
the Service Integrator could establish business relations with different Service Providers
(e.g., restaurants, museums, city tour providers, bars, etc.). In this way, the Service Integrator is able to serve a variety of customer needs while on the other hand increasing the
customer range of the Service Providers. Thus, customer (information) management is of
paramount importance for the success of the Service Integrator. Moreover this can also
lead to an increased profit and increased online visits (e.g., number of clicks on websites)
for the Service Providers, as the example of *Yelp* and its partners show (cf. [18]). Getting
in touch and staying in contact with possible customers can be realized by means of a MIS
(cf. *CityGuide* above) that takes advantage of the proposed concept. A further opportunity
of the MIS could be the establishment of business relationships with local retail shops.
The diverse customer knowledge of the Service Integrator with respect to the needs, preferences, and most importantly, context information of a customer could facilitate those
shops to benefit from mobile shopping and thus open up new fields of business. For this
purpose, [12] presents a "mobile shopping life cycle" that consists of the six cyclic phases
"The Pre-Buy", *"In Transit"*, *"On Location"*, *"Selection Process"*, *"Point of Purchase"*
and *"Post Purchase"*. Here our concept resp. the MIS could offer opportunities in each
of those phases to acquire customers. Before the day trip, for instance, a book shop could
make use of the information that a customer is going to visit a particular sight during his
or her stay that is located nearby the book shop. In order to induce the customer to visit the
shop during his or her day trip, a little message in combination with a promotion for info
brochures (cf. *"Pre-Buy"* phase) about this sight could be placed with the MIS. During the
daytrip (cf. *"In Transit"* phase) customer contact could be again made by sending him/
her an information brochure voucher issued by this book shop. This could be realized by
means of Geofencing when the customer is on his or her way to the sight. Recommendations of other customers who already visited the sight and also bought an info brochure at

this book shop in combination with an easy-to-use transaction service may provide further incentives to purchase and visit the book shop (cf. "*Selection Process*" and "*Point of Purchase*" phase). After the purchase, the book shop could motivate the customer to also share his or her recommendations (e.g., via *Facebook* or *Yelp*) with other customers (cf. "*On Location*" and "*Post-Purchase*" phase). Moreover, by establishing business relationships with local retail stores, the Service Integrator benefits—similar to the above opportunity of supporting an individualized customer processes—from extra revenue generated through promotion fees.

35.6 Conclusions

In this paper, we present a concept to support user decisions in today's MISs. The main idea of the concept is to consider context interdependencies when providing service objects of several succeeding activities. Here, current MISs are only capable of considering each single activity separately where, additionally, user decision making is only supported by means of setting filters or favorites. With the help of a real-world use case, we have demonstrated that this approach can lead to situations where the user is confronted with an information overload problem. Here, the proposed concept is thought to contribute to the related challenges (cf. 1)–3)).

Moreover, we have illustrated the practical applicability of our concept by means of a prototypically implemented MIS. In this respect, we have to discuss some practical limitations. As the proposed concept relies on the usage of existing service objects, a comprehensive database is absolute necessary. Collecting and maintaining such information could be expensive especially if this capability is not part of the core competencies of a service provider, which could be remedied by the establishment of strategic partnerships, as the one described above. In that way, also a high information quality (reliability, timeliness, completeness, etc.) has to be assured, which is also an important factor for the perceived value of the MIS. Furthermore, until now, only a single user can be considered within the proposed concept. However, in the tourism domain it is likely that a larger number of users take part in a day tour, having different preferences and requirements. In future work, we will extend our concept by considering multiple users.

References

1. Damián-Reyes, P., Favela, J., & Contreras-Castillo, J. (2011). Uncertainty management in context-aware applications: Increasing usability and user trust. *Wireless Personal Communications: An International Journal, 56*(1),37–53.
2. Dannewitz, C., Pentikousis, K., Rembarz, R., Renault, É., Strandberg, O., & Ubillos, J. (2008). Scenarios and research issues for a network of information. In European Alliance for Innovation (Ed.), Proceedings of the 2008, International Mobile Multimedia Communications Conference, pp. 1–7.

3. Fujii, K., & Suda, T. (2009). Semantics-based context-aware dynamic service composition. *ACM Transactions on Autonomous and Adaptive Systems, 4*(2), 1–31.
4. Gartner. (2013). Gartner says mobile app stores will see annual downloads reach 102 billion in 2013. http://www.gartner.com/newsroom/id/2592315. Accessed 10 Nov 2014.
5. Gerpott, T. J., & Berg, S. (2011). Determinants of the Willingness to Use Mobile Location-Based Services. *Business & Information Systems Engineering, 5,* 279–287.
6. Goldmedia. (2014). Location-based Services Monitor 2014. Angebote, Nutzung und lokale Werbemarktpotenziale ortsbezogener, mobiler Dienste in Deutschland.
7. Heinrich, B., Zellner, G., & Leist, S. (2011) Service integrators in business networks—the importance of relationship values. *Electronic Markets, 21*(4), 215–235.
8. Hinkelmann, K., Maise, M., & Thönssen, B. (2013). Connecting enterprise architecture and information objects using an enterprise ontology. In A. Gerber & P. V. Deventer (Eds.), Proceedings of the 2013, International Conference on Enterprise Systems, pp. 1–11.
9. Kirsch-Pinhero, M., Yves, V., & Yolande, B. (2008). Context-aware service selection using graph matching. In F. De Paoli, I. Toma, A. Maurino, M. Tilly, G. Dobson (Eds.), Proceedings of the 2008, Workshop on Non Functional Properties and Service Level, Bd. 411.
10. Lin, D., & Ishida, T. (2012). Dynamic service selection based on context-aware QoS. In L. Moser, M. Parashar, P. Hung (Eds.), Proceedings of the 2012, IEEE International Conference on Services Computing, pp. 641–648.
11. Linnhoff-Popien, C., & Verclas, S. (2012) Mit Business-Apps ins Zeitalter mobiler Geschäftsprozesse. In S. Verclas & C. Linnhoff-Popien (Eds.), *Smart Mobile Apps. Mit Business-Apps ins Zeitalter mobiler Geschäftsprozesse* (pp. 3–19). Berlin: Springer.
12. Martin, C. (2013). *Mobile influence: The new power of the consumer* (1st ed.). New York: Palgrave.
13. Research2guidance. (2014). mHealth App developer economics 2014. The state of the art of mHealth App publishing.
14. Statista. (2014). Deutsche zeigen kaum Interesse an neuen Apps. http://de.statista.com/infografik/2651/anteil-der-smartphone-nutzer-die-apps-herunterladen/. Accessed 10 Nov 2014.
15. Statista. (2014). Worldwide revenue of App stores from 2008 to 2014. http://www.statista.com/statistics/266998/worldwide-revenue-of-app-stores/. Accessed 10 Nov 2014.
16. The Boston Consulting Group. (2014). Travel goes mobile.
17. Vanrompay, Y., Kirsch-Pinhero, M., Yolande, B. (2009). Context-aware service selection with uncertain context information. In R. Rouvoy & M. Wagner (Eds.), Proceeding of the 2009. International workshop on context-aware adaptation mechanisms for pervasive and ubiquitous services.
18. Yelp. (2014). Case studies. https://biz.yelp.com/support/case_studies. Accessed 10 Nov 2014.
19. Yu, H. Q., Reiff-Marganiec, S. (2009). A backwards composition context based service selection approach for service composition. In IEEE Computer Society (Ed.), Proceedings of the 2009. IEEE International Conference on Services Computing, pp. 419–426.
20. Yu, H. Q., Reiff-Marganiec, S. (2009) Automated Context-Aware Service Selection for Collaborative Systems. In P. van Eck, J. Gordijn, & R. Wieringa (Eds.), Proceedings of the 2009, International Conference on Advanced Information Systems Engineering, pp. 261–274.
21. Zhang, D., Boonlit, A., Yaser, M. (2009) User-centered context-aware mobile applications—The next generation of personal mobile computing. *Communications of the Association for Information Systems, 24*(1), 27–46.

Teil VIII
Zukunft des Bezahlens – Mobile Technologien im Handel

Susanne Steidl

Einkaufen ist bequem geworden: Mit nur wenigen Klicks steht uns heute im Internet ein grenzenloses Kaufhaus für alle Belange des Lebens zur Verfügung. Ob Waren, Dienstleistungen, Software-Downloads oder Spiele, im Internet findet jeder das richtige Angebot. Mit der zunehmenden Digitalisierung verändern sich auch die Möglichkeiten für die Menschen und die Welt wird dadurch immer vernetzter. Die digitale Evolution lässt uns einen Kulturwandel durchleben. Der Mensch definiert sich neu. Das Internet der Dinge, internetbasierte Technologien und die Einstellung „always on – always with" spielen heutzutage eine bedeutende Rolle in jedermanns Leben. So verändert sich selbstverständlich auch unser Einkaufs- und Bezahlverhalten.

Die verfügbaren mobilen Geräte bieten Konsumenten ständig neue Möglichkeiten. Bereits im Geschäft nützliche Informationen wie Testberichte zu einem Produkt über ein Handy abzurufen oder online die Preise anderer Anbieter zu vergleichen – das ist nur der Anfang. Was erfordern diese technologische Weiterentwicklung und das neue Konsumentenverhalten aber vom Einzelhandel? Dieser muss dem Kunden ein einzigartiges, integriertes Kundenerlebnis bieten, um ihn an sich zu binden.

Im europäischen Vergleich wird das Smartphone in Deutschland noch selten zur Bezahlung am Point-of-Sale (POS) genutzt. Jedoch ist der Kunde heute bereits gewöhnt, über sein Handy In-App Einkäufe zu tätigen. Damit ist der Weg nicht weit, mit vorhandener Akzeptanz dasselbe Verhalten auch am POS zu nutzen.

S. Steidl (✉)
Wirecard AG, Aschheim, Deutschland
E-Mail: susanne.steidl@wirecard.com

© Springer-Verlag Berlin Heidelberg 2015
C. Linnhoff-Popien et al. (Hrsg.), *Marktplätze im Umbruch,* Xpert.press,
DOI 10.1007/978-3-662-43782-7_36

36.1   Status Quo

Eine der Voraussetzungen für den weiteren Anstieg des Mobile Payment ist, dass die unterschiedlichen Marktteilnehmer mitspielen. Die technischen Voraussetzungen wurden von Handyherstellern, Telekommunikationsunternehmen, Kreditkartenanbietern und Zahlungsdienstleistern bereits geschaffen. Der Handel ist gerade dabei, dem Kunden das Bezahlen mit dem Handy am POS zu ermöglichen und die entsprechenden Terminals, die mit der Kontaktlos-Technologie Near Field Communication (NFC) ausgestattet sind, zu installieren. NFC ist im Bereich von Kreditkartenanbietern wie VISA und MasterCard der gesetzte offene Standard, der es Nutzern erlaubt, in allen Ländern dieser Welt kontaktlos zu bezahlen. Dass die Kontaktlos-Technik großes Potenzial hat, sehen nicht nur die Card Schemes so. Viele der weltweiten Handyhersteller setzen bereits auf diese Technologie, die es ermöglicht, über eine kurze Distanz Daten auszutauschen. Als einer der letzten großen Handy-Hersteller im Hardware-Segment zieht Apple mit ihrer jüngsten iPhone-Generation, dem iPhone 6 und dem iPhone 6 Plus, nach. Jüngst haben die Card Schemes verkündet, dass sie diesen Weg vorgeben werden. Ab 2018 in Deutschland und bis 2020 in Europa müssen alle Terminals aller Händler zusätzlich zu den normalen Funktionalitäten auch NFC-Zahlungen akzeptieren. Der Buchbeitrag „*Der steinige Weg zum mobilen Bezahlen*" stellt Marktforschungsergebnisse zu den gewünschten Entwicklungen von Konsumenten und Handel in den Mittelpunkt und erstellt daraus die wahrscheinlichsten Szenarien.

36.2   Grenzen verschwinden

Sind die erforderlichen Rahmenbedingungen für das mobile Bezahlen erst einmal geschaffen, werden die Grenzen zwischen on- und offline noch mehr verschwinden. Denn fest steht: Kunden unterscheiden längst nicht mehr über welches Device und welchen Kanal – ob online, mobil oder am Point-of-Sale – sie shoppen. Wichtiges Rüstzeug sind die mobilen Devices. Diese Einsatzfreude der portablen Geräte macht sich auch im Konsumverhalten bemerkbar: Bisher nicht dagewesene vernetzte Einkaufserlebnisse beflügeln den Handel. Für den Handel heißt es aber auch, dass potenzielle Interessenten an jedem Berührungspunkt – den sogenannten Touchpoints – mit konvergenten Lösungen abgeholt werden müssen, um ein konsistentes Einkaufserlebnis bieten zu können. Der Trend geht in Richtung „*Omnichannel Commerce*", weiß Maike Strudthoff, die in ihrem Beitrag ebenso verdeutlicht, dass wir uns auf dem Weg in die Ära des Kontexts befinden und mobile Technologien dafür der Schlüssel sind. Sie beschreibt, wie die mobilen Technologien kontextbezogene individualisierte Kommunikationskanäle zwischen dem Händler und dem Konsumenten eröffnen, in die sich der Bezahlprozess nahtlos integriert.

36.3   Mobile Nutzung steigt rasant

Ermöglicht wird der Aufschwung der mobilen Technologien durch den großflächigen Einsatz von Telekommunikationsnetzen und vor allem einer neuen Generation Mensch: Der E-Generation, von denen viele als Digital Natives auf die Welt gekommen sind. Die Feststellung, dass der Verlust des Smartphones schneller bemerkt wird, als selbiger der Briefbörse, verdeutlicht ihren Lebensstil, in welchem das Internet in allen Bereichen des täglichen Lebens eine tragende Rolle spielt. Das mobile Internet ermöglicht den Zugang zu Informationen oder zur Orientierung; zu jeder Zeit und an fast jedem Ort. Diese Erkenntnis ist längst in der Politik angekommen. Der Breitbandausbau soll helfen, dass auch nicht erschlossene Regionen künftig internetfähig sind. In Deutschland sind 79,1 % der Erwachsenen online. Dies entspricht 55,6 Mio. Personen ab 14 Jahren; Tendenz steigend. Auch die Silver Surfer haben schon längst die Vorteile der heutigen Vernetzung immer mehr für sich entdeckt. Die höchsten Zuwachsraten gehen weiterhin von den Über-60-Jährigen aus. Von dieser Benutzergruppe nutzt mit 45 % inzwischen fast jeder Zweite das Internet.[1]

Ist die mobile Geldbörse also nur eine Frage der Zeit? In der fortschreitenden Digitalisierung des Lebens ist das mobile Bezahlen nur ein weiterer Prozessschritt. Das Angebot in diesem Bereich ist mannigfach. Deshalb ist es naheliegend, dass wir uns auf die Suche nach dem richtigen, digitalen Geld begeben beziehungsweise uns die Frage stellen, ob es dieses überhaupt gibt und ob eine digitale Währung wie Bitcoins sinnvoll ist. Und genau das hat Helmut Scherzer im Beitrag *„Auf der Suche nach dem ultimativen digitalen Geld"* getan. Freuen wir uns auf neuartige Ansätze und spannende Erkenntnisse.

36.4   Schritt halten mit den neuen Internet-Technologien

Moderne Kommunikationstechnologien sind heute in den alltäglichen Tagesablauf involviert und nicht mehr wegdenkbar. Sie beeinflussen gleichsam das gesellschaftliche sowie das ökonomische Leben. Im E-Commerce sind diese Einflüsse stetig wahrnehmbar. Sie fordern und erschaffen in schnellem Tempo neue Produkte und Dienstleistungen, auf die vor allem auch der Handel reagieren muss. Neben der stationären Entwicklung rücken nun mobile Technologien in den Vordergrund. Ob ein Händler in einer globalisierten Welt konkurrenzfähig bleiben kann, ist nicht zuletzt abhängig von seiner Bereitschaft zur Mobilität. Inwiefern und in welchem Umfang der ökonomische Erfolg an dem Internet der Dinge gemessen werden kann, hängt davon ab, wie gut neue Technologien entwickelt und realisierbar in gezielten Geschäftsmodellen umsetzbar sind. *Autor Jörg Abrolat stellt in seinem Buchbeitrag die These auf, dass disruptive Technologien schon ganze Branchen verändert haben.* Vor diesem Umschwung steht der Zahlungsverkehr heute.

---

[1] Vgl. ARD/ZDF-Onlinestudie 2014: http://www.ard-zdf-onlinestudie.de/fileadmin/Onlinestudie_2014/PDF/0708-2014_Eimeren_Frees.pdf.

Auch die Einführung des ersten Geldautomaten hat zu seiner Zeit keinen großen An-
klang gefunden. Die Hauptursache lag keinesfalls an einer fehlerhaften Technologie, sondern vielmehr an der Skepsis und der fehlenden Akzeptanz der Benutzer. Heute ist der
Automat zum Geld holen Standard. Egal um was es geht: Der Konsument entscheidet, ob
er ein neuartiges Verfahren, ein Produkt oder eine neue Technologie probiert, akzeptiert
und langfristig verwendet. Bei Bezahlverfahren nehmen die Faktoren Einfachheit, Transparenz, Schnelligkeit und gefühlte Sicherheit großen Einfluss. All diese Komponenten
vereinheitlichen viele Technologien, die über ein mobiles Endgerät eingesetzt und zum
Bezahlen benötigt werden. Beispielsweise bekommen User über bestimmte mobile Wallets in Echtzeit einen Überblick über den verfügbaren Geldbetrag und die aktuelle Trans-
aktionshistorie aller getätigten Zahlungen.

Die Technologielandschaft ist riesig. Kunden können zwischen zahlreichen Übertragungsstandards und Arten der mobilen Bezahlung wählen. Dazu gehören mit der breites-
ten Akzeptanz Zahlungen per Near-Field-Communication. Diese haben durch die Ankündigung von Apple Pay im September 2014 eine starke Nachfrage erfahren. Unterstützt
wird diese Aussage auch durch die geplante Umstellung auf NFC-Terminals. Alternative
Methoden wie die Bezahlung mit einem QR Code oder die Weiterleitung vom stationären Händler mittels Bar- oder QR Code an die Bezahlung im Webshop finden ebenfalls
Verbreitung. Beacons navigieren den Kunden neuerdings passend zu seinen Präferenzen
durch einen Store und führen ihn zum eigentlichen Bezahlprozess. Aber auch In-App Payments, das heißt die Bezahlung in einer Applikation, sind möglich. Hat der Kunde bereits
ein Kundenkonto in einem Shop seines Vertrauens angelegt, bezahlt er bei späteren Einkäufen nur noch mit einem Klick oder sogar Fingerprint. Hier kommen die Vorteile der
neuen Technologien vollends zum Tragen, kann es doch aus den im Handy gespeicherten
Kartendaten eine vollwertige EMV Transaktion generieren. *Mit der Frage, welche innovativen Technologien es derzeit am Markt gibt und ob es eventuell sogar erforderlich sein
wird, dass sich ein gültiger Standard durchsetzt, beschäftigen sich Mirko Bleyh et al.*

36.5   Personalisierte Mehrwerte schaffen

Innovative Internet-Technologien, die das Smartphone als Plattform nutzen, werden den
Point-of-Sale schon sehr bald radikal verändern. Die Technologien werden künftig vermehrt die Zahlungsfunktionalitäten in allen Vertriebskanälen bestimmen. Die Bargeld-
zahlung wird, selbst im Bargeld-affinen Deutschland, recht bald zu einem Usus der Vergangenheit. Spannend wird in dem Zusammenhang auch zu beobachten sein, welche Herausforderungen es für Banken bedeutet, wenn sie wettbewerbsfähig bleiben möchten. In
*„Nur Bares ist Wahres – Kundenbindung in Zeiten der Digitalisierung des Retail-Banken-
geschäfts"* weisen Konrad Ess et al. darauf hin, dass sie zur Erhaltung der Bankkunden die
Notwendigkeit der Anbindung von Couponing und Loyalty Programmen sehen.

Auch in Einzelhandelsgeschäften möchte der Kunde nicht mehr anonym, sondern mit
individuellen Wünschen wahrgenommen werden. Die Herausforderung liegt darin, dem

Kunden über das Payment hinaus die maßgeschneiderten Mehrwerte zu bieten, die er braucht. Schließlich versteht sich heute jeder als Individuum. Kauft ein Kunde zum Beispiel bei seinem Lieblingsbäcker jeden Morgen einen Kaffee und einen Bagel, erhält er den zehnten Kaffee umsonst oder beim nächsten Einkauf einen Muffin als Dankeschön. Voraussetzung dafür ist, dass sich der Kunde über eine App mit dem Backwarenanbieter „verbindet". Diesen äußerst spannenden Ansatz behandeln Toni Göller et al. mit dem Thema „*New Market Opportunities by Merging Loyalty and Payment*".

Doch worum geht es eigentlich noch? Es geht um Empfehlungen. Es geht um die Interessen der Konsumenten und der Handelsunternehmen und um ein besseres Verständnis füreinander. Im stationären Handel kennt der Verkäufer den Kunden oft nicht, zudem gibt es oft lange Wartezeiten vor der Kasse. Im E-Commerce existiert diese Thematik nicht, und der Kunde erwartet ähnliche Vorgänge auch im Retail. Kunden verstehen sich längst als Sparring-Partner für den E-Commerce. Sie wissen, dass ihr Feedback marktentscheidend sein kann. Menschen möchten sich mitteilen und die Erkenntnisse anderer User zunutze machen.

Diese Ansätze gilt es, nun auf den physischen Einzelhandel zu übertragen. Die den E-Commerce Fachleuten geläufige Conversion Rate wird künftig im stationären Handel Anwendung finden: Umso wichtiger, den Kunden davon zu überzeugen, im Laden einzukaufen, anstatt direkt vor Ort bei einem E-Commerce Shop zu bestellen. Dieselben Themen wie im E-Commerce gelten: Kunden die dieses Produkt gekauft haben, haben sich auch für jenes Produkt interessiert. Wie also kann man den Kunden, wenn er das Geschäft betreten hat, für die angebotenen Waren interessieren und begeistern? Wie kann der Handel gezielt seine (Stamm-)Kunden ansprechen und passgenaue Angebote unterbreiten? Wie soll das Handelsunternehmen erfahren für welche Warengruppe sich der Kunde gerade interessiert? Wie kann eine Kundenbindung erzeugt werden, die Onlinehändlern scheinbar mühelos gelingt, da der Kunde freiwillig mehr über sein Einkaufsverhalten preisgibt, als es ihm bewusst ist?

Moderne Smartphones haben heute so viele Funktionalitäten, die wir nur zu nutzen brauchen: W-LAN, GPS, BLE, NFC, QR-Code Reader. Händler werden die Chance nutzen, ihre Kunden über Onlinekanäle im stationären Geschäft anzusprechen. Dazu kann die NFC-Bezahltechnik mit den Marketingmöglichkeiten von Bluetooth Low Energy (BLE) kombiniert werden. Mit dieser Technik wird der direkte Kontakt zu den Kunden hergestellt und mit ihm auf virtuelle Art kommuniziert. Der Händler kann dadurch ein neues Einkaufserlebnis schaffen, beispielsweise durch neue Prozessabläufe und zusätzliche Services wie die Bereitstellung von Produktinformationen, auf den Kunden zugeschnittene Angebote, In-Store-Navigation oder die Verknüpfung mit Online-Bestellmöglichkeiten. Auch Ansätze, die den Checkout, sprich den Bezahlprozess, noch angenehmer gestalten, nehmen immer mehr Formen an. Bald kann der Kunde den Prozess selbst bestimmen und ausführen. Ein self-controlled Checkout, an jedem Ort im Laden, ohne lange Warteschlange.

Der Wandel zur Zukunft des Bezahlens ist bereits da: Tante Emma und das personalisierte Einkaufen kommen über den Umweg des E-Commerce zurück zum Einzelhandel.

Auf der Suche nach dem ultimativen digitalen Geld

37

Helmut Scherzer

Zusammenfassung

Das Aufkommen der BitCoin „Währung" hat in den letzten Jahren die öffentliche Aufmerksamkeit für digitales Geld geweckt, obwohl BitCoin die Kriterien für digitales Geld nicht einmal erfüllt. Ebenso wenig waren bisherige Ansätze zu digitalem Geld bis heute wirklich erfolgreich. Gleichzeitig verlocken moderne mobile Technologien, NFC Handhabung eine aufwachsende „Netzwerkgeneration" zu attraktivsten Anwendungen der Zukunft. Digitales Bezahlen ist derzeit die Basisanwendung verschiedenster Anbieter – digitales Geld könnte dort als Alternative zu kontogebundenen Verfahren eine wichtige Rolle spielen.

BitCoin weist signifikante und offen diskutierte Mängel auf, doch was sind die Kriterien für das ‚ultimative' digitale Geld? Der Artikel beschreibt und eine Liste sehr harter Anforderungen an digitales Geld, deren vollständige Erfüllung von keinem der bestehenden Systeme erwartet wird – konkreter Verzicht auf einige Kriterien fördert dann jene Systeme an die Oberfläche, die am ehesten als die „ultimative Lösung digitalen Geldes" eingesetzt werden könnten.

Ein potentieller untersuchter Kandidat überstand sogar alle Kriterien. Dieses System wird im letzten Teil des Artikels beschrieben.

H. Scherzer (✉)
Giesecke & Devrient, München, Deutschland
E-Mail: helmut.scherzer@gi-de.com

© Springer-Verlag Berlin Heidelberg 2015
C. Linnhoff-Popien et al. (Hrsg.), *Marktplätze im Umbruch,* Xpert.press,
DOI 10.1007/978-3-662-43782-7_37

37.1 Einführung

Schon seit der frühen Entstehung des ersten Geldes vor ca. 2500 Jahren wurden *Werte* durch *materielle Dinge* wie Muscheln, Perlen oder später Münzen und Geldscheine *repräsentiert*. Die Bindung eines *repräsentierten* Wertes (z. B. „Kuh") durch eine Münze bedingte, dass der Repräsentant „Münze" selbst einen intrinsischen Wert hatte, z. B. als Goldmünze.

Eine Goldmünze herzustellen ist schwierig, weil Gold selten ist. Es Bedarf also einer großen Anstrengung, um die Goldmünze herzustellen – mehr Anstrengung, als eine Kuh gross zuziehen – und genau diese grössere Anstrengung erzeugt den intrinsischen Wert des Zahlungsmittles „ Goldmünze" und gleichzeitig, daß die Bauern weiter Kühe gross ziehen, anstatt Gold zu suchen. Heute bezeichnet man die Schwierigkeit, (elektronisches) Geld herzustellen, als „Proof-of-Work", ein Begriff, der durch die Internet-Währung „Bit-Coin" sehr populär geworden ist.

Banknoten besitzen bereits nahezu keinen intrinsischen Materialwert mehr. So dürfte der Materialwert für eine 100 Euro Banknote deutlich unter einem Cent liegen. Die Idee bezeichnet man auch als Fiatgeld [1].

Der „Proof-of-Work"-Wert evolutioniert hier ausschließlich auf die extrem komplexe Technologie, die es sehr schwer macht, eine Banknote zu *herzustellen*.

Die Informationstechnik erlaubt zum ersten Mal seit der Geschichte des Geldes eine „immaterielle" Repräsentanz, die mit den meisten Forderungen der materiellen Welt bricht. Information ist z. B. kopierbar, was für materielle Repräsentanten absolut verboten ist. Wie also definieren wir „digitales Geld" im Gegensatz zu „materiellem Geld"?

- **Geld** ist die rechtlich anerkannte Repräsentation eines Wertes durch einen übertragbaren materiellen Träger.
- **Digitales Geld** ist die anerkannte off-line Repräsentation eines Wertes durch Information.

Die Definitionen gelten nur für diesen Artikel, letzlich um Diskussionen vorzubeugen, die fragen, was denn eigentlich auf einem Bankkonto sei – wenn nicht Geld. (Tatsächlich handelt es sich um die Niederlegung des Rechtes, Geld zu erhalten, nicht um das Geld selbst).

Bank*konten* sind laut dieser Definition kein Geld. Im elektronischen Bereich ist eine Überweisung zwischen Konto kein Geldtransfer, sondern ein Rechtetransfer, Geld zu erhalten (z.B.am Geldausgabeautomaten). Dieser Rechtetransfer (= Überweisung) reicht vollständig aus, um Geschäfte abzuwickeln. Das damit assoziierte Geld wird im Sinne von „Clearing"-Systemen letztlich im großen Rahmen zwischen Banken ausgetauscht.

Nur dann kann Information „Digitales Geld" sein, wenn sie sich als eine Informationseinheit „offline" auf einem Gerät speichern lässt. Ein Zahlung von einem Mobiltelefon auf ein anderes Mobiltelefon ist nur dann „Geldtransfer", wenn tatsächlich die Information zwischen den Telefonen transportiert wird, die Geld repräsentiert.

Eine kontogebundene Überweisung zwischen zwei Geschäftspartnern – angesteuert durch Mobiltelefone – hat nichts mit digitalem Geld zu tun, sondern klassifiziert als „digital payment". Der eigentliche Transfer findet nicht von Mobiltelefon zu Mobiltelefon statt, sondern im Hintergrund zwischen den Banken.

So wie „Geld" unmittelbar ist – von Hand zu Hand – so ist „Digitales Geld" ebenso unmittelbar „von Gerät zu Gerät", ohne dass ein Hintergrundsystem diese Transaktion verwaltet. Das macht digitales Geld so attraktiv – und ebenso so kompliziert in der Realisierung.

Während der Markt heute schon ein Vielzahl von Zahlungssystemen bietet (= Überweisung), so gibt es derzeit nahezu kein System, welches wirklich digitales Geld unterstützt. Erfolgreiche Systeme, wie z. B. M-PESA [2] sind nichts anderes als Zahlungssysteme, die Ihren Kunden im Hintergrund wiederum eine Art Bankkonto einrichten. Wirkliches digitales Geld funktioniert ganz ohne Bank*konten* – eben … wie Bank*noten*.

Was also sind die Kriterien für digitales Geld? – Welche Funktionen soll digitales Geld erfüllen?

Auf der Suche nach eine optimalen Lösung für ein digitales Geldsystem entwickelten wir einen Kriterienkatalog, der in seiner Gesamtheit letztlich dazu gedacht war, unerfüllbar zu sein. Die Idee war, dass durch die Summe aller harten Kriterien zwar kein digitales Geldsystem mehr diese Kriterien „alle zusammen" erfüllt, dass man aber durch Wegnahme gezielter Kriterien die „ersten Kandidaten" sehen kann. Dies wären konkret auch die Favoriten für die Realisierung eines digitalen Geldsystems.

Welche Kriterien konkret zurückgenommen werden könnten, war zu Beginn der Arbeiten bewusst nicht vorweggenommen, dies sollte ja auch in der Hoheit dessen liegen, der die Projektierung eines digitalen Geldsystems anstrebt.

37.2 Das ultimative digitale Geld

Das ultimative Geld wäre jenes, welches sämtlichen Ansprüchen unseres hart gesteckten Kriterienkataloges genügt. Auch diese Definition mag nur relativ sein, dennoch dürften die Kriterien selbst gut verwendbar sein, falls es zur Beurteilung (Benchmarking) verschiedener Technologien kommt. Die Kriterien selbst wurden auf der Benutzerebene entwickelt, nicht auf technologischer Ebene. Genau Letztere gilt es ja durch die *Lösungen* abzudecken. Die Liste umfasst folgende Eigenschaften

- *37.2.1 Anonym*
- *37.2.2 Keine Kontobindung*
- *37.2.3 Garantierte Währungsstabilität*
- *37.2.4 Repräsentant einer existierenden Währung*
- *37.2.5 Kontrolle durch Zentralbanken soll möglich sein*
- *37.2.6 Kostenloser Offline Peer-2-Peer Transfer*
- *37.2.7 Beliebige Anzahl von Übertragungen*
- *37.2.8 Off-line Herausgabe von Wechselgeld*

- *37.2.9 Offline und Online Operationen möglich*
- *37.2.10 Nicht fälschbar*
- *37.2.11 Kann nicht doppelt ausgegeben werden*
- *37.2.12 Langzeitstabilität*
- *37.2.14 Keine Verwendung kryptographischer Schlüssel*
- *37.2.15 Erweiterbar für zusätzliche Dienste*
- *37.2.16 „Backup" in Cloud, Home-PC, Data storage möglich*
- *37.2.17 Unmittelbare Blockierung und sofortige Erstattung*
- *37.2.18 Begrenzte Presse bei Einbrüchen in das System*

37.2.1 Anonym

Die wichtigste Qualität digitalen Geldes bleibt mit Abstand die anonyme Transaktion. Benutzer wollen nicht verfolgbar oder gar profilierbar aufgrund ihrer geschäftlichen Transaktionen sein. Zwar wird die Anonymität häufig im Zusammenhang mit kriminellen Aktivitäten (z. B. Geldwäsche) in Frage gestellt, der normale Benutzer wird diesen Anonymität dennoch ganz zuletzt von seinen Ansprüchen streichen. Geschäftsverhalten gehört in den Bereich der zu schützenden Privatsphäre, ganz wie dies bei gedrucktem Geld schon immer gegeben war.

37.2.2 Keine Kontobindung

Digitales Geld soll unabhängig von Kontenführung sein. Da dieser Anspruch ja bereits in unserer Definition digitalen Geldes gesetzt ist, könnte man auf diese Forderung sogar verzichten. Andererseits ist es wichtig herauszuarbeiten, dass die Aufbewahrung und Übertragung digitalen Geldes völlig unabhängig von der Existenz eines Bankkontos sein muss.

Die Beschaffung digitalen Geldes („Ankauf/Verkauf") darf selbstverständlich mit handelsüblichen Mitteln des Einkaufs geschehen, darunter zählen auch kontogebundene Zahlungsmethoden.

Die Forderung stellt keine Bewertung kontogebundener Systeme dar, ist aber vital zur Abgrenzung von Systemen, insbesondere da die Begriffe „Digitale Bezahlung, mobiles Bezahlen, elektronisches Geld, digitales Geld" ohnehin gerne bereits für jede erdenkliche elektronische Finanzanwendung missbraucht werden.

37.2.3 Garantierte Währungsstabilität

Die große Inflation (1923) endete in einer Umtauschrate von $4,2 \times 10^9$ (4,2 Mrd.) „Reichsmark" für einen Dollar. Zu diesem Zeitpunkt benutzten die Menschen schon gar kein Geld mehr, da dessen Wert in den nächsten Tagen ohne Weiteres auf ein Zehntel des Tageswertes fallen konnte.

Digitales Geld muss einer gesetzlich verankerten und kontrollierten Währungsstabilität unterliegen. Aus Gründen der Zweckmäßigkeit folgt daraus unmittelbar die nächste Forderung:

37.2.4   Repräsentant einer existierenden Währung

Digitales Geld muss existierende Währungen repräsentieren. Diese Währungsbindung ist Eigenschaft des digitalen Geldes, so gibt es dann digitale Euro, Dollar, Yen oder Pfund, jedoch keine Währung, die nicht durch den Regulierungsapparat einer Zentralbank gestützt ist.

Das Vertrauen in digitales Geld wird nur dann nachhaltig sein, wenn durch dessen Verwendung kein gesondertes Währungsrisiko entsteht.

Bitcoin wird als rebellische Gegenbewegung zu den von Zentralbanken herausgegebenen Währungen gesehen, viele Anhänger feierten dessen Aufkommen enthusiastisch. Dennoch ist Bitcoin ein reines Spekulationsobjekt wie Tausende gleichgearteter Investitionsreize an den Weltbörsen.

Die Möglichkeit, über Nacht einen Wertzuwachs und Werteverlust von mehr als 500 % zu erlauben zeigt auf, dass es sich bei Bitcoin keineswegs um ein mit einem Geldsystem vergleichbaren System handeln kann. Der Grund für diese spekulative Schwankungsbreite ist die nicht vorhandene Bindung an existierende Währungssysteme und damit auch das Ausbleibenden der währungsstabilisierenden Einflüsse.

37.2.5   Kontrolle durch Zentralbanken soll möglich sein

Nicht nur die Ausgabe sondern auch die Kontrolle der ausgegebenen Geldmenge ist Hoheitsgebiet der Zentralbanken. Darunter gehört auch die Pflege des Geldsystems, im Papierbereich ist das der Einzug defekter Geldscheine und die Herausgabe entsprechenden Ersatzes. Zwar existiert kein „Verschleiß" bei digitalem Geld, dennoch sollte es möglich sein, dass eine Zentralbank jederzeit Einsicht in die Gesamtheit des im Umlauf befindlichen digitalen Geldes hat.

Diese Forderung bedingt keineswegs die Aufhebung der Anonymität. Es ist der Zentralbank nicht wichtig zu wissen, welche Banknote vom wem zum wem ausgegeben wird, sondern nur, dass die ausgegebenen Banknoten registriert sind und ggfs. verfolgbar.

Digitales Geld sollte diesem bewährten Schema folgen, technisch kann dies bedeuten, dass verwendetes, ausgegebenes digitales Geld statistisch gesehen innerhalb eines Zeitraumes T (z. B. 30 Tage) wieder einmal bei der Zentralbank auftaucht und sogar ausgewechselt werden kann – ähnlich wie bei Banknoten.

37.2.6   Kostenloser Offline Peer-2-Peer Transfer

Als „peer to peer" (P2P) Transaktion bezeichnet man die unmittelbare Übertragung digitalen Geldes von einer Person (bzw. deren Gerät) zu einer anderen Person ohne die Inanspruchnahme eines Hintergrundsystems, Kontobindung, Vermittlers und ohne eine Verbindung zu einem Hintergrundsystem (= offline).

Da die Daten in einem Gerät selbst das digitale Geld sind, können diese Daten (das digitale Geld) auch direkt von einem Gerät zu einem anderen Gerät übertragen werden. Der P2P Übergang entspricht nahezu identisch dem Austausch von Papiergeld, auch dort gibt es keinen „Dritten", der für diese Transaktion notwendig ist.

Gerade durch die Möglichkeit des Offline Transfers kann auch die Anonymität realisiert werden. Die Repräsentation des digitalen Geldes sollte sich daher auch nach Möglichkeit bei dem Transfer nicht verändern, d. h. keine „Spuren aufweisen".

37.2.7   Beliebige Anzahl von Übertragungen

Digitales Geld sollte sich bei der Übertragung nicht verändern. Insbesondere sollte die Größe des digitalen Geldes bzw. der Daten, die einen bestimmten Betrag repräsentieren, nicht vergrößern. Es muss möglich sein einen Betrag (z. B. 42 €) mehr als 1 Mio. mal zwischen zwei Benutzern zu übertragen, ohne dass die eigentliche Information sich dabei verändert.

Diese Forderung ist sehr hart für viele existierende Realisierungsvorschläge digitalen Geldes. Technologische Konzepte fordern oft eine Signatur des Zahlenden, der an das digitale Geld „geheftet" wird. Bitcoin signiert bei jedem Übergang auf einen weiteren Besitzer, die Summe der Übergänge einer Bitcoin kann an der Menge der Signaturen abgelesen werden. Dieses Kriterium erlaubt einen solchen Prozess nicht – mit der Absicht, die Integrität digitalen Geldes jener der Banknoten gleichzustellen. Auch die technische Handhabbarkeit wird durch die Forderung deutlich verbessert.

37.2.8   Off-line Herausgabe von Wechselgeld

Eine wichtige Qualität digitalen Geldes ist die Möglichkeit der Herausgabe von Wechselgeld unter *offline*-Bedingungen. Das bedeutet konkret, dass ein „digitaler Geldschein" (z. B. 100 €) spaltbar sein muss in mindestens zwei Teile (z. B. 42,31 € und 57,69 €). Konsequenterweise sollten beliebig viele offline Spaltungen möglich sein, so dass Herausgabe von Wechselgeld – oder genauer … „passende Bezahlung" jederzeit bis auf die kleinste erreichbare Einheit (z. B. Cent) möglich ist.

Umgekehrt sollte die Umwandlung sämtlicher Kleingeldbeträge in *eine* digitale Banknote des entsprechenden Summenwertes möglich sein. Dieser Prozess muss allerdings nicht notwendigerweise offline geschehen, weil nur im Zusammenhang mit einer Bezahlung das „passendes Kleingeld"-Problem Schwierigkeiten bereitet.

Auch diese Forderung macht bestehenden Lösungen das Leben äußerst schwer. Der Split einer digitalen Banknote in zwei entsprechende Untermengen wird als „Geldschöpfung" erlebt, weil die beiden Untermengen ja im Prinzip völlig neues Geld darstellen.

Selbst wenn die Ursprungsnote sicher gelöscht wird, bedeutet ein solches Verfahren immer noch die Schöpfung von Geld jenseits einer Zentralbank und so steht diese Forderung ‚fast' im Wiederspruch zu der Bindung an eine Zentralbank die bei Gedanken externer Gelderzeugung zurecht nervös reagiert.

37.2.9   Offline und Online Operationen möglich

Wenngleich Offline Operationen ein wesentliches Merkmal digitalen Geldes sind, so soll es dennoch möglich sein, auch online Operationen durchzuführen. Die Forderung scheint trivial angesichts der Tatsache, dass jede Transaktion eines „verbundenen" Gerätes implizit zur Online Transaktion werden kann, dennoch ist das Kriterium wichtig für die Beschaffung digitalen Geldes. Der Kauf digitalen Geldes kann typischerweise über ein handelsübliches Zahlungsverfahren geschehen (Abbuchung vom eigenen Konto), gleichzeitig sollte es umgekehrt möglich sein, an einem Bankautomaten „offline" Papiergeld abzuheben im Tausch gegen digitales Geld eines Mobiltelefons.

So könnte sich ein New York Tourist bei Ankunft in JFK online zunächst Valuta (z. B. Dollar) zum gängigen Umtauschkurs über das Mobiltelefon einkaufen und dann am nächsten Geldautomaten dafür Papiergeld erhalten. Dies alles am Samstag morgen um 5:00 h während die Banken bis Montag morgen geschlossen sind.

37.2.10   Nicht fälschbar

Diese Basisforderung gilt natürlich von jeher und erscheint nahezu trivial. Eine genauere Betrachtung ist dennoch wichtig Im Bereich des Papiergeldes ist die beste Fälschung die maximal realistische *Kopie* einer existierenden Banknote. Einzig die Veränderung der Registrierungsnummer wäre notwendig, um aus der Kopie eine nicht mehr erkennbare Fälschung zu erzeugen. Wenn es gelänge, diese Nummer noch bei der Zentralbank zu registrieren…

Die Zentralbank kann also prinzipiell Fälschungen daran erkennen, dass entweder Kopien ausgegebener Registrierungsnummern existieren, oder umgekehrt Registrierungsnummern im Umlauf sind, die nicht registriert sind.

Beim digitalen Geld hingegen ist die Kopie technologisch bedingt eher einfach. Damit bricht die bekannte Verbindung „Nicht kopierbar = nicht fälschbar".

Das ideale digitale Geld sollte nach wie vor nicht fälschbar sein d. h. es soll nicht möglich sein, jenseits der akkreditierten Ausgabestelle, digitales Geld zu erstellen bzw. zur Zahlung einsetzbar zu machen. Gleichzeitig soll die Kopie digitalen Geldes (siehe Abschn. 37.2.16) durchaus möglich sein.

Das ultimative digitale Geld muss in der Lage sein, dieses Paradoxon zu lösen.

37.2.11   Kann nicht doppelt ausgegeben werden

Die konsequente Weitereinwicklung von „Kopierbar – aber nicht fälschbar" wurde von uns konkret in einer weiteren Forderung abgebildet. Eine digitale Banknote darf von ihrem Besitzer nicht für mehr als eine Zahlung verwendbar sein. Der Zahlungsempfänger dagegen ist der neue Besitzer und sollte natürlich die Banknote wieder (einmal) ausgeben können.

Wenn diese Forderung erfüllt ist, so wäre damit der Einzigartigkeit der individuellen Banknote (bei Papier) die (durch den Besitzer) einmalige Verwendbarkeit eines digitalen Geldscheines entgegengestellt. Scheinbar dagegen stehen die Forderungen der P2P Transaktionen und der in Abschn. 37.2.7 beschriebenen beliebigen Anzahl von Übertragungen. Und erst recht das Kriterium, dass Kopien des eigenen digitalen Geldes erlaubt sind (siehe Abschn. 37.1.16).

Ultimatives digitales Geld sollte dennoch allen Kriterien genügen.

37.2.12   Langzeitstabilität

Digitales Geld sollte über lange Zeiträume hinweg nicht degradieren oder gar ungültig werden. Dabei gehen wir von Zeitspanne mehrerer Jahre bis hin zu 20 Jahre aus. Die Forderung ist aus der Papierwelt selbstverständlich, jedoch in der Informationstechnik sind die Veränderungszyklen derart schnell, dass diese Langzeitdimension in der Tat Fragen aufwirft.

So machen z. B. die kryptologischen Angriffe in einem solchen Zeitraum massive Fortschritte. Wie können wir da heute schon Langzeitstabilität unter Einsatz heutigen Standes der Technik garantieren?

Langzeitstabilität ist damit ein gutes Kriterium für die Beurteilung der Nachhaltigkeit einer „Digital Money" Technologie.

37.2.13   Kein Risiko für die Ausgabegeberbank

Für Betreiber des ultimativen digitalen Geldes – Herstellung wahrscheinlich in der Verantwortung der Zentralbanken – An-/Verkauf wahrscheinlich über Hausbank oder zentrale nationale Bank – sollte kein Einbruchsrisiko bestehen. Hiermit ist nicht das Systemrisiko einer Serverlandschaft gemeint, sondern die generische Technologie zur Repräsentation des digitalen Geldes. Ultimatives digitales Geld ist technologisch so gebaut, dass es unmöglich ist das *gesamte* System „zu knacken". Einbrüche in das System sollten per Definition nicht kritischer sein, als die Entwendung entsprechender einzelner Banknoten aus einer Geldbörse. Die nächste Forderung ist bereits eine Konkretisierung dieses allgemeinen Anspruchs.

37.2.14   Keine Verwendung kryptographischer Schlüssel

Alle bisherigen Realisierungsversuche digitalen Geldes beruhen entweder auf der Nicht-Erreichbarkeit, d. h. Aufbewahrung in sicheren Umgebungen oder in der kryptographischen Absicherung der Dateneinheit, die für digitales Geld steht.

Insbesondere die kryptologische Absicherung durch Signaturen oder Verwendung schlüsselbasierter Systeme sollte nicht als Grundlage für die *Repräsentation* digitalen Geldes verwendet werden.

Diese Forderung erscheint paradox, denn gerade kryptologische Methoden stehen ja für die maximale Sicherheit im Sinne von Integrität und Datenschutz.

In Verbindung mit Langzeitstabilität indes wird diese Forderung verständlicher.

Wenn die Verwendung geheimer Daten (Schlüssel) die Basis für die Generierung digitalen Geldes wäre, so bedeutet ein erfolgreicher Angriff auf diese geheimen Daten schlimmstenfalls den technologischen Zusammenbruch eines gesamten Geldsystems.

Man verhindert einen solchen GAU zwar durchaus mit entsprechenden Sicherheitskonzepten, dennoch bietet ein erfolgreicher Angriff auch im kleinen Rahmen ggfs. das Potential zur Herstellung digitalen Geldes. Wenngleich der reale Schaden eines solchen Angriffs eingrenzbar erscheint, so würde dennoch das Vertrauen in das digitale Geld nachhaltig leiden [3].

Falls Kryptographie für die Repräsentation digitalen Geldes erst gar nicht verwendet wird, so können auch gar keine kryptographischen Angriffe durchgeführt werden. Und das angreifbare Objekt liegt a-priori nicht mehrfach in jedem Haushalt zur Analyse bereit.

Im Rahmen unserer Maximalforderungen ist daher dieser scheinbar absurde Anspruch möglich. Gäbe es eine ideale Technologie, so wäre sogar dieses Kriterium ohne Widerspruch erfüllbar.

37.2.15   Erweiterbar für zusätzliche Dienste

Der entscheidende Vorteil digitalen Geldes besteht in der Möglichkeit, Zahlungstransaktionen auf einfache Weise im Netzwerk durchzuführen. Während Zahlungssysteme (z. B. PayPal) dort die angeschlossenen Konten der Teilnehmer erwartet, kann mit digitalem Geld tatsächlich jede Person weltweit als Sender/Empfänger agieren, unabhängig von Tageszeit, Bankkonto und Mitgliedschaft beim Zahlungssystemanbieter.

Daher ist auch eine naheliegende Forderung, dass das ultimative digitale Geld die Möglichkeit zur Anbindung weiterer Dienste ermöglicht. Nur wenige dieser optionalen Dienste werden hier beispielhaft genannt, die Vielfalt der Möglichkeiten ist signifikant grösser.

- Nur ein benannter Empfänger kann das Geld empfangen (Netzwerksicherheit)
- Ein erhaltener Betrag kann nur zu einem bestimmten Ausgabezweck verwendet werden (z. B. Versicherungssumme)
- Ein Zahlungsprotokoll wird von einer „Trusted Third Party" gespeichert (Zahlungsnachweis)

- Ein Betrag wird von einer „Trusted Third Party" festgehalten, bis die Verbindlichkeiten auf beiden Seiten bestätigt wurden
- … und viele mehr

Digitales Geld sollte in der Lage sein, derartige Dienste ggfs. zu unterstützen, so könnte z. B. der benannte Empfänger beim Ankauf digitalen Geldes direkt auf die „digitale Banknote" geschrieben werden.

37.2.16   „Backup" in Cloud, Home-PC, Data storage möglich

Wenn die Informationstechnik es einfach macht, Daten zu kopieren und die Kopie von Daten, die digitales Geld repräsentieren, keinen Angriff auf das System bedeuten darf (siehe Abschn. 37.2.11) so erscheint es naheliegend, die Kopie digitalen Geldes sogar zu legitimieren.

Digitales Geld sollte ohne Einschränkung auf verschiedene Datenträger (PC, Cloud, CD, SmartPhone …) kopiert werden können und von jedem(!) dieser Geräte ohne Kommunikation zu den anderen Geräten/Datenträgern ausgegeben werden können. Gemäß Abschn. 37.2.11 sollte es nach einmaliger Zahlung mit dem digitalen Geld unmöglich sein, die gleiche digitale Banknote von den weiteren Geräten zur Zahlung zu benutzen.

37.2.17   Unmittelbare Blockierung und sofortige Erstattung

Verlust und Diebstahl digitalen Geldes sollten direkt nach der Meldung durch den Betroffenen blockierbar sein. Gleichzeitig sollte der noch nicht ausgegebene und blockierte Geldvorrat sofort an den Betroffenen zurückerstattet werden. Die Eigenschaft könnte durchaus als zusätzlicher Dienst implementiert werden, dennoch fordern wir diese attraktive Möglichkeit als eine Eigenschaft, die von ultimativen digitalen Geld unterstützt werden soll.

37.2.18   Begrenzte Presse bei Einbrüchen in das System

Akzeptanz im Finanzbereich basiert auf Vertrauen in die Aktoren und die Leistungsfähigkeit und insbesondere der Sicherheit des Systems. Niederschmetternde Presseberichte von Angriffen auf ein Zahlungssystem kann den nachhaltigen Rückgang des Vertrauens und damit der Akzeptanz des System bewirken.

Digitales Geld sollte intrinsische Merkmale besitzen, die einen erfolgreichen Angriff auf das System derart stark eingrenzen, dass eine „schlechte Presse" a-priori kaum oder gar nicht möglich ist.

Wenn z. B. der stärkste Angriff auf ein digitales Geldsystem darin besteht, dass ein Angreifer das SmartPhone eines Opfers attackiert und den darin befindlichen Geldbetrag erhält und ausgibt, so vergleicht sich dieser Fall mit der Entwendung einer Geldbörse im Gedränge einer S-Bahn. Die Presse würde hier wohl kaum in der Lage sein, das Geldsystem verantwortlich zu machen.

Digitales Geld sollte a-priori Implementierung ermöglichen, die die maximale Angriffshöhe auf das Gesamtsystem auf Trivialitäten minimieren. Eine genaue Spezifikation eines solchen Anforderungsprofils erscheint erst bei direkter Sichtung von Systemvorschlägen sinnvoll.

37.3 Die Evolution digitalen Geldes

Die Idee digitalen Geldes existiert schon lange und es gab mehrere erfolglose Versuche, solche Systeme einzuführen. Komplizierte Technologie und Handhabung angesichts einer fehlenden Verbreitung von SmartPhones verhinderten den frühen Systemen den Markt. Dennoch lohnt ein Blick auf die wichtigsten Stationen der Evolution digitalen Geldes.

37.3.1 DigiCash

Man kann sich digitales Geld kaum ohne David Chaum vorstellen. Chaum gründete das „DigiCash" Unternehmen und den Produktnamen in 1990 und konnte ein Server-basiertes System vorschlagen, welches mit Hilfe „blind signatures" bereits Anonymität erzielte und damit das wichtigste Wesensmarkmal digitalen Geldes realisierte [4].

DigiCash benötigt systembedingt keine Hardware zur sicheren Speicherung. Doppelte Ausgabe wurde durch ein Hintergrundsystem verhindert, welches sämtliche jemals für eine Zahlung verwendeten „Münzen" speicherte.

DigiCash Münzen konnten das Wechselgeldproblem nicht lösen und mussten bei jeder Transaktion bei der Bank erneuert werden. In einer Zeit, in der „Flat-Rate" und „Anywhere-Anytime-Connected" noch marktwirtschaftliche Science Fiction war, hatte dieses System keine Chance. Auch die Speicherung jemals ausgegebener Münzen ist ein Schönheitsfehler, der letztlich große Datenmengen und Datenmüll aufbringt und dennoch verwaltet werden muss. 1998 erklärte DigiCash Insolvenz.

37.3.2 Mondex

Mondex wurde 1990 gegründet und fiel zunächst einmal durch hochprofessionelles Marketing (über 80 Partnerbanken, Hochglanzprospekte) auf. Auch technologisch gesehen war das System interessant, bot es doch eine offizielle hohe Zertifizierung ITSEC level E6– die höchste der von der ITSEC überhaupt mögliche Stufe.

Mondex setzte auf das „Secure Wallet". Benutzer des Systems mussten ein Zusatzgerät erwerben, um mit anderen Benutzer digitales Geld auszutauschen, die selbst natürlich auch ein solches „Mondex Wallet" besitzen mussten.

Mondex konnte damit das heutige SmartPhone nicht vorwegnehmen, die Technologie war noch lange nicht so weit und die Beschaffung des Mondex Wallets für jeden Anwender dürfte wohl einer der Gründe gewesen sein, warum das System auf dem Markt niemals wirklich Fuß fassen konnte.

Mit der Übernahme durch MasterCard International war ein langfristiger Finanzier im Hintergrund, dennoch konnte auch der Markteinfluss eines großen Kreditkarteninstitutes den Benutzer nicht überzeugen.

Die Verwendung eines sicheren Gerätes erscheint für die Benutzung digitalen Geldes in jedem Fall sinnvoll. Im Falle von Mondex allerdings müsste das Gerät heute *sehr* sicher sein, da ein Einbruch in das Gerät tatsächlich das gesamte Mondex System gefährden könnte. Höchste Zertifizierungsstufen können heute SmartPhones bei der hohen Entwicklungsfluktuation definitiv nicht aufbringen.

37.3.3 Google Wallet, Facebook Credits, ApplePay und andere

Fast jeder der „Big Players" hat derzeit eine Initiative zur digitalen Bezahlung unter Verwendung des SmartPhones im technologischen Repertoire. Tatsächlich bietet keines dieser System digitales Geld, obwohl das Benutzergefühl und die Werbenachrichten den Zahlungsvorgang ebenso einfach darstellen.

Allen diesen Systemen ist gleich, dass Sie letztlich kontogebunden aufgebaut sind. Ohne Verbindung zum realen Bankkonto des Benutzers kann weder Google noch Apple noch Facebook Zahlungstransaktionen verwalten – woher sonst das Geld des aktuellen Benutzers nehmen?

So sind diese Ansätze gleichzuschalten mit PayPal, „Sofortüberweisung" und allen anderen Konkurrenten.

Gleichzeitig dürfte Google-Wallet kaum eine großflächige Abdeckung erwarten können, da die Benutzer Google kaum abnehmen, dass die beobachteten Transaktionsdaten nicht für weitere Zwecke verwendet werden. Das System fordert bei der Beantragung die Hinterlegung von Debit- oder Kreditkartendaten. Ähnliches gilt für die anderen Grossanbieter [5].

37.4 Bitcoin

Keine System hat in den letzten Jahren mehr Aufmerksamkeit erregt als Bitcoin. Erfunden von „Satoshi Nakamoto" einer geheimnisvollen Person, die weltweit überhaupt nicht existiert bzw. ausfindig gemacht wurde, kann mit entsprechender Arbeit → „Proof of work" *jeder Benutzer* eine Bitcoin erzeugen. Der Preis ist Rechenzeit des persönlichen Computers.

Es dauert einige Zeit, bis man eine neue Lösung für ein gegebenes mathematisches Problem findet. So ist der Tatbestand der „schweren Herstellbarkeit" gegeben. Die Gewinner sind die Energieversorgungsunternehmen, die die wochenlangen „Mining" (Goldgräber-) Aktivitäten bei hoher geforderter Rechenleistung (bis zu 400 Watt!) „beheizen".

Die Tatsache, dass man die endliche Menge von Lösungen eines mathematischen Problems verkaufen kann, ist der Ausgangsgedanke von Bitcoin. Dabei folgt der Wert des Verkaufes einer Lösung (= Bitcoin) ganz normalen Marktmechanismen und kann damit Schwankungsbreiten hervorrufen, die sich nicht von den Kursgewinnen- und Verlusten von Börsenspekulationen unterscheiden.

Bitcoin ist ein Spekulationsobjekt, da es an keine existierende Währung angeschlossen ist. Die extremen Kursschwankungen, die Bitcoin in den letzten Monaten berichtet, bestätigen diese Tatsache. Damit ist Bitcoin als Kandidat für digitales Geld nicht verwendbar.

Gerade der Umstand, nicht an Währungssystem angeschlossen zu sein, machte Bitcoin zur „Rebellionswährung" und Phantasien schwärmen noch heute davon, Bitcoin als Weltwährung zu etablieren.

Trotz aller „hippen" Versuche verschiedener Anbieter auf die Bitcoin-Welle aufzuspringen, dürfte dem System kaum eine andere Zukunft beschieden sein, als dem vor einigen Jahren ebenso aufstrebenden „Second Life" System – der Möglichkeit in einer Cyberwelt „Dinge anders, besser oder richtig" zu machen.

Eine Bitcoin wächst technologisch bei jeder Transaktion (eine weitere Signatur wird hinzugefügt) und ist derzeit erst 10 min nach dem Empfang überhaupt wieder verwendbar. Als Zahlungsmittel fällt Bitcoin daher aus, als Lustgewinn im Sinne von Spekulationsobjekten konkurriert es mit Wertpapierhandel an Börsen.

Dennoch hat gerade Bitcoin die Diskussion um digitales Geld ganz signifikant aufgeheizt, so dass technologisch ausgereiftere System durch eben diese Diskussion jetzt mehr als je zuvor ein eine Chance auf Markteinführung haben.

37.4.1 Evaluierung bestehender Technologien

Beim Vergleich der bestehenden digitalen Geldsysteme ist es, wie geplant, kaum zu anzunehmen, dass alle unsere Kriterien erreicht werden könnten.

Das Kriterium „zusätzliche Dienste" wurde bewusst nicht aufgenommen, weil die Differenzierungsmerkmale nicht klar abgrenzbar sind. Eine Banknote kann man in einem Briefumschlag versenden. Qualifiziert dieses Merkmal schon als „zusätzlicher Dienst"?

Der Vergleich befindet sich in Tab. 37.1, von den klassischen Systemen werden etwas weniger als die Hälfte unserer Kriterien erfüllt. Zahlungssysteme klassifizieren nicht als digitales Geld und sind nur als Referenz aufgeführt.

Dennoch fanden wir ein recht junges System, welches unserem bewusst überzogenen Satz von Kriterien sogar vollständig standhält. Im Namen „Bitcoin" ähnlich, technologisch dagegen sehr unterschiedlich realisiert, fanden wir das „BitMint" System, welches nach weiteren Recherchen tatsächlich ein auffälliges und letztlich recht überzeugendes Potential an Eigenschaften besitzt.

Tab. 37.1 Kriterienvergleich bekannter Systeme digitalen Geldes

	Papiergeld	BitMint	Digicash	Mondex	Zahlungs-systeme	Bitcoin
Währungsbindung	x	x	x	x	x	
Zentralbankfunktionen	x	x				
Ohne Konto benutzbar	x	x	x	x		
Gelderstellung unmöglich	x	x	x			
Fälschung unmöglich	x	x				x
Begrenzte Presse	x	x			x	
Anonym	x	x	x			
Peer 2 Peer möglich	x	x		x		
Unbegrenzte Transaktionen	x	x		x		
Offline Wechsel möglich	x	x			N/A	
Keine Mehrfachzahlung	x	x	x	x	N/A	x
Offline Transaktionen	x	x		x		
Online Transaktionen	N/A	x	x		x	x
Ohne crypto-Schlüssel	x	x			N/A	
Erfüllte Kriterien	**13**	**14**	**6**	**6**	**3**	**3**

37.5   BitMint

BitMint beruht auf einer Erfindung von Prof. Gideon Samid, PhD (gideon@bitmint.com) der in der Case Western Reserve University in Maryland im „Dept. of Electrical Engineering and Computer Science" lehrt.

Die in Abb. 37.1 dargestellte grundsätzliche Idee besteht darin, den Wert einer „BitNote" durch die Kardinalität, also z. B. die Anzahl der Bits einer Zufallszahl darzustellen. Gibt man also für einen Cent (1c) 32 Bytes einer Zufallszahl heraus, so stellt man 1 € bereits durch 3200 Bytes dar. 1000 € sind bereits eine große Menge „Bargeld" in der Börse, sind aber mit 3,2 MB deutlich kleiner als ein mit dem SmartPhone fotografiertes Bild.

Mehrere BitNotes im *Gesamtwert* von 1000 € benötigen allerdings auch kaum mehr Speicherplatz als 3,2 MB.

Beim „Kauf" einer BitNote – ein beliebiger Wert z. B. 42,19 € ist möglich – wird in der „BitMint Factory", also der generierenden Stelle (z. B. Zentralbank oder assoziiertes Institut) eine Zufallszahl dem Wert entsprechender Länge generiert und auf dem Server hinterlegt. Damit ist die Gültigkeit der BitNote gesetzlich verankert.

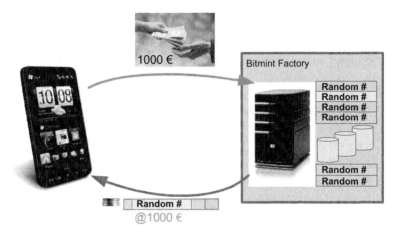

Abb. 37.1 Verlustfreier An-/Verkauf im BitMint System

Der Benutzer kauft z. B. für 1000 € eine BitNote von 1000 €. Ebenso ist der Rücktausch verlustfrei möglich.

Interessanter ist sogar der Umtausch einer BitNote in eine BitNote gleichen Wertes. Genau dieses Prinzip erlaubt die Erfüllung einiger der genannten Kriterien.

Hat der Benutzer die BitNote (beliebiger eingekaufter Wert) auf sein SmartPhone (oder ähnliches) geladen, so kann er die BitNote oder Teile davon an beliebige Empfänger zur Bezahlung benutzen. Ebenso könnte er an einer ATM im Ausland direkt Papiergeld für die gekauften Valuta erhalten.

Der Empfänger kann die empfangenen Bits entweder weiter zur Zahlung benutzen, oder aber bei der BitMint Factory die Zahl zurücksenden und damit das reale Geld auf sein Konto gutschreiben lassen.

Die Rückgabe einer BitNote oder Teile einer BitNote erzeugt:
• Gutschrift auf Bankkonto oder Umtausch in neue BitNote gleichen Wertes
• Löschung der eingereichten Bits auf dem BitMint Server

Auf dem BitMint Server sind nur die gültigen Zahlen hinterlegt. Bei Rückgabe wird die Gültigkeit (= Zahl) gelöscht oder die eingereichten Teile = Bits dieser Zahl. So gesehen ist eine Mehrfachrückgabe ausgeschlossen, denn jede weitere Kopie der betroffenen Bit-Notes (oder ihrer Teile) wird auf dem Server nicht mehr verifiziert – da zuvor gelöscht.

Der Server braucht keine *verbrauchten* Zufallszahlen aufzuheben und kann jederzeit Auskunft über die Summe des ausgegebenen Geldes abgeben.

Ebenso wird sichtbar – „Der Erste gewinnt". Von zwei Einreichern wird nur der Erste den Betrag erstattet bekommen, der zweite Einreicher geht leer aus, da mittlerweile seine Bits auf dem Server gelöscht wurden. Hinter dieser einfachen Lösung erfüllen sich die Kriterien der unmittelbaren Rückerstattung bei Verlust. Ein Benutzer müsste nur die *Kopie*

seiner angekauften BitNotes zurückgeben und erhielte von der BitMint Factory unmittelbar den gleichen Betrag auf sein Konto gutgeschrieben – oder direkt gegen frische (und
nirgends kopierte, auch nicht beim Dieb) Zufallszahlen des gleichen Betrages.

37.5.1 Online Bezahlung Verifizierung

Ähnliches gilt für den Empfang digitalen Geldes. Kann der Empfänger digitalen Geldes
dem Bezahler nicht trauen, so reicht er das erhaltene Geld vor der Auslieferung der Ware
in wenigen Sekunden bei der BitMint Factory ein.

Erhält er darauf hin eine neue Zufallszahl gleichen Wertes, so ist er ab jetzt der einzige
Besitzer der neuen Zufallszahl und braucht konkurrierende Kopien = Einreichungen des
Bezahlers nicht mehr zu fürchten.

Solche „privaten" Kopien des Bezahlenden sind von diesem Moment an für die Bezahlung nicht mehr verwendbar, da die entsprechenden Zufallsbits auf dem BitMint Server ja
gelöscht wurden.

37.5.2 Offline Bezahlung

Nicht immer kann beim Empfänger eine Online-Verbindung und damit die Möglichkeit
einer Online Verifizierung vorausgesetzt werden.

In diesem Fall müsste die BitNote in einem vertrauenswürdigen Raum untergebracht
sein, der die Kopie verhindert. Das Sicherheitselement (SIM-Karte) eines Mobiltelefons
eignet sich z. B. für ein solche Aufgabe. Für eine Bezahlung würde dann die BitNote von
SIM-Karte A(Sender) nach SIM-Karte B(Empfänger) übertragen werden und dann beim
Sender A gelöscht werden.

A kann die Löschung nicht verhindern, da das Secure Element selber als nicht angreif-
bar gilt und damit diese Funktion garantiert.

B traut seinem Secure Element, wenn B's SmartPhone meldet, dass der Betrag sicher
übermittelt wurde, so ist das Vertrauen zum Zahlungsvorgang über die SIM-Karten realisiert und reicht B aus, um das erhaltene Geld beim nächsten Online Zugang sicher rück-
tauschen zu können oder aber eben für weitere Offline Zahlung verwenden zu können.

Die beliebige Kopie einer BitNote ist in diesem Fall nicht möglich, da die beteiligten
Geräte von der Ausgabe der BitNote nichts wissen können. Da der Offline-Fall aber eher
selten auftritt, scheint der Fall kaum kritisch.

Der Vorteil der Offline Bezahlung liegt in der maximalen Unabhängigkeit von der
Netzwerkverfügbarkeit. Dagegen ist der Nachteil, dass die Anlage von Kopien von Offli-
ne-BitNotes nicht möglich ist – was allerdings ohnehin bei den meisten konkurrierenden
Geldsystem niemals möglich war.

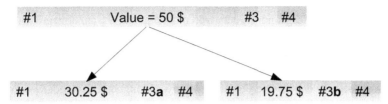

Abb. 37.2 Offline-Split einer digitalen „Banknote" in benötigtes Wechselgeld

37.5.3 Wechselgeld

Die Repräsentation digitalen Geldes durch die Kardinalität erlaubt eine höchst leistungsfähige Wechselgeldstrategie, ohne dass neues Geld erzeugt wird. Für die „passende Bezahlung" müsste eine unpassende BitNote in einen passenden- und einen Restbetrag ge-
spalten werden.

Dies ist möglich, da z. B. die ersten Bits einer BitNote gemäß Abb. 37.2 im Beispiel
als 50 $ aufgespalten werden können, so dass eine neue BitNote (offline!) erzeugt werden
kann, die die gleiche Identifizierungsnummer (hier #1) erhält und aus der gewünschten
Anzahl von Bits besteht (Value). Im Feld 3 würde dann noch die *Position* in der ursprünglichen BitNote (50 $) gespeichert, die ja auf dem Server also solche weiterhin hinterlegt
ist.

Wird nun ein Teilbetrag auf dem Server eingereicht, so wertet der Server das Positions-
feld (3) aus und vergleicht und löscht (bei erfolgreichem Vergleich) die an der Position
angegebenen Bits – und nur diese.

So gesehen sind sämtlichen anderen Bits weiter verifizierbar, diese entsprechen exakt
dem Restbetrag (hier 19,75).

Der Teilungsprozess ist nicht sicherheitskritisch, da jede Veränderung zu Ungunsten
des Benutzers ausgeht – in der Regel falsche Verifizierung. Auch die Zentralbank kann
gewiss sein, dass nur ausgegebenes digitales Geld verändert wird, damit aber keine Neu-
schöpfung von Geld jenseits der eigenen Hoheit geschieht.

37.5.4 Angriffsversuche

Der geschulte Leser wird gemerkt haben, dass es möglich ist ohne den Besitz einer Bit-
Note, dennoch Zufallszahlen auszuprobieren, um mit einem Treffer ggfs. vom Server eine
Rückerstattung zu erschleichen. Dies kann jedoch ausgeräumt werden. In unserem Bei-
spiel wählen wir 32 Bytes =256 Bits für die Repräsentation eines Cents. Um also einen
Cent zu „raten" müsste man 32 Byte korrekt raten, die auf dem BitMint Server hinterlegt
sind.

32 Bytes entsprechen in etwa der geschätzten Anzahl der Moleküle im Universum 10^{83}.
Ein Treffer vergleicht sich mit der Wahrscheinlichkeit die richtige Ordnungszahl eines
Moleküls des Universums zu raten. Das Risiko ist derart gering, dass darüber keine wei-

teren Gedanken notwendig sind. Zudem wären dann genau 1 Cent angegriffen. 2 Cent zu raten würde bereits bedeuten, das Universum im Quadrat 10^{166} (!) herauszufordern.

So gibt es einerseits den Angriff auf ausgegebenes Geld in Geräten – in diesem Fall sollten SmartPhones das Geld in geschützten Bereichen aufheben – zu denen Computerviren keinen Zugang haben. Die derzeitigen Entwicklungen und Standardisierungen des „Trusted Execution Environments" stellen hier die richtige Technologie für SmartPhone bereit.

Andererseits wäre es attraktiv aus der BitMint Factory sämtliche gespeicherten Zufallszahlen (Geldmenge) auszulesen und dann einzureichen. Auch hier ist die Einfachheit des BitMint Systems zuträglich. Es ist nicht sehr kompliziert, Systeme zu bauen, die nicht auslesbar sind, die dennoch einen Wert verifizieren können. Insbesondere lässt sich ein lokaler Server (z. B. BitMint Factory) deutlich besser schützen, als eine auf jeden Benutzer verteilte Angriffsstruktur (siehe Abschn. 37.2.14).

Es gibt bekannte und sogar recht einfache Verfahren, um zu verhindern, dass der Einbruch in eine Serverlokation überhaupt irgendwelche Informationen preisgeben kann. Die Aufteilung der Geldmenge auf verschiedene sichere Standorte macht es dem Angreifer faktisch unmöglich, durch Einbruch in eines der Systeme, einen Vorteil zu erlangen.

Aus den täglichen Milliardentransaktionen des EFT (Electronic Fund Transfer), den Banken seit vielen Jahren sicher betreiben, ist bekannt, dass sich Systeme mitnichten so schnell „knacken" lassen, wie einem das Hollywood immer wieder mit abenteuerlichen Konstruktionen wie „Ocean's Eleven" glauben machen will.

37.5.5 Einschränkungen

Die Kopie und Mehrfachaufbewahrung eines BitMint Betrages ist im Offline-Fall a-priori nicht möglich und damit auf dem Niveau sämtlicher anderer Kandidaten. Der Offline-Fall schliesst die Verbindung zu einer zentralen Verifizierungsinstanz ja per Definition aus, damit kann ein solcher Betrag auch nur in einem Secure Element aufgehoben werden. Dagegen ist ein Übergang von der Offline-Variante in eine Online-Repräsentation möglich.

Gleichzeitig ist die Offline-Variante zwar gewünscht und wichtig, dürfte im Zeichen einer dauerhaft „Connected Society" dennoch eher zu den marginalen Benutzerszenarien gehören.

37.6 Zusammenfassung

Anlässlich der angeregten populären Diskussion um digitales Geld und sogar „unabhängiger Währungen (Bitcoin)" wurde von uns eine Untersuchung durchgeführt, um gute Implementierungen digitalen Geldes einschätzen zu können. Die Summe aller von uns erstellten Kriterien wurde in ihrer Gesamtheit als „unmöglich" erwartet, um durch Rücknahme ausgewählter Forderungen die besten Kandidaten beurteilen zu können.

Wir fanden nach der Entwicklung unserer Kriterien ein System „BitMint", welches tatsächlich dem gesamten Kriteriensatz standhält. Das viel genannte „Bitcoin" System konnte bei unseren Vergleich dagegen nicht als digitales Geld qualifizieren und ist mit Abstand „der" Verlierer unseres Filters.

Die kurze Betrachtung des BitMint Systems in diesem Artikel reicht nicht aus, um alle unsere Kriterien darauf anzuwenden, weitere Informationen können von den Erfindern gideon@bitmint.com oder amnon@bitmint.com erhalten werden oder alternativ vom Autor dieses Artikels helmut.scherzer@gi-de.com.

Mit der massiven Verbreitung von SmartPhones und der Verfügbarkeit entsprechender Sicherheitstechnologie in diesen Geräten (Trusted Execution Environment TEE) ist die Welt der Verwendung digitalen Geldes ein großes Stück näher gerückt. Die Bereitschaft zum „mobilen Bezahlen" ist deutlich gewachsen – die Verwendung digitalen Geldes in diesem Zusammenhang wäre eine der attraktivsten Antworten auf den Bedarf – insbesondere, wenn die in diesem Artikel postulierten Vorzüge dem Benutzer eines Tages tatsächlich zur Verfügung stehen.

Literatur

1. Wikipedia Autoren. (2014). http://de.wikipedia.org/wiki/Fiatgeld. Zugegriffen: 5. Nov. 2014.
2. Wikipedia Autoren. (2014). http://de.wikipedia.org/wiki/M-Pesa. Zugegriffen: 5. Nov. 2014.
3. Wikipedia Autoren. (2014). http://www.heise.de/security/meldung/Ausgefeilte-Angriffe-auf-Bitcoin-Nutzer-2058883.html. Zugegriffen: 5. Nov. 2014.
4. Wikipedia Autoren. (2014). http://en.wikipedia.org/wiki/DigiCash. Zugegriffen: 5. Nov. 2014.
5. Wikipedia Autoren. (2014). http://de.wikipedia.org/wiki/Google_Wallet. Zugegriffen: 5. Nov. 2014.

„Nur Bares ist Wahres" – Kundenbindung in Zeiten der Digitalisierung des Retail-Bankgeschäftes

Thomas Altenhain, Konrad Ess und Attul Sehgal

Zusammenfassung

Die Digitalisierung erfasst alle Bereiche des Lebens und der Wirtschaft, und damit auch das Bankgeschäft. Die Retail-Bankkunden nehmen die digitalen Angebote der etablierten Institute in steigendem Ausmaß an und wenden sich daneben verstärkt neuen Spielern zu. Die hohe Verfügbarkeit leicht zugänglicher Informationen, die immer transparenteren Angebote und eine sinkende Markentreue führen zu einer erhöhten Wechselbereitschaft; daneben verliert der klassische Vertriebsweg der Filiale ständig an Bedeutung. Damit fehlen erprobte und erlebte Kontaktpunkte zu Kundenbindung und -ausschöpfung: Die Banken und Sparkassen haben die Lufthoheit über den Kaufentscheidungsprozess verloren, die Macht verschiebt sich zu den Kunden. In diesem Aufsatz wird diskutiert, wie eine Retailbank ihre Kunden „bei der Stange halten", ja sogar zu einer noch tieferen (Produkt-) Beziehung bringen kann. Mit dem „merchant-funded card-linked cashback"-Programm (CLO-Programm) wird ein alternativer und digitaler Weg zur Kundenbindung und -aktivierung unter Nutzung modernster Technologien zur Datenanalyse und -modellierung vorgestellt. Nach der Darstellung des CLO-Programms werden die Unterschiede zu anderen, gängigen Kundenbindungspro-

T. Altenhain (✉)
ALTENHAIN Unternehmensberatung GbR, Starnberg, Deutschland
E-Mail: altenhain@gmx.net

K. Ess
Portfima AG, Schwindegg, Deutschland
E-Mail: k.ess@portfima.de

A. Sehgal
Red Zebra Analytics Ltd., London, UK
E-Mail: attul@redzebra-analytics.com

© Springer-Verlag Berlin Heidelberg 2015
C. Linnhoff-Popien et al. (Hrsg.), *Marktplätze im Umbruch,* Xpert.press,
DOI 10.1007/978-3-662-43782-7_38

grammen, die Vorteile für Bank und Handel sowie erste Erfahrungen aus Anwendungs-
projekten erläutert.

38.1 Die Digitalisierung des Wirtschaftslebens schreitet voran

Der Umgang mit digitalen Medien und damit auch das Online-Shopping bzw. der E-Commerce sind geübte Praxis in Deutschland: 1998 besaßen nur 8,1 % der deutschen Haushalte einen Internetanschluss, 15 Jahre später waren es bereits zehn Mal so viele; 53,3 % der
ca. 40 Mio. Haushalte verfügen heute über mindestens einen PC, in 65,2 % gab es einen
Laptop, ein Netbook oder einen Tablet-Computer[20]. Die Deutschen besitzen über fast
70 Mio. Handys und Smartphones[20]; davon sind 40 Mio. internetfähig[19]. 88 % der
Smartphone-Besitzer sind „allzeit bereit", sich digital zu vernetzen, nehmen sie das gute
Stück doch sogar mit ins Bett, 81 % sogar mit auf die Toilette [10]. Gerade Smartphone
und Tablet sind für die Generation der 18–25 Jährigen ständige Begleiter, verbringt diese
Zielgruppe doch im Durchschnitt 22,7 h pro Monat in sozialen Netzwerken, wie z. B.
Facebook[10].

Mit 5,3 internetfähigen Geräten in einem „durchschnittlichen Onlinehaushalt" und bei
169 min Online-Zeit pro Tag eines deutschen Internetnutzers[10] ist die Basis für digitales
Shopping gelegt: Der Umsatz im E-Commerce hat sich allein in den Jahren von 2008 bis
2012 fast verdoppelt und den Katalogversand, der mit Firmen wie z. B. Otto, Neckermann, Baur, Heine, Schwab und Quelle über eine mehr als einhundert jährige Geschichte
zurück blicken kann, bereits in der ersten Dekade des Internetzeitalters überholt[12, S. 9].
Neben dem digitalen Medienkonsum liegt das Schwergewicht beim digitalen Shopping
heute (noch) beim Einkauf von Bekleidung, Textilien, Schuhen und Elektroartikeln[12,
S. 9]. Der digitale Behördengang, die Überwachung von Haus und Hof sowie die Steuerung der Haushaltsgeräte sind aber für die breite Masse sicherlich noch Zukunftsmusik.

Geld Überweisen und Bezahlen (für alle diejenigen Produkte und Dienstleistungen,
die sich der Konsument wünscht) sowie der Kauf von Bank- und Versicherungsprodukten
stehen hoch auf der Wunschliste für die digitale Zukunft[13, S. 31–33]. Doch die Frage
wird sein, wer diese Dienstleistungen anbieten wird und wem die Kunden ihr Vertrauen
schenken werden.

38.2 Sinkende Kundenloyalität als Preis für technischen Fortschritt?

Jeder Einkauf im Onlineshop, das Laden einer App oder das Streaming von Medien lösen,
sofern sie nicht kostenlos angeboten werden, auch Zahlungsvorgänge aus. In der digitalen
Welt wird aktuell zwar noch immer in hohem Maße gegen Rechnung und Vorauskasse
bezahlt (zusammen 34,3 % Umsatzanteil); neben der Nutzung von Lastschriften (19,3 %)
und Kreditkarten (14,8 %) haben sich aber auch neue Online-Bezahlverfahren ihren Platz
erkämpft (22,7 %, Zahlen von Paypal und Sofortüberweisung)[21]. Im Zahlungsverkehr
helfen die Bankkunden damit innovativen, neuen Marktteilnehmern (wie z. B. PayPal,

Sofortüberweisung.de, Giropay, Click and Buy, Apple Pay, etc.) starke Positionen zu besetzen und stetig Marktanteile zu gewinnen.

Die Digitalisierung fördert die Abnabelung des Kunden von den klassischen Vertriebs-, Kommunikations- und Transaktionswegen: Über 50 Mio. Girokonten (60 % mehr als eine Dekade zuvor) können heute online geführt werden [5, S. 12], und mehr als die Hälfte der Kunden nutzen dann auch das Onlineangebot ihrer Bank oder Sparkasse [5, S. 13]. Sie kaufen zwar nur in äußerst geringem Umfang Kredit- und Einlagenprodukte über den Onlinekanal („Online-Bank-Shopping"), aber über die Hälfte von ihnen sind mehrmals in der Woche, viele bis zu mehrmals täglich digital mit ihrem Institut verbunden, z. B. für Konto-Abfragen, zur Transaktionsabwicklung im Zahlungsverkehr und im Wertpapiergeschäft sowie zur Informationsgewinnung („Online-Transaktions-Banking").

Und wer geht in ein paar Jahren noch in die Bank- oder Sparkassenfiliale, um einfache Dienstleistungen zu erledigen? Wer aktiv Online-Banking nutzt, seine Bankgeschäfte von zuhause oder unterwegs erledigt und auch noch weniger Bargeld einsetzt als früher[7, S. 22], der hat auch weniger Gründe, eine Filiale zu besuchen. Er kann dann allerdings nicht von einem Filialmitarbeiter auf z. B. neue Produktideen angesprochen werden: Im Jahr 2012 haben sich bereits fast 16 Mio. Kunden für die Bankverbindung zu einer filial-losen Direktbank mit Sitz in Deutschland entschieden, ca. 150 % mehr als im Jahr 2003[18]. Im Übrigen hat das „Filialsterben" bereits begonnen, der Bankvertrieb zieht sich heute schon aus der Fläche zurück. Gleichlaufend mit dem starken Anstieg des Onlinebanking und der Popularität der Direktbanken sank z. B. die Zahl der Filialen um 23 %, die Zahl der Mitarbeiter in Kreditinstituten um ca. 10 % und die der Institute selbst um ca. 17 %[5, S. 3ff.][1].

Die Verlagerung des Produktabschlusses und der Transaktionen auf das Internet geht einher mit der Abwendung von eingespielten Informationsprozessen zwischen Kunde und Berater in der Filiale. Der heutige Konsument nutzt bereits seit vielen Jahren das Internet, um sich über Unternehmen und deren Produkte und Dienstleistungen zu informieren. Er lässt sich auf Vergleichsportalen die besten Angebote präsentieren und liest die Erfahrungen anderer, z. B. mit dem gewünschten Hotel in seinem Feriengebiet oder auch der neuesten Smartphone-Edition des Discounters um die Ecke. Er tauscht sich in Blogs über die Vor- und Nachteile, aber auch Fehler, Unzulänglichkeiten und Enttäuschungen von Produkten und Dienstleistungen aus – und erfährt so das eine oder andere „Geheimnis", das die Gebrauchsanweisung nicht verrät.

Diese hohe digitale Transparenz fordert der Kunde auch von den Anbietern von Finanzdienstleistungen: 70 % der Bankkunden nutzen als erste Anlaufstelle für Informationen zu Finanzthemen das Internet und suchen nicht ihre Filiale auf [3, S. 13]. Weg von der initialen Informationsgewinnung in den Räumen der Bank/Sparkasse – diesen Trend bestätigt auch die Antwort auf die Frage, über welche Quellen man sich über potenzielle Finanz-

---

[1] Mitarbeiterzahl für Gesamtinstitute und nicht differenziert nach Hauptverwaltungen und Kundensegmenten; „Bankensterben" hauptsächlich fusionsbedingt im Bereich der Sparkassen und Genossenschaftsbanken, die Zahl der Privatbanken blieb mit ca. 290 wegen Neugründungen nahezu unverändert.

dienstleister informiert: 31 % der Befragten nennen die Webseiten, nur 24 % den Bankberater und 21 % die Filiale; zusammen 64 % hören auf die Meinung von Freunden, Bekannten, Finanzberatern, unabhängigen Webseiten und Social-Media-Angeboten[9, S. 7].
Derzeit beschränken sich die Suchmaschinen und Portale (noch) auf die Bereitstellung
von mehr oder weniger neutral, d. h. ohne den Einfluss werbetreibender Produktgeber
zusammengestellter Informationen zu Finanzprodukten, natürlich begleitet von Anzeigen
von Banken und Sparkassen. Wer weiß, wann diese z. T. marktdominanten Anbieter ihre
Geschäftssysteme um eine eigene Bank-, Versicherungs- oder Asset-Management-Lizenz
erweitern? PayPal als (zum Zeitpunkt der Erstellung dieses Aufsatzes: noch) Tochtergesellschaft von Ebay operiert in Europa unter einer Luxemburger Banklizenz, derzeit „nur"
als Zahlungsabwickler, aber ab wann werden Tagesgelder entgegengenommen und Ein-
kaufs-Kreditlinien eingeräumt? Google-Wallet und ab 2015 auch ApplePay bieten ebenfalls die Bezahlung über hinterlegte Bank- bzw. Sparkassen-Karten an, aber wann werden
sie selbst Kreditkarten herausgeben (vielleicht als Revolving-Credit) bzw. eine der hinterlegten Karten klar priorisieren?

Neben der Verlagerung der Transaktionen und der Befriedigung des Informationsbe-
darfs auf die digitale Welt stellt sich die Frage, ob (und wenn ja, wie schnell und dramatisch) es auch zu einer Abwanderung von Beratung und Produktabschluss kommt. Derzeit
werden zwar in allen Ländern Europas noch sog. Nichtbank-Produkte (wie z. B. Bücher
und Urlaubsangebote) in weitaus höherem Maße online gekauft als Finanzprodukte[15,
S. 5f.; 11]. Bis zum Ende dieser Dekade sollen sich aber bis zu 80 % der Bankkunden
zu sog. „self-directed"-Konsumenten entwickelt haben, die sich u. a. wie folgt auszeichnen[15, S. 12]:

Sie suchen ihre Filiale nur noch ganz sporadisch auf, wählen sich mehrfach in der Woche via PC, Smartphone oder Tablet-Computer in das Online-Banking ihrer Bank ein	Sie suchen den Kontakt zum Berater (z. B. bei der Anlageberatung) wenn überhaupt, dann eher telefo-nisch oder über Web Chat, Social Media oder Video
Sie schließen einfache Produkte mobil ab	Sie fordern in der Filiale (sofern das vorkommt) nur sehr speziellen Rat ein, der in hohem Maße persönli-chen Kontakt zum gut ausgebildeten Spezialisierten erfordert
Sie nehmen die notwendigen Trans-aktio-nen ausschließlich mobil vor, u. a. auch als mobile peer-to-peer-Transaktionen,	Sie fordern allgemeine Produktinformationen digital an
Sie erwarten schnelle und reibungslose Prozesse, möglichst „one click" (z. B. im Kreditgeschäft mit Genehmigungsfristen im Minutenbereich und Bereitstellung direkt nach Genehmigung)	Sie erwarten personalisierte Produktangebote ihrer „Haus-bank" direkt auf ihr Mobiltelefon, die dann die Möglichkeit zur Optimierung mit Hilfe von Vergleichsportalen ermöglichen

Den hier beschriebenen Kundentyp gibt es schon, in Deutschland sollen sich bereits 35 % dazu zählen. Der Kundentyp wird sich – je nachdem, was der technische Fortschritt an Hardware und Software, aber auch an Konnektivität und Social Media bringen wird – in der Nutzung der digitalen Möglichkeiten weiter entwickeln und die digitalen Angebote der Etablierten in steigendem Ausmaß nutzen. Er wird aber auch neuen und fokussierten Wettbewerbern gegenüber aufgeschlossen sein und auch den fortschrittlicheren Konkurrenten der „alten" Hausbank neue Chancen eröffnen. Heute schon gibt es Wettbewerber, die attraktive Nischenprodukte mit (z. T. komplett) digitalem Produktzugang anbieten: die Monoliner im Kreditkarten- und Einlagengeschäft (z. B. Advanzia Bank, Hanseatic Bank) und in der Wertpapierverwaltung (z. B. V-Bank), aber auch an die oben genannten Anbieter im alternativen Zahlungsverkehr sowie im Crowdfunding und -investing (z. B. Bergfürst, Kickstarter), in der Kreditvermittlung (z. B. Smava, Auxmoney), bei den mobilen Finanzapplikationen (z. B. Starmoney, Outbank, Numbrs, Finanzblick) und auch bei den Vergleichsportalen (z. B. Check24).

38.3 Der Kampf um die Lufthoheit, CLO-Programm als Lösung

Nicht alle neuen, digitalen Geschäftsmodelle werden langfristig erfolgreich sein. Aber die hohe Verfügbarkeit leicht zugänglicher Informationen, die immer transparenteren und zielgerichteteren Angebote und eine sinkende Markentreue werden zu einer erhöhten Wechselbereitschaft der Bankkunden führen. Da der klassische Vertriebsweg der Filiale an Bedeutung verliert, werden erprobte und erlebte Kontaktpunkte zu Kundenbindung und -Ausschöpfung fehlen. Die Banken und Sparkassen haben in der neuen digitalen Welt die Lufthoheit über den Kaufentscheidungsprozess verloren, die Macht verschiebt sich von den Kreditinstituten zu ihren Kunden. Bei diesem Paradigmenwechsel stellen sich viele grundsätzliche Fragen, die die Kreditinstitute kurzfristig beantworten müssen: Wie wollen sie ihre heutigen Kunden möglichst lange und profitabel an sich binden und über die Lebensphasen tiefer und mit attraktiven Zusatzerträgen ausschöpfen? Wie wollen sie in Zukunft neue Kunden dazugewinnen? Wie wollen sie ihre digital-affinen Kunden bedienen, ihre Informations- und Beratungsbedürfnisse befriedigen und die von ihnen abgeschlossenen Produkte abwickeln? Dieser Beitrag soll eine Antwort auf die Frage geben, wie eine Bank oder Sparkasse ihre Kunden „bei der Stange halten", ja sogar zu einer noch tieferen (Produkt-) Beziehung bringen kann.

Die hier zu beantwortende Frage erhält eine hohe Brisanz, weil immerhin über 40 % der Kunden von Großbanken, aber auch ca. jeder dritte Kunden von Genossenschaftsbanken und Sparkassen „grundsätzlich wechselbereit"[3, S. 13] sind. „23 % der deutschen Kunden wollen in den kommenden zwölf Monaten Konten umschichten" [9, S. 8] und nur 35 % der Kunden würden ihre Hausbank weiter empfehlen[9, S. 5]! Angesichts dieses Bedrohungsszenarios müssen Kreditinstitute einerseits eine Vielzahl von möglichen Stellhebeln betätigen, die das gesamte Repertoire an Strategieoptionen zur Marktbearbeitung einer Bank oder Sparkasse umfassen können [1, S. 894f.; 4, S. 904f.; 11, S. 9f.; 14, S.10ff.;

15, S. 12ff.; 16, S. 32ff.; 17, S. 3ff.]. Andererseits bietet die abnehmende Loyalität der Kunden zu dem einen Institut seinen etablierten, aber auch den neuen Wettbewerbern entsprechende Chancen auf Kundenzugewinne, die es ebenfalls zu heben gilt.

Ein Instrument, das sowohl den „zweifelnden" Kunden auf sehr emotionale und zielgerichtete Weise ansprechen, aber auch zur Gewinnung neuer Kunden durch das Angebot eines attraktiveren Produktes eingesetzt werden kann, ist ein „merchant-funded card-linked Cashback"-Programm. Diese besondere Variante eines Kundenbindungsprogramms, das auch als CLO-Programm („card linked offers") bezeichnet wird, lässt sich durch die folgenden Merkmale charakterisieren:

Die Kundensicht Das Bedürfnis des Kunden lässt wie folgt skizzieren: „Ich wünsche mir attraktive und für mich relevante Finanz-Angebote." Das Rational hinter diesem Wunsch kann dann so formuliert werden: „Meine Bank muss mir mehr als das bieten, was alle anderen auch können – und sie sollte mich für meine Treue belohnen – dazu möchte ich bares Geld sparen, ohne Treuepunkte oder Coupons sammeln zu müssen."

Das Grundprinzip Ausgesuchten Händlern wird die Möglichkeit geboten, den Kunden einer Bank oder Sparkasse interessante Cashback-Angebote in einem vertrauten und sicheren Umfeld zu offerieren, auf der Website und dem mobilen Auftritt der (Haus-) Bank. Als Händler kommen neben nationalen und lokalen stationären Händlern („Offline-Händler") auch Online-Shops in Frage. Dabei muss die das Programm anbietende Bank sicherstellen, dass die einzelnen Anbieter und deren Markenauftritt zum eigenen Markenkern und zum Markenauftritt für das jeweilige Kundensegment passen [2, S. 269ff.].

Den bei ihrer Bank für das Programm registrierten Kunden (in Deutschland: Opt-in) werden im Online-Banking/ mobilen Portal für sie ausgesuchte Cashback-Angebote von teilnehmenden Händlern vorgestellt. Diese werden online/ mobil vom Kunden aktiviert. Der Cashback wird auf das Bank- oder Kreditkartenkonto des Kunden ausgezahlt, falls der Kunde den Einkauf beim Händler entsprechend der Usancen des Cashback-Angebots mit der Bank- (Kredit-) karte bezahlt hat; die Kunden haben dabei die Möglichkeit, die ausstehenden und aktivierten Cashback-Angebote und die Höhe ihrer demnächst fälligen Cashback-Beträge regelmäßig im Online-/ Mobil-Portal oder auf einer dafür vorgesehenen Webseite einzusehen (s. Abb. 38.1). Auf der Basis der Analyse des Akzeptanz- und Ausgabeverhaltens der Kunden werden laufend relevante (neue) Angebote von Händlern und attraktiven Marken eingeworben und eingestellt. Bei der Bereitstellung von neuen, zielgruppenspezifischen Angeboten für ausgesuchte Sub-Segmente der Bankkundschaft werden die Händler mittels verdichteter Strukturdaten unterstützt.

Bei der Abwicklung des CLO-Programms wird dem Schutz persönlicher Daten und der Privatsphäre des Kunden auf allen Ebenen größte Bedeutung beigemessen, denn das abwickelnde System bietet die Möglichkeit, innerhalb der Firewall der Bank gehostet zu werden. Die Auswertung der Transaktionsdaten erfolgt unter Nutzung moderner Technologien zu Datenanalyse und -modellierung („big data").

Grobübersicht RED ZEBRA ANALYTICS-LÖSUNG

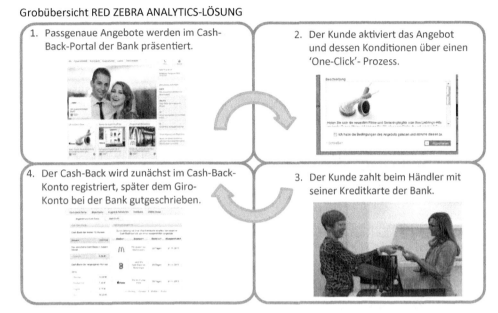

Abb. 38.1 Der einfache Weg der Kunden zum Cash-Back

38.3.1 Die Unterschiede zu anderen, gängigen Kundenbindungsprogrammen

Mit dem CLO-Programm fördert eine Bank oder Sparkasse eine neue Form von Kunden-bindung, die sich grundsätzlich von andern Lösungen unterscheidet: Die Angebote an die Kunden werden vom teilnehmenden Handel bezahlt, der durch die tiefere Analyse der Transaktionsdaten der teilnehmenden Kunden bessere Segmentierungsdaten erhält und damit zielgerichtetere und (in Rabatt-Prozentpunkten gerechnet) attraktivere Angebote machen kann.

Das CLO-Programm ist in Bezug auf die Teilnahme der Händler offen gestaltet. Die Bank tritt, anders als bei geschlossenen Systemen (wie z. B. Payback), nicht einer Grup-pe vorher definierter Partner bei, sondern steuert die Händlerauswahl ihres Programms selbst. Verglichen mit den sog. Mehrwert-Kontenlösungen (z. B. HASPA-Joker-Konto) hat das CLO-Programm eine klarere, einfachere und prägnantere Kundenaussage: „Cash is king!": Auf nicht-monetäre Wohltaten und ihre Kosten wird verzichtet, wie z. B. auf Schlüsseldepots, Mobiltelefon-Schutz, Fahrrad-Schutz, etc. Dementsprechend entfallen das Handling von Coupons, separaten Kundenkarten, Bonusheften, etc. sowie auch die Verwaltung von Meilengutschriften.

Mit Cashback wird ein monetärer Rabatt ausgelobt. Damit kommt es nicht zu einer möglichen (negativen, aber auch nicht positiven) Beeinträchtigung der Bankmarke, wie es z. B. bei dem Angebot von Meilen von Fluggesellschaften oder spezieller Versicherungs-leistungen möglich ist.

Das CLO-Programm belohnt nur Transaktionen, die auch wirklich stattgefunden haben; damit wird „echtes Geschäft" belohnt und es lassen sich Streuverluste vermeiden, die z. B. bei Angeboten wie „Neues Girokonto mit 50 € Startguthaben und Zufriedenheitsgarantie" wahrscheinlich sind. Schließlich hat auch die Bank die Möglichkeit, den Kunden im Rahmen ihrer Cross-Selling-Aktivitäten über das CLO-Programm eigene Produkte oder die ihrer Allfinanz-Partner anzubieten [6, S. 940ff.].

Die Vorteile für die Bank	*Die Vorteile für den Handel*
Mit der Einführung des CLO-Programms wird zum einen das Bankkonto oder z. B. ein spezielles Kreditkartenangebot attraktiver gestaltet, Online- und Mobile-Banking-Auftritt werden gestärkt	Die Teilnahme am CLO-Programm eines Kreditinstituts steigert in einem ersten Schritt die Markenbekanntheit bei bestehenden und auch bei neuen Kunden des Händlers
Zum anderen wird der Kunde zur Nutzung des Produktes angespornt: Er wird aufgefordert, sich häufiger in das digitale Angebot der Bank oder Sparkasse einzuloggen Daneben wird er motiviert, die Kartennutzung zu steigern und den Einsatz von Fremdkarten oder die Nutzung von fremden Wallets zurück zu fahren Schließlich sollten sich attraktive Cashback-Angebote in einer erhöhten Transaktionshäufigkeit und der Verbesserung im durchschnittlichen Kartenumsatz sowie im Ausbau der Kreditposition bei Revolving Credit-Karten rsp. bei Dispokrediten niederschlagen	Nimmt ein (aus der Sicht des Händlers) neuer Kunde ein Cashback-Angebot an und tätigt er auch den Einkauf, hat der Händler neben dem Zusatzumsatz vielleicht einen in der Zukunft loyalen Kunden gewonnen
	Mit der Annahme eines Cashback-Angebots durch einen Bestandskunden erhöht sich die Loyalität Kunde-Händler, allerdings auf unterschiedlichstem Ausgabeniveau: „Alte", aber vielleicht nicht mehr sehr aktive Kunden werden zurückgewonnen – gute, aktive Kunden werden belohnt (mit unterschiedlich hohen Cashback-Sätzen, je nachdem, ob Kunden reaktiviert oder über gewünschte Umsatzschwellen gehoben werden sollen)
Wenn das Institut auch „eigene Produkte" über CLO bewirbt, kann der Kunde entweder zum digitalen Produktabschluss oder zum Besuch der Filiale aufgefordert werden	Die Zielgruppen können vorab ausgewählt und mit geringeren Streuverlusten und differenzierten Angeboten angesprochen werden

- Angebote werden im sicheren Online-/ mobilen Bankportal präsentiert.
- Angebote können kurzfristig erstellt und platziert werden.
- Kunden können, je nach den vereinbarten und im Datenschutzregime des jeweiligen Landes vorgesehenen Möglichkeiten, gezielt erreicht werden, z. B. durch Auswahl anhand von Postleitzahl-Regionen, Altersgruppen, Zeitpunkt der Ausgaben, Lebenszyklen, Bestands- oder „New-to-Brand"-Kunden, etc.
- CLO-Programme lassen sich mit begrenztem internen Arbeitsaufwand realisieren, denn es fallen keine zusätzlichen Kosten für Aufbau und Betrieb eines eigenen oder den Beitritt zu einem bestehenden Bonusprogramm an. Bank und Händler erhalten umfassende Einsicht in den Return on Investment der Kampagnen, ggfs. den Marktanteil und die Kundenausschöpfung – allerdings nie auf Einzelkundenebene.

38.3.2 Erste Erfahrungen aus Anwendungsprojekten

Nach einer repräsentativen Marktforschung[2], die der ersten Installation eines CLO-Programms bei einer deutschen Bank vorausging, würden ca. 67 % der befragten Deutschen sich zu einem CLO-Programm ihrer Bank oder ihres Kreditkartenherausgebers einschreiben und es ausprobieren.

Die Idee des Angebots eines Cashback-Programms durch die Hausbank konnte dabei Männer mit ca. 70 % und (unabhängig vom Geschlecht) die Altersgruppen der 25–34-Jährigen sowie der Altersgruppe 55+ noch etwas mehr begeistern als die jeweils anderen Gruppen.Ebenfalls 67 % der Befragten ist es dabei sehr rsp. ziemlich wichtig, dass die Auswahl der von den teilnehmenden Händlern beworbenen Angebote eng auf das aktuelle Ausgabeverhalten der Kunden abgestimmt wird; insbesondere die mittleren Altersgruppen von 25 bis 44 Jahren legen hierauf mit fast 73 % sehr starken Wert. Dieses Ergebnis unterstreicht zum einen die Bedeutung einer guten Auswahl der Händler durch die Bank. Zum anderen verdeutlicht es insbesondere die Notwendigkeit, laufend das Nutzungsverhalten der teilnehmenden Kunden mittels moderner Technologien zu Datenanalyse und -modellierung zu verfolgen und den Händlern attraktive Segmente für die Schaltung zielgerichteter Cashback-Angebot anzubieten.

Literatur

1. Altenhain, T. (2013). Herausforderungen an das Aufsichtsorgan bei der Beurteilung der Geschäftsstrategie. In R. Hölscher & T. Altenhain (Hrsg.), *Handbuch Aufsichts- und Verwaltungsräte in Kreditinstituten* (S. 867–898). Erich Schmidt: Berlin.
2. Altenhain, T., & Caspers, U. (2006). Strategische Markenpositionierung von Banken. In B. Rolfes (Hrsg.), *Herausforderung Bankmanagement* (S. 257–276). Erich Schmidt: Frankfurt a. M.
3. Bain & Comp. (2012). Retail-Banking: Die digitale Herausforderung. München. http://www.bain. de/publikationen/articles/the-digital-challenge-to-retail-banks.aspx. Zugegriffen: 31. Okt. 2014.
4. Bruhn, M. (2013). Strategische Marketingentscheidungen eines Kreditinstituts: Produkt, Preis, Vertrieb, Kommunikation, Personal. In R. Hölscher & T. Altenhain (Hrsg.), *Handbuch Aufsichts- und Verwaltungsräte in Kreditinstituten* (S. 899–918). Erich Schmidt: Berlin.
5. Bundesverband Deutscher Banken. (2014). Zahlen, Daten, Fakten der Kreditwirtschaft. Berlin. http://bankenverband.de/publikationen/bankenverband/@@shopitem/364a86af70494dc59859d 862fef78cf0. Zugegriffen: 31. Okt. 2014.
6. Caspers, F. (2013). Die Geschäftspolitik im Vermittlungsgeschäft aus Sicht des Aufsichtsorgans. In R. Hölscher & T. Altenhain (Hrsg.), *Handbuch Aufsichts- und Verwaltungsräte in Kreditinstituten* (S. 937–958). Erich Schmidt: Berlin.
7. Deutsche Bundesbank. (2012). Zahlungsverhalten in Deutschland 2011, Eine empirische Studie über die Verwendung von Bargeld und unbaren Zahlungsinstrumenten. http://www.bundesbank.

---

[2] Die i. F. zitieren Ergebnisse entstammen einer Marktforschung, die vom 24. bis 27. Mai 2013 im Auftrag von RED ZEBRA ANALYTICS, Ltd. durch YouGov Plc. als Onlinepanel mit 1033 repräsentative Deutsche über 18 Jahre durchgeführt wurde.

de/Redaktion/DE/Downloads/Veroeffentlichungen/Bericht_Studie/zahlungs verhalten in_deutsch-land_2011.html. Zugegriffen: 31. Okt. 2014.

8. Deutsche Bundesbank. (2014). Zahlungsverkehrs- und Wertpapierabwicklungsstatistiken in Deutschland, 2008–2013. http://www.bundesbank.de/SiteGlobals/Forms/Suche/Servicesuche_Formular.html?resourceId=42&input_=120708&pageLocale=de & temp lateQueryString=Zahlungsverkehrs-+und+Wertpapierabwicklungs statistiken. Zugegriffen: 31. Okt. 2014.

9. EY, Global Consumer Banking Survey. (2014). (Pressegespräch 9.4.2014) http://www.ey.com/LResults?Query=[CountryCode]=DE~[LanguageCode]=de~[T_Industry]=%28Industries\Financial%20Services%29. Zugegriffen: 2. Juni 2014.

10. Hartlmaier, B., & Montasser, M. (2014). (Zeitfresser Internet – Facebook checken, auf Google warten oder TV streamen). *CHIP* (5. Aufl., S. 35).

11. Hirt, M., & Willmott, P. (2014). Strategic principles for competing in the digital age. McK Quarterly. http://www.mckinsey.com/insights/strategy/strategic_principles_for_competing_in_the_digital_age. Zugegriffen: 15. Juli 2014.

12. KPMG AG. (2012). Consumer Markets – Trends im Handel 2020. http://www.kpmg.com/ de/de/bibliothek/2012/seiten/trends-handel-2020.aspx. Zugegriffen: 3. Juni 2014.

13. KPMG AG. (2013). Survival of the Smartest, Welche Unternehmen überleben die digitale Revolution?   http://www.kpmg.com/de/de/themen/connected-world/seiten/smart-survival.aspx. Zugegriffen: 3. Juni 2014.

14. Lünendonk GmbH. (2012). Trendstudie Zukunft der Banken 2020: Trends, Technologien, Geschäftsmodelle, Kaufbeuren. http://luenendonk-shop.de/Luenendonk-Publikationen/Trendpapierstudie/Luenendonk-Trendstudie-Zukunft-der-Banken-2020.html. Zugegriffen: 6. Aug. 2014.

15. McKinsey & Comp., Inc. (2012). Digital transformation in 10 building blocks, Efma and McKinsey & Comp., Efma Studies & Reports. http://www.efma.com/index.php/resources/studies/index/EN/1/507. Zugegriffen: 2. Juni 2014.

16. McKinsey & Comp., Inc. (2012). The triple transformation: Achieving a sustainable business model.   http://www.mckinsey.com/insights/financial_services/the_search_for_a_sustainable_banking_model. Zugegriffen: 2. Juni 2014.

17. Olanrewaju, T. (The rise of the digital bank). McKinsey & Comp. http://www.mckinsey.com/insights/business_technology/the_rise_of_the_digital_bank. Zugegriffen: 15. Juli 2014.

18. Statistisches Bundesamt. Anzahl der Direktbank-Kunden in Deutschland in den Jahren 2000 bis 2015 (in Millionen). http://de. statista.com/statistik/daten/studie/186890/umfrage/anzahl-der-direktbank-kunden-in-deutschland-bis-2015/. Zugegriffen: 31. Okt. 2014.

19. Statistisches Bundesamt. Anzahl der Smartphone-Nutzer in Deutschland in den Jahren 2009 bis 2014 (in Millionen). http://de.statista. com/statistik/daten/studie/198959/umfrage/anzahl-der-smartphonenutzer-in-deutschland-seit-2010/. Zugegriffen: 31. Okt. 2014.

20. Statistisches Bundesamt. Ausstattung privater Haushalte mit Informations- und Kommunikationstechnik, Einkommens- und Verbrauchsstichprobe. https://www.destatis.de/DE/ZahlenFakten/GesellschaftStaat/EinkommenKonsumLebensbedingungen/AusstattungGebrauchsguetern/Tabellen/Infotechnik_D.html. Zugegriffen: 31. Okt. 2014.

21. Statistisches Bundesamt. Umsatzanteile von Online-Bezahlverfahren in Deutschland im Jahr 2014. http://de.statista.com/statistik/daten/studie/20151/umfrage/die-beliebtesten-bezahlverfahren-im-online-handel/. Zugegriffen: 31. Okt. 2014.

Zukunft des Bezahlens: Mobile Technologien im Handel

Jörg Abrolat

Zusammenfassung

Was am POS, also an der physischen Kasse, noch diskutiert wird, hat im E-Commerce längst stattgefunden. Neue Anbieter offerieren Bezahlverfahren und ein verändertes Einkaufsverhalten der Endkunden bestimmt zunehmend die Produktlandschaft und die Marktanteile der Zahlungssysteme. Dadurch erfahren traditionelle Anbieter einen neuen Wettbewerb, der maßgeblich von verfügbaren Technologien auf der einen und Anforderungen der Kunden und Händler auf der anderen Seite bestimmt wird. Dabei ist das Mobiltelefon das zentrale Medium der Zukunft, welches die Brücke zwischen einfacher Bedienbarkeit sowie sicherer und schneller Prozesse darzustellen hat. Telefonhersteller, Mobilfunkbetreiber und die Finanzindustrie sind sich mit NFC zumindest bezüglich der Übertragungstechnologie am POS einig und bereiten damit den Weg für einheitliche und massentaugliche Produktentwicklungen für die Bezahlung mit dem Mobiltelefon.

39.1 Einführung

Die Welt des bargeldlosen Bezahlens verändert sich. Diese Aussage ist seit vielen Jahren aktuell und korrekt, wenngleich auch über die Zeit mit unterschiedlichen Hintergründen belegt. Die Ablösung des Euroschecks durch die Kartenzahlung oder die Einführung der Chip-basierten Zahlungen sind nur zwei Beispiele von vielen, die zeigen, dass der Zahlungsverkehr regelmäßig Innovationen erfährt, die, mal mehr und mal weniger vom

J. Abrolat (✉)
vicp visioning consulting & production, Berlin, Deutschland
E-Mail: joerg.abrolat@vicp.de

Endkunden bemerkt, im Markt eingeführt werden und ganze Geschäftsmodelle verändern können. Eine ebensolche Innovationswelle kündigt sich mit dem Mobile Payment nun schon seit geraumer Zeit an, wenn man den eingeweihten Experten Glauben schenken darf. Eine flächendeckende Lösung oder der allgegenwärtige Wunsch der Endkunden war allerdings bislang nicht zu erkennen. Allerdings verändert sich in den letzten Jahren das Einkaufsverhalten der Endkunden, was die Basis für neue Bezahlmethoden sowohl im Internet, als auch im stationären Handel darstellt.

Was aber sind nun die genauen Gründe, warum der Handel und die Zahlungsverkehrsindustrie vermehrt auf mobile Technologien beim Bezahlen setzen? Welche Anforderungen der Endkunden bestehen? Wer sind die Innovationstreiber unter den Anbietern und welche Technologien kommen zum Einsatz? Dies sind Fragen, die im Folgenden behandelt werden sollen, um die Zukunft des Bezahlens zu beschreiben und um Denkanstöße zu liefern.

39.2   Disruptive Technologien und Nutzerverhalten

Produktinnovationen können durch zwei Faktoren initiiert werden: Durch bahnbrechende und problemlösende Erfindungen oder durch Kundennachfrage bzw. durch verändertes Nutzerverhalten notwendige Produktentwicklungen oder Produktanpassungen. Im Falle des mobilen Bezahlens kann heutzutage wohl nicht mehr von innovativen Erfindungen gesprochen werden, denn die Basistechnologien für die Bezahlung mit mobilen Endgeräten sind teilweise in ihren ersten Ausprägungen schon über 50 Jahre alt. Aber welche Technologien sind für das Mobile Payment überhaupt maßgeblich?

Grundsätzlich stehen für die Bezahlung mit dem Mobiletelefon im stationären Handel drei Technikansätze zur Verfügung.

- Zum einen die Funkübertragung von Bezahlinformationen zwischen Handy und Händler oder vom Handy zur Kasse bzw. zum Bezahlterminal,
- der Austausch von optischen Signalen, wie zum Beispiel dem QR-Code, zum Initiieren oder Freigeben einer Bezahlung,
- oder die Bestätigung über eine Freigabe-ID (PIN und TAN), die aus einem Backend an das mobile Endgerät übermittelt wird und mit der die Zahlung an der Kasse dann autorisiert wird.

Die Bezahlung würde im letzten Fall ebenfalls im Backend auf Basis bereits hinterlegter Zahlungsquellen, wie Lastschrift oder Rechnungskauf, erfolgen und sind somit einer Zahlung im Internet ähnlicher, als der eigentlichen Bezahlung an der Kasse. Die genannten auf Funk basierten Zahlungen unterscheiden sich dahingehend, dass die Zahlungsdaten entweder direkt an der Kasse zwischen dem Telefon und der Kasse bzw. dem Bezahlterminal via NFC (Near Field Communication) ausgetauscht werden oder dass der Kunde oder genauer gesagt sein Telefon über WLAN oder Bluetooth im Geschäft registriert wird und die Bezahlung dann im Backend über hinterlegte Zahlarten erfolgt.

Wireless LAN und Bluetooth sind bereits seit Jahren hinreichend standardisiert (erste WLAN Standard seit 1997 und Bluetooth seit 1999) und die NFC Technologie ist als Ableger der Radiofrequenz-Identifikation (RFID) schon seit Mitte des letzten Jahrhunderts im Einsatz. Dort wurden nämlich bereits im Zweiten Weltkrieg eigene und feindliche Flugzeuge mit einer Art Vorläufertechnologie von RFID per Radar und einem rücksendenden Transmitter voneinander unterschieden. Erste Patente folgten dann in den Siebzigern des 20. Jahrhunderts und die Erweiterung und Standardisierung von NFC erfolgte dann Ende der 1990er [1] Der QR-Code schließlich stammt ebenfalls aus den 1990er Jahren. Das erste europäische Patent hierzu ist aus dem Jahr 1995 (Europäisches Patent Nummer EP0672994).

Das bedeutet, dass die Technologien, die einer Bezahlung mit dem Mobiltelefon zugrunde liegen, weder neu noch bahnbrechend in der heutigen Zeit sind und somit kein Argument liefern, warum sie die Auslöser für Produktentwicklungen zum mobilen Bezahlen darstellen. Allerdings hat sich die Option zur Verbreitung und Nutzung dieser Technologien in den letzten Jahren maßgeblich verändert. So begünstigen eben Entwicklungen in ganz anderen Bereichen, die Verfügbarkeit und Inanspruchnahme von Funk- und Bildübertragungen. Die Verbreitung von Smartphones und Tablets ist es nämlich, die den Datenaustausch und die digitale Interaktion erst ermöglichen. Permanenter Online Informationsbezug und Informationsaustausch mit Hilfe moderner Breitbandanschlüsse und die entsprechenden Endgeräte mit ihren interaktiven Touchscreens stellen Technologien dar, die ganze Industrien bereits verändert oder sogar abgelöst haben. So verbreiten sich aktuelle Nachrichten online, Musik wird heruntergeladen und Recherchen erfolgen nicht im Lexikon sondern im Internet. Der Grund liegt in der ständig wachsenden Nutzung des Internets und dem erweiterten Zugang durch unterschiedliche Endgeräte. Die ARD/ZDF Onlinestudie 2014 [2] [2] hat ergeben, dass im Durchschnitt 80 % der Online-Nutzer das Internet täglich nutzen und die durchschnittliche Verweildauer dabei 166 min pro Tag beträgt. Noch deutlicher wird der Umfang der Online-Nutzung in der Altersgruppe der 14–29 Jährigen. Hier beträgt die Internetverweildauer sogar 248 min pro Tag. Das liegt vor allem daran, dass die Geräte für den Onlinezugang mobil werden und auch der Internetaccess nicht an die heimischen vier Wände gebunden ist. Laut ARD/ZDF-Onlinestudie [2] haben Laptop mit 69 % und Smartphone mit netto 60 % den klassischen PC mit 59 % bereits als Zugangsmedium abgelöst. Auf Platz vier rangiert in Deutschland das Tablet (28 %) und bei den 14-29 Jährigen hat das Smartphone sogar einen Anteil von 81 %. Die Internetnutzung unterwegs beträgt in dieser Altersgruppe 2014 bereits 75 % (50 % im Durchschnitt aller Altersgruppen). Die Nutzung mobiler Endgeräte führt also zu einem steigenden Internetkonsum und verändert damit auch die Erwartungshaltung der Konsumenten hinsichtlich Angebot und Verfügbarkeit von Produkten und Services. Endkunden sind online und kaufen vermehrt auch online ein. Die Wachstumszahlen des Onlinehandels belegen dies in beeindruckender Art. Der Bundesverband E-Commerce und Versandhandel Deutschland (bevh) beziffert das Wachstum der Online bestellten Waren mit 33,2 % im Jahr 2013. Das entspricht einem Gesamtumsatz in Höhe von 39,1 Mrd. € in Deutschland [3]. Laut bevh stellt dies einen Anteil in Höhe von 11,2 % am Gesamteinzelhandel in Deutschland dar. Dieses Wachstum verdeutlicht, in welchem raschen Tempo die „always on" Mentalität die Anforderungen der Kunden an die Händler verändert und somit auch die Art der Bezahlung wesentlich steuert. Das Nutzerverhalten ist also der Treiber der Produktentwicklung rund um Handel und Bezahlung. Und auch wenn die Nutzung der mobilen Endgeräte im Stationären Handel noch in den Startlöchern stecken mag, so wird das Online-Verhalten der Endkunden auch offline abgebildet werden müssen, denn das zentrale Medium der Zukunft ist das Smartphone.

39.3   Anforderungen der Händler und der Endkunden

Der Weg zum mobilen Zahlen an der Kasse führt also über den Online-Handel, denn hier sammelt der Verbraucher schon heute Erfahrungen beim Kaufen und Bezahlen. Der Endkunde ist vertraut mit dem Recherchieren, dem Auswählen und schließlich auch mit den Checkout-Prozessen im Internet. Die Kunden kennen die Anbieter der unterschiedlichen Bezahlverfahren und haben ihre Anforderungen in Form von Nutzungszahlen auch schon eindeutig formuliert. So ist der Rechnungskauf als Post-Paid Zahlungsmittel bei den Kunden nach wie vor am beliebtesten, da das komplette Risiko ausschließlich beim Händler liegt, aber interessant sind die restlichen Zahlungsmittel, da sich hier die Anforderungen durch Wachstumsraten am besten ablesen lassen. Laut EHI Retail Institute GmbH (EHI) [4] hat der Umsatzanteil von PayPal unter den befragten Händlern beispielsweise mit 19,9 % bereits die Kreditkarte (14,8 %) abgelöst und ist noch vor der Lastschrift (19,3 %) umsatzstärkstes Zahlungsmittel im E-Commerce. Eine sehr ähnliche Verteilung bestätigt der bevh ebenfalls. Das zeigt, dass ein Anbieter, der seine Wurzeln nicht im Zahlungsverkehr, sondern im Handel hat, (PayPal ist eine Ebay-Tochter) anscheinend die Anforderungen der Käufer und Händler sehr gut erfüllen und damit innerhalb kurzer Zeit Marktanteile durch Kunden- und Händlerakzeptanz erreichen kann. Die Gründe sind leicht zu erkennen. Mal abgesehen von ausgeprägten Marketingkonzepten, die hier nicht weiter beurteilt werden sollen, hat es PayPal geschafft, den Zahlungs- und Liefervorgang lediglich durch einen Login-Namen und ein selbst gewähltes Passwort abzubilden. Unterschiedliche Zahlungsmittel werden im Backend hinterlegt und somit ist das PayPal-Zahlverfahren mit einer Wallet vergleichbar, also einem zentralen Bezahlinstrument mit der Option mehrerer Bezahlquellen. Die Karten- oder Lastschriftzahlungen sind dahingegen immer mit der Eingabe von langen Karten- oder SEPA-Kontodaten und der zusätzlichen Eingabe der Lieferdaten für jeden Vorgang verbunden. Dieser Bequemlichkeitsaspekt ist wohl das entscheidende Merkmal und der Grund für die schnelle Entwicklung von PayPal-Zahlungen im Internet. Gefühlte Sicherheit und Datenschutz sowie Schnelligkeit und die einfache Rückabwicklung von Käufen und Zahlungen sind dabei ein Selbstverständnis aus Sicht der Käufer. Das hat dazu geführt, dass die beiden großen Kreditkartenunternehmen MasterCard und Visa mit MasterPass [5] und V.me [6] mittlerweile eigene Lösungen ent-

Tab. 39.1 Anforderungen der Kunden und Händler an Zahlungsmittel

Kundenanforderungen	Händleranforderungen
Sicherheit & Datenschutz	Sicherheit
Schnelligkeit	Kundenakzeptanz
Einfache Anwendung	Service-, Installations- und Wartungsfreundlichkeit
–	Multi-Channel-Fähigkeit

wickelt haben, die den Bezahlprozess von PayPal adaptieren und die Bezahlung via Login und Passwort ermöglichen. Ob die Transparenz von Kreditkartenzahlung und diesen beiden neuen Wallet-Lösungen nebeneinander für den Endkunden hergestellt werden kann, bleibt abzuwarten. Aus Kundensicht muss ein Zahlungsmittel grundsätzlich also sicher, schnell und einfach in der Anwendung sein. Es spielt keine Rolle, ob sich der Kunde dabei im Internet oder im stationären Handel bewegt, was am Beispiel Bargeld gut nachzuvollziehen ist. Die Barzahlung ist schnell und fühlt sich für den Kunden sicher und unkompliziert an, wobei die Bargeldbeschaffung meist in diese Überlegung nicht einbezogen wird. Deshalb überwiegt der Anteil der Barzahlungen am physischen POS in Deutschland auch nach wie vor.

Die Anforderungen, die der Handel an ein Zahlungsmittel hat, unterscheiden sich dabei in manchen Bereichen natürlich von denen der Verbraucher. So ist die Interpretation der Kundenanforderungen aus Händlersicht nahezu deckungsgleich mit der der Kunden. Die Anforderungen der Händler stellt hingegen neben der Sicherheit auch die Kosten des Verfahrens, die Service-, Installations- und Wartungsfreundlichkeit des Produktes sowie die Multi-Channel-Fähigkeit in den Mittelpunkt [4]. Damit lassen sich die Anforderungen an ein Zahlungsmittel der Kunden und der Händler wie folgt zusammenfassen (Tab. 39.1):

39.4 Angebote der Anbieter und Entwicklungstreiber

Die Anforderungen an ein Zahlungsmittel lassen sich also gut zusammenfassen und die Anbieter, die diese Anforderungen erfüllen, sind auch schnell auszumachen. So haben zum Beispiel PayPal und Sofortüberweisung die größten Wachstumsraten im deutschen E-Commerce, weil sie die o. g. Anforderungen optimal erfüllen. Traditionelle Zahlungssysteme, wie die Kreditkarte, verlieren hingegen Marktanteile, weil sie die Anforderungen im Vergleich zum Wettbewerb nicht mehr optimal bedienen. Aber sind die Zahlungsanbieter, die heute den E-Commerce beherrschen auch automatisch die potentiellen Player im Mobile Payment am POS? Die „always on" Mentalität bestimmt das heutige Online-Nutzerverhalten. Mobiltelefon und Tablet sind oder werden das zentrale Medium und neue Prozesse, wie das Bezahlen mit dem Handy, lassen sich am leichtesten auf Basis gelernter Prozesse umsetzen. Das bedeutet, dass das Bezahlverhalten auf dem mobilen Endgerät von heute, auch das Verhalten von morgen auf dem gleichen Gerät nur eben an der stationären Kasse beeinflusst. *Der Weg an den POS führt also über den E-Commerce.*

Das bedeutet, dass die auf dem Handy etablierten Systeme den Vertrauensvorteil nutzen können, um in der realen Welt ebenso zum Einsatz zu kommen. Bemerkenswert ist, dass der Kunde dabei kaum unterscheidet, ob der Bezahlvorgang dann letztendlich von einem klassischen Finanzdienstleister oder von einem Anbieter aus anderen Märkten, wie dem Handel, durchgeführt wird.

Erstaunlich ist ebenfalls, dass sich die Anzahl der Anbieter zwischen Online-Payment und dem Mobile Payment, also dem Bezahlen mit dem Handy an der Kasse, noch sehr unterscheidet. Denn während der E-Commerce-Markt eine stabile Basis und seit Jahren Wachstum aufweist, sind die wesentlichen Marktanteile zwischen

- Rechnungskauf,
- PayPal,
- Lastschrift,
- Kreditkarte,
- Sofortüberweisung,
- Nachnahme,
- Ratenkauf,
- Vorauskasse,
- Zahlung bei Abholung
- und Bezahlen über Amazon

und deren jeweiligen Anbietern aufgeteilt und neue Anbieter gibt es kaum im deutschen Markt. Ganz anders stellt sich hingegen der Markt der Mobile Payment-Anbieter dar. Obwohl sich das Bezahlen mit dem Handy am POS nämlich längst nicht etabliert hat, gibt es dennoch eine Vielzahl großer und kleiner Anbieter, die die unterschiedlichsten Systeme unterstützen und Zahlungsverkehrsprodukte anbieten. Interessant ist das deshalb, weil insbesondere die Kreditkartenunternehmen schon lange Produkte für das kontaktlose Bezahlen anbieten. MasterCard, Lufthansa und die Deutsche Kreditbank haben zum Beispiel in Deutschland bereits im Jahre 2008 mit der Lufthansa Miles & More Kreditkarte das erste große Kartenportfolio mit NFC-Antennen ausgestattet und Telefonica hat die erste deutsche Wallet auf einem Handy mit einer Maestro Karte schon 2012 lanciert. Beide Produkte basieren auf der Übertragung der Kartendaten an das Lesegerät bzw. Bezahlterminal via NFC, aber durchgesetzt hat sich dieses Verfahren bis jetzt noch nicht. Im Gegenteil. Bislang ist sogar weitgehend unklar, welche Technologie sich letztendlich am POS durchsetzen wird, denn wie beschrieben gibt es unterschiedliche technische Ansätze zur Umsetzung von Bezahlungen mit dem Telefon.

Andere Anbieter setzten bislang nicht, wie die Kreditkartenunternehmen oder die Mobilfunkbetreiber, auf NFC, sondern konzentrierten sich auf die QR-Code basierten Lösungen. Hierbei wird ein einmaliger QR-Code entweder vom Handy oder von der Kasse als Identifier generiert und das jeweilige Gegenüber übernimmt dann diese Einmaldaten und ordnet sie im Backend einer Bezahlung zu. Das ist insofern sehr charmant, als das es mit weniger technischem oder zumindest preiswerterem Equipment umsetzbar ist, als ein

NFC-Lesegerät, hat aber den Nachteil, dass es keine offline Transaktion geben kann und man eine Anbindung an das Kassensystem herstellen muss, um die Zahlung auch in der Kasse zu vermerken. NFC-basierte Zahlungen führen hingegen eine herkömmliche Kartenzahlung durch, bei der lediglich die Kartendaten per Funk, statt wie bisher per Stecken oder Durchziehen, übertragen werden. Insofern entfällt die Kassenanbindung bei NFC dort, wo schon Kartenakzeptanz vorliegt und diese Transaktionen können auch offline stattfinden. Die meisten Entwicklungen und Startup Unternehmen sind im Bereich der QR-Code Lösungen am Markt zu erkennen. Das liegt daran, dass die Investitionskosten in die Systemarchitektur am geringsten sind und es ist eine einfache Installation der notwendigen Software auf dem Endgerät möglich, wohingegen eine NFC basierte Lösung immer ein Secure Element im Gerät, auf der SIM Karte oder auf einer externen Karte benötigt, in das die Kartendaten für die Bezahlung nach den gängigen Sicherheitsstandards personalisiert und gespeichert werden müssen. Eine Investition auf Händlerseite ist jedoch in beiden Fällen notwendig.

Gleiches gilt für die Verfahren, die in einigen Supermärkten bereits zur Anwendung kommen. Hier wird über ein PIN/TAN Verfahren eine ID auf eine App im Telefon gesendet und diese dann in die Kasse eingegeben. Mit der PIN/TAN wird der Zahlbetrag freigegeben und die Zahlung erfolgt im Backend meist über Lastschrift an den Händler. Auch hier muss natürlich eine Kassenintegration hergestellt werden und es muss eine Online Verbindung möglich sein, was in Einkaufszentren oder insbesondere in Stahlbetongebäuden nicht immer der Fall ist.

Schließlich sind da noch die auf der Erkennung bzw. Registrierung eines Telefons in einem Ladengeschäft basierten Verfahren. Hier wird über ein Bluetooth Low Energy (BLE) Signal das Handy und die UUID, d. h. die Telefonnummer, erkannt. Das Verfahren eignet sich für die Erkennung und für die Navigation innerhalb geschlossener Räume. BLE hat eine geringere Reichweite als klassisches Bluetooth, verbraucht dafür aber auch weniger Energie. Durch dieses Verfahren kann nicht nur durch die eindeutige Erkennung abgerechnet, sondern es kann punktuell auf den Standort des Einkäufers reagiert werden, z. B. für Werbung oder Coupons. Eine der bekanntesten Weiterentwicklungen dieser Technologie ist iBeacon von Apple [7], ein proprietäres Apple-System, dass die UUID eines iPhones und die exakte Position des Telefons im Geschäft erkennen kann. Die fest installierten iBeacon-Transponder senden dabei permanent, werden vom iBeacon-fähigen Telefon erkannt und die installierte iBeacon App kann dann individualisierte Push-Nachrichten empfangen oder eine Interaktion, wie eine Bezahlung auslösen. Allerdings hierfür ist eine technische Ausstattung im Geschäft nötig und ob das Erfassen und Speichern von Nutzerbewegungen im Laden datenschutzrechtlich unbedenklich ist, dürfte in der Zukunft noch ausgiebig diskutiert werden. Insofern ist BLE und iBeacon eher als Nischenprodukt oder Ergänzung zu anderen Systemen anzusehen und nicht als flächendeckende Allgemeinlösung.

Diese Auswahl an Technologiebeschreibungen und die Vielzahl der dazugehörigen Anbieter machen klar, dass die Diskussion um die Technik der Zukunft lange nicht abgeschlossen war. Einige der beschriebenen Lösungen wurden zwar ausgiebig getestet oder sogar als Produkt lanciert, aber durchsetzen konnten sich weder eine QR-Code-Lösung von PayPal oder die NFC-Produkte der Kreditkartenunternehmen und Mobilfunkprovider. Es besteht kein einheitliches Produkt-, Marketing- oder Kommunikationsschema und einige Technologien waren auch nicht für alle Mobiltelefone verfügbar. So schloss sich zum Beispiel Apple bis zum September 2014 keinem dieser beschriebenen Ansätze eindeutig an und iPhones waren lange Zeit nicht NFC-fähig. Das führte bis heute dazu, dass sich der Verbraucher nicht verlässlich auf eine Lösung konzentrieren konnte und für die Händler ebenso nicht erkennbar war, in welche Systeme nun investiert werden sollte. Es mangelte also an der Erfüllung der wesentlichen Anforderungen nämlich Simplizität, die ja schon mit der Auswahl des Produktes beginnt und an der Kundenakzeptanz, die ein wesentliches Merkmal der Händleranforderungen darstellt. Diese Produkt- und Technologievielfalt ohne anbieterübergreifenden Fokus auf ein einheitliches System führte bis heute dazu, dass sich keiner der genannten Ansätze am Markt durchgesetzt hat.

39.5 Aussicht

Mit Spannung wurde deshalb die Vorstellung des iPhone 6 von Apple erwartet, das nun schließlich mit einer NFC-Antenne ausgestattet ist. Obendrein bereitete Apple durch die Kooperation mit den drei Kartenorganisationen MasterCard, Visa und American Express ein Payment-Produkt namens Apple Pay vor, dass auch gleich bei einer Reihe von Händlern akzeptiert wird. Diese Entwicklung von Apple wurde deshalb mit Spannung erwartet, weil nicht klar war, in welche Richtung Apple gehen würde. Und eine Payment-Lösung komplett ohne die Apple Welt mochte sich eben so richtig keiner vorstellen, obwohl es ja beispielsweise bereits Kooperationen zwischen Visa und Samsung gab. Mit Apple Pay könnte nun die Lücke in der Technologiefrage geschlossen sein, die lange die finale Investition auf Händlerseite verhindert hat. Auch die Usability der Apple Pay Anwendung scheint den maßgeblichen Anforderungen der Konsumenten nach Simplizität gerecht zu werden, auch wenn das System in 2014 vorerst nur im US-amerikanischen Raum in Betrieb ist und somit noch nicht den strengen EMV- und EU-Richtlinien in Europa genügen muss. Auch PayPal hat sich im Sommer 2014 erstmals offen gegenüber NFC am POS gezeigt [8], obwohl sich das Unternehmen bis dato eher den QR-Code-Lösungen anschloss. *Damit stehen also die großen Telefonhersteller wie Samsung und Apple, die Kreditkartenunternehmen und die Deutsche Kreditwirtschaft sowie die Mobilfunkprovider erstmalig zusammen und bekennen sich zur NFC Technologie.* Dies sind gute Voraussetzungen für die flächendeckende und händlerübergreifende Verfügbarkeit von NFC Technologie an der Kasse, bedeutet aber nicht automatisch, dass der Endkunde diese auch nutzen wird. Vielmehr wird es eine große Rolle spielen, wie einfach die Installation und die Zahlung selbst stattfinden können. Apple Pay arbeitet zum Beispiel nur mit dem Fingerabdruck durch Ablesen auf dem iPhone zum Freigeben einer Zahlung, während die Finanzindustrie mit PIN zur Freigabe arbeitet. Hier allerdings erst ab einem Betrag von 25 bzw. 20 € bei girogo, der Kleinbetragslösung der Deutschen Kreditwirtschaft. Unter diesen Beträgen ist weder PIN noch Unterschrift notwendig, was die Bezahltransaktion zwar sehr schnell macht, aber in der Vergangenheit immer wieder zu Sicherheitsbedenken bei den Verbrauchern führte. Ob Mehrwerte, wie Couponing oder Kundenbindungsprogramm einen entscheidenden Faktor für die Nutzung der Mobile Payment-Produkte spielen wird, ist fraglich. Schließlich hat bereits Google mit der Einführung seiner Wallet im Jahr 2011 sehr stark auf diesen Faktor gesetzt, aber durchsetzen konnte sich auch dieses Produkt aus all den o. g. Gründen nicht.

Es ist also noch ein langer Web bis zur tatsächlichen Etablierung eines Mobile Payment-Systems. Die im E-Commerce erfolgreichen Wallet-Lösungen scheinen sich auch bei den großen Anbietern am POS von Beginn an durchzusetzen, denn neben der genannten Finanzindustrie und PayPal hat ja auch Apple mit itunes bereits ein Payment-System im Wallet-Format im Einsatz, welches nur noch auf dem Handy abgebildet werden muss. Einen großen Einfluss auf den Erfolg der Bezahlprodukte wird außerdem die Interoperabilität untereinander haben. Der Fokus auf NFC an der Kasse, egal bei welchem Händler, und eine einmalige Installation, die beispielsweise auch nach dem Wechsel des Providers nutzbar ist, wären sicherlich Meilensteine, die noch zu entwickeln sind. Bis dahin wird an der Kasse weiter bar bezahlt und zunehmend im Internet eingekauft. Wenn die gleiche Wallet, wie im Online-Shop dann auch an der Kasse genutzt werden kann, dann ist ein großer Schritt in Richtung Mobile Payment getan.

Literatur

1. Grahl, A. (2011) *Web 2.0 und soziale Netzwerke – Risiko oder strategische Chance?* Bank-Verlag GmbH.
2. v. Eimeren, B. (2014) *ARD/ZDF-Onlinestudie 2014*, im Auftrag der ARD/ZDF-Medienkommission.
3. bvh-Studie 2013. (2014) Bundesverband E-Commerce und Versandhandel Deutschland.
4. Kiesewetter, T. *(2014) Online-Payment Studie 2014*. Köln: EHI Retail Institute GmbH.
5. MasterCard, „MasterPass," MasterCard Europe SPRL, 30 10 2014. https://masterpass.com/. Zugegriffen: 30. Okt. 2014.
6. V. Europe, „Visa Europe Services Inc.," Visa Europe Services Inc. https://eu.v.me/. Zugegriffen: 30. Okt. 2014.
7. A. Inc., „iBeacon for Developers," Apple Inc. https://developer.apple.com/ibeacon/. Zugegriffen: 30. Okt. 2014.
8. Marcus, D. „Three Trends That Might Transform the Retail Payments Experience," PayPal, Inc. https://www.paypal-community.com/t5/PayPal-Forward/Three-Trends-That-Might-Transform-the-Retail-Payments-Experience/ba-p/800878. Zugegriffen: 30. Okt. 2014.

Zukunft des Bezahlens – Mobile Payment

40

Mirko Bleyh und Christian Feser

Zusammenfassung

Mobilen Bezahlverfahren werden seit Jahren bereits der Durchbruch vorhergesagt, passiert ist aber bis heute nur wenig. Gerade im deutschen Markt sind Kunden sehr zurückhaltend, wenn es um neue Bezahlverfahren geht. Bis sich Mobile Payment am Markt durchsetzen kann muss also noch einiges passieren: die notwendigen Technologien müssen weiter verbessert werden, damit der Bezahlvorgang gleichzeitig sicher und komfortabel ist. Heute wird primär mit QR-Codes gearbeitet, NFC und Bluetooth Low-Energy sind vielversprechende Optionen. Bei den meisten Verfahren muss der Benutzer aber weiterhin viele manuelle Schritte durchlaufen, um eine Transaktion durchzuführen. Dies führt zum einen zu Wartezeiten an der Kasse und zum anderen zur Ablehnung durch die Kunden. Neben der Technologie muss sich zudem ein Standard herausbilden, damit nicht für jede Bezahlung eine eigene App mit einem eigenen Konto benötigt wird. Wir betrachten den aktuellen Stand des mobilen Bezahlens und untersuchen, was für ein erfolgreiches Mobile Payment erforderlich ist. Herausforderungen, Technologien und Anbieter werden vorgestellt und die Erfolgsfaktoren skizziert.

M. Bleyh (✉) · C. Feser
M-Way Consulting GmbH, Stuttgart, Deutschland
E-Mail: m.bleyh@mwayconsulting.com

C. Feser
E-Mail: c.feser@mwayconsulting.com

© Springer-Verlag Berlin Heidelberg 2015
C. Linnhoff-Popien et al. (Hrsg.), *Marktplätze im Umbruch,* Xpert.press,
DOI 10.1007/978-3-662-43782-7_40

40.1 Einleitung

Mobile Payment wird kommen – soweit sind sich die meisten Analysten einig. Die Frage ist nur das Wann und Wie. Und warum das ganze so lange dauert – schließlich geistert das Thema bereits seit einigen Jahren umher, ohne dass sich nennenswerte Erfolge einstellen. Aber wenn es dann mal soweit ist, bietet es dem Handel bisher unerreichte Möglichkeiten mit dem Kunden zu interagieren und ihn kennenzulernen. Das Problem an der schönen neuen Welt ist lediglich, dass – anders als bei anderen mobilen Themen – beim Mobile Payment viele Aspekte zu berücksichtigen sind. Dadurch, dass verschiedene Interessen zusammengebracht werden müssen, wird womöglich nicht die beste Lösung am Ende gewinnen, sondern die mit den meisten Vorteilen für die Stakeholder.

Um zu verstehen, wo die Probleme bei Mobile Payment liegen, muss man alle Beteiligten betrachten: den Kunden und seine Anforderungen, den Handel und seine Interessen, sowie die Finanzdienstleister und deren Ambitionen. Und natürlich die Technologien und dessen Möglichkeiten, ohne die ein Mobile Payment im eigentlichen Sinne gar nicht erst möglich ist.

40.2 Die Beteiligten

40.2.1 Der Kunde

Der Kunde steht im Mittelpunkt einer Betrachtung von Mobile Payment. Bereits heute haben Kunden verschiedene etablierte Bezahlformen zur Verfügung, wozu sollten sie also auf eine neue Möglichkeit umsteigen? Deutschland im speziellen ist zudem ein Land der Barzahlung – knapp 55 % der Einkäufe werden in Bar beglichen [1]. Daneben gibt es mit der EC-Karte und der Kreditkarte eine sehr einfache und sichere Zahlungsmethode, welche nahezu überall akzeptiert wird. Daher lohnt sich eine genauere Untersuchung, welche Aspekte Kunden dazu bewegen könnten, ihre Einkäufe zukünftig über Mobile Payment abzuwickeln. Man muss hierbei zwischen sogenannten Hygienefaktoren und den Motivatoren unterscheiden. Ersteres ist eine Grundvoraussetzung für ein erfolgreiches Mobile Payment, ohne sie werden Kunden nicht bereit sein, dieses Verfahren zu nutzen. Gleichzeitig sorgen die Hygienefaktoren aber nicht zwingend für einen Umstieg der Kunden, da sie keinen tatsächlichen Mehrwert darstellen. Hier kommen die Motivatoren ins Spiel. Sie stellen die echten Mehrwerte für Kunden dar und können über den Erfolg von Mobile Payment Lösungen entscheiden.

Der Hygienefaktor *Usability* – also die Anwenderfreundlichkeit oder Nutzbarkeit – der Payment Apps sowie der Bezahltransaktionen ist oftmals weit davon entfernt, dem Bezahlvorgang etwa einer EC-Karte nahe zu kommen. Wenn man das Vorgehen an der Kasse mit einer gängigen QR-Code Bezahl-App mit einer regulären EC-Karten-Zahlung vergleicht, so wird dies deutlich:

QR-Code Bezahl-App:

1. Smartphone aktivieren
2. Smartphone entsperren (Sperrcode eingeben)
3. Die App suchen und starten
4. In der App die Bezahlfunktion auswählen
5. Am Kassenterminal die Bezahlform auswählen
6. Einen QR-Code scannen
7. Einen PIN-Code eingeben und bestätigen

EC-Karte:

1. An der Kasse Bezahlform auswählen
2. EC-Karte in Termin einführen
3. PIN-Code eingeben und bestätigen

Solange Bezahl-Apps vom Kunden dieses Vorgehen abverlangen, werden Kunden solch ein System nicht nutzen. Dabei sind mögliche Fehlerfälle noch gar nicht betrachtet, da auch Apps, beispielsweise aufgrund von Abstürzen oder abgebrochener Internetverbindungen, keine garantierte Funktionstüchtigkeit aufweisen können.

Das zweite Hygienefaktor ist die *Akzeptanz* heutiger Lösungen. Wohin gegen EC-Karten nahezu überall akzeptiert werden, sieht es bei Mobile Payment Lösungen deutlich schlechter aus. Zudem ist es durch die Vielzahl an Anbietern oft erforderlich, bei gleich mehreren Apps ein Konto zu besitzen, um so die Wahrscheinlichkeit zu erhöhen, in einem ausgewählten Laden zumindest über einen der Anbieter bezahlen zu können. Solange dies so bleibt, werden Kunden immer gezwungen sein eine Alternative parat zu haben. Damit entfällt selbstverständlich auch der große versprochene Mehrwert – endlich nur noch ein Gerät für alles mitführen zu müssen.

Ein großer Motivator ist die *Bequemlichkeit*. Kunden nutzen bevorzugt die Bezahlvariante, die für sie den geringsten Aufwand verursacht. Bargeld muss an Bankautomaten besorgt und ausreichend mitgeführt werden, EC- und Kredit-Karten müssen mitgeführt und eine PIN gemerkt werden. Das Smartphone hingegen hat man mittlerweile nahezu immer dabei. Somit wäre es durchaus angenehm, darüber auch eine Bezahlung abwickeln zu können. Dieser Komfort darf aber nicht an der physischen Bequemlichkeit aufhören. Nur wenn der Bezahlvorgang für den Nutzer angenehm und einfach durchzuführen ist, ohne dabei in Schweißausbrüche zu verfallen oder Angst vor einer Fehlbedienung zu haben, kann man den Kunden dazu bringen auf Mobile Payment umzusteigen.

Zuletzt und oftmals auch nicht ganz unwichtig ist der *Spaßfaktor* von Mobile Payment ein Motivator. Zwar wird selbst ein wie auch immer geartetes mobiles Bezahlen nie den Fakt, dass Geld ausgegeben wird, verschönern, trotzdem kann ein gutes Konzept und eine passende Visualisierung dem ganzen Vorgang etwas Erfreuendes geben. Ebenso sind Begriffe wie „Gamification" auch beim Banking denkbar, schließlich hat das Sammeln von

Rabattmarken ja in Deutschland schon eine lange Tradition. Dies könnte in einer App noch effektiver und attraktiver umgesetzt werden. All dies kann beim Mobile Payment zuletzt ein Faktor sein, der Nutzer dazu bewegen wird, statt das Kleingeld im Geldbeutel zu suchen die stylische App für den Einkauf beim Bäcker zu nutzen.

40.2.2 Der Handel

Der Handel kann durch seine Akzeptanz einer Mobile Payment Lösung mit zum Erfolg der einen oder anderen Variante beitragen. Lösungen, die von nur wenigen Händlern akzeptiert werden, sind am Markt kaum überlebensfähig – siehe die Hygienefaktoren des Kunden. Aber auch der Handel hat eigene Interessen bei der Umsetzung von Payment-Lösungen. Wir betrachten dabei primär den stationären Handel, denn im E-Commerce spielt Mobile Payment zunächst nur eine untergeordnete Rolle.

Ein wichtiger Aspekt für den Händler sind die *Kosten* der Bezahlverfahren. Gerade neue und innovative Lösungen sind durch relativ hohe Gebühren, die in der Regel als prozentualer Anteil am Transaktionsvolumen abgerechnet werden, gegenfinanziert. So sind Gebühren zwischen 3 und 5 % des Umsatzes keine Seltenheit, was für den Handel einen nicht unerheblichen Kostenpunkt bedeutet. Zwar bieten die Anbieter gleichzeitig entsprechende Dienstleistungen an, wie etwa eine Absicherung gegen Zahlungsausfälle, dennoch spielen für den Erfolg einer Mobile Payment Lösung am Ende die Gebühren vielleicht die ausschlaggebende Rolle. Neben den Gebühren für die eigentliche Transaktion kommen die erforderlichen Hardware-, Implementierungs- und Betriebskosten zum Tragen. Kann das Mobile Payment System in bestehende Kassensysteme integriert warden, oder muss das gesamte Kassensystem umgestellt werden? Auch die Kosten für den Betrieb sind entscheidend, insbesondere die Zeit einer Kundentransaktion kann etwa im Supermarkt ausschlaggebend sein. Dauert die Transaktion an der Kasse länger, so müssen zusätzliche Kassen und damit zusätzliches Personal bereitgestellt werden, um die Wartezeiten für den Kunden erträglich zu gestalten.

Zuletzt haben Händler natürlich ein Interesse an einer möglichst tiefgreifenden *Kundenbindung*. Dies wird heute vornehmlich über Kundenkarten gelöst, über die Händler ein detailliertes Profil ihrer Kunden erhalten – im Tausch gegen ein paar Rabatte. Viele Kunden lehnen diese Kundenkarten jedoch aus Datenschutzgründen ab, oder weil es für jeden Händler eine eigene Kundenkarte gibt. Hier wäre Mobile Payment in der Lage, beide Aspekte – also Bezahlung und Kundenbindung – in einer Lösung zusammenzuführen. Das individualisierte Profil könnte von den Händlern neben der Bezahlung auch zur Erfassung von Kundeneigenschaften und zur Interaktion mit dem Kunden genutzt werden. Ob dies sowohl von den Kunden als auch von den Finanzdienstleistern so gewünscht ist, ist natürlich eine ganz andere Frage.

40.2.3 Die Finanzdienstleister

Die Finanzdienstleister – um die Anbieter eine Mobile Payment Lösung mal abstrakt zu bezeichnen – haben im Kern eines im Ziel: eine erfolgreiche Lösung im Markt zu etablieren, über die sie Geld verdienen und Kunden gewinnen können. Um dieses Ziel zu erreichen, müssen sie sich natürlich auch von Konkurrenten differenzieren. Dies führt meist zu einem erbitterten Kampf um Technologien und Verfahren, was zu Inkompatibilitäten und oftmals der schlechteren Lösung führt. Allein die Einigung auf eine geeignete Technologie – siehe BLE oder NFC – würde das Voranschreiten einer geeigneten Lösung vermutlich deutlich beschleunigen, aber auch hier gibt es bisher keine Fortschritte. Somit werden Verfahren in alle Richtungen und Technologien entwickelt, bei denen eben nicht der Kunde, sondern die eigene Strategie und Marktstellung im Mittelpunkt steht.

Mit Apple ist aber neben den rein gewinnorientierten Anbietern – also solche, die mit dem eigentlichen Verfahren Umsatz machen wollen, auch ein Anbieter im Rennen, welcher das Thema Mobile Payment lediglich als Treiber für seine anderen Produkte und Dienstleistungen nutzen kann. Denn Apple Pay funktioniert nur mit einem iPhone, womit der Verkauf von iPhones durch ein erfolgreichen Payment-System natürlich gesteigert werden kann.

40.3 Die Technologie

Aktuell sind grundsätzlich drei unterschiedliche Technologien des Mobile Payment im Einsatz oder in der Planung, die jeweils in den verschiedensten Varianten genutzt werden. In den folgenden Abschnitten geben wir einen kurzen Überblick über die Funktionsweisen der jeweiligen Technologien.

40.3.1 QR-Code

Bezahlverfahren über QR-Codes (QR = Quick Response) sind schon seit einigen Jahren geläufig und nehmen weiter zu. Dabei wird der QR-Code als Daten-Schnittstelle zwischen Kassensystem und Smartphone genutzt: eine Seite generiert einen QR-Code mit den Informationen zur Transaktion, die Gegenseite scannt diesen ein und verarbeitet ihn. Die Kapazität der Schnittstelle ist dabei begrenzt, maximal lassen sich knapp 3 kb an Daten über einen einzelnen QR-Code übertragen, durch die Störquellen (Licht, Spiegelungen, etc.) und den oftmals schlechten Displays an Kassensystemen liegt der realistische Wert aber deutlich darunter. In jedem Fall ist die Schnittstelle unidirektional, es erfolgt also nur eine Kommunikation in eine Richtung. QR-Codes sind verhältnismäßig einfach umzusetzen und können mit jedem Smartphone mit integrierter Kamera und einer QR-Code-App verarbeitet werden.

40.3.2 Near Field Communication

Die drahtlose Funktechnologie NFC (Near Field Communication) wurde zwar bereits 2002 entwickelt, ist aber erst seit etwa 2010 auch in Smartphones im Einsatz. Über NFC kann ein Sender mit einem Empfänger über Entfernungen von bis zu 10 Zentimeter bidirektional kommunizieren. Der Sender kann dabei aktiv oder passiv sein, der passive NFC-Sender ist dabei sehr ähnlich zu einem RFID-Chip. Über NFC realisierte Bezahlverfahren identifizieren häufig den Kunden über den NFC-Chip bzw. dessen ID und wickeln die Bezahlung über diese Information mit dem Transaktionsserver ab. Aber auch umgekehrte Verfahren sind im Einsatz, bei dem das Smartphone den aktiven Part übernimmt und die Transaktion mit dem Transaktionsserver steuert. NFC wird aktuell von vielen Android-Smartphones unterstützt, Apple unterstützt diese Technologie erst mit dem aktuellen iPhone 6.

40.3.3 Bluetooth Low Energy

Die neueste der Technologien ist BLE (Bluetooth Low Energy bzw. Bluetooth Smart), auch bekannt geworden durch das Schlagwort iBeacon. Dabei bilden Beacons nur eine sehr einfache Form eines BLE-Senders, der in regelmäßigen Intervallen ein konstantes Signal mit einem statischen Informationsgehalt aussendet. BLE-fähige Endgeräte können dieses Signal erfassen und zusätzlich die Entfernung zum Sender ermitteln. BLE als Technologie geht aber deutlich weiter, denn dabei ist auch ein bidirektionaler Datenaustausch möglich, analog dem bekannten Bluetooth, nur mit neueren und effizienteren Verfahren. So kann etwa das umständliche „Pairing" stark vereinfacht werden oder komplett entfallen. Weiterhin ist der Stromverbrauch des Endgeräts deutlich reduziert. BLE ist für das Mobile Payment interessant, da hier die Beacon-Technologie mit einer effizienten Datenschnittstelle kombiniert werden kann und mittlerweile in allen neueren Smartphones unterstützt wird.

40.4 Die Verfahren

Es gibt bereits viele Anbieter von Mobile Payment Lösungen, ständig kommen neue Unternehmen hinzu. Wir stellen an dieser Stelle exemplarisch drei Anbieter vor, die mit einem jeweils unterschiedlichen Ansatz das Mobile Payment betreiben. Da die Anbieter laufend ihre Apps und Verfahren aktualisieren können diese zum Zeitpunkt der Veröffentlichung dieses Beitrages bereits wieder veraltet sein.

40.4.1   Edeka/Netto – Valuephone

Bereits seit Mitte letzten Jahres kann man bei einigen ausgewählten Edeka-Märkten (aktuell etwa 150) und bei allen Netto-Filialen (ca. 4000) mit dem Smartphone und der jeweiligen App von Edeka bzw. Netto bezahlen. Umgesetzt wurde das System über die Mobile Payment Plattform des Berliner Unternehmens Valuephone. Es handelt sich dabei um eine Whitelabel-Lösung, d. h. die App und der Service laufen vollständig unter dem Namen von Edeka bzw. Netto.

Zur Nutzung des mobilen Zahlungsvorgangs muss der Nutzer die App installieren und sich bei Edeka/Netto registrieren. Dabei wird eine PIN vergeben, die jeden Bezahlvorgang über das Smartphone autorisiert. Die Zahlung selbst wird durch den Nutzer an der Kasse initiiert, die App lokalisiert den Anwender sowie den aktuellen Markt und erzeugt nach Eingabe der PIN einen Einmal-QR-Code bzw. einen vierstelligen Zahlencode. Dieser Code wird an der Kasse eingescannt oder eingegeben. Der Code ist 5 min gültig, damit er vor erneutem Einlösen oder Kopieren geschützt ist.

Technisch muss sowohl das Smartphone als auch das Kassensystem mit dem Internet verbunden sein. Dies ist auch eine der Schwachstellen des Systems – in vielen Supermärkten ist bedingt durch deren Lage und Bauart kein Mobilfunknetz verfügbar. Zudem muss bei diesem Verfahren der Benutzer viele manuelle Schritte zur Durchführung der Transaktion durchlaufen: Entsperren des Smartphones, Starten der App, Auswählen des Bezahlvorgangs, Eingabe der PIN und Bereitstellen zum Einscannen.

40.4.2   PayPal Beacon

Das mobile Bezahlsystem von PayPal ist zwar noch nicht in der Breite verfügbar, jedoch in einigen ausgewählten Regionen bereits im Einsatz. Das PayPal Beacon genannte System basiert auf BLE und setzt sich damit von einem Großteil der Anbieter technologisch ab. PayPal versucht mit den Beacons die Usability-Problematik der bestehenden Lösungen mit QR-Codes oder NFC zu umgehen, indem es ohne Interaktion des Nutzers mit dem Smartphone auskommt. Über BLE und die Beacon-Technologie kommuniziert das Kassensystem selbstständig mit dem Smartphone und wickelt die Transaktion ab.

Zur Nutzung von PayPal Beacon muss der Anwender auf dem Smartphone die PayPal App installieren und ein entsprechendes PayPal Konto einrichten. Betritt der Kunde ein Geschäft mit PayPal Beacon, so reagiert das Smartphone auf das empfangene Beacon-Signal des Kassensystems. Daraufhin signalisiert die App dem Benutzer die Bezahlmöglichkeit und bittet um eine Freigabe. Anschließend kann das Smartphone mit der Kasse kommunizieren und übermittelt so die Daten des Kunden wie etwa Name und Passfoto. Zur Bezahlung muss der Kunde dann nur an der Kasse erscheinen, der Kassierer wählt aus den Fotos dasjenige des Kunden aus und bucht auf seinem PayPal-Konto den entsprechenden Betrag ab.

Der Vorteil dieses Systems ist vermutlich gleichzeitig sein größter Nachteil: durch die fehlende Interaktion und Autorisierung der Transaktion ist das Missbrauchspotential sehr groß und gleichzeitig ist die rechtliche Anfechtbarkeit einer solchen Transaktion unklar. Zudem ist das Thema Datenschutz in diesem Szenario kritisch zu betrachten, da die App sensible Daten an ein beliebiges Kassensystem übermittelt. Hier muss sichergestellt werden, dass die Daten auch geschützt bleiben.

40.4.3   Apple Pay

Der neueste Kandidat unter den Mobile Payment Verfahren ist Apple Pay. Vorgestellt wurde diese Technologie erst im September 2014 und soll zunächst in den USA und Großbritannien zum Einsatz kommen. Apple nutzt dabei entgegen aller Erwartungen im Vorfeld NFC als Übertragungstechnologie. Auf dem iPhone des Anwenders müssen zunächst Kreditkarten über Apples Dienste eingerichtet und geprüft werden. Die eigentlichen Kreditkarteninformationen werden jedoch nicht auf dem Gerät gespeichert, sondern lediglich codierte, eindeutige IDs. Zur Speicherung dieser Daten verfügt das iPhone 6 über ein Secure Element, also einem speziell geschützten Speicherbereich.

Die Bezahlung läuft dann über NFC-fähige Bezahlterminals ab. Der Anwender hält sein iPhone an das Bezahlterminal, welches die Zahlungsaufforderung an das Smartphone übermittelt. Auf dem iPhone erscheint dann ohne weitere Nutzerinteraktion die Transaktion, und der Nutzer kann dann über den Fingerabdrucksensor auf dem iPhone den Bezahlvorgang bestätigen und abschließen. Optional kann er neben der standardmäßig ausgewählten Kreditkarte auch andere Kreditkarten auswählen, welche in Apples Passbook integriert und somit einfach erreichbar sind.

Weitere Details zu dem genauen Verfahren sowie anfallende Gebühren sind bisher nicht bekannt. Bezüglich Datenschutz und Sicherheit stehen aktuell nur Behauptungen im Raum, allerdings soll weder Apple noch der Händler Zugang zu den Kreditkarten-Daten erhalten.

40.5   Erfolgsfaktoren für das Mobile Payment

Alle bisher genannten Eigenschaften einer guten Mobile Payment Lösung sind kein Geheimnis und auch nicht gänzlich neu, trotzdem ist bisher keine Lösung erfolgsversprechend auf dem Markt angekommen. Im Kern sind es ein paar grundsätzliche Faktoren, die gegeben sein müssen, damit eine Mobile Payment Lösung erfolgreich sein kann.

Die *Technologie* für Mobile Payment muss einen Reifegrad erreichen, sodass sie die Usability-Probleme überwinden kann und gleichzeitig einen sicheren Umgang bietet. Dies kann sowohl BLE als auch NFC sein. NFC hat seinen klaren Vorteil in der bereits stabilen Technologie und der geringen Reichweite, da hierdurch mehr Sicherheit gegeben ist. BLE hingegen hat aufgrund der Reichweite ein großes Potential, solange Sicherheit und Datenschutz gewährleistet werden kann. Auch müssen die mobilen Betriebssysteme eine entsprechende Unterstützung bieten, um die aktuell bestehende Usability-Probleme zu umgehen. Mit iOS 8 könnte etwa die Interaktion zwischen Apps neue Möglichkeiten schaffen, sodass eine Shopping-App direkt mit der Payment-App kommunizieren kann. Dies ist mit dem heutigen Stand noch nicht möglich. Apple Pay treibt diese Integration auf die Spitze, indem die Bezahlfunktion selber in das Betriebssystem integriert ist und von beliebigen Apps genutzt werden kann.

Weiterhin sind viele der aktuellen Anbieter im Bereich Mobile Payment kleinere Unternehmen mit geringer *Marktmacht*. Gerade in sensiblen Bereichen wie dem Finanzwesen vertrauen die Kunden aber eher einem großen Anbieter, dem sie vermutlich heute bereits vertrauen, etwa Apple, Google, aber auch etwa die Sparkassen oder Kreditkarten-Anbieter wie Visa oder Mastercard. In jedem Fall muss eine solche Lösung, sollte sie wirklich eine breite Akzeptanz finden, von einem oder mehreren Unternehmen mit Nachdruck am Markt platziert werden. Durch entsprechende Anreize und finanzielle Investitionen, wie sie nur große Unternehmen leisten können, müssen Infrastrukturen und Akzeptanzstellen geschaffen werden, so dass sich Kunden tatsächlich auf diese Bezahlform verlassen können.

Das *Konzept* einer mobilen Bezahlvariante muss in allen Aspekten stimmig und ausgereift sein. Angefangen von der Usability der Bezahl-App (oder dem Betriebssystem) bei der Registrierung und Bezahlung, bis hin zur Verwaltung der Konten und Transaktionen. Auch die aktuell vorhandenen Whitelabel-Lösungen etwa von Netto und Edeka sind zwar eine schöne Lösung für deren Kunden, aber wer will zukünftig für jedes Geschäft eine eigene App auf dem Smartphone installieren? Hier muss ein ganzheitliches Konzept ausgearbeitet werden, um sowohl die Anforderungen der Unternehmen an eine Whitelabel-Lösung mit einem eigenen Branding zu ermöglichen, als auch die Anforderungen der Kunden an eine singuläre und einfache Bezahlvariante.

Nicht zuletzt ist das Thema *Sicherheit und Datenschutz* ein elementarer Aspekt für den Erfolg einer Mobile Payment Lösung. Da insbesondere der mobile Bereich zunehmend von Sicherheitslücken und neuen Angriffen von sich Reden macht, muss hier aktiv das Thema Sicherheit adressiert werden. Auch beim Datenschutz wächst zunehmend die Aufmerksamkeit der Endanwender. Da die Informationen über unsere Kaufgewohnheiten ein wertvolles Gut in den Augen vieler Marktforscher und Werbetreibenden sind, hat der Datenschutz oftmals einen schweren Stand unter der Last von finanziellen Interessen. Hier ist ein Vertrauen der Anwender notwendig, dass Sicherheit und Datenschutz vom Anbieter gewährleistet werden können.

40.6   Ausblick

Mit der Ankündigung von Apple Pay ist das Thema Mobile Payment im Mainstream angekommen. Jetzt wird sich zeigen, ob Kunden bereit sind, sich auf diese Technologie einzulassen und bestehende Bezahlverfahren zu ersetzen. Apple hat jedenfalls genügend Macht und auch nicht die zwingenden finanziellen Interessen, solch ein System für alle Seiten attraktiv zu machen. Gleichzeitig schließt Apple Pay einen Großteil der Smartphone-Nutzer aus – nämlich alle mit einem Android oder Windows Smartphone. Hier muss sich zeigen, ob das Verfahren auch universell nutzbar wird, und es eine kompatible Variante für die anderen Betriebssysteme geben wird.

Aber auch die anderen Technologie-Größen könnten im Mobile Payment noch mitspielen: allen voran Amazon, welcher bereits einen beachtlichen Kundenstamm besitzt. Auch Google zeigt weiter Interesse, obgleich Google Wallet seit Jahren eher ein Nischendasein pflegt. Beiden ist zuzutrauen, hier in nächster Zeit eine entsprechende Lösung vorzustellen.

Bleibt zuletzt die Frage, welche Technologie sich durchsetzen wird. Lange Zeit war NFC die bevorzugte Lösung für mobile Bezahlverfahren, doch durch die stetige Weigerung von Apple, diese Technologie in seine iPhones zu integrieren, hat sich BLE als ernsthafte Alternative herausgebildet. Durch die Einführung von NFC im iPhone 6 hat sich dieser Trend wieder umgedreht und NFC scheint sich zumindest für das Mobile Payment als die erfolgversprechendste Lösung herauszukristallisieren; nicht zuletzt aufgrund der Sicherheitsproblematik bei BLE aufgrund der hohen Reichweite ist dies sicher auch nachvollziehbar.

Am Ende entscheidet aber doch noch der Kunde, ob er seine Geldbörse zukünftig in das Smartphone verlagern möchte, oder dennoch weiterhin mit Bargeld bezahlt. Und das nächste Bezahlverfahren nach Mobile Payment wird auch nicht lange auf sich warten lassen, biometrische Verfahren über Fingerabdruck oder Iris-Scan ganz ohne ein Smartphone sind bereits in der Entwicklung. Vielleicht kommt erst dann die echte Ablösung von Bargeld und Co.

Literatur

1. HDE. Anteil der Zahlungsarten am Umsatz 2013. https://www.einzelhandel.de/index.php/themeninhalte/zahlungssysteme/item/124112-anteile-der-zahlungsarten-am-umsatz-2013.html. Zugegriffen: 29. Okt. 2014

New Market Opportunities By Merging Loyalty and Payment

41

Toni Goeller and Tet Hin Yeap

Abstract

Loyalty measures are a very old business practice that was limited to purchases of customers at a single merchant in the distant past. Later, specific service providers offered loyalty measures across several companies. Loyalty as a measure separate from payment, however, often requires an additional activity from the customer and—in case of physical sales—from point of sale staff. Large payment organizations like the credit card organizations and online payment providers like Amazon offer a certain extent of loyalty services and information. However, the information gathered and the information shared with merchants desiring enhanced loyalty features are in the hand of those large payment organizations, none of which can offer a high percentage of global coverage. We present the first projects aiming at merchant-driven loyalty-payment integration, and discuss the advantages for the merchants with a direct customer relationship. Those advantages include control over sales information, control over loyalty measure design, additional revenue streams, brand name cash-in, and competitive terms with payment providers. This creates the opportunity for disruptive changes in markets. These changes are driven by online, mobile and big data, but rather than favoring online heavyweights, the new model can benefit established brand names with high end customer acceptance and trust.

T. Goeller (✉)
MINcom Smart Solutions GmbH, Rosenheim, Deutschland
e-mail: toni.goeller@mincom-smart-solutions.com

T. Yeap
School of Electrical Engineering and Computer Science, University of Ottawa, Ottawa, Ontario, Canada
e-mail: tet@site.uottawa.ca

© Springer-Verlag Berlin Heidelberg 2015
C. Linnhoff-Popien et al. (Hrsg.), *Marktplätze im Umbruch,* Xpert.press,
DOI 10.1007/978-3-662-43782-7_41

41.1   A Short History of Loyalty

What is addressed by "loyalty"? Measures increasing brand awareness and insight into customer preferences[1] can be used as prerequisites for an increase in sales volume, apart from direct measures to increase the frequency of customer visits, individual customer spending and market share.

From the beginning of trading, merchants aimed for more market share in total and with individual customers. This was achieved by product differentiation, preferential treatment of big spenders (VIP customers) and volume discounts ("3 for 2" or "10 % off on purchases over 100 €"). First loyalty measures were limited to individual merchants.

The next step consisted in loyalty within a group of merchants, e.g., by issuing rebate stamps. This involved loyalty-related financial transactions among participating merchants, e.g., for buying rebate stamps and returning redeemed stamps. With regard to customer needs adaptation, this was a step back: While individual business owners could learn about and adapt to customers' preferences without any technical means, this capability was decreased in group loyalty, since the knowledge about customer behaviour is spread over multiple locations and persons.

With computerization, rebate stamps were converted into virtual loyalty points and insight into customer preferences could be stored across multiple sales locations, consisting of physical outlets and different online stores. Then, the increased knowledge about customer preferences was turned into recommendations for both the merchant—which goods and services to offer—and the customer—most notably the early Amazon function "customers who bought this also bought…".

The effort to introduce and operate such systems was feasible only for large merchant brands, leading to the creation of loyalty service providers to address medium and small merchants and to share knowledge across merchant brands (see [2] for a comprehensive introduction and research with regard to multi-partner loyalty schemes).

The limiting factor for loyalty measures is the additional load on customers and sales staff at least in the case of physical sales. Another factor slowing participation in loyalty schemes are privacy concerns.

41.2   An Even Shorter History of Payment Options

The earliest form of payment was the direct exchange of goods and services, followed by the introduction of different currencies of money ("cash") and by banks offering to store, transfer and lend cash. Credit and multi-bank debit cards were introduced to make immediate banking services (funds transfer) available at many points of sale. With the advent of

---

[1] In this article, we are more interested in behavioural loyalty than attitudinal loyalty ([3], reference 11), since attitudinal loyalty requires close customer observation and influencing the customer's emotional experience. This is hard to share for reasons of technical complexity and privacy.

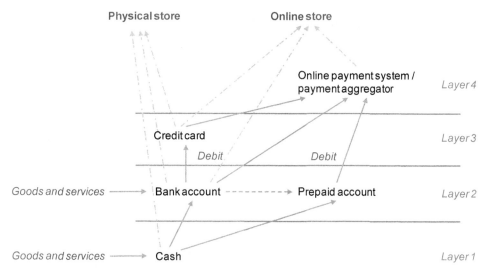

Fig. 41.1 Payment layers

online shopping and trading, many online payment systems offer their services on top of the established infrastructure.

One way to deal with the amazing complexity of today's payment options is to look at the flow of funds. This allows us to identify different layers of transfer and also shows the implication on fees—multilayer schemes will gather fees from every layer.

Figure 41.1 depicts the "feeding" hierarchy in payment:

* Bank accounts are fed by cash and bank transfers.
* Credit cards are fed by bank debit. There is the hybrid concept of prepaid credit cards, albeit with similar fees as the classic credit cards.
* Online payment systems are fed by credit cards or bank debit or cash (e.g., mobile accounts or iTunes gift cards). Some online payment systems have their own prepaid account, and thus are a combination of layer 2 and layer 4. The attractivity of this hybrid solution depends on the fee amount and the reach of the payment system.

In fee-sensitive markets, funds should be drawn through the lowest possible layer of this hierarchy, since the stacking of layers will also lead to stacking of fees.

On the other hand, direct cash payment of bank debit or a dedicated prepaid account are not available to most merchants because of their size and transaction volume.

Prepaid accounts are particularly interesting for merchants, since they create a bond between customer and account provider—and they can be used for controlled bonuses and rewards. Also, while other payment options may lead to a rejection of the payment hours or days after the sale, prepaid accounts guarantee payment at the time of sale. The problem is that customers do not want to manage many accounts, especially single-purpose or limited-purpose prepaid accounts.

41.3 Loyalty and Payment—Mutual Benefit or Orthogonal Functions?

With cash payments, loyalty programs necessarily involve an authentication step separate from payment. When using any variety of electronic payment, the burden on customers and sales staff can be reduced in theory by merging the separate authentications necessary for loyalty and payment. In terms of privacy, reducing the number of authentications also reduces the risk of data loss.

In practice, this would require the merchant to operate its own payment system and loyalty program, which makes business sense to none but the biggest merchants. As a partial solution, dedicated payment providers offer loyalty functions, e.g., air mile collection via an airline branded credit card. In this case, transaction fees go to the payment provider and insight into customer transactions with other merchants is limited.

Unfortunately, it is not always in the customer's interest to combine loyalty and payment. In each shop, a wide variety of payment options is desirable, and payment methods supporting a wide variety of merchants tend to be more popular than single-purpose or single-outlet payment methods (like a dedicated prepaid card for the company's cafeteria). On the other hand, monopolization is attractive to big merchants—getting buy-in for a dedicated payment system that eases spending within the big brand and heightens the barrier to consume elsewhere is an appealing prospect. Monopolization, however, has its limits when the monopolist is perceived as a threat to freedom and choice (see for instance the recent e-book wars between Amazon and publishers, or the fact that Amazon lets third parties sell over its platform, but retains all information on customer behavour across the site).

How can we find a combination of loyalty and payment that is attractive for customers and merchants alike?

Requirements for the interworking of loyalty and payment:

Customers want one of two things:

1. An environment where all works perfectly together. In this case monopolistic behaviour is accepted by many customers (Apple, Amazon).
2. An environment with interworking and freedom of choice.

Merchants want

1. low fees for loyalty and payment services
2. guaranteed payment at the time of sale
3. the ability to differentiate
4. useful information about customer preferences and behaviour beyond own knowledge
5. known loyalty and payment brand names (for smaller merchants)

Derived requirements:

1. Outside a monopolistic environment, it should be possible to combine loyalty and payment systems freely.
2. The combination of loyalty and payment system shall minimize necessary customer interaction (authentication effort).
3. The customer's privacy choices should be propagated among cooperating loyalty service providers.
4. Funds transfer among cooperating and supported payment systems should be possible and easy.

As a conclusion, the combination of loyalty and payment services has to be designed carefully to create benefits beyond the separate implementations of these services.

The flexibility of redeeming rewards in cash and at shopping partners is an important point for customer acceptance [3].

41.4 Design of a Cooperative Payment System Supporting Loyalty Programs

To keep in control of their cash, customers want to have payment transactions with few organizations they trust rather than with many. This fact has led to the design of a cooperative payment system where customers can pay services via companies they already have a payment relationship with [1].

Figure 41.2 shows how this influences the parties (fee levels) involved in a payment transaction. Furthermore, this scheme allows merchants with direct customer relationship to cash in on their brand and earn fees instead of spending them. Merchants can choose the merchants for which they provide payment collection services—via opt-in or opt-out.

A similar selection requirement exists for earning loyalty points and redeeming rewards: Merchants want to have control over partners where points for the loyalty program can be earned. And they want to have control over redeeming loyalty rewards. These two features are crucial to optimize attractivity of the loyalty scheme for customers (also see hints given in [3]).

Combining a cooperative payment system with a cooperative loyalty service unlocks the following features:

With only one authorization, the customer can earn and use points according to rules of the program owner.

Different accounts can be provided for different levels of loyalty, e.g.,

- Points earned at a specific merchant earn highest benefit in stores of this merchant. These points can be manually or automatically transferred into prepaid accounts mentioned below.
- Special offer points can be used to buy as many VIP customer offers as there are points in the account.

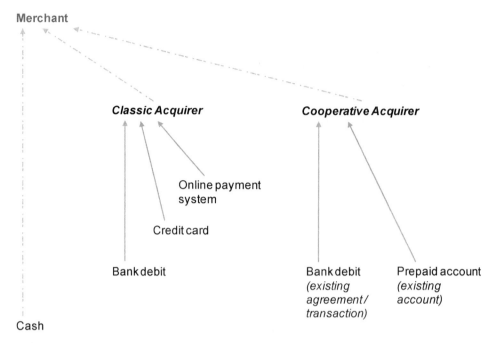

Merchant

Cash

Fig. 41.2 Cooperative acquirer: fee advantage by direct access to basic payment functions

- A prepaid account that can only be used at stores of a specific merchant. The merchant may offer more bonus points or a monetary recharge per purchase when money goes into this account.
- A prepaid account that can be used at any partner group store.
- A prepaid account that can be used freely—including cash payout or transfer to a bank account.

This has the following advantages for merchants:

The merchant has fine-grained control over the design of the loyalty program, in particular over the possibilities and terms of reaping rewards. While the loyalty off can be made dependent on many different aspects, the merchant making the offer still has the control to make

Other merchants can be added to or removed from partner programs at ease.

The prepaid card function of the main account can be used as a gift card with merchant's branding and used for a long time as a means of payment when the card is recharged via bank transfers or credit card payments, in addition to loyalty rewards.

Advantages for customers are:

The prepaid card function of the main account allows for flexible funds usage and recharge, including controlled spending for teenagers.

The gift card can be used flexibly at all participating merchants.

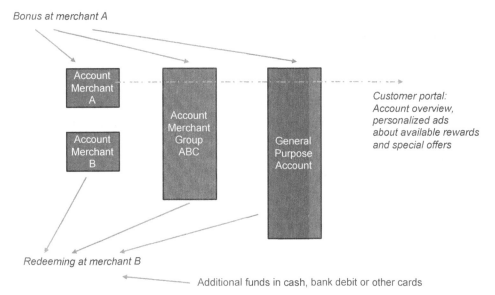

Fig. 41.3 Layout program design with multiple multi-tenant accounts

Cooperative approaches also bring their own risks with them: They may fail when the organization running the multi-tenant loyalty and payment program is not cost-sensitive or not flexible enough to support innovation pushed by few merchants. The cost risk can be reduced by having one of the biggest group members run the program and sharing cost per transaction.

Figure 41.3 shows the relationships between sample accounts for two merchants. Point-of-sale terminals can combine funds from several cards or accounts, so that any purchase can be made by using available credit in applicable accounts and paying the remainder with cash, a credit or debit card.

41.5 Project Examples for Multi-Merchant Payment Boosting Loyalty and Brand Awareness

41.5.1 Airline Industry

Airlines are not only strong in loyalty programs—large airlines often have investments in airport terminals. This means they own stores or at least have shares in franchising revenues. Airlines have many reasons to give bonus—miles, food vouchers on delays, return on overbooking and flight outages, relationship building with business customers. In the case of service deficiencies, a physical token of the airline's care that can be used flexibly has much more relationship value than a food voucher valid for one day. Some bonus must be cash or redeemable as cash, some must be redeemable at cooperating shops, some shall only redeemable for airline services or the airline's miles program.

If that is possible, the airline can generate further revenue by opening their loyalty and payment program to external merchants for a fee. Naturally, this will be most attractive to merchants at the airport or in cities with a strong presence of that airline.

We have designed such a program for a large Asian airline who wished to distribute prepaid cards that can be used for airline services, airport shops and participating merchants. Accounts may be transferred between prepaid cards, prepaid cards can be recharged and funds from different cards or other payment sources may be combined in a purchase. In the first phase, a specific PoS software has been written to run on Android based PoS hardware. In subsequent phases, this software can be integrated as a payment option into standard PoS software.

41.5.2   Retail (Supermarkets)

The ability to control rewards spending is particularly attractive to merchants with a large regional market share.

We have designed a program for a supermarket chain which has more than 60 % market share in an Asian city. Loyalty cards with prepaid account support enable programs to maintain and extend that market share. Using the payment enabled cards, the supermarket can generate additional revenue by offering its card as a payment method for third party services such as city services. This feeds further information about customer behaviour and preferences into the loyalty program, and enables the company running the program to extend targeted offers to its customers.

41.5.3   Hotel Industry

Hotels—as airlines—are among the first creators of modern loyalty programs, with similar investment in shops, alliances with car rentals and other services. The business model of hotel chains, however, is seriously threatened by global reservation providers. It is therefore of particular importance to differentiate the chain and to motivate customers to brand loyalty. Another strong driver for hotels is to reserve funds in as many international payment systems as possible at the time of reservation.

We are currently designing a program for a service provider that supports the extension of loyalty functions and enables international card-not-present reservations from Union-Pay card holders via prepaid accounts.

41.6   Outlook and Conclusion

Our research and projects show that the intersection between payment functions and loyalty programs is larger than generally expected. This intersection can be exploited for increased customer convenience, new revenue sources for merchants and new programs to maintain and increase their market share and profitability.

It is important to note that these activities were based on cooperative approaches to payment and loyalty: While the stock market is still looking for future monopolists, we believe there is long lasting business for market players who are particularly able to forge and adapt alliances according to customer needs. This is of particular interest in media and retail where publishers and merchants want to reach any customer, not just the few hundred million people with access to a certain community or payment scheme.

Initial projects show that with a clever combination of payment functions, prepaid capability and loyalty measures it is possible for local market leaders and groups of merchants to surpass the attractivity of global heavyweights. Reducing the cost of running a loyalty and payment program by cooperative action, and using customer insight from that program combined with local presence, merchants can gain ground they lost to big international brands.

The combination of loyalty measures and payment functions is not fully chartered yet. With more insight into customer preferences, we will see more and more differentiated and personalized offers in loyalty programs and its associated payment options. More research, marketing and product offerings are needed to realize the full potential of cooperative loyalty and payment schemes.

References

1. Goeller, T. Yeap, T. (2011). Ein interoperables Bezahlverfahren für In-App- und Online-Käufe. In C. Linnhoff-Popien (Ed.), *Smart Mobile Apps*. Heidelberg: Springer.
2. Hoffman, N. (2013). *Loyalty schemes in retailing—a comparison of stand-alone and multi-partner programs*. Frankfurt a. M.: PL Academic Research.
3. Zakariah, I., Rahman, B. A., & Othman, A. K. (2012). The Relationship Between Loyalty Program and Customer Loyalty in Retail Industry: A Case Study, Paper presented at the 2012 International Conference on Innovation, Management and Technology Research (ICIMTR2012), Malacca, Malaysia, 21-22 May 2012.

Maike Strudthoff

Zusammenfassung

Das folgende Kapitel beschreibt die aktuellen Veränderungen von Zahlungsmitteln für Konsumenten und insbesondere die Einflüsse neuer mobiler Zahlungsformate auf Basis technologischer Innovationen. Es werden die Herausforderungen der Zukunft des Bezahlens analysiert, die sich dem radikalen Wandel des Handels unterordnen müssen. Im Kern des Artikels werden ausgewählte Erfolgsfaktoren für die Zukunft anhand von Praxisbeispielen konkret aufgezeigt. Der Einzug mobiler Technologien in den stationären Handel wird gänzlich neuartige Formen des „Omnichannel Commerce" ermöglichen, wobei Online und Offline zu bisher nicht dagewesenen Einkaufserlebnissen verschmelzen. Die Bezahlung ist ein integraler Bestandteil in diesen zukünftigen Nutzungsfällen, steht aber nicht im Vordergrund der Innovation. Konsumenten sowie der Handel können sich durch die digitale Transformation verbesserte Abläufe erhoffen: das Alltagsleben wird einfacher, schneller oder besser durch mobile Services. Dabei handelt es sich nicht um „eine Bezahl-App ", die dem alten Schema folgt. Mobile Technologien ermöglichen einen deutlich tieferen Eingriff in die Abläufe im Einkaufskontext, d. h. in die Art und Weise wie Konsumenten und Händler ihre „Customer Journeys" morgen gestalten können.

M. Strudthoff (✉)
MSIC Insights & Consulting for Mobile Innovation, Frankfurt a. M., Deutschland
E-Mail: maike@strudthoff.com

© Springer-Verlag Berlin Heidelberg 2015
C. Linnhoff-Popien et al. (Hrsg.), *Marktplätze im Umbruch,* Xpert.press,
DOI 10.1007/978-3-662-43782-7_42

42.1   Ein Zukunftsszenario

Mittagspause, Julia lehnt sich in ihrem Bürostuhl zurück und denkt an die Einladung zum
Abendessen bei Lena. Sie nimmt ihr Smartphone zur Hand und sieht die Erinnerung auf
dem Bildschirm, daneben der Vorschlag mit dem Bus dorthin zu fahren. Ihr digitaler Assis-
tent weiß, dies ist der schnellste Weg zwischen ihrem Büro und Lenas Adresse. Außerdem
ermöglicht diese Route ihr den Umstieg am Hauptplatz, dort kann sie wie geplant Wein und
Blumen für Lena besorgen. Auch das weiß ihr Assistent, es ist im Terminkalender notiert.
Julia schaut sich den Vorschlag näher an und erhält nach ein paar Sekunden ein Angebot vom
Weinhändler am Hauptplatz: „20 % Rabatt bei Kauf einer Weinflasche bis heute 22 Uhr".
Julia speichert den Coupon in ihre digitale Brieftasche „MyPocket" und merkt sich die vor-
geschlagene Abfahrtszeit für den Bus.
Am frühen Abend, kurz vor der Bushaltestelle, meldet sich ihre Smartwatch: „Bus Ticket
Innenstadtzone – 2,60 € – jetzt kaufen?". Julia drückt kurzerhand auf den kleinen Bildschirm
an ihrem Handgelenk, bestätigt mit ihrem Fingerabdruck und das Ticket speichert sich auto-
matisch in „MyPocket". Im Bus winkt sie ihren Arm am Kontrollautomaten vorbei, der ihr
Smart-Ticket erkennt und zur Bestätigung freundlich piepst. Als nächstes schaut sie auf ihrem
Smartphone nach den Blumensträußen des Ladens am Hauptplatz, sucht einen aus, bestellt
und zahlt. Beim Umstieg wartet dieser im Laden schon auf sie. Auch die Weinflasche im
Geschäft nebendran ist schnell ausgesucht, per „MyPocket" bezahlt, der Coupon über 20 %
wurde an der Kasse automatisch abgezogen. Julia bedankt sich für die gute Beratung in dem
Laden mit einem Kommentar in ihren sozialen Netzwerken, indem sie ihr Handgelenk an
einem Kommentarvorschlag auf einem Poster am Ausgang des Geschäfts vorbeiwinkt.

Mobil-digitale Services der Zukunft machen es möglich, Abläufe wie diese einfach,
schnell und bequem zu gestalten. Dazu gehört auch das Bezahlen, welches sich reibungslos in die Omnichannel-Welt der Zukunft integrieren muss. Die mobile Revolution verändert die Konsumentengewohnheiten beim Kaufen und somit das Bezahlen. Der Umbruch
ist unaufhaltsam gestartet, steht aber in 2014 noch am Anfang seiner Entwicklung.

42.2   Definitionen

Grundsätzlich sind aktuell unterschiedliche Formen des mobilen Bezahlens zu unterscheiden (s. Abb. 42.1):

- **mPayment im Internet (Remote Payments)**: Der Bezahlvorgang wird wie im Desk-
  top-Internet (via Web/IP) abgewickelt, aber über ein mobiles Endgerät.
- **mPayment im stationären Handel (Proximity Payments)**: involviert ein mobiles
  Endgerät sowie eine physische Infrastruktur im stationären Geschäft, z. B. NFC-Ver-
  fahren.
- **Omnichannel Payment (Online und Offline integriert)**: Ein und dasselbe Zahlungsverfahren kann für Remote sowie Proximity Payments eingesetzt werden.
- **Mobile Wallets (Multi-Service inkl. Payments)**: versuchen das herkömmliche physische Portemonnaie abbilden: z. B. Payment, Coupons, Kundenkarten, Bahnkarte, Tickets, usw.

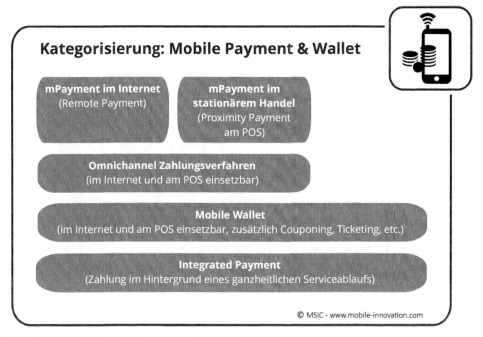

Abb. 42.1 Kategorisierung: Mobile Payment und Wallet

• **Integrated Payments (Zahlung im Hintergrund)**: Ein Zahlungsverfahren ist vollständig in den Service eines Drittanbieters integriert, die Abrechnung erfolgt automatisch bei Nutzung des Services über das vorab registrierte Zahlungsmittel.

42.3   „The Commerce und Payment Gap"

Die Smartphone-Durchdringung in 2014 beträgt 71 % in den Kernländern Europas, 67 %
in Deutschland [1]: „Mobile" ist im Massenmarkt angekommen. Nutzer haben gelernt
ihr Smartphone zur Hilfe zu rufen, wenn sie Fragen haben: Wie finde ich den Weg? Wie
wird das Wetter morgen? Ist mein Zug pünktlich? Ist das Produkt im Laden nebenan verfügbar und reservierbar? Neu im mobilen Zeitalter ist zudem die Erwartung, SOFORT
eine Antwort zu erhalten – und zwar keine Allerweltsantwort, sondern auf die persönliche
Situation abgestimmt. Und in Folge kommt der Wunsch, nicht nur eine Information zu
erhalten, sondern auch Transaktionen in der realen Welt einfacher, schneller und besser
durchzuführen.

Insbesondere in Deutschland reagieren stationäre Händler noch zaghaft auf diesen digitalen und mobilen Umbruch. Somit ist der „Commerce Gap" – und mit ihm der „Payment
Gap" – entstanden, wobei mobil-digitale Konsumenten mit ihren Smartphones im Ladengeschäft stehen und Unterstützung durch vereinfachte Abläufe suchen. Die Antworten auf

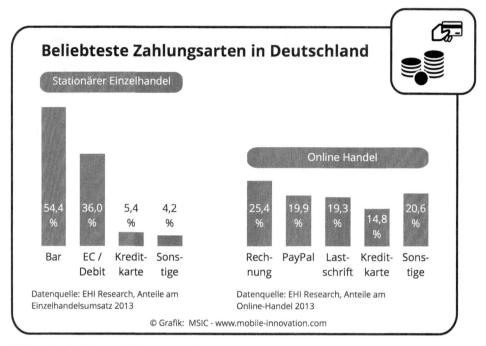

Abb. 42.2 Beliebteste Zahlungsarten in Deutschland [2]

ihre Fragen sind zumeist noch unbefriedigend. Bei den heutigen Zahlungsgewohnheiten
weist der deutsche Markt zudem eine Besonderheit auf: über 55 % des Einzelhandelsum-
satzes werden noch immer bar bezahlt (s. Abb. 42.2). Auch wenn der Wert mit jedem Jahr
sinkt, kaum ein anderes fortschrittliches Land weist eine solch hohe Bargeldquote auf.
Auch im interaktiven Handel liegen traditionelle Zahlweisen noch weit vorn: Das größte
Volumen wird per Kauf auf Rechnung bestellt (s. Abb. 42.2). Aber hier gewinnen digitale
Bezahlwege mehr und mehr Terrain.

42.4 Innovative Praxisbeispiele

Es werden die Zahlungsverfahren sein, die den veränderten Ansprüchen an einfachere,
schnellere und bessere Abläufe gerecht werden, die die Gewohnheiten der Konsumenten
verändern können. Für Händler spielt dabei die Differenzierung durch eine optimierte
Einkaufserfahrung eine immer bedeutendere Rolle. Folgend werden fünf ausgewählte Erfolgsfaktoren anhand von innovativen Praxisbeispielen vorgestellt, die im Jahr 2014 im
Einsatz sind. Es könnten weitere gewählt werden, aber das würde den Rahmen dieses
Kapitels übersteigen.

42.4.1   Erfolgsfaktor: Das zielgruppenspezifische Kundenerlebnis

Der auf Kaffeeprodukte spezialisierte Einzelhändler Starbucks gehört zu den Pionieren im Mobile Proximity Payment. Mitte 2014 verzeichneten die Kaffeehäuser in den USA rund sechs Mio. mobile Zahlungen pro Woche, 15 % der gesamten Transaktionen werden mittels Smartphone beglichen [3]. Damit stellte Starbucks bis dato den Löwenanteil von Mobile Proximity Payments in den USA. Den Erfolg verdankt Starbucks seiner integrierten Strategie, die Kundenbindung, soziale Medien, mobiles Bezahlen und weitere Services in einem kundenzentrischen Ansatz zu einer Gesamterfahrung zusammenschnürt. Das mobile Bezahlen ist integraler Bestandteil eines von Anfang bis Ende designten Kundenerlebnisses.

Die mobil-digitalaffine Zielgruppe von Starbucks nimmt es dankend an: mit der Smartphone-App [4] sammeln die Nutzer Treuepunkte, speichern persönliche Angebote und Coupons, schütteln das Telefon zur Auslösung eines Zahlungsvorgangs, geben Trinkgeld, erhalten kleine Geschenke wie digitale Musiksongs, usw. Auch können sie ihren Freunden per Twitter einen Kaffee schicken (Versand eines eGutscheins). Technologisch hat das Kaffeehaus für das mobile Bezahlen vorerst eine Barcode-Lösung gewählt: Der Kunde lädt einen Guthabenbetrag auf sein Starbucks-Konto, an der Kasse wird der Konto-Barcode vom Smartphone abgescannt und das Online-Konto belastet.

42.4.2   Erfolgsfaktor: Das perfekte Kundenerlebnis

Noch weiter geht die „Customer Experience Vision" von Disney. Der Besuch in den US-Vergnügungsparks soll zum perfekten Tag werden. Dem Besucher wird je nach Situation das effizienteste Werkzeug an die Hand gegeben, um dem Anspruch nach einer „magischen" Erfahrung nachzukommen. Der Kunde kann im Park eine mobile App sowie ein interaktives Armband nutzen, welche in Kombination mit CRM und intelligenten Parksystemen für eine reibungslose und personalisierte Interaktion sorgen. Dies gilt auch für das Bezahlen: je nach Situation wird immer der einfachste Weg der Interaktion gesucht. So kann der Kunde sich mit dem Armband nicht nur in der Warteschlange für eine Attraktion registrieren, sondern auch überall „durch Vorbeiwinken" an der Kasse bezahlen [5]. Das Armband ist mit einem Besucherkonto verbunden, eine Zahlungsquelle dort hinterlegt.

Dadurch wird der Ablauf vereinfacht, Komplexität aus dem Kundenerlebnis entfernt und die Zahlung verschwindet fast im Hintergrund.

42.4.3   Erfolgsfaktor: Tägliche Bequemlichkeit und Effizienz

Amazon hat den 1-Click Einkauf berühmt gemacht. Ziel dieser Funktion ist es, regelmäßig wiederkehrenden Kunden lästige Schritte des Einkaufens so weit wie möglich abzunehmen. Mobile Technologien ermöglichen diese Art von Vereinfachung nicht nur

für die Lieferadresse und Zahlungsart, an vielen anderen Stellen wird die Logik fortgesetzt. So bietet Amazon ein Smartphone namens Fire Phone mit der Funktion Firefly [6].
Es ermöglicht das Scannen von unterschiedlichsten Gegenständen in der Umgebung per
Smartphone-Kamera. Firefly erkennt den Gegenstand und versteht, ob es sich um eine Telefonnummer für die Kontakte, eine Sehenswürdigkeit mit geschichtlichem Hintergrund
oder eben einem käuflichen Turnschuh handelt. Der letzte kann dann wieder per 1-Click
gekauft werden.

PayPal verfolgt ähnliche Ideen für mehr Bequemlichkeit im Alltag mit dem „Hands-
free Payment". So werden Nutzer der PayPal App bei Betreten eines Geschäfts automatisch durch die Anwesenheit ihres Smartphones erkannt und in das Kassensystem vor Ort
eingeloggt [7]. Anhand eines hinterlegten Fotos kann der Kassierer den Kunden identifizieren und die Zahlung auslösen, ohne dass das Telefon, eine Kreditkarte oder ähnliches
ausgepackt werden muss. Besonders hoch wird der Mehrwert aber in Situationen wie
einem Snack-Café zur Mittagszeit: Kunden können ihr Sandwich per App vorbestellen,
werden bei Ankunft im Café erkannt, der Mitarbeiter kann die Bestellung übergeben und
mit einem Klick den Vorgang inkl. Zahlung und Treuepunkte abschließen. So spart der
Kunde Zeit in der knappen Mittagspause und der Gastronom kann den hohen Durchsatz
zur Stoßzeit effizienter abwickeln – ein Mehrwert für beide Seiten.

42.4.4 Erfolgsfaktoren: Reichweite, Nutzbarkeit, Sicherheit

Bisher gehören insbesondere Reichweite (unter Händlern sowie Konsumenten), Nutzbarkeit (einfache durch Kassenpersonal sowie Konsumenten gelernte Handhabung) und
Sicherheit (Konsumenten haben Vertrauen in das Zahlungsmittel) zu den Kernerfolgs-
faktoren von Bezahlverfahren. In Zukunft werden diese vielmehr Mindestanforderungen
sein, Hygienefaktoren für einen erfolgreichen Bestand am Markt. Weitere Mehrwerte werden von Nöten sein, will ein Anbieter sich im verschärften Wettbewerb durchsetzen. Die
Anzahl der Aspiranten ist beachtlich, nur wenige illustrative Beispiele sollen hier kurz
genannt werden: Apple hat in 2014 Apple Pay für Omnichannel Payment auf den Markt
gebracht [8]. Eine Vereinigung von zahlreichen führenden US-Händlern plant für 2015 die
Einführung eines konkurrierenden Systems namens „CurrentC" [9]. PayPal möchte seine
Position aus dem Online-Geschäft gerne auf die Offline Welt übertragen. In Deutschland
versucht ein Tochterunternehmen aus der OTTO-Gruppe das neue Crosschannel-Payment
namens Yapital zu einem omnipräsenten Zahlungsmittel aufzubauen [10]. Auch Google,
Amazon, die Kreditkartenunternehmen, Mobilfunkanbieter und viele mehr haben eigene
Mobile Payment Services gestartet. Welche Anbieter sich letztendlich durchsetzen werden, in einem Markt der nur Platz für wenige dominierende Player lässt, bleibt abzuwarten.

42.4.5   Erfolgsfaktor: Kundenzentriertes Design

„Die Finanztransaktion ist uns relativ egal. Google interessiert die Möglichkeit, Online-und Offline-Welt zusammen zu bringen. Kunden und Geschäfte vor Ort. " sagt ein leitender deutscher Google Manager über Google Wallet [11]. Schaut man auf die Vision von Google, entdeckt man ein kundenzentrisches Design des Produktportfolios, welches seines gleichen sucht. Kaum ein Unternehmen treibt die Integration von Services und Daten so konsequent wie Google voran, um das Alltagsleben seiner Nutzer einfacher, schneller und besser zu machen. Google Services sollen sich zu einem zentralen Zugangspunkt entwickeln, um praktisch das ganze Alltagsleben besser zu managen. Deutlichstes Beispiel ist Google Now [12, 13], ein persönlicher digitaler Assistent, der mitdenkt. Er bietet Hilfestellungen an, um die nächsten Fragen seines Nutzers schon zu beantworten, bevor dieser fragt: Wie ist das Wetter heute? Gibt es Stau auf dem Weg zur Arbeit? Wo ist mein Flugticket? Ist der Flieger pünktlich? Alle Informationen auf die Google Now Zugriff hat, werden ausgewertet und zum rechten Zeitpunkt angezeigt. Eines Tages wird auch Google Wallet Bestandteil des Services werden und teilweise sogar selbstständig bezahlen – vielleicht ähnlich wie in dem Zukunftsszenario zu Beginn dieses Kapitels.

42.5   Das Puzzlebild der Zukunft – Kontext und Personalisierung

Die Zeiten des „One Size fits all" sind vorbei. Kunden verfügen heute über eine neue Macht, wer sie gewinnen will, muss auf ihre Bedürfnisse und Präferenzen eingehen. Dies führt zu einer Vielzahl an Optionen, sei es in der Verzweigung der Kundenpfade, in der Gestaltung des Kundenerlebnisses oder bei der Auswahl der Zahlungsformen. Um dieser Herausforderung gerecht werden zu können, bieten innovative Technologien immer bessere Lösungshilfen. Der nächste Schritt der Entwicklung betrifft vor allem die Verzahnung von Technologien und Inhalten zu intelligenten Services der Zukunft (s. Abb. 42.3). Zwei Achsen sind dabei von besonderer Bedeutung:

- **Personalisierung**: die intelligente Nutzung von CRM, Big Data und das tiefe Kundenverständnis.
- **Kontext**: die Situation des Konsumenten und seiner Umgebung in Echtzeit zu erkennen.

42.6   Fazit

Der Handel – und mit ihm das Bezahlen – stehen am Anfang eines Umbruchs. Dabei wachsen nicht nur Offline und Online mithilfe von Mobile zusammen. Auch die flexible Anpassung der Abläufe (Customer Experience) je nach persönlichen Präferenzen des Nutzers sowie des Handlungskontexts wird immer stärker zum Erfolgsfaktor. Dies hat

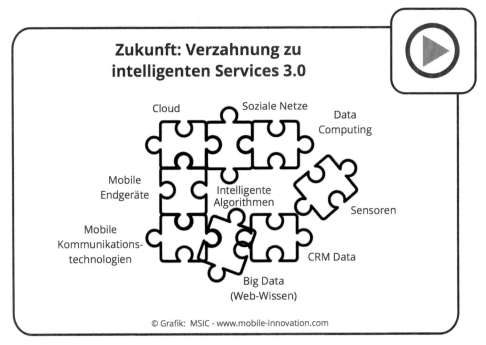

Abb. 42.3 Zukunft: Verzahnung zu intelligenten Services 3.0

zur Folge, dass Zahlungsanbieter immer weniger isoliert arbeiten werden und immer öfter eingebettet in Nutzungsszenarien und in partnerschaftlicher Zusammenarbeit mit z. B. Händlern. Erste Versionen mobiler Wallets sind in 2014 am Markt verfügbar, manche bereits mit ersten Erfolgen. Die Entwicklung wird noch viele weitere Schritte machen, um Mehrwerte aus der Verzahnung von Technologien und Inhalten zu intelligenten Services voranzutreiben. Die Komplexität und Ungewissheit dieser Herausforderung ist nicht zu unterschätzen, birgt aber gleichzeitig enorme Potentiale, an der Zukunft des Handels und des Bezahlens gewinnbringend teilzuhaben.

Literatur

1. Smartphoneverbreitung in Europa – comScore mobiLens 3/2014, Panel mit Online-Nutzern. http://www.ecommerceforum.it/Allegati/2014/5/comscore_ecommerceforum_2014_4534.pdf. Zugegriffen: 4. Nov. 2014.
2. Beliebteste Zahlungsarten in Deutschland – EHI Retail Institute Research. https://www.ehi.org/presse/pressemitteilungen/detailanzeige/article/aktuelle-ehi-studie-kartengestuetzte-zahlungssysteme-im-einzelhandel-2014.html und https://www.ehi.org/presse/pressemitteilungen/detailanzeige/article/ehi-stellt-online-payment-studie-2014-vor.html. Zugegriffen: 4. Nov. 2014.
3. Starbucks Mobile Payment Transaktionsvolumen – NFC World. http://www.nfcworld.com/2014/07/28/330631/starbucks-now-processes-six-million-mobile-payments-week/. Zugegriffen: 4. Nov. 2014.

4. Starbucks Mobile App Funktionen – Starbucks. http://news.starbucks.com/news/starbucks-accelerates-mobile-payment-leadership-with-release-of-enhanced-io. Zugegriffen: 4. Nov. 2014.
5. Disney Magic B and – Disneyworld. https://disneyworld.disney.go.com/plan/my-disney-experience/bands-cards/. Zugegriffen: 4. Nov. 2014.
6. Amazon Fire Phone und Firefly – Amazon Press Release – http://phx.corporate-ir.net/phoenix.zhtml?c=176060&p=irol-newsArticle&ID=1940902. Zugegriffen: 4. Nov. 2014.
7. PayPal Beacon – PayPal Media. https://www.paypal-media.com/news#paypal-beacon-to-reinvent-the-in-store-s. Zugegriffen: 4. Nov. 2014.
8. Apple Pay. https://www.apple.com/apple-pay/. Zugegriffen: 4. Nov. 2014.
9. CurrentC – MCX. http://mcx.com/. Zugegriffen: 4. Nov. 2014.
10. Yapital. https://www.yapital.com/. Zugegriffen: 4. Nov. 2014.
11. Zitat Jens Quadbeck von Google. http://nextgenerationfinance.de/paradigmenwechsel-im-finanzdienstleistungsmarkt/. Zugegriffen: 4. Nov. 2014.
12. Google Wallet. https://www.google.com/wallet/index.html. Zugegriffen: 4. Nov. 2014.
13. Google Now. http://www.google.com/landing/now/. Zugegriffen: 4. Nov. 2014.

Der steinige Weg zum mobilen Bezahlen

43

Hans-Gert Penzel, Ernst Stahl, Stefan Weinfurtner und
Georg Wittmann

Zusammenfassung

Mobiles oder kontaktloses Bezahlen wird oft als Zahlungsmittel der Zukunft propa-
giert. Beinahe täglich wird von neuen Arten oder von innovativen Varianten des Bezahlens berichtet. Bei der Diskussion um Technologien und mögliche Anbieter werden
aber oft zwei entscheidende Akteure vergessen: Händler und Kunden. Der Artikel hat
das Ziel, diese Lücke zu schließen und damit ein ganzheitliches Bild von Möglichkeiten und Interessenlagen zu entwerfen, um auf dieser Basis wahrscheinliche Szenarien
für Deutschland zu skizzieren.

43.1 Hintergrund

Im physischen Präsenzhandel in Deutschland dominieren zwei Gruppen von Zahlungsverfahren: einerseits das Bargeld, andererseits die Zahlkarten im Debit- und ergänzend
im Kreditbereich. Der Bargeldanteil liegt im gesamten Einzelhandelsumsatz (ohne
Versandhandel) immer noch bei über 54 %, mit leicht sinkender Tendenz. Dazu kommt ein

H.-G. Penzel (✉) · E. Stahl · S. Weinfurtner · G. Wittmann
ibi research an der Universität Regensburg GmbH, Regensburg, Deutschland
E-Mail: hans-gert.penzel@ibi.de

E. Stahl
E-Mail: ernst.stahl@ibi.de

S. Weinfurtner
E-Mail: stefan.weinfurtner@ibi.de

G. Wittmann
E-Mail: georg.wittmann@ibi.de

© Springer-Verlag Berlin Heidelberg 2015
C. Linnhoff-Popien et al. (Hrsg.), *Marktplätze im Umbruch,* Xpert.press,
DOI 10.1007/978-3-662-43782-7_43

Kartenanteil von knapp 30 %, plus fast 13 % für die ebenfalls über Debitkarten anstoßbare Lastschrift im ELV [3]. Diese Verteilung kommt nicht von ungefähr. Denn Kunden und Händler stellen vor allem drei Anforderungen an Zahlverfahren: Komfort, Sicherheit und günstige Kosten. Die genannten Verfahren punkten dabei meist sehr gut.

Die Vorteile des Bargelds darf man nicht unterschätzen. Es ist komfortabel durch die kurzen Transaktionszeiten am Point of Sale. Es bietet hohe Sicherheit, wobei der Teilaspekt der Anonymität in Zeiten zunehmender Durchleuchtung zum immer wichtigeren Gut wird. Und es ist relativ kostengünstig für den Händler, insbesondere durch die kurzen Transaktionszeiten sowie die effiziente Bargeldlogistik in Deutschland.

Daneben hat sich in Deutschland eine durchgängig optimierte Zahlkarten-Infrastruktur entwickelt, die (fast) überall verfügbar ist. Sie bietet dem Händler hohen Komfort, zum Beispiel durch eine einheitliche Terminal-Infrastruktur. Dazu kommt, dass sie weitgehend sicher ist. Und sie bietet ausgesprochen attraktive Konditionen gerade im ELV, aber auch im girocard-Verfahren. Die Ablösung dieser exzellent etablierten Infrastruktur dürfte eine nochmals größere Herausforderung werden, da seitens der EU die Höchstsätze für Kartenzahlungen zukünftig auf zum Teil deutlich niedrigerem Niveau reguliert werden.

Allerdings hat sich in einem neuen Anwendungsfeld bereits ein Stück Revolution abgespielt – im E-Commerce mit Zahlungen über das Internet. Hier haben sich neben den klassischen Verfahren wie Überweisung und Lastschrift drei neue Grundtypen des Bezahlens entwickelt [8]:

- Direktüberweisungsverfahren wie SOFORT Überweisung, in denen eine dritte Partei einen komfortablen Transfer vom Einkaufsprozess zum Bankkonto und zurück bietet, wobei die für die Transaktion nötigen Banken in die zweite Reihe gerückt werden.
- Nutzerkontoabhängige Verfahren wie PayPal, Amazon Payments und Apple mit seiner Bezahlfunktionalität, die weitestgehend in den Einkaufsprozess integriert sind. Sie nutzen meist die Banken- und Kartenprozessor-Infrastruktur im Hintergrund, verbergen dies aber gegenüber dem Kunden fast völlig.
- Schließlich auch nutzerkontounabhängige Verfahren bzw. Nischenlösungen für elektronisches Geld. Dies sind zum einen Aufladekarten, die elektronisches Geld via Bareinzahlung oder Bankkonto empfangen und einmalig weitergeben können, zum Beispiel die kaum genutzte GeldKarte der Deutschen Kreditwirtschaft. Es sind zum anderen weitergehende Lösungen wie Bitcoin, in denen elektronisches Geld völlig vom Bankensektor entkoppelt ist (bzw. sein kann).

Dass sich die beiden erstgenannten Verfahrensgruppen im E-Commerce etablieren konnten, ist sehr plausibel, wenn man ihre Leistungen an den bereits diskutierten Anforderungen an Zahlverfahren misst. Sie schaffen gegenüber bestehenden Verfahren erstens einen deutlich höheren Komfort, denn die Zahlung ist voll in die (elektronische) Angebots-, Bestell- und eben Bezahlkette integriert; sie wird zu einem ganz kurzen und schnellen Schritt. Zweitens bieten die Verfahren in den Augen der Konsumenten und Händler auch die nötige Sicherheit; Betreiber wie PayPal genießen bei Verbrauchern inzwischen ein höheres Vertrauen als viele Banken [2]. Und drittens können die Verfahren hinsichtlich der Kosten mithalten. Die SOFORT Überweisung ist das günstigste Verfahren für Einkäufe im Internet, und selbst PayPal ist für den Händler nicht teurer als eine Kreditkartenzahlung und deshalb eine akzeptable Alternative [6].

Einige dieser Anbieter drängen nun auch über Zwischenlösungen oder das Smartphone selbst in den physischen Point of Sale. Deshalb stellt sich unmittelbar die Frage, ob sie mit diesem Schritt ebenfalls erfolgreich sein werden. Dies ist Gegenstand der folgenden Überlegungen, wobei zunächst das Spektrum der Angebote, dann die heutigen Präferenzen der Nachfrager (Händler und Kunden) und schließlich die resultierenden Zukunftsszenarien beleuchtet werden.

43.2   Revolutionäre Angebote für den stationären Handel

Bezahlverfahren werden als M-Payment oder auch mobile Bezahlverfahren bezeichnet, wenn im Zuge eines Kaufs sowohl Zahlungsdaten als auch Zahlungsanweisungen mittels mobilem Gerät zwischen Kunde und Zahlungsdienstleister initiiert, bestätigt und/oder ausgetauscht bzw. abgewickelt werden, wobei dies online oder offline geschehen kann [4, 5].

Das mobile Gerät verfügt dabei über Intelligenz, das heißt Prozessor und Datenspeicherfähigkeit, Kommunikationsfähigkeit mit dem Nutzer (Display, Tastatur, Sprache o. ä.) sowie Kommunikationsfähigkeit mit zentralen Servern.

Drei Kategorien mobiler Bezahlverfahren, basierend auf verschiedenen zugrunde liegenden Kommunikationstechnologien zum zentralen Server, lassen sich auf Basis dieser Definition unterscheiden:

- Bezahlung allein mit einer Payment-App, welche vorher auf das mobile Gerät geladen wurde,
- Bezahlen mit der App in Verbindung mit einer der neuen kontaktlosen Kommunikationstechnologien: QR-Code (Quick Response Code) bzw. Strichcode, NFC (Near Field Communication) oder BLE (Bluetooth Low Energy),
- Bezahlung mittels Kommunikationskanälen bzw. Diensten der Mobilfunkgesellschaft (z. B. mittels SMS oder Telefonie).

Ausschlaggebend ist die Initiierung der Zahlung durch Nutzer mittels mobilem Gerät. Die Verarbeitung einer Kreditkarte mittels Lesegerät an einem Händler-Smartphone (mobiles POS-Terminal) ist folglich kein mobiler Bezahlvorgang, sondern eine kontaktbasierte Kartenzahlung an einem anderen Terminaltyp. Auch NFC-fähige Kreditkarten und NFC-Sticker zählen aufgrund eines fehlenden mobilen Gerätes nicht zu den mobilen Bezahlverfahren. Allerdings haben auch diese beiden Verfahren ihre Berechtigung und fließen später in die Diskussion der Nachfrageseite mit ein. Im Folgenden werden mobile Bezahlverfahren anhand von Beispielen beschrieben.

Eine rein App-basierte Lösung für Smartphones bietet der Lebensmittel-Discounter Netto in allen Filialen an. Im Hintergrund ist das Bezahlverfahren POSTPAY der Deutschen Post im Einsatz. Die Netto-App benutzt weder QR-Codes noch Funktechnologien, sondern generiert nach der Authentifizierung des Nutzers mittels einer vom Nutzer eingegebenen PIN in der App eine Transaktionsnummer, die er dem Kassenpersonal mitteilt – was wenig nutzerfreundlich und mit einem starken Medienbruch behaftet ist. Damit die Abwicklung durchgeführt werden kann, muss der Zahler mit seinem Smartphone zudem Internetempfang im Geschäft haben. Der Rechnungsbetrag wird anschließend per Lastschrift vom Konto eingezogen. Etwaige Gutscheinbeträge, die in der App hinterlegt sind, werden automatisch verrechnet. Der Handel hat den großen Vorteil, dass die Daten allein bei ihm verbleiben und genutzt werden können. Nachteil dieser handelsgetriebenen Lösungen ist, dass derzeit in Deutschland außer Netto und EDEKA kein weiterer Marktteilnehmer ein ähnliches System einsetzt.

QR- und Strichcode-basierte Lösungen in Verbindung mit Apps nutzen quadratische QR-Codes oder auch Strichcodes und sind vielfältig on- oder auch offline einsetzbar. Dabei gibt es zum einen die Möglichkeit, dass das Kassenterminal einen Code anzeigt, den der Kunde scannt – die Zahlung wird mit hinterlegten Kontoinformationen vollzogen. Die zweite Möglichkeit ist die Erzeugung eines Codes auf dem Kunden-Smartphone und der Scan durch die Kasse. Beide Wege sind etwas komfortabler als rein App-basierte Lösungen, können aber wegen des Medienbruchs „Optik" nicht mit rein funkbasierten Verfahren mithalten.

NFC-Lösungen in Verbindung mit Apps bieten die Möglichkeit des kontaktlosen Austauschs von Daten per Funkchip über einige Zentimeter hinweg und besitzen ebenfalls mehrere Einsatzwege. Für Mobile Payments in der strikten Definition würde sich der NFC-Chip im Smartphone befinden. Dies ist zum Beispiel bei Apple Pay der Fall, das zeitgleich mit dem iPhone 6 vorgestellt wurde. Diese Smartphone-Modelle besitzen unabhängig von der SIM-Karte einen Secure-Element-Chip sowie einen NFC-Controller. Darüber werden Zahlungen über die vom Nutzer hinterlegten Kartendaten abgewickelt. Zur Freigabe der Zahlung kann der Nutzer dann das Gerätekennwort oder den biometrischen Fingerabdruck nutzen. Gerade letztere ist in der Handhabung außerordentlich komfortabel gestaltbar.

Die Kredit- oder Debitkarte mit NFC-Chip ist wie bereits erwähnt keine echte Mobile-Payment-Lösung im oben definierten Sinn. Sie hat aber den Vorteil gegenüber „traditionellen" Karten, dass der Datenaustausch über Funk geschieht und das Einstecken der Karte ins Terminal entfällt. Mehrere Marktteilnehmer bieten eigene Lösungen an. Die GeldKarte der deutschen Banken und Sparkassen wurde als neue „girogo"-Variante kontaktlos gestaltet und auch die kontaktlose girocard-Zahlung wird bereits getestet. Hilfreich für die Verbreitung der NFC-Technik ist eine Vorgabe von MasterCard für Deutschland, die verlangt, dass neue Terminals ab Januar 2015 NFC-fähig sein müssen und spätestens ab Januar 2018 alle Terminals NFC-Zahlungen verarbeiten müssen können. Diese Infrastruktur steht dann auch anderen Kartenzahlungen sowie Smartphone-Lösungen zur Verfügung und könnte somit der Nutzung von NFC-Lösungen einen Schub geben.

BLE-Lösungen in Verbindung mit Apps basieren auf Bluetooth und sind die neueste Technik zur Unterstützung des Bezahlens in stationären Geschäften. BLE-Sender (auch „Beacon", „Signalfeuer" genannt) sind preisgünstig und besitzen gegenüber NFC eine höhere und variable Reichweite. Ihre wesentliche Aufgabe besteht darin, an Smartphones im Radius eines BLE-Senders ein Signal zu senden, ohne dass das Smartphone eine spezielle Sendeeinrichtung wie NFC braucht bzw. eine Internetverbindung aufgebaut haben muss; allerdings muss im Smartphone Bluetooth aktiviert sein. Dabei kann insbesondere ortsbasierte Information gesandt werden, also z. B. „Sie befinden sich jetzt bei den Milchprodukten – und Joghurt gibt es heute mit 10 % Rabatt". Anschließend erfolgen die weiteren Aktivitäten über die Smartphone-App, also z. B. die Prüfung gegen die Einkaufsliste und später an der Kasse das Bezahlen. PayPal sowie Apple (mit iBeacon) verwenden diese Möglichkeit in ersten Feldversuchen, um Ladenbesucher per App die Rechnung begleichen zu lassen. Aber Apple Pay mit NFC zeigt deutlich, dass die Firma heute (noch) nicht alleine auf BLE vertraut.

Die Bezahlung mittels SMS oder Telefonkanal, d. h. über die Kanäle und Dienste der Mobilfunkgesellschaften, ist schon länger bekannt und soll nicht unerwähnt bleiben. Die Abrechnung erfolgt dabei in der Regel über die Telefonrechnung. Auch dies ist komfortabel möglich.

Als **Fazit** des Kapitels lässt sich festhalten: Technische Innovationen haben zu völlig neuen Möglichkeiten geführt, Zahlungen am Point of Sale komfortabel, schnell und sicher abzuwickeln. Reine App-basierte Lösungen sind häufig unkomfortabel, QR-Lösungen könnten eine Übergangsrolle einnehmen. NFC- und BLE-basierte Lösungen könnten medienbruchfreie Lösungen bieten, die eine Zahlung ähnlich schnell erlauben als heute mit Bargeld oder mit kartenbasierten Verfahren, insbesondere wenn die Infrastruktur mittelfristig flächendeckend verfügbar ist.

43.3   Nachfragegetriebene Veränderungen im Einzelhandel

Solange die neuen Verfahren der Internetzahlungen auf den Online-Handel beschränkt waren, erfassten sie nur einen Bruchteil des gesamten Einzelhandelsvolumens. Für das Jahr 2014 wird ein Umsatz von 41 Mrd. Euro prognostiziert, was einem Einzelhandelsanteil von etwa sieben Prozent entspricht. In den nächsten Jahren wird sich der Anteil des Online-Handels sicherlich auf eine zweistellige Prozentzahl erhöhen, wobei eine Verdopplung auf 15 % bis im Jahr 2018 durchaus realistisch erscheint [7].

Etablierte Finanzdienstleister könnten diesen Anteil trotzdem noch als eher unbedeutend abtun, denn sechs Siebtel des Umsatzes verbleiben in den bestehenden Kanälen. Tatsächlich aber verläuft die Entwicklung im Einzelhandel weit dramatischer, nämlich in Richtung des echten Omnikanal-Auftritts für (fast) jeden Händler: Der Kunde erwartet also zunehmend, die einzelnen Schritte des Kaufprozesses im für ihn jeweils komfortabelsten Kanal beschreiten zu können. Dabei will er von Schritt zu Schritt den Kanal ohne Bruch wechseln können. Deshalb sind die Verhaltensweisen im Internet nicht nur mehr

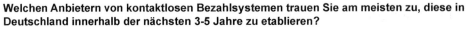

Welchen Anbietern von kontaktlosen Bezahlsystemen trauen Sie am meisten zu, diese in Deutschland innerhalb der nächsten 3-5 Jahre zu etablieren?

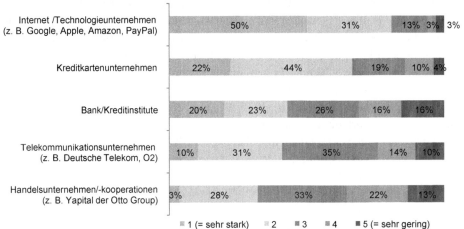

Abb. 43.1 Die Mehrheit traut vor allem Internetunternehmen die Etablierung von kontaktlosen Bezahlsystemen zu [1]

relevant für sieben oder 15 % der Kunden, sondern für die große Mehrzahl. Wenn also die Wege des Kaufprozesses zunehmend verschmelzen, werden sich auch die Ansprüche an Zahlungsverfahren aufeinander zu bewegen. Die Bereitschaft zu oder gar die Forderung nach einheitlichen Zahlungsverfahren wird wachsen.

Das sehen die deutschen Händler offensichtlich auch so, wie ibi research in der Händlerbefragung „Zukunft des Bezahlens" herausgefunden hat [1]. Von den Befragten trauen über 80 % den Internetunternehmen zu, in den nächsten drei bis fünf Jahren kontaktlose Bezahlsysteme in Deutschland zu etablieren. Kreditkartenunternehmen schneiden mit 66 % noch relativ gut ab. Dagegen liegen Banken und Kreditinstitute mit 43 % deutlich zurück; fast gleichauf mit den 41 % der Telekommunikationsunternehmen (vgl. Abb. 43.1). Anzumerken ist in diesem Kontext, dass die deutschen Anbieter von Zahlungsverkehrslösungen in den letzten Jahren einer deutlich strengeren Regulation und Überwachung unterliegen als viele Payment-Anbieter, die oftmals ihre rechtlichen Niederlassungen im europäischen Ausland haben und somit nicht der strengen deutschen Aufsicht unterliegen.

Die große Mehrheit der Händler (79 %) würde allerdings eine Lösung der Banken vorziehen (vgl. Abb. 43.2). Auch Kreditkarten- und Telekommunikationsunternehmen liegen in der Gunst der Händler mit 62 % weit vor den Internetkonzernen. Nur Handelskooperationen werden von Händlern eher selten gewünscht. Dabei ist wohl auch die Gefahr groß, dass sich der Markt durch viele Lösungen aufsplittert und man Kunden- und Bezahldaten mit direkten Handelskonkurrenten teilt.

In den Wünschen der Händler spiegeln sich wiederum die drei genannten Anforderungen wider: Komfort, Sicherheit und günstige Kosten. Eine hohe Verbreitung des Zahlungsverfahrens führt zu Komfort; umgekehrt ist nur bei entsprechendem Komfort ein hohes Kundeninteresse zu erwarten. Sicherheit wird durch hohe Sicherheitsstandards wie

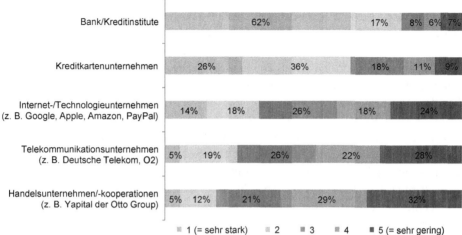

Abb. 43.2 Knapp vier von fünf Befragten wünschen sich Banken als Anbieter von kontaktlosem Bezahlsystemen [1]

auch durch geringe Zahlungsausfälle reflektiert. Weiterhin sind geringe Kosten des Zahlungsverfahrens sowie gute Konditionen des Anbieters wichtig. Gerade an diesen mangelt es aber bei vielen aktuellen innovativen Lösungen: Im Vergleich zu girocard-, ELV- sowie Bargeldzahlungen stellen sich diese (noch) viel zu teuer dar und sind für den Kunden und die Kassenmitarbeiter oftmals noch kompliziert zu bedienen. Das hindert viele Händler zurzeit noch daran, mobiles Bezahlen im stationären Ladengeschäft anzubieten.

Unter anderem deswegen denkt nur knapp ein Drittel der Händler, dass bis spätestens zum Jahr 2020 Zahlungen mittels Bargeld hinter kontaktlose Bezahlungen zurückfallen werden. Vor einem Jahr waren die Händler noch deutlich optimistischer: Im Jahr 2013 war knapp die Hälfte davon überzeugt, dass bis 2020 mehr Umsätze über neue Bezahlverfahren bezahlt werden.

Dies spiegelt sich auch darin, wie einzelne Verfahren bewertet werden. Nach Händlermeinung werden in den nächsten fünf Jahren bekannte und altbewährte Verfahren wie die girocard, Kreditkarte sowie ELV immer noch zu den wichtigsten gehören. Allerdings könnten gerade die kontaktlose Kreditkarte und auch eine kontaktlose Variante der girocard als „Zwischenlösung" für mehrere Jahre zwischen Karte und Smartphone an Zuspruch der Kunden und der Händler gewinnen. Ihnen wird von den neuen Verfahren am meisten Potenzial zugesprochen.

Damit wird eines klar: Auf der Anbieterseite mag Euphorie hinsichtlich neuer Verfahren bestehen. Die Nachfrageseite, auf der neben den Kunden insbesondere die Händler einen dominanten Einfluss ausüben, sieht Veränderungen bisher wesentlich konservativer. Dies ist ein Aspekt, der bei der Bewertung möglicher Zukunftsszenarien häufig genug nicht gesehen wird.

43.4   Ein Blick in die Zukunft

Revolutionäre Angebote sind verfügbar und entwickeln die nötige Reife für den Breiteneinsatz. Ein großer Vorteil der Internet- und Technologieunternehmen wie Apple, PayPal, Amazon oder Google liegt – im Gegensatz zu den Banken – vor allem in der größeren Innovationsbereitschaft und -kraft. Durch diese lassen sich die Lösungen der einzelnen Anbieter möglicherweise schneller am Markt durchsetzen, als das bei Lösungen von Banken der Fall ist.

Die Reaktionen der Nachfrager in Richtung mobiler Lösungen halten sich aber bis jetzt in engen Grenzen. Die Kunden haben zwar hohes Vertrauen zu einigen Anbietern im Internet und zu deren Prozessen entwickelt. Unternehmen wie Amazon werden heute mit einem komfortablen, zuverlässigen und sicheren Service assoziiert und genießen ein höheres Vertrauen als manche Bank. Aber die Kunden treiben die Veränderung im Präsenzhandel (noch) nicht aktiv. Die deutschen Händler sind vor dem Hintergrund der eingeübten Verfahren mit sehr hoher Effizienz der Infrastruktur (Bargeld, ELV, girocard-Zahlung) und geringen Kosten in der Abwicklung wenig willig zur Veränderung.

Der Gesetzgeber kann durch den Einfluss der Regulation sehr stark auf dem Online- sowie Offline-Markt wirken, so dass sich Anbieter der Zahlungsverfahren, aber auch Händler und Kunden anpassen müssen. Dies kann sogar recht kurzfristig geschehen, wenn beispielsweise das Händlerentgelt für girocard-Transaktionen gesenkt wird oder die multilateralen Interchange-Gebühren der Kreditkarten reguliert werden. Des Weiteren könnten die konkretisierten EZB-Vorschläge zur Sicherheit von E- und M-Payments (starke Authentifizierung) gemäß geplanter Zahlungsdiensterichtlinie (PSD2) die gewohnte Abwicklung von Zahlungen in Bezug auf die Daten- und Nutzersicherheit stark verändern.

Integriert man die Sichten von Angebot, Nachfrage und Regulation, so ergeben sich fünf Szenarien, die auch in Kombination auftreten:

- Die „neuen Oligarchen" wie Apple, Amazon, PayPal und Google können aufgrund ihrer vorhandenen Infrastruktur und der Masse an vorhandenen Kundendaten schnell Lösungen entwickeln und im Markt platzieren – wenn Sie denn die Händler zum Mitmachen bewegen können.
- Die Telekommunikationsunternehmen haben eine ähnlich umfassende Infrastruktur zu bieten wie die „neuen Oligarchen". So gesehen könnten auch sie diese Rolle spielen.
- Der Handel könnte sich zusammentun, um ein innovatives „ELV 2.0" voranzutreiben. Yapital aus der Otto-Gruppe könnte ein solcher Ansatz sein. Dazu müsste es aber zur Koopetition, also der Kooperation von miteinander konkurrierenden Unternehmen, kommen, was in den heutigen, relativ fragmentierten Handelsstrukturen eine echte Herausforderung ist.
- Die Kreditkartenunternehmen bzw. die kartenherausgebenden Kreditinstitute werden versuchen, ihre Position an der Kundenschnittstelle zu verteidigen oder gar auszubauen. Dabei hilft, dass sie in vielen Lösungen vertreten sind.

- Und vor allem die Deutsche Kreditwirtschaft könnte – Entschlussfreudigkeit voraus-gesetzt – durch gezielte Entwicklungen von Lösungen oder entschiedene Käufe einen erheblichen Vorsprung erhalten. Die abwartende und zögerliche Haltung bei giropay und die Schwierigkeiten bei der GeldKarte oder girogo sprechen allerdings nicht dafür.

Betrachtet man die fünf Szenarien anhand der drei Anforderungen „noch mehr Komfort", „eine als hoch empfundene Sicherheit" und „eine mit heutigen Verfahren vergleichbar günstige Kostensituation", so ergibt sich ein differenziertes Bild von Chancen und Risiken.

Apple könnte als Vorreiter unter den **„neuen Oligarchen"** mit seinem Apple Pay in relativ kurzer Zeit erfolgreich auch in der Breite sein – zunächst in den USA, potentiell zeitversetzt in anderen Regionen. Die Nutzung bestehender Kundenstammdaten aus iTunes und das einfache Set-up vorhandener Kreditkarten machen es den Nutzern leicht, das Verfahren einzusetzen. Die Freigabe der Zahlung per Fingerabdruck ist höchst komfortabel, schnell und relativ sicher. Apple steht auch sonst für hohe Sicherheit und kann glaubwürdig argumentieren, dass man die Daten der Kundeneinkäufe nicht benötigt. Die im Vergleich mit anderen Kreditkartenzahlungen niedrigen Abwicklungsgebühren aufgrund z. B. der biometrischen Freigabe machen das Verfahren auch für Händler interessant. Durch die hohe Kreditkartennutzung und -akzeptanz, die (teilweise) bestehende Terminal-Infrastruktur mit NFC sowie die hohe iPhone-Dichte in den USA wird Apple Pay dort bald eine größere Rolle spielen. Inwiefern und wann sich Apple auch in Europa bzw. Deutschland durchsetzen kann, bleibt abzuwarten. PayPal, Amazon und Google werden bald folgen und ihre bisherigen Pilotvorhaben durch Breitenlösungen ersetzen. Sie könnten sich aber aufgrund ihrer weniger integrierten Ökosysteme schwerer tun. Amazon und Google leiden zusätzlich an ihrem Ruf als unersättliche Datensammler.

Die **Telekommunikationsunternehmen** werden zunächst wohl nur in Nischen präsent sein. Gerade die unterschiedlichen Wallet-Lösungen erfordern eine eigene (neue) Kreditkarte des Kunden. Dieser wird aber auf Dauer nicht bereit sein, für jedes Verfahren neue Karten zu erstellen. Außerdem fehlt es an Kundenvertrauen. Denn Überraschungen auf der Telefonrechnung, unerwartet hohe Auslandsgebühren, Service-Probleme beim Tarifwechsel etc. haben zu latentem Misstrauen geführt. Eine Abrechnung von kleineren Beträgen, z. B. über die Mobilfunkrechnung, erscheint aber sinnvoll und könnte von den Kunden akzeptiert werden.

Kreditkartenunternehmen liefern zum einen eigenständige Bezahllösungen, stehen aber auch – zumindest noch – im Hintergrund anderer Verfahren wie PayPal oder Apple Pay. Sie könnten profitieren, wenn die Senkung der Interchanges auf Händlerseite zu einer gesteigerten Akzeptanz der Kreditkarte auch in kleineren Läden führt. Somit könnten die kontaktlosen Verfahren der Kreditkarten weiter verbreitet werden. Allerdings ist noch unklar, ob und wie sich etwaige Interchange-Senkungen auf die Kreditkartengebühren der Kunden auswirken werden. Durch den turnusmäßigen Austausch der Terminals beim Händler und der Karten beim Kunden haben die Kreditkartenunternehmen aber bald die nötige Infrastruktur, um flächendeckend kontaktloses Bezahlen anbieten zu können. Und dann wäre der nächste Schritt vom Bezahlen mit der kontaktlosen Karte hin zum Mobile Payment mit dem Smartphone und hinterlegter Kreditkarte vergleichsweise klein. Allerdings besteht die Bedrohung, dass Apple Pay oder PayPal langfristig eigene von anderen Banken oder Kreditkartenunternehmen unabhängige Konten anbieten und diese so schrittweise überflüssig machen.

Die **Banken** haben zwei erhebliche Vorteile: die gute vorhandene Infrastruktur und das Wissen über die Prozesse, das heißt Zahlungsverkehr als gelebte „Tradition". Aber sie stehen sich oft selbst im Weg. Abhilfen könnten beim Online-Bezahlen ein von allen Banken der Deutschen Kreditwirtschaft unterstütztes giropay schaffen, offline wäre eine kontaktlose girocard vorstellbar. Der größte Vorteil der girocard ist, dass die Banken diese sowieso an die Kunden ausgeben – und kein aktives Zutun der Kunden notwendig ist, wie es bei Apps der Fall ist. Viele Kunden sind das Bezahlen mit ihrer girocard gewohnt und schätzen die bequeme Art. Deswegen erscheint ein Umstieg auf die kontaktlose Variante möglich, da jetzige Kartenzahler mehr oder weniger automatisch zu kontaktlosen Arten umschwenken könnten. Ein weiterer Vorteil ist die vorhandene Infrastruktur.

Für den **Handel** ergibt sich kein echter Business Case für Mobile Payment. Denn vorrangiges Ziel des Handels ist es nicht, mit der Abwicklung der Zahlungen Geld zu verdienen. Wichtig sind ihm vor allem die Kundendaten und niedrige Kosten. Für die Kundendaten braucht er nicht zwingend eigene Zahlungsverfahren, das geht auch durch herkömmliche Kundenkarten wie Payback oder die Integration dieser in potenzielle Wallet-Lösungen anderer Anbieter. Der Handel will darüber hinaus auch die Hoheit über die Daten seiner Kunden nicht abgeben. Übergreifende Lösungen, bei denen die wichtigsten Händler in Deutschland teilnehmen, werden sich nur schwer durchsetzen lassen. Auf der Kostenseite spielen die zum Teil sehr niedrigen Umsatzmargen eine wichtige Rolle. An das Kostenniveau von Bargeld, girocard oder einer ELV-Zahlung kommt aktuell kein diskutiertes innovatives Verfahren heran. Zwar gibt es Nischenanwendungsfälle, die zu einer erheblichen Prozessverbesserung führen könnten. Aber der tägliche Standardfall ist das eben nicht.

43.5 Fazit

Es erscheint sicher, dass mit Apple Pay der Markt in Bewegung kommt – zunächst in den USA, dann auch in anderen Regionen. Aber es wird voraussichtlich nicht den einen, dominanten Akteur geben, der gleichermaßen Gestaltungswillen und -fähigkeit mitbringt und zusätzlich das Vertrauen der Kunden und Händler genießt. Wir werden also mehrere Akteure erleben. Auch erscheint es sicher, dass nicht die eine „Killer-App" mit überlegenem Nutzen-Kosten-Verhältnis existiert. Mobile Payments werden deshalb beim Kunden und Händler langsamer ankommen, als es die Technologie möglich machen würde und Anbieter sich dies wünschen. Das mobile Bezahlen wird sich eher evolutionär und von mehreren Akteuren getrieben entwickeln. Bis sich die jahrhundertealte Tradition des Bargelds ablösen lässt, wird es noch ein sehr weiter Weg sein.

Literatur

1. Bolz, T., Weinfurtner, S., Stahl, E. & Wittmann, G. (2014). Zukunft des Bezahlens – Aktuelle Einschätzungen und Trends aus Händlersicht. Regensburg.
2. Confinpro. (2014). Zukunft des Bankings 2014. Karlsruhe.
3. EHI Retail Institute (2014). Kartengestützte Zahlungssysteme im Einzelhandel. Köln.
4. EZB. (2013). Recommendations for the security of mobile payments. Frankfurt a. M.
5. Penzel, H.-G., Stahl, E., Weinfurtner, S. & Wittmann, G. (2014). Auf dem Weg von Electronic Payments in die Welt des mobilen Bezahlens. In: Dittrich, A. & Egner, T. (Hrsg.), *Trends im Zahlungsverkehr II*. Köln.
6. Seidenschwarz, H., Weinfurtner, S., Stahl, E. & Wittmann, G. (2014). Gesamtkosten von Zahlungsverfahren – Was kostet das Bezahlen im Internet wirklich? Regensburg.
7. Seidenschwarz, H., Weinfurtner, S., Stahl, E. & Wittmann, G. (2014). E-Commerce-Strategien für den mittelständischen Einzelhandel. Regensburg.
8. Stahl, E., Wittmann, G., Krabichler, T. & Breitschaft, M. (2012). E-Commerce-Leitfaden – Noch erfolgreicher im elektronischen Handel. Regensburg.

Teil IX

Content trifft Commerce

Mathias Wahrenberger

Auf der Startseite des Online-Luxusmodeshops Net-a-Porter wird dem Kunden prominent die neue Ausgabe des hauseigenen Magazins „Porter" angezeigt. Das Porter-Magazin verspricht eine erlesene internationale Auswahl an Mode-, Beauty-, Reise- und Kulturthemen und soll die perfekte Symbiose zwischen Print und moderner Technologie bieten. Net-a-Porter bietet Unternehmen die Möglichkeit, im Magazin Werbung zu buchen und Kunden können die vorgestellten Produkte jederzeit Online kaufen. Es handelt sich bei dem Heft aber nicht um ein klassisches Kundenmagazin, das kostenfrei möglichst vielen Kunden angeboten wird. Das Gegenteil ist der Fall. Das Heft wird in 60 Ländern verkauft und hat eine weltweite Druckauflage von 350.000 Exemplaren pro Ausgabe. Es erscheint sechsmal im Jahr in englischer Sprache und kostet als Einzelausgabe 9,99 €. Damit spielt Porter in der Liga legendärer Modemagazine wie Vogue, Harper's Bazaar oder Elle. Ein Online-Shop wagt sich in das Hoheitsgebiet angesehener Verlage wie Condé Nast, Hearst und Huber Burda Media. Ist das ein Einzelfall? Oder steckt mehr hinter dieser Geschichte?

Digitale Geschäftsmodelle sind einem ständigen Wandel ausgesetzt. Es gibt wohl kaum ein Marktumfeld, das sich so kontinuierlich radikal neuen Gesetzmäßigkeiten unterworfen sieht. Ein Treiber hierfür ist die Geschwindigkeit, mit der sich die Hardwarelandschaft von Generation zu Generation schneller verändert. Mit dem ersten iPhone von Apple fiel im Jahr 2007 der Startschuss für eine zunehmend mobilere Welt. Anfang 2014 besaßen bereits über 40 Mio. Deutsche ein Smartphone. Die Verbreitung von Tablets verlief noch schneller. Im Jahr 2010 verhalf das erste iPad dem Tabletmarkt zum Durchbruch. Bereits zwei Jahre später wurden weltweit mehr Tablets als Laptops verkauft. Die nächste Welle – Internet der Dinge – wird dazu führen, dass in den nächsten Jahren eine Vielzahl an

M. Wahrenberger (✉)
Hubert Burda Media, München, Deutschland
E-Mail: mathias.wahrenberger@burda.com

© Springer-Verlag Berlin Heidelberg 2015
C. Linnhoff-Popien et al. (Hrsg.), *Marktplätze im Umbruch,* Xpert.press,
DOI 10.1007/978-3-662-43782-7_44

Produkttypen digital wird. Das Konsumentenverhalten ändert sich mit ebenso rasanter Geschwindigkeit. Nachfolgende Generationen wachsen mit grundlegend anderen technischen Möglichkeiten auf und empfinden Dinge als selbstverständlich, die vor wenigen Jahren noch unvorstellbar waren. Mit hoher Geschwindigkeit werden neue Technologien entwickelt und finden schnell globale Verbreitung. Unternehmen befinden sich hier in einem dynamischen Wettbewerb und sind gezwungen, sich täglich neu zu erfinden.

Eine große Herausforderung auch für die „klassischen" Verlagshäuser. Durch die Freiheit und fast unbegrenzte Verfügbarkeit des Internets kann dort jeder seine Meinung, Erfahrungen und sein Wissen publizieren. Da die Distribution von Inhalten („Content") kein begrenzender Faktor mehr ist, finden Nutzer im Netz ein schier unbegrenztes Angebot kostenfreier Inhalte vor. Verlage konkurrieren mit ihren Online-Portalen nicht nur untereinander, sie stehen mehr denn je im Wettbewerb mit Bloggern und ungelernten Journalisten. Aber auch die Nutzer selbst erstellen mit Produktrezensionen, Hotelbewertungen, Forenbeiträgen, Tweets oder Posts täglich eine Flut neuer Inhalte. Eine neue Dimension wird durch den sogenannten Roboterjournalismus erreicht. Komplexe Algorithmen machen aus Daten und Zahlen in Sekundenbruchteilen ansprechende Texte, die der Leser nicht mehr von journalistischen Inhalten unterscheiden kann. Die schier endlose Verfügbarkeit von kostenfreiem Content im Netz hat zu einer Debatte um die offenbar weit verbreitete Gratismentalität der Internetnutzer geführt. Nicht wenige Kritiker sehen dadurch den „Qualitätsjournalismus" in Gefahr.

Medienkonzerne, die journalistische Inhalte im Internet anbieten, haben ihre digitalen Content-Portale lange Zeit fast ausschließlich über Werbung finanziert. Als Analogie zur Print-Metrik wurde früh der „Tausender Kontakt Preis" (TKP) für die „Display" Werbung eingeführt. Werbetreibende fingen an ihre Anzeigenplätze in Premium-Umfeldern zu buchen, die sich in der Regel durch eine starke Marke und gute redaktionelle Inhalte auszeichneten. In den darauffolgenden Jahren wurde das Potenzial weiter ausgeschöpft, indem eine Reihe an „Branding-Formaten" in verschiedenen Größen entwickelt wurden, die illustre Namen tragen wie „Rectangle", „Super Banner" oder „Expandable Skyskraper" und dem Nutzer beim Abrufen des Contents die Werbebotschaft präsentieren. Mit einer steigenden „Performance-Orientierung" in der Werbung und einem rasanten Aufstieg der Suchwortvermarktung, fällt es heute vielen Portalen zunehmend schwer, das Inventar von Premium-Umfeldern mit hochpreisigen Branding-Anzeigen auszulasten. Aktueller Trend ist die Verbreitung von „Programmatic Buying" und „Real-Time Advertising", was voraussichtlich zu einem Umbruch im Branding-Bereich des Display-Werbemarktes führen wird. Sowohl aufmerksamkeitsstarke Werbeformen als auch Qualitätsumfelder werden nach Einschätzung von Experten in Zukunft in hohem Maße automatisiert gehandelt und beliefert. Die grundsätzliche Idee ist dabei eine zielgruppenspezifische Aussteuerung der Display Werbung, losgekoppelt vom Umfeld. Durch diesen automatisierten Handel gerät der TKP klassischer Display Werbung unter Druck und Verlage („Publisher") sind gezwungen, neue Erlösquellen zu erschließen.

Um stagnierende oder gar schrumpfende Werbeerlöse zu kompensieren, führten bereits einige Verlage Bezahlschranken im Netz ein. Die wesentliche Herausforderung liegt bei sog. „Paid Content Strategien" darin, dass Nutzer in der Regel nur bereit sind, für originäre oder wertvolle Inhalte zu bezahlen. Die Möglichkeit der nahezu kostenlosen Reproduktion und Distribution von digitalen Inhalten im Internet führt aber dazu, dass originäre Inhalte oftmals zeitnah an anderer Stelle kostenlos verfügbar sind und damit ihren Exklusivitätsstatus einbüßen. Zudem ist die Einführung einer harten Bezahlschranke nicht nur mit zusätzlichen Ertragschancen verbunden, sondern birgt auch erhebliche Risiken für das originäre Geschäftsmodell. Infolge der Einführung einer Bezahlschranke sinken in der Regel automatisch der Traffic und die Seitenaufrufe des Portals, womit gleichzeitig das „Inventar" für die Werbevermarktung zurückgeht. So lassen sich zahlungspflichtige Inhalte nicht mehr über Suchmaschinen finden, wodurch eine wichtige Traffic-Quelle für viele digitale Content-Modelle beeinträchtigt wird.

Neben der Monetarisierung über Werbung und Bezahlmodelle sind transaktionsbezogene Erlöse eine wichtige Umsatzquelle für Verlage geworden. Grundlage hierfür sind erfolgsorientierte Abrechnungsmethoden, bei denen der Publisher Provisionen für einen Klick auf ein Werbemittel („Click"), die Übermittlung qualifizierter Kundenkontakte („Lead") oder die Vermittlung eines kaufbereiten Kunden („Order") erhält. Die Vermittlung von Nutzern erfolgt häufig über „Affiliate-Links" mit dahinterliegenden Codes, die der Verlag („Affiliate") in seinen Content einbindet und über welche die Herkunft des Kunden eindeutig beim Produktanbieter identifiziert werden kann. Im e-Commerce zählt dieses „Affiliate Marketing" zu einem wichtigen Marketinginstrument, mit dem Händler kaufwillige Nutzer in ihren Shop lenken. Dabei agiert ein Verlag als Mittler zwischen Händlern und potenziellen Kunden, er bietet aber selbst keine Waren und Dienstleistungen an. Die Idee ist, den informierten und inspirierten Nutzer direkt im Anschluss zum Kauf weiterzuleiten. Bei diesem Modell sieht man, wie nahe Content und Commerce im Internet bereits heute zusammenrücken.

Betrachtet man die andere Seite der Wertschöpfungskette im Internet – den Online-Handel – so lässt sich ein ähnlicher Trend feststellen – allerdings geht dieser exakt in die andere Richtung. E-Commerce Händler versuchen über Content Marketing-Strategien ihren Kunden zusätzliche Inhalte (z. B. Texte, Videos oder Bilder) zur Verfügung zu stellen, die hilfreich für die Kaufentscheidung sein können. Content Marketing orientiert sich in der Thematik und der Ansprache an der Fachpresse, um ein entsprechendes Wertversprechen zu demonstrieren. Der Händler verspricht sich von dieser Maßnahme eine Umsatzsteigerung durch eine höhere Konvertierungsrate der Nutzer in Kunden und durch zusätzlichen Traffic, da ein Shop mit informierenden, beratenden Inhalten von Suchmaschinen als relevanter eingestuft und damit leichter gefunden wird. Zudem erhoffen sich die Shops, durch die hochwertige Anmutung und die umfassende Information, sich als starke Händlermarke bei ihren Kunden positionieren zu können und gleichzeitig Anlaufstelle für Inspiration, Information und Kauf zu sein. Wie im Fall des Eingangs erwähnten Online-Luxusmodeshops Net-a-Porter endet diese Entwicklung nicht Online, sondern setzt sich Offline fort.

Die Grenzen von einem Content-basierten Geschäftsmodell und einem Commerce-basierten Geschäftsmodell sind im Internet fließend. Verlage müssen sich mit der Frage auseinandersetzen, was zukünftig ein „Commerce-finanziertes Content-Portal" von einem „Content-getriebenen e-Commerce-Shop" unterscheidet. Wie weit können und sollten Verlage das Geschäftsmodell von digitalen Content-Portalen in Richtung Transaktion ausrichten? Kann die journalistische Unabhängigkeit gewahrt bleiben und dem Nutzer gleichzeitig ein möglichst friktionsfreies Einkaufserlebnis präsentiert werden? Bezieht sich die journalistische Unabhängigkeit von Verlagen nur auf die Bewertung von Produkten oder auch auf die Bewertung von Händlern? Kommt es am Ende gar zu einer Konvergenz von Content und Commerce? Sollten Verlage – nach dem Vorbild von Net-a-Porter – selbst zum Händler werden? Die nachfolgenden Beiträge sollen für diese wichtige Debatte neue Perspektiven und Möglichkeiten aufzeigen. Der Beitrag „*Die Konvergenz von Medien und Handel im Internet*" greift die eben angestellten Gedanken auf und vertieft diese, indem ein Überblick über aktuelle Entwicklungen in der Praxis gegeben wird und die Implikationen für Medienunternehmen ausführlich diskutiert werden. Im Artikel „*Mobiler Content – Strategie und Produktion*" wird gezeigt, welche Möglichkeiten der automatisierten Textproduktion bereits heute bestehen. Durch „Roboterjournalismus" können künftig kostengünstig Inhalte geschaffen werden, die Konsumenten bei der Kaufentscheidung helfen. Durch diese Form der Automatisierung wird der Faktor Mensch in Zukunft aber nicht weniger wichtig werden, wie die Autoren des Beitrags „*Marktplätze im Umbruch: Der Wandel im Handel*" eindrucksvoll beschreiben. Über eine virtuelle Live-Beratung durch kompetentes Verkaufspersonal können Online-Händler den Verkauf in Zukunft vielleicht wieder stärker über die eigene Kompetenz und nicht primär über den Preis steuern. Im vierten und letzten Beitrag dieses Kapitels werden Software-Marktplätze für Smartphones oder Tablets thematisiert. Bei diesen handelt es sich um sehr spezielle Commerce-Plattformen, in denen aufgrund des geschlossenen Charakters von Smartphone bzw. Tablet Systemen im Gegensatz zum regulären e-Commerce kaum Wettbewerb zwischen den Marktplätzen wie dem Apple „App Store", dem Google „Play Store" oder dem Windows „Phone Store" herrscht. Ein Marktplatz ist für User nur dann attraktiv, wenn entsprechend attraktiver Content, also beliebte Apps, zum Download angeboten werden. Marktplätze müssen daher nicht nur die Nutzer, sondern vor allem auch die Softwareentwickler zufrieden stellen. Die Dynamik zwischen Nutzern und Softwareentwicklern beleuchten die Autoren des Beitrags „*Ausgewählte Prinzipien für die Steuerung von Plattformen*".

Wolfgang Bscheid und Thomas Hohenacker

Zusammenfassung

Der E-Commerce ist dabei, den Handel grundlegend zu verändern. Dabei trifft der Strukturwandel sowohl den stationären Handel als auch die Webshops. Mit ein Grund ist, dass sich immer mehr Marktsegmente in Richtung Discount entwickeln. Wenn Preisreduzierungen aber zum zentralen Argument im Kampf um Marktanteile werden, verfangen sich viele Händler in der Preisspirale. In der gibt es meist nur eine Richtung: nach unten. Als Alternative bleiben zwei Optionen: Entweder Preismarktführer werden und bleiben oder über klare Mehrwerte ein attraktives Preis-Leistungsverhältnis bieten. Bei Option zwei spielt die Beratung, eine der Kerntugenden des Handels, eine entscheidende Rolle. Dabei sollten die Händler als strategische Lösung auf eine kontinuierliche Entwicklung der Kundenbindung setzen. Das kann u. a. gelingen, in dem man die Beratung im stationären Geschäft mit Hilfe von Online-Videos in das Netz überführt. Am fiktiven Beispiel von Sport Scheck zeigt der Beitrag, wie eine innovative und kosteneffiziente Videoproduktion praktisch umgesetzt werden kann. Das Ergebnis: Lebendige, authentische und hochqualitative (Live-) Beratungsvideos, die zudem im Netz für den Konsumenten allzeit auffindbar sind und direkt mit dem Webshop verbunden werden können.

W. Bscheid (✉)
Mediascale GmbH & Co. KG, München, Deutschland
E-Mail: W.Bscheid@mediascale.de

T. Hohenacker
Livepoint GmbH, München, Deutschland
E-Mail: hohenacker@me.com

© Springer-Verlag Berlin Heidelberg 2015
C. Linnhoff-Popien et al. (Hrsg.), *Marktplätze im Umbruch,* Xpert.press,
DOI 10.1007/978-3-662-43782-7_45

45.1   Die Ausgangssituation

Über Jahrzehnte zählte die Beratungskompetenz zu den wichtigsten Instrumenten der Kundenbindung für den Einzelhandel. Der Berater und/oder Verkäufer vor Ort war das wichtigste Bindeglied zum Konsumenten. Erledigte er seinen Job gut, konnte er sowohl das Vertrauen in die Handelsmarke stärken als auch für zufriedenstellende Verkaufszahlen sorgen. Heute treten jedoch immer weniger Kunden über eine physikalische Türschwelle. Zwar ist das stationäre Geschäft laut einer internationalen Studie von Capgemini noch immer die beliebteste Einkaufsgelegenheit (72 %), allerdings nur knapp vor dem Internet (67 %) [1]. Und die Mehrheit der Kunden (51 %) gibt an, dass sie künftig ihr Geld eher online ausgeben will, als in der Einkaufsmeile. 94 % der deutschen Internetnutzer (das sind 51 Mio. Bundesbürger) über 14 Jahre kaufen inzwischen bereits im Web ein, ermittelte der Dachverband Bitkom im Mai 2014 [2]. Auf den ersten Blick sind die eCommerce-Angebote eine Chance für den Handel, denn jeder Kunde ist nur noch einen Click vom Online-Shop des jeweiligen Händlers entfernt. In der Praxis ist die neue Art des Verkaufens aber mit einigen nicht unerheblichen Herausforderungen verbunden.

45.1.1   Märkte auf dem Weg zum Discount

Was war zuerst da? Die Henne oder das Ei? Diese nicht zu beantwortende Frage nach dem Auslöser einer Kausalkette steht stellvertretend für dieses Kapitel. Es könnte sowohl am Anfang als auch am Ende dieser Einführung stehen. Fakt ist: Immer mehr Marktsegmente des Handels entwickeln sich deutlich in Richtung Discount, setzen also auf niedrige Preise als Hauptargument.

Woher kommt dieser Trend? Der Erklärungsversuch vieler Händler sieht den Konsumenten als Hauptverursacher. Dieser konzentriert sich bei seiner Kaufentscheidung immer mehr auf den Preis. Und zwingt die Händler daher in einen immer stärkeren Wettbewerb um das günstigste Angebot. Die Gegenthese sieht ein Versäumnis beim Handel: Bei ihrem erbitterten Kampf um Marktanteile setzen die Händler immer deutlicher auf das Instrument „Preisreduzierung". Auf diese Art und Weise erziehen sie die Kunden selbst systematisch zu Schnäppchenjägern.

Die Wahrheit, wenn es denn EINE Wahrheit gibt, liegt irgendwo zwischen beiden Argumentationsketten. Für den Handel bedrohlich an der aktuellen Situation ist jedoch, dass sich beide Handlungsstränge gegenseitig beschleunigen. Je mehr Kunden über Preis- und Streichpreis-Angebote (19,90 statt 29,90 €) geködert werden, desto mehr rückt der Preis ins Zentrum der Wahrnehmung. Und entsprechend zwingender erscheint den Anbietern, ihrerseits über den Preis als zentrales Argument zu gehen. Ein Teufelskreis, der nicht nur den Deckungsbeitrag des Handels sukzessive abschmelzen lässt, sondern mittelfristig auch einen negativen Einfluss auf die Substanz des Handels hat.

Natürlich kann man die These vertreten, dass der Preis im Handel schon immer das zentrale Kriterium für die Kaufentscheidung war. Nur wenn der Konsument einen weiten Weg vermeiden wollte, kaufte er hin und wieder auch dort ein, wo er etwas mehr für die gewünschte Ware bezahlen musste. In Zeiten des Internets, wo alle Shops faktisch neben-einander liegen und der Weg gleich weit ist, hat sich dieser Effekt aufgelöst. Übrig bleibt einzig und allein der Preis als Kaufmotivation. Stimmt das wirklich? Bevor wir uns die-ser Argumentationskette völlig ausliefern, sollten wir die Situation etwas genauer durch-leuchten. Vielleicht gibt es ja alternative Handlungsoptionen.

45.1.2   Kommunikationssteuerung auf CPO (Cost per Order)-Basis

Wie haben wir denn in den vergangenen Jahren agiert? Und nach welchen Kriterien ha-ben wir unsere Kommunikation ausgerichtet? Die Antwort fällt leicht, denn ein Begriff dominiert seit Jahren fast alle (messbaren) Kanäle für digitale Werbung: Der CPO (Cost per Order). Auf Deutsch: Wie viel Werbe-Cent oder –Euro kostet mich als Händler eine Bestellung, die der Kunde in meinem Online-Shop tätigt. Hinter diesem Begriff steht ein gleichermaßen einfaches wie einleuchtendes Prinzip: Jedem Werbinvestment wird das erzielte Ergebnis direkt gegenübergestellt. Und da das Internet nicht nur für das Vernetzen von Menschen steht, sondern vor allem auch für die Messbarkeit all dieser Interaktionen, lässt sich dieser Vergleich von Input und Output in den meisten Fällen ohne allzu gro-ßen Aufwand realisieren. Ein Traum für jeden Marketingverantwortlichen oder Vertriebs-leiter. Endlich keine Unsicherheiten mehr in der Investitionsplanung. Der nächste Euro fließt automatisch in das Medium oder die Werbemaßnahme, die den niedrigsten CPO und damit die höchste Rendite verspricht. Kein Wunder, dass bei dieser so eingängigen wie eindimensionalen Betrachtungsweise innerhalb kürzester Zeit fast das gesamte Online-Marketing dem Diktat des CPO unterlag.

Die Schwachstellen der CPO-Fokussierung treten erst bei genauer Betrachtung zum Vorschein. Ein Beispiel: Ein Konsument sucht online einen neuen Fernseher. Keine einfa-che Entscheidung, deshalb informiert er sich auf Testseiten, liest Testberichte, recherchiert vergleichbare Angebote, konsultiert eine Preisvergleichsseite oder einen großen Händler, vergleicht Displaygrößen, technische Features und Preise. Auch auf den Webseiten der Hersteller holt sich der Interessent weitere Infos. Zum Schluss bleiben zwei Geräte in der engeren Wahl, die der Konsument in seine Suchmaschinenmaske eingibt, bevor er final kauft. Diesen Weg des Kunden bis zu seiner Kaufentscheidung nennt man im Fachjargon „Customer oder User Journey". Bisher konzentrieren sich immer noch viele Unternehmen auf den letzten Anstoß vor dem finalen Kauf. Dieses „Last Cookie wins"-Prinzip führt je-doch dazu, dass vor allem Kanäle und Maßnahmen, die am Ende einer Kaufentscheidung stehen, überproportional stark profitieren. Die Suchmaschinen-Werbung glänzt auch des-halb mit niedrigen CPOs, weil heute die meisten Nutzer das gewünschte Produkt vor dem Kauf „googeln", um von dort auf den entsprechenden Online-Shop zu gehen.

Was die Entscheidung für den jeweiligen Shop bzw. Anbieter im Vorfeld beeinflusst hat, fällt bei einer „Last Cookie wins"-Regel unter den Tisch. Maßnahmen, die eher am Beginn einer Kaufentscheidung stehen, wie z. B. Bannerwerbung, können bei dieser Be-trachtung nur selten einen akzeptablen CPO vorweisen. Die scheinbar logische, aber fal-sche Konsequenz: Sie werden häufig zu schnell ausgemustert.

Aber nicht nur bei der Wahl der Werbekanäle und –mittel, auch bei der inhaltlichen Gestaltung der Kommunikation hat die CPO-Denke ihre Spuren hinterlassen. Wenn nur der messbare schnelle Erfolg zählt, fallen andere qualitative Argumente durchs Raster. Denn was kann den Kunden schon besser und schneller zum sofortigen Kauf bewegen, als die Aussicht auf ein Schnäppchen? Und: Je höher der Rabatt, desto besser die Abschlussquote. Das Ergebnis, den „Online-Schweinebauch", sehen wir heute im Internet allerorten. Nur entziehen sich die Geister, die der Handel rief, immer mehr der Kontrolle einzelner Marktteilnehmer. Prozesse verselbstständigen sich und wer im Spiel bleiben möchte, muss die Regeln akzeptieren. Und die lauten im E-Commerce scheinbar: Produkt, Preis und Streichpreis!

45.1.3 Leistungsunterschiede verschwinden

Nun bleibt der Trend zur Vereinheitlichung nicht auf die Werbung beschränkt. Heute sehen nicht nur die digitalen Anzeigen der E-Commerce-Shops fast alle gleich aus, auch die Online-Shops der meisten Händler unterscheiden sich nur noch durch das Logo oben links. Der Seitenaufbau und die Navigation folgen einem „Best Practice"-Muster. Selbst Produktinformationen gleichen sich wie ein Ei dem anderen, denn bis auf wenige Ausnahmen greifen alle Händler auf dieselben Hersteller-Daten zurück. Gleiches gilt für Lieferbedingungen und Zahlungssysteme. Jede Abweichung von der Norm schwächt schließlich den CPO, so die Annahme. Deshalb lautet das Motto: So schnell wie möglich zum Kaufabschluss. Wen wundert es da noch, wenn der Endkunde den einzigen Unterschied dann am höchsten bewertet, den er noch wahrnehmen kann: Den Preis.

45.1.4 Märkte am Scheideweg. Zwei Entwicklungsoptionen

Vor dem Hintergrund dieser Entwicklung befinden wir uns im Web heute an einer wichtigen Weggabelung mit zwei zentralen Optionen: Option eins, die eher etwas für Misanthropen ist, lautet: Der Konsument wird angesichts der ansonsten einheitlichen Angebote im Netz seine Entscheidung einzig und allein über den Preis treffen. Wenn das so ist, dann sind die zur Verfügung stehenden Optionen für den Handel sehr überschaubar. Die wichtigste Frage, die man dann noch stellen kann, lautet: Welchen Preis kann mein Unternehmen anbieten, bevor wir die kritische Deckungsbeitragsgrenze unterschreiten? Auch die Bewertung der eigenen Zukunftsperspektiven lässt sich entsprechend ableiten.

Leider sieht diese Ableitung dann für viele Retailer nicht so aus, wie ihr Businessplan es vorgibt. Speziell für die vermeintlich starken Marken unter den Handelsunternehmen ist es mit ihren personalintensiven Strukturen schwierig, Preisaggressivität und Rendite unter einen Hut zu bringen. Das fällt den so genannten reinen Onlinehändlern oft deutlich leichter. Zumal, wenn sie weniger auf Rendite als auf den schnellen Gewinn von Marktanteilen aus sind.

Spätestens an diesem Punkt sollte man sich als Einzelhandelsunternehmen, das nicht die Preismarktführerschaft anstrebt, Gedanken um einen Plan B machen. Das lohnt auch aus einem anderen Grund. Betrachtet man die Preis- zu Umsatz-Relationen, sollte sich hier eigentlich eine direkte Linearität widerspiegeln. Also: Je attraktiver das Preis-Angebot, desto besser das Umsatzranking des Händlers. Dem ist aber, zumindest Stand heute, nicht so. Es gibt Handelsunternehmen, deren Umsatzanteil deutlich höher ist, als es ihre Preispolitik vermuten ließe. Entsprechende Vergleichszahlen werden von so genannten Preisanalysten für fast alle Produktgruppen bis auf Einzelproduktebene zur Verfügung gestellt. Es geht scheinbar auch anders.

Damit sind wir bei Option zwei angelangt. Sie ist von der Anlage eher menschenfreundlicher und gesteht dem Konsumenten zu, dass er bei seiner Kaufentscheidung mehrere Dimensionen berücksichtigt. Also: Nicht der Preis alleine macht das Rennen, sondern auch im Internet zählt für den Kunden immer noch das Preis-Leistungsverhältnis. Und dieses setzt sich aus ganz unterschiedlichen Faktoren zusammen. Das können handfeste Angebotsbestandteile wie Service- und Garantieleistungen sein. Das können aber auch sehr schwer greifbare Aspekte, wie die Strahlkraft der Marke oder die Sympathiewerte des jeweiligen Händlers sein.

Natürlich lässt sich heute nicht mit Sicherheit sagen, ob das Preis-Leistungsverhältnis nicht in den kommenden Jahren im Web zu einem reinen Preiskampf zusammenschmilzt. Unabhängig davon stellt unseres Erachtens trotzdem nur die zweite Option für viele Handelsunternehmen einen wirklich gangbaren Weg dar. Denn Preismarktführer kann es nur einen geben. Und wer sich ausschließlich in die mehr oder weniger steile Abwärtsspirale des Preiskampfs begibt, für den lauern an der nächsten Ecke neue Dumping-Anbieter. Da ist es nur eine Frage der Zeit, bis man – im wahrsten Sinne des Wortes – ganz unten angekommen ist.

45.2   Lösungsansätze

45.2.1   Über Mehrwert zum Erfolg

Wenden wir uns der Handlungsoption zwei zu. Also der Frage: „Welche Faktoren können beim Endkunden ein positives Preis-Leistungsverhältnis erzeugen?" Sehen wir uns zuerst die eher handfesten Leistungsbestandteile an: Garantieleistungen sind zumeist produktgebunden, werden daher vom Hersteller erbracht und stehen somit in der Regel allen Händlern gleichermaßen zur Verfügung. Eine Differenzierung in diesem Bereich ist eher schwierig, ohne selbst ins Risiko zu gehen. Der weite Bereich der Liefer- und Retouren-Bedingungen scheidet ebenfalls aus, da diese zuallererst von den Online-Händlern bis ans Limit ausgereizt werden. Lieferung innerhalb von 24 h. 100 Tage Rückgaberecht sind eher die Regel als die Ausnahme.

Es bleiben Zusatzleistungen wie Wartungs- oder Reparaturservices. Hier können vor allem traditionelle Handelshäuser punkten, da sie diese Leistungen in vielen Fällen auch in ihren Filialgeschäften anbieten. Leider lassen sich solche Serviceleistungen zumeist nur für einen kleinen Bereich des Warensortiments sinnvoll einsetzen.

45.2.2 Zurück zu alten Stärken: Beratung macht den Unterschied

Sucht man im harten Wettbewerb ein wirklich starkes Differenzierungskriterium, hilft der Blick auf die Wurzeln des eigenen Erfolgs. Was zeichnet einen guten Einzelhändler bisher aus? Natürlich sein Warensortiment. Und selbstverständlich seine wettbewerbsfähigen Preise. Aber war und ist es nicht vor allem auch die Beratungsqualität, die uns in vielen Fällen an ein Sport-, ein Modehaus oder das Geschäft unseres Vertrauens bindet?

Über Jahrzehnte hat der Einzelhandel einen Großteil der wirklichen Vertriebsarbeit seinen Verkaufsmitarbeitern überlassen. Und ist damit sehr gut gefahren. Dann kam das Internet und die Allermeisten haben sich sang und klanglos damit abgefunden, online auf dieses entscheidende Leistungsmoment zu verzichten.

Stellen Sie sich vor, Ihr Lieblings-Italiener würde auf Self-Service umstellen. Und dass, ohne sich Gedanken darüber zu machen, ob er damit nicht gleichzeitig den Charakter seines Restaurants grundlegend verändert. Natürlich spielt auch in der Gastronomie das Preis- Leistungsverhältnis eine Rolle, aber eben nicht nur. Es ist vor allem das Flair, die Atmosphäre und die gute Bedienung, die uns ein Wohlgefühl vermitteln. Und dieses Wohlgefühl ist nicht selten von entscheidender Bedeutung, wenn sie sich mal wieder die Frage stellt: „Wohin gehen wir heute zum Essen?". Sind sie aber erst einmal in der Kategorie Self-Service angekommen, dann treten diese Entscheidungskriterien in den Hintergrund. Oder gehen Sie zum Aufbackservice, weil Sie die Verkäuferin an der Kasse sympathisch finden? Jetzt kann man einwenden, dass sich Einzelhandel und Gastronomie ja wohl nicht vergleichen lassen. Aber ist das wirklich so?

Sehen wir uns doch einmal an, was ein guter Berater für ein Einzelhandelsunternehmen leisten kann. Ja, er verkauft am Ende des Gesprächs in der Regel ein Produkt. Aber er verleiht dem Unternehmen auch ein Gesicht und verkörpert die Kompetenz der Handelsmarke. Er gibt dem Kunden Orientierung, vermittelt Vertrauen und macht die Handelsmarke menschlicher, fassbarer. Mit seiner kompetenten Beratung nimmt er dem Kunden die Unsicherheit einer Fehlentscheidung. Ein guter Verkäufer gibt uns ein gutes Gefühl.

Das Vertrauen des Kunden in die Marke, den Händler und letztlich ganz besonders in seinen Berater spielt bei seiner Kaufentscheidung eine ganz wesentliche Rolle. Diese Leistung ist alles andere als ein nettes Beiwerk. So wie der gut gelaunte Kellner beim Lieblingsitaliener das entscheidende Bindeglied zur Küche darstellt und den Erfolg des Restaurants maßgeblich mitbestimmt, ist der Berater/Verkäufer der Katalysator zwischen Handel und Kunde. Er ist und bleibt eine Kernleistung des Handels. Und diese wird umso wichtiger, je unübersichtlicher das Warenangebot sich entwickelt. Es gibt heute kaum noch ein Produkt, bei dem wir als Konsumenten wirklich in der Lage sind, die Qualität zu beurteilen. Geschweige denn einzuschätzen, welche Variante aus einer riesigen Auswahl wirklich zu unseren speziellen Bedürfnissen passt.

Nun kann man einwenden, dass es genau dafür jetzt im Internet jede Menge Beratungsplattformen gibt. In unzähligen Foren kann der Kunde nach Informationen zu dem gesuchten Produkt recherchieren, in denen sich Laien und vermeintliche Experten mehr oder weniger hilfreiche Ratschläge geben. Doch sind diese echt und authentisch? Viele Kunden wissen, dass in Foren, auf Test- und Checkseiten bzw. in Produktbewertungen bei Onlinehops, die Kommentare und Ratings häufig von bezahlten Autoren und Pseudonymen erstellt werden. Die Texte und die dahinter stehenden Schreiber, egal ob Experten oder Laien, bleiben anonym, verschlüsselt und versteckt. Das gibt es im Laden nicht. Dort muss der Verkäufer als reale Person für seine Empfehlung gerade stehen.

45.2.3   Strategische Lösung: Der Kunden-Substanz-Wert

Statt sich als Händler rein auf niedrige Preise als zentrale Strategie zu verlegen, empfehlen wir einen alternativen strategischen Ansatz: Die Kundenführung und –beratung. Was verbirgt sich dahinter? Zuerst einmal die Tatsache, dass es einen grundlegenden Unterschied zwischen einer mittel- bis langfristigen Kundenbeziehung und einem kurzfristigen Verkauf gibt. Eine Kundenbeziehung basiert in der Regel auf Vertrauen und beinhaltet weit mehr als nur den regelmäßigen Akt des Kaufens.

Außerdem gehen wir davon aus, dass eine Kundenbeziehung sich nicht als 0/1- bzw. als Entweder/Oder-Situation darstellt. Wenn eine Kundenbeziehung besteht, kann sie in ihrer Stabilität, Qualität und in ihrem Wert stark variieren. Um diesen Aspekt in unserem Konzept abzubilden, haben wir den „Kunden-Substanz-Wert" eingeführt. Er bildet ab, wie stark – im positiven Sinn – eine Kundenbeziehung ausgeprägt ist.

Dabei wurden folgende Prämissen aufgestellt:

* Um eine langfristig stabile und profitable Absatzsituation zu erreichen, sollte das Ziel nicht der einmalige Kaufakt sein, sondern der Aufbau eines möglichst hohen Kunden-Substanz-Wertes (KSW)
* Ein hoher KSW benötigt deutlich weniger Incentivierung (z. B. durch stetige Preisreduzierung)
* Ein hoher KSW benötigt (mittel- und langfristig) deutlich weniger Werbedruck
* Ein hoher KSW bringt den Anbieter in die „First Choice"-Position
* Ein hoher KSW schützt vor Wettbewerbsangeboten
* Ein hoher KSW vermittelt das „gute Gefühl", das als einziges in der Lage ist, die immer existierende Kluft zum „Best Price Offer" zu überbrücken

Folgt man diesen Annahmen, so führt dies zu einer grundlegenden Neugestaltung der Kommunikationssteuerung. Eine Kommunikation, die zum Ziel hat, den Kunden-Substanz-Wert Schritt für Schritt zu steigern, muss sich von einer starren CPO-Bewertung lösen. Sie muss sich stattdessen an der realen (Informations- und Service-) Bedarfssituation des Kunden orientieren und versuchen, ihm jeweils die passenden Informationen und Serviceleistungen zur Verfügung zu stellen.

Um dieses Konzept erfolgreich umzusetzen, benötigen wir fünf zentrale Elemente:

1. Der Kunden-Substanz-Wert und seine Entwicklung müssen kontinuierlich gemessen werden
2. Inhalte für die Konsumenten müssen individuell für das jeweilige Profil bzw. Interesse des Kunden bereitgestellt werden
3. Serviceleistungen, die den Händler vom Wettbewerb differenzieren
4. Inhalte (Texte, Videos, Bilder etc.), die einen Mehrwert für den Konsumenten darstellen
5. Eine multimediale Präsenz des Händlers

Das Kernasset der Marke des Händlers – die authentische Beratung – muss bei jeder Recherche im Web für den Kunden sofort verfügbar sein. Der Händler muss in der Lage sein, nicht nur stationär im Laden, sondern auch online im Web für den Kunden zum relevanten und kompetenten Berater zu werden.

Wie löst man diesen strategischen Anspruch in der Praxis möglichst effizient? Und das ohne dabei große Werbebudgets in klassische Medien zu investieren? Eine operative Möglichkeit besteht darin, Online-Videos als ergänzende Form der Beratung anzubieten. Machen Sie aus Ihren Verkaufsmitarbeitern die YouTube-Stars von morgen!

45.2.4   Online-Videos als ergänzender Beratungskanal

Im Einzelhandel sitzen in tausenden Verkaufsstellen kompetente Verkäufer. Wenn niemand das Geschäft betritt, sind sie in ihrer wertvollsten Tätigkeit – der Verkaufsberatung und dem anschließenden Verkaufsabschluss – zum Nichtstun oder anderweitiger Beschäftigung verdammt. Zehntausende von Beratern in kleinen und großen Reisebüros, Modeverkäufer in Boutiquen oder großen Modeketten, Fachverkäufer in Sportgeschäften, Autoverkäufer, Bankberater oder Weinexperten – in vielen traditionellen, lokalen Verkaufsstellen schlummert zumindest einen Teil des Tages ein enormes Beratungspotential. Da wartet eine ganze „Beratungsarmada" passiv darauf, dass der Kunde die Ladenschwelle überschreitet, während gleichzeitig der Onlinehandel boomt.

Was wäre, wenn man dieses Beratungspotential und Verkaufs-Know-how ohne Schnittstellenproblematik direkt ins Web und damit auch in den eCommerce transferieren könnte? Was wäre, wenn man dem stationären Handel mit seinem Kernasset – der Beratungsleistung – neue Türen öffnen und ihn somit unabhängiger vom Standort machen könnte? Lösungen dafür gibt es.

Eine Möglichkeit, das strategische Ziel einer umfassenderen Beratung zu erreichen – und sich damit stärker vom nächsten Online-Wettbewerber zu differenzieren – sind Online-Videos. Wer nach Produkten im Web sucht, sollte nur einen Klick vom Beratungsvideo des jeweiligen Händlers entfernt sein. Denn hier kann der Kunde dem Verkäufer in die Augen schauen und sich dann entscheiden, ob er bereit ist, der Person, die er sieht, zu vertrauen. Je mehr das Vertrauen der Konsumenten in geschriebene Produktbewertungen sinkt, umso wichtiger wird für den Handel die Glaubwürdigkeit, das heißt die nachvollziehbare Authentizität der Produktpräsentation und -bewertung.

Während sich auf YouTube und anderen Videokanälen viele selbst ernannte „Spezialisten" tummeln, die Produkte teilweise auf primitive Weise vorführen, kommen die Berater, die wirklich Ahnung von Produkten haben, erstaunlicher Weise so gut wie gar nicht vor, wenn man auf den gängigen Video-Plattformen im Netz recherchiert. Insbesondere beratungsstarke Handelsmarken haben häufig wenig oder gar keine mediale Präsenz. Eine Ausnahme stellen vielleicht die Baumärkte dar. Sie haben angefangen, den Kunden zu vermitteln, wie man Laminat verlegt, Hecken anlegt, Wege pflastert und vieles mehr. Bevor der Heimwerker einen Bodenbelag im Laden erwirbt, kann er beispielsweise in der Meisterschmiede von Hornbach schon mal sehen, wie er ihn verlegt und was er dazu an Einzelteilen benötigt. Dieses Vorgehen führt uns direkt zum nächsten Kapitel.

45.2.5 Innovative Videoproduktion als Chance

Wie kann eine kosteneffiziente Produktion von Online-Videos in der Praxis funktionieren? Mit einem innovativen System zur Bewegtbildproduktion, das die Verkäufer dort einsetzen, wo sie sich wohlfühlen: In ihrem Laden, an ihrer tatsächlichen Wirkungsstätte. Keine Werbespots oder gekünstelte Studioproduktionen, keine nervige Shopping TV-Atmosphäre, sondern Beratungsvideos von echten Experten an echten Schauplätzen. Das schafft Glaubwürdigkeit und hebt den Händler positiv von Amazon & Co. ab.

Eine Lösung für die komplikationsfreie und äußerst kosteneffiziente Produktion von täglichen Beratungsvideos hat beispielsweise Livepoint entwickelt. Das System beinhaltet zwei extrem leichte Kameras, die direkt am Körper getragen werden (siehe Abb. 45.1). Die eine gibt den Blickwinkel (Point of View) des Verkäufers wieder. Die zweite ist auf

Abb. 45.1 Das Livepoint
Kamerasystem am Körper des
Verkäufers

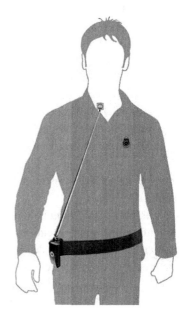

ihn selbst gerichtet. Beide sind drahtlos verbunden und können vom Verkäufer mit einem Knopfdruck gestartet und bedient werden. Er selbst kann ohne Videofachkenntnisse ganz einfach zwischen beiden Perspektiven hin- und herwechseln. Die Kameras folgen dabei der Körperbewegung des Verkäufers. Trotzdem sind sie äußerst bildstabil, so dass sich der Verkäufer mit dem Livepoint-System vollkommen frei in seinen Verkaufsräumen bewegen und seiner gewohnten Beratungstätigkeit nachgehen kann. Dabei entstehen lebendige, authentische und hochqualitative Beratungsvideos – ohne die üblichen Kosten teurer Videoproduktionen.

45.2.6 Videoszenarien: Live-Verkauf und zeitunabhängige Produktion

Grundsätzlich bietet das Livepoint-System vor allem zwei attraktive Anwendungsszenarien für Händler: Den Live-Verkauf einerseits und die zeitunabhängige Produktion von Videos andererseits. Hier zwei Beispiele, wie so etwas praktisch im Handel funktionieren kann:

45.2.6.1 Der Live-Verkauf

Ein Kunde kommt auf die Webseite beispielsweise eines Sport-Fachhändlers, weil er einen neuen Alpin-Ski sucht. Auf der Webseite wird ihm – unter dem abgebildeten Produkt – auch ein Verkäufer aus der Fachabteilung des Sporthauses angeboten, der gerade für eine Live-Beratung zur Verfügung stünde (siehe Abb. 45.2).

Wenn der Interessent auf den Verkäufer klickt, bekommt dieser, im Verkaufsraum stehend, ein Signal, dass ein Online-Kunde Beratung möchte und schaltet über einen kleinen Monitor am Arm seine Kamera für den Kunden frei. Der Kunde sieht nun live den Verkäufer im Verkaufsraum und kann seinerseits entscheiden, ob er für den Verkäufer via Webcam sichtbar ist oder lediglich per Audiosignal gehört wird. Dann beginnt die Beratung. Dabei kann der Verkäufer frei in die Skiabteilung gehen und dem Interessenten die in Frage kommenden Ski-Modelle zeigen, ihre Vorzüge und Besonderheiten preisen oder spezielle Angebote präsentieren.

Ein speziell aufgebautes Webinterface ermöglicht dem Live-Berater die gleichzeitige Präsentation von Produktabbildungen oder Produktvideos, immer mit ihm selbst ‚Bild in Bild' präsent. Durch einfaches Drag-and-Drop kann er die Seite selbst editieren: Also Elemente wie Produktabbildungen, Texte, Preise, Videos oder Ähnliches in das Fenster ziehen, das der Kunde sieht und diesen damit interaktiv durch den Verkaufsprozess führen (siehe Abb. 45.3).

Kommt die Beratung zu einem erfolgreichen Ende, geht der Verkäufer für den Kaufabschluss live und gemeinsam mit dem Kunden direkt in den Online-Shop. Ist der Verkäufer der Ansicht, dass das Beratungsgespräch auch für andere Kunden interessant ist, fragt er den Kunden, den er gerade live beraten hat, ob er das Video – vielleicht auch in gekürzter, geschnittener Version – online stellen darf. Stimmt der Kunde einem unbearbeitetem Upload des Videos zu, kann der Verkäufer aber auch vor Ort entscheiden, ob er das

Abb. 45.2 Die exemplarische Umsetzung des Live-Verkaufs am fiktiven Beispiel des Webshops von SportScheck: Dieses Angebot sieht ein potentieller Kunde

Verkaufsvideo gleich in den YouTube-Kanal des Webshops hochlädt oder auch z. B. auf die Webseite des Händlers (siehe Abb. 45.4).

Was im Sportgeschäft in unserem fiktiven Beispiel funktioniert, kann auch auf andere Branchen übertragen werden. Für die stationäre Beratung am Bildschirm, z. B. in Reisebüros oder ähnlichen Branchen, die meist am Schreibtisch arbeiten, hat Livepoint das 'Centerscreen'-Kamerasystem entwickelt. Dieses gewährleistet, dass der Berater den Kunden direkt ansprechen und ansehen kann – und nicht wie bei Skype oder ähnlichen Webcam-Systemen für den Betrachter 'ins Leere' blickt. Gerade bei der Kundenberatung und im Kundengespräch ist die Perspektive von Angesicht zu Angesicht von großer Bedeutung.

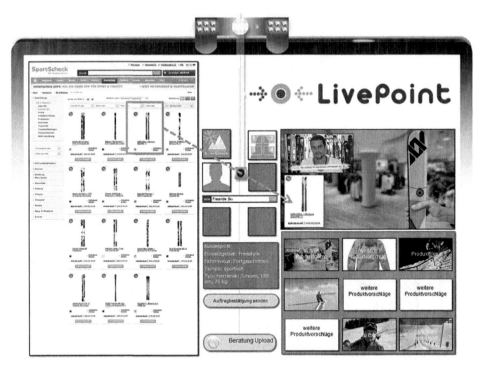

Abb. 45.3 Die exemplarische Umsetzung des Live-Verkaufs am fiktiven Beispiel des Webshops von SportScheck: Das Interface für den Verkäufer während der Beratung. Durch Drag-and-Drop kann er Videos, Katalogseiten und andere Zusatzinformationen auf die Seite ziehen und dem Kunden damit zeitgleich zur Ansicht anbieten

45.2.6.2 Die zeitunabhängige Produktion

Sportfachgeschäft, das zweite Praxisbeispiel: Der Händler weiß schon sehr frühzeitig, welche Laufschuhe die Hersteller für die kommende Sommersaison vorgesehen haben. Weil der Kauf von besseren Laufschuhen meist mit einer Beratung vor Ort einhergeht, macht eine Live-Beratung via Video vielleicht weniger Sinn. Wohl aber macht es Sinn, die neuen Laufschuhe und ihre Eigenschaften vorab im Video vorzustellen: Statt auf das Frühjahr zu warten, produzieren die Verkäufer den Winter über – immer dann, wenn sie keine Kundschaft im Laden haben – kurze Vorstellungsvideos für jeden neuen Laufschuh. Dabei können die Verkäufer Produktbilder aus Katalogen einbinden oder sogar mit Videos der Hersteller ihre eigenen Videos aufwerten. Die Länge der Beratungsvideos und Produktpräsentationen kann dabei zwischen 60 s und mehreren Minuten betragen. Unsere Erfahrung zeigt: Schon nach kürzester Zeit entstehen die Beiträge quasi nebenher.

Über eine intelligente Datenbankstruktur können die Videos automatisch mit Schlagworten zur Suchmaschinenoptimierung versehen und sofort online gestellt werden. So entsteht während der normalen Geschäftszeiten im Einzelhandel eine große Menge an hochwertigen Serviceinhalten zu allen erdenklichen Produkten.

YouTube ist mittlerweile die zweitgrößte Suchmaschine der Welt, die dort hochgeladenen Videos fließen auch in die Universal Search von Google ein. Sucht der Konsument

Abb. 45.4 *Die exemplarische Umsetzung des Live-Verkaufs am fiktiven Beispiel des Webshops von SportScheck: Der Verkäufer kann die Videoberatung – nach Zustimmung durch den Kunden unbearbeitet oder geschnitten direkt hochladen. Entweder in den YouTube-Kanal des Händlers und/oder auf dessen Webseite*

also nach einem konkreten Ski für die neue Wintersportsaison, würden ihm bei Google nicht nur Online-Shops und Texte angezeigt, sondern auch das Beratungsvideo des Händlers. Selbstverständlich können die Beratungsvideos nicht nur im Web, sondern auch über stationäre Monitore im Handel selbst gezeigt werden bzw. über Smart TV und auf fast allen digitalen Displays genutzt werden.

Onlinevideos sind also eine wichtige Säule, die wertvolle Beratungskapazität des Einzelhandels zu geringen Kosten direkt ins Web zu übertragen. Mit bestehenden Mitarbeitern können glaubwürdig eigene Inhalte erstellt werden, die von den Konsumenten nicht nur schnell im Netz gefunden werden, sondern auch einen Beratungs-Mehrwert liefern. Und damit eine wichtige Option für den Handel, der Preisspirale etwas Substanzielles entgegenzusetzen. Amazon hat bereits begonnen, auf diese Entwicklung zu reagieren. In einem neuen Special zu den Wintermänteln 2014 werden, so das Fachmedium etailment, 80 % der Mäntel bereits in einem kurzen Video präsentiert [3]. Allerdings ganz ohne beratende Komponente. Und genau da sollten Wettbewerber strategisch ansetzen.

Literatur

1. Capgemini. (2014). Digital Shopper Relevancy Report. http://www.de.capgemini.com/resource-file-access/resource/pdf/dsr_2014_report_final_06oct2014_14.pdf. Zugegriffen: 13. Nov. 2014.
2. Bitkom. (2013). Trends im E-Commerce – Konsumverhalten beim Online-Shopping. http://www.bitkom.org/files/documents/BITKOM_E-Commerce_Studienbericht.pdf. Zugegriffen: 13. Nov. 2014.
3. Janke, K. (2014). Kurz vor 9 Rückblick, entailment. http://etailment.de/thema/news/Kurz-vor-9-amazon-etailment-summit-baby-markt-ebay-chic-by-choice-project-a-westwing-mirapodo-parador-2778. Zugegriffen: 13. Nov. 2014.

Mobiler Content – Strategie und Produktion

46

Saim Alkan

Zusammenfassung

Der massive Aufschwung mobiler Endgeräte hat unerwartete und einschneidende Konsequenzen für die Sicht der Unternehmen auf Webinhalte und Content Produktion. Um auf die neuen Anforderungen zu reagieren, braucht es einen Perspektivenwechsel von der sich auf die Bildschirmgröße und Lesbarkeit orientierten Usability hin zur Einbeziehung individueller Nutzungsmotive in die Content-Konzeption. Die neuen Anforderungen an flexiblen Content öffnen gleichzeitig die Türen für eine stärker modularisierte und automatisierte Content-Produktion. Eine Website, die für Desktop-Browser konzipiert ist, sieht auf dem Display eines Handys nicht sonderlich einladend aus. Gleichzeitig ist das Surfen auf dem Smartphone inzwischen Normalität. Das hat Konsequenzen für die Website-Betreiber: Wer die User bei der Stange halten will, muss reagieren. Aber was ist hierfür die richtige Strategie? Und welche Folgen haben die Entscheidungen für das Web-Content Management in den Unternehmen?

46.1 Eigenständige mobile Websites als Lösung?

Viele Website-Betreiber entschließen sich eigene mobile Websites zu erstellen: Um die User an den kleinen Bildschirmen des Smartphones nicht zu überfordern und die Ladezeiten nicht zu lange werden zu lassen, setzt man auf simple mobile Websites mit weniger Informationen, sehr viel kürzeren Texten und wenigen Bildern. Doch die starken Vereinfachungen sind nicht immer erfolgreich, denn viele Kunden reagieren empfindlich auf

S. Alkan (✉)
aexea GmbH, Stuttgart, Deutschland
E-Mail: saim.alkan@aexea.de

© Springer-Verlag Berlin Heidelberg 2015
C. Linnhoff-Popien et al. (Hrsg.), *Marktplätze im Umbruch,* Xpert.press,
DOI 10.1007/978-3-662-43782-7_46

die unterschiedlichen Versionen. Vor allem im Shopping Bereich ist nachzuweisen, dass Kunden zum Einkaufen häufig lieber mit ihrem Smartphone die langsam ladende Desktopseite ansteuern, statt der für sie gebauten m-Site.

46.2 Responsive Design: Passendes Layout für alle Bildschirme

Einen Ausweg aus diesen Schwierigkeiten bietet das Prinzip des „responsive Design"[5]: Anstatt eine eigene Website mit fragmentarischem Content für das Smartphone zu entwickeln, setzt man auf die inhaltliche Konzeption einer zentralen Website, deren Design an die Bedingungen unterschiedlicher Endgeräte angepasst wird. Beim responsive Design arbeitet man mit Spalten, die sich der Breite des Browserfensters anpassen und den zur Verfügung stehenden Platz optimal ausnutzen. Mit „media queries" werden die Design-Bedingungen abgefragt. Wenn jetzt etwa drei Inhaltsboxen mit Teasern auf der Startseite in der Breite nicht mehr auf den Bildschirm passen, erfolgt ein Umbruch und die Boxen werden untereinander auf der vollen Breite angezeigt. Das US Magazin „Mashable" erklärte das Jahr 2013 zum Jahr des „Responsive Designs": Es sei für die Betreiber der einfachste Weg die Leser auf unterschiedlichen Endgeräten zu erreichen und garantiere gleichzeitig dem Leser auf allen Bildschirmen großartige Bedingungen [3].

46.2.1 Flexibles Design allein reicht nicht aus

Mit dem responsive Design scheinen Website-Betreiber auf der sicheren Seite zu sein: Die Usability stimmt, man ist nicht mehr nur auf Desktop und Smartphone beschränkt und die User werden nicht durch unterschiedliche Versionen verwirrt. Doch können sich die Betreiber nun zurücklehnen, weil sie damit den Anforderungen des mobilen Netzes in allen Aspekten nachgekommen sind? Wenn man sich die langen Content-Kolonnen auf den Smartphones ansieht, kommt unweigerlich die Frage auf, ob eine solche Design-Anpassung ausreicht oder ob nicht auch der Content angepasst werden muss?

46.2.2 Content einfach kürzen?

Die Kürzung zu langer Inhalte ist die offensichtlichste, notwendige Anpassung. Auch wenn heute der Grundsatz des Usability-Gurus Jakob Nielsen, dass User nicht scrollen nicht mehr stimmt, gibt es bei der Scrollbereitschaft dennoch Grenzen. Das Hauptaugenmerk des Lesers liegt weiterhin über dem „fold", d. h. auf dem, was er auf seinem Bildschirmausschnitt sieht. Und scrollen wird er erst, wenn ihn das, was er dort liest, davon überzeugt, dass er unten die notwendigen Informationen bekommt [6].

Tatsächlich wurde vielen Website-Betreibern klar, dass sie um Kürzungen für die kleineren Bildschirme nicht umhin kommen. Nicht selten beobachtet man, dass längere Texte einfach abgeschnitten werden. Die Nachteile liegen klar auf der Hand: Dem mobilen User bleiben immer nur Fragmente.

Aber ist die These, dass immer alle Informationsblöcke da sein müssen auch wirklich zu halten? Oder ist die oben beschriebene Unzufriedenheit mit einigen eigenständigen mobilen Websites nicht doch eher darin begründet, dass der User dort nicht die Informationen gefunden hat, die er braucht?

Um diese Frage zu beantworten, reicht es nicht aus, die Bildschirmbreite zu kennen. Vielmehr muss man sich ein Bild davon machen, wie User (mobil) surfen: Wie unterscheiden sich ihr Online-Verhalten und ihre Bedürfnisse in Bezug auf unterschiedliche Endgeräte?

46.3   Was machen User im mobilen Netz?

Die ARD/ZDF Online Studien 2013 und 2014 liefern für das Verhalten deutscher Onliner aufschlussreiche Zahlen: Die User, die auch mobile Endgeräte nutzen sind an 6,3 Tagen im Schnitt 208 min pro Tag online. Während diejenigen die nur den Desktop nutzen nur an 5,1 Tagen für 122 min täglich ins Netz gehen. Mobile Endgeräte erhöhen also deutlich die Häufigkeit und die Verweildauer beim Surfen. 41 % der Nutzer sind auch unterwegs online aktiv [12, 13].

Eine der größten Veränderungen beim Surfen ist der „zweite Bildschirm": Laut einer Befragung der Nielsen Company nutzen 84 % der Befragten noch ein zweites onlinefähiges Gerät während der Fernseher läuft [11].

Das, was die User mobil machen, unterscheidet sich aber grundsätzlich nicht so sehr von dem, was sie vorher vom Desktop aus getan haben. Der Unterschied liegt vor allem in der Gewichtung und der Ausrichtung der Tätigkeiten:

- Mobil wird deutlich mehr kommuniziert und auf sozialen Medien geteilt. Dabei gibt es allerdings auch Unterschiede je nach Endgerät: So ist etwa die Aktivität auf Pinterest per Tablet deutlich höher als per Smartphone [10].
- News werden weniger gelesen: Während 70 % der Nutzer angeben Nachrichten auf dem Desktop zu lesen, tun das per Smartphone und Tablet nur rund 50 % [8].
- Die Suche auf mobilen Endgeräten ist stärker zielorientiert und spezifischer. Die User suchen häufig nach Informationen um eine Entscheidung zu treffen. So steuern 51 % nach der Suche auf einem mobilen Gerät einen Online-Shop an, währen das nur 11 % auf dem PC tun [4].
- Einkaufen ist mobil: Vier von fünf Smartphone und Tablet-Besitzer nutzen ihre mobilen Geräte zum Shoppen [11].

46.4 Individuelle Nutzungsmotive als Leitfaden für die Content Strategie

Der kurze Überblick über die Ergebnisse der Studien soll vor allem zeigen, dass die Verhaltensweisen der User individuell sind und dennoch kategorisierbar. Sie sind abhängig von der Lebenswelt der User, den verfügbaren Geräten, den äußeren Umständen während des Surfens, wie z. B. Ort und Tageszeit. Gleichzeitig ist es wichtig, festzuhalten, dass diese Verhaltensweisen flexibel sind und sich auch immer wieder ändern können.

Für den Website-Betreiber sind daher zwei Aspekte zentral:

Was sind die grundsätzlichen Bedürfnisse der User bei der Nutzung unterschiedlicher Ausgabegeräte? Hier werden Umfragen und Studien weiterhin wichtige Informationen liefern können.

Der andere Aspekt ist, dass man seine Kunden und seine Nutzungsmotive konkret identifizieren muss:

1. Wer sind unsere Kunden? Kann man sie kategorisieren? Worin unterscheiden sich die Kundengruppen?
2. Wie kommen die Kunden auf unsere Website? Welche Geräte nutzen sie?
3. Welche Bedürfnisse haben unsere Kunden, wenn sie auf die Website kommen? Wie möchten Sie angesprochen werden?
4. Welchen Content brauchen sie? Welche Informationen beantworten ihre Fragen?

Die Antworten kommen zum Teil aus dem Unternehmen selbst. Hier können vor allem Abteilungen, die unmittelbar mit dem Kunden zu tun haben, wie etwa Vertrieb und Service, wertvolle Informationen liefern. Eine zweite wichtige Informationsquelle ist die Analyse des Nutzerverhaltens der Kunden auf der Website. Aufwändiger von der Konzeption und Durchführung sind eigene Tests und Userbefragungen. Sie liefern aber in der Regel die direktesten Antworten auf konzeptionelle Fragen.

Die Ergebnisse der Leitfragen bilden die Basis für die Entwicklung einer plattformübergreifenden Content Strategie. Dabei wird abgesteckt, wie der Content für die unterschiedlichen Versionen der Website zusammengesetzt wird und wann welcher Content produziert, erneuert oder gelöscht werden soll.

46.5 Flexibel und anpassungsfähig: „intelligenter Content"

Es ist also auf der einen Seite wenig sinnvoll, den Usern immer dieselben, kompletten Informationen anzubieten. Auf der anderen Seite werden dennoch immer wieder ähnliche Content-Bausteine gebraucht. (siehe Tab. 5.1)

Das stellt hohe Ansprüche an den Content, seine Produktion und Pflege. Getrennte Produktions- und Pflegelinien für die einzelnen Versionen sind – wenn es mehr als zwei Versionen geben soll – sowohl unrentabel als auch fehleranfällig bei der Aktualisierung (Tab. 46.1).

Tab. 46.1 Beispiele für die Entwicklung der passenden Content-Module für die unterschiedlichen Nutzungsmotive bei einem Online-Shop

Kauftypen	Motiv	Infoeinstieg	Zugang	Gewünschte Info	Textbausteine
Stammkunde	Gutes Gefühl, Trust	App	App	Produktidentifikation Verfügbarkeit Preis	Überschrift I, Foto, Produktinfos (sehr kurz) Teaser I,
Preisvergleich	Im Laden, mobil	Konkrete Suchanfrage	Mobile	Produktidentifikation Preis Versandkosten Verfügbarkeit	Überschrift I, Foto, Produktinfos (sehr kurz)
Sofa Surfer I	Orientiertes Bummeln	Content Unterhaltung allgemeine Suchanfrage	Web Mobile (Tablet)	Produktinfos Detailinfo Preis Verfügbarkeit	Überschrift II, Foto, Teaser II, Produktinfo ausführlich, Vergleiche, Bewertung, Video
Sofa Surfer II	Orientierungsloses Bummeln	Orientierung im Thema, Entscheidungs-vorbereitung.	Web Mobile (Tablet)	Unterhaltung	Überschrift II, Story, Bewertung, Bilder, Video …

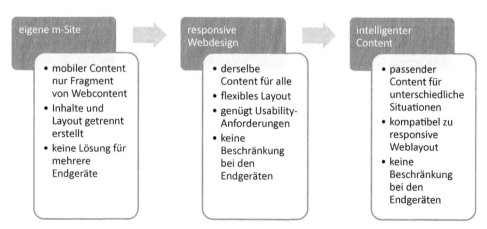

Abb. 46.1 Die unterschiedlichen Lösungswege bei mobilem Content

Man braucht vielmehr Content, der so konzipiert ist, dass er sich an unterschiedliche Geräte anpassen kann. Für eine solche flexible Art von Content werden aktuell die Begriffe „adaptive Content" oder „intelligent Content" verwendet, deren Definitionen sich in den Kernpunkten nicht unterscheiden (siehe Abb. 46.1) Intelligenter/adaptiver Content ist…[9].

- … darauf ausgerichtet, sowohl auf mehreren Kanälen veröffentlicht als auch immer wieder neu verwendet zu werden.
- … stark strukturiert und semantisch kategorisiert: Er kann so immer wieder neu zusammengestellt werden.
- … unformatiert, so dass er in unterschiedlichen Design-Umgebungen eingebunden werden kann.
- … mit Metadaten versehen, die den Content kategorisieren und beschreiben.

46.5.1 Neue Anforderungen an Online Texte

Wenn Online-Texte die Anforderungen an intelligenten Content erfüllen sollen, müssen sie modular konzipiert und geschrieben werden: Anstelle langer Artikel, deren Einzelteile stark aufeinander bezogen sind, stehen Textbausteine, die in sich abgeschlossen sind und alleine stehen können. Das ist die erste Voraussetzung, um schnell neue an Bildschirmgröße und Nutzungsmotiv angepasste Texte zusammenzustellen.

Dazu kommt, dass sich je nach Nutzungsmotiv und -umgebung Textbausteine, die Detailtiefe der Informationen, unter Umständen auch die Tonalität eines Textes ändern können.

Der Redakteur konzipiert nicht mehr einen Produktinformationstext oder einen Call-to-Action-Text als Ganzes, sondern schreibt kleine (abgeschlossenen) Einheiten, die für die Weiterverwendung mit Metadaten versehen werden.

Auch beim herkömmlichen Online-Text unterscheidet man Textteile: Überschriften, Teaser (als Einleitung für den Text oder als Anreißer-Text) und Textkörper. Beim intelligenten Content geht die Modularisierung noch ein Schritt weiter: Der Textkörper kann z. B. aufgeteilt werden in allgemeine Produktinformationen und ins Detail gehende Vergleiche mit anderen Produkten. Eine Buchrezension z. B. kann demnach aus einer Überschrift, mehreren Teasern, einer Inhaltsangabe, einer Altersempfehlung, einem Textausschnitt, einer redaktionellen Bewertung und einem Foto zusammengesetzt werden.

46.5.2 Ordnungsgerüst macht Content flexibel

Meta-Daten sind für den Einsatz von intelligentem Content essentiell. Sie bilden das Ordnungsgerüst für den Content, das den flexiblen Einsatz erst möglich macht. Meta-Daten beschreiben Daten und können sich auf die unterschiedlichsten Aspekte von Inhalten beziehen. Jedes Word-Dokument hat Meta-Daten, etwa das Datum der letzten Überarbeitung, den Namen des Autors, die Zahl der Wörter.

Entscheidend beim intelligenten Content ist die semantische Auszeichnung der Inhalte mit Meta-Daten. Bei einem Rezept beispielsweise können Textteile als „Zutaten" und „Zubereitung" gekennzeichnet werden. Oder als „Überschrift" und „Teaser". Die Inhalte können Usergruppen, Nutzungsmotiven, Produktkategorien oder Ländern zugeordnet werden. Sie können den Status eines Inhaltes beschreiben, etwa ob er schon überarbeitet wurde oder nicht. Eine Einschränkung für die Vergabe von Meta-Tags existiert nicht. Ein sinnvolles Kategorisierungskonzept basiert auf den Anforderungen, die in der Content Strategie festgelegt werden.

46.6 Content-Produktion und -Pflege

Die Konzeption und Produktion der Inhalte und ihrer Meta-Daten ist deutlich aufwändiger als bei der herkömmlichen Content-Erstellung [2]. Scheitert damit der Einsatz von intelligentem Content am Produktionsprozess? Nein, denn der Aufwand gleicht sich auf lange Sicht aus. Intelligenter Content bietet gerade für das Content Management, große Vorteile, denn es erleichtert die Automatisierung vieler Prozesse. Das übergeordnete Konzept, die kleinteiligen Prozessschritte und die strukturierten Bausteine mit den Meta-Daten bieten gute Voraussetzungen dafür, Teile der Content-Produktion und -Pflege digitalisiert ablaufen zu lassen. Beispielsweise ist es kein Problem, die Content Module auf den unterschiedlichen Websites automatisch zu entfernen, wenn ein Produkt nicht mehr geliefert wird. Oder Textbausteine hinzuzufügen oder auszutauschen, wenn ein neues Nutzungsmotiv identifiziert wurde.

46.6.1 Lösung für große Textmengen: automatisierte Texterstellung

Aber die Automatisierung des Publikationsprozesses hatte bisher deutliche Grenzen: Wenn neue Texte gebraucht werden. Texte wurden bisher immer von Menschen geschrieben. Damit ist das Schreiben von Text der Flaschenhals der Content-Produktion. Eine hauseigene Redaktion ist oft zu klein, um ausreichend Texte in einer bestimmten Zeit schreiben zu können. Das gilt auch für Text-Broker, ab einer bestimmten Textmenge stoßen die meisten an Kapazitäts- und Liefergrenzen. Aber gerade bei Online-Shops klettert die Zahl der benötigten Texte leicht in die Tausenderbereiche.

Eine Lösung für dieses Problem, besteht darin, die Textproduktion zu automatisieren. Die computerbasierte Textgenerierung hat sich aufgrund der Ergebnisse der computerlinguistischen Forschungen in den letzten Jahren stark entwickelt und auch im medialen und kommerziellen Bereich Fuß gefasst. So lässt etwa die Nachrichtenagentur Associated Press Finanzberichte automatisch generieren [7]. Mit AX-Semantics gibt es inzwischen eine deutsche Software, die aus den im Unternehmen vorhandenen (Produkt)-Daten Texte erstellt. Die in den Datenbanken vorgehaltenen Informationen über die Produkte werden per Algorithmus nach Vorgabe der Content Strategie ausgewertet. Die Ergebnisse dieser Berechnungen werden in ein narratives Gerüst eingebunden und in natürliche Sprache umgesetzt. Das Ergebnis sind leserorientierte, verständliche und lesenswerte Texte. Die automatisierte Produktion ermöglicht dabei eine solche Varianz der Texte, dass sie genau auf die spezielle Situation des (mobilen) Users zugeschnitten sind ohne sich zu doppeln [1].

Immer mehr neue Endgeräte und verändertes Nutzerverhalten werden in Zukunft die Dualität zwischen Desktop und mobil auflösen. Die klassische, für den Desktop konzipierte Website wird nicht mehr der zentrale Ort sein, von dem aus die Inhalte für die anderen Kanäle abgeleitet werden. Daher müssen bei der Planung und der Produktion des Content mehr Faktoren berücksichtigt werden als bisher. Das wird sowohl tiefgreifende Änderungen in den Kommunikations- und Marketingabteilungen einiger Unternehmen zur Folge haben als auch Impulse für die Entwicklung neuer Verfahren im Contentmanagement geben.

Literatur

1. aexea GmbH. (2014). Die Nachrichtenmaschine – Software schreibt aus Daten News. http://www.aexea.de/leistungen/die-nachrichtenmaschine.html. Zugegriffen: 5. Nov. 2014.
2. Alkan, S. R. (2007). Online-Redaktionsmanagement in Unternehmen. Qualität – Prozesse – Organisation.
3. Cashmore, P. (2012). Why 2013 is the year of responsive web design. http://mashable.com/2012/12/11/responsive-web-design. Zugegriffen: 6. Nov. 2014.
4. Google, The Nielsen Company, Mobile Search Moments. (2013). http://services.google.com/fh/files/misc/mobile-search-ppt.pdf. Zugegriffen: 3. Nov. 2014.
5. McGrane, K. (2012). Content stratery for mobile.
6. Nielsen, J. (2010). Scrolling and Attention. www.nngroup.com/articles/scrolling-and-attentio. Zugegriffen: 3. Nov. 2014.
7. Oremus, W. (2014). The prose of the machines. http://www.slate.com/articles/technology/technology/2014/07/automated_insights_to_write_ap_earnings_reports_why_robots_can_t_take_journalists.2.html. Zugegriffen: 5. Nov. 2014.
8. Pew Research Center's Project for Excellence in Journalism. (2012). The state of the news media. http://stateofthemedia.org/2012/mobile-devices-and-news-consumption-some-good-signs-for-journalism. Zugegriffen: 23. Sept. 2014.
9. Rockley, A., & Cooper, C. (2012). *Managing enterprise content. A unified content strategy* (2. Aufl.). USA: New Riders.
10. ShareThis. (2013). Mobile vs Desktop. A cross device user study. http://cf-wp-prod.sharethis.com/wpcontent/uploads/2013/08/ShareThis_Cross-Device-Study_July20131.pdf. Zugegriffen: 23. Sept. 2014.
11. The Nielsen Company. (2014). The digital consumer Februar. http://www.nielsen.com/content/dam/corporate/us/en/reports-downloads/2014%20Reports/the-digital-consumer-report-feb-2014.pdf. Zugegriffen: 23. Sept. 2014.
12. Van Eimeren, B. (2013). „Always on" – Smartphone, Tablet & Co. als neue Taktgeber im Netz. *Media Perspektiven, 7–8,* 386–390.
13. Van Eimeren, B., & Frees, B. (2014). 79% der Deutschen online – Zuwachs bei mobiler Internetnutzung und Bewegtbild. *Media Perspektiven, 7–8,* 378–396.

Die Konvergenz von Medien und Handel im Internet

47

Benedikt Berger und Thomas Hess

Zusammenfassung

Der Verkauf von Waren und Dienstleistungen und die Veröffentlichung von Inhalten wurden bislang als zwei verschiedene Geschäftsansätze im Internet betrachtet. Es ist jedoch zu beobachten, dass Medienunternehmen und Internethändler sich annähern. Auf der einen Seite haben Onlineshops erkannt, dass sich Inhalte für die Kundengewinnung und -bindung eignen. Auf der anderen Seite versuchen Medienunternehmen nicht nur Aufmerksamkeit für Angebote Dritter zu erzeugen und zu vermarkten, sondern selbst Verkäufe abzuwickeln. Dieser Beitrag analysiert die Konvergenz von Content und Commerce, gibt einen Überblick über die in diesem Zusammenhang relevanten Konzepte und verdeutlicht diese anhand von Praxisbeispielen. Daraufhin werden die Implikationen dieser Entwicklungen für die beteiligten Akteure im Markt diskutiert.

47.1 Einleitung

Digitale Technologien haben das Informations- und Kaufverhalten von Kunden nachhaltig verändert [1]. Zwischen dem ersten Kontakt mit einem Produkt und dem Kauf können Konsumenten auf verschiedene Informationsquellen wie Preisvergleiche, Kundenrezen-

B. Berger (✉) · T. Hess
Institut für Wirtschaftsinformatik und Neue Medien,
Ludwig-Maximilians-Universität München,
München, Deutschland
E-Mail: benedikt.berger@bwl.lmu.de

T. Hess
E-Mail: thess@bwl.lmu.de

© Springer-Verlag Berlin Heidelberg 2015
C. Linnhoff-Popien et al. (Hrsg.), *Marktplätze im Umbruch,* Xpert.press,
DOI 10.1007/978-3-662-43782-7_47

sionen oder Blogbeiträge zugreifen, die sich dem Einfluss des Marketings von Herstellern und Dienstleistern entziehen. Diese erstellen und publizieren deshalb vermehrt eigene Inhalte. So veröffentlichen *Coca-Cola* und *Honda* mit *Journey* und *Dream* jeweils ein eigenes Onlinemagazin. Zugleich wird es für Händler im Internet immer schwieriger sich voneinander abzugrenzen. Suchmaschinen führen ihre Nutzer mit wenigen Klicks zum günstigsten Angebot für ein gewünschtes Produkt und die Differenzierungsmöglichkeiten durch zusätzliche Serviceleistungen sind begrenzt. Für Onlineshops liegt es daher nahe, sich das Informationsbedürfnis der Konsumenten zu Nutze zu machen und Inhalte auf der eigenen Webseite zu bündeln, um den dortigen Absatz zu steigern.

Der Wandel im Informationsverhalten der Konsumenten betrifft jedoch nicht nur das Marketing im E-Commerce sondern auch die Rolle der Medien. Erstens sind Unternehmen nicht mehr zwangsweise auf Werbung oder redaktionelle PR angewiesen, um mit Konsumenten zu kommunizieren. Das Internet inklusive der sozialen Medien bietet Kanäle für eine direkte Kommunikation mit Kunden. Zweitens werden insbesondere Verbraucherinformationen vermehrt von Nutzern selbst bereitgestellt. Viele Blogs beschäftigen sich mit Themen wie Mode, Essen oder Reisen, die in ähnlicher Form auch in Magazinen behandelt werden. Die auf Bewertungsportalen gesammelten Kundenrezensionen treten in Konkurrenz zu redaktionellen Testberichten. Für Medienunternehmen, die transaktionsnahe Inhalte erstellen, eröffnen sich dadurch jedoch auch Chancen. Zum einen können sie sich die Bereitschaft der Nutzer, Inhalte zu erstellen, selbst zu Nutze machen und diese auf eigenen Plattformen aggregieren. Zum anderen können sie ihre Expertise und den Zugang zu den Rezipienten nutzen, um selbst im Onlinehandel zu operieren und Transaktionserlöse zu erzielen [2].

Die beschriebenen Entwicklungen zeigen, dass technologische Fortschritte zu Veränderungen in der Wertschöpfungskette der Medienindustrie und des Handels geführt haben. Einerseits nutzen Medienunternehmen ihre Inhalte, um sich neue Erlösquellen im E-Commerce zu erschließen. Andererseits setzen Onlinehändler Inhalte zur Differenzierung und Vermarktung ihrer Shops ein. Letztlich nähern sich die Wertschöpfungsaktivitäten beider Seiten einander an. Dies führt zu neuen Konkurrenzsituationen, eröffnet zugleich aber auch Kooperationsmöglichkeiten.

Im folgenden Abschnitt werden diese Entwicklungen mithilfe des Geschäftsmodellkonzeptes in einen wissenschaftlichen Kontext eingeordnet. Anschließend werden die beiderseitigen Bestrebungen, Content und Commerce zu integrieren, beschrieben. Darauf aufbauend werden in Abschn. 47.3 zur Veranschaulichung des Phänomens drei Fallbeispiele analysiert und gegenübergestellt. Abschn. 47.4 gibt schließlich einen Ausblick auf die weitere Entwicklung und Herausforderungen, die sich daraus für die Marktteilnehmer ergeben.

47.2 Entwicklungen in Content und Commerce

Mit zunehmender Digitalisierung und Vernetzung von Wirtschaft und Gesellschaft sowie der Entstehung digitaler Produkte und Dienstleistungen wurden Analyse und Einordnung internetbasierter Wertschöpfungsaktivitäten zum Thema wissenschaftlicher Betrachtungen [3]. Vorrangiges Hilfsmittel dieser Studien ist das Konzept des Geschäftsmodells. Ein Geschäftsmodell umfasst Inhalt, Struktur und Steuerung von Wertschöpfungsaktivitäten [4] und dient der Darstellung, Überprüfung und Weiterentwicklung der Geschäftslogik eines Unternehmens [3]. Die Geschäftsmodellklassen Content und (E-)Commerce werden zumeist als zwei verschiedene Forschungsgegenstände betrachtet. Die Wertschöpfungsaktivität im Content besteht in der Zusammenstellung und Veröffentlichung von Inhalten [5]. Entsprechende Geschäftsmodelle werden in der Regel von Medienunternehmen verfolgt. Diese zeichnen sich dadurch aus, dass sie öffentliche, medial gestützte Kommunikation organisieren [6]. Dazu gehören sowohl solche Unternehmen, die eigene Inhalte erstellen, bündeln und distribuieren (z. B. *SPIEGEL ONLINE*), als auch sogenannte Plattformbetreiber, die Inhalte Dritter aggregieren, verwalten und öffentlich verfügbar machen (z. B. *YouTube*). In diesem Zusammenhang wird auch zwischen professionellen und von Nutzern erstellten Inhalten unterschieden. Commerce umfasst hingegen den Austausch von wirtschaftlichen Leistungen [5]. Zu dieser Klasse gehören Hersteller, Händler und Vermittler von Waren und Dienstleistungen sowie Marktplätze, die einen solchen Austausch ermöglichen.

Wichtiger Teil eines Geschäftsmodells ist das Erlösmodell, das die Monetarisierung einer Leistung beschreibt [4]. Je nachdem, ob der Empfänger der Leistung selbst oder eine dritte Partei für die Vergütung aufkommt, ist zwischen direkten und indirekten Erlösmodellen zu unterscheiden [5]. Während Hersteller durch den Verkauf ihrer Produkte direkte Transaktionserlöse erzielen, refinanzieren sich Vermittler häufig durch indirekte Provisionszahlungen. Auch Medienunternehmen können ihre Inhalte indirekt, also mittels Werbung, monetarisieren oder direkt an den Rezipienten verkaufen. Im zweiten Fall dienen die Inhalte nicht zur Gewinnung von Aufmerksamkeit sondern werden selbst zur Ware. Dies gilt z. B. für die Musik im iTunes Store von Apple oder kostenpflichtige Nachrichtenangebote. Hier wird eine Überschneidung zwischen den Geschäftsmodellklassen Content und Commerce deutlich.

47.2.1   Transaktionsbasierte Refinanzierung von Medieninhalten

Das Internet hat nicht nur neue Wege zur Distribution von Inhalten geschaffen, sondern auch deren Refinanzierung verändert. Auf der einen Seite konnten direkte Erlösmodelle – oft als Paid Content bezeichnet – aufgrund des sich wandelnden Wettbewerbs und neuer Wertschöpfungsstrukturen anfangs kaum durchgesetzt werden [7]. Auf der anderen Seite wurden neue, leistungsbasierte Abrechnungsmodelle für Werbung im Internet entwickelt. So können Werbemittel im Internet nicht nur pro tausend Kontakte (Cost-per-Mille oder zu Deutsch Tausend-Kontakt-Preis) sondern auch pro Klick auf die Anzeige (Cost-per-Click) bezahlt werden [8]. Ist die Bezahlung, die der Anbieter des Werbeplatzes erhält, nicht nur von dem Klick auf eine Anzeige sondern auch von dem Verhalten des Nutzers auf der Zielseite abhängig, wird dies als Affiliate-Marketing bezeichnet [9]. Mögliche Abrechnungsmodelle sind die Vergütung pro Bestellung (Cost-per-Sale), pro Neukunde (Cost-per-Lead) oder je nach Umsatz (Revenue Sharing).

Sowohl in der Onlinewerbung als auch im Affiliate-Marketing beschränkt sich die Aufgabe des Medienunternehmens auf das Erzeugen von Aufmerksamkeit und Interesse für Produkte und Dienstleistungen. Die Geschäftstransaktionen finden an anderer Stelle statt. Medienunternehmen können diese aber auch selbst abwickeln. Diese Idee ist keinesfalls neu. Zeitungen bieten seit Langem Leserreisen oder Weinkollektionen an. Wollten Medienunternehmen etwas verkaufen, mussten sie darauf hoffen, dass ihre Leser oder Zuschauer dazu bereit waren eine Bestellung via Telefon oder Post aufzugeben. Erst das Internet ermöglichte die Distribution von Inhalten und den Verkauf von Waren und Dienstleistungen über ein und dasselbe Medium [2]. Durch die Auflösung des sogenannten Medienbruchs kann der gesamte Kaufentscheidungsprozess des Kunden nun über einen einzigen Kanal begleitet werden. Die Abwicklung von Geschäftstransaktionen stellt für Medienunternehmen eine Erweiterung ihrer Wertschöpfungsaktivitäten und damit ihres Geschäftsmodells dar. Der Rezipient zahlt nicht für die Bereitstellung der Inhalte, sondern für den Erwerb eines Produktes oder einer Dienstleistung. Die Einnahmen aus diesen Transaktionen werden verwendet, um die Kosten für die Bereitstellung der Inhalte zu decken. Deshalb spricht man auch von einer *transaktionsbasierten Refinanzierung von Medieninhalten.*

47.2.2 Inhalte als Marketinginstrument im Commerce

Das Internet hat nicht nur einen Kanal für eine durchgängige Kommunikation mit potenziellen Kunden geschaffen, sondern auch den Zugang zu diesen erleichtert. Zuvor waren Unternehmen zur Verbreitung kommerzieller Botschaften meist auf Werbung oder PR angewiesen. Um direkt mit Konsumenten in zu Kontakt treten, müssen die zu vermittelnden Inhalte allerdings so ansprechend aufbereitet sein, dass sie auch ohne redaktionelles oder unterhaltendes Umfeld rezipiert werden. Das Erstellen und Verteilen von relevanten und hochwertigen Inhalten mit dem Ziel eine klar definierte Zielgruppe anzusprechen und Geschäfte zu fördern ist deshalb von wachsender Bedeutung und wird als *Content Marketing* bezeichnet [10]. Ebenso wie die transaktionsbasierte Refinanzierung von Medieninhalten gab es auch Content Marketing bereits vor dem Internet. Ein oft zitiertes Beispiel ist der Hotel- und Restaurantführer des Reifenherstellers *Michelin.* Ursprünglich als Reise- und Werkstattführer konzipiert, sollte er den Autofahrern Frankreichs als potenziellen Käufern Michelins Orientierung bieten [11]. Kundenmagazine wie *mobil* von der *Deutschen Bahn* können ebenso als Content Marketing verstanden werden, obwohl in diesem Kontext oft von *Corporate Publishing* die Rede ist.

Die niedrigen Hürden für das Verbreiten von Inhalten haben die Konkurrenz um die Aufmerksamkeit des Konsumenten verschärft. Trotz des direkten Zugangs zum Kunden ist es nicht einfacher geworden, diesen auch tatsächlich zu erreichen. Soziale Netzwerke wie *Facebook* und *Twitter* machen sich die knappe Aufmerksamkeit ihrer Mitglieder zu Nutze, indem Sie Unternehmen anbieten, die Reichweite ihrer Mitteilungen gegen entsprechende Bezahlung zu erhöhen (Sponsored Posts). Die Veröffentlichung von kommerziellen

Inhalten ist auch für klassische Medienunternehmen lukrativ und ist als *Native Advertising* bekannt. Neben der bezahlten Verbreitung in Medien und sozialen Netzwerken kann die Reichweite auch durch virale Effekte gesteigert werden. In diesem Fall leiten Nutzer Inhalte an ihr Umfeld weiter wodurch Multiplikatoreffekte eintreten können.

Eine engere Bindung zwischen Herstellern und Konsumenten führt dazu, dass der Händler austauschbar wird. Ist der Kunde bereits vom Kauf eines Produktes überzeugt bevor er nach einem Händler sucht, der dieses Produkt anbietet, werden Preis und Verfügbarkeit zu den entscheidenden Auswahlkriterien. Diese kann der Kunde über Suchmaschinen oder Vergleichsportale leicht in Erfahrung bringen und Branchenführer *Amazon* genießt Größenvorteile in diesen Disziplinen. Für Onlineshops ist es daher schwierig, sich von Wettbewerbern abzugrenzen, Kunden von sich zu überzeugen und längerfristig zu binden. Erfolgreiche E-Commerce Start-ups konzentrieren sich deshalb auf bestimmte Produktkategorien und setzten vermehrt Inhalte ein, um auch im Internet ein Einkaufserlebnis zu erzeugen [12]. Ziel dieser Maßnahmen ist, dem Kunden eine feste Anlaufstelle zu bieten, an der er nicht nur spezifische Produkte suchen, sondern auch neue Produkte entdecken kann. Ein solch gezielter Einsatz von Inhalten zur Verkaufsförderung im Internet wird *Narrative Retailing* oder *Content-Driven Commerce* genannt und stellt eine spezielle Form des Content-Marketings dar. Charakteristisch in diesem Fall ist die Fokussierung auf ein spezielles Themengebiet bzw. auf eine spezielle *Community of Interest*. Deren Mitglieder werden nicht nur Produkte sondern auch Lösungen für Probleme oder Antworten auf Fragen im Rahmen des gewählten Themenschwerpunkts angeboten, um die Kundenbindung zu fördern [13].

Die dafür eingesetzten Inhalte können entlang zweier getrennter Dimensionen kategorisiert werden. Zum einen lassen sich Inhalte mit direktem Produktbezug von solchen Inhalten unterscheiden, die einen breiteren Kontext adressieren [14]. Produktbezogene Inhalte sollen den Wert oder Nutzen eines Produktes vermitteln. Dazu zählen Produktvideos oder ausführliche Produkterklärungen, wie sie z. B. im Onlineshop des Kinderwagenherstellers *Baby Jogger* zu finden sind. Dahingegen transportieren kontextbezogene Inhalte Gefühle und Erlebnisse, die in Verbindung mit den Produkten stehen, oder erläutern deren Anwendung. So bietet *Coffee Circle* nicht nur biologisch angebauten und fair gehandelten Kaffee an sondern vermittelt auch Wissen rund um dessen Anbau und die richtige Zubereitung. Zum anderen werden, parallel zur Medienindustrie, neben professionellen auch nutzergenerierte Inhalte im Content-Driven Commerce eingesetzt. Die Baumarktkette *Obi* etwa sammelt Ideen für Heimwerkerprojekte in einem eigenen Blog (kontextbezogene Inhalte) und der Kleiderverleih *Rent the Runway* zeigt Selbstportraits von Kunden in den geliehenen Kleidern (produktbezogene Inhalte).

47.2.3 Das Content-Commerce-Kontinuum

Folgt man der Argumentation des letzten Abschnitts, spricht vieles dafür, dass die Geschäftsmodellklassen Content und Commerce, die zuvor auf unterschiedlichen Stufen der Wertschöpfungskette koexistierten, zumindest in Teilen konvergieren. Der Grad, zu dem

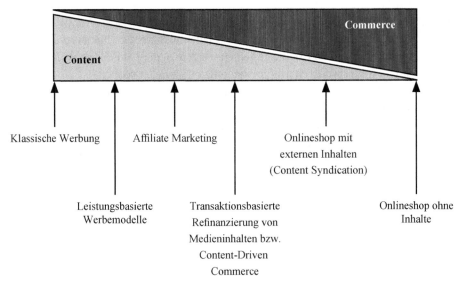

Abb. 47.1 Das Content-Commerce-Kontinuum

sich ein Unternehmen im Content oder im Commerce engagiert, variiert dabei von Fall zu Fall. Zwischen den Extremen eines ausschließlich auf Content und eines ausschließlich auf Commerce fokussierten Geschäftsmodells, lässt sich ein Kontinuum aufspannen, das die zuvor beschriebenen Ausprägungen der Konvergenz von Content und Commerce umfasst (siehe Abb. 47.1).

Entscheidendes Kriterium zur Abgrenzung der verschiedenen Ausprägungen entlang des Kontinuums ist die Frage, welche Wertschöpfungsaktivitäten in einem Unternehmen vereint werden. In der linken Hälfte des Kontinuums veröffentlicht ein Unternehmen selbst erstellte oder aggregierte Inhalte. Die Transaktion von Produkten oder Dienstleistungen übernimmt jedoch eine dritte Partei. Auf der rechten Seite des Kontinuums verhält es sich umgekehrt. Nur im Content-Driven Commerce bzw. bei der transaktionsbasierten Refinanzierung von Medieninhalten werden beide Wertschöpfungsstufen von ein und demselben Unternehmen durchgeführt. Daraus folgt, dass Content-Driven Commerce und transaktionsbasierte Refinanzierung von Medieninhalten dasselbe Phänomen beschreiben.

Während Medienunternehmen und Händler bei vollständiger Konvergenz von Content und Commerce in Konkurrenz zueinander treten, bieten die Zwischenformen verschiedene Kooperationsmöglichkeiten. Dabei stellt sich aus Sicht von Medienunternehmen die Frage, ob sie den Kontakt zu einem potenziellen Kunden selbst herstellen und diesen an einen Händler weiterleiten (Werbung und Affiliate Marketing) oder ihre Inhalte direkt an den Händler verkaufen möchten (Content Syndication). Im zweiten Fall verlieren Medienunternehmen ihren Kontakt zum Kunden, tragen jedoch keinerlei Absatzrisiko. Ein Onlineshop ist hingegen darum bemüht, Kunden möglichst günstig zu akquirieren und zu binden. Während ein Händler im Affiliate Marketing je nach Abrechnungsmodell nur für Kontakte zahlt, die auch tatsächlich eine Transaktion tätigen, obliegt ihm die Anbahnung von Transaktionen im Falle des Ankaufs von externen Inhalten selbst. Welches Modell sich letzten Endes für beide Seiten als vorteilhaft erweist, hängt nicht zuletzt von Margen und Kosten der verschiedenen Wertschöpfungsstufen ab.

47.3 Fallbeispiele

Die in Abschn. 47.2 behandelten Entwicklungen sollen im Folgenden mithilfe von drei Fallbeispielen verdeutlicht werden. Bei der Auswahl der Fälle wurde auf eine möglichst hohe Heterogenität im Hinblick auf die Branchen und die eingesetzten Inhalte geachtet. Alle für die Analyse verwendeten Informationen stammen aus öffentlich zugänglichen Quellen. Zur Strukturierung der Analyse wurden zuvor vier zentrale Fragen aus den bisherigen Erläuterungen abgeleitet:

- Worin bestand die Wertschöpfung des Betreibers der Webseite ursprünglich?
- Welche Produkte oder Dienstleistungen werden angeboten?
- Auf welches Themengebiet ist die Webseite spezialisiert?
- Welche Typen von Inhalten werden eingesetzt?

47.3.1 Tambini

Tambini hat sich als Onlineshop ganz auf Partyzubehör für Kindergeburtstage spezialisiert. Eltern und Kinder können zwischen Gesamtpaketen für verschiedene Mottopartys oder einzelnen Produkten wie Tischdekoration oder Bastelutensilien auswählen. Tambini ging im Juni 2014 online und steht unter der Leitung von *G + J Digital Products*, einer 100-prozentigen Tochtergesellschaft von *Gruner + Jahr*. Dort gehört der Onlineshop neben den Marken *Eltern* und *tausendkind* zur Community of Interest Family. Anders als bei anderen Internethändlern im Besitz von Medienunternehmen, handelt es sich bei Tambini nicht um eine Akquisition sondern um eine Neugründung. Die Seite bietet neben den Produkten redaktionell aufbereitete Anleitungen für Partyspiele, Bastelideen, Dekorationsvorschläge und Rezepte. Sie sind ebenfalls auf die verschiedenen Mottopartys zugeschnitten und zum Teil anderen Publikationen des Verlags, z. B. dem Kindermagazin *GEOlino,* entnommen. Der Verlag nutzt also seine Kompetenz in der Erstellung von Inhalten zu Familienthemen, um ein zielgruppengerechtes Einkaufserlebnis im Internet zu schaffen und somit Waren zu verkaufen. Da Tambini alle nötigen Informationen und Produkte für einen Kindergeburtstag bündelt, können Eltern beim Einkauf Zeit sparen. Die Inhalte dienen außerdem der Unterhaltung und Emotionalisierung der Kunden. Das bunte Design der Webseite mit handgezeichneten Illustrationen passt sich diesem Ziel an.

47.3.2 Waitrose

Die britische Supermarktkette *Waitrose* wird in Fachzeitschriften des Öfteren als Paradebeispiel für gelungenes Content Marketing angeführt. Zu den zahlreichen Maßnahmen
zählen ein wöchentliches und ein monatliches Magazin, ein jährlich erscheinender Restaurantführer für Großbritannien, eine eigene Kochschule und eine Fernsehkochshow. Zusätzlich zu den mehr als 300 Filialen betreibt Waitrose auch einen Onlineshop. Dort sind
neben Lebensmitteln auch Weine, Gartengeräte, Blumen und Geschenke erhältlich. Parallel zum intensiven Content Marketing stellt Waitrose auch auf seiner Webseite Inhalte
bereit. Dazu gehören eine umfangreiche Rezeptsammlung und Videos, die einzelne Koch-
techniken oder die Zubereitung ganzer Gerichte erklären. Die für ein Rezept notwendigen
Zutaten sind als Einkaufslisten hinterlegt und können mit wenigen Klicks bestellt werden.
Zugleich werden die Rezepte auch auf Karten gedruckt und direkt in den Filialen verteilt.
Ein Teil der Rezepte und Videos ist zudem zu einem Onlinekochkurses mit steigendem
Schwierigkeitsgrad gebündelt. Weitere Inhalte auf der Webseite von Waitrose klären über
einen gesunden und nachhaltigen Lebensstil auf oder geben Tipps für die dafür notwen-
dige Ernährung. Die Inhalte auf der Webseite und in den Magazinen werden von einer
eigenen Redaktion erstellt. Waitrose hat sich somit zu einer crossmedialen Marke für die
Themen Kochen, Ernährung und Lifestyle entwickelt.

47.3.3 Holiday Check

Seit dem Jahr 2000 aggregiert *HolidayCheck* Hotelbewertungen und Urlaubsbilder von
Nutzern auf seiner Webseite. Mittlerweile enthält die Bewertungsdatenbank mehr als
10 Mio Einträge und macht die Plattform damit zum größten deutschsprachigen Reisepor-
tal. HolidayCheck erzielt seine Erlöse, anders als z. B. der Konkurrent *TripAdvisor*, nicht
durch Werbung oder Affiliate-Marketing sondern bietet Nutzern an, Hotels und Reisen
direkt über das Portal zu buchen. Somit ist HolidayCheck nicht nur eine Bewertungs-
plattform sondern auch ein Onlinereisebüro. Seit dem Jahr 2006 ist HolidayCheck mehrheitlich im Besitz der *TOMORROW FOCUS AG*, die ihr Anteile im Jahr 2013 auf 100 %
aufgestockt hat und selbst wiederum der *Hubert Burda Media Holding* angehört. Anders
als die zuvor untersuchten Beispiele benötigt HolidayCheck keine eigenen redaktionellen
Ressourcen. Die Kernkompetenz des Portals liegt im Management großer Mengen nutzergenerierter Inhalte. Dies beinhaltet vor allem die Identifikation gefälschter Beiträge, die
die Glaubwürdigkeit der Plattform beschädigen können.

47.3.4 Vergleich der Fallbeispiele

Anhand der zuvor erarbeiteten Fragen lassen sich die drei Fallbeispiele, wie in Tab. 47.1
dargestellt, vergleichen. Dabei wird deutlich, dass alle drei Unternehmen sowohl die Funk-

Tab. 47.1 Fallbeispiele im Vergleich

	Tambini	Waitrose	HolidayCheck
Ursprüngliches Geschäftsmodell	Content	Commerce	Content
Produkte bzw. Dienstleistungen	Partyutensilien	Lebensmittel	Reisevermittlung
Themenfokus	Kindergeburtstage	Gesunde Ernährung	Urlaubsreisen
Inhalte	professionell erstellte, kontextbezogene Texte	professionell erstellte, kontextbezogene Videos und Texte	nutzergenerierte, produktbezogene Texte und Bilder

tion eines Medienunternehmens als auch eines Internethändlers übernehmen, um einen möglichst großen Teil des Kaufentscheidungsprozesses zu begleiten. Die ausgewählten Unternehmen befinden sich somit in der Mitte des zuvor dargestellten Spektrums, haben jedoch unterschiedliche Hintergründe und publizieren verschiedene Typen von Inhalten.

47.4 Zukünftige Herausforderungen

Die vorhergehende Analyse hat deutlich gemacht, dass sich Medienunternehmen im Internet nicht mehr darauf beschränken Inhalten bereitzustellen, um Werbung zu verkaufen, sondern selbst Transaktionen abwickeln, während Hersteller und Händler von Waren zunehmend eigene Inhalte erstellen, um Kunden zu gewinnen und zu binden. Durch die Integration zusätzlicher Wertschöpfungsstufen treten Medienindustrie und Handel mehr und mehr in Konkurrenz zueinander. Daraus ergeben sich mehrere Fragen. Zum einen wird sich herausstellen müssen, ob die Disintermediation der Wertschöpfungsaktivitäten effizienter ist als die vorherige Arbeitsteilung und ob Medienunternehmen und der Handel über die notwendigen Kompetenzen verfügen, um die jeweils neuen Wertschöpfungsstufen abzudecken. Deutsche Verlage verfügen über vielfältige Beteiligungen und Akquisitionen im E-Commerce [15]. *Axel Springer* fokussiert sich neben den Nachrichtenportalen und der crossmedialen Vermarktung auf Immobilien- und Stellenmärkte (z. B. *Immonet* oder *StepStone*). *Hubert Burda Media* ist unter anderem am Elektronikhändler *Cyberport* sowie dem Tierfutterhändler *zooplus* beteiligt. In vielen Fällen handelt es sich jedoch um strategische Investitionen, die nicht in die inhaltlichen Angebote der Verlage im Sinne einer transaktionsbasierten Refinanzierung von Medieninhalten integriert sind. Damit ließen sich zukünftig weitere Erlösquellen erschließen. Internethändler hingegen sind für die Erstellung eigener Inhalte entweder auf Agenturen angewiesen oder müssen, wie im Falle von Waitrose, eigene Redaktionen aufbauen.

Zum anderen stellt sich die Frage, wie Nutzer mögliche Zielkonflikte, die sich aus der Konvergenz von Content und Commerce ergeben, wahrnehmen. Gemäß einer Laborstudie des Marktforschungsunternehmens *Nielsen* [16] ziehen Kunden Informationen von Händlern und Herstellern zwar durchaus in Betracht, vertrauen in Vorbereitung ihrer Kaufentscheidung jedoch eher unabhängigen Experten. Es bedarf deshalb weiterer Studien, um zu klären, welche Inhalte tatsächlich zur Kundenbindung geeignet sind. Umgekehrt gilt es für Medienunternehmen herauszufinden, welche Inhalte durch Transaktionen refinanziert werden können, ohne die eigene Glaubwürdigkeit und das Vertrauen der Rezipienten in die Inhalte zu gefährden. Erste Erfahrungen aus dem Native Advertising weisen auf eine hohe Sensibilität der Zuschauer und Leser diesbezüglich hin [11]. Davon betroffen sind nicht nur Anbieter professionell erstellter Inhalte. Betreiber von Bewertungsplattformen müssen ihre Datenbanken von gefälschten Kundenrezensionen frei halten, um zugleich auch im E-Commerce erfolgreich sein zu können.

Literatur

1. Edelman, D. C. (2010). Branding in the digital age. *Harvard Business Review, 88*(12), 62–69.
2. Lübcke, J. (2014). Originäre oder transaktionsnahe Inhalte – zwei zukünftige Ansatzpunkte für Medieninhalte. *MedienWirtschaft – Zeitschrift für Medienmanagement und Medienökonomie, 11*(2), 42–45.
3. Veit, D. et al. (2014). Geschäftsmodelle: Eine Forschungsagenda für die Wirtschaftsinformatik. *Wirtschaftsinformatik, 56*(1), 55–64.
4. Amit, R., & Zott, C. (2001). Value creation in e-business. *Strategic Management Journal, 22*(6–7), 493–520.
5. Wirtz, B. W., & Kleineicken, A. (2000). Geschäftsmodelltypologien im Internet. *WiSt – Wirtschaftswissenschaftliches Studium, 29*(11), 628–635.
6. Hess, T. (2014). What is a media company? A reconceptualization for the online world. *International Journal on Media Management, 16*(1), 3–8.
7. Berger, B., & Hess, T. (2013). Das Paid-Content-Problem. *MedienWirtschaft – Zeitschrift für Medienmanagement und Medienökonomie, 10*(3), 10–14.
8. Evans, D. S. (2009). The online advertising industry: Economics, evolution, and privacy. *Journal of Economic Perspectives, 23*(3), 37–60.
9. Gallaugher, J. M., Auger, P., & BarNir, A. (2001). Revenue streams and digital content providers: An empirical investigation. *Information & Management, 28*(7), 473–485.
10. Pulizzi, J. (2012). *Six useful content marketing definitions.* http://contentmarketinginstitute.com/2012/06/content-marketing-definition/. Zugegriffen: 24. Sept. 2014.
11. Martin, D. (2013). Marketing without marketing. *The Conference Board Review, 50*(4), 70–71.
12. Schwab, I. (2014). Die neue Generation an Shopping-Portalen. *werben & verkaufen,* (13), 22–24.
13. Firnkes, M. (2014). *Onlineshop-Trend Narrative Retailing: Wie Content Marketing das Kauferlebnis optimieren soll.* http://marketpress.de/2014/narrative-retailing-fuer-onlineshops/. Zugegriffen: 21. Mai 2014.
14. Alexander, J., & Parsehian, S. (2014). *Content-Driven Commerce: Differentiating and driving sales with content in commerce.* http://www.fitforcommerce.com/pdf/FitForCommerce-Whitepaper-17_WEBLINC_Content-in-Commerce_February-2014.pdf. Zugegriffen: 21. Mai 2014.
15. Vogel, A. (2012). Online als Geschäftsfeld und Vertriebskanal der Pressewirtschaft, *Media Perspektiven, 3,* 158–172.
16. The Nielsen Company. (2014). *The role of content in the consumer decision making process.* http://go.inpwrd.com/nielsens-role-of-content-study. Zugegriffen: 29. Sept. 2014.

Ausgewählte Prinzipien für die Steuerung von Plattformen

48

Julia Manner, Michael Schermann und Helmut Krcmar

Zusammenfassung

Plattformen für mobile Dienstleistungen haben sich als erfolgreiche Strategie etabliert, um den Wert von Kernprodukten zu erhöhen. Zentraler Erfolgsfaktor dafür ist es, die Entwicklung der Plattform so zu steuern, dass sie dauerhaft attraktiv für Kunden wie auch für Drittanbieter bleibt. In diesem Beitrag schlagen wir einen morphologischen Kasten zur Identifikation entsprechender Steuerungsmaßnahmen vor. Der praktische Nutzen des morphologischen Kastens wird mit Hilfe einer Analyse von Steuerungsmaßnahmen in drei Plattformen für mobile Dienstleistungen gezeigt.

J. Manner (✉) · M. Schermann · H. Krcmar
Lehrstuhl für Wirtschaftsinformatik, Technische Universität München,
Garching, Deutschland
E-Mail: julia.manner@in.tum.de

M. Schermann
E-Mail: michael.schermann@in.tum.de

H. Krcmar
E-Mail: krcmar@in.tum.de

© Springer-Verlag Berlin Heidelberg 2015
C. Linnhoff-Popien et al. (Hrsg.), *Marktplätze im Umbruch,* Xpert.press,
DOI 10.1007/978-3-662-43782-7_48

48.1 Einleitung[1]

Plattformen für mobile Dienstleistungen erhöhen die Nützlichkeit von Kernprodukten, indem sie die technischen, ökonomischen und organisatorischen Rahmenbedingungen bereitstellen, die es Drittanbietern ermöglichen, diese Kernprodukte um mobile Dienstleistungen zu erweitern [1]. Viele Anbieter kämpfen jedoch damit, dauerhaft erfolgreiche Plattformen zu etablieren: so werden etwa 97 % des Marktanteils von nur sieben Plattformen getragen [2].

Der zentrale Erfolgsfaktor für Plattformanbieter ist die Etablierung und Weiterentwicklung der Plattform so zu steuern, dass sie dauerhaft attraktiv für Kunden wie auch für Drittentwickler bleibt [3, 4]. Plattformanbieter verwenden eine Vielzahl von Steuerungsmaßnahmen, um die technischen, ökonomischen und organisatorischen Rahmenbedingungen für mobile Plattformen zu etablieren und durchzusetzen [5]. Die Literatur hierzu ist jedoch fragmentiert, facettenreich und disziplinspezifisch [4]. In diesem Beitrag wird daher ein morphologischer Kasten für den Einsatz von Steuerungsmaßnahmen vorgeschlagen. Dieser beinhaltet zentrale Schritte für den systematischen Einsatz von Steuerungsmaßnahmen zum kontinuierliche Ausgleich der Partikularinteressen der Plattformteilnehmer (Plattformanbieter, Kunden und Drittanbieter).

48.2 Ein morphologischer Kasten für die Steuerung von Plattformen für mobile Dienstleistungen

Tabelle 48.1 fasst die kritischen Aspekte der Plattformsteuerung als morphologischen Kasten zusammen. Die obere Ebene stellt die Marktstruktur dar, die Zwischenebene umfasst Steuerungsrichtlinien und die untere Ebene bildet konkrete Konfigurationen von Steuerungsmaßnahmen ab. Auf jeder Ebene werden bestimmte Entscheidungen getroffen,

Tab. 48.1 Morphologischer Kasten zu Plattformsteuerung (in Anlehnung an [6])

Ebenen	Elemente					
Markt-struktur	*Auslöser*	Rechtlich	Technisch	Sozioöko-nomisch	Kompetitiv	Partizipativ
Steuerungs-perspektiven	*Richtlinien*	Standardi-sierung	Anreiz	Governance	Qualität	Distribution
Steuerungs-konfiguration	*Steuerungs-strategien*	Autorität	Vertrag	Vertrauen		
	Kontrollme-chanismen	Zugang	Ergebnis	Verhalten	Sozial	

---

[1] Dieser Beitrag ist eine überarbeitete Version eines Beitrags auf der Wirtschaftsinformatik 2011: Manner, J., Nienaber, D., Schermann, M., Krcmar, H. (2013): „Six Principles for Governing Mobile Platforms." In: 11th International Conference on Wirtschaftsinformatik, Leipzig, Germany, S. 1375–1389.

die zur Etablierung und Weiterentwicklung einer effektiven Plattformsteuerung nötig sind. Im Folgenden werden die einzelnen Ebenen detailliert vorgestellt.

48.2.1 Marktstruktur

Der Wertbeitrag einer Plattform ist abhängig von ihrer Kongruenz mit der jeweiligen Marktstruktur, deren Dynamik eine kontinuierliche Neuausrichtung des Wertbeitrags erfordert [2, 7]. Hierfür lassen sich die folgenden Auslöser ableiten [8–10]:

- **Rechtliche Auslöser** finden sich in der Gesetzgebung oder in der Rechtsprechung.
- **Technische Auslöser** begründen sich im technischen Fortschritt.
- **Sozioökonomische Auslöser** beziehen sich auf soziale Ereignisse mit wirtschaftlichen Konsequenzen, z. B. die zunehmende Sensibilisierung der Bevölkerung für Datenschutz.
- **Kompetitive Auslöser** entstehen durch Veränderungen im Verhalten von Wettbewerbern [1, 11].
- **Partizipative Auslöser** beziehen sich auf Handlungsänderungen von Kunden, Drittanbietern oder strategischen Partnern des Plattformanbieters.

Diese Auslöser stellen wichtige Hinweise für den Plattformanbieter bei der Formulierung und Adaption seiner Steuerungsperspektiven dar.

48.2.2 Steuerungsperspektiven

Die nächste Ebene beschreibt die Steuerungsperspektiven für eine integrative Steuerung der Plattform. Die unterschiedlichen Perspektiven werden dabei in Form von Richtlinien formuliert [6]:

- **Standardisierungsrichtlinien** beschreiben den Kompromiss zwischen Effizienzgewinnen durch die Realisierung von Skaleneffekten und Innovationsgewinnen durch die Realisierung von Freiräumen für die Kreativität von Drittanbietern [12].
- **Anreizrichtlinien** beschreiben, wie und welche monetären und nichtmonetären Anreize eingesetzt werden, um Kunden und Drittanbieter zur Nutzung der Plattform zu bewegen [13].
- **Governance-Richtlinien** beschreiben die Verteilung von Rechten und Pflichten [11].
- **Servicequalitätsrichtlinien** definieren, welche Qualitätszusagen die Plattform macht [14]. Solche Richtlinien beziehen sich auf die Funktionalität, Verfügbarkeit, Leistungsfähigkeit und Servicequalität [15, 16].
- **Distributionsrichtlinien** beschreiben den Wertschöpfungsprozess auf der Plattform [16, 17]. Zum Beispiel entscheidet der Plattformbetreiber, welcher Zugang zur Plattform Drittanbietern in Form von Programmierschnittstellen gewährt wird.

Die übergreifende Herausforderung für Plattformanbieter ist, diese verschiedenen Richtlinien konfliktfrei in Einklang zu bringen und an den Auslösern der Marktstruktur auszurichten. Die Steuerungsrichtlinien müssen anschließend mit konkreten Steuerungsmaßnahmen etabliert werden.

48.2.3 Konfiguration von Steuerungsmaßnahmen

Die Konfiguration, d. h. die Auswahl und Zusammenstellung von Steuerungsmaßnahmen
zur Umsetzung der Steuerungsrichtlinien, erfolgt anhand von zwei Schritten [1, 12]. Zunächst wird eine Steuerungsstrategie gewählt:

- Eine **autoritätsbasierte Strategie** nutzt die Macht des Plattformanbieters, um, auch
  gegen den Willen anderer Plattformteilnehmer, technische, ökonomische oder organisatorische Rahmenbedingungen durchzusetzen.
- Eine **vertragsbasierte Strategie** basiert dagegen auf verhandelten und rechtsverbindli-
  chen Vereinbarungen.
- Eine **vertrauensbasierte Strategie** basiert auf der Annahme, dass die Plattformteilnehmer kongruente Ziele haben.

Anschließend erfolgt die Wahl von Kontrollmechanismen, die Aussagen über die Effektivität der gewählten Steuerungsstrategie ermöglichen [18, 19]:

- **Zugangskontrollen** definieren messbare und allgemeingültige Zugangskriterien für
  Plattformteilnehmer, z. B. in Form von Entwicklungszertifikaten.
- **Ergebniskontrollen** beschreiben gewünschte Zielkriterien und Zielkorridore für messbare Kriterien.
- **Verhaltenskontrollen** definieren Verfahren und Routinen, z. B. für die Prüfung von
  mobilen Dienstleistungen vor der Veröffentlichung auf der Plattform.
- **Soziale Kontrollen** basieren auf geteilten Werten und Vertrauen. Plattformteilnehmer
  kontrollieren die Einhaltung durch soziale Prozesse, z. B. durch Feedback in Entwick-
  lungsforen.

Plattformen für mobile Dienstleistungen weisen im Allgemeinen eine Vielzahl unterschiedlicher Steuerungsstrategien und Kontrollen auf. Nur so können die unterschiedlichen Auslöser in den Steuerungsperspektiven adäquat berücksichtigt werden.

48.3   Anwendung des morphologischen Kastens

Im Folgenden werden drei markante Beispiele mit Hilfe des morphologischen Kastens analysiert (für weitere Beispiele siehe [4]). Die Beispiele wurden ausgewählt, da sie einerseits sehr bekannt sind und in der öffentlichen Meinung als sehr unterschiedlich hinsichtlich ihrer Konsequenzen wahrgenommen werden.

48.3.1   Zugang zum Adressbuch im Apple App Store

Eine zentrale Änderung im Jahr 2013 betraf die Distributionsrichtlinie im Apple App Store. Ausgelöst wurde dies durch eine breite Diskussion in Politik und Gesellschaft (sozioökonomischer Auslöser). Im Kern stand der bis dahin unkontrollierte Zugang zu persönlichen Daten (z. B. das Adressbuch des Nutzers). Aufgrund dieser Diskussion mag Apple befürchtet haben, dass Benutzer verunsichert werden und die Attraktivität der Plattform leidet. Als Folge änderte Apple seine Distributionsrichtlinie, so dass der unberechtigte Zugriff durch Drittanbieter auf Kundendaten ohne explizite Freigabe seitens des Kunden nicht mehr möglich war. Dafür wechselte Apple von einer **vertragsbasierten** Strategie zu einer **autoritätsbasierten** Strategie. Zuvor war es zwar verboten, auf die Daten zuzugreifen, es gab allerdings nur einen informellen Kontrollmechanismus (**soziale Kontrolle**). Nun wurden neue **Zugangskontrollmechanismen** durch Änderungen der Entwicklungsumgebung realisiert. Der Zugriff auf Kundendaten wurde so zentral durch die Plattform gesteuert.

48.3.2   In-App-Käufe im Google Play Store

Nach der Einführung eines Abrechnungssystems für In-App-Käufe erkannte Google, dass viel Drittanbieter dieses System umgingen. Google hatte lediglich eine **vertragsbasierte** Strategie installiert, die durch **soziale Kontrolle** gesteuert wurde. Kunden des Google Play Store wurden daher mit unterschiedlichen Abrechnungssystemen konfrontiert und Google entgingen natürlich substanzielle Umsatzanteile. Daraufhin hat Google die Verwendung des In-App-Abrechnungssystems verpflichtend gemacht. Diese **autoritätsbasierte** Strategie wurde im Rahmen der **Standardisierungsrichtlinie** mit Hilfe einer **Verhaltenskontrolle** umgesetzt. Nichtkonforme Anwendungen werden von Google seitdem abgelehnt.

48.3.3   Kritische Masse für den Windows Store

Zum Zeitpunkt der Analyse musste Microsoft Drittanbieter überzeugen, um eine kritische Masse an attraktiven mobilen Dienstleistungen bereitzustellen. Daher wurden **vertrauensbasierte Strategien** im Kontext der **Anreizrichtlinien** für Drittanbieter umgesetzt.

Durch die Bereitstellung von kostenlosen Mobiltelefonen für Entwickler, mit dem Versprechen hervorgehobener Sichtbarkeit der mobilen Dienstleistung, wurden finanzielle Anreize und Prestige geboten. Microsoft implementierte dies durch informelle **soziale Kontrollen**, z. B. durch intensive Betreuung von Entwickler-Communities.

48.4 Fünf Prinzipien für die Steuerung mobiler Plattformen

Basierend auf dem vorgestellten morphologischen Kasten können fünf Prinzipien für die Steuerung von Plattformen für mobile Dienstleistungen abgeleitet werden (siehe Tab. 48.2).

Tab. 48.2. Fünf Prinzipien für die Steuerung mobiler Plattformen aus Anbietersicht

#	Prinzip	Erklärung	Begründung
1	Integrierte Steuerung	Plattform Anbieter sollten alle drei Steuerungsebenen in die Entwicklungsstrategie für die Plattform einbeziehen	Steuerungen können in drei abstrakte und unabhängige Ebenen aufgeteilt werden. Jede Ebene sollte bei der Implementierung von Steuerungen beachtet werden, da alle signifikante Einflüsse auf die Plattform aufweisen
2	Abgestufte Aktionen	Auf Änderungen in der Marktstruktur sollte frühzeitig und abgestuft reagiert werden	Steuerungen beziehen sich auf das Anpassen der Plattform an die Marktstruktur. Werden Änderungen antizipiert, gelingt es sich schneller als der Wettbewerb anzupassen
3	Kontrollkonsistenz	Steuerungs- und Kontrollmechanismen müssen mit den Richtlinien abgestimmt werden, um die strategischen Ziele korrekt implementieren zu können	Steuerungs- und Kontrollmechanismen sind Mittel, durch die Plattformanbieter Maßnahmen ergreifen können. Nachdem in den Richtlinien die richtigen Strategien formuliert sind ist das Bekanntgeben der greifbaren Mechanismen essentiell, um die Plattform voranzutreiben
4	Attraktivität für Kunden erfordert Autorität	Bei der Verfolgung kundenorientierter Geschäftsziele, sollten Plattformanbieter nur autoritätsbasierte und formelle Kontrollen verwenden	Plattformanbieter müssen Kundenziele erreichen, um erfolgreich zu sein. Gefordert sind Mechanismen die das Erfüllen dieser Ziele sicherstellen. Rein auf Vertrauen und „guten Willen" zu setzen ist keine Option
5	Attraktivität für Entwickler erfordert Vertrauen	Drittanbieter sollten durch informelle Kontrollen unterstützt werden	Drittanbieter sind mit Unsicherheit hinsichtlich ihres Erfolgs in der Plattform konfrontiert. Informelle Kontrollen helfen, diese Unsicherheit zu reduzieren

48.5 Zusammenfassung

Die Etablierung mobiler Plattformen erfordert eine Balance zwischen den Interessen der verschiedenen Beteiligten. Dieser Beitrag stellt einen morphologischen Kasten für die Steuerung von Plattformen für mobile Dienstleistungen vor. Damit können die Aufgaben und Anforderung für die Etablierung und Weiterentwicklung entsprechender Plattformen strukturiert und integriert darstellt werden. Auf dieser Basis und anhand von Praxisbeispielen haben wir fünf Prinzipien für die Steuerung mobiler Plattformen abgeleitet. Somit sind wir in der Lage, Entscheidungen von Plattformbetreibern hinsichtlich der Konsistenz beurteilen zu können. Die Prinzipien können zudem als Richtschnur für die Gestaltung von mobilen Plattformen genutzt werden.

Literatur

1. Tiwana, A., Konsynski, B., & Bush, A. A. (2010). Platform evolution: Coevolution of platform architecture, governance, and environmental dynamics. *Information Systems Research, 21*(4), 1–23.
2. Basole, R. C., & Karla, J. (2011). Entwicklung von Mobile-Platform-Ecosystem-Strukturen und -Strategien. *Wirtschaftsinformatik, 53*(5), 301–311.
3. Ghazawneh, A., & Henfridsson, O. (2011). Micro-strategizing in platform ecosystems: A multiple case study. Proceedings of the International Conference on Information Systems: Shanghai, China.
4. Manner, J. (2014). *Steuerung plattformbasierter Servicemarktplätze*. Garching: Technische Universität München.
5. Eaton, B., et al. (2011). Dynamic structures of control and generativity in digital ecosystem service innovation: The cases of the Apple and Google mobile App stores. In Working Paper Series, Information Systems and Innovation Group. London: London School of Economics and Political Science.
6. Manner, J., et al. (2012). Governance for mobile service platforms: A literature review and research agenda. Proceedings of the International Conference on Mobile Business. Delft.
7. Haaker, T., Faber, E., & Bouwman, H. (2006). Balancing customer and network value in business models for mobile services. *International Journal of Mobile Communications, 4*(6), 645–661.
8. De Reuver, M., et al. (2010). Governance of flexible mobile service platforms. *Futures, 43*(9), 979–985.
9. Kotler, P., et al. (2009). *Marketing management: European edition*. Harlow: Prentice Hall.
10. Neumann, D. G. (2007). Market engineering: A structured design process for electronic markets. Proceedings of the International Conference Wirtschaftsinformatik (S. 280–298). Karlsruhe.
11. Ghazawneh, A., & Henfridsson, O. (2010). Governing third-party development through platform boundary resources. Proceedings of the International Conference on Information Systems. St. Louis.
12. De Reuver, M., & Bouwman, H. (2011). Governance mechanisms for mobile service innovation in value networks. *Journal of Business Research, 65*(3), 347–354.
13. Holzer, A., & Ondrus, J. (2009). Trends in Mobile Application Development. In C. Hesselman & C. Giannelli (Hrsg.), *Mobile wireless middleware, operating systems, and applications-workshops* (S. 55–64). Berlin: Springer.

14. Methlie, L. B., & Pedersen, P. E. (2007). Business model choices for value creation of mobile services. *info, 9*(5), 70–85.
15. Bouwman, H., Haaker, T., & Faber, E. (2005). Developing mobile services: Balancing customer and network value. 2nd IEEE International Workshop on Mobile Commerce and Services (S. 21–31). Munich.
16. Müller, R. M., Kijl, B., & Martens, J. K. J. (2011). A comparison of inter-organizational business models of mobile app stores: There is more than open vs. closed. *Journal of Theoretical and Applied Electronic Commerce Research, 6*(2), 63–76.
17. Ballon, P., et al. (2008). The reconfiguration of mobile service provision: Towards platform business models. Proceedings of the ITS European Regional Conference. Rome.
18. Ouchi, W. G. (1979). A conceptual framework for the design of organizational control mechanisms. *Management science, 25*(9), 833–848.
19. Kirsch, L. J. (1997). Portfolios of control modes and IS project management. *Information Systems Research, 8*(3), 215–239.

Teil X
Smart Cities – vernetzt denken, vernetzt handeln

Zum Geleit: Smart Cities – vernetzt denken, vernetzt handeln

49

Stephan Schneider

Was ist eine smarte Stadt? Warum werden Städte Smart? In der nahen Vergangenheit ist in der Fachliteratur immer häufiger der Begriff „Smart" (intelligent) ein Thema gewesen. Smart Cities, Smart Mobility, Smart Home, Smart Energy, Smart Journey sind nur wenige Beispiele für den digitalen Wandel in allen wirtschaftlichen und gesellschaftlichen Bereichen. Um zu verstehen was eine smarte Stadt ist, muss zunächst veranschaulicht werden, in welcher Ausgangslage sich stark urbanisierte Städte derzeit befinden.

Städte auf der ganzen Welt verzeichnen steigende Einwohnerzahlen. Im Zuge einer fortwährenden Urbanisierung steigen dabei die Anforderungen an die Städte stetig an. Ebenso wirkt sich die Entwicklung der Städte zu Wirtschaftszentren positiv auf deren Attraktivität aus. Dies hat zur Folge, dass die Bevölkerungszahlen steigen und den Trend der Urbanisierung erklären. Es reicht jedoch nicht aus, nur den demografischen Aspekt zu betrachten; ökonomische, ökologische, technische und sozio-kulturelle Aspekte sind ebenso wichtig in der Betrachtungsweise des aktuellen Zustands großer Städte. Des Weiteren können sich die einzelnen Faktoren direkt beeinflussen und sind eng miteinander verzahnt. Das Hauptproblem der Städte ist die globale Ressourcenverknappung bei gleichzeitig steigender Nachfrage an wirtschaftlichen und natürlichen Mitteln. Aus der ökonomischen Perspektive betrachtet, verbuchen Großstädte anhaltenden Zuwachs bzw. Ansiedlungen von Unternehmen. Auf der einen Seite kann eine Stadt die Einnahmen durch, zum Beispiel der Unternehmenssteuer, steigern und gleichzeitig an Attraktivität als Standort gewinnen. Auf der anderen Seite verlangen Zuwanderungen die Schaffung ausreichender Baumöglichkeiten. Durch die entstehende Minderung der Grünflächen wird automatisch der ökologische Aspekt negativ beeinträchtigt. Dies ist ein Beispiel das zeigt, dass Städte lange

S. Schneider (✉)
Vodafone GmbH, Düsseldorf, Deutschland
E-Mail: s.schneider@vodafone.com

© Springer-Verlag Berlin Heidelberg 2015
C. Linnhoff-Popien et al. (Hrsg.), *Marktplätze im Umbruch*, Xpert.press,
DOI 10.1007/978-3-662-43782-7_49

nicht mehr in der Lage sind ihre Flächen frei und ohne Probleme zu verwalten und zu vergeben. Es entstehen bei jeder Entscheidung Opportunitätskosten die genau abgestimmt werden müssen. Was ist für den Standort gerade unbedingt notwendig? Was muss dafür vorerst hinten angestellt werden? Dabei müssen Städte oft Kompromisse eingehen um die optimale Lösung individuell gestalten zu können. Mit Hilfe der Smart City Lösungen wird versucht, diese Opportunitätskosten zu senken und gleichzeitig die Bedürfnisse der Stadt und deren Einwohner gebündelt zu realisieren.

Städte sehen sich vermehrt als eigene Marke an und konkurrieren mit anderen Städten um Bekanntheitsgrad, Beliebtheit und Image. Die sozio-kulturellen Anforderungen einer Stadt haben sich in den letzten Jahren ständig verändert. Haben Bewohner früher besonders auf den Preis und die Lage ihrer Wohnung geachtet spielen heute mehrere Faktoren eine Rolle bei der Standortentscheidung. Wie ist die Reputation der Stadt/des Stadtteils? Ist die Infrastruktur für tägliche Erledigungen geschaffen? Wie sind die Wohnungen ausgestattet? Komme ich mit dem öffentlichen Verkehrsnetz schnell, überall hin? Neben der gesellschaftlichen Stellung, ist für Menschen der Faktor Zeit immer wichtiger geworden. Im Zeitalter der Work-Life-Balance ist es für Menschen wichtig geworden, neben der Arbeit, genügend Zeit für ihre Freizeitgestaltung zu haben. Mit Hilfe der Smart Living Lösungen sollen diese Bedürfnisse realisiert werden.

Für die Umsetzung von smarten Lösungen in Städten ist es zwingend notwendig auf technisch innovative Applikationen zugreifen zu können. Dafür unterstützen Unternehmen aktiv die Städte angefangen bei der Planung, über die Entwicklung bis zum realen Einsatz im Alltag. Die Vernetzung zwischen Stadt und Unternehmen spielt dabei eine wichtige Rolle.

Der digitale Wandel in der deutschen Gesellschaft schreitet weiter voran und technische Innovationen bieten immer neuere Gestaltungsmöglichkeiten. So hat die „Smart City Düsseldorf"- Initiative es sich zur Aufgabe gemacht, mit Einsatz moderner Technologien, zur Prozess-Vereinfachung sowie zur Lebensqualitäts-Verbesserung beizutragen. Die Idee hinter Smart Cities am Beispiel Düsseldorf ist es, den Bürgern der Stadt eine Erlebniswelt aufzubauen die den Nutzen innovativer und smarter Produkte zugänglich macht. Dazu werden verschiedene Stationen festgelegt und ausgestaltet, welche man im Rahmen einer Tour besuchen kann. Vor Ort kann man sich von den Vorteilen der Anwendungen selbst überzeugen und ggf. auch bzgl. einer eigenen Nutzung beraten lassen. Themen wie Nachhaltigkeit, Verbesserung der Lebensqualität und nicht zuletzt der Community-Gedanke spielen eine große Rolle – „Vernetzt Denken & Vernetzt Handeln".

Wachsende Urbanisierung geht einher mit wachsenden Anforderungen an Infrastruktur und Ressourcen. Gleichzeitig nimmt die Umweltverschmutzung zu und der Klimawandel wird nicht gestoppt werden. Hinzu kommt eine demografische Entwicklung, die die Altersstruktur der Menschen bis hin zu einem hohen Alter verändern wird. Daraus entstehen Bedürfnisse für Städte, mit Hilfe intelligenter Entwicklungen das Leben in Zukunft effizient zu vereinfachen.

Aus ökonomischer Sicht entwickelt die vorherrschende Transparenz einen Wettbewerb auf verschiedenen Stufen. Neben dem Wettbewerb unter Fachkräften und Unternehmen kommen nun auch die Städte selbst dazu. Städte sind lange kein Zusammenschluss von Gebäuden mehr, sondern sehen sich mittlerweile viel mehr als eigene Marken an.

Der Buchteil „*Smart Cities – vernetzt denken, vernetzt handeln*" versucht u. a. mit Hilfe von einzelnen Smart-Lösungen wie zum Beispiel Smart Energy oder Smart Cleaning die Bestandteile einer smarten Stadt zu erklären. Woraus besteht eine Smart City? Welche Voraussetzungen müssen für eine Smart City gegeben sein? Um den Sachverhalt weiter zu veranschaulichen werden einige Beispiele aus anderen Städten – die bereits smarte Lösungen umgesetzt haben – angeführt. Einige internationale Städte können als Vorreiter angesehen werden und haben bereits smarte Lösungen umgesetzt.

In Amsterdam wird mit einer „Going Green" Strategie, in Zusammenarbeit mit international tätigen Unternehmen wie Philips und IBM, der Fokus auf Smart Energy gelegt. Ziel ist es, Emissionen und Energieverbrauch zu senken um den Umweltschutz zu stärken. In Kopenhagen wurden intelligente Straßenbeleuchtungssysteme entwickelt, die nur in Betrieb sind wenn auch Verkehrsaufkommen besteht. San Francisco fokussiert sich hingegen auf Smart Mobility. Mit über 110 öffentlichen Ladestationen und Apps für die Navigation von Radfahrern, Fußgängern sowie Sehbehinderten durch die Stadt, ermöglicht die Stadt durch Veröffentlichung der Stadtdaten an Softwareentwickler und StartUps barrierefreie Entwicklung. Allein im Bereich der ÖPNV wurden so 60 Apps entwickelt.

Die Herausforderung besteht nun darin, die Modelle der Smart Cities auszuweiten und als Standard für andere Städte zu etablieren. Die Umsetzung der Maßnahmen sollte als Investition in die Zukunft der Menschheit betrachtet werden. Notwendige Finanzierungen zum heutigen Zeitpunkt können den Aufbau versteckter Schulden und nicht kalkulierbarer Risiken durch die vorgestellten Trends verhindern. Im Sinne der nachhaltigen Entwicklung sollten die Entscheidungen im Spannungsfeld aus Ökonomie, Ökologie und Sozialem getroffen werden, mit dem Ziel die Entwicklung sowie Bedürfnisbefriedigung künftiger Generationen nicht zu gefährden.

Stephan Martin

Zusammenfassung

Die digitale Welt hat im Bereich der Medizin nur bedingt Einzug genommen. Auf der anderen Seite sind Erkrankungen, die durch den Lebensstil-bedingt sind, dramatisch angestiegen. Mit Hilfe von telemedizinischer Betreuung ergeben sich neue Möglichkeiten, den Betroffenen langfristig bei einer Änderung des Lebensstils zu helfen und Erkrankungen wie Typ 2 Diabetes zu behandeln. Hieraus ergeben sich komplett neue Aufgabenfelder und Geschäftsmodelle.

50.1 Vorwort

In nahezu allen Bereichen der Gesellschaft spielen digitale Strategien eine wichtige Rolle. Wollte man vor einigen Jahren wegfliegen, hatte man es von der Beratung der Flugverbindung bis zum Boarding mit Menschen zu tun. Im digitalen Zeitalter können alle diese Funktionen vom Smartphone ausgeführt werden. Selbst das Boarden erfolgt über einem auf dem Smartphone angezeigten DataMatrix-Code, den man auf den Sensor am elektronischen Gate legt. Im Bereich der Medizin hat dagegen die digitale Welt nur beschränkt Einzug genommen. Von der elektronischen Gesundheitskarte mit einer umfassenden Patientenakte zur Vermeidung von Doppeluntersuchungen sind wir aus datenschutzrechtlichen Gründen meilenweit entfernt und in vielen Krankenhäusern und Arztpraxen werden Befunde noch immer auf Papier dokumentiert. Überlegungen zur Verwendung von online

S. Martin (✉)
Westdeutsches Diabetes- und Gesundheitszentrum (WDGZ), Verbund Katholischer
Kliniken Düsseldorf (VKKD), Düsseldorf, Deutschland
E-Mail: Stephan.Martin@vkkd-kliniken.de

© Springer-Verlag Berlin Heidelberg 2015
C. Linnhoff-Popien et al. (Hrsg.), *Marktplätze im Umbruch,* Xpert.press,
DOI 10.1007/978-3-662-43782-7_50

Sprechstunden mittels Bildtelefonie werden mit forensischen Drohungen und dem gesetzlich verankerten Fernbehandlungsverbot sanktioniert. Der demografische Wandel, die sinkenden Zahlen an klinisch tätigen Ärzten und der dramatische Anstieg von Lebensstilbedingten Erkrankungen machen es notwendig zu überlegen, wie auch die Digitale Welt in den Bereich der Medizin umfassend einziehen kann.

50.2 Herausforderungen im Bereich der Medizin

Das medizinische System in Deutschland, das in den 50er Jahren des vergangenen Jahrhunderts aufgebaut wurde, zeichnet sich durch eine klare Strukturierung der Arbeitsbereiche aus. So bieten Krankenhäuser in der Regel nur stationäre Leistungen an, während die Kassenärztlich Vereinigung (KV) die Verantwortung übernommen hat, die flächendeckende ambulante Gesundheitsversorgung zu garantieren. Die KV hat den ambulanten Sektor klar strukturiert und differenziert zwischen hausärztlicher bzw. fachärztlicher Versorgung. Aufgrund der steigenden Gesundheitsausgaben hat die Gesundheitspolitik vorgegeben, dass kostenträchtige stationäre Behandlungen möglichst vermieden und die Liegezeiten von Patienten in Krankenhäusern auf ein Mindestmass reduziert werden. Als Steuerungselement hat man das in Australien entwickelte „Disease Related Grouping (DRG)" Honorierungssystem eingeführt, bei dem die Krankenhäuser für Ihre Leistungen nicht mehr pro Aufenthaltstag der Patienten sondern nach Erkrankung und Erkrankungsschwere bezahlt werden. In Australien und vielen anderen Land der Welt gibt es aber keine strenge Aufteilung in stationäre und ambulante Sektoren, so dass dort Krankenhausärzte auch stärker in die ambulante Behandlung eingebunden sind. Die durch das DRG System bedingten Änderungen führen zu einer Reihe an Herausforderungen an das deutsche Gesundheitssystem. Zum Beispiel müssen sich Hausärzte nun früher um die nach kurzer Liegezeiten entlassenen Patienten kümmern. Bei der Informationsübermittlung vom Krankenhaus an den Hausarzt kann es aber vorkommen, dass ihn der der Arztbrief deutlich später als der noch nicht vollständig genesene Patient erreicht. Auch die Pflegekräfte und Ärzte im Krankenhaus stehen vor der Herausforderung in kürzerer Zeit mehr Patienten aufzunehmen und wieder zu entlassen. Im Gegensatz zu dem anfangs erwähnten Beispiel der Flugreise ist es aber bisher im stationären Sektor zu keiner Entlastung der Arbeitsprozesse durch eine umfassende Digitalisierung gekommen. Dort wo digitale Daten vorhanden sind, darf der ambulant tätige Arzt aufgrund der sektoralen Strukturen nicht auf die stationäre Patientenakte zugreifen.

Die größte Herausforderung für das Gesundheitssystem stellt die unter diesen Rahmenbedingungen im Krankenhaus stattfindende Ausbildung von Ärzten dar. Durch das Bestreben stationäre Aufenthalte zu vermeiden, werden bestimmte Erkrankungen primär ambulant behandelt, so dass die Ärzte während der Ausbildung keine Erfahrungen in der Therapie dieser Erkrankungen sammeln können. Die Zuckererkrankung, der sogenannte Diabetes mellitus, stellt ein typisches Beispiel für eine solche Erkrankung dar. Spezialisierte stationäre Einrichtungen zur Behandlung von Diabetespatienten wurden in den letzten Jahren geschlossen oder kümmern sich nur noch um besonders komplizierte Fälle. Wenn ein stationärer Patient zusätzlich einen Diabetes mellitus hat, bleibt in den DRG-bedingten kurzen stationären Aufenthalten für die in Ausbildung befindlichen Ärzte kaum Zeit, Erfahrungen mit der Therapie zu machen. Am Beispiel des Diabetes mellitus soll im Folgenden aufgezeigt werden, welches Potential die Digitalisierung in der Medizin hat.

50.3 Telemedizinische Unterstützung der Diabetesbetreuung im Krankenhaus (TeDia)

Vom Westdeutsche Diabetes- und Gesundheitszentrum (WDGZ) wurde ein zentrales Diabetes-Versorgungssystems entwickelt, bei dem im Verbund Katholischer Kliniken Düsseldorf (VKKD) alle Patienten in allen Fachabteilungen mit der Nebendiagnose eines Diabetes mellitus zentral erfasst, untersucht und diabetologisch betreut werden [1]. Durch sogenannte „Diabetesmanager" werden in den jeweiligen Kliniken vor Ort die diabetologische Krankengeschichte und die aktuelle Therapie erfasst, sowie die Patienten auf diabetische Folgeschäden untersucht. Auf den Stationen werden die Blutzuckerwerte mit Point-of-Care Messgeräten erfasst und mit automatischer Datenübertragung im Krankenhaus-Informations-System (KIS) abgelegt. Anhand dieser Daten erfolgt ein telemedizinisches Konsil durch Fachdiabetologen mit konkreten Therapieempfehlungen an die jeweiligen Stationsärzte, zu dem auch ein Insulinanpassungsplan gehört. Durch eine kontinuierliche Weiterbetreuung können die Diabetestherapien im Verlauf des stationären Aufenthaltes an die jeweilige Situation des Patienten angepasst werden. Patienten mit einer erstmaligen Insulintherapie während des stationären Aufenthaltes, werden durch das Diabetesteam geschult und nach der Entlassung, in Absprache mit dem Hausarzt, niedergelassenen Diabetologen zur Weiterbehandlung vorgestellt.

Zusammen mit der Sanofi-Aventis Deutschland GmbH und der NoemaLife GmbH wurde nun eine elektronische Fallakte TeDia entwickelt, die die Abläufe zu Erfassung, Untersuchung und Therapie von stationären Diabetespatienten unabhängig vom vorhandenen Krankenhaus-Informations-System (KIS) ermöglicht (Abb. 50.1).

Die Diabetesdaten werden in einem separaten Diabetes-Informations-System (DIS) erfasst, das über eine Standard-Schnittstelle mit dem KIS kommuniziert. Somit können aus dem KIS alle Patienten-relevanten Daten übernommen und das Konsilergebnis inklusive Therapieempfehlung zurück an das KIS übertragen werden. Das TeDia System ist für die Nutzung auf einem Arbeitsplatz-PC wie auch für ein mobiles Tablet-PC entwickelt, so dass die Dateneingabe direkt am Patientenbett erfolgen kann. Mit diesem System ist es für Krankenhäusern möglich, die diabetologische Versorgung an separate Betriebsgesellschaften, ähnlich der Radiologie, auszulagern. Neben der Verbesserung der Patientenversorgung und Behandlungsqualität eröffnet ein solches Diabetes-Versorgungssystem die Ausbildung von Ärzten und Pflegekräften zu optimieren.

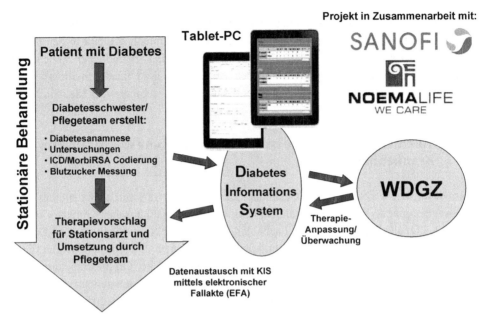

Abb 50.1 Diabetesbetreuung im Krankenhaus mit telemedizinischer Unterstützung (TeDia)

50.4 Lebensstil-bedingte Erkrankungen

Die Gründe für den dramatischen Anstieg der Diabeteserkrankungen – von 0,6 Mio. Betroffenen in der 1960er Jahren auf aktuell 8–10 Mio. – liegt in der modernen Lebensweise. Dabei spielt primär der Typ 2 Diabetes eine Rolle, bei dem der Körper zwar genügend Insulin produziert, das aber nicht mehr ausreichen wirkt. Für diese Insulinresistenz werden Lebensstilfaktoren wie falsche Ernährung und fehlende körperliche Aktivität verantwortlich gemacht, die sich als Übergewicht und Fettsucht zeigen. Dieses Phänomen wird nicht nur in den Industriestaaten, sondern weltweit beobachtet. So gibt es medizinische Berichte aus China wonach dort bereits über 10 % der Bevölkerung an Diabetes erkrankt sind und bei 50 % eine Vorstufe nachweisbar ist [2]. Schaffen es die Patienten durch eine gesündere Ernährung und vermehrte körperliche Aktivität das Gewicht konsequent zu reduzieren, kann der Typ 2 Diabetes verhindert oder sogar geheilt werden [3, 4]. Übergewicht und Fettsucht fördert aber eine Vielzahl an weiteren Erkrankungen (Abb. 50.2– Lebensstil-bedingte Erkrankungen), so u. a. Bluthochdruck- und Blutfetterkrankungen. Diabetes mellitus, Bluthochdruck und Fettstoffwechselerkrankungen stellen neben dem Nikotinkonsum die wesentlichen Risikofaktoren für Herz-Kreislauf-Erkrankungen, wie Herzinfarkt oder Schlaganfall dar. Wissenschaftliche Studien belegen eindeutig, dass sich eine Änderung des Lebensstils günstig auf diese Erkrankungen auswirkt. Bisher gibt es keine Medikamente, die die medizinischen Folgen des ungünstigen Lebensstils von Grund her verhindern können. Vielmehr beschränkt sich die Medizin auf die Behandlung der Folgeerkrankungen in Form entsprechender Medikamente wie Blutdruck- oder Blutzucker-sen-

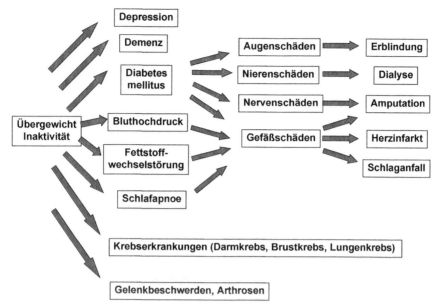

Abb. 50.2 Lebensstil-bedingte Erkrankungen

kende Tabletten bzw. Insulin. In den letzten Jahren hat das WDGZ ein *Te*lemedizinisches *Li*festyle *Pro*gramm (TeLiPro) entwickelt, das in Kooperation mit dem *D*eutschen *I*nstitut für *T*elemedizin und *G*esundheitsförderung (DITG) in Düsseldorf bereits überregional eingesetzt wird.

50.5   Telemedizinisches Lifestyle Programm (TeLiPro)

Um Änderungen des Lebensstils konsequent umzusetzen, benötigen die Betroffenen einen starken Willen und müssen im Alltag sehr konsequent leben. Die übliche medizinische Betreuung mit kurzen ärztlichen Gesprächen kann dabei die Betroffenen nur bedingt unterstützen. In Disease Management Programmen (DMP) vorgesehenen Diabetesschulungen wird primär Wissen vermittelt. Von unterschiedlichen Institutionen werden zusätzlich Gruppentreffen angeboten, bei denen die Teilnehmer durch die Gruppendynamik motiviert werden sollen, den Lebensstil zu ändern. Da viele Betroffene sich solchen Gruppen nicht unbedingt anschließen wollen oder nicht über die zeitlichen Ressourcen verfügen, wurde bei der Entwicklung des TeLiPro ein individueller Ansatz gewählt. Dazu wurden ganz unterschiedliche Interventionsansätze ausgewählt, die in einzelnen wissenschaftlichen Studien evaluiert wurden. Das TeLiPro besteht aus den folgenden Elementen (Abb. 50.3):

1. Telemedizinische Betreuung
2. Strukturierte Blutzuckerselbstkontrolle
3. Einstieg in eine Ernährungsumstellung mittels Formuladiät
4. Motivationscoaching

Telemedizinische   Strukturierte   Ernährungs-   Motivations-
Betreuung   Blutzucker-   Umstellung   coaching
                          selbstkontrolle   mittels
                                                 Formuladiät

Abb. 50.3 Telemedizinisches Lifestyle Programm

50.5.1 Telemedizinische Betreuung

Die Anzahl der Geräte, die zum sogenannten „Tracking" von persönlichen Daten kommerziell erhältlich ist, steigt täglich. Bisher war unklar, welche Bedeutung solche Geräte bei der Betreuung von Personen mit der Notwendigkeit einer Lebensstil-Änderung haben. Um diese Frage zu beantworten, wurde vom Westdeutschen Diabetes- und Gesundheitszentrum im Rahmen einer klinischen Studie an 180 Personen geprüft, ob durch telemedizinische Geräte alleine oder durch eine zusätzliche persönliche telemedizinische Betreuung eine Gewichtsabnahme bei Übergewicht erreicht werden kann [5]. Dazu wurden eine Waage und ein Schrittzähler der Firma HMM (Dossenheim, Deutschland) verwendet, die Gewicht und die tägliche Zahl der Schritte automatisch über eine SIM Karte an ein Internetportal übermitteln (Abb. 50.4). Mit diesem System können auch Blutzucker- und Blutdruckwerte mit entsprechenden Geräten übermittelt werden. In einer randomisierten Studie konnten wir nachweisen, dass die telemedizinische Nutzung von Geräten durch die übergewichtigen Studienteilnehmer zu einer Gewichtsabnahme führt. Wesentlich effektiver war es aber, wenn die Teilnehmer telefonisch von einem Gesundheitsberater betreut wurden, der auch Zugang zum Datenportal hatte. Mit der Kombination von Telemedizin und individuellem Coaching kam es auch zu einer signifikanten Reduktion von Risikofaktoren für Herz-Kreislauferkrankungen, wie Cholesterin oder Blutdruck.

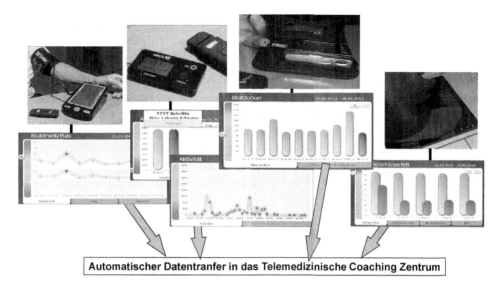

Automatischer Datentranfer in das Telemedizinische Coaching Zentrum

Abb. 50.4 Telemedizinischer Datentransfer

50.5.2 Strukturierte Blutzuckerselbstkontrolle

Erhöhte Blutzuckerwerte führen bei Personen mit Typ 2 Diabetes zu keinen Beschwerden. Daher wird den Betroffenen die Selbstmessung der Blutzuckerwerte geraten. In der weltweit beachteten ROSSO-Studie konnte gezeigt werden, dass die Selbstmessung der Blutzuckerwerte bei Personen mit Typ 2 Diabetes mit einer reduzierten Rate an Herzinfarkten und Schlaganfällen, sowie einer geringeren Mortalität assoziiert ist [6]. In weiteren wissenschaftlichen Studien konnte gezeigt werden, dass durch die Messung der Blutzuckerwerte die Betroffenen wichtige Hinweise bekommen wie sich bestimmte Nahrungsmittel oder körperlicher Aktivität auswirken [7–9]. So sollen die Betroffenen den Blutzucker vor und 1,5–2 h nach unterschiedlichen Mahlzeiten messen. Dabei sollen sie ruhig auch mal ungünstige Nahrungsmittel wie eine Tüte Gummibärchen testen. Der abendliche Sport zeigt sich am nächsten Morgen durch deutlich niedrigere Blutzuckerwerte. Das sich diese strukturierte Blutzuckerselbstkontrolle langfristig auf das Verhalten auswirkt, ist sie eine wichtige Säule beim TeLiPro.

50.5.3 Einstieg in Ernährungsumstellung mittels Formuladiät

Im Bereich der Ernährung wurde Personen mit Typ 2 Diabetes geraten, sich möglichst fettarm und kohlenhydratreich zu ernähren. Neuste Forschungsergebnisse stellen dies aber in Frage, so dass man heute dazu übergeht, eine low-carb Ernährung zu empfehlen, bei der man am Tag möglichst weniger als 40–50 g Kohlenhydrate essen sollte [10]. In verschiedenen Studien konnte zusätzlich gezeigt werden, dass man Personen mit Typ 2 Diabetes mit einer proteinreichen und kohenhydratarmen Formuladiät bei der Ernährungsumstellung helfen kann [11, 12]. In einer aktuellen Studie des WDGZ konnte durch eine Fastenkur mit Almased-Vitalkost, einem Nahrungsergänzungsmittel bestehend aus Sojaprotein und geringen Anteilen von Jogurt und Honig, die Insulindosis bei Personen mit Typ 2 Diabetes um die Hälfte reduziert werden. Beim TeLiPro werden in der ersten Woche alle drei Hauptmahlzeiten durch eine Formuladiät (Almased-Vitalkost, Almased Wellness GmbH, Bienenbüttel) ersetzt. Dies entspricht einer Kalorienzufuhr von 1100 kcal/Tag. In Woche 2–4 werden nur noch zwei Mahlzeiten ersetzt und ein proteinreiches Mittagessen eingenommen. Anschließend wir konsequent eine Mahlzeit durch die Formuladiät ersetzt.

50.5.4 Motivationscoaching

Spitzensportler und Spitzenmanager werden zur Steigerung der Leistung und zur Bewältigung von Stresssituationen durch Motivationstrainer betreut. Ein vergleichbares Trainingsprogramm wurde durch das Westdeutsche Diabetes- und Gesundheitszentrum entwickelt und im Rahmen einer multizentrischen Studie evaluiert [13, 14]. Grundlage ist die Technik der neurolinguistischen Programmierung (NLP), die bei den Patienten mit Typ 2 Diabetes zu einer konsequenteren Umsetzung von gesünderer Ernährung und vermehrter Bewegung führte. In der Folge kam es zu deutlichen Gewichtsabnahmen und Verbesserungen von Blutzuckerwerten und weiteren Risikofaktoren für Herz-Kreislauferkrankungen. Das Motivationstraining steht als online Programm (www.just-me.eu) zur Verfügung. Beim TeLiPro nutzen die Gesundheitsberater beim telefonischen Coachen der Patienten einzelne Elemente des Motivationstrainings.

Das TeLiPro stellt eine Unterstützung der hausärztlichen Betreuung von Personen mit Typ 2 Diabetes dar. Patienten mit schlecht eingestelltem Typ 2 Diabetes werden durch den Hausarzt oder die jeweilige Krankenversicherung auf das Angebot von dem DITG in Düsseldorf aufmerksam gemacht und von dort zentral betreut. Die Betreuung beginnt mit der Übersendung der telemedizinischen Geräte zur Selbstmessung von Blutzucker, Gewicht und körperlicher Aktivität. Wenn ein Bluthochdruck vorhanden ist, kann auch ein entsprechendes Blutdruckmessgerät mit automatischer Datenübertragung zur Verfügung gestellt werden. Die weitere Betreuung erfolgt durch die Gesundheitscoaches telefonisch. Nach dem Start der Formuladiät werden die Blutzuckerwerte engmaschiger kontrolliert und häufiger mit dem Patienten Kontakt aufgenommen, als in den späteren Phasen des Programms. Wenn die normale Kost wieder gestartet wird, werden die Patienten zur strukturierten Blutzuckerselbstkontrolle vor und nach dem Essen angehalten und die Ergebnisse werden in regelmäßigen Telefonaten mit den Coaches besprochen.

50.6   Wie könnte die Zukunft aussehen?

Sowohl das für die stationäre Diabetesbetreuung entwickelte TeDia Programm, wie auch das TeLiPro zur langfristigen Änderung des Lebensstils sind Pilotprojekte für eine innovative Nutzung von digitaler Techniken in der Medizin. Dabei handelt es sich nicht um eine reine Telemedizin, sondern um ein medizinisches Betreuungsprogramm mit telemedizinischen Elementen. Im Verbund Katholischer Kliniken Düsseldorf (VKKD) wird aktuell an einer Erweiterung des TeDia gearbeitet. So sollen weitere Volkserkrankungen wie Mangelernährung, Nierenschwäche, chronische Wunden, aber auch Demenz durch ein Team von spezialisierten Krankenschwestern und Krankenpflegern in enger Interaktion mit Ärzten erfasst und behandelt werden.

Das TeLiPro eignet sich nicht nur für Personen mit Typ 2 Diabetes, sondern kann bei allen durch Lebensstil-bedingten Erkrankungen (Abb. 50.2) zum Einsatz kommen. Auch nach Herzinfarkt oder Schlaganfall könnte das TeLiPro zur Tertiärprävention eingesetzt werden. Im Anbetracht des dramatischen Anstiegs von Diabetes mellitus oder Bluthochdruck in Ländern ohne flächendeckende hausärztliche Versorgung kann eine Kombination aus TeDia und TeLiPro auch als Grundlage einer vollständigen diabetologischen oder hypertensiologischen Patienten Betreuung genutzt werden. Dazu würde nicht-ärztliches medizinisches Personal trainiert werden, die Krankengeschichte des Patienten in einer digitalen Patientenakte zu erfassen. Auch notwendige Untersuchungen würden vor Ort durchgeführt werden und die Ergebnisse digital gespeichert werden. Zusätzlich würden alle Selbstmessungen (u. a. Blutzucker, Blutdruck) in die Patientenakte integriert. Sämtliche Daten würden durch spezialisierte Ärzte in telemedizinischen Zentren bewertet, entsprechende Therapievorschläge unterbreitet und deren Erfolg kontinuierlich kontrolliert werden. Dieses Betreuungssystem hätte das Potential die Routineversorgung zu übernehmen, fallen jedoch Besonderheiten auf oder werden Komplikationen erkannt, würden die Patienten zu spezialisierten Einrichtungen weitergeleitet werden. Durch die entsprechende Vernetzung und die elektronische Patientenakte könnten Eingriffe vorab geplant und Doppeluntersuchungen vermieden werden. Solche internationale Modellprojekte könnten in einer späteren Phase wieder nach Deutschland reimportiert werden, um bei hausärztlichen Versorgungsproblemen eine medizinische Grundversorgung zu ermöglichen. Solche internationalen Beratungsleistungen aus dem Standort Deutschland heraus haben das Potential, einen neuen medizinischen Marktplatz mit hoher Wertschöpfung zu schaffen.

Literatur

1. Kempf, K., & Martin, S. (2012). Telediabetologie Unterstützung der Diabetesversorgung. *Diabetologe, 8,* 308–314.
2. Xu, Y., Wang, L., He, J., Bi, Y., Li, M., Wang, T., Wang, L., Jiang, Y., Dai, M., Lu, J., Xu, M., Li, Y., Hu, N., Li, J., Mi, S., Chen, C. S., Li, G., Mu, Y., Zhao, J., Kong, L., Chen, J., Lai, S., Wang, W., Zhao, W., Ning, G., & 2010 China Noncommunicable Disease Surveillance Group (2013). Prevalence and control of diabetes in Chinese adults. *Journal of the American Medical Association, 310,* 948–959.

3. Li, G., Zhang, P., Wang, J., An, Y., Gong, Q., Gregg, E. W., Yang, W., Zhang, B., Shuai, Y., Hong, J., Engelgau, M. M., Li, H., Roglic, G., Hu, Y., & Bennett, P. H. (2014). Cardiovascular mortality, all-cause mortality, and diabetes incidence after lifestyle intervention for people with impaired glucose tolerance in the Da Qing Diabetes Prevention Study: A 23-year follow-up study. *Lancet Diabetes Endocrinol, 2,* 474–480.

4. Lim, E. L., Hollingsworth, K. G., Aribisala, B. S., Chen, M. J., et al. (2011). Reversal of type 2 diabetes: Nor-malisation of beta cell function in association with decreased pancreas and liver triacylglycerol. *Diabetologia, 54,* 2506–2514.

5. Martin, S., Stichert, M., Fischer, G., Boschem, E., Könner, J., & Kempf, K. (2013). Telemedical coaching for weight loss – a randomized controlled trial. *Diabetes, 62*(Suppl. 1), 7–7R.

6. Martin, S., Schneider, B., Heinemann, L., et al. (2006). Self-monitoring of blood glucose in type 2 diabetes and long-term outcome: an epidemiological cohort study. *Diabetologia, 49,* 271–278.

7. Kempf, K., Kruse, J., & Martin, S. (2010). ROSSO-in-praxi: A self-monitoring of blood gluco-se-structured 12-week lifestyle intervention significantly improves glucometabolic control of patients with type 2 diabetes mellitus. *Diabetes Technology & Therapeutics, 12,* 547–553.

8. Kempf, K., Kruse, J., & Martin, S. (2012). ROSSO-in-praxi follow-up: Long-term effects of self-monitoring of blood glucose on weight, hemoglobin A1c, and quality of life in patients with type 2 diabetes mellitus. *Diabetes Technology & Therapeutics, 14,* 59–64.

9. Kempf, K., Tankova, T., & Martin, S. (2013). ROSSO-in-praxi-international: Long-term effects of SMBG on glucometabolic control in patients with type 2 diabetes mellitus not treated with insulin. *Diabetes Technology & Therapeutics, 15,* 89–96.

10. Tay, J., Luscombe-Marsh, N. D., Thompson, C. H., Noakes, M., Buckley, J. D., Wittert, G. A., Yancy, W. S., & Brinkworth, G. D. (2014). A very low carbohydrate, low saturated fat diet for type 2 Diabetes management: A randomized trial diabetes care. *Diabetes Care, 37*(11), 2909–2918.

11. Kempf, K., Schloot, N. C., Gärtner, B., Keil, R., Schadewaldt, P., & Martin, S. (2014). Meal re-placement reduces insulin requirement, HbA1c and weight long-term in type 2 diabetes patients with > 100 U insulin per day. *Journal of Human Nutrition and Dietetics: The Official Journal of the British Dietetic Association, 27*(Suppl 2), 21–27.

12. Kempf, K., Gärtner, B., Keil, R., Ullmann, S., & Martin, S. (2014). Long-term reduction of weight and antidiabetic medication by protein-rich meal replacement in Type 2 diabetes patients – a randomized controlled trial. *Diabetes, 63*(Suppl. 1), 1480–P.

13. Martin, S., Dirk, M., Kolb, H., et al. (2009). Kognitive Verhaltenstherapie bei Typ 2 Diabetes: Ergebnisse einer Pilotstudie mit einem strukturierten Programm. *Diabetologie und Stoffwechsel, 4,* 370–373.

14. Kempf, K., Dirk, M., Kolb, H., et al. (2012). [The Da Vinci medical-mental motivation program for supporting lifestyle changes in patients with type 2 diabetes]. *Deutsche medizinische Wochenschrift (1946), 137*(8), 362–367.

Das mobile Internet und seine mögliche Bedeutung für die Zukunftsmärkte alternder sich wandelnder Gesellschaften

51

Kerstin Wessig

Zusammenfassung

In ihrer Struktur ältere Gesellschaften führen zu einem reduzierten Anteil Erwerbstätiger. Weder einseitige Zuwanderung noch die drastische Erhöhung des Pensionsalters, noch die Erhöhung der Arbeitsproduktivität durch Automatisierung in den Betrieben bieten umsetzbare und sozialverträgliche Lösungen die zum Erhalt oder der Erhöhung des Humanvermögen beitragen. Ein möglicher Lösungsansatz wird in der Erhaltung der Selbstständigkeit, geistigen und körperlichen Aktivität und Selbstbestimmtheit älter werdender Menschen durch mobile, technische und gleichzeitig sozial integrierte Internet -Applikationen und Systeme gesehen. Der Markt für die Nutzung und Zusammenführung mobiler, strukturierter Daten, Anwendungen und Umgebungsinformationen in der mobilen Anwendung insbesondere im persönlichen, Gesundheits- und im Dienstleistungsbereich wächst daher rasant. Daten, die sich aus der inhaltlichen Verknüpfung von Informationen generieren lassen und hier insbesondere aus mobilen Sensor- und Aktuatorsystemen, werden zukünftig einen wesentlichen Beitrag zum Wachstum der Wirtschaft, im demographischen Wandel vermutlich besonders der Gesundheits- und Immobilien-, und Versicherungswirtschaft durch innovative Anwendungen leisten und gleichzeitig zu Kosteneinsparungen in der Gesundheitsversorgung führen. Das Ziel ist, mit Hilfe mobiler, pervasiver Assistenzfunktionen die Wirtschaftskraft der Unternehmen zu stärken, die Interaktion von Gebäuden mit Menschen zu verbessern, im Alter die aktive Teilhabe am Gesellschaftsleben aufrechtzuerhalten, die vorhandenen professionellen Pflege- und Medizinressourcen optimal zu nutzen und die Wirtschaftskraft zu stärken.

K. Wessig (✉)
Humanwissenschaftliches Zentrum, Ludwig-Maximilians-Universität München, München, Deutschland
E-Mail: wessig@hwz.uni-muenchen.de

© Springer-Verlag Berlin Heidelberg 2015
C. Linnhoff-Popien et al. (Hrsg.), *Marktplätze im Umbruch,* Xpert.press,
DOI 10.1007/978-3-662-43782-7_51

483

51.1 Hintergrund

In 2020 werden 20 % der Weltbevölkerung über 65 Jahre alt sein. [3, 7, 10, 14].Dies sind allein in China mehr als 200 Mio. Menschen. [3, 7, 10]. In ihrer Struktur ältere Gesellschaften führen zu einem reduzierten Anteil Erwerbstätiger. Bei einem gleichzeitigen kontinuierlichen Anstieg der Lebenserwartung erhöht sich zudem für die Hochalten das Risiko der Pflegebedürftigkeit [40]. Bei einem drastischen Rückgang der Ressourcen der formellen Pflege [Ambulante und stationäre Kranken- und Altenpflege) schwächt der erhöhte Fürsorge- und Pflegeaufwand die berufliche Leistungsfähigkeit der jüngeren Generationen und die Frauen - Erwerbsquote, da diese aufgrund fehlender professioneller Kräfte instabile familiäre Pflegearrangements eingehen müssen [40, 44].

Insbesondere in ländlichen Regionen der westlichen Welt findet sich bereits heute eine deutliche Ausdünnung der Bevölkerung bei gleichzeitiger Zunahme des relativen Anteils der Alten. Ein an sich prosperierendes Wirtschaftswachstum – auch im Gesundheitswesen – wird hierdurch erheblich eingedämmt oder geht zurück, da die Zahl der in einer Region kulturell und strukturell integrierten Arbeitskräfte- auch die im Gesundheitswesen- kontinuierlich abnimmt [40, 49].

Weder einseitige Zuwanderung noch die drastische Erhöhung des Pensionsalters, noch die Erhöhung der Arbeitsproduktivität durch Automatisierung in den Betrieben bieten umsetzbare und sozialverträgliche Lösungen die zum Erhalt oder der Erhöhung des Humanvermögen beitragen [45].

51.2 Wachsende Nachfrage nach mobilen Technologien durch Ältere

Ein möglicher Lösungsansatz wird in der Erhaltung der Selbstständigkeit, geistigen und körperlichen Aktivität und Selbstbestimmtheit älter werdender Menschen in ihrem Lebensumfeld durch mobile, technische und gleichzeitig sozial integrierte Internet -Applikationen und Systeme gesehen [50]. Wobei der Mensch bei diesen Systemen immer im Zentrum steht.

Hierdurch können sozialverträgliche familiäre Strukturen, Humanvermögen und wirtschaftliche Leistungsfähigkeit in den Regionen erhalten werden und ein großes Wertschöpfungspotential für Unternehmen, die solche Lösungen als Produkte, Services bzw. komplexe soziotechnische Systeme anbieten, entstehen [38].

Digital Natives sind heute nicht mehr ausschließlich in der jüngeren Generation zu finden, sondern nehmen insbesondere auch in der sehr viel heterogenen Gruppe der Älteren stark zu. Die Einschätzung, Ältere eindimensional aufgrund ihres Alters einfach den digital Immigrants zuzurechnen, ist veraltet. Vielmehr wird heute dem Umstand Rechnung getragen, daß Technikaffinität nicht ausschließlich altersabhängig, sondern eher bildungs – und geschlechtsabhängige Faktoren aufweist.

Viele Ältere managen heute vielfach Blogs und Wikis und entwickeln selbst Anwendungen des Web 3.0. Daher wächst der Markt für die Nutzung und die Zusammenführung mobiler, strukturierter Daten, Anwendungen und Umgebungsinformationen in der mobilen Anwendung insbesondere im persönlichen, Gesundheits- und im Dienstleistungsbereich rasant [11, 17, 27].

Durch Vernetzung und Integration vorhandenen technischen Wissens, handwerklicher Fähigkeiten, und gewachsener Unternehmensstrukturen können mobile Produkt-Dienstleistungs-Systeme angeboten werden, die es älter werdenden Menschen ermöglichen, ihre Selbständigkeit im gewohnten Umfeld zu erhalten und trotz abnehmender physischer und kognitiver Leistungsfähigkeit die Teilhabe am Familienleben, in der Gesellschaft und eventuell sogar am Arbeitsleben (beispielsweise durch Heimarbeit) zu gewährleisten [28–30, 42, 43, 51].

Mobile, sensor-gestützte Informations- und Kommunikationssysteme unterstützen durch die Bereitstellung – an den Bedarf und die Einschränkungen der jeweiligen Benutzer individuell angepasste – technische Servicefunktionen und helfen gleichzeitig, durch ihren Betrieb Energie einzusparen.

Hierzu gehören mobile Smart home Anwendungen genauso wie mobile Gesundheitsapplikationen, aber auch mobile Einkaufs – Logistik – und Arbeitssysteme, die Heimarbeit ermöglichen und die durch empirische Untersuchungen, Nutzerstudien, Benutzbarkeitstests, Wohnraumstudien evaluiert werden müssen [15].

Insbesondere Technologien und Produkte für das häusliche Wohnumfeld werden bereits heute und zukünftig vermehrt nachgefragt:

> Von Notrufsystemen über Telemonitoring-Systeme bis hin zu mobil steuerbaren Anlagen für Energie und Haushaltsgeräte, soziotechnische Dienstleistungen und Technologien und Systemlösungen für die Versorgung mit Gütern, nicht nur des täglichen Gebrauchs sondern Technologien zur Sicherung sozialer Kontakte, Kommunikation, Entwicklung sozialer Organisationen, Sicherung sorgender Gemeinschaften, zum vereinfachten Umgang mit Behörden und insgesamt der Verbesserung der Teilhabe am kulturellen Leben.

Die Befriedigung dieser Bedürfnisse und die Deckung dieses Bedarfs ist Voraussetzung dafür, dass Ältere in ihrer gewohnten Umgebung bleiben und damit die Entwicklung ihrer Kommunen stützen. Wenn es gelingt, diesen Bedarf aus der Region heraus zu decken, ergibt sich zugleich ein neuer Beschäftigungseffekt in der Region, der die regionale Entwicklung zusätzlich stützt. Wenn es darüber hinaus gelingt, auch einen Teil der erforderlichen (technischen) Innovationen in der Region zu erzeugen, erhöht sich der Entwicklungsimpuls für die Region [17, 28].

51.3 Mobile intelligent verknüpfte und strukturierte Daten

Mit Hilfe des Semantic Web lassen sich sowohl im Gesundheitsmarkt und zum Beispiel auch im Smart Home Bereich sehr viel aussagefähigere, personalisierte und ganz neue Verknüpfungen vieler Informationen zunächst einmal für den einzelnen Nutzer, zum Beispiel zum Monitoring seines Gesundheitsverhaltens, oder zur Information über den Ener-

gieverbrauch im eigenen Heim generieren. Darüber hinaus lassen sich die unterschiedlichsten Daten vieler Nutzer aus den verschiedenen Bereichen des täglichen Lebens wie
z. B. den

- *Energieverbrauchs – und Bedarfsdaten*
- *Mobilität und Tagesablaufsdaten (wetter- alters-, orts-, tageszeitabhängig etc)*
- *Gesundheitsdaten*
- Sicherheitsdaten

und der dazugehörigen Daten zum Nutzerverhalten erheben und z. B. sinnvolle smarte
Anwendungen zur Änderung des Nutzerverhaltens mit Hilfe des Semantic Web etablieren.

- *In der Nutzung von Energie und alternativer Energiequellen*
- *Zum Gesundheitsverhalten*
- *In der Verbreitung neuer Anwendungen im Smart Home Bereich*
- *In der Automatisierung von Smart Home Anwendungen*
- *im Bereich der Sicherheit (automatische Meldesysteme beim Nachbarn etc)*
- *im Bereich Freiwilligen – und Nachbarschaftshilfe*
- *im Dienstleistungsbereich (mobile shopping, Transport und Mobilität)*

51.4 Volkswirtschaftlicher Nutzen

In der Bundesrepublik werden 2030 ca. 7 Mio. weniger Erwerbstätige als heute arbeiten,
was nicht nur ein um ca. 16 % geringeres Bruttosozialprodukt mit sich bringt, sondern bei
gleichbleibenden Produktionsprozessen auch einen enormen Verlust an Wissen, der durch
die Berentung langjähriger Wissensträger insbesondere in Kernindustrien wie der Deutschen Medizintechnik und der Gesundheitsversorgung entsteht [3, 37, 38, 40].

Daten, die sich aus der inhaltlichen Verknüpfung von Informationen generieren lassen und hier insbesondere aus mobilen Sensor- und Aktuatorsystemen, werden zukünftig
einen wesentlichen Beitrag zum Wachstum der Wirtschaft, im demographischen Wandel
vermutlich besonders der Gesundheits- und Immobilien-, und Versicherungswirtschaft
durch innovative Anwendungen leisten und gleichzeitig zu Kosteneinsparungen in der
Gesundheitsversorgung führen.

Das Ziel ist, mit Hilfe mobiler, pervasiver Assistenzfunktionen die Wirtschaftskraft der
Unternehmen zu stärken, die Interaktion von Gebäuden mit Menschen zu verbessern, im
hohen Alter Aktivitäten des täglichen Lebens (ADLs) aufrechtzuerhalten, die vorhandenen professionellen Pflege- und Medizinressourcen optimal zu nutzen und Angehörige zu
entlasten.

Zudem hat die bisherige Fokussierung des Demographie-Problems auf den Anteil der
Älteren mit funktionalen Einschränkungen, insbesondere mit Krankheiten und Pflegebedürftigkeit, weitgehend den Blick dafür verstellt, dass der weitaus größere Teil der Älteren

nahezu uneingeschränkt leistungsfähig ist und insofern ein großes Potential an Arbeits-
kräften und Kompetenzen darstellt [7, 14, 38]. Daher sollten Ältere – soweit sie können
und wollen – durch Bereitstellung entsprechender mobiler, technologiebasierter Systeme
selbstbestimmt erwerbstätig bleiben können [10].

Gampe, J. (Mitglied des MPIDR Rostock) bewies, dass die erreichten Lebensjahre
der Gesellschaft stetig zunehmen, körperliche und geistige Gebrechen sich ins hochalte
Lebensalter verschieben und sich unsere Gesellschaft trotz Alterung eher verjüngt, da die
derzeit jungen Alten viele gesunde Lebensjahre bis zum Eintritt von Pflegebedürftigkeit
vorweisen, insbesondere, wenn diese zeitlebens körperlich und vor allem geistig aktiv
waren [26, 37, 40]. Groß angelegte Studien in Japan in über Jahrzehnte aufgebauten Silver Human Ressource Centers zeigen, dass soziale Teilhabe, Lebensqualität und geistige
und körperliche Gesundheit bis ins hohe Alter bei älteren Menschen durch koordinierte,
angeleitete und aktive Einbindung in sinnvolle und für sie zu bewerkstelligende Arbeits-
aufgaben positiv beeinflusst werden kann [31],

Durch den gezielten Einsatz mobiler Anwendungen können durch den Alterungspro-
zess abnehmende kognitive und physische Fähigkeiten kompensiert werden und die auf
Berufserfahrung und die auf besonderen Fertigkeiten der Älteren basierende Leistung
durch die Bereitstellung mobiler internetbasierter Technologien gesteigert werden [10,
21, 26].

Insbesondere in strukturschwachen Räumen können mobile Informationen, intelligent
ausgewertet, die Versorgung und die Mobilität erhöhen durch Verbesserung des Zugangs
zu Versorgungssystemen und den Zugang zum Gesundheitssystem sichern und so die Infrastruktur der Region verbessern. Daher generiert die Entwicklung hybrider Geschäftsmodelle für mobile, soziotechnische Systeme volkswirtschaftlichen Nutzen und erforscht
neben dem ökonomischen Potenzial den Anwendernutzen durch die Erforschung der verschiedenen Anwendungsfelder [38, 39, 42, 49].

51.5 Entstehung hybrider Geschäftsmodelle

Erfolgreiche Geschäftsmodelle für mobile Anwendungen, die sowohl von Digital Natives
als auch von Digital Immigrants als nützlich empfunden werden, müssen darauf gerichtet
sein, möglichst den Nutzen, die sog. Value Proposition, das ist der durch das Modell ge-
stiftete Mehrwert des Produkts oder des Systems und dessen Optimierung durch die im
Geschäftsmodell implementierte Wertschöpfungskette, die wesentliche Einflüsse auf den
Produktionswert der Anwendungen ausübt, nachhaltig zu etablieren [26, 27, 39].

Dabei steht die Wertschöpfungskette in Abhängigkeit mit den erbrachten Vorleistun-
gen, dem Aufwand für die Herstellung und dem Vertrieb einer mobilen Anwendung.

Sensorgestützte mobile Anwendungen, die die zukunftsorientierte Selbstverantwortung und – organisation unterstützen und gleichzeitig hochqualitative schützenswerte
Daten liefern, müssen weiter erforscht und entwickelt werden und insbesondere die indi-

vidualethischen und sozialethischen Anforderungen an die Sensorsysteme in die Technologieentwicklung nutzerorientiert einfließen, um Marktfähigkeit zu garantieren [2, 4, 5].

Entsteht aus der Vielzahl der Kontextdaten aus z. B. Smart Home Anwendungen weiterer intelligenter Mehrwert, entstehen automatisch sinnvolle weitere Verknüpfungen bestehender und neu zu entwickelnder Sensoren, deren Daten ebenfalls mobil und für den Nutzer einfach überall abrufbar und valide interpretierbar sein sollten. Für eine erfolgreiche
Dissemination der hierdurch neu entstehenden Systeme und Sensorkonzepte ist eine enge
Verzahnung mit der Energie- Wohnungsbau – Gesundheits – und Dienstleistungsindustrie
als auch der Kommunen erforderlich, die diese bereits vor und während der detaillierten
Entwicklung bewertet [6].

Für den Erfolg hybrider Geschäftsmodelle solcher Anwendungen sind zur aktiven Gestaltung der Anforderungen des demographischen Wandels die Verschränkung und Integration der Technologieentwicklung und ethisch und sozialökonomisch erforschte Anwen-
dungsdesigns zur nachhaltigen Aktivierung von Eigenverantwortung und nutzerorientier-
ten Steuerungsmöglichkeiten hin zu einer integrierten, personalisierten und nachhaltigen
Systematik mit hohem ökonomischen Potenzial zur Sicherung der Daseinsvorsorge notwendig [11].

51.6   Nutzung strukturierter Daten zur Stärkung des Zukunftsmarkts Gesundheit

Der Innovationsschub der mobilen Gesundheitsversorgung ist bereits heute immens und
wächst derzeit trotz wachsender sicherheitstechnischer und ethischer Fragestellungen in
Europa insbesondere in den asiatischen Ländern und den USA ungebremst [8, 27].

Bereits heute werden mehr als 1 Mio. Gateways im Telehealth Bereich genutzt. Vorhersagen erwarten die Nutzung von mehr als 3,6 Mio. Gateways in 2018. (InMedica, IMS
Research). Bereits heute soll es einen 1,7 Mrd. US $ $ Markt für mobile Anwendungen
im Gesundheitswesen geben. Für 2016 werden 100 m tragbare Sensoren vorhergesagt [8,
22, 27, 46, 50].

Sensorgestützte mobile Anwendungen, die die Selbstverantwortung zur Gesundheitsförderung und Krankheitsprävention unterstützen und gleichzeitig hochqualitative schützenswerte Daten liefern, müssen erforscht und entwickelt werden und insbesondere die
ethischen Anforderungen an die Sensorsysteme in die Technologieentwicklung nutzerorientiert einfließen, um Marktfähigkeit zu garantieren.

Methoden der Versorgungsforschung zur Bewertung des Nutzens aus medizinischer,
ethischer, ökonomischer und aus Nutzerperspektive der entwickelten Sensoren und Ak-
tuatoren sollten zur Sicherung der Marktfähigkeit **angewandt** werden.

Für eine erfolgreiche Dissemination mobiler Applikationen zur Sicherung des Zugangs zum Gesundheitssystem, zur Selbstdiagnose, zu innovativen Therapiekonzepten,
zum Selbstmanagement, zur Stärkung und Intensivierung der Arzt- Patientenbeziehung,
zur Erhöhung der Compliance und zum Einsatz soziotechnischer Systeme und mobiler

Sensorkonzepte (z. B. der der Medizintechnik im Gesundheitsmarkt ist eine enge Verzahnung mit der Gesundheitsindustrie erforderlich, die diese bereits vor der detaillierten Entwicklung durch wesentliche Kosten- und Leistungsträger des Gesundheitswesens bewertet [15, 47, 49].

51.7 Die Nutzung mobiler Daten zur Verbesserung des Gesundheitsverhaltens

Millionen von Menschen sterben sowohl in Industrie- als auch Entwicklungsländern immer noch an vermeidbaren Krankheiten wie Herz-Kreislauf-Erkrankungen und Diabetes durch vermeidbar falsches Gesundheitsverhalten. Allein in den USA sind 120 Mio. Menschen stark übergewichtig. Insbesondere in den transitorischen Ländern Brasilien, Mexiko, Indien und China ist ein schneller stetiger Anstieg des Body Mass Index und der Diabetesrate zu verzeichnen.

Auch wenn durch die Anstrengungen der Vergangenheit zur Gesundheitsaufklärung und – erziehung eine Tendenz zu gesundheitsförderlichem Verhalten insbesondere bei Älteren ablesbar ist, benötigen Regierungen und Gesundheitsdienstleister bessere und passendere Strategien, deren Potential und Erfolg in der konsequenten Nutzung mobiler Kommunikationstechnologien liegen.

Die Zusammenführung strukturierter Daten, Anwendungen und Umgebungs-informationen führen in der mobilen Anwendung mit Hilfe des Semantic Web zu aussagefähigen und ganz neuen Informationen [8, 9, 21]. Durch die gleichartige Ansprache vieler verschiedener Nutzer mit ähnlichem Gesundheitsverhalten einzelner mobiler Geräte könnte die Zusammenführung strukturierter Daten aus der Lebenswelt einzelner Nutzer und auf diese Gruppen zugeschnittene Interventionen, die den Einzelnen über die Nutzung mobiler Informationen erreichen, zu positiven Veränderungen des täglichen Gesundheitsverhaltens in Gruppen (peer groups) führen.

Die Nutzung mobiler, strukturierter Informationen könnte durch die Direktansprache vieler verschiedener Nutzer und deren Kommunikation untereinander zu einem ökonomisch messbaren, gesundheitsförderlichen Veränderungsverhalten der Nutzer führen, das langfristig das Gesundheitsverhalten der Gesellschaft verbessert [1, 47–49].

Mobile Daten in der personalisierten Medizin

Ergebnisse und Resultate therapeutischer Interventionen können in der personalisierten Medizin durch die Nutzung des Mehrwerts strukturierter Daten zu auf den Patienten maßgeschneiderten, pharmakologischen Applikationen genutzt werden [34, 49]. So ist es bereits heute möglich, die Wirkung und das Ausmaß einzelner Nebenwirkungen und Interaktionen eines Medikaments z. B. gegen Bluthochdruck anhand der Auswertung strukturierter Daten nicht nur rechtzeig zu erkennen, sondern auch sofort zu reagieren und neu personalisiert zu dosieren.

Auch die mobile DNA Analyse des Genoms ist heute bereits möglich.

Das medizintechnische Konzept der Photoplethysmographie (PPG), zum Beispiel ist besonders für eine Nutzung in einer mobilen Anwendung zur Diagnostik und zum Selbstmanagement sowie zum mobilen Monitoring von Vitaldaten besonders geeignet und wird heute bereits eingesetzt.

Die Nutzung solcher „pervasive sensing" Methoden in mobilen Anwendungen kann insbesondere im Hinblick auf die Prävention, die Behandlung und das Monitoring chronischer Zivilisationskrankheiten und Alterserkrankungen und deren – häufig medikamentös induzierte – Begleitrisiken, (z. B. Stürze, Schwindel, Schlaf- und Sehstörungen), – einen erheblichen Mehrwert erzielen [49].

Durch die Intensivierung der Arzt – Patientenbeziehung durch die häufiger möglichen Kontakte über mobile Medien und ein durch den personalisierten Zuschnitt der Therapieoptionen intensiviertes Share Decision Making kann eine Verbesserung der Behandlung mehr Lebensqualität und gesundheitsökonomischer Mehrwert durch Einsparungen erzielt werden [47, 49]. Beispielhaft seien an dieser Stelle die komplexe Behandlung der Parkinsonkrankheit, der arteriellen Hypertonie und ihren Begleiterscheinungen im Alter, der Schlaganfallprophylaxe und – therapie und die frühzeitige Erkennung, Behandlung und Begleitung der Patienten und Angehörigen bei Dementiellen Erkrankungen genannt, [20, 41, 43].

Insbesondere das Monitoring der Adherence, der Compliance, Stärkung und Motivation zur Therapie durch Enhancement und die u. U. für die weiteren therapeutischen Entscheidungen wichtigen tatsächlichen Daten zum Tagesablauf und täglichen Verhalten könnten unter Umständen für eine Verbesserung des individuellen Gesundheitszustandes sinnvoll und wertvoll sein [22]. Allerdings sind alle individualethischen und sozialethischen Grundsätze in der Auswertung und Auswertung solcher Daten uneingeschränkt anzuwenden.

Viele kritische Situationen im Bereich der epidemiologischen Medizin lassen sich durch mobile, strukturierte Informationen auf dem Boden von eHealth Technologien nochmals sehr viel schneller und effektiver beurteilen und sichern adäquate, maßgeschneiderte Handlungsempfehlungen, die gesundheitsökonomischen Impact aufweisen (Verbreitung und Behandlung von Influenzaviren etc.).

Im Bereich der personalisierten Medizin und in der Hightech- Medizin verbergen sich die größten Wachstumspotentiale für mobile telemedizinische Anwendungen, die in der Notfallmedizin bereits Alltag sind, aber vor allem auch im mobil technologisch und fachlich assistierten Selbstmanagement.

51.8   Risiken und Herausforderungen

Risiken liegen in der Analyse und Interpretation der hochintensiven, inköhärenten, multimodalen und multilokalen gesundheitsrelevanten Daten. Hinzu kommt, dass Qualitäts- und Sicherheitsgarantien zu geben sind, wenn diese Daten für die Diagnostik und Therapie verwendet werden und damit die Eigenschaften eines Medizinprodukts einnehmen. Nicht zuletzt ist von technischer Seite die Energieeffizienz zu berücksichtigen [13].

Des weiteren ergeben sich Herausforderungen in der Akzeptanz der Daten für die klinische Entscheidungsfindung. Die Menge der entstehenden Daten muss reduziert und sinnvoll auf einem höheren Level interpretiert den Anforderungen, die eine klinische Entscheidungsfindung an die Daten stellt, genügen. Herausforderungen bilden auch die derzeit gesetzten Grenzen professioneller Versorgung („erster Gesundheitsmarkt") und die Barrieren nicht professioneller Versorgung, die es aufzulösen gilt. Allerdings fördern neue mobile Technologien eine noch engere Zusammenarbeit von Pflegekräften und Ärzten und ambulanter und stationären Versorgungseinrichtungen mit nichtprofessionellen Diensten. Damit ergeben sich auch zahlreiche neue Perspektiven hin zu neuen Geschäftsfeldern im Gesundheitsmarkt und in der Finanzierung solcher Gesundheitsdienstleistungen.

Literatur

1. Bähr, M., Klein, S., Diewald, S., Haag, C., Hofstetter, G., Khoury, M., Kurz, D., Winkler, A., König, A., Holzer, N., Siegrist, M., Pressler, A., Roalter, L., Linner, T., Heuberger, M., Wessig, K., Kranz, M., & Bock, T. (2012). PASSAge – Personalisierte Mobilität, Assistenz und Service Systeme in einer alternden Gesellschaft. *Tagungsband 6. Deutscher AAL-Kongress*. Berlin.
2. Baldwin, C. Y., & Clark, K. B. (2000). *Design rules: The power of modularity*. Boston: MIT Press.
3. Baltes, P. B., & Mayer (1996). Die Berliner Altersstudie (BASE): Überblick und Einführung. In K. U. Mayer & P. B. Baltes (Hrsg.), *Die Berliner Altersstudie* (S. 21–54). Berlin: Akademie Verlag.
4. Bergmann, F. (2004). *Neue Arbeit, Neue Kultur: Ein Manifest*. Freiburg: Arbor-Verlag.
5. Bock, T., & Linner, T. (2010). Mass Customization und Plattform basierte, adaptive Baukastensysteme für Ambient Aassisted Living –Umgebungen, 3rd Ambient Assisted Living Kongress. Berlin.
6. Bock, T., Sarah, K., Stefan, D., Barbara, G., Kerstin, W., & Kranz, M. (2013). Better living by technical assistance and mobility in an aging society, TAR Conference Technical Assisted Rehab Conference Berlin.
7. Börsch-Supan, A., & Mariuzzo, F. (2005). Our Sample: 50+ in Europe [research report] Survey of health, ageing and retirement in Europe, Bd. 2.
8. Boulos, M. N., & Yang, S. P. (2013). Exergames for health and fitness: The roles of GPS and geosocial apps. *International Journal of Health Geographics, 12,* 18.
9. Brooks, R. (2002). Menschmaschinen -wie uns die Zukunftstechnologien neu erschaffen. Frankfurt a. M.: Campus Verlag.
10. Brugiavini, A., Croda, E., & Mariuzzo, F. (2005). Labour force participation of the elderly: Unused capacity? [research report] Survey of health, ageing and retirement in Europe, Bd. 5.
11. Chesbrough, H. (2011) Open services innovation: Rethinking your business to grow and compete in a new era. Sussex: Wiley.
12. Cole-Lewis, H., & Kershaw, T. (2010). Text messaging as a tool for behavior change in disease prevention and management. *Epidemiologic Review, 32*(1), 56–69.
13. Cusumano, M. A. (2010). *Staying power: Six enduring principles for managing strategy and innovation in an uncertain world*. Oxford: Oxford University Press.

14. Doblhammer, G., Scholz, R. D., & Maier, H. (2005). Month of birth and survival to age 105+: Evidence from the age validation study of German semi-supercentenarians. *Experimental Gerontology, 40*(10), 829–835.
15. Erdt, S., Linner, T., et al. (2011). Systematische Entwicklung eines komplexen Assistenzsystems zur Gesundheitsförderung am Beispiel des GEWOS-Bewegungssessels, 5. Deutscher AAL Kongress.
16. Essinger, J. (2004). *Jacquard's web – How a hand loom led to the birth of the information age.* Oxford: Oxford University Press.
17. Georgoulas, C., Linner, T., & Bock, T. (2013). Towards a vision controlled robotic home environment. *Journal of Automation in Construction, 39,* 106–116.
18. Gershenfeld, N. (2005). *FAB: The coming revolution on your desktop – from personal computers to personal fabrication.* New York: Basic Books.
19. International longevity center Japan [website], Japan's Silver Human Resources Centers. http://longevity.ilcjapan.org/f_issues/0702.html. Zugegriffen: 8. Feb. 2013.
20. Jähn, K., & Nagel, E. (2004). *eHealth.* Berlin: Springer-Verlag.
21. Jeune, B., & Vaupel, J. W. (1995). *Exceptional longevity: From prehistory to the present.* Odense: Odense University Press.
22. Klasnja, P., & Pratt, W. (2012). Healthcare in the pocket: Mapping the space of mobile-phone health interventions. *Journal of Biomedical Informatics, 45*(1), 184–198.
23. Linner, T., Kranz, M., Roalter, L., & Bock, T. (2011). Robotic and ubiquitous technologies for welfare habitat. *Journal of Habitat Engineering, 3*(1), 101–110.
24. Lipson, H., & Kurman, M. (2013). *Fabricated: The new world of 3D printing.* New Jersey: Wiley.
25. Liqifer, [website], Lösungen für Produktivität, Komfort und Gesundheit im Büro. http://www.liqifer.at. Zugegirffen: 8. Feb. 2013.
26. Maier, H., Gampe, J., Vaupel, J. W., & Jeune, B. (2010). *Supercentenarians.* Berlin: Springer.
27. Mattern, F. (2007). *Die Informatisierung des Alltags: Leben in smarten Umgebungen.* Berlin: Springer.
28. Meier, R., & Piller, T. (2011). Systematisierung von Strategien zur Individualisierung von Dienstleistungen', München: Arbeitsberichte des Lehrstuhls für Allgemeine und Industrielle Betriebswirtschaftslehre an der Technischen Universität München.
29. Milgrom, P., & Roberts, J. (1990). The economics of modern manufacturing: Technology, strategy and organization. *American Economic Review, 80*(3), 511–528.
30. MIT [website] Forschungsprojekt zum 3D-Drucken von Maschinen und Robotern. *An expedition in computing for compiling printable programmable machines.* http://ppm.csail.mit.edu/.
31. Naganawa, H. (1997). The work of the elderly and the silver human resources centers. *Japan Labour Bulletin, 36*(6), 5–7.
32. Neef, A., Burmeister, K., & Krempl, S. (2005). *Vom Personal Computer zum Personal Fabricator – Points of Fab, Fabbing Society, Homo Fabber.* Hamburg: Murmann Verlag.
33. Piller, F. T. (2006). *Mass Customization- ein wettbewerbsstrategisches Konzept im Informationszeitalter* (4. Aufl.). Wiesbaden: Deutsche Universitäts Verlag.
34. Pine, B. J., & Gilmore, J. H. (2000). *The markest of one: Creating customer-unique value through mass customization.* Boston: Harvard Business Review Press.
35. Rehg, J. A., & Kraebber, H. W. (2005). *Computer-integrated manufacturing.* Heidelberg: Springer-Verlag.
36. Reichwald, R., Stotko, C. M., & Piller, F. T. (2005). Distributed mini-factory networks as a form of real-time enterprise: Concept, flexibility potential and case studies. *The Practical Real-Time Enterprise.*
37. Robine, J.-M., Cournil, A., Gampe, J., & Vaupel, J. W. (2005). *IDL, the International database on longevity', living to 100 and beyond.* Orlando: Society of Actuaries.

38. Schaible, S., Kaul, A., Lührmann, M., Wiest, B., & Breuer, P. (2007). *Wirtschaftsmotor Alter [Studie]*. Berlin: Bundesministerium für Familie, Senioren, Frauen und Jugend.
39. Stadiwami. (2011). Standards für Wohnungsbegleitende Dienstleistungen. Webseite: www.stadiwami.de/. Zugegriffen: 26. Aug. 2011.
40. Statistische Bundesämter des Bundes und der Länder. (2011). *Demografischer Wandel in Deutschland [research report]* (1. Aufl.). Wiesbaden: Statistisches Bundesamt.
41. Staudinger, U., & Kessler, E.-M. (2007) Intergenerational potential: Effects of social interaction between older people and adolescents. *Psychology and Aging, 22,* 690–704.
42. Sundín, E. (2009). Life-cycle perspectives of product service systems. In T. Sakao & M. Lindahl (Hrsg.), *Introduction to product/service-system design*. London: Springer-Verlag.
43. Voelcker-Rehage, C., Godde, B., & Staudinger, U. M. (2010). Physical and motor fitness are both related to cognition in old age. *European Journal of Neuroscience, 31,* 167–176.
44. Wessig, K. Wenn Arbeitnehmer Angehörige pflegen, krankt dann auch das Unternehmen? Vortrag, Arbeitgeberverband Südwestmetall, 3.11.2008, Haus der Wirtschaft, Aalen.
45. Wessig, K. (2009a). AAL als Basis für ein sorgenfreies Leben bis ins hohe Alter. *Krankenhaus, Technik, Management*, S. 18
46. Wessig, K. (2009b). „Microsystems conquer medical technology", in meditec international, branch magazine for medical technology (S. 28). Landsberg: mi-Verlag.
47. Wessig, K. The emotional village: a modern seamless integrative community concept of social services and novel nanosensoric biofeedback systems for self care, prevention, social services and assistance. Technical Assisted Rehabilitation Congress 18./19.3.2009, VDE Berlin.
48. Wessig, K. (2010). „Telemonitoring und Ambient Assisted Living: Anforderungen und Visionen". In A. Picot & G. Braun (Hrsg.), *Telemonitoring in Gesundheits- und Sozialsystemen, eine e-Health – Lösung mit Zukunft* (1. Aufl., 2011, VIII, 232 S.). ISBN: 978-3-642-15632. Heidelberg: Springer Verlag.
49. Wessig, K. (2012). Integrierte Versorgungskonzepte und Technologien in „Pflege 2020", Fraunhofer Instituts für Arbeitsorganisation IAO Stuttgart.
50. World Robotics Report. (2012). Industrial robots & service robots' [research report], *Market Statistics Report*, World Robotics & VDMA.
51. Zäh, M., et al. (2009). The cognitive factory. In H. A. ElMaraghy (Hrsg.), *Changeable and reconfigurable manufacturing systems*. London: Springer.

Ines Varela

Zusammenfassung

Neue Rahmenbedingungen gesetzlicher und sonstiger Art, neue Technologien, so auch die Zunahme der Digitalisierung sowie verändertes Kundenverhalten und geänderte Kundenbedürfnisse führen dazu, dass sich die Energiebranche mit einer veränderten Nachfrage, neuen Themen und neuen Marktteilnehmern befassen muss. Die tradierten Geschäftsmodelle der Energiebranche werden dabei den künftigen Herausforderungen nicht mehr gerecht und es drängen neue Player in den angestammten Markt der Energieversorger. Dies führt zur Konvergenz und Vernetzung unterschiedlichster Branchen. Mit der Zunahme der dezentralen Energieerzeugung gewinnt zudem gerade die Informations- und Kommunikationstechnologie (IKT) fortlaufend an Bedeutung für die Energiebranche. Die Energiewende ist somit nicht nur dezentral und regenerativ, sondern vor allem auch digital.

52.1 Die Energiewirtschaft im Umbruch

Die Anforderungen an die Energiewende sind klar definiert: Versorgungssicherheit, Klima- bzw. Umweltschutz und Wirtschaftlichkeit [vgl. 4, S. 11–14]. Dabei steigt sowohl der Stromanteil an regenerativer als auch an dezentraler Energie stetig. Die politisch gewollte Zunahme der dezentralen Erzeugung bewirkt, dass der Kunde zunehmend zum Energieproduzenten, zum sog. „Prosumer", wird und damit eine veränderte Rolle im

I. Varela (✉)
Stadtwerke Düsseldorf AG, Düsseldorf, Deutschland
E-Mail: ines.varela@freenet.de

© Springer-Verlag Berlin Heidelberg 2015
C. Linnhoff-Popien et al. (Hrsg.), *Marktplätze im Umbruch,* Xpert.press,
DOI 10.1007/978-3-662-43782-7_52

Marktgeschehen einnimmt. Neue Rahmenbedingungen gesetzlicher und sonstiger Art, neue Technologien, die Zunahme der Digitalisierung sowie das veränderte Kundenverhalten und geänderte Kundenbedürfnisse führen dazu, dass sich die Energiebranche zunehmend mit neuen Themen, veränderten Geschäftsmodellen und neuen Marktteilnehmern befassen muss. Einerseits. Andererseits schreiben die großen Energieversorgungsunternehmen (EVUs) Milliardenverluste [vgl. 15, S. 10] und erste Stadtwerke (SW) befinden sich in finanziell schwieriger Situation bzw. melden Insolvenz an [vgl. 8, 14].

52.2 Die digitale Welt als Chance und Herausforderung für die Energiebranche

Die Bedeutung der digitalen Welt gewinnt wiederum stetig an Bedeutung. Der jährliche Umsatz der IKT-Branche liegt bei 228 Mrd. € weltweit. Mit knapp 85 Mrd. € trägt die IKT-Branche heute mehr zur gewerblichen Wertschöpfung bei als traditionelle Branchen wie der Maschinen- oder Automobilbau. Alleine 23 % des Produktivitätswachstums in Deutschland sind auf Investitionen in IKT-Güter zurückzuführen [vgl. 7].

Die Digitalisierung der Wirtschaft wird viele Branchen ändern oder zumindest stark beeinflussen. Dies gilt auch für die Energieversorger. So geht die Bundesnetzagentur in ihrem Eckpunktepapier zu „Smart Grid" und „Smart Market" bereits in 2011 davon aus, dass das Datenmanagement wesentlich entscheidend sein wird, da fast alle Geschäftsmodelle auf Messwerten basieren [vgl. 3]. Dabei wird durch die Einführung von smart meter das Volumen der Datenverarbeitung für die Energiebereitstellung um ein Vielfaches zunehmen, was die Energieversorger mit ihren derzeitigen IKT-Systemen ebenfalls vor ganze neue Herausforderungen stellt.

Laut aktueller Studie der Wirtschaftsprüfergesellschaft Ernst & Young in Kooperation mit dem Bundesverband der Energie- und Wasserwirtschaft (BDEW) gehen auch 43 % der befragten Stadtwerkeunternehmen davon aus, dass sich ihr Geschäftsmodell aufgrund der Energiewende bis 2018 sehr verändern wird [vgl. 5]. Das Zukunftsthema „Internet der Dinge", also die Vernetzung von Menschen, Prozessen, Daten und Dingen/Maschinen bzw. das „Internet der Energie" wird von den meisten Stadtwerken allerdings sehr zurückhaltend betrachtet [vgl. 5].

Das wirtschaftliche Potenzial für das „Internet der Dinge" für die nächsten 10 Jahre für den öffentlichen Sektor wird wiederum laut einer Untersuchung von Cisco auf US $ 4,6 Bio. geschätzt. Für den privaten Sektor beläuft sich die Schätzung gar auf US $ 14,4 Bio. [vgl. 2].

52.3   Smart Grids und Smart Meter als Basis digitaler Geschäftsmodelle

Der Informations- und Kommunikationstechnologie kommt bei der Entwicklung einer zukunftsfähigen Energieversorgung eine Schlüsselrolle zu. Sie ist die Basis für die Realisierung des Internets der Energie, also der intelligenten elektronischen Vernetzung aller Bestandteile des Energiesystems [vgl. 6]. Smart energy, als IKT-basiertes Energiesystem [vgl. 1, S. 3], gewinnt zunehmend an Bedeutung. Smart grids (sog. „intelligente Netztechniken") sind dabei zwingende Voraussetzung für künftige digitalbasierte Geschäftsmodelle, während smart meter (sog. „ intelligente Messsysteme") lediglich als Basis dienen, da die Informationen auch anderweitig erhoben werden können.

Smart Grids   Die Erzeugung von Strom aus regenerativen Energien (Sonne und Wind) ist stark wetterabhängig und derzeit nur bedingt prognostizierbar. Darüber hinaus führen der Vorrang erneuerbarer Energien und die Zunahme der dezentralen Energieeinspeisung zu einer zunehmend fluktuierenden Energieerzeugung und damit -einspeisung. Die Netze der Zukunft werden sowohl zentrale als auch dezentrale Energieerzeugungsanlagen sowie die Stromversorgung von Verbrauchern mit zunehmend volatileren Nachfrageprofilen bewältigen müssen. Um die Netzstabilität gewährleisten zu können, müssen Stromerzeugung und -verbrauch dabei im Gleichgewicht gehalten werden. Kombiniert man die konventionellen Stromnetze mit intelligenten Informations- und Kommunikationstechniken (z. B. Steuerungs-, Mess- und Regeltechniken), so entsteht eine intelligente Netztechnik die sog. smart grids [vgl. 3, S. 11].

Smart grids ermöglichen dabei die optimale Steuerung der Energieflüsse und gewähren die Integration aller Marktteilnehmer (z. B. auch kleinerer, dezentraler Energieerzeuger). Die Informations- und Kommunikationstechnologien (IKT) werden dabei eine zentrale Rolle spielen: Mit ihrer Hilfe können intelligente Energiesysteme betrieben werden, in denen viele Erzeugungsanlagen -auch solche mit erneuerbaren Energien- mit den Einrichtungen der Stromnetze und den Strom verbrauchenden Endgeräten kommunizieren. Die intelligente Netzinfrastruktur liefert dabei die Strompreissignale direkt an die Verbrauchsstationen/Haushalte, um z. B. Wärmepumpen oder Speicherheizgeräte im richtigen Moment aktivieren zu können.

Smart grids ermöglichen zudem vor dem Hintergrund der zunehmenden Bedeutung des Themas Elektromobilität die intelligente Einbindung von Elektrofahrzeugen in das Energieversorgungssystem [vgl. 1, S. 14]. Mit ihrer Unterstützung können Elektrofahrzeuge Netz verträglich geladen werden und die Stromrückspeisung intelligent gesteuert werden. Hierzu bedarf es ebenfalls eines intelligenten IKT-basierten Ladeinfrastrukturmanagements.

Mit der Umsetzung der Digitalisierung bzw. dem Internet of energy werden außerdem über die smart grids in Verbindung mit intelligenten Speichertechnologien („smart storage") vollkommen neue Möglichkeiten der Energiesteuerung entstehen. Allerdings befinden sich die derzeitigen Speichertechnologien noch nicht in einem Stadium der Massenmarktreife sondern eher noch im Forschungsstadium.

Smart Meter Mit der Novellierung des Energiewirtschaftsgesetzes (EnWG) 2011 wurden Voraussetzungen zur Einführung intelligenter Messsysteme (sog. „smart meter") geschaffen. Smart meter bieten zunächst für sich genommen keinen Mehrwert für den Kunden und zunächst auch nicht für den Energieversorger, sind aber künftig gesetzlich gefordert. Dabei liefern smart meter zunächst netzrelevante Daten, indem sie auf der Anschlussebene Informationen zur bedarfsgerechten und damit besseren Planung der Netze liefern. Dies kann zu Kostensenkungen im Netzausbau führen. Zudem kann das Lastmanagement im Netzbereich optimiert werden. Der Netzbetreiber ist durch die Informationen in der Lage die Energieeinspeisung dezentraler Energieerzeugungsanlagen sowie das Zuschalten von stromverbrauchenden Anlagen zu steuern und damit die Lasten im Netz besser zu verteilen.

Darüber hinaus liefert der smart meter auch kunden- bzw. marktrelevante Daten: Kunden erhalten einen Überblick über ihren Stromverbrauch, wodurch die Voraussetzungen für Energieeffizienzmaßnahmen geschaffen werden. Dabei führt die stark ansteigende Anzahl an intelligenten Stromzählern („smart meter") zu einem wachsenden Datenaufkommen im Bereich des Energieverbrauchs. Das Datenvolumen und die Verarbeitung der Daten wird dabei enorm zunehmen. Die intelligente Auswertung dieser umfangreichen Kundendaten durch sog. „Big Data Solutions" könnten Energieversorger für das Angebot neuer Energieprodukte sowie als Basis neuer Geschäftsmodelle nutzen. So könnten energiewirtschaftliche Daten wie das Verbrauchsverhalten mit marktwirtschaftlichen Informationen wie z. B. der Wechselwahrscheinlichkeit und -bereitschaft verbunden werden, und diese Informationen mit den soziodemographischen Daten und den Präferenzen der Kunden verknüpft werden. Basierend auf diesen Informationen können Verbrauchsmuster besser erkannt und der Bedarf besser prognostiziert werden und somit neue, kundenorientierte Nutzungs- und Tarifmodelle entwickelt und gezielt vermarktet werden.

52.4 Digitalbasierte, kundenorientierte Geschäftsmodelle

Smart meter und vor allem smart grids bieten die Basis zur Schaffung digitalbasierter Geschäftsmodelle in der Energiebranche. In Verbindung mit anderweitigen IKT-Lösungen wie „Big Data Solutions", weiteren „Machine to Machine Communication" Anwendungen[1] [vgl. 11] sowie webbasierten Plattformen ermöglichen sie durch die intelligente Interpretation und Vernetzung von Daten digitalbasierte Geschäftsmodelle in der Energiewirtschaft. Hierbei sind jedoch neben den technischen Anforderungen an die

---

[1] **Machine-to-machine (M2M) communications** wird zur automatisierten Datenübertragung und -messung zwischen mechanischen und elektronischen Devices genutzt. Hauptkomponenten sind: Field-deployed wireless devices mit embedded sensors oder RFID-Wireless Kommunikationsnetzwerke mit verschiedenen Datenübertragungsmöglichkeiten wie z. B. Wi-Fi, ZigBee, WiMAX, wireless LAN (WLAN), DSL und fiber to the x (FTTx). Smart grid und smart meter sind informations- und kommunikationstechnologisch ebenfalls M2M-Anwendungen.

Datenübertragung vor allem auch juristische Fragestellungen und datenschutzrechtliche Aspekte zu berücksichtigen.

Der Kunde könnte in den Mittelpunkt des Vertriebs eines Energieversorgers gestellt werden. Eine Sichtweise, die den EVUs mit ihren zentralisierten (Erzeugungs-) Strukturen bisher eher fern war. In Abhängigkeit der unterschiedlichen Kundensegmente (Haushaltskunden, Gewerbe- und Industriekunden sowie der öffentliche Sektor) und deren Bedürfnisse kommen dabei verschiedene Ansätze in Betracht.

52.4.1   Smart Home: Das vernetzte Heim für Haushaltskunden

Das vernetzte Zuhause gilt als großer Wachstumsmarkt. Der Markt für smart home wächst laut IHS Technology bis 2017 auf US $ 3,2 Bio. [vgl. 12]. Auf dieses Thema setzen viele: Von Miele über Bosch, die EVUs, die Deutsche Telekom bis hin zu Samsung, Apple und Google. Um nur einige zu nennen. Die Möglichkeiten des Smart Home scheinen schier unbegrenzt. Neu sind sie nicht. Bereits seit Jahren versuchen unterschiedliche Anbieter unterschiedlichster Branchen ihre jeweiligen Systeme am Markt zu platzieren. Bisher wird das technisch Mögliche vom Kunden jedoch eher verhalten aufgenommen. Dies mag daran liegen, dass erst in Verbindung mit einer intelligenten Steuerung des Stromverbrauchs durch eine entsprechende Sensorik und Dialogfähigkeit, die allerdings bei vielen smart home Angeboten häufig noch fehlen und damit verbundenen Tarifmodellen für den Kunden gegebenenfalls ein Mehrwert und für das EVU ein entsprechend zu vermarktendes, interessantes Produkt entsteht. Zudem ist derzeit die technische Kompatibilität der Geräte und Steuerungsmechanismen nicht gegeben. Allerdings existieren hierzu bereits Ansätze, um eine einheitliche branchenübergreifende Systemplattform künftig zur Verfügung stellen zu können [vgl. 13].

Fraglich ist auch, ob smart home ein neues, gewinnbringendes Geschäftsmodell für ein EVU sein kann oder, ob nicht vielmehr andere Branchen aufgrund ihrer günstigeren Kostenstruktur und schnelleren Innovationsfähigkeit dieses Geschäftsfeld besetzen werden. Zumindest werden auch hier wahrscheinlich Geschäftsmodelle eher durch die Vernetzung und Kooperation unterschiedlicher Branchen entstehen. Zumal smart home nicht nur ausschließlich die Energiesteuerung betrachtet. Vielmehr sind weitere auch app-basierte Anwendungsmöglichkeiten wie assisted living (also z. B. die Informationsmeldung bei Pflegebedürftigen), das Thema Security (z. B. die Gebäudeüberwachung) sowie Komfortleistungen (z. B. automatisierte Grünflächenbewirtschaftung) denkbar [vgl. 16, S. 94], womit automatisch andere Branchen und vor allem auch die IKT-Branche aufgrund der Vernetzung und Steuerung verschiedener Geräte gefragt sind.

52.4.2   Smart Industry: Ein digitalbasiertes Geschäftsmodell für Gewerbe- und Industriekunden

Smart industry als digitalbasiertes Geschäftsmodell für Gewerbe- und Industriekunden -quasi als Pendant zu smart home- ermöglicht das ganzheitliche Energiemanagement für Gewerbe- und Industriekunden aber auch z. B. größere Wohnungsbaugesellschaften. Die energieeffiziente Gestaltung z. B. durch ein sensorgesteuertes Beleuchtungsmanagement des eigenen Werksgeländes wird dabei mit einem innovativen, autonomen Energieversorgungskonzept kombiniert. Die Energieerzeugung erfolgt möglichst autonom und aus regenerativen Energien auf dem eigenen Campus. Das Konzept sieht zudem die intelligente, autonome Speicherung bis hin zum Managen von Lasten und Flexibilitäten vor. Die Software, die das intelligente Energiemanagement übernimmt, erhält dabei eine Schlüsselposition, indem sie die gesamten Energieflüsse über das gesamte unternehmenseigene smart grid steuert. Smart grids ermöglichen hierbei zudem die Einspeisung überschüssiger vom Unternehmen dezentral erzeugter Energie in bestehende Verteilnetze der Energieversorger vor Ort bzw. die Einspeisung zentral produzierter Energie im Falle die Eigenproduktion nicht ausreichend ist.

Speziell im Gewerbe- und Industriebereich bestehen zudem weitreichende Möglichkeiten der Gebäudeautomatisation und -steuerung (z. B. Klimatisierung, Beleuchtungsmanagement). Darüber hinaus bieten online-Plattformen die Möglichkeit der Einrichtung von Energiebeschaffungsportalen. Auch hier ist allerdings fraglich, ob der Energieversorger das gesamte Spektrum von der Energieeffizienzberatung, der Gebäudesteuerung bis hin zum Energiemanagement beim Kunden übernimmt oder, ob vielmehr erst in Zusammenarbeit mit z. B. Gebäudeausrüstern, dem lokalen Handwerk und anderen Anbietern ein für den Kunden interessantes Produkt entsteht bzw., ob andere Branchen in die ursprüngliche Rolle des Energieversorgers drängen.

52.4.3   Smart City: Intelligente Infrastrukturen für den öffentlichen Sektor

Smart cities zeichnen sich durch eine intelligente, energie- und verkehrsoptimierte Infrastruktur aus. Das größte Potenzial des „Internet of Things" sieht Cisco mit 63 % der gesamten Wertschöpfung weltweit gar im städtischen Bereich [vgl.2]. Kommunale Energieversorger können dabei als smarter Infrastrukturdienstleister einen wesentlichen Beitrag zur Gestaltung einer energieoptimierten, ökologisch smarten Infrastruktur einer Stadt, einer Kommune bzw. des öffentlichen Sektors leisten.

Um nur ein paar Möglichkeiten zu nennen: Mit Hilfe eines City-Wifi können z. B. durch die intelligente Steuerung der Verkehrsströme durch die Stadt (smart parking) Verkehrsflüsse -ggfs. in Kombination mit Elektromobilität- umweltfreundlich und effizient mit Hilfe modernster IK-Technologien gesteuert werden. Ein sensorunterstütztes Abfallmanagement, bei dem Müllcontainer nur geleert werden, wenn sie voll sind, kann die optimierte und kosteneffiziente Stoffstromsteuerung ermöglichen [vgl. 2, S. 9]. Ein intelligentes, sensorbetriebenes IKT-basiertes Beleuchtungsmanagement wiederum gewährleistet die umweltfreundliche und energieeffiziente Stromsteuerung. Dabei geht die Deutsche Energie-Agentur (dena) davon aus, dass rd. 51 % der Strassenbeleuchtungsanlagen modernisierungsbedürftig sind [vgl. 9, S. 3]. Der Einsatz energieeffizienterer Leuchtmittel ist dabei nur eine Möglichkeit. Entscheidend ist darüber hinaus vor allem auch eine intelligente IKT-basierte Steuerungstechnik der Beleuchtungsanlagen.

Die technischen Möglichkeiten für eine energieintelligente und verkehrsoptimierte Stadt existieren bereits. Unternehmen wie IBM oder Cisco investieren Millionen in smart city Technologien [vgl. 10]. Die Herausforderung besteht hier vielmehr in der Zusammenarbeit des lokalen Energieversorgers mit einem in der Regel kommunalen Auftraggeber sowie unterschiedlichen, industriellen Technologieanbietern.

52.5   Fazit und Ausblick

Die Digitalisierung der Wirtschaft und damit auch der Energiebranche birgt Chancen und Herausforderungen. Mit dem verstärkten Einsatz von IKT in der Energiewirtschaft können neue Produkte, Dienstleistungen, Geschäftsmodelle und Märkte entstehen. Die IKT Infrastruktur wird dabei zum zentralen Erfolgsfaktor einer effizienten Energieversorgung und veränderter Geschäftsmodelle. Es wird neue Daten- und Energienetze mit völlig neuen Strukturen und Funktionalitäten geben.

Die IKT werden in der veränderten Energiewelt in den Geschäftsmodellen der EVUs eine entscheidende Rolle spielen müssen. Zumal andere Branchen und speziell die IKT-Branche in den Markt der Energieversorger drängen. Bereits heute streben Unternehmen wie z. B. Amazon, Google, Telekommunikationsunternehmen wie die Telekom oder auch Technologieanbieter wie IBM, Cisco, Siemens oder aber auch die Automobilhersteller in den angestammten Markt der Energiebranche. Einerseits. Andererseits stellt die zunehmende Aufhebung der Branchengrenzen auch für die Energiewirtschaft die Chance einer Neupositionierung in branchenfremden Bereichen. Es werden neue Märkte und Plattformen in Kooperation mit unterschiedlichen Branchen geschaffen. Dabei werden bei der Entstehung neuer Marktplätze die Rollen neu verteilt bzw. tradierte Rollen in Frage gestellt werden.

Literatur

1. B.A.U.M. Consult GmbH. (Hrsg.). (2012). Smart energy made in Germany, Zwischenergebnisse der E-Energy-Modellprojekte auf dem Weg zum Internet der Energie, München.
2. Bradley, J., Reberger, C., Dixit, A., & Gupta, V. (2013). Whitepaper Das Internet of Everything: wirtschaftliches Potential von US $ 4,6 Bio. im öffentlichen Sektor, Cisco und/oder Partnerunternehmen (Hrsg.).

3. Bundesnetzagentur, „Smart Grid" und „Smart Market". (2011). Eckpunktepapier der Bundes-netzagentur zu den Aspekten des sich verändernden Energieversorgungssystems, Bonn.
4. Bundesministerium für Umwelt, Naturschutz und Reaktorsicherheit (BMU) Öffentlichkeits-arbeit. (Hrsg.) (2012). Erster Monitoring-Bericht „Energie der Zukunft", Bundesministerium für Wirtschaft und Technologie (BMWi). Berlin.
5. Edelmann, H., & Ernst & Young/Bundesverband der Energie- und Wasserwirtschaft. (Hrsg.). (2014). Stadtwerkestudie 2014 (100 Unternehmen in Deutschland).
6. http://www.bdi.eu/download_content/ForschungTechnikUndInnovation/Broschuere__Inter-net_der_Energie.pdf. Zugegriffen: 8. Okt. 2014.
7. http://www.bmwi.de/DE/Themen/Digitale-Welt/wirtschaftsfaktor-digitale-welt.html. Zugegrif-fen: 3. Okt. 2014.
8. http://www.derwesten.de/wirtschaft/stadtwerke-gera-melden-insolvenz-an-mitarbeiter-bangen-id9647947.html. Zugegriffen: 4. Nov. 2014.
9. http://www.dena.de/fileadmin/user_upload/Publikationen/Stromnutzung/Dokumente/1430_Broschuere_Energieeffiziente-Strassenbeleuchtung.pdf. Zugegriffen: 3. Nov. 2014.
10. http://www.fiancialexpress.com/story-print/1280196, ICTs and smart cities. Zugegriffen: 18. Aug. 2014.
11. http://www.gartner.com/it-glossary/machine-to-machine-m2m-communications. Zugegriffen: 5. Nov. 2014.
12. https://technology.ihs.com/505526/googles-nest-acquires-dropcam. Zugegriffen: 9. Okt. 2014.
13. https://www.qivicon.com/de/. Zugegriffen: 9. Okt. 2014.
14. http://www.zfk.de/unternehmen/artikel/stadtwerke-wanzleben-insolvent.html. Zugegriffen: 4. NOv. 2014.
15. Manager Magazin. (2014). Und Es Ward Dunkel (Bd. 11).
16. Servatius, H.-G., Schneidewind, U., & Rohlfing, D. (Hrsg.). (2012). *Smart Energy, Wandel zu einem nachhaltigen Energiesystem*. Berlin: Springer-Verlag.

Smart Cleaning – Digitalisierung der Sauberkeit

53

Matthias Mehrtens

Zusammenfassung

Dieser Artikel thematisiert übergeordnet die Folgen der Digitalisierung auf bestehende Geschäftsmodelle mit Schwerpunkt auf die Verbesserung des Kundennutzens. Einleitend wird aufgezeigt, welche Auswirkungen und Ausmaße der technologische Fortschritt auf unterschiedliche Bereiche hat und wie sich dadurch Märkte wandeln. Um besser zu verstehen, wie Unternehmen mit dieser Herausforderung umgehen können, wird im Kontext der Firma Kärcher in groben Zügen erklärt, wie diese ihre digitale Transformation angestoßen hat. Im Fokus steht dabei die Verbindung zwischen physischer und digitaler Welt bezogen auf Strategie, Prozesse, Leistungen und Produkte. Schließlich werden neben den theoretischen Erläuterungen zwei konkrete Service-Produkte für die Weiterentwicklung von Geschäftsmodellen bei Kärcher beschrieben, die beispielhaft für eine neue Generation von Geräten in der Branche stehen.

53.1 Digitaler Haushalt der Zukunft

Stellen Sie sich vor, nach Hause zu kommen und es ist schon alles sauber. Der Boden glänzt, die Fenster strahlen. Im Garten erwartet Sie ein frisch gemähter Rasen und eine sauber gefegte Terrasse. Dabei haben Sie heute weder an Haus- oder Gartenarbeit gedacht, noch jemanden dafür engagiert. Das mussten Sie auch nicht. Ihr Kalender und Ihr Lebensrythmus sind Ihren intelligenten Haushaltsgeräten bekannt. Ein vernetzter Staubsensor wertet im Haus zudem konstant den Partikelgehalt in der Luft und mittels Spezialscanner

M. Mehrtens (✉)
Alfred Kärcher GmbH & Co. KG, Winnenden, Deutschland
E-Mail: Matthias.Mehrtens@de.kaercher.com

© Springer-Verlag Berlin Heidelberg 2015
C. Linnhoff-Popien et al. (Hrsg.), *Marktplätze im Umbruch*, Xpert.press,
DOI 10.1007/978-3-662-43782-7_53

auf dem Boden aus und meldet diese Informationen weiter. Diese Daten kombinieren die untereinander vernetzten Haushaltshelfer selbständig und planen darauf basierend den Reinigungseinsatz dann, wenn es Sie am wenigsten stört.

So hat während Ihrer Abwesenheit ein voll automatischer Staubsauger die Fußböden gesäubert, ein intelligenter Dampfreiniger schonend Ihre Möbel gepflegt und ein programmierter Fensterreiniger seine Arbeit erledigt. Natürlich ist auch die Bewässerungsanlage im Garten vernetzt. Mittels World Wide Web kennt der elektronische Gärtner stehts die Wetterverhältnisse inklusive Regenwahrscheinlichkeit und sorgt so für sattes Grün. Über eine App lassen sich alle Aktivitäten und der jeweilige Arbeitsfortschritt jederzeit nachverfolgen und steuern. Sie könnten in den Reinigungs- und Pflegeprozess eingreifen – jedoch besteht dazu kein Bedarf. Denn mittels Infrarotstrahl finden alle Geräte nach erledigter Arbeit an ihren Standort zurück. Es folgt die automatische Reinigung und das Aufladen der Batterien. Sie werden währenddessen kurz durch das Smartphone über den Reinigungsstatus informiert – alles vollautomatisch. Sofern Sie das wünschen.

Vor ein paar Jahren noch wäre das oben beschriebene Szenario für die meisten Menschen wohl Science Fiction gewesen. Dabei steht es beispielhaft für das übergeordnete Thema unserer Zeit: die digitale Revolution. Der Einzug des Internets der Dinge (und Dienste) in unseren Alltag findet längst statt. Nach Mechanisierung, Elektrifizierung und Informatisierung der Industrie und der Haushalte ist die vierte industrielle Revolution in vollem Gange. Ähnlich wie Maschinen, die die industrielle Revolution einleiteten, vereinfachen vernetzte Geräte unsere Arbeitsabläufe und ersetzen Arbeitskraft. [1, S. 15]. Gefüttert mit Daten anstatt Erdöl wirken sich diese „smart devices" beispielsweise darauf aus, wie wir arbeiten, uns fortbewegen, einkaufen, reisen, vergnügen, lernen, unseren Haushalt organisieren und reinigen. Die Internationale Fernmeldeunion, eine Sonderbehörde der Vereinten Nationen, geht davon aus, dass in 2014 ca. 3 Mrd. Menschen über einen Zugang zum Internet verfügen [2]. Das Analyse- und Marktforschungsunternehmen Gartner prognostiziert sogar, dass bis 2020 mehr als 30 Mrd. vernetzte Geräte („connected devices") das Internet der Dinge ausmachen [3]. Vollautomatisierte Reinigungsgeräte werden neben vernetzten Autos, Fernsehern, Küchen- und Elektrosystemen ihren Beitrag dazu leisten.

53.2 Marktplätze im Wandel

Diese Entwicklung macht einmal mehr deutlich, wie sehr das Internet zur entscheidenen Infrastruktur geworden ist. Es dient als globaler Marktplatz für den Austausch von Informationen, Waren und Services und gleichzeitig als wichtigster Kanal für Massenmedien und Kommunikation. Dabei entwickelt sich dieser globale Marktplatz stetig weiter und neue digitale Leistungen sorgen bereits jetzt für erhebliche Effizienzsteigerungen in der physischen Welt: Online Reisebuchungen, Musik- oder Videostreaming, Vergleichsportale oder online Shopping sind hierfür einige Beispiele, die wahrscheinlich von vielen Lesern schon in Anspruch genommen werden. Hinzu kommen „jüngere" Services wie beispielsweise UBER (Personenbeförderungs-Dienst) oder AirBnB (Community zur Buchung und Vermietung von Unterkünften), die teilweise disruptive Auswirkungen auf bestehende Märkte haben.

Durch die zunehmende Vernetzung von Menschen z. B. über Smartphones und Maschinen verändern sich die Spielregeln in globalen Märkten: Produkte und Dienstleistungen werden durch zunehmende Verwertung von Nutzer- und Kundendaten immer mehr auf Individuen abgestimmt. Zudem verschiebt sich das klassische Gefüge von Angebot und Nachfrage durch die „Share Economy" (Geschäftsmodelle für die Vermittlung von zeitlich begrenzten, kollaborativ genutzten Ressourcen). Durch die zunehmende Vernetzung und die technologische Verbreitung werden mehr Akteure am globalen Marktplatz teilnehmen, was wiederum Auswirkung auf die Wettbewerbsfähigkeit von Unternehmen hat.

Letztlich ist kaum eine Branche von der Digitalisierung und den damit einhergehenden neuen Kundenanforderungen ausgenommen. Für Unternehmen stellt sich die Frage, wie digitale Trends und Technologien (z. B. Transparenz, Standardisierung, Sharing, Analytics, Soziale Netzwerke, Cloud, neue mobile Endgeräte etc.) für den Geschäftserfolg genutzt werden können. Anhand von konkreten Beispielen aus der Firma Alfred Kärcher GmbH & Co. KG wird auf den kommenden Seiten aufgezeigt, welche Initiativen ein Unternehmen im Rahmen seiner digitalen Transformation durchführen kann, um schneller auf die oben genannten Trends und flexibler auf die erweiterten Kundenanforderungen zu reagieren.

53.3 Zielsetzung Kärcher

Das Familienunternehmen Kärcher ist weltweit führender Anbieter für Reinigungslösungen und stellt u. a. Hochdruckreiniger, Sauger, Dampfreiniger und Pumpen her. Dabei ist das Unternehmen weltweit mit über 11.000 Mitarbeitern in 100 Gesellschaften vertreten. 2013 erzielte Kärcher mit 2,05 Mrd. € den höchsten Umsatz in der Unternehmensgeschichte [4].

Das Kerngeschäft gliedert sich in die Bereiche „Home & Garden" und „Professional". Bei den Home & Garden Geräten handelt es sich vor allem um kleinere Reinigungsgeräte für den privaten Haushalt. Dazu kommen Bewässerungssysteme (Garden), die effizient und umweltschonend eingesetzt werden. Das wohl bekannteste Gerät ist der Kärcher Hochdruckreiniger, durch den das Verb „kärchern" sogar in manches Wörterbuch Einzug gefunden hat. Im Bereich Professional stellt Kärcher leistungsstarke Reinigungsgeräte für den betrieblichen Einsatz auf größeren Flächen her. Kleine und große Industrieunternehmen, Gewerbe aller Art von Gastronomie bis Tierstall und Behörden zählen zu den Kunden. Um die kontinuierliche Weiterentwicklung des Unternehmens zu gewährleisten hat sich Kärcher zwei übergeordnete Ziele gesetzt:

- *Effizientes Reinigen:* Durch qualitativ hochwertige und technologisch ausgereifte Produkte der führende Anbieter von Reinigungssystemen, Reinigungsprodukten und Dienstleistungen für Freizeit, Haushalt, Gewerbe und Industrie zu bleiben, sowie

- *Kundenfokussierung:* Die Produkte und Services weitgehend auf den Bedarf des Kunden auszurichten und dabei optimalen Nutzen für ihre Reinigungsaufgaben zu erbringen.

Beide Ziele lassen sich nicht durch Kosteneinsparung oder ausschliesslich durch Prozessoptimierung erreichen, sondern stellen letztendlich das Kundenbedürfnis in den Mittelpunkt. Neue digitale Funktionen und Services können dazu beitragen, bestehende Geschäftsmodelle zu verbessern, indem sie z. B. positive Kundenerlebnisse aktiv über verschiedene Kanäle (am Gerät, auf der Website, im Shop oder über die App) fördern [5, S. 4]. Digitalisierung und neue Technologien sind für Kärcher zentrale Themen der Weiterentwicklung. Dabei geht es auch darum, vom Einsatz neuer Schlüsseltechnologien in anderen erfolgreichen Industrien zu lernen. Beispielsweise ist weltweit die Branche der Informations- und Kommunikationstechnologien (IKT), welche die Digitalisierung maßgeblich vorantreibt, im letzten Jahr um 3,8 % gewachsen und hat dabei fast drei Billionen Euro umgesetzt [6]. Man kann davon ausgehen, dass ein Großteil dieses Umsatzanstieges digital induziert ist. Wie jedoch kann eine digitale Transformation in einem Unternehmen erfolgreich umgesetzt werden?

53.4 Digitale Transformation

Wie für IBM bei der Analyse führender Unternehmen wie Kärcher und in der weltweiten Kundenzusammenarbeit deutlich wurde, gehört zu einer erfolgreichen digitalen Transformation die Weiterentwicklung des Geschäftsmodells basierend auf tatsächlichen Kundenbedürfnissen: Bei jedem Interaktionspunkt zum Unternehmen muss der individuelle Kunde einen Mehrwert wahrnehmen. Auch wenn sich Marktplätze durch die Digitalisierung verändern, bleibt das Konzept der Kundenzentrierung weiterhin aktuell. Managementpionier Peter Drucker formulierte bereits vor 60 Jahren: „The customer is the foundation of a business and keeps it in existence" [7, S. 47]. Dieses Prinzip gilt es, in das digitale Zeitalter auf alle Kundenkontaktpunkte zu übertragen: Von der Produktanwendung über die Interaktion mit einem Service-Center, via App oder über die Homepage. Damit dies gelingt, müssen bestehende und neue digitale Prozesse eines Unternehmens in eine gemeinsame Strategie integriert werden [8, S. 5]. Der Schlüssel liegt dabei in der Konzentration auf zwei Kernbereiche: Die Neuausrichtung des Nutzenversprechens an den Kunden sowie die Transformation der operativen Prozesse und Integration dieser in ein erweitertes Geschäftsmodell [8, S. 3]. Ein ganzheitliches Vorgehen sollte daher beide Bereiche kombinieren und sowohl den Wert für den Kunden steigern als auch die operative Umsetzung transformieren [9, S. 64]. Durch digitale Technologien können Produkte und Services, Kommunikation und Kundenbetreuung neu gestaltet und definiert werden. Dabei spielt ein verbesserter Zugang zu Informationen, Mobilität und Interaktivität eine bedeutende Rolle. Über die Produkt- und Serviceebene hinaus kann das Geschäftsmodell so innoviert werden, dass Informationen über die Kundenbeziehung jederzeit (während der gesamten Einkaufs- und Verkaufsprozesse) zur Verfügung stehen. Ein Unternehmen kann sich so beispielsweise optimal auf Kundenpräferenzen und -anforderungen, Kontakthistorie und bevorzugten Kommunikationskanal einstellen. Die daraus resultierenden Daten müssen so aufbereitet werden, dass sie optimal zum Geschäftserfolg beitragen und eine aktive Kundenbeziehung fördern. Um Potenziale zur Digitalen Transformation zu erkennen, sollte zunächst ein grundlegendes Verständnis bestimmter Faktoren entwickelt werden:

- Wo im Prozessverlauf der Kundeninteraktion befinden sich Schnittstellen zwischen physischer und digitaler Welt?
- Welche Erwartungen haben Kunden hinsichtlich Produkt, Service und Kommunikation und wie erleben sie diese?
- Welche Daten und Informationen tragen zum Erfolg bei (aus Kunden- und Unternehmensperspektive)?
- Wie ist der Status der Integration zwischen digitalen und bestehenden physikalischen Prozessen?
- Welche strategischen Weichenstellungen hat der Wettbewerb bereits vorgenommen?

Gemeinsam mit IBM hat Kärcher im vergangenen Jahr ein Assessment der digitalen Business- und IT-Fähigkeiten durchgeführt. Zielsetzung war es, u. a. die Kunden von Kärcher als Individuum zu verstehen, das Kundenerlebnis zu steigern und die Marke zu stärken. Mittels der IBM Methoden *Smarter Commerce Maturity Assessment* und *Component Business Model (CBM)* entstanden so strategische Maßnahmen für eine zukunftsweisende IT-Landschaft. Diese Analysen dienen u. a. dazu, den Grad der bisherigen Digitalisierung eines Unternehmens (Ist-Zustand) strukturiert über verschiedene Unternehmensbereiche (z. B. Strategie, Marketing, Vertrieb, Service etc.) zu erfassen, Vergleichbarkeiten zu ermöglichen (Benchmarking) und ein Zielbild (Soll-Zustand) zu entwickeln. Im Ergebnis entstehen Blaupausen für eine Transformation der IT, welche die Business-Anforderungen optimal unterstützt und sich auf die Gesamtstrategie auswirkt.

53.5   Beispiele für Digitale Weiterentwicklung

Parallel zu den IBM Analysen hat Kärcher sein Produktportfolio um erste digitale Zusatzleistungen erweitert. Insbesondere im Professional Bereich stehen den Kunden neue Funktionalitäten zur Verfügung, die zukünftig noch weiterentwickelt werden sollen. Die folgenden zwei Beispiele zeigen den Mehrwert in der Verbindung von physischen und digitalen Leistungen bis hin zur Erweiterung des eigentlichen Geschäftsmodells und können beispielhaft für eine branchenübergreifende Entwicklung stehen.

Als modernes Beispiel für Kundeninteraktion in der Schnittstelle zwischen digitaler und physischer Welt steht die *Kärcher Service-App*. Diese garantiert eine rund um die Uhr Verfügbarkeit zur Unterstützung der gewerblichen Kunden. In wenigen Schritten können Nutzer darüber beispielsweise eine Sicherheitsinspektion beim Kärcher Service beantragen oder einen Maschinenschaden melden. Dazu reicht, es den Maschinencode mt dem Mobiltelefon zu scannen, ein Foto des Geräts hinzuzufügen und den Wunschtermin anzugeben. Die Eingangsbestätigung zur Service-Meldung kommt unverzüglich per e-Mail und der Service-Techniker wird termingerecht eingeplant. Einfache Bedienbarkeit und zeitloses Design wirken zudem positiv auf das Kundenerlebnis.

Ein weiteres erfolgreiches Modell für die Integration von physischen und digitalen Services hin zur Erweiterung des eigentlichen Geschäftsmodells ist das System *Kärcher Fleet*. Es wurde für professionelle Gebäudereinigung gemeinsam mit Anwendern als innovatives Flottenmanagementsystem für Reinigungsfahrzeuge entwickelt. Als web-basierte Lösung liefert *Kärcher Fleet* Informationen zum Status über Reinigungsmaschinen, Personal und Tätigkeiten. Dadurch können Reinigungsprozesse optimiert und letztendlich effizienter durchgeführt werden.

Auch hier sind Daten die grundlegende Informationsquelle. Diese werden über eine Telematikbox verschlüsselt an eine weltweit verfügbare Server-Cloud übertragen. Über die Cloud greifen authorisierte Nutzer auf die für sie relevanten Informationen und Auswertungen zu. Strukturen, Einsatzorte, Aufgabenträger und Zuständigkeiten innerhalb der Flotte sowie die Messkriterien können jeweils und unternehmensbezogen abgebildet werden. Das System schafft durch Transparenz und Nachvollziehbarkeit einen hohen Kundennutzen. Dazu gehören u. a. die Überwachung von einzelnen Reinigungsmaschinen, vorbeugende Wartung, Erstellung individueller Reinigungsintervalle und Maschineneinsatzpläne sowie automatisierte Berichtserstellung für Kunden.

Anhand dieser konkreten Beispiele wird deutlich, wie sich digitale und physische Leistungen verbinden lassen. Diese Entwicklung ist für Unternehmen in der Technologiebranche besonders spannend. Zum einen besteht darin die Chance, völlig neue Geräte oder Dienstleistungen zu erfinden und auf den Markt zu bringen. Und zum anderen können diese Entwicklungen neue Standards für Kundenanforderungen und somit für gesamte Industriezweige setzen.

53.6 Ausblick

Technologie und Digitalisierung stehen wie nie zuvor in wechselseitiger Abhängigkeit zu den sich gleichzeitig weiterentwickelnden Kundenanforderungen. Der durch die Digitalisierung geprägte Wandel der Märkte hat auch das Selbstverständnis und die Rolle von IT in Unternehmen verändert: Ging es früher im Wesentlichen darum, Prozesse durch die IT effizienter zu gestalten und dadurch das Kerngeschäft zu unterstützen, wären heute zahlreiche Leistungsversprechen und Kundeninteraktionen ohne ausgereifte digitale Fähigkeiten undenkbar. Wie Erkenntnisse aus der aktuellen IBM Chief Information Officer (CIO) Studie belegen, gehen CIOs weltweit davon aus, dass in 2018 neue Technologien in der IT zudem eine entscheidende Rolle bei der Verwirklichung von strategischen Unternehmenszielen spielen werden [10, S. 4]. Die Digitalisierung wird sich somit zunehmend auf die Unternehmensstrategie auswirken bzw. diese mitgestalten. Digitale (Zusatz-)Leistungen können schließlich die Kundenbeziehung positiv unterstützen und sind heute in der Kommunikation nicht mehr wegzudenken. Die letztbeste positiv erlebte Erfahrung, die ein Kunde mit einem Produkt oder einem Service gemacht hat, setzt dabei branchenübergreifend die Messlatte für jede weitere: „The last best experience that anyone has anywhere, becomes the minimum expectation for the experience they want everywhere…" [11]. Hartmut Jenner, Vorsitzender der Geschäftsführung der Alfred Kärcher GmbH & Co. KG, bringt es auf den Punkt: „Man kann Produkte kopieren, aber keine Kundenbeziehungen!" [12].

Untereinander vernetzte und kommunizierende Reinigungsmaschinen könnten daher bereits in naher Zukunft ganz ohne äußeres Einwirken in Ihrem Zuhause und Garten für Wohlbefinden sorgen, wenn dies den Kundenwünschen entspricht. Eventuell sind es dann keine Reinigungsmaschinen mehr, sondern weiterentwickelte Service-Roboter mit besonderen Fähigkeiten wie Umfelderfassung, Interpretation, Lernfähigkeit, Spracherkennung und -steuerung [13]. Marktentwicklungen in anderen Branchen (z. B. Automotive und Telekommunikation) zeigen, wie weit diese Technologien bereits vorangeschritten sind. Smarter Cleaning und die Digitalisierung der Sauberkeit sollten daher nicht nur als Schlagwörter verstanden werden. Eine gut geführte digitale Transformation steckt voller Möglichkeiten zur Innovation und kann ausschlaggebend zum Geschäftserfolg beitragen. Der Wandel von Marktplätzen ist somit in Wechselwirkung zum Wandel von Unternehmen zu verstehen.

Literatur

1. Bunz, M. (2012). „Die stille Revolution: Wie Algorithmen Wissen, Arbeit, Öffentlichkeit und Politik verändern, ohne dabei viel Lärm zu machen". Frankfurt a. M.: Suhrkamp.
2. ITU, „International Telecommunication Union". (2013). http://www.itu.int/en/ITU-D/Statistics/Pages/stat/default.aspx. Zugegriffen: 20. Sept. 2014.
3. Gartner. (2013). „Gartner, Newsroom". http://www.gartner.com/newsroom/id/2621015. Zugegriffen: 20. Sept. 2014.
4. Kärcher, „Jahresabschluss,". (2013). http://presse.karcher.de/prde/Startseite.htm. Zugegriffen: 20. Sept. 2014.
5. Berman, S., Marshall, A., & Leonelli, N. (2013). Digital reinvention. Preparing for a very different tomorrow. Institute for Business Value. IBM Global Business Services.
6. Bitkom, „Bitcom, ITK-Konjunktur, ITK-international". (2013). http://www.bitkom.org/de/markt_statistik/64074_77888.aspx. Zugegriffen: 20. Sept. 2014.
7. Drucker, P. F. (1954). „The practice of management". Noida: Harper Collins eBooks.
8. Bermann, S., & Bell, R. (2011). Digital transformation. Creating new business models where digital meets physical. Institute for Business Value. IBM Global Business Services.
9. Schaarschmidt, R., & Mauermann, M. (2011). „Digitale transformation" (S. 64–65). Acquisa.
10. I. IBV. (2014). „Vom Back-Office in die erste Reihe. Erkenntnisse für CIOs aus der Global C-Suite Study 2014," 2014. http://www-935.ibm.com/services/multimedia/GBE03580-DEDE-00_I.pdf. Zugegriffen: 23. Sept. 2014.
11. van Kralingen, B. (2014). IBM press news room. http://www-03.ibm.com/press/us/en/press-release/43523.wss. Zugegriffen: 1. Nov. 2014.
12. I. IBV. (2012). Führen durch Vernetzung. Ergebnisse der Global Chief Executive (CEO) Study 2012. http://www-935.ibm.com/services/de/ceo/ceostudy/. Zugegriffen: 23. Sept. 2014
13. BMWi. (2013). Bundesministerium für Wirtschaft und Energie, Autonomik (Bd. 4). Industrielle Service-Robotik. http://www.autonomik.de/documents/AN_Band_4_Servicerobotik_bf_130325.pdf. Zugegriffen: 15. Sept. 2014.

Timo Greifenberg, Markus Look, Claas Pinkernell und Bernhard
Rumpe

Zusammenfassung

Circa 40 % der weltweiten CO_2-Emmissionen lassen sich auf Gebäude und deren Betrieb zurückführen, weshalb deren energieeffizienter Betrieb eine wichtige Größe im Kampf gegen den Klimawandel darstellt. Die Beurteilung der Energieeffizienz setzt dabei adäquate Sensorik, gute Spezifikationstechniken für Zielvorgaben und Möglichkeiten zur aktiven Einflussnahme voraus. Durch die Umsetzung dieser Anforderungen werden moderne Gebäude zu komplexen, cyberphysischen Systemen und durch die zusätzliche Nutzung erneuerbarer Energien steht die Smart City von morgen vor völlig neuen Herausforderungen. Komplexe Erzeuger- und Verbrauchersituationen zwischen einzelnen Gebäuden aber auch ganzen Stadtquartieren führen zu einer Dezentralisierung des Energiemarktes und zu einem stark vernetzten IT Ökosystem. Dieser Beitrag beschreibt die Herausforderungen an diese Entwicklungen aus Sicht des Software Engineerings. Der Fokus liegt hierbei auf Konzepten, Methoden und Lösungen des Software Engineerings, die es erlauben die komplexen Vernetzungssituationen effizient und mit dem notwendigen Abstraktionsgrad zu beschreiben.

T. Greifenberg (✉) · M. Look · C. Pinkernell · B. Rumpe
Software Engineering, RWTH Aachen, Aachen, Deutschland
E-Mail: greifenberg@se-rwth.de

M. Look
E-Mail: look@se-rwth.de

C. Pinkernell
E-Mail: pinkernell@se-rwth.de

B. Rumpe
E-Mail: rumpe@se-rwth.de

© Springer-Verlag Berlin Heidelberg 2015
C. Linnhoff-Popien et al. (Hrsg.), *Marktplätze im Umbruch*, Xpert.press,
DOI 10.1007/978-3-662-43782-7_54

511

54.1   Einleitung

Gebäude tragen heute mit ca. 40 % der weltweiten Kohlenstoffdioxidemissionen maßgeblich zur globalen Erwärmung bei [1]. Getrieben durch die Klimaziele der Bundesregierung [2] stehen Städteplaner, Kommunen, Liegenschaftsbetreiber, aber auch private
Bauherrn vor neuen Herausforderungen. Für die Erreichung von Einsparungen in Höhe
von 20 % im Gebäudebestand bis 2020 und einen nahezu klimaneutralen Bestand bis 2050
ist mindestens eine Verdoppelung der Sanierungsrate von einem auf zwei Prozent jährlich
notwendig.

Durch den Einsatz erneuerbarer Energien sind bereits heute Plusenergiehäuser [3]
realisierbar. Häufig sind moderne Gebäudekonzepte dabei stark technisiert und können
als cyberphysische Systeme betrachtet werden. Die Interaktion zwischen einzelnen Er-
zeuger- und Verbrauchersystemen sowie der Einbezug von Benutzer und Umwelt, lassen
die Komplexität heutiger Gebäudeautomationssysteme drastisch steigen. Die Automation
eines Gebäudes endet zwar oftmals noch an der Gebäudehülle, jedoch ist der Trend zu
gebäudeübergreifenden Funktionen heute schon deutlich zu beobachten.

Die strukturelle Verdichtung von Stadtquartieren durch hocheffiziente Plusenergiehäuser stellt eine mögliche Lösung für die Erreichung der Klimaziele dar. Der Einsatz
von Blockheizkraftwerken, Windenergieanlagen, Erdwärmesystemen, Solarthermie und
Photovoltaik macht die Nachbarschaft von morgen zu einem effizienten Energieverbund.
Durch die Vernetzung der Gebäude untereinander entsteht ein neues Konzept der Energieversorgung.

Die ehemals stark zentralisierten Versorgungsinfrastrukturen könnten durch ein fein-
granulares Versorgungsnetzwerk abgelöst werden. Es entstehen neue Märkte für den Energiehandel. Ein Großteil der Energie könnte zukünftig aus der direkten Nachbarschaft statt
vom zentralen Energieversorger kommen. Für das gebäudeübergreifende Management ist
eine Vielzahl technischer Infrastrukturen notwendig. Die Kommunikation der Systeme
untereinander, bedarfsorientierte Versorgung, effiziente Nutzung und Speicherung der
Energie sowie Einbeziehung der Nutzer stellen heutige IT-Infrastrukturen vor große Herausforderungen.

Der Austausch von Informationen, die Lösung von Schnittstellenproblemen, der automatisierte Handel von Energie, Datenschutz und Netzsicherheit sind nur einige der Aspekte, die es durch den Einsatz von Hard- und Software in Zukunft zu lösen gilt. Insbesondere die Softwaresysteme von morgen können maßgeblich zur Lösung dieser Probleme
beitragen.

Nachfolgend sollen die aktuellen und zukünftigen Herausforderungen an das Software
Engineering am Beispiel energieeffizienter Städte betrachtet werden. Hierzu werden zunächst der Wandel des Energiemarktes und einige Szenarien beschrieben sowie die technologischen Treiber identifiziert. Im Anschluss werden die wichtigsten Aspekte und Herausforderungen an das Software Engineering beschrieben und mögliche Technologien,
aktuelle Trends und exemplarische Forschungsarbeiten zur Begegnung dieser Herausforderungen vorgestellt.

54.2   Neue Märkte in Smart Cities

Drei Viertel aller Europäer leben heutzutage in Städten und verbrauchen 70 % der in der EU benötigten Energie [4]. Daher ist es gerade in Städten von besonderem Interesse eine hohe Energieeffizienz zu erreichen. Die energieeffiziente Stadt von morgen ist eine hochtechnisierte Stadt. Dabei führen Visionen einer Smart City, wie sie in der Forschung [5, 6, 7] und von großen Unternehmen [8, 9, 10, 11] gesehen werden, weiter, als ICT für eine bessere Ressourcennutzung zu verwenden [12]. Sie zielen vielmehr darauf hin, auch eine stärkere Vernetzung zu erreichen. Gebäude, sowie die Bewohner der Stadt werden untereinander vernetzt, wodurch diese Zugang zu aktuellen Daten, Informationen und Verhaltenshinweisen bekommen und ihr persönliches Energiesparpotential nutzen können. Alleine dadurch lassen sich Einsparungen von bis zu 20 % erreichen [13].

Im Folgenden werden potentielle Auswirkungen einer solche Smart City auf bestehende Märkte, sowie die mögliche Entstehung gänzlich neuer Märkte diskutiert. Dabei werden die wohl offensichtlichsten Marktänderungen am Energiemarkt zu finden sein. Die Motivation zur Umsetzung der Smart City ist die Schaffung einer möglichst energieneutralen oder sogar energiepositiven Gebäudelandschaft. Zum Erreichen dieser Ziele sollen zum einen ältere Gebäude saniert und zum anderen neue Plusenergiegebäude [3] erschaffen werden. Diese modernen Gebäude verfügen neben sehr guten Verbrauchswerten auch über die Möglichkeit Energie zu erzeugen und zu speichern. Beispiele dafür sind Photovoltaikanlagen mit deren Strom tagsüber Wärmespeicher aufgeladen werden, um nachts warmes Wasser zu erhalten. In diesem Beispiel sind Energieproduzent und Verbraucher dasselbe Gebäude. Denkbar ist jedoch auch, dass es sich bei Produzent und Verbraucher um verschiedene Gebäude handelt. So können Plusenergiegebäude andere Gebäude auf direktem Wege mitversorgen, was letztendlich zu energieneutralen Stadtquartieren führt. Im Unterschied zum klassischen Energiemarkt kommen zusätzliche Anbieter in Form der Plusenergiegebäude hinzu, was einen Wandel am Energiemarkt darstellt.

Neben der Möglichkeit andere Gebäude in ihrer direkten Nachbarschaft mitzuversorgen, besteht für die neuen Produzenten auch die Möglichkeit ihre überschüssige Energie in das zentrale Energienetz einzuspeisen. Welche dieser Varianten gewählt wird, hängt dabei in erster Linie von der zur Verfügung stehenden Infrastruktur und der zu handelnden Energieart ab. So ist es möglich Strom über eine wesentlich größere Distanz zu transportieren, als beispielsweise Wärme. Zudem kann das bestehende Stromnetz dazu genutzt werden, neuen Anbietern Zugang zum Strommarkt zu gewähren, während für den Wärmehandel im Allgemeinen nicht auf vorhandene Infrastruktur zurückgegriffen werden kann, so dass neue Versorgungsleitungen zwischen den Handelnden verlegt werden müssten. Daher ist zu erwarten, dass beim Wärmehandel eher langfristige Verträge geschlossen werden, um trotz der initialen Kosten durch den Leitungsbau einen lukrativen Handel zu ermöglichen. Beim Stromhandel andererseits ist durch die bestehende Infrastruktur zu erwarten, dass auch Verträge über sehr kurze Zeiträume und sogar Spontankäufe möglich sind.

Somit sind zwei verschiedene Marktmodelle denkbar: die Stromverbraucher könnten weiterhin nur die Möglichkeit bekommen bei den großen Stromanbietern zu kaufen, welche dann zusätzlich als Zwischenhändler für den von den neuen Anbietern eingespeisten Strom dienen, oder neue Anbieter könnten bei Verwendung des zentralen Stromnetzes durch Verrichtung einer Nutzungsgebühr an den Netzbetreiber direkt mit den Verbrauchern handeln. Dies wird durch das Vorhandensein von Angebots- und Verbrauchsinformationen ermöglicht. Darüber hinaus ist natürlich auch die Variante des eigenen Stromnetzes zwischen lokalen Anbietern und Verbrauchern denkbar, welches dann die gleichen Auswirkungen auf die Vertragsdauer der Handelnden hätte, wie bei der beschrieben Situation des Wärmehandels.

Neben Informationen zu Angebot und Nachfrage sind abseits des Energiemarktes andere marktspezifische Änderungen im Bereich des Datenhandels zu erwarten. Die elektronische Datenerfassung von Gebäudedaten lässt neue Märkte für den Handel dieser Informationen entstehen. Durch Analyse der am Markt gehandelten Smart City Daten, entstehen durch eine auf den Teilnehmer zugeschnittene Verwendung der Daten neue Wertschöpfungsketten. Beispiele hierfür sind die Bereiche Smart Homes, e-Health oder kontextsensitive Services.

Weiterhin sind Veränderungen im Bereich des App-Marktes zu erwarten. Durch die Verfügbarkeit der Smart City Daten sind eine ganze Reihe neuer Apps für Privatpersonen denkbar, welche thematisch von der Statusanzeige des Energieverbrauchs, über die Erkennung von Energieoptimierungspotentialen bis hin zur Steuerung der eigener Verbrauchersysteme variieren. Die Voraussetzung dafür ist wiederum die Verfügbarkeit der Smart City Daten. Im Gegensatz zum Datenhandel müssen die App-Entwickler die Daten jedoch nicht zwangsläufig einkaufen, sondern können durch die neue Infrastruktur der Smart City Gebäude davon profitieren, dass Endbenutzer die Apps mit ihren eigenen Sensoren und Verbrauchersystemen selbstständig verbinden können.

Die starke Vernetzung in der Smart City bildet die Grundlage für den intensiven Austausch und Handel von Energie und Daten. Die dadurch hervorgerufenen Veränderungen an den verschiedenen Märkten bringen diverse Herausforderungen mit sich. Die bevorstehenden Herausforderungen an das Software Engineering werden im folgenden Abschnitt ausführlich erläutert.

54.3   Herausforderungen und Entwicklungen

Herausforderungen aus Sicht des Software Engineerings für energieeffiziente Städte und die resultierenden neuen Märkte sind vielschichtig. Aus dieser Vielzahl wird hier auf benötigte Infrastrukturen zur Ermöglichung und zum Betrieb energieeffizienter Städte fokussiert. Im Wesentlichen zeichnen sich folgende Themenfelder ab, die heute mit Smart Grids, Bürgerbeteiligung, Bedienerfreundlichkeit, Stadtplanung, Systemsicherheit, Verkehrsleitsysteme, Integration von Elektromobilität und intelligent vernetzte Gebäude für Smart Cities bezeichnet werden. All diese Themengebiete stellen Szenarien und Herausforderungen, die in einer energieeffizienten Stadt behandelt und gelöst werden müssen, dar. Gleichzeitig haben diese Themenfelder aus Sicht des Software Engineerings gemein,

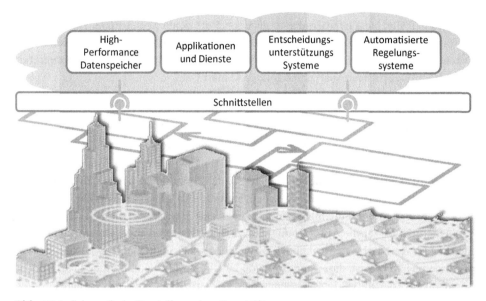

Abb. 54.1 Schematische Darstellung einer Smart City

dass sie auf der Interaktion heterogener Systeme und der Handhabung heterogener Daten basieren.

In Abb. 54.1 sind eine energieeffiziente, intelligente Stadt und einige wichtige Herausforderungen aus Sicht des Software Engineerings schematisch dargestellt. Durch aktuelle Cloud Computing Lösungen lassen sich die Anforderungen an Performanz, Skalierbarkeit und Ausfallsicherheit der eingesetzten Systeme erfüllen. Dennoch bleiben die Herausforderungen im Bereich Smart Data, wie ein gemeinsames Konzept zur Datenmodellierung und die Definition einheitlicher Schnittstellen ein aktuelles Forschungsfeld. Zudem entstehen durch die heterogene Servicelandschaft weitere Herausforderungen an High Level Infrastrukturen. Eine solche Servicelandschaft umfasst kontextsensitive und nutzerorientierte Dienste, aber auch entscheidungsunterstützende Systeme und automatische Regelungssysteme, die sich primär an Energieexperten richten.

Nachfolgend werden drei Themenfelder exemplarisch ausgewählt und vorgestellt. Das erste Themenfeld beschäftigt sich mit Smart Data Infrastrukturen. Das zweite Themenfeld befasst sich mit Infrastrukturen für eine Servicelandschaft, die Dienste zur Steuerung und Optimierung der energieeffizienten Stadt ermöglichen, während das letzte Themenfeld Entwicklungsparadigmen für solch hochkomplexe Systeme umfasst.

54.4 Smart Data Infrastrukturen

In einer Smart City fallen viele heterogene Daten aus unterschiedlichsten Datenquellen an. Auch die Struktur dieser Daten stellt sich sehr heterogen dar. Hierbei spielen vor allem die Big Data Eigenschaften Volumen, Geschwindigkeit, Vielfalt, Variabilität und Komplexität eine große Rolle. Herausfordernd sind dabei eine effiziente Speicherung, eine effiziente Abfrage, sowie eine effiziente Analysemöglichkeit für die Massendaten. Die vielfältigen Datenquellen, wie z. B. Sensordaten und Standortinformationen werden durch Integration und mit Hilfe geeigneter Analyseverfahren zu Smart Data.

Die Kompatibilität unterschiedlicher Daten ist für die Auswertung und Analyse besonders wichtig. Als besondere Herausforderung ist hierbei die effiziente und erweiterbare Definition von Transformationen zwischen den unterschiedlichen Datenmodellen zu nennen. Im Forschungsprojekt COOPERaTE [14] werden dazu beispielsweise domänenspezifische Sprachen zur Integration verschiedener Building Information Models zu einem City Information Model, welches die Ergebnisse des Forschungsprojekts SEMANCO [15] erweitert, verwendet. Auch in den Forschungsprojekten DIMMER [16], ALMANAC [17] und HESMOS [18] wird die Integration verschiedener Datenmodelle untersucht.

Die Grundlage für die Aufbereitung und Verarbeitung anfallender Daten stellt ein gemeinsames, erweiterbares Metamodell für Gebäude und Städte dar. Die besondere Herausforderung hierbei ist, dass dieses Metamodell alle anfallenden Informationen abbilden können muss. Zukünftige Erweiterungen durch neuartige Services müssen dabei ermöglicht werden.

54.5 High Level Management Infrastrukturen

Nachdem bislang die Herausforderungen an das Software Engineering im Bereich Smart Data Infrastrukturen diskutiert wurden, werden nun einige Herausforderungen an Infrastrukturen einer heterogenen Servicelandschaft erläutert.

Eine wichtige Herausforderung an das Software Engineering stellen die Schnittstellen zwischen den verschiedenen Systemen dar. Ein Service für den optimierten Energieeinkauf muss, um die aktuellen Preise zu erhalten, mit den Systemen aller in Frage kommenden Energieanbieter kommunizieren können. Außerdem ist es denkbar, dass ein solcher Service auf verschiedene Gebäude oder Gebäudekomplexe anwendbar sein soll, was wiederum eine Kommunikationsmöglichkeit mit den zugehörigen Gebäudemanagementsystemen erforderlich macht.

Als Beispiel eines Services wird ein Demand/Response System betrachtet. Es ist heutzutage schwierig und kostspielig, die Energieproduktion an die Schwankungen des Energiebedarfs der Verbraucher anzupassen oder überschüssige Energie zwischenzuspeichern. Daher sollen die Verbraucher durch einen über den Tag variierenden Strompreis zu einem möglichst gleichmäßigen Verbrauch angeregt werden. Ist der Gesamtenergiebedarf hoch, so werden Verbraucher dazu angeregt Strom zu sparen und umgekehrt. Die Grundlage eines solchen Systems ist, dass aus dem aktuellen Energieverbrauch unmittelbar ein angepasster Energiepreis für die Verbraucher errechnet wird und dieser Preis auch unmittelbar an die Verbraucher weitergegeben wird. Damit beschäftigt sich beispielsweise die aktuellen, internationalen Forschungsprojekte WATTALYST [19] und CASSANDRA [20]. Hier werden der Stromverbrauch der Verbraucherseite auf feingranularer Ebene erfasst,

betriebswirtschaftliche Anreize für die Verbraucher geschaffen und die zur Informationsbereitstellung benötigten Schnittstellen zur Verfügung gestellt. Herausfordernd ist dabei
die Interaktion der Services zur Berechnung des aktuellen Strompreises und denen zur
verbraucherseitigen Preisabfrage und Benachrichtigung.

Für Gebäude mit Energiespeicher sind weitere intelligente Services denkbar, die bei
günstigen Preisen den Einkauf zusätzlicher Energie und die Zwischenspeicherung in lokale Speicher des Gebäudes steuern, so dass diese bei einem hohen Preisniveau verbraucht
werden kann. Um solche Services umsetzen zu können, könnte ein Condition/Action Ansatz verwendet werden. Im Gegensatz zu der klassischen, eher hardwarenahen, Gebäu-
deautomation, kann hier durch externe Softwaresysteme auf einer höheren Abstraktions-
ebene auf bestimmte äußere Einflüsse (Conditions) reagiert werden, wodurch dann optimierte Steuerungssignale (Actions) für die einzelnen Anlagen berechnet werden können.

Aus Software Engineering Sicht stellt zudem die Verteilung von Automatisierungs- bzw.
Optimierungslogik eine Herausforderung dar. Grundsätzlich können zwei verschiedene
Ansätze verfolgt werden: dezentrale Agenten, die für einen einzelnen Aufgabenbereich
selbstständige Entscheidungen auf Basis der ihnen zugänglichen äußeren Parameter treffen oder zentrale Regelungsstrategien, welche die Gesamtsituation erfassen und auf dieser
Basis optimierte Entscheidungen für mehrere Bereiche treffen können. Agenten bieten
den Vorteil, dass sie durch den eingeschränkten Aufgabenbereich wenige Abhängigkeiten zu anderen Systemen aufweisen und somit leichter auf andere Gebäude übertragbar
sind. Demgegenüber liefern zentrale Regelungen, die meistens für einzigartige Situationen konfiguriert sind, durch die Kenntnis der Zusammenhänge zwischen den verschiedenen Gebäudekomponenten ein besseres Ergebnis. In dem Forschungsprojekt TRACE [21]
werden solche Entscheidungsunterstützenden Systeme untersucht und umgesetzt. Dennoch bleibt die richtige Wahl des Ansatzes eine bislang ungeklärte Frage.

Zusätzlich entstehen durch nach außen sichtbare Schnittstellen von Gebäudemanagementsystemen Sicherheitsrisiken, die ebenfalls eine Herausforderung an das Software
Engineering darstellen. So muss garantiert werden können, dass die Schnittstellen, die
externen Services zur Verfügung gestellt werden, sicher sind. Services dürfen weder die
Möglichkeit haben schädliche Aktionen durchzuführen, noch dürfen die Schnittstellen
durch nicht berechtigte Services genutzt werden.

54.6 Entwicklungsparadigmen für Qualität und Effizienz

Der technologische Fortschritt bei der Vernetzung von Gebäuden und Anlagen geht mit
einem drastischen Anstieg der Komplexität einher. Die Anforderungen an die Automa-
tionssysteme und Regelungstechnik steigen, da immer mehr Kontextinformationen in
die Regelstrategien einbezogen und die Regelkreise umfangreicher werden. Jedoch sind
die heutigen Programmierparadigmen für solche Systeme, wie zum Beispiel Speicher-
programmierbare Steuerungen (SPS), Matlab/Simulink oder C, nur bedingt für die neu-
en Anforderungen geeignet. Wichtige Mechanismen wie Abstraktion, Modularität und

Kapselung, Wiederverwendbarkeit oder Hierarchisierung werden dabei nur unzureichend unterstützt oder fehlen sogar gänzlich.

Zudem sind fast dreiviertel aller Gebäudeautomationssysteme falsch installiert [22]. Ursache ist die drastisch steigende Komplexität moderner Anlagen und Systeme sowie ungeeignete Prozesse zur Umsetzung. In [23, 24] wird die mangelhafte Kopplung zwischen Spezifikation und Implementierung der Anlagen als eine wichtige Ursache identifiziert. Die Autoren haben den Prozess der *Aktiven Funktionsbeschreibung* eingeführt, um die Lücke zwischen Planung (Soll) und der Umsetzung (Ist) zu schließen. Hierfür wird eine formalisierte Beschreibung der Anlagenfunktionen durch eine an die Object Constraint Language (OCL) [25] angelehnte domänenspezifische Sprache genutzt, um im späteren Gebäudebetrieb die Einhaltung der Spezifikation anhand der Sensordaten des Betriebs automatisiert zu überprüfen. Als Softwareplattform zur Umsetzung der Methodik wurde der *energie navigator* [26] entwickelt.

Neben der Kopplung von Anforderungen und Umsetzung stellt auch die Implementierung der Systeme selbst eine Herausforderung dar. Werden heute noch eine Vielzahl der Systeme als SPS oder in C programmiert, könnte der Einsatz domänenspezifischer Beschreibungssprachen sowie geeigneter Codegeneratoren die Komplexität an dieser Stelle beherrschbar machen. Cyberphysische Systeme lassen sich beispielsweise auf Basis von Funktionsnetzen beschreiben [27], so dass von der eigentlichen Implementierung durch Verhaltensmodelle, zum Beispiel Zustandsautomaten, und geeignete Codegeneratoren abstrahiert werden kann. Ziel der generativen Entwicklung ist neben der Beherrschung der Komplexität durch den Einsatz geeigneter Modellierungssprachen, die Steigerung der Entwicklungseffizienz bei gleichzeitigem Anstieg der Softwarequalität.

Infrastrukturen zur Modellierung können einen wichtigen Beitrag im Umschwung der Programmierparadigmen leisten. Statt der Einführung neuer Programmiersprachen und Kommunikationsinfrastrukturen (Middleware, Protokolle etc.), kann die Entwicklung neuer Modellierungssprachen und Codegeneratoren einer Vielzahl der Probleme begegnen. Die dafür notwendigen Werkzeuge existieren schon heute [28, 29]. Die Entwicklung und Standardisierung konkreter Sprachen und Codegeneratoren sowie der Aufbau von Modellbibliotheken ist jedoch weiterhin ein aktuelles Thema.

54.7 Zusammenfassung

Die Entwicklung zu energieeffizienten – vielleicht sogar energieneutralen – Städten hat bereits begonnen. Die energieeffiziente Stadt von Morgen schafft neue Märkte und bietet Raum für neue Wertschöpfungskonzepte. Im Zentrum steht der lokal optimierte Energiehandel, der vermutlich mit einem drastischen Anstieg der Regelungskomplexität innerhalb, aber auch zwischen den Gebäuden, verbunden sein wird. Hierdurch stellen sich viele neue Anforderungen an Gebäudeautomationssysteme, City Management Infrastrukturen und Versorgungsinfrastrukturen. Um diesen gerecht zu werden, müssen Softwaresysteme einen wichtigen und zuverlässig nutzbaren Beitrag leisten. Das Software Engineering im Bereich komplexer cyberphysischer Systeme stellt bereits heute gute Lösungsansätze, Prozesse und Werkzeuge bereit. Mit den kommenden Systemanforderungen wachsen jedoch auch die Herausforderungen zur Weiterentwicklung softwaretechnischer Methoden und Infrastrukturen. Einige wichtige Aspekte und Konzepte, wie zum Beispiel Smart Data, Schnittstelleninteroperabilität und die effiziente und qualitätsgesicherte Entwicklung solcher Systeme wurden in diesem Beitrag vorgestellt.

Literatur

1. Presse- und Informationsamt der Bundesregierung. CO2-Gebäudesanierung – energieeffizient Bauen und Sanieren. http://www.bundesregierung.de/Content/DE/StatischeSeiten/Breg/Energiekonzept/3-EnergieSparen/2012-04-18-co2-gebaeudesanierung-energieeffizient-bauen-und-sanieren.html.
2. Bundesministerium für Umwelt, Naturschutz, Bau und Reaktorsicherheit. Aktionsprogramm Klimaschutz 2020 Eckpunkte des BMUB. http://www.bmub.bund.de/fileadmin/Daten_BMU/Download_PDF/Klimaschutz/klimaschutz_2020_aktionsprogramm_eckpunkte_bf.pdf.
3. Fisch, M. N., Wilken, T., & Stähr, C. (2012). *EnergyPLUS: Buildings and districts as renewable energy sources*. Leonberg: Norbert Fisch (Univ. Prof. Dr.-Ing. M).
4. Europäische Kommission. Commission launches innovation partnership for Smart Cities and Communities. http://europa.eu/rapid/press-release_IP-12–760_en.htm.
5. Mäkeläinen, T., Klobut, K., Hannus, M., Sepponen, M., Fernando, T., Bassanino, M., Masior, J., Fouchal, F., Hassan, T., & Firth, S. A new methodology for designing energy efficient buildings in neighbourhoods. *eWork and eBusinenss in Architecture, Engineering and Construction*.S. 871–878, 17–19 September 2014.
6. PLEEC – Planning for Energy Efficient Cities. (2013). http://www.pleecproject.eu/.
7. CONCERTO – Energy solutions for smart cities and communities. (2012). http://concerto.eu.
8. IBM Corporation. „Smarter Planet,". http://www.ibm.com/smarterplanet/.
9. Schneider Electric. Smart Cities.. http://www2.schneider-electric.com/sites/corporate/en/solutions/sustainable_solutions/smart-cities.page.
10. Siemens AG. Smart City.. http://www.siemens.de/branchensoftware-und-informationstechnik/smart-city.html.
11. Hitachi, Ltd. Smart City Infrastructure. http://www.hitachi.com/products/smartcity/smart-infrastructure/.
12. Chourabi, H., Taewoo, N., Walker, S., Gil-Garcia, J., Mellouli, S., Nahon, K., Pardo, T., & Scholl, H. J. (2012). Understanding smart cities: An integrative framework. *45th Hawaii International Conference on System Science (HICSS)*, January 2012.
13. Europäische Kommission. Horizon 2020 Work Programme 2014–2015 10. Secure, clean and efficient energy Revised. http://ec.europa.eu/research/participants/data/ref/h2020/wp/2014_2015/main/h2020-wp1415-energy_en.pdf.
14. COOPERaTE. http://www.cooperate-fp7.eu/.
15. Madrazo, L., Sicilia, A., & Gamboa, G. (2012). SEMANCO: Semantic Tools for Carbon Reduction in Urban Planning. *Proceedings of the 9th European Conference on Product and Process Modelling*, Reykjavik, 25–27 July 2012.
16. Del Giudice, M., Osello, A., & Patti, E. (2014) BIM and GIS for district modeling. *eWork and eBusinenss in Architecture, Engineering and Construction*, S. 851–854, 17–19 September 2014.
17. ALMANAC – Reliable Smart Secure Internet Of Things For Smart Cities. (2013). http://www.almanac-project.eu/.

18. Hesmos Project. (2012). http://hesmos.eu/.

19. WATTALYST. http://www.wattalyst.org.

20. Andreou, G., Symeonidis, A., Diou, C., Mitkas, P., & Labridis, D. (2012). A framework for the implementation of large scale Demand Response. *International Conference on Smart Grid Technology, Economics and Policies (SG-TEP)*, S. 1–4, December 2012.

21. ESMAP – Energy Sector Management Assistance Program. (2013). TRACE | Tool for Rapid Assessment of City Energy.. http://www.esmap.org/sites/esmap.org/files/ESMAP_EECI_TRA-CE_Brochure_2013.pdf.

22. Waide, P., Ure, J., Karagianni, N., Smith, G., & Bordass, B. (2013). The scope for energy and CO_2 savings in the EU through the use of building automation technology. Report for the European Copper Institute. Waide Strategic Efficiency Limited, 2013.

23. Pinkernell, C. (2014). Energie Navigator: Software-gestützte Optimierung der Energieeffizienz von Gebäuden und technischen Anlagen, Shaker, Dissertation, 2014.

24. Plesser, S. (2013). Aktive Funktionsbeschreibungen, Institut für Gebäude- und Solartechnik, Dissertation, 2013.

25. Object Management Group. (2014). „Object constraint language – Version 2.4," 2014.

26. Fisch, M., Look, M., Plesser, S., Pinkernell, C., & Rumpe, B. (2011). „Der Energie-Navigator – Performance-Controlling für Gebäude und Anlagen.," *Technik am Bau (TAB) – Fachzeitschrift für Technische Gebäudeausrüstung,* April 2011.

27. Ringert, J. O., Rumpe, B., & Wortmann, A. (2013) „MontiArcAutomaton: Modeling Architecture and Behavior of Robotic Systems," in *Workshops and Tutorials Proceedings of the 2013 IEEE International Conference on Robotics and Automation (ICRA),* Karlsruhe, 2013.

28. Krahn, H., Rumpe, B., & Völkel, S. (2010). „MontiCore: a Framework for Compositional Development of Domain Specific Languages," *International Journal on Software Tools for Technology Transfer (STTT),* Bd. 12, Nr. 5, 2010.

29. „Xtext,". http://www.eclipse.org/Xtext/.

Andreas Steffen

Zusammenfassung

Die öffentliche Verwaltung als Wegbereiter für ein datenbasiertes digitales Ökosystem, das Unternehmen und Bürgern die erhoffte Effizienz, Effektivität und Entbürokratisierung bringt. Zu dieser Zielstellung gibt es bereits vielfältige Konzepte und Projekte. Gelingt es diese Vorarbeiten ebenen- und sektorenübergreifend zu verknüpfen, können durchgängige Prozessketten und innovative Services an der Schnittstelle von Verwaltung, Wirtschaft und Zivilgesellschaft geschaffen werden. Daten spielen dabei eine entscheidende Rolle, durch sie können Synergiepotenziale erschlossen und innovative Services entwickelt werden. Vor dem Hintergrund des erforderlichen digitalen Umbruchs in der deutschen Verwaltung skizziert der Beitrag die Idee einer datenbasierten Plattform, die Ansätze aus Industrie 4.0 aufgreift und weiterführt: Smart Data for Public Services. Der Autor zeigt die Herausforderungen auf und gibt erste Handlungsempfehlungen zum Aufbau eines solchen Ökosystems.

55.1 Die öffentliche Verwaltung im Umbruch

„Immer mehr Daten (Big Data) werden miteinander verknüpft (Smart Data) und führen zu neuen Dienstleistungen (Smart Services) und Produkten." Diese Entwicklung wird im Kapitel „digitale Wirtschaft und digitales Arbeiten" [9] der im August 2014 verabschiedeten Digitalen Agenda der Bundesregierung beschrieben. Parallel dazu zeigen aktuelle Strategien, Konzepte und Zukunftsprojekte wie Industrie 4.0 oder Smart Service Welt

A. Steffen (✉)
Nationales E-Government Kompetenzzentrum (NEGZ), Berlin, Deutschland
E-Mail: andreas.steffen@negz.org

© Springer-Verlag Berlin Heidelberg 2015
C. Linnhoff-Popien et al. (Hrsg.), *Marktplätze im Umbruch*, Xpert.press,
DOI 10.1007/978-3-662-43782-7_55

konsequent auf, dass Daten die Basis moderner Ökosysteme, neuer Serviceplattformen und innovativer Geschäftsmodelle bilden. In diesen industriegetriebenen Vorhaben ist die öffentliche Verwaltung als Anwendungsbereich jedoch weitestgehend nicht beteiligt.

Die deutsche Verwaltungslandschaft besteht aus 20.000 Behörden auf Bundes-, Landes- und kommunaler Ebene mit über 5000 Verwaltungsdienstleistungen [14], weitgehend unvernetzten Zuständigkeiten, heterogenen Fachverfahren und einem Übermaß an Formularen.

Viele Vorgehens- und Managementprinzipien der deutschen Verwaltung gehen noch auf die Preußische Städtereform von 1808 zurück. Forschungsprojekte wie „Stein-Hardenberg 2.0" [15] sind daher von entscheidender Bedeutung, um die Organisationsprinzipien der Verwaltung unter Berücksichtigung der Potenziale von Informations- und Kommunikationstechnologien (IKT) weiterzuentwickeln. Die Verwaltungsanteile von übergreifenden Prozessketten können dadurch entsprechend „smart" gestalten werden.

In der Wissenschaft werden Ansätze wie die „zuvorkommende Verwaltung" [3] beschrieben, denen sich die öffentliche Verwaltung widmen muss, um ihrem Anspruch als innovativer Dienstleister und „Betriebssystem" der Gesellschaft gerecht zu werden. Denn es gilt insgesamt, die Zukunfts- und Wettbewerbsfähigkeit des Standorts Deutschland im internationalen Vergleich zu sichern.

Bislang jedoch weisen die Prozesse der öffentlichen Verwaltung nicht die von der Gesellschaft und Wirtschaft geforderte Effizienz, Effektivität und Durchgängigkeit auf. Dabei sind vor allem durchgängige digitale Prozessketten auf Basis intelligent verknüpfter und veredelter Daten die Voraussetzung für eine Smart Service Welt, die ihren Namen als hocheffizientes Ökosystem wirklich verdient.

Abbildung 55.1 zeigt die Grundidee eines solchen datenbasierten Ökosystems. In einer „Hybrid Service Economy" werden Online- und Offlinewelt vereint und Daten aus unterschiedlichsten Wirtschaftssektoren mit öffentlichen Daten zusammengeführt und verknüpft. Die Schwarmintelligenz der Masse, auch „Crowdsourcing" genannt, erweitert insbesondere im Bereich von Produkten und Dienstleistungen die immense Masse an historischen und Live-Daten.

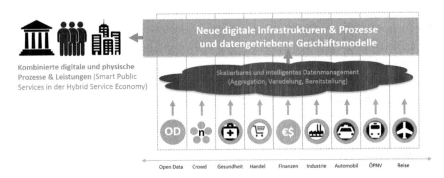

Abb. 55.1 Smart Public Services in einer Hybrid Service Economy, angelehnt an eine Darstellung des zweiten Zukunftsprojektes des Bundesregierung [1]

Die konzeptionellen, organisatorischen sowie technischen Anforderungen und Rahmenbedingungen für solch ein Ökosystem werden nachfolgend beschrieben. Dabei wird zunächst betrachtet, wie diese vielen Daten neue und leistungsfähigere Dienste ermöglichen können.

55.2 Daten, Dienste und Schnittstellen

Neben bekannten Herausforderungen wie Ressourcen- und Kompetenzverlust in der Verwaltung durch den demografischen Wandel, Innovationsdruck im internationalen Wettbewerb der Standorte und veränderte Anspruchshaltungen der Gesellschaft im digitalen Zeitalter, stehen zunächst zwei „smarte" Aspekte im Vordergrund.

55.2.1 Katalysator statt Bremse

Komplexe Unternehmenslagen mit Antrags- oder Genehmigungsprozessen beinhalten vielfältige Optimierungspotenziale. Wenn die Verwaltung ihre Fachverfahren, Zuständigkeiten und Prozessdaten im Sinne von No-Stop-Government [13] konsequent digital vernetzt, können Bürokratiekosten deutlich reduziert werden. Dafür sind neben technischen Infrastrukturen und organisatorischen Rahmenbedingungen auch neue Kollaborationsformen über Verwaltungsebenen und -grenzen hinweg erforderlich.

So bietet beispielsweise der Ansatz offener Schnittstellen zu Verwaltungsprozessen („OpenAPI") sowohl Potenziale für Unternehmen, die ihre eigenen Prozesse direkt an diesen „Interfaces" andocken können, als auch für die Verwaltung selbst, die keine schlüsselfertigen Lösungen entwickeln muss, sondern lediglich diese Schnittstellen bereitstellt. Dadurch können wiederum auch Drittanbieter neue Module und Werkzeuge (Mashups, Apps, Algorithmen etc.) als Erweiterungen eines Service-Ökosystems entwerfen und darauf basierende innovative Geschäftsmodelle entwickeln.

55.2.2 Public Intelligence durch smarte Daten

Nicht nur die Prozesse der Verwaltung, sondern weitestgehend deren Daten selbst sind bislang unzureichend miteinander vernetzt. Dabei bieten öffentliche Datenbestände im Zusammenspiel mit unternehmens- oder branchenspezifischen Daten vielfältige Perspektiven. Konzerne könnten ebenso wie kleine und mittlere Unternehmen interne und externe Geschäftsprozesse weitaus profitabler gestalten, Wertschöpfungsketten verbessern und gleichzeitig Risiken und Kosten ihrer Prozesse senken.

Daten sind die entscheidende Grundlage für dringend benötigte Effizienz- und Effektivitätsgewinne. Die in allen Lebensbereichen fortschreitende Digitalisierung und die kontinuierliche Vernetzung von Informationen, Prozessen und Systemen „verändern

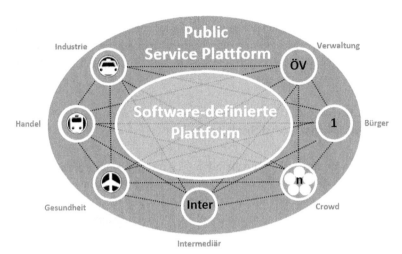

Abb. 55.2 Idee eines kollaborativen Public Service-Ökosystems mit beispielhaft ausgewählten Sektoren

nicht nur die Geschäftsmodelle und Standortfaktoren von Unternehmen, sondern auch die Infrastrukturverantwortung des Staates" [2]. Daher ist der Aufbau einer Daten- und Diensteplattform eine zwingende öffentliche Aufgabe. Von dieser Plattform würden nicht nur Unternehmen und Bürger profitieren, sondern mindestens im gleichen Maß auch die Verwaltung selbst.

In Abb. 55.2 wird dargestellt, wie eine so genannte softwaredefinierte Plattform die Basis des Ökosystems bildet. Dieses entsteht und wächst durch die Vernetzung großer Datenmengen aus unterschiedlichsten Quellen und ermöglicht dadurch eine Vielzahl von Diensten und Dienstleistungen. Eine rein technische Lösung wäre jedoch bei weitem nicht ausreichend, eine Industrielösung ohne Einbeziehung der Verwaltung wäre gleichzeitig zu kurz gedacht. Deshalb liegt der Fokus der Plattform auf der öffentlichen Verwaltung. Sie kann als „Public Service-Plattform" bezeichnet werden.

55.3 Ein Ökosystem als erstes Etappenziel

Wirtschaft und Industrie können noch so sehr bestrebt sein, ihre Prozesse „smart" zu machen. Wenn nicht gleichzeitig auch die Behördenprozesse vernetzt und deren Schnittstellen geöffnet sowie Arbeits- und Organisationsprinzipien neu gestaltet werden, droht in einer Vielzahl von Wertschöpfungs- und Prozessketten immer die „ÖV-Bremse". Die öffentliche Verwaltung muss eine aktive, gestaltende Rolle einnehmen und in diesem Sinne die Grundlagen für ein modernes, daten- und dienstbasiertes Ökosystem schaffen.

Das entscheidende erste Etappenziel auf dem Weg zu einem wettbewerbsfähigen Ökosystem ist eine softwarebasierte „Smart Data for Public Services"-Plattform (SD4PS). Diese bringt auf Basis offener Schnittstellen private wie öffentliche Datenlieferanten mit

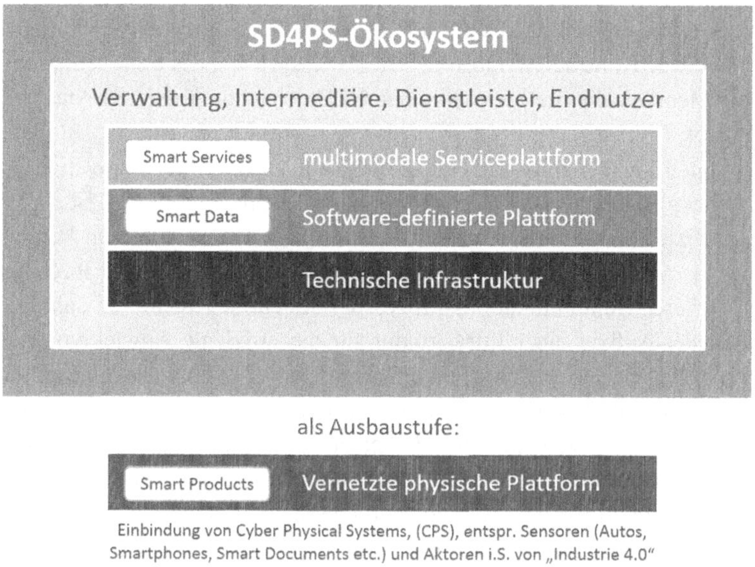

Abb. 55.3 Schichtenmodell eines Smart Data for Public Servics-Ökosystems (SD4PS), angelehnt an den Zwischenbericht „Smart Service Welt" (acatech)

Datenkonsumenten und Intermediären zusammen und ermöglicht innovative Mehrwert-services.

Als datenbasierter Smart Service-Marktplatz bietet SD4PS vielfältige Ausbau- und Entwicklungspotenziale. So ist beispielsweise auch die Erweiterung des Ökosystems um Daten aus Cyber-physischen Systemen (CPS) und um Daten von sogenannten „Smart Products" wie die Messdaten von Fahrzeugen oder die Bewegungsdaten von Smartphones (Human Sensors) möglich. Abbildung 55.3 illustriert, wie das Zusammenspiel im Schicht-modell konzipiert ist. Und natürlich sind mobile Nutzerschnittstellen und entsprechende Apps zwingend erforderlich, weil zeitgemäß. Mobile Government (mGovernment) und Multikanalfähigkeit sind dabei schon konzeptionell in vielen Vorhaben der Verwaltung verankert – und müssen jetzt durchgängig etabliert werden.

Um eine breite Akzeptanz des Systems zu erzielen, ist Vertrauen durch Datenschutz und Datensicherheit explizit zu gewährleisten; gleichzeitig sind nutzenstiftende Anwendungen mit hohem Verbreitungsgrad zu entwickeln.

55.4 Vernetzung von Akteuren, Daten und Diensten

Spätestens seitdem mit dem Zukunftsprojekt Industrie 4.0 ein konzeptioneller Standard „made in Germany" geschaffen wurde, steht die Frage im Raum, wie auch die öffentliche Verwaltung „viernull-ready" gemacht werden kann. Denn nur dann lassen sich durchgängige Prozessketten im Zusammenspiel von Wirtschaft und Verwaltung und entsprechend innovative Services entwickeln. Dabei spielen Daten unterschiedlichster Art und Herkunft eine entscheidende Rolle als „Treibstoff" eines Ökosystems, das Smart (Shared) Services und digitale Mehrwertdienste beispielsweise im Bereich datenbasierter Analyse und Prognostik erlaubt.

Konzeptionell kann bereits auf eine große Zahl vorliegender innovativer Ideen und Projekte zurückgegriffen werden. Der Prozessdatenbeschleuniger P23R ist ein Vorgehensprinzip für effiziente und transparente Prozesse an der Schnittstelle von Verwaltung und Wirtschaft [6]. Auch der Ansatz des FRESKO-Prozessors (Flexibler Rechtskonformer Einfacher Sicherer Kommunikations-Prozessor) besteht seit mehreren Jahren. Ziel von FRESKO ist der Aufbau einer Infrastruktur für die effiziente Abwicklung gesetzlicher Informationspflichten und entsprechender Meldungen. [17] Und das Konzept des Datenpointernetzwerks (DPN) wurde bereits 2010 entworfen, um den Informationsaustausch zwischen verschiedenen Verwaltungseinheiten zu optimieren und zu beschleunigen [3].

Sobald diese und weitere Konzepte durchgängig umgesetzt und vor allem intelligent miteinander kombiniert werden, ist eine deutliche Steigerung der datenbasierten Prozessqualität und -geschwindigkeit zu erwarten. Gleichzeitig bieten die dann innerhalb eines Ökosystems vernetzt vorliegenden Daten ganz neue Möglichkeiten.

Brüggemeier formuliert im Zusammenhang von „Bürokratieabbau by Design" das Ziel einer zuvorkommenden Verwaltung. In dieser werden Unternehmen und Bürgern zum Beispiel bereits vorausgefüllte Formulare bereitgestellt oder Abonnements zur Erinnerungen für zeitgerecht gestellte Anträge angeboten. In Deutschland ist dies noch eine Vision, in anderen Ländern wie beispielsweise Finnland jedoch schon Realität. Gleichzeitig zeichnet Brüggemeier, als Weiterführung des One-Stop-Goverment-Gedankens, das Bild einer „No-Stop-Verwaltung". In ihr werden mögliche Leistungsangebote proaktiv von der Verwaltung vorgeschlagen oder zur Verfügung gestellt, sofern ein entsprechender Leistungs- und Förderanspruch erkannt wird. Weitergedacht mit den Möglichkeiten der datenbasierten Analytik und Prognostik könnte hierzu eine „E-Government-Empfehlungsmaschine" (Recommendation Engine) entwickelt werden.

Bei einer möglichen Umsetzung steht man jedoch vor Hürden und Chancen zugleich: Wie und womit können Formulare automatisiert ausgefüllt sein? Anhand welcher Kriterien kann von der Verwaltung erkannt werden, ob ein Leistungsanspruch besteht? Wodurch erkennt die Verwaltung, welche proaktiven Vorschläge sie einem Bürger oder Unternehmen machen kann?

„It's the data, stupid" [12] lässt sich hier frei nach James Carville antworten. Daten müssen innerhalb eines vertrauenswürdigen Ökosystems bereitgestellt, vernetzt und verfügbar gemacht werden, um auf ihrer Basis proaktive Leistungen und smarte Mehrwerte anbieten zu können.

Damit ein solcher Umbruch im Bereich der öffentlichen Verwaltungsdienste Realität wird, müssen neben rein technischen Infrastrukturaspekten auch in weiteren Bereichen erforderliche Transformationsprozesse angestoßen werden. Ganz entscheidend: Die Kooperations- und Kollaborationsfähigkeit der involvierten Akteursgruppen muss kritisch hinterfragt und optimiert werden.

Hierbei gilt es, einen dringenden Bedarf an Weiterbildung und Qualifizierung zu decken, damit diese Veränderungsprozesse professionell begleitet und umgesetzt werden können. In der Programmbeschreibung der aktuellen Fördermaßnahme „Dienstleistungsinnovation durch Digitalisierung" des Bundesministeriums für Bildung und Forschung (BMBF) heißt es dazu: „Um mit digitalisierten Dienstleistungen professionell umgehen zu können, bedarf es außerdem besonderer Qualifikationen aufseiten der Kunden und der Beschäftigten sowie der Führungskräfte in Unternehmen, Organisationen und Verwaltungen" [10].

Die Bundesregierung hat erkannt, dass Dienstleistungsinnovationen im privatwirtschaftlichen Bereich einen deutlichen Bedarf an Forschungsförderung mit sich bringen. Wenn dieser Bedarf schon in denjenigen Sektoren allokiert wurde, mit denen Deutschland im internationalen Vergleich sehr gut aufgestellt ist[1], dann gilt dies umso mehr für die öffentliche Verwaltung.

55.5 Handlungsbedarf und Wegbereiter

Damit sich in Deutschland ein daten- und dienstebasiertes Ökosystem entwickeln kann, sind verschiedene technische und organisatorische Wegbereiter erforderlich. Viele sind bereits vorhanden – jedoch bislang noch nicht mit der skizzierten Zielstellung zusammengeführt. Dazu gehören vorrangig:

- optimiertes Datenmanagement in Big Data-Infrastrukturen
- verbesserte datengetriebene Prognostik und Optimierung
- neue Verfahren bei der Aufbereitung unstrukturierter Daten
- neue Standards im Bereich der semantischen Interoperabilität
- vertrauenswürdige, hochsichere und hochverfügbare Infrastrukturen
- anzupassende rechtliche Rahmenbedingungen speziell zu Daten
- Ausbau der Kompetenzentwicklung im Bereich Big/Smart Data

55.5.1 Zusammenführen vorhandener Konzepte

Eine Schlüsselmaßnahme zur Realisierung des SD4PS-Ökosystems auf organisatorischer Ebene ist die orchestrierte Zusammenführung vorhandener Konzepte und innovativer Akteure. Ansätze wie P23R, FRESKO, DPN und Infrastrukturen wie beispielsweise die Deutschland Online Infrastruktur (DOI), das Deutsches Verwaltungsdiensteverzeichnis (DVDV), Geodaten, Register und auch Standards wie das XÖV-Rahmenwerk müssen

---

[1] Das Forschungsprogramm „Smart Data – Innovationen aus Daten" des Bundesministeriums für Wirtschaft und Technologie (BMWi) legt seinen Fokus auf die vier Sektoren Industrie, Mobilität, Energie und Gesundheit.

sektoren- und ebenenübergreifend miteinander verbunden werden. Auch bereits teilweise realisierte Vorhaben wie die Behördenrufnummer 115 sowie angrenzende Projekte und Studien zur Optimierung von Serviceprozessen in der deutschen Verwaltung müssen berücksichtigt und integriert werden.

55.5.2 Open Innovation: Konzepte, Kooperation und Kollaboration

Eine weitere große Herausforderung besteht darin, heterogene Akteure mit zum Teil abweichenden Interessenlagen in Hinblick auf zwingend erforderliche Transformationen zu vernetzen und ihre Zusammenarbeit zu ermöglichen.

Auf organisatorischer Ebene ist die Einbeziehung derjenigen Bundesministerien empfehlenswert, die federführend die Umsetzung der Digitalen Agenda vorantreiben: das Bundesministerium für Wirtschaft und Energie (BMWi), das Bundesministerium des Innern (BMI) und das Bundesministerium für Verkehr und digitale Infrastruktur (BMVI). Darüber hinaus müssen der IT-Planungsrat und der Nationale IT-Gipfel involviert werden. Zu berücksichtigen sind weiterhin auch die Rahmenbedingungen des Gesetzes zur Förderung der elektronischen Verwaltung (EGovG) [5], die Nationale E-Government-Strategie (NEGS) [7] sowie das Programm Digitale Verwaltung 2020 [8].

Gleichzeitig ist es im Sinne der Anschlussfähigkeit zweckmäßig, innovative Umgebungen wie den Erprobungsraum Rheinland, die Metropolregion Rhein-Neckar (MRN), die vom BMI ausgewählten Modellkommunen und auch den neu geschaffenen Erprobungsraum Nordwest für die schrittweise Realisierung des Smart Public Service-Ökosystems zu nutzen.

Weiterhin müssen Unternehmen aus Wirtschaft und Industrie zwingend in die beschriebenen Transformationsprozesse und den Aufbau eines datenbasierten SD4PS-Ökosystems involviert werden: Einerseits um die direkte Nutzungs- und Anschlussfähigkeit sicherzustellen, anderseits sollen auch vorhandene Branchenlösungen und Best Practices von Unternehmen berücksichtigt werden.

Kompetenzzentren wie das Nationale E-Government Kompetenzzentrum (NEGZ) [16] oder das Kompetenzzentrum Öffentliche IT (ÖFIT) [11] können wichtige Synergien schaffen. Ihre Rolle ist es, die erforderliche interdisziplinäre wissenschaftliche Perspektive als Brückenschlag von Theorie und Praxis in Modernisierungsvorhaben einzubringen und internationale Erfolgsbeispiele im Zusammenspiel von Verwaltung und Wirtschaft mit verschiedenen wissenschaftlichen Betrachtungsweisen einfließen zu lassen.

Eine rein technische Analyse und Bewertung von Lösungsansätzen berücksichtigt zumeist nicht die Realitäten in der deutschen Verwaltung. Gleichzeitig lassen ausschließlich verwaltungswissenschaftliche Forschungs- und Entwicklungsaktivitäten die technischen Möglichkeiten moderner IKT oftmals ungenutzt. So müssen beispielsweise Verwaltungs-, Rechts- und Wirtschaftsinformatik eng mit Verwaltungswissenschaften, Public Management und angrenzenden Disziplinen zusammenarbeiten, um ebenso innovative wie auch umsetzbare Lösungen zu entwickeln.

Ein transdisziplinäres, verwaltungsebenen-übergreifendes und intersektorales Vorgehen, wie es beispielsweise das NEGZ ermöglicht, ist hier der richtige Weg für anschlussfähige Ergebnisse. Chancen und Potenziale können durch das vernetzte und kooperative Zusammenwirken aller relevanten Akteursgruppen frühzeitig evaluiert und erkannt werden, ebenso mögliche Zielkonflikte der Beteiligten aus Verwaltung, Wirtschaft und Zivilgesellschaft.

55.5.3   Bildung und Qualifizierung als Treibstoff

Wir können die Herausforderungen des digitalen Fortschritts für unser Gemeinwesen nur bewältigen, wenn der Staat über Personal verfügt, das neben den klassischen Verwaltungskenntnissen auch IT-Qualifikationen sowie Know-how im Bereich des Prozessmanagements einbringt.[2]

Qualifizierung und Kompetenzentwicklung stellen einen wichtigen Baustein für erfolgreiches E-Government als Basis des SD4PS-Ökosystems dar. Öffentliche Verwaltungen sowie auch im öffentlichen Sektor arbeitende Unternehmen müssen daher ihre Mitarbeiterinnen und Mitarbeiter vor dem Hintergrund der insgesamt gestiegenen Anforderungen und Erwartungshaltungen von Unternehmen und Bürgern umfassend qualifizieren. Durch das Ziel eines serviceorientierten Ökosystems besteht dringender Weiterbildungsbedarf, denn dieses System muss verstanden, bedient und konsequent kooperativ weiterentwickelt werden.

Hierfür können zum Beispiel praxisgerechte offene Bildungsplattformen von transdisziplinären Kompetenzzentren bereitgestellt werden. Aktuelle Lerninhalte können in Zusammenarbeit mit Universitäten und Hochschulen als Wissensträger und Transferstellen angeboten werden.

55.5.4   Promotion durch die Politik

Wenn das skizzierte Smart Public Service-Ökosystem realisiert werden soll, dürfen Open Innovation und Co-Production keine leeren Schlagwörter bleiben – auch wenn sich diese Arbeitsweisen in Deutschland bislang noch nicht übergreifend durchgesetzt haben. Sie müssen gewollt, vorgelebt und darüber hinaus politisch gefördert werden. Die Umsetzung sollte dabei von höchster Stelle in der Bundesregierung forciert werden. Gleichzeitig müssen laufende wie auch geplante Projekte und Forschungsprogramme konsequent ressortübergreifend durch geeignete Monitoringmaßnahmen evaluiert werden, um den langfristigen Erfolg zu gewährleisten.

---

[2] Dr. Wilfried Bernhardt, Staatssekretär im Sächsischen Staatsministerium der Justiz und für Europa sowie Beauftragter für Informationstechnologie (CIO) des Freistaates Sachsen und stellvertretender Vorstandsvorsitzender des NEGZ.

Literatur

1. acatech – Deutsche Akademie der Technikwissenschaften, Arbeitskreis Smart Service Welt. (Hrsg.). (2014). *Smart Service Welt. Umsetzungsempfehlungen für das Zukunftsprojekt Internetbasierte Dienste für die Wirtschaft.* Berlin.
2. Brunzel, M. (2014). Intelligente Netze und digitale Infrastrukturen. In TechDivision GmbH (Hrsg.), *viermull magazin – Magazin für phytigalen Fortschritt, 1.* Kolbermoor.
3. Brüggemeier, M. (2013). Bürokratiesparender Verwaltungsvollzug mit IT – Strategien zur Entlastung der Wirtschaft zwischen Go- und No-Government. In Berner Fachhochschule, E-Government-Institut (Hrsg.), *eGov Präsenz* (Bd. 1, S. 50–52). Bern.
4. Brüggemeier, M., & Schulz, S. E. (2010). Datenpointernetzwerk: Bürokratie durch vernetztes Arbeiten weniger spürbar machen. *eGovernment Review (Österreich), 3*(5), 16–17.
5. Bundesministerium des Innern. (Hrsg.). E-Government-Gesetz. http://www.bmi.bund.de/DE/Themen/IT-Netzpolitik/E-Government/E-Government-Gesetz/e-government-gesetz_node.html. Zugegriffen: 6. Nov. 2014.
6. Bundesministerium des Innern. (Hrsg.). P23R: Prozess-Daten-Beschleuniger. http://www.p23r.de. Zugegriffen: 6. Nov. 2014.
7. Bundesministerium des Innern, Geschäftsstelle IT-Planungsrat (Hrsg.). Nationale E-Government Strategie (NEGS). http://www.it-planungsrat.de/DE/Strategie/negs_node.html. Zugegriffen: 6. Nov. 2014.
8. Bundesministerium des Innern. (Hrsg.). (2014). Digitale Verwaltung 2020. Berlin.
9. Bundesministerium für Wirtschaft und Energie, Bundesministerium des Innern, Bundesministerium für Verkehr und digitale Infrastruktur. (Hrsg.). (2014). Digitale Agenda 2014–2017. Berlin.
10. Bundesministerium für Bildung und Forschung. (Hrsg.). Bekanntmachung des Bundesministeriums für Bildung und Forschung von Richtlinien zur Förderung von Maßnahmen für „Dienstleistungsinnovation durch Digitalisierung" im Rahmen des „Aktionsplans Dienstleistung 2010". http://www.bmbf.de/foerderungen/23808.php. Zugegriffen: 6. Nov. 2014.
11. Fraunhofer-Institut für Offene Kommunikationssysteme FOKUS. (Hrsg.). http://www.oeffentliche-it.de. Zugegriffen: 6. Nov. 2014.
12. Galoozis, Caleb. It's the economy, Stupid". Havard University – Institute of Politics (Hrsg.). http://www.iop.harvard.edu/it%E2%80%99s-economy-stupid-2. Zugegriffen: 6. Nov. 2014.
13. Lenk, K. (2007). Bürokratieabbau durch E-Government. Handlungsempfehlungen zur Verwaltungsmodernisierung für Nordrhein-Westfalen auf der Grundlage von Entwicklungen und Erfahrungen in den Niederlanden. Ein Gutachten im Rahmen der wissenschaftlichen Begleitforschung des Informationsbüros d-NRW. Bochum.
14. Ministerium der Finanzen des Landes Sachsen-Anhalt, Geschäfts- und Koordinierungsstelle LeiKa/BFD (Hrsg.). LeiKa erreicht 5000 Einträge. http://www.gk-leika.de/startseite/news/details/archiv/2014/05/23/article/leika-erreicht-5000-eintraege/. Zugegriffen: 6. Nov. 2014.
15. Ministerium des Innern des Landes Brandenburg. (Hrsg.). Forschungsprojekt Stein-Hardenberg 2.0. http://www.mi.brandenburg.de/cms/detail.php/bb1.c.273313.de. Zugegriffen: 6. Nov. 2014.
16. Nationales E-Government Kompetenzzentrum e. V. (Hrsg.). http://negz.org/egovernment. Zugegriffen: 6. Nov. 2014.
17. Westfälische Wilhelms-Universität Münster – European Research Center for Information Systems (ERCIS). (2011). Technische Universität München – Lehrstuhl für Wirtschaftsinformatik (Hrsg.), Forschungslandkarte Prozessorientierte Verwaltung. Münster.

Teil XI
Mobile Services – Car Sharing, Parken und Intermodalität

Zum Geleit: Mobile Services – Car Sharing, Parken und Intermodalität

56

Andreas Kottmann

Mobile Services, oder in Deutsch Mobilitätsdienstleistungen erleben seit einigen Jahren tiefgreifende Veränderungen und Weiterentwicklungen. Technologische Innovationen, die zunehmende Vernetzung von Anbietern von Mobilität mit ihren Kunden sowie ein generell geändertes Kundenverhalten haben eine Vielzahl neuer Dienste und Geschäftsmodelle entstehen lassen. Diese Entwicklungen sollen im Folgenden exemplarisch für die Geschäftsfelder Car Sharing, Parken sowie Intermodalität nachgezeichnet werden. Allen drei Bereichen wird in den nächsten Jahren ein überproportionales Wachstum vorhergesagt, was auch durch die große Zahl an Firmengründungen und Initiativen widergespiegelt wird:

1. Flexible One Way Car Sharing Angebote wie von DriveNow und Car2Go werden alleine in Deutschland von mittlerweile über 750.000 Nutzern in Anspruch genommen. Tendenz stark steigend. Es ist zu erwarten, dass solche Dienste aus einem weltweiten Millionenpublikum von Nutzern urbaner Mobilität schöpfen können.
2. Online-basierte Parkdienstleistungen für straßenrandseitiges Parken („Onstreet-Parken" oder „Handyparken") verzeichnen in den letzten zwei bis drei Jahren exponentielle Zuwächse. Die derzeitigen Branchenführer Parkmobile und Easypark haben zusammen weltweit über 10 Mio. registrierte Kunden und bearbeiten täglich mehr als 1 Mio. Parkvorgänge. Dagegen sind online-basierte Angebote im Bereich „Off-Street-Parken" (d. h. also z. B. für Parkgaragen) noch nicht sehr entwickelt. Parkhausbetreiber tun sich momentan noch schwer, den Digitalisierungstrend mitzugestalten und in ihren Geschäftsmodellen zu berücksichtigen.

A. Kottmann (✉)
BMW Group, München, Deutschland
E-Mail: Andreas.Kottmann@bmw.de

© Springer-Verlag Berlin Heidelberg 2015
C. Linnhoff-Popien et al. (Hrsg.), *Marktplätze im Umbruch,* Xpert.press,
DOI 10.1007/978-3-662-43782-7_56

3. Erste vielversprechende Ansätze für intermodale Dienstleistungen werden zunehmend auch von Städten selbst vorangetrieben. London bietet mit der Oystercard, eine Pre-paidkarte, die es über 7 Mio. regelmäßigen Nutzern ermöglicht, bargeldlos sämtliche öffentliche Verkehrsträger (U-Bahn, Straßenbahn, Zug, Bus) im Großraum London zu nutzen. Ein ähnliches Konzept wird im Großraum Stuttgart mit der „Stuttgart Service Card" umgesetzt.

Was sind die Gründe dafür, dass sich Mobile Services so dynamisch entwickeln?

Zunächst ist zu beobachten, dass Mobile Services zu allererst in urbanen Ballungsge-bieten entwickelter Industrieregionen entstehen. Hier hat sich eine Gesellschaftsklasse he-rausgebildet, die es gewohnt ist, täglich unterschiedlichste Mobilitätsdienstleistungen zu nutzen. Zudem haben diese Menschen eine hohe Affinität im Bezug auf die Nutzung on-linebasierter Dienste und Angebote. Darüber hinaus hinterfragt diese Gruppe zunehmend den Fahrzeugbesitz aufgrund steigender Mobilitätskosten, zunehmenden Parkdrucks so-wie wachsender Verkehrsbeschränkungen. Andererseits möchte diese Gruppe aber nicht darauf verzichten, weiter am Individualverkehr teilzunehmen.

Zweitens hat eine große Zahl an technischen Innovationen zum immensen Wandel in den letzten Jahren beigetragen. Die Verbreitung von Smartphones, verbunden mit der Schaffung benutzerfreundlicher Kunden-Front-Ends hat erst die spontane Nutzung sol-cher Dienste ermöglicht. Gleichzeitig können diese Dienste heute auf eine Vielzahl unter-schiedlichster Datenbanken zugreifen und bieten so dem Nutzer nicht nur ganzheitliche Information sondern auch Buchungs- sowie Bezahlfunktionalitäten an. Dienste wie Drive-Now, Oyster Card oder Moovel haben damit begonnen Mobilitätsangebote von mehreren Verkehrsträgern auf ihren Frontends anzuzeigen bzw. anzubieten (ÖPNV, Fahrradwege, Fußwege etc.). Flughäfen machen ebenfalls ersten Gebrauch von Datenkonsolidierungen und verknüpfen verschiedenste Dienste und Angebote (Anreise, Parken, Check-In, Retail Geschäfte).

Die Entwicklung von Mobile Services wird schließlich durch die zunehmende Urbani-sierung verstärkt werden. Wenn bereits in 2020 über 55 % der Weltbevölkerung in Städ-ten leben wird und sich dieser Trend weltweit weiter fortsetzen wird, dann wird dies die betroffenen Städte und Kommunen vor enorme regulatorische Herausforderungen stellen. Um eine bessere Abstimmung von Individualverkehr und öffentlichen Verkehrsträgern zu erzielen, ist deshalb zu erwarten, dass Mobilitätsanbieter und Städte neue strategische Allianzen eingehen müssen.

Obwohl die zukünftige Entwicklung des Mobilitätsdienstleistungsmarktes vielverspre-chend erscheint, ist eine Vielzahl von Herausforderungen von den Marktteilnehmern zu lösen. Vier Hauptakteure sollen in diesem Kontext genauer dargestellt werden: Fahrzeug-hersteller, Parkraumanbieter und –betreiber, Städte und Kommunen, sowie öffentlicher Personennahverkehr.

Zunächst zu den Fahrzeugherstellern: Die beschriebenen Trends werden mittel- und langfristig Einfluss auf die Geschäftsmodelle und technischen Entwicklungspläne der Fahrzeughersteller haben. Es ist zu erwarten, dass die Nutzung und das Teilen von Fahrzeugen immer wichtiger werden. Es seien hier nochmals exemplarisch die CarSharing Angebote von Daimler (Car2go), BMW (DriveNow, AlphaCity) oder VW (Quicar) genannt. Perspektivisch könnte jedes Fahrzeug „carsharing-fähig" sein und somit einer oder mehreren größeren Nutzergruppen (Community) zugänglich gemacht werden. Fahrzeug-integrierte Parkdienste (wie z. B. von ParkNow von BMW), die das Auffinden von Parkraum beschleunigen, sowie dessen Bezahlung ermöglichen, werden aus Kundensicht zum wettbewerbsdifferenzierenden Faktor für Kauf oder Nutzung eines Fahrzeugs. Nutzer von Elektro- oder Hybridfahrzeugen erwarten die diskriminierungsfreie Nutzbarkeit von öffentlicher oder halböffentlicher Ladeinfrastruktur, möglichst in Verbindung mit der Nutzung des entsprechenden Parkplatzes. Erste Ansätze dazu liefert bspw. BMW mit Charge-Now, einem Stromladedienst für i3 und i8 Kunden. Schließlich ist zu erwarten, dass es zu einer weiteren Annäherung zwischen Fahrzeugherstellern und Firmen wie Google/Apple kommen wird. Die Benutzerinterfaces von Smartphones werden Einzug in die Fahrzeuge halten. Eigene proprietäre Lösungen der Fahrzeughersteller konzentrieren sich dann auf fahrzeugspezifische oder wettbewerbsdifferenzierende Umfänge (z. B. Echtzeit-Verkehrsdaten, strategisches Routing).

Innerhalb der Gruppe der Parkraumbetreiber ergibt sich heute ein differenziertes Bild. Die bereits genannten Anbieter von Onstreet-Parking haben in einer Vielzahl von europäischen und nordamerikanischen Städten dafür gesorgt, dass der klassische Parkautomat auf dem Rückzug ist. In Städten wie London, Washington D.C oder Amsterdam wird heute die Mehrzahl aller Parktransaktionen über solche Systeme abgewickelt. Deutschland hinkt hier derzeit noch hinterher.

Darüber hinaus sind in den vergangenen Jahren Portale zur Information und Vermittlung von Parkraum entstanden. Beispielhaft seien hier Parkopedia, JustPark, Parknav oder Parku genannt. Der wirtschaftliche Durchbruch dieser Initiativen steht (noch) aus.

Eine der letzten „Offline-Bastionen" sind die Parkhausbetreiber (sog. „Offstreet Parking"). Zwar gibt es auch hier seit Jahren anbieterspezifische Online-Kanäle (z. B. Skyparking von APCOA, Servipark von Contipark), jedoch scheut die Mehrheit der Betreiber den Einstieg ins online-basierte Geschäft. Was sind die Gründe dafür?

So haben die Betreiber guter, innerstädtischer Parkierungsobjekte eine nahezu monopolistische Position inne und sehen daher häufig keine Notwendigkeit ihr Angebot über einen weiteren, digitalen Vertriebskanal anzubieten, geschweige sich dafür mit Mobilitätsanbietern zu vernetzen.

Häufig werden von den Betreibern Investitionsrisiken genannt. Die Schaffung eines weiteren Kundenkanals erzeugt weder Mehrgeschäft noch Kosteneinsparungen. Projekte aus der Vergangenheit haben die Beteiligten vorsichtig werden lassen (z. B. Umrüstung der Parkautomaten auf Geldkartenfunktion). Wichtig ist außerdem zu wissen, dass eine Vielzahl von Betreibern nicht Eigentümer ihrer Parkierungsobjekte ist und – je nach Ausgestaltung des Betreibervertrags mit dem Eigentümer – nur eingeschränkte unternehmerische Entscheidungsfreiheiten hat. An dieser Stelle ist auch zu erwähnen, dass die heute installierten Zugangstechnologien (i.w. Schranken- und Abrechnungssysteme) technisch sehr heterogen sind. Somit wird der aus Kundensicht unbedingt erforderliche, einheitliche

Zugang zu Parkierungsobjekten nur mit erheblichen zusätzlichen Anstrengungen möglich sein.

Am Ende wird entscheidend sein, ob eine sinnvolle Verknüpfung von Off-und On-street Angeboten gelingt und ein solches Angebot von den Fahrzeugherstellern integriert werden wird. Erst wenn der Nutzer aus einer größtmöglichen Anzahl von verfügbaren Parkplätzen spontan und noch während der Fahrt auswählen kann, wird er bereit sein, solche Parkdienste regelmäßig zu nutzen.

Aus Sicht von Städten/Kommunen bieten Mobile Services wie Car Sharing oder on-line-basierte Parkdienste die Möglichkeit, Mehrwerte für den urbanen Raum zu schaffen und gleichzeitig Kosten zu senken. Einige Ideen dazu:

Durch ganzheitliches Parkraummanagement kann öffentlicher Parkraum reduziert werden. Dynamische Parkpreismodelle für Onstreet-Parken (wie derzeit in San Francisco in Erprobung) steuern die Nachfrage bzw. routen die Verkehrsteilnehmer zu Parkgaragen und/oder anderen Mobiltätsanbietern, wie z. B. dem öffentlichen Nahverkehr.

Mit Handyparken ergeben sich enorme Kostensenkungspotentiale, z. B. bei der Bearbeitung von Strafzetteln, sowie bei der (dann reduzierten) Anschaffung und Pflege noch erforderlicher klassischer Parkinfrastruktur.

Wichtigstes Ziel ist die Reduzierung des Parksuchverkehrs, sowie eine optimierte Auslastung der vorhandenen Parkflächen. Sogenannte „Parking Forecasts" zeigen dem Parkplatzsuchenden die Wahrscheinlichkeit für das Auffinden eines Parkplatzes im öffentlichen Raum an. Solche Vorhersagemodelle sind umso valider je mehr Ursprungsquellen hierfür nutzbar gemacht werden können. Dazu gehören bspw. Smartphones oder Fahrzeugdaten. Längerfristig könnte der Aufbau einer Detektionsinfrastruktur hier den entscheidenden Durchbruch bringen (z. B. Streetline, Siemens). An dieser Stelle muss erwähnt werden, dass die damit einhergehenden Investitionen für viele Städte nicht darstellbar sind. Alternative Geschäftsmodelle, z. B. Betreibermodelle sind zu entwickeln.

Für Car Sharing wird entscheidend sein, ob es den Städten gelingt allgemein gültige Verkehrs-und Parkraumbeschränkungen für Car Sharing Fahrzeuge weiter abzubauen. So sind generelle Höchstparkdauern (z. B. in Wien) oder die generelle Nicht-Nutzbarkeit von Anwohnerparkplätzen (die in manchen Städten bis zu 50 % des öffentlichen Parkraumbestandes ausmachen) ein echtes Hemmnis. Die Pilotprojekte mit Elektrofahrzeugen (z. B. Car2go Amsterdam, DriveNow München&Berlin) laufen erfolgsversprechend, da diese sich insbesondere für flexible Car Sharing Systeme besonders gut eignen. Die Erarbeitung von Standort- und Finanzierungsplänen für öffentliche Ladeinfrastruktur stellt hier eine der großen Herausforderungen dar.

Der öffentliche Personennahverkehr (ÖPNV) schließlich ist das zentrale Bindeglied für Inter- bzw. Multimodalität zwischen den verschiedenen Mobilitätsangeboten im innerstädtischen Raum. Verkehrsteilnehmer interessiert dabei zunächst wie sie von „A nach B" auf die schnellste, kostengünstigste, komfortabelste oder andere Art kommen. Die Wahl des Verkehrsmittels ist dann eher eine nachgelagerte Entscheidung. Hier liegt die Herausforderung darin, Schnittstellen zwischen den verschiedenen Anbietern urbaner Mobilität zu schaffen. Es dürfen dabei nicht nur Informationen ausgetauscht werden, die Verkehrsteilnehmer müssen auch über verschiedenste Nutzerportale die angebotenen Dienste buchen und bezahlen können. Kundendaten müssen dabei zwischen den Mobilitätsanbietern austauschbar sein, die Schaffung einheitlicher Nutzungsmedien, einer standardisierten Kunden ID sowie einer einheitlichen Logik zur Rechnungsstellung an die Endkunden sind dabei wichtige Voraussetzungen. Entscheidender Erfolgsfaktor dabei ist die Einbindung und Teilnahme aller wesentlichen, regional vertretenen Player. Dazu gehören neben dem ÖPNV die ortsansässigen Car Sharer, Bike Sharer, die relevanten Parkraumbetreiber (Offstreet-Parken), die Stadt als Betreiber von Onstreet-Parken, sowie ggf. Bonus- und Mehrwertangebote oder weitere Angebote und Dienste der Stadt. Es geht also um die Schaffung einer „kritischen Angebotsmasse", verbunden mit klaren Mehrwerten für die Nutzer. Erst ein solches Angebot wird langfristig eine Veränderung auf den sog. Modal Split einer Stadt haben. Gewinnen die Bürger Vertrauen in das intermodale Konzept ihrer Region, werden sie auch bereit sein, langlebige Gewohnheiten abzustreifen und z. B. ihren PKW aufgeben.

Self-Driving Cars: The Digital Transformation of Mobility

Alexander Hars

Abstract

Autonomous vehicle technology is maturing rapidly. It may not be long before the first fully autonomous cars operate on public roads. We examine the impact of self-driving car technology on the provisioning of personal mobility and show that the technology has the potential to disrupt the auto industry. The ability to drive without human presence and supervision unleashes the car from the need for a human driver. This enables new mobility services where anybody can summon a car by mobile app; the car appears with little delay, drives the passenger to the destination, where it is then available for the next passengers. We examine the characteristics of such fleets, discuss estimates of optimal fleet sizes and show that the fleets have the potential to greatly reduce travel cost per km and to simultaneously reduce the ecological footprint of mobility.

57.1 Progress of Autonomous Vehicle Technology

Autonomous vehicle technology has made great progress in the last decade: The first breakthrough occurred in 2005, when 5 self-driving vehicles successfully mastered a more than 200 km off-road course in the Nevada desert [1]. Two years later, 6 vehicles navigated another course in simulated urban traffic, always adhering to California traffic rules [2]. Since then, Google has embarked on a major effort to develop a self-driving car that can drive without human intervention or oversight—even empty. Their prototypes have driven more than 1 million km [3] in autonomous mode (always with safety crew) in real

A. Hars (✉)
Inventivio GmbH, Nürnberg, Deutschland
e-mail: ahars@inventivio.com

© Springer-Verlag Berlin Heidelberg 2015
C. Linnhoff-Popien et al. (Hrsg.), *Marktplätze im Umbruch*, Xpert.press,
DOI 10.1007/978-3-662-43782-7_57

California traffic—on city streets, highways and country roads. Auto makers and suppliers such as Daimler, Nissan, Honda, GM, Continental, Bosch etc. are working actively on highly automated driving. Continental has made autonomous driving a strategic priority and expects to reach fully autonomous driving by 2025 [4]. In 2013 Daimler has test-driven an early fully autonomous prototype on a 100 km circuit through Southern Germany [5]. Nissan expects their first autonomous models to appear in 2020 [6].

How will this technology affect the auto industry and society as a whole? Most experts in the auto industry expect business as usual: a gradual evolution from the driver assistance systems already available today to vehicles which are capable of fully autonomous operation. If past automotive innovations such as seatbelt, air bag etc. are taken as a reference, then it could take several decades until most cars on our roads are capable of driving by themselves. But will the adoption of autonomous vehicle technology follow the established path of automotive innovations or could this technology—being rooted in software and artificial intelligence—lead to a much more fundamental transformation of the industry? Three major issues challenge the view of the incremental, gradual evolution of the technology:

1) Mobility as a Service Vehicles that can drive themselves—even empty—fundamentally change the economics of transportation. They unbundle two resources which previously always had to operate together: The human driver and the vehicle. As we have seen in many other industries—including publishing where books were freed from the limitations of paper—this can lead to dramatic changes in business processes and business models.

Private cars have a dismal utilization rate: In 2009 US passenger cars were parked more than 95 % of the time [7]. Cars that drive themselves can be used much more efficiently because they no longer need to wait in a parking lot for a driver; they can drive to wherever they are needed. Mobility can then be provided as service where customers call vehicles via mobile app; the nearest idle self-driving car appears a few minutes later and picks up the customer. At the destination, the customer leaves the car which is then ready to transport other customers.

Such services can be provided by companies with fleets of self-driving cars or they can be provided by virtual services that match idle privately-owned self-driving vehicles with customers who need transportation. In both cases much higher utilization rates should lead to a significant reduction in the cost of individual motorized transportation.

2) Adoption Rate Past automotive innovations took decades to diffuse into the market because consumers have been quite price sensitive to safety technologies and have been reluctant to pay significant premiums for technologies which are seldom put to use. This behavior is not irrational: Because accidents with personal damage are relatively rare, the premium for an additional safety technology may be considered higher than the risk of driving without it.

Autonomous technology has additional benefits which change this assessment. This is obvious for trucks where driver wages amount to about a third of the total costs of operation. But time is also a precious resource for consumers: The average American spends 56 min/day [8] behind the steering wheel. For people who value their leisure time at just $ 5/h, this translates to a benefit of $ 1700[1] per year. Unlike probability-based risk calculations, consumers are certain to reap the time-freeing benefits of self-driving technology. As a consequence, many consumers will pay a considerable premium for this technology to win back the time of their daily commute. The time-saving benefit of self driving cars will lead to a much more rapid adoption than for prior automotive innovations.

3) Big Leap Required for Continuous Driving Current driver assistance systems only handle limited driving tasks for short times with the driver always in the loop. When assistance systems begin to drive continuously, drivers' attention will wane and drivers can no longer be relied on to rescue the car from short-term critical situations. When human attention is no longer guaranteed, there is no more room for error. The systems must drive perfectly not only in standard but also in unusual and rare situations. At this level, gradual evolution is no longer possible. This is the point where the evolution of driver assistance systems hits a wall and a great leap is needed to be near-perfect in mastering all potential short term traffic situations. Google recognizes this problem and has decided to focus squarely on the area beyond the wall—fully autonomous driving—thus leapfrogging all the issues related to human-machine interaction which developers of current driver assistance systems spend so much effort on.

From a business perspective the most fundamental of these three challenges is the emergence of mobility as a service. In the next sections we therefore examine fleets of self-driving cars in more detail and show that they have the potential to fundamentally transform mobility and disrupt the current business model of the auto industry.

57.2   Characteristics of Self-Driving Vehicle Fleets

For the analysis in the following sections we assume a scenario where autonomous technology has become mature. Self-driving cars are now capable of driving on most roads. Sensor costs have come down greatly. In many cities, mobility service providers have established themselves that operate large fleets of self-driving cars. Customers have become used to hail self-driving cars with their smart phone and appreciate the flexibility—not having to worry about parking, maintenance etc. Several studies have looked at the question of how many vehicles would be needed to handle the mobility demands of a major city and what kinds of delays customers would have to expect until a car would arrive. A summary of their findings is shown in Table 57.1.

---

[1] $=(56.06 \text{ min/h}/60 \text{ min/h}) * 365 \text{ days/year} * \$ 5/\text{h}.$

Table 57.1 Fleet size of autonomous taxi fleets

	Ann-Arbor, US	Singapore	Austin, US
Inhabitants	285,000	3.6 Mio.	1.8 million
Fleet performance in trips per day	528,000 (= all local motorized trips)	5.9 Mio. (= all local motorized trips plus all public transit trips)	2.85 Mio. (only the center of Greater Austin = 57% of all motorized trips)
Fleet size	18,000 (replaces 120,000 private cars)	300,000 (replaces 779,890 private cars plus mass transit)	110,850 (replaces 930,000 private cars)
Fleet cars per 1000 inhabitants	63	83	93
Replacement ratio	6.7	2.2	8.4
Peak-hour delay	<1 min	Max. avg. delay: 15 min	<50 s
Authors and year	Burns et al. 2013 [10]	Speaser et al. 2014 [11]	Fagnant et al. 2014 [12]

While all studies use different approaches and rely on different kinds of data sources, their conclusions are similar: The number of fleet vehicles needed to satisfy the mobility demands of a major city is much lower than the current stock of passenger cars. Both the Ann-Arbor and the Austin study yield a reduction in the number of cars by a factor of 7 or more. The difference is striking if we compare the number of fleet cars per 1000 inhabitants to the 403 passenger cars which were in use per 1000 inhabitants in the United States in 2011 [13]. The Singapore study comes to a lower replacement rate because their calculations were based on replacing all local mobility—including mass transit which is heavily used in Singapore—with self-driving cars and excluding all ridesharing. With the exception of the Singapore study, the studies show that wait times are very short—less than one minute during the peak hours. The Singapore delay is much larger because the fleet is too small for handling both private plus public transport.

57.3   Economics of Driverless Fleets

Whether such fleets of self-driving vehicles will play a major role in urban mobility greatly depends on economic issues: How will the cost of travel per kilometer compare to travel with privately owned cars? In the following we will examine the key aspects on which the profitability of such fleets depends:

57.3.1   Consumer Choices Differ for Long-Distance and Local Trips

Whether consumers will flock to autonomous mobility services depends on the differences in cost and comfort with respect to car ownership. Even car owners are likely to use fleet services from time to time, i.e., when they need an additional car, the car is in repair or not currently accessible. In general they will use a fleet car, when the marginal costs of using their own car would be higher. For local trips, such situations will not arise frequently. One notable exception are trips to city centers where parking rates are high which may put the privately owned car at a disadvantage compared to a fleet vehicle that is constantly on the move.

The decision problem changes for long-distance travel where marginal vehicle costs including fuel are much higher and where the solution space becomes larger when fleets of autonomous vehicles are available. Besides renting an autonomous fleet vehicle or using their own vehicle, consumers also have the alternative of using multi-modal travel services. If local autonomous fleets are available on both ends of the trip then classical public transport (e.g., trains or long-distance buses) will often be the best and most economical alternative. Taking a local autonomous taxi to the train station—automatically coordinated with actual train arrival times—and transferring into a driverless car already waiting at the destination train station to cover the final few kilometers may cost significantly less than the marginal cost of using the own car and may not be much less comfortable.

Besides using autonomous vehicles as feeders for public long-distance transport, long-distance fleet operators will be able to provide on-demand ride-sharing on long-distance routes. They can analyze and aggregate long-distance mobility demand and assign buses or vans in real-time where they are needed. The individual customer will then be ferried by a short-range taxi to a pickup point (e.g., a highway) where an on-demand bus picks him up. Huge opportunities arise for fleet management systems to optimize long-distance trips of whole populations in real time with minimum cost, travel times and a minimal ecological footprint.

This analysis of marginal cost shows that consumer choices may differ for long-distance and local trips. When fleets of autonomous cars are available they may not lead to much local fleet travel by individuals who already own a car but they will certainly lead to increased public and shared autonomous transport for many long distance trips. This, in turn, has implications for purchasing decisions:

57.3.2 Functional Optimization: Car Models Will Change

When fleets of autonomous cars are available, consumers will compare the total costs of using the service with the total cost of buying their own car. At present every car purchase involves a compromise between different usage scenarios: Driving to work alone, driving into town for shopping and leisure, trips with friends, long-distance and vacations trips with the whole family. As a consequence, most cars on our streets are over-sized for their actual use: Many people use their car mostly for urban driving, occupying only one of 5 to 7 seats and leaving the sizeable trunk empty. Therefore these cars are heavier, consume more fuel and are more expensive than they could be.

Autonomous fleets reduce the need for compromise for those consumers who still want to purchase their own car. As individual mobility services are available at anytime, anywhere, people may opt for a small car optimized for local trips and rely on the fleet's services for the occasional long distance trips. Having a good-sized trunk may be less of a requirement when fleets can provide cars for that purpose at a moment's notice. Thus even customers who prefer to purchase their own car may change their preferences with respect to car models.

This effect will be even more pronounced for the fleets: They can optimize their car pool based on their clients' overall mobility demands. Because most trips are local and most local trips involve two or less passengers, most fleet vehicles will be one- or two-seaters. Given the limited range of local trips, these vehicles are ideally suited for electric propulsion. A smaller number of vehicles will be larger to accommodate groups or targeted towards long-distance travel and other mobility needs. As a consequence, fleets will not only require much fewer cars to serve the mobility demands of a given population; the average size, fuel consumption and capital cost per vehicle will also be much lower than today's average passenger car. This significantly reduces both the fixed and variable costs per vehicle-kilometer.

57.3.3 Increasing Vehicle Life Span

In their drive to minimize costs, fleet managers will take a hard look at their maintenance and vehicle sourcing strategies. Because a substantial number of fleet vehicles will be needed (see Table 57.2) and the largest part of these vehicles will be used for urban local traffic fleet managers will play a much larger role in the design of these vehicles than individual customers or even rental car companies today. In contrast to rental cars which rental car companies typically obtain from auto makers with the agreement to buy them back after a certain time at pre-agreed prices, autonomous fleet cars are likely to remain within the fleet for their whole life span. These cars will be optimized for a specific use

Table 57.2 Useful life and costs of vehicle component groups

Component group	Costs €	Useful life	Fleet car Ct/km	Private car Ct/km
Body (incl. chassis)	3,240	20–30 years	0.20 … 0.13	1.30
Exterior	1,320	10 years	0.17	0.53
Wheels	360	60,000 km	0.60	0.60
Electrical	1,680	15 years	0.14	0.67
Interior	2,760	4 years	0.86	1.10
Autonomous tech.	2,000	10 years	0.25	0.80
Power train				
– Combustion engine	2,640	250,000 km	1.11	1.11
– Electric motor	2,400	2,000,000 km	0.09	0.96
– Battery (2014)	10,000	200,000 km	5.00	5.00
– Battery (2017)	5,000	500,000 km	1.00	2.50

within the fleet (e.g., local traffic) and tightly integrated into the fleet which makes them much less attractive for purchase by the general public.

Maximizing the vehicle's useful life expectancy and maintenance strategies will be key concerns. For consumers a major repair of an "old" car such as an engine failure is often the reason to buy a new one. But fleet managers will make such decisions much more systematically: They will compare the repair costs with the expected income stream for the rest of the vehicle's lifetime after the repair. Only if the rate of return for this investment is too low or its net present value is lower than the residual value will they retire the car. Even when they retire a car they may reuse some of the components which have not yet reached their end of life. As a consequence cars will remain in service for much longer periods and failing parts will be replaced regularly. Table 57.2 contains a breakdown of the major component groups of a small two-seater valued at 14,000 € (for the variant with internal combustion engine), our estimations for their useful life and the resulting costs per km in Euro-Cents [14].The two-seater is optimized for local travel and fits best into the category of micro-cars such as the Toyota iQ.

The table shows great variation in useful life. The body lasts longest and can easily remain functional for several decades. Such life spans are already the norm for all the other transportation modes (trains, planes and ships). The exterior degrades faster and cars may need a new paint job in 10 year intervals. Because of the heavy use and its importance for customer satisfaction, we expect the interior to be replaced every 4 years.

To compute the total costs per km for each component group we need to determine the number of kilometers driven. For private use, we assume that the vehicle will be retired after 250,000 km—the life span of the internal combustion engine. The average fleet car should easily accumulate 80,000 km/year which corresponds to an average utilization rate of less than 25 %. The last two columns from Table 57.3 contrast the total cost per kilometer for fleet and private cars. The total component costs for the different engine types are shown in the first row of Table 57.3.

Table 57.3 also lists the rest of the cost types for 5 vehicles. The fleet vehicles and the privately owned micro vehicle fall into a category similar to the Toyota iQ. An example

Table 57.3 Costs of private and autonomous fleet vehicles in Euro-Ct/km

Cost type	Private vehicle		Fleet vehicle		
	Medium Golf VII	Micro Toyota iQ	Petrol Toyota iQ	Electric (2014)	Electric (2017)
Components	9.6	6.1	3.3	7.3	3.3
Fuel	9.2	7.9	7.9	3.5	3.5
Financing	5.5	4.7	0.9	1.5	1.2
Maintenance	3.2	2.0	1.1	0.8	0.8
Insurance	1.7	2.1	1.1	1.1	1.1
Taxes etc.	0.3	0.2	0.8	0.8	0.8
Sum	*29.4*	*22.9*	*15.0*	*14.9*	*10.6*

for the medium vehicle category is the Golf VII. The three fleet vehicle columns correspond to the three different types of power train: internal combustion engine, electric motor with batteries available in 2014, electric motor with batteries projected for 2017.

Fuel consumption for the vehicles with internal combustion engine and their maintenance, insurance, taxes and fees, and the price of petrol (1.55 €/liter) are based on data published by the German Motor Club (ADAC) [15]. These values apply to Germany and some of the cost types—particularly fuel costs—may differ considerably in other countries. Finance costs are based on an interest rate of 5%. Fleet insurance costs were calculated by taking the current insurance costs per km as an indication of risk. We then assumed that insurance companies would (a) double the premium for autonomous fleets and (b) that autonomous vehicles would reduce risk by at least a factor of four. The latter value is a lower bound, because less capable autonomous vehicles will make such obvious errors that they will never be allowed on the roads: The German accident statistics for 2011 show that 86,3% [16] of all accidents involve human error—including speeding, overlooking other traffic participants, alcohol etc. Autonomous cars that make similar mistakes stand no chance of being licensed for use on public roads. Being fully alert all the time, these cars will also prevent some of the 13.7% of accidents where human error was not involved (an animal crossing the road, another traffic participant behaving incorrectly). Thus if the cars would not introduce new errors of their own, they should be able to avoid about 90% of the accidents—a safety increase by a factor of 10! We reduce this factor to four to leave a considerable margin for autonomous car malfunction (15% of accidents projected from current statistics), each of which will be carefully scrutinized and lead to changes in car software and certification processes.

Table 57.3 shows that fleet vehicles have the potential to reduce the costs per vehicle significantly. Even if the same petrol-based vehicle is used, the fleet operation reduces the total cost per km by 35%. The cost reduction increases to 50% if we compare the petrol-based fleet car to average cars (such as the medium size Golf VII). Further cost reductions are possible when using electric vehicles:

57.3.4 Breakthrough for Electric Vehicles

Because autonomous fleets can employ different kinds of vehicles for short- and long distance trips, they can sidestep what is currently regarded as the biggest problem of electric vehicles: their limited range. As local trips average below 15 km and average speeds rarely exceed 40 km/h [17], a fleet vehicle with a range of 150 km can provide its services continuously for almost 4 h before having to recharge. This will bring the fleet vehicles easily across the morning and afternoon peaks, allowing them to recharge in between. For local fleet vehicles, maximizing the vehicle range will no longer be the core problem but rather sizing the battery optimally based on mobility demand patterns, recharge strategies and battery costs.

Electric vehicles have many advantages. They have much fewer parts than vehicles with combustion engines, and the useful life of electric motors is much higher. Electric locomotives, for example, have a typical economic life of 4 to 8 million km [18]! Maintenance costs will be significantly lower. Electric motors can be directly controlled electronically which simplifies drive-by-wire. The motor can also serve as backup brake; if motors are integrated into the wheels, they can even be used for emergency steering. This makes electric vehicles the ideal solution for autonomous urban fleet vehicles. But as Table 57.2 shows, costs remain an issue. Whereas energy costs (based on EU wholesale costs of 0.1322 €/kWh [19]) are lower, the battery is a major cost factor. We assumed a cost of 431 €/kWh [20] battery capacity, a capacity of 24 kWh (such as in the Nissan Leaf), a useful life of only 200,000 km and a loader efficiency of 80%. In fleet use battery depreciation becomes a significant cost factor at 5 Ct/km—significantly more than the electricity costs of 3.5 Ct/km! With battery technology of 2014, electric vehicles can just about compete with conventional vehicles. As battery technology matures and scale effects are realized in production prices are expected to come down and useful life can be increased. Experiments have shown that current battery chemistry can be optimized to increase the useful life by a factor of five (to 10,000 recharge cycles). If we assume that battery costs will be halved by 2017 and useful life increases by a factor of 2.5, then electric short range autonomous vehicles will be much more economical than their conventional counterparts at 10.6 Ct/km.

Therefore autonomous technology has the potential to accelerate the adoption of electric vehicles. Because of their much higher utilization rates even small fleets can capture a large share of local mobility much more quickly (and therefore reduce the ecological footprint of mobility) than would be possible with privately owned electric cars!

57.3.5 Management of Mobility Demands

A key task of fleet managers will be to understand their customers' demands for mobility. This involves the ability to predict geographic and temporal variations in mobility demand which will require big data approaches and comprehensive access to sources of local information. In addition, they also need to explore the various kinds of constraints and attributes which customers associate with their own mobility demands and then build their mobility services around them. While some mobility demands are very simple—such as the need for taking a trip from point A to point B at a certain point in time, some customers are flexible with respect to departure and arrival times; others may be willing to share part of the trip with other travelers, but their willingness may involve certain constraints. Commuters may be willing to depart on a schedule, but may want more flexibility for the return trip in the afternoon. It will take fleet operators some time to work out which variations in their services offerings and pricing models work best. Thus fleets will not just provide on-demand trips from A to B like current taxis; they will orchestrate the mobility demands of a large part of the population and thereby greatly reduce the costs and ecological footprint of mobility.

57.3.6 Complementary Business Models

Mobility demand varies greatly during the day. Between 0 and 5 AM demand for local mobility is near zero and most fleet vehicles will be idle. Fleet managers will look for complementary business models to keep their cars busy during times with low demand. For examples, the vehicles could be used for some forms of freight distribution and delivery during times with low demand. The marginal return from such operations will contribute to a further reduction of the total costs per vehicle kilometer.

57.4 Conclusion

Advanced software technologies are set to fundamentally transform the automobile as we know it. By eliminating the need for a human driver and providing autonomous mobility as a service, inefficiencies of our current transport systems—such as a dismal utilization rate of less than 5 % for privately owned cars can be overcome. The benefits are large: lower mobility costs, access to individual motorized mobility for groups currently without a driver's license, and a smaller ecological footprint. The first pilot projects in carefully chosen risk-minimal environments are being set up: Google is working to deploy their electric self-driving two-seaters which lack steering wheels and pedals by early 2015 at NASA's Ames Research Center in California [21]. A British project is building a fleet of 100 self-driving low-speed electric taxis which will autonomously ferry passengers between the train station and center of Milton Keynes no later than 2017 [22]. The progress of this technology is accelerating and its impact will not be limited to the auto industry. Whatever business you are in, it is time to carefully evaluate the opportunities and risks associated with the emergence of autonomous vehicles.

References

1. Thrun, S., et al. (2006). Stanley: The robot that won the DARPA grand challenge. *Journal of Field Robotics, 23*(9), 661–692.
2. Montemerlo, M., et al. (2008). Junior: The Stanford entry in the urban challenge. *Journal of field robotics, 25*(9), 569–597.
3. Urmson, C. (2014). The lastest chapter for the self-driving car: Mastering city street driving. Google official blog. http://goo.gl/27HyiE. Accessed 10 Nov 2014.
4. Continental Corporation. (2012). Automated driving. Press portal, http://goo.gl/WsnJhn. Accessed 1 Sept 2014.

5. Daimler. (2013). S500 drives autonomously in the tracks of Bertha Benz. Product highlights. http://goo.gl/mpMoFE. Accessed 1 Sept 2014.

6. Nissan. (2013). Nissan announces unprecedented autonomous drive benchmarks. Nissan news, http://goo.gl/S53R9o. Accessed 1 Sept 2014.

7. Data for 2009 based on US Dept of Transportation. (2014). http://goo.gl/buLvYZ (2014-11-10), Federal Highway Administration (2011). http://goo.gl/CA3opB (last accessed 2014-11-10), and US Census (2014). http://goo.gl/SgmpcG (2014-11-10) (own calculations).

8. Federal Highway Administration. (2011). Summary of travel trends, 2009 national household travel survey, p. 37. http://goo.gl/CA3opB. Accessed 10 Nov 2014.

9. This number provided by Spieser et al. (2014). Contains motor cycles which are usually not included among passenger cars.

10. Burns, L. D., Jordan, C. W., & Scarborough, B. A. (2013). Transforming personal mobility. http://goo.gl/H8w9ng. Accessed 10 Nov 2014.

11. Spieser, K., Treleaven, K., Zhang, R., et al. (2014). Toward a systematic approach to the design and evaluation of automated mobility-on-demand systems. In G. Meyer & S. Beikers (Hrsg.), *Road vehicle automation*. http://goo.gl/bu1Q6l. Accessed 10 Nov 2014.

12. Fagnant, D. J., & Kockelmann, K. (2014). Development and application of a network-based shared automated vehicle model in Austin, Texas. http://goo.gl/Yk1EYS. Accessed 10 Nov 2014.

13. World Bank. (2014). Passenger cars (per 1000 people). http://goo.gl/EakpGU. Accessed 1 Sep 2014.

14. Relative component group costs (not including autonomous technology) based on McKinsey. (2012). The future of the north American automotive supplier industry, p. 21. http://goo.gl/7ZCCkd. Accessed 10 Nov 2014.

15. ADAC. (2014). Autodaten und Autokosten. http://goo.gl/oWA5GP. Accessed 10 Nov 2014.

16. Vorndran, I. (2012). Unfallentwicklung auf deutschen Straßen 2011. Stat. Bundesamt. http://goo.gl/fBVAld. Accessed 9 Nov 2014.

17. Infas & DLR. (2010). *Mobilität in Deutschland 2008*, p. 89 (Note that these averages are skewed because they include long-distance trips).

18. Baumgartner, J. P. (2001). Prices and costs in the railway sector. École Polytechnique Fédérale de Lausanne. http://goo.gl/qWzoTS. Accessed 9 Nov 2014.

19. Eurostat. (2014). Electricity prices for industrial consumers with all taxes and levies included, Table nrg_pc_205, Band ID, EU 28 for 2013 S1.

20. Hensley, R., Newmann, J., Rogers, M., & Shahinian, M. (2012). Battery technology charges ahead. McKinsey report, 7/2012, p. 4. http://goo.gl/hcI00i. Accessed 9 Nov 2014.

21. Hsu, J. (2014). Google works with NASA to test cars without backup drivers. IEEE Spectrum, 2014-09-18. http://goo.gl/7v6ijm. Accessed 9 Nov 2014.

22. The Independent. (2013-11-06). Milton Keynes introducing driverless public transport pods by 2017. http://goo.gl/HD7Lhi. Accessed 9 Nov 2014.

Automobile Mehrwertdienste durch Virtuelle Marktplätze

58

Klaus Goffart und Markus Strassberger

Zusammenfassung

Aktuell ist ein internationaler Roll-Out von automobilen Diensten wie Parkplatzinformationen, Ladesäulenreservierungen, oder Staumeldungen mit großen Hürden verbunden. Viele kleine oder regionale Anbieter müssen kombiniert werden um einen nachhaltigen Dienst anbieten zu können. Dies ist eine schwierige Aufgabe für international agierende Automobilkonzerne. In diesem Kapitel wird ein Lösungsbaustein dieses Problem am Beispiel eines automobil zentrierten Marktplatzes diskutiert. Dabei werden die Auswirkungen verschiedener Ausprägungen von Rahmenbedingungen wie Stakeholder, Betreibermodell, Vertragsgestaltung oder Abrechnungsmodell diskutiert und ein Vorschlag für eine optimale Konfiguration eines solchen Marktplatzes erarbeitet.

58.1 Einleitung und Motivation

Zukünftige Automobile werden den Fahrer während der Fahrt durch relevante Angebote und Dienstleistungen unterstützen, die speziell an die Vorlieben oder die aktuelle Situation des Fahrers angepasst sind. Denkbare Anwendungen sind Parkplatzvorschläge, und -Reservierung, Tankempfehlungen oder die vorausschauende Reservierung von Ladesäulen für Elektrofahrzeuge. Voraussetzung hierzu ist die überregionale Verfügbarkeit der benötigten Informationen und Dienste in ausreichender Detailtiefe. Diese Dienste werden

K. Goffart (✉) · M. Strassberger
BMW Forschung und Technik GmbH, München, Deutschland
E-Mail: klaus.goffart@bmw.de

M. Strassberger
E-Mail: markus.strassberger@bmw.de

© Springer-Verlag Berlin Heidelberg 2015
C. Linnhoff-Popien et al. (Hrsg.), *Marktplätze im Umbruch,* Xpert.press,
DOI 10.1007/978-3-662-43782-7_58

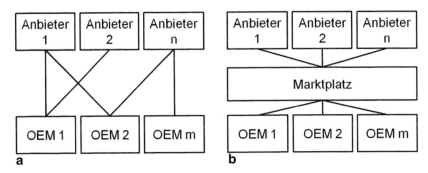

Abb. 58.1 a Heutiges Vorgehen beim Anbinden automobiler Dienste und, **b** angestrebtes Vorgehen bei Nutzung eines virtuellen Marktplatzes

aktuell von den Fahrzeugherstellern zumeist direkt in die jeweiligen Telematik-Ökosysteme der (global agierenden) Hersteller eingebunden (siehe Abb. 58.1a). Eine flächendeckende und nahtlose Integration der vielen, oftmals kleinen Dienstanbieter ist hierbei jedoch nur schwer praktikabel. Dies liegt einerseits an den enormen Kosten für einen Automobilhersteller, eine ausreichende Anzahl solcher Anbieter anzubinden. Vor dem Hintergrund der im Vergleich mit mobilen Endgeräten oftmals kleinen Anzahl an zusätzlichen Kunden ist andererseits auch das Interesse eines lokalen Anbieters an der Anbindung eines Automobilherstellers oftmals begrenzt. Verschiedene Dienstleister nutzen in der Regel unterschiedliche technische Schnittstellen sowie Abrechnungs- und Bezahlverfahren. Die Vereinheitlichung dieser Verfahren ist für den jeweils einzelne Automobilhersteller schwierig. Durch die Einführung eines virtuellen Marktplatzes, der alle Anbieter von Dienstleistungen mit allen OEMs verknüpft, könnten die angesprochenen Probleme gelöst und die aufgezeigte Vision realisierbar gemacht werden [1]. Wie in Abb. 58.1b dargestellt, bindet der Marktplatz möglichst viele Dienstleister an, vereinheitlicht die genutzten Schnittstellen und Verfahren und verbindet sie mit möglichst vielen OEMs. Dadurch entsteht ein einheitliches und umfassendes Angebot für die OEMs sowie eine große Abnehmerbasis für die Dienstleister.

Im folgenden Kapitel werden zunächst die Grundzüge eines möglichen Marktplatzes für Mobilitäts- und Mehrwertdienste vorgestellt, um anschließend die Ziele der Stakeholder zu diskutieren. Nachfolgend werden Auswirkungen des Betreibermodells, der Vertragsgestaltung sowie des Abrechnungsmodells auf die Marktteilnehmer und den Betrieb des Marktplatzes diskutiert. Abschließend wir eine Empfehlung zur Konfiguration eines solchen Marktplates gegeben.

58.2 Beispiel und Abgrenzung

Dieser Abschnitt führt das im weiteren Kapitel referenzierte Beispiel eines Automobil zentrierten Marktplatzes (AZM) ein, stellt dessen Besonderheiten dar und grenzt es gegen andere Typen von Marktplätzen ab.

Aktuell gibt es keinen internationalen Anbieter für Dienstleitungen mit Ortsbezug, der auch regionale Anbieter berücksichtigt. Dieses Problem soll in diesem Kapitel exemplarisch durch die Einführung eines möglichen Automobil zentrierten Marktplatzes gelöst werden. Exemplarische Teilnehmer des AZM sind Dienstleister, die Ihre Services anbieten und so neue Kunden erreichen wollen, sowie Automobilhersteller, die ihren Kunden, den Fahrzeugnutzern, die auf dem AZM verfügbaren Dienste direkt im Fahrzeug anbieten möchten.

Nachfolgend werden die Anforderungen an die auf dem AZM gehandelten Dienste beschrieben. Diese Dienste zeichnen sich vor allem durch einen direkten- oder indirekten Bezug zum Fahrzeug aus, z. B. Kraftstoff an Tankstellen oder Coupons an einer Raststätte. Zusätzlich haben sie in der Regel einen monetären Wert (d. h. die Inanspruchnahme erzeugt einen Geldfluss), sowie einen physischen Ort der Einlösung (z. B. die Tankstelle zum Erwerb von Benzin). Dieser Ort liegt für eine sinnvolle Nutzung in der Regel in der Nähe der aktuellen Position eines Kunden oder zumindest entlang dessen geplanter Route. Zusätzlich sollen diese Dienste vom Kunden direkt im Fahrzeug genutzt werden können, d. h. Darstellung und Auswahl auf dem Fahrzeugdisplay sollte auch während der Fahrt gefahrlos möglich sein.

Ein Beispiel für einen Dienst sind Informationen zu verfügbaren Parkhäusern in der Zielregion. So könnte ein Anbieter Informationen zu Parkhäusern auf dem AZM anbieten. Diese Parkplatzinformationen werden dann von einem Automobilhersteller abgerufen und dem Kunden bereitgestellt. Die eingestellten Informationen haben einen monetären Wert, einen Bezug zum Fahrzeug, sowie einen Ort, der auch sinnvollerweise auf der Route eines potentiellen Kunden liegen sollte. Auch der Abruf und die Anzeige der Informationen im Fahrzeug sind in diesem Fall möglich.

Eine Erweiterung dieses Dienstes wäre eine Parkplatzreservierung, die dem Kunden einen Parkplatz für eine gewisse Zeit garantiert. Der Kunde könnte gegen eine Gebühr den Parkplatz direkt aus dem Fahrzeug reservieren.

Weitere auf dem AZM angebotene Dienste könnten bspw. Informationen zu Tankstellen inkl. Benzinpreisen, Ladesäulen inkl. Auslastung oder Reservierung, oder aktuelle Informationen zu Blitzer-Standorten sein. Zusätzlich sind auch allgemeine Mehrwertangebote denkbar, die dem Fahrer Dienste und Angebote entlang seiner Route anbieten.

Dienste, für die der AZM explizit nicht vorgesehen ist, sind digitale Inhalte wie z. B. Musik, Filme oder Elektronische Bücher. Auch soll der AZM kein Marktplatz für die Verbreitung automobiler Apps sein, die im Fahrzeug ausgeführt werden, sonder vielmehr sinnvolle und passende Inhalte ins Fahrzeug liefern.

58.3 Ziele und Vorbehalte der Stakeholder

Der AZM folgt der in Abb. 58.1b gezeigten Struktur mit 3 Stakeholdern: Anbieter, Betreiber und Abnehmer (OEMs). Wobei eine Partei mehrere Rollen annehmen kann. Ein OEM kann bspw. Daten über Parkhäuser vom AZM beziehen und gleichzeitig Daten über Parkplätze am Straßenrand auf dem AZM anbieten, die durch die Flotte gesammelt werden.

Im Folgenden werden wir die Anforderungen und Vorbehalte der drei Stakeholder an den AZM, sowie die Limitationen des aktuellen Modells diskutieren.

Ziel des Anbieters ist vor allem die Erweiterung des Absatzmarktes mit Hilfe des AZM. Heute bieten die einzelnen Automobilhersteller aufgrund der begrenzten Flottengrößen oft ein zu geringes Kundenpotential um eine aufwendige Anbindung zu rechtfertigen. Dadurch sind Autofahrer als potentiell interessante Kunden nicht direkt erreichbar. Um eine ausreichende Rentabilität zu gewährleisten, ist der Anbieter zudem an stabilen Schnittstellen und Vertragsverhältnissen sowie einem langfristigen Betrieb des Marktplatzes interessiert. Vorbehalte des Anbieters sind vor allem die direkte Konkurrenz mit anderen Anbietern und der daraus resultierende Preisdruck, da das heutige Modell oft nur einen indirekten Vergleich zwischen Anbietern zulässt. Zusätzlich ist die mögliche Abhängigkeit von einem übermächtigen Markplatzbetreiber ein Vorbehalt des Anbieters.

Der Marktplatzbetreiber ist vor allem an einem rentablen, möglichst effizienten Betrieb des Marktplatzes interessiert. Daher ist die in Abschn. 58.6 beschriebene Wahl des Abrechnungsmodells für ihn von zentraler Bedeutung. Bei der Einführung eines solchen Marktplatzes trägt der Betreiber allerdings auch das den Großteil des Risikos. Er muss eine kritische Masse an Anbietern und Abnehmern anbinden, um einen rentablen und nachhaltigen Betrieb zu ermöglichen und die Entwicklungs- sowie Akquisekosten zu decken.

Der Abnehmer hat ein Interesse an einem möglichst großen Angebot, in Form der örtlichen Ausbreitung sowie kleinerer und lokaler Anbieter, über eine stabile Schnittstelle zu empfangen. Er möchte in der Wahl der Anbieter möglichst flexibel sein, um den Kundennutzen zu maximieren, und einen möglichst geringen vertraglichen Aufwand haben, um die Kosten zu minimeren. Des Weiteren ist er an einem stabilen und nachhaltigen Marktplatz interessiert, der ihm langfristig ein gutes Angebot sichert. Der OEM versucht sich im heutigen Modell über exklusiv bezogenen Daten von anderen OEMs zu differenzieren. Diese Inhaltsbezogene Differenzierung wird durch die Teilnahme am AZM wegfallen. Auch der OEM möchte eine starke Abhängigkeit vom Marktplatzbetreiber vermeiden.

58.4 Betreibermodell und Gestaltung

Für den Erfolg des AZM ist es essentiell eine kritische Masse an Teilnehmern zu erreichen, die einen wirtschaftlichen Betrieb für alle Beteiligten ermöglicht. Dafür spielt die Wahl des Markplatzbetreibers eine entscheidende Rolle.

Als Betreiber des AZM kommen viele Firmen oder Organisationen in Frage. Nachfolgend werden die Auswirkungen der Wahl des Betreibers auf die einzelnen Stakeholder für drei Fälle diskutiert: ein Abnehmer (OEM), ein Anbieter, sowie ein unabhängiger Dritter als Betreiber des AZM.

Durch die Wahl eines OEMs als Betreiber, ist des AZM klar auf die Brache bzw. den Use-Case fokussiert, da der Betreiber selbst ein Interesse an passenden Anbietern und Abnehmern hat. Dieses intrinsische Interesse an einer klaren Ausrichtung schafft Stabilität und ist daher attraktiv für die Partner des Marktplatzes. Es ist allerdings fraglich, ob ein Automobilhersteller die nötige technische Kompetenz und Erfahrung zum Aufbau und Betrieb eines solchen Marktplatzes besitzt. Bei anderen OEMs, die als Abnehmer am AZM teilnehmen sollen, wird ein Konkurrent als Marktplatzbetreiber jedoch Skepsis hervorrufen. Angst vor Abhängigkeiten, ungewollten Änderungen oder ungleicher Behandlung könnten hier die Anbindung schwierig gestalten. Diese Vorbehalte können die Erreichung der nötigen kritischen Masse an Angebot und Nachfrage gefährden.

Im Gegensatz dazu schafft die Wahl eines Anbieters als Betreiber einen klaren Fokus des Marktplatzes auf den vom Betreiber selbst unterstützen Use-Case. Dieser enge Fokus beschränkt allerding auch den Nutzen des AZM für die OEMs, da sie u. U. mehrere Marktplätze anbinden müssen, um alle benötigten Use-Cases zu unterstützen. Bei einem Anbieter als Betreiber ist die technische Kompetenz möglicherweise fraglich, da naturgemäß das Kerngeschäft des Anbieters nicht die Bereitstellung von Markplatzinfrastruktur ist. Schwerwiegender ist allerdings das intrinsische Interesse des Anbieters vor allem die eigenen Dienste abzusetzen. Dies führt potentiell zum Mistrauen der anderen Anbieter, die sich auf dem AZM der direkten Konkurrenz des Betreibers aussetzen würden. Daher ist auch hier die Erreichung der nötigen Masse an Angeboten fraglich.

Ein unabhängiger Dritter als Betreiber des AZM hat vor allem ein intrinsisches Interesse an einem florierenden Betrieb des Marktplatzes. Der Fokus ist hierbei umsatzorientiert, im Gegensatz zum anwendungsfallgetriebenen Fokus der anderen Betreiberoptionen. Dies lindert die Angst vor Abhängigkeiten oder unfairer Behandlung, gibt aber Anlass zur Sorge, dass sich die Bemühungen des Betreibers vor allem auf die umsatzstärksten Anwendungsfälle konzentrieren, die nicht zwingen auch im Interesse anderer Stakeholder sind. Bei der Wahl eines unabhängigen Betreibers ist vor allem die technische Kompetenz für den Aufbau und Betrieb des Marktplates sowie die gute Vernetzung in der Brache wichtig, um schnell die nötige kritische Masse erreichen zu können.

Zusammenfassend bietet der Betrieb durch einen Abnehmer oder einen Anbieter einen stabilen Fokus auf den Anwendungsfall allerdings den Nachteil der politischen Komplexität zwischen den Mitbewerbern. Ein unabhängiger Betreiber verspricht einen reibungsloseren Betrieb sowie weniger Angst vor Abhängigkeiten, birgt allerdings die Gefahr, dass sich der Fokus im Laufe der Zeit verschiebt.

Neben der Wahl des Betreibers für den AZM ist die Ausgestaltung des Marktplatzes durch den Betreiber von großer Bedeutung. Bei einem offenen Marktplatz gewährt der Betreiber jedem potentiell interessierten Anbieter/Abnehmer zu standardisierten Bedingungen Zugriff zum Marktplatz. Bei einem geschlossenen Marktplatz entscheidet der Betreiber, ohne dafür Rechenschaft ablegen zu müssen, über die Teilnahmebedingungen für jeden potentiellen Anbieter und Abnehmer.

Zwischen den beiden genannten Extremen gibt es viele Abstufungen. Allgemein kann jedoch gesagt werden, dass ein offenes Modell gleiche Bedingungen für alle Teilnehmer bietet, was kleinere Teilnehmer anlockt und Vertrauen schafft, wobei ein geschlossenes Modell attraktiver auf große Teilnehmer wirkt und mit potentiell höhere Einstiegshürden für kleinere Anbieter hat.

In Summe ist ein Fremdbetrieb-Ansatz des AZM zu bevorzugen, da dieser die Spannungen zwischen den konkurrierenden Abnehmern und Anbietern lindert. Anforderungen an den Betreiber sind vor allem technische Kompetenz sowie ein glaubhaftes Bekenntnis zur Automobilen Brache. Aus den vorangegangenen Überlegungen zur Gestaltung des AZM wird ersichtlich, dass die Anbieter sowie Abnehmer vor allem Angst vor einer Machtposition des Betreibers haben (siehe Abschn. 58.3). Daher wäre eine offene Gestaltung des Marktplatzes zu bevorzugen. Allerdings ist darauf zu achten, dass auch große Teilnehmer ihr Interesse bekunden. Dies kann z. B. durch transparente Vergünstigungen oder Anreize bei hohem Umsatz auf dem Marktplatz geschehen.

58.5 Vertragsgestaltung und rechtliche Aspekte

Eines der Kernziele des AZM ist, die Bereitstellung bzw. Nutzung von mobilitätsbezogenen, fahrzeugnahen Diensten so einfach wie möglich zu gestalten. Ein wesentlicher Faktor diesbezüglich ist die optimale Gestaltung der rechtlichen und vertraglichen Rahmenbedingungen zwischen den Anbietern und Abnehmern. Konkrete Verhandlungen über spezifische Nutzungsbedingungen, Dienstgüte, Verfügbarkeit, Haftung oder Regressansprüche sind typischerweise sehr aufwändig und zeitintensiv. Der Einkaufsprozess im klassischen Fahrzeugbau folgt dem Modell der Einzelvertragsverhandlungen für jede Komponente des Fahrzeugs, mit entsprechendem Aufwand. Für mobile Dienste lohnt sich dies in der Regel nur bei einem hinreichend großem Dienstangebot bzw. Dienstabnahmen bzw. einem hohen zu erwartendem Deckungsbeitrag.

Im Hinblick auf eine möglichst einfache, schnelle und flexible betriebswirtschaftliche Nutzung verschiedener Dienste ist eine Einzelvertragsverhandlung nicht geeignet. Das naheliegende Modell besteht vielmehr darin, eine möglichst einheitliche juristische Regelung festzuschreiben (Terms and Conditions), die für alle teilnehmenden Vertragsparteien binden ist. Für den Abschluss einer Transaktion bestehen grundsätzlich zwei rechtliche Gestaltungsrahmen:

a. Der AZM tritt als General-Dienstleister auf, d. h. die Anbieter und Abnehmer stehen jeweils in einer vertraglichen Beziehung mit dem AZM (ähnlich der Rolle Amazons als Verkäufer)

b. Der AZM tritt als reiner Vermittler und Abwickler auf, d. h. Anbieter und Abnehmer gehen (vermittelt durch den AZM) eine vertragliche Beziehung ein. Der AZM ist dabei kein Vertragspartner (ähnlich der Rolle von eBay [2] oder Verkaufen bei Amazon [3])

Vor dem Hintergrund der oben genannten Ziele und Anforderungen der Stakeholder bietet letztgenannte Rolle wesentliche Vorteile. Im Folgenden werden daher insbesondere Fragen zu Rechten und Pflichten des Betreibers sowie der Nutzer, Urheberrecht, sowie Dienstgüteparameter und Haftung vor dem Hintergrund einer vermittelnden Rolle des AZM diskutiert.

Da in diesem Fall wie eben beschrieben nicht für jede Transaktion ein direkte Vertragsbeziehung mit dem AZM besteht, reduziert sich die Haftung des AZM entsprechend auf Fälle der groben Fahrlässigkeit bei der Dienstvermittlung bzw. eine vermittlungsbedingte Verletzung der zugesagten Dienstgüteparameter (Service-Level-Agreements). Ein wesentlicher Aspekt hierbei ist die Frage nach der Richtigkeit und Konsistenz von Meta-Daten zur Beschreibung unterschiedlicher Dienste, sowie Regeln der Fairness hinsichtlich der Priorisierung von Vermittlungsanfragen, insbesondere im Falle einer Überlastsituation der Server des Betreibers. Ferner sind auch der Umfang und die Bedingungen von Supportleistungen des Betreibers zu regeln, sowie Vorhalte für spätere Änderungen der Nutzungsbedingungen, bspw. bei Änderung des Abrechnungsmodells.

Die Abnehmer verpflichten sich selbstverständlich, bei der Inanspruchnahme der Funktionalitäten des AZM die geltenden Gesetze am Ort der konkreten Diensterbringung zu befolgen. Hierbei sei besonders erwähnt, dass die Dienstnehmer mobil sind. Existiert ein bestimmtes Dienstangebot grundsätzlich überregional (bspw. innerhalb Europas) kann dies u. U. dazu führen, dass die Zulässigkeit der Dienstausführung bei einem Wechsel des Rechtsraums (Grenzübertritt) eingeschränkt werden kann. Innerhalb Europas ist bspw. die Nutzung von „Radar-Warnern" nicht einheitlich geregelt [4, 5]. Entsprechend sind vertragliche oder technische Maßnahmen erforderlich, die die mobile Nutzung von Diensten in einem internationalen Kontext regeln. Sofern nicht technologisch gemanagt, müssen zudem notwendige Regeln (der Fairness) zur gegenseitigen Nutzung vereinbart werden, bspw. zur Regelung von Zugriffsintervallen, Anfragehäufigkeit oder Ankündigungsfristen von geplanten Dienstunterbrechungen.

Die auf dem AZM angebotenen Daten und Dienste unterliegen grundsätzlich dem Urheberrecht. Der Anbieter muss daher zum einen sicherstellen, dass er die erforderlichen Rechte an den Daten besitzt, zum anderen müssen auch die Rechte der weiteren Verwendung durch den Abnehmer geregelt sein. Typischerweise bedeutet dies, dass der nutzende Dienst ein konkretes Datum zwar weiter verkaufen bzw. vermarkten, veredeln, oder im Sinne des angebotenen Dienstes nutzen darf, die reine Vervielfältigung eines konkreten Datums ist in der Regel aber nicht zulässig. Der AZM hat dabei als Vermittler die entsprechenden Immaterialgüterrechte der Anbieter zu respektieren. Die (eigentlich gewünschte) Möglichkeit zur Veredelung von Daten ist –im Zusammenhang mit der Frage der Vervielfältigung- aufgrund einer fehlenden Schärfe der Begrifflichkeit aus vertragliches Sicht jedoch problematisch und könnte im Einzelfall zu juristischen Auseinandersetzung führen. Dies ist insbesondere der Fall, wenn der Datentyp unverändert bleibt, beispielsweise bei der Veredelung von „eingekauften" Parkplatzdaten durch Kombination mit anderen Datenquellen. Sofern nicht vertraglich geregelt, kann hier als Ergebnis ein ähnlicher Dienst auf Basis der Daten eines anderen Anbieters günstiger angeboten werden als dies der ursprüngliche Anbieter tut. Dies gilt es aus wettbewerbsgründen offensichtlich zu unterbinden.

Ferner sind auch all diejenigen Dienstgüteparameter (wie beispielsweise das max. Alter von angebotenen Parkplatzbelegungen oder max. zulässige Antwortzeiten) vertraglich zu regeln, welche nicht in technischer Weise durch den AZM zur Laufzeit erkannt bzw.

vermittelt werden können. Wie oben beschrieben ist hierbei der Dienstanbieter verantwortlich für die Einhaltung der Dienstgüteparameter. Idealerweise hält jedoch der AZM (sichere) technische Maßnahmen hinsichtlich des Monitorings des Dienstangebots bereit (unter Berücksichtigung der notwendigen Privacy-Aspekte), so dass im Streitfall die konkreten Dienstgüteparameter zwischen Dienstnutzer und Anbieter (beweissicher) nachvollziehbar sind.

58.6 Abrechnungsmodell

Aus betriebswirtschaftlicher Sicht resultieren aus dem konkreten Geschäfts- und Abrechnungsmodell die wesentlichen nichtfunktionalen Anforderungen an einen AZM. Die möglichen Geschäftsmodelle des Betreibers folgen dabei den üblichen Überlegungen als Dienstevermittler [1], und reichen von direkten Modellen wie bspw. dem festsetzen von Fixbeträgen oder Umsatzbeteiligungsmodelle (mit oder ohne explizite Dienstgütevereinbarungen) bis hin zu einer (monetär) kostenfreien Nutzung und Anwendung indirekter Geschäftsmodelle wie beispielsweise der Verwertung von (Nutzungs-) Daten von Kunden oder Dienstanbietern.

Aus Gründen der hohen Anforderungen an den Datenschutz von Kunden, sowie dem Schutz der Daten und Knowhow der Dienstanbieter erscheint letztgenanntes Modell für den konkreten Einsatzweck des AZM ungeeignet. Weiterhin ist festzuhalten, dass die Erhebung von (fixen) Nutzungsgebühren ohne Betrachtung der Umsatzgröße eine u. U. sehr hohe Einstiegshürde darstellen kann, gerade für kleine Anbieter. Eben diese kleinen Anbieter stellen aber in Summe den Mehrwert eines (offenen, siehe Abschn. 58.4) Marktplatzansatzes dar.

Relevant für die konkrete Auslegung des AZM ist weiterhin die Frage nach dem vornehmlichen Typ der Zahlungs- und Diensterbringungsströme. Im Folgenden unterscheiden wir daher zwischen:

- Der Dienstangebotsbeziehung, also der (technischen und vertraglichen) Bindung zwischen einem Anbieter und einem Abnehmer
- Einem „materiellen" Dienst-Gegenstand oder Inhalt, wie bspw. ein Parkplatz.
- Einem „immateriellen" Dienst-Gegenstand oder Inhalt, wie beispielsweise die Information, ob ein spezifischer Parkplatz aktuell frei oder belegt ist. Im Gegensatz zu materiellen Gütern können immaterielle Güter beliebig vervielfältigt werden.
- Zahlungsströme bei Dienstnutzung (incl. eventueller Margen).

Abhängig von der konkreten Nutzungskonstellation ergeben sich grundsätzlich zwei unterschiedliche Flusskonstellationen: Das direkte Bezahlen des Anbieters durch den Kunden, sowie das Bezahlen des Anbieters durch den AZM und Abrechnung zwischen AZM und Abnehmer. Idealweise hält der AZM entsprechende, sichere Dienste zur Erfassung und Abrechnung der jeweiligen Dienstnutzung bereit (Accounting, Clearing, etc.). (Betriebs-)

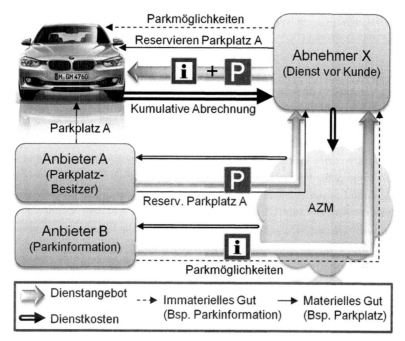

Abb. 58.2 Zahlungsströme am Beispiel Parkplatzreservierung

Kosten, Margen und Monetarisierungsmöglichkeiten für Anbieter und Betreiber variieren dabei, insbesondere in komplexen Wertschöpfungsketten mit komplexen Dienstnutzungskonstellationen. Hierbei gibt es jedoch kein grundsätzlich präferiertes Modell. Vielmehr richtet sich der Einsatz nach den spezifischen Anforderungen und Vorstellungen der Anbieter, des Betreibers, sowie nach den Kundenwünschen.

Abbildung 58.2 veranschaulicht nochmals die oben beschriebenen Ströme am Beispiel einer Parkplatzreservierung. Dargestellt ist dabei die hinsichtlich des Kundennutzens bevorzugten Variante, bei der lediglich eine integrierte Abrechnung nur mit einem Anbieter stattfindet, welcher alle anfallenden Aufwende entlang der Wertschöpfungskette integriert:

Anbieter A und B stellen auf dem AZM Parkplätze bzw. Parkplatzinformationen bereit. Abnehmer X bietet diese seinem Kunden im Fahrzeug an. Bei Inanspruchnahme eines Dienstes, rechnet der Anbieter kumuliert mit dem Kunden ab und verteilt die Einnahmen entlang der Wertschöpfungskette über den AZM zum Anbieter.

58.7 Zusammenfassung

Für den in diesem Kapitel beispielhaft geplanten Automobil zentrierten Marktplatz (AZM) ergeben sich zusammenfassend folgende Empfehlungen an die Gestaltung: Aufgrund der hohen technischen und prozessualen Anforderungen der Gestaltung sowie der schwierigen politischen Verhältnisse zwischen den Anbietern/Abnehmern wäre ein unabhängiger Betreiber mit entsprechender technischer und prozessualer Erfahrung wünschenswert. Der AZM sollte als offener Marktplatz gestaltet werden um Transparenz zu fördern und die Einstiegshürde für kleinere Teilnehmer niedrig zu halten. Daher sollte der Betreiber rechtlich nur als Vermittler von Angeboten fungieren und sich über Umsatzmargen finanzieren.

Durch diese Kombination von Rahmenbedingungen entsteht eine hohe Abdeckung der Anforderungen aller Stakeholder, was die Erreichung der kritischen Masse an Angebot und Nachfrage auf dem AZM begünstigt.

Die Schaffung eines solchen Marktplatzes für Automobile Dienste, würde zu einem neuen Absatzmarkt für Dienstleister führen sowie ein mögliches neues Geschäftsmodell für die Automobilhersteller bieten. Da auf einem solchen Markplatz u. U. riesige Mengen an Angeboten verfügbar sein können, wird es nötig sein, das dem Kunden präsentierte Angebot einzuschränken. Dazu ist es notwendig die Gewohnheiten, Ansprüche und situativen Bedürfnisse des Kunden zu verstehen und die angezeigten Angebote dahingehend zu filtern. Dies kann mit Hilfe von Empfehlungssystemen geschehen.

Die in diesem Kapitel erörterten Auswirkungen der verschiedenen Rahmenbedingungen auf die Stakeholder sind generell auch auf andere Typen von Marktplätzen übertragbar. Vor allem die besondere Wettbewerbssituation zwischen den großen Automobilkonzernen macht die Konzeption des AZM besonders. So schafft es Amazon erfolgreich als größter Vertreter der Online-Handel Branche auch als Marktplatzbetreiber zu fungieren.

Eine prototypische Umsetzung des AZM wurde in einem gemeinsamen Forschungsprojekt zwischen der BMW Group Forschung und Technik GmbH sowie SAP realisiert. Der unter [6] zu sehende Film veranschaulicht das Gesamtkonzept des evaluierten Marktplatzes.

Literatur

1. Osterwalder, A., & Pigneur, Y. (2011). *Business Model Generation: Ein Handbuch für Visionäre, Spielveränderer und Herausforderer*. Frankfurt a. M: Campus.
2. *Allgemeine Geschäftsbedingungen für die Nutzung der deutschsprachigen eBay-Dienste*, Stand: 29. September 2014, § 1 (1).
3. *Verkauf bei Amazon Nutzungsvereinbarung*, Stand: 1. August 2014.
4. *Straßenverkehrs-Ordnung der Bundesrepublik Deutschland*, Stand: 1. April 2013, $ 23 (1b).
5. *Straßenverkehrs-Ordnung der Republik Österreich*, Stand: 1. September 2014.
6. SAP Internet of Things. „SAP and BMW Bring you the Connected Car," 11 02 2014. http://youtu.be/cWo4lDa_1uw. Zugegriffen: 10. Nov. 2014.

Smart Journey

59

Jürgen Zetzsche

Zusammenfassung

Reisen unter den Bedingungen der digitalen Revolution verändert sich grundlegend. Im Beitrag Smart Journey soll dem Leser die Optimierung des Reiseprozesses nahegebracht werden. Hierbei werden neue Anwendungsszenarien zu digitalen Medien, Prozessoptimierung, schneller Zugang von Informationen sowie Nachhaltigkeit vermittelt. Anhand von Praxisbeispielen am Flughafen Düsseldorf, der im Jahr ein Verkehrsaufkommen von mehreren Millionen Passagieren hat, soll der Kunde neue Technologien hautnah erleben können. Ziel ist es, Reisenden den Flughafen in einer neuen Dimension/Erlebniswelt abzubilden. Dem Kunden soll aufgezeigt werden wie in Zukunft ein effektiver Reiseprozess am Flughafen – von der Ankunft bis zum Abflug – aussehen wird. Dabei durchläuft der Kunde verschiedene Stationen die Ihm den Aufenthalt am Flughafen von der Gepäckabgabe bis zum Bezahlen vereinfachen.

59.1 Einleitung und Motivation

Reisen unter den Bedingungen der digitalen Revolution verändert sich grundlegend. Auf der „Smart Journey", erlebt der Passagier den Reiseprozess am Flughafen durch Innovationen, als eine unterhaltsame und stressfreie Zeit. Dabei durchläuft er Stationen wie den Security & Check-In, das Parken, die Gepäckabgabe, das Einkaufen an den Duty-Free-Shops, die Wartezeit am Terminal und sämtliche Bezahlvorgänge vor Ort (siehe Abb. 59.1). Um nachhaltige Reiseprozessoptimierungen vorzunehmen, sind digitale

J. Zetzsche (✉)
Flughafen Düsseldorf GmbH, Düsseldorf, Deutschland
E-Mail: juergen.zetzsche@dus.com

© Springer-Verlag Berlin Heidelberg 2015
C. Linnhoff-Popien et al. (Hrsg.), *Marktplätze im Umbruch,* Xpert.press,
DOI 10.1007/978-3-662-43782-7_59

Was ist eine Smart Journey?

Abb. 59.1 Smart journey

Trends und Veränderungen im Flughafenmanagement von wesentlicher Bedeutung für den Flughafen der Zukunft. Ferner liegt das Ziel in kurz-, mittel- und langfristigen Mehrwertlösungen für Passagiere. Mit einem Verkehrsaufkommen von insgesamt 21,2 Mio. Passagieren am Flughafen Düsseldorf, von denen mehr als neun Millionen abflogen, ist der Standort Düsseldorf (DUS) das wichtigste internationale Drehkreuz Nordrhein-Westfalens [1].

59.2 Zielsetzung der Flughäfen in Deutschland am Beispiel des Flughafen Düsseldorf

Um dem Leser einen kurzen Einblick in die Welt des Flughafens Düsseldorf zu geben, werden folgende Eckdaten der Passagiere nach einer Erhebung der Flughafen Düsseldorf GmbH vorgestellt:

Der durchschnittliche Reisende ist 43 Jahre alt. 54,3 % der Passagiere reisen ca. ein bis drei Mal im Jahr (vom Düsseldorfer Flughafen). Die Reisegründe sind zu 65,1 % privat, mit einer Reisedauer von ein bis zwei Wochen und zu 34,9 % geschäftlich, mit einer Reisedauer von ein bis drei Tagen. Laut einer Umfrage der Air Transport Industry Insights, erwarten Passagiere vor allem mobile Services die Zugang zu Informationen und Dokumenten ermöglichen. Dazu gehören Flugstatus (58 %), Gepäckinformation (52 %), Navigation (48 %), Boarding Pass (43 %), E-Wallet (41 %) und Check-In (36 %), die Reisende nutzen können. Gewerbeangebote wie Ticketkauf und Promotionen nutzen lediglich 37 % bzw. 29 %. Der Flughafen Düsseldorf reagiert auf diese Kundenwünsche. Durch sie werden Mobile-Application-Services stark weiter entwickelt. Der bisherige Schwerpunkt liegt dabei auf der Übermittlung von Echtzeit-Informationen zu bspw. Flügen. Im Trend liegende Payment-Dienste werden bis 2016 stark ausgebaut sein (z. B. WLAN-Zugang oder Parkplatzbuchung). Ferner wird der prozentuale Anteil personalisierter Angebote & Informationen, Shopping Angebote und Indoor-Navigation stetig steigen. Der internationale Vergleich von Flughäfen zeigt, dass Potenziale im Bereich Smart Journey liegen. Diese sind ebenfalls in verschiedenen Städten zu finden, wie folgenden Beispiele zeigen.

59.3 Bestehende Innovationsansätze

Der Flughafen Schiphol Amsterdam (AMS) verwendet „Iris Tracking" beim Check-In für Geschäftskunden und Vielflieger. Eine Analyse des individuellen Scanabdrucks einer Person sichert den Prozess und beschleunigt durch einfache Vorgehensweise das Verfahren für den Gast [2]. Ähnliche Produkte nutzen die Flughäfen Paris und Marseille mit dem Fingerabdrucksystem PARAFE, sowie der Flughafen Frankfurt mit easyPASS [3].

In Frankfurt finden sich zusätzlich frei zugängliche, von Oracle plakatiert und gesponserte Ladestationen für mobile Devices. Vergleichbare Angebote befinden sich in Zürich, Taipei und Heathrow mit neuen Handyschließfächern [4].

Der Incheon Seoul (ICN) ermöglicht jetzt schon ein Navigationssystem innerhalb des Flughafens mit animierter Begrünung am Terminal und virtuellem Shopping. Aber auch Singapur, München, Frankfurt und Köln erleichtern mit Google Indoor-Maps das Erreichen von Zielpunkten [5].

Münchens MUC hilft Passagieren mit individualisierten, persönlichen sowie mehrsprachigen Informationen und Services. Ein Pendant dazu ermöglichen London Gatwick und Frankfurt (bei Heinemann) mit interaktiven Shopping Walls bzw. Duty-Free Shopping-Wänden [3].

Eine am Flughafen Düsseldorf durchgeführte Erhebung ergab verschiedene Ansatzpunkte um die Kundenzufriedenheit zu steigern. Darunter fallen Smart Parking im Ankunftsbereich, Smart Shopping in der Vorhalle und der Duty-Free-Area, Smart Identity Services beim Check-In, Security und Boarding sowie Smart Charging im Wartebereich.

Das Parkhaussystem des Düsseldorfer Flughafens ist gut ausgebaut. Der Reisende kann fünf Parkhäuser in Terminal-Nähe, drei Langzeit-Parkhäuser und drei Langzeit-Spar-Parkhäuser nutzen. Insgesamt stehen ihm dabei 22.000 Parkplätze zur Verfügung [6]. Smart Parking hat hier das Ziel der einfachen, flexiblen und zeitsparenden Gestaltung des Parkprozesses. Durch SMS & Park wird das im Düsseldorfer Stadtgebiet bereits vorhandene Bezahlsystem via Applikation implementiert. Die Abbuchung der Parkgebühren erfolgt über die Mobilfunkrechnung des Nutzers. Es entsteht eine Win-Win-Situation bei der oben genannte Ziele optimal erreicht werden. Smartphone-Apps stellen eine weitere Option dar. Diese dienen als sicherer digitaler Schlüssel für physische Objekte durch bspw. BlueID. Nutzer werden anhand ihres Smartphones identifiziert, sodass eine gesicherte Kommunikation zwischen den Systemkomponenten bereitgestellt wird. Aber auch Funktechnologien wie NFC, Bluetooth Smart und GSM/UMTS/LTE können implementiert werden.

Zum heutigen Reiseprozess gehört das Mitführen mobiler Endgeräte. Ca. 35 % der Fluggäste des DUS sind Geschäftskunden, bei denen davon ausgegangen werden kann, dass sie Laptops und/oder Smartphone mit sich führen. Aber auch bei Touristen und Privatkunden ist seit 2011 die Nutzung von Smartphones auf 70 % gestiegen. Der Mobile Boarding Pass wird mit 21 % der Kunden bereits sehr gut angenommen. Dabei spielt die Stromzufuhr eine große Rolle. Ca. 31 % der Kunden haben Bedenken derartige Services zu nutzen, z. B. aus Angst über einen leeren Akku. D. h. die eingeschränkte Akkulaufzeit mobiler Endgeräte bremst die Bereitschaft mobile Services zu nutzen.

59.4 Ausblick in zukünftige Innovationen

Eine Nachhaltige Lösung ist in Verbindung mit dem belgischen Start-Up WeWatt möglich. Die Firma nutzt wiederverwertbare Materialien um stromerzeugende Fahrräder zu bauen (siehe Abb. 59.2).

Diese innovative Mehrwertlösung kann den Kunden ermutigen, sein mobiles Endgerät im Reiseprozess vermehrt zu nutzen. Gleichzeitig sorgt es für Bewegung bei den Nutzern und deckt somit, durch die entstehende Gesundheitsförderung, einen sozialen Aspekt ab. Das umweltbewusste Modell stellt eine Attraktion dar und verkürzt gleichzeitig die Wartezeit [7].

Der nächste Ansatzpunkt sind mobile Bezahl- und Konsumangebote. Hier müssen verschiedene Zielgruppen mit unterschiedlichen Charakteristika betrachtet werden, um zielführende Angebote erstellen zu können. Geschäftskunden haben ein enges Zeitbudget, sind regelmäßige Fluggäste und tätigen im Normalfall gezielte Einkäufe im Duty-Free-Bereich. Darum erweisen sich eine digitale Geldbörse, Vielfliegerboni, Happy Hours und Check-In Angebote als besonders große Möglichkeiten. Urlaubsflieger hingegen weisen

Abb. 59.2 WeWatt Energy-Bicycle-Station. (Quelle: wewatt.be)

in der Regel ein großes Zeitbudget am Gate und Interesse an Lebensmitteleinkäufen nach dem Flug auf. Somit sind für sie interaktive Shop-Wände, Promotionen, digitale Geldbörse, Kundenkarten und Infoterminals geeignet. Eine weitere Zielgruppe sind die Abholer. Durch mögliche, lange Wartezeiten und damit verbundene Passivität, liegen Infoterminals, interaktive Shop-Wände, Werbebanner, Läden vor Ort sowie Flyer und Broschüren in ihrem Interesse. Hinzu kommen DUS-Besucher. Touristen besuchen den Flughafen und nutzen z. B. regelmäßig das Bonusprogramm. Für Sie gibt es die „ValueCard". Damit erhalten die Inhaber Parkrabatte, Zugang zur Besucherterrasse, als auch Aktionen und Prämien. Zusammenfassend bieten sich für Kun den einige Vorteile. Dazu gehört Zeiteinsparung am Gate, Bargeldloses mobiles Bezahlen, Verkürzung der Wartezeiten der Abholer und die Möglichkeit Einkäufe vor Abreise vom Flughafen zu erledigen. Wichtig dabei ist, Chancen und Herausforderungen bei jeder Station sorgfältig abzuwägen, um Nachhaltigkeit zu gewährleisten.

Derzeit befinden sich bereits verschiedene Identifikationsmethoden in der Erprobung, welche sich allerdings auf den Security-Check beschränken. PARAFE wird in Paris und Marseille getestet. Bei der kostenlosen und freiwilligen Nutzung, erfolgt der Zugang entweder durch den französischen Reisepass (inkl. Fingerabdruck) oder, mit vorheriger Registrierung in der Datenbank, durch andere EU-Pässe. In Deutschland beschleunigt der easyPass die Passkontrollen [3]. Seit Mai 2014 nutzt das System gespeicherte biometrische Daten und vergleicht sie via Kamera mit dem vorgezeigten Passbild. Die Sicherheit ist gewährleistet und der Passagier gelangt schneller durch die entsprechenden Schranken.

Ein wichtiges Element der Kommunikation, sowohl im Privaten als auch im B2B-Geschäft, sind soziale Medien. In Zukunft wird sich mit großer Wahrscheinlichkeit nicht viel daran ändern. Auch im Reiseprozess stellt Social Media zukünftig eine wichtige Kommunikationsplattform dar. Ca. 62 % der Passagiere an Flughäfen sind schon heute aktiv auf Social Media. Im Gegenzug evaluieren 54 %, der in einer Studie befragten Flughäfen, Social Media Kanäle für diverse Services bis 2016. Die Bereitschaft, die entsprechenden Kommunikationskanäle zu nutzen und damit den Kontakt zum Passagier aufzunehmen steigt. Inzwischen planen 58 % der befragten Flughäfen bis 2015, Flugstatus Updates via Social Media Kanäle zu kommunizieren. Aus Marketingsicht besteht auch hier großes Potenzial. Die Verbindung zu Facebook und Co. ermöglicht nicht nur eine Echtzeit-Kommunikation, sondern dient gleichzeitig als Werkzeug des Beschwerdemanagements. Ferner wächst das Unternehmen Flughafen mit jedem Klick im Web. Der Flughafen Düsseldorf hat schon mehr als 50.000 Follower, die über Angebote, Events und Aktionen informiert werden. Jeder einzelne ein potenzieller Multiplikator.

59.5 Was die Zukunft bringt

Vernetzen ist das Stichwort. Um den reisenden Passagieren den Transportprozess weitestgehend zu erleichtern bzw. ihn zu entlasten, gilt es, Technologie mit gewonnenen Daten zu verbinden und diese zu nutzen. Sowohl die Technik, als auch der Bereich der neuartigen Kommunikation (z. B. Social Media) sind dabei äußerst wichtig. Die heutige Transparenz der Dinge erfordert eine neue Art der Serviceorientierung. Reisen ist nicht länger „von A nach B kommen", sondern soll ein Erlebnis sein das Spaß macht – eine Smart Journey.

Dabei sollen durch Effizienz und Nachhaltigkeit sowohl ökonomische wie auch ökologische Aspekte in der Zukunft mit Verantwortung behandelt werden.

Literatur

1. statista. (2014). Entwicklung des Passagieraufkommens am Düsseldorfer Flughafen in den Jahren 1991 bis 2013. http://de.statista.com/statistik/daten/studie/5814/umfrage/passagieraufkommen-am-flughafen-duesseldorf/. Zugegriffen: 12. Sept. 2014.
2. Shiphol Amsterdam Airport. (2004). Iris Scans at Amsterdam Airport. http://www.schiphol.nl/Travellers/AtSchiphol/Privium/Privium/IrisScans.htm. Zugegriffen: 12. Sept. 2014.
3. Future Travel Experience. (2013). Frankfurt Airport receives virtual shopping wall. http://www.futuretravelexperience.com/2013/05/frankfurt-airport-receives-virtual-shopping-wall/. Zugegriffen: 12. Sept. 2014.
4. Zantke, K. (2010). Handy-Lade-Schliessfach. http://neuerdings.com/2010/02/09/flughafen-zuerich-charge-handy-lade-schliessfach/ Zugegriffen: 12. Sept. 2014.
5. Airliners.de. (2012). Google Maps auch auf Flughäfen. http://www.airliners.de/google-maps-auch-auf-flughaefen/28608. Zugegriffen: 12. Sept. 2014.
6. Düsseldorf Airport DUS.(2014). Parkmöglichkeiten am Düsseldorf Airport. http://parken.dus.com/parken.html. Zugegriffen: 12. Sept. 2014.
7. WeWatt. (2014). WeWatt Bicycle Energy Station. http://www.wewatt.be/references.html. Zugegriffen: 14. Nov. 2014.

Roland Böhme

Zusammenfassung

Das Angebot von mobilen Diensten sowie neuartiger Anwendungen im Rahmen der Mobilitätskette steigt bedingt durch die Verfügbarkeit neuer Technologien, des geänderten Konsumentenverhaltens und neuer Anbieter rasant an. Für viele Modelle verschiedener Dienstanbieter spielt das Fahrzeug (eigenes Fahrzeug, Flotten, Car-Sharing) eine zentrale Rolle, womit die Verfügbarkeit von Stellflächen in Parkhäusern, Parkplätzen, Park + Ride-Anlagen sowie im privatem Bereich von großer Bedeutung ist. Es ist unumgänglich, dass Anbieter mobiler Dienste zur Vervollständigung ihrer Leistungen technisch, organisatorisch und vertragstechnisch Zugang zur Ressource Parkplatz organisieren und erhalten. In diesem Bereich gibt es Schwierigkeiten und Akzeptanzprobleme auf unterschiedlichen Ebenen zwischen der Industrie der Parkraumbewirtschaftung (Old Economy) und Anbietern neuartiger Dienste (New Economy), deren Ursachen nachfolgend charakterisiert werden.

60.1 Umfeld für Anbieter mobiler Dienste

Der Begriff der *New Economy* wurde in den späten 1990er Jahren geprägt. Im Gegensatz zu den auf Warenproduktion ausgerichteten Wirtschaftszweigen versteht man darunter die Verarbeitung und Verbreitung digitaler Informationen und Inhalte die immaterielle Werte wie zum Beispiel Software, Musik und Informationen darstellen.

R. Böhme (✉)
ilogs information logistics GmbH, Klagenfurt, Österreich
E-Mail: Roland.Boehme@ilogs.com

© Springer-Verlag Berlin Heidelberg 2015
C. Linnhoff-Popien et al. (Hrsg.), *Marktplätze im Umbruch*, Xpert.press,
DOI 10.1007/978-3-662-43782-7_60

Die klassischen Wirtschaftsbereiche wurden zu diesem Zeitpunkt abwertend als *Old Economy* bezeichnet, die den gültigen Annahmen des Kapitalismus folgend, den Preis von Gütern (Dienstleistungen, Rohstoffe, industrielle Fertigprodukte) durch Ihre Knappheit bestimmen lässt.

Der Wert immaterieller Güter und Geschäftsmodelle der New Economy ist unmittelbar abhängig von der weltweiten Verfügbarkeit und Nutzungsmöglichkeit durch Konsumenten. Die Grundlage dafür sind einfach zu bedienende Kommunikationsgeräte und deren Anwendungen, sichere Bezahlmöglichkeiten sowie der unbeschränkte, leistbare Zugang zu performanten Telekommunikationseinrichtungen.

Heute – fast 15 Jahre nach dem Platzen der sogenannten Dotcom-Blase [1] im März 2000 – sind auch für Anbieter Mobiler Dienste die Rahmenbedingungen, wie in den Modellen der „New Economy" definiert, vorzufinden. Die fast uneingeschränkte – auch mobile Nutzbarkeit des Internets durch die Konsumenten wurde durch die Erfindung des Smartphones und Tablets noch um ein Vielfaches beschleunigt und hat alle Erwartungen übertroffen.

Man kann sagen, dass sich die Nutzung des Internets mittels unterschiedlichster Zugangsmedien (PC, Smartphone, Tablet, Auto-Bordcomputer) neben der Mobilität zu einer der Grundbedürfnisse des menschlichen Lebens entwickelt hat.

60.2   Mobile Dienste im Zusammenspiel mit der Parkraumbewirtschaftung

Die technologischen Entwicklungen (Telekommunikationsnetze, Geräte und Softwareanwendungen) sowie deren umfassende weltweite Verbreitung eröffnet Anbietern Mobiler Dienste umfassend neue Möglichkeiten und Chancen Neben Car-Sharing-Modellen und den Anforderungen im Rahmen der Elektromobilität entwickeln sich zusätzlich neue Geschäftsmodelle die Zugang zu der Ressource Parkplatz (on-street/off-street) voraussetzen. Darunter sind Plattformen und Portale zu verstehen die verschiedene Parkprodukte wie Vorreservierung, Dauerparken, Handyparken (Bezahlung der Parkgebühr mittels Smartphone APP oder SMS) oder sogar das Sharing von privaten oder kommerziellen Stellflächen anbieten bzw. vermitteln.

Die meisten Anbieter mobiler Dienste kommen also zwangsläufig in die Situation, die Verbindung von „Old Economy" = Parkhaus oder Parkplatz und „New Economy" = Internet–Portal und Smartphone Apps herzustellen und müssen daher mit einem weiteren Player in der Mobilitätskette – der Parkbewirtschaftungsindustrie – in Interaktion treten.

Große Bedeutung haben freie Stellplätze für Automobilhersteller die *Elektrofahrzeuge* entwickeln und vertreiben. Die möglichst breitflächige Verfügbarkeit von Ladestationen in Parkhäusern (off street) und öffentlichen Parkflächen (on street) ist ein essentieller Faktor für die Akzeptanz durch die Konsumenten, und damit den Erfolg von Elektromobilität. Für Benutzer von Elektrofahrzeugen muss gewährleistet sein, dass die Ladestationen sowie deren Verfügbarkeit (frei/belegt) möglichst im Fahrzeug visualisiert wird und eine Reservierung vorgenommen werden kann.

60.3 Digitale Anbindung der Parkraumbewirtschaftung

Intermodalität spiegelt sich im Konsumentenverhalten in der Zwischenzeit auch dahingehend wider, dass zum Beispiel die Buchung einer Reise, inklusive Flug, Mietauto, Car-Sharing, Ticket für öffentliche Verkehrsmittel, Hotel, Event-Tickets sowie angegliederter Services wie Versicherungen weitestgehend selbständig mittels Internet- und Smartphone Apps abgewickelt werden kann.

Die angeführten Beispiele zeigen, dass sich in vielen Bereichen die digitale Vernetzung und der Datenaustausch unterschiedlicher Systeme in der Mobilitätskette bereits vollzogen hat und funktioniert.

Gänzlich konträr dazu ist die Situation, die man bei der digitalen Einbindung öffentlicher und privater Stellflächen feststellen kann. So ist zum Beispiel in der Bundesrepublik Deutschland die Möglichkeit der digitalen Darstellung des Status von Stellplätzen (frei/belegt) in Parkhäusern oder bewirtschafteten öffentlichen Parkplätzen aktuell für nicht einmal 1000 Objekte bundesweit umgesetzt [2].

Zu unterscheiden ist dabei grundsätzlich die Bewirtschaftung von Parkraum mittels Parkabfertigungssystemen (Ticketgeber, Schranken, Kassenautomaten), sowie die Bewirtschaftung (on-street) ohne Zufahrtskontrolle auf Basis von Parkscheinautomaten und entsprechenden Kontroll-Mechanismen (Kontrolle bezüglich der Entrichtung der Parkgebühr mit Hilfe von Kontrollorganen). Darüber hinaus ist der nicht bewirtschaftete öffentliche Parkraum wie zum Beispiel Kurzparkzonen zu berücksichtigen.

Die digitale Anbindung von nicht beschrankten Parkflächen ist ein Infrastrukturproblem: Um Informationen über die Verfügbarkeit digital verarbeiten zu können sind Investitionen – großteils der öffentlichen Hand – in größerem Ausmaß zu tätigen wobei technisch dazu Sensoren oder Bildauswertung auf Basis von Videoüberwachung geeignet wären – jedoch noch kaum vorzufinden sind.

Die Ausstattung von Parkhäusern mit Parkabfertigungssystemen ist aktuell überwiegend vom Einsatz dezentraler Systeme mit einem eigenen Computersystem (Server und angeschlossene Geräten) geprägt.

Da die Systeme autark (offline) betrieben werden können, ist die Internetanbindung der Anlagen oft nur darauf ausgelegt, dass Supportzugänge und geringer Datenaustausch (1x täglicher Datenaustausch für Controlling, Reporting, Kreditkartenclearing) durchgeführt wird. Dadurch ist der notwendige performante online Datenaustausch mit diesen Systemen erst nach der Herstellung von schnelleren Datenverbindungen realisierbar.

Bedingt durch die dezentrale Ausprägung der Infrastruktur findet man zusätzlich ein heterogenes Systemumfeld vor. Obwohl der Markt für Parkabfertigungssysteme nur durch wenige Anbieter dominiert wird, ist ein breites Spektrum unterschiedlicher Systeme (Betriebssysteme, Softwarereleases, Datenbanken) in Betrieb wobei die Standardisierung oder Normierung von Schnittstellen für den Datenaustausch in diesem Umfeld bisher lediglich für die Abwicklung des bargeldlosen Zahlungsverkehrs (Kredit- und EC-Kartenclearing) stattgefunden hat.

60.4   Bestehende und neue Geschäftsmodelle

Bis heute ist die Parkraumbewirtschaftung im Wesentlichen durch zwei Geschäftsmodelle dominiert die vollkommen eigenständig, ohne Einfluß von Außen oder durch Dritte abgehandelt werden können. Es handelt sich um die Kurzparker (unbekannter Kunde) sowie den Vertragsparker (Dauerparker auf Basis eines bestehenden Vertragsverhältnisses).

Anbieter von Mobilen Diensten, Internetplattformen, Buchungsplattformen, Automobilhersteller oder Hersteller von Navigationssystemen können durch ihre Dienste Parkraum visualisieren, den Verfügbarkeitsstatus darstellen und Kunden unterschiedliche Parkprodukte (Reservierung, Buchung, PayPerUse, Valet Parking) vermitteln oder überhaupt verkaufen.

Im Unterschied zu den bestehenden, traditionellen in der Parkraumbewirtschaftungsindustrie bekannten Modellen, hat der Konsument jedoch gegebenenfalls kein Vertragsverhältnis mehr mit dem Betreiber des Parkobjektes selbst sondern mit einem Internetportalbetreiber oder Fahrzeughersteller.

Wie aus vergleichbaren Modellen (Hotel- oder -Flugbuchungsplattformen) bekannt, wird der Anbieter eines neuen Dienstes oder Geschäftsmodells als Teil seiner Leistungen eine Vermittlungs- oder Transaktionsgebühr vorsehen die in der Parkbewirtschaftungsindustrie so bisher nicht bekannt ist. Dies führt zu Verunsicherung und stellt die Beteiligten vor folgende Siutation:

- Vor allem bei nicht voll ausgelasteten Parkobjekten ist zusätzliche Frequenz wichtig und gewünscht.
- Umfangreichere Investitionen in die Anlagentechnik, Schnittstellen und Kommunikationsinfrastruktur sind zu tätigen.
- Die Margen, resultierend aus Parkgebühren werden durch die Öffnung für neue Geschäftsmodelle gekürzt wenn nicht zusätzliche Mehrwerte wie zum Beispiel eine Reservierungsgebühr oder Zusatzleistungen verrechnet werden können.
- Werbung, Marketingmaßnahmen oder Kundenbindungsprogramme können meist durch Internetportale oder Fahrzeughersteller effektiver und professioneller durchgeführt werden.
- Es gibt keine Erfahrungswerte in Bezug auf Erfolg oder Mißerfolg bei der Etablierung der für die Parkbewirtschaftungsindustrie neuen Geschäftsmodelle.

Daraus resultierend herrscht aktuell eine große Unsicherheit bei allen Beteiligten, und der für die Anbieter mobiler Dienste notwendige Zugang zur Ressource Parkplatz ist nur äußerst schwierig zu bewerkstelligen.

60.5   Erfahrungen und Ausblick

In den vergangenen zwei Jahren wurden durch verschiedene Anbieter Mobiler Dienste
Pilotprojekte gemeinsam mit mehreren Parkhausbetreibern, deren Systemlieferanten und
IT-Partner durchgeführt, wobei Im Rahmen dieser Projekte die Implementierung der on-
line Anbindung der Systeme von Parkhausbetreibern für die Anwendungen

- Visualisierung Standorte (statische Stammdaten)
- Visualisierung aktueller Belegungsstatus (dynamische Daten)
- Reservierung
- Buchung
- Pay-Per-Use (monatliche Abrechnung)
- Vermittlung Dauerparker
- Steuerung der Abrechnung

erfolgreich umgesetzt werden konnte. Beispiele dafür sind die Anwendungen bzw. Geschäftsmodelle ParkNow von BMW oder Moovel Park2gether von Mercedes [3, 4]

Ein wichtiger Schritt in Richtung *Standardisierung* der Schnittstellen zum bidirekti-
onalen Datenaustausch zwischen den Systemen ist erfolgt, wobei die Wahl der richtigen
Technologie für einzusetzende Identifikationsmedien mit Hinblick auf flächendeckende
Infrastruktur, Investitionsschutz und technologischer Weiterentwicklungen einen essentieller Faktor und auch Kostentreiber darstellt.

Noch immer herrscht große Unsicherheit auf Seite der Parkhausbewirtschaftungsin-
dustrie in Bezug auf die strategische Bedeutung der Zusammenarbeit mit Anbietern mobiler Dienste sowie neuer, innovativer Internetmodelle. Es muss daher weiterhin intensiv
an der Vertragsgestaltung, Definition der Geschäftsmodelle sowie Aufteilung der notwendigen Investitionskosten zwischen den Beteiligten gearbeitet werden damit neue Modelle
kooperativ und erfolgreich umgesetzt werden können.

Literatur

1. Quelle. http://de.wikipedia.org/wiki/Dotcom-Blase. Zugegriffen: 13. Nov. 2014.
2. Quelle ADAC ParkInfo. http://www.adac.de/reise_freizeit/verkehr/parken/. Zugegriffen: 13. Nov. 2014.
3. https://www.park-now.com/customerWeb/. Zugegriffen: 13. Nov. 2014.
4. https://www.moovel.com/#/en/DE/. Zugegriffen: 13. Nov. 2014.

Teil XII
Flexible Mobilität

Zum Geleit: Flexible Mobilität

Alexander Sixt

Die digitale Vernetzung unserer Gesellschaft ist aus unserem Alltag nicht mehr wegzu-denken. Die Bereitstellung und die Verarbeitung von Informationen ist ein essentieller Bestandteil unseres Tagesablaufs – sowohl im beruflichen als auch im privaten Umfeld. Der ständige Austausch von Informationen hilft uns, zu neuen Erkenntnissen zu gelan-gen und ermöglicht es schneller Entscheidungen treffen zu können. Im digitalen Zeitalter können Informationen immer und überall empfangen werden, was auf der einen Seite unsere Kommunikation stark vereinfacht auf der anderen Seite aber auch unseren Tages-ablauf komplett beeinflussen bzw. verändern kann. Zum einem großen Teil hat dies Aus-wirkungen auf das Mobilitätsverhalten der Menschen. Durch einen Telefonanruf oder eine E-Mail können statische Bewegungsmuster innerhalb von Sekunden verändert werden – z. B. durch neue Informationen zu einem Treffpunkt, zu neuen Uhrzeiten oder geänderten Einsatzgebieten. Routen und Wege sind nicht mehr deterministisch bzw. planbar. Es ent-steht ein neuer Bedarf an flexibler und individueller Mobilität, den es durch den Einsatz von innovativen Mobilitätskonzepten schnell zu decken gilt.

Bei der Umsetzung neuer Mobilitätskonzepte spielt die Digitalisierung eine zentrale Rolle. Dabei geht es nicht nur um die effiziente Gestaltung von Prozessen, sondern vor allem auch um die schnelle Bereitstellung von innovativen Diensten und Funktionen, die eine echte Differenzierung am Mobilitätsmarkt ermöglichen. Diese Aspekte sollen anhand einzelner Beispiele und Ideen im Folgenden verdeutlicht werden.

Schon in der Vergangenheit hat Sixt sehr früh und mit Erfolg auf innovative Produkte und Services gesetzt. Dabei war die technologische Innovation stets Bestandteil neuer Lösungen und Angebote. Beispielsweise hat sich die frühe Einführung einer Online-Re-

A. Sixt (✉)
Sixt SE, Pullach, Deutschland
E-Mail: alexander.sixt@sixt.com

© Springer-Verlag Berlin Heidelberg 2015
C. Linnhoff-Popien et al. (Hrsg.), *Marktplätze im Umbruch*, Xpert.press,
DOI 10.1007/978-3-662-43782-7_61

servierungsplattform 1995 schnell bezahlt gemacht und neben der internen Effizienzsteigerung auch den Komfort und die Flexibilität einer Fahrzeugbuchung bei den Kunden erhöht. Es wurde möglich einzelne Fahrzeugmodelle online zu vergleichen, Zusatzleistungen in Ruhe kennenzulernen und seine Reservierung stressfrei und ganz individuell abzuschließen. Ein weiterer Vorteil dabei war die Tatsache, dass Kunden ihre Reservierung auf einmal zu jeder Tages- und Nachtzeit platzieren konnten. Die Möglichkeit der Online-Reservierung hat aber auch zur Steigerung der firmeninternen Effizienz beigetragen, indem Erfassungszeiten von Kundendaten und die dabei entstandenen Fehler reduziert werden konnten. Die Akzeptanz auf Kundenseite stieg rasant an, so dass heute fast 60 % aller Kunden ihre Reservierung über das Internetportal platzieren. Der Ausbau dieses digitalen Kanals erfolgte konsequenterweise mit der Einführung der ersten Sixt APP im Jahre 2008. Weitere Plattformen folgten ab 2009.

Neben der Digitalisierung im Buchungsprozess, bietet der Einsatz neuester Technologien auch bei der Fahrzeugrückgabe große Vorteile. Hierbei spielt die RFID-Technologie eine zentrale Rolle. Es kommen sogenannte RFID-Tags zum Einsatz, die in jedem Schlüsselanhänger eines Fahrzeugs integriert sind. Durch den Verbau entsprechender RFID-Lesegeräte in Schlüsselrückgabetresors wird es dem Kunden ermöglicht, sein geliehenes Fahrzeug auch außerhalb der Öffnungszeiten einzelner Stationen zurückzugeben. Die Rückgabezeit kann ohne weitere manuelle Prozesse exakt bestimmt werden, was wiederum zu mehr Flexibilität sowohl bei der Rückgabezeit als auch im Hinblick auf den Rückgabeort führt. Mit Hilfe der Technologie kann dieser Komfortdienst angeboten werden ohne die Notwendigkeit eine Station rund um die Uhr besetzen zu müssen.

RFID-Technologie kann aber auch an anderer Stelle wiederverwendet werden. Durch den Einsatz von RFID-Lesegeräten, in den Schubläden der Stationscounter, können einzelne Fahrzeugschlüssel exakt lokalisiert werden und mit einem Griff aus der richtigen Schublade entnommen werden. Dabei wird die Wartezeit eines Kunden im Vermietprozess deutlich reduziert, da das teilweise langwierige Suchen der Fahrzeugschlüssel wegfällt. Darüber hinaus kann auch stets genau festgestellt werden, welche Fahrzeuge für eine Vermietung bereit stehen und welche sich z. B. noch in der Aufbereitung befinden.

Anhand dieser Beispiele wird ersichtlich, wie Innovation und Technologie sowohl die Kundenzufriedenheit als auch die Effizienz interner Prozesse steigern kann. Allerdings hat die Einführung jeder technischen Innovation auch ihre Schattenseiten. Zwei Herausforderungen hat man dabei vor allem zu bewältigen. Zum einen gilt es neue technologische Entwicklungen zu verstehen und zu beherrschen. Dies kann beispielweise zur Folge haben, dass aus Mangel an Erfahrung mit einer neuen Technologie mehrere Anläufe in der Einführung neuer Prozesse benötigt werden. Dabei lernt man die tatsächlichen Möglichkeiten und Grenzen einer Technologie kennen und ist teilweise genötigt individuelle Adaptionen vorzunehmen. Des Weiteren ist als zweites auch immer die Frage nach dem Bekanntheitsgrad einer Technologie und somit nach der Nutzerakzeptanz zu beantworten. Ist eine Technologie innerhalb des Zielkundensegmentes noch nicht etabliert, so müssen entweder von Seiten des Unternehmens Geduld aufgebracht werden oder entsprechende Marketingmaßnahmen gestartet werden, um das Produkt und den Prozess den Kunden nahezubringen.

Die Einführung neuer und zukünftiger Mobilitätsdienstleistungen wird zunehmend komplexer. Dies hat vor allem etwas mit den immer steigenden Anforderungen der Menschen in Bezug auf Mobilität zu tun. Die Einstellung vieler Menschen zur Mobilität ändert sich, besonders in Großstädten. Aufgrund fehlender Parkmöglichkeiten, hoher Verkehrsaufkommen, steigender Unterhaltskosten sowie höherem ökologischen Bewusstsein hat das eigene Auto vor allem in dicht besiedelten Gebieten an Attraktivität verloren. Auch nicht zuletzt aufgrund des Generationswechsels ist das eigene Auto nicht mehr das Statussymbol Nummer. 1. Vielmehr geht es in erster Linie darum, komfortabel von einem Ort zum anderen zu gelangen. Gefragt sind Konzepte, die auf die individuellen Mobilitätsvorstellungen von Menschen eingehen, unterschiedliche differenzierte Dienstleistungsangebote intelligent miteinander vernetzen und so Menschen Mobilitätslösungen bieten, die optimal auf ihre Bedürfnisse zugeschnitten sind. Ein moderner Weg diesen Bedürfnissen zu begegnen ist unter anderem das Carsharing.

Carsharing ermöglicht es einer geschlossenen Usergruppe Fahrzeuge einer Flotte auf Basis von Minutentarifen zu nutzen. Kosten entstehen lediglich während der Nutzungsdauer. Nach der Rückgabe eines Fahrzeugs kann dann je nach Bedarf ein anderer Fahrzeugtyp der gleichen oder sogar einer anderen Flotte ausgeliehen werden. Der Zugang zu den Fahrzeugen wird meist mit Hilfe von sogenannten Telematiksystemen ermöglicht. Kunden können nach einer elektronischen Authentifizierung über eine NFC Karte oder über ihr Smartphone die Fahrzeuge öffnen und wieder schließen.

Es existieren bereits zahlreiche Carsharing-Anbieter auf dem Markt. Die steigende Nutzerakzeptanz dieser Lösungen führt aber dazu, dass immer mehr Anbieter versuchen sich auf diesem Gebiet zu positionieren. Auch Sixt hat bereits seit 2007 diese Mobilitätslösungen in unterschiedlicher Form für Flotten mit dediziertem Kundenkreis eingeführt. Die Transition derartiger Modelle auf die Gesamtflotte von über 140.000 Fahrzeugen in mehr als 100 Länder erscheint der nächste Schritt in Richtung Mobilität der Zukunft zu sein.

Das Mobilitätsverhalten der Menschen wandelt sich. Die Anforderungen in Hinblick auf Flexibilität und Individualität werden immer höher. Ideen für Mobilitätsdienste werden täglich neu geboren und warten darauf erprobt zu werden. Gleichzeitig verschwinden andere Konzepte wieder in der Schublade. Der Mobilitätsmarkt ist dynamischer als je zuvor. Wer hier mitspielen will muss agil sein und neueste Technologien beherrschen. Es beginnt eine neue spannende Ära der flexiblen Mobilität, sowohl für Kunden als auch für Dienstanbieter, deren Entwicklung wir als Unternehmen voller Interesse verfolgen und vorantreiben wollen.

Traffic Light Assistance – Ein innovativer Mobilitätsdienst im Fahrzeug

62

Valentin Protschky und Stefan Feit

Zusammenfassung

Die immer weiter zunehmende Verkehrs- und CO_2-Belastung in urbanen Räumen einerseits, die Verfügbarkeit von immer mehr Verkehrs- und Infrastrukturinformationen andererseits begünstigen die Entwicklung neuer Assistenzfunktionen wie den Traffic Light Assistant im Automobil. Derartige Funktionen benötigen vielerlei unterschiedliche Verkehrsinformationen, die derzeit noch nicht auf einer Marktplattform angeboten werden. Mit dem Traffic Light Assistant und dem Mobilitätsdatenmarktplatz MDM als Plattform für den Austausch von Verkehrsdaten wird ein wichtiger Schritt in diese Richtung unternommen. Wir stellen den Traffic Light Assistant im Rahmen unseres Forschungsprojektes Alpha München vor und zeigen die damit einhergehenden Chancen für neue Geschäftsfelder und Businessmodelle im Rahmen des MDM auf.

62.1 Einleitung

Die Automobilbranche befindet sich derzeit unübersehbar im Wandel. Neue Technologien und Innovationen entstehen vermehrt im Bereich der Fahrzeugvernetzung, die ein Enabler für intelligente Informations-, Entertainment- und Serviceangebote ist.

Es entstehen neue Geschäftsfelder – insbesondere in der urbanen Mobilitätslandschaft. So führt etwa der weiterhin steigende Bedarf an Mobilität und die fortschreitende Urba-

V. Protschky (✉) · S. Feit
BMW Group, München, Deutschland
E-Mail: valentin.protschky@bmw.de

S. Feit
E-Mail: stefan.feit@bmw.de

© Springer-Verlag Berlin Heidelberg 2015
C. Linnhoff-Popien et al. (Hrsg.), *Marktplätze im Umbruch*, Xpert.press,
DOI 10.1007/978-3-662-43782-7_62

nisierung zu neuen Herausforderungen in Ballungsräumen. Für Automobilhersteller, aber auch Städte und Gemeinden, eröffnet sich somit die Chance, neue innovative Produkte zu platzieren. Zu diesen gehört der BMW Traffic Light Assistant. Der flexibel buchbare Dienst soll Fahrer dabei unterstützen, sich sicherer, komfortabler und effizienter in urbanen Regionen fortzubewegen. Hierzu erstellt der BMW Traffic Light Assistant Prognosen des zukünftigen Ampelverhaltens an Kreuzungen, die auf der Wegstrecke liegen und errechnet einen idealen Geschwindigkeitsbereich, bei dem die in Fahrtrichtung liegenden Lichtsignalanlagen (LSA) bei Freigabe überquert werden können. Ist eine Freigabephase nicht mehr erreichbar, wird dies dem Fahrer ebenfalls mitgeteilt. So wird nicht nur eine signifikante Reduzierung des CO_2-Ausstoßes ermöglicht [6], sondern auch ein entspannteres und komfortableres Fahrerlebnis im urbanen Raum realisiert. Unterstützend wirkt hierzu auch die Anzeige der Wartezeit beim Halt an roten Ampeln. Mit diesem Buchbandbeitrag wird einerseits die technische Umsetzung des BMW Traffic Light Assistant erläutert und auf die Herausforderungen der Realisierungen dieses Dienstes eingegangen. So sind insbesondere die dynamische Anpassung der LSA von Freigabe und Sperrzeiten auf aktuelle Verkehrssituationen, aber auch die Crowdsourcing basierte Akquise und Verarbeitung von historischen Daten und Echtzeitschaltinformationen zentrale Herausforderungen. Ferner werden die Möglichkeiten und neuen potentiellen Geschäfts- und Einsatzfelder, die durch diese Funktionalität ermöglicht werden, beleuchtet und gegenübergestellt. Für die Akquise von LSA bezogenen Daten spielen Marktplätze eine entscheidende Rolle. Die Funktion Ampelassistenz hängt vom Zugang zu kommunalen LSA-Daten ab. Diese flächendeckend verfügbar zu machen ist eine große Herausforderung. So wird im BMWi Vorhaben „UR:BAN – Vernetztes Verkehrssystem" der Mobilitätsdatenmarktplatz MDM als zentrale Drehscheibe genutzt, um städtische Daten zu Lichtsignalanlagen für die Automobilindustrie zugänglich zu machen. Umgekehrt werden den Städten Fahrzeugflottendaten aus Versuchsfahrzeugen über den MDM bereitgestellt. Diese eröffnen den Städten völlig neue Möglichkeiten des Qualitätsmanagements, da sich z. B. die Qualität grüner Wellen in Echtzeit im realen Verkehrsgeschehen überprüfen lässt. Datenmarktplätze führen dabei zu klassischen Win-Win-Situationen und sind Enabler für neue Businessmodelle in zuvor getrennt agierenden Wirtschaftsbereichen.

62.2 Die Treiber des Traffic Light Assistant

Überlegungen zum Traffic Light Assistant sind nicht neu. Erste namhafte Veröffentlichungen zu dem Thema finden sich unter anderem bereits aus dem Jahre 2008 [2]. Dennoch gewinnt dieses Thema erst jetzt an Relevanz. Gründe hierfür sind unter anderem diese:

62.2.1 Der CO_2 Ausstoß

Insbesondere große Städte und Ballungsräume kämpfen mit den Belastungen hoher CO_2 Emissionen. Sie alleine sind für etwa 70 % des weltweiten CO_2 Ausstoßes verantwortlich

[1]. Weltweit wird bis 2020 ein Anstieg des ausschließlich verkehrsbedingten CO_2 Ausstoßes von derzeit etwa 7 auf etwa 9 Gigatonnen jährlich erwartet [7]. Dabei macht der verkehrsbedingte CO_2 Ausstoß etwa 20 % des Gesamtausstoßes aus. Neben Städten wie Toronto (Kanada) oder Pasadena (USA) gehört auch Berlin zu den Spitzenreitern im CO_2-Verbrauch [3]. Viele Städte haben diese Problematik bereits erkannt und beginnen zu handeln. Erklärte Ziele sind unter anderem auch, das Fahrverhalten zu einem emissionsärmeren Stil zu verändern [7]. Hier kann der Ampelassistent unterstützend agieren. Indem mit einer Grünband-Geschwindigkeitsempfehlung Stopps an Kreuzungen vermieden werden, kann CO_2 eingespart werden. Fahrzeuge, die Kreuzungen ohne Stopps passieren können, erzeugen etwa viermal weniger CO_2 als Fahrzeuge, die halten müssen [6]. Auch die Optimierung der Motor Start-Stopp Automatik wird helfen, den Ausstoß weiter zu reduzieren.

62.2.2   Verkehrsoptimierung

Die immer größere Verkehrsbelastung in urbanen Räumen führt zu Staus und zähfließendem Verkehr, deren Ursprung oftmals in ineffizient gestalteter Programmierung von Lichtsignalanlagen zu finden ist. Zwar reagieren die meisten LSA auf Belastung und passen ihre Phasen entsprechend an, jedoch geschieht dies oftmals nur zu einem kleinen Teil, sowie dezentral. Die meisten Städte sind aufgrund der technischen Infrastruktur noch nicht in der Lage, dynamisch und in Echtzeit auf sich verändernde Verkehrssituationen zu reagieren. Der Ampelassistent könnte hier die Aufgabe eines Vor-Ort-Beobachters übernehmen und den Verkehrszentralen Feedback über die Situation an entsprechenden Kreuzungsknoten melden. Grundvoraussetzung ist hier eine zweiseitige Kommunikation zwischen Städten und Service Providern wie z. B. BMW. Neue Datenmärkte wie der Mobilitätsdatenmarktplatz MDM [4] sind bereits in der Entstehung.

62.2.3   Verkehrssicherheit

Laut statistischem Bundesamt geschehen etwa ein Drittel aller Verkehrsunfälle in Kreuzungsbereichen. Mit der Kenntnis über zukünftige Schaltzeiten an Kreuzungen können z. B. Rotlicht-Überfahrungswarnungen ausgegeben werden.

62.2.4   Datenverfügbarkeit

Neue Technologien, verbesserte Infrastruktur und umfangreiche Datenerfassungsmöglichkeiten beginnen sich immer mehr zu etablieren. So werden auch in der öffentlichen Hand vermehrt neue Technologien zur Verkehrsüberwachung eingesetzt, die für innovative Dienste wie den Ampelassistent benötigt werden. Leider befinden sich viele Städte hier noch in den Anfängen.

62.3   Herausforderungen und Technische Umsetzung

Der Großteil der weltweiten LSA ist verkehrsabhängig gesteuert. Dies bedeutet, dass solche LSA ihre Grün- und Rotphasen entsprechend der am Verkehrsknoten gemessenen Verkehrsdichte anpassen. Üblicherweise erfolgt dies über an Verkehrsknoten verbauten Detektoren (Induktionsschleifen). Das hat zur Folge, dass für eine qualitativ hochwertige Prognose neben den statischen Parametern jeder einzelnen Kreuzung (etwa Abbiegebeziehungen, Haltelinien, Fahrbahnen) auch Echtzeitinformationen über Schaltzeiten, Zustände und Programme vorliegen müssen. Ferner müssen aufwändig Prognosen erstellt werden, die entweder mithilfe statistischer Methoden oder durch Nachbildung und Simulation eines jeden Kreuzungsknoten erfolgen müssen. Besonders herausfordernd ist dabei die Notwendigkeit, eine Konfidenz für eine Aussage zu bestimmen; denn Fahrempfehlungen sollen nur bei sehr hoher Sicherheit getätigt werden.

62.4   Datenakquise und Qualität

Die Verkehrsplanung und somit auch die Verwaltung von LSA und damit einhergehend auch die Datenhoheit liegen bei den Städten und Gemeinden. Dies macht die Akquise von Daten aufwändig, da Städte heterogene proprietäre Systeme verwenden, weshalb die Art, der Umfang und die Qualität der erfassten Daten stark variieren. Während einige Städte bereits über sehr ausgereifte Infrastruktur mit zentraler Verkehrsüberwachung und -Steuerung verfügen, haben viele Städte noch veraltete Systeme mit lediglich Überwachungsfunktion und nachgelagerter Anpassung. Information über vergangene Schaltzeiten sind hier erst später oder gar nicht verfügbar. Der von Daten in Echtzeit ist daher nur in den wenigsten Fällen verfügbar. Die Lösung ist daher ein Crowdsourcing basierter Ansatz. Daten aus den verschiedensten Quellen (Städte, proprietäre LSA-Betreiber, XFCD) zyklisch zu sammeln und auszuwerten. Ausschlaggebend für die Qualität der Prognose ist dabei die Latenzzeit der gesammelten Daten.

62.5   Prognoseverfahren

Welches Prognoseverfahren in welchem Gebiet zum Tragen kommt, ist abhängig von der Art und Qualität der Daten. Generell kann zwischen drei Quellen unterschieden werden [5].

- Nicht-statistische Verfahren: Nachbildung und Simulation eines jeden Kreuzungsknoten. Sämtliche Informationen (Bauart, Programmierung und Aufbau des Ampelknotens, sowie Echtzeitinformationen aller Detektoren) sind nötig. Die Prognose ist idealerweise exakt.

- Statistische Verfahren, Verfahren aus dem Bereich des maschinellen Lernens. Anwendbar, wenn Informationen nur in geringem Umfang verfügbar sind. Geringere Prognosequalität.
- Hybride Verfahren: wenn nur Teilinformationen in Echtzeit zur Verfügung stehen. Hohe Prognosequalität, jedoch keine exakten Schaltzeitpunktprognosen

62.6 Testfeld und Forschungsprojekt Alpha München

In München werden LSA über dezentrale Steuerungseinheiten an den Knotenpunkten angepasst. Diese senden die Informationen über vergangene Schaltereignisse sodann an die Zentrale. Hier können vergangene Schaltzeiten analysiert und gegebenenfalls die Schaltprogramme angepasst werden. Historische Schaltzeiten sind mit einer Latenzzeit zwischen fünf Minuten und zwei Stunden verfügbar. Prognosen müssen also mit statistischen Verfahren erstellt werden.

62.7 Prognoseverfahren und Bewertung

Im vorliegenden Fall werden die zyklisch von der Stadt München zum BMW Backend gesendeten Daten verfügbarer LSA verarbeitet und Prognosen in Form von Wahrscheinlichkeitsvektoren generiert. Diese Vektoren geben die Grünwahrscheinlichkeit zu jeder Sekunde eines gewissen Zeitraumes in die Zukunft an. Errechnet werden diese mithilfe der Analyse der vorangegangen Verkehrsbelastung an Kreuzungen und den daraus resultierenden Schaltzeitadaptionen der LSA. Die beobachteten Trends fließen sodann in die generierten Prognosevektoren ein.

Die erreichte Qualität der generierten Prognosen muss dabei laufend Überwacht und gegebenenfalls relevante Prognoseparameter angepasst werden. Abbildung 62.1 illustriert die Architektur dieses Regelungssystems.

Mithilfe dieses Regelungssystems können qualitativ hochwertige Prognosen mit einer Genauigkeit von 90 % oder mehr und dabei einer Verfügbarkeit von mehr als 50 % für etwa 400 der 700 städtisch erfassten LSA erstellt werden. Abbildung 62.2 illustriert deren Verortung und Qualität.

Es ist sehr gut ersichtlich, dass insbesondere die an Hauptverkehrsadern befindlichen LSA gut prognostizierbar sind. Dies ist insbesondere auf die gleichmäßig hohe und somit vorhersagbare Verkehrsbelastung in betrachteten Zeiträumen zurückzuführen. So fahren beispielsweise in den Morgenstunden berufsbedingt viele Pendler in den Innenraum und in den Abendstunden wieder zurück. Mithilfe des Regelungssystems können diese Trends detektiert und vorausgesagt werden.

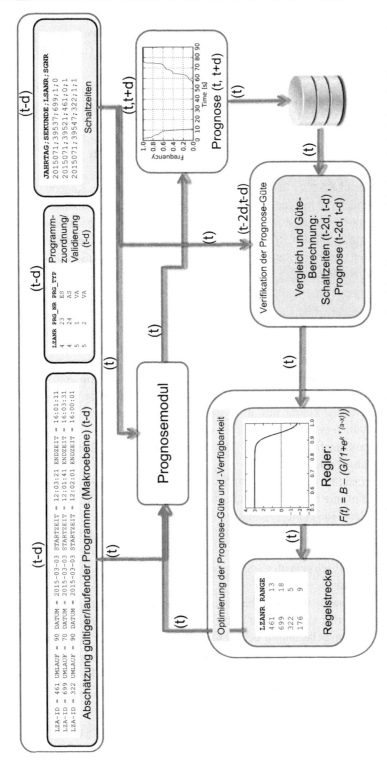

Abb. 62.1 Rückkopplungssystem mit zyklischer Überwachung der generierten Prognosen. Erreichen Prognosen nicht den erforderlichen Qualitätsstandart, wird eine Nachjustierung der Prognoseparameter vorgenommen

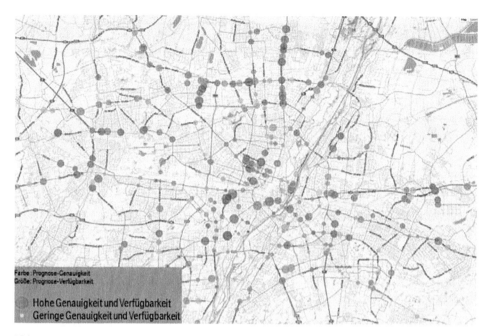

Abb. 62.2 Verortung, Genauigkeit und Verfügbarkeit von Schaltzeitprognosen der städtische erfassten LSA

62.8   Human Machine Interface-Vorschlag des Ampelassistenten im Fahrzeug

Fahrer sollen nicht nur über den Status der in Fahrtrichtung liegenden LSA informiert werden, sondern auch eine Geschwindigkeitsempfehlung für das Passieren der nächsten LSA bei Grün erhalten. Ein Human Machine Interface (HMI) – Vorschlag, wie die Geschwindigkeitsempfehlung derzeit im Mini der Testflottenfahrzeuge dargestellt wird, findet sich in Abb. 62.3. Bei der Annäherung an eine erfasste und prognostizierbare LSA erscheint eine Grünband-Geschwindigkeitsempfehlung im Head-Up-Display. Fährt der Fahrer im Geschwindigkeitsbereich zwischen 20 und 50 km/h, so passiert er mit hoher Konfidenz ($>90\,\%$) die Lichtsignalanlage bei Grün. In den transparenten Bereichen an den Enden des Grünbandes ist die Wahrscheinlichkeit, die LSA noch bei Grün zu passieren bereits geringer.

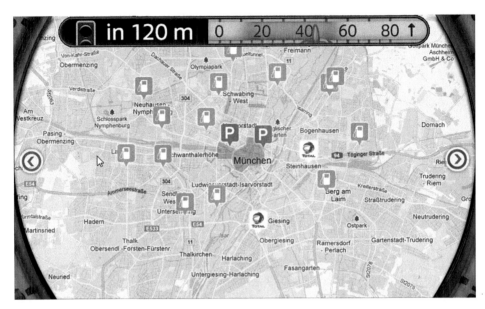

Abb. 62.3 HMI-Vorschlag mit Grünband im Mini. In diesem Bereich wird die nächste LSA in Fahrtrichtung bei Grün passiert

62.9 Traffic Light Assistant und der MDM – Enabler neuer Businessmodelle in bisher getrennten Wirtschaftsbereichen

Mit der Verfügbarkeit vom immer mehr Verkehrsdaten wie Verkehrs-prognosen, Staus, Unfälle, historischer Schaltzeiten von LSA und mehr können intelligente Informations-, Entertainment- und Serviceangebote angeboten werden. Zu solchen gehören dynamische und intermodale Routen, lokale Risikowarnungen oder Ampelassistenz.

Gleichzeitig unterstützen die Treiber wie die CO_2-Reduktion, die notwendige Verkehrsoptimierung und-Anpassung in Ballungsräumen und Steigerung der Verkehrssicherheit (vergleiche auch Abschn. 62.2) die zeitnahe Umsetzung der geforderten Dienste.

Die Herausforderung besteht jedoch darin, an die prinzipiell verfügbaren Daten heranzukommen und veredelte Daten und neue Serviceangebote auf dem Markt zu positionieren. Die Kommunikations- und Datenaustauschwege sind bisher noch nicht standardisiert und dezentral verwaltet, weshalb sie für jeden Use-Case neu ausgehandelt werden müssen. Städte, Bund und Länder, sowie private Anbieter arbeiten bisher noch getrennt. Es wird der der Ruf nach einem globalen Marktplatz, auf dem sowohl Rohinformationen angefragt und veredelte Daten klar definierte Bedingungen angeboten werden können, laut. Mit dem MDM [4], der 2011 mit ersten Pilotdiensten in Betrieb ging, wird dieser Ruf erhört. Im BMWi Vorhaben „UR:BAN – Vernetztes Verkehrssystem wird dieser bereits als zentrale Marktplattform genutzt, um städtische Daten zu Lichtsignalanlagen für die Automobilindustrie zugänglich zu machen und ausgewählte Daten aus Versuchsfahrzeugen bereitzustellen.

62.10   Fazit

Der Traffic Light Assistant ist eine innovative Assistenzfunktion, die nicht nur Kunden ein entspannteres Fahren in innerstädtischen Bereichen ermöglicht, sondern auch zur Einsparung von CO_2-Emissionen beiträgt. Unsere Ergebnisse aus unserem Forschungsprojekt in München bestätigen, dass eine Einführung dieser Kundenfunktion unter realen Bedingungen keine ferne Zukunftsvision mehr ist.

Mit der Entstehung neuer Marktplätze wie dem MDM wird die Umsetzung und Einführung dieser und anderer Kundenfunktionen im Bereich der Verkehrsassistenz zusätzlich erleichtert. Da inzwischen auch die öffentliche Hand die Notwendigkeit eines Austausches von Verkehrsinformationen erkannt hat, bietet sich mit dem MDM eine einzigartige Chance die erforderlichen Daten für innovative Kundenfunktionen zu erhalten und neue Serviceangebote auf einem neuen Marktplatz zu positionieren.

Literatur

1. Efficacité et Transparence des Acteurs Européens. (2010). Europas Regionen im Kampf gegen den Klimawandel. http://www.euractiv.de/energie-und-klimaschutz/linkdossier/europas-regionen-im-kampf-gegen-den-klimawandel-000121. Zugegriffen: 13. Nov. 2014.
2. Iglesias, I., et al. (2008). I2V Communication driving assistance system: On-board traffic light assistant, Vehicular Technology Conference, 2008. VTC 2008-Fall.
3. Kennedy, C., et al. (2012). Cities reducing their greenhouse gas emissions. Energy policy.
4. Mobilitätsdatenmarkt MDM. (2014). Bundesanstalt für Straßenwesen. http://www.mdm-portal.de/startseite.html. Zugegriffen: 13. Nov. 2014.
5. Protschky, V., et al. (2014). Adaptive traffic light prediction via Kalman Filtering, Intelligent Vehicles Symposium, Detroit.
6. Rakha, H., et al. (2000). Requirements for evaluating traffic signal control impacts on energy and emission based on instantaneous speed and acceleration measurements, Transportation Research Board, Washington, USA.
7. Rodt, S., et al. (2010). CO_2-Emissionsminderung im Verkehr in Deutschland. Mögliche Maßnahmen und ihre Minderungspotenziale. Ein Sachstandsbericht des Umweltbundesamtes.

Integration der Kundenperspektive als Basis für Bedarfsorientierung und Weiterentwicklung integrierter Mobilitätsplattformen

63

Siegfried Adam und Matthias Meyer

Zusammenfassung

Vor dem Hintergrund steigender Kosten für das eigene Auto, dessen abnehmender Bedeutung als Statussymbol, weniger Parkraum und verkehrsbeschränkter Innenstädte
sind zunehmend Alternativen gefragt. Insbesondere gewinnt die sogenannte intermodale
Mobilität als kombinierte Nutzung verschiedener Verkehrsmittel an Bedeutung. Um ein
gegenüber dem eigenen PKW konkurrenzfähiges Nutzungserlebnis zu schaffen, bedarf
es jedoch vieler neuer Lösungsansätze, unter anderem für Herausforderungen wie sich
kurzfristig ändernde Wetter- oder Verkehrsbedingungen aber auch die Vielzahl unterschiedlicher Buchungs-, Zugangs- und Abrechnungssysteme, die es jeweils zu kombinieren gilt. In dem Beitrag wird eine intermodale Mobilitätsplattform vorgestellt, welche
die genannten Anforderungen abdecken wird. Hinzu kommt die Tatsache, dass sich der
Markt neuer Mobilitätskonzepte äußerst dynamisch entwickelt und mit ständig neuen
Anbietern, Betreibern und Kooperationen sowohl neue Nutzungsmöglichkeiten als auch
Kundenbedürfnisse entstehen. Dies fordert von solchen Plattformen und den zugehörigen Geschäftsmodellen eine wesentlich höhere Anpassungsfähigkeit und -geschwindig-
keit, um Wachstum und einen wirtschaftlichen Betrieb zu ermöglichen. Dazu behandelt
der Beitrag einen Ansatz zur kombinierten Betrachtung von Mobilitätsdaten und Customer Experience. Wesentliche Voraussetzung ist dabei aus Nutzersicht die Transparenz
der Datenverwendung und dem letztlich entstehenden persönlichen Mehrwert – erst dadurch wird intermodale Mobilität zu einer echten Alternative zum eigenen PKW.

S. Adam (✉) · M. Meyer
NTT DATA Deutschland GmbH, München, Deutschland
E-Mail: siegfried.adam@nttdata.com

M. Meyer
TNS Live GmbH, München, Deutschland
E-Mail: matthias.meyer@tns-live.com

© Springer-Verlag Berlin Heidelberg 2015
C. Linnhoff-Popien et al. (Hrsg.), *Marktplätze im Umbruch*, Xpert.press,
DOI 10.1007/978-3-662-43782-7_63

63.1   Wandel zur integrierten Mobilität

Mobilität zählt zu den wichtigsten Bedürfnissen in der heutigen Gesellschaft und Wirtschaft [9], wobei aufgrund verschiedener gesellschaftlicher und technologischer Veränderungen anstelle des eigenen PKW neue Mobilitätsdienstleistungen an Bedeutung gewinnen.

63.1.1   Rahmenbedingungen und Mobilitätstrends

Menschen überbrücken beruflich und privat immer größere Distanzen, z. B. als Pendler zum Arbeitsplatz, im Rahmen ihrer Tätigkeit innerhalb und zwischen Unternehmen sowie in ihrer Freizeit. Entsprechend hat Mobilität je Person einen steigenden Anteil am täglichen Zeitbudget. Dabei ist der PKW-Anteil an der Verkehrsleistung im Personenverkehr mit 80 % am größten [9]. Vor dem Hintergrund steigender Kosten für das eigene Auto, weniger Parkraum und zunehmender Einschränkungen in Innenstädten gewinnt die flexible Nutzung bestehender und neuer Alternativen zum eigenen Fahrzeug immer mehr an Bedeutung. Entsprechend lässt sich derzeit ein Wandel zu neuen Mobilitätskonzepten wie Sharing-Modellen oder der sogenannten intermodalen Mobilität beobachten [6]. Treiber dieser Entwicklung sind eine veränderte Einstellung zu Besitz, der Rolle des Autos als Statussymbol und die zunehmende Digitalisierung; sie ermöglichen neue, kooperative Geschäftsmodelle.

Digitalisierung bedeutet in diesem Zusammenhang die Veränderung von Geschäftsmodellen durch die Verbesserung von Geschäftsprozessen mittels Informations- und Kommunikationstechnologie. Sie ermöglicht den Datenaustausch und die Abwicklung von Buchungs- und Bezahlvorgängen zwischen Nutzern und Unternehmen sowie zwischen Unternehmen. Digitalisierung ist damit die technologische Grundlage für „nahtlose" und komfortable Mobilitätslösungen („seamless mobility"), die sich im Rahmen kooperativer Geschäftsmodelle („smart business networks") aufbauen lassen; durch branchenübergreifende Allianzen und Integration neuer Player entstehen neue Wertschöpfungsstrukturen [5, 7].

Unter dem Stichwort *Share Economy* wird untersucht und diskutiert, welche Bedeutung Besitz heutzutage noch hat und ob sich die Einstellung „Nutzen statt Besitzen" stärker etablieren wird. So lässt sich etwa bei jüngeren Bewohnern von Großstädten eine zunehmende Nutzung alternativer Mobilitätslösungen wie z. B. Carsharing beobachten [6]. Dabei spielt es eine entscheidende Rolle, inwieweit alternative Mobilitätslösungen individuellen Bedürfnissen gerecht werden und neben Komfort auch sichere und 100 % zuverlässige Mobilität bieten [6].

63.1.2 Mobilitätsdienstleistungen

Natürlich gibt es mit Taxi, Mietwagen sowie in jüngerer Zeit Carsharing und Bikesharing schon länger Alternativen zum eigenen PKW. Somit führen die genannten Trends dazu, dass der Mobilitätsmarkt sowohl durch herkömmliche als auch diverse neue Mobilitätsdienstleistungen geprägt ist.

> *Mobilitätsdienstleistungen* sind Dienstleistungen, die zur Befriedigung von Mobilitätsbedürfnissen durchgeführt werden. Das Leistungsspektrum erstreckt sich von einfachen Informationsleistungen (z. B. Fahrplanauskunft) bis hin zu komplexen Dienstleistungen (z. B. Dienstleistungen, die zur Befriedigung von Mobilitätsbedürfnissen durchgeführt werden) [4].

Zu den in den letzten Jahren erst durch Digitalisierung möglichen oder zumindest komfortabler nutzbaren Mobilitätsdienstleistungen zählt vor allem flexibles Carsharing, bei dem Fahrzeuge spontan gemietet und am Zielort abgestellt werden können. Ebenso wie beim flexiblen Bikesharing (z. B. Call-a-Bike der Deutsche Bahn AG) ermöglichen diese Dienste, Teile einer längeren Wegekette zu bilden, z. B. als Anschluss zu/ von Bahn oder Flugzeug („First/Last Mile"). Die komfortable Bewältigung solcher Wegeketten ist der Zweck von intermodaler Mobilität.

> Unter *intermodaler Mobilität* wird die Bewegung von Personen mit zwei oder mehr Verkehrsmitteln im Rahmen einer durchgehenden Tür-zu-Tür-Wegekette verstanden (Definition angelehnt an [4]). *Multimodale Mobilität* bedeutet dagegen, dass zwei oder mehr Verkehrsmittel alternativ zur Verfügung stehen, von denen dann eines für den Weg genutzt wird.

Intermodale und multimodale Mobilitätsdienstleistungen setzen sich aus folgenden Komponenten zusammen [8]:

- Mobilitätsangebote im Sinne von Verkehrs(mittel)angeboten für den Personenverkehr, inklusive Carsharing, Autovermietung etc.
- Güterverkehrsbezogene Dienstleistungen mit Bezug zum Personenverkehr, z. B. Gepäcktransport und Lieferservices
- Kommunikationsleistungen (Information, Beratung) mit Bezug zu Verkehrs- (mittel) angeboten sowie sonstige für Mobilitätsdienstleistungen relevante Informationen (z. B. Stadtinformationssysteme, Fahrpläne, Verkehrsstörungen)
- Services zur Buchung und Reservierung von Verkehrsmitteln und Mobilitätsangeboten
- Spezifische Abrechnungs- und Bezahlverfahren.

Eine *integrierte Mobilitätsplattform* vereint typischerweise mehrere der genannten Komponenten. Sie ermöglicht dem Nutzer, sich über Tür-zu-Tür-Wegeketten zu informieren, Wegeketten zu reservieren bzw. zu buchen und auch die Zahlung abzuwickeln.

Beispiele für integrierte Mobilitätsplattformen sind:

• moovel: Die Plattform der Daimler-Tochter bietet zunächst in Deutschland die Möglichkeit, per Mobile App Start- und Zielort einzugeben und dann aus einer Liste geeigneter Verkehrsmittelkombinationen die persönlich präferierte Kombination auszuwählen. Kombinieren lassen sich u. a. öffentlicher Nah- und Fernverkehr, Carsharing (car2go), Taxi (mytaxi) und Fahrradverleih (nextbike).
• Qixxit: Die von der Deutschen Bahn AG betriebene Mobilitätsplattform ermöglicht ebenfalls deutschlandweit eine verkehrsmittelübergreifende Reiseplanung. Qixxit vergleicht und kombiniert Verbindungen verschiedener Verkehrsmittel, z. B. Flugzeuge, Nah- und Fernzüge, Fern- und Regionalbusse, Carsharing, Mietwagen und Fahrräder.

Beide Plattformen bieten die Suche und den Vergleich von Verkehrsmittelkombinationen. Komfortable Buchungen und Abrechnungen sowie flexible Umbuchungen sind derzeit noch nicht oder nur eingeschränkt möglich. Auch wenn das Leistungsangebot stetig ausgebaut und verfeinert wird, verstehen sich moovel und Qixxit derzeit in erster Linie als Vermittler zwischen Anbietern und Nutzern von Mobilitätsleistungen. Entsprechend wird je Leistung ein eigener Vertrag zwischen Nutzer und jeweiligem Anbieter geschlossen, zudem wird keine Gewähr für die Richtigkeit der Angaben und die Verfügbarkeit der Verkehrsmittel übernommen, außer es handelt sich um eigene Mobilitätsdienstleistungen. Derartige Einschränkungen lassen eine geringere Marktakzeptanz vermuten, car2go als zentrale eigene Mobilitätsdienstleistung von moovel vermeldet aber 2014 bereits eine Flotte von 11.000 Fahrzeugen in 26 Städten weltweit, 800.000 Mitglieder, seit 2009 25 Mio. Mietvorgänge und 170 Mio. gefahrene Kilometer. [2] Aus diesen Zahlen kann jedoch nicht unbedingt geschlossen werden, dass derartige Plattformen bereits für einen großen Teil der Bevölkerung eine ernsthafte Alternative zum eigenen Fahrzeug darstellen. Denn dafür sind die Angebote aus Nutzersicht noch zu wenig miteinander verzahnt und bieten auch noch nicht ausreichend Flexibilität.

Ein breiteres, stärker integriertes und flexibler nutzbares Angebot verspricht dagegen die integrierte Mobilitätsplattform *„smile – einfach mobil"*, die in einem gemeinsamen Forschungsprojekt von ÖBB, Wiener Stadtwerken, NTT DATA und weiteren Beteiligten entwickelt wurde (das Projekt wird aus Mitteln des Klima- und Energiefonds gefördert und im Rahmen der 3. Ausschreibung des Programms „Technologische Leuchttürme der Elektromobilität" durchgeführt).

63.2   smile – eine integrierte Mobilitätsplattform

smile verfolgt das Ziel, Nutzern ein integriertes Mobilitätsangebot bereitzustellen, mit dessen Hilfe sie in die Lage versetzt werden, nachhaltige individuelle Mobilität mit öffentlichen Verkehrsangeboten komfortabel zu kombinieren. Ein besonderer Schwerpunkt von *smile* liegt auf der Einbindung von Elektromobilitätsangeboten wie e-Carsharing und der Nutzung von öffentlicher Ladeinfrastruktur für das selbstgenutzte Elektrofahrzeug.

63.2.1   Funktionalität und Architektur

Mit *smile* kann der Nutzer die für seine Mobilitätsbedürfnisse geeigneten Verbindungen bzw. Verkehrsmittelkombinationen ermitteln, vergleichen, sie direkt buchen und bezahlen. Anbieter einzelner Mobilitätsdienstleistungen können sich an die Plattform anbinden und ihre Angebote im Rahmen einer „Business-to-Business"-Geschäftsbeziehung als Teilleistungen einbringen.

Dem Nutzer dient dabei das Smartphone als universelles Medium. Er kann damit Information über Mobilitätsalternativen (Verkehrsmittel, Fahrtdauer, Kosten, CO_2-Ausstoß) abrufen, die angebotenen Verkehrsmittel buchen und bezahlen, sich beim Zugang identifizieren und Echtzeitinformation über Verspätungen und Störungen des öffentlichen Verkehrs erhalten.

Bestehende Buchungen können dabei spontan geändert werden, auch unter Nutzung vorhandener Tickets (z. B. Jahreskarte oder eigenes Elektrofahrzeug). Das Bedienkonzept wurde mit Schwerpunkt auf spontane Nutzung und intuitive Bedienbarkeit entwickelt. Alle Nutzungen werden in einer monatlichen Gesamtabrechnung zusammengefasst und bezahlt.

Anbieter einzelner Mobilitätsdienstleistungen, wie beispielsweise Bikesharing, Carsharing oder öffentlichem Nahverkehr können technisch über individualisierbare Standardadapter an die Plattform angebunden werden. Dann können sie die von *smile* bereitgestellten Kundenmanagement-, Abrechnungs- und Zahlungsfunktionen nutzen, ebenso wie die zentral vorliegenden Geodaten, Routing- und Verkehrsinformationen. Die geplante Vernetzung mit ähnlichen Plattformen ermöglicht zukünftig landesweite und selbst grenzüberschreitende Angebote.

In Abb. 63.1 ist eine Übersicht der *smile*-Architektur dargestellt. Es wird einerseits deutlich, dass die aus Kundensicht einheitlich gewünschten Funktionen und Prozesse wie Informieren, Buchen, Bezahlen, Zugang und Nutzen zentral bereitgestellt werden. Andererseits können die Angebote der einzelnen Basisdienstanbieter durch einheitliche sogenannte Adapter mit überschaubarem Aufwand angebunden und so die Vielfalt der Angebote für den Endkunden stetig erweitert werden.

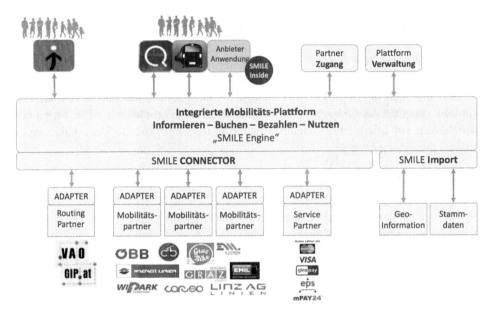

Abb. 63.1 Übersicht *smile*-Architektur [1]

63.2.2 Weiterer Ausbau von smile

Das Projekt *smile* ist zeitlich bis zum Frühjahr 2015 geplant und wird mit einer öffentlichen Testphase abgeschlossen, bei der sich ab Ende 2014 mehrere Tausend Bürger für eine Testnutzung anmelden können. Nach Projektende besteht die Absicht der Projektpartner, *smile* in den kommerziellen Betrieb zu überführen. Sukzessiv werden weitere Diensteanbieter an die *smile*-Plattform angebunden und in die Mobilitätsangebote integriert.

Mit seinem sehr umfassenden und durchgängigen Mobilitätsangebot sowie den zugehörigen nutzerbezogenen Prozessen bietet *smile* darüber hinaus eine optimale Basis, um sowohl Wirtschaftlichkeit als auch Kundenorientierung mit Hilfe der im Folgenden beschriebenen innovativen Ansätze zu verbessern.

63.3 Herausforderung Kundenakzeptanz und Wirtschaftlichkeit

Im Gegensatz zum bisherigen Mobilitätsmarkt mit überwiegend unimodalen Mobilitätsangeboten ergeben sich für intermodale Verkehrskonzepte neue Anforderungen.

63.3.1 Rahmenbedingungen

Der klassische Mobilitätsmarkt ist vor allem dadurch geprägt, dass die Nutzung eines einzelnen Verkehrsmittels im Mittelpunkt steht und dieser entweder ein Besitzverhältnis (eigener PKW oder Zweirad) oder ein eindeutiges Anbieter-Kunden-Verhältnis (Bahn, Bus, Mietwagen, etc.) zu Grunde liegt. Neben Endkunden und dem jeweiligen Mobilitätsanbieter als Akteure beeinflussen Städte und Kommunen durch eigene ÖV-Angebote und ihre Verkehrsinfrastrukturpolitik das Kundenverhalten und sind damit dritter Akteur.

Im Fall intermodaler Mobilitätsplattformen wird die Kundenbeziehung mit dem Plattformbetreiber bzw. Anbieter der intermodalen Mobilität als vierter Akteur sehr viel komplexer.

Aus Sicht des Anbieters einer einzelnen Mobilitätsdienstleistung (z. B. Taxi) wird sein Umsatz zunehmend von Faktoren bestimmt, die er nicht beeinflussen kann. Bietet der Plattformbetreiber beispielsweise einen neuen Carsharing-Service zu einem günstigen Preis an, fallen weiterhin Fixkosten für die Anbindung an die Plattform an, während die Kunden seltener Taxi fahren.

Auch aus Sicht des Plattformbetreibers wächst die Zahl der Risiken für sein Geschäftsmodell mit jedem Anbieter, den er anbindet. Andererseits ist er auf eine ausreichende Vielfalt an Anbietern angewiesen, um ein attraktives Gesamtangebot bieten zu können. Kommt es beispielsweise wiederholt zu Qualitätsproblemen bei einzelnen Diensten, wirkt sich dies schnell auf die Kundenwahrnehmung bezüglich des gesamten intermodalen Angebots aus.

Insgesamt werden sich intermodale Mobilitätsplattformen nur dann durchsetzen, wenn die Kerninteressen aller beteiligten Akteure berücksichtigt und für jeden Akteur verlässlich einschätzbar sind.

Besonders in der dynamischen Phase der Marktentstehung ergibt sich der Bedarf für hohe Transparenz über Nutzungsverhalten, Dienstleistungsqualität, Kosten und Nutzen aus Sicht der einzelnen Akteure. Gleichzeitig müssen vor allem die Anbieter und Betreiber in der Lage sein, ihre Angebote flexibel den jeweiligen Entwicklungen anzupassen.

63.3.2   Anforderungen an integrierte Mobilitätsplattformen

Die zuvor beschriebene Dynamik stellt hohe Anforderungen an die technische Flexibilität einer integrierten Mobilitätsplattform, aber auch an die Prozesse auf Seiten des Plattformbetreibers sowie der Anbieter einzelner Dienste. Tarif- und Vertragsmodelle, Kombinationsmöglichkeiten von Einzeldiensten, Web- und Smartphone-Anwendungen, Kundendienstprozesse und technische Schnittstellen müssen schnell und flexibel zu überschaubaren Kosten auf neue Anforderungen anpassbar sein.

Ist diese Flexibilität gegeben, werden zielgruppenspezifische Angebote möglich, die z. B. durch Kosten- oder Komfortvorteile signifikante Differenzierungsmerkmale gegenüber den jeweiligen Einzeldiensten und nicht zuletzt der Nutzung des eigenen PKW bieten können.

Eine hohe Gebrauchstauglichkeit im Sinne von Zuverlässigkeit, Komfort und Nutzungserlebnis ist wesentliche Voraussetzung für die Nutzerakzeptanz und damit für die Verbreitung und die Wirtschaftlichkeit integrierter Mobilitätsdienste.

Insbesondere aus Anbietersicht ist die laufende Bewertung der Wirtschaftlichkeit des Geschäftsmodells und der angebotenen Services erforderlich. Beispielsweise gilt es frühzeitig und gegebenenfalls im laufenden Betrieb herauszufinden, ob und wie neue oder veränderte Services unter Berücksichtigung von Preisen/Tarifen angenommen werden.

Zwar ließen sich neue oder angepasste Angebote mit Hilfe von Kundenbefragungen bereits bewerten, bevor sie entwickelt und integriert werden. Es kann jedoch angenommen werden, dass sich neue Mobilitätsdienstleistungen, eventuell in Kombination mit einem veränderten Geschäftsmodell und/oder neuen Anbietern, für die eigentlichen Nutzer als sehr abstrakt darstellen, sodass sie nicht in der Lage sind, z. B. den persönlichen Nutzen sowie die Nutzungs- und Zahlungsbereitschaft einschätzen zu können.

Die hohe Marktdynamik macht es zudem erforderlich, für neue und angepasste Angebote zeitnah Klarheit zu haben, ob sie in unveränderter Form erhalten bleiben, ob es Anpassungsbedarf gibt oder ob sie gestoppt werden sollten.

Derzeit dominiert bei der Weiterentwicklung des Geschäftsmodells und der Angebote die Anbietersicht. Anpassungen werden vorgenommen, dann wird beobachtet, ob sie „funktionieren". Aus den genannten Gründen – Abstraktheit der Angebote aus Nutzersicht, verschiedene Akteure mit teilweise divergierenden Zielen und hohe Marktdynamik – wird in diesem Beitrag jedoch der Ansatz verfolgt, neue Services bereits in einer späten Entwicklungsphase (Betastadium) auszurollen. Sie können dann iterativ optimiert werden aus Betreiber- und Anbietersicht (Verbreitung und Wirtschaftlichkeit) sowie aus Kundensicht (Maximierung des Kundennutzens). Hierzu werden neben systemseitig erfassten Daten reale Kundenerfahrungen, -erwartungen und -einstellungen einbezogen.

63.3.3 Steuerung von Qualität und Wirtschaftlichkeit

Aufgrund ihrer technischen Architektur bieten integrierte Mobilitätsplattformen grundsätzlich die Möglichkeit, systemseitig wichtige Prozess- und Systemparameter ebenso wie einzelne Dienste-Nutzungen zu erfassen.

Hierzu zählen systemnahe Daten wie Verfügbarkeit und Auslastung von Systemkomponenten (z. B. Smartphone-Kundenportal), prozessbezogene Daten wie erfolgreiche oder problembehaftete Nutzungsschritte (z. B. Reservierung eines Carsharing-Fahrzeugs) oder Kontaktvorfälle der Kundenbetreuung. Eine derartige Datenbasis ermöglicht dem Anbieter z. B. durch Auswertung von Nutzungszahlen eine Bewertung der Kundenakzeptanz einzelner Angebote, aber auch die eigenständige Analyse der gebotenen Dienstleistungsqualität. Eine regelmäßige Messung einzelner Erfolgsfaktoren, z. B. in einem wöchentlichen oder monatlichen Raster, ermöglicht vor allem die retrospektive Bewertung und darauf basierend eine mittelfristige Umsetzung und Überprüfung von Verbesserungsmaßnahmen.

Der Endkunde wird aber immer erst das Problem und erst sehr viel später eine Verbesserung wahrnehmen – wenn eine Weiternutzung dann überhaupt noch stattfindet. Eine hohe Dienstleistungsqualität und positive Kundenerfahrung kann daher durch die *zeit-*

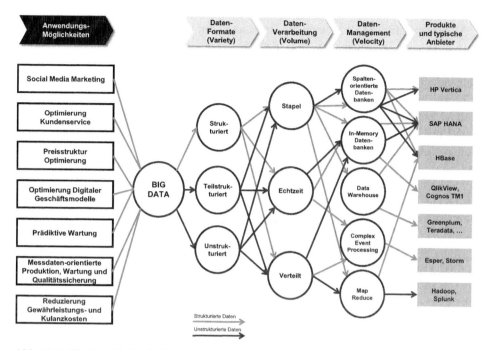

Abb. 63.2 Big Data Technologiekomponenten und Anwendungsfälle

nahe Auswertung und Verknüpfung möglichst vieler hierfür relevanter Daten geschaffen werden. Ein Prozessfehler kann so gegebenenfalls schnell korrigiert werden. Ebenso kann die Wirksamkeit von prozessualen oder systemtechnischen Verbesserungsmaßnahmen praktisch zeitgleich zur Umsetzung kontrolliert und gegebenenfalls nachgesteuert werden.

Die wesentliche Herausforderung stellt hierbei die Erfassung, Verarbeitung und Auswertung der relevanten Daten dar. Die mit erfolgreichem Betrieb rasant steigenden Datenmengen liegen in der Regel in unterschiedlichsten Formaten vor, während zum Zeitpunkt der Datenerfassung häufig noch nicht klar ist, welche Merkmale bei der Auswertung eine Rolle spielen. Darüber hinaus müssen sie in der Regel im Nachgang durch Daten aus weiteren Quellen angereichert werden.

Den Schlüssel zur Bewältigung und Nutzbarmachung dieser sowohl strukturierten als auch unstrukturierten Daten stellen Big Data-Technologien dar. Die drei wichtigsten Treiber für *Big Data* sind:

- Datenvielfalt („Variety")
- Datenmenge („Volume")
- Anforderungen an Verarbeitungsgeschwindigkeit („Velocity").

Abbildung 63.2 gibt eine Übersicht über wichtige Anwendungsfälle sowie gängige Technologieansätze zur Bewältigung der genannten Treiber.

Mittels spezifischer Verarbeitungsschritte kann mit der vorhandenen Komplexität der Datenstrukturen umgegangen werden, dadurch gelingt in kurzer Zeit auch die Durchführung komplexer Datenanalysen. Nicht dargestellt, jedoch ebenso wichtig ist neben der technischen Analyse nach den vorgegebenen Regeln die Anreicherung der gesammelten Informationen durch fachliches Wissen. Hierzu zählen Produkt- und Preisinformationen, Wettbewerbsdaten und spezifische Rahmenbedingungen des jeweiligen Geschäftsmodells.

Die technische Integration der genannten Big Data-Technologien in die vorhandene Plattformarchitektur sollte iterativ erfolgen. D. h. die Entwicklung von Analysebedürfnissen, geeigneter Big Data-Technologien und -Tools sowie die Erfassung der Primärdaten aus den relevanten Systemen bedingen einander, typischerweise ergeben sich aus ersten Analyseergebnissen wieder neue Analysebedürfnisse. Diese erfordern häufig andere Tools als die anfangs vorhandenen oder sie müssen auf neue Datenstrukturen angepasst werden. Eine um leistungsfähige Analysefunktionen erweiterte integrierte Mobilitätsplattform ermöglicht dann, die für die jeweiligen Akteure relevanten Kennzahlen zeitnah zu messen, auszuwerten und geeignete Steuerungsmechanismen zu implementieren.

63.3.4 Customer Experience Management

Neben der Verwendung von Mobilitätsdaten als Grundlage zur Steuerung der Dienstleistungsqualität sieht die erweiterte Plattform eine Einbeziehung der Nutzersicht durch aktives Customer Experience Management vor.

> Unter *Customer Experience Management* (CEM) versteht man die Erhebung, Analyse und Steuerung von Kundenerlebnissen, von der Produkt- bzw. Serviceentwicklung bis zum eigentlichen Produktkauf bzw. zur Service-Nutzung.

Mit Hilfe des CEM lässt sich steuern, wie die Plattformnutzung oder einzelne Services erlebt werden, sodass Verbesserungen einzelner Services oder Prozesse vorgenommen werden können. Ergänzend zu der Bewertung des Leistungsergebnisses (z. B. gebuchte Verkehrsmittelkombination) wird die Gesamtbeurteilung des Preis-Leistungs-Verhältnisses erfasst, die ausschlaggebend für die Zufriedenheit mit der Dienstleistung und die Preisbereitschaft bzw. Wiederkauf- und Weiterempfehlungsabsichten ist (siehe dazu [3]). Das technisch erfasste Nutzungsverhalten wird somit um die Kundenwahrnehmung und die Bewertung des Preis-Leistungs-Verhältnisses aus Kundensicht ergänzt.

63.4 Erweiterte integrierte Mobilitätsplattform

Die in Kap. 3 beschriebene erweiterte Architektur für eine integrierte Mobilitätsplattform ermöglicht Verbesserungen aus Nutzer-, Betreiber- und Anbietersicht.

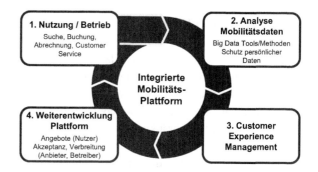

Abb. 63.3 Customer Experience-basierte Mobilitätsplattform

Die Plattform bietet dem Nutzer Dienste zur Suche, Buchung und Abrechnung von Mobilitätsdienstleistungen sowie zum flexiblen Umgang mit veränderten Randbedingungen wie z. B. Wetter und Verkehrslage. Betreiber und Anbieter wiederum erhalten Möglichkeiten zur Analyse von Mobilitätsdaten und zum aktiven CEM. Auf dieser Basis lässt sich die Plattform iterativ weiterentwickeln und an neue Marktbedingungen und Nutzerbedarfe anpassen (siehe dazu Abb. 63.3). So können Nutzern abhängig von ihrem Such- und Buchungsverhalten sowie der Customer Experience auf ihre Bedarfe angepasste und optimierte Services und Angebote bereitgestellt werden. Anbieter und Betreiber können wesentlich zeitnäher und gezielter Anwendungs- und Prozessprobleme lösen, darüber hinaus werden sie in die Lage versetzt, neue oder angepasste Angebote zeitnah analysieren und gegebenenfalls anpassen zu können. Beides sichert die Nutzerakzeptanz und ein positives Kosten-Nutzen-Verhältnis aus Nutzersicht, was wiederum zur Nutzungsintensität und Verbreitung sowie letztlich zur Wirtschaftlichkeit beiträgt.

Neben den genannten Möglichkeiten gilt es aus Anbieter- und Betreibersicht mit einigen Herausforderungen umzugehen. Bezogen auf die Analyse der Mobilitätsdaten in Verbindung mit dem CEM sind die Menge und Heterogenität der Daten zu nennen, um z. B. zeitliche und inhaltliche Zusammenhänge zwischen Mobilitätsdaten und Aussagen zu Kundenerfahrungen herstellen sowie Effekte etwa auf Nutzerakzeptanz und/oder Wirtschaftlichkeit schätzen zu können.

Eine besondere Herausforderung und Voraussetzung für die nachhaltige Nutzerakzeptanz stellt der Schutz von personenbezogenen Daten dar. Hierbei sind die für die Registrierung und Abrechnung unbedingt erforderlichen Daten zu unterscheiden von nicht für den Vertragszweck erforderlichen Daten, wie z. B. Nutzungsdaten und die Customer Experience.

Die Erfassung und Auswertung nutzungsspezifischer Daten und gegebenenfalls Anreicherung mit Stamm- oder Vertragsdaten ermöglicht zwar z. B. individuell optimierte Angebote, erfordert jedoch grundsätzlich die Einwilligung durch den Nutzer. Entsprechend sollte der Nutzer vollständig Transparenz über die konkrete Nutzung seiner Daten erhalten (welche Daten, Nutzung durch wen und für welchen Zweck). Er muss jederzeit die Möglichkeit haben, diese Datennutzung einzuschränken oder vollständig zu verhindern. Ziel der Anbieter und Betreiber muss es sein, Vertrauen in die sichere und verantwortungsvolle Verarbeitung der Nutzerdaten aufzubauen und insbesondere dem Nutzer den persönlichen Mehrwert der Nutzung seiner Daten zu vermitteln.

63.5   Fazit und Ausblick

In dem Beitrag wurde aufgezeigt, dass technologische und gesellschaftliche Rahmenbedingungen dafür sorgen, dass intermodale Mobilitätsangebote zunehmend eine Alternative zum eigenen PKW darstellen können. Plattformen wie moovel und Qixxit ermöglichen
dem Nutzer die Suche und den Vergleich verschiedener Verkehrsmittelkombinationen,
haben aber noch Einschränkungen bei Buchungen und insbesondere bei Umbuchungen.
Mehr Integration und Flexibilität verspricht die vorgestellte Plattform *smile*, die in einem
Forschungsprojekt entstanden ist und kurz vor der Markteinführung steht.

Sämtliche integrierten Mobilitätskonzepte sind derzeit überwiegend getrieben durch
die Anbieter. Anpassungsfähigkeit und damit hohe Nutzerakzeptanz und Wirtschaftlichkeit erfordern jedoch eine explizite Einbeziehung von Nutzerbedürfnissen und -erfahrun-
gen. Der Beitrag behandelt daher eine entsprechende Erweiterung um die Nutzerperspektive, diese gilt es Schritt für Schritt fachlich, prozessual und technisch in die Plattform zu
integrieren.

Das stark wachsende Interesse an Alternativen zum eigenen PKW zeigt sich unter anderem an den Nutzer- und Nutzungszahlen integrierter Angebote wie moovel. Sobald derzeit bestehende Einschränkungen bezüglich Sicherstellung der Verfügbarkeit, Integration
der Dienstleistungen und Flexibilität bei (Um-)Buchungen behoben sind, ist eine wichtige
Voraussetzung erfüllt, dass integrierte Mobilität auch für einen größeren Anteil der Bevölkerung eine ernsthafte Alternative zum eigenen Fahrzeug wird.

Literatur

1. Birke, R. (2014). „SMILE – einfach mobil" – Projektpräsentation. Fachverband der Schienen-
   bahnen, Wintertagung 2014. https://www.wko.at/Content.Node/branchen/t/TransportVerkehr/
   Schienenbahnen/Wintertagung-2013/09_Birke.pdf. Zugegriffen: 30. Sept. 2014.
2. Chowanetz, K. (21. Juli 2014). Mobilität 2020: Daimlers Blick in die Kristallkugel. *Allgemeine
   Zeitung.* http://www.allgemeine-zeitung.de/lokales/blogs/im-auto-mobil/mobilitaet-2020-daim-
   lers-blick-in-die-kristallkugel_14349753.htm. Zugegriffen: 5. Nov. 2014.
3. Fließ, S., Wittko, O., & Schmelter, M. (2012). Der Service Experience Value – Stand der Forschung, Konzeptualisierung und empirische Messung. In M. Bruhn & K. Hadwich (Hrsg.), *Customer Experience, Forum Dienstleistungsmanagement* (S. 161–183). Wiesbaden: Springer.
4. Hoffmann, C. (2009). Erfolgsfaktoren umweltgerechter Mobilitätsdienstleistungen: Einflussfaktoren auf Kundenbindung am Beispiel DB Carsharing und Call a Bike. Dissertation, Osnabrück
   2009. https://repositorium.uni-osnabrueck.de/bitstream/urn:nbn:de:gbv:700-201011046672/12/
   thesis_hoffmann.pdf. Zugegriffen: 30. Sept. 2014.
5. Münchner Kreis. (Hrsg.). (2012). Zukunftsstudie 2012 Einfluss des Endkunden auf B2B-Wert-
   schöpfungsprozesse. München 2012.
6. Münchner Kreis. (Hrsg.). (2013). Zukunftsstudie 2013 Innovationsfelder der digitalen Welt. Bedürfnisse von übermorgen. München.

7. NTT DATA Deutschland GmbH. (Hrsg.). (2013). Automotive Retail – Die Zukunft beginnt jetzt! München.
8. Prognos. (1998). *Schlussbericht. Markt- und Potentialanalyse neuer integrierter Mobilitätsdienstleistungen in Deutschland*. Basel: Prognos.
9. Winterhoff, M., Kahner, C., Ulrich, C., Sayler, P., Wenzel, E., & Arthur, D. L. (2009). Zukunft der Mobilität 2020. Report, Langfassung.

Mobilität der Zukunft – Eine Vision, die beherrscht werden will

64

Robert Lasowski, Oliver Höft, Alexander Boone und Eric-Alexander Schäfer

Zusammenfassung

Der Wunsch nach Flexibilität im Bereich individueller Mobilität wird zu einer Standard-Anforderung unserer Gesellschaft. Der Bedarf, immer das passende und optimale Beförderungsmittel für jede Alltagssituation zu nutzen, nimmt deutlich zu. Gleichzeitig weicht die Tradition, ein eigenes Fahrzeug besitzen zu müssen, immer mehr der Bereitschaft, die Ressource Fahrzeug zu teilen: So entsteht der Bedarf nach Carsharing, dies aber mit gleicher Spontanität und allen Freiheit wie zuvor. Eine solche Bedarfssituation bietet große Chancen für neue Geschäftsmodelle, bei denen Mobilität als Service (Mobility-as-a-Service) angeboten wird. Dieser Basis-Dienst ist nur der Anfang und kann in Zukunft mit weiteren Mobilitätsdienstleistungen angereichert werden. Die Möglichkeit neuer Geschäftsmodelle stellt heutige Unternehmen aber gleichzeitig vor große Herausforderungen bei der Bereitstellung der flexiblen Mobilitätsprodukte. Klassische Unternehmen stehen dabei im Wandel: Weg von definierten und etablierten Prozessen hin zu neuen und teilweise noch unbekannten Abläufen.

R. Lasowski (✉) · O. Höft · A. Boone · E.-A. Schäfer
Sixt SE, Pullach, Deutschland
E-Mail: robert.lasowski@sixt.com

O. Höft
E-Mail: oliver.hoeft@sixt.com

A. Boone
E-Mail: alexander.boone@sixt.com

E.-A. Schäfer
E-Mail: eric-alexander.schaefer@sixt.com

© Springer-Verlag Berlin Heidelberg 2015
C. Linnhoff-Popien et al. (Hrsg.), *Marktplätze im Umbruch*, Xpert.press,
DOI 10.1007/978-3-662-43782-7_64

64.1 Mobilitätsbedarf ist hochdynamisch

Der Wunsch von einem Ort zum anderen zu gelangen definiert einen bestimmten und individuellen Mobilitätsbedarf. Im heutigen Kommunikationszeitalter kann eine neue Information den Bedarf an Mobilität spontan vollkommen neu festlegen: Befindet man sich z. B. auf dem Weg zu einem bestimmten Ort, kann ein kurzer Telefonanruf oder eine E-Mail das Ziel komplett umdefinieren. So erzeugt die ständig verfügbare Information das Bedürfnis nach entsprechend angepasster, flexibler Mobilität.

Zu dem originären Wunsch des reinen Ortswechsels kommen allerdings noch weitere Anforderungen, welche den aktuellen Kontext der Person(en) widerspiegeln wie z. B. Wohnen, Arbeit und Freizeit. Dieser ist natürlich über die Zeit veränderlich. So ergeben sich z. B. für eine Person, die morgens zur Arbeit fährt, andere Mobilitätsanforderungen als zu dem Zeitpunkt, wenn diese Einkäufe erledigt oder mit Freunden oder Familie in den Urlaub fährt.

64.2 Mobilitätsprodukte der Zukunft

Bislang wurde die Dynamik des individuellen Mobilitätsbedarfes durch das Konzept „Besitz eines Auto" beantwortet. Hierdurch erkauft man sich die Option jederzeit überall hinzufahren, seine Fahrstrecken selber zu bestimmen und seinen Zielort flexibel zu ändern.

Aus Sicht der Flexibilität ist dies sicherlich eine gute Wahl, allerdings zu einem hohen Preis. Statistisch gesehen werden Fahrzeuge lediglich ca. 1 Stunde am Tag benutzt [1] und stehen den Rest der Zeit in der Garage. Um den Aspekt der Auslastung zu optimieren haben sich neue Mobilitätsformate entwickelt, die unter dem Namen „Carsharing" bekannt sind. Beim Carsharing wird die Ressource Fahrzeug geteilt und ermöglicht so ein höheres Auslastungspotenzial der verfügbaren Fahrzeugflotte. Dabei liegt die Idee zugrunde, dass ein Fahrzeug, welches gerade von einer Person nicht gebraucht wird, von einer anderen Person genutzt werden kann.

Floating Carsharing Unter Floating Carsharing versteht man im allgemeinen die Nutzung von öffentlich zugänglichen Fahrzeugen eines Dienstanbieters, welche meist minutengenau abgerechnet wird. In Fällen wie DriveNow [2] und Car2Go [3] wird vor allem auf die Spontannutzung fokussiert. Dabei kann jeder, der sich in der Nähe eines Fahrzeug befindet, dieses nach Prüfung seiner Berechtigung entriegeln und losfahren. Nach Beendigung einer Fahrt kann das Fahrzeug an beliebiger Stelle wieder abgestellt werden. Bei vielen Anbietern ist die Nutzung der Fahrzeuge auf bestimmte Zonen limitiert, die sich meist innerhalb von Großstädten befinden.

P2P Carsharing Um die Auslastung privater Fahrzeuge zu verbessern, hat sich der sogenannte peer-to-peer (P2P) Ansatz entwickelt. Dabei stellen Privatpersonen ihre Fahrzeuge zur Verfügung und können damit die Fixkosten für ihr Fahrzeug teilweise refinanzieren. Bekannte Ansätze sind hier Portale wie Autonetzer [4] oder tamyca [5]. Nach erfolgreicher Reservierung findet zwischen Mieter und Vermieter eine physikalische Schlüssel-übergabe statt. Eine automatisierte Weiterentwicklung dieses Ansatzes bietet u. a. carzapp [6]. Vermieter können ein Telematikeinheit in ihr Auto einbauen und somit den Nutzern die Öffnung ihres Fahrzeugs per Smartphone ermöglichen.

Corporate Carsharing Im Bereich der Fahrzeug- und Serviceflotten von Unternehmen haben sich in letzter Zeit immer mehr sogenannte Corporate Carsharing Lösungen ent-wickelt. Dabei kann ein Fahrzeug von mehreren Firmenmitarbeitern genutzt werden und über den Tag hin besser ausgelastet werden. Existierende Lösungen sind u. a. das Sixt Corporate Carsharing [7], AlphaCity [8] und die Poolfahrzeuglösung von Vulog [9]. Laut [7] und [8] können durch eine intelligente Flottenverwaltung zwischen 30 % des Fuhr-parks und sogar bis zu 70 % der Mobilitätskosten eingespart werden. Durch ein attraktives Nutzungskonzept der Flottenfahrzeuge für Privatfahrten, kann sogar die Leasingrate der Fahrzeuge refinanziert werden.

Stationsgebundenes Carsharing Eine Abwandlung des Floating Carsharings ist das sta-tionsgebundene Carsharing. Dabei sind fest definierte Sammel- oder Parkplätze innerhalb von Städten vorgegeben, an denen Kunden Autos abholen und zurückbringen können. Im Unterschied zum Floating Carsharing sind hier auch Fahrten zwischen unterschied-lichen Städten und auf Tagestarifbasis möglich. Neuere Ansätze wie Car2Go Black [10], SilverCar [11] oder der vor längerem pilotierte Sixt Mobile Key [12] ermöglichen es eine Fahrzeugvermietung ohne Stationspersonal durchzuführen. Vor allem für die klassische Autovermietung bietet dies neue Möglichkeiten Fahrzeuge auch außerhalb der Öffnungs-zeiten zur Verfügung zu stellen.

64.2.1 Carsharing für höheres Auslastungspotenzial

Die beschriebenen Ansätze zum Carsharing haben das Potenzial, die Auslastung der ver-schiedenen Fahrzeugflotten zu verbessern.

Abbildung 64.1 zeigt das Auslastungspotenzial der beschriebenen Carsharingansätze im Vergleich zu entsprechenden traditionellen Mobilitätsangeboten. Der Darstellung ist zu entnehmen, dass durch ein Carsharingmodul das Auslastungspotenzial von Miet-, Firmen-und Privatfahrzeugen deutlich verbessert werden kann.

64.2.2 Telematik als Erfolgsfaktor

Erfolg und Akzeptanz von Carsharing-Diensten hängen stark von den Kosten für den Dienstanbieter sowie vom Nutzungskomfort für den Kunden ab. Neben der (automati-schen) Abrechnung ist vor allem der individuelle und autorisierte Zugang zum Fahrzeug, die Schlüsselverwaltung, eine Herausforderung.

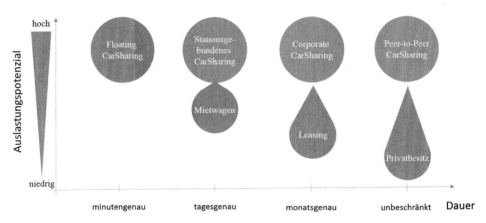

Abb. 64.1 Steigerung des Auslastungspotenzial von Fahrzeugflotten durch Carsharing

Konzepte, die auf die Verwendung physikalischer Schlüssel setzen, erscheinen dabei für die Spontanität der Nutzer und den hochfrequente Nutzerwechsel bei großen Flotten nicht flexibel genug. Zur Lösung dieses Problems bietet sich die Telematik als Technologie an. Sie ermöglicht die Kommunikation zwischen dem Fahrzeug und einer Systemlandschaft – unter anderem auch die Fahrzeugöffnung. Um Funktionen eines Fahrzeugs fernsteuern zu können, wird häufig eine sogenannte Telematik-Box im Fahrzeug verbaut. Hierbei handelt es sich um Hardware, die über ein Kommunikationsmodul Befehle des Dienstanbieters empfangen kann, diese an die Fahrzeugelektronik weitergibt oder auch Fahrzeugdaten an den Anbieter versendet. Autorisiert durch entsprechende Technologien, z. B. eine individuelle (NFC-) Karte oder eine Smartphone APP, können Kunden so die Öffnung des Fahrzeugs beim Dienstanbieter initiieren.

64.3 Fahrzeugbezogene Mehrwertdienste

Zwar stellt der aktuell noch geringe Standardisierungsgrad an Telematiklösungen auf dem Markt für die Dienstanbieter hohe Herausforderungen an die Integration in die eigene Systemwelt dar. Er bietet aber gleichzeitig enorme Möglichkeiten, neue Produkte zu definieren.

Abbildung 64.2 bietet einen Überblick über potenzielle Produkttypen, die durch Telematik überhaupt erst ermöglicht werden.

Flotten-Management Automatisiert übertragene Fahrzeugdaten über aktuelle Kilometerstände, den Benzinverbrauch und die Werkstattintervalle helfen Flottenbetreibern ihren Fuhrpark besser zu organisieren. Fahrzeuge mit hohem realen Benzinverbrauch können z. B. auf dieser Informationsbasis aus der Flotte entfernt werden oder Werkstatttermine auf Basis der aktuellen Kilometerstände pro-aktiv vereinbart werden.

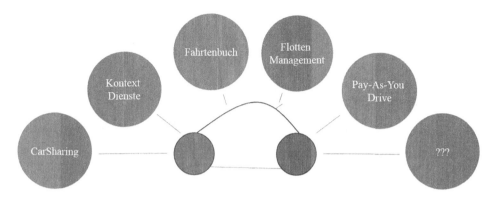

Abb. 64.2 Fahrzeugbezogene Mehrwertdienste

Elektronisches Fahrtenbuch Speziell für den privaten Bereich ist das elektronische Fahrtenbuch ein attraktives Zusatzprodukt. Dabei werden Fahrten automatisch aufgezeichnet, kategorisiert und an ein Managementsystem übermittelt. Der Nutzer kann mit einem Knopfdruck die Daten an sein Finanzamt übermitteln und jährlich sparen.

Pay-As-You-Drive beschreibt ein neues Versicherungsprodukt, welches die Versicherungssumme in Abhängigkeit des Fahrverhaltens ermittelt. Hierbei können vor allem Fahranfänger mit hohen Versicherungstarifen bei entsprechender Fahrweise Geld sparen.

Kontext-Dienste Auf Basis des Fahrzeugkontextes können Informationen über die nächste Tankstelle in Abhängigkeit des realen Tankstandes bereitgestellt werden, Parkplatzgebühren automatisch bezahlt werden oder individuelle Einstellungen von Sitzen und Spiegeln vor Fahrtantritt vorgenommen werden.

Wie der Abb. 64.2 zu entnehmen ist, ist die Landschaft fahrzeugbezogenen Mehrwertdiensten noch lange nicht vollständig. Es zeichnen sich zwar Trends ab, allerdings kommen täglich neue Anwendungen dazu wobei andere wieder verworfen werden.

64.4 Unternehmensarchitektur als Erfolgsfaktor

Um mit der ständige Dynamik im Markt für Mobilitätsdienstleistungen Schritt zu halten, muss ein Unternehmen strukturell in der Lage sein, neue Konzepte zu entwickeln, Produktideen schnell umzusetzen und – zum Teil im „trial-and-error"-Modus – die Akzeptanz beim Kunden zu prüfen.

Die dazu notwendige Flexibilität und Geschwindigkeit in der Umsetzung von Mobilitätsprodukten müssen in eine entsprechende Geschäftsstrategie eingebettet sein, die von einer geeigneten Unternehmensarchitektur unterstützt wird.

Unter Unternehmensarchitektur wird die Kombination zwischen Geschäftsarchitektur und IT-Architektur verstanden (s. Abb. 64.3).

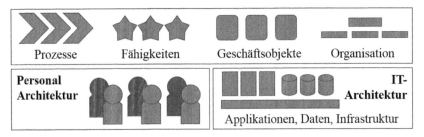

Abb. 64.3 Unternehmensarchitektur

64.4.1 Fähigkeiten an Strategie ausrichten

In dem noch relativ jungen Mobilitätsmarkt versuchen sich zunehmend mehr Unternehmen als Anbieter von Mobilitätsdienstleistungen zu positionieren. Allerdings fehlen heute noch Referenzmodelle, wie genau ein Unternehmen dafür aufgestellt sein muss.

Als Teilnehmer am Markt hat jedes Unternehmen ein bestimmtes Portfolio an Fähigkeiten ausgeprägt. Abbildung 64.4 zeigt eine Übersicht über Gruppen von Fähigkeiten eines (Mobilitäts-)Dienstleisters. In Zeiten zunehmenden Wettbewerbs sollten erfolgreiche Teilnehmer am Mobilitätsmarkt bei der Weiterentwicklung ihrer Fähigkeiten sehr ökonomisch vorgehen, um nicht in Ressourcen zu investieren, die u. U. kurz darauf nicht mehr benötigt werden.

Für das entsprechende Portfolio gilt: Sollte eine Fähigkeit nicht zu einer Unterscheidung am Markt beitragen und zu einem wettbewerbsfähigen Preis am Markt erhältlich sein (commodity-Fähigkeiten), so sollte sie nicht zu hohen Kosten selbst entwickelt, sondern erworben und integriert werden.

Die knappen eigenen Ressourcen können so auf die Ausprägung von Fähigkeiten zur Marktdifferenzierung und die Erlangung der angestrebten Marktposition, das heißt die Unterstützung der Unternehmens-Strategie konzentriert werden (strategische Fähigkeiten).

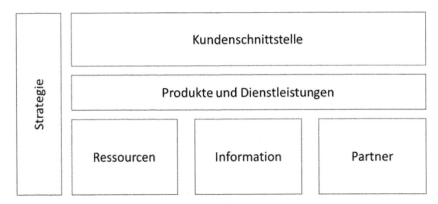

Abb. 64.4 Fähigkeiten eines Mobilitätsdienstleisters

Eine klare Unterscheidung zwischen „commodity-Fähigkeiten" und „strategischen Fähigkeiten" ist allerdings nur dann möglich, wenn

- das Marktumfeld, seine Mechanismen, seine Risiken und Chancen bekannt sind,
- die eigenen Stärken und Schwächen bezüglich des Marktumfeldes analysiert wurden und
- das Unternehmen eine klare Strategie basierend auf diesen Analysen formuliert hat.

Die aktuelle Dynamik des Marktumfeldes mit einer Vielfalt sich entwickelnder Mobilitätsdienstleistungen und Rollen weicht diese klare Unterscheidung auf und fordert ein hohes Maß an Flexibilität und Reaktionsfähigkeit von den Marktteilnehmern.

Die Unternehmensarchitektur sollte daher Konzepte zur Wahrung der notwendigen Flexibilität und Reaktionsfähigkeit vorsehen, um Fähigkeiten so auszuprägen, dass die Entscheidungen der Unternehmensleitung hinsichtlich neuer Mobilitätsdienste jederzeit zu einem angemessenen Preis umgesetzt werden können.

In den folgenden Abschnitten werden einige Anforderungen an die Gestaltung der Geschäftsarchitektur für Marktteilnehmer im Bereich der Mobilitäts-Dienstleistungen beschrieben.

64.4.2 Effizienz und Innovationsfähigkeit

Im unsicheren und sich schnell entwickelnden Markt der Mobilitätsdienste muss eine angepasste Geschäftsarchitektur die Möglichkeit bieten, neue Geschäftsmodelle preiswert und schnell zu realisieren, diese bei Erfolg auf Enterprise-Niveau zu skalieren oder aber wieder zu verwerfen.

Dazu ist ein klares Modell der Geschäftsobjekte und Funktionen notwendig und die Möglichkeit, darauf basierend Zielbilder zu definieren. Die Zielbilder müssen klar unterscheiden zwischen existierenden Funktionen, die zur Mobilisierung des Geschäftsmodells wiederverwendet werden, und Funktionen, die – auf angepasstem Niveau – neu realisiert werden müssen. Die Einbindung externer Funktionen ist vorzusehen.

Effiziente Architekturen sind dabei eigentlich das Gegenteil von Architekturen, die Innovationsfähigkeit unterstützen. Innovation braucht immer wieder das Aufbrechen bekannter Standards, die zerstörerische Neugestaltung, das Infragestellen des Bekannten, die Instabilität. Effizienz wird aber erzielt, wenn bekannte Fähigkeiten stabil gehalten werden und deren Realisierung in allen Variablen extrem optimiert wird.

Unternehmen benötigen in aller Regel einen an ihrer Strategie ausgerichteten Mix beider Elemente. Diese lässt sich am besten über eine Zerlegung in (wiederverwendbare) Bausteine, sogenannte Geschäfts-Services, erreichen, die gezielt auf Innovation oder auf Effizienz getrimmt werden können.

64.4.3   Partner-Netzwerk und Kundenschnittstellen

Geschäftsmodelle schnell zu adaptieren bedeutet Wertschöpfungsketten modifizieren zu können. Um auf diesem Feld schnell handeln zu können, ist die Fähigkeit zum aktiven Management des Umfeldes, d. h. des bekannten Partner-Netzwerks, wesentlich.

Im Kontext hoher Innovations-Dynamik haben sogenannte trust-networks und lokale Partner eine sehr hohe Bedeutung. Lokale Nähe ist essenziell, um gemeinsam an dynamischen Fragestellungen arbeiten und auf neue Erkenntnisse schnell reagieren zu können. Offshoring-Modelle haben hier in der Regel nur begrenzten Erfolg.

Zufriedene Kunden sind zur erfolgreichen Vermarktung von Dienstleistungen entscheidend. In der heutigen Welt der Mobilitätsdienstleistungen besteht ein hoher und zunehmender Konkurrenzdruck und gleichzeitig sind Kunden immer mehr in der Lage und gewillt, ihren Dienstleister bei Nicht-Gefallen sehr schnell wechseln zu können und das auch zu tun. Es ist wichtig, ihnen eine einheitliche Erfahrung des eigenen Unternehmens, die sogenannte Customer Experience, zu vermitteln.

64.4.4   Produkte, Dienstleistungen und Ressourcen

Ein wesentliches Kennzeichen dynamischer Märkte ist die hohe Innovationsrate und der kurze Lebenszyklus beim Management von Produkten. Demgegenüber sind Veränderungszyklen im Ressourcen-Management in aller Regel wesentlich länger.

Notwendig ist eine Abstraktion der Ressourcen von der dynamischen Produktwelt in Form stabiler, aber frei kombinierbarer Dienstleistungen, die aus der Ressourcen-Welt heraus angeboten werden.

Durch Kombination von Dienstleistungen kann so die am Mobilitätsmarkt notwendige Produkt-Innovationsfrequenz sichergestellt und zur gleichen Zeit die Ressourcen-Welt in ihrer eigenen Geschwindigkeit weiterentwickelt werden.

64.5   Zentrale Rolle der IT-Architektur

Die IT-Architektur muss die strategischen Fähigkeiten eines Mobilitätsproviders hocheffizient implementieren und ihn in die Lage versetzen, die eigenen Stärken weiter effizient auszubauen. Dabei muss sie die Fähigkeiten aus der Geschäftsarchitektur in automatisierte Funktionen, Systeme und Datenstrukturen übersetzen.

Eine serviceorientierte Architektur (SOA) ist dazu eine wesentliche Voraussetzung. Sie erlaubt, gezielt externe Funktionen zu integrieren und erhält gleichzeitig die Möglichkeit, selbst Funktionen mit Wettbewerbspotenzial hinzu zu entwickeln.

Ein wichtiges Kriterium der Gestaltung der IT-Architektur ist der Grad, zu dem sie die gemeinsame Arbeit zwischen Problem-Experten (in der Regel aus den Fachbereichen) und den Lösungs-Experten (in der Regel aus der IT) bei der Gestaltung zukünftiger Fähigkeiten ermöglicht. Gemeinsame Teams sollten die Herausforderungen so vorgestalten, dass im Anschluss eine einfache Anpassung der existierenden IT-Services durch Eigenentwicklung oder das Hinzukaufen/ Erweitern durch am Markt erhältliche Systeme möglich ist. Die SOA erlaubt – unter Nutzung vorhandener Funktionen – die schnelle Umsetzung von Testszenarien (Proof-of-Concept) im Rahmen neuer Geschäftsmodelle.

Darüber hinaus ist die Überarbeitung des Applikations-Portfolios notwendig. Oft sind über die Jahre Applikationen zu Datengräbern und Funktionsmolochen mutiert, die es zu analysieren und zurückzuschneiden gilt. Ein wesentlicher Erfolgsfaktor für eine solche Umstellung ist ein klares Zielbild. Bei der Definition eines Zielbildes muss unterschieden werden zwischen Systemen, die stabile Funktionalitäten liefern und im Wesentlichen Daten persistieren, managen und zur Verfügung stellen und Systemen, die Dynamik ermöglichen. Letztere sind meist Systeme mit einem hohen Anteil von intelligentem Prozess-Management, die seit einiger Zeit als iBPM bezeichnet werden.

Schließlich ist auch die Existenz eines kanonisches Datenmodells relevant. Applikationen kommen häufig mit eigenen Datenmodellen. Diese müssen an das gemeinsame Datenmodell angebunden und integriert werden, damit eine verteilte Datenhaltung mit klaren Definitionen der Daten-Mastership möglich wird.

64.6 Zusammenfassung

Die Mobilität der Zukunft hat bereits in unterschiedlichen Ansätzen begonnen. Wie sie sich konkret weiterentwickelt weiß allerdings heute noch niemand. Fest steht nur, dass man als Unternehmen große Chancen hat sich innerhalb der Wertschöpfungskette im Mobilitätsmarkt aufzustellen. Um seine Rolle in diesem Markt zu finden, nachhaltig zu stärken und morgen noch konkurrenzfähig zu sein, muss man sich als Unternehmen bereits heute positionieren, schnell auf Marktentwicklungen reagieren und ein breites Produktportfolio aufbauen. Schafft man sich dabei als Unternehmen auf die Kernfähigkeiten zu fokussieren und eine flexible Geschäfts- und IT-Architektur aufzubauen, so gewinnt man die notwendige Flexibilität um die Vision der Mobilität der Zukunft ein Stück weit beherrschen zu können.

Literatur

1. Wermut, M., et al. (2003). Kraftfahrzeugverkehr in Deutschland – Befragung der Kfz-Halter im Auftrag des BMVBW, S. 251.
2. https://de.drive-now.com. Zugegriffen: 29. Sept. 2014.
3. https://www.car2go.com. Zugegriffen: 29. Sept. 2014.
4. http://www.autonetzer.de. Zugegriffen: 28. Sept. 2014.
5. https://www.tamyca.de. Zugegriffen: 28. Sept. 2014.
6. https://www.carzapp.net. Zugegriffen: 28. Sept. 2014.
7. http://www.sixt.de/corporatecarsharing. Zugegriffen: 30. Sept. 2014.

 8. https://www.alphabet.com/de-de/alphacity-corporate-carsharing. Zugegriffen: 30. Sept. 2014.
 9. http://www.vulog.fr/. Zugegriffen: 30. Sept. 2014.
10. https://www.car2goblack.com. Zugegriffen: 25. Sept. 2014.
11. https://www.silvercar.com. Zugegriffen: 25. Sept. 2014.
12. http://www.sixt.de/mietservice/sixt-express.

Mobilitätskonzepte von morgen – Erwartungen der Nutzer und ihre Implikationen für zukünftige Marktstrukturen

65

Arnold Picot und Rahild Neuburger

Zusammenfassung

Die Digitalisierung durchdringt zunehmend sämtliche Lebensbereiche – sowohl beruflich als auch im privaten Bereich. In Folge entstehen innovative Lösungen, aber auch neuartige Bedürfnisse seitens der Nutzer. Welche zukünftigen Erwartungen und Bedürfnisse der Nutzer an zukünftige Mobilitätslösungen richtet und welche Auswirkungen sich hieraus für zukünftige Strukturen der Mobilitätsmärkte abzeichnen könnten, steht im Mittelpunkt des folgenden Beitrages. Vor dem Hintergrund der näher erläuterten Ergebnisse der MÜNCHNER KREIS Zukunftsstudien *„Zukunftsbilder der digitalen Welt – Nutzerperspektiven im internationalen Vergleich"* und *„Innovationsfelder der digitalen Welt – Bedürfnisse von übermorgen"* wird seitens der Nutzer deutlich: Es besteht der deutliche Wunsch nach ganzheitlichen Mobilitätslösungen, die über den reinen Transport hinaus gehenden Nutzen bieten wie z. B. Zeit für andere Aktivitäten. Welche Rolle in diesem Kontext die jetzigen Mobilitätsanbieter spielen, wie sich die Strukturen der Zusammenarbeit verändern und welche neuen Player hier entstehen könnten, ist dabei noch kaum absehbar.

A. Picot (✉) · R. Neuburger
Ludwig-Maximilians-Universität München und MÜNCHNER KREIS,
München, Deutschland
E-Mail: picot@lmu.de

R. Neuburger
E-Mail: neuburger@lmu.de

© Springer-Verlag Berlin Heidelberg 2015
C. Linnhoff-Popien et al. (Hrsg.), *Marktplätze im Umbruch*, Xpert.press,
DOI 10.1007/978-3-662-43782-7_65

65.1 Ausgangspunkt: Zukunft der Mobilität in einer digitalen Welt?

Die seit Jahren fortschreitende Digitalisierung durchdringt zunehmend sämtliche Lebensbereiche, seien es das private Umfeld und die Bewältigung des privaten Alltags, der berufliche Kontext und die Formen des Arbeitens und Zusammenarbeitens, die Kommunikation und das soziale Miteinander sowie die Interaktion zwischen Gegenständen auf der Basis des Internet – das sog. Internet der Dinge. Zunehmend setzt sich eine informations- und kommunikationstechnische Infrastruktur durch, deren Konsequenzen vergleichbar sind mit denen der Industrialisierung oder davor zu beobachtender einschneidender Entwicklungen. Im Ergebnis entsteht neben der physischen Welt eine digitale Welt, deren kontinuierliche Weiterentwicklung nicht mehr aufzuhalten ist und die gravierende Veränderungen mit neuen Chancen; aber auch neuen Herausforderungen erwarten lässt. Hiervon betroffen ist auch das breite Feld der Mobilität, dessen zukünftige Entwicklung wiederholt in fachlichen und politischen Diskussionen aufgegriffen wird. Typische Beispiele hierfür sind Themen wie Intermodale Mobilität, die Neuausrichtung der betrieblichen Mobilität, die Ausbreitung unterschiedlicher Mitfahrkonzepte, die zunehmende Bedeutung von Plattformen oder auch die sich durchsetzende vernetzte Mobilität von Personen und Gütern. Im Fokus des folgenden Beitrages steht weniger die Diskussion dieser Konzepte im Vordergrund als vielmehr die Frage, welche Erwartungen Nutzer an zukünftige Mobilitätskonzepte haben und welche Implikationen diese Erwartungen für zukünftige Marktstrukturen haben. Ausgangspunkt hierfür sind die Ergebnisse der MÜNCHNER KREIS Zukunftsstudien 2011 *„Zukunftsbilder der digitalen Welt – Nutzerperspektiven im internationalen Vergleich"* [1] und 2013 *„Innovationsfelder der digitalen Welt – Bedürfnisse von übermorgen"* [2], in denen durch unterschiedliche Fragestellungen und methodische Ansätze zukünftige Erwartungen der Nutzer an Mobilitätskonzepte erarbeitet wurden. In den folgenden zwei Abschnitten sollen nun einige ausgewählte Ergebnisse gezeigt werden, bevor im letzten Abschnitt die Frage aufgegriffen wird, wie sich Wettbewerbs-, Markt- und Branchenstrukturen durch diese Entwicklungen verändern könnten. Die zunächst zu zeigenden Ergebnisse der Studien legen zwei unterschiedliche Blickwinkel zugrunde: zunächst geht es um die Frage, welche allgemeinen Bedürfnisse Nutzer an zukünftige Mobilitätskonzepte haben, bevor dann aufgezeigt wird, wie Nutzer konkret denkbare Mobilitätslösungen bewerten.

65.2 Zukünftige Mobilitätsbedürfnisse

Die Akzeptanz zukünftiger Mobilitätskonzepte ist stark davon abhängig, welche Erwartungen Nutzer an derartige Konzepte richten und welche Mobilitätsbedürfnisse sie tatsächlich haben. Diese Frage stand im Mittelpunkt der Zukunftsstudie 2013 [2], in der sog. Bedürfnismuster entwickelt wurden. Ausgehend von einer Analyse der wichtigsten gegenwärtig zu beobachtenden gesellschaftlichen und technischen Trends wurden jetzige und zukünftige Bedürfnisse bei typischen Aufgaben bzw. Fragestellungen in den Feldern Medien, Mobilität, Arbeit und E-Government entwickelt. In einer anschließenden Online-

Befragung von insgesamt 7.278 Privatpersonen zwischen 18 und 70 Jahren in 6 Ländern (USA, Brasilien, China, Indien, Südkorea und Deutschland) wurden diesen Personen typische Alltagssituationen in den genannten Feldern vorgelegt – z. B. die Koordination von Projektmitarbeitern im Bereich Arbeit oder die Durchführung von Geschäftsreisen im Bereich Mobilität. Die Befragten sollten nun einschätzen, ob und wie die zuvor definierten Bedürfnisse jetzt erfüllt sind, wie sie idealerweise erfüllt sein sollten und wie die jetzigen zur Verfügung stehenden Möglichkeiten wie z. B. – bezogen auf Mobilität – Bahn, Auto, Fahrrad, Flugzeug etc. die Erwartungen abdecken. Aus den von den Befragten genannten Wünschen und Bedürfnissen entstanden durch Clusterung und Systematisierung sog. Bedürfnismuster, die Wünsche an zukünftige Mobilitätslösungen wiederspiegeln.

65.2.1 Bedürfnismuster im Überblick

Diese Bedürfnismuster werden im Folgenden kurz beschrieben, wobei die hier gewählte Reihenfolge der Beschreibung der statistisch ermittelten Bedeutung der Bedürfnismuster bei den befragten Nutzern entspricht.

(1) Zeit für andere Aktivitäten Zunächst wünschen sich die Nutzer eine Mobilitätslösung, die ihnen die Möglichkeit eröffnet, sich auf andere Aktivitäten zu fokussieren. Es sollte also unproblematisch realisierbar sein, nebenher zu telefonieren, zu arbeiten, sich in sozialen Netzen online auszutauschen, zu lesen oder auch sich auszuruhen und Zeit für sich selbst zu bekommen. Auf die Fahrt an sich muss man sich dann nicht mehr konzentrieren.

(2) Von-Tür-zu-Tür-Flexibilität Die Nutzer haben zudem den Wunsch, schnell und flexibel von Tür zu Tür zu kommen und sich dabei völlig unabhängig zu fühlen. Eine vorherige Planung der Reise ist nicht nötig und die Nutzer haben die volle Kontrolle über die nach den eigenen Präferenzen erstellte Route. In diesem Bedürfnismuster spielen v. a. Aspekte wie flexible und spontane Nutzung, Unabhängigkeit, volle Kontrolle oder auch die Möglichkeit, die Reise flexibel zu unterbrechen eine wichtige Rolle.

(3) High Tech und 1. Klasse Komfort Die Nutzer wünschen sich zudem ein hohes Maß an Service kombiniert mit moderner Technologie. Aspekte wie Pünktlichkeit, Zugriff auf aktuelle Nachrichten, guter Service, Auswahl und Genuss des eigenen Unterhaltungsprogramms, direkter Zugang zum Internet, Schnelligkeit, reservierte Sitzplätze oder auch personalisierte Vorschläge spielen hier eine größere Rolle.

(4) Umweltfreundlich durch die Stadt Hier haben die Nutzer den Wunsch nach einer Mobilitätslösung, die Nachhaltigkeit mit Flexibilität und Einfachheit in der Nutzung kombiniert. Aspekte wie Nachhaltigkeit, Entlastung städtischer Verkehrsinfrastrukturen, Spaß und Gesundheit, aber auch einfache und flexible Handhabung wurden hier erkennbar.

(5) Entspannend und sorglos Explizit ausgedrückt wurde zudem auch der Wunsch nach einer sorglosen, angstfreien und entspannenden Nutzung von Verkehrsmitteln. In diesem Zusammenhang wurden v. a. Bedürfnisse erkennbar wie Zeit für mich selbst, Zeit zum Nachdenken, Zeit zum Beobachten anderer Menschen sowie eine sorglose und stressfreie Nutzung. Dies bedeutet beispielsweise eine Nutzung ohne Angst vor Unfällen und Abstürzen oder auch der Wunsch, nicht durch zu enge Straßen fahren zu müssen.

(6) Pragmatischer Transport In diesem Bedürfnismuster steht schließlich der Transport an sich im Vordergrund – sowohl von schweren, unhandlichen Sachen als auch von Personen. Wichtig ist hier den Nutzern v. a., diesen Transport problemlos abzuwickeln – unabhängig von Verkehrs- und Witterungsbedingungen. Relevante Aspekte sind hier die schnelle und flexible Realisierung von Transportwünschen, die Nutzbarkeit für verschiedene Anlässe, die Möglichkeit, auch Familienmitglieder und Freunde problemlos mitnehmen zu können sowie letztlich der Schutzgedanke.

65.2.2 Bedürfnismuster im Länder und Altersgruppenvergleich

Vergleicht man nun die Ausprägungen dieser Bedürfnismuster in den jeweiligen Ländern und Kulturen, lässt sich ein deutlicher Unterschied zwischen West und Ost erkennen (vgl. Abb. 65.1).

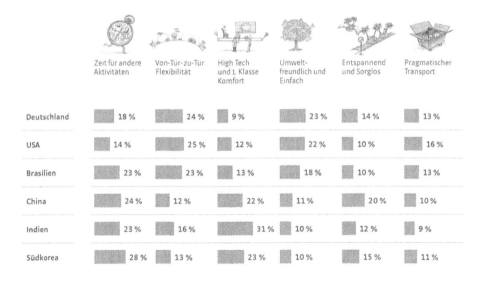

Basis: Alle zum Themenfeld Mobilität Befragten (Online-Bevölkerung 18–70 Jahre);
Gesamt: Deutschland (DE) n = 300, USA (US) n = 305, Brasilien (BR) n = 300, China (CN) n = 303, Indien (IN) n = 300, Südkorea (KR) n = 304

Abb. 65.1 Bedürfnismuster im Ländervergleich [2, S. 178]

So sind in den asiatischen Ländern die Wünsche, während des Reisens „Zeit für andere Aktivitäten" zu haben sowie „High Tech und 1. Klasse Komfort" zu genießen am stärksten ausgeprägt, während die anderen Bedürfnismuster deutlich dahinter rangieren. In eher westlich orientierten Ländern wünscht man sich hingegen primär die „Von-Tür-zu-Tür Flexibilität und will dabei v. a. „umweltfreundlich" durch die Stadt unterwegs sein. Der Wunsch nach „Zeit für andere Aktivitäten" während des Reisens oder nach „High Tech und 1. Klasse Komfort" ist dagegen eher weniger ausgeprägt. Erklären lässt sich dies vielleicht dadurch, dass die Verkehrsmittel in den drei westlichen Ländern offenbar heute schon weitestgehend den Komfort bieten, den die Nutzer sich andernorts erst wünschen, während Flexibilität und Individualität eher fehlen. Zudem sind in diesen Ländern auch die negativen Auswirkungen kollektiver bzw. individueller Mobilität auf die Umwelt ein größeres Thema. Erwartet werden daher zukünftig Mobilitätskonzepte, die bei aller Flexibilität umweltfreundlich und dabei auch einfach zu benutzen sind.

Das stark ausgeprägte Bedürfnis nach größtmöglichem Komfort beim Reisen in China, Indien und Südkorea lässt sich dagegen eher damit erklären, dass dortige Mobilitätslösungen im Wesentlichen darauf ausgerichtet sind, ihren Nutzer von einem Ort zum anderen zu bringen. Reisen ist in diesen Ländern eher noch ein reiner Transportvorgang und wird daher als lästig und belastend empfunden. Komfort und Sicherheit erscheinen daher hier wichtiger als Flexibilität und Individualität.

Interessant ist aber nicht nur ein länderbezogener Gesamtvergleich, sondern v. a. auch ein altersgruppenbezogener Vergleich (vgl. Abb. 65.2).

Auffallend hier ist, dass der Wunsch nach „umweltfreundlicher Mobilität" proportional zum Alter ebenso zunimmt wie das Bedürfnis nach „Tür-zu-Tür Flexibilität". Der Wunsch, während des Reisens „Zeit für andere Aktivitäten" zu haben, nimmt dagegen mit zunehmendem Alter ab. Dies könnte darin liegen, dass Zeit für andere Aktivitäten v. a. für die jüngere Generation während der Rush-Hour von beruflicher Weiterentwicklung, Familiengründung etc. sehr relevant ist, während ältere Menschen v. a. flexible und umwelt-

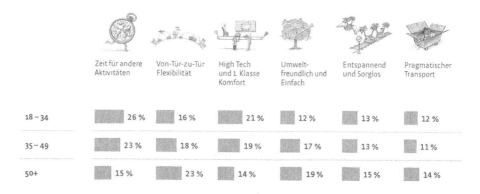

Basis: Alle zum Themenfeld Mobilität Befragten (Online-Bevölkerung 18–70 Jahre);
Gesamt: 18–34 Jahre n =728, 35–49 Jahre n = 610, 50+ Jahre n = 474

Abb. 65.2 Bedürfnismuster im Altersvergleich [2, S. 178]

freundliche Mobilitätskonzepte wünschen. In den traditionellen Autonationen Deutschland und USA zeigt sich anhand der Aufteilung eine auto-affine Gruppe der Älteren und eine auto-unabhängige Gruppe der jüngeren Stadtbevölkerung möglicherweise der häufig schon thematisierte Trend zur Abkehr vom Auto als persönlicher Besitz zugunsten der Nutzung in unterschiedlichen Kontexten.

Interessant ist, dass die Aufteilung der Mobilitätsbedürfnisse der jüngeren Befragten weitgehend deckungsgleich mit der Verteilung der Bedürfnismuster in China und Südkorea ist und sogar auch relativ mit der für Indien übereinstimmt. So könnten die Befragungsergebnisse den Schluss zulassen, dass die beiden jüngeren Altersgruppen aktiver sind als die ältere und dass das Umweltbewusstsein zumindest bei den 18–34-jährigen vergleichsweise gering ausgeprägt ist. Reisezeit gilt gerade für die jüngeren Befragten als verlorene Zeit, wenn sie nicht aktiv genutzt werden kann. Dabei möchte man aber auch möglichst komfortabel unterwegs sein und sich vielleicht weniger Gedanken über die Auswirkungen der Mobilität auf die Umwelt machen bzw. man ist nicht bereit, für besonders umweltfreundliche Mobilität zu bezahlen.

65.2.3 Konsequenzen für zukünftige Mobilitätskonzepte

Die Ergebnisse der Befragungen haben einerseits Beobachtungen bestätigt; waren andererseits aber auch überraschend. So wurde beispielsweise bestätigt, dass insbesondere die jüngere Generation ihre Reisezeit gerne für andere Aktivitäten nutzen würde. Zukünftige Mobilitätskonzepte sollten diesen Wunsch berücksichtigen, um in dieser Zielgruppe akzeptiert zu werden. Selbstfahrende Autos sind hier sicherlich nur eine Lösungsmöglichkeit. Öffentliche Verkehrsmittel, die physisch größere Räume und drahtlose Konnektivität zulassen, erscheinen hier auch interessant zu sein.

Durch nahezu alle Bedürfnismuster zieht sich das Bedürfnis nach Individualität und Privatsphäre. Allerdings gestehen die Befragten zum Befragungszeitpunkt nur dem Auto zu, dieses Bedürfnis auch zu erfüllen. Alle anderen Verkehrsmittel fallen hier deutlich ab. Unabhängig von den konkreten Anforderungen an geeignete Mobilitätslösungen sehen die Befragten das Auto generell als ein zukunftsträchtiges Verkehrsmittel an. Bemerkenswert ist hier, dass Elektrofahrzeuge gegenüber dem konventionell angetriebenen Fahrzeug schlechter abschneiden und zumindest in der Wahrnehmung der Befragten keine Option sind.

Zukünftige Mobilitätskonzepte werden – zumindest nach den Ergebnissen dieser Befragung – sich daher v. a. dann durchsetzen können, wenn dieses Bedürfnis nach Privatsphäre in Kombination mit Flexibilität, Nachhaltigkeit und Sorglosigkeit realisiert ist. Gleichzeitig wird aus den Ergebnissen auch deutlich, dass es eine einheitliche weltweite Lösung nicht geben kann. Dafür sind die Bedürfnisse in West und Ost zu unterschiedlich. Während Flexibilität und Ressourcenschonung Leitkriterien für zukünftige Entwicklungen v. a. in den älteren Gesellschaften sind, steht in Indien und Südkorea der Komfort im Vordergrund. Die jetzt schon geringeren Unterschiede v. a. in den jüngeren Generationen lassen allerdings vermuten, dass hier langfristig eine Anpassung erfolgen wird.

65.3 Zukünftige Mobilitätslösungen

Vor dem Hintergrund der skizzierten Bedürfnismuster ist es nun interessant aufzuzeigen, wie potenzielle Nutzer denkbare, zukünftig technisch realisierbare Mobilitätslösungen bewerten und bzgl. Nutzungsbereitschaft, Zahlungsbereitschaft oder auch wahrgenommene Risiken einschätzen. Diese Fragen standen nun im Mittelpunkt der Zukunftsstudie MÜNCHNER KREIS 2011 [1]. Für sieben typische Lebenssituationen (Wohnen, Gesundheit, Mobilität, Konsum, Lernen/Wissen, Arbeiten und Medien/Unterhaltung) wurden insgesamt 16 sogenannte Zukunftsbilder entwickelt, die von den per Internet Befragten bewertet werden sollten. Diese Zukunftsbilder bildeten IT-unterstützte Anwendungen ab, die in der jeweiligen Lebenssituation genutzt werden können – so z. B. das Zukunftsbild des selbst fahrenden Autos im Bereich der Mobilität oder das Zukunftsbild des digitalen Schulbuchs im Bereich von Lernen/Wissen. Befragt wurden nun insgesamt 7.231 potenzielle Nutzer in den USA, Brasilien, China, Südkorea, Schweden und Deutschland. In der für diesen Beitrag relevanten Lebenssituation der Mobilität wurden dabei drei Zukunftsbilder abgefragt: das selbstständig fahrende Auto/Bestellauto, vernetzte Umgebungskommunikation sowie der persönliche Mobilitätsassistent.

(1) Das selbstständig fahrende Auto/Bestellauto Selbstständig fahrende Fahrzeuge sind heute noch viel häufiger in der Diskussion als dies während der Erstellung der MÜNCHNER KREIS Zukunftsstudie 2011 der Fall war. Bekannt ist das selbst fahrende Auto von Google oder auch die von Automobilherstellern diesbezüglich geplanten oder gerade durchgeführten Projekte. Auch wenn selbstständig fahrende Autos gegenwärtig noch keine marktfähigen Produkte ausmachen, ist doch die Tendenz erkennbar, dass zunehmend mehr Fahrzeuge über Fahrassistenzsysteme wie Abstandsregelung, Spurführungsunterstützung oder andere Services verfügen, die den Fahrer in seiner Fahraufgabe entlasten und ihm sogar Teile der Fahraufgabe abnehmen. Die Vision eines automatisch fahrenden Fahrzeuges nimmt somit immer mehr an Form an. Das für die MÜNCHNER KREIS Zukunftsstudie 2011 gewählte Zukunftsbild geht sogar noch einen Schritt weiter. Hier wird nicht nur das autonom fahrende Fahrzeug als solches betrachtet, sondern letztlich ein neues Mobilitätskonzept. Dieses integriert das autonome Fahren mit der Möglichkeit, dieses nutzungsabhängig und flexibel zu nutzen, um dadurch maximale Flexibilität bei der Erfüllung unterschiedlicher Transportaufgaben zu erzielen.

Konkret handelt es sich um Fahrzeuge, die nicht nur in der Lage sind, selbstständig zu fahren, sondern auf Bestellung z. B. per App zu jedem gewünschten Ort fahren können. Denkbar sind also Szenarien, in denen für den Familienausflug am Wochenende ein Bus „bestellt" wird; dagegen für die Geschäftsreise unter der Woche ein Kleinwagen. Die Fahrzeuge kommen autonom zum gewünschten Zeitpunkt an den gewünschten Ort, wo dann individuell entschieden werden kann, ob das Fahrzeug autonom zum Zielort fährt oder doch vom Nutzer selbst gesteuert wird.

Vor dem Hintergrund gesellschaftlicher Trends wie beispielsweise der Share Economy oder des Trends, dass an die Stelle von Eigentum/Besitz immer häufiger die problemorientierte Nutzung tritt, gewinnt dieses Szenario durchaus an Relevanz. Auch die oben skizzierten Bedürfnismuster aus der MÜNCHNER KREIS Zukunftsstudie 2013 [2] finden sich hier wieder. „Zeit für andere Aktivitäten", „Von-Tür-zu-Tür-Flexibilität" oder auch „entspannend und sorgloses" Fahren lassen das Konzept zumindest theoretisch zu. So liegt es an der Person des Fahrers, ob er die Zeit nutzt, um mit seinen Kindern Karten zu spielen oder noch die Präsentation vorzubereiten oder ob er selbst gerne Auto fährt. Interessant ist es daher durchaus, wie die im Jahr 2011 befragten Personen diese Option bewerten.

Die Ergebnisse bestärken die Vermutung, dass das selbstständig fahrende Auto einen zentralen Bestandteil des zukünftigen Mobilitätskonzeptes darstellt. So wird es sich nach Meinung der Befragten ab 2027 flächendeckend durchsetzen, wobei sich bei den Einschätzungen durchaus länderspezifische Unterschiede erkennen lassen. Auf hohe Akzeptanz trifft die Idee des selbstständig fahrenden Autos insbesondere in Brasilien, China und Korea, während sich die Bereitschaft zur Nutzung in den traditionellen Automobilländern Deutschland, Schweden und den USA eher weniger zeigt. Ein Grund hierfür liegt sicherlich darin, dass gerade in Deutschland Autofahren nicht nur als Mittel zur Fortbewegung betrachtet wird, sondern v. a. auch die Flexibilität und Individualität positiv gesehen wird, die das Auto von anderen Verkehrsmitteln unterscheiden. Daher wundert es auch nicht, dass ein knappes Drittel der befragten Deutschen sich wünscht, dass sich das Konzept des selbstständig fahrenden Autos durchsetzt und ein ebenso großer Anteil der Deutschen aber auch glaubt, dass dieses Zukunftsbild nie Realität werden wird.

Möglicherweise wird es sich als eine Option zur Lösung der individuellen Mobilitätsprobleme durchsetzen, wenn bestimmte Voraussetzungen geklärt oder noch besser erfüllt sind. So äußert ein Großteil der Befragten in allen Ländern Bedenken bzgl. der Zuverlässigkeit der Technik und des Systems und fürchtet sogar, im Falle eines Ausfalls der Technik haften zu müssen. Neben der Bereitstellung entsprechender technischer Lösungen erscheinen hier insbesondere begleitende aufklärende und vertrauensbildende Kampagnen erforderlich. Ein weiterer kritischer Punkt sind die Kosten – so wäre in Deutschland nur jeder vierte bereit dazu, für diesen Service zu zahlen, während in Südkorea dies schon jeder zweiter ist. Insgesamt lässt sich somit erkennen, dass dieses Mobilitätskonzept langfristig durchaus realistisch sein wird, wobei auf Grund länderspezifischer Unterschiede damit zu rechnen ist, dass es sich unterschiedlich schnell durchsetzen wird. Dass ein derartiges Konzept die Branche verändern wird, liegt auf der Hand und wird an späterer Stelle nochmals deutlich.

(2) Vernetzte Umgebungskommunikation Das zweite, näher untersuchte Zukunftsbild, ist das der vernetzten Umgebungskommunikation. Dahinter steckt die Idee, Fahrzeuge und Verkehrsinfrastrukturen durch kooperative Kommunikationssysteme so zu vernetzen, dass die Verkehrslage in Echtzeit ermittelt werden kann. In Folge wird der Fahrer augenblicklich über Gefahren und Probleme entlang des Weges informiert und kann sich selbst ein Bild über seine Mobilität in Echtzeit machen und – falls verfügbar – auf alternative

Transportmittel umsteigen. Zudem kann der Verkehr besser eingeschätzt und stressfreier gefahren werden, mit dem Ergebnis, weniger Verkehrsunfälle zu verursachen und letztlich auch zur Effizienzsteigerung der Mobilität beizutragen. Auch dem oben angesprochenen Wunsch nach einer sorglosen und entspannenden Nutzung könnte durch ein derartiges Konzept entsprochen werden. Voraussetzung hierfür ist die schrittweise Ausstattung aller Fahrzeuge mit entsprechenden Kommunikationseinrichtungen, um Warnmeldungen über Gefahrensituationen (z. B. Eis, Glätte, Stau etc.) in Echtzeit untereinander auszutauschen und direkt im Fahrzeug darzustellen. Gerade für die Handhabung der Mobilitäts- und Verkehrsprobleme in Megastädten oder Monopolregionen scheinen derartige Mobilitätskonzepte eine sinnvolle Perspektive zu bieten. Letztlich stellen sie auch eine wichtige Voraussetzung für die oben beschriebene Lösung des Bestellautos dar.

So erstaunt es auch nicht, dass dieses Zukunftsbild bei den befragten Personen insgesamt schon recht positiv aufgenommen wurde. Kritisch werden neben den Kosten und dem Angst vor Datenmissbrauch interessanterweise die Gefahr einer Informationsüberlastung während der Fahrt und die damit verbundene Gefahr eines Konzentrationsmangels sowie das Risiko von Manipulationen der Verkehrssituation gesehen. Eher kritisch wird von vielen Deutschen auch gesehen, dass Fahrzeuge tatsächlich miteinander kommunizieren können, auch wenn jeder Dritte es als sehr positiv sieht, Gefahrenmomente rechtzeitig erkennen zu können. Die Bereitschaft, diesen Service auszuprobieren, ist in Brasilien bei über der Hälfte der befragten Personen gegeben, während dies in Deutschland und in den USA eher geringer ist. Insgesamt ist jedoch zu erwarten, dass sich dieses Mobilitätskonzept langfristig durchsetzen wird – letztlich hängt es ja auch eng mit dem Konzept des selbst fahrenden Autos zusammen. Voraussetzung ist – in technischer Hinsicht – die Durchsetzung entsprechender intelligenter Verkehrssysteme, die insbesondere auch die direkte Vernetzung und den sicheren Austausch der Daten ermöglichen. Welche Konsequenzen sich hieraus auf die Entwicklung der betroffenen Branchen- und Marktstrukturen ergeben, wird an späterer Stelle näher zu thematisieren sein.

(3) Persönlicher Mobilitätsassistent Mobilitätsdienste und Online-Routenplaner gibt es viele. So ist nicht nur der Abruf aktueller Flugpläne und Verkehrsinformationen möglich – auch einzelne Verkehrsträger können online gebucht werden. Zumindest zur Befragung 2011 noch weniger realisiert war die Möglichkeit einer internetgestützten, durchgängigen Reiseplanung, die unter Berücksichtigung aller zur Verfügung stehender Verkehrsträger eine auf die Bedürfnisse des Nutzers zugeschnittene, optimale Ablaufplanung für die Reise liefert, Reservierungen vornimmt und die automatische Buchung sämtlicher Tickets erlaubt. Ein ideales Reiseplanungssystem soll zudem die Möglichkeit bieten, dass Nutzer ihre jeweiligen Präferenzen hinterlegen können und auf deren Basis im konkreten Reiseverlauf unterstützt werden. In Folge könnte es beispielsweise in fremder Umgebung navigieren, zeitnah über Verspätungen oder anderweitige Verzögerungen informieren und gegebenenfalls Umplanungen oder Umbuchungen vorschlagen und dann automatisch durchführen.

In den Ergebnissen der Befragung zeigt sich ein eher mäßiges Interesse für diese Lösung. Zwar schätzt es ungefähr ein Viertel der deutschen Befragten, während einer Reise immer aktuell informiert zu sein und eine Reise online vom Start- bis zum Zielort planen zu können. Allerdings haben bis zu 39 % der Befragten Bedenken, wenn der persönliche Mobilitätsassistent die persönlichen Vorlieben seiner Nutzer kennt und automatisch alle notwendigen Buchungen vornimmt und abrechnet. Ein entscheidender Aspekt und Vorteil des persönlichen Mobilitätsassistenten stößt damit auf Ablehnung und stellt das Konzept insgesamt in Frage. Zudem stufen die Befragten Relevanz, Gefallen und Attraktivität eher schlechter ein. Anscheinend wird das in diesem Zukunftsbild vorgestellte System nicht wirklich als Nutzen bringend erachtet. Auffällig ist allerdings, dass China, Brasilien und teilweise auch Korea den persönlichen Mobilitätsassistenten deutlich positiver bewerten als die anderen befragten Länder.

Vor dem Hintergrund dieser Einschätzungen ist zu vermuten, dass sich Mobilitätsassistenten in ihrer beschriebenen kompletten Form aufgrund von Akzeptanzproblemen derzeitig eher nicht lohnen. Vielversprechender erscheint es eher, aktuelle Informationsfunktionen zu verbessern und durchgängige Verkehrsträger-übergreifende Planungswerkzeuge zu entwickeln. Integrierte Personalisierungsfunktionen werden es dagegen schwerer haben. Die diesen Funktionen gegenüber erkennbare Skepsis kann aber auch generell mit Angst vor Datenmissbrauch und personalisierten Angeboten zusammenhängen. Denn – betrachtet man die oben skizzierten Bedürfnismuster – lässt sich durchaus Potenzial erkennen. Insbesondere die Wünsche nach „Von-Tür-zu-Tür-Flexibilität" oder auch nach „Entspannung und Sorglosigkeit" ließen sich durch derartige Systeme erfüllen. Daher ist – zumindest langfristig – möglicherweise eher davon auszugehen, dass sich derartige Systeme durchsetzen.

65.4   Auswirkungen für zukünftige Marktstrukturen

Betrachtet man die Ergebnisse der MÜNCHNER KREIS Zukunftsstudien 2011 [1] und 2013 [2], lässt sich deutlich erkennen: das Grundbedürfnis, von A nach B zu kommen, tritt etwas in den Hintergrund, wohingegen der Wunsch nach Flexibilität, Nachhaltigkeit, Komfort, Entspannung und v. a. nach sinnvoller Nutzung der Reisezeit zunehmen. Dabei spielt nach den Ergebnissen das Auto an sich zwar noch eine wichtige Rolle; betrachtet man aber die Ergebnisse der MÜNCHNER KREIS Zukunftsstudie 2013 [2] auch unter dem Blickwinkel der dort von Nutzern vorgenommenen Beurteilung alternativer Transportmittel in Verbindung mit den gegenwärtigen Diskussionen über neuere Mobilitätskonzepte – wie insb. Car-Sharing – scheint zumindest langfristig das EIGENE Auto weniger gewünscht zu sein. Der Nutzer sucht nach einer Mobilitätslösung, die ihn von A nach B bringt; dabei flexibel, komfortabel, stressfrei und nachhaltig ist und ihm Zeit für andere Aktivitäten erlaubt. Das Auto i.S. eines Produktes, das individuell erworben wird und dann mehrere Jahre genutzt wird, stellt möglicherweise langfristig immer mehr ein Auslaufmodell dar. Das Auto i.S. eines Teils eines ganzheitlichen Mobilitätskonzeptes, das mit intelligenten Services verknüpft ist, in eine größere Kommunikationsinfrastruktur eingebettet ist und problemorientiert genutzt werden kann, scheint dagegen auch langfristig ein tragfähiges Modell zu sein. An die Stelle des Produktes, das die Mobilität ermöglicht, tritt somit immer mehr der Service, der – auf der Basis verschiedener Komponenten wie öffentliche Verkehrsmittel, Flugzeug, Fahrrad, Roller etc. – die gewünschte Mobilität bereitstellt und nutzerorientiert ausgestaltet.

Diese Umorientierung von einzelnen individuellen Mobilitätslösungen zu einem ganzheitlichen Mobilitätskonzept bzw. Mobilitätsservice hat erhebliche Konsequenzen für Markt- und Wertschöpfungsstrukturen. Aus klassisch branchenbezogen klar abgrenzbaren produktorientierten Wertschöpfungsketten mit einem Endproduzenten und eindeutig definierten Zulieferstufen entwickeln sich Wertschöpfungsnetze, die bisher als branchenfremd eingestufte Services, Funktionalitäten und Techniken integrieren. Je mehr die eigentliche Transportfunktion durch intelligente Infrastrukturen [3] gesteuert werden und je mehr zusätzliche Funktionen eingebaut werden, die Komfort, Sicherheit und Nachhaltigkeit ermöglichen, desto mehr Branchen werden integriert. Klassische Branchengrenzen brechen auf; an die Stelle linearer Wertschöpfungsketten treten branchen- und Sektor übergreifende, flexible sowie offene Wertschöpfungsnetze, die sich natürlich auf anerkannte Kommunikationsstandards bzw. Kompatibilitätsplattformen stützen müssen.

Eine offene Frage gegenwärtig ist dabei, wer langfristig die wichtige Schnittstelle zum Kunden übernimmt. In der klassischen Wertschöpfungsstruktur war dies meist der Endproduzent bzw. der Handel. Behält der klassische Hersteller von Fahrzeugen aller Art diese wichtige Rolle? Möglicherweise definiert sich dieser neu und sieht sich nicht mehr als Hersteller, sondern als übergreifender Mobilitätsdienstleister wie es sich z. B. bei Daimler und bei BMW anzudeuten scheint. Denkbar ist aber auch, dass Unternehmen wie Google oder Apple, die den direkten Kundenzugang haben, diese Funktion übernehmen. Oder auch Infrastrukturanbieter, da sie die erforderliche intelligente Netzinfrastruktur zur Realisierung von Mobilität bereitstellen. Es kommen aber auch Player in Frage, die wir noch gar nicht kennen – etwa spezielle Plattformanbieter. In derartigen Szenarien wandelt sich dann möglicherweise die Rolle klassischer Hersteller vom Endproduzenten zum Zulieferanten.

Gleichzeitig könnten sich in derartigen Wertschöpfungsnetzen weitere Player herausbilden. Sie betreffen zum einen die Seite der Mobilitätsanbieter, die die verschiedenen Komponenten derartiger Mobilitätslösungen – wie z. B. Fahrzeuge aller Art, Sicherheitslösungen oder Zusatzservices – bereitstellen. Denn wenn der einzelne Nutzer selbst kein Fahrzeug mehr besitzt, muss es ja Unternehmen oder andere Institutionen geben, die die angeforderten Fahrzeuge zur Verfügung stellen. Vorstellbar ist aber auch, dass innovative physische oder auch virtuelle Transportkonzepte bzw. -mittel entstehen werden, die die klassischen Transportmittel ganz substituieren. Auch die Herausbildung neuer Intermediäre oder Plattformen ist denkbar, die die nutzerorientierte Mobilitätslösungen zusammenstellen und anbieten.

65.5 Fazit

Ausgehend von den skizzierten Ergebnissen der MÜNCHNER KREIS Zukunftsstudien 2011 [1] und 2013 [2] zeichnet sich ab, dass die Nutzer nach ganzheitlichen Mobilitätslösungen suchen, die flexibel, nachhaltig, stressfrei sind und Zeit für andere Aktivitäten zulassen. Das Auto als eine Komponente von vielen spielt eine Rolle; das eigene Auto nur bedingt. Das Angebot von Mobilität bedeutet daher immer weniger das Angebot einzelner Transportmittel als vielmehr das Angebot eines Mobilitäts-Services. Dies verändert Markt-, Branchen und Wettbewerbsstrukturen unter Umständen gravierend. Klassische Wertschöpfungsketten wandeln sich zu Sektor übergreifenden Wertschöpfungsnetzen, in denen mancher seine bisherige Rolle neu definieren muss; in denen es aber auch erhebliche Chancen für neue Player und Ideen gibt. Um diese Chancen rechtzeitig zu erkennen, muss man sich von traditionellen Mobilitätsstrukturen lösen und offen für die durch die Digitalisierung, aber auch andere gesellschaftliche Trends bedingten Veränderungen und Möglichkeiten sein. Im Vordergrund steht der Kunde, der eine problemorientierte Lösung für seine wechselnden Mobilitätsprobleme sucht. Wer ihm diese Lösung auf der Basis welcher physischen, vernetzten und intelligenten Komponenten zur Verfügung stellt, interessiert ihn sicherlich zukünftig weniger als bisher. Ähnlich wie bei der Güterlogistik bilden sich langfristig auch im Personenverkehr Mobilitätsanbieter heraus, die kein eigenes physisches Transportmittel besitzen, aber in der Lage sind, problem- und kundenorientiert diejenigen Transportmittel und Services intelligent zusammenzustellen und übergreifend sowie einheitlich abzurechnen, die aus der Sicht des jeweiligen Kunden das Mobilitätsproblem lösen.

Literatur

1. MÜNCHNER KREIS. (2011). Zukunftsbilder der digitalen Welt – Nutzerperspektiven im internationalen Vergleich. Zukunftsstudie MÜNCHNER KREIS Band IV, Berlin 2011 oder www.zuku14. de/zeitverlauf/.
2. MÜNCHNER KREIS. (2013). Innovationsfelder der digitalen Welt. Bedürfnisse von übermorgen. Zukunftsstudie MÜNCHNER KREIS Band V, München/Berlin 2013 oder www.zuku14.de/ zeitverlauf.
3. Picot, A., Eberspächer, J., Kellerer, W., Diemer, R., Grove, N., Hopf, St., Hipp, Chr., Jänig, J-R., Neuburger, R., Sedlmeir, J., Weber, G., & Wiemann, B. (2014). Informations- und Kommunikationstechnologien als Treiber für die Konvergenz Intelligenter Infrastrukturen und Netze – Analyse des FuE-Bedarfs, Berlin 2014. http://www.bmwi.de/DE/Mediathek/publikationen, did=664514.html.

Teil XIII
Software-Eco-Systeme

Lothar Borrmann

Software ist immaterielles Gut ein schwieriges Geschäft. Ein aktuelles, kooperatives Geschäftsmodell sind Software-Õkosysteme. Beim Aufbau eines solchen Õkosystems müssen viele Dinge beachtet werden, von der Software-Architektur, über Qualitätsmodelle bis hin zu den Geschätsinteressen der Beitragenden.

Das Modell der Achtzigerjahre, Software-Lizenzen tatsächlich zu „materialisieren", indem man Datenträger in einer hübschen Schachtel über den Ladentisch verkauft, wurde bis heute durch zahlreiche alternative oder ergänzende Geschäftsmodelle weitgehend verdrängt. Treibende Kraft war bei diesem Vorgang das Internet, das die erwünschte und unerwünschte Verbreitung von Software unglaublich leicht macht. Damit war das Modell der Box dahin und der immaterielle Charakter der Software stand wieder im Vordergrund. Gleichzeitig ermöglicht das Internet aber völlig neue Wege, mit Software Geld zu verdienen, etwa Software as a Service, Pay per Use, werbefinanzierte Dienstleistungen oder das Sammeln und Auswerten von Benutzerdaten, wobei der Kunde einen Dienst mit Informationen bezahlt.

Das Internet erleichtert auch die Zusammenarbeit von Marktteilnehmern und ist damit einer der Enabler für Software-Ökosysteme, womit wir beim Thema des folgenden Themenbereichs sind. Wie in jedem Ökosystem geht es auch hier um ein synergetisches Miteinander von Organismen, die von der Existenz und dem Handeln der anderen profitieren. Im Bereich der Software sprechen wir in diesem Zusammenhang von Stakeholdern, die ihre jeweiligen Geschäftsinteressen verfolgen. Prominentes Beispiel – gar in einem Buch über das Mobile Internet – ist die App Economy. Unter den Stakeholdern sind die Herstel-

L. Borrmann (✉)
Siemens AG, München, Deutschland
E-Mail: lothar.borrmann@siemens.com

© Springer-Verlag Berlin Heidelberg 2015
C. Linnhoff-Popien et al. (Hrsg.), *Marktplätze im Umbruch,* Xpert.press,
DOI 10.1007/978-3-662-43782-7_66

ler mobiler Endgeräte, Entwickler von Software-Plattformen, unzählige Entwickler von Applikationssoftware, Betreiber von Marktplätzen sowie Dienstleister in der Cloud.

Zentrales Element in solchen Ökosystemen ist meist eine technische Plattform. Der Begriff Plattform meint hier im einfachsten Fall einen Satz an technischen Standards, der als Basis für die Integration von Software-Einheiten fungiert. Oft dient als technische Plattform auch eine Basis-Software, bei der App Economy also zum Beispiel Apple's iOS oder Google's Android. Im Ökosystem der Desktop-PCs war dies ursprünglich IBM's Definition der PC-Hardware-Architektur; erst im Lauf der Entwicklung wurde mit Microsoft Windows eine Software-Plattform etabliert.

Laien unterliegen gelegentlich dem Missverständnis, dass mit so einer Plattform das Ökosystem schon funktionieren werde. Es gehört aber mehr dazu: Aus technischer Sicht muss gewährleistet sein, dass Beiträge unterschiedlicher Partner auch so zusammenspielen, wie es die Anwender erwarten. Das ist durch funktionale Schnittstellen allein jedoch nicht gewährleistet. Auch die Qualitätsanforderungen müssen zusammen passen, von der Performanz bis hin zu einer harmonischen Benutzerführung. Manch einer erinnert sich noch an die berüchtigte Treiberhölle, in die man geraten konnte, wenn man seinen PC mit einer neuen Komponente ausstatten wollte. So etwas bekommt man nur in den Griff, indem die Ökosystem-Partner nicht nur ihre Standards weiterentwickeln und verfeinern, sondern sich auf ein gemeinsames Qualitätsmodell und ein Qualitätssicherungskonzept verständigen. Ein Schritt aus der eben erwähnten Hölle war dann auch WHQL, ein Prozess, nach dem Windows-Gerätetreiber von Microsoft zertifiziert werden. Es ist also ein Prozess für Guidance oder Governance erforderlich, der die Kompatibilität der Software-Komponenten absichert.

Unbedingt zu erwähnen ist in diesem Zusammenhang natürlich auch die Datensicherheit, der Schutz des Systems vor Angriffen, um die Funktionalität zu stören oder an vertrauliche Daten zu gelangen. Welcher Stakeholder ist zuverlässig, welcher vertrauenswürdig, wer hat Zugang zu meinen Daten? Welche Schwachstellen hat die Plattform? Wo können Angreifer Sicherheitslücken im Zusammenspiel der Komponenten finden? Ein umfassendes Security-Konzept ist erforderlich!

Aber zurück zum Geschäft: Solch ein Ökosystem funktioniert nur, wenn alle Akteure am Ende auch von der Zusammenarbeit profitieren, und das ist bei vielen Partnern keinesfalls selbstverständlich. Nur in wenigen Fällen entsteht so ein System quasi evolutionär, nach dem Darwin'schen Prinzip. Meist ist eine Art Ökosystem-Architekt im Spiel, ein visionärer Unternehmer, oder eine Interessensgruppe, die sorgfältig ein gemeinsames Geschäftsmodell erarbeiten und umsetzen. Dies ist eine komplexe Aufgabe: Marktverständnis ist erforderlich, Geschäftsmodelle der Akteure müssen ineinander greifen, technische Standards müssen abgestimmt werden, juristische Verträge sind zu schließen. Die Architektur eines Software-Ökosystems erfordert demnach eine hohe kommunikative, technische, betriebswirtschaftliche und juristische Kompetenz.

So weit zu den Herausforderungen. Was haben wir am Ende davon? Nur durch Software-Ökosysteme ist der Siegeszug des Mobile Internet möglich geworden. In meinem Schrank liegt noch ein gut erhaltenes SX45, ein frühes Smartphone von 2001, lang vor dem ersten iPhone. Aber ein wirtschaftlicher Misserfolg – nicht nur weil es fast 300 g wog, sondern vor allem, weil die App Economy noch nicht geboren war.

Es gibt also viel zu tun! Ich wünsche Spaß und neue Erkenntnisse bei der Lektüre der folgenden Beiträge!

Of Values and Networks: Designing Quantitative Analysis Methods for Pluralistic Telecommunication Markets

67

Patrick Zwickl and Peter Reichl

Abstract

Fixed and mobile Internet ecosystems have drifted away from classical monolithic content and service value chains into a pluralism of highly competitive non-linear business interactions. The analysis tooling, however, has only partially participated in this transition, as it mainly concentrates on qualitative measures for assessing so called "value networks". Thus, the present article is dedicated to illustrating how quantitative value network assessment techniques can be designed that allow tailored responses to current trends in the fixed and mobile networking industry. This will be demonstrated in a case study on video on demand services where side payments are compared with classical payment regimes.

67.1 Introduction

Fixed and mobile Internet ecosystems have significantly changed during the last decade. As a direct consequence, classical monolithic content and service value chains have evolved into a pluralism of non-linear business interactions, for instance for application e-stores and media streaming. However, while current analysis tools still focus on traditional business models, this simplifying concentration on single enterprises is no longer able

P. Zwickl (✉) · P. Reichl
Cooperative System Research Group (COSY), Faculty of Computer Science,
University of Vienna, Vienna, Austria
e-mail: patrick.zwickl@univie.ac.at

P. Reichl
e-mail: peter.reichl@univie.ac.at

© Springer-Verlag Berlin Heidelberg 2015
C. Linnhoff-Popien et al. (Hrsg.), *Marktplätze im Umbruch,* Xpert.press,
DOI 10.1007/978-3-662-43782-7_67

to appropriately reflect today's complex market needs. In addition, declining profitability and increasing globalisation have led to intensifying inter-carrier cooperation in the telecom market. In order to address these issues, the generalized concept of "Value Networks" (VNs) has been proposed for analyzing pluralistic business interactions, which unfortunately has mainly been addressed from a qualitative assessment perspective.

The present article will illustrate how quantitative VN assessment techniques can help to strategically respond to current trends in the fixed and mobile networking industry. We present a quantitative analysis technique, which is able to reveal each entity's (i.e., actor role) dependency on the surrounding business ecosystem, i.e., VN, in order to illustrate potentials for improvement. With this technique, management approaches such as diversification may be put to test in complex business environments.

The remainder of this work is structured as follows: After reviewing related works on qualitative analysis approaches, we will design a novel quantitative solution being formed around well-established market concepts. In a case study, the quantification concept will thereafter be practically applied to a hot topic in telecommunications, which will provide a new perspective on this industry. This will further give a detailed guidance for applying the introduced concept. Finally, we will summarize the approach and draw a couple of conclusions with respect to the future evolution of the Internet service market.

67.2 Related Work

The concept of Value chains [11] is rooting in the age of industrial production (sequential production activities), while today's economy, facilitated by the the Internet, is increasingly complex, dynamic, distributed and esp. information-oriented [3]. Triggered by this economic interest, a wide range of literature on VN principles (external view of enterprises—business interaction) is available—e.g., [8, 10] or [7]—whose understanding has to be set in relationship to business models (internal perspective of an enterprise; emerged about a decade ago)—e.g., [14], or [13]. Casey and Töyli [5] claim that market success of any business model today "largely depends on on how it interacts with models of other players in the industry". In this light, business models have recently been interlinked with VNs, i.e., dedicated business modelling design parameters e.g., in [2] or [6], while a proper parametrisation of this relationships still requires expert experiences.

Hence, we have recently proposed a novel VN dependency quantification technique based on six dependency indicators, which is built around well-known forces, see [19] (literature review), [17] (orthogonalization of forces) and [18] (graph-theoretic considerations). The following six dependency indicators have been identified [18]: bargaining power of suppliers δ_s and customers δ_c; supply-side δ_{in} and customer-side δ_{out} alternatives (aggregating substitutes, market entrance and industry rivalry as known from Porter's five forces); resource type dependency δ_f (arising from low fungibility of exchanged resources), and further risks δ_r.

67.3   Quantification Concept

On the basis of the concept sketched in [18], with this work we can for the first time quantitatively assess the dependency of a single entity on a specific VN relative to alternative strategic positions. Thus, whenever an entity is very dependent on the VN it may experience high pressures when negotiating prices with other players. For example suppose a machine builder only sells a single type of product to another entity, then it may reduce its dependency through a diversification strategy, i.e., different kind of products and more business interactions. Going beyond our prior works, we will further functionally extend and at the same time simplify the computation concept through a substantial reduction of exogenous parameters.

In Fig. 67.1, three main blocks are identified: (i) inputs for the quantification, which are mainly based on a Value Network Dependency Model (VNDM)—a graph introduced in [19]—visually capturing a VN with required competitive information; (ii) the computation phase of the actual dependencies; and (iii) the dependency indicators as outcomes of the computation. For (i) the distinction of two particular cases is of outmost interest: incoming relationships R_{in}^e (*suppliers*) and outgoing relationships R_{out}^e (*customers*) for an entity e in the VN. The computation phase takes each alternative for providing an outcome and computes its utility. This part fundamentally relies on the *Gini* coefficient, a metric for inequality measurement known from information theory and economics. On this basis a relative dependency indicator is formed, which is detailed later on. Based on the inputs in (i) two dependency indicators result in (iii): from the bargaining power of suppliers δ_s

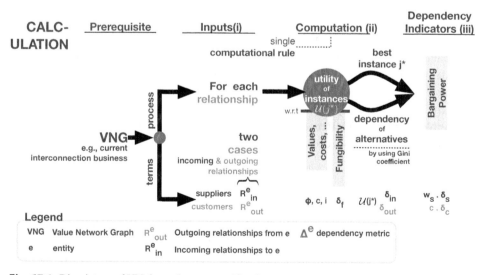

Fig. 67.1 Big picture of VN dependency quantification

and customers δ_c^1, which can be weighted and aggregated to form a **final dependency metric Δ^e**,

$$\Delta^e = \sum_{i=\{s,c\}} w_i \cdot \delta_i^e .$$

(67.1)

67.3.1 Within Business Interactions

The quantitative computation of VN dependencies in (ii) starts with the utility $\mathcal{U}$ assessment (in other words how valuable is each business interaction) of available relationship alternatives of both incoming R_{in}^e and outgoing relationships R_{out}^e to/from entity e —competing due to industry rivalry, potential market entrance, or substitution. The factor $\mathcal{U}$ is thus capable of taking over the role of the dependency forces being aggregated in $\delta_{\{in/out\}}$. As discussed in [17], the utility itself is moreover subject to the fungibility[2] of exchanged resources (δ_f), which is calculated by the fraction of entities to which a resource (exchanged via a relationship of an entity e) could be supplied or sold $k(j)$ out of all $|M|$ entities of the VN—cf. (67.2) (subject to $0 \leq k(j) \leq |M|$).

$$\delta_f(j) := 1 - \frac{k(j)}{|M|}$$

(67.2)

The utility $\mathcal{U}(j)$ for the jth best alternative for relationship r of entity e is then formulated by

$$\mathcal{U}(j) := \left[\varphi_j - c_j - i_j \right] \cdot \left[1 - \delta_f(j) \right],$$

(67.3)

where φ_j is the initial value, c_j are the operation and i_j the investment costs[3], $\delta_f(j)$ is the resource type dependency for alternative j[4].

For realising a dropping interest by customers to pick alternatives (from competition, substitution, market entrance, ...) with decreasing utility, we can utilise the *Gini*[v] measure, an extension of the Gini coefficient from [16] with parameter v. By setting $v > 2$ (we recommend $v=3$), we can capture the alternative distribution with a high sensitivity to almost equally high (likely purchases) utilities, while we can underweight the low attractive ones (unlikely purchases). Hence, the associated relationship utility drops (i.e., the market pressure for the entity goes up) when the customer has an attractive choice.

---

[1] See 'Role Contribution and Structure' in [1] for qualitative considerations.

[2] This may also be referred to as modularity [2].

[3] In the sense of depreciation costs for the period under consideration reflecting the required investments e.g., for investing in new production techniques or substitutes.

[4] As defined in [17], the static properties of j do not consider resource scarcity effects.

In (67.4) and (67.5), the $Gini^v$ coefficient is calculated for relationship r and turned into a dependency indicator (i.e., δ_{out} the customer-side dependency from alternatives) in (67.6). The indicator δ_{out} is formulated relative to the maximum value observed for any outgoing relationship $r \in R_{out}$ of the entire VN—the case for incoming relationships R_{in} forming δ_{in}^r (suppler-side) works conversely.

$$p(j) := \frac{\mathcal{U}(j)}{\sum\limits_{k \in \{1,\ldots,n_r\}} \mathcal{U}(k)}, \tag{67.4}$$

$$Gini(r)^v := \sum\limits_{j \in \{1,\ldots,n_r\}} [p(j)]^v, \tag{67.5}$$

$$\delta_{out}(r) := 1 - \frac{Gini(r)^v}{\max\limits_{k \in R_{out}} \{Gini(k)\}}, \tag{67.6}$$

where $e \in E; r \in R_{out}^e \subseteq R_{out}; R_{out}^e \subseteq R^e \subset R$, and $Gini(R_{out}^e) \leq 1$.

By the definition of $\mathcal{U}_r(j)$ (the utility of jth best alternative[5] and the dependency indicators $\delta_{in/out}^r$, the utility $\mathcal{U}(r)$ for r can now be calculated by

$$\mathcal{U}(r_{in/out}) := \mathcal{U}_r(1) \cdot (1 - \delta_{in/out}^r). \tag{67.7}$$

67.3.2 Within Entities

Building on the understanding of the value of each single relationship (cf. 67.8), we can apply a within entity view, which shifts the computation towards entities and all their relationships. Using the factor $\mathcal{U}(r_{in/out})$ the bargaining power of suppliers/customers can be argued on entity level as described in [17]. The dependency indicators from bargaining powers of suppliers δ_s and customers δ_c are modeled by the utility distribution of incoming $\mathcal{U}(r_{in})$ and outgoing relationships $\mathcal{U}(r_{out})$ respectively on the basis of the classical Gini coefficient ($v=2$)—conversely to the dependency of alternatives (from suppliers and customers)[6].

---

[5] Highest *negated* (unnegated) worth, i.e., $-\varphi(j)$ for any instance j of $r \in R_{in}^e$ ($r \in R_{out}^e$ resp.)

[6] Please take note that the hierarchy level in the computation changes, thus relationships as aggregated are compared.

The resulting Gini coefficients for an entity e are turned into dependency indicators (where the bargaining power of customers δ_c contrary to its supplier counterpart δ_s uses outgoing relationship R_{out}^e),

$$\delta_s^e := \frac{Gini(R_{in}^e)}{\max_{j \in E}\{Gini(R^{j,in})\}} \tag{67.8}$$

where $e \in E; r \in R_{in}^e \subseteq R_{in}^e \subset R$, and $Gini(R_{in}^e) \leq 1$,

relative to the maximum value within the VN. This implies whenever one entity strongly relies on a single customer or supplier, its relative dependency towards the VN rises. Finally, the bargaining power of suppliers δ_s and δ_c can be aggregated and weighted in (iii) to form a single VN dependency value per entity, which can be compared to other entities (lower dependency is preferable).

Entity Size
The dependencies resulting from entity sizes can be derived from market volumes. These are based on the share of exchanged resources with customers (S_{out}^e) and suppliers (S_{in}^e) (or exogenous parameters whenever the VN is normalized to a single purchase),

$$S_{\{in/out\}}^e := \frac{\sum\limits_{r \in R_{\{in/out\}}^e} U(r)}{\sum\limits_{k \in R_{\{in/out\}}} U(k)}, \tag{67.9}$$

which are directly integrated in the computation of $\delta_{\{s/c\}}$ (see 67.9), in analogy to Weighted Theil indices, i.e., the result of (67.5) is multiplied with $S_{\{in/out\}}^e$,

$$Gini(R^{e,\{in/out\}})^{v=2} \cdot (1 - S_{\{in/out\}}^e). \tag{67.10}$$

This direct integration of $S_{in/out}^e$ in $\delta_{\{c/s\}}$ is realised in analogy to the decomposable Gini coefficient form by Lerman and Yitzhaki [9].

Risks
Whenever a role is low on profitability (comparable to other intra-firm risk sources or the inaccessability of critical resources), the risk of a market exit (e.g., due to defaults, market failures, etc.) will rise. This risk will affect business partners when it propagates through the (entire) VN, which can unfortunately hardly be assessed by syntactical measures, i.e., graph-based methods targeting VNs. As indicated in [18], we recommend the consultation of context-independent risk analysis methods [15], e.g., the modular *Composite Risk Index* (CRI), paired with business model design parameter crossing with VN concepts, e.g., see [2,6], which provide the context-specific parameter categories.

We integrate all additional risks r as relative factor in the interval $[0,1]$ where 1 is the highest and 0 the lowest risk. For this purpose the sum of risk estimations $\sum p_f \cdot i_f$ (where i_f is the (monetary) impact and p_f is the probability) for a single entity over all risk categories $f \in F$ is scaled relative to the highest value in the VN,

$$\delta_r := \frac{\sum\limits_{f \in F} p_f^e \cdot i_f^e}{\max\limits_{k \in E}(\sum\limits_{f \in F} p_f^k \cdot i_f^k)}, \tag{67.11}$$

and can afterwards be integrated as additional dependency indicator.

67.4   Case Study

In the context of network neutrality, the concept of **side payments** refers to direct compensation payments e.g., by application service providers like Amazon or Netflix to (all) ISPs involved in the transmission chain to the end customers. Side payments are often considered to be in conflict with net or application neutrality and contrary to intuition have not necessarily resulted in unpromising results for side payment receivers (e.g., ISPs) in theoretic models, e.g., see [4,12]. Based on today's literature, the economic benefit of side payments may thus appear insufficiently aligned to a perspective of the entire industry. Whenever side payments are used, the roles in the industry, i.e., VN, may substantially be altered w.r.t. bargaining powers (power uptake), revenue and profits levels etc.

The subsequent analysis will thus aim at contributing to the side payment discussion by applying our VN Quantification to two flavours of a rudimentary Video on Demand (VoD) scenario: (i) with and (ii) without side payments. We will consider video streaming services transmitting videos from the USA to customers in the UK. More complex flavours may explicitly include entities like Content Distribution Networks (CDNs), content distributors or content owners, and other kinds of resources such as intangible assets. Due to the difficulty of estimating all individual factors, we will focus on the base case with and without side payments, but will implicitly include values for all available CDN offers as substitute for transit network services, see Transit ISP role in Figs. (67.2 and 67.3).

67.4.1   Without Side Payments

As depicted in Fig. 67.2, we will start with classical cascading payments for network services from the Content provider via supplying ISPs to the Access ISP (UK), which will deliver the video to the End user. The Internet access of End users is further arranged by separate contracts, which complies to current practice. Apart from the network transmission, Content providers incur platform costs and compensation payments to holders of the copyrights. The entire service is ultimately purchased by End users who may directly con-

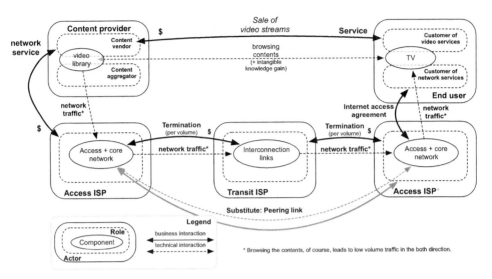

Fig. 67.2 VoD value network without side payments

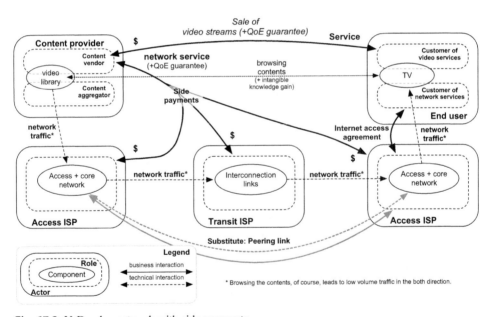

Fig. 67.3 VoD value network with side payments

sume the video on their TV. This scenario, thus, comes with distinct technical provisioning chains and business interactions. In other words, the Content providers sell the video to the End user, but the actual transmission is performed via a chain of other entities.

For particular addresses in Manhattan (USA) and in Westminster (UK), we have identified three wholesale (fixed line) and 11 retail offers (any network technology) Access ISPs

Table 67.1 VN dependencies in a VoD scenario

	End user	Content provider	Access ISP (USA)	Transit ISP	Access ISP (UK)
W/o side payments	0.944	0.766	0.597	0.934	0.994
With side payments	0.942	0.635	0.654	0.998	0.999

resp. with high speed Internet offers, as well as 13 known Tier-1 and 23 CDN providers operating in these areas. Based on estimations[7], we have considered 1.7 million VoD customers in the UK and have identified 10 VoD players (big players) still in service in the UK. We have set the market size of entities as follows: £ 235 million for VoD end users[8], $ 21.08 billion for VoD Content providers[9], £ 32 billion for Access ISPs in the USA and £ 4 billion in the UK[10], Transit ISPs and CDNs at $ 5.81 billion We have further taken the prices from each service provider's web site and have assumed an average price tag for unpublished offers. We have further used Dr. Peering's transit pricing projection[11] for 2013 ($ 1.57 per Mbps per month). Finally, we have fixed the following margin rates: 11.34 % for all ISPs and CDNs[12], and 18.8 % or 4.2 % for VoD Content providers with variable pricing[13] or monthly subscriptions[14] resp. Apart from that, we have assumed equal risk dependencies due to the absence of publicly available data.

With the aligned data, we have computed the dependency results, cf. Table 67.1 (with side payments). While the high dependency of the Access ISP (UK) may be caused by only modelling the competitive consumer business, the Access ISP in the USA profits from the huge entity size and very low competition. Thus, we are more concerned by the high dependency of the Transit ISP.

---

[7] http://point-topic.com/free-analysis/global-iptv-subscriber-numbers-q4-2013/, last accessed: November 12, 2014

[8] http://www.screendaily.com/features/in-focus/uk-vod-all-eyes-are-on-this-market/5053562.article, last accessed: November 12, 2014

[9] http://www.marketsandmarkets.com/PressReleases/audio-video-on-demand-avod.asp, last accessed: November 12, 2014

[10] Ofcom Communications Market Report (CMR): http://stakeholders.ofcom.org.uk/binaries/research/cmr/cmr13/icmr/ICMR_2013_final.pdf (p. 256), last accessed: November 12, 2014

[11] http://drpeering.net/white-papers/Internet-Transit-Pricing-Historical-And-Projected.php, last accessed: November 12, 2014

[12] Based on an average of BT's and Comcast's profit margins in March 2013, e.g., http://ycharts.com/companies/CMCSA/profit_margin.

[13] Wuaki TV: http://www.axonpartnersgroup.com/index.php/project/wuaki-tv/, last accessed: November 12, 2014

[14] Netflix: http://ycharts.com/companies/NFLX/profit_margin, last accessed: November 12, 2014

67.4.2 With Side Payments

As depicted in Fig. 67.3, we have revamped the previous case in order to test side payments in an otherwise identical VoD scenario. The revised VN drastically streamlines the business interactions, as the Content provider takes on a central role in all monetary interactions. It collects the overall payments from the End users, but also directly orders the network transmission services from ISPs. Contrary to studies on revenues effects of side payments, e.g., see [4,12], we will entirely focus on structural implications induced by side payments.

When using the identical data and retaining the separate Internet access contract for basic Internet surfing, we yield the revised dependencies, cf. Table 67.1 (w/o side payments). Despite contrary intuition, the strategic position of the Content provider is substantially improved by replacing the cascade of ISPs (i.e., Content provider is the central money distributor). This may mitigate revenue advantages for ISPs (if existent) under this payment regime in the long run.

67.5 Conclusions

Based on our prior works, we have further evolved our quantitative analysis technique for VNs in order to better assess the (current) configuration of an industry. We have applied this technique to an assessment of economic benefits of side payments. When transitioning from a classical VoD scenario to a side payments regime, we have observed a rising power uptake of side payment senders (Content providers) at the expense of receives (all ISPs). Apart from that, Transit ISPs have been highly pressured in both cases and contrary to consumer ISPs have limited prospects of altering their position. In comparison to Access ISPs in the UK, the prosperous case of Access ISPs in the USA (high power uptake) demonstrate the competitive power of high entity sizes paired with low competition. In future work, we aim at targeting other interesting scenarios from telecommunications like offloading cellular traffic to Wi-Fi networks.

References

1. Allee, V. (2000). Reconfiguring the value network. *Journal of Business Strategy, 21*(4), 36–39.
2. Ballon, P. (2007). Business modelling revisited: The configuration of control and value. *INFO: The Journal of Policy, Regulation and Strategy for Telecommunications, Information and Media, 9*(5), 6–19.
3. Benkler, Y. (2006). *The wealth of networks—how social production transforms markets and freedom*. New Haven: Yale University Press.
4. Caron, S., Kesidis, G., & Altman, E. (2010). *Application neutrality and a paradox of side payments*. In: Proceedings of the Re-Architecting the Internet (ReARCH '10) ACM.

5. Casey, T., & Töyli, J. (2012). Dynamics of two-sided platform success and failure: An analysis of public wireless local area access. *Technovation, 32*(2012), 703–716.

6. Ghezzi, A. (2012). *A proposal of business model design parameters for future internet carriers.* In: Proceedings of the Networking 2012 Workshops. pp. 72–79. Springer LNCS.

7. Gulati, R., Lavie, D., Singh, & H. (2009). The nature of partnering experience and the gains from alliances. *Strategic Management Journal, 30*(11), 1213–1233.

8. Hakansson, H., & Snehota, I. (1989). No business is an island: The network concept of business strategy. *Scandinavian Journal of Management, 5*(3), 187–200.

9. Lerman, R.I., & Yitzhaki, S. (1985). Income inequality effects by income source: A new approach and applications to the United States. *The Review of Economics and Statistics, 67*(1), 151–157.

10. Normann, R., & Ramirez, R. (1994). *Designing interactive strategy: From the value chain to the value constellation.* New York: Wiley.

11. Porter, M. E. (1985). *Competitive advantage: Creating and sustaining superior performance.* New York:Free Press.

12. Reichl, P., Zwickl, P., Löw, C., & Mailé, P. (2013). *How paradoxical is the "Paradox of Side Payments"? Notes from a network interconnection perspective.* In: Proceedings of the Wired/Wireless Internet Communications (WWIC) Conference, pp. 115–128.

13. Teece, D. J. (2010). Business models, business strategy and innovation. *Long Range Planning, 43*(2–3), 172–194.

14. Timmers, P. (1998). Business models for electronic markets. *Electronic Markets, 8*(2), 3–8.

15. White, D. (1995). Application of systems thinking to risk management: A review of the literature. *Management Decision, 3*(10), 35–45.

16. Yitzhaki, S. (1983). On an extension of the Gini Inequality Index. *International Economic Review, 24*(3), 617–613.

17. Zwickl, P., & Reichl, P. (2012) *An instance-based approach for the quantitative assessment of key value network dependencies.* In: Proceedings of the Networking Workshops 2012, pp. 97–104. IEEE.

18. Zwickl, P., & Reichl, P. (2013). *Graph-theoretic roots of value network quantification.* In: Proceedings of 19th EUNICE/IFIP WG 6.6 International Workshop, LNCS, vol. 8115, pp. 282–286. Springer Berlin Heidelberg.

19. Zwickl, P., Reichl, P., & Ghezzi, A. (2011). *On the quantification of value networks: A dependency model for interconnection scenarios.* In: Proceedings of the 7th International Workshop on Advanced Internet Charging and QoS technology (ICQT'11), LNCS, vol. 6995/2011, pp. 63–74.

Software-Industrialisierung – Wie industrialisiert man Wissensarbeit?

Josef Adersberger

Zusammenfassung

Industrialisierung verspricht das Überleben im Wettbewerb. Doch wie steht es um die Softwareentwicklung? Gehört die Zukunft Fabriken, in denen Computer automatisch Software produzieren, oder Software-Manufakturen mit Heerscharen von Billiglöhnern? Im Beitrag werden vor diesem Hintergrund Thesen diskutiert, wie Softwareentwicklung weiter industrialisiert werden kann – und wie nicht.

68.1 Was ist Software-Industrialisierung?

Digitalisierung ist ein Mega-Trend unserer Zeit. Motor der Digitalisierung ist Software. Die Welt benötigt aktuell mehr Software als produziert werden kann. Gleichzeitig kann Software an vielen Orten der Welt produziert werden. Die Ressourcen professioneller Softwareentwicklung sind global verfügbar: Gut ausgebildete Informatiker und Zugang zum Internet. Aus diesen Gegebenheiten lassen sich zwei zentrale Herausforderungen ableiten:

1. Das Produktionsvolumen an Software muss gesteigert werden, um die Bedarfe befriedigen zu können.
2. Die Stückkosten pro Software müssen gesenkt werden, um im globalen Wettbewerb bestehen zu können.

J. Adersberger (✉)
QAware GmbH, München, Deutschland
E-Mail: josef.adersberger@qaware.de

© Springer-Verlag Berlin Heidelberg 2015
C. Linnhoff-Popien et al. (Hrsg.), *Marktplätze im Umbruch*, Xpert.press,
DOI 10.1007/978-3-662-43782-7_68

Beides ist Kern jeder Industrialisierung: Hohes Produktionsvolumen gepaart mit niedrigen Stückkosten. *Software-Industrialisierung ist also, Software in zunehmendem Volumen bei abnehmenden Stückkosten produzieren zu können.* Das wirft zwei grundsätzliche Fragen auf:

1.Wie bemisst sich das Produktionsvolumen von Software? Software kann beliebig oft und schnell kopiert werden, ihr Produktionsvolumen ist aus dieser Perspektive beliebig groß. Diese Sichtweise ist jedoch zu naiv: Wir müssen uns vielmehr fragen, was die eigentliche Wertschöpfung bei der Softwareentwicklung ist. Diese setzt voraus, dass man das Problem der Nutzer versteht, mit Kreativität eine fachliche und technische Lösung dafür findet und abschließend das Gelernte mit Quellcode formuliert und als Softwarefunktion nützlich macht. Das Produktionsvolumen bei der Softwareentwicklung lässt sich somit besser über die Anzahl der nützlichen Softwarefunktionen (*Features*) bestimmen. Wie nützlich ein Feature ist, wird über den erzielten Mehrwert (*Business Value*) bestimmt.

2. Was sind die Stückkosten einer Softwarefunktion? Da Software von Menschen ohne relevanten Materialeinsatz produziert wird, lautet die erste Näherung an eine Antwort: Benötigte Arbeitszeit mal Arbeitszeitkosten.

Erfahrungen aus der Praxis legen nahe, dass hier ein Summand fehlt: die *Qualitätsschulden* – zukünftige Kosten, die durch falsche Kompromisse bei der Softwareentwicklung hinsichtlich der Qualität entstehen. Man programmiert unter Zeitdruck oder aus Nachlässigkeit unsauber, verzichtet auf gründliche Tests, verletzt die Softwarearchitektur und verzichtet darauf, wichtige, aber verborgene Eigenschaften einer Software zu gewährleisten, zum Beispiel Wartbarkeit oder Sicherheit. All das hat zunächst keine offenkundigen Folgen. Man weicht zunächst nur geringfügig von einem angemessenen Qualitätsniveau ab.

Wenn Software langfristig weiterentwickelt wird, treten jedoch massive Probleme auf: Die Kosten von Änderungen steigen immer weiter an. Bis hin zu dem Zeitpunkt, an dem mit einem bestehenden Budget keine nennenswerten Änderungen, kein Business Value, mehr umgesetzt werden können. Diesen Zustand nennen wir *Softwarebankrott*. Den Unterschied zwischen den Änderungskosten bei degenerierender Qualität und angemessener Qualität nennen wir *Qualitätsschulden* (Abb. 68.1), auch als technische Schulden bekannt.

Warum werden Änderungen bei zu vielen Qualitätskompromissen mit der Zeit immer aufwändiger? Das liegt daran, dass die Aufwände nicht nur dadurch entstehen, den neuen oder geänderten Code zu schreiben, sondern die wesentlichen Aufwände entstehen aus der notwendigen Arbeit drum herum:

- Den Ort der Änderung ermitteln und den bestehenden Code dort verstehen.
- Die Änderung konzipieren und entwerfen.
- Die Anwendung auf ungewollte Seiteneffekte der Änderung hin testen.

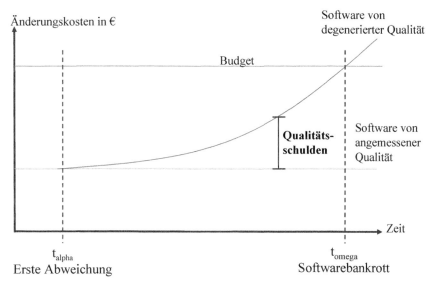

Abb. 68.1 Qualitätsschulden

Und diese Aufwände werden immer teurer, je komplexer, fehlerhafter, ungetesteter und instabiler eine Software ist.

Diese Qualitätsschulden im Sinne einer *Total Cost of Ownership* Betrachtung mit zu berücksichtigen bei den Stückkosten, ist aus unserer Sicht angebracht.

Zusammenfassend ergeben sich aus diesen Betrachtungen heraus die folgenden Formeln zur Bestimmung der beiden wesentlichen Dimensionen der Software-Industrialisierung:

a) Produktionsvolumen = Summe des Business Value der entwickelten Features pro Zeiteinheit.
b) Stückkosten = Arbeitszeit × Arbeitszeitkosten + Qualitätsschulden.

68.2 Wie Software-Industrialisierung nicht funktioniert: Off-Shore

Der Ansatz, Software durch Heerscharen an Entwicklern in einem Land mit niedrigem Lohnniveau entwickeln zu lassen, funktioniert unserer Auffassung nach nicht langfristig. Bezogen auf die oben dargestellten Formeln werden durch die Off-Shore-Entwicklung die folgenden beiden Hebel gewählt:

1. Das Produktionsvolumen steigern durch eine gesteigerte Teamgröße.
2. Die Stückkosten erniedrigen durch niedrigere Arbeitszeitkosten.

Dieser Ansatz mag für Spezialfälle und kurzfristig zu einer höheren Softwareindustrialisierung führen, taugt aber nicht als langfristige Lösung, denn:

1. Die Teamgröße ist beschränkt und kann nicht beliebig erhöht werden [1]. Es hat sich die Regel von Tom DeMarco bewährt, dass die maximale Teamgröße in einem Softwareprojekt nicht größer als die Quadratwurzel des geschätzten Gesamtaufwands in Bearbeitermonaten sein sollte [2]. Steigt die Teamgröße über diesen Wert ist das Projekt kaum mehr zu koordinieren und die Produktivität sinkt.
2. Die Lohnkosten für Softwareentwickler werden steigen im globalen Wettbewerb um die besten der Zunft. Die Arbeitszeitkosten für gute und produktive Softwareentwickler steigen also tendenziell – dies ist ein negativer Effekt auf die Softwareindustrialisierung. Und die billigen, weniger guten, weniger produktiven Entwickler tragen negativ zum Produktionsvolumen bei und erhöhen die Qualitätsschulden; erzeugen also auch einen negativen Effekt auf die Softwareindustrialisierung.

68.3 Wie Software-Industrialisierung funktioniert: Steigerung der Produktivität und Qualität

Folgend wollen wir einen aus unserer Sicht nachhaltigen Ansatz zur Softwareindustrialisierung vorstellen, der insbesondere in hochentwickelten Industrienationen wie Deutschland funktionieren kann. Bezogen auf die oben dargestellten Formeln werden die folgenden Hebel gewählt:

1. Die Produktivität von Teams bei konstanter Teamgröße steigern. Dies bedeutet: Die Arbeitszeit zu reduzieren, die pro Business Value benötigt wird. Dies hat zwei Ausprägungen: Erstens, das Team schlichtweg schneller machen und zweitens, auf ein geringstmögliches Kosten-Nutzen-Verhältnis fokussieren. Damit steigt sowohl das Produktionsvolumen als auch sinken die Stückkosten.
2. Die Qualität hoch halten und damit die Qualitätsschulden so gering wie nur möglich halten. Das Ideal von keinen Qualitätsschulden ist unserer Erfahrung nach möglich. Sollten Qualitätsschulden entstehen, so gilt es, diese nicht groß werden zu lassen und schnellstmöglich wieder abzubauen. Damit sinken die Stückkosten und das Produktionsvolumen steigt dadurch, sodass weniger Aufwand der Behebung von Qualitätsschulden gewidmet werden muss.

In den folgenden Abschnitten wollen wir konkrete Rezepte beschreiben, wie die Produktivität gesteigert und die Qualität erhöht werden kann – also Rezepte, wie die Softwareentwicklung weiter industrialisiert werden kann.

68.3.1 Produktivität: Individuelle Produktivität steigern

Ein wichtiger Ansatzpunkt zur Produktivitätssteigerung ist, die Produktivität jedes einzelnen Teammitglieds hoch zu halten. Ein Schlüssel dafür ist der Flow-Zustand ([3], deutsch: Schaffens-/Tätigkeitsrausch, Funktionslust). Jeder, der schon einmal ausgiebig programmiert oder Texte geschrieben hat, kennt diesen Zustand, in dem man in der Tätigkeit vollständig vertieft, ausschließlich auf diese konzentriert und intrinsisch dafür motiviert ist. Dieser Zustand ist der Idealzustand für produktives Arbeiten. Doch wie kann man fördern, dass Teammitglieder sich möglichst oft in diesem Zustand befinden?

Unterbrechungsfreies Arbeiten Das Arbeitsleben eines Softwareentwicklers ist geprägt von Unterbrechungen: Fragen von Kollegen, Telefonanrufe, Instant Messages, E-Mails. Untersuchungen zeigen, dass selbst Unterbrechungen von wenigen Sekunden einen Konzentrationsverlust von ca. 20 Minuten erzeugen [4]. Wird man also nur für kurz aus dem Flow gerissen, so dauert es lange Minuten, bis man wieder im Flow und damit hochproduktiv ist. Dies illustriert der sogenannte Sägeblatt-Effekt [4]. Die Produktivität steigt mit der Zeit. Man kommt immer tiefer in einen Flow-Zustand von hoher Produktivität. Jede Unterbrechung reduziert die Produktivität dann jedoch deutlich und man muss sich wieder mühsam in den Flow-Zustand zurückkämpfen. Konsequenz ist es, Unterbrechungen möglichst zu vermeiden. Dafür gibt es eine Reihe an Ansätzen, die sich bewährt haben:

* Kleine Büros: In Großraumbüros ist die Wahrscheinlichkeit von Ablenkungen und Unterbrechungen offensichtlich größer als in kleinen Büros mit wenig Arbeitsplätzen.
* Stille Stunden und Klausuren: Fest definierte Zeitfenster, an denen Unterbrechungen nicht akzeptiert sind. Telefonanrufe werden nicht entgegengenommen. Kollegen dürfen nicht stören. E-Mails werden nicht gelesen.
* Kodex für Unterbrechungen: Es werden Regeln definiert, wann man nicht angesprochen werden sollte. Zum Beispiel wenn die Tür zum Büro geschlossen ist oder eine Ampel auf dem Schreibtisch oder im virtuellen Raum auf Rot steht.
* Rückzugsmöglichkeiten: Es gibt spezielle Räume oder gar das Home Office, in die man sich zurückziehen kann.
* Werkzeuge mit Ablenkungsschutz: So gibt es mittlerweile diverse Programmierwerkzeuge, Textverarbeitungsprogramme und Kommunikationswerkzeuge mit einem speziellen *Distraction Free* Modus, bei dem alles, was ablenken kann, ausgeblendet wird.

Optimale Arbeitsumgebung Offensichtlich aber trotzdem oft vernachlässigt ist die Tatsache, dass nur eine optimale Arbeitsumgebung überhaupt ermöglicht in einen Flow-Zustand zu kommen. Nur wenn man sich wohl fühlt und mit guten Werkzeugen ausgestattet ist, wird man auch produktiv. Das bedeutet insbesondere:

* Es sollten angenehme Räumlichkeiten für die Arbeit verfügbar sein mit viel Licht und Platz.

- Es sollte schnelle Hardware und intuitiv zu bedienende Software verfügbar sein.
- Es sollten große oder mehrere Bildschirme verfügbar sein, um die vielfältigen Werkzeuge der Softwareentwicklung gleichzeitig bedienen zu können.

68.3.2 Produktivität: Automatisierung

Den Flow-Zustand zu fördern ist ein wichtiger Produktivitätstreiber. Mindestens genauso wichtig ist eine konsequente und pragmatische Automatisierung von Aufgaben der Softwareentwicklung. Dies ist eine Geschichte voller Irrwege in der Softwareentwicklung. Folgend stellen wir einen Ordnungsrahmen für die Automatisierung vor, der sich aus unserer Sicht bewährt hat. Es sollte bei der Automatisierung zwischen der *Erfinderwerkstatt* und dem *Software-Fließband* unterschieden werden.

Die Erfinderwerkstatt ist der Arbeitsplatz des Softwareentwicklers – die Automatismen und Werkzeuge, die er in seiner täglichen Arbeit einsetzt. Die Erfinderwerkstatt ist Ort der größten Wertschöpfung innerhalb der Softwareentwicklung. Ein Softwareentwickler ist kein Fabrikarbeiter, der stereotype Arbeiten erledigt, sondern ein kreativer Wissensarbeiter. Seine Hauptaufgabe ist das schnelle Erlernen von Fachlichkeit und Technik und die kreative Entwicklung von Softwarelösungen. Aus diesem Grund muss die Erfinderwerkstatt maximale Freiheit bieten und eine Vielzahl an spezialisierten und effizienten Automatismen bieten – vergleichbar mit dem Werkzeuggürtel eines Handwerkers. Ist ein Stück Software in der Erfinderwerkstatt aber fertig, so beginnt der Ernst des Lebens: Dann landet die Software auf dem Software-Fließband.

Das Software-Fließband erzeugt aus mehreren Stücken Software eine produktionsreife Version. Wie der Name bereits suggeriert, handelt es sich dabei um einen hochgradig automatisierten Prozess. Die Software wird dabei integriert, in ihrer Qualität abgesichert und abschließend verteilt. Wie bei einem klassischen Fließband werden dabei verschiedene Verarbeitungsschritte durchlaufen, die jeweils maximal möglich automatisiert sind. Dieser Ansatz wird auch als auch *Build Pipelines* [5] bezeichnet.

68.3.3 Produktivität: Geringe Fertigungstiefe

Ein weiterer Produktivitätstreiber ist eine möglichst geringe Fertigungstiefe. Es sollte darauf fokussiert werden, so viele Dinge wie nur immer möglich wiederzuverwenden. Dies hat mindestens drei verschiedene Ausprägungen.

Erstens, geringe Fertigungstiefe von Software. Es sollten möglichst viele vorgefertigte Software-Bausteine wiederverwendet werden. Die Rolle der Softwareentwicklung kann in diesem Fall als Software-OEM bezeichnet werden. Heutzutage ist eine Vielzahl an Open-Source-Bausteinen verfügbar, die ohne weitere Lizenzkosten in eine Anwendung integriert werden können. Eine Stichprobe von uns in mehreren Industrieprojekten hat gezeigt, dass die Fertigungstiefe hier zwischen 1 und 7 % liegt, also der Anteil an individuell entwickeltem Code im Verhältnis zum gesamten Code einer Anwendung (inkl. wiederverwendeter Bausteine). Um jedoch keine Qualitätsschulden aufzubauen, muss insbesondere der Einsatz von Open-Source-Bausteinen professionalisiert werden. Es müssen Verfahren eingesetzt werden, wie man Open-Source-Bausteine breit recherchiert, passend und risikoarm auswählt und richtig integriert.

Zweitens, Geringe Fertigungstiefe von Infrastruktur: Hat man früher noch viel Zeit in Softwareprojekten damit verbracht, die dafür notwendige Betriebsinfrastruktur aufzubauen, so kann diese mittlerweile fast wie aus der Steckdose bei Cloud-Computing-Anbietern bezogen werden. Entsprechende Infrastruktur-Werkzeuge helfen dabei, Software und Hardware automatisiert zusammen zu bringen.

Drittens, geringe Fertigungstiefe von Wissen: Mit dem Internet steht ein Großteil des Weltwissens auf Tastendruck zur Verfügung. Entweder in Form von bereits vorgefertigten Texten und anderen Medien oder zumindest erfragbar in existierenden und gut vernetzten Communities. Wo man vor 15 Jahren noch Bücher gewälzt hat oder kreativ geworden ist, reicht nun eine Recherche im Internet. Wie man dort jedoch recherchiert und auch richtige von falschen und stabile von instabilen Aussagen unterscheidet, ist eine Disziplin für sich und Softwareentwickler müssen entsprechend ausgebildet werden.

68.3.4   Produktivität: Nutzenorientierung statt Anforderungsorientierung

Gerade in Offshore-Szenarien wird die Softwareentwicklung als Anforderungs-Umsetzungs-Maschine gesehen: Anforderung rein und Quellcode raus.

Eine solche bedingungslose Anforderungsorientierung erzeugt jedoch oft nicht Software von optimalem Nutzen. Aus unserer Sicht haben sich proaktive Entwicklerteams bewährt, die den Nutzen von Anforderungen noch einmal kritisch hinterfragen und kreative Ideen für noch mehr Nutzen generieren. Gerade die folgenden Fragestellungen sind dabei besonders wertvoll und können eigentlich nur von Softwareentwicklern beantwortet werden:

- Wo lässt sich ein gleicher Nutzen mit alternativer, günstigerer oder quergedachter Umsetzung erzielen?
- Wo ist durch den Einsatz von modernen Technologien ein großer Zusatznutzen denkbar?

Unabdingbar dafür ist es dann natürlich, dass das Entwicklerteam und die Anforderer eng und geographisch nah zusammenarbeiten. So schafft man ein möglichst geringes Verhältnis zwischen Kosten und Nutzen, also geringe Kosten und hoher Nutzen, und steigert somit die Produktivität.

68.3.5   Qualität: Holistische Qualität

Um in Bezug auf die Qualität einer Software konkurrenzfähig zu sein und keine Qualitätsschulden aufzubauen, ist ein holistisches Verständnis von Softwarequalität notwendig. So gibt es bereits seit Jahrzehnten Qualitätsmodelle für Software wie z. B. den Standard ISO/IEC 9126, die einen umfangreichen Satz an Qualitätsmerkmalen von Software definieren. In vielen Softwareprojekten wird es jedoch als ausreichend angesehen, wenn die Software funktioniert und wartbar ist. Hierfür existieren eine Vielzahl an Methoden und Werkzeugen der Softwareentwicklung. Es gibt jedoch eine Reihe an weiteren Qualitätsmerkmalen, die in ihrer Wichtigkeit auf die Fehlerfreiheit und Wartbarkeit aufschließen, wie z. B.:

- Sicherheit und Datenschutz
- Usability und User Experience
- Performance, Zuverlässigkeit, Robustheit, Skalierbarkeit
- Portierbarkeit
- Barrierefreiheit
- Ethische Korrektheit

Lippenbekenntnisse dazu sind schnell gemacht und es wird dann trotzdem dem Zufall überlassen, ob das Qualitätsmerkmal angemessen ist oder ob seine Unangemessenheit nie oder erst zu spät entdeckt wird.

Was es braucht sind Methoden, Bausteine, Infrastruktur und Werkzeuge, mit denen man eine Vielzahl an Qualitätsmerkmalen in die Software hinein konstruieren kann und die Angemessenheit messen kann.

68.3.6 Qualität: Keine Qualitätsschulden aufbauen

Qualitätsschulden haben eine äußerst unangenehme Eigenschaft: Ihre negative Wirkung entsteht erst mit Verzögerungen und die Qualitätsschulden sind dabei zunächst wenig sichtbar. Abbildung 68.2 illustriert dies: Funktionen und Defekte einer Software sind offensichtlich, da direkt erfahrbar als Nutzer. Ob jedoch Qualitätsmerkmale angemessen

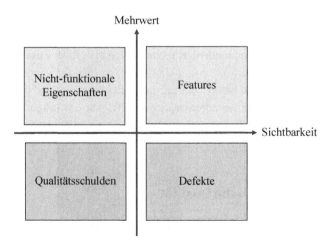

Abb. 68.2 Das Wesen von Qualitätsschulden

erfüllt sind oder Qualitätsschulden existieren, ist kaum sichtbar und oft nur durch Experten bestimmbar. Dies muss sich mit zunehmender Softwareindustrialisierung ändern. Dies kann durch die folgenden drei Schritte ermöglicht werden:

Schritt 1: Messbar machen In diesem Schritt geht es darum, messbare Eigenschaften (*Metriken*) von Software zu identifizieren, die sich auf ein Qualitätsmerkmal abbilden lassen. Dabei ist grundsätzlich zwischen statischer und dynamischer Analyse zu unterscheiden. Statische Analyse untersucht den Quellcode einer Software, die dynamische Analyse ihr Laufzeitverhalten. Abbildung 68.3 zeigt beispielhafte durch die jeweiligen Analysearten messbare Eigenschaften von Software.

Schritt 2: Verbindliches Qualitätsniveau etablieren In diesem Schritt geht es darum, Richtwerte für bestimmte Metriken zu definieren, die dann ein verbindliches Qualitätsniveau bezogen auf bestimmte Qualitätsmerkmale darstellen. Wir nennen dies einen *Qualitätskontrakt*. Abbildung 68.4 zeigt einen beispielhaften Qualitätskontrakt, der sich in der Praxis bewährt hat.

Statische Analyse	**Dynamische Analyse**
• Code-Anomalien	• Laufzeit-Anomalien
• Code-Metriken	• Laufzeit-Metriken
• Code-Konventionen	• Testüberdeckung
• Abhängigkeitsstrukturen (z.B. Zyklen)	• Zeitverhalten und Ressourcenverhalten
• Duplikate	• Auftretende Fehler und Ausnahmen
• Architekturverletzungen	• Nutzerverhalten / Nutzungsintensität
	• Mögliche Angriffsvektoren
	• Accessibility-Probleme

Abb. 68.3 Statische und dynamische Analyse

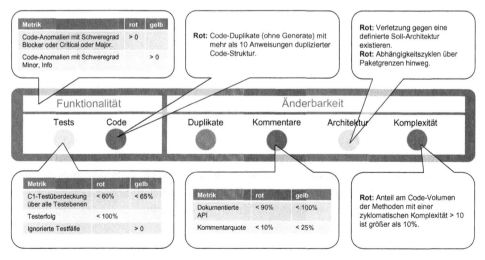

Abb. 68.4 Ein Qualitätskontrakt

Abb. 68.5 Ein Information Radiator

Schritt 3: Abweichungen vom Qualitätsniveau omnipräsent machen Nimmt man den
Qualitätskontrakt ernst, so muss man Abweichungen davon schnellstmöglich beheben.
Nur so werden Qualitätsschulden langfristig niedrig gehalten. Damit dies gelingt, müssen
Abweichungen omnipräsent im Team gehalten werden. Dies gelingt durch ein Werkzeug
wie einen Information Radiator.

Ein Information Radiator (s. Abb. 68.5) ist ein Bildschirm an einer zentralen Stelle im
Büro (z. B. der Kaffeeküche), der aktuelle Qualitätsinformationen zur Software darstellt.
Dies sind Abweichungen vom Qualitätskontrakt, aber auch Trends zu wichtigen Metriken,
um degenerierende Qualität möglichst schon vor Verletzung des Qualitätskontrakts erkennen zu können. Damit ein Information Radiator auch omnipräsent wirkt, hat sich der
Einsatz von Attraktoren bewährt, also Elemente wie News oder Comics, die die Aufmerksamkeit auf den Information Radiator ziehen

68.4 Zusammenfassung

Die Software-Industrialisierung kann gesteigert werden, indem man die Produktivität und
Qualität der Softwareentwicklung steigert. Offshore-Ansätze sind dafür aus unserer Sicht
nicht geeignet. Wir haben eine Reihe an konkreten Rezepten vorgestellt, mit denen man
die Produktivität und Qualität der Softwareentwicklung steigern kann. Sie zielen darauf
ab, die individuelle Produktivität zu steigern, den Automatisierungsgrad zu erhöhen, eine
geringe Fertigungstiefe von Software, Infrastruktur und Wissen zu erzielen, mehr auf den
Nutzen denn auf die unreflektierte Umsetzung von Anforderungen zu achten und Qualität
umfassend zu begreifen, zu messen und omnipräsent zu halten. Dies sind alles Ansätze,
mit denen die Softwareentwicklung gerade in einer Industrienation wie Deutschland im
internationalen Wettbewerb weiter industrialisiert werden kann.

Literatur

1. Brooks, F. (1975). *The mythical man-month*. Addison-Wesley.
2. DeMarco, T., Lister, T. R., & Dorset House. (2013). *Peopleware: Productive projects and teams*. Pearson.
3. Csikszentmihalyi, M. (1991). *Flow: The psychology of optimal experience*. HarperPerennial.
4. Seiwert, L. (2006). *Das neue 1 × 1 des Zeitmanagement*. Gabler.
5. Humble, J., & Farley, D. (2010). *Continuous delivery: Reliable software releases through build, test, and deployment automation*.

Modeling Partner Networks for Systematic Architecture Derivation in Software Ecosystems

69

Andreas Schönberger and Christoph Elsner

Abstract

Partner networks have proven successful in delivering comprehensive customer offerings. Market leaders of various domains, from industry to online services, leverage the innovative strength and resource capacities of their partners to complement and extend existing offerings or to define completely new offerings. Examples such as Amazon's sales platform or Google's Android network are just prominent representatives of a rich universe of digital cooperation strategies. Software ecosystems have emerged as a digital cooperation strategy in partner networks. They leverage a common technological base to coordinate the contributions of multiple software and service providers to a shared market. The technological base may consist of an execution platform such as Android, an open solution framework such as Eclipse, or just a set of standards such as DICOM or PROFINET. For a software ecosystem to flourish, the interests of all members have to be considered and balanced and the common technological base needs appropriate architectural design and engineering practices. Based on an industry-grade system as a running example, we describe an integrated approach that uses ecosystem modeling for both aligning the interests of ecosystem members and for architectural design.

A. Schönberger (✉) · C. Elsner
Siemens AG, Corporate Technology, Erlangen, Deutschland
e-mail: andreas.schoenberger@siemens.com

C. Elsner
e-mail: christoph.elsner@siemens.com

© Springer-Verlag Berlin Heidelberg 2015
C. Linnhoff-Popien et al. (Hrsg.), *Marktplätze im Umbruch,* Xpert.press,
DOI 10.1007/978-3-662-43782-7_69

655

69.1 Cooperative Product Creation with Software Ecosystems

The ongoing digitalization of today's world is an enabler and driver of fundamental changes to economy. Digital product distribution channels allow for *personalized, individual offerings* provided by tightly integrated *partner distribution networks* [12]. By aligning strategies, business models and technical assets, these distribution networks evolve to real *partner value networks* and replace simple product bundling with *cooperative value creation*.

Recently, the paradigm of software ecosystems is emerging to jointly solve both the strategic and the technical aspects of cooperative value creation. Aligned to earlier definitions [2, 8], we define a software ecosystem as follows:

> A software ecosystem consists of
> - a set of interacting, but independent software and service providers and consumers, together with the relationships among them,
> - a shared market for software and services, and
> - a common technological base such as reference architectures, platforms, or standards.

Software ecosystems are a reality today in various domains, from the prominent business-to-consumer ecosystems such as Google's Android or Apple's iOS, via open-source centric ecosystems such as the Eclipse IDE, to standards-based industrial ecosystems such as DICOM or PROFINET. Although these ecosystems all have created significant value for their ecosystem members, they differ greatly in domain, technological solution assets and ecosystems structure.

Considering all these differences, it is clear that new ecosystems cannot be established by simply copying existing ecosystem strategies. What is necessary is a method for systematically analyzing the interplay of the roles of a prospective ecosystem in terms of business and technology. This, in turn, lays the foundation for deriving the architecture of the *common technological base* of the envisioned ecosystem.

Existing approaches for architecture analysis [7, 10] are well-suited for eliciting the business requirements for system architectures or system-of-system architectures and for checking compliance of these architectures with the respective requirements. However, they fall short of taking the setting of roles and their interactions in ecosystems as a variable part of the analysis. The approach of McGregor for analyzing software product line ecosystems [11] explicitly targets at identifying the optimal setting of roles and their interplay out of different possible settings. However, this approach focuses on transaction cost analysis of different settings and does not link the analysis to architectural decisions.

Compared to these approaches, we propose a new method that considers the set of roles and interactions in an ecosystem as modifiable and that explicitly considers motivations, constraints and goals of participants. In addition, we define a framework for assessing ecosystem strategies and architectural consequences. In the following, we outline this method and apply it to the anonymized example of integrating industry-grade systems.

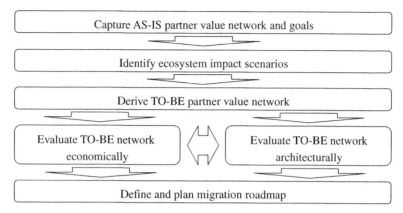

Fig. 69.1 Overview of method for systematic ecosystem analysis and architecture derivation

Figure 69.1 visualizes the steps of our method that we discuss in the subsequent sections. For the sake of brevity, we do not dedicate a separate section to the definition and planning of a migration roadmap as suggested by Fig. 69.1. Instead, the final section discusses our method and identifies areas for further investigation.

69.2   Capture AS-IS Partner Value Network and Goals

Software ecosystems are rarely built from scratch. Rather, existing partner value networks are migrated into ecosystem settings under the leadership of only one or a few influential players.

As migration to an ecosystem may tremendously impact existing businesses (cf. above), a thorough analysis of the existing value network of partners is crucial. For this analysis, the practice of business modeling is an effective means, which is available for more than a decade [3–6, 13]. In the following, we will only outline the core elements of value networks, as these are sufficient to illustrate the concept of systematic architecture derivation. These elements are:

- **Roles:** Roles are abstract representations of value network partners. They are characterized by the motivations to participate in the network, and the set of value flows they can/must receive or deliver.
- **Value flows:** Value flows are exchanges of physical, financial or informational value objects between the roles of a software ecosystem. The core criterion for identifying value objects is whether their respective flow is directly or indirectly fed into the product or service to be delivered to the end customer.
- **Motivations, Constraints, and Goals:** Each partner has a set of essential motivations for participating in the partner value network. Certain constraints, in turn, limit this willingness to participate. Finally, some partners may have concrete goals for directly or indirectly transforming the partner value network.

As a running example for analyzing and transforming a partner value network, we adopt the perspective of an integrator of complex, large-scale systems. This is a common case in many domains of Siemens, from building automation over shop floor solutions to public transportation systems and power plants. Let's assume the systems consist of the following subsystems: (1) sensor subsystems for gathering monitoring information, (2) information distribution systems for delivering information to operators, and (3) actuator subsystems for controlling physical objects.

Table 69.1 shows the value flows of the partner value network. The customer provides a *requirements specification* to the integrator who translates it into *subsystem requirements specifications* for suppliers. Further, the integrator provides a technological component, *the communication hub*, for managing central configuration and runtime data of the system and for enabling subsystem communication. Moreover, the integrator performs *integration and acceptance tests* for the subsystems and delivers the *integrated overall system* to the customer who does the final *system acceptance test*. Note that monetary value flows are left out for brevity.

In addition to value flows, it is essential to capture the main motivations and limiting constraints of the partners, to be able to assess their expected reactions to the possible impact scenarios defined in the next step. The motivation and constraints can be acquired, for example, through market research or stakeholder interviews. They commonly differ depending on the role of the partner (cf. Table 69.2).

Table 69.1 AS-IS value flows of the partner network of the running example

Source role	Value flow	Target role		
		Customer	Integrator	Supplier
Customer	Requirements specification		X	
	System acceptance test		X	
Integrator	Subsystem requirements specification			X
	Communication hub			X
	Subsystem integration and acceptance test			X
	Integrated system	X		
Supplier	Subsystem		X	

Table 69.2 Motivations and constraints of partner roles

Role	Motivation for participation	Constraints on value network
Customer	Trust in integrator competency, long term availability and support	Actively influences and limits the network (explicit supplier in-/exclusion)
Integrator	Ability to focus on integration competency, acquisition of suppliers for subsystems	Favors integrating internally produced subsystems over external subsystems, if available
Supplier	Ability to take part in and contribute to larger projects	Refuses to participate if requirements and technical constraints do not match own production model

Finally, the known future goals of all partners have to be captured, in case their achievement requires or results in changes to the partner network. These goals are the basis for identifying impact scenarios in the next step of the method and serve for verifying goal achievement. For the purpose of exemplifying our method, let us assume that the following goals have been identified for the integrator in focus:

- Reduce number of hardware devices to reduce cost and installation space in order to achieve competitive advantage.
- Reduce complexity of integration in order to achieve shorter time-to-market and predictable delivery dates.
- Enable new breeds of suppliers that specialize in software only, to facilitate new applications that increase customer attractiveness of the platform.
- Enable new business opportunity, by facilitating adding new functionality after installation, for retrofitting.

69.3   Identify Ecosystem Impact Scenarios

The next step is to identify the set of possible ecosystem impact scenarios, this is, scenarios that affect the partner network structure. Adopting the perspective of the integrator, these impact scenarios split into strategic actions of the integrator, in particular to reach the goals listed in the last section, and possible/likely actions of others with effect to the network. To identify impact scenarios, a multitude of methods can be used, such as market studies, in-organization stakeholder workshops, or customer interviews. For our running example, we have identified the following impact scenarios, which all relate to possible actions of the integrator:

- **Impact scenario 1:** Provide a common execution platform
  Here, the integrator introduces a common execution platform to be used by suppliers. It shall comprise standard mechanisms for communication, isolation of supplier applications in order to ensure their quality of service (and safety), and development support for suppliers. The platform shall allow deployment of new applications after the solution has been initially delivered to the customer.
- **Impact scenario 2:** Integrate mobile device applications
  The idea is to provide a new breed of applications for standard mobile devices that do not require special sensors or actuators. For example, pending maintenance tasks could be displayed once an operator scans tags on the devices.
- **Impact scenario 3:** Provide an open app-store
  Offer an open public interface and host an app-store for attracting new third-party applications.

As further input, possible impact scenarios can be derived from [9]. The authors give a comprehensive overview of different possible intensities of partner cooperation ("shades of openness") on strategic, tactical and operational level.

69.4 Derivation of TO-BE Partner Value Network

As the next step, it is necessary to determine how the impact scenarios transform the AS-IS into a TO-BE value network. Therefore, we identify the changes in the value flows induced by the impact scenarios. In general, these can be changes in the types of involved partners or value flows, and changes in characteristics of value flows (e.g., intensity). Once we have identified those at an overview level, we describe the economic and architectural analysis in the next sections.

Based on previously gathered information, we derive the following partner network changes for impact scenario 1: The supplier structure needs to change. Some specialized suppliers will continue to supply complete subsystems, others will specialize in delivering hardware for the common execution platform, yet others will supply software only that is run on the execution platform. The integrator's interactions will also change. First, new value flows will be established. The integrator will have to enable suppliers for providing software to the execution platform by offering *development support* and the customer may want to contribute software to the execution platform himself. Finally, several value flows will change in intensity. For example, the *subsystem requirements specifications* will have to define acceptance criteria for supplier contributions and *system integration* will have to provide the necessary *isolation of applications* on the same hardware from each other, e.g., in terms of *performance*.

The effect of impact scenario 2 is similar to impact scenario 1, insofar as specialized suppliers (i.e., mobile app suppliers) will appear in the value network, and the integrator needs to provide tailored development support and appropriately aligned processes. We skip the detailed analysis of the case for the sake of brevity.

Finally, the effect of impact scenario 3 again changes the supplier structure, as a true open app store creates a set of anonymous suppliers. These, in turn, call for new value flows, such as providing comprehensive *development support for anonymous developers* and specific marketing activities to attract new suppliers. Finally, existing flows also are modified, such as acceptance tests. They require a tight integration into the app store concept (e.g., automated checks during the upload of apps) and need to thoroughly cover *any* kind of unwanted side-effects, mainly in terms of non-functional requirements such as performance or security.

Having sketched the effect of impact scenarios on roles and value flows, the next sections go into a more detailed business and technology analysis. Note that, although we describe these steps one after another, they affect each other and, therefore, cannot strictly be serialized. Similarly, it is an absolute must to draw validation from both, a business and a technology expert.

69.5 Evaluate TO-BE Network Economically

The economic evaluation of the TO-BE value network can be split up into three steps: step (1) compares the AS-IS value flows (cf. Table 69.1) and TO-BE value flows (cf. Sect. 69.4) to identify potential adoption barriers, step (2) leverages a series of heuristics to identify flaws in the TO-BE network, and step (3) elaborates the impact of the scenarios on the partner behavior, given their motivations and constraints. Obviously, this three-step process does not include a monetary assessment in the sense of a classical business case analysis. Although this is a necessity for concrete projects, it is not specific to our method and therefore left out.

In the following, we concentrate on impact scenario 1, as impact scenario 2 has marginally different effects only, and the investment needed for impact scenario 3 simply is not justified by the target number of applications to be attracted:

Comparison of AS-IS Value Flows with TO-BE Value Flows This first step in economic analysis is to identify new, removed or modified flows. This is a natural output of the previous step (cf. above) and serves for identifying adoption barriers. One striking change of impact scenario 1 is the split of the supplier flow *Subsystem* into dedicated flows for hard- and software. For achieving the goal of reducing hardware devices, the majority of suppliers will have to migrate part of their software to the centralized execution platform. Only a few will provide the actual execution platform hardware, what, in turn, will affect the business model of these suppliers. Therefore, it is unlikely to be accepted without providing them with compensating benefit. Other significant barriers become evident by inspecting the new value flow *development support* from integrator to supplier and the modified flow *subsystem requirements specification*. Both pose technological and developmental challenges, which need to be evaluated in the subsequent step. The former flow requires a suitable development environment for suppliers. For the latter flow, a detailed definition of compliance for software contributions is necessary.

Application of Heuristics Whereas the first step analyzes changes in value flows, the second step analyzes the TO-BE network as such. From our experience, a series of heuristics can be leveraged for this purpose: First, the number of input flows that a role needs to generate output flows should not be too high. As well, it should not be the case that flows are just passed on untouched to other roles. Furthermore, the number of flows that can only be delivered by one single concrete ecosystem participant should be minimized. However, the most important heuristic is a check of value flows against incentives. If the effort of generating value flows is higher than the incentive to do so, then no one is likely to take the corresponding role in the ecosystem. A good example is the exclusion of impact scenario 3 (cf. above) due to the unreasonably high effort for the integrator to open up the industry-grade system to anonymous suppliers.

Impact of Scenarios on Partner Behavior The third step checks the identified value network changes of the previous section against the motivations and constraints of the ecosystem participants. This needs to be done both for previous and new partner roles. For the new "software-only" and "hardware-only" suppliers, motivations and constraints turned out not to differ from those already raised for the previous suppliers (cf. Table 69.2). Furthermore, providing a common execution platform per se is not expected to affect the principle motivation of customers and suppliers to participate in the ecosystem. Regarding the constraints of Table 69.2, however, we can identify two important factors for a successful ecosystem:

- Concerning constraints of customers, we must explicitly bring those suppliers on board early that are considered as mandatory partners by many customers (de-facto standard suppliers). Without providing means to integrate those suppliers, customers may not be willing to accept the newly provided systems.
- Concerning constraints of suppliers, we must set the scope of the platform to neither endanger their technical niche nor their developmental capabilities.

69.6   Evaluate TO-BE Network Architecturally

The last section revealed that the economic evaluation of ecosystems cannot be done without appropriate consideration of architectural and technological aspects. This section shows how the AS-IS and TO-BE value networks can be used to define the appropriate technological underpinning of value flows. For doing so, we propose another three-step process that starts with a technology assessment of value flows for ensuring completeness and justification of value flows. Based on this, architectural decisions are derived. Finally, the well-proven practice of risk-driven prototyping [1] for validating the most important decisions should be applied. As this last step is vastly independent of the method proposed, we focus on the first two steps in the following subsections.

69.6.1   Technology Assessment of Value Flows

The technology assessment of value flows enriches the previous value flow analysis with technological information. This comprises capturing the current technology support for the AS-IS network and its migration to the TO-BE network, as well as the identification of technological hotspots of the TO-BE network.

In our running example, the state of practice in the AS-IS network incorporates predominantly paper-based and physical exchange mechanisms and incorporates extensive manual work: Requirements and development constraints as well as interface specification are commonly handed over in paper-based specifications. The delivery artifacts of suppliers are physical subsystems, which are delivered at a rather late stage in system development to the integrator. The integrator then can start with extensive manual acceptance testing, which incorporates the threat that major flaws are only revealed at this late stage and cause considerably more cost compared to early detection of the flaws.

This situation can be improved for the TO-BE network by adding technological support to the value flows as follows. Even more, this increased level of technological support is even a must of the TO-BE network to work properly:

- Regarding the value flow of subsystem specifications for "software-centric" contributions, the current development cycle can be straightened by providing *"implemented" subsystem specifications and constraints*. For example, automated test cases as well as architecture and code compliance checks can be delivered to suppliers within the specification, to rule out ambiguity and to reduce the number of costly cases where flaws are uncovered as late as during acceptance testing. Furthermore software-only suppliers can *deliver "pre-releases"* regularly and with little effort, to furthermore avoid misunderstandings and waste.
- To enable the delivery of the execution platform, it is necessary to extend this delivery *with adequate development support*, suitable for the technical users. This includes, among others, the technical means to assess the performance demands of the supplier applications.
- The platform architecture, in turn, needs to be designed in a way that *isolates the supplier applications from each other* in order to prevent that the misbehavior of one supplier application affects the quality of other, in particular mission-critical, applications on the same platform.

69.6.2   Derivation of Architectural Decisions

Based on the previous technological assessment of the partner network, the architecture team can derive architectural options that then are to be decided under consideration of the economic validation of the TO-BE network. Based on this procedure the following architectural decisions can be derived for our running example.

- Concerning the *"implemented" subsystem specifications*, the integrator can, among others, choose between a custom-tailored IDE that incorporates automated tests and code compliance checks or a minimal test harness that focuses on automated integration tests only. Although the former option offers considerably more control over the quality of supplied code, the integrator chooses the latter for not interfering with existing supplier development environments.
- As regards the *adequate development support in terms of performance assessment*, the integrator could again provide a test harness for assessing resource consumption automatically or just provide a monitoring application for simplifying the collection of resource consumption data. As performance engineering not only depends on the load

of a system but also on the internal structure of the corresponding code, the integrator chooses the latter option so as to give the necessary freedom and responsibility to suppliers to measure the right thing.

- With regard to the *isolation of supplier applications* from each other, the integrator could just provide for sufficient capacity to accommodate the peak resource consumption of all supplier applications. Alternatively, the integrator could use virtualization technology to limit the maximum resource consumptions of individual applications. As the integrator does not want to survey the development work of suppliers in detail and, at the same time, economically relies on the trust of customers in his integration capabilities, he decides to impose resource limits based on virtualization.

69.7 Conclusion

The analysis of ecosystem strategies is a far from trivial task that needs analysis from multiple perspectives. Above all things, the reciprocal influence between business and architecture needs mitigation. Modeling AS-IS and TO-BE value networks as described above defines a means for communication between the diverse experts needed to balance business and architecture. Moreover, a framework for analyzing these networks from multiple perspectives has been defined.

Obviously, the running example focuses on a very small excerpt of an ecosystem that leaves out lots of detail. This reflects the focus on the interplay between the steps of our method in favor of a complete description of one of our real-world cases. Further, the attentive reader may have noticed that we have left out a detailed treatment of the migration planning phase of Fig. 69.1 as it does not differ significantly from the migration planning of other strategic software projects.

As regards the scope of our running example, it concentrates on a situation in which migrating to an ecosystem scenario is analyzed. However, the method can easily be adapted to analyzing strategic moves of other ecosystem players or the impact of market trends.

Finally, experience shows that the definition of methods and processes alone is insufficient for successful projects. Rather, effective collaboration of business analysts, domain experts and software architects is the key—and our method gives them a framework for structuring their collaboration.

References

1. Boehm, B. W. (1991). Software risk management: principles and practices. *Software, IEEE,* *8*(1).
2. Bosch, J. (2009). *From software product lines to software ecosystems.* 13th Int. Software Product Line Conf. (SPLC '09). Pittsburgh, USA.

3. Gordijn, J., & Akkermans, H. (2001). *E3-value: Design and evaluation of e-business models. IEEE Intelligent Systems, 16*(4).
4. Handoyo, E., et al. (2013). *Software ecosystems modeling: The value chains.* Conference on Management of Emergent Digital Ecosystems (MEDES '13), New York, USA.
5. Hedman, J., & Kalling, T. (2003). *The business model concept: Theoretical underpinnings and empirical illustrations.* European Journal of Information Systems, Palgrave, Vol. 12.
6. Huemer, C., et al. (2008). *A UML profile for the e3-value e-business model ontology*, 3rd International Workshop on Business/IT Alignment and Interoperability (BUSITAL'08) Montpellier, France.
7. Ionita, M. T., et al. (2002). *Scenario-based software architecture evaluation methods: An overview.* ICSE Workshop on Methods and Techniques for Software Architecture Review and Assessment (ICSE/SARA), Orlando, USA.
8. Jansen, S., et al. (2012). *Defining software ecosystems: A survey of software platforms and business network governance.* 4th Int. Workshop on Software Ecosystems (IWSECO '12), Cambridge, USA.
9. Jansen, S., et al. (2012). Shades of gray: Opening up a software producing organization with the open software enterprise model. *Journal of Systems and Software, Elsevier, 85*(7).
10. Kazman, R., et al. (2012). Scaling up software architecture analysis. *Journal of Systems and Software, Elsevier, 85*(7).
11. McGregor, J. D. (2010). A method for analyzing software product line ecosystems. 4th European Conference on Software Architecture: Companion Volume (ECSA '10), New York, USA.
12. Popp, K. M. (2011). *Hybrid revenue models of software companies and their relationship to hybrid business models*, 3rd Int. Workshop on Software Ecosystems (IWSECO '11), Brussels, Belgium.
13. Zott, C., & Amit, R. (2010). *Business model design: An activity system perspective. Long Range Planning, Elsevier, 43*(2–3).

Customer Managed Security Domain on Mobile Network Operators' SIM Cards: Opportunities to Enable New Business Models

70

Arne Munch-Ellingsen, Anders Andersen, Sigmund Akselsen and Randi Karlsen

Abstract

Mobile Network Operators' (MNOs) role as keystone players in the smartphone business ecosystem is challenged by other actors and technologies that could reduce the importance of the Universal Integrated Circuit Card (UICC, aka the SIM card). Modern UICC are Java Cards that include a Global Platform conformant Secure Element currently under the MNOs control. We argue that there is an opportunity in the smartphone business ecosystem to offer easy access for customers and service providers to the Secure Element on the UICC for storing data and for installing and executing applications with high demands for security. The MNOs could let the customers own and manage their private Global Platform specified Supplementary Security Domain on the Secure Element, thereby enabling new business models for services using this asset. We have designed and implemented SecurePlay, a client side, proxy based "lightweight" Trusted Service Manager (TSM) prototype and have successfully used it to manage Secure Elements on UICC in the Telenor operated mobile phone network in Norway. SecurePlay is a novel technical approach to management of the Secure Element, which allows

A. Munch-Ellingsen (✉) · S. Akselsen
Telenor, Tromsø, Norway
e-mail: arne.munch-ellingsen@telenor.com

S. Akselsen
e-mail: sigmund.akselsen@telenor.com

A. Andersen · R. Karlsen
UiT The Arctic University of Norway, Tromsø, Norway
e-mail: Anders.Andersen@uit.no

R. Karlsen
e-mail: Randi.Karlsen@uit.no

© Springer-Verlag Berlin Heidelberg 2015
C. Linnhoff-Popien et al. (Hrsg.), *Marktplätze im Umbruch,* Xpert.press,
DOI 10.1007/978-3-662-43782-7_70

667

operators to cost efficiently enable end-user ownership and operation of their own private security. A proof-of-concept prototype of the proxy based TSM is presented and business aspects are discussed.

70.1 Introduction

Use of mobile applications has increased steadily over the last decade. Much of the success has been ascribed to app stores that are digital distribution platforms for mobile apps on various devices. The app stores allow customers to browse, download and install applications that make use of specific attributes of their devices, such as motion sensors for game controls and cameras for online video calling. So far few applications have involved device attributes for offering secure services although customers have expressed a demand for such services [1], for example, contactless cards.

The Universal Integrated Circuit Card (UICC) including its Subscriber Identity Module (SIM) serves as the security anchor in mobile networks by providing a mean for identification and authentication of customers. The UICC is tamper resistant and also offers additional functionality for secure applications that could strengthen the role of the Mobile Network Operator (MNO) in the mobile services business ecosystem. Examples include the SIM Application Toolkit and the Global Platform (GP)'s specification of Supplementary Security Domains (SSDs) [2, 3]. Although such business ecosystem has been technically possible it has not found wide adoption. Some solutions for issuing contactless cards and authentication of users exist. These solutions pay attention to requirements made by MNOs and service providers (financial institutions) and could hardly be described as customer-centric. Consequently, other approaches to security challenges have emerged.

In this article we argue for a novel solution to management of the secure element that puts a focus on the customer. We have coined the prototype SecurePlay and it involves easy distribution of applications with high demands for security as well as customer ownership and management of their private SSD on the Secure Element (SE). The solution enables various new business models for services using the SE asset. Examples of such new services include rental of Global Platform space, management of content and applets, sale of UICCs with more power/memory and marketing and sale of a plethora of new services based on easy authentication.

70.2 The SIM/UICC Evolution and Trusted Service Managers

The evolution of the SIM card has resulted in the more general purpose UICC and a management infrastructure supporting it.

70.2.1   The SIM Card

The SIM card is a fundamental part of the value chain and market offering for all (GSM-based) MNOs across the world. The SIM card has since Giesecke & Devrient sold the first 300 to Radiolinja in 1991 [4] been the entity that securely identifies the mobile subscription as a basis for mobile operators for charging and billing their subscribers. The evolution of the SIM has not happened in a structured way or been controlled by one player or organization. However, the GSM standards for mobile networks as specified by ETSI (European Telecommunications Standards Institute) requires authentication of a mobile subscriber through a secure device (the SIM card). In this respect, the SIM card has always performed the following valuable functions:

- Identification of a subscriber
- Authentication of a subscriber

The SIM card was from the beginning a removable card, and today we see SIM functionality on removable UICCs in several physical form factors. On modern UICCs the basic SIM functionality (identification and authentication) is merely one of several applications running on the UICC operating system. The dominant operating system is the Java Card Open Platform (JCOP) that is compliant with both the Java Card [5] and the Global Platform [6] specifications.

70.2.2   Trusted Service Managers

From a functional point of view the Trusted Service Manager allows service providers to have their applications (i.e., applets) installed and managed on the Secure Element over the air (OTA). The Trusted Service Manager is a well-defined role in NFC ecosystems [7] and is a neutral broker that sets up business agreements and technical connections between participants in an NFC ecosystem.

The way existing Trusted Service Managers handles the Secure Element on the UICC has been to use one of the available telecom oriented Over The Air (OTA) channels. Such channels usually use the Short Messaging Service (SMS) or the Bearer Independent Protocol (BIP) with usage of the handsets broadband modem's data connection for transport of the UICC APDU commands necessary to manage the UICC properly. Setting up the needed functionality for a trusted service manager (TSM) that is Common Criteria EAL 4+ [8] certifiable (for banking applications) is costly.

In existing TSM solutions service providers can distribute their service to users regardless of which MNO their UICC is owned by. Most existing TSMs that are targeting payment services as their primary market is required to have strong physical security to the location where the TSM is hosted. There is a growing market demand for TSM solutions, and different actors are positioning themselves with respect to this opportunity [9].

70.3   SecurePlay

The fundamental idea behind SecurePlay is to have some sort of proxy software running under the mobile phone operating system (a daemon or as an embedded library in mobile phone applications).

70.3.1   Proxy Based TSM Solution

The proxy software can on demand request the TSM server to create SSDs (Supplementary Security Domains) or upload and install applets on the UICC. The proxy software then receives wrapped (encrypted) APDU commands from the TSM server that performs the requested action. The proxy will forward the APDU commands to the Global Platform Secure Element (GP SE) over the SIM Alliance Open Mobile API. This scheme, illustrated in Fig. 70.1, will allow the TSM to send sequences of wrapped APDUs to authenticate, create SSDs, load and install applets and manage them through the proxy. The SecurePlay TSM would in the "real world" have to interact with the MNO in order to have an SSD created for a customer.

The primary advantage of this approach is that the mobile phones broadband connection can be directly used to handle the transport of APDU commands instead of relying on

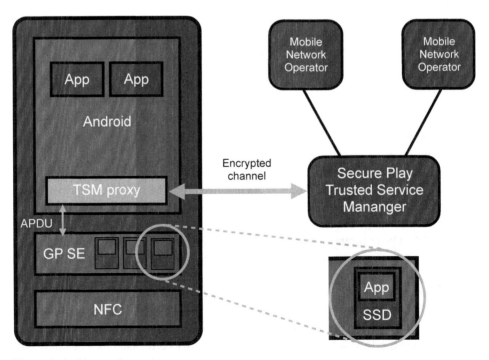

Fig 70.1 Architectural overview

telecom oriented OTA channels. Another obvious advantage is that it is possible to support end users with familiar use cases related to the installation of Secure Element applications. For example, if the Secure Element application also includes a graphical user interface provided through a normal operating system application (e.g., an Android application) on the mobile phone, it will be possible, behind the scene, to install the associated Secure Element applet as part of the installation of the Android application that is being down-loaded through the mobile phone app store (e.g., Google Play). That means that today's complex installation procedure of a secure application can appear to the user to be done in one stage. A lightweight proxy based TSM could make NFC card emulation applica-tions attractive to service providers where a traditional TSM solution is too complex and too costly. A lightweight TSM could have relaxed physical security. A large number of applications for non-bank service providers do not need the strict Common Criteria EAL 4+ certification.

The proxy based TSM let the customers own and manage their own private security domain (SSD), thereby enabling new business models that put the consumer in focus. This implies that secure applications can be sold directly to customers, who can fill their private SSD with applications at will.

70.3.2 Evolution

With a working and scalable SecurePlay TSM solution our next step will be to design an end to end service for customers that want to include NFC card emulation as part of their business offering. We have pinpointed transportation ticket providers, physical access providers (e.g., NFC door locks and mobile phone keycard emulation), and loyalty card/ coupon providers as the main market for a lightweight TSM solution. All these service providers have a need or wish for using NFC card emulation as part of their offering. They are used to limited fraudulent use of their existing offerings today. As long as a mobile phone card emulation solution provides at least as good protection and is more cost ef-ficient as their existing solutions they will be satisfied.

We have created a prototype design of a complete self-serve offering for service pro-viders and end user customers. Our focus is to allow the service providers to create their service using easy to use web based graphical user interfaces. Figure 70.2 shows the pre-liminary design for the loyalty card use-case.

70.3.3 Cipurse

For many applications (e.g., loyalty cards, coupons, access keys, etc.) the only thing you actually need on the SIM card is byte blob or record file storage in addition to security and safety mechanisms (i.e., authentication, message encryption and tearing handling). Instead of creating application specific applets on the UICC, it is in many cases a better solution

VALUE CARD MODEL

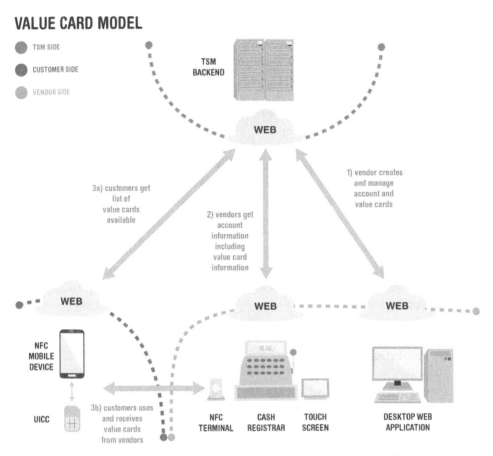

Fig 70.2 Service design for loyalty card use-case

to use a generic secure storage on the UICC. The Open Standard for Public Transport (OSPT) Alliance[1] Cipurse standard [14] is a perfect match for these cases. The only service specific functionality that needs to be handled by the TSM is the personalization and/or provisioning of the Cipurse content. Using the OpenMobile API it is possible to allow applications on the mobile phone to read the content of the secure storage. This is useful in order to be able to create feature rich graphical user interfaces on the mobile phone related to the service oriented secure information in the Cipurse applet. Updating the information on the Cipurse applet can also be done in this manner but in order to keep the update/write keys secure the TSM could initialize such updates. How important this is will depend on the wanted security level for the underlying service. As part of our work we have implemented a Global Platform applet that conforms to the OSPT Cipurse S specification. The Cipurse S applet has successfully been installed on UICCs.

---

[1]   http://www.osptalliance.org/.

70.4   Business Process Analyses

Benyó [15] summarizes insights from business process analysis done in the SToLPaN project[2] as follows:

1. Users prefer a dynamic NFC platform, which provides a multi-application environment, where they can download and remove NFC services. They want a simple and easy tool to manage their service portfolio, which hides complexity.
2. Service providers need NFC platforms that can dynamically accept their applications.
3. SE owners who sell space on their device also prefer the dynamic platform that can generate more downloads.

SecurePlay has the potential to fulfill the demands of all three parties with ease-of-use and at relatively low cost.

Juntunen [16] aims to analyze the NFC mobile ticketing business model holistically to identify critical issues that affect the commercial success of such a service. They use the STOF theoretical framework proposed by [17] and discuss business model issues tied to the service, technology, organization and finance domains. With regard to technology they claim that service providers have had reservations about installing their applications on the UICC. A significant issue has been control. If the MNO issues the UICC, they are in control of the platform where the secure applications are placed. In the past, these service providers have been able to issue their own cards. By opening up the UICC to users and service providers as suggested in our SecurePlay approach, the control concerns by service providers could be eased.

Putting the consumer in the center related to secure applications and Secure Elements, for us, means that the consumer are aware, owns and can manage his/hers security domain on the UICC. This implies that the consumer can buy an SSD and fill it with secure applications at will. With the use of the business model canvas terminology [18] we can describe the SecurePlay business model with the following value propositions, channels, and revenue streams.

The value propositions for the consumer-centric approach are:

- Let consumers own and manage their own security domain (SecurePlay SSD)
- Let consumers install secure applications in SecurePlay SSD from SecurePlay Store at will!
- SecurePlay Store is for the UICC (aka SIM) what Google Play is for Android smart phones!

---

[2] http://www.stolpan.com/.

The suggested revenue streams for the SecurePlay business model are:

- Sell, directly to consumers, SecurePlay GP enable UICC with a variable data capacity (e.g., 512 Kb, 1 Mb, etc)
- Sell, directly to consumers, SecurePlay SSDs
- Sell, directly to consumers, SecurePlay applications (with e.g., 50/50 % cut to third party service providers)

Together, the value propositions, channels and revenue streams, constitute an example business model canvas for a consumer-centric product that we have called SecurePlay. We believe that a consumer-oriented business model represents a good business case for a TSM.

70.5   Related Works

NFC card emulation services and other security-enabled services needs a Secure Element with secure storage, cryptographic functionality and side channel attack protection in order to store needed keys and to provide the wanted identification, authentication and encryption functionality. Security enabled services related to payment are from a pecuniary point of view very interesting since it places the provider of the service in the middle of the money flow. For this reason we are seeing a Secure Element war between large players like Goggle, Apple, PayPal, handset vendors and MNOs. The SIM Alliance have provided a specification for communication between Android applications and the Secure Element [11] but the open source implementation of this specification has not found its way to the default distribution of Android. Google have instead introduced Hosted Card Emulation (HCE) in its latest version of Android (KitKat)[3] that enables direct contact with the NFC contactless frontend from Android applications. HCE together with a hosted Secure Element in the cloud or in conjunction with a "secure enough" element in a Trusted Execution Environment [19] will be a head on competitor to Secure Elements on the SIM (UICC) for many types of applications.

Urien and Piramuthu [20] have introduced the idea of a cloud of Secure Elements where applications are stored in secure elements located in the cloud, and the smartphone is used as a secure NFC bridge between a NFC reader (or a NFC initiator) and the remote Secure Elements. The NFC proxy is secured by a SIM, or any component including a Secure Element (SD memory, NFC-Controller). Their experiments have shown that this could be a viable solution even for applications with stringent timing demands.

Pourghomi and Ghinea [21] consider different positions of a Secure Element within the NFC architecture and find that the UICC is the favorable alternative. They further argue that cloud computing can be a viable solution for dealing with NFC application manage-

---

[3]   http://developer.android.com/about/versions/kitkat.html.

ment. As an example they discuss a payment application "that every time the customer makes a purchase the payment application which contains the customer's credentials is downloaded into the mobile device (SE) from the cloud and, after the transaction, it is deleted from the device and the cloud will update itself to keep a correct record of customer's account balance".

The cloud-based architecture allows multi-tenant use and supports intelligent profiling properties, enabling the delivery of personalized content to each user. By managing the content associated with each NFC tag deployed within a particular environment, information, campaigns and service offers can be dynamically updated or customized for specific user profiles. Deploying the service takes less than a minute per tag (depending on the MNO network's reception), and deployments can be scaled to any number of tags and users.

Apple has included NFC capability in the newest released handsets (iPhone 6, iPhone 6 Plus, and Apple Watch), but for now Apple uses NFC only to enable Apple Pay, their own contactless payment system. However Apple is also promoting a Bluetooth Low Energy (BLE) solution called iBeacon for proximity aware services and as a payment solution. Identification and authentication in Apple's solution are handled by fingerprint scanning (touch ID) and a secure element embedded in the recently released phones (iPhone 6 and iPhone 6 Plus). The BLE based solution for older iPhones is possibly implemented with a cloud based Secure Element.

70.6   Conclusions

The approach to providing TSM services described in this paper proposes the usage of a TSM proxy running under the mobile phone Operating System. The approach is specific to smart phone scenarios and relies on the presence of SIM Alliance API [11] support on the handset. With this requirement fulfilled, a novel approach to provisioning of TSM services such as creation of Supplementary Security Domains and Install and Load of Secure Element applets without the usage of ordinary Telecom oriented OTA channels, is suggested. The approach will allow the support of automatically, on the fly, installation of the Secure Element applet as part of the installation of the associated mobile phone application that provides the Graphical User Interface (GUI) for the secure service. The SecurePlay TSM will also allow for better feedback to the end-user using Android specific graphical user interfaces since the SecurePlay proxy is a native Android service. Usage of telecom oriented OTA channels does not provide this possibility. The SecurePlay proxy can also relay log messages to the backend SecurePlay server over the established encrypted HTTPS channel and thus facilitates for extended logging of warnings and errors that the service provider can get access to. The approach therefore supports a customer and service provider centric approach for the utilization of the services provided by the Secure Element. We have outlined new customer centric business models for Secure Element services and pointed out some interesting revenue streams related to these new models. The project has been performed as an open innovation project with several partners[4].

References

1. Evjemo, B., Akselsen, S., Slettemeås, D., Munch-Ellingsen, A., Andersen, A., & Karlsen, R. (2014). "I expect smart services!": User feedback on NFC based services addressing everyday routines. Mobility and Smart Cities, Mobility IoT.
2. Alimi, V., & Pasquet, M. (2009). *Post-distribution provisioning and personalization of a payment application on a UICC-based secure element.* Proceedings of the 4th international conference on availability, reliability and security (ARES 2009).
3. Reveilhac, M., & Pasquet, M. (2009). *Promising secure element alternatives for NFC technology.* Proceedings of 1st international workshop on near field communication, pp. 75–80.
4. Asif, S. Z. (2010). *Next generation mobile communications ecosystem: Technology management for mobile communications.* Wiley.
5. Sun Microsystems. (2006). Java Card, version 2.2.2. Specifications, Sun Microsystems, Inc.
6. GlobalPlatform. (2006). GlobalPlatform, version 2.2. Specifications, GlobalPlatform.
7. Gemalto. (2008). The role of the TSM. The Review, p. 7.
8. Common Criteria. (2012). Common criteria for information technology security evaluation, version 3.1, revision 4. International Standard ISO/IEC 15408, Common Criteria.
9. Leopold, H., Campbell, A., Hutchison, D., & Singer, N. (1992). Towards a integrated quality of service architecture (QOS-A) for distributed multimedia communications. In A. Danthine & O. Spaniol (Eds.), High Performance Networking, IV, Proceedings of the IFIP TC6/WG6.4 4th international conference on high performance networking, IFIP Transactions, vol. C-14, pp. 169–182, Liège, Belgium, Elsevier Science B. V.
10. ISO/IEC. (2013). Identification cards—integrated circuit cards—part 4: Organization, security and commands for interchange. Published Standard ISO/IEC 7816-4:2013, ISO/IEC.
11. SIM Alliance. (2013). Open Mobile API specification, v2.04. Specifications, SIM Alliance.
12. NFC Forum. (2007). Near field communication and the NFC forum: The keys to truly interoperable communications. White paper, NFC Forum.
13. ETSI. (2010). Smart cards; uicc—contactless front-end (clf) interface; host controller interface (hci), release 11. Technical Specification TS 102 622, ETSI.
14. OSPT Alliance. (2012). Cipurse specification, version 2.0. Specification, The Open Standard for Public Transport Alliance.
15. Benyó, B. (2009). Business process analysis of NFC-based services. In IEEE International Conference on Computational Cybernetics (ICCC 2009), pp. 75–79. IEEE.
16. Juntunen, A., Luukkainen, S., & Tuunainen, V. K. (2010). Deploying NFC technology for mobile ticketing services: Identification of critical business model issues. Ninth international conference on mobile business and ninth global mobility roundtable (ICMB-GMR 2010).
17. Bouwman, H., Vos, H., & Haaker, T. (Eds). (2008). *Mobile service innovation and business models.* Springer.

---

[4] The Norwegian research council, VERDIKT project number 201377 has supported this work. Special thanks to Simon Nistad for providing Fig. 70.2, and to Kristian Elsebø, Robert Pettersen and Erlend Helland Graff for the implementation of the SecurePlay proxy and TSM. Finally, thanks to Richard Karlsen for his contribution to the implementation of Cipurse profile S.

18. Osterwalder, A., & Pigneur, Y. (2010). *Business model generation: A handbook for visionaries, game changers, and challengers*. Wiley.
19. GlobalPlatform. (2011). The trusted execution environment: Delivering enhanced security at a lower cost to the mobile market. White paper, GlobalPlatform.
20. Urien, P., & Piramuthu, S. (2013). Towards a secure cloud of secure elements: Concepts and experiments with NFC mobiles. In G. C. Fox & W. W. Smari (Eds.), International Conference on Collaboration Technologies and Systems (CTS'13), pp. 166–173, San Diego, CA, USA, IEEE.
21. Pourghomi, P., & Ghinea, G. (2012). *Managing NFC payment applications through cloud computing*. International conference for internet technology and secured transactions, pp. 772–777.

Mehr Transparenz – höheres Risiko: Sicherheit für Unternehmen im Web

71

Andrea Wiedemer und Michael Hochenrieder

Zusammenfassung

Ob Datenlecks bei eBay, kompromittierte Kassensysteme im Einzelhandel oder umfassender Datendiebstahl im Rahmen von Online-Banking – Cyber-Kriminelle nutzen die zahllosen Möglichkeiten des Internets professionell für folgenreiche Attacken. Diese erschüttern das Vertrauen in die Datensicherheit im Internet. Verbraucher wie Unternehmen sind dadurch verunsichert, inwieweit sie die Vorzüge des (mobilen) Internets nutzen können. Denn mit ihren vielfältigen und immer aufwändigeren Angriffsmethoden sind die Angreifer den Unternehmen in der Regel einen Schritt voraus. Unternehmen, die im (mobilen) Web agieren, sind deshalb gefordert, Abwehrmechanismen etablieren, die sie selbst, ihr geistiges Eigentum und ihre Kunden besser schützen. Das Defense-in-Depth-Modell bietet dafür einen Ansatz.

71.1 Das Web – Eldorado für Cyberkriminelle

„Die Angst vor Cyber-Kriminalität führt dazu, dass viele Verbraucher auf die Nutzung bestimmter Online-Dienste verzichten", sagt BITKOM-Präsident Professor Dieter Kempf [1]. Diese Sorge ist berechtigt, denn die Angriffe werden immer professioneller und die Akteure spielen höchst professionell auf der Klaviatur der Angriffsmethoden. Dabei ver-

A. Wiedemer (✉) · M. Hochenrieder
HvS-Consulting AG, Garching b. München, Deutschland
E-Mail: wiedemer@hvs-consulting.de

M. Hochenrieder
E-Mail: hochenrieder@hvs-consulting.de

© Springer-Verlag Berlin Heidelberg 2015
C. Linnhoff-Popien et al. (Hrsg.), *Marktplätze im Umbruch,* Xpert.press,
DOI 10.1007/978-3-662-43782-7_71

folgen sie unterschiedlichste Ziele: Diese reichen von Cyber Crime beispielsweise in Form von massenhaftem Identitätsdiebstahl über das Kopieren streng vertraulicher Informationen im Rahmen von Cyber-Spionage bis hin zum Cyber War unter anderem mit Sabotage von Industrieanlagen oder Versorgungseinrichtungen.

71.1.1 Cyber Crime: Der alltägliche Identitäts-Diebstahl

Cyber-Crime-Attacken adressieren häufig direkt den Endverbraucher. Die Kriminellen stehlen beispielsweise im großen Umfang digitale Identitäten, das heißt: Sie verschaffen sich Zugriff auf Kundendaten unter anderem von Handelsunternehmen oder Banken und verschaffen sich dort Adressdaten, Passwörter oder Kreditkarteninformationen der Kunden. Eine beliebte Methode von kriminellen Hacker-Gruppen, um an diese personenbezogenen Daten zu kommen, sind personalisierte Phishing-E-Mails. So ist laut Lagebild Cybercrime 2013 des Bundeskriminalamtes das Phishing-Mail-Aufkommen im Zusammenhang mit Online-Banking wieder deutlich gestiegen – im Jahr 2013 um 19 % im Vergleich zum Vorjahr [2]. Die Finanzbranche war im Jahr 2014 generell am stärksten von Cyber-Attacken betroffen [3].

Hinter dieser Sorte von Angriffen stecken meist organisierte kriminelle Gruppen. Mit den Kundendaten verfolgen sie verschiedene Ziele:

- Sie missbrauchen Kreditkarteninformationen für eigene Zwecke oder verkaufen diese weiter.
- Sie nutzen fremde Identitäten, um erneute Phishing-Attacken zu organisieren.
- Sie verwenden fremde Rechner-Kapazitäten für den Aufbau von Bot-Netzen.

Gerne greifen Cyber-Kriminelle auch direkt Web Shops oder Dienste wie eBay an. Bei der Auktionsplattform waren Hacker im Frühjahr 2014 in Mitarbeiterkonten eingedrungen. Es gab Hinweise, dass die gekaperten Kundendaten für personalisierte Spear-Phishing-Mails an eBay-Kunden genutzt wurden, um auf diesem Weg wiederum an Kreditkarteninformationen zu gelangen [4].

Letztere stehlen die Angreifer gerne auch im großen Stil bei Handelsunternehmen. So wurde beispielsweise im August 2014 in UPS-Store-Filialen Malware entdeckt, mit deren Hilfe über ein halbes Jahr lang Informationen über Zahlkarten kopiert werden konnten. Bei der US-Einzelhandelskette Target musste nach einem ähnlich organisierten Diebstahl von etwa 40 Mio Kundendaten Ende 2013 sogar der CEO Gregg Steinhafel zurücktreten. Auch dieser Angriff blieb über Wochen hinweg unbemerkt [5].

71.1.2 Cyber-Spionage: Know-how als Diebesgut

Wirtschaftsspionage beginnt häufig mit einem zielgerichteten Cyber-Angriff – einem Advanced Persistent Threat (APT), zu Deutsch eine „fortgeschrittene, andauernde (Cyber-) Bedrohung. APTs sind aufwändig aufgebaut und nutzen meistens verschiedene Angriffsmethoden zeitgleich. Bei den Angreifern handelt sich in der Regel um große Organisationen wie Geheimdienste oder sogar Staaten, die umfassendes, IT-Know-how und „fortschrittliche" Ressourcen (Advanced) besitzen. Sie infiltrieren die Opfer langsam und unauffällig, oft über Monate oder Jahre hinweg (Persistent). Im Schnitt bleiben die Angreifer 229 Tage unentdeckt [6]. Haben sie sich im Netzwerk der Opfer etabliert, greifen die Cyber-Kriminellen beispielsweise im großen Stil Daten ab, was für die Unternehmen eine existenzgefährdende Bedrohung (Threat) darstellen kann. Zu den Betroffenen zählen Regierungsinstitutionen, international agierende Konzerne oder auch innovative mittelständische Unternehmen.

So wurden beispielsweise IBM, EADS oder ThyssenKrupp Mitte 2012 Opfer eines APT. Die Angreifer versuchten laut Aussagen der betroffenen Unternehmen mit aller Macht in die Unternehmensnetze einzudringen. Die Urheber wurden nie gefasst, es gibt aber Hinweise auf eine chinesische Herkunft [7].

Unternehmen melden solche Angriffe relativ selten. Dabei wurde laut einer repräsentativen Befragung des High-Tech-Verbandes BITKOM (Bundesverband Informationswirtschaft, Telekommunikation und neue Medien e. V.) Anfang 2014 innerhalb der letzten zwei Jahre jedes dritte Unternehmen Opfer eines Cyber-Angriffes. Viele gehen davon aus, dass dabei auch Daten gestohlen wurden. Eine wachsende Bedrohung – gerade für besonders innovative Unternehmen.

71.1.3 Cyber War: Kriegsführung im Internet

Terroristen haben einen Teil ihrer Aktivitäten ins Internet verlegt. Und sogar Staaten nutzen Mittel wie Computerviren oder Trojaner, um politische Gegner zu schwächen. Das Spektrum reicht von umfassender Propaganda bis hin zur Sabotage von Militär- oder Versorgungseinrichtungen.

Das prominenteste Beispiel für einen solchen Sabotage-Akt ist der im Jahr 2010 entdeckte Computerwurm „Stuxnet". Stuxnet wurde damals über USB-Sticks in Computer eingeschleust. Dort installierte er sich selbstständig. Ziel des Schadprogramms (Malware): die Sabotage eines bestimmten Systems zur Steuerung technischer Prozesse – die Simatic S 7 der Firma Siemens [8].

Auf diese Weise wurde die iranische Atomfabrik Natanz angegriffen: Zahlreiche Zentrifugen zur Urananreicherung wurden sabotiert. Deshalb wird davon ausgegangen, dass es sich um einen gezielten Angriff gegen das iranische Atomprogramm gehandelt hat.

Theoretisch vorstellbar und praktisch nicht auszuschließen sind auch gezielte Angriffe auf Versorgungseinrichtungen. Der Roman Blackout von Marc Elsberg beschreibt eindrucksvoll die Folgen eines lang anhaltenden Stromausfalls, nachdem Cyber-Terroristen über Smart-Meter die Stromzufuhr deaktivieren [9]. Ausgelöst werden könnte ein solcher Blackout beispielsweise durch eine Distributed-Denial-of-Service-Attacke (DDoS).

71.2 Technik und Mensch: Türöffner für Cyber-Kriminelle

Unternehmen haben die wachsende Gefahr aus dem Web für Ihr Geschäft inzwischen erkannt und sind hochaktiv, was die Abwehr von Cyber-Attacken betrifft. Virenscanner und Firewalls gehören zum Standard, Passwörter werden regelmäßig gewechselt und vieles mehr. Dennoch gelingt es Kriminellen nach wie vor, Unternehmensnetze zu kompromittieren oder auch im großen Stil Identitäten in Web Shops zu stehlen. Dafür setzen sie professionelle Angriffsvarianten gegen Applikationen, Systeme und Menschen ein.

71.2.1 World Wide Shopping: Applikationen werden zum Einfallstor

Eine große Gefahr – gerade für Unternehmen, die Webshops betreiben: Applikationen werden oft nicht unter Sicherheitsgesichtspunkten entwickelt. So werden beispielsweise Dateneingaben über Web-Schnittstellen häufig nicht ausreichend von der entsprechenden Anwendung geprüft.

Eine bevorzugte Angriffsvariante ist die sogenannte „Injection" von Anweisungen in Servern von Datenbanken, in denen sensible Kundeninformationen abgelegt sind. Das trifft vor allem Unternehmen, die über Eingabemasken Kundendaten abfragen. Bei einer SQL-Injection (Structured Query Language) beispielsweise nutzen Hacker die Tatsache aus, dass Daten, die ein Online-Käufer über eine Schnittstelle eingibt, auf dem entsprechenden Zielserver unzureichend validiert werden.

Die Methode der Hacker: Mit speziellen Programmen fangen sie Eingabebefehle zum Beispiel von Bestellungen ab, sobald sie an die Datenbank des Web Shops übergeben werden. In diese Befehle betten sie Schad-Code ein. Dieser Code kann verschiedene Ziele verfolgen:

1. Er liest personenbezogene Daten aus zum Zwecke des Identitätsdiebstahls.
2. Er lädt beispielsweise Spyware nach und greift im Unternehmen vertrauliche Daten ab.
3. Er legt den Web Shop mit einem sogenannten Denial-of-Service-Angriff (DoS) lahm.

Im Beispiel Abb. 71.2 missbrauchen die Angreifer das Konto eines Nutzers, um mit dessen Kreditkarte einzukaufen. Das Open Web Application Security Project (OWASP) führt Injections in ihrer Top-Ten-Liste der größten Risiken für Web-Applikationen als beliebteste Angriffsmethode [10].

Minimieren können Unternehmen das Risiko einer (SQL)-Injection mit einer besseren Validierung der Dateneingaben. Dafür gibt es zum Teil recht einfache Methoden wie

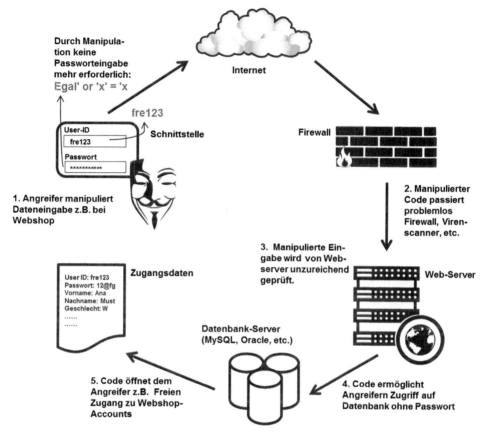

Abb. 71.1 SQL-Injection ist laut OWASP die häufigste Angriffsmethode bei Web-Applikationen. (Bild-Quelle: HvS-Consulting)

den Austausch von Sonderzeichen mit Nummerncodes durch den Server im HTML-Umfeld. Weitere Optionen sind die regelmäßige Auswertung von Logfiles oder der Einsatz von Web Application Firewalls. Letztere untersuchen den Datenaustausch auf der Applikationsebene und schützen so vor Angriffen über gängige Protokolle, wie zum Beispiel HTTP (Hypertext Transfer Protocol) oder HTTPS (Hypertext Transfer Protocol Secure) (Abb. 71.1).

Auch die IT-Systeme selbst bieten Cyber-Kriminellen Einfallstore. Der Grund: Regelmäßiges, zeitnahes Patching oder das Management von Sicherheitslücken (= Vulnerability Management) werden häufig vernachlässigt, weil Unternehmen den Aufwand als zu hoch einschätzen. Dabei zählen sie neben der Härtung (Hardening) sämtlicher Systeme zu den entscheidenden Grundlagen für eine sichere IT. Unter Härtung versteht man das Entfernen sämtlicher, für den Betrieb eines Systems entbehrlichen, Software-Komponenten und nicht benötigter Benutzerkonten. Auch die Schließung unnötiger Ports zählt dazu. Mit Patches werden Sicherheitslücken in Applikationen geschlossen und Funktionen nachgerüstet.

71.2.2 Sonderfall Smartphone

Smartphones spielen bei der Internet-Nutzung eine immer größere Rolle – sowohl im privaten als auch im beruflichen Umfeld. Für IT-Administratoren im Unternehmen ist vor allem letzte eine Herausforderung, denn bei der Härtung der Systeme stellen Smartphones eine Ausnahme dar. Sie sind in der Regel für Endverbraucher konzipiert, werden aber immer häufiger als Teil der Netzwerkinfrastruktur zugelassen. Aber auch für den Anwender selbst bergen die mobilen Begleiter Risiken So werden Smartphones besonders häufig vergessen oder gestohlen – selbstverständlich mit sämtlichen Daten. Außerdem verbirgt sich hinter einigen scheinbar sinnvollen Apps aus dem Appstore gefährliche Malware.

Dazu zählt zum Beispiel die App FlexiSpy, eine Spyware, die der Überwachung von Smartphones dient und auf Apple iOS- ebenso wie auf Google Android- oder Blackberry-Modellen läuft. Ist die SpyApp erst einmal auf einem Smartphone installiert, kann FlexiSpy SMS wie in Abb. 71.2 zu sehen, mitlesen, Videos und Bilder ansehen und zur Ortung genutzt werden. Der ahnungslose Besitzer bemerkt den Vorgang nicht. Die Cyber-Angreifer gelangen so problemlos beispielsweise an vertrauliche Unternehmens-Informationen oder an Kreditkarten-Daten. Nutzer sollten sich davor effektiv schützen: Eine PIN auf dem Smartphone erschwert es Dritten deutlich, fremde Software zu installieren oder Daten zu stehlen.

Aus Sicht der Unternehmens-IT müssen Smartphones zwecks Gefahrenabwehr mit zusätzlichen Maßnahmen gesichert werden. Basis dafür ist das Mobile Device Management (MDM): Smartphones werden mittels MDM-Software zentral verwaltet, gepatcht und mit

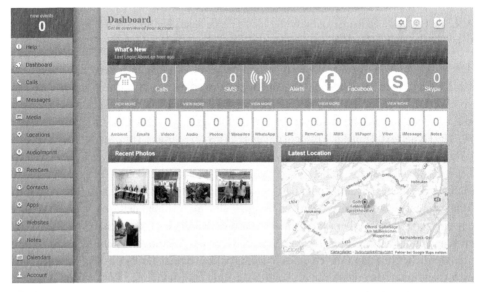

Abb. 71.2 Spyware für das Smartphone: Flexispy bleibt dem Ausgespähten verborgen. (Bild-Quelle: Vervata/ FlexySpy Screenshot)

Applikationen versorgt. Eine wichtige Anwendung ist das Remote Wipe: Damit werden die Daten zentral gelöscht, wenn das Smartphone gestohlen oder verloren wurde.

71.2.3   Social Engineering: Die Lücke ist der Mensch

Zur Abwehr von professionellen APTs haben viele Unternehmen technologisch aufgerüstet, lassen jedoch häufig den Anwender als Sicherheitsrisiko außer Acht. Diese Tatsache nutzen professionelle Hacker aus – oft mit erschreckend einfachen, aber wirkungsvollen Methoden. Um in Unternehmensnetze als auch in PCs von Privatpersonen zu gelangen, nutzen sie unter anderem das Spear Phishing, eine verfeinerte Phishing-Variante, die sich gegen eine spezifische Person oder Personengruppe richtet. Kriminelle schicken beispielsweise gefälschte Bewerbungsunterlagen an Personalabteilungen. Solche Fake-Bewerbungen tragen dann die typischen Merkmale einer Spear-Phishing-E-Mail: Sie sprechen den Empfänger – in diesem Fall den Personalreferenten – persönlich mit vollem Namen an. Außerdem sind sie optisch sehr gut aufgemacht und in fehlerfreiem Deutsch verfasst. Sie enthalten erwartungsgemäß Bewerbungsunterlagen in einer angehängten vermeintlichen PDF-Datei. Tatsächlich verbirgt sich dahinter eine.exe-Datei, die eine verschlüsselte Verbindung zu einem Command & Control Server aufbaut. Über diesen Weg wird dann Malware geladen, mit der sich Informationen direkt von diesem Rechner absaugen lassen. Eventuell startet die Malware mit Hilfe dieses PCs auch Angriffe auf weitere Rechner im Netz (Lateral Movement).

Vorsicht ist auch bei fremden USB-Sticks geboten, die Mitarbeitern in Unternehmen manchmal untergeschoben werden. Hier setzen die Angreifer auf die menschliche Neugier beziehungsweise auf fehlende Achtsamkeit, welche die Mitarbeiter den mobilen Datenträger an den PC stecken lassen. Die darauf enthaltene Malware installiert sich dann häufig von selbst; dabei wird meistens die Auto-Install-Funktion des Betriebssystems involviert. Diese führt eine extra dafür angelegte Datei auf dem USB-Stick aus und installiert dabei Malware. Diese Variante kam höchstwahrscheinlich auch bei Stuxnet zum Einsatz. Solche Social Engineering-Methoden sind ein wachsendes Phänomen, auf das sich Unternehmen und Endverbraucher im Netz einstellen müssen. Denn professionelle Angreifer nutzen gerne auch das Vertrauensverhältnis zwischen Anbietern und Kunden im Web aus, um an Zugangsdaten oder auch Kreditinformationen zu gelangen.

71.3   Neue Verteidigungsstrategien

Die zunehmende Cyber-Kriminalität gefährdet Transparenz und die enge Vernetzung von Menschen und Unternehmen in einer digitalen Welt. Unternehmen müssen sich über neue Verteidigungsstrategien Gedanken machen, entsprechende Verteidigungslinien aufbauen und Vorkehrungen für den Ernstfall treffen. Es ist heute nicht mehr möglich, Angreifer vollständig aus den Unternehmensnetzen heraus zu halten. Das neue Credo lautet daher:

Informationen
Klassifizierung
Verschlüsselung
Rights Management

Menschen
Sensibilisierung
Schulung

Zugang
NG-Firewalls
Advanced Threat Prevention

Anwendungen
Sichere Entwicklung
Hardening / Patching
Vulnerability Management

Monitoring
SIEM
Traffic Analyse
APT-Scanner

Systeme
Hardening / Patching
Malware Protection
Vulnerability Management

Netzwerk
Segmentierung
Network Access Control

Identität
Starke Authentisierung
Rollenbasierter Zugriff
Privileged Identity Management

Physische Sicherheit
Infrastruktur
Zutritt

Abb. 71.3 Effektive Cyber-Abwehr nach dem Zwiebelschalenprinzip. (Quelle: HvS-Consulting)

Assume Compromise. Gerade große Konzerne müssen davon ausgehen, dass sich immer irgendein Eindringling im Unternehmensnetz befindet. Das Ziel sollte deshalb sein, es den Cyber-Angreifern möglichst schwer zu machen – mit mehreren Verteidigungslinien, die wie Zwiebelschalen in Abb. 71.3 aufgebaut sind. Wir sprechen hier von einem *Defense-in-Depth-Ansatz*.

71.3.1 Mitarbeiter sensibilisieren

Die erste Schicht des Zwiebelschalenmodells sind die Anwender und IT-Mitarbeiter eines Unternehmens. Für Cyber-Kriminelle sind sie beliebte Türöffner, die sie vorzugsweise mit Social-Engineering-Methoden attackieren. Die Antwort auf die zunehmende Bedrohung gerade durch Social Engineering lautet: Sensibilisierung des Managements und der Mitarbeiter bezüglich Informationssicherheit sowie Etablierung von Security Awareness als Teil der Unternehmenskultur.

Eine wichtige Rolle spielt dabei die Führungsebene. Sicherheitsverantwortliche erreichen am meisten, wenn sie zunächst die Führungskräfte für das Thema Informationssicherheit gewinnen und diese dann sicherheitsbewusstes Verhalten vorleben. Ein erhobener Zeigefinger ist hier allerdings fehl am Platz. Erfolg bringen dagegen Präsenzschulungen.

Mitarbeiter müssen in sicherheitsrelevanten Situationen ihr Verhalten ändern –beispielsweise: Beim Verlassen des Raumes den PC sperren, vertrauliche Unterlagen wegschließen, keine Passwörter weitergeben und sensible Informationen beim Versand verschlüsseln. Um das zu erreichen, genügt es nicht, sicherheitsrelevantes Wissen zu vermitteln: Die Verantwortlichen müssen das Thema positiv besetzen. Nur dann wenden die Mitarbeiter das Erlernte Wissen auch in der Praxis an.

Dass auch IT-Administratoren im Hinblick auf neue Bedrohungsszenarien zu sensibilisieren sind, versteht sich von selbst.

71.3.2 Zugang erschweren

Auch wenn professionelle Cyber-Kriminelle Virenschutz und Firewalls häufig überwinden, spielen diese im Rahmen eines Defense-in-Depth-Ansatzes eine wichtige Rolle. Neben einem aktuellen Virenschutz sorgen vor allem Next Generations Firewalls (NGFW) für mehr Sicherheit. Sie ergänzen die Funktionen einer herkömmlichen Firewall unter anderem um Applikations-bezogene Abwehrmaßnahmen.

71.3.3 Den Angreifern auf der Spur: Monitoring mit SIEM

Einen Vorfall bzw. einen Eindringling im Netz schnell erkennen, reagieren und an die richtigen Stellen melden – mit einem professionellen Monitoring lässt sich größerer Schaden durch Cyber-Attacken oft abwenden. Zu empfehlen ist die Implementierung eines Security Information and Event Managements, kurz SIEM. In einem SIEM-System sind die Funktionen eines Security Information Management (SIM) und eines Security Event Management (SEM) vereint. SIM sammelt Log-Daten aus Netzwerkkomponenten, Servern und Applikationen, analysiert diese und leitet sie weiter. SEM setzt einzelne Events zueinander in Verbindung und erkennt Muster, die vom regulären Netzwerkverkehr abweichen. Das SIEM hat also die Aufgabe aus unzähligen Log-Daten, Anomalien herauszufiltern und in diesen Fällen Alarm zu schlagen.

71.3.4 Schadensbegrenzung im Netzwerk

Haben die Angreifer die ersten Schichten des Defense-in-Depth-Modells überwunden, sind sie im Netz und können sich festsetzen. Sie organisieren sich so, dass sie unbemerkt bleiben und weitere Aktionen ausführen können, wie zum Beispiel neue Malware nachladen oder Backdoors für den Wiedereinstieg installieren. An dieser Stelle ist es wichtig, den Schaden zu begrenzen und zu verhindern, dass sich die Eindringlinge im gesamten Unternehmensnetz ausbreiten. Das gelingt mittels Netzwerk-Segmentierung: Das Netz wird in Abschnitte unterteilt wie Schotten in einem Schiff. Läuft ein Teil voll, sind die anderen trotzdem geschützt.

Darüber hinaus lässt sich das Netzwerk mittels Optimierung des Identity Managements sicherer gestalten – beispielsweise mit Hilfe der Zwei-Faktor-Authentisierung oder Überwachung von sogenannten „Privileged Accounts", die beispielsweise für die Systemadministration gedacht sind.

71.3.5 Härtetest für (Web-) Applikationen

Schätzungsweise 70 % aller Cyber-Angriffe ließen sich mit konsequenter Härtung von Systemen und Applikationen sowie Patching vereiteln. Deshalb sollten diese Maßnahmen inzwischen zum Security-Standard zählen. Sie bilden eine weitere Schicht im Zwiebelschalenmodell.

Auch Anwendungen sollten unter Security Gesichtspunkten entwickelt werden. Sogenannte Penetration-Tests unterstützen die Suche nach Schwachstellen auf Servern, bei Applikationen oder Diensten. Mit Hilfe automatisierter Programme werden beispielsweise Dienste auf bekannte Sicherheitslücken gescannt. Nach Analyse der Scans, versucht der Tester über ausnutzbare Schwachstellen der Applikation in das Netzwerk einzudringen. Im nächsten Schritt versucht er sich dann Administrationsrechte zu verschaffen, eine Backdoor einzubauen und im Anschluss seine Spuren zu verwischen.

71.3.6 Kronjuwelen sichern

Es wird immer wieder Cyber-Angreifer geben, die sämtliche Hürden überwinden. Sie sollten zumindest nicht sofort Zugang zu den wertvollsten Daten im Unternehmen erlangen – beispielsweise Entwicklungs- oder Kundendaten. Deshalb sollten diese „Kronjuwelen" mit entsprechenden Klassifizierungs- und Verschlüsselungsmethoden zusätzlich abgesichert sowie in einer besonders sicheren Zone abgelegt werden.

Hundertprozentige Sicherheit ist mit vertretbarem Aufwand kaum zu erreichen. Deshalb ist es wichtig, dass Unternehmen auch reaktive Maßnahmen einplanen und das gesamte Netz mit entsprechenden Tools, wie zum Beispiel einen Incident Response Scanner, kontinuierlich beobachten.

71.4 Fazit: Sicherheit ist ein Wettbewerbsfaktor

Das Internet birgt viele Chancen – sowohl für Unternehmen wie für Endverbraucher. Aber auch die Risiken sind nicht zu unterschätzen. Eine der größten Herausforderungen der Zukunft im Web ist deshalb die sichere Implementierung von Systemen und Diensten in Bezug auf:

* Vertraulichkeit von Informationen zum Schutz vor Identitätsdiebstahl und Wirtschaftsspionage
* Integrität der Informationen (z. B. Schutz vor Manipulation)
* Verfügbarkeit von Systemen & Informationen, die beispielsweise den Betrieb überlebenswichtiger Versorgungseinrichtungen sicherstellen.

Zwar sind die Angreifer zunächst immer einen Schritt voraus. Aber mit der ständigen Weiterentwicklung von Sicherheitsmaßnahmen und Tools im Rahmen eines Defense-in-Depth-Ansatzes können Unternehmen sich und ihre Kunden schützen. Deshalb sollte die Sicherheitsstrategie einen festen Bestandteil der Unternehmensstrategie darstellen. Denn wenn es Unternehmen gelingt, einerseits das Vertrauen Ihrer Kunden in ihre Web-Aktivitäten zu erhalten und andererseits ihre wichtigsten Daten zu schützen, wird Informationssicherheit zu einem Wettbewerbsvorteil.

Literatur

1. BITKOM. (2014). *Erpressung und Sabotage im Internet nehmen zu.* Berlin.
2. Bundeskriminalamt Wiesbaden. (2014). *Cybercrime Bundeslagebild 2013.* Frankfurt a. M.
3. NTT Group. (2014). Global Threat Intelligence Report 2014.
4. Briegleb, V. (22 Mai 2014). Heise Online. http://www.heise.de/security/meldung/145-Millionen-Kunden-von-eBay-Hack-betroffen-2195974.html. Zugegriffen: 13. Nov. 2014.
5. Die Zeit. (5 Mai 2014). Target-Chef muss nach massiven Datendiebstahl zurücktreten. *Die Zeit online.*
6. Mandiant., & a FireEye Company. (2014). M-Trends Beyond the Breach (2014 Threat Report), Seite 3, Mandiant.
7. Der Spiegel. (März 2013). Das chinesische Problem. *Der Spiegel, 09/2013,* (21–23).
8. Greenberg, A. (22 September 2010). Theories Mount That Stuxnet Worm Sabotaged Iranian Nuke Facilities. http://www.forbes.com/sites/andygreenberg/2010/09/22/theories-mount-that-stuxnet-worm-sabotaged-iranian-nuke-facilities/. Zugegriffen: 13. Nov. 2014.
9. Elsberg, M. (2012). *BLACKOUT – Morgen ist es zu spät.* Wien: Blanvalet Verlag.
10. OWASP. (2013). Top Ten List, „OWASP 2013 Top Ten List," [Online]. www.owasp.org.

Können Software Innovationen durch Patente geschützt werden?

Claudia Schwarz

Zusammenfassung

Innovationen auf dem Gebiet der Informatik und den damit verbundenen Bindestrich-Wissenschaften, wie der Bio-Informatik, Medizin-Informatik etc. nehmen ein exponentielles Wachstum an, und das weltweit. Eng damit verbunden entsteht die Frage, wie lässt sich das mit diesen Software-Erfindungen basierte Wissen rechtlich absichern. Insbesondere das Patentrecht steht dabei im Fokus. Dieser Beitrag soll die patentrechtlichen Hintergründe übersichtsartig beleuchten. Schließlich wird in Form eines rechtsvergleichenden Blickes die aktuelle patentrechtliche Situation in anderen Ländern (Europa, USA, Japan, China) kurz umrissen.

72.1 Grundlegende Fragen

Die zunehmende Digitalisierung führte in der Vergangenheit und auch heute zu einer extremen Zunahme von software-bezogenen Erfindungen. Der Wettbewerber schläft jedoch nicht und vor Nachahmungen ist niemand gefeit. Laut einer Studie ist davon auszugehen, dass 35 % der Software, die im Jahre 2006 weltweit auf PCs installiert wurde, gefälscht ist [4]. Dieser Prozentsatz wird heute vermutlich noch deutlich höher liegen. Das Thema Verletzung des geistigen Eigentums bzw. Produktpiraterie spielen also auch für die Software-branche eine wichtige Rolle. Wie für andere Gebiete der Technik muss sich jede Firma auf dem Gebiet der Informatik (ob klein in Form eines 1-Mann-Betriebs oder groß, wie die

C. Schwarz (✉)
Schwarz & Baldus – Patentanwälte, München, Deutschland
E-Mail: schwarz@sb-ip.de

© Springer-Verlag Berlin Heidelberg 2015
C. Linnhoff-Popien et al. (Hrsg.), *Marktplätze im Umbruch*, Xpert.press,
DOI 10.1007/978-3-662-43782-7_72

Big Player) deshalb auch mit der Frage auseinandersetzen: Wie kann die geistige Leistung (z. B. vor unliebsamen Nachahmern) geschützt werden, um gegenüber der Konkurrenz den eigenen Wettbewerbsvorteil zu bewahren?

Hier gibt es eine Bandbreite von Schutzinstrumenten, die sich von Land zu Land unterscheiden und die im Folgenden kurz angerissen werden.

72.1.1 Was sind Patente?

Das Patent schützt neue technische Erfindungen. Es verleiht seinem Inhaber das räumlich begrenzte und zeitlich befristete Recht bzw. Privileg, die patentierte Erfindung allein zu nutzen und anderen die nicht autorisierte gewerbliche Nutzung zu verbieten. Der Patentinhaber kann gegen Verletzungen seines Patents vorgehen. Wohlgemerkt: Das Patent ist kein Benutzungsrecht! Das Patent erleichtert es ihm, wirtschaftlichen Nutzen aus seiner Erfindung zu ziehen und hierdurch seine Entwicklungstätigkeit zu finanzieren (z. B. durch den Abschluss von Patentlizenzverträgen).

Aus einer geschichtlichen Perspektive betrachtet, hat der Schutz von Erfindungen seine Vorläufer in den merkantilistischen Erfinderprivilegien, die bis in die erste Hälfte des 19. Jahrhunderts in vielen Ländern Westeuropas (auch im Deutschen Reich) von den Landesfürsten gewährt wurden. Die Erfinderprivilegien waren ein häufig gebrauchtes Instrument, um das Gewerbewesen zu fördern.[1] Als Ausfluss der industriellen Revolution wurden aus diesen Erfinderprivilegien gewerbliche Eigentumsrechte. Vorreiter bei der Einführung eines Patentgesetzes war bereits zur Wende des 17. Jahrhunderts England[2] und gegen Ende des 18. Jahrhunderts auch Frankreich und später die USA [1, 2].

Vergegenwärtigt man sich die Zeit in der ersten Hälfte des 19. Jahrhunderts, in der das Patentrecht und seine Vorläufer mit den merkantilistischen Erfinderprivilegien entstanden sind, so liegt es auf der Hand, dass das Patentrecht hauptsächlich für die Gebiete des Maschinenbaus (im weitesten Sinne) ausgelegt worden ist. Die Informatik ist jedoch eine völlig andere Disziplin und unterscheidet sich in vielen für das Patentrecht relevanten Aspekten von diesen anderen technischen Bereichen (Maschinenbau, Elektrotechnik etc.). Es ist naheliegend, dass neue bzw. andere technische Gebiete auch eine modifizierte patentrechtliche Behandlung erforderlich machen. Dies ist jedoch bislang nicht geschehen.

72.1.2 Patente in der öffentlichen Diskussion – Was bringen Patente überhaupt?

Gerade die Softwarebranche fordert das Patentrecht heraus. Zum einen gibt es in der Informatik Erfindungen auf Gebieten, die bisher nicht dem Patentschutz zugänglich waren

---

[1] Vgl. die Formel der US-Verfassung „to promote the progress of science and useful arts" [1]

[2] Mit dem berühmten Statute of Monopolies aus dem Jahr 1623.

(z. B. Finanzdienstleistungen, Organisation, betriebswirtschaftliche Vorgänge) als auch auf Gebieten, die bisher ohne Zweifel dem Patentschutz zugänglich waren (z. B. Steuerung eines Kernkraftwerkes oder Verfahren zum Betrieb von Werkzeugmaschinen).

Eine apodiktische Zuordnung für Informatik-Erfindungen in den Bereich des Nicht-Patentschutzfähigen oder in den Bereich des Patentschutzfähigen ist somit nicht möglich. Dies ist eine nach wie vor bestehende Herausforderung, die auch in der Öffentlichkeit und in der Fachwelt immer wieder kritisch diskutiert wird. Dies führt mich zu meiner These:

▶ Die Informatik fordert das Immaterialgüterrecht, insbesondere das Patentrecht (aber auch das Urheberrecht) heraus [3].

Somit muss eine (möglicherweise neue) Abgrenzung gezogen werden, um zu bestimmen, was dem Patentschutz zugänglich sein soll und was nicht. Dies stellt das Patentsystem und die Rechtsprechung vor eine hohe Herausforderung, da diese Abgrenzungslinie dynamisch an die technische Entwicklung angepasst sein muss.

Einige Argumente, die gegen einen Patentschutz von computerimplementierten Erfindungen vorgebracht werden, haben durchaus ihre Berechtigung, insbesondere auch für die Untersuchung der allgemeineren Frage der Anpassungsbedürftigkeit des bestehenden Patentschutzsystems. Einige Argumente und Fragestellungen dürfen jedoch nach Auffassung der Autorin nicht auf das Gebiet der Computertechnik beschränkt werden, da sie grundsätzlicher Natur sind und das Patentsystem als solches betreffen und den Nutzen desselben in Frage stellen. Dieser Punkt wird in vielen aktuellen Diskussionen leicht übersehen.

Die sogenannte Software-Patent-Debatte kann somit als Grundlage dafür dienen, den Anpassungsbedarf des bestehenden Patentsystems zu überprüfen. Bereits schon Anfang der 70er Jahre des letzten Jahrhunderts wurde die Notwendigkeit der Anpassung und Modernisierung des Patentrechts gesehen [2]. Zentrale Fragen hierbei sind: Wie sind die Begriffe „technisch" und „Erfindung" auszulegen?

Meine zweite These:

▶ Eine statische Anwendung von annähernd gleichen Rechtsgrundsätzen seit 1883 (Bestehen der PVÜ[3]) zum Schutz von Erfindungen auf einem sich dynamisch entwickelnden Gebiet der Technik erscheint fragwürdig.

Anpassungen und Verbesserungen des geltenden Gewerblichen Rechtsschutzes sollten kritisch diskutiert und auch umgesetzt werden.

---

[3] PVÜ: Pariser Verbandsübereinkunft zum Schutz des gewerblichen Eigentums (PVÜ) ist einer der ersten internationalen Verträge auf dem Gebiet des Gewerblichen Rechtsschutzes.

72.1.3 Aktueller rechtlicher Status Quo zum Thema Software-Patente in Europa und Deutschland

Patenschutz in Europa nach dem Europäischen Patentübereinkommen (EPÜ)
Nach dem Artikel 52 (1) EPÜ werden Europäische Patente für Erfindungen auf allen Gebieten der Technik erteilt, sofern sie neu sind, auf einer erfinderischen Tätigkeit beruhen und gewerblich anwendbar sind.

Absatz (2) und (3) desselben Artikels 52 EPÜ spezifizieren dann, dass „Programme für Datenverarbeitungsanlagen als solches" nicht als Erfindung im Sinne des Absatz (1) angesehen werden. Das Gesetz hilft somit für die Frage, ob Software im Allgemeinen patentfähig ist nur sehr eingeschränkt weiter, so dass die Rechtsprechung zu Rate gezogen werden muss. In dem Buch „Computerimplementierte Erfindungen – Patentschutz von Software" (Carl Heymanns Verlag, 2011) haben die Autorinnen eine Vielzahl von Entscheidungen ausgewertet und kommen zum Ergebnis, dass die Rechtslage insgesamt inhomogen ist und kein eindeutiges Bild vermittelt. Es gibt deutliche Unterschiede zwischen den verschiedenen Gebieten der Informatik. So scheint die Rechtsprechung z. B. auf dem Gebiet der Telekommunikation liberaler als auf dem Gebiet der User Interfaces. Im Moment wird der sogenannte Comvik-Ansatz angewendet. Der Ansatz basiert auf der Entscheidung T614/00 – Comvik vom 26.9.2002. Die Kernaussage dieses Urteils ist, dass Merkmale, die keinen technischen Beitrag leisten, nicht für die Begründung einer erfinderischen Tätigkeit berücksichtigt werden können. Damit wird somit ein Schwerpunkt der Prüfung auf die technischen Merkmale gelegt.

Die Beschwerdekammer des EPA entwickelte ein zweistufiges Prüfungsschema, das heute beim EPA überwiegend angewendet wird:

1. Der erste Schritt besteht in der Prüfung der Zugänglichkeit zum Patentschutz (als absolutes Schutzhindernis, also ohne Berücksichtigung des Standes der Technik), d. h. es muss eine Erfindung in Sinne von Art. 52(1) EPÜ vorliegen. Eine implizite Bedingung ist dafür der „technische Charakter" (die sogenannte Technizität).
2. Bei Bejahung des technischen Charakters werden im zweiten Schritt die relativen Schutzvoraussetzungen (also unter Berücksichtigung des Standes der Technik), nämlich die Neuheit und die erfinderische Tätigkeit geprüft.

Für Letzteres wird der sogenannte Problem-Solution-Approach angewendet, nach dem nur die technischen Anspruchsmerkmale für die Beurteilung der erforderlichen erfinderischen Tätigkeit berücksichtigt werden. Mit anderen Worten werden die nicht-technischen Merkmale nicht berücksichtigt. Ein Abstand zum Stand der Technik kann demnach nur mit technischen Merkmalen hergestellt werden.

Interessant ist, dass sich aus dieser Entscheidung auch der Unterschied zwischen der Prüfungsmethodik des EPA und der in Deutschland angewendeten ergibt (siehe unten, Abschn. 2b).

Im internationalen Vergleich gilt die vom EPA angewendete Prüfungspraxis tendenziell als liberal und liegt – bildlich gesprochen – zwischen dem eher restriktiveren deutschen und dem eher liberaleren Ansatz der USA.

Patentschutz in Deutschland nach dem deutschen Patentgesetz (PatG)
Die patentgesetzliche Ausgangssituation, also der Gesetzestext ist im deutschen Patentgesetz identisch zum Europäischen Gesetz. Dennoch gibt es Unterschiede bei der Beurteilung, wann eine Erfindung dem Patentschutz zugänglich ist und wann nicht.

Das EPA prüft im ersten Schritt die Technizität und, falls diese bejaht werden kann, die relativen Schutzhindernisse. Im Gegensatz dazu, wird in Deutschland in der Auflistung in § 1 Abs. 3 PatG neben der ebenfalls erforderlichen Technizität (§ 1 Abs. 1 PatG) eine weitere, zu prüfende Voraussetzung darin gesehen, ob ein Patentierungsausschluss vorliegt. Nach dieser Strukturierung ist die deutsche Prüfungsmethodik also eine dreistufige Prüfung (1. Technizität, 2. Vorliegen eines Ausschlußgrundes nach § 1 Abs. 3 PatG und 3. Neuheit und Erfinderische Tätigkeit).

In Deutschland liegen inzwischen auch zahlreiche höchstrichterliche Entscheidungen des Bundesgerichtshofes und des Bundespatentgerichts vor. Die Entwicklung ist sehr dynamisch, so dass eine Entscheidung stets auch in ihrem zeitlichen Kontext gelesen werden muss.

Der Rote-Taube-Ansatz (BGH, Rote Taube – 1966) ist eine historische Entscheidung des BGH, in der der Senat eine sehr moderne und heute noch gültige Meinung vertreten hat, nämlich dahingehend, dass der Technikbegriff nicht statisch, sondern dynamisch ist. Das Patentrecht muss an die Entwicklungen der Technik an gepasst sein. Verkürzt formuliert: Wenn wir heute definieren, was „technisch" ist, sind wir morgen veraltet.

Heute wird die sogenannte Konkrete-technische-Problemlösungsformel (BGH, Suche fehlerhafter Zeichenketten – 2001) angewendet. Diese besagt: Falls mit der Erfindung ein konkretes technisches Problem gelöst wird, ist der Gegenstand nicht vom Patentschutz ausgeschlossen (gemäß § 1 Abs. 3 i.V.m. Abs. 4 PatG). Die Prüfung der absoluten Voraussetzungen der Patentierbarkeit (Technizität und Patentierungsausschluss) erfolgt unabhängig vom Stand der Technik.

Dieser Ansatz wurde in der Entscheidung BGH 17.10.2001, X ZB 16/00 – Suche fehlerhafter Zeichenketten, entwickelt und seitdem angewendet. Der Leitsatz a) dieser Entscheidung lautet:

> Das Patentierungsverbot für Computerprogramme als solche verbietet, jedwede in computergerechte Anweisungen gekleidete Lehre als patentierbar zu erachten, wenn sie nur – irgendwie – über die Bereitstellung der Mittel hinausgeht, welche die Nutzung als Programm für Datenverarbeitungsanlagen erlauben. Die prägenden Anweisungen der beanspruchten Lehre müssen vielmehr insoweit der Lösung eines konkreten technischen Problems dienen.

Im internationalen Vergleich gilt Deutschland mit diesem dreistufigen Prüfungsansatz tendenziell als restriktiv.

72.2   Aktueller rechtlicher Status Quo zum Thema Software-Patente im nicht-europäischen Ausland

72.2.1   USA

Zunächst ist es wichtig, darauf hinzuweisen, dass in den USA andere patentrechtliche Regelungen gelten. Die USA haben ein anderes Patentgesetz. Im Unterschied zum EPÜ und dem deutschen Patentgesetz gibt es in den USA kein gesetzlich verankertes Technizitätskriterium.

Zudem ist in den USA vor über 200 Jahren in der Verfassung festgehalten worden, ein grundsätzlich sehr breites Tor für den Patentschutz vorzusehen und jede von Menschen geschaffene, nützliche Erfindung dem Patentschutz zugänglich zu machen.

Die US-Praxis ist tendenziell liberaler als die europäische. Seit der wegweisenden Entscheidung aus 1989 „State-Street Bank" gelten auch Geschäftsmethoden als patentfähig. Zuvor hatte der CAFC 1994 in Allapat für Computerprogramme eine patentfreundliche Haltung eingenommen. Die Bilski-Entscheidung des US Supreme Court von 2010 hat diese liberale Haltung hinsichtlich der weiten Öffnung für patentfähige Gegenstände grundsätzlich bestätigt.

Allerdings dürfen in den USA keine abstrakten Ideen patentiert werden. Mathematische Formeln, Algorithmen und „mental acts" fallen unter die Ausnahme „abstract idea". Nach den an die Bilski Entscheidung angepassten Prüfungsrichtlinien des amerikanischen Patentamtes (USPTO) wird in den USA geprüft, ob eine reale Anwendung der Erfindung möglich ist, ob also ein „real world"- Effekt erfolgt und nicht nur eine Idee oder ein abstraktes Konzept darstellt. Die Erfindung muss ein nützliches, konkretes und reales Ergebnis liefern (The claimed invention as a whole must produce a „useful, concrete and tangible result"). Verfahren und Produkte, die eine abstrakte Idee anwenden und die eine Funktion in der realen Welt ausführen, können allerdings durchaus patentfähig sein.

Da das Technizitätskriterium nur in Deutschland und in Europa gilt und nicht in den USA, sind die Zugangsbarrieren für einen Patentschutz in den USA prinzipiell geringer. Aber über andere Regelungen (z. B. den Ausschluss von abstrakten Ideen) nähert sich die US-Praxis der Europäischen bzw. deutschen Praxis faktisch an.

Sobald die Erfindung im Sinne des EPA oder nach der deutschen Rechtsprechung als technisch gilt, kann man davon ausgehen, dass auch die absoluten Voraussetzungen in den USA für den Zugang zum Patentschutz erfüllt sind.

In der Praxis ist zu beobachten, dass in den USA zurzeit die Kriterien für den Zugang zum Patentschutz relativ kritisch eingesetzt werden. Nach einer Entscheidung des US Supreme Courts im Jahre 2007[4] sind die Kriterien für die Beurteilung der Erfindungshöhe

---

[4] In re KSR Int'l Co. v. Teleflex, Inc., 550 U.S. 398.

faktisch angehoben worden.[5] Des Weiteren hat die Bilski-Entscheidung[6] eine im Vergleich zur früheren und sehr liberalen State Street Bank Entscheidung kritischere Beurteilung der Patentfähigkeit veranlasst. Zunehmend greift das US-PTO bei der Prüfung auf Klarheitsbeanstandungen und auf Abstraktheitsbeanstandungen zurück (es handele sich nur um eine abstrakte Idee ohne real-technischen Bezug).

Insofern ist – unter Berücksichtigung der unterschiedlichen gesetzlichen Ausgangslage – eine Angleichung der US-Praxis an die europäische und deutsche zu verzeichnen.

72.2.2   In China

China hat ein Patentgesetz, das aufgrund der historischen Entwicklung stark an das deutsche Patentgesetz angelehnt ist. Computerprogramme als solche sind, ebenso wie in Deutschland, von der Patentierbarkeit ausgeschlossen.[7] Die Prüfungsrichtlinien von 2006 fordern in Übereinstimmung mit Deutschland und Europa einen technischen Charakter der Erfindung (technische Mittel, technisches Problem, technische Wirkung). Sobald ein computerimplementiertes Verfahren über eine reine gedankliche Tätigkeit hinausgeht, ist es grundsätzlich patentierbar. Computerimplementierte Erfindungen sind dann patentfähig, wenn eine Kombination von Software und Hardware vorliegt, die eine technische Lösung bereitstellt.

72.2.3   Korea

Im Allgemeinen definiert Artikel 2 des koreanischen Patentgesetztes, dass ein hohes Maß an schöpferischer Leistung einer technischen Idee unter Anwendung von Naturgesetzen erforderlich ist, um dem Patentschutz zugänglich zu sein. Das koreanische Patentamt KIPO (Korean Intellectual Patent Office) hat im Jahr 2014 spezielle Prüfungsrichtlinien zur Prüfung von computerimplementierten Erfindungen veröffentlicht. Demnach muss die Erfindung in der richtigen Anspruchskategorie beansprucht sein (Verfahren, Produkt, Speichermedium mit einem gespeicherten Computerprogramm oder mit gespeicherten Daten). Des Weiteren gelten die Voraussetzungen für einen Patentschutz von Software mitunter dann als erfüllt, wenn die Software mit der Hardware zusammenwirkt und konkrete Hardwarebauteile spezifiziert sind, die von der Software angesprochen und genutzt werden.

---

[5] Mit dem sogenannten TSM-Test; TSM: teaching, suggestion, motivation.

[6] In re Bilski, 545 F.3d 943, 88 U.S.P.Q.2d 1385 (Fed. Cir. 2008).

[7] Vgl. Art. 25(2) des chinesischen Patentgesetzes, der besagt, dass Pläne, Regeln und Verfahren für gedankliche Tätigkeiten vom Patentschutz ausgeschlossen sind.

72.2.4   Japan

Art. 2 des Japanischen Patentgesetzes legt fest, dass seine Erfindung eine technische Idee sein muss – und dies im Gegensatz zu den Reglungen des deutschen Patentgesetzes und des EPÜ – unter Verwendung von Naturgesetzen. Eine Ausschlussbestimmung, wie sie im EPÜ und im deutschen Patentgesetz vorliegt (§ 1 (3) PatG und Art. 52 (2) EPÜ), besteht nach japanischem Recht nicht. Allein aus diesem Grund kann die Haltung in Japan als liberaler beurteilt werden.

Gemäß den aktuellen Prüfungsrichtlinien des Japanischen Patentamtes wird beurteilt, ob eine softwarebezogene Erfindung patentfähig ist. Es wird geprüft, ob die Informationsverarbeitung durch Software konkret unter Einsatz von Hardware (z. B. CPU, Speicher) realisiert wird, oder ob die Erfindung ein Gerät steuert (z. B. Waschmaschine, Motor, Festplatte). Dabei muss die Wechselwirkung der softwarebezogenen Elemente mit der Hardware konkret beschrieben werden, sodass explizit erklärt ist, wie Software- und Hardwaremittel miteinander zusammenwirken. Die einfache Nennung von Hardwaremitteln (wie CPU, ROM) ist nicht ausreichend. Somit kann aber auch ein Geschäftsverfahren grundsätzlich patentierbar sein, wenn es unter Verwendung von Hardwareressourcen realisiert bzw. beansprucht ist. Die erfinderische Tätigkeit kann – im Unterschied zu Deutschland und Europa – auch auf nicht-technischem Gebiet (z. B. Finanzgebiet) liegen, sofern der Gegenstand die vorstehend genannten Kriterien einer patentfähigen Erfindung erfüllt.

72.3   Gibt es Alternativen zum Schutz des geistigen Eigentums durch das Patentrecht?

Wir leben also heute in einer Welt, in der man auf die Frage: „Wir haben eine Software entwickelt. Können wir das eigentlich patentrechtlich schützen?" keine definitive, seriöse Antwort erwarten kann, ohne mehrere Gegenfragen zu erhalten. In den seltensten Fällen wird eine klare Antwort möglich sein. Was also tun?

Möchte man ein inhaltliches und technisches Schutzrecht erwirken, so stehen grundsätzlich das Patentrecht und in Deutschland zusätzlich das Gebrauchsmusterrecht zur Verfügung (das Gebrauchsmuster ist eine nationale Besonderheit und ist nur in wenigen Jurisdiktionen vorgesehen). In Deutschland ist der Gebrauchsmusterschutz ein wichtiges und sehr wertvolles Instrument.

Gebrauchsmusterschutz: Das Gebrauchsmuster wird auch als der „kleine" Bruder des Patents bezeichnet, da ein Gebrauchsmuster im Wesentlichen dieselben Schutzvoraussetzungen hat wie das Patent. Ein Hauptunterschied zum Patent liegt darin, dass ein Gebrauchsmuster nicht vom Patentamt geprüft wird. Die Prüfung auf Rechtsbeständigkeit ist in die streitigen Verfahren mit Wettbewerbern verlagert. Des Weiteren sind Verfahren vom Gebrauchsmusterschutz ausgeschlossen, so dass genaues Augenmerk auf die Formulierung der Schutzansprüche zu legen ist.[8] Da die Zugangsvoraussetzungen zum Gebrauchs-musterschutz vom Grundsatz denjenigen des Patentschutzes entsprechen, wird in diesem Beitrag der Gebrauchsmusterschutz nicht separat behandelt.

Was ist nun weiter zu beachten? Die Patentanmeldung (oder Gebrauchsmusteranmel-dung) muss wohlbedacht und unter Berücksichtigung der aktuellen Rechtsprechung so formuliert werden, dass die Voraussetzungen, die die Rechtsprechung zurzeit anwendet möglichst erfüllt werden können.

Bei der Formulierung der Patentanmeldung muss man – im Unterschied zu anderen Gebieten der Technik – nicht nur die Erfindung im Auge haben, sondern zusätzlich noch die aktuellen Vorgaben der Rechtsprechung berücksichtigen. Und damit unterscheidet sich dieser Bereich ganz wesentlich von anderen Gebieten der Techniken, in denen diese He-rangehensweise nicht notwendig ist, da die Erfindung ohne Zweifel als technische Erfin-dung beurteilt wird (z. B. auf dem Gebiet des Maschinenbaus oder der Elektrotechnik).

Als flankierende Maßnahme empfehlen sich auch die nicht-technischen Schutzmög-lichkeiten zu nutzen. Sie können ein wichtiges Instrument sein, um sich auf dem Markt zu positionieren. Welche Alternativen stehen dabei konkret zur Verfügung? Hier ist der Kennzeichenschutz, insbesondere das Marken- und Designrecht zu nennen.

Markenschutz: Ein wichtiger Vorteil des Markenrechts ist, dass die Qualität eines Produktes an einer Marke festgemacht werden kann. Des Weiteren ist die Erlangung eines Markenschutzes weitaus weniger aufwendig und von daher weniger kostspielig als ein technisches Schutzrecht.

Ein Markenrecht kann – ebenso wie ein Patentrecht – gegen Verletzungen durchgesetzt werden. Werden ähnliche Produkte mit einer ähnlichen Marke gekennzeichnet, für die ein Markenschutz besteht, so kann der verletzende Dritte bei Bestehen einer Verwechslungs-gefahr auf Unterlassung und Schadensersatz verklagt werden.

Ein Kennzeichenrecht kann bei Software in der Praxis grundsätzlich auf unterschiedli-che Weise zur Kennzeichnung verwendet werden. Zum einen kann die Verpackung mit der Marke gekennzeichnet sein. Zum anderen kann die Marke beim Starten bzw. Laden der Applikation auf dem Bildschirm angezeigt werden. Es liegt auf der Hand, dass die Hürden zur Entfernung solcher Kennzeichnungen ziemlich gering sind.[9]

---

[8] Der Bundesgerichtshof hat z. B. in einer wegweisenden Entscheidung „Signalfolge" (BGH GRUR 2004, 495 – Signalfolge) entschieden, dass einem auf eine Signalfolge, die ein Programm zum Ablauf auf einem Rechner darstellt, gerichteten Schutzanspruch der Schutzausschluss des § 2 Nr. 3 GebrMG nicht entgegen stehe.

[9] Nach der hierzu ergangenen höchstrichterlichen Entscheidung zu §§ 5 Abs. 1, Abs. 3 und § 15 Mar-kenG ist die Bezeichnung eines Computerprogramms dem Werktitelschutz zugänglich. In mehreren Folgeentscheidungen der Instanzengerichte wird ein Titelschutz von der Rechtsprechung grundsätz-lich anerkannt. So hat das OLG Hamburg festgestellt, dass Titel von Computerspielprogrammen jedenfalls dann auch als kennzeichenmäßig benutzt gelten [und damit einen kennzeichenrechtlichen Schutz begründen], wenn für den Verkehr durch den Zusatz „TM is a trademark of…" erkennbar wird, dass die Bezeichnung nicht mehr nur titelmäßig, sondern auch als Marke benutzt werden soll (so der Leitsatz dieser Entscheidung).

Als nachteilig erweist es sich, dass ein Markenschutz kein technisches Schutzrecht ist. Dies hat die Folge, dass ein Wettbewerber durchaus exakt dasselbe Produkt mit einem anderen Namen auf den Markt bringen kann, ohne belangt werden zu können. Dies ist natürlich häufig unbefriedigend. Ein Markenschutz wird deshalb von vielen Firmen als flankierende Schutzmaßnahme zu einem technischen Schutzrecht eingesetzt.

Designschutz: Ein weiteres nicht-technisches Schutzrecht ist das Design (vor 2014 hieß dieses Recht: Geschmacksmuster). Es kann insbesondere für graphischen Benutzeroberflächen, Icons oder anderen Elementen auf der Benutzeroberfläche oder für sonstige gestalterische Entwicklungen (z. B. die Gestaltung von I-/O-Geräten, wie der Maus) relevant sein.

In der fachlichen Diskussion zum Schutz von Software-Erfindungen verweisen die Patent-Gegner gerne auf den Sachverhalt, dass ja „eigentlich" das Urheberrecht das geeignete Schutzinstrument zum Schutz von Software sei, während die Urheberrechtsgegner umgekehrt auf den Sachverhalt verweisen, dass ja das Patentrecht für einen inhaltlichen Schutz entwickelt worden wäre und somit das geeignetere Schutzinstrument sei.

Urheberrechtlicher Schutz: Computerimplementierte Erfindungen können grundsätzlich neben dem Patentschutz auch durch das Urheberrecht geschützt werden.

Jedoch ist der Schutz im Vergleich zum Patentrecht stark eingeschränkt. Explizit regelt § 69 Absatz 2 UrhG den Gegenstand des Urheberschutzes in Bezug auf Computerprogramme, wie folgt:

> Der gewährte Schutz gilt für alle Ausdrucksformen eines Computerprogramms. Ideen und Grundsätze, die einem Element eines Computerprogramms zugrunde liegen, einschließlich der den Schnittstellen zugrundeliegenden Ideen und Grundsätze, sind nicht geschützt. (Hervorhebungen hinzugefügt)

Der Schutz entsteht automatisch und dauert in Deutschland und in den meisten TRIPS- Jurisdiktionen bis 70 Jahre nach dem Tod des Autors. Eine amtliche Registrierung, wie z. B. bei einem Patent, ist nicht erforderlich. Das Urheberrecht schützt somit jede Ausdrucksform eines Werkes. Dies ist aber genau die Krux: Denn für einen Entwickler ist es meist unerheblich, ob das Programm in Java oder in C++ geschrieben ist; die zugrundeliegende Idee ist das eigentliche Schützenswerte. Genau diese Idee ist aber nach dem Urhebergesetz vom Schutz ausgeschlossen.

Ein weiterer, wichtiger Unterschied zum Patentrecht ist die Behandlung von sogenannten Parallelschöpfungen. Dies betrifft folgenden Sachverhalt, der in der Praxis nicht selten auftritt: Entwickelt eine Firma A zufällig die gleiche Software unabhängig und selbständig von der Firma B, die ein Urheberrecht hält, so kann die Firma B (in der Regel und abgesehen von juristischen Spezialkonstellationen) nicht aus ihrem Urheberrecht gegen die Firma A vorgehen. Die Firma A erlangt ein eigenes Urheberrecht. Im Gegensatz dazu, kann aus einem Patent auch dann gegen einen Patentverletzer vorgegangen werden, wenn dieser eine der Erfindung entsprechende Lösung als Parallelschöpfung selbst entwickelt hat (abgesehen von rechtlichen Sonderkonstellationen[10]).

---

[10] Insbesondere einem Vindikationstatbestand und national geregelten Vorbenutzungsrechten.

Tatsache ist, dass keines von beiden Schutzinstrumenten perfekt passt. Wie das Patent-recht hat auch das Urheberrecht Nachteile für Software-Entwicklungen.

Als Praxis-Tipp bleibt festzuhalten, dass das Patentrecht und das Urheberrecht durch-aus parallel beansprucht werden können und, dass dies auch sinnvoll ist. In diesem Zu-sammenhang kann auf die duale Strategie von IBM verwiesen werden.[11]

72.4   Fazit

Weltweit befassen sich seit Ende der 70iger Jahre die Jurisdiktionen verstärkt mit der Frage der Patentierbarkeit von Software. Wir können somit auf ein knappes halbes Jahr-hundert zurückschauen, was einerseits einige Aussagen ermöglicht. Andererseits steht die Rechtsprechung in allen Jurisdiktionen nach wie vor noch vor der Herausforderung, die Aufgabe der Grenzziehung zwischen dem Patentschutz Zugänglichem und Nicht-Zugäng-lichen zu lösen.

Da jedes Land sein (eigenes) nationales Patentrecht hat, gibt es keine supranationalen Regelungen und die Voraussetzungen für einen Patentschutz unterscheiden sich somit von Land zu Land, was die Lage nicht vereinfacht, weil bei einer Patentstrategie grundsätzlich internationale Erwägungen eine Rolle spielen.

Dabei sind sowohl international als auch über die Zeit deutliche Unterschiede und ab-weichende Ansätze zu beobachten. Deshalb ist es verfehlt, einzelne Rechtsprechungen aus ihrem historischen und nationalen Kontext herauszugreifen. Die Entscheidungen können nur in ihrem rechtspolitischen und internationalen Bezug verstanden werden, der – wie oben beschrieben – einem ständigen Wandel unterliegt. Die Diskussion pro und contra Pa-tentschutz bietet die Chance auf Anpassung und Verbesserung des heutigen Patentsystems bzw. dessen Anwendungsmöglichkeiten (Stichwort: Patent-Trolls).

Berücksichtigt man die historische Entwicklung des Rechts im Zusammenhang mit dem Schutz von Software einerseits in den USA und andererseits in Deutschland/Europa, lässt sich interpretieren, dass die USA eine Art Vorreiterrolle für die Rechtsentwicklung in Deutschland und Europa sowohl für das Urheberrecht als auch für das Patentrecht über-nommen haben. Allerdings wird die amerikanische Patentierung von Geschäftsmethoden in der Fachwelt in Europa überwiegend als nicht zielführend und problematisch beurteilt. Insofern ist davon auszugehen, dass hier ein restriktiverer Ansatz beibehalten wird.

Was die Frage der unterschiedlichen Schutzinstrumente anbelangt, so bleibt in der Pra-xis festzuhalten, dass der Patentschutz und der Gebrauchsmusterschutz die besten Mög-lichkeiten zur Rechtsdurchsetzung bieten. Nur mit einem Patent oder einem Gebrauchs-muster kann eine Software-Entwicklung auf einer konzeptuellen Ebene geschützt werden. Zudem hat sich die patentrechtliche Rechtsprechung in den letzten Jahren auch zuneh-mend liberaler werdend weiterentwickelt, so dass – entgegen der landläufigen Meinung

---

[11] Siehe beispielsweise die EPL-lizenz, die von IBM im Rahmen des Eclipse-Projektes entwickelt worden ist.

– z. B. auch Algorithmen, die in einen technischen Kontext eingebettet sind, patentfähig sein können. Als Wermutstropfen des Patentrechts (und indirekt auch des Gebrauchsmusterrechts) ist jedoch festzuhalten, dass die Beurteilung der Schutzfähigkeit mit erheblichen rechtlichen Problemen behaftet ist und somit Unsicherheiten für den Anmelder birgt. Die Möglichkeiten des urheberrechtlichen, Design- und Markenschutzes empfehlen sich als flankierende Maßnahmen.

Literatur

1. Beier. (1972). *GRUR* (S. 214).
2. Beier. (1979). *GRUR Int.* (S. 227).
3. Business Software Alliance. (2007). Globale Studie zur Software-Piraterie http://www.electronicdesignnet.com/cms/content/view/3108/103. Zugegriffen: 13. Nov. 2014.
4. EPO. (2007). *Scenarios for the Future: „Information technology: A test case for IPR"* (1. Aufl.).
5. Schwarz, C., & Kruspig, S. (2011). *Computerimplementierte Erfindungen – Patentschutz von Software?* Köln: Carl Heymanns Verlag.

Heinrich M. Arnold

Die Chance: Wurden in den vergangenen Jahren digitale Ansätze primär von der Internetbranche und ICT Unternehmen vorangetrieben und zur Optimierung von Geschäftsabläufen und neuen Business Modellen in diesen Industrien genutzt, so können durch technologische Innovationssprünge in der nächsten Digitalisierungswelle traditionelle Wirtschaftsbereiche profitieren. Durch das Zusammenspiel von Maschine2Maschine-Kommunikation, der Nutzung von Echtzeitdaten sowie der Kombinierbarkeit von IP- und Cloud-Services entstehen revolutionäre Möglichkeiten der Produktgestaltung, des cross-funktionalen Zusammenarbeitens und der Vermarktung. Bisher konnten die Daten im Produktdesign, der Produktion, Warenlogistik und dem Vertrieb nur unzureichend genutzt werden. Dies verändert sich signifikant durch neue und schnelle Analysen, die helfen, ganze Wertschöpfungsketten, über mehrere Akteure hinweg, zu verbessern. Ein ganzheitlicher Blick der Datenverarbeitung – Ende-zu-Ende – wird neue und kundenorientierte Produkte sowie effizientere Geschäftsabläufe ermöglichen.

Von der Chance zu den Herausforderungen: Die mit der Digitalisierung entstehenden geschäftlichen Potenziale werden für Unternehmen nur abrufbar sein, wenn Daten in ausreichender Quantität und Qualität verfügbar gemacht werden. Hierfür benötigen Unternehmen die richtigen Partner. Der Telekommunikationsindustrie fällt in diesem Veränderungsprozess eine Schlüsselaufgabe zu. Sie muss mit ihrer bestätigten Vertrauenswürdigkeit und ihrer Leistungsfähigkeit andere Industrien unterstützen.

H. M. Arnold (✉)
Deutsche Telekom AG, Berlin, Deutschland
E-Mail: Heinrich.Arnold@telekom.de

© Springer-Verlag Berlin Heidelberg 2015
C. Linnhoff-Popien et al. (Hrsg.), *Marktplätze im Umbruch,* Xpert.press,
DOI 10.1007/978-3-662-43782-7_73

73.1   Die nächste Digitalisierungswelle ist gestartet: Telekommunikation als Enabler

Einige Unternehmen traditioneller Märkte haben die Chancen bereits erkannt: Ein Hafen, dessen logistische Optionen durch Verkehrswege limitiert ist, der nicht mehr Güter umschlagen kann, als über Straße und Schiene erreichbar ist, kann durch intelligente Logistik- und Verkehrswegesteuerung seine Kapazitäten verfünffachen – und das ohne Straßenneubau. Dies klingt surreal und könnte dem Wunschdenken von Kommunalpolitikern entsprungen sein, doch ist dies durch eine intelligente und integrierte Digitalisierung aller Teilnehmer der Logistikkette im Hafen möglich.

Anders aber doch ganz ähnlich: Ein M2M optimierter Mähdrescher, der satellitengesteuert auf den Zentimeter genau und ohne Fahrer einen Acker aberntet, den hätte man vor nicht allzu langer Zeit als „R&D Spinnerei" abgetan. Zudem koordiniert er auf den Punkt die Entladung auf Zugmaschinen und verkürzt deren Wartezeit. Dieser Mähdrescher in einer durch IP-und Cloud-Services sowie Echtzeitdaten optimierte Wertschöpfungskette verändert die Effizienz der Landwirtschaft dramatisch. Dies wird im globalen Wettbewerb den entscheidenden Unterschied zwischen Marktdominanz und Verlustgeschäft ausmachen.

In solchen Industriezweigen hätte man bis vor kurzem nicht erwartet, dass sich durch Digitalisierung die Wettbewerbsbedingungen verändern könnten, doch durch das gleichzeitige Auftreten der Möglichkeiten von

- Maschine-zu-Maschine-Kommunikation,
- der Auswertung von Echtzeit-Sensordaten in betrieblichen Abläufen und
- die leichte Kombinierbarkeit von IP- und Cloud-Services

passiert genau dies. Unternehmen die diese Chancen ergreifen profitieren durch effizientere Produktionsabläufe, sinkende Fertigungskosten und werden letztlich Ihren Umsatz und Profit deutlich verbessern.

73.2   Big Data und die Vorteile daraus werden nutzbar

Im Zusammenhang mit der nächsten Digitalisierungswelle und den um ein Vielfaches gestiegenen und besser verfügbaren Echtzeitdaten wird auch über „Big Data" gesprochen. Der Klammerbegriff, der die technischen Herausforderungen in der Verarbeitung und Analyse der schier unermesslichen Daten umreißt. Big Data wird in „Datenmenge", „Datenverarbeitungsgeschwindigkeit" und „Datenvielfalt" charakterisiert:

- Datenmenge: Da die Datenmenge mit der Digitalisierung jedes Wertschöpfungsschrittes wächst und Sensordaten eingebunden werden, die Steuerungsbefehle auslösen und Statusmeldungen zurückmelden, entstehen zunehmend schneller immer größere Datenberge, die es zu bewältigen gilt.

- Datenverarbeitungsgeschwindigkeit: Echtzeitprozesse und darauf basierende Wertschöpfungsketten erlauben keine Zeiträume für die Datenanalyse. Weder die Erkennung von Betrugsversuchen bei Transaktionen noch die Steuerung von Mähdreschern
in Feldern können Rechenzeiten tolerieren, die über die Sekunde hinausgehen.
- Datenvielfalt: Daten sind nicht gleich Daten. Je nachdem, wo die Daten herkommen,
sehen sie anders aus. Manche sind strukturiert, andere sind unstrukturiert, manche
folgen einem immer gleichen Eingabeschema, andere variieren unbegrenzt, manche
kommen fehlerfrei, andere sind fehlerhaft. Erst durch die kombinierte Analyse aller
Datentypen können die gewünschten Erkenntnisse gewonnen werden.

73.3   Datability: Der Kunde steht im Mittelpunkt

Big Data, eine IT zentrische Diskussion – zu kurz gesprungen: Durch die im Wesentlichen
technisch geführte Big Data Diskussion haben Unternehmen die Verantwortlichkeit für
Big Data Analysen in den IT Bereich verlagert – ein fataler Fehler. Um den eigentlichen
Herausforderungen und Chancen der zweiten Welle der Digitalisierung gerecht zu werden, ist ein Blick über die Funktionsgrenzen in und außerhalb der Unternehmen zwingend
und damit eine Analyse der gesamten Wertschöpfungskette und der erzeugten Daten notwendig. Die Optimierungen haben aber nur dann einen unternehmerischen Wert, wenn
hiermit Lösungen ermöglicht werden, die einen expliziten Endkundennutzen erzeugen –
wenn der „Kundenwert" konsequent berücksichtigt wird. Klingt trivial, wird aber nur allzu oft vernachlässigt. Nicht allein die IT-Abteilung sollte über die Optimierung der Datenverarbeitung nachdenken, sondern hierüber gemeinsam mit Marketing und dem Betrieb
die neu entstehenden Chancen und Möglichkeiten entwickeln. Gemeinschaftlich sollte
die Position in der Wertschöpfungskette neu bestimmt und umgesetzt werden. In diesem
Zusammenhang spricht man von der Datability. Nur durch eine konsequente „Datability"
bzw. Kundenorientierung über alle Tätigkeiten und Prozesse der Wertschöpfungskette lassen sich Chancen für Wachstum aber auch zur Kostensenkung nutzen.

73.4   Datability als Basis zur Nutzung der Big Data Chancen

Der Begriff tauchte zunächst im Rahmen der CeBIT 2013 auf und wurde definiert als
„die Fähigkeit, große Datenmengen in hoher Geschwindigkeit verantwortungsvoll und
nachhaltig zu nutzen" [1]. Abgekürzt kann man die organisatorische Fähigkeit, einen Kundenwert aus Big Data zu schaffen, unter dem Begriff „Datability" zusammenfassen. Der
Begriff ist eine Kombination aus dem internationalen Markttrend Big Data sowie den
Möglichkeiten seiner nachhaltigen und verantwortungsvollen Nutzung (Englisch: ability,
sustainability, responsibility).

Die Konzernforschung und -innovation der Deutschen Telekom, die Telekom Innovation Laboratories, geht bei dem Begriff „Datability" noch einen Schritt weiter und ver-

bindet hiermit eine Form des integrierten Denkens und Handelns im Kontext der Datenverarbeitung, welche Wertschöpfungsbezüge, die sich aktuell neu bilden, als maßgebliche Ausrichtungsfaktoren nutzt. Im Vordergrund unseres Verständnisses von „Datability" steht zwingend der Kundennutzen, der aus Datenerfassung und Verarbeitung entstehen muss – d. h. der Kunde und seine Bedürfnisse stehen im Mittelpunkt der Digitalisierung.

Folgt man dieser Logik, so könnte man sagen, dass Unternehmen durch die Digitalisierung gezwungen werden, vom Kunden ausgehend Produkte zu entwickeln, produzieren und diese zu vertreiben – sollten sie dies nicht bereits schon verinnerlicht haben. Die Datenerfassung beschränkt sich dabei nicht auf bestehende Datenquellen, sondern sucht ständig nach neuen möglichen Datenquellen, die einen zusätzlichen Kundennutzen schaffen können und die dazu beitragen, die Produkt- und Servicequalität zu verbessern. Da „Datability" bei einer Analyse der Kundenbedürfnisse und nicht bei den technischen Fähigkeiten beginnt, verlangt es das Engagement und Enabling einer ganzen Organisation. Die konsequente Kundenfokussierung und die sich daraus ergebenden Anforderungen setzen den Maßstab der benötigten Datenquantität und -qualität, der Datenverarbeitungsgeschwindigkeit und der notwendigen Datenvielfalt.

„Datability" hat vielseitige Wirkungen auf die Wertschöpfungskette in einem Unternehmen und ggf. über die Unternehmensgrenze hinaus – cross-funktionale Partnerschaften gewinnen an Bedeutung – neue Produkte und Services (Bündel) werden möglich: Angebotsvarianten an den Endkunden potenzieren sich, Erbringungskosten für Leistungen reduzieren sich auf einen Bruchteil ehemals notwendiger Aufwendungen. Die nächste Welle der Digitalisierung reduziert die Höhe etablierter Markteintrittsbarrieren – neue, agile Spieler werden etablierten Konzernen in ihren bekannten Umgebungen Konkurrenz machen. Unternehmen traditioneller Industrien sollten diese Potenziale nutzen und nicht bekämpfen. Grundsätzlich sind Effizienzsprünge oder Verbesserungen des Angebots um Größenordnungen nicht aufzuhalten.

73.5   Digitalisierung und Datability ist Chefsache

Wegen dieser ganzheitlichen Betrachtung und der daraus resultierenden maßgeblichen Veränderung muss die Verantwortung für „Datability" und deren Optimierung bei dem Vorstandsvorsitzenden liegen. Unternehmen ganzheitlich auf die Möglichkeiten der nächsten Digitalisierungswelle auszurichten, verlangt nicht nur große Anstrengungen, sondern zunächst strategische Weitsicht und eine „Top Management Attention". Der CEO muss die Ziele und den Handlungsrahmen setzen. Dieser hoheitliche Anspruch erzeugt selbstverständlich Widerstände – Bewährtes zu bewahren ist immer leichter, als Veränderung umzusetzen. Die Digitalisierung wird bestehende Rollen und Aufgabengebiete in Frage stellen – klassische sektorale Organisationen müssen es lernen ganzheitlich zu denken. Der Fokus darf eben nicht mehr nur auf dem Produkt liegen, sondern vielmehr müssen zunächst die Kundenbedürfnisse und die damit verbundenen Anforderungen an die Wertschöpfung und Datenverarbeitung herausgearbeitet und die Organisation daran ausgerichtet werden. Die Unternehmen, die die Chancen der Digitalisierung nicht aktiv nutzen, werden sehr schnell Ihre Wettbewerbsfähigkeit einbüßen oder ganz aus dem Markt verdrängt.

73.6 Neue Märkte entstehen – Zwang zur Neuausrichtung ist ein Muss

Auch in der Versicherungswirtschaft hat man erkannt, dass die zweite Digitalisierungswelle klassische Vorstellungen der Geschäftsbeziehung zwischen Kunde und Versicherungen grundlegend verändern. Erste Vorboten dieser Entwicklung sind anlassgebundene Einmal-Versicherungen, die es Kunden erlauben, unmittelbar im Moment einer möglichen Gefährdung oder eines Anlasses zur Risikoabsicherung die passende Versicherung über das Smartphone ad-hoc abzuschließen. So kann man heute schon direkt auf der Skipiste stehend seine Skiversicherung oder auf dem Flughafen mittels Smartphone eine Reiseversicherung abschließen – und das für eines am Kundenbedarf orientierten Zeitfenster. Ein solches Geschäftsmodell macht Versicherungsvertreter, lange Verträge und komplizierte Back-office-Prozesse obsolet – letztlich entscheidet der Kunde im Moment seines konkreten Bedarfs. Große Versicherer gehen sogar noch einen Schritt weiter und digitalisieren nicht nur den Vertrieb, sondern koppeln Ihre Versicherungsleistungen und Assistenzdienste für Gebäude, Autos und Gesunderhaltung an Technologie. Dieser Trend ist beispielsweise im Bereich der Connected Assets oder Internet der Dinge sichtbar. Vernetzte Häuser, Autos und Gesundheit sind die neuen Marktplätze der Versicherungen. Durch die Kombination aus Sensorik und vernetzter Dinge, Gateways (DSL Router, Smartphone) und Breitband/LTE mit Versicherungen sowie Assistance-Leistungen können den Kunden neue digitale Produkte und Services, die sich an seinen Bedürfnissen nach Erhöhung der Sicherheit, Effizienz und des Komforts orientieren, anbieten – eine zeitgemäße Optimierung der Lebensräume, Versicherungen werden smart. Für Versicherungsgesellschaften wird hierüber nicht nur Wachstum in ganz neuen Geschäftsfeldern möglich, sondern auch erhebliche Kosteneinsparungen erzielt. Durch die digitale „Überwachung" der versicherten Dinge lassen sich Schadenshäufigkeiten und -höhen im erheblichen Maße reduzieren – Einspareffekte können dann zur Ergebnisverbesserung oder Kundenbindung genutzt werden. Haben die Versicherer bereits den „Kampf" um den Marktplatz „Smartphone" gegen Apple, Samsung, Google, Amazon & Co verloren und müssen sie hier Provisionen für abgesetzte Versicherungen zahlen, so erhoffen sie sich in diesen neuen Märkten direkte digitale Kundenzugänge, um ihre Geschäftätigkeiten erweitern zu können und zusätzliche Daten für die Optimierung ihrer versicherungsmathematischen Modelle zu erhalten. Versicherungen, Technologien und vernetzte Dinge verschmelzen miteinander – und es werden viele neue Datenpunkte erzeugt.

Der Wettbewerb wird durch das jeweils beste Angebot gewonnen. Dabei wird oftmals vom Kunden eine Mitwirkung abverlangt werden. Vieles geht nur, wenn er ein gewisses Maß an Transparenz über sich und seine Konsum-/ Nutzungsgewohnheiten zulässt. So hilft es letztlich dem Kunden, wenn Ortungsdienste es ermöglichen, ihm auf dem Weg ins Skigebiet Hinweis auf die Möglichkeit einer Skiversicherung zu schicken oder ihm bei Einbruch in sein smartes Haus nicht nur direkt, sondern auch seine Versicherung automatisch über den Sensoralarm zu informieren. Diese kann dann im Auftrag des Kunden im Moment des Sensoralarms Notfallverfahren adressieren, einen Sicherheitsdienst zum Haus entsenden oder direkt die Polizei informieren – sollte ein Fenster oder Tür beschädigt worden sein, hilft der versicherungseigene Handwerkerservice mit einer Notfallsicherung. Die Kosten hierfür trägt die Versicherungsgesellschaft: Das sind Servicepakete der Zukunft, die vom Kunden und seinen Bedürfnissen her entwickelt werden. Dabei ist es ein schmaler Grat zwischen gewünschter Aufmerksamkeit und gefühltem Eingriff in die Privatsphäre. Wenn sich ein unmittelbarer Nutzen ableiten lässt, sind Kunden bereit diese Einblicke und Eingriffe zuzulassen – solange das Vertrauen besteht, dass der Anbieter mit den gewonnenen Einblicken und Daten sorgsam umgeht. Digitalisierung basiert also im höchsten Maße auf Vertrauen bzgl. des Schutzes der persönlichen Daten – der Kundendaten. Gerade in der aktuellen Diskussion rund um die gezielte Ausspähung von Konsumentengruppen oder gar ganzer Staaten, ist die Datennutzung und -speicherung eines der wichtigsten Herausforderungen, gerade für Telekommunikationsunternehmen. Das bekannte Herkunftssiegel „Made in Germany" bekommt in diesen Zeiten eine ganz neue Bedeutung.

Das Thema Datenschutz spielt in der deutschen Telekommunikationsindustrie eine zentrale Rolle – für die Deutsche Telekom ist der umfassende Konsumenten- und Datenschutz integraler Bestandteil der unternehmerischen DNA. Grundsätzlich wurde mit dem Fernmeldegesetz seit jeher ein enger Rahmen zur Nutzung und Speicherung von persönlichen Daten gesetzt, der sich auch in Zeiten des Internets nicht nennenswert erweitert hat. Diskretion gehört zum Geschäftsmodell der Telekommunikationsunternehmen. Dies ist in den USA vollkommen anders. Amerikanische Internetgiganten nutzen jegliche Daten zur Analyse des Kunden und seines Konsumverhaltens/ Bedürfnisses. Dem gegenüber wird in der europäischen Telekommunikation über den kleinsten Einblick in die Privatsphäre gerungen. Dies ist eine Sensibilität, die für strikte Regeln beim Thema Datenschutz sorgt, aber auch das Vertrauen der Kunden gewinnt.

73.7   Eine Frage des Vertrauens

Nicht nur Endkunden, sondern auch Enterprise Kunden müssen Vertrauen schenken, um von der Digitalisierungswelle profitieren zu können. Dabei ist es gerade für Unternehmen äußerst prekär bzw. risikoreich, betriebliche Informationsflüsse nach außen zu geben. Diese Bedenken sind nicht völlig ungerechtfertigt. Wer sich öffnet, läuft Gefahr, Mitbewerber zu stärken oder durch kriminelle Mittel manipuliert zu werden. Öffnung verlangt immer auch ein zusätzliches Maß an Sicherheit. Den Lösungsanbietern und Sicherheitsabteilungen der Unternehmen kommt damit eine gestaltende Rolle zu, denn sie müssen intelligente Sicherheitslösungen finden, die zum einen eine notwendige Öffnung ermöglichen, zum anderen das Ausspähen durch Kriminelle verhindert.

73.8 Das Problem ist erkannt: Wille und Befähigung zur Veränderung

Als Innovationseinheit der Deutschen Telekom erleben wir im regelmäßigen Austausch mit den Enterprise Kunden des Konzerns, dass die Notwendigkeit zwar erkannt wird, sich den Herausforderungen der aktuellen Digitalisierungswelle zu stellen und die großen Chancen die hierbei entstehen zu nutzen, dass aber auch oftmals der letzte Wille oder die Befähigung zur Veränderung fehlen. Dies betrifft vor allem Unternehmen der eher traditionellen Industrien und Branchen, die sich bis dato auf ihre klassischen Geschäftsmodelle verlassen konnten – genau bei diesen Unternehmen besteht die große Gefahr der Bedeutungslosigkeit – bis hin zur vollständigen Substitution durch neue Player. Die Verantwortung zur Realisierung der Anforderungen an die Digitalisierung wird in die IT-Abteilung geschoben. Die Kombination von Machine-to-Machine-Kommunikation, die Auswertung von Echtzeit-Sensordaten oder die Kombination von IP- und Cloud-Services ist eben nicht nur ihre Aufgaben – unternehmensübergreifende Initiativen sind zwingend. Von der strategischen Einordnung des Unternehmens in die Wertschöpfungskette der jeweiligen Industrie und die damit verbundene Verknüpfung der eigenen Wertschöpfung mit deren Partner – bis zum Endkunde – ganz zu schweigen. Über den Erfolg oder Misserfolg einzelner Unternehmen entscheiden dabei zu unserer Überraschung nicht die Wettbewerber oder die Mittel für eine technische Umsetzung, sondern meist der Mut zum beherzten Vorgehen des CEOs und die Bereitschaft seiner Organisation, ihm zu folgen. Zögerliche Entscheidungen an der Spitze und Widerstände aus dem Mittelmanagement bedingen einander oft, doch sie können sogar ehemals fest im Sattel sitzende Marktführer ins Hintertreffen bringen.

73.9 Ohne Telekommunikationsindustrie keine zweite Digitalisierungswelle

Wo kann eine Deutsche Telekom helfen? Das Management großer Datenmengen aus unterschiedlichsten Datenquellen mit heterogener Datenqualität beherrschen Telekommunikationsunternehmen seit jeher. Die von den Telekommunikationsunternehmen vorangetriebene Mobilisierung des Internets und im Speziellen die konsequente Einführung der Cloud Technologie, haben in weiten Teilen die nächste Digitalisierungswelle erst möglich gemacht. Die dafür notwendigen Technologien, Standards, Möglichkeiten und Grenzen wurden hier definiert. Im Gegensatz zur ersten Digitalisierungswelle, die primär durch die großen IT Konzerne geprägt wurde, braucht es für die zweite Welle Telekommunikationsunternehmen wie die Deutsche Telekom und ihre Fähigkeiten.

In keiner anderen Industrie – mit Ausnahme des Bankgeschäfts – finden sich so hohe Anforderungen an den Datenschutz, wie in der europäischen Telekommunikationsindustrie. Anforderungen, die zu Fähigkeiten geführt haben, die sich jetzt als Standortvorteil erweisen können: Data privacy Made in Germany. Unter höchsten Datenschutzanforderungen sinnhafte Big Data-Analysen durchzuführen, die in Echtzeit zu einer relevanten Dienstleistung für den Endkunden führen, ist eine Fähigkeit, die in kaum einer anderen Industrie gefordert wurde. Eine Studie des Handelsblatt Research Institutes zeigt, dass die Telekommunikationsunternehmen einen erheblichen Vertrauensvorschuss gegenüber amerikanischen Internetunternehmen in Sachen Datensicherheit genießen [2].

Ohne den „Enabler" aus der Telekommunikation lässt sich Datability nicht umsetzen. In den Telekom Innovation Laboratories arbeiten wir deshalb im engen Schulterschluss mit Partnern aus vielfältigen Industrien, um neue cross-funktionale und -sektorale Lösungen für und mit unseren Kunden zu entwickeln. Dabei entstehen, vom Kunden und seinen Bedürfnissen ausgehend, Ökosysteme partnerschaftlich verbundener Unternehmen, deren Kompetenzen sich ergänzen, um Lösungsräume in ihren Industrien neu zu definieren. Für den Endkunden bedeutet das eine spannende Zukunft mit immer mehr und überraschenden Angeboten, die seine Bedürfnisse noch besser adressieren. Für Unternehmen bedeutet es, dass ein Beharren auf bewährten Stärken zur Schwäche werden kann, dass Erneuerung gerade jetzt unabdingbar ist und dass ihnen Mut abverlangt wird.

Literatur

1. CeBIT. http://www.cebit.de/de/datability Zugegriffen: 14. Dez. 2013.
2. Heilmann, D., & Liegl, T. (2013). *Big Data und Datenschutz*, Düsseldorf: Handelsblatt Research Institute.

Raoul-Thomas Herborg und Doris Hausen

Zusammenfassung

Smartphones und Tablets eröffnen für Unternehmen eine Vielzahl neuer Geschäftsfelder und Dienste. Diese basieren auf der permanenten Verfügbarkeit der Geräte beim Anwender und der umfassenden Sensorik. Dadurch wird es möglich, eine Vielzahl sensibler Daten von Personen zu erfassen, mit potentiell gravierenden Auswirkungen auf die Privatsphäre des Anwenders. Dieser Artikel beleuchtet die Themen Datenschutz und Datensicherheit im Umfeld mobiler Dienste und gibt Unternehmen praxisbezogene Handlungsempfehlungen bei der Entwicklung mobiler Dienste. Der Schutz sensibler Daten muss bei der Gestaltung neuer Dienstleistungen und Geschäftsfelder von Anfang an berücksichtigt werden, damit diese langfristig erfolgreich sind.

74.1 Einführung

Der Einsatz von Smartphones und Tablets wächst rasant und verändert die Art, wie wir unser Leben organisieren, wie wir kommunizieren und wie wir arbeiten fundamental. Diese Geräte bieten eine Vielzahl an Funktionen und Möglichkeiten, die sie für viele Menschen zum unverzichtbaren und immer verfügbaren Begleiter gemacht haben.

R.-T. Herborg (✉) · D. Hausen
virtual solution AG, München, Deutschland
E-Mail: raoul.herborg@virtual-solution.com

D. Hausen
E-Mail: doris.hausen@virtual-solution.com

© Springer-Verlag Berlin Heidelberg 2015
C. Linnhoff-Popien et al. (Hrsg.), *Marktplätze im Umbruch,* Xpert.press,
DOI 10.1007/978-3-662-43782-7_74

Die grundlegende Veränderung besteht einerseits in der permanenten Verfügbarkeit dieser Geräte beim Anwender, andererseits in der immer umfangreicher werdenden Sensorik, die vollkommen neue Anwendungen ermöglichen.

Noch nie konnten Privatpersonen, Kunden, Geschäftspartner und Unternehmen jederzeit so umfassend miteinander kommunizieren. Dies reicht von der simplen Bereitstellung von Informationen bis hin zu einer tiefen Integration von komplexen Prozessen. Die in Mobilgeräten verbauten Sensoren können dazu eine Vielzahl an relevanten Informationen bereitstellen: Vom aktuellen Aufenthaltsort des Nutzers über Audioaufnahmen, Fotos und Videoaufnahmen der Umgebung, bis hin zu persönlichen Details über Vitalfunktionen der Person.

Das Mobilgerät entwickelt sich damit zur Datendrehscheibe und Steuerzentrale des persönlichen Umfeldes und damit letztlich zum zentralen Gateway zwischen Menschen und der digitalen Welt. Für Unternehmen eröffnet dies völlig neue Geschäftsfelder und Märkte. Ganze Branchen werden durch neuartige Dienstleistungen wie etwa dem Taxi-Service Uber[1] in Frage gestellt. Richtig genutzt eröffnen sich durch diese Digitalisierung der Gesellschaft heute noch kaum absehbare Chancen und Möglichkeiten, allerdings mit drastischen Auswirkungen bezüglich Datenschutz und Datensicherheit.

Das omnipräsente Mobilgerät eröffnet Zugang zu Informationen des Anwenders, die tief in seine Privatsphäre reichen und die der Anwender – anders als am PC – häufig unbewusst zur Verfügung stellt. So zeichnen unverdächtige Anwendungen auf Mobilgeräten, wie die Flashlight App[2] von iHandy inc. oder das einfache Fruit Ninja Spiel von Halfbrick Studios[3] eine Vielzahl an Daten zu Position, Nutzung des Mobilgeräts, getätigter Anrufe und mehr auf. Diese Daten werden unter anderem an Flurry, ein Tochterunternehmen von Yahoo verkauft. Flurry erstellt basierend darauf detaillierte Benutzerprofile und gibt selbst an, pro Tag 2 Terrabyte an Daten aus 2,8 Mio. App-Nutzungen zu sammeln [10].

Unternehmen stehen vor der Herausforderung zu entscheiden, wie sie mit den Themen Datenschutz und Datensicherheit bei der Entwicklung von mobilen Diensten umgehen.

74.2 Datenschutz und Datensicherheit – Eine Einordnung

Die allgemeine Wahrnehmung, dass das Thema Datenschutz und Datensicherheit derzeit für Anwender wenig Relevanz besitzt, wird in Studien bestätigt [11]. Bisher hat sich gezeigt, dass kein signifikanter Zusammenhang zwischen der persönlichen Einstellung einer Person zum Datenschutz und dem tatsächlichen Handeln besteht. Auch sogenannte *Privacy Fundamentalists* [6], die in Studien angeben, dass ihnen das Thema Datenschutz sehr wichtig ist, teilen sehr sensible Informationen über soziale Netzwerke wie Facebook, das sogenannte „Privacy Paradoxon". Das trifft auch in dem Fall zu, wenn Anwendern reale

---

[1] http://www.uber.com (Letzter Aufruf: 1.10.2014).

[2] http://www.fastcompany.com/3023042/fast-feed/this-popular-flashlight-app-has-been-secretly-your-sharing-location-and-device-id (Letzter Aufruf: 1.10.2014).

[3] http://www.julianevansblog.com/2011/11/free-mobile-apps-collecting-your-device-data.html (Letzter Aufruf: 1.10.2014).

Szenarien aus Datenschutzvorfällen aufgezeigt werden, wie in der Studie von Woodruff et al. [11]. Die einzig belegbare Auswirkung auf den Umgang mit persönlichen Daten lässt sich für Personen nachweisen, die einen Vorfall bzgl. Privatsphäre hatten, diese ändern tatsächlich ihr Verhalten [11].

Dabei ist davon auszugehen, dass Nutzer von mobilen Endgeräten sich keineswegs bewusst sind, wie viele Rückschlüsse sich basierend auf den erfassten Daten auf persönliches Umfeld, Lebensumstände, Gesundheit und Gewohnheiten ziehen lassen [11]. Allein anhand der zeitbezogenen Erfassung von Geodaten kann abgeleitet werden, welcher beruflichen Tätigkeit eine Person nachgeht, ob sie sich viel in Bars und Diskotheken aufhält und damit möglicherweise regelmäßig Alkohol konsumiert, an welchen politischen oder religiösen Veranstaltungen sie teilnimmt, regelmäßig Sport treibt, oder – in Kombination mit den Daten anderer Nutzer – welche anderen Personen sie wann und wie oft trifft.

Noch weiter in die Privatsphäre des Einzelnen reicht der aktuelle Trend *Quantify Yourself*, wobei umfassend Gesundheitsdaten insbesondere über mobile Endgeräte erfasst werden. So hat Apple mit seiner letzten Softwareaktualisierung iOS 8 eine zentrale App zur Speicherung einer Vielzahl von Daten zu Körper, Gesundheit, Vorerkrankungen und Fitnessaktivitäten entwickelt, die diese Daten – so die Ankündigung – auch mit anderen Apps und Zubehörgeräten austauscht. Mit der für 2015 angekündigten Apple Watch[4] ist es etwa möglich jederzeit Pulsinformationen aufzuzeichnen und in dieser App zu verwalten. Für private Krankenversicherungen würden solche Daten einen erheblichen Wert darstellen, basiert doch deren Erfolgsmodell für niedrigere Krankenkassenprämien – so zumindest eine häufige Unterstellung – im Wesentlichen auf der gezielten Auswahl der Versicherten.

Nicht nur Unternehmen sind potentielle Nutzer dieser Informationen. Auch Staaten sammeln in bis vor kurzem kaum vorstellbarer Weise Daten, wie die Enthüllungen des ehemaligen Mitarbeiters des US-amerikanischen Geheimdienstes Edward Snowden gezeigt haben. Diese Informationen werden, so die offizielle, schwer zu überprüfende Aussage, mit dem klaren Ziel der Terrorabwehr durch staatliche Stellen gesammelt. Dadurch werden Eingriffe des Staates für den einzelnen Bürger, solange er in einer rechtsstaatlichen Demokratie lebt, nur in Einzelfällen als Bedrohung wahrgenommen. In anderen Ländern kann dies aber durchaus eine reale Gefahr darstellen, wie der mutmaßliche Hackerangriff auf Apple-Handys von Demonstranten in Hongkong zeigt[5].

Anders als von George Orwell in seinem Roman „1984“ prognostiziert, erfolgen die umfassendsten Datensammlungen heute in erster Linie nicht durch staatliche Institutionen sondern durch die großen Internetkonzerne. Die prägnanteste Beschreibung dazu liefert Google Gründer Eric Schmidt selbst, mit seinem mittlerweile legendären Satz aus dem Jahre 2010: „Wenn es etwas gibt, von dem Sie nicht wollen, dass es irgendjemand erfährt, sollten Sie es vielleicht gar nicht erst tun."[6]. Gab es bei der Volkszählung 1987

---

[4] http://www.apple.com/de/watch/ (Letzter Aufruf: 1.10.2014).

[5] http://www.spiegel.de/netzwelt/netzpolitik/protest-in-hongkong-hacker-greifen-handys-von-demonstranten-an-a-994747.html (Letzter Aufruf: 1.10.2014).

[6] Spiegel 2/2010 http://www.spiegel.de/spiegel/print/d-68621901.html (Letzter Aufruf: 1.10.2014).

noch deutschlandweite Proteste und Boykottaufrufe, wurde die europaweite Volkszählung 2011 (in Deutschland Zensus 2011) weitgehend ohne öffentlichen Widerstand durchgeführt, was auch auf eine veränderte Wahrnehmung bzgl. einer potentiellen Bedrohung der Privatsphäre durch den Staat im Gegensatz zu Organisationen, wie Google, Facebook, Amazon und anderen hindeutet.

Eine weitere Bedrohung die aus der Preisgabe persönlicher Informationen entsteht, sind kriminelle Handlungen. Die Liste der Hackerangriffe mit einer Kompromittierung persönlicher Daten ist lang: „Datendiebstahl bei eBay", „Bankdaten von zwei Millionen Vodafone-Kunden gestohlen", „Daten von Millionen Sony-Kunden sind in die Hände von Kriminellen gefallen", „Millionen Kundendaten bei T-Mobile gestohlen", … Gerade wenn es um zahlungsrelevante Informationen geht, kann das zu drastischen Auswirkungen für den Anwender führen. Der Skandal mit gestohlenen und im Internet veröffentlichen Nacktbildern prominenter Persönlichkeiten macht das ebenso deutlich, wie das Beispiel gehackter Webcams, über die Benutzer erpresserische Mails mit Fotos von sich selbst erhalten.

Nach Krasnova et al. [5] sorgen sich Nutzer sozialer Netzwerke neben organisatorischen Bedrohungen aber insbesondere vor Auswirkungen im persönlichen Umfeld. Nutzer sozialer Netzwerke erhalten mittlerweile häufig Einladungen vermeintlicher Freunde über deren gestohlene Identitäten zu bestimmten Seiten oder Aktivitäten, häufig mit dem Ziel das Gerät mit Viren, Trojanern oder Dialern zu manipulieren. Auch hat wohl jeder Email-Nutzer bereits Spam-Mails über gehackte Email-Konten von Personen aus dem eigenen Umfeld erhalten, sehr unangenehm für den Eigentümer des kompromittierten Kontos.

Diese und weitere Beispiele machen deutlich, dass Datenschutz und Datensicherheit in einem Zusammenhang stehen. Datensicherheit ist die Basis von Datenschutz, denn ohne Datensicherheit kann nicht garantiert werden, dass Datenschutzvorgaben durchgesetzt werden [8]. Andererseits schafft Datensicherheit alleine noch keinen Datenschutz. Beide Themenbereiche werden im Folgenden betrachtet.

74.3 Datensicherheit

Datensicherheit ist ein sozio-technisches Problem, dass von technischen und organisatorischen Maßnahmen sowie dem persönlichen Verhalten abhängt. Sicherheit ist eine Kette, immer nur so stark, wie ihr schwächstes Glied [9].

Der IT-Grundschutzkatalog des Bundesamtes für Sicherheit in der Informationstechnologie (BSI) bietet eine umfassende Strukturierung möglicher Bedrohungen im IT-Umfeld. Dabei gibt es auch Empfehlungen für den Einsatz von mobilen Geräten [2]. Diese sind sehr detailliert und richten sich klar an Experten in IT-Sicherheit. Zusammengefasst bestehen zur Absicherung von Diensten auf Smartphones aus technischer Sicht insbesondere folgende Herausforderungen:

74.3.1 Identität des Benutzers

Ein wesentlicher Baustein für Datensicherheit ist die eindeutige Identifizierung des Benutzers. Man muss wissen, wer auf bestimmte Informationen und Anwendungen zugreift. Diese sogenannte Authentifizierung erfolgt bei den meisten Geräten über eine PIN, die etwa bei der Aktivierung des Gerätes eingegeben werden muss.

Kennt ein Angreifer diese PIN, hat er vollen Zugriff auf das System. Aber auch ohne vorherige Kenntnisse kann ein vierstelliger PIN in weniger als 40 Min. identifiziert und damit voller Zugriff auf das Gerät erlangt werden[7]. Dabei wird am Telefon selbst oder dem Betriebssystem nichts verändert, d. h. der Einbruch bzw. auch der Datendiebstahl ist für den Besitzer des Gerätes nicht nachvollziehbar. Die auf Android-Geräten übliche Anmeldung über Sperrmuster lässt sich über eine sogenannte „Smudge-Attack" einfach aushebeln: Das Wischen der Finger beim Verfolgen des Sperrmusters hinterlässt ein eindeutiges Muster auf dem Bildschirm, das sich bei passendem Lichteinfall einfach identifizieren lässt.

Weitere Maßnahmen moderner Smartphones, wie etwa Gesichtserkennung oder Fingerabdruckscanner bieten keine zusätzliche Sicherheit. Diese sollen vielmehr jenen Benutzern ein Mindestmaß an Sicherheit bieten, denen selbst eine PIN-Eingabe zu aufwendig ist und die ihr Gerät ohne jede Authentifizierung einsetzen. Das wird dadurch deutlich, dass diese lediglich zusätzliche Verfahren für die Authentifizierung sind. Entsprechend gibt der Nutzer beim Neustart eines iPhone 5s und höher zunächst die PIN ein, um damit den Fingerabdruckscanner zu aktivieren.

74.3.2 Sicherheit der Daten

Die auf dem Gerät lokal vorhandenen Daten müssen vor unbefugtem Zugriff geschützt sein. Dies gilt unabhängig davon ob ein zufälliger Finder oder ein Dieb das Gerät in den Händen hält, also physikalisch darauf Zugriff hat oder ein Angreifer auf anderem Wege, etwa einer manipulierten App, versucht Daten zu kompromittieren.

Die bestehenden Sicherheitsmaßnahmen von Smartphones werden dabei immer wieder von Angreifern ausgehebelt. So wurden durch das Fraunhofer Institut auch für das verglichen mit anderen mobilen Betriebssystemen relativ sicher geltende Apple iOS immer wieder erhebliche Sicherheitsmängel in wichtigen Sicherheitselementen wie der iOS Keychain nachgewiesen [4]. Das ist die Stelle im Mobilgerät, die sensible Schlüsselinformationen des Benutzers und damit zentrale Sicherheitsmerkmale enthält.

---

[7] http://www.elcomsoft.com/eift.html (Letzter Aufruf: 1.10.2014).

74.3.3 Sichere Kommunikation

Mobile Endgeräte dienen in allererster Linie der Kommunikation. Neben der naheliegenden Sprachkommunikation oder dem Austausch von Emails, tauschen sowohl das Betriebssystem als auch praktisch alle Apps Daten mit den Backendsystemen der Anbieter dieser Dienste aus[8]. D. h. neben den lokal vorhandenen Daten muss auch die Kommunikation abgesichert werden, sowohl um die übertragenen Daten zu schützen, als auch um sicherzustellen, dass ein kompromittierter mobiler Datenkanal keinen unbefugten Zugriff auf das Geräte oder die Systeme beim Anbieter der Dienste ermöglicht.

74.3.4 Handlungsempfehlung

Aus den dargestellten, wesentlichen technischen Herausforderungen ergibt sich eine Vielzahl weiterer Bedrohungsszenarien, denen mit einem ganzen Bündel an Maßnahmen begegnet werden kann und muss. So gibt es innovative Ansätze, um PIN-Eingaben durch sicherere und gut zu bedienende Lösungen zu ersetzen [12]. Secure Container Lösungen erlauben es Informationen sicher auf dem Gerät abzulegen. Eine echte Ende-zu-Ende Verschlüsselung, möglichst zertifikatsbasiert, macht es Angreifern schwer die Kommunikation zu kompromittieren und damit sensible Daten auf dem Gerät oder den Systemen des Dienstanbieters zu entwenden. Einen guten Einstieg in Bedrohungen und wichtige technische Sicherheitsmaßnahmen bietet das OWASP Mobile Security Project[9], das analog zum Open Web Application Security Projekt für Webanwendungen Handlungsempfehlungen für die Entwicklung von sicheren mobilen Diensten gibt.

Bei der Umsetzung von Sicherheitsanforderungen muss der Anwender stets im Mittelpunkt stehen und eine hohe Benutzerfreundlichkeit erreicht werden. Sicherheitsmaßnahmen sollten Nutzern die Interaktion mit mobilen Geräten nicht erschweren. Nur wenn es Anbietern von Diensten gelingt, eine hohe Sicherheit bei gleichzeitig hoher Benutzerfreundlichkeit zu erreichen, werden diese erfolgreich sein.

74.4 Datenschutz

Die Wahrnehmung, welche Daten schützenswert sind, verändert sich über die Zeit und hängt immer auch vom Kontext ab in dem diese verwendet werden. Allgemein wird unter Datenschutz das Recht auf informelle Selbstbestimmung verstanden. Konkret, dass der Einzelne oder eine Organisation selbst entscheidet, wem welche Daten zu welchem Zeit-

---

[8] http://www.aisec.fraunhofer.de/de/medien-und-presse/pressemitteilungen/2014/20140403_10000_apps.html (Letzter Aufruf: 1.10.2014).

[9] https://www.owasp.org/index.php/OWASP_Mobile_Security_Project (Letzter Aufruf: 1.10.2014).

punkt und in welchem Kontext zugänglich gemacht werden, wie diese gespeichert, weiterverarbeitet und möglicherweise an Dritte weitergegeben werden [8].

Das steht in starkem Widerspruch zur gängigen Praxis auf mobilen Endgeräten, die dem Anwender genau diese Möglichkeit nicht geben. Hintergrund ist das derzeit verbreitete Geschäftsmodell, dass Leistungen durch den Anwender nicht mit Geld, sondern mit persönlichen Daten bezahlt werden. Dazu trägt vermutlich die Umsonst-Kultur des Internets bei, die Bereitschaft für Dienste zu bezahlen ist häufig gering. 2013 waren 90 % der Apps im Apple App-Store kostenlos, der Durchschnittspreis einer App betrug unter Berücksichtigung der kostenlosen Apps 19 US$-Cent, immer noch mehr als das Dreifache der durchschnittlich 6 US$-Cent im Android App-Store Google Play[10].

Die Erkenntnis, dass der Anwender nicht der Kunde von Google ist, sondern das Produkt, dessen Daten genutzt werden, um Leistungen an Werbekunden zu verkaufen, setzt sich langsam durch. Lanier schlägt in seinem Buch „Wem gehört die Zukunft?" [7] ein Modell vor, das Anwender an Einnahmen, die basierend auf deren Daten erzielt werden, beteiligt – eine, eine Idee deren Umsetzung nicht einfach werden dürfte.

Grundsätzlich ist das Bezahlen von Diensten mit persönlichen Daten ein legitimes Geschäftsmodell. Dabei ist die monetäre Bewertung persönlicher Daten ein komplexes Thema. Insbesondere ist die Bewertung asynchron, d. h. der Wert der Daten für eine Organisation, die diese verarbeitet, wird ein völlig anderer sein, als der Wert aus Sicht des Einzelnen, der diese Daten zur Verfügung stellt. Die Financial Times hat eine Reihe von Unternehmen in den USA befragt, die in großem Stil mit persönlichen Daten handeln. Basierend darauf wurde ein Kalkulator erstellt, mit dem sich der Wert eines Datensatzes zu einer Person in Abhängigkeit von den enthaltenen Merkmalen berechnen lässt[11]. Für den Einzelnen gibt es einen solchen vermeintlich klar festzulegenden Wert seiner persönlichen Informationen nicht, dieser hängt von der persönlichen Bewertung und dem Kontext ab.

74.4.1 Praktische Umsetzung von Datenschutz in mobilen Diensten

Ein Anbieter von Dienstleistungen sollte vor dem Hintergrund dieser Überlegungen eine klare Strategie festlegen, wie mit dem Thema Datenschutz umgegangen wird. Dazu gibt es Stand heute wenig konkrete Handlungsempfehlungen. Einen Vorschlag liefert das von Cavoukian [3] entwickelte Privacy by Design Konzept, das sieben Grundprinzipien formuliert, die bei der Entwicklung von Anwendungen berücksichtigt werden sollten. Ein umfassendes theoretisches Rahmenwerk bietet das Privacy Security Trust (PST) Framework von Morton et al. [8]. Im Folgenden werden die wesentlichen Themen beleuchtet, die sich aus diesen Konzepten für das Design von mobilen Diensten in der Praxis ergeben.

---

[10] http://www.flurry.com/bid/99013/The-History-of-App-Pricing-And-Why-Most-Apps-Are-Free#.VCvo7il_sVW (Letzter Aufruf: 1.10.2014).

[11] http://www.ft.com/cms/s/2/927ca86e-d29b-11e2-88ed-00144feab7de.html (Letzter Aufruf: 1.10.2014).

74.4.2   Datenschutzprinzipien

Inwieweit Anwender ihre Daten Organisationen bereitstellen, hängt insbesondere mit Vertrauen zusammen. D. h. zunächst sollte eine grundsätzliche Strategie im Unternehmen festgelegt werden, wie mit Daten der Nutzer umgegangen wird. Zumindest müssen rechtliche Bestimmungen des Datenschutzes erfüllt werden. Eines der Grundprinzipien ist dabei die Datensparsamkeit und Datenvermeidung, d. h. es sollten nur so viel Daten erhoben werden, wie unbedingt nötig (Bundesdatenschutzgesetz, § 3a), was sehr weit von der derzeitigen Datensammelpraxis einer Vielzahl mobiler Apps entfernt ist.

Wie diese Anforderungen in der Praxis umgesetzt werden, also ob diese nur formal erfüllt werden oder darüber hinaus gehende Prinzipien festgelegt werden, hängt vom Geschäftsmodell des Unternehmens ab. Diese Prinzipien bilden aber die Grundlage und allgemeine Handlungsorientierung für weitere Dienste.

74.4.3   Verarbeitung von Informationen

Für den konkreten Dienst sollte ein Konzept erstellt werden, welche Informationen erhoben werden und zu welchem Zweck: Wie werden diese gesammelt, auf welche Art und Weise wo gespeichert, wie verarbeitet und dabei möglicherweise mit anderen Informationen verknüpft, sowie wann werden diese letztlich wieder gelöscht. An wen werden die Informationen weitergegeben, wer hat intern Zugriff auf diese Informationen. Letztlich eine klare Beschreibung des Lebenszyklus der Informationen eines Anwenders innerhalb eines Dienstes, als Basis für dessen technische Umsetzung.

74.4.4   Transparenz

Abhängig vom Geschäftsmodell muss ein Unternehmen entscheiden, wie viel Transparenz es gegenüber seinen Anwendern beim Umgang mit persönlichen Daten will. Für das Beispiel der Flashlight App, deren Ziel es ist, Benutzerdaten zu sammeln, diese an Analysefirmen zu verkaufen, wo diese mit Hilfe von Big Data Technologien mit anderen Informationen kombiniert werden, ist Transparenz gegenüber dem Benutzer keine Option. Das Geschäftsmodell besteht letztlich im versteckten Sammeln von Daten. Andererseits sind Anwender durchaus bereit Informationen zu teilen, wenn es im passenden Kontext stattfindet und dieser klar ersichtlich ist [5]. So kann man sich für die Nutzung der Kartenapp von Apple entscheiden, die permanent Information zu Standort und Bewegung an Apple meldet. Auf Basis dieser Daten und den Daten tausender anderer Nutzer wird jederzeit ein aktuelles Bild der Verkehrssituation erzeugt, d. h. der Anwender gibt Daten von sich preis, erhält dafür aber einen Mehrwert.

Apple weist den Anwender auf die Erhebung dieser Daten in einem ca. 30 seitigen, sogenannten End User License Agreement (EULA) hin, dem dieser, will er das Gerät nutzen, zustimmen muss und damit eine Freigabe für diese Nutzung erteilt.

Ein EULA ist aber kein geeignetes Mittel, um Transparenz zu schaffen. Laut einer Studie von Böhme und Köpsell [1] stimmen mehr als 50 % der Nutzer diesem in weniger als 8 Sekunden – also weitestgehend ungelesen – zu. Darüber hinaus kommt die Studie zu dem Ergebnis, dass Anwender Regelungen umso eher unreflektiert zustimmen, je mehr diese einem EULA entsprechen und damit je komplexer diese sind.

Dem steht der Ansatz entgegen, von Anwendern die Zustimmung zur Nutzung bestimmter Daten kontextbezogen einzuholen. Im Beispiel Kartenapp würde dies bedeuten den Benutzer bei einer erstmaligen Nutzung darauf hinzuweisen, welche Daten zu welchem Zweck gesammelt werden und zu fragen, ob dieser damit einverstanden ist.

74.4.5 Benutzererfahrung

Anwender wollen eine bestimmte Funktionalität intuitiv benutzen und Sicherheit und Benutzerfreundlichkeit sind dabei oft komplementäre Ziele. Je stärker ein Passwort ist, desto umständlicher wird die Benutzung eines Dienstes. Dementsprechend gelten sichere Lösungen häufig als schwer bedienbar, was dazu führt, dass Anwender Mittel und Wege finden, diese Mechanismen zu umgehen.

Wie auch beim Thema Datensicherheit wird eine Umsetzung von Maßnahmen zum Datenschutz nur dann erfolgreich sein, wenn sich der Dienst einfach und intuitiv bedienen lässt und damit eine hohe Benutzerfreundlichkeit gegeben ist. Das gelingt am besten, wenn Datensicherheit und Datenschutz von Anfang inhärenter Teil des Designprozesses mobiler Dienste und Lösungen sind. Werden diese nachträglich, um solche Funktionalität ergänzt, möglicherweise erst nachdem datenschutzrelevante Vorfälle öffentlich wurden, ist es deutlich schwieriger eine durchgängige Benutzererfahrung zu gewährleisten [3].

74.5 Ausblick

Basierend auf den neuen technischen Möglichkeiten mobiler Endgeräte ergibt sich einerseits eine Vielzahl neuer Geschäftsmodelle. Andererseits erlauben diese drastische Eingriffe in die Privatsphäre des Einzelnen, mit möglicherweise erheblichen persönlichen Auswirkungen, eine Erkenntnis für die gerade erst langsam ein allgemeines Bewusstsein entsteht.

Galten Datenschutz und Datensicherheit in der Vergangenheit als Nischenthemen, entdecken Anbieter von mobilen Diensten das Thema gerade als Möglichkeit sich am Markt zu differenzieren[12], sicherlich nicht zuletzt aufgrund der starken öffentlichen Wahrnehmung in Folge der NSA-Affäre.

---

[12] http://www.macworld.com/article/2685600/apple-updates-privacy-policy-we-sell-great-products-not-your-data-says-tim-cook.html (Letzter Aufruf: 1.10.2014).

Die Themen Datensicherheit und Datenschutz sollten nicht den Kryptologen und den Rechtsabteilungen überlassen werden, sonst führt dies zu Lösungen, die von Anwendern nicht genutzt und zu Vereinbarungen, die von diesen nicht verstanden werden. Bei Datensicherheit und Datenschutz sollte der Anwender im Mittelpunkt stehen.

Literatur

1. Böhme, R., & Köpsell, S. (2010). Trained to accept? A field experiment on consent dialogs. In *Human Factors in Computing Systems (CHI)*.
2. Bundesamt für Sicherheit in der Informationstechnik. (2006). Mobile Endgeräte und mobile Applikationen: Sicherheitsgefährdungen und Schutzmaßnahmen.
3. Cavoukian, A. (2011). Privacy by design: The 7 foundational principles.
4. Heider, J., & El Khayari, E. (2012). iOS keychain weakness FAQ. Frauenhofer Institute for Secure Information Technology (SIT).
5. Krasnova, H., Gunther, O., Spiekermann, S., & Koroleva, K. (2009). Privacy concerns and identity in online social networks. *Identity in the Information Society 2*(1), 39-63.
6. Kumaraguru, P., & Cranor, L. F. (2005). Privacy indexes: A survey of Westin's studies. *ISRI Technical Report*.
7. Lanier, J. (2014). Wem gehört die Zukunft? Du bist nicht der Kunde der Internetkonzerne. Du bist ihr Produkt.
8. Morton, A., & Sasse, M. A. (2012). Privacy is a process, not a PET: A theory for effective privacy practice. In *Workshop on New Security Paradigms*.
9. Schneier, B. (2004). Secrets and lies: Digital security in a networked world.
10. Shklovski, I., Mainwaring, S. D., Skúladóttir, H. H., & Borgthorsson, H. (2014). Leakiness and creepiness in app space: Perceptions of privacy and mobile app use. In *Human Factors in Computing Systems* (CHI).
11. Woodruff, A., Pihur, V., Consolvo, S., Schmidt, L., Brandimarte, L., & Acquisti, A. (2014). Would a privacy fundamentalist sell their DNA for $ 1000… if nothing bad happened as a result? The Westin categories, behavioral intentions, and consequences. In *Usable Privacy and Security (SOUPS)*.
12. von Zezschwitz, E., Koslow, A., De Luca, A., & Hussman, H. (2013). Making graphic-based authentication secure against smudge attacks. In *Intelligent user interfaces (IUI)*.

Alexis Eisenhofer

Zusammenfassung

Computer haben die Finanzindustrie in den letzten Jahren grundlegend verändert. Dies betrifft sowohl den Handel von Wertpapieren an Börsen, als auch das klassische Bankgeschäft. Waren Finanzplätze vor wenigen Jahren noch Orte, von denen Politiker Prestige ableiteten und diese mit Initiativen förderten, sind Börsen heute nur mehr eine Software, die an beliebigen Orten betrieben werden kann. Die Handelsteilnehmer sind heute dezentral, und meistens haben Maschinen die Aufgaben von Börsenhändlern übernommen. Der Hochfrequenzhandel, bei dem Nanosekunden entscheidend sind, stellt vollkommen neue Anforderungen an die Marktteilnehmer sowie an die Aufsichtsbehörden. Die zunehmende Digitalisierung von traditionellen Bankgeschäften wird durch eine Vielzahl von Start-Up Unternehmen vorangetrieben und stellt die Bankbranche vor große Herausforderungen. Jahrzehntelang haben Banken Innovationen ausschließlich bei neuen Finanzinstrumenten gesucht und ihre IT-Systeme vernachlässigt. Entsprechend verwundbar sind sie durch innovative Internetunternehmen, die für die technologieaffinen Generationen X (1964–1979) und Y (1980–1995) neue Konzepte zur Vermögensbildung anbieten.

A. Eisenhofer (✉)
financial.com AG, München, Deutschland
E-Mail: alexis.eisenhofer@financial.com

© Springer-Verlag Berlin Heidelberg 2015
C. Linnhoff-Popien et al. (Hrsg.), *Marktplätze im Umbruch,* Xpert.press,
DOI 10.1007/978-3-662-43782-7_75

75.1 Veränderung der Kapitalmärkte durch automatisierten Handel

Im Jahr 1980 betrug die durchschnittliche Haltedauer – gemessen durch die Anzahl der
Aktien und das jährliche Handelsvolumen – einer Aktie 9,7 Jahre [10]. Heute beträgt die
durchschnittliche Haltedauer einer Aktie in Nordamerika nur noch 22 s [19]. Grund für
diese fundamentale Veränderung ist der flächendeckende Einsatz von Computern beim
Handel von Wertpapieren. Bei der sehr liquiden Google-Aktie werden inzwischen mehr
als 99 % aller Transaktionen von Computern ausgeführt [3]. Am 7. Juni 2013 wurden
in der Amazon-Aktie erstmals mehr als 100.000 Kurse pro Sekunde gestellt [5]. Informationen werden heute innerhalb von 5 bis 7 Nanosekunden verarbeitet – in einer Na-
nosekunde legt das Licht 30 cm Wegstrecke zurück. Weil die physikalische Grenze der
Lichtgeschwindigkeit über Erfolg und Misserfolg entscheidet, stehen die Computer der
Handelsteilnehmer im Rechenzentrum der Börse [1]. Aus Gründen der Chancengleichheit werden die Computer der sogenannten Co-Location Teilnehmer alle mit einem gleich
langen Kabel angeschlossen.

Es erscheint intuitiv bereits nachvollziehbar, dass sich die Kapitalmärkte hierdurch fundamental verändert haben. Welche Auswirkungen sich hieraus ergeben, ist in der jüngeren
Zeit Gegenstand vieler wissenschaftlicher Studien [16]. Der Einsatz von Computern an
der Börse hat unterschiedliche Beweggründe. Da weltweit inzwischen mehr als 12 Mio.
Finanzinstrumente existieren, bei denen die Kursbildung mangels Aufträgen nicht mehr
durch ein klassisches Orderbuch erfolgen kann, müssen Computer sogenannte „künstliche
Liquidität" stellen. Damit ein Privatanleger zum Beispiel ein spezielles verbrieftes Derivat
handeln kann, muss er nicht warten bis in ferner Zukunft ein entsprechender Gegenauftrag
kommt. Vielmehr stellt der Emittent mit Hilfe von Computern und entsprechenden Bewer-
tungsformeln fortlaufend einen Geld- und Briefkurs für das jeweilige Instrument.

Es wäre sicherlich in einem gesonderten Beitrag zu hinterfragen, ob eine derartige
Vielzahl von Wertpapieren für die Volkswirtschaft notwendig ist. Der massive Einsatz von
Computerhandel ist in diesem Fall allerdings notwendig und wünschenswert für den Privatanleger [3]. Kritiker von Algo-Trading merken oft an, dass diese künstliche Liquidität
gerade in Stressphasen zurückgezogen werde und daher keine echte Liquidität darstelle
[12].

Ein weiteres Einsatzfeld von Computern stellt der sogenannte Blockhandel dar. Institutionelle Anleger handeln meist Großaufträge, die aufgrund falscher Signaleffekte nicht
einfach direkt an die Börse gegeben werden können.[1] Derartig große Aufträge werden
mit Hilfe von Computern gestückelt und kursschonend an die Börse übermittelt. Hierbei
werden viele Teilaufträge in Abhängigkeit von der jeweiligen Orderbuchsituation erteilt.[2]

---

[1] Würde eine Pensionskasse eine Verkaufsorder von 50.000 BMW-Aktien in das Orderbuch stellen,
würden andere Marktteilnehmer dies sehen. Höchstwahrscheinlich würde dies den Kurs nach unten
drücken und damit den Verkaufserlös für die Pensionskasse mindern.
[2] Viele Handelssysteme bieten hierfür bestimmte Ordertypen an, so dass ein Blockhändler nicht
unbedingt programmieren muss, sondern sogenannte „Eisberg-Orders" direkt platzieren kann. Eine

Derartige Aufträge können aber von Computern – oftmals als „Algo-Sniffer" bezeichnet – entdeckt und gewinnbringend für eigene Handelsstrategien ausgenutzt werden. Findet ein Algo-Trader eine Eisberg-Kauforder bei 10,00 € kann er selbst für 10,01 € kaufen und den Blockhändler so lange hinhalten, bis dieser seinen Kaufpreis über ihn legt bzw. legen muss. Sobald dieser seine Order auf 10,02 € erhöht, werden die gesammelten Stücke wieder verkauft. Maschinen suchen derartige Orders und verringern dadurch die Geld-/ Briefspanne von Blockhändlern [20]. Mit der Verbreitung von Computern sind daher die Handelsspannen an den Börsen deutlich gesunken. Dies ist grundsätzlich für Privatanleger sehr wünschenswert. Sie können keine großen Informationskosten tragen und herausfinden, welcher Börsenplatz gerade die besten Preise liefert. Durch den starken Einsatz von Computern wird der sogenannte „Spread" geringer und damit der Preis besser, den sie bei einer „Bestens-Order" erzielen. Die in Studien auch als „Noise Trader" bezeichneten Investoren können daher darauf vertrauen, dass ihnen faire bzw. effiziente Preise angeboten werden.

Obwohl sehr viele Privatanleger profitieren, ist Algo-Trading in der gesellschaftlichen Wahrnehmung jedoch sehr unpopulär und wird gerade auch von Politikern sehr kritisch gesehen.[3] Dies liegt im Wesentlichen daran, dass die meisten institutionellen Investoren durch Algo-Trading verlieren und nur ganz wenige, meist US-amerikanische Wertpapierhandelsunternehmen gewinnen. Das US-amerikanische Unternehmen Wedbush wickelt in etwa 20 % des nordamerikanischen Aktienhandels ab [14]. Erfolgreiche Händler skalieren ihr Geschäftsmodell einfach durch den Einsatz von mehr Computern, weswegen die Konzentration der Profiteure einer „Winner-Takes-it-All" Situation gleicht [4]. Gesellschaftspolitisch wird es jedoch dann gefährlich, wenn die institutionellen Investoren nur mehr so wenig an der Börse verdienen, dass sie ihre eigenen Informationskosten nicht mehr tragen können. Unterbleibt die kostenintensive Informationsbeschaffung, verlieren die Kapitalmärkte ihre Informationseffizienz [3].Diese Gefahr ist durchaus real. In den letzten Jahren haben viele institutionelle Anleger ihren Handel von der Börse in sogenannte „Dark Pools" verlagert.[4] Diese Dark Pools wickeln heute bereits ca. 15 % des weltweiten Handels ab. Die Plattformen sind intransparent und unterliegen nicht der strengen Regulierung von Börsen. Deshalb können die dort getätigten Transaktionen nur wenig zur Informationseffizienz der Kapitalmärkte beitragen. Gewinnen derartige Plattformen

---

sehr einfache Order wäre immer ein Nachlegen eines gleichen Folgeauftrags, wenn die gezeigten Stücke am Markt ge- oder verkauft wurden.

[3] Siehe hierzu den Entwurf eines Gesetzes zur Vermeidung von Gefahren und Missbräuchen im Hochfrequenzhandel (Hochfrequenzhandelsgesetz) vom 26.11.2012, Deutscher Bundestag (2012).

[4] Wird eine Blockorder an einer Börse platziert, besteht eine Ausführungssicherheit und eine Preisunsicherheit. Je nach Orderbuchlage kann der Preis bei einer großen Order stark abweichen. Dark Pools zeichnen sich durch eine Preissicherheit bei gleichzeitiger Ausführungsunsicherheit aus. Der erste Dark Pool war Instinet, wo institutionelle Anleger über Nacht Blockorders zum Tagesschlusskurs der Börse einstellen konnten. Es bestand die Chance, allerdings nicht die Sicherheit, dass eine entsprechende Gegenorder eingestellt und damit der Auftrag abgewickelt wurde.

weiter an Gewicht, kann die Informationsverarbeitung an den Kapitalmärkten insgesamt gestört werden.

75.2 Digitale Revolution in der Bankenbranche durch FinTech Start-Ups

Banken haben jahrzehntelang Innovationen ausschließlich im Bereich von Finanzinstrumenten gesucht.[5] Innovationen bei neuen Medien und Geschäftsprozessen wurden bzw. werden immer noch oft auf das nötigste beschränkt. Dies ist einerseits durch die Komplexität von Altsystemen begründet. Aber auch aufsichtsrechtliche Genehmigungen bei Veränderungen der Infrastruktur haben ein großes Defizit verursacht [11]. Aufgrund nichtphysischer Produktion sind Geschäftsmodelle von Banken besonders attraktive Ziele von innovativen Start-Ups aus der Schnittmenge von Financial Services und Technology (sogenannte „FinTechs"). Accenture schätzt, dass bis 2020 mehr als 30 % der Umsätze der Banken durch neue Wettbewerber wegfallen könnten [18].

Die neuen Konzepte treffen auf einen idealen Nährboden, weil die technologieaffinen Generationen X (1964–1979) und Y (1980–1995) jetzt in das Alter für Vermögensbildung kommen. Die „Entzauberung" der Finanzberater durch die letzten beiden Krisen, das schlechte Image von Banken in der Öffentlichkeit sowie steigende Aktienmärkte ohne Festgeld-Alternative veranlassen immer mehr Menschen, sich selbst aktiv um ihre Kapitalanlage zu kümmern („mündige Privatanleger") [2]. Weil heute jeder Laptop eine Kamera besitzt, und über Breitband problemlos Videokonferenzen möglich sind, können Beratungsprozesse über das Internet erfolgen. Filialen werden zunehmend überflüssig.[6] Neben den technischen Möglichkeiten sind die Hürden für die Erbringung von Finanzdienstleistungen ebenfalls gesunken.[7]

Da es traditionell kaum Filialbanken gibt, entsteht die Zukunft der Bank besonders auch – ironischerweise abseits der hochentwickelten Industrieländer – in Afrika [9]. Einer-

---

[5] Mit über 12 Mio. Finanzinstrumenten weltweit ist der Markt jedoch völlig übersättigt. Paradoxerweise führt die große Auszahl jedoch zu weniger Aktivität, weil Privatkunden verunsichert werden und daher lieber keine Auswahlentscheidung treffen („Paradox of Choice")

[6] Die HypoVereinbank wird 300 ihrer 600 Filialen bis Ende 2016 schließen. Vgl. [12].

[7] Zwar zeichnet sich insgesamt eine Verschärfung der Regulierung ab, allerdings bieten viele Finanzdienstleister ihre Infrastruktur im Rahmen eines „White Labels" Angebots an. Kapitalanlagegesellschaften haben sich seit einiger Zeit für Drittfonds von Vermögensverwaltern geöffnet, die als Anlageberater fungieren und dadurch die stärke regulatorische Hürde überwinden müssen. Privatpersonen können heute „Fondsmanager" werden, indem sie z. B. bei Wikifolio ein Portfolio betreuen, das über deren Partner Lang & Schwarz als Zertifikat verbrieft wird und eine offizielle ISIN-Nummer für den internationalen Wertpapierhandel erhält.

seits ist dort Mobile Banking sehr weit verbreitet, andererseits gibt es dort aber auch kaum regulatorische oder bankpolitische Restriktionen.[8]

75.2.1 Zahlungssysteme und Einlagengeschäft

Besonders gefährdet bei Banken sind Umsätze im Bereich der Zahlungsabwicklung. Heute wickelt *Paypal* bereits ¼ aller weltweiten Online-Einkäufe ab und hat mit 148 Mio. zahlenmäßig mehr Kunden als Deutschland und Frankreich Einwohner. In den letzten drei Jahren hat Paypal seinen Marktanteil verdoppelt [8]. Der Anteil von eCommerce hat sich in den letzten 5 Jahren auf gut 14 % bei beschleunigtem Wachstum verdoppelt. Mit *iTunes* und *Google Checkout* stehen zwei weitere Wettbewerber in den Startlöchern, die aufgrund der jeweiligen Betriebssysteme im Bereich Mobile Payment Marktanteile gewinnen werden. Dabei sind die Anbieter nicht nur für Zahlungen interessant, sondern ziehen zunehmend auch Einlagengeschäft der Banken an sich. Der chinesische Zahlungsabwickler *Alipay* ist heute bereits der beliebteste Anbieter von Festgeld in China.

Besonders schmerzlich sind ebenfalls Angreifer im Bereich von Auslandsüberweisungen. Mit *Transferwise* gibt es ein besonders attraktives Angebot, das die hohen und oftmals versteckten Gebühren von Banken mit Niedrigpreisen angreift. Facebook hat kürzlich eine Partnerschaft mit **MoneyGram** geschlossen und ermöglicht Auslandsüberweisungen aus den USA in knapp 200 Länder [17]. Dieser Service wird besonders von Migranten nachgefragt. Der Gewinn des bisherigen Marktführers Western Union ist seit Jahren auf dem Rückgang. Trotz stark gestiegener Aktienmärkte notiert das Unternehmen heute nur noch bei knapp der Hälfte seines Hochs aus 2008.

Interessant sind auch Mehrwertdienste zu klassischen Banken, die Kontenbewegungen automatisch aggregieren und dem Nutzer Auswertungen und Peergroup-Vergleiche ermöglichen. Über *mint.com* können Benutzer sehen, wie sich ihre Einnahmen und Ausgaben im Vergleich zu anderen Personen verhalten. Das Unternehmen finanziert sich über die sehr lukrative Vermittlung von langlaufenden und für den Nutzer günstigeren Verträgen.[9] Derartige Dienste starten gegenüber Banken mit einem technischen Nachteil, weil sie erst Kontotransaktionen aus Bankkonten exportieren müssen. In Deutschland gibt es mit dem Homebanking Computer Interface (HBCI) einen offenen Standard, der ein solches Vorgehen unterstützt. Das deutsche Unternehmen **Kontoblick** aggregiert hierüber Konten von 1800 Banken. Dass Kundentransaktionen zum Nutzen der Kunden ausgewertet werden, ist für die meisten traditionellen Banken aufgrund bestehender Datenschutzrichtlinien noch nicht einmal eine Überlegung wert.

---

[8] Ende 2013 besitzen 82 % aller Afrikaner ein Mobiltelefon. In Tanzania, Uganda, Kenya und Madagascar gibt es mehr Mobile Banking Kunden als traditionelle Bankkunden.

[9] Dies sind insbesondere Telekommunikationsdienste oder Energieverträge.

75.2.2 Kreditgeschäft und Projektfinanzierung

Mit **Lending Club** existiert seit 2006 ein US-amerikanisches Unternehmen, das Peer-to-Peer Kredite über das Internet vermittelt. Privatpersonen zahlen Geldbeträge ein, die zu einem Kredit zusammengefasst werden werden, der an von ihnen ausgewählte Kreditnehmer vergeben wird. Das Kreditrisiko wird einerseits durch eine Selektion der besten 10 % der Kreditanträge durch die Betreiber und andererseits durch eine konsequente Streuung der Projekte im Portfolio eines Kreditgebers gesenkt. Im März 2014 betrug das Kreditportfolio 5 Mrd. USD (März 2013: 1,5 Mrd. USD). Das Unternehmen ist ebenfalls eine der größten **Crowdfunding** Plattformen und vermittelt Eigen- und Fremdkapital für Projekte. Die Plattform **Kickstarter** hat für das Videospiel „Star Citizen" im Jahr 2012 mehr als 52 Mio. USD eingesammelt und hält damit bislang den Rekord für die größte Projektfinanzierung [15].

In der Banktheorie wird die Intermediationsleistung der Bank als „Delegated Monitoring" beschrieben: Viele Kleinsparer werden durch die Bank zu wenigen Großkrediten gebündelt, die von sachkundigen Kreditexperten vergeben und kontrolliert werden. Dieser Prozess wird zunehmend auch durch Maschinen ersetzt. Das Unternehmen **Kreditech.com** bietet ein Big Data Scoring für die Kreditwürdigkeit von Privatpersonen.[10] Hierzu wird unter anderem der soziale Graph, das eCommerce Verhalten, die Browser Nutzung oder das Bewegungsprofil des Kreditnehmers untersucht. Aus insgesamt 15.000 Datenpunkten wird innerhalb einer Sekunde ein Scoring erstellt, das dem Antragsteller bei guten Daten bessere Kreditkonditionen verspricht.

75.2.3 Vermögensverwaltung und Brokerage

Die Vermögensverwaltung gehört zu den zentralen Finanzdienstleistungen und stellt eine wichtige Ertragsquelle für die Banken dar.[11] Aufgrund hoher Dokumentationspflichten bei Beratungsgesprächen zielen Banken auf Kunden mit einem liquidem Vermögen ab 1 Mio. €. Kleinere Anlagebeträge werden in Fonds gebündelt. Eine individuelle Vermögensverwaltung ist daher nur für weniger als 1 % der Bevölkerung zugänglich.[12] Innovative Anbieter wie **Wealthfront** oder **Vaamo** bieten eine massenmarkttaugliche Vermögensverwaltung, die Individualität über interaktive Tools und Kostenvorteile über konsequenten Einsatz von günstigen Indexfonds bietet.

Die „Dotcom-Blase" aus 2000 und die „Lehman-Pleite" aus 2008 haben bei Privatanlegern zu signifikanten Verlusten geführt, die nicht durch ihre Finanzberater verhindert wurden. Die Erkenntnis, dass fast alle Fondsmanager auf Sicht von 10 Jahren gegen ihre

---

[10] Das Unternehmen wurde erst 2012 in Hamburg gegründet und beschäftigt bereits 140 Mitarbeiter.
[11] In der Regel erhalten Banken ca. 1 % der Vermögenswerte als jährliche Vergütung.
[12] Das 99 % Perzentil der Vermögensverteilung in Deutschland wird auf 817.279 EUR geschätzt (Schätzung aus dem Jahr 2012; Siehe hierzu [7]).

Benchmark verlieren, hat darüber hinaus das Vertrauen in die Leistungsfähigkeit von Finanzmanagern erschüttert. Viele Privatanleger nehmen daher ihre Kapitalanlage selbst in die Hand und suchen Rat bei erfolgreichen Wertpapierhändlern, die ihre Strategien auf „Social Trading Plattformen" wie **eToro** oder **Wikifolio** offenlegen. Diese Plattformen zeichnen sich durch eine hohe Transparenz aus, indem neben den Einzeltransaktionen auch stets eine Rangliste der Anlageergebnisse einsehbar ist.

Brokerage Unternehmen zielen besonders auf die sehr lukrativen „Active Traders", die bis zu mehrere hundert Aufträge pro Tag tätigen. Diese Personen sind oftmals ehemalige Bankmitarbeiter, die auf eigene Rechnung Wertpapierhandel betreiben. Ihre Anforderungen an Tools sind extrem hoch und werden zunehmend durch kostenfreie Internetangebote erfüllt. Die Plattform **Tradingview.com** bietet ein umfangreiches Tool für interaktive Chartanalyse, das in eine Community eingebettet und daher ideal für den Austausch von Anlageideen ist. Derartige Plattformen haben eine starke Verhandlungsmacht gegenüber Brokern und können günstige Konditionen für ihre Mitglieder verhandeln.

75.2.4 Institutionelle Kapitalanlage

Eine sehr interessante Zielgruppe für Vermögensverwalter sind Versicherungen und Pensionskassen, die als Kapitalsammelstellen sehr große Volumina anhäufen. Oftmals werden große Mandate an spezialisierte Asset Manager vergeben, die maßgeschneiderte Anlagestrategien umsetzen und entsprechend aufwändige Risikomanagementsysteme anbieten. Mit Analysen und Berichten decken sie den hohen Informationsbedarf der institutionellen Anleger, der oft auch aufsichtsrechtlich vorgeschrieben ist. Seit einiger Zeit gibt es kostenfreie Angebote im Internet, die fast jeden Prozess in der institutionellen Kapitalanlage abdecken.

Bei **Quandl.com** können mehr als 10 Mio. Zeitreihen für Finanzdaten als Download oder über API bezogen werden, die anschließend in Excel aufbereitet werden können. Es besteht ebenfalls eine Schnittstelle zu **Plot.ly**, wo kostenfrei große Datenmengen graphisch analysiert und gewinnbringende Muster gefunden werden können. Mit **Quantopian.com** existiert eine kostenfreie Algorithmic Trading Community, wo Anlagestrategien sogar mit Quellcode hinterlegt und diskutiert werden. Jede Strategie kann kostenfrei kopiert, modifiziert und per Live Backtesting geprüft werden. Alle erdenklichen Risikokennzahlen werden automatisch berechnet, weswegen sämtliche Anforderungen an ein professionelles Risikomanagement erfüllt werden. Ebenfalls können von der Plattform automatische Transaktionen ausgelöst und dadurch das Portfolio im Zeitablauf an Veränderungen angepasst werden. Viele Banken beschäftigen Analysten, um ihren institutionellen Anlegern umfangreiche Studien zu einzelnen Investments präsentieren zu können.

Auf der Plattform **Seeking Alpha** sind kostenfrei Analysen von mehr als 7000 Analysten verfügbar. Die Plattform ist ebenfalls sehr transparent und bietet Ranglisten der „Opinion Leaders", indem sie Zugriffszahlen und Kommentare für einzelne Artikel zählt. Aufgrund der hohen Interaktion der Leser haben die Artikel eine extrem hohe Qualität und thematisieren oftmals Sachverhalte, die öffentlich bislang nicht bekannt sind. Neben

diesem sehr guten qualitativen Research-Netzwerk bietet die Plattform **Estimize.com**
„Crowdsourced Estimates" von mehr als 4500 Analysten. Die mit Hilfe von „Schwarmin-
telligenz" geschätzten Finanzkennzahlen haben eine größere Trefferquote als Wall Street
Analysen. Dies liegt auch darin begründet, dass Wall Street Analysen häufig „Sell-Side
Analysen" sind und eigentlich den Verkaufsprozess von Kapitalerhöhungen oder Anleihe-
platzierungen unterstützen sollen.

Literatur

1. Aitken, M., Cumming, D., & Zhan, F. (2014) Trade size, high frequency trading, and co-location around the world, SSRN Working Paper No. 2417474.
2. Bastian, N., & Köhler, P. (2012). Miserabler Ruf der Banken-Branche, handelsblatt.com vom 23.6.2012. http://bit.ly/1uVX3BS. Zugegriffen: 6. Nov. 2014.
3. Breuer, A., & Burghof, H. P. (2013) Algorithmic trading vs. bid-offer spreads, volatility, and the distribution of profits and losses: A simulation, SSRN Working Paper No. 2200075.
4. Brogaard, J., Garriott, C., & Pomeranets, A. (2014). High-frequency trading competition, SSRN Working Paper No. 2435999.
5. Burghof, H. P. (2013). From traditional floor trading to electronic high frequency trading (HFT), Präsentation vom 14.5.2014 beim IBF Symposion, Universität Hohenheim.
6. Deutscher Bundestag. (2012). Entwurf eines Gesetzes zur Vermeidung von Gefahren und Miss-bräuchen im Hochfrequenzhandel (Hochfrequenzhandelsgesetz) vom 26.11.2012. http://bit.ly/1q9bURS. Zugegriffen: 6. Nov. 2014.
7. DIW. (2014). Vermögensverteilung. http://bit.ly/1u3hHib. Zugegriffen: 6. Nov. 2014.
8. Dohms, H. R., & Schreiber, M. (2013). Banken planen Großangriff auf Paypal, manager-maga-zin.de vom 15.11.2013. http://bit.ly/1uVZNz2. Zugegriffen: 6. Nov. 2014.
9. Indra, S. (2014). M-Pesa – Mobiles Banking revolutioniert den Geldtransfer in Afrika. http://bit.ly/1q9f9Zl. Zugegriffen: 6. Nov. 2014.
10. Jester, A. (2007). Algorithmic Trading und Informationseffizienz, Präsentation im Rahmen der 3. Jahrestagung des Münchner Finance Forum e. V. am 25.10.2007 in München.
11. Kokert, J. (2013). Arbeitsschwerpunkt der IT-Aufsicht, Informationsveranstaltung: IT-Aufsicht bei Banken, Vortrag am 29.10.2013, Rererat BA 57, BaFin Bonn.
12. Lewis, M. (2014). Flash boys. A wall street revolt, W. W. Norton, 2014.
13. Maier, C. (2014). Bestätigt: HypoVereinsbank schließt 300 Filialen, merkur-online.de vom 13.3.2014. http://bit.ly/1uVY8cO. Zugegriffen: 6. Nov. 2014.
14. Mehta, N. (2011). Wedbush buys lime brokerage to help meet market-access rules, bloomberg.com, 13.6.2011. http://bloom.bg/1u38NRy. Zugegriffen: 6. Nov. 2014.
15. Morris, C. (2014). The man who made $ 50 Million ditching kickstarter, cnbc.com vom 23.09.2014. http://cnb.cx/1u3hfjZ. Zugegriffen: 6. Nov. 2014.
16. Nagel, J. (2012). High Frequency Trading und Marktimplikationen – Eine Einschätzung aus Notenbanksicht, Rede anlässlich der TradeTech DACH 2012 am 4.7.2012 in Frankfurt/Main.
17. PYMNTS. (2014). Transfer money via social media with Picomo Pay and Moneygram, pymnts.com vom 7.5.2014. http://bit.ly/1u3azSN. Zugegriffen: 6. Nov. 2014.
18. Reuters. (2014). Commerzbank will Geld in IT-und Internetfirmen stecken. http://bit.ly/1q9e3Ns. Zugegriffen: 6. Nov. 2014.
19. Turbeville, W. (2013). Gone in 22 seconds: How frequent is high frequency trading? http://bit.ly/1q99YIR. Zugegriffen: 6. Nov. 2014.
20. Worstall, T. (2014). HFT really does reduce the bid ask spread. http://onforb.es/1q99NgR. Zu-gegriffen: 6. Nov. 2014.

Richard Göbel

Zusammenfassung

Das Schlagwort „Big Data" verspricht die Gewinnung relevanter Informationen durch die automatisierte Erfassung und Analyse sehr großer Datenmengen für unterschiedliche Anwendungsbereiche. Damit lassen sich praktisch alle wesentlichen Informationen zur Bewertung einer komplexen Situation erfassen. Big-Data-Technologien können dann mit Hilfe geeigneter Indikatoren Situationen in Echtzeit bewerten und genaue Prognosen ermöglichen. Wesentlich für diese Technologien ist die Verarbeitung großer Datenmengen unter engen zeitlichen Rahmenbedingungen, um die Aktualität der Ergebnisse sicherzustellen. Existierende betriebliche Informationssysteme auf der Basis relationaler Datenbankmanagementsysteme erreichen dabei ihre Grenzen und können in der Regel die geforderten Antwortzeiten nicht mehr erfüllen. Neuere Datenbanktechnologien versprechen hier einen deutlichen Effizienzgewinn, so dass auch sehr große Datenmengen im Rahmen interaktiver Anwendungen verarbeitet und analysiert werden können. Dieses Kapitel gibt anhand eines Beispiels zur Erfassung und Auswertung von Daten einer Betriebsdatenerfassung einen Überblick über diese Technologien.

76.1 Relationale Datenbanken

Für die zuverlässige und dauerhafte Speicherung von Daten werden aktuell in fast allen Unternehmen klassische relationale Datenbanken eingesetzt. Die Daten werden dabei in Form von Tabellen gespeichert, wobei die Spalten der Tabellen in der Regel nur einfa-

R. Göbel (✉)
Hochschule Hof, Institut für Informationssysteme, Hof, Deutschland
E-Mail: Richard.Goebel@iisys.de

© Springer-Verlag Berlin Heidelberg 2015
C. Linnhoff-Popien et al. (Hrsg.), *Marktplätze im Umbruch,* Xpert.press,
DOI 10.1007/978-3-662-43782-7_76

che Werte enthalten, die dann atomare Informationen repräsentieren. Ein wichtiges Kriterium für die Güte eines relationalen Datenmodells ist die redundanzfreie Speicherung von Daten zur Vermeidung von Inkonsistenzen. Insgesamt sollen die Daten so gespeichert und „normalisiert" werden, dass sie in einheitlicher Form für unterschiedliche Anwendungen zur Verfügung stehen.

Für die zuverlässige und dauerhafte Speicherung der Daten (Persistenz) ist es wichtig, dass Inkonsistenzen durch den gleichzeitigen Zugriff unterschiedlicher Anwender sowie durch Systemabstürze vermieden werden. Eine wichtige Technologie in diesem Zusammenhang ist das Transaktionskonzept, mit dem eine Sequenz von zusammengehörigen Aktionen gruppiert werden kann. Die Datenbank ist dann so ausgelegt, dass die Aktionen einer Transaktion entweder vollständig oder gar nicht ausgeführt werden. Dabei wird von kurzen Aktionen, wie zum Beispiel dem Einfügen von Daten oder dem Finden ausgewählter Einträge nach unterschiedlichen Suchkriterien, ausgegangen. Sehr aufwändige Analysen, die auf fast alle Daten lesend zugreifen, lassen sich dabei nicht optimal mit typischen Transaktionskonzepten unterstützen, da die betroffenen Daten mit klassischen Mechanismen eines Transaktionskonzept zum Beispiel für Änderungen gesperrt werden.

Eine klassische relationale Datenbank verwaltet ihre Daten auf dem Sekundärspeicher. Die Algorithmen sind entsprechend auf diesen Speicher optimiert. Zugriffsstrukturen ermöglichen die direkte Navigation zu relevanten Daten, ohne alle Daten sequentiell durchsuchen zu müssen („Telefonbuchprinzip"). Natürlich unterstützen auch diese Datenbanken bereits die Nutzung von Cache-Speichern zur dynamischen Bereitstellung wichtiger Daten im Hauptspeicher. Damit kann der Zugriff und die Analyse von Daten bereits deutlich beschleunigt werden.

Klassische relationale Datenbanken verfügen auch über Aggregatfunktionen, mit denen sich einfache Analysen auf den Daten durchführen lassen. Dazu gehören die Summenbildung, die Berechnung des Durchschnitts sowie des minimalen und maximalen Werts. Auch die Gruppierung von Einträgen mit Hilfe von Werten ausgewählter Spalten ist möglich (zum Beispiel zur Berechnung der Summen von Verbräuchen für Anlagen getrennt nach Anlagentypen).

Bereits die Nutzung solcher Aggregatfunktionen kann bei sehr großen Datenbanken zu nicht mehr akzeptablen Antwortzeiten für interaktive Anwendungen führen. Noch schwieriger wird die Situation, wenn komplexe Operationen auf diesen Datentypen ausgeführt werden. Betrachten wir dazu ein Beispiel in Zusammenhang mit der Qualitätssicherung von Konsumgütern. Diese Güter werden in einem Unternehmen auf unterschiedlichen Anlagen produziert. Durch die großen Stückzahlen ist die betriebsinterne Qualitätssicherung nur über Stichproben möglich. Daher kommt es immer wieder vor, dass fehlerhafte oder defekte Produkte an Kunden ausgeliefert werden.

Das Unternehmen entscheidet sich aus diesem Grund für den Aufbau eines Systems, dass möglichst vollständig alle relevanten Daten erfasst, welche die Qualität der Produkte beeinflussen. Dazu werden die Produktionsanlagen mit Sensoren ausgestattet, welche Daten wie den Stromverbrauch, die Temperatur sowie den Betriebsmodus erfassen. Diese Daten sollen genutzt werden, um die Auswirkungen dieser Parameter auf die Qualität

Tab. 76.1 Beispiel einer Datenbanktabelle

Nummer	Anlage	Zeit	Strom	Temperatur	Modus	...
...	...	...	...	...	...	...
12345678	941	1400519220140	17,43	33,4	XC21	...
12345679	942	1400519220140	45,89	31,7	K11	...
12345680	943	1400519220140	8,50	25,4	B	...
12345681	944	1400519220140	12,33	45,6	128	...
12345682	945	1400519220140	16,01	50,7	K/4	...
12345683	946	1400519220140	61,99	42,0	K/6	...
...	...	...	...	...	...	...

der Produkte zu analysieren. Eine mögliche Struktur für Speicherung dieser Daten zeigt Tab. 76.1

Da in unserem Beispiel auch kurze Verbrauchsspitzen relevant sein können, werden diese Daten im Millisekundentakt erfasst. Mit diesem Ansatz werden pro Tag 86.400.000 Messwerte für jeden Sensor erfasst, die nicht nur zusammen mit anderen Werten gespeichert sondern auch für größere Intervalle aggregiert werden müssen. So könnte zum Beispiel der Verschleiß von Anlagen mit Hilfe der Summe von gewichteten Verbrauchswerten berechnet werden, wobei die Gewichtung aus der zugehörigen Temperatur und dem entsprechenden Betriebsmodus abgeleitet wird. Sollen für diese Berechnung alle Daten der vergangenen 100 Tage berücksichtigt werden, dann müsste das System bereits 25,92 Mrd. Werte für eine einzelne Anlage auswerten. Eine konventionelle relationale Datenbank wäre allerdings mit der Bereitstellung dieser großen Datenmenge für eine interaktive Anwendung mit Antwortzeiten im Sekundenbereich überfordert. Entsprechend werden für solche Aufgabenstellungen neue Datenbankkonzepte genutzt (NoSQL, NewSQL).

Eine typische relationale Datenbank speichert diese Tabelle jetzt zeilenweise auf der Festplatte ab. Für den Zugriff auf eine Festplatte ist die kleinstmögliche Einheit ein Block, da der wahlfreie Zugriff auf die Daten relativ viel Zeit benötigt (ca. 10 ms). Hintergrund dafür ist die Speicherung der Daten auf einer Festplatte mit konzentrischen Spuren. Für den Zugriff muss der Schreib- und Lesekopf auf eine Spur positioniert und danach noch die Rotation der Festplatte bis zu den gewünschten Daten abgewartet werden. Da das sequentielle Lesen der Daten ab der gewünschten Positionen erheblich schneller geht (um mehrere Größenordnungen), werden nicht nur einzelne Bytes sondern größere Datenmengen in Form von Blöcken gelesen. Gängige Blockgrößen sind zwischen 512 und 65536 Byte und können in einzelnen Spezialfällen noch deutlich größer sein.

Wenn wir für unser Beispiel eine Blockgröße von 8 kB und eine Größe für jeden Eintrag von ca. 80 Byte annehmen, dann lassen sich in einem Block etwa 100 Einträge unterbringen. Nehmen wir zusätzlich an, dass 10 Messwerte von 100 Anlagen erfasst werden, dann ergeben sich 1.000.000 Messwerte pro Sekunde sowie 31,536 Billionen Messwerte pro Jahr. Diese Datenmenge ließe sich auf 315,36 Mrd. Blöcken unterbringen.

Nehmen wir nun weiter an, dass wir für eine Anwendung die Daten aller Messungen auswerten müssen und dabei eine Zugriffszeit pro Block von 10 ms haben, dann können 100 Blöcke pro Sekunde geladen werden. Zum Lesen aller Blöcke würden wir mehr als 3 Mrd. Sekunden benötigen (ca. 100 Jahre)! Grundsätzlich werden allerdings viele dieser Blöcke hintereinander auf der Festplatte liegen, so dass Kopfbewegungen nur in einzelnen Fällen nötig sind. Entsprechend wird die tatsächliche Zugriffszeit um mehrere Größenordnungen schneller sein. Trotzdem werden voraussichtlich keine Zeiten erreicht, die in einer interaktiven Anwendung akzeptabel sind.

76.2 Analytische Datenbanken

Zur Lösung der im vorigen Abschnitt besprochenen Effizienzprobleme lassen sich sogenannte analytische Datenbanken einsetzen. Solche Datenbanken sind für die schnelle Auswertung sehr großer Datenmengen optimiert und nutzen dazu vorberechnete Werte oder besondere Speicherstrategien. Diese Speicherstrategien stellen sicher, dass große Datenmengen in geeigneter Form für die geplante Verarbeitung und Analyse zur Verfügung gestellt werden.

Ein möglicher Ansatz für die Vorberechnung ist die Ermittlung aggregierter Werte wie Summen, Durchschnitt, Minimum oder Maximum der relevanten Spalten, wobei die berechneten Werte bei neuen Einträgen entsprechend angepasst werden. Wichtig ist dabei eine Gruppierung der Daten dieser Spalten nach Inhalten weiterer Spalten. In unserem Beispiel könnten wir die Daten der Spalte „Strom" zum Beispiel mit Hilfe einer zweidimensionalen Tabelle anordnen, wobei eine Dimension für die Anlagen (Spalte „Anlage") und die andere Dimension für die Zeit (Spalte „Zeit") steht. Mit dieser Anordnung steht jetzt jede Zeile für den Stromverbrauch aller Anlage zu einem Zeitpunkt und jede Spalte für den Stromverbrauch einer einzelnen Anlage über den gesamten Zeitraum. Mit diesem Ansatz lassen sich die Summen in jeder Zeile und Spalte vorausberechnen, so dass zum Beispiel der Gesamtverbrauch einer Anlage oder der Verbrauch aller Anlagen zu einem Zeitpunkt direkt abgelesen werden kann (Tab. 76.2).

Grundsätzlich lassen sich mit dieser Tabelle auch mit geringem Aufwand Summen berechnen, die sich zum Beispiel auf den Gesamtverbrauch verschiedener Anlagen oder den

Tab. 76.2 Vorausberechnung von Werten mit einer zweidimensionalen Struktur

	Anlagen →					
Zeit ↓	7,2	12	1,1	6	4	30,3
	7,3	11	1	6	4,1	29,4
	7,4	12	0,9	6	4,2	30,5
	7,5	11	0,8	6	4,3	29,6
	7,6	11	0,7	6	4,4	29,7
	37	57	4,5	30	21	149,5

Gesamtverbrauch aller Anlagen über einen ausgewählten Zeitraum beziehen. In diesem Fall müssen nur die entsprechenden Summen aus den betrachteten Zeilen oder Spalten aufaddiert werden. Im allgemeinen Fall werden auch noch weitere Spalten als Dimensionen betrachtet, so dass sich dann bei drei Spalten eine Würfelstruktur sowie bei vier und mehr Spalten die Struktur eines Hyperwürfels ergibt. Solche Hypercubes (auch OLAP Cubes) stehen schon seit geraumer Zeit in Systemen für das Online Analytical Processing (OLAP) zur Verfügung (siehe [1]). In der Regel werden diese Hypercubes außerhalb der Transaktionsdatenbank gehalten, da entsprechende Anfragen nicht gut zu dem Betrieb einer solchen Transaktionsdatenbank passen. Bei einer getrennten Speicherung müssen allerdings regelmäßig große Datenmengen aus der Transaktionsdatenbank in den Hypercube geladen werden.

Das Vorausberechnen von Daten funktioniert nur dann, wenn die Aggregatfunktionen bereits bekannt sind. Dies ist allerdings in vielen Anwendungen nicht der Fall. Betrachten wir dazu für unser Beispiel die Abnutzung von Anlagen und die daraus folgenden Auswirkungen auf Qualität und Ausfallwahrscheinlichkeit. Es scheint plausibel, dass die Abnutzung von Parametern wie Stromverbrauch, Betriebsmodus und der Temperatur abhängt. Der genaue Zusammenhang ist aber unter Umständen komplex und wird eventuell sogar erst durch statistische Auswertungen (z. B. mit Hilfe eines Verfahrens des maschinellen Lernens) abgeleitet. Eventuell müssen diese Auswertungen auch stetig neue Daten berücksichtigen, weil sich der Zusammenhang im Zeitverlauf ändern kann (zum Beispiel durch geänderte oder neue Anlagen). Damit ist eine Vorausberechnung entsprechender Daten nicht möglich.

Eine mögliche Lösung dieses Problems ist eine optimierte Speicherung der Daten, so dass nur die für eine Analyse relevanten Daten von der Festplatte geladen und danach verarbeitet werden müssen. Dazu wird eine Datenbanktabelle nicht zeilenweise sondern spaltenweise auf der Festplatte abgelegt (Abb. 76.1, s. [2, 3]). Da wir in unserem Fall nur die Werte der Spalten Stromverbrauch, Temperatur und Betriebsmodus benötigen, müssen

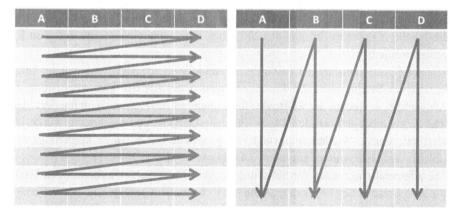

Abb. 76.1 Zeilen- und spaltenorientierte Speicherung von Daten

auch nur exakt deren Daten gelesen werden. Nehmen wir dazu an, dass jeder dieser Werte sich mit 4 Byte darstellen lässt. In diesem Fall müssen wir statt einem Eintrag von 80 Byte nur 12 Byte laden. Pro geladenem Block bekommen wir dann nicht etwa 80 Einträge sondern stattdessen relevante Werte von mehr als 600 Werten pro Block. Damit wird die Datenbank etwa um den Faktor 7 schneller. Dieses Verhältnis kann noch günstiger werden, wenn die Datenbanktabelle eine große Anzahl von Spalten enthält und damit auch entsprechend viel Speicherplatz für einen Eintrag verbraucht wird.

Für sehr große Mengen an Daten reicht dieser Geschwindigkeitsgewinn durch eine spaltenweise Speicherung häufig noch nicht aus. In diesem Fall kann die Verwaltung von Datenbanken im Hauptspeicher die Verarbeitungsgeschwindigkeit um mehrere Größenordnungen beschleunigen (In-Memory-Datenbank). Bei der Verwaltung von Daten im Hauptspeicher scheint zunächst eine spaltenweise Speicherung von Daten keinen Vorteil zu bieten, da auf Daten des Hauptspeichers grundsätzlich ein schneller wahlfreier Zugriff unabhängig von der Position der Daten möglich ist. Allerdings ist der Hauptspeicher im Vergleich zur CPU eines Rechners immer noch relativ langsam. Daher existieren zusätzlich verschiedene Formen schneller Cache-Speicher, die neben den durch die CPU angeforderten Daten zusätzliche Daten aus dem Hauptspeicher vorausladen. Diese Daten stehen dann für weitere Datenzugriffe der CPU zur Verfügung. In diesem Fall würden bei einer zeilenweisen Speicherung von Daten in der Regel Werte irrelevanter Spalten in den Cache vorausgeladen. Dagegen enthält der Cache bei einer spaltenweisen Speicherung überwiegend relevante Daten derselben Spalte.

Die zentrale Herausforderung für In-Memory-Datenbanken ist der benötigte große Hauptspeicher. Obwohl bereits heute Server mit einem Hauptspeicher von mehreren Terabyte auch für mittlere Unternehmen bezahlbar sind, reicht diese Größenordnung trotzdem für sehr große Datenmengen nicht aus. Eine spaltenorientierte Speicherung von Daten kann hier helfen, die Datenmenge durch Kompression deutlich zu verringern. Betrachten wir dazu wieder unser Standardbeispiel:

- Die Spalte „Betriebsmodus" enthält nur wenige unterschiedliche Werte. Statt einer langen Zeichenkette lassen sich die Werte mit Hilfe einer kurzen Zahl kodieren. Enthält die Tabelle in unserem Beispiel nur 200 Modi, dann können diese mit Hilfe von 8 Bit kodiert werden.
- In einer Spalte kann unter Umständen derselbe Wert mehrfach aufeinander folgen. In unserem Beispiel sind die Einträge aufgrund der Art der Datenakquisition zeitlich sortiert, so dass in der Zeitspalte für einhundert Anlagen auch einhundert identische Zeitstempel aufeinander folgen. Für eine kompaktere Speicherung würde jeder Wert mit einem Wiederholungsfaktor abgespeichert (Lauflängenkodierung). Statt $100 \times 4 = 400$ Byte würden also nur $4 + 4 = 8$ Byte an Speicherplatz benötigt.
- Bei aufeinanderfolgenden Werten mit geringen Differenzen zwischen diesen Werten, wie zum Beispiel der Temperatur, kann ein Referenzwert gefolgt von den Differenzen gespeichert werden.

Wesentlich Kompressionsraten lassen sich gerade durch den spaltenorientierten Ansatz erreichen, da nur die Werte innerhalb einer Spalte genügend ähnlich sind. Bei einer zeilenorientierten Speicherung unterscheiden sich dagegen die Daten zum Teil erheblich, so dass nur geringe Kompressionsraten möglich würden.

Die Kompression von Daten kann auch die Analyse der Daten deutlich beschleunigen. Wurde zum Beispiel eine Lauflängenkodierung für eine Spalte verwendet, so müsste bei der Summenbildung über alle Spaltenwerte nicht mehr jeder Wert einzeln „angefasst" werden. Stattdessen kann die Datenbank den Wiederholungsfaktor mit dem Wert multiplizieren und lediglich das Ergebnis zur Summe addieren.

Auch mit der Verwaltung aller Daten im Hauptspeicher einschließlich der Datenkompression kann ein einzelner Server immer noch zu viel Zeit für die Analyse der Daten in einer interaktiven Anwendung benötigen. Eine Standardlösung für dieses Problem ist die Verteilung der Daten auf unterschiedliche Server (ClusterComputing). Die Verteilung einer Datenbank in einem Cluster ermöglicht auch die Verwaltung großer Datenmengen auf preiswerten Servern mit begrenzten Ausbaumöglichkeiten für den Hauptspeicher.

Die Aufteilung einer größeren Aufgabe auf verschiedene Knoten eines Clusters ist im Allgemeinen schwierig und für bestimmte Aufgabenstellungen nicht mit vernünftigem Aufwand möglich. Interessanterweise lassen sich aber gerade verschiedene Verfahren zur Datenanalyse ohne Probleme parallelisieren. Dabei verarbeitet jeder Knoten seine „eigenen" Daten und leitet das Ergebnis an eine zentrale Instanz weiter. Hier wird dann aus den Teilergebnissen das Gesamtergebnis berechnet.

Soll zum Beispiel nur die Summe aller Werte einer Spalte gebildet werden, dann würde jeder Server im Cluster die Summe für seine Daten berechnen. Die zentrale Instanz berechnet dann lediglich die Summen aller Zwischenergebnisse. In ähnlicher Weise könnte die zentrale Instanz das globale Minimum oder Maximum aus den berechneten Minima oder Maxima der einzelnen Knoten des Clusters berechnen.

76.3 Beispiele für aktuelle Datenbankprodukte

Die großen Datenbankanbieter haben inzwischen ihre Produkte so ergänzt, dass sie über solche oder ähnliche Erweiterungen verfügen. So sind entsprechende Ansätze bei Oracle ab der Version 12c, bei IBM DB2 mit der Option BLU Acceleration sowie bei Microsoft ab dem SQL Server 2014 verfügbar. Grundsätzlich ist es allerdings schwierig, eine einzelne Datenbank für die Verarbeitung typischer Transaktionen in einem Geschäftsumfeld einzusetzen und gleichzeitig auch für komplexe Analysen zu nutzen. Daher werden in der Praxis häufig mindestens zwei getrennte Datenbanken aufgesetzt. Die Transaktionsdatenbank ist dabei die Referenz, aus der in regelmäßigen Abständen Daten in die Analytische Datenbank übernommen werden.

Die SAP AG bietet mit SAP HANA (High Performance Analytic Appliance) ein modernes Datenbankmanagementsystem an, das unmittelbar als spaltenorientierte In-Memory-Datenbank konstruiert wurde (s. [4]). Eine Zielsetzung bei der Realisierung dieses Systems war die Bereitstellung einer einzelnen Datenbank für Transaktionsverarbeitung und analytische Anwendungen. Damit wären dann keine zwei getrennten Datenbanken nötig. Die entsprechenden Technologien dazu werden in [5] diskutiert.

In ähnlicher Weise bietet Oracle mit Oracle Exadata ein System an, das ebenfalls mit einer Datenbank Transaktionsverarbeitung und analytische Anwendungen bereitstellt (s. [6]). Oracle Exadata wird dabei als integriertes System aus Hardware und Software angeboten, bei der die Hardware für den Betrieb dieses Datenbankmanagementsystems optimiert ist.

Die reinen Lizenzkosten ohne Entwicklung der Anwendung können für Datenbankmanagementsysteme wie SAP HANA und Oracle Exadata bereits siebenstellige Beträge erreichen. Interessant sind daher für kleine und mittelständische Unternehmen freie Systeme aus dem Open-Source-Bereich. Zur Unterstützung des Einsatzes solcher Systeme wird allerdings eine entsprechende Systemkompetenz benötigt, die bei einem reinen Anwender nicht vorausgesetzt werden kann. Allerdings verfügen zunehmend auch IT-Dienstleister über entsprechende Kompetenzen, so dass sich zusammen mit diesen Unternehmen Anwendungen für kleinere und mittlere Unternehmen realisieren lassen.

Einige Beispiele für solche freien Datenbankmanagementsysteme sind:

* Apache Accumulo (http://accumulo.apache.org)
* Apache Cassandra (http://cassandra.apache.org)
* MonetDB (https://www.monetdb.org/Home)

76.4 Entwicklung von Datenbankanwendungen

Eine wichtige Herausforderung bei dem Einsatz analytischer Datenbanken ist die Erstellung und Abbildung des Datenmodells auf die Datenbank. Stand bei klassischen relationalen Datenbanken die Entwicklung eines anwendungsunabhängigen Datenmodells auf der Basis von Tabellen im Vordergrund, so muss bei einer analytischen Datenbank das Datenmodell so aufbereitet werden, dass es die analytischen Prozesse optimal unterstützt. Dazu gehören zum Beispiel die Verteilung der Daten auf verschiedene Rechner (einschließlich redundanter Datenhaltung), die Gruppierung zusammengehöriger Spalten oder auch die Auswahl geeigneter Verfahren zur Datenkompression. Auch die Parallelisierung von Verfahren zur Analyse der verteilten Daten kann in diesem Zusammenhang ein Thema sein. Damit müssen Anwendungsentwickler von analytischen Datenbanken über entsprechende Kompetenzen verfügen. Da die Realisierung der genannten Konzepte in verschiedenen Datenbankmanagementsystemen sehr unterschiedlich ist, ist eine Spezialisierung der Entwickler auf ein einzelnes System oder zumindest wenige ausgewählte Systeme unvermeidbar, um komplexe Anwendungen optimal unterstützen zu können.

Literatur

1. Gray, J., Bosworth, A., Layman, A., & Priahesh H. (1995). *Data cube: A relational aggregation operator generalizing group-by, cross-tab, and sub-totals.* Proceedings 12th International Conference on Data Engineering. IEEE. S. 152–159, New York.
2. Stonebrake, M., Abadi, D. J., Batkin, A., Chen, X., Cherniack, M., Ferreira, M., Lau, E., Lin, A., Madden, S., O'Neil, E., O'Neil, P., Rasin, A., Tran, N., & Zdonik, S. (2005). *C-store: A column-oriented DBMS.* In Proceedings of the 31th VLDB Conference, Trondheim.
3. Boncz P., Zukowski, M., & Nes, N. (2005). *MonetDB/X100: Hyper-pipelining query execution.* In CIDR, Asilomar.
4. Berg, B., & Silvia, P. (2013). *Einführung in SAP HANA.* Braintree: SAP Press.
5. Plattner, H. (2013). *Lehrbuch in-Memory Data Management: Grundlagen der In-Memory-Technologie.* Heidelberg: Springer.
6. Osborne, K., Johnson, R., & Poder, T. (2011). *Expert oracle exadata.* New York: Apress. http://it-ebooks.info/publisher/6/.

„Datability Made in Germany" – Der digitale Marktplatz der Zukunft? 77

Peter Schindecker

Zusammenfassung

Durch die rasant fortschreitende Digitalisierung der Industrie und Gesellschaft auf Basis des *mobilen Internets der Zukunft* und dem damit verbundenen rasant wachsenden Datenvolumens befinden sich bestehende Marktplätze im Umbruch. Neuartige prozessorientierte Business Services, innovative Produkte müssen entwickelt und über neuartige „Datability-as-a-Service"(DaaS)–Betreibermodelle auf Basis von messbaren Key Performance Indicators (KPIs) bedarfsgerecht verfügbar gemacht werden. Rund um das Thema Datability spielen der Datenschutz und IT-Compliance eine zentrale Rolle. Nur mit einem modernen EU-übergreifenden Datenschutzrecht wird es möglich sein, die wirtschaftlichen und gesellschaftlichen Potenziale von Datability voll auszuschöpfen. Der folgende Beitrag beschäftigt sich mit dem konzeptionellen Ansatz von Datability, dessen Einordung und zeigt daraus entstehende Herausforderungen und Handlungsempfehlungen insbesondere für IT-Anbieter aus dem Mittelstand auf.

77.1 Datability und Digitalisierung

Das für die CeBIT 2014 geschaffene Motto Datability, orchestriert aus den Begriffen „Big Data" sowie „Sustainability" (Nachhaltigkeit) und „Responsibility" (Verantwortung) bezeichnet die Fähigkeit, große digitalisierte Datenmengen in hoher Geschwindigkeit verantwortungsvoll und nachhaltig zu nutzen [1].

P. Schindecker (✉)
Formware GmbH, Nußdorf am Inn, Deutschland
E-Mail: peter.schindecker@formware.de

© Springer-Verlag Berlin Heidelberg 2015
C. Linnhoff-Popien et al. (Hrsg.), *Marktplätze im Umbruch*, Xpert.press,
DOI 10.1007/978-3-662-43782-7_77

77.1.1 Konzeptioneller Ansatz

„Die Grundlage für das Buzzword *Datability* bildet das Thema *Big Data* mit all ihren Facetten. Sicherlich derzeit einer der aktuellsten Trends im IT-Bereich. Entscheidend sind hierbei insbesondere die sichere Verarbeitung, Speicherung und qualifizierte Analyse vielfältigster Informationen innerhalb kürzester Zeit sowie der verantwortungsvolle Umgang mit den Ergebnissen. Jahr für Jahr wachsen die Datenmengen exponentiell. Treiber dieser Entwicklung sind die rasant fortschreitende Digitalisierung und die Vielzahl von Datenquellen wie das mobile Internet, Social Media Netzwerke, sehr hohe Cloud-Storage-Kapazitäten oder die Vernetzung von Maschinen im Sinne von „Industrie 4.0", dem Zukunftsprojekt in der Hightech-Strategie der deutschen Bundesregierung in Verbindung mit der „Digitalen Agenda". Big Data werden zu intelligenten Smart Data" und führen zu neuen Dienstleistungen, sog. „Smart Services" und innovativen Produkten. Gleichzeitig müssen die bisherigen Geschäftsprozesse und Wertschöpfungsketten insbesondere in den deutschen Leitbranchen wie Anlagen- und Maschinenbau, Automotive, Elektro- und Medizintechnik grundlegend neu gestaltet werden. Die Wirtschaft ist von diesen Veränderungen in ihrem Kern massiv betroffen [2]. In diesem Rahmen müssen u. a. auch digitale Standards erarbeitet werden, die eine „gemeinsame Sprache" für eine effiziente Vernetzung und einen automatisierten Austausch von Daten als gemeinsame Kommunikationsgrundlage für die Zukunft bilden.

In der folgenden Abb. 77.1 Merkmale von Big Data [3] werden die wesentlichen Merkmale und einzelnen Parameter von *Big Data* sehr anschaulich dargestellt. Ausgehend von der Datenmenge mit Voluminas bis zu unvorstellbaren Yottabytes (der Gesamtspeicher aller Computer weltweit liegt bei einigen Zettabyte; die gesamte bisher von der Menschheit generierte Datenmenge inklusive aller Druckwerke wird auf 1.5 Yottabytes geschätzt).

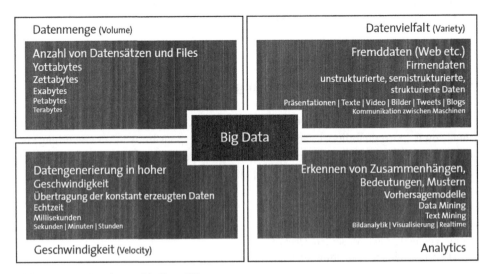

Abb. 77.1 Merkmale von Big Data [3]

Eine weitere Herausforderung liegt in der Datenvielfalt (Variety) mit unstrukturierten, semistrukturierten und strukturierten Daten aus unterschiedlichsten Datenquellen, wie Texte, Bilder, Videos, Tweets, Blogs und Machine-to-Machine (M2M) – Kommunikation. Die Geschwindigkeit bzw. Performance der Datengenerierung, -und –bereitstellung der Daten in „Echtzeit" ist eine technische Herausforderung an die Infrastruktur und den zur Verfügung stehenden Bandbreiten für die Datenübertragung. Darüber hinaus ist die semantische Datenanalyse (Analytics) mit intelligenten und effizienten Data Mining-Technologien ein wichtiger Bestandteil erfolgreicher Lösungen.

Für die Erreichung und Gewährleistung von „Sustainability" (Nachhaltigkeit) und „Responsibility" (Verantwortung) als die wesentlichen Kriterien des Begriffes Datability spielen der Datenschutz, IT-Sicherheit und IT-Compliance eine zentrale Rolle. Es muss sichergestellt werden, dass die Daten und die daraus resultierenden Analyseergebnisse verantwortungsvoll auf Basis von nachvollziehbaren Regelwerken ermittelt und unveränderbar gespeichert werden. Darüber hinaus müssen rechtliche und organisatorische Rahmenbedingungen und Richtlinien geschaffen werden die für Anwender und Anbieter insbesondere auch vertragliche Rechtssicherheit gewährleisten.

Daten aus mobilen Anwendungen werden gemäß einer Umfrage der IDC [4], am stärksten wachsen, gefolgt von Daten aus IT- und TK-Systemen. Hierbei handelt es sich schwerpunktmäßig um Logging-, und Monitoring-Informationen, die insbesondere für eine Erhöhung der Prozesstransparenz, –effizienz und -sicherheit für alle beteiligten Instanzen unabdingbar sind. Dies zeigt wiederum auch deutlich den hohen Bedarf und den Wunsch nach mehr Transparenz und Sicherheit in den einzelnen Unternehmen. Trotz der Vorbehalte und Sicherheitsbedenken zum Thema Cloud Computing wird auch das Datenvolumen aus der Cloud signifikant steigen. In diesem Kontext werden sicherlich auch die grafischen Daten in Form von Bildern, Videos überproportional wachsen. Die zunehmende Vernetzung im Rahmen der Entwicklung des Internets der Dinge (Industrie 4.0) und der Zuwachs von wissenschaftlichen Daten aus dem Bereich Forschung & Entwicklung werden ebenfalls das Datenwachstum beschleunigen. Als Schlusslichter werden erstaunlicher Weise Daten aus Social-Media-Anwendungen und Clickstream-Daten genannt. Diese „neuartigen" Datenquellen werden in dieser Umfrage unterschätzt und werden sich in den nächsten Jahren als eine der wesentlichen Treiber in Bezug auf Big Data im vorderen Feld etablieren. *Datability-as-a-Service* anbieten zu können, bedeutet deshalb insbesondere für die IT-Anbieter in diesen Anwendungsbereichen eine Neuausrichtung ihrer bisherigen Produkt-, Service-Strategien und eine grundlegende Änderung ihrer Geschäftsmodelle. Neue modulare Systemarchitekturen mit intelligenten Schnittstellen, effizienten Datenmanagement und performanten, sicheren Analyse- und Verarbeitungsprozesse müssen entwickelt und in Form von bedarfsgerecht nutzbaren Plattformen für die Anwender nachhaltig bereitgestellt werden. Unterschiedlichsten Ausgabegeräte (Arbeitsplatzrechner, Smartphone, Tablet, etc.) und Ausgabeformate müssen möglichst einfach und bedienerfreundlich auf Basis von intelligenten Schnittstellen unterstützt werden. Das Thema Usability wird ein wesentlicher Erfolgsfaktor für den Erfolg von neuartigen „Datability-Services" sein.

77.1.2 Datability – Einordnung und Prognose

Datability und die damit verbundene Digitalisierung schreitet insbesondere in den mittelständischen Unternehmen und im öffentlichen Bereich unaufhaltsam voran und unternehmensübergreifende Wertschöpfungsketten werden schon bald Realität werden. Bestehende Prozesse, Services und Produkte müssen entsprechend angepasst werden. Für
IT-Anbieter, die auf diesen Zug aufspringen wollen, bedeutet dies meist ein grundlegendes
Umdenken in Richtung innovativer, bedarfsorientierter Geschäftsmodelle. Die Basis hierzu bildet die Evolution des Internets, die sich vor allem durch eine stärker werdende Vernetzung und Interaktivität zwischen Anbietern, Usern und Maschinen auszeichnet. Das
zukünftige Web 3.0 wird eine Instanz von miteinander verknüpften semantischen Netzen
sein, dem sog. *Internet der Dinge.*

Unabhängig von der technischen Umsetzung wird ein wesentlicher Erfolgsfaktor in
Zeiten des NSA–Skandals das Thema Datenschutz und IT-Sicherheit sein. Laut Michael
Hange, dem Präsidenten des Bundesamtes für Sicherheit in der Informationstechnik (BSI)
ist die Bedrohungslage aufgrund der wachsenden Cyberkriminalität für die Unternehmen
akut und sehr dynamisch [5]. Nach Erkenntnissen des

BSI nehmen Angreifer verstärkt die Wirtschaft ins Visier, wobei gerade auch mittelständische Unternehmen in besonderem Maße von Wirtschaftsspionage, Konkurrenzaus-
spähung aber auch Erpressung betroffen sind. Hierzu müssen insbesondere für den Mittelstand geeignete Sicherheitslösungen gefunden und bereitgestellt werden. Darüber hinaus
wird für die weitere Entwicklung dieses Wachstumsbereiches die Akzeptanz der Kunden
entscheidend sein. Erste Prognosen zur Marktentwicklung für „Datability" liegen nun vor
und sagen bereits für das Jahr 2014 einen Umsatz von mehr als 6,1 Mrd. € in Deutschland
voraus [6, 7].

Die Anzahl kreativer Ansätze und Unternehmen ist vielfältig und zeugt insbesondere
in Deutschland von dem enormen Potenzial von „Datability"– den neuen datenbasierten
„Smart Services" und Geschäftsmodellen. Durch die Nähe zu industriellen Anwendern
und den starken F&E-Bezug ist Deutschland u. a. auch für das Zeitalter der „Industrie 4.0"
bestens gerüstet. Aber der neue EU-Kommissar für Digitale Wirtschaft Oettinger warnt in
einem Interview davor, dass Deutschland die Geschwindigkeit der digitalen Revolution
unterschätzt und der Digitalisierung hinterher hinkt. Deshalb müssen wir das Bewusstsein für die Herausforderungen der Digitalisierung in Politik, Wirtschaft und Gesellschaft
schärfen und die notwendigen Maßnahmen frühzeitig in die Wege leiten [8]. Eine aktuelle
Studie des Marktforschungsinstituts GfK Enigma (s. Abb. 77.2) in Wiesbaden belegt, dass
für 70 % der deutschen Betriebe mit einem Umsatz von unter 5 Mio. € im Jahr die Digitalisierung im Herstellungs- und Wertschöpfungsprozess kaum oder gar keine Relevanz hat.
Deshalb ist die Digitalisierung auch nur bei der Hälfte der mittelständischen Unternehmen
mit einem Umsatz von bis zu 125 Mio. € Teil der Geschäftsstrategie [8, 9].

Der analoge deutsche Mittelstand

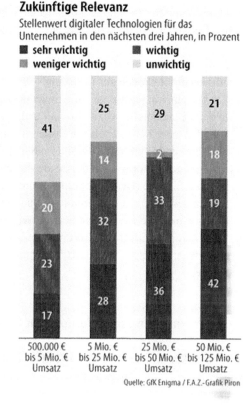

Zukünftige Relevanz
Stellenwert digitaler Technologien für das
Unternehmen in den nächsten drei Jahren, in Prozent

■ sehr wichtig   ■ wichtig
■ weniger wichtig   ■ unwichtig

Werte gerundet.

Quelle: GfK Enigma / F.A.Z.-Grafik Piron

Abb. 77.2 Der analoge deutsche Mittelstand

77.1.3 Herausforderungen für IT-Anbieter

Die Herausforderungen für die Unternehmen und insbesondere für die IT-Anbieter sind in Bezug auf die daraus resultierenden Transformationen in den Bereichen der Anwendungen, Infrastruktur, Prozesse, Organisation, Sicherheit und Recht sehr vielfältig, langwierig und kostenintensiv. Die Anbieterlandschaft wird dadurch weitaus komplexer werden. Die traditionellen Anbieter aus dem Bereich des Daten- und Kommunikationsmanagements müssen sich gegenüber neuen Mitwettbewerbern positionieren und grundlegend neu aufstellen. Durch die Vielfalt der oben genannten Themenbereiche kann kein Anbieter allein die gesamte, unternehmensübergreifende Wertschöpfungskette abdecken. Eine Umfrage der IDC ergab, dass Anbietergruppen wie IT-Service-Anbieter, Systemhäuser aus dem Bereich Datenmanagement und Business Software-Anbieter mit BI-Lösungsportfolio seitens der Anwender bevorzugt werden. Wer diesen Trend nicht versäumen und gewinnbringend partizipieren will muss die notwendigen Veränderungen aktiv gestalten bzw. proaktiv vorantreiben [4].

Hierbei sind für die Anbieter eine Reihe von technischen, organisatorischen und rechtlichen Herausforderungen zu meistern:

- Bereitstellung von durchgängigen Lösungen für das intelligente Datenmanagement mit effizienten Methoden zur Datenanalyse
- Entwickeln von performanten Anwendungen für die gebündelte Verarbeitung der vielfältigen Datenquellen (bzw. In- und Outputkanäle)
- Schaffen einer hohen Prozesstransparenz und –sicherheit auf Basis von durchgängigen Logging- und Monitoring-Funktionalitäten
- Intelligente, performante Analyse der heterogenen Datenformate durchneuartige Business Intelligence (BI) -Technologien und –verfahren
- Schutz des geistigen Eigentums, der unternehmenskritischen und personenbezogenen Daten in einer vollständig vernetzten Welt (Datenschutz und IT-Sicherheit)
- Einhaltung der Gesetze, Verordnungen und Branchenstandards (IT Compliance)
- Bedarfsgerechte, personalisierte Ansprache der Kunden über multimediale Vertriebskanäle

77.1.4 Handlungsempfehlungen für IT-Anbieter

Doch wie können sich die Unternehmen und IT-Anbieter auf diese Herausforderungen einstellen und ihre bestehenden Geschäftsmodelle, Services und Produkte entsprechend anpassen bzw. bereits vorhandene Daten effektiver nutzen?

Oliver Frese, CeBIT-Vorstand der Deutschen Messe AG, sieht hierzu insbesondere Potentiale in der intelligenten Analyse von bereits vorhandenen Daten in den Unternehmen. Dadurch können sich neue Services, Produkte und Geschäftsmodelle ergeben, die eigenen Prozesse effizienter organisiert und der Einsatz von Ressourcen wesentlich optimiert werden. Doch das ist einfacher gesagt, als getan.

Denn Informationsquellen für Unternehmen sind heute so vielfältig wie nie zuvor. Die klassischen CRM-Systeme mit den Kundenstammdaten müssen erweitert werden bzw. unter anderem auch an Social Media Anwendungen und –plattformen wie Twitter, Facebook und sonstige Bewertungsportale angedockt werden [10].

77.1.4.1 Neuartige Betreibermodelle – Datability-as-aService

Die Basis eines neuartigen Betreibermodells liegt in einer skalierbaren, flexiblen Systemarchitektur mit einem intelligenten und effektiven Datenmanagement. Der Erfolg für die IT-Anbieter ist eng damit verknüpft wie gut ein Anwender mit seinen Informationen umgehen kann. Um dieses Ziel zu erreichen muss ein entsprechendes Datenmanagement sowohl technisch wie auch organisatorisch gut geplant und umgesetzt sein. Ziel ist es die Unternehmens- und Kundendaten möglichst effektiv und nachhaltig im Sinne eines wertigen Unternehmens-Assets dem Anwender performant und bedarfsorientiert nutzbar zu machen. Wesentliche Grundlage hierzu bildet ein flexibles, standardisiertes Anbindungskonzept in Form von Plug-In-Komponenten bzw. dynamischen Connectoren für die Vielzahl unterschiedlichster Datenquellen und –formate. Leistungsstarke, bedienerfreundliche Analysewerkzeuge müssen den Anwendern zur Verfügung gestellt werden. Darüber hinaus sind möglichst einfache und sichere Deployment-Prozesse implementiert werden. Basierend auf bereits verfügbaren, skalierbaren *Big-Data-as-a-Service Plattformen* (BDaaS) können erweiterte Datability-Services im Sinne von Smart Services aufgesetzt und erfolgreich betrieben werden.

Die aktive Verwaltung von Daten über ihren gesamten Lebenszyklus hinweg ist ein wesentlicher Bestandteil dieser neuartigen Systemarchitektur. Die Basis hierzu bildet ein dynamisches Regelwerk, das aus verschiedenen Methoden, Prozessen und Technologien besteht. Darüber hinaus müssen bezogen auf den eigentlichen Wert eines Informationsobjekts die gesetzlichen Rahmenbedingungen und Aufbewahrungsfristen sowie Zugriffsrechte und Service Level Agreements (SLAs) auf Basis von messbaren KPIs vertraglich definiert werden. Wesentliche Grundlage für eine erfolgreiche Umsetzung und gewinnbringende Nutzung der Daten bildet sicherlich auch eine möglichst hohe Datenqualität auf Basis von konsolidierten Metadaten und homogenen Standardformaten. Darüber hinaus ist eine Klassifizierung der Unternehmensdaten eine notwendige Grundlage. Hierbei unterscheidet man u. a. zwischen kritische Daten, die für die wichtigsten Geschäftsprozesse benötigt werden und den sog. Performance-Daten, Informationen, die für die Steuerung und die Planung eines Unternehmens relevant sind und deren Verlust oder ungewollte Veränderung zu einer unternehmerischen Katastrophe führen kann. Für die Messung der Datenqualität gibt es eine Vielzahl von verschiedenen methodischen Ansätzen – diese reichen von Total Quality Management (TQM) [11, S. 98] über Capability-Modelle bis hin zu Six Sigma und ISO 9000. In der Praxis hat sich der Einsatz von so genannten Quality Gates – einem Messfühler für die Datenqualität in Prozessen – bewährt. Nach dieser Methode werden verschiedene Qualitätsattribute, wie beispielsweise Vollständigkeit, Relevanz, Genauigkeit beziehungsweise die Glaubhaftigkeit von Informationen gemessen und mit firmenspezifisch festgelegten Sollwerten verglichen [12]. Laut dem „Information Opportunity Report" der Unternehmensberatung Capgemini kann die gezielte Nutzung von Informationen den operativen Gewinn um über ein Viertel steigern. Bessere Informationen führen zu Kostenersparnissen, verbessern die Erfüllung von Kundenerwartungen und steigern die Produktivität der Mitarbeiter. Außerdem helfen sie unternehmerische Risiken zu reduzieren, gesetzliche und rechtliche Verpflichtungen zu erfüllen. Doch damit nicht genug: Gute und vor allem die richtigen Informationen ermöglichen es auch, den eigenen Ruf zu schützen, Strategien der Konkurrenz zu erkennen, Markdynamiken zu erfassen sowie effektiver mit Partnern und Lieferanten zusammen zu arbeiten.

In diesem Marktsegment gibt es eine Reihe von Produkten und Services von namhaften Anbietern, die u. a. bereits komplette Big Data Analytics Software Plattformen anbieten. Hierbei werden neue Techniken und Lösungen, wie beispielsweise Hadoop in Verbindung mit NoSQL-Datenbanken genutzt. Hadoop ist ein in Java entwickeltes Software-Framework, mit dessen Hilfe sich rechenintensive Prozesse mit sehr großen Datenmengen auf Server-Clustern performant abarbeiten lassen. Applikationen können mit Hadoop komplexe Verarbeitungsprozesse auf viele Rechnerknoten verteilen und Datenvolumina im Petabyte-Bereich verarbeiten. NoSQL hingegen ist ein Datenbank-Typus, der von der herkömmlichen relationalen Datenbankstruktur abweicht und auf kein festes Datenbankschema setzt. Somit werden u. a. Tabellenverknüpfungen, die viel Rechenzeit beanspruchen, vermieden [13]. Inwieweit diese neuartigen Lösungen mit unterschiedlichen Service-Modellen die Ziele und Nutzenpotentiale erreichen muss sich aber in der Praxis sicherlich erst zeigen. Das Big-Data-Szenario wird durch das Thema *Datability* umfangreicher und komplexer. Um diese zusätzlichen Anforderungen erfüllen zu können, müssen von den IT-Anbietern weitere Service-Komponenten entwickelt und in die bestehenden Plattformen integriert oder neue Lösungen bereitgestellt werden. Insbesondere sind hierzu neue globale Compliance-, Management- und Sicherheitsprodukte im Sinne von bedarfsorientierten „as-a-Service"-Angebote zu entwickeln, die sich nahtlos in bestehende Lösungen bzw. Technologien integrieren lassen. Daraus ergeben sich insbesondere auch für mittelständische IT-Service-Anbieter Chancen auf dieser Basis branchenbezogene Produkte und intelligente Services zu entwickeln und auf dem Markt platzieren zu können.

Big-Data-Platform-as-a-Service (BDPaaS) wurde bereits als Erweiterung des „as-a-Service"-Angebots für IT-Anbieter auf mehreren Cloud-Infrastrukturen einschließlich Amazon, CSC Cloud Solutions, RedHat OpenStack und der privaten Clouds von VMware VSphere entwickelt und bereitgestellt. Dies ermöglicht flexible Einsatzmodelle innerhalb von Kunden-Rechenzentren sowie für IT-Service-Anbieter. BDPaaS bietet auf Basis von verbesserten Next-Generation-Architekturen wie IBM, SAP und Oracle die Möglichkeit fein-granulare, interaktive Analysen sowie Echtzeit-Streaming-Analysen auch auf sehr großen, heterogenen Datenbeständen performant und sicher durchzuführen [14]. Ziel ist es, dass die Kunden ihre Kosten im Vorfeld minimieren sowie existierende technologische Investitionen nutzen, ohne dabei Time-to-Market-Aufträge opfern zu müssen. *Datability-as-a-Service* kann auf Basis von BDPaaS – Plattformen darüber hinaus eine Reihe von Nutzenaspekte für die Anwender bieten. Kürzere Time-to-Value-Zeiten können aufgrund von kurzen Entwicklungs- und Testzeiten für Analysemodelle und Applikationen relativ schnell eingesetzt und gewinnbringend genutzt werden. Darüber hinaus können durch die Nutzung dieser Services die Einhaltung der bestehenden Richtlinien bezogen auf Datenschutz, IT-Sicherheit und regulative Applikationsstandards mit Compliance-Anforderungen nachhaltig besser gewährleistet. Eine Bewertung der Zielerreichung dieser Nutzenpotentiale ist Stand heute nicht oder nur ansatzweise möglich, da dieser Trend erst am Anfang steht und sich erst im operativen Einsatz bewähren muss.

77.1.4.2 Datability Made in Germany

Neben der wirtschaftlichen Kosten-/Nutzenbetrachtung müssen die rechtlichen Themen Datenschutz, IT-Sicherheit und IT-Compliance sauber geregelt sein. Hierzu ist insbesondere die Politik gefordert. Für Anwender und Anbieter von „Datability-Services" wäre eine Zertifizierung bzw. auch ein Gütesiegel im Sinne von *Datability Made in Germany* eine wichtige Voraussetzung für das gegenseitige notwendige Vertrauen einerseits, und der Verantwortung und Nachhaltigkeit der Lösungen insbesondere seitens des Anbieters andererseits. Hierzu müssten entsprechende Arbeitskreise gebildet werden, die notwendigen Inhalte in Form eines technischen, vertraglichen und organisatorischen Kriterienkataloges erarbeitet werden und in Abstimmung mit dem BSI in enger Zusammenarbeit mit geeigneten Verbänden oder Standardisierungsgremien auf den Weg gebracht werden. Damit die Digitalisierung ihr volles Potenzial für Gesellschaft und Wirtschaft in Deutschland entfalten kann, muss insbesondere die Politik im Netz für die notwendige Sicherheit und Schutz sorgen. Hierbei handelt es sich um die zentralen Querschnittsthemen der Digitalisierung, die in allen Handlungsfeldern der Digitalen Agenda berücksichtigt werden. Letztendlich müsste Deutschland in diesem Bereich eine Vorreiterrolle übernehmen und diese Themen trotz nicht unerheblicher Schwierigkeiten und Widerstände im Rahmen der digitalen Agenda 2020 auf den Weg bringen und zielgerichtet umsetzen[15].

77.2   Fazit – auf dem Weg zur Datability

Datability zählt wie Big Data, Digitalisierung, Cloud Computing, Mobility und Social Media zu den universellen Fragestellungen, die die IT-Entwicklung derzeit prägen und in den nächsten Jahren bestimmen werden. Sie beeinflussen alle Bereiche der betrieblichen Informationstechnologie. Big Data stellt insbesondere deswegen eine große Herausforderung an die Unternehmen und IT-Anbieter, da sie gezwungen sind aktiv zu werden, um dem Datenwachstum, der Datenvielfalt und den verschiedenen Datenquellen entgegenzutreten und geschäftlichen Nutzen daraus zu generieren. Viele Unternehmen und Anbieter stehen noch am Anfang.

Datability-as-a-Service im Sinne einer verantwortungsvollen und nachhaltigen Nutzung von Daten im Unternehmen ist nur dann erfolgreich, wenn auch die dafür erforderliche Basis im Sinne von *BDPaaS* genutzt wird. Die große Mehrheit der Unternehmen ist deshalb gut beraten, über ein effektives und intelligentes Datenmanagement nachzudenken. Dazu sind jedoch eine Gesamtsicht auf sämtliche Prozesse, Anwendungen, Systeme und Informationsobjekte sowie eine vernünftige organisatorische Unterstützung im Unternehmen und geeignete Lösungen von IT Service Anbietern notwendig [14]. Das Thema *Datability* wird noch etwas Zeit brauchen, um sich im Markt zu etablieren. Um diesen Prozess zu beschleunigen wäre für Anwender und Anbieter hierzu sicherlich eine anerkannte Zertifizierung und/oder ein Gütesiegel im Sinne von „*Datability Made in Germany*" hilfreich. Auch brauchen die Basistechnologien von bereits bestehenden *Big Data-Lösungen* noch eine gewisse Entwicklungs- und Reifephase. Nach Ansicht der Experton Group sind für diese Thema erst ein Bruchteil der Einsatzmöglichkeiten erschlossen. *Datability-as-a-Service* hat somit seine große Zeit noch vor sich. Das Zeitalter, in dem die Daten zum Produkt werden, also „*Der digitale Marktplatz der Zukunft*" hat gerade erst begonnen [16]. Transform data into value!

Literatur

1. Telekom Definition Datability. https://portal.telekomcloud.com/informationen/aktuelles-presse/aktuelle-news-zum-thema-cloud/was-ist-eigentlich-datability/. Zugegriffen: 16. Aug. 2014.
2. Digitale Agenda. http://www.digitale-agenda.de. Zugegriffen: 16. Aug. 2014.
3. Bitkom, Management von Big-Data-Projekten, Leitfaden. http://www.bitkom.org/files/documents/LF_big_data2013_web.pdf. Zugegriffen: 25. Aug. 2014.
4. IDC. (2012). IDC-Studie: Big Data in Deutschland 2012 – Unternehmen stehen noch ganz am Anfang. http://idc.de/de/ueber-idc/press-center/56528-idc-studie-big-data-in-deutschland-2012-unternehmen-stehen-noch-ganz-am-anfang. Zugegriffen: 25. Aug. 2014.
5. Fokus online. (2014). Bedrohung ist akut und dynamisch. Bundesamt warnt vor heftigen Cyber-Attacken. http://www.focus.de/digital/internet/bedrohung-ist-akut-und-dynamisch-bundesamt-warnt-vor-starken-attacken-cyberkrimineller_id_4186977.html. Zugegriffen: 7. Nov. 2014.
6. BSI. (2013). Fokus IT-Sicherheit 2013. https://www.bsi.bund.de/SharedDocs/Downloads/DE/BSI/Publikationen/Lageberichte/Fokus_IT-Sicherheit_2013_nbf.html. Zugegriffen: 14. Nov. 2014.
7. BITKOM, Studie Crisp Research.
8. FAZ. (2014). Oettinger: Deutschland hinkt bei Digitalisierung hinterher. http://www.faz.net/aktuell/wirtschaft/netzwirtschaft/oettinger-deutsche-bei-digitalisierung-zu-lahm-13152451.html. Zugegriffen: 16. Aug. 2014.
9. http://www.faz.net/aktuell/wirtschaft/wirtschaftspolitik/deutsche-betriebe-investieren-kaum-in-digitalen-ausbau-13146623.html. Zugegriffen: 14. Nov. 2014.
10. Telekomcloud. (2014). Was ist eigentlich „Datability"? https://portal.telekomcloud.com/informationen/aktuelles-presse/aktuelle-news-zum-thema-cloud/was-ist-eigentlich-datability/. Zugegriffen: 25. Aug. 2014.
11. Helfert, M. (2002). Planung und Messung der Datenqualitat in ¨Data-Warehouse-Systemen. http://dataquality.computing.dcu.ie/thesis/(German).Markus.Helfert.thesis.2002.pdf. Zugegriffen: 8. Nov. 2014.
12. http://www.computerwoche.de/a/die-vier-saeulen-guten-datenmanagements. Zugegriffen: 7. Nov. 2014.
13. http://trends-in-der-it.de/, Seite 46. Zugegriffen: 9. Nov. 2014.
14. http://www.csc.com/de/press_releases/112165-csc_bringt_eine_next_generation_big_data_plattform_als_service_auf_den_markt. Zugegriffen: 25. Aug. 2014.
15. http://www.bmwi.de/DE/Themen/Digitale-Welt/digitale-agenda.html. Zugegriffen: 7. Nov. 2014.
16. http://www.globalservices.bt.com/static/assets/pdf/white_papers/de/BT_Whitepaper_BigData_Experton.pdf. Zugegriffen: 14. Nov. 2014.
17. GfK Enigma/FAZ: Dem deutschen Mittelstand ist die Digitalisierung egal. http://www.faz.net/aktuell/wirtschaft/wirtschaftspolitik/deutsche-betriebe-investieren-kaum-in-digitalen-ausbau-13146623.html. Zugegriffen: 14. Nov. 2014.

Ralf Rieken

Zusammenfassung

Die wichtigsten Herausforderungen für Cloud Computing in Deutschland sind laut der Wirtschaftsprüfungsgesellschaft pwc Datenschutz- und Compliance-Anforderungen sowie Informationssicherheit. Damit Unternehmen diesen begegnen können, benötigt die deutsche Wirtschaft klare und mit den technischen Entwicklungen Schritt haltende Datenschutzgesetze und Compliance-Regeln ebenso wie die Technologien, um die Anforderungen tatsächlich einhalten zu können. Die in diesem Beitrag vorgestellte Basistechnologie Sealed Cloud ermöglicht, Cloud Computing rechtskonform anzuwenden. Sie sichert Rechenzentren in der ersten Verteidigungslinie ausschließlich auf technische Weise so ab, dass der Betreiber keinen Zugriff auf die Daten hat. Dieser Beitrag stellt die Basistechnologie Sealed Cloud vor, die Inhalte wie Metadaten technisch versiegelt, so dass der Betreiber technisch keine Möglichkeit hat, auf unverschlüsselte Daten zuzugreifen. Damit repräsentiert diese Technologie einen Durchbruch im Bereich Sicherheit für Rechenzentren, der für die weitere Entwicklung und Akzeptanz des Cloud Computing eine wesentliche Rolle spielt. Sealed Cloud wird von der Uniscon GmbH im Rahmen des Trusted Cloud Programms des Bundesministeriums für Wirtschaft und Energie (BMWi) in einem Konsortium mit dem Fraunhofer-Institut für Angewandte und Integrierte Sicherheit (AISEC) und dem Unternehmen SecureNet zur Basistechnologie für die deutsche Industrie weiterentwickelt. Das Sicherheitsniveau, das durch dieses System erreicht werden kann, lässt sich seit einiger Zeit auch in eigene Unternehmenslösungen integrieren.

R. Rieken (✉)
Uniscon GmbH, München, Deutschland
E-Mail: ralf.rieken@uniscon.de

© Springer-Verlag Berlin Heidelberg 2015
C. Linnhoff-Popien et al. (Hrsg.), *Marktplätze im Umbruch,* Xpert.press,
DOI 10.1007/978-3-662-43782-7_78

78.1 Einleitung

Die Markt-Analysten von Gartner stellen eine Kräfteverschiebung im IT-Bereich der Unternehmen fest: weg von eigener Infrastruktur hin zu Serviceleistungen. Da schon der heutige und erst recht der zukünftige Nutzer mehrere Geräte verwendet, übernimmt die Cloud die Hauptrolle des Datenmanagers. Dass Unternehmen also ihre bislang starre IT flexibel und dynamisch steuern können, wird, so die Analysten, in zehn Jahren in vielen Fällen ein Stück Normalität sein. Dann werden fast alle Unternehmen Cloud Computing nutzen – zumindest ergänzend [1].

Diesem Trend steht die Frage nach der Datensicherheit und Compliance gegenüber. Die verschiedenen Online-Kommunikationsformen E-Mail, File-Sharing und Messaging treiben einerseits Produktivität und Effizienz in die Höhe, andererseits ist die Nutzung auch riskant. Die Gefahren liegen im sicherheitstechnischen Bereich, denn Sicherheitslücken, die durch firmenübergreifende Kommunikation entstehen, können unberechtigten Dritten einen Zugang zu Servern und unverschlüsselten Daten verschaffen. Eine zentrale Lücke ist, dass der Betreiber einer Daten verarbeitenden Cloud über die Applikationsserver Zutritt zu unverschlüsselten Daten hat. Eine andere entsteht dadurch, dass Metadaten selbst bei einer Cloud, bei der Ende-zu-Ende-verschlüsselt wird, einseh- und analysierbar bleiben und sich daraus sehr einfach Profile erstellen lassen.

78.2 Datensicherheit- und Compliance-Anforderungen für Unternehmen

Verarbeiten private Betriebe oder die öffentliche Verwaltung personenbezogene Daten von Kunden oder anderen Personen, so sind die entsprechenden Datenschutzgesetze (Europas, des Bundes, der Länder etc.) einzuhalten. EU-Richtlinien, internationale wie auch unternehmensinterne Konventionen und Handelsbräuche fügen weitere Regeln hinzu. Firmen und Behörden unterliegen demnach zahlreichen rechtlichen Verpflichtungen, deren Nichteinhaltung zu hohen Geldstrafen und Haftungsansprüchen führen kann [2].

Einer der größten Risikofaktoren stellt zum Beispiel die Organisationsgrenzen überschreitende Kommunikation dar: Mitarbeiter empfinden Verschlüsselungsmaßnahmen oft als unbequem – so kommt es häufig vor, dass sie Dokumente unverschlüsselt verschicken. Selbst im Falle verschlüsselter Kommunikation bleibt die Tatsache, dass Daten im Rechenzentrum nur im unverschlüsselten Zustand verarbeitet werden können.

Bei der Verarbeitung von Daten in der Cloud kann es deshalb – in einem internen wie auch externen Rechenzentrum – zu einer Kenntnisnahme der Daten kommen, insbesondere dann, wenn Mitarbeiter des Cloud-Anbieters bei der Verarbeitung (z. B. im Rahmen der üblichen Administration) auf Daten zugreifen können oder müssen. Da in klassischen Systemen zur Veruntreuung von Daten i. d. R. mehrere Personen kooperieren mussten, taugten organisatorische Maßnahmen bisher auch gut zum Schutz von personenbezogenen

Daten, Betriebs- oder Berufsgeheimnissen, Verschlusssachen bzw. Geheimnissen. Seit allerdings ein hoher Grad an Vernetzung und Miniaturisierung in fast alle Systeme zur Datenverarbeitungen Einzug gefunden hat, genügt oft nur noch eine Person, um großen Schaden durch Veruntreuung von Daten zu verursachen. Der Fall des Whistleblowers, Edward Snowden, illustriert diese Entwicklung eindrucksvoll.

Aus diesem Grund nennt das Technologie- und Marktforschungsunternehmen „Forrester Research" das aufgrund dieser Entwicklung notwendige Sicherheitsmodell provokativ das „Zero Trust Security Model" [3]. Das herkömmliche Sicherheitsmodell, so kritisiert Forrester, teile die Welt in „vertrauenswürdige innere" und „unsichere äußere" Bereiche und fokussiere zu sehr auf die sogenannte Perimetersicherung, kombiniert organisatorische und personelle Maßnahmen zum Schutz der Infrastruktur, Applikationen und Daten vor Angriffen von außen und vernachlässige den Schutz vor Angriffen von innen. Entsprechend dieses neuen Modells der Informationssicherheit sollten entlang der ersten Verteidigungslinie nach außen und innen ausschließlich technische Maßnahmen zum Einsatz kommen.

Im folgenden Kapitel wird eine Ausgestaltung des System-Ansatzes *Sealed Cloud* vorgestellt (s. Abb. 78.1) [4]. Es wird ausgeführt, auf welche Weise sowohl die Inhalte wie auch die Metadaten geschützt werden können, ohne Kompromisse bezüglich des Volumens oder der Vollfunktionalität eingehen zu müssen.

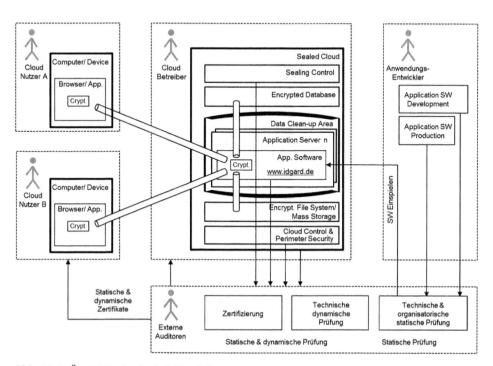

Abb. 78.1 Überblick des Sealed-Cloud-Systems

78.3   Grundidee des Technologiekonzepts

Die der Sealed Cloud zu Grunde liegende Idee setzt an zwei Punkten an: Zum einen sichert die Technologie ein Rechenzentrum so ab, dass die Daten nicht nur beim Transport
zum und vom Datenzentrum und im Storage-System in der Datenbank geschützt sind,
sondern auch bei der Verarbeitung. Ein besonderes Augenmerk liegt dabei beim Schutz
gegen Angriffe von innen wie von außen. An der ersten Verteidigungslinie – den Applika-
tionsservern – soll keine Notwendigkeit für organisatorische Maßnahmen mehr bestehen
d. h. sie schließt den Unsicherheitsfaktor „Mensch" aus.

Zum zweiten wird der ein- und ausgehende Datenstrom nach Volumen und Zeit verschoben (dekorreliert), so dass sich zwischen den Verbindungen keine Bezüge herstellen
lassen.

78.3.1   Sichere Verbindung in die Sealed Cloud

Damit keine spezielle Software installiert werden muss, erfolgt die Verbindung vom Gerät des Nutzers aus zur Sealed Cloud mit klassischer SSL-Verschlüsselung. Um die notwendige Sicherheit zu gewährleisten, werden nur starke Cipher, d. h. solche, mit langen
Schlüsseln und ohne bekannte Implementierungsschwächen, akzeptiert. Da – anders als
bei gewöhnlichen Web-Servern – keine privaten Schlüssel auf Server-Seite bekannt sein
dürfen, kommt „perfect forward secrecy" [5] zum Einsatz.

78.3.2   Schutz vor Zugriff auf die Daten während der Verarbeitung

Damit einmal der Betreiber der Infrastruktur und zum Zweiten der Anbieter eines Dienstes
keine Möglichkeit haben, auf die Nutzerdaten während der Verarbeitung zuzugreifen, wird
nicht nur verschlüsselt, sondern auch *versiegelt*. Diese Versiegelung besteht aus folgenden
Maßnahmen [6]:

a. Segmentierung im Rechenzentrums
   Das Rechenzentrum ist in mehrere voneinander unabhängig betriebene Segmente
   gegliedert. Sie dienen der überreichlichen Absicherung und sind für die Kontinuität
   des Betriebs auch während des *Data-Clean-Ups* eines angegriffenen Serversegments
   notwendig.
b. Technische Zutritts- und Zugangskontrolle
   Die Anwendungsserver befinden sich in der Data-Clean-Up-Area und zwar in mecha-
   nisch speziell gesicherten Einheiten („Racks"), die mit elektromechanischen Schlössern
   abgesperrt sind. Die elektronischen Schnittstellen der Server, die nicht für den Betrieb
   der Applikation notwendig sind, sind deaktiviert oder mit Filtern versehen. Diese Maßnahme verhindert unbefugte Zugriffe auf Serverinhalte, auch auf solche der Adminis-

tratoren oder des Servicepersonals. Für in diesem Bereich eingesetzte Server werden keine persistenten Speichermedien verwendet, die sich von Anwendungen beschreiben lassen. Die mechanischen Komponenten der Racks wie auch die Server sind durch Sensoren gegen Manipulationen gesichert. Sie lösen bei Zutrittsversuchen einen Alarm aus. Die Daten in den Servern werden daraufhin gelöscht.

c. Data Clean-Up.

Bei Alarm findet sofort ein Data Clean-Up statt. Die Sitzungen der Nutzer auf den betroffenen Servern werden automatisch auf nicht betroffene Segmente umgelenkt und sämtliche Daten in den betroffenen Segmenten gelöscht. Die Stromversorgung der Server schaltet sich etwa zehn Sekunden komplett ab. Damit ist sichergestellt, dass auf dem Server keine Daten mehr sind.

d. Integritätsprüfung.

Bevor ein Server nach dem Data Clean-Up wieder in Betrieb genommen wird, gibt es für die gesamte Hard- und Software eine automatische Integritätsprüfung. Voraussetzung für eine solche Vorgehensweise ist eine individuelle Produktion und Signierung der Software für jeden einzelnen Server. Grund dafür ist, Servicetechnikern die Möglichkeit zu nehmen, bei einem Wartungsgang Komponenten einspielen, deren Einsatz nicht freigegeben ist.

78.3.3 Keine Schlüssel zur Entschlüsselung in der Datenbank

Das Prinzip der Versiegelung beinhaltet auch eine besondere Schlüsselverteilung. Der Betreiber verfügt über keinen Schlüssel zur Entschlüsselung der Protokolle in der Datenbank oder der Dateien in den File-Systemen. Nötige Schlüssel werden durch Hashketten aus dem Nutzernamen und dem Passwort erzeugt. Beides wird nach der Anmeldung sofort wieder verworfen. Am Ende der Sitzung wird auch der ermittelte Hashwert gelöscht.

78.3.4 Extra-Maßnahmen zum Schutz der Metadaten

Damit durch die Beobachtung des Datenverkehrs von außen keine Rückschlüsse auf Metadaten erfolgen können, benachrichtigt das System verkehrsaufkommensabhängig und um eine pseudo-zufällige Zeitspanne verzögert. Das Volumen der übertragenen Daten wird auf die nächstgrößere Standardgröße skaliert. Damit soll ausgeschlossen werden, dass jemand Metadaten über Größenkorrelationen ableiten kann [7]. Denn auch wenn Daten in einer Cloud durchgängig verschlüsselt werden, kann es „zu einer Offenbarung von Geheimnissen auf dem Umweg über Metadaten kommen", erklärt der Jurist, Steffen Kroschwald, wissenschaftlicher Mitarbeiter bei der Projektgruppe verfassungsverträgliche Technikgestaltung (provet) an der Universität Kassel [8]. Da die Verknüpfung von Metadaten höchst verräterisch sein kann, muss zum Beispiel gerade die Berufsgruppe der Berufsgeheimnisträger glaubhaft alles zu deren Schutz unternehmen.

78.4   Einsatz als Basistechnologie

Bei der Weiterentwicklung der Sealed-Cloud-Technologie im Rahmen des Trusted Cloud Programms vom Bundesministerium für Wirtschaft und Energie werden mit Ende des Projektes Schnittstellen zur Verfügung stehen. Damit kann der Mittelstand in Deutschland die sichere Infrastruktur nutzen. Dazu gibt es zwei Möglichkeiten: Einmal können Anwendungen direkt auf der Plattformschicht aufsetzen und die Grundsätze von Sealed Cloud selbst implementieren. Oder aber es können Anwendungen die generischen Funktionen des bereits existierenden Kommunikationsdienstes IDGARD über diese Schnittstellen nutzen und den Dienst direkt in existierende Geschäftsprozesse integrieren

78.4.1   File-Share-Lösunen auf der Sealed-Cloud-Plattform

Group Business Software (GBS), der Anbieter von Lösungen und Services für die IBM und Microsoft Collaboration Plattformen, und regio-IT, IT-Dienstleister für Kommunen, Schulen, Energieversorger und Non-Profit-Organisationen, haben in ihre Anwendungen ucloud [9] und iQ.Suite Watchdog FileSafe [10] mithilfe einer Schnittstelle auf der Sealed Cloud einen *Safe* eingebaut. So realisierten sie den datenschutzkonformen Versand von vertraulichen Dateien via E-Mail [11]: Wenn man einen E-Mail-Anhang verschickt, wird die Mail automatisch in einen hochsicheren Cloud-Bereich ausgelagert und durch einen Link in der E-Mail ersetzt. Der Empfänger erhält diesen Link gemeinsam mit einem einmalig gültigen Passwort. Dieser kann sich daraufhin im geschützten Cloud-Bereich anmelden und auf die Daten zugreifen.

78.4.2   Die Kommunikationsplattform IDGARD

Aufgrund des Sicherheitsniveaus der Sealed Cloud macht eine Anwendung wie der Kommunikationsdienst IDGARD [12] den sicheren Austausch von Dokumenten und Nachrichten über Firmengrenzen hinweg möglich. Da der Dienst ein Cloud-Angebot ist, kommt er ohne spezielle oder neue Software aus. Anwender brauchen nur einen Web-Browser bzw. eine App für mobile Geräte. Folgende Anwendungsfälle lassen sich damit dem Unternehmensanspruch nach Datensicherheit und Compliance gerecht abdecken:

• Austausch vertraulicher Dokumente mit Kollegen, Kunden und Partnern – sicherer Filetransfer
• Teamarbeitsbereich, Projekt- und Datenräume für firmenübergreifende Zusammenarbeit
• Mobiler Zugriff auf geschäftliche Unterlagen
• Chat von allen Endgeräten aus
• Termin- und Ressourcenabstimmungen

Der Aufbau von sicheren Verbindungen über Firmengrenzen hinweg ist deshalb möglich, weil die gesamte Schlüsselverwaltung für die Nutzer unsichtbar, jedoch gut geschützt innerhalb der Sealed Cloud erfolgt. Deshalb ist es nicht erforderlich, dass eine externe Person eine eigene IDGARD-Lizenz besitzt, falls der Mitarbeiter einer Organisation sich mit ihr vernetzen möchte. Der Lizenzinhaber kann eine Gastlizenz zur Verfügung stellen. Dazu trägt er nur Namen, E-Mail-Adresse und Mobilnummer in ein Formular ein und erstellt damit einen – *Privacy Box* genannten – gemeinsamen Projektraum. Die Box kann man zu einem Datenraum aufwerten. In diesem wird dann jede Aktion in einem Journal protokolliert. Dokumente unterliegen mittels weiterer Funktionen einem Verbreitungsschutz – sie verfügen über Wasserzeichen, sind nur zum Ansehen vorgesehen, etc.

78.4.3 Rechtskonforme Big-Data-Anwendung

In einer weiteren Anwendung namens *Sealed Analytics* kann man das Konzept einer datenschutzkonformen Speicherung für Anwendungen im Bereich Big Data implementieren. Die sichere Speicherung von Daten im Kontext der sich rasch ausbreitenden Big-Data-Anwendungen wird zwar heute noch weniger intensiv diskutiert als die Vorratsdatenspeicherung; bei Big Data liegen jedoch wesentlich größere Risiken für Datenmissbrauch vor. Big Data basiert auf der Speicherung gewaltiger Datenmengen mit dem Zweck der Nutzung für analytische Auswertungen.

Das Sealed-Analytics-Konzept erlaubt einen adäquaten Schutz der Big Data vor ungerechtfertigtem Zugriff, indem der Zugriffskreis, die Dauer der Datenspeicherung und auch die Zerstörung der Daten nach a-priori definierten Regeln technisch erzwungen wird. Die Sealed-Analytics-Technologie wurde für IDGARD bereits umgesetzt und befindet sich im produktiven Einsatz.

78.4.4 Datenschutz und Compliance

Cloud-Anwendungen, die auf einem betreibersicheren Schutzkonzept basieren, können bei der Abwägung der Verhältnismäßigkeit als Datenschutzmaßnahme gemäß § 3a und § 9 BDSG i. d. R. gewertet werden. Die Sealed Cloud schützt derart, dass der relative Personenbezug bei der Verarbeitung nicht auflebt. Dadurch entfällt für Anhänger des Prinzips des relativen Personenbezugs die Verpflichtung zum Abschluss einer Vereinbarung zur Verarbeitung der Daten im Auftrag gemäß § 11 BDSG.

Den Vorbehalt der Verhältnismäßigkeit, wie ihn die Datenschutzgesetze kennen, können die Angehörigen der Gruppe der Berufsgeheimnisträger gemäß § 203 StGB für sich nicht in Anspruch nehmen. Hier gilt, dass praktisch überhaupt keine Kenntnisnahme von Geheimnissen durch unberechtigte Personen möglich sein darf. In fast allen Fällen sind nicht nur die Inhalte, sondern auch die Metadaten, Teil des Berufsgeheimnisses. Eine mögliche Kenntnisnahme dieser Daten bei herkömmlicher Kommunikation über Organi-

sationsgrenzen hinweg darf durch die Berufsgeheimnisträger nicht billigend in Kauf genommen werden. Eine Anwendung auf Basis der Sealed Cloud bietet nun Berufsgeheim-
nisträgern eine Möglichkeit zur rechtskonformen, elektronischen Kommunikation über
Organisationsgrenzen hinweg. Auch der notwendige Beschlagnahmeschutz ist dadurch
gewährleistet. Dies ist in dieser Form nur mit der in den weltweit wichtigsten Ländern
patentierten[1] Plattform Sealed-Cloud-Technologie möglich.

78.5   Fazit

Da der IT-Markt heute weitgehend von amerikanischen Anbietern dominiert wird, wird
deutschen IT-Lösungen häufig mit Skepsis begegnet. Andererseits stehen amerikanische
Firmen oft auch für einen relativ laxen Umgang mit dem Thema Datenschutz. Diese Sicht
wurde in den letzten Monaten bestätigt: durch die Snowden-Veröffentlichungen sowie den
von der Öffentlichkeit inzwischen verstärkt wahrgenommene Umgang amerikanischer
Behörden mit Daten ausländischer Kunden. Das Vertrauen in deutsche Qualität, insbesondere im Bereich Datenschutz, spielt nun eine stärkere Rolle. Deutsche und europäische Anwender erhalten mit Sealed Cloud eine Plattform, die Ihrem Sicherheitsbedürfnis
entspricht. Damit können sie die wirtschaftlichen Vorteile des Cloud Computing auch für
bisher ausgesparte unternehmenskritische Anwendungen nutzen und so ihre Kostenpositi-
on signifikant verbessern. Deutsche Anbieter erhalten mit dieser Technologie einen klaren
Vorteil, da neben dem Grundvertrauen, das deutschen Cloud Anbietern gegenüber größer
ist als amerikanischen, nun durch eine Vertrauen schaffende technische Lösung eine dem
Wettbewerb gegenüber überlegene Position erreicht werden kann. Das betrifft sowohl IT-
Anbieter, Hosting-Firmen als auch Systemintegratoren.

Literatur

1. Gartner. *Top 10 strategic technology trends for 2014, 15,* 43. http://www.gartner.com/techno-
   logy/research/top-10-technology-trends. Zugegriffen: 7. Nov. 2014
2. Kroschwald, S., & Wicker, M. Kanzleien und Praxen in der Cloud –Strafbarkeit nach § 203
   StGB. CR 2012 (S. 758–764).
3. Forrester. *No more chewy centers*: *Introducing the zero trust model of information security, 15,* 30.
   http://solutions.forrester.com/zero-trust-model?intcmp=mkt:blg:sr:ts-airwatch&scid=701a0000002
   5sCn. Zugegriffen: 7. Nov. 2014.
4. http://www.uni-kassel.de/fb07/institute/iwr/personen-fachgebiete/rossnagel-prof-dr/forschung/
   provet/sealed-cloud.html. Zugegriffen: 14. Nov. 2014.
5. Schmidt, J. *Zukunftssicher verschlüsseln mit Perfect Forward Secrecy, 19,* 32. http://www.heise.
   de/security/artikel/Zukunftssicher-Verschluesseln-mit-Perfect-Forward-Secrecy-1923800.html.
   Zugegriffen: 9. Nov. 2014.

---

[1] EP: 2389641 und andere.

6. Jäger, H., et.al. A novel set of measures against insider attacks – sealed cloud. In D. Hühnlein & H. Roßnagel (Hrsg.), *Proceedings of open identity summit 2013, Lecture Notes in Informatics* (Bd. 223).

7. Jäger, H., & Ernst, E. Telekommunikation, bei der nicht nur Inhalte, sondern auch Metadaten geschützt sind. In P. Schartner & P. Lipp (Hrsg.), *D-A-CH Security 2014 – Bestandsaufnahme, Konzepte, Anwendungen, Perspektiven, Ferven 2014* (S. 191–202).

8. Kroschwald, S. (2015) Informationelle Selbstbestimmung in der Cloud, Dissertation, Kassel i. E.

9. http://www.stadtwolke.de (Bd. 10, S. 45). Zugegriffen: 10. Nov. 2014.

10. iQ.Suite Watchdog FileSafe, *19*, 54. http://donar.messe.de/exhibitor/cebit/2014/W327921/iq-suite-watchdog-filesafe-ger-286785.pdf. Zugegriffen: 9. Nov. 2014.

11. Niehues, P. Beispiele für sichere Cloud-Dienste in der kommunalen, öffentlichen Verwaltung und Schulen. In H. Jäger, et al. (Hrsg.), Wie macht man Cloud sicher? Sealed Processing – Schutz der Inhalte und Metadaten. Tagungsband zum Symposium am 24. September 2014 (S. 32–36).

12. www.idgard.de (Bd. 10, S. 47). Zugegriffen: 10. Nov. 2014.